Robert Münscher

Vertrauensentwicklung im interkulturellen Management

GABLER RESEARCH

Internationale Wirtschaftspartner

Herausgegeben von
Prof. Dr. Horst Kopp und
Prof. Dr. Torsten M. Kühlmann

Die Buchreihe informiert über wichtige Partnerländer deutscher Wirtschaftsbeziehungen. Jeder Band liefert in kompakter und systematischer Form eine Übersicht zu den Rahmenbedingungen für ein geschäftliches Engagement im Partnerland. Insbesondere erhält der Leser Einblick in die Überzeugungen, Werte und Normen, die das Wirtschaftsleben im Partnerland prägen. Mit dieser ganzheitlichen Betrachtung sollen die Chancen und Risiken eines geschäftlichen Engagements auf dem ausländischen Markt besser abschätzbar werden.

Robert Münscher

Vertrauensentwicklung im interkulturellen Management

Ein empirischer Beitrag
am Beispiel der deutsch-französischen
Zusammenarbeit

Mit einem Geleitwort von Prof. Dr. Torsten M. Kühlmann

RESEARCH

Bibliografische Information der Deutschen Nationalbibliothek
Die Deutsche Nationalbibliothek verzeichnet diese Publikation in der
Deutschen Nationalbibliografie; detaillierte bibliografische Daten sind im Internet über
<http://dnb.d-nb.de> abrufbar.

Dissertation Universität Bayreuth, 2010

1. Auflage 2011

Alle Rechte vorbehalten
© Gabler Verlag | Springer Fachmedien Wiesbaden GmbH 2011

Lektorat: Stefanie Brich | Anita Wilke

Gabler Verlag ist eine Marke von Springer Fachmedien.
Springer Fachmedien ist Teil der Fachverlagsgruppe Springer Science+Business Media.
www.gabler.de

Das Werk einschließlich aller seiner Teile ist urheberrechtlich geschützt. Jede Verwertung außerhalb der engen Grenzen des Urheberrechtsgesetzes ist ohne Zustimmung des Verlags unzulässig und strafbar. Das gilt insbesondere für Vervielfältigungen, Übersetzungen, Mikroverfilmungen und die Einspeicherung und Verarbeitung in elektronischen Systemen.

Die Wiedergabe von Gebrauchsnamen, Handelsnamen, Warenbezeichnungen usw. in diesem Werk berechtigt auch ohne besondere Kennzeichnung nicht zu der Annahme, dass solche Namen im Sinne der Warenzeichen- und Markenschutz-Gesetzgebung als frei zu betrachten wären und daher von jedermann benutzt werden dürften.

Umschlaggestaltung: KünkelLopka Medienentwicklung, Heidelberg
Gedruckt auf säurefreiem und chlorfrei gebleichtem Papier
Printed in Germany

ISBN 978-3-8349-2710-1

Geleitwort

Wie funktioniert die Vertrauensentwicklung zwischen internationalen Wirtschaftspartnern? Auf diese für Wissenschaft und Praxis gleichermaßen bedeutende Frage liefert der zweite Band dieser Reihe am Beispiel der deutsch-französischen Zusammenarbeit eine umfassende und empirisch fundierte Antwort.

Wir beobachten, dass Großunternehmen ebenso wie kleine und mittlere Unternehmen zunehmend grenzüberschreitende Kooperationen eingehen. Doch bei allen Vorteilen, die eine internationale Unternehmenskooperation mit sich bringen kann, sind die Risiken nicht zu unterschätzen. Viele Kooperationen werden rasch wieder beendet. Innerhalb der bestehenden Erklärungsansätze zum Kooperationserfolg sticht das wechselseitige Vertrauen der Geschäftspartner heraus: Angesichts der Unmöglichkeit einer lückenlosen Kontrolle und Steuerung der Partneraktivitäten wird Vertrauen als konstitutiv für grenzüberschreitende Kooperationsbeziehungen zwischen Unternehmen angesehen. Doch weder Grundlagen noch Erscheinungsformen und Wirkungen von Vertrauen in interkulturellen Unternehmenskooperationen sind bislang umfassend empirisch untersucht. Ausgehend von den bisher gewonnenen und publizierten Erkenntnissen der Vertrauensforschung widmet sich die von Herrn Münscher vorgelegte Arbeit diesem komplexen Thema.

Es werden die Entwicklungslinien dieses interdisziplinären Forschungsgebietes nachgezeichnet, um auf dieser Grundlage ein zweiphasiges Modell der Vertrauensentwicklung im Management vorzulegen. Besonders wegweisend in diesem Zusammenhang erweist sich die Diskussion des Entstehens sogenannter 'Vertrauensmissverständnisse', die in dieser Ausführlichkeit bislang in der Literatur nicht auffindbar war.

Nach einem präzise beschriebenen und begründeten Vorgehen führte der Verfasser 100 ca. 1-stündige Leitfadeninterviews mit deutschen und französischen Managern. Als Ergebnis seiner empirischen Untersuchung kann der Verfasser ein System von insgesamt 60 Vertrauensfaktoren vorlegen, das die Voraussetzungen beschreibt, unter denen Kollegen und Geschäftspartner in der intra- wie interkulturellen Zusammenarbeit Vertrauen aufbauen. Hierbei zeigte sich, dass deutsche Manager die identifizierten Vertrauensfaktoren anders gewichten als ihre französischen Kollegen. Ergänzt wird diese Analyse um Aussagen zu Kulturunterschieden bei der Diagnose von Vertrauensfaktoren in der Zusammenarbeit mit dem Geschäftspartner. Herausgearbeitet werden Handlungsbereiche, in denen sich deutsche und französische Manager bei der Zuschreibung von Vertrauenswürdigkeit unterscheiden.

Herr Münscher hat eine Arbeit vorgelegt, welche die interkulturelle Vertrauensforschung in mehrfacher Hinsicht weiterentwickelt: Sie stellt eine umfangreiche, handlungsnahe Kategorisierung von Faktoren der Vertrauensentwicklung von Geschäftspartnern und Arbeitskollegen vor und weist mit Gewichtungsunterschieden in der Faktorennutzung beim Vertrauensaufbau und mit Differenzen in der Verwendung von Verhaltensindikatoren zwei Wirkmechanismen nach, über die kulturelle Differenzen die Vertrauensentwicklung beeinflussen.

Aus Sicht der Praxis enthält die Arbeit eine Fülle von Ansatzpunkten zur Gestaltung der Vertrauensentwicklung im Management allgemein und insbesondere in der deutsch-französischen Wirtschaftskooperation. Die in den Auswertungen identifizierten Kulturunterschiede verweisen auf ein weitläufiges Potenzial für kulturelle Missverständnisse in der Vertrauensentwicklung. Gerade auch anhand der konkreten Beispiele für eine Fehlsteuerung des Vertrauensaufbaus macht der Verfasser deutlich, wie hoch die praktische Relevanz der Untersuchungsergebnisse für die Gestaltung der deutsch-französischen Wirtschaftskooperation einzuschätzen ist.

Bayreuth, im Dezember 2010   Prof. Dr. Torsten Kühlmann

Inhaltsübersicht

Einleitung 1
1. **Eine Theorie des Einflusses kultureller Differenz auf die Entwicklung von Vertrauen** 9
   1.1 Vertrauen: Grundlegende Aspekte und Unterscheidungen 9
   1.2 Orientierung in der einschlägigen Forschungsliteratur 24
   1.3 Ein Modell des Einflusses kultureller Differenz auf die Vertrauensentwicklung 41
   1.4 Theoretische Fundierung des Modells 55
   1.5 Die Gefahr kultureller Vertrauensmissverständnisse 77
   1.6 Zusammenfassung und Forschungsfragen 87
2. **Die Studie: Ein Ansatz der interkulturellen Vertrauensforschung** 89
   2.1 Forschungsdesign 89
   2.2 Datenerhebung 132
   2.3 Datenauswertung 141
3. **Vertrauensfaktoren im Management** 177
   3.1 Einführung in das System der Vertrauensfaktoren 178
   3.2 Aufgabenbezogene Vertrauensfaktoren 184
   3.3 Beziehungsbezogene Vertrauensfaktoren 217
   3.4 Interkulturelle Vertrauensfaktoren 267
   3.5 Tabellarischer Überblick des Systems der Vertrauensfaktoren 281
   3.6 Weitere Einflussfaktoren auf Vertrauen 283
   3.7 Fazit: Überwindung der Mehrdeutigkeiten 287
4. **Kulturunterschiede der Gewichtung von Vertrauensfaktoren** 291
   4.1 Gesamtüberblick der Ergebnisse 293
   4.2 Einzelergebnisse und Diskussion 299
   4.3 Zusammenfassung 320
5. **Kulturunterschiede der Diagnose von Vertrauensfaktoren** 325
   5.1 Umgang mit Absprachen und Regeln 329
   5.2 Weitergabe von Informationen 345
   5.3 Umgang mit Anweisungen / Aufforderungen 352
   5.4 Bewältigung von Aufgaben 369
   5.5 Umgang mit Konflikten und Schwierigkeiten 387
   5.6 Beziehungsaufbau und Beziehungspflege 394
   5.7 Aufdeckung von Relationship Fit 417
   5.8 Respektvoller Umgang / Facework 424
   5.9 Fairplay in der Zusammenarbeit 449
   5.10 Kooperatives Verhalten 456
   5.11 Tabellarische Übersicht der Unterschiedsbereiche 461
6. **Zusammenfassende Diskussion** 465
   6.1 Theoretischer Beitrag 465
   6.2 Empirische Ergebnisse 469
   6.3 Zusammenführung der Ergebnisse der Einzelauswertungen 476
   6.4 Anknüpfungspunkte für weitere Forschung 488
   6.5 Nutzen der Ergebnisse in der Personalentwicklung 490
   6.6 Abschließende Einschätzung 503

Literaturverzeichnis 505

Anhang 535

Inhaltsverzeichnis

Geleitwort V
Inhaltsübersicht VII
Abbildungsverzeichnis XXI
Tabellenverzeichnis XXIII

Einleitung 1

1. Eine Theorie des Einflusses kultureller Differenz auf die Entwicklung von Vertrauen 9
  1.1 Vertrauen: Grundlegende Aspekte und Unterscheidungen 9
    1.1.1 Ein logisch-grammatikalischer Blick auf Vertrauen 10
      1.1.1.1 Subjekte und Objekte der Vertrauensrelation 10
      1.1.1.2 Intensität und Bewertung der Vertrauensrelation 11
      1.1.1.3 Hinsichten des Vertrauens – die dritte Stelle der Vertrauensrelation 11
    1.1.2 Die Definition von Vertrauen 12
      1.1.2.1 Kognitives vs. verhaltensbezogenes Verständnis der Vertrauensrelation 12
      1.1.2.2 Grundlegende begriffliche Voraussetzungen für Vertrauen 13
      1.1.2.3 Bezüge zu weiteren zur Vertrauensdefinition herangezogenen Aspekten 14
      1.1.2.4 Definition von Vertrauen 16
    1.1.3 Die Wirkung von Vertrauen 17
      1.1.3.1 Vorteile oder positive Konsequenzen von Vertrauen 17
      1.1.3.2 Nachteile oder negative Konsequenzen von Vertrauen 19
      1.1.3.3 In welchem Umfeld ist Vertrauen vorteilhaft? 20
    1.1.4 Die Entwicklung von Vertrauen 22
      1.1.4.1 Das grundlegende Dilemma des Vertrauens 22
      1.1.4.2 Die erkenntnistheoretische Asymmetrie der Vertrauenseinschätzung 23
      1.1.4.3 Vertrauensfaktoren und Einschätzung der Vertrauenswürdigkeit 23
  1.2 Orientierung in der einschlägigen Forschungsliteratur 24
    1.2.1 Disziplinen und Herangehensweisen der Vertrauensforschung 24
      1.2.1.1 Vertrauen als Aspekt des Individuums 26
      1.2.1.2 Vertrauen als Interaktionsphänomen 26
      1.2.1.3 Vertrauen als sozialer Mechanismus 28
      1.2.1.4 Zusammenfassung und Einordnung der Arbeit 28
    1.2.2 Kulturvergleichende und interkulturelle Forschung 29
      1.2.2.1 Ursprünge der interkulturellen Managementforschung 29
      1.2.2.2 Entwicklung und Herausforderungen des kulturvergleichenden Paradigmas 30
      1.2.2.3 Ergänzung durch das interkulturelle Paradigma 32
    1.2.3 Interkulturelle Vertrauensforschung 33
      1.2.3.1 Stand der Theoriebildung 35

1.2.3.2 Empirisch-methodische Ansätze 36
1.2.3.3 Thematische Zusammenhänge 37
1.2.3.4 Betrachtete Kulturbeziehungen 38
1.2.4 Kritik der interkulturellen Vertrauensforschung 39
    1.2.4.1 Bedarf an ausdifferenzierter Theoriebildung 39
    1.2.4.2 Eingeschränkte kulturübergreifende Gültigkeit des
           Forschungsstands 40
    1.2.4.3 Bedarf an grundlegenden emisch-interkulturellen Ansätzen 40
    1.2.4.4 Zusammenfassung 41

1.3 Ein Modell des Einflusses kultureller Differenz auf die Vertrauensentwicklung 41
   1.3.1 Vertrauensbildung und Kulturunterschiede der
       Vertrauensfaktorgewichtung 42
       1.3.1.1 Die Gewichtung von Vertrauensfaktoren 42
       1.3.1.2 Unterschiedliche Faktorgewichtung am Beispiel Pünktlichkeit 43
       1.3.1.3 Generalisierungsprozesse des Vertrauens 44
       1.3.1.4 Zusammenfassung: Kulturunterschiede der
             Vertrauensfaktorgewichtung 45
   1.3.2 Verhaltensinterpretation und Kulturunterschiede der
       Vertrauensfaktordiagnose 46
       1.3.2.1 Die Diagnose von Vertrauensfaktoren 46
       1.3.2.2 Unterschiedliche Faktordiagnose am Beispiel Pünktlichkeit 48
       1.3.2.3 Zusammenfassung: Kulturunterschiede der
             Vertrauensfaktordiagnose 49
   1.3.3 Überblick des Gesamtmodells und Visualisierung einzelner Aspekte 50
       1.3.3.1 Gesamtmodell 50
       1.3.3.2 Faktordiagnose 51
       1.3.3.3 Vertrauensüberzeugungen und vertrauensvolles Handeln 51
       1.3.3.4 Vertrauenshinsichten und Prozesse der
             Vertrauensgeneralisierung 52

1.4 Theoretische Fundierung des Modells 55
   1.4.1 Die Theorie der Vertrauenssignalisierung 55
       1.4.1.1 Interpretationsprozesse der Verhaltenseinschätzung 56
       1.4.1.2 Vertrauenssignalisierung nach Bacharach und Gambetta 57
   1.4.2 Die Theorie der Vertrauensgeneralisierung 59
       1.4.2.1 Vertrauenshinsichten – die dritte Stelle der Vertrauensrelation 60
       1.4.2.2 Übersicht der Diskussion um Vertrauensbedingungen 62
       1.4.2.3 Nutzen einer differenzierteren Betrachtung des Spektrums der
             Vertrauensfaktoren 63
       1.4.2.4 Kognitive Prozesse der Vertrauensgeneralisierung 64
       1.4.2.5 Die Funktion von Generalisierungsprozessen 70
   1.4.3 Bedeutung und Einfluss kultureller Unterschiede 72
       1.4.3.1 Der Kulturbegriff in der Managementforschung 72
       1.4.3.2 Die Theorie der kulturellen kognitiven Rahmen 73
       1.4.3.3 Kulturelle Prägung und die implizite Vertrauenstheorie 75
       1.4.3.4 Die Reichweite des Einflusses kultureller Prägungen 76
       1.4.3.5 Fazit: Kulturelle Prägung und Vertrauensentwicklung 77

1.5 Die Gefahr kultureller Vertrauensmissverständnisse 77
   1.5.1 Das Konzept des Vertrauensmissverständnisses 78
       1.5.1.1 Was ist ein Vertrauensmissverständnis? 78
       1.5.1.2 Positive und negative Vertrauensmissverständnisse 79
   1.5.2 Theoretische Rekonstruktion von Vertrauensmissverständnissen 81

Inhaltsverzeichnis

      1.5.2.1   Unterschiedliche Gründe für ungerechtfertige Vertrauensüberzeugungen 81
      1.5.2.2   Vertrauensbetrug und gefälschte Vertrauensindikatoren 81
      1.5.2.3   Übertragung der Argumentation auf Vertrauensmissverständnisse 83
  1.5.3 Die doppelte Unbewusstheit der interkulturellen Vertrauenseinschätzung 85
      1.5.3.1   Der implizite Charakter von Vertrauenseinschätzungen 85
      1.5.3.2   Der unbewusste Charakter kultureller Prägungen 86

1.6 Zusammenfassung und Forschungsfragen 87
  1.6.1 Zusammenfassender Überblick 87
  1.6.2 Formulierung der Forschungsfragen 88

2. Die Studie: Ein Ansatz der interkulturellen Vertrauensforschung 89

2.1 Forschungsdesign 89
  2.1.1 Sozialwissenschaftliche Zugänge und Forschungstechniken 89
  2.1.2 Methodische Präzisierung der Forschungsfragen 91
      2.1.2.1   Forschungsfrage-1: explorativ mit qualitativer Auswertung 91
      2.1.2.2   Forschungsfrage-2: explorativ mit quantitativer Auswertung 93
      2.1.2.3   Forschungsfrage-3: explorativ mit qualitativer Auswertung 94
      2.1.2.4   Zusammenfassender Überblick 94
  2.1.3 Spezifizierung des verwendeten Mixed-Methods-Designs 95
      2.1.3.1   Varianten sozialwissenschaftlicher Mixed-Methods-Designs 95
      2.1.3.2   Das verwendete Mixed-Methods-Design 97
  2.1.4 Untersuchte Kulturbeziehung und Untersuchungsteilnehmer 98
      2.1.4.1   Deutsch-französische Geschäftsbeziehungen 98
      2.1.4.2   Auswahlkriterien für die Untersuchungsteilnehmer 101
  2.1.5 Teilgruppenbildung für ein 2x2 quasi-experimentelles Design 102
      2.1.5.1   Nachteile eines rein mono-kulturellen Kulturvergleichs 102
      2.1.5.2   Nachteile eines rein inter-kulturellen Kulturvergleichs 102
      2.1.5.3   Die Lösung: 2x2 Design mit mono- und bi-kulturellen Gruppen 103
  2.1.6 Implikationen für die Sampling-Strategie 104
      2.1.6.1   Stichprobenvalidität und Verallgemeinerungsansprüche 105
      2.1.6.2   Erstes Sampling-Dilemma: Heterogenität vs. Homogenität 107
      2.1.6.3   Zweites Sampling-Dilemma: Kleine Stichprobe vs. große Stichprobe 109
      2.1.6.4   Drittes Sampling-Dilemma: Zugang vs. Randomisierung 110
  2.1.7 Interviews als Erhebungsinstrument 110
      2.1.7.1   Qualitativ-explorative Erhebungsmethoden der Vertrauensforschung 110
      2.1.7.2   Vorteile offener Interviews im Sinne der Studie 111
      2.1.7.3   Zur Aussagekraft von Interviewdaten im Sinne der Studie 112
  2.1.8 Entwicklung der Interviewmethodik 113
      2.1.8.1   Methodische Schwierigkeiten des Zugangs zu Vertrauen in Interviews 113
      2.1.8.2   Interviewtechniken zur Erhebung realer Erlebnisse 115
      2.1.8.3   Erwartbare Daten und Auswertungsoptionen 116
      2.1.8.4   Entwicklung der Interviewleitfragen 117
      2.1.8.5   Gesprächstechniken zur Förderung der Erinnerungsleistung 120
      2.1.8.6   Gesprächstechniken zur Minimierung von Interviewereffekten 123
      2.1.8.7   Sicherung der kulturübergreifenden Erhebungsäquivalenz 126

2.1.8.8 Zusammenfassender Überblick und Vorteile der Interviewmethodik 127
2.1.9 Auswertungsmethoden 129
    2.1.9.1 Verfahren zur Auswertung unstrukturierter Interviewdaten 129
    2.1.9.2 Kombination unterschiedlicher Auswertungsverfahren zur Beantwortung der drei Forschungsfragen 131
2.1.10 Zur Anwendung von Gütekriterien 131
    2.1.10.1 Kriterien für die Einschätzung wissenschaftlicher Qualität 131
    2.1.10.2 Qualitätskriterien für Mixed-Methods-Designs 132

2.2 Datenerhebung 132

2.2.1 Vorstudie zum Test der Interviewmethodik 133
2.2.2 Rekrutierung der Interviewteilnehmer und Ablauf der Interviews 133
2.2.3 Beschreibung der Stichprobe 134
    2.2.3.1 Eckdaten der Stichprobe 134
    2.2.3.2 Kontrolle der Variablen Unternehmenskultur, Branche & Sektor... 134
    2.2.3.3 Zur Repräsentativität der Stichprobe 136
    2.2.3.4 Operationalisierung des Teilgruppendesigns 138
    2.2.3.5 Kontrolle der Variablen Geschlecht und Altersklasse 139
2.2.4 Einschätzung der Qualität von Datenerhebung und Stichprobe 140
    2.2.4.1 Qualität von Stichprobenbildung und Stichprobe 140
    2.2.4.2 Qualität der Datenerhebung 141

2.3 Datenauswertung 141

2.3.1 Übersicht 141
2.3.2 Vorbereitung-1: Von den Audioaufnahmen zu den Analyseeinheiten 143
    2.3.2.1 Transkription, Korrektur und Klärung 143
    2.3.2.2 Strukturierung der Transkripte 144
    2.3.2.3 Identifikation der Analyseeinheiten 147
2.3.3 Auswertung-1: Induktive Bestimmung der Vertrauensfaktoren 148
    2.3.3.1 Ablaufmodell 148
    2.3.3.2 Überblick der Herangehensweise und Methodik 149
    2.3.3.3 Ziele und Vorgehen bei Entwicklungsstart 150
    2.3.3.4 Entwicklung der mono-kulturellen Kategorien 151
    2.3.3.5 Entwicklung der inter-kulturelle Kategorien 153
    2.3.3.6 Endüberarbeitung und Umfang des endgültigen Kategoriensystems 153
2.3.4 Vorbereitung-2: Kodierung der Falldarstellungen 154
    2.3.4.1 Zum Prinzip der Kodierung 154
    2.3.4.2 Vorgehen zur Kodierung der Interviewtranskripte 155
2.3.5 Auswertung-2: Statistische Analyse der Kodierungshäufigkeiten 156
    2.3.5.1 Bestimmung signifikanter Unterschiede 156
    2.3.5.2 Auswertungsschema für die Ergebnisse 157
2.3.6 Vorbereitung-3: Kodierung der Kommentarstellen 157
    2.3.6.1 Kodierung von Unterschieds- und Verhaltenskommentaren 158
    2.3.6.2 Bestimmung interkultureller Vertrauensmaßnahmen 159
2.3.7 Auswertung-3: Induktive Bestimmung vertrauensrelevanter Unterschiedsbereiche 160
    2.3.7.1 Ablaufmodell 160
    2.3.7.2 Kategorienbildung: Bestimmung vertrauensrelevanter Unterschiedsbereiche 160
    2.3.7.3 Differenzierung: Unterschiedsbereiche und Erklärungskonzepte... 162
    2.3.7.4 Identifikation kultureller Vertrauensmissverständnisse 163

Inhaltsverzeichnis XIII

- 2.3.8 Einschätzung der Qualität der Datenauswertung 165
  - 2.3.8.1 Vorbemerkung zu Interkodierer-Reliabilitätstests 165
  - 2.3.8.2 Einheitenidentifikationstest 166
  - 2.3.8.3 Vorgehensregeln für die induktive Kategorienentwicklung 166
  - 2.3.8.4 Semantische Validität des Kategoriensystems 167
  - 2.3.8.5 Kodierungstest als zweiter Interkodierer-Reliabilitätstest 168
  - 2.3.8.6 Bestimmung vertrauensrelevanter Unterschiedsbereiche 171
- 2.3.9 Verallgemeinerungsansprüche 172
  - 2.3.9.1 System der Vertrauensfaktoren 172
  - 2.3.9.2 Vertrauensrelevante Kulturunterschiede 173
  - 2.3.9.3 Typen kultureller Vertrauensmissverständnisse 176

3. Vertrauensfaktoren im Management 177

3.1 Einführung in das System der Vertrauensfaktoren 178
- 3.1.1 Definition der Vertrauensfaktoren 178
  - 3.1.1.1 Vertrauensrelevante Informationen über einen Partner 178
  - 3.1.1.2 Die unterschiedlichen Perspektiven auf Vertrauensfaktoren 178
  - 3.1.1.3 Positiv und negativ definierte Vertrauensfaktoren 179
- 3.1.2 Detaillierungsgrad der Vertrauensfaktoren 179
  - 3.1.2.1 Fehlendes Differenzierungsniveau bisheriger Beiträge 179
  - 3.1.2.2 Handlungsnahe Benennung und Definition der Vertrauensfaktoren 180
- 3.1.3 Gruppierung der Vertrauensfaktoren in Handlungsfelder 181
- 3.1.4 Darstellungsschema der Vertrauensfaktoren in diesem Kapitel 183

3.2 Aufgabenbezogene Vertrauensfaktoren 184
- 3.2.1 Umgang mit Absprachen / Regeln 184
  - 3.2.1.1 Absprachen treffen / Regeln vereinbaren (VF-1.1) 185
  - 3.2.1.2 Zusagen einhalten (VF-1.2) 186
  - 3.2.1.3 Bei Nicht-Einhalten von Zusagen informieren (VF-1.3) 187
  - 3.2.1.4 Absprachen / Regeln flexibel handhaben (VF-1.4) 188
  - 3.2.1.5 Diskussion 189
- 3.2.2 Weitergabe von Informationen 189
  - 3.2.2.1 An Wissen teilhaben lassen (VF-2.1) 190
  - 3.2.2.2 Mitdenken und individuell informieren (VF-2.2) 191
  - 3.2.2.3 Informationen vertraulich behandeln (VF-2.3) 192
  - 3.2.2.4 Informationen nicht ausnutzen (VF-2.4) 195
  - 3.2.2.5 Diskussion 196
- 3.2.3 Umgang mit Anweisungen / Aufforderungen 197
  - 3.2.3.1 Anweisungen / Aufforderungen umsetzen (VF-3.1) 197
  - 3.2.3.2 Selbständig arbeiten (VF-3.2) 199
  - 3.2.3.3 Regelmäßig berichten (VF-3.3) 199
  - 3.2.3.4 Bei kritischen Problemen informieren (VF-3.4) 200
  - 3.2.3.5 Freiheit lassen / Zuständigkeiten übertragen (VF-3.5) 201
  - 3.2.3.6 Diskussion 202
- 3.2.4 Bewältigung von Aufgaben 202
  - 3.2.4.1 Kompetent sein / sich auskennen (VF-4.1) 203
  - 3.2.4.2 Qualitativ hochwertige Arbeit machen (VF-4.2) 203
  - 3.2.4.3 Ergebnisse liefern (VF-4.3) 204
  - 3.2.4.4 Arbeitseinsatz / Motivation zeigen (VF-4.4) 204
  - 3.2.4.5 Organisiert und klar vorgehen (VF-4.5) 205

- 3.2.4.6 Taktisch / strategisch vorgehen (VF-4.6) 206
- 3.2.4.7 Initiative und Kreativität zeigen (VF-4.7) 207
- 3.2.4.8 Diskussion 208
- 3.2.5 Umgang mit Konflikten / Schwierigkeiten 208
  - 3.2.5.1 Konflikte offen und proaktiv managen (VF-5.1) 210
  - 3.2.5.2 Eigeninteressen zurückstellen (VF-5.2) 211
  - 3.2.5.3 In Diskussionen sachlich bleiben (VF-5.3) 212
  - 3.2.5.4 Fehler / Schwächen eingestehen (VF-5.4) 213
  - 3.2.5.5 Auf Fehler / Defizite hinweisen (VF-5.5) 214
  - 3.2.5.6 Gegen Widerstand zu seiner Überzeugung stehen (VF-5.6) 215
  - 3.2.5.7 Entschieden und selbstbewusst auftreten (VF-5.7) 216
  - 3.2.5.8 Diskussion 216

3.3 Beziehungsbezogene Vertrauensfaktoren 217

- 3.3.1 Beziehungsaufbau / Beziehungspflege 218
  - 3.3.1.1 Kontakt pflegen / viel kommunizieren (VF-6.1) 219
  - 3.3.1.2 Privates erzählen (VF-6.2) 220
  - 3.3.1.3 Sich privat treffen (VF-6.3) 222
  - 3.3.1.4 Teamgeist / gemeinsame Ziele entwickeln (VF-6.4) 223
  - 3.3.1.5 Freundlich und aufgeschlossen sein (VF-6.5) 223
  - 3.3.1.6 Locker sein / Humor haben (VF-6.6) 224
  - 3.3.1.7 Diskussion 225
- 3.3.2 Aufdeckung von Relationship Fit 225
  - 3.3.2.1 Sympathie / affektive Übereinstimmung (VF-7.1) 227
  - 3.3.2.2 Private / biographische Gemeinsamkeiten (VF-7.2) 228
  - 3.3.2.3 Einigkeit / Ähnlichkeit im Denken/Vorgehen (VF-7.3) 229
  - 3.3.2.4 Diskussion 232
- 3.3.3 Respektvoller Umgang / Facework 233
  - 3.3.3.1 Respekt und Interesse zeigen (VF-8.1) 234
  - 3.3.3.2 Kritik / Widerspruch höflich-indirekt äußern (VF-8.2) 239
  - 3.3.3.3 Bescheiden auftreten / nicht angeben (VF-8.3) 240
  - 3.3.3.4 Zuständigkeiten respektieren (VF-8.4) 241
  - 3.3.3.5 In Entscheidungen einbeziehen (VF-8.5) 242
  - 3.3.3.6 Diskussion 244
- 3.3.4 Fairplay in der Zusammenarbeit 245
  - 3.3.4.1 Ziele / Einschätzungen offenlegen (VF-9.1) 246
  - 3.3.4.2 Nichts vortäuschen (VF-9.2) 249
  - 3.3.4.3 Die Zusammenarbeit ernst nehmen (VF-9.3) 255
  - 3.3.4.4 Anerkennung / Belohnungen fair verteilen (VF-9.4) 256
  - 3.3.4.5 Anständig / korrekt handeln (VF-9.5) 257
  - 3.3.4.6 Diskussion 259
- 3.3.5 Kooperatives Verhalten 261
  - 3.3.5.1 Entgegenkommen / disponibel sein (VF-10.1) 261
  - 3.3.5.2 Schnell reagieren bei Anfragen / Bitten (VF-10.2) 262
  - 3.3.5.3 Helfen / Rat geben (VF-10.3) 263
  - 3.3.5.4 Sich loyal verhalten (VF-10.4) 265
  - 3.3.5.5 Diskussion 267

3.4 Interkulturelle Vertrauensfaktoren ... 267
3.4.1 Umgang mit kultureller Differenz ... 268
- 3.4.1.1 Kulturelle Differenz akzeptieren (VF-11.1) ... 269
- 3.4.1.2 Anpassungsbereitschaft zeigen (VF-11.2) ... 270
- 3.4.1.3 Fremdsprache beherrschen / anwenden (VF-11.3) ... 271
- 3.4.1.4 Fremdkulturinteresse/-wissen zeigen (VF-11.4) ... 272
- 3.4.1.5 Kulturelle Tabus respektieren (VF-11.5) ... 272
- 3.4.1.6 Eigene Arbeitsweisen/-werte erläutern (VF-11.6) ... 273
- 3.4.1.7 Interkulturelle Unterstützung leisten (VF-11.7) ... 274
- 3.4.1.8 Nationale Interessen zurückstellen (VF-11.8) ... 275
- 3.4.1.9 Diskussion ... 276

3.4.2 Verhalten in Bezug auf Stereotype ... 278
- 3.4.2.1 Positivem Fremdbild entsprechen (VF-12.1) ... 278
- 3.4.2.2 Negativem Fremdbild nicht entsprechen (VF-11.2) ... 279
- 3.4.2.3 Diskussion ... 280

3.5 Tabellarischer Überblick des Systems der Vertrauensfaktoren ... 281

3.6 Weitere Einflussfaktoren auf Vertrauen ... 283
3.6.1 Rahmenbedingungen der Vertrauenseinschätzung ... 283
3.6.2 Die Rolle von Reziprozität ... 285
3.6.3 Einflussfaktoren der Situation ... 286

3.7 Fazit: Überwindung der Mehrdeutigkeiten ... 287

4. Kulturunterschiede der Gewichtung von Vertrauensfaktoren ... 291

4.1 Gesamtüberblick der Ergebnisse ... 293
4.1.1 Ergebnisse der Teilgruppenvergleiche ... 293
4.1.2 Gesamtkodierungshäufigkeiten und Rangliste ... 296

4.2 Einzelergebnisse und Diskussion ... 299
4.2.1 Umgang mit Absprachen / Regeln ... 301
4.2.2 Weitergabe von Informationen ... 304
4.2.3 Umgang mit Anweisungen / Aufforderungen ... 305
4.2.4 Bewältigung von Aufgaben ... 306
4.2.5 Umgang mit Konflikten und Schwierigkeiten ... 310
4.2.6 Beziehungsaufbau / Beziehungspflege ... 311
4.2.7 Aufdeckung von Relationship Fit ... 314
4.2.8 Respektvoller Umgang / Facework ... 314
4.2.9 Fairplay in der Zusammenarbeit ... 317
4.2.10 Kooperatives Verhalten ... 318
4.2.11 Interkulturelle Vertrauensfaktoren ... 319

4.3 Zusammenfassung ... 320
4.3.1 Übersicht der wesentlichen Ergebnisse ... 320
4.3.2 Abschließende Überlegung zum Stellenwert der Ergebnisse ... 322

5. Kulturunterschiede der Diagnose von Vertrauensfaktoren ... 325

5.1 Umgang mit Absprachen und Regeln ... 329
- 5.1.1 Stellenwert und Verbindlichkeit von Absprachen [KU-01] ... 329
  - 5.1.1.1 Argumentation ... 329
  - 5.1.1.2 Zitate ... 331
  - 5.1.1.3 Vertrauensmissverständnisse ... 335
  - 5.1.1.4 Interkulturelle Vertrauensmaßnahmen ... 337
- 5.1.2 Kommunikation beim Treffen von Absprachen [KU-02] ... 338
  - 5.1.2.1 Argumentation ... 338
  - 5.1.2.2 Zitate ... 339
  - 5.1.2.3 Vertrauensmissverständnisse ... 340
- 5.1.3 Einfluss von Hierarchieorientierung auf Absprachen [KU-03] ... 341
  - 5.1.3.1 Argumentation ... 341
  - 5.1.3.2 Zitate ... 343
  - 5.1.3.3 Vertrauensmissverständnisse ... 344

5.2 Weitergabe von Informationen ... 345
- 5.2.1 Relevanzbereich von Informationen [KU-04] ... 345
  - 5.2.1.1 Argumentation ... 345
  - 5.2.1.2 Zitate ... 347
  - 5.2.1.3 Vertrauensmissverständnisse ... 350

5.3 Umgang mit Anweisungen / Aufforderungen ... 352
- 5.3.1 Detaillierungsgrad von Anweisungen [KU-05] ... 353
  - 5.3.1.1 Argumentation: Detaillierungsgrad der Formulierung von Anweisungen ... 354
  - 5.3.1.2 Zitate ... 356
  - 5.3.1.3 Vertrauensmissverständnisse ... 358
  - 5.3.1.4 Interkulturelle Vertrauensmaßnahmen ... 359
  - 5.3.1.5 Argumentation: Detaillierungsgrad der Erwartungen bei Anweisungen ... 359
  - 5.3.1.6 Zitate ... 360
  - 5.3.1.7 Vertrauensmissverständnisse ... 361
- 5.3.2 Kommunikation beim selbständigen Arbeiten [KU-06] ... 361
  - 5.3.2.1 Argumentation: Selbständiges Arbeiten in der Führungsrelation ... 361
  - 5.3.2.2 Zitate ... 363
  - 5.3.2.3 Vertrauensmissverständnisse ... 365
  - 5.3.2.4 Argumentation: Selbständiges Arbeiten in der Dienstleisterrelation ... 366
  - 5.3.2.5 Zitate ... 367
  - 5.3.2.6 Vertrauensmissverständnisse ... 368
  - 5.3.2.7 Interkulturelle Vertrauensmaßnahmen ... 369

5.4 Bewältigung von Aufgaben ... 369
- 5.4.1 Gewichtung von Prozessen und Ergebnissen [KU-07] ... 369
  - 5.4.1.1 Argumentation: Planung, Prozesse und Ergebnisse ... 370
  - 5.4.1.2 Zitate ... 371
  - 5.4.1.3 Vertrauensmissverständnisse ... 373
  - 5.4.1.4 Argumentation: Bewertung von taktisch-strategischem Vorgehen ... 375
  - 5.4.1.5 Zitate ... 376
  - 5.4.1.6 Vertrauensmissverständnisse ... 378
  - 5.4.1.7 Interkulturelle Vertrauensmaßnahmen ... 379

Inhaltsverzeichnis

- 5.4.2 Horizont für kreative Mitarbeit [KU-08] ... 379
  - 5.4.2.1 Argumentation ... 379
  - 5.4.2.2 Zitate ... 380
  - 5.4.2.3 Vertrauensmissverständnisse ... 381
  - 5.4.2.4 Interkulturelle Vertrauensmaßnahmen ... 382
- 5.4.3 Organisation des Vorgehens / Zeitmanagement [KU-09] ... 382
  - 5.4.3.1 Argumentation ... 382
  - 5.4.3.2 Zitate ... 384
  - 5.4.3.3 Vertrauensmissverständnisse ... 385
  - 5.4.3.4 Interkulturelle Vertrauensmaßnahmen ... 387

5.5 Umgang mit Konflikten und Schwierigkeiten ... 387
- 5.5.1 Konfliktmanagement: Herangehensweise und Emotionalität [KU-10] ... 389
  - 5.5.1.1 Argumentation: Herangehensweise an Konflikte ... 389
  - 5.5.1.2 Zitate ... 390
  - 5.5.1.3 Vertrauensmissverständnisse ... 391
  - 5.5.1.4 Argumentation: Emotionalität in Auseinandersetzungen ... 392
  - 5.5.1.5 Zitate ... 392
  - 5.5.1.6 Vertrauensmissverständnisse ... 393
  - 5.5.1.7 Interkulturelle Vertrauensmaßnahmen ... 393

5.6 Beziehungsaufbau und Beziehungspflege ... 394
- 5.6.1 Beziehungsentwicklung [KU-11] ... 396
  - 5.6.1.1 Argumentation ... 396
  - 5.6.1.2 Zitate ... 398
  - 5.6.1.3 Vertrauensmissverständnisse ... 402
  - 5.6.1.4 Interkulturelle Vertrauensmaßnahmen ... 403
- 5.6.2 Private Dimension der Beziehung [KU-12] ... 404
  - 5.6.2.1 Argumentation ... 404
  - 5.6.2.2 Zitate ... 409
  - 5.6.2.3 Vertrauensmissverständnisse ... 411
  - 5.6.2.4 Interkulturelle Vertrauensmaßnahmen ... 413
- 5.6.3 Humor: Lockerheitseindruck und unverstandene Ironie [KU-13] ... 413
  - 5.6.3.1 Argumentation ... 413
  - 5.6.3.2 Zitate ... 414
  - 5.6.3.3 Vertrauensmissverständnisse ... 416
  - 5.6.3.4 Interkulturelle Vertrauensmaßnahmen ... 417

5.7 Aufdeckung von Relationship Fit ... 417
- 5.7.1 Camarades de promotion: Alumni derselben Grande Ecole [KU-14] ... 418
  - 5.7.1.1 Argumentation ... 418
  - 5.7.1.2 Zitate ... 419
  - 5.7.1.3 Interkulturelle Vertrauensmaßnahmen ... 420
- 5.7.2 Wahrgenommene Unterschiedlichkeit der Herangehensweise [KU-15] ... 421
  - 5.7.2.1 Argumentation ... 421
  - 5.7.2.2 Zitate ... 421
  - 5.7.2.3 Vertrauensmissverständnisse ... 422

5.8 Respektvoller Umgang / Facework ... 424
- 5.8.1 Äußern von Kritik und Widerspruch [KU-16] ... 425
  - 5.8.1.1 Argumentation ... 425
  - 5.8.1.2 Zitate ... 432
  - 5.8.1.3 Vertrauensmissverständnisse ... 435
  - 5.8.1.4 Interkulturelle Vertrauensmaßnahmen ... 437

5.8.2 Respektieren von Zuständigkeiten [KU-17] 438
    5.8.2.1 Argumentation 438
    5.8.2.2 Zitate 440
    5.8.2.3 Vertrauensmissverständnisse 441
    5.8.2.4 Interkulturelle Vertrauensmaßnahmen 443
5.8.3 Einflussnahme auf Entscheidungsprozesse [KU-18] 444
    5.8.3.1 Argumentation 444
    5.8.3.2 Zitate 445
    5.8.3.3 Vertrauensmissverständnisse 448

5.9 Fairplay in der Zusammenarbeit 449
5.9.1 Äußern von Zielen und Absichten [KU-19] 450
    5.9.1.1 Argumentation 450
    5.9.1.2 Zitate 451
    5.9.1.3 Vertrauensmissverständnisse 453
    5.9.1.4 Interkulturelle Vertrauensmaßnahmen 455

5.10 Kooperatives Verhalten 456
5.10.1 Loyalität gegenüber beruflichen Partnern [KU-20] 456
    5.10.1.1 Zitate 457
5.10.2 Reaktionsgeschwindigkeit bei Anfragen / Bitten [KU-21] 457
    5.10.2.1 Argumentation 457
    5.10.2.2 Zitate 458
    5.10.2.3 Interkulturelle Vertrauensmaßnahmen 460

5.11 Tabellarische Übersicht der Unterschiedsbereiche 461

6. Zusammenfassende Diskussion 465

6.1 Theoretischer Beitrag 465
6.1.1 Theoretische Modellbildung zum Einfluss kultureller Differenz auf die Vertrauensentwicklung 466
6.1.2 Empirische Bestimmung weiterer Beschreibungskategorien 468

6.2 Empirische Ergebnisse 469
6.2.1 Spektrum der Vertrauensfaktoren im Management 469
6.2.2 Kulturunterschiede der Gewichtung von Vertrauensfaktoren 472
6.2.3 Kulturunterschiede der Diagnose von Vertrauensfaktoren 474

6.3 Zusammenführung der Ergebnisse der Einzelauswertungen 476
6.3.1 Systematik der Bezüge zwischen den Teilergebnissen 476
6.3.2 Exemplarische Diskussion am Beispiel von Absprachen und Respekt 477
    6.3.2.1 Bsp.1: Handlungsfeld <Umgang mit Absprachen / Regeln> 477
    6.3.2.2 Bsp.2: Handlungsfeld <Respektvoller Umgang / Facework> 480
6.3.3 Gesamtübersicht 482

6.4 Anknüpfungspunkte für weitere Forschung **488**
    6.4.1   Grenzen und Erweiterungsfähigkeit des theoretischen Modells 488
    6.4.2   Spezifität und Weiterentwicklungsoptionen des Kategoriensystems 489
    6.4.3   Exploratives Interesse und konfirmatorische Anschlussforschung 489

6.5 Nutzen der Ergebnisse in der Personalentwicklung **490**
    6.5.1   Resümee des Anwendungsbezugs der Arbeit und der Ergebnisse 491
    6.5.2   Differenzierung der Anwendungskontexte im Unternehmen 492
            6.5.2.1   Vertrauen, Kultur und Personalentwicklung 492
            6.5.2.2   Vertrauen, Kultur und Organisationsentwicklung 493
    6.5.3   Tabuthema Vertrauen und Relationship Management 494
    6.5.4   Interkulturelles Relationship-Management-Training 496

6.6 Abschließende Einschätzung **503**

Literaturverzeichnis **505**

Anhang **535**

Abbildungsverzeichnis

Abb. E.1: Aufbau der Arbeit 6
Abb. 1.1: Unterschiedliche Blickwinkel auf die Vertrauensrelation 25
Abb. 1.2: Der Einfluss von Gewichtungsschemata auf die Vertrauensbildung 45
Abb. 1.3: Der Einfluss von Interpretationsschemata auf die Faktordiagnose 49
Abb. 1.4: Modell des Einflusses kultureller Unterschiede auf die Vertrauensentwicklung 50
Abb. 1.5: Faktordiagnose: Schluss von Verhaltensbeobachtungen auf Vertrauensfaktoren .. 51
Abb. 1.6: Vertrauensbildung: von diagnostizierten Vertrauensfaktoren zum Vertrauen 52
Abb. 1.7: Die Unterscheidung von Hinsichten des Vertrauens 53
Abb. 1.8: Prozesse der Generalisierung von Vertrauen 54
Abb. 1.9: Kulturelle Prägung als habituelles Oszillieren (nach Demorgon & Molz 1996) 77

Abb. 2.1: Typen mehrgleisiger Mixed-Methods-Designs (nach Foscht et al. 2007) 96
Abb. 2.2: Das verwendete Mixed-Methods-Design 97
Abb. 2.3: Kontrolle der Variablen Sektor, Branche und Unternehmenszugehörigkeit 135
Abb. 2.4: Erfahrung der Interviewpartner im deutsch-französischen Management 139
Abb. 2.5: Kontrolle der Variablen Altersklasse und Geschlecht 140
Abb. 2.6: Ablaufmodell-1: Gesamtüberblick der Datenauswertung 142
Abb. 2.7: Ablaufmodell-2: Entwicklung des Kategoriensystems 149
Abb. 2.8: Ablaufmodell-3: Bestimmung vertrauensrelevanter Unterschiedsbereiche 161

Abb. 3.1: Darstellungsschema für die Handlungsfelder 183

Abb. 5.1: Darstellungsschema für die vertrauensrelevanten Unterschiedsbereiche 328
Abb. 5.2: Explizite und implizite Hinweisschilder in Deutschland und Frankreich 354
Abb. 5.3: Der deutsche Weg hin zu einer privaten Dimension beruflicher Beziehungen ... 407
Abb. 5.4: Der französische Weg hin zu einer privaten Dimension beruflicher Beziehungen ... 408

Tabellenverzeichnis

Tab. 1.1: Bandbreite möglicher Vertrauenssubjekte und Vertrauensobjekte 10
Tab. 1.2: Ebenen der Vertrauensrelation zwischen Individuen und Organisationen 11
Tab. 1.3: Definition von Vertrauen (in Anlehnung an McKnight & Chervany 1996) 17
Tab. 1.4: Das Gefangenendilemma 21
Tab. 1.5: Wenn der Geschäftspartner später erscheint (nach Levine 1988) 44
Tab. 1.6: Auswahl von in der Literatur vorgeschlagenen Vertrauensbedingungen 63
Tab. 1.7: Klassifikation von Vertrauensmissverständnissen und -täuschungen 81

Tab. 2.1: Phasen sozialwissenschaftlicher Forschung (nach Foscht et al. 2007) 90
Tab. 2.2: Methodische Präzisierung der Forschungsfragen 95
Tab. 2.3: Übersicht der Teilgruppen – quasi-experimentelles 2x2 Forschungsdesign 104
Tab. 2.4: Erstes Sampling-Dilemma: Homogenität vs. Heterogenität 108
Tab. 2.5: Zweites Sampling-Dilemma: Große Stichprobe vs. kleine Stichprobe 109
Tab. 2.6: Drittes Sampling-Dilemma: Randomisierung vs. Zugangsschwierigkeit 110
Tab. 2.7: Qualitativ-explorative Erhebungsmethoden der Vertrauensforschung 111
Tab. 2.8: Die erste Interviewleitfrage 118
Tab. 2.9: Die zweite Interviewleitfrage 119
Tab. 2.10: Die dritte Interviewleitfrage 120
Tab. 2.11: Übersicht struktureller, inhaltlich neutraler Nachfragen 124
Tab. 2.12: Semantik des Vertrauens im Deutschen und Französischen 127
Tab. 2.13: Übersicht von Verfahren zur Auswertung unstrukturierter Interviewdaten 129
Tab. 2.14: Eckdaten der Stichprobe 134
Tab. 2.15: Übersicht der drei Auswertungsschritte der Datenauswertung 141
Tab. 2.16: Kriterien für die Kodierung von Falldarstellungen und Kommentarstellen 145
Tab. 2.17: Definition von Vertrauensgründen, -warnungen und -maßnahmen 146
Tab. 2.18: Selektionsregeln für die Identifikation von Analyseeinheiten 147
Tab. 2.19: Überblick des der Kategorienbildung zugrunde gelegten Datenmaterials 150
Tab. 2.20: Parallelisierungsprüfung der V+, V- und Vm Kategorien 152
Tab. 2.21: Gegenüberstellung der DD- und FF-Kategorien (Zwischenstand) 152

Tab. 3.1: Gruppierung der Vertrauensfaktoren in 12 Handlungsfelder mit Leitfragen 182
Tab. 3.2: Die Handlungsfelder der aufgabenbezogenen Vertrauensfaktoren 184
Tab. 3.3: Handlungsfeld-01: <Umgang mit Absprachen / Regeln> 185
Tab. 3.4: Handlungsfeld-02: <Weitergabe von Informationen> 190
Tab. 3.5: Handlungsfeld-03: <Umgang mit Anweisungen / Aufforderungen> 197
Tab. 3.6: Handlungsfeld-04: <Bewältigung von Aufgaben> 203
Tab. 3.7: Handlungsfeld-05: <Umgang mit Konflikten / Schwierigkeiten> 209
Tab. 3.8: Die Handlungsfelder der beziehungsbezogenen Vertrauensfaktoren 217
Tab. 3.9: Handlungsfeld-06: <Beziehungsaufbau / Beziehungspflege> 218
Tab. 3.10: Handlungsfeld-07: <Aufdeckung von Relationship Fit> 226
Tab. 3.11: Handlungsfeld-08: <Respektvoller Umgang / Facework> 234
Tab. 3.12: Handlungsfeld-09: <Fairplay in der Zusammenarbeit> 246
Tab. 3.13: Unterschiedliche vertrauensrelevante Arten von Konsistenz im Handeln 252
Tab. 3.14: Handlungsfeld-10: <Kooperatives Verhalten> 261
Tab. 3.15: Handlungsfeld-11: <Umgang mit kultureller Differenz> 268
Tab. 3.16: Interkulturelle Kompetenz nach INCA und interkulturelle Vertrauensfaktoren 277
Tab. 3.17: Handlungsfeld-12: <Verhalten in Bezug auf Stereotype> 278
Tab. 3.18: Mehrdeutigkeit abstrakter Vertrauensbedingungen: Beispiel 'Offenheit' 288
Tab. 3.19: Mehrdeutigkeit abstrakter Vertrauensbedingungen: Beispiel 'Ehrlichkeit' 289
Tab. 3.20: Mehrdeutigkeit abstrakter Vertrauensbedingungen: Beispiel 'Zuverlässigkeit' 290

Tab. 4.1: Kulturunterschiede der Gewichtung: Ergebnisse der Teilgruppenvergleiche 295
Tab. 4.2: Kodierungshäufigkeiten & Ranglistenposition, Sortierung nach Vertrauensfaktoren 297
Tab. 4.3: Kodierungshäufigkeiten & Ranglistenposition, Sortierung nach Gesamthäufigkeit 298
Tab. 4.4: Beispieltabelle Einzelergebnisse Aufschlüsselung der Kodierungshäufigkeiten 299
Tab. 4.5: Einzelergebnisse Handlungsfeld <Umgang mit Absprachen / Regeln> 301
Tab. 4.6: Häufigkeitsverteilungsschema, das auf kulturelle Unterschiede verweist 303
Tab. 4.7: Einzelergebnisse Handlungsfeld <Weitergabe von Informationen> 304
Tab. 4.8: Einzelergebnisse Handlungsfeld <Umgang mit Anweisungen / Aufforderungen> 305
Tab. 4.9: Einzelergebnisse Handlungsfeld <Bewältigung von Aufgaben> 307
Tab. 4.10: Einzelergebnisse Handlungsfeld <Umgang mit Konflikten / Schwierigkeiten> 310
Tab. 4.11: Einzelergebnisse Handlungsfeld <Beziehungsaufbau / Beziehungspflege> 311
Tab. 4.12: Einzelergebnisse Handlungsfeld <Aufdeckung von Relationship Fit> 314
Tab. 4.13: Einzelergebnisse Handlungsfeld <Respektvoller Umgang / Facework > 315
Tab. 4.14: Einzelergebnisse Handlungsfeld <Fairplay in der Zusammenarbeit> 317
Tab. 4.15: Einzelergebnisse Handlungsfeld <Kooperatives Verhalten> 318
Tab. 4.16: Einzelergebnisse ausgewählter interkultureller Vertrauensfaktoren 320
Tab. 4.17: Signifikante Unterschiede im Vergleich der mono-kulturellen Gruppen 321
Tab. 4.18: Deutscher Vergleich mono- vs. bi-kulturelle Gruppe: signifikante Unterschiede 321
Tab. 4.19: Französischer Vergleich mono- vs. bi-kulturelle Gruppe: signifikante Unterschiede 322
Tab. 4.20: Signifikante Unterschiede im Vergleich der bi-kulturellen Gruppen 322

Tab. 5.1: Vertrauensrelevante Unterschiedsbereiche im ersten Handlungsfeld 329
Tab. 5.2: Bezüge zum Erklärungskonzept «Herangehensweise» 330
Tab. 5.3: Bezüge zum Erklärungskonzept «Direktheit des Kommunikationsstils» 338
Tab. 5.4: Bezüge zum Erklärungskonzept «Hierarchieorientierung» 342
Tab. 5.5: Vertrauensrelevante Unterschiedsbereiche im zweiten Handlungsfeld 345
Tab. 5.6: Bezüge zum Erklärungskonzept «Transversalité» 347
Tab. 5.7: Vertrauensrelevante Unterschiedsbereiche im dritten Handlungsfeld 353
Tab. 5.8: Bezüge zum Erklärungskonzept «Ausführlichkeitskonflikt» 353
Tab. 5.9: Vertrauensrelevante Unterschiedsbereiche im vierten Handlungsfeld 369
Tab. 5.10: Bezüge zum Erklärungskonzept «Monochronie-Polychronie» 384
Tab. 5.11: Vertrauensrelevante Unterschiedsbereiche im fünften Handlungsfeld 388
Tab. 5.12: Unterschiedsbereiche im sechsten Handlungsfeld 394
Tab. 5.13: Bezüge zum Erklärungskonzept «Sach- vs. Beziehungsorientierung» 395
Tab. 5.14: Private Kommunikation in beruflichen Beziehungen: Themen und Orte 406
Tab. 5.15: Vertrauensrelevante Unterschiedsbereiche im siebten Handlungsfeld 418
Tab. 5.16: Vertrauensrelevante Unterschiedsbereiche im achten Handlungsfeld 424
Tab. 5.17: Skala unterschiedlicher Höflichkeitsstrategien (nach Brown & Levinson 1978) 428
Tab. 5.18: Der deutsche und der französische Kommunikationsstil und ihre Wirkungen 431
Tab. 5.19: Vertrauensrelevante Unterschiedsbereiche im neunten Handlungsfeld 449
Tab. 5.20: Vertrauensrelevante Unterschiedsbereiche im zehnten Handlungsfeld 456
Tab. 5.21: Übersicht der vertrauensrelevanten Unterschiedsbereiche 462
Tab. 5.22: Kurzcharakterisierungen und Einflussbereiche der Erklärungskonzepte 463

Tab. 6.1: Die 'Top-Ten' Vertrauensfaktoren mit Kurzcharakterisierung 470
Tab. 6.2: Gruppierung der Vertrauensfaktoren in zwölf Handlungsfelder 471
Tab. 6.3: Die interkulturellen Vertrauensfaktoren 471
Tab. 6.4: Signifikante Unterschiede im Vergleich der mono-kulturellen Gruppen 472
Tab. 6.5: Deutscher Vergleich mono- vs. bi-kulturelle Gruppe: signifikante Unterschiede 473
Tab. 6.6: Französischer Vergleich mono- vs. bi-kulturelle Gruppe: signifikante Unterschiede 473
Tab. 6.7: Signifikante Unterschiede im Vergleich der bi-kulturellen Gruppen 473
Tab. 6.8: Übersicht der vertrauensrelevanten deutsch-französischen Unterschiedsbereiche 474
Tab. 6.9: Übersicht der Erklärungskonzepte mit Kurzcharakterisierung 475
Tab. 6.10: Zusammenführung der Ergebnisse der Einzelauswertungen 483

Einleitung: Vertrauensentwicklung im Management und der Einfluss kultureller Prägungen

Woran kann man erkennen, dass man einem Kollegen oder Geschäftspartner vertrauen kann? Wie kann man einem Kollegen oder Geschäftspartner erfolgreich vermitteln, dass dieser einem Vertrauen schenken kann? Die Entwicklung von Vertrauen zwischen Kollegen oder Geschäftspartnern geht mit Prozessen der Einschätzung der Vertrauenswürdigkeit anderer und der Demonstration eigener Vertrauenswürdigkeit einher. In der vorliegenden Arbeit wird untersucht, inwiefern unterschiedliche kulturelle Prägungen von Kollegen oder Geschäftspartnern die Entwicklung von Vertrauen beeinflussen können.[1] Damit einher geht die konkretere Frage, inwiefern es in den Prozessen der Einschätzung der Vertrauenswürdigkeit anderer bzw. der Demonstration eigener Vertrauenswürdigkeit zu Missverständnissen zwischen den Beteiligten kommen kann.

Zur Untersuchung dieser Fragen unternehme ich die theoretische und methodische Grundlegung eines Forschungsprojekts zur Vertrauensentwicklung im interkulturellen Management und berichte von der Durchführung und den empirischen Ergebnissen dieses Projekts. Ich zeige auf, anhand welcher Faktoren Manager[2] die Vertrauenswürdigkeit von Kollegen oder Geschäftspartnern einschätzen und was sie selbst tun, um anderen zu zeigen, dass diese ihnen vertrauen können. Der Schwerpunkt der Untersuchung liegt jedoch auf der Frage, inwiefern kulturelle Prägungen die Entwicklung von Vertrauen beeinflussen können. Anhand der Zusammenarbeit zwischen deutschen und französischen Managern zeige ich, wie Kulturunterschiede die Entwicklung von Vertrauen beeinflussen und zu 'kulturellen Vertrauensmissverständnissen' führen können. – Einleitend skizziere ich im Folgenden, welche Überlegungen zur Entwicklung des Forschungsprojekts geführt haben und wie die Arbeit aufgebaut ist.

Vertrauen im Management – ein Thema von praktischer Relevanz?

Wie sich im beruflichen Alltag Vertrauen genau entwickelt, ist uns erstaunlicherweise weitgehend unbewusst. Die einleitend formulierten Fragen verweisen auf die Schwierigkeit, spontan zu formulieren, worauf genau man eigentlich achtet, um die Vertrauenswürdigkeit von Kollegen oder Geschäftspartnern einzuschätzen. Offenbar stellt sich uns diese Frage nach Anzeichen für Vertrauenswürdigkeit, nach Bedingungen des Vertrauens bzw. nach 'Vertrauensfaktoren' gewöhnlich nicht. Dies liegt daran, dass die Prozesse der Einschätzung der Vertrauenswürdigkeit anderer – wie auch viele andere Prozesse der Einschätzung anderer Menschen – im Alltag nicht bewusst ablaufen (Gilbert 1989, Thomas 2005e). Vertrauen ist eine Beziehungsqualität, die sich gleichsam 'nebenbei' entwickelt. Ob man jemandem vertrauen kann, merkt man intuitiv, ohne darüber nachdenken zu müssen. Genauso merkt man es, wenn man jemandem nicht oder nicht mehr vertrauen kann. Man könnte diese Fähigkeit, im beruflichen Kontext die Vertrauenswürdigkeit von Kollegen oder Geschäftspartnern einzuschätzen, als eine Form des Erfahrungswissens bzw. des impliziten Wissens bezeichnen. Ein solches Wissen ist nicht reflektiert und kann nur schwer verbalisiert werden kann (Nonaka & Takeuchi 1995, Polanyi 1966). Man verfügt über die entsprechende Fähigkeit bzw. über das entsprechende 'Bauchgefühl' – wie es viele Manager in der Studie formulierten – doch

---

[1] Den Begriff der 'kulturellen Prägung' diskutiere ich zusammen mit dem Begriff der 'Kultur' ausführlich in 1.4.3.
[2] Die Arbeit untersucht Vertrauen zwischen angestellten Führungskräften in Unternehmen. Ich bezeichne sie als 'Manager' oder auch, im Hinblick darauf, dass sie entweder unternehmensintern oder interorganisational zusammenarbeiten, als 'Kollegen' oder 'Geschäftspartner'.

man denkt normalerweise nicht systematisch darüber nach, an welchen Kriterien man sich dabei orientiert.

Diese Beobachtung macht verständlich, warum Vertrauen lange Zeit als Forschungsthema praktisch nicht präsent war (Luhmann 1968: 1). Disziplinenübergreifend gab es bis in die 1980er Jahre hinein nur vereinzelt Beiträge, die sich dem Thema Vertrauen widmeten, und Vertrauen blieb bis in die 1990er Jahre eher ein Randthema (Heisig 1997: 121).[3] Doch seit Mitte der 1990er Jahre drängte sich das Thema in unterschiedlichen Disziplinen in den Vordergrund und es entstand eine Vielzahl an Studien und Publikationen. Ende der 1990er und in den Folgejahren begannen wissenschaftliche Zeitschriften unterschiedlicher Disziplinen, sich teilweise schneller als im Jahresrhythmus mit Sonderausgaben zu Vertrauen zu überbieten.[4] Daneben entwickelte das Thema auch auf dem populärwissenschaftlichen Buchmarkt Konjunktur. Die Anzahl von Büchern mit dem Begriff Vertrauen im Titel, welche der Versandhändler Amazon in seiner Datenbank auflistet, stieg zwischen 2000 und 2010 von 136 auf 1.681.[5] Diesem Trend folgten offenbar auch die Kommunikationsabteilungen von Wirtschaftsunternehmen, so dass es in internationalen Konzernen zunehmend 'zum guten Ton' gehörte, Vertrauen zum Wertekanon des Unternehmens zu zählen (wie etwa in den 1999 vorgestellten fünf Unternehmenswerten der Deutschen Bank oder den 2002 vorgestellten sieben Werten der Robert Bosch GmbH).[6]

Was hat Vertrauen zu einem Thema von breitem Interesse gemacht, das in der Forschung gerade im Bereich der sozialwissenschaftlichen Disziplinen[7] zu einem vielbeachteten Forschungsgegenstand wurde? Die Entwicklung liegt in einer Reihe gesellschaftlicher Veränderungsprozesse der letzten Jahrzehnte begründet, welche die Art und Weise betreffen, wie Organisationen und die Zusammenarbeit zwischen ihnen strukturiert sind und welche Arten individueller Zusammenarbeit im beruflichen Kontext vorherrschen.

Insbesondere im Unternehmenskontext haben flexiblere Organisationsformen enorm an Bedeutung gewonnen – sowohl innerhalb von Unternehmen in Form projektorientierter Arbeitsstrukturen als auch zwischen Unternehmen oder Unternehmenseinheiten in Form von Kooperationen, strategischen Allianzen oder Joint Ventures (Lewicki & Bunker 1996, Rousseau et al. 1998). Diese Entwicklung führte dazu, dass die für die Zusammenarbeit notwendigen Steuerungs- und Kontrollfunktionen immer weniger durch hierarchische Struktu-

---

[3] Einflussreich waren die Beiträge von Deutsch (1962), Rotter (1967) und Luhmann (1968).
[4] Beispiele für Sonderausgaben sozialwissenschaftlicher Zeitschriften zu Vertrauen sind: Special Issue on Trust in Organizations (1997, Academy of Management Review 23/3); Special Issue on Trust and Control in Organizational Relations (2001, Organization Studies 2/22); Special Issue on Trust in the Workplace (2003, International Journal of Human Resource Management 14/1); Special Issue on Trust in an Organizational Context (2003, Organization Science 14/1); Special Issue on Trust within Organisations (2003, Personnel Review 32/5); Special Issue on the Micro-Foundations of Organizational Trust (2004, Journal of Managerial Psychology 19/6); Special Issue on Trust and Trustworthiness (2004, Journal of Economic Behavior & Organization 55/4); Special Issue on Trust and Strategic Change (2005, Strategic Change 14/2); Special Issue on the Trust-Control Nexus in Organizational Relations (2005, International Sociology 20/3); Special Issue on Trust for Virtual Organisations and Virtual Teams (2008, International Journal of Networking and Virtual Organisations 5/1).
[5] Auf www.amazon.de ergab die Suche nach Büchern mit 'Vertrauen' im Titel am 17.10.2010: 1681 Treffer, am 09.10.2008: 1043 Treffer, am 27.03.2007: 984 Treffer, am 29.03.2006: 712 Treffer, am 23.03.2004: 553 Treffer (eigene Recherche) sowie im August 2000 nur 136 Treffer (vgl. Hoyningen-Huene 2001: 77).
[6] Die fünf Werte der Deutsche Bank AG (vgl. Steffens-Duch 2000: 86): Leistung, Vertrauen, Teamwork, Innovation, Kundenfokus. Die sieben Werte der Robert Bosch GmbH (vgl. Robert Bosch GmbH 2004: 1): Zukunfts- und Ertragsorientierung, Verantwortlichkeit, Initiative und Konsequenz, Offenheit und Vertrauen, Fairness, Zuverlässigkeit, Glaubwürdigkeit und Legalität, Kulturelle Vielfalt.
[7] Mit dem Begriff 'sozialwissenschaftlich' beziehe ich mich in der vorliegenden Arbeit auf Beiträge aus dem Umfeld der sozial- und verhaltenswissenschaftlichen Disziplinen wie der Sozialpsychologie (insbesondere im Wirtschaftskontext, das heißt als Arbeits- und Organisationspsychologie), der verhaltensorientierten Betriebswirtschaftslehre bzw. der 'Management and Organizational Studies' und der Soziologie.

ren bzw. die Autorität von Vorgesetzten erfüllt werden können (Sheppard & Tuchinski 1996). Als Konsequenz kommt dem Vertrauen zwischen wichtigen Einzelakteuren eine gestiegene Bedeutung zu (Limerick & Cunnington 1993). Insbesondere betrifft dies Personen mit 'Schnittstellenfunktion', die zwischen Organisationen oder auch unternehmensintern zwischen Team- oder Projektstrukturen vermitteln. Man spricht von „boundary spanning" oder „boundary role persons" (Adams 1976, Curral & Judge 1995) oder auch direkt von 'Vertrauenshütern' („trust guardians", Child 2001).
Daneben gewinnt Vertrauen aber auch für die Arbeitsprozesse selbst an Bedeutung. Schließlich zielen die beschriebenen organisationalen Veränderungen darauf, Unternehmen schneller und reaktiver zu machen, weswegen der unternehmerischen Initiative Einzelner mehr Raum gegeben wird (Lewicki & Bunker 1996). Man spricht von „self-directed teams" oder „self-managed teams" (Lawler 1992), in welchen schnelle Eigeninitiative, Teamwork und freiwillige Kooperation gefragt sind. Das funktioniert weniger gut, wenn es in den Teams an Vertrauen mangelt – sowohl zwischen gleichrangigen Teammitgliedern als auch in der Beziehung zwischen Vorgesetzten und Mitarbeitern (Mayer et. al 1995, Rousseau et al. 1998). Hinzu kommt, dass sich die Art der Arbeit verändert. An Bedeutung gewinnt intellektuelle Arbeit bzw. 'Wissensarbeit'. Dies macht es schwieriger, Arbeitsleistungen anzuordnen und zu kontrollieren, und auch deshalb gewinnt Vertrauen gegenüber Mitarbeitern an Bedeutung (Tyler 2003).
Die Liste der Erklärungsansätze zum offensichtlichen Bedeutungsgewinn der Vertrauensthematik ließe sich verlängern und differenzieren. Doch ein Punkt ist bislang unklar geblieben: Dass Vertrauen wichtiger wird, heißt nicht unbedingt, dass Vertrauen schwieriger wird. Die beschriebenen Prozesse erklären, warum Vertrauen in den Fokus gerückt ist, und sie sind ein plausibler Grund dafür, dem Aufbau von Vertrauen in vielerlei Hinsicht mehr Aufmerksamkeit zu schenken. Doch bedeutet dies nicht schlicht, dass unsere Fähigkeit, vertrauensvolle berufliche Beziehungen zu entwickeln, an Bedeutung gewinnt – also dass wir etwas, das wir ohnehin können, nun eben verstärkt tun müssen? Oder steckt hinter dem massiv gestiegenen Interesse an Vertrauen noch mehr?

Ein zweiter Blick auf die gesellschaftlichen Veränderungsprozesse zeigt, dass sich auch eine Reihe grundsätzlich neuer Herausforderungen für die Entwicklung von Vertrauen ergeben. Vertrauen ist nicht nur wichtiger geworden. Es ist zudem schwieriger geworden, Vertrauen aufzubauen. Auch dafür gibt es unterschiedliche Gründe. Zu nennen ist beispielsweise die 'Virtualisierung' der beruflichen Zusammenarbeit. Durch den Einsatz von Kommunikationstechnologien für die Zusammenarbeit via Email, Videokonferenz, Internet/Intranet, Shared Workspace oder Homeoffice sinkt in den beruflichen Arbeitsbeziehungen der Anteil der direkten 'face-to-face' Kommunikation. Die virtuelle Zusammenarbeit erschwert die gemeinsame Kaffeepause und beschränkt die Bandbreite der in der direkten Interaktion für die Einschätzung von Kollegen oder Geschäftspartnern zur Verfügung stehenden Aspekte. Nicht oder nur eingeschränkt zur Verfügung stehen etwa Mimik, Gestik, Körperhaltung oder auch die Stimmlage des Partners (vgl. Jarvenpaa et al. 1998, Jarvenpaa & Leidner 1999, Tyler 2003).
Ein zweiter Faktor, der heute die Entwicklung von Vertrauen erschwert, ist die 'Beschleunigung' von Prozessen im beruflichen Kontext. Durch die beschriebene Flexibilisierung von Arbeitsbeziehungen und die Beschleunigung des organisationalen Wandels verkürzen sich die Zeitspannen, innerhalb derer sich individuelle Arbeitsbeziehungen entwickeln können. Im Vergleich zur traditionellen Aufgabenbearbeitung in Linienorganisationen kann sich interpersonales Vertrauen unter der Bedingung der raschen Konstitution und Schnelllebigkeit zeitlich befristeter Projektteams nicht längerfristig entwickeln, bestätigen und festigen. Es

wird gleichsam nötig, Vertrauen 'sofort' aufzubauen („swift trust", Meyerson et al. 1996; „initial trust", McKnight et al. 1998) – nicht nur in neuen Projektteams, sondern auch bei Stellenwechseln, im Aufbau von Joint Ventures oder bei Integrationsprozessen nach Firmenzusammenschlüssen oder -übernahmen. Aus soziologischer Sicht wird in diesem Zusammenhang argumentiert, dass diese Entwicklung nicht nur die Vertrauensentwicklung im Einzelfall erschwert, sondern dass sie darüber hinaus wichtige Voraussetzungen für die Entwicklung von Vertrauen in Frage stellt. Mit dem sinkenden Stellenwert gewachsener längerfristiger Beziehungen geht eine Verringerung des 'Sozialkapitals' einher – in Bezug auf die Gesamtgesellschaft wie auch in Bezug auf einzelne Organisationen (Farnham 1989, Putnam 2000). Gemeint ist damit, dass die grundsätzliche Bereitschaft der Mitglieder von Gesellschaften oder Organisationen, neue Kooperationsbeziehungen aufzubauen, sinkt. Dies bedeutet wiederum, dass es das soziale Umfeld für jeden Einzelnen schwieriger macht, neue soziale Beziehungen aufzubauen und schnell Vertrauen zu entwickeln.

Forschungsboom und Forschungslücken

Vertrauen wird also wichtiger und zugleich gestaltet sich die Vertrauensentwicklung in mancher Hinsicht schwieriger. Die Antwort der Sozialwissenschaften ist eine inzwischen äußerst umfangreiche interdisziplinäre Forschungsliteratur, welche das Phänomen Vertrauen aus unterschiedlichen Blickwinkeln theoretisch wie empirisch untersucht. So betrachtet sie unter anderem die Frage, wie Vertrauen entsteht bzw. welche Faktoren den Aufbau von Vertrauen zwischen Kollegen oder Partnern bestimmen. Allerdings – und das ist der Ausgangspunkt der vorliegenden Arbeit – blieb eine grundsätzliche Rahmenbedingung der Vertrauensentwicklung im Management international tätiger Unternehmen bislang weitgehend unbeachtet. Die bisherigen Forschungsbemühungen, die darauf zielten, die Entstehensbedingungen von Vertrauen empirisch genauer zu bestimmen und davon ausgehend Erhebungsinstrumente für die quantitative Vertrauensforschung zu konstruieren (vgl. 1.2.1), ließen weitgehend unberücksichtigt, dass diese Frage letztlich nicht unabhängig von den kulturellen Prägungen der Akteure gestellt werden kann. Die Gültigkeit der Ergebnisse dieser Studien und Instrumente bleibt zunächst einmal auf den kulturellen Kontext der Untersuchungsteilnehmer beschränkt (und damit häufig auf die US-amerikanische Kultur). Denn es ist angesichts der etablierten Ergebnisse der kulturvergleichenden und interkulturellen Forschung[8] nicht anzunehmen, dass sich interpersonales Vertrauens kulturübergreifend in genau gleicher Weise entwickelt. Manager, die in unterschiedlichen nationalen Kulturen und ihren jeweiligen Familienstrukturen, Ausbildungssystemen und Medienwelten aufwachsen, entwickeln tendenziell unterschiedliche Gewohnheiten, Einstellungen oder Werte – beispielsweise im Hinblick auf ihr Hierarchieverständnis, die Frage von Führung und Mitarbeitermotivation, ihren Kommunikationsstil oder ihr Zeitmanagement (vgl. 1.2.2). Mehr oder weniger offensichtlich treffen solche unterschiedlichen kulturellen Prägungen in der heutigen Arbeitswelt immer häufiger aufeinander. Nicht nur für die Mannschaften der deutschen Fußball-Bundesliga, sondern auch für viele deutsche Unternehmen und deren Auslandsniederlassungen gilt, dass die Mitarbeiter (bzw. Mitspieler) aus unterschiedlichen Kulturräumen stammen.

Betrachten wir dies im Zusammenhang mit der oben geschilderten strukturellen Entwicklung von Organisationen, so wird eine zusätzliche Schwierigkeit für den Aufbau von Vertrauen deutlich: Die beschriebene Herausforderung, in virtuellen Kooperationsbeziehungen oder in

---

[8] Es ist zu unterscheiden zwischen einerseits kulturvergleichenden Ansätzen, die einzelne Kulturen untersuchen und vergleichen, und andererseits interkulturellen Ansätzen, welche die Interaktion zwischen Angehörigen unterschiedlicher Kulturen untersucher, vgl. die Diskussion in 1.2.2; abgesehen von dieser Diskussion in 1.2.2 verwende ich 'interkulturell' als übergeordneten Begriff.

kurzen projektbasierten Arbeitsbeziehungen Vertrauen aufzubauen, kann sich durch die unterschiedlichen kulturellen Hintergründe der Akteure noch erhöhen. Es können unterschiedliche Erwartungen, Gewohnheiten oder Präferenzen bezüglich der Ziele oder der Organisation des Arbeitsprozesses etc. zu Tage treten, welche die Einschätzung der Vertrauenswürdigkeit bzw. die Entwicklung von Vertrauen erschweren. Dieser Effekt kann sich gerade in internationalen Unternehmenskooperationen sehr nachteilig auswirken. Denn hier erfüllt Vertrauen eine besonders wichtige Rolle, da vertragliche Bindungen aufgrund unterschiedlicher Rechtssysteme schwieriger zu realisieren sind und ihre etwaige Durchsetzung „kostspieliger oder erfolgsunsicherer" wäre (vgl. Kühlmann 2004: 68f.). Der sozialwissenschaftlichen Vertrauensforschung stellt sich damit die Herausforderung, systematisch zu untersuchen, inwiefern kulturelle Unterschiede die Entwicklung von Vertrauen beeinflussen können.

Die skizzierte Forschungsfragestellung hat zudem offensichtlich eine praktische Relevanz. Eine entsprechende Forschung hilft zu klären, inwiefern kulturelle Unterschiede dazu führen können, dass Vertrauen verloren geht oder eine vertrauensvolle Zusammenarbeit gar nicht erst zustande kommt – in anderen Worten: inwiefern international tätige Manager in 'kulturelle Vertrauensmissverständnisse' geraten können. Der Alltag von Managern der oberen und mittleren Führungsebenen großer Unternehmen ist geprägt von schwierigen Entscheidungen auf Basis unsicherer Informationen in einem häufig politisch heiklen Umfeld. Wer hier nicht erfolgreich darin ist, tragfähige vertrauensvolle Beziehungen aufzubauen und niemanden zu seinen Vertrauten zählen kann, kommt nicht weit. Erfolgreiche Manager können es sich nicht leisten, Möglichkeiten zur Entwicklung tragfähiger Vertrauensbeziehungen zu verschenken oder mühsam aufgebautes Vertrauen leichtfertig aufs Spiel zu setzen. Insbesondere in schwierigen Situationen, harten Verhandlungen und Krisen sind Manager gefordert, Geschäftspartner zuverlässig einzuschätzen und, soweit möglich, Vertrauen aufzubauen. Wenn dies nicht gelingt, können die Geschäftsverhandlungen oder das Krisenmanagement scheitern. Dieser hohe Stellenwert von Vertrauen im Management ist der Grund, warum die Frage nach 'kulturellen Vertrauensmissverständnissen' sehr wichtig sein kann. Denn heute kommt für Manager der oberen und mittleren Führungsebenen gewöhnlich die beschriebene Schwierigkeit hinzu, dass ihre Kollegen und Partner aus anderen Kulturen stammen als sie selbst. Kann allein dies dazu führen, dass Vertrauen verloren geht oder sich gar nicht erst entwickelt? Können kulturelle Unterschiede dazu führen, dass ein Manager zu der Ansicht gelangt, er könne einem wichtigen Kollegen oder Geschäftspartner nicht vertrauen ('Der will mich täuschen!'), obwohl diese Einschätzung aus einer objektiven Perspektive nicht gerechtfertigt ist und auf einem kulturellen Missverständnis beruht? Diese Fragen verdeutlichen die praktische Relevanz des Forschungsinteresses am Einfluss kultureller Unterschiede auf die Entwicklung von Vertrauen im Management.

Wer erforschen möchte, inwiefern kulturelle Unterschiede die Entwicklung von Vertrauen beeinflussen können, für den liegt es nahe, sich im Bereich der bisherigen sozialwissenschaftlichen Forschung zu den Einflüssen kultureller Differenz auf Interaktions- und Kommunikationsprozesse umzusehen. Doch wie auf der einen Seite die bisherige Vertrauensforschung im Bereich Management und Organisation die Einflüsse kultureller Differenz bislang wenig in den Blick genommen hat, so gilt auf der anderen Seite, dass in der Forschung zu interkulturellem Management bzw. interkultureller Wirtschaftskommunikation die Frage der Vertrauensentwicklung bislang nicht im Fokus stand. Zwar wird teilweise Vertrauensverlust als mögliches Ergebnis kultureller Missverständnisse genannt und in manchen empirischen Studien werden Fragen zu Vertrauen oder der Entwicklung von Vertrauen auch am Rande untersucht. Allerdings liegt in qualitativen Studien der Schwerpunkt meist auf einer allgemeinen Beschreibung von Kulturunterschieden, die zu Interaktionsschwierigkeiten führen können. Wie sich diese Kulturunterschiede auf die Entwicklung interpersonalen Vertrauens auswirken, wird in der Regel nicht untersucht. Auch in quantitativen Studien bleibt die Herangehensweise an Vertrauen häufig sehr allgemein. Die Betrachtung von Vertrauen bzw. von Prozessen der Vertrauensentwicklung erfolgt nicht differenziert genug, um vertrauensrelevante Kulturunterschiede genauer bestimmen zu können.[9] Damit eröffnet sich im Schnittfeld von Vertrauensforschung und interkultureller Managementforschung ein aussichtsreiches Forschungsfeld. Denn es ist anzunehmen, dass die Entwicklung von Vertrauen im Management durch kulturrelative Faktoren bedingt ist, und eine genauere Klärung dieses Einflusses kultureller Differenz auf die Entwicklung von Vertrauen verspricht wissenschaftlich neue Erkenntnisse von praktischer Relevanz.

Ziel und Aufbau der Arbeit

Die vorliegende Arbeit handelt vom Einfluss kultureller Differenz auf die Entwicklung interpersonalen Vertrauens im Management. Beschrieben werden ein theoretisches Modell und darauf aufbauend eine empirische Untersuchung dieses Einflusses. Es wird damit theoretisch begründet und empirisch nachgewiesen, dass es zwei Arten solcher Einflüsse gibt und dass diese zu kulturellen Vertrauensmissverständnissen führen können.

Die Arbeit gliedert sich in fünf Kapitel und eine zusammenfassende Diskussion. Auf die Entwicklung des theoretischen Ansatzes (Kap. 1) und der Methodik der empirischen Studie (Kap. 2) folgen drei Ergebniskapitel (Kap. 3-5). Das erste Ergebniskapitel beschreibt, anhand welcher Faktoren Manager die Vertrauenswürdigkeit von Kollegen oder Geschäftspartnern einschätzen. Die beiden anderen Ergebniskapitel beschreiben die zwei Arten des Einflusses kultureller Unterschiede auf die Vertrauenseinschätzung am Beispiel der deutsch-französischen Zusammenarbeit (vgl. Abb. E.1).

Abb. E.1: Aufbau der Arbeit

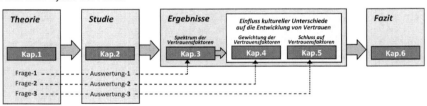

Im ersten Kapitel wird nach einer grundsätzlichen Klärung des Begriffs 'Vertrauen' eine Sichtung der für die Fragestellung der Arbeit einschlägigen Forschungsfelder unternommen. Dabei wird aufgezeigt, inwiefern sich erstens die Vertrauensforschung um die Betrachtung des Einflusses kultureller Prägungen ergänzen lässt, dass hierfür zweitens noch kein ausgereiftes und empirisch abgesichertes theoretisches Modell zur Verfügung steht und dass es drittens in der interkulturellen Vertrauensforschung notwendig ist, die Angemessenheit der verwendeten theoretischen Konstrukte für die Beschreibung der untersuchten Kulturen methodisch abzusichern.

---

[9] Im World Value Survey, auf dessen Daten sich viele Studien stützen, wird schlicht gefragt: „Generally speaking, would you say that most people can be trusted or that you can´t be too careful in dealing with people?" Es wird nicht berücksichtigt, dass man sehr unterschiedliche Dinge unter 'jemandem vertrauen können' verstehen kann oder dass es sehr unterschiedliche Entstehensbedingungen für Vertrauen geben kann – insbesondere im Vergleich unterschiedlicher Kulturen. (Die Fragebögen des World Value Survey finden sich unter www.worldvaluessurvey.org; vgl. auch Inglehart 1990, 1997 und Inglehart & Welzel 2005.)

Anschließend wird eine Theorie entwickelt, welche erklärt und begründet, auf welche Weise Kulturunterschiede die Entwicklung von Vertrauen beeinflussen können und aus welchen Gründen Vertrauensmissverständnisse – und zwar insbesondere *kulturelle* Vertrauensmissverständnisse – entstehen können. Dazu wird der Prozess der Vertrauensentwicklung in einem Zweiphasen-Modell rekonstruiert und für beide Phasen spezifiziert, auf welche Weise kulturelle Unterschiede die Vertrauensentwicklung beeinflussen können. Damit liefert das Kapitel einen Beitrag zur Theoriebildung der interkulturellen Vertrauensforschung und ermöglicht die Formulierung dreier konkreter Forschungsfragen für die empirische Untersuchung. Die erste Frage trägt dem Forschungsstand Rechnung und zielt darauf, in einer für die Bestimmung kultureller Unterschiede geeigneten Weise und damit auf einem deutlich höheren Differenzierungsniveau als in bisherigen Beiträgen relevante Faktoren für die Einschätzung der Vertrauenswürdigkeit von Kollegen oder Geschäftspartnern herauszuarbeiten:

(1) Welches sind die Faktoren, anhand derer Manager im beruflichen Alltag die Vertrauenswürdigkeit von Kollegen oder Geschäftspartnern einschätzen ('Vertrauensfaktoren')?

Auf diese Frage aufbauend nehmen dann zwei weitere Forschungsfragen die beiden theoretisch identifizierten Einflussbereiche kultureller Differenz auf die Vertrauensentwicklung in den Blick:

(2) Werden bestimmte Vertrauensfaktoren in unterschiedlichen Kulturen unterschiedlich stark gewichtet?

(3) Wird in unterschiedlichen Kulturen auf unterschiedliche Weise von beobachtetem Verhalten auf Vertrauensfaktoren geschlossen?

Im zweiten Kapitel wird ein Forschungsdesign zur empirischen Untersuchung der drei Forschungsfragen entwickelt und es werden die Datenerhebung und der Auswertungsprozess beschrieben. Die Beschreibung von Ausarbeitung und Durchführung des Forschungsdesigns liefert einen Beitrag zu der noch jungen methodologischen Diskussion der interkulturellen Vertrauensforschung.
Vor dem Hintergrund des einschlägigen Forschungsstands wurde für die empirische Studie der Arbeit ein explorativer Zugang gewählt. Durchgeführt wurde die Untersuchung am Beispiel der deutsch-französischen Zusammenarbeit im Wirtschaftskontext, denn hier erschien vor dem Hintergrund des Forschungsstands ein sowohl differenzierter als auch weiterführender Beitrag möglich. Die Datenerhebung erfolgte in Form einstündiger halbstandardisierter Interviews mit insgesamt 100 Managern der oberen und mittleren Führungsebenen von in Deutschland und Frankreich aktiven Konzernen.
Die Datenauswertung umfasste drei Schritte. (1) Zunächst wurde zur Beantwortung der ersten Forschungsfrage auf dem für eine interkulturelle Betrachtung nötigen Differenzierungsniveau das Spektrum der 'Vertrauensfaktoren' herausgearbeitet, die für deutsche und französische Manager relevant sind. Dazu diente eine qualitative Inhaltsanalyse von Berichten der interviewten Manager über die Vertrauensentwicklung in einzelnen konkreten beruflichen Beziehungen. In der Inhaltsanalyse wurden in einem Prozess der induktiven Kategorienbildung die Vertrauensfaktoren der interviewten Manager bestimmt und damit die Grundlage für die Beantwortung der anderen beiden Forschungsfragen gelegt. (2) Zur Beantwortung der zweiten Forschungsfrage wurden anschließend mithilfe des entwickelten Kategoriensystems der Vertrauensfaktoren die Vertrauensentwicklungsberichte der interviewten Manager kodiert. Damit konnten die Kodierungshäufigkeiten der einzelnen Vertrauensfaktoren zwischen den Teilgruppen deutscher und französischer Manager verglichen werden. (3) Zur Beantwortung der dritten Forschungsfrage wurden die Kommentare der in der deutsch-französischen Zusammenarbeit erfahrenen Manager zu ihren Vertrauensent-

wicklungsberichten ausgewertet. Diese Manager verfügten zum Zeitpunkt der Interviews über durchschnittlich 14,2 Jahre Erfahrung im deutsch-französischen Management. Sie beschreiben in ihren Kommentaren, welche Verhaltensweisen sie in ihrem beruflichen Alltag selbst erwarten bzw. an den Tag legen und inwiefern sich ihrer Erfahrung nach Kollegen und Geschäftspartner der anderen Kultur hierin von ihnen unterscheiden. In einer qualitativen Inhaltsanalyse dieser Kommentarstellen im Abgleich mit einem Literaturreview der deutsch-französischen Managementforschung wurden vertrauensrelevante Bereiche deutsch-französischer Differenz herausgearbeitet.

Im dritten Kapitel wird in Form einer systematischen Gliederung beschrieben, welche 'Vertrauensfaktoren' für die interviewten Manager von Relevanz sind. Insgesamt werden 60 Vertrauensfaktoren in einer für die interkulturelle Forschung hinreichend differenzierten Form beschrieben und damit ein Beitrag zur Diskussion um die Entstehensbedingungen von Vertrauen im Management geleistet.

Im vierten Kapitel werden die Ergebnisse der kulturvergleichenden Auswertung der Häufigkeiten berichtet, mit welchen die interviewten Manager einzelne Vertrauensfaktoren zur Einschätzung der Vertrauenswürdigkeit ihrer Kollegen und Geschäftspartner heranziehen. In der Auswertung zeigte sich, inwiefern einige der Vertrauensfaktoren von den deutschen und französischen Managern der Stichprobe unterschiedlich gewichtet werden. Aus diesen Kulturunterschieden der Gewichtung einzelner Vertrauensfaktoren ergibt sich in der Managementpraxis ein Potenzial für 'kulturelle Vertrauensmissverständnisse'.

Im fünften Kapitel geht es um Kulturunterschiede im Hinblick auf die Frage, wann und inwiefern die interviewten Manager das Verhalten ihrer Kollegen oder Geschäftspartner als vertrauensrelevant einstufen bzw. n Bezug auf einen Vertrauensfaktor interpretieren. Dies ergänzt die Frage nach der unterschiedlichen Gewichtung von Vertrauensfaktoren aus dem vierten Kapitel. Beschrieben werden deutsch-französische Unterschiede in der Art und Weise, wie die interviewten Manager anhand von beobachtetem Verhalten auf einzelne Vertrauensfaktoren schließen. Diese Ergebnisse helfen zugleich an einigen Stellen, die im vierten Kapitel berichteten Gewichtungsunterschiede einzelner Vertrauensfaktoren zu interpretieren. Herausgearbeitet wurden insgesamt 21 vertrauensrelevante deutsch-französische Unterschiedsbereiche. Dargestellt werden zudem empirisch gefundene Beispiele dafür, wie sich durch diese Kulturunterschiede konkrete 'kulturelle Vertrauensmissverständnisse' ergeben können. Zudem werden 'interkulturelle Vertrauensmaßnahmen' beschrieben, das heißt Verhaltensweisen der interviewten Manager, mit welchen sie darauf zielen, in der interkulturellen Zusammenarbeit Vertrauensmissverständnisse zu vermeiden und die Entwicklung von Vertrauen gezielt zu fördern.

Die in den drei Auswertungsschritten umgesetzte explorative Herangehensweise führte zu umfangreichen Ergebnissen, deren Darstellung Raum beansprucht. Die Ergebnisse werden im Zusammenhang mit ihrer Darstellung in den Kapiteln 3-5 diskutiert, und es wird auf Zusammenhänge mit bestehenden Forschungsergebnissen verwiesen. Gegenstand des **sechsten Kapitels** ist dann die zusammenfassende Diskussion der Arbeit, welche nicht nur Ergebnisse der drei Auswertungsschritte zusammenfasst, sondern auch die Bezüge zwischen diesen Teilergebnissen aufzeigt. Zudem wird skizziert, welchen Einschränkungen die Studie und die berichteten Ergebnisse unterliegen und in welcher Hinsicht sie Anküpfungspunkte für die weitere Forschung liefern. Die Arbeit schließt mit einer Diskussion, wie die Ergebnisse in der Unternehmenspraxis bzw. in der Personalentwicklung genutzt werden können, und einem konzeptionellen Vorschlag für ein entsprechendes 'Interkulturelles Relationship-Management-Training'.

1. Eine Theorie des Einflusses kultureller Differenz auf die Entwicklung von Vertrauen

Die Beschäftigung mit Vertrauen ist vielfältig und facettenreich, und nicht selten wird in Diskussionen über Vertrauen schlicht aneinander vorbei geredet. Für eine wissenschaftliche Beschäftigung mit dem Thema Vertrauen ist es daher sehr wichtig zu klären, was man unter Vertrauen versteht. Entsprechend dient der erste Abschnitt dieses Kapitels dazu, auf Basis der Forschungsliteratur die wesentlichen Komponenten dessen, was man unter 'Vertrauen' verstehen kann, systematisch voneinander zu unterscheiden (1.1). Der zweite Abschnitt gibt eine Übersicht der für die Fragestellung relevanten Forschungsliteratur. Mit dem Interesse für den Einfluss kultureller Unterschiede auf die Entwicklung von Vertrauen bewegt sich die vorliegende Arbeit im Schnittfeld der Vertrauensforschung und der interkulturellen Managementforschung. Ich werde daher auf diese beiden Forschungsfelder eingehen und insbesondere Forschungsbeiträge aus ihrem Schnittfeld betrachten (1.2). Der Hauptteil des Kapitels präsentiert anschließend eine Theorie des Einflusses kultureller Differenz auf die Entwicklung von Vertrauen. Ich werde zwei grundlegende Einflussbereiche kultureller Differenz auf die Vertrauensentwicklung beschreiben und sie in einem Modell der Vertrauensentwicklung zusammen führen (1.3). Danach werde ich mich ausführlicher der theoretischen Fundierung dieses Modells widmen (1.4). Eine genauere theoretische Ausarbeitung des bereits in der Einleitung genannten Konzept des 'kulturellen Vertrauensmissverständnisses' als mögliche Konsequenz des Einflusses kultureller Differenz auf die Vertrauensentwicklung ist Gegenstand des fünften Abschnitts (1.5). Das Kapitel schließt mit einem zusammenfassenden Überblick und der Formulierung der drei Forschungsfragen für die empirische Studie (1.6).

1.1 Vertrauen: Grundlegende Aspekte und Unterscheidungen

Meinem Geschäftspartner in spe – kann ich ihm vertrauen? Kann ich seinem Vorschlag vertrauen? Kann ich seiner Organisation vertrauen? Kann ich der Regierung in seinem Land vertrauen? Vielleicht hilft letztlich nur Gottvertrauen. Sicher ist jedoch, dass uns das Thema Vertrauen in äußerst vielfältiger Weise begegnet. Vertrauen ist nicht nur Teil unserer beruflichen und privaten Alltagserfahrung. Es gibt darüber hinaus eine breite Vielfalt akademischer Disziplinen und Unterdisziplinen, in welchen man sich Vertrauen aus sehr unterschiedlichen Perspektiven nähert. Es erstaunt daher nicht, dass ein solcher Gegenstand, der offenbar auf ein äußerst breitgefächertes Interesse stößt, sich in theoretischer Hinsicht recht 'schillernd' zeigt. So vielfältig die Kontexte und Interessenlagen der Beschäftigung mit dem Thema Vertrauen, so unterschiedlich ist, was darunter verstanden wird. Die Literatur zu Vertrauen spart nicht mit entsprechenden Anmerkungen. Schon Griffin (1967: 104) erschien Vertrauen als „a somewhat mystical and intangible factor". Lewis & Weigert (1985: 976) nannten Vertrauen "a highly complex and multi-dimensional phenomenon". Taylor (1989: 85) fand deutlichere Worte und sprach von „a bewildering array of meanings and connotations". Auch für Williamson (1993: 453) blieb Vertrauen „a term with many meanings" und McKnight & Chervany (1996: 6) können auf Basis ihres Review zur Vertrauensdefinitionen die begriffliche Verwirrung um Vertrauen nur bestätigen („conceptual confusion"). – Es erscheint daher sinnvoll, eine Reihe grundlegender Aspekte und Unterscheidungen gleich zu Beginn zu klären. Im Folgenden werde ich einen kleinen theoretischen 'Rundgang' unternehmen und auf Basis der Forschungsliteratur die wesentlichen Komponenten des Vertrauensbegriffs erläutern sowie präzisieren, was ich in der vorliegenden Arbeit unter 'Vertrauen' verstehe.

1.1.1 Ein logisch-grammatikalischer Blick auf Vertrauen

1.1.1.1 Subjekte und Objekte der Vertrauensrelation

Wenn man Licht in den 'Dschungel' der Vertrauensdefinitionen bringen möchte (vgl. 1.1.2), ist es zunächst hilfreich, sich die Sprachlogik des Vertrauensbegriffs vor Augen zu führen. Vertrauen ist aus linguistischer Sicht mindestens eine sogenannte zweistellige Relation. Das bedeutet: Es gibt immer erstens ein Vertrauenssubjekt A, das vertraut, und zweitens ein Vertrauensobjekt B, dem vertraut wird.[10] Gleichermaßen lässt sich der Vertrauensbegriff beispielsweise auch im Englischen und im Französischen rekonstruieren (A trusts B, A fait confiance à B).

Allerdings zeigt der Sprachgebrauch, dass diese logische Grundstruktur auf recht unterschiedliche Weise gefüllt werden kann (vgl. Hoyningen-Huene 2001). Die Bandbreite dessen, worauf wir uns als Subjekte und Objekte des Vertrauens beziehen können, ist beeindruckend. Mögliche Subjekte des Vertrauens sind neben individuellen Menschen auch Kollektivsubjekte oder sogar Tiere. Mögliche Objekte des Vertrauens sind auch Artefakte, abstrakte Objekte oder schließlich religiöse Objekte wie beim Vertrauen in Gott. Beispiele gibt Tab. 1.1.

Tab. 1.1: Bandbreite möglicher Vertrauenssubjekte und Vertrauensobjekte

Vertrauenssubjekte	
• Personen	– „Gasstreit: Merkel vertraut Putin" (www.focus.de, 27.04.2006) – „Peter Löscher vertraut auf das nach der Schmiergeldaffäre installierte Kontrollsystem seines Hauses" (www.stern.de, 09.05.2008)
• Kollektivsubjekte	– „Die EU vertraut Russland.", Eurasisches Magazin 28.02.2006, – „Deutschland vertraut seinen Ärzten." (Reader Digest Deutschland, Pressemeldung, 27.07.2001)
• Tiere	– „Dieser Hund vertraut mir völlig – er würde mir überall hin folgen." (www.rassehunde-forum.de, 25.05.00)
Vertrauensobjekte	
• Personen	– „Gasstreit: Merkel vertraut Putin" (www.focus.de, 27.04.06) – „Der heute 16-jährige Junge vertraut seinem Onkel Christian völlig." (www.ddp-direkt.de, 04.02.2004)
• Kollektivobjekte	– "Unruhen in Griechenland: Das Volk vertraut der Regierung nicht mehr" (Süddeutsche Zeitung, 9.12.2008, www.sueddeutsche.de) – „Die Mehrheit der Russen vertraut ihrer Armee". (RIA Novosti, 22.08.2008, http://de.rian.ru/society/20080822/116218907.html)
• Tiere	– „Abdul Wahid trusts his dog, Dak, like he does few humans.", CNN LIVE TODAY 19.12.2001 transcript)
• Orte	– „Audi vertraut Brüsseler Standort", Deutsch-belgisch-luxemburgische Handelskammer www.debelux.org, 22.12.2008)
• Artefakte	– „Europa vertraut Aspirin® von Bayer HealthCare." (aalPR.de, 27.04.2005), – „In Großbritannien werden von Lastwagenfahrern, die ihren Navis vertrauen, jedes Jahr etwa 2.000 Brücken beschädigt", Chip.de, 14.02.2008 ('Navi' = Navigationssystem)
• abstrakte Objekte	– „Manfred Röder, Langzeitmeteorologe an der Freien Universität… vertraut seinen Berechnungen.", Berliner Zeitung, 27.11.1996
• religiöse Objekte	– „Er vertraut auf Gott. Das ist nichts Böses." - Wolfgang Schäuble, über George W. Bush, Stern Nr. 48/2008, 20.11.2008, S. 54

Die große Heterogenität insbesondere der möglichen Vertrauensobjekte legt nahe, dass trotz gleicher logischer Grundstruktur die konkrete Bedeutung von Vertrauen recht unterschiedlich sein kann. Disziplinen wie Sozialpsychologie, Managementlehre oder Organisationstheorie interessieren sich jedoch im Regelfall nur für bestimmte Vertrauensrelationen: nämlich

---

[10] Dies schließt natürlich nicht aus, dass im gleichen Fall auch der B dem A vertrauen kann. In diesem Fall wären A und B gleichzeitig Subjekt und Objekt: A und B vertrauen sich gegenseitig.

1.1 Vertrauen: Grundlegende Aspekte und Unterscheidungen

für individuelle Personen als Vertrauenssubjekte und Individuen oder Organisationen als Vertrauensobjekte. Da sich der Blickwinkel hier entweder auf Individuen oder auf deren Aggregation zu Gruppen oder Organisationen richtet, kann man von unterschiedlichen Ebenen der Vertrauensrelation sprechen (vgl. Rousseau et al. 1998: 393f: „Trust is a multi-level construct"). Dabei kann man die 'höheren' Ebenen als abgeleitet von der grundlegenden Vertrauensrelation zwischen einzelnen Personen betrachten. Tatsächlich beziehen sich auch die meisten in der Literatur beschriebenen Vertrauensdefinitionen auf dyadische Beziehungen zwischen Personen (vgl. Whitener et al. 1998). Eine Übersicht der verwendeten Begrifflichkeiten gibt Tab. 1.2.

Tab. 1.2: Ebenen der Vertrauensrelation zwischen Individuen und Organisationen

Vertrauenssubjekt		Vertrauensobjekt	Bezeichnung
Person	...vertraut...	Person	interpersonales bzw. dyadisches Vertrauen
Person	...vertraut...	Personen/ Gruppe	interpersonales Vertrauen
Person	...vertraut...	Organisation/ Institution	organisationales/ institutionelles Vertrauen
Organisation/ Institution	...vertraut...	Organisation/ Institution	interorganisationales Vertrauen

Auch mit der Einschränkung auf Personen und Organisationen kann 'Vertrauen' jedoch sehr unterschiedliche Dinge bezeichnen. Die vorliegende Arbeit konzentriert sich mit der Untersuchung von Vertrauen im Management auf den ersten Fall in Tab. 1.2, das heißt die grundlegende Vertrauensrelation zwischen zwei Personen.

1.1.1.2 Intensität und Bewertung der Vertrauensrelation

Einen weiteren Baustein für das Verständnis von Vertrauen liefert die Beobachtung, dass Vertrauensrelationen offenbar im Hinblick auf ihre Intensität und ihre Rechtfertigung aus einer externen Perspektive eingeschätzt werden können: Man kann *unterschiedlich stark* vertrauen und *mit unterschiedlich guten Gründen* vertrauen.
- Die Intensität von Vertrauen bewegt sich zwischen zögerlichem bzw. vorsichtigem Vertrauen und vollem oder 'felsenfesten' Vertrauen (vgl. Rousseau et al. 1998: 398).
- Darüber hinaus variiert die externe Bewertung einer Vertrauensrelation: Auf der einen Seite kann Vertrauen als ungerechtfertigt, naiv oder leichtfertig erscheinen, als 'Vertrauen wider besseres Wissen'. Auf der anderen Weise kann Vertrauen auch als gut begründet bzw. völlig gerechtfertigt bewertet werden (vgl. Hoyningen-Huene 2001).

Die vorliegende Arbeit interessiert sich in der Untersuchung von Vertrauen im Management zunächst einmal für die Gründe, die Vertrauen rechtfertigen: Woran kann man erkennen, dass man einem Kollegen oder Geschäftspartner vertrauen kann? In der theoretischen Modellbildung zur Entwicklung interpersonalen Vertrauens und zur Bestimmung der möglichen Einflüsse kultureller Differenz auf die Vertrauensentwicklung wird jedoch auch die Frage, wann und mit welchen Gründen man von zögerlichem bzw. vorsichtigem Vertrauen zu stärkerem bzw. umfangreicherem Vertrauen übergeht, eine wichtige Rolle spielen (vgl. 1.3.1.3).

1.1.1.3 Hinsichten des Vertrauens – die dritte Stelle der Vertrauensrelation

A vertraut B – vorsichtig oder felsenfest, naiv oder mit gutem Grund – aber in Bezug worauf? Vertraue ich, dass mein Kollege seinen Teil des gemeinsamen Jobs gut macht, oder dass er mir nicht den Geldbeutel klaut, den ich auf dem Schreibtisch liegen lasse? Tatsächlich ist

Vertrauen eine dreistellige Relation – nur wird die dritte Stelle, die Hinsicht des Vertrauens, häufig nicht genauer spezifiziert bzw. expliziert. A vertraut B, dass C. Ein Chef vertraut seinem Mitarbeiter, dass dieser den Bericht, den er verfassen soll, nicht absichtlich verfälscht. Möglich bleibt es in dieser Konstellation jedoch sehr wohl, dass der Chef nicht darauf vertraut, dass der Mitarbeiter den Bericht von sich aus rechtzeitig fertig stellt oder dass er den Bericht gewissenhaft und vollständig erstellt. Wenn man verkürzt davon spricht, dass der Chef seinem Mitarbeiter vertraut, dann setzt man voraus, dass sich die 'dritte Stelle' aus dem Kontext erschließt. Man setzt voraus, dass mehr oder weniger klar ist, in Bezug worauf der Chef dem Mitarbeiter vertraut.

A vertraut B, dass C. Dass die Vertrauensrelation im linguistischen Sinne neben dem Subjekt und dem ersten Objekt noch ein zweites Objekt besitzt, leuchtet ein, wenn man bedenkt, dass Vertrauen zur Charakterisierung zwischenmenschlicher Beziehungen herangezogen wird. Zwischenmenschliche Beziehungen sind vielfältig und komplex, weswegen es nahe liegt, dass sich auch die Hinsicht des Vertrauens ('dass C') unterschiedlich ausdifferenzieren lässt. Schweer & Thies (2003: 8) sprechen davon das Vertrauen relativ zu „spezifischen Lebensbereichen" sei und Mayer et al. (1995: 717) folgen Zand (1972) und nennen Vertrauen „domain specific". Auch wenn es in der alltäglichen Begriffsverwendung oft nicht nötig ist, die 'dritte Stelle' zu spezifizieren, muss eine wissenschaftliche Beschäftigung mit Vertrauen reflektieren, ob die Hinsicht des Vertrauens genauer geklärt werden muss, und dies gegebenenfalls tun (vgl. 1.4.2).[11]

1.1.2 Die Definition von Vertrauen

Gerüstet mit einem logisch-grammatikalischen Grundverständnis der Vertrauensrelation (A vertraut B, dass C) gilt es nun, einen Pfad durch den 'Dschungel' der Vertrauensdefinitionen zu schlagen. Diesen 'Dschungel' haben Shapiro (1987: 625) als "verwirrendes Potpourri", Lewis & Weigert (1985: 975) als "begriffliches Wirrwar" und Barber (1983: 1) als "begrifflichen Sumpf" bezeichnet.[12] Viele allgemeine und fachspezifische Lexika halten Vertrauensdefinitionen bereit. Darüber hinaus wurden in einer umfangreichen wissenschaftlichen Literatur zum Thema Vertrauen (vgl. 1.2) in den letzten Jahrzehnten vielfältige Definitionsvorschläge entwickelt (vgl. beispielsweise die Übersicht in McKnight & Chervany 1996 oder Rousseau et al. 1998). Voraussetzung für eine fruchtbare theoretische Auseinandersetzung mit Vertrauen ist es daher, begrifflich zu klären, was man unter Vertrauen inhaltlich versteht und inwiefern Vertrauen Gegenstand von Forschungsbemühungen sein soll. Ich werde daher im Folgenden die grundlegenden definitorischen Aspekte der Vertrauensrelation herausarbeiten – und zwar gemäß dem Fokus der vorliegenden Arbeit im Hinblick auf interpersonales Vertrauen.

1.1.2.1 Kognitives vs. verhaltensbezogenes Verständnis der Vertrauensrelation

A vertraut B – vorsichtig oder felsenfest und mit mehr oder weniger gutem Grund – dass C. Was bedeutet das denn nun inhaltlich? Ist Vertrauen ein Gefühl, ein psychologischer Zustand, eine Absicht oder ein konkretes Verhalten? Für eine definitorische Annäherung an

---

[11] Allerdings ist dem häufig nicht so. Oft wird in wissenschaftlichen Beiträgen zu Vertrauen von allgemeinem 'generalisiertem' Vertrauen ausgegangen bzw. die Generalisierung nur im Sinne von Rotter (1967, 1971) auf die Vertrauensdisposition von A bezogen. Tatsächlich kann Generalisierung jedoch auch die Vertrauensrelation selbst betreffen: In konkreten Beziehungen können Generalisierungsprozesse ausgehend von stärker differenziertem Vertrauen zu umfassenderem Vertrauen führen (vgl. 1.3.2, 1.4.2).

[12] „Confusing potpourri" nach Shapiro (1987: 625); „conceptual confusion" in den Worten von Lewis & Weigert (1985: 975) oder „conceptual morass" laut Barber (1983: 1).

1.1 Vertrauen: Grundlegende Aspekte und Unterscheidungen

Vertrauen ist es grundsätzlich hilfreich zu klären, ob man sich mit der Vertrauensrelation auf psychologische Konstrukte (wie etwa Überzeugungen) bezieht oder ob man konkretes Handeln meint. Der Begriff Vertrauen und seine umgangssprachliche Verwendung sind hier nicht eindeutig. Angenommen man erfährt, dass Herr Ebers Herrn Weber vertraut. Dies kann erstens darauf verweisen, dass Herr Ebers Herrn Weber für vertrauenswürdig hält. Es kann jedoch auch konkret bedeuten, dass Herr Ebers gegenüber Herrn Weber vertrauensvoll handelt bzw. gehandelt hat. Beide Auffassungen finden sich auch in der wissenschaftlichen Literatur zur Definition von Vertrauen.

Auf der einen Seite beschreiben viele Autoren die Vertrauensrelation als **psychologisches Konstrukt**, beispielsweise als Erwartung (Boon & Holmes 1991, Rotter 1971) oder Überzeugung (Bacharach & Gambetta 1997, McKnight & Chervany 1996). Manche sehen Vertrauen auch als ein Gefühl (Becker 1996) oder eine Emotion bzw. eine Wertung (Lahno 2002, McAllister 1995). Insofern ist es nachvollziehbar, dass Rousseau et al. (1998) in ihrer Diskussion von Vertrauensdefinitionen Vertrauen als „psychological state" beschreiben. Auf der anderen Seite gibt es jedoch auch eine Tradition, Vertrauen als **konkretes Handeln** zu sehen: Vertrauen sei kooperatives Handeln (Burt & Knez 1996, Deutsch 1958, 1962), „behavioral reliance on another" (Currall & Judge 1995) oder auch „risk-taking" (vgl. Mayer et al. 1995 und Sheppard & Sherman 1998).

Manche Autoren bringen psychologische und verhaltensbezogene Konstrukte in Form von Entwicklungsmodellen in eine Abfolge. McKnight & Chervany (1996) benutzen hierzu Fishbein & Ajzen's (1975) klassische Unterscheidung zwischen 1. Überzeugen bzw. Einstellungen, welche vermittels der Ausbildung von 2. Absichten zu 3. Handlungen führen (trusting beliefs, trusting intention, trusting behavior).

Jedoch unabhängig davon, ob man die Vertrauensrelation mit Handeln gleichsetzt oder ob man Vertrauen als psychologischen Zustand versteht, dessen Konsequenz vertrauensvolles Handeln sein kann: insbesondere aus Sicht der Praxis ist das letztendliche Handeln der Akteure von besonderem Interesse. Für eine anwendungsorientierte Forschungsperspektive erscheint es daher in der Beschäftigung mit Vertrauen sinnvoll, in der Spezifikation, worauf man sich mit der Vertrauensrelation inhaltlich bezieht, auch den Bezug von Vertrauen zum letztlichen Handeln der betrachteten Akteure zu bestimmen.

1.1.2.2 Grundlegende begriffliche Voraussetzungen für Vertrauen

Im Blick auf eine weitere Annäherung an die definitorische Bestimmung von Vertrauen erscheint es nun hilfreich, die unterschiedlichen Konstrukte zu betrachten, die in der Literatur zur Definition von Vertrauen herangezogen werden. Dabei zeigt sich, dass es drei Konstrukte gibt, die man voraussetzen muss, um überhaupt sinnvoll von Vertrauen sprechen zu können. Jede Vertrauensrelation (A vertraut B) impliziert bereits begrifflich:
1. dass seitens A eine Unsicherheit in Bezug auf den zukünftigen Verlauf der Dinge besteht – welche darauf beruht, dass dieser (zumindest teilweise) von B abhängig ist; (**Unsicherheit, Abhängigkeit**);
2. dass A zudem eine bestimmte Variante des zukünftigen Verlaufs der Dinge als positiver bewertet als alternative Varianten (**Bewertung**);
3. und dass A erwartet, dass die von ihm präferierte Variante des zukünftigen Verlaufs der Dinge eintritt (**Erwartung**).

Diese drei begrifflichen Voraussetzungen von Vertrauen finden sich in der Vielfalt der vorgeschlagenen Vertrauensdefinitionen in unterschiedlicher Gewichtung und Differenzierung (vgl. exemplarisch die Diskussion im Review der Vertrauensdefinitionen von McKnight &

Chervany 1996). Es handelt sich um grundlegende definitorische Aspekte, von welchen sich weitere zur Beschreibung bzw. Definition von Vertrauen herangezogene Konstrukte ableiten lassen. Ich diskutiere sie daher kurz im Einzelnen.

Unsicherheit hinsichtlich zukünftiger Ereignisse und Abhängigkeit des Vertrauenssubjekts vom Vertrauensobjekt: Zum einen impliziert eine Vertrauensrelation stets einen Zukunftsbezug. Dieser liegt in einer Unsicherheit des Vertrauenssubjekts hinsichtlich zukünftiger Ereignisse, der in einer Abhängigkeit dieser Ereignisse vom Vertrauensobjekt gründet. Im Fall interpersonalen Vertrauens ist dies gewöhnlich das Verhalten desjenigen, dem vertraut wird. Beispielsweise kann man davon sprechen, dass Herr Schneider Frau Keller vertraut, dass sie für eine Veranstaltung das Catering bestellt. Herr Schneider kann dabei nicht sicher wissen, dass sie es nicht vielleicht doch vergessen wird. Auf Nachfrage müsste er einräumen, dass prinzipiell die Möglichkeit besteht, dass Frau Keller vergisst, das Catering zu bestellen. Ob das Catering bestellt wird, hängt von Frau Keller ab. Wenn es aus irgendwelchen Gründen objektiv gesichert wäre, dass Frau Keller das Catering bestellt, dann könnte man nicht sinnvoll davon sprechen, dass Herr Schneider Frau Keller vertraut, dass sie das Catering bestellt. Zwar kann mit Vertrauen eine größere oder eine geringere Unsicherheit bezüglich des zukünftigen Verhaltens anderer einhergehen. Dass jedoch grundsätzlich eine Unsicherheit hinsichtlich zukünftiger Ereignisse besteht, ist eine begriffliche Implikation des Vertrauensbegriffs.

Positive Bewertung einer Zukunftsalternative: Eine zweite begriffliche Voraussetzung für Vertrauen ist die Bewertung der verschiedenen möglichen zukünftigen Ereignisse. Eine Vertrauensrelation impliziert, dass aus Sicht des Vertrauenssubjekts ein bestimmter zukünftiger Verlauf der Dinge positiver zu bewerten ist als seine Alternativen. Dies bedeutet, dass man nicht nur davon sprechen kann, dass der zukünftige Verlaufs der Dinge vom Vertrauensobjekt abhängt, sondern darüber hinaus davon, dass das Vertrauenssubjekt selbst vom Vertrauensobjekt abhängt.
Dass Frau Keller daran gedacht hat, das Catering zu bestellen, ist für Herrn Schneider eindeutig die positivere Variante. Frau Keller zu vertrauen könnte daher für ihn negative Konsequenzen haben: Der Magen knurrt, aber es kommt kein Catering. Indem er Frau Keller vertraut, macht er sich in dieser Hinsicht von Frau Keller abhängig.
Angenommen aus Sicht des Vertrauenssubjekts wäre kein bestimmter zukünftiger Verlauf der Dinge positiver zu bewerten ist als seine Alternativen. Dann wäre es seltsam, von Vertrauen zu sprechen. Denn wenn es Herrn Schneider in jeglicher Hinsicht schlicht egal wäre, ob Frau Keller das Catering bestellt hat – in Bezug auf ihn selbst, die Tagungsgäste, die Wahrnehmung der Tagungsorganisation seitens Dritter etc. – dann würde man schwerlich davon sprechen, dass er ihr 'vertraut', das Catering zu bestellen.

Erwartung der positiv bewerteten Zukunftsalternative: Was als dritte grundlegende Bedingung für eine Vertrauensrelation hinzukommt, ist die Erwartung des Vertrauenssubjekts, dass die von ihm präferierte Zukunftsalternative eintritt. Wenn man davon spricht, dass Herr Schneider Frau Keller vertraut (dass sie das Catering bestellt), dann meint man, dass Herr Schneider davon ausgeht, dass sie das auch tun wird. Er erwartet dies. Er weiß zwar um die prinzipielle Möglichkeit, dass sie es vergessen könnte – aber dennoch ist er sich sicher, dass sie es nicht vergessen wird. Er glaubt einfach daran – aus welchen Gründen auch immer. Über die Möglichkeit, dass sie es vergisst, denkt er vielleicht gar nicht mehr nach.

1.1.2.3 Bezüge zu weiteren zur Vertrauensdefinition herangezogenen Aspekten

Sehr viele weitere Konstrukte, die zur Definition von Vertrauen herangezogen werden, lassen sich erläutern, indem man von den drei eben beschriebenen Basiskomponenten Unsicherheit

1.1 Vertrauen: Grundlegende Aspekte und Unterscheidungen

bzw. Abhängigkeit, Bewertung und Erwartung ausgeht. Einige davon habe ich in der Erläuterung der drei Basiskomponenten bereits angesprochen, nehme sie aufgrund ihres prominenten Stellenwerts in der Literatur aber auch in die folgende Übersicht auf.

Wenn man von dem Aspekt der 'Unsicherheit' ausgeht, gelangt man schnell zu den Aspekten Verzicht auf **Kontrolle** und (fehlende) **Vorhersagbarkeit** (predictability): Die typische Unsicherheit, um die es beim interpersonalen Vertrauen geht, rührt daher, dass man dem Interaktionspartner Handlungsfreiheit unterstellen muss. Man kann also nicht objektiv wissen, wie er sich verhalten wird. Wie wir bereits gesehen haben, hängt die Frage, ob die präferierte Alternative des zukünftigen Verlaufs der Dinge eintritt (Catering kommt), vom Verhalten des anderen ab. Das heißt, der Vertrauende begibt sich in eine Abhängigkeit von demjenigen, dem er vertraut (vgl. Deutsch 1962, Kee & Knox 1970, Rempel et al. 1985). Würde man oder könnte man das Verhalten des anderen vollständig kontrollieren (bzw. vorhersagen), dann wäre man nicht von ihm abhängig und es bestünde keine Unsicherheit. Entsprechend wird Vertrauen auch als 'Agency-Problem' rekonstruiert: Durch Vertrauen macht man sich von einem 'Agenten' abhängig, dessen Verhalten man nicht kontrollieren kann (Ripperger 1998: 64f.). Einige Autoren gehen dann noch einen Schritt weiter und verweisen auf den Bezug zwischen Vertrauen und Macht (vgl. Bachmann 2001). Denn die Macht des einen reduziert die Handlungsfreiheit des anderen. Damit erhöht sich die Sicherheit des 'Mächtigen' hinsichtlich des zukünftigen Verhaltens des anderen, und die Vertrauensvoraussetzung der Unsicherheit bzw. Abhängigkeit ist in geringerem Maße gegeben.

Kombiniert man ferner die Aspekte 'Unsicherheit hinsichtlich zukünftiger Ereignisse' und 'Abhängigkeit des Vertrauenssubjekts vom Vertrauensobjekt' mit dem Aspekt der 'positiven Bewertung einer bestimmten Zukunftsalternative', dann gelangt man zu einem weiteren in vielen Vertrauensdefinitionen angeführten Aspekt: der **Möglichkeit negativer Konsequenzen** für das Vertrauenssubjekt (McKnight & Chervany 1996) und damit zum **Risiko**. Mayer et al. (1995) und Rousseau et al. (1998) nennen vertrauensvolles Handeln „Risk Taking in Relationship".[13] Aufgrund der positiven Bewertung einer bestimmten Zukunftsalternative seitens des Vertrauenssubjekts kann man die im Vertrauen bestehende Unsicherheit aus Sicht des Vertrauenssubjekts als Risiko bezeichnen: Wenn man vertraut, geht man das Risiko ein, dass die gewünschte Variante des zukünftigen Verlaufs der Dinge *nicht* eintritt.
Dass man abhängig von einem Interaktionspartner ist, welcher durch sein Handeln bewirken kann, dass sich für einen selbst negative Konsequenzen ergeben, kann man auch als **Verwundbarkeit** (vulnerability) bezeichnen (Meyerson et al. 1996).
Sich verwundbar machen bzw. ein Risiko eingehen, indem man sich von einem anderen abhängig macht, dazu ist man tendenziell eher bereit, wenn man dem anderen **gute Absichten** (benevolence) unterstellen kann. Auch dies wird in der Literatur als definitorischer Aspekt für Vertrauen beschrieben, häufig aber auch als Bedingung für Vertrauen (Huff & Kelley 1999).

Ausgehend von dem Aspekt der **Erwartung der positiv bewerteten Zukunftsalternative** wird auch verständlich, warum einige Autoren Vertrauen als **Emotion** charakterisieren (Lahno 2002, McAllister 1995). McKnight & Chervany (1996) sprechen von einem 'Gefühl relativer

---

[13] Manche Autoren sehen es als zusätzliche definitorische Bedingung für Vertrauen, dass ein bestimmtes Verhältnis zwischen den riskierten negativen Konsequenzen und der positiv gewünschten Zukunftsalternative besteht. Von Vertrauen solle man nur dann sprechen, wenn die negativen Konsequenzen dem Vertrauenden mehr schaden als ihm die positiv gewünschten Zukunftsalternative nutzt (Deutsch 1962, Neuberger 2006, Zand 1972).

Sicherheit' – in Bezug auf die Zukunft bzw. das zukünftige Verhalten des anderen. Rempel et al. (1985: 97) sprechen von 'emotionaler Sicherheit' (emotional security).[14] Weil man im Vertrauen letztlich daran *glaubt*, dass eine bestimmte (prinzipiell unsichere) Alternative realisiert wird, wird Vertrauen zudem auch aus sozialwissenschaftlicher Perspektive im Zusammenhang mit **Glaube** (faith) gesehen (Möllering 2005). Mit der Erwartungshaltung, welche Vertrauen charakterisiert, hängt auch zusammen, dass man zum vertrauensvollen Handeln nicht gezwungen werden kann. Man begibt sich in eine Abhängigkeit *in der Erwartung* bzw. *im Glauben*, dass der andere in gewisser Weise handeln wird. Man entscheidet sich, ein Risiko einzugehen und sich vom anderen abhängig zu machen. Sofern man sich *nicht* aktiv und freiwillig in diese Abhängigkeit begibt, spielt die Erwartung, dass der andere in bestimmter Weise handeln wird, keine wesentliche Rolle mehr. Daher lassen sich unfreiwillige oder erzwungene Abhängigkeiten schlecht als Situationen des Vertrauens charakterisieren und einige Autoren haben entsprechend **Freiwilligkeit** als definitorischen Aspekt für Vertrauen vorgeschlagen (vgl. Schweer 1996, 1997).

Betrachtet man die drei Basiskomponenten 'Unsicherheit', 'positive Bewertung' und 'Erwartung der positiv bewerteten Zukunftsalternative' gemeinsam, dann lässt sich daraus eine gewisse **moralische Verpflichtung** für denjenigen ableiten, dem vertraut wird. Wenn sich A trotz Unsicherheit (und dem Risiko negativer Konsequenzen) freiwillig in eine Abhängigkeit von B begibt, und dabei zudem erwartet, dass B sein Vertrauen nicht missbrauchen wird – dann, so lässt sich argumentieren, *darf* B dieses Vertrauen eigentlich nicht enttäuschen oder gar für sich ausnutzen. Durch das entgegengebrachte Vertrauen seitens A entsteht für B eine moralische Verpflichtung, Vertrauen nicht zu missbrauchen, und der Vertrauensbruch kann als etwas gesehen werden, das moralisch zu verurteilen ist (vgl. Baier 1986, Wicks et al. 1999).[15]

1.1.2.4 Definition von Vertrauen

Vor dem Hintergrund dieser Diskussion definitorischer Aspekte des Vertrauenskonstrukts (1.1.2.1-3) kann ich nun eine Definition von Vertrauen vorstellen, welche die grundlegenden definitorischen Aspekte Unsicherheit, Bewertung und Erwartung integriert und sie auf ein Verständnis der Vertrauensrelation bezieht, das sowohl kognitive als auch verhaltensbezogene Elemente umfasst. Dabei orientiere ich mich an einem Vorschlag von McKnight & Chervany (1996), welche in einem der umfangreichsten Literaturreviews zum Vertrauensbegriff insgesamt 60 eigenständige Vorschläge von Vertrauensdefinitionen in wissenschaftlichen Aufsätzen oder Monographien zu Vertrauen[16] sowie zusätzlich die Einträge zu Vertrauen in Standardlexika der englischen Sprache analysierten.[17] Vertrauen bedeutet demnach, (zu glauben, gute Gründe dafür zu haben), sich von einem anderen abhängig zu machen, obwohl das negative Konsequenzen haben könnte, und dennoch dabei zu erwarten, dass die negati-

---

[14] Es geht hier nicht um emotionale Aspekte als Grund für Vertrauen – gemäß einer vielfach vertretenen Unterscheidung zwischen emotionalen und kognitiven Gründen für bzw. Arten von Vertrauen (vgl. McAllister 1995). Es geht vielmehr darum, dass eine emotionale Komponente bzw. ein 'Gefühl relativer Sicherheit' vielfach als konzeptueller Grundbestandteil des Vertrauensbegriffs gesehen wird, auch wenn man beispielsweise aus rationalen oder kalkulatorischen Gründen vertraut.
[15] Zur moralische Verpflichtung vgl. Neuberger (2006: 21): „Wem Vertrauen geschenkt wird, der gibt ein (implizites) Versprechen. Bei dessen Bruch muss er mit Sanktionen rechen, nicht nur durch den Vertrauenden, sondern [...] auch durch die Dritten, beobachtenden, die soziale Umwelt, die Gesellschaft."
[16] Die untersuchten Beiträge stammten zu etwa gleichen Anteilen aus den Bereichen "Management / Communication", "Sociology / Economics / Political science" und "Psychology / Social psychology"; zu genauen Angaben vgl. McKnight & Chervany (1996: 7f.).
[17] Random House dictionary of the English language (Stein 1971), Webster's Third New International Dictionary (Gove 1966) und The Oxford English dictionary (Simpson & Weiner 1989).

1.1 Vertrauen: Grundlegende Aspekte und Unterscheidungen

ven Konsequenzen nicht eintreten (vgl. Tab. 1.3). Durch die in Klammern hinzugefügte Variante 'zu glauben, gute Gründe dafür zu haben' integriert diese Definition sowohl ein Verständnis von Vertrauen als Überzeugung bzw. Absicht[18] als auch ein Verständnis von Vertrauen als Handeln.

Tab. 1.3: Definition von Vertrauen (in Anlehnung an McKnight & Chervany 1996)

Definition	Beispiel
Vertrauen bedeutet, (zu glauben, gute Gründe dafür zu haben),...	
• sich von einem anderen abhängig zu machen,...	Ich erinnere ihn nicht noch einmal an das zugesagte Treffen, sondern buche meinen Zug und fahre hin.
• obwohl das negative Konsequenzen haben könnte (Risiko),...	Es könnte sein, dass er das Treffen vergessen oder abgesagt hat und ich meine Reise umsonst unternehme.
• und dennoch zu erwarten, dass die negativen Konsequenzen nicht eintreten.	Auch wenn ich nicht ganz sicher sein kann, rechne ich einfach fest damit, dass er unser Treffen nicht vergessen oder abgesagt hat.

1.1.3 Die Wirkung von Vertrauen

Die bisherige Darstellung lieferte mit der logisch-grammatikalischen Klärung (1.1.1.) und der inhaltlichen Definition interpersonalen Vertrauens (1.1.2) einen guten Ansatzpunkt dafür zu verstehen, was es heißt, dass einer dem anderen vertraut. Es ist Zeit zu fragen, warum man das denn eigentlich tun oder nicht tun sollte: Was bewirkt Vertrauen bzw. was sind die positiven oder negativen Konsequenzen von Vertrauen?

1.1.3.1 Vorteile oder positive Konsequenzen von Vertrauen

Reduktion von Transaktionskosten bzw. Komplexität: Gibt es gute Gründe dafür, anderen zu vertrauen? Rufen wir uns an dieser Stelle noch einmal die drei grundlegenden begrifflichen Voraussetzungen interpersonalen Vertrauens in Erinnerung (vgl. 1.1.2.2): Ich mache mich von einem anderen in Bezug darauf abhängig, dass dieser andere dafür sorgt, dass ein für mich im Vergleich zu möglichen Alternativen vorteilhafter Verlauf der Dinge eintritt, und ich bin mir dabei sicher, dass er dies tatsächlich tun wird. Indem ich mich von ihm abhängig mache, verzichte ich darauf, ihn zu kontrollieren. Ich lege die Verantwortung in seine Hände. Mir liegt daran, dass der andere dafür Sorge trägt, dass bestimmte Dinge geschehen und dass andere Dinge nicht geschehen. Wenn er dies tatsächlich tut – und ich dadurch sozusagen 'darum herumkomme', mich selbst darum kümmern zu müssen – dann habe ich auf einem relativ einfachen Weg erreicht, was ich wollte. Um das Beispiel aus 1.1.2.2 aufzugreifen: Während Herr Schneider ein weiteres leckeres Häppchen verspeist, denkt er daran, wie lästig und aufwändig es für ihn gewesen wäre, selbst dem Caterer hinterher telefonieren zu müssen... Diese Überlegung verdeutlicht eine positive Konsequenz von Vertrauen. Sie verweist auf etwas, das dabei 'gewinnen' können, wenn wir mit anderen vertrauensvoll zusammenarbeiten: Wir sparen die Energie, die wir hätten investieren müssen, um den anderen zu kontrollieren oder die Sache selbst in die Hand zu nehmen.

---

[18] Die Unterscheidung zwischen Vertrauensüberzeugungen (trusting beliefs) und Vertrauensabsichten (trusting intention), wie sie McKnight et al. (1998) vornehmen, ist für das vorgestellte Modell unwesentlich. Ziel des Modells ist es, überhaupt kognitive und verhaltensbezogene Aspekte des Vertrauensbegriffs zu kombinieren. Der entwicklungslogische Zwischenschritt einer 'Vertrauensbereitschaft' bzw. '-absicht' zwischen Überzeugungen und Handeln ist dafür nicht relevant. Die Verwendung von 'Vertrauensüberzeugung' umfasst im Folgenden die Vertrauensbereitschaft als Teilaspekt.

Es gibt aber auch Situationen, in welchen wir einem anderen in Bezug auf etwas vertrauen, das wir gar nicht selbst in die Hand nehmen könnten – etwa wenn man den Zahnarzt eine Plombe machen lässt. In solchen Situationen kommt häufig erschwerend hinzu, dass wir auch die Kontrolle des anderen kaum selbst vornehmen könnten. Immer wenn man Leistungen eines spezialisierten Dienstleisters in Anspruch nimmt, gibt es ein 'Wissensgefälle' bzw. eine Informationsasymmetrie. Wie man ihn am besten kontrollieren könnte, weiß vor allem der Spezialist selbst – nicht wir. Wollten wir ihn effektiv kontrollieren, wäre das für uns sehr aufwändig. Wenn wir dem Spezialisten vertrauen, dass er seine Dienstleistung korrekt und gut durchführt, dann sparen wir den Aufwand bzw. die Kosten für eine solche Kontrolle. Situationen dieser Art beschreiben die volkswirtschaftlichen Theorien der Neuen Institutionenökonomik, wenn sie die entstehenden Kosten als 'Transaktionskosten' bezeichnen. Aus dieser Perspektive kann Vertrauen also die positive Konsequenz haben, die Transaktionskosten zu senken (vgl. Bromiley & Cummings 1995, Dyer & Chu 2003, Rippberger 1998).

Weniger deutlich wird die Kosten-Nutzen-Perspektive in der soziologischen Argumentation, die Luhmann (1968) populär gemacht hat: Vertrauen reduziert Komplexität und erfüllt damit eine individualpsychologische wie gesellschaftliche Funktion. Wir sind im täglichen Leben in derart vielen Situationen gezwungen, uns von anderen in unterschiedlichster Weise abhängig zu machen, dass wir gar nicht umhin können zu vertrauen. Wir können nicht bewusst über die Vielfalt der Möglichkeiten nachdenken, wie unsere Mitmenschen unsere Abhängigkeit von ihnen ausnutzen könnten, geschweige denn könnten wir sie in all diesen Hinsichten kontrollieren. Ohne ein grundsätzliches Vertrauen in andere Menschen, uns keinen Schaden zufügen zu wollen, wäre ein jeder handlungsunfähig und die Gesellschaft funktionsunfähig.

Weitere Vorteile von Vertrauen: Neben den grundlegenden und häufig genannten positiven Konsequenzen der Reduktion von Transaktionskosten bzw. Komplexität gibt es noch viele weitere potenzielle Vorteile von Vertrauen. Ein weiteres Beispiel für konkrete Situationen, in welchen sich Kontrolle schwierig und aufwändig gestaltet, sind etwa unvorhergesehene Entwicklungen. Wenn etwas Unerwartetes passiert, kann es sein, dass besonders schnelle Reaktionen vonnöten sind. Wenn wir solche Situationen mit anderen gemeinsam bewältigen müssen, dann können wir das in vielen Fällen nicht so gut tun, wenn wir den anderen nicht vertrauen können. Eine andere spezielle Situation, in welcher wir die Kontrolle aus der Hand geben, ist die Weitergabe von Informationen. Das geschieht sehr oft: Immer wenn wir einem anderen etwas erzählen, verlieren wir die Kontrolle darüber, welchen Weg diese Informationen nehmen. Wenn wir jemandem vertrauen, dann können wir ihm leichter etwas erzählen, weshalb eine positive Konsequenz von Vertrauen ein verbesserter Informationsfluss ist.

Die Literatur der Vertrauensforschung beschreibt überwiegend solche positiven Konsequenzen von Vertrauen. Beispielsweise verbessere Vertrauen die Funktionsfähigkeit von Organisationen (Kramer & Tyler 1996), und zwar in Bezug auf Koordinierung und Effizienz (Bradach & Eccles 1989) oder durch eine Verminderung des Aufwands für Kontrollen (Pennings & Woiceshyn 1987, vgl. Reduktion der Transaktionskosten). Vertrauen führe dazu, dass sich Mitarbeiter und Kollegen in stärkerem Maße gegenseitig unterstützen (Organ 1988, 1990) sowie dass sich das subjektive Wohlbefinden am Arbeitsplatz erhöhe (Stevens & Fiske 1995). Vorteile von Vertrauen werden nicht nur theoretisch begründet (Barney & Hansen 1994), sondern auch teilweise empirisch belegt (Sako 1998, Child 2001). Auch in der dieser Arbeit zugrundeliegenden Studie wurde eine große Bandbreite positiver Konsequenzen von Vertrauen deutlich. So hilft Vertrauen beispielsweise, zum Wohle der Organisation oder Firma, Eigeninteressen zurückzustellen – etwa indem ein Manager bei einer Stellenbesetzung einem besser qualifizierten Kollegen den Vortritt lässt. Vertrauen kann zudem helfen, Prozesse zu beschleunigen, die interne Koordination zu verbessern, Zeit zu sparen oder Hilfe zu mobilisieren. Auch kann Vertrauen die Einführung neuer Produkte erleichtern oder helfen, Wettbewerbsvorteile zu realisieren.

1.1 Vertrauen: Grundlegende Aspekte und Unterscheidungen

Nachteile von fehlendem Vertrauen: Man kann die Vorteile von Vertrauen auch durch den Verweis auf die Nachteile fehlenden oder enttäuschten Vertrauens beschreiben (Lewicki & Bunker 1996: 130). Beispielsweise tut dies Thomas (2005e: 43) in Bezug auf Vertrauen gegenüber dem Arbeitgeber:

> Wenn ein Arbeitnehmer einem Arbeitgeber seine Arbeitskraft zur Verfügung stellt, damit dieser wirtschaftlich erfolgreich sein kann, dann vertraut er darauf, dass er am Erfolg angemessen beteiligt wird, z.B. dass er einen gerechten Lohn erhält, diesen pünktlich und in voller Höhe, dass der Arbeitgeber die Lohnnebenkosten zahlt und für einen menschengerechten Arbeitsplatz sorgt. Werden diese Erwartungen ohne erkennbaren Grund nicht nur mal beim einen, dann beim anderen erfüllt, entsteht das Gefühl, getäuscht worden zu sein und bezüglich des Vertrauensvorschusses ausgenutzt zu werden, und das hat Folgen:
> (1) Rückgang der Arbeitsmotivation
> (2) Misstrauen gegenüber allem, was der Arbeitgeber sagt und tut
> (3) Abwendung, Nichtbeachtung
> (4) Dienst nach Vorschrift, innere Kündigung
> (5) Arbeitsverweigerung (Krankmeldung, Fernbleiben etc.)
> (6) Flucht in die Privatsphäre
> (7) negative Propaganda gegen den Arbeitgeber nach innen und nach außen
> (8) Kündigung
> (9) gezielte Versuche der Schädigung des Arbeitgebers

Zusammenfassende Einschätzung: Ein großer Teil der Literatur zu Vertrauen aus den Bereichen Management und Organisation geht davon aus, dass Vertrauen positive Effekte hat, und möchte daher besser verstehen, was Vertrauen ist, wie es zustande kommt und wann es am besten seine positive Wirkung entfalten kann. Dass Vertrauen positive Effekte hat, wird dabei in den meisten Fällen einfach vorausgesetzt. Teilweise wird es theoretisch begründet, in vielen Studien wird es jedoch nur einleitend erwähnt. Insgesamt wird der Zusammenhang relativ selten empirisch zu belegen versucht. In den verfügbaren Beschreibungen und Aufzählungen positiver Vertrauenseffekte in der Literatur fehlt oft eine Präzisierung der Art des Einflusses, den man Vertrauen zuschreibt. Unterstellt man eine direkte Wirkung von Vertrauen auf eine abhängig Variable (etwa die Wirkung des Vertrauens zu Kollegen auf die Bereitschaft, dem Kollegen Informationen weiterzuleiten), oder wirkt Vertrauen (als Moderator oder Mediator) auf die Beziehung zwischen zwei Variablen?

Für die Fragestellung der vorliegenden Arbeit ist jedoch weder die genaue Art der Wirkung von Vertrauen von Belang noch die Frage, ob Vertrauen positive oder negative Konsequenzen nach sich zieht. Das Forschungsinteresse richtet sich vielmehr darauf, inwiefern kulturelle Unterschiede sich auf die Entwicklung von Vertrauen auswirken können – mit dem Ergebnis, dass die eigene Einschätzung, ob man dem Kollegen oder Geschäftspartner vertrauen kann, aus einer externen Sichtweise nicht zutreffend ist. Diese Fragestellung verfolgt die Arbeit vor dem Hintergrund der allgemeinen Einschätzung der Literatur, dass (gerechtfertigtes) Vertrauen in beruflichen Beziehungen insgesamt positive Konsequenzen hat.

1.1.3.2 Nachteile oder negative Konsequenzen von Vertrauen

Allerdings ist genauso klar, dass es nicht automatisch zu positiven Konsequenzen führt, wenn man anderen Menschen Vertrauen schenkt. Dies verdeutlicht schon die vorgeschlagene Definition von Vertrauen. Vertrauen bedeutet stets, ein Risiko einzugehen: Es können sich möglicherweise negative Konsequenzen ergeben. Denn derjenige, dem man vertraut, *muss* nicht so handeln, wie man es sich wünscht bzw. er muss nicht das tun, worauf man vertraut. Ein Vertrauensbruch bzw. Missbrauch des Vertrauens bleibt immer möglich.

Für einen konkreten Akteur besteht die mögliche negative Konsequenz des Vertrauens also genau in den negativen Konsequenzen, deren Risiko er eingeht, wenn er vertraut. Dies kann innerhalb einer einzigen beruflichen Beziehung aber insbesondere über die Bandbreite unterschiedlicher Situationen und Verantwortungsbereiche sehr unterschiedliche und teilweise drastische Konsequenzen umfassen. Eindrucksvoll ist in diesem Zusammenhang beispielsweise die Darstellung eines für die dieser Arbeit zugrunde liegende Studie bei EADS Space Transportation interviewten Managers. Wie einige seiner Kollegen verantwortete er kritische Bereiche im Prozess der Herstellung einer Ariane Trägerrakete. Seinen direkt unterstellten leitenden Ingenieuren zu vertrauen, habe, so betonte er, große Relevanz: Denn Trägerrakete und beförderte Satelliten erreichten zusammen problemlos ein Investitionsvolumen von einigen hundert Millionen Euro. Und wenn etwas beim Start der Rakete nicht funktioniere, dann könne es eben zu spät sein.

Doch auch aus der Außenperspektive wird eine 'dunkle Seite' des Vertrauens deutlich (McAllister 1997). Die negativen Konsequenzen von leichtfertigem, naivem bzw. unhinterfragtem Vertrauen sind oft auch aus Sicht der Organisation sinnvollerweise zu vermeiden. Viele Fälle von Wirtschaftskriminalität werden gerade durch die bestehenden Vertrauensbeziehungen in Organisationen und Unternehmen erleichtert bzw. gefördert (Albrecht et al. 1995, Friedrichs 1996, Shapiro 1990).

1.1.3.3 In welchem Umfeld ist Vertrauen vorteilhaft?

Vertrauen kann also positive und negative Konsequenzen haben. Es ergibt sich die Frage, wann denn Vertrauen nun vorteilhaft ist und wann nicht. Dieser Frage kann man sich auf verschiedenen Wegen nähern. Eine Möglichkeit besteht darin, die Beschaffenheit des Kontexts zu untersuchen, in welchem sich die Frage des Vertrauens stellt. Es gibt eine Forschungstradition, an welche man im Zusammenhang von interpersonalem Vertrauen vielleicht nicht als erstes denkt, welche sich jedoch ausführlich der Frage gewidmet hat, in welchem Kontext vertrauensvolles Handeln vorteilhaft ist: die Populationsgenetik, ein Zweig der modernen Evolutionsbiologie (Gillespie 1998). Sie betrachtet große Gruppen von Individuen (Populationen) in ihrer Entwicklungsdynamik durch die Erzeugung von Nachkommen und damit Folgepopulationen (Generationen). Diese im Kern letztlich mathematische Forschung untersucht unter anderem die Frage, welche Verhaltensstrategien in der Entwicklungsdynamik solcher aufeinander folgender Generationen erfolgreich sind. Dazu wird der 'Erfolg' von Verhaltensstrategien als 'Auszahlung' in spieltheoretischen Problemsituationen modelliert, so dass erfolgreichere Strategien in einer nachfolgenden Generation relativ gesehen häufiger vertreten sind in der Ausgangspopulation. Das heißt, der Verbreitungsgrad einer Verhaltensstrategie in Folgegenerationen wird gemäß dem 'Erfolg' der Strategie in der aktuellen Generation bestimmt. Dieses Modell wird dann für eine Vielzahl von Generationen in Computersimulationen durchgerechnet. In diesen Modellierungen lässt sich zeigen, dass sich manche Verhaltensstrategien gegenüber Alternativen durchsetzen. Sie erreichen höhere Auszahlungen, 'verdrängen' längerfristig die konkurrierenden Strategien und führen zu stabilen Zuständen der Population. Die Forschung nennt dies 'evolutionär stabile Strategien' (Maynard-Smith 1982). Allerdings können auch solche 'stabilen' Zustände durch anschließend neu eingeführte Strategien wieder 'unterwandert' werden.

Was hat das mit Vertrauen zu tun? Eine wichtige Forschungslinie der Populationsgenetik untersuchte Verhaltensstrategien für das sogenannte Gefangendilemma, ein spieltheoretisches Problem der Interaktion zweier Personen (Axelrodt 1984, Axelrod & Hamilton 1981, Maynard-Smith 1976, 1982). Das Gefangendilemma ist das klassische Modellproblem für die Frage, wie unter egoistischen Akteuren Kooperation entstehen kann. Es geht um die Frage, ob man einem Komplizen in Bezug darauf vertrauen sollte, dass dieser einen nicht verrät (vgl. ausführlicher in Tab. 1.4).

1.1 Vertrauen: Grundlegende Aspekte und Unterscheidungen

Tab. 1.4: Das Gefangenendilemma

> Illustriert wird das Gefangenendilemma typischerweise anhand der **Situation zweier Angeklagter** (Gefangener), die isoliert in Haft sitzen und nun individuell vor dem Richter aussagen müssen. Sie haben gemeinsam ein Verbrechen begangen, für das 10 Jahre Gefängnis stehen. Aufgrund mangelnder Beweise können sie aber nur für 5 Jahre verurteilt werden.
> Nun wird jedem angeboten, sich durch Verrat des anderen Strafermäßigung zu 'erkaufen': Der andere bekommt die vollen 10 Jahre, der Verräter – als Belohnung – eine Reduktion auf 2 Jahre. Daraus ergibt sich folgende **Entscheidungssituation**:
> - Halten beide dicht, entgehen sie dem vollen Strafmaß und erhalten beide 5 Jahre.
> - Verraten sie sich gegenseitig, bekommen beide die vollen 10 Jahre.
> - Hält nur einer dicht und der andere verrät ihn, so bekommt der Verräter nur 2 Jahre, der andere erhält die vollen 10 Jahre.
>
> Aus einer rational übergeordneten Sichtweise wäre es für die beiden Gefangenen eigentlich wünschenswert, miteinander zu kooperieren. Weil jeder einzelne aber nicht sicher sein kann, dass der andere nicht versuchen wird, ihn reinzulegen, erscheint es aus individuell-egoistischer Perspektive günstiger auszusagen.

Definiert wird das Dilemma über die spieltheoretische Auszahlungsmatrix $T > R > P > S$. Diese besagt, dass es am günstigsten ist, den anderen zu verraten, sofern dieser sich kooperativ verhält (Versuchung / temptation T), dass es an zweiter Stelle aber immerhin relativ günstig ist, mit dem anderen gemeinsame Sache zu machen (Belohnung / reward R). Sich gegenseitig zu verraten (Bestrafung / punishment P), führt zu einer weniger günstigen Auszahlung als bei den beiden erstgenannten Varianten, aber es ist immer noch günstiger als die 'volle Strafe' zu bekommen, weil man selbst 'dichtgehalten' hat, aber der andere einen verraten hat (des Gutgläubigen Belohnung / the sucker's payoff S). Die im Gefangendilemma insgesamt für beide Gefangene günstigste Lösung ist R: Sie erhalten mangels Beweisen beide nicht die volle Strafe, sondern können lediglich auf Indizienbasis zu einer geringen Strafe verurteilt werden. Diese Lösung können die beiden Gefangenen jedoch nur erreichen, wenn sie beide 'dicht halten'. Aus der Sicht jedes der beiden bedeutet dies: Eine bestimmte Zukunftsvariante bzw. eine Variation des Verhaltens des anderen wird von klar präferiert bzw. als **positiv bewertet** (R im Vergleich zu P). Aber es besteht **Unsicherheit**, wie das 'Spiel' ausgeht, denn dies ist vom Verhalten des anderen Gefangenen **abhängig** (Hält er auch dicht oder verrät er ihn?). Wenn einer der Gefangenen sich nun entscheidet, selbst 'dicht zu halten', dann riskiert er negative Konsequenzen (S). Daher wird er dies nur tun, wenn er – aus welchen Gründen auch immer – **erwartet**, dass der andere sich ihn nicht verrät. – Da sich das Gefangenendilemma auf diese Weise analysieren lässt, wird es seit langem als Untersuchungsmodell für Vertrauensentscheidungen benutzt (Deutsch 1958, 1962).
In den Studien der Populationsgenetik wurde nun diese Struktur des Gefangenendilemmas benutzt um zu untersuchen, inwiefern Vertrauen grundsätzlich eine gute Strategie ist, um sich durchzusetzen. Es stellte sich dabei heraus, dass der Erfolg der Vertrauensstrategie abhängig vom Kontext ist: zu vertrauen ist dann ungünstig, wenn man davon ausgehen muss, dass die meisten anderen nicht vertrauenswürdig sind. Doch sobald man in seinem Umfeld auf hinreichend viele vertrauenswürdige Zeitgenossen trifft, kann vertrauen eine sehr vorteilhafte Strategie sein. Als erfolgreiche Strategie erwies sich, grundsätzlich mit (Vorschuss-)Vertrauen zu beginnen und aber allen, die einen einmal 'hereingelegt' haben, nie wieder zu vertrauen – es sei denn, sie beginnen von sich aus, sich vertrauenswürdig zu verhalten (die sogenannte 'tit-for-tat'-Strategie, die auf Reziprozität im Verhalten setzt).[19]

---

[19] Die tit-for-tat Strategie wurde bislang nicht grundsätzlich in Frage gestellt, jedoch verfeinert und weiterentwickelt (Nowak & Sigmund 1993, Rogers et al. 2007).

Wenn man diese Überlegungen der Populationsgenetik auf Organisationen überträgt, leuchtet es ein, dass vertrauensvolles Handeln als Strategie insbesondere innerhalb einer 'Vertrauenskultur' vorteilhaft ist: Wenn Vertrauensbeziehungen gelebt werden und Vertrauensbrüche tabu sind, besteht ein Umfeld innerhalb dessen die Wahrscheinlichkeit groß ist, die beschriebenen vorteilhaften Konsequenzen von Vertrauen realisieren zu können. Man kann auch noch einen Schritt weiter gehen, und die Frage der 'Vertrauenskultur' für Nationalkulturen oder Kulturräume stellen. Der prominenteste Beitrag in diesem Sinne stammt von Fukuyama (1995). Er prägte den Begriff der 'vertrauensreichen' und 'vertrauensarmen' Kulturen (high trust vs. low trust cultures). Damit geht es Fukuyama letztlich um den 'Radius einer Person', innerhalb dessen sie in ihrer Kultur Vertrauensbeziehungen relativ leicht aufbauen kann und diese relativ sicher sind. In vertrauensarmen Gesellschaften ist dies nur im engeren Umfeld bzw. innerhalb verwandtschaftlicher Beziehungen möglich. In diesem engeren Umfeld kann wechselseitiges Vertrauen leicht seine Vorteile ausspielen, außerhalb desselben jedoch weniger. In vertrauensreichen Gesellschaften hingegen ist Vertrauen in breiterem Umfang auch unter Fremden leichter möglich. Dies wiederum begünstigt laut Fukuyama den Aufbau größerer Organisationen oder Unternehmen und damit die wirtschaftliche Dynamik in der Gesellschaft.[20]

Wir lernen also von der Populationsgenetik, dass es von der durchschnittlichen Vertrauenswürdigkeit meiner Mitmenschen abhängt, ob Vertrauen generell eine gute Strategie ist oder nicht. Doch die Einschätzung, wie sich meine Interaktionskollegen tendenziell verhalten, hilft mir nur beschränkt für die Frage, ob ich *in einem konkreten Fall* einem anderen vertrauen kann. Ob Vertrauen im konkreten Fall vorteilhaft ist, hängt letztlich an der Frage, ob auch dieser individuelle Gegenüber vertrauenswürdig ist. Dies führt uns zum grundlegenden Dilemma des Vertrauens bzw. zur Frage der Einschätzung der Vertrauenswürdigkeit.

1.1.4 Die Entwicklung von Vertrauen

1.1.4.1 Das grundlegende Dilemma des Vertrauens

Auch wenn ich mein Umfeld, das heißt meine Kollegen und Geschäftspartner, grundsätzlich für vertrauenswürdig halte, beinhaltet mein konkretes vertrauensvolles Handeln im Einzelfall immer ein Risiko: Der andere *kann* immer auch zu meinem Nachteil handeln. Er *kann* mein Vertrauen enttäuschen – was man gerne ausschließen würde. Konsequent ausschließen könnte man dies allerdings nur, indem man ihm einfach grundsätzlich nicht vertraut. Wer jedoch grundsätzlich niemandem vertraut, muss automatisch auch auf alle Vorteile von Vertrauen verzichten.

Der Ausweg aus diesem Dilemma führt über die erfolgreiche Einschätzung der Vertrauenswürdigkeit anderer. Um effizient handlungsfähig zu bleiben, muss man erfolgreich einschätzen können, ob und inwiefern man einem Interaktionspartner vertrauen kann. Wenn man stets allen vertrauen würde, liefe man Gefahr, von nicht vertrauenswürdigen, opportunistischen Partnern ausgenutzt zu werden. Würde man hingegen keinem Partner jemals vertrauen, hieße dies, dass man stets auf alle durch Vertrauen möglichen Vorteile der effizienteren und angenehmeren Zusammenarbeit verzichten müsste. Auf welche Weise man dies tut, das heißt, wie man einschätzt, wann ein Partner vertrauenswürdig ist und wann nicht, ist eine zentrale Fragestellung der vorliegenden Arbeit.

---

[20] Vgl. Fukuyama (1995). Ein ähnliches Beispiel für die unterschiedlichen Vorteile von Vertrauen in unterschiedlichen (unternehmens-)kulturellen Kontexten liefern Barney & Hansen (1994: 181) in einem Vergleich der Zuliefererbeziehungen von Toyota und General Motors.

1.1.4.2 Die erkenntnistheoretische Asymmetrie der Vertrauenseinschätzung

Eine im Zusammenhang mit der Entwicklung von Vertrauen immer wieder beschriebene Beobachtung ist die, dass Vertrauen sich zwar eher langsam aufbaut aber sehr schnell verloren gehen kann. Auch wenn dies teilweise als verwunderliches Phänomen beschrieben wird ("It is a curious paradox that, whereas trust is slow and difficult to build up, it appears notoriously easy to break down", Rempel et al. 1985: 111), lässt es sich recht einfach erklären. Der Grund liegt in der Undeterminiertheit menschlichen Handelns und der daraus folgenden erkenntnistheoretischen Asymmetrie der Einschätzung von Vertrauenswürdigkeit.

- Vertrauenswürdig ist, wer Vertrauen nicht enttäuscht.
- Dass jemand Vertrauen enttäuscht, weißt man genau dann mit Sicherheit, wenn er es tut. Wer einmal lügt, dem glaubt man nicht. Er hat gezeigt, dass er auch lügen kann.
- Dass jemand hingegen ein in ihn gesetztes Vertrauen jetzt und in Zukunft immer respektieren wird, kann man nie mit Sicherheit wissen. Denn der andere behält seine Handlungsfreiheit. Ihm zu vertrauen, impliziert daher stets die Möglichkeit der Enttäuschung des Vertrauens. Hier kann man lediglich induktiv schließen, dass, wer sich lange Zeit als des Vertrauens würdig verhalten hat, dies auch weiterhin tun wird.

Hinter dieser Überlegung steht das logische Problem der Verifikation von Allaussagen. 'Ich kann ihm vertrauen' ist eine solche Allaussage, denn sie bedeutet letztlich, dass der andere in allen zukünftigen Situationen mein Vertrauen nicht enttäuschen wird. Dies lässt sich schlecht beweisen. Wer Vertrauen enttäuscht hat, kann hingegen (zunächst einmal) eindeutig als nicht vertrauenswürdig gelten. Aufgrund der erkenntnistheoretischen Asymmetrie, dass man Allaussagen zwar eindeutig falsifizieren, nicht aber eindeutig verifizieren kann, entwickelte Popper seine Wissenschaftstheorie des kritischen Falsifikationismus, nach der die Bestätigung wissenschaftlicher Annahmen nur darin bestehen kann, dass man sie aufgrund gescheiterter Falsifikationsversuche als vorläufig belegt ansieht (Popper 1935).

Vor diesem Hintergrund wird auch der Aufbau der oben erwähnten 'tit-for-tat'-Strategie verständlich: Man gibt zunächst einen Vertrauensvorschuss, um anschließend (klar identifizierbare) Vertrauensenttäuschungen zu sanktionieren. Andersherum funktioniert es einfach nicht so gut: Angenommen man würde auf klare Vertrauenssignale warten und in einem solchen Fall kooperieren. Dann hat man das Problem, dass positive Vertrauenssignale eben nicht so klar sind wie negative.

1.1.4.3 Vertrauensfaktoren und Einschätzung der Vertrauenswürdigkeit

Allerdings können wir nicht immer tit-for-tat spielen. Die Frage, ob wir vertrauen können, stellt sich für uns in konkreten beruflichen oder alltäglichen Situationen, in welchen uns das Risiko bzw. die weitere Zusammenarbeit nicht gleichgültig sind. Wir haben daher trotz der beschriebenen prinzipiellen Schwierigkeiten eine ausfeilte Kunst darin entwickelt, andere einzuschätzen. Es gelingt uns in der Zusammenarbeit mit anderen (vielfach unbewusst) eine Einschätzung zu bilden, wann und inwieweit wir ihnen vertrauen können. Wir haben eine Fähigkeit entwickelt, die uns hilft, so weit möglich immer dann zu vertrauen, wenn es gerechtfertigt ist (das Risiko gering ist), und immer dann *nicht* zu vertrauen, wenn es *nicht* gerechtfertigt ist (das Risiko hoch ist).

Die unterschiedlichen Aspekte oder Faktoren, die dabei für uns ausschlaggebend dafür sind, einem anderen zu vertrauen oder nicht zu vertrauen und die wir im wesentlichen anhand des beobachteten Verhaltens des anderen einschätzen, bezeichne ich als **'Vertrauensfaktoren'**. Es handelt sich um abstrakte Vertrauensbedingungen oder 'vertrauenswürdig machende Eigenschaften', auf welche man ausgehend von beobachtetem Verhalten oder anderen Informationen schließt. Ein Beispiel für einen Vertrauensfaktor ist *'Zusagen einhalten'*. Wenn man das Verhalten eines Partners als Einhalten einer Zusage interpretiert, dann diagnostiziert man einen Vertrauensfaktor: Man nimmt das Verhalten des Partner wahr und gewinnt die Einschätzung: 'Er hält seine Zusagen ein' – und dies trägt dazu bei, dass man Vertrauen zu diesem Partner bildet.

Ich werde den Ansatz der Vertrauensfaktoren und den Hintergrund meiner Begriffswahl des 'Vertrauensfaktors' ausführlicher in 1.3.2.1 und 1.4.3 (Theorie der Vertrauenssignale) erläutern. Ein empirisches Ergebnis der vorliegenden Arbeit ist die detaillierte Beschreibung des Spektrums der Vertrauensfaktoren, die für Manager in Wirtschaftsunternehmen relevant sind (vgl. 1.6.2 zur ersten Forschungsfrage sowie ausführlich Kap. 3).

1.2 Orientierung in der einschlägigen Forschungsliteratur

Im letzten Abschnitt habe ich mich für die Einführung in grundlegende Aspekte und Fragestellungen des Vertrauens, bereits auf verschiedene Beiträge der Forschungsliteratur gestützt: Es ging um die Debatte um die Definition und die Teilkonstrukte von Vertrauen (1.1.1-2), die Diskussion um die Wirkungen von Vertrauen (1.1.3) sowie um die Frage der Entwicklung von Vertrauen (1.1.4) Im weiteren Verlauf der Arbeit werde ich zudem auf einschlägige Beiträge und wichtige Literaturbezüge an den entsprechenden Stellen der theoretischen Modellbildung (1.3-5), der Entwicklung des Forschungsdesigns (Kap.2) und schließlich der Darstellung der Ergebnisse (Kap. 3, 4 und 5) eingehen.

An dieser Stelle möchte ich nun einen etwas weiteren Blickwinkel einnehmen und zur Einordnung der vorliegenden Arbeit und als Ausgangspunkt für die Theoriebildung zunächst einen Überblick der verschiedenen im weiteren Sinne einschlägigen Richtungen der Vertrauensforschung geben (1.2.1). Anschließend werde ich das gleiche für die kulturvergleichende bzw. interkulturelle Managementforschung tun (1.2.2) und daran anschließend auf die Frage des aktuellen Forschungsstands der kulturvergleichenden bzw. interkulturellen Vertrauensforschung eingehen (1.2.3).

1.2.1 Disziplinen und Herangehensweisen der Vertrauensforschung

Vertrauen ist Forschungsgegenstand einer großen Vielfalt unterschiedlicher Disziplinen – wie etwa Soziologie (z.B. Lewis & Weigert 1984, Sztompka 1999), Psychologie (z.B. Lewicki & Bunker 1996, Petermann 1985), Ökonomie (z.B. Dasgupta 1988, Williamson 1993), Management- und Organisationslehre (z.B. Mayer et al. 1995, Schoorman et al. 2007), Informatik (z.B. Jarvenpaa et al. 1999, Marsh & Dibben 2003), Politikwissenschaft (z.B. Hetherington 1998, Lempp 2007), Geschichtswissenschaft (z.B. Frevert 2003, Greif 1989), Rechtswissenschaft (z.B. Huber 1979, Stunz 2008), Pädagogik (z.B. Schweer 1996, Tschannen-Moran & Hoy 1998), Theologie bzw. Religionswissenschaften (z.B. Strunk 1985, Welch et al. 2004) oder Philosophie (z.B. Baier 1986, Lahno 2002).

Wie erklärt sich diese enorme interdisziplinäre Breite der Vertrauensforschung? Der Grund liegt darin, dass die Vertrauensrelation zur Beschreibung einer großen Vielfalt von Realitätsbereichen herangezogen werden kann, was sich in der oben beschriebenen Vielfalt der möglichen Vertrauenssubjekte und -objekte spiegelt (vgl. 1.1.1.1). Auch wenn man sich konsequent auf Vertrauensrelationen zwischen Personen beschränkt, bleibt die Bandbreite einschlägiger Betrachtungsweisen beträchtlich (vgl. Tab. 1.2 in 1.1.1.1). Diese Beobachtung, dass man dem Interesse an der Vertrauensrelation zwischen zwei Personen mit sehr unterschiedlichen Schwerpunktsetzungen nachgehen kann, möchte ich nun etwas weiter verfol-

1.2 Orientierung in der einschlägigen Forschungsliteratur

gen. Für eine grundlegende Einteilung der vielfältigen sozialwissenschaftlichen Beiträge zum Thema Vertrauen ist es dabei hilfreich, sich zu vergegenwärtigen, mit welchem Fokus bzw. aus welchem Blickwinkel die einzelnen Traditionen bzw. Disziplinen auf die in 1.1.1 skizzierte Vertrauensrelation 'A vertraut B, dass C' blicken (vgl. Abb. 1.1).[21]

- Zum einen kann man den Blick auf A richten und fragen, welche Voraussetzungen A mitbringt, um gegenüber B Vertrauen zu entwickeln. Dieser Blick auf Vertrauen als Aspekt des Individuums ist beispielsweise der Blick der Entwicklungs- und Persönlichkeitspsychologie (1.2.1.1).
- Zum zweiten kann man Vertrauen als Interaktionsphänomen begreifen und sich die Beziehung zwischen A und B in der Vertrauensrelation ansehen. Hier gibt es ein breites Spektrum an Zugängen und Schwerpunktsetzungen. Einschlägig sind beispielsweise der spieltheoretische bzw. Rational Choice Ansatz, institutionenökonomische Analysen oder austauschtheoretische Ansätze. Diese Zugänge gehen Vertrauen aus einer normativen Perspektive an und fragen nach möglichen Gründen für A, B zu vertrauen. Einflussreich ist weiterhin der wirtschafts- bzw. organisationspsychologische Zugang, der Vertrauen stärker deskriptiv aus der Perspektive der Psychologie sozialer Kognition betrachtet (1.2.1.2).
- Schließlich kann man Vertrauen auch als sozialen Mechanismus betrachten und nach der Funktion fragen, welche Vertrauen in Organisationen oder gesellschaftlich erfüllt. Dieses Interesse an der Einbettung der Vertrauensrelation in ihren (sozialen) Kontext findet sich vor allem in soziologischen Ansätzen (1.2.1.3).

Abb. 1.1: Unterschiedliche Blickwinkel auf die Vertrauensrelation

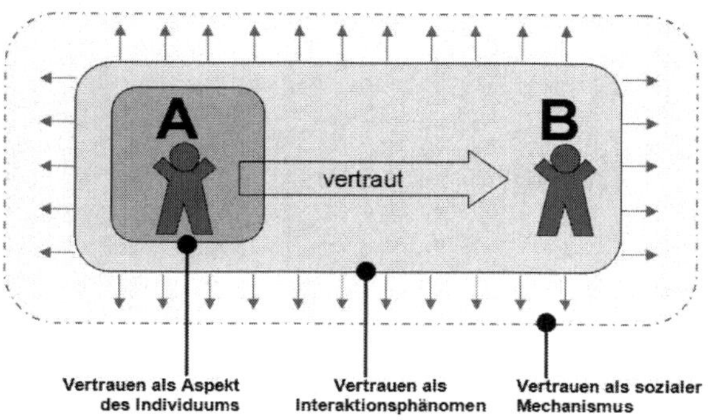

Vertrauen als Aspekt des Individuums | Vertrauen als Interaktionsphänomen | Vertrauen als sozialer Mechanismus

In der Theoriebildung der Vertrauensforschung haben insbesondere im Zuge der verstärkten Forschungsbemühungen seit den 1990er Jahren einige Autoren auch versucht, die unterschiedlichen Zugänge und Traditionen in übergreifende Modelle des Vertrauens bzw. der Vertrauensentwicklung zu integrieren (Rempel et al. 1985, Mayer et al. 1995, McKnight & Chervany 1996, Lewicki & Bunker 1996, Petermann 1985, Ross & LaCroix 1996, Rousseau et al. 1998, McKnight et al. 1998, Jarvenpaa et al. 1998, Huff & Kelley 1999). Allerdings stellt sich vor dem Hintergrund des formulierten Forschungsinteresses die Frage, inwiefern diese Modelle geeignet sind, einer kulturvergleichenden bzw. interkulturellen Untersuchung der Entwicklung von Vertrauen zugrunde gelegt zu werden (vgl. 1.2.3.1). – Im Folgenden werde ich für die drei genannten Schwerpunkte einer Betrachtung der Vertrauensrelation jeweils einen kurzen Überblick einschlägiger Forschungsrichtungen geben.

---

[21] Der Ordnungsvorschlag dient der Orientierung in einem weiten und unübersichtlichen Forschungsfeld und erhebt nicht den Anspruch, scharfe Grenzen zu ziehen oder Überschneidungen auszuschließen.

1.2.1.1 Vertrauen als Aspekt des Individuums

Weder beruflich noch privat kann man es vermeiden, sich in vielfache direkte oder auch indirekte, stärkere oder auch weniger starke Abhängigkeitsverhältnissen zu anderen Menschen zu begeben. Vertrauen als Beschreibungskonstrukt für den Umgang mit Fragen der Abhängigkeit und des Risikos (vgl. 1.1.2) ist daher ein sehr grundlegender Aspekt menschlicher Beziehungen, mit welchem man bereits von kleinster Kindheit an umzugehen lernt. Wie man das lernt, und inwiefern man den erlernten Umgang mit Vertrauen als Teil der Persönlichkeit bzw. als Verhaltensdisposition betrachten kann, interessiert die Entwicklungs- bzw. die Persönlichkeitspsychologie.

Für die Entwicklung der individuellen Vertrauensdisposition interessieren sich die Entwicklungspsychologie bzw. insbesondere die sozialen Lerntheorien. Einflussreiche entwicklungspsychologische Beiträge stammen von Erikson (1950, 1968), nach welchem sich Vertrauen in die Umgebung bzw. die Welt, in der man lebt, in den ersten 18 Monaten nach der Geburt entwickelt, und Rotter (1967, 1971), welcher die Vertrauensdisposition als 'generalisiertes Vertrauen' versteht, das heißt als generelle Einstellung gegenüber anderen Menschen, die man auf Basis vieler Einzelerfahrungen bildet. Der sozialen Lerntheorie folgt Schweer (1996, 1997) mit seinem Ansatz der impliziten Vertrauenstheorie (vgl. 1.4.4.3). Im Heranwachsen – bis hinein in die berufliche Sozialisation – lernt man, wann bzw. in welchen Situationen man wem inwiefern vertrauen kann. Man entwickelt ein individuelles Vertrauensprofil bzw. eine implizite Vertrauenstheorie (vgl. die Diskussion der impliziten Persönlichkeitstheorie in 1.4.2.4). Hinter dem Interesse der Entwicklungspsychologie steht ein Verständnis von Vertrauen als Disposition bzw. als Teil der Persönlichkeit. Einige Beiträge folgen diesem dispositionalen Verständnis von Vertrauen, welches von Unterschieden in den Vertrauensdispositionen unterschiedlicher Akteure ausgeht (vgl. Mayer et al. 1995: "propensity to trust", McKnight et al. 1998: "disposition to trust"; vgl. auch Bowlby 1998, Sitkin & Pablo 1992). Auf das Konzept einer allgemeinen Vertrauensdisposition wird auch häufig in umfangreichen quantitativen Studien zurückgegriffen, welche Vertrauen neben anderen Konstrukten 'en passant' erheben (z.B. der 'World Value Survey', vgl. Inglehart 1990, 1997, Inglehart & Welzel 2005). In einigen Beiträgen wird die Vertrauensdisposition auch als eine von mehreren Bedingungen der Vertrauensentwicklung angeführt (Ricings et al. 2002).

1.2.1.2 Vertrauen als Interaktionsphänomen

Als grundlegende sozialwissenschaftliche Perspektive auf Vertrauen kann man den Blick auf die Vertrauensrelation, das heißt die Beziehung zwischen A und B, werfen. Es geht darum, warum oder wie A in einer gegebenen Vertrauenssituation gegenüber einem spezifischen B dazu kommt (oder kommen sollte) diesem B zu vertrauen.

Eine wichtige Tradition ist hier der spieltheoretische bzw. Rational Choice Ansatz. Er fragt nach den Bedingungen, die in der fraglichen Situation bzw. im Verhältnis zwischen A und B gegeben sein müssen, damit sich A rational dafür entscheiden kann, B zu vertrauen. Ein einflussreicher Ansatz entwickelte sich hier aus der spieltheoretischen Forschung zu Kooperation und Altruismus, die insbesondere auf das Gefangenendilemma-Spiel zurückgreift (vgl. 1.1.3.3). Prägend waren die Arbeiten von Morton Deutsch. In Abgrenzung von Persönlichkeitspsychologen wie Erikson oder Rotter schlug Deutsch vor, Vertrauen als Handlungsentscheidung im Kontext der Situation zu sehen (Deutsch 1958, 1962). Aus diesem Verständnis heraus entwickelte und prägte er die Operationalisierung von Vertrauen als kooperatives Handeln in spieltheoretischen Situationen, welche bis heute einen umfangreichen Beitrag zur Vertrauensforschung geliefert hat (z.B. Buskens 1998, Dasgupta 1988, Good 1988, Kee & Knox 1970, Macy & Skvoretz 1998, Snijders & Keren 1999).

1.2 Orientierung in der einschlägigen Forschungsliteratur

Eine Herangehensweise an Vertrauen, die fragt, wann die Entscheidung für Vertrauen rational gerechtfertigt ist bzw. wann Vertrauen für Akteure in sozialen Austauschbeziehungen Nutzen bringt, lässt sich auch als ökonomische Perspektive charakterisieren. Wenn man sich die ökonomische Literatur ansieht, stößt man hier jedoch auf Uneinigkeit, ob Vertrauen überhaupt eine relevante ökonomische Kategorie ist. Kritiker merken an, dass es ein notwendiges definitorisches Kriterium für Vertrauen sei, dass der Vertrauende bewusst ein letztlich nicht kalkulierbares Risiko in Kauf nimmt. Der Vertrauensbegriff schreibt damit Akteuren die letztlich nicht rational begründete Erwartung des unopportunistischen Verhaltens eines anderen zu, weshalb Vertrauenssituationen gar keine Situationen im Rahmen der ökonomischen Analyse seien. Was die Ökonomie untersucht, sollte ohne diese Zuschreibung auskommen – weshalb wir aber wiederum in der Ökonomie nicht mehr von Vertrauen sprechen sollten. Die Annahme von Vertrauen sei naiv, denn man könne grundsätzlich nicht unterscheiden zwischen *echter* und *nur vorgetäuschter* Vertrauenswürdigkeit. Für rationale Entscheidungsgrundlagen bedürfe es steuernder Mechanismen (Arrow 1974, Williamson 1993).

Dem entgegnen Befürworter der ökonomischen Analyse von Vertrauen, dass Vertrauen schon aufgrund seiner faktischen Wirkung aus ökonomischer Sicht interessant und wichtig sei (James 2002) – beispielsweise durch den Effekt der Reduktion von Transaktionskosten (Lorenz 1999, vgl. 1.1.3.1). Gemäß dieser Überlegung sind insbesondere im Bereich der Institutionenökonomik inzwischen eine Reihe wichtiger Beiträge entstanden – eingeschlossen die Analyse von Williamson (1993), auch wenn dieser ökonomische Analysen nicht unter den Vertrauensbegriff fassen möchte. Ansätze der Institutionenökonomik untersuchen zudem Vertrauen als „Organisationsprinzip zwischenmenschlicher Austauschbeziehungen" (Ripperger 1998) vor dem Hintergrund der Annahme eigennützigen bzw. opportunistischen Verhaltens der Akteure und insbesondere der Annahme des ungleichen Zugangs zu relevanten Informationen (Informationsasymmetrien der Prinzipal-Agenten-Theorie, vgl. Akerlof 1970, Arrow 1985). Eine wichtige Analyseinstrument ist in diesem Zusammenhang das genannte Konstrukt der Transaktionskosten, das die in der Abwicklung ökonomischer Interaktionen anfallenden Kosten beschreibt. Da man diese „Betriebskosten des Wirtschaftssystems" als „ökonomisches Gegenstück zur Reibung in physikalischen Systemen" sehen kann (Ripperger 1998: 26), wird Vertrauen auch häufig als 'soziales Schmiermittel' charakterisiert („an important lubricant of a social system", Arrow 1974: 23). Eine wichtige Rolle in institutionenökonomischen Ansätzen zu Vertrauen spielt auch der Begriff der Reputation, auf den beispielsweise Dasgupta (1988) seine Argumentation aufbaut.

Über spieltheoretische bzw. Rational Choice Ansätze und institutionenökonomische Analysen hinausgehend ziehen einige Autoren für die Analyse von Vertrauen auch austauschtheoretische Ansätze aus der Soziologie heran (Blau 1964, Homans 1961). Wichtige Ansatzpunkte dieser Herangehensweise an Vertrauen sind die Fragen nach Reziprozität, sozialen Aushandlungsprozessen (Molm et al. 2000, Whitener et al. 1998) und Asymmetrien der Machtverteilung (Cook 1987, Emerson 1981).

Eine weitere wichtige Forschungstradition, welche das Vertrauen als Interaktionsphänomen untersucht, ist die Organisationspsychologie bzw. das Feld der Management- und Organisationsforschung. Die Wirtschafts- bzw. Organisationspsychologie (im Englischen 'work / occupational / organizational psychology') ist ein anwendungsorientierter Zweig der Sozialpsychologie und untersucht psychologische Fragestellungen in Organisationen bzw. im Arbeitskontext. Sie ist damit ein wichtiger Ansatz für anwendungsorientierte Disziplinen wie die Management- und Organisationsforschung. So gibt es etwa im Bereich Marketing eine umfangreiche Beschäftigung mit Vertrauen im Zusammenhang mit dem Konzept des Beziehungsmarketing ('relational marketing', vgl. Dwyer et al. 1987, Doney & Cannon 1997, Ganesan 1994,

Morgan & Hunt 1994). Für die Analyse von Vertrauen bedeutet dieser Zugang, über spieltheoretisch-normative Fragestellungen hinauszugehen und für Vertrauen relevante sozialkognitive Prozesse wie Informationsverarbeitung, Einschätzungen und Schlussschemata zu untersuchen (vgl. Brower et al. 2000, Ferrin & Dirks 2001, 2003, Lewicki & Bunker 1995, McKnight et al. 1998, Rempel et al. 1985, Settle & Golden 1974).

Insbesondere in der verhaltensorientierten Ökonomie und der Managementforschung wird darauf verwiesen, dass Vertrauen eine wichtige deskriptive Kategorie für die Beschreibung der Realität ökonomischer Beziehungen sei (Barney & Hansen 1994) und dass die spieltheoretisch-normative Herangehensweise einer Ergänzung durch empirisch-deskriptive Untersuchungen der tatsächlich ablaufenden sozialkognitiven Prozesse bedürfe (Bacharach & Gambetta 1997, 2001). Da diese sozialkognitiven Prozesse insbesondere für die Frage des Einflusses kultureller Unterschiede auf die Entwicklung von Vertrauen zwischen Kollegen oder Geschäftspartnern eine wichtige Rolle spielen, werde ich in der Entwicklung meines Modells des Einflusses kultureller Differenz auf die Vertrauensentwicklung noch ausführlicher auf organisationspsychologische Theorien und Forschungsbeiträge zurückgreifen (vgl. 1.3-4).

1.2.1.3 Vertrauen als sozialer Mechanismus

Neben dem Fokus auf die Persönlichkeit des Vertrauenden und dem Interesse an einem Verständnis der Vertrauensrelation zwischen A und B kann man auch nach der Funktion dieser Vertrauensrelation in ihrem organisationalen oder gesellschaftlichen Kontext fragen – und damit eine klassisch soziologische Perspektive einnehmen.

Luhmann (1968: 1ff.) sieht Vertrauen als einen Mechanismus zur Reduktion sozialer Komplexität. Diese besteht in der Nicht-Vorhersagbarkeit des Handelns anderer, welche ein „nicht hintergehbares Risiko" schafft. Daher könne man ohne Vertrauen „morgens sein Bett nicht verlassen", denn "die unvermittelte Konfrontierung mit der äußersten Komplexität der Welt [halte] kein Mensch aus". In einer ausführlichen funktionalen Analyse argumentiert Luhmann: erst Vertrauen ermöglicht uns – durch eine Einschränkung des Raums erwartbarer Verläufe zwischenmenschlicher Interaktion – (gesellschaftlich) handlungsfähig zu werden. Viele Autoren folgen dieser Analyse. Ohne Vertrauen gäbe es keinen sozialen Austausch (Koehn 1996) und die moderne Gesellschaft wäre nicht möglich (Barber 1983, Lewis & Weigert 1985, Macy & Skvoretz 1998)

Über diese grundlegende Funktion der Vertrauensrelation hinaus gehen die Sozialkapitalansätze. Sie argumentieren, dass bestimmte soziale Strukturen in Gesellschaften (Coleman 1988, 1990, Putnam 1993, 1995, 2000, Fukuyama 1995) oder in Organisationen (Badura et al. 2008, LaPorta et al. 1997) die soziale Interaktion erleichtern: das Sozialkapital. Zu derartigen Strukturen zählen sie auch informelle Werte und Normen oder bestehende soziale Kontakte und Netzwerke. Grob gesagt nehmen diese Ansätze an, dass diejenigen Mitglieder einer Gesellschaft oder Organisation, die untereinander Vertrauensbeziehungen aufbauen, damit in ihrer Gesellschaft oder Organisation eine bestimmte Form von 'Kapital' aufbauen. Dieses wiederum erleichtert es zu späteren Zeitpunkten, vertrauensvolle Beziehungen zu reaktivieren, zu erhalten oder neu aufzubauen. Die Vertrauensrelation erfüllt in diesem Ansatz die wichtige Funktion, soziales Handeln nicht nur prinzipiell zu ermöglichen, sondern darüber hinaus Strukturen zu schaffen oder zu erhalten, welche soziales Handeln erleichtern.

1.2.1.4 Zusammenfassung und Einordnung der Arbeit

Die Vielfalt der sozialwissenschaftlichen Ansätze, die sich für die Vertrauensrelation zwischen zwei Personen interessieren, lassen sich zunächst grob danach unterscheiden, mit welchem Fokus sie auf die Vertrauensrelation blicken. Erstens blicken die Entwicklungs- und

1.2 Orientierung in der einschlägigen Forschungsliteratur

Persönlichkeitspsychologie auf Vertrauen als Aspekt eines Individuums, zweitens interessiert sich eine Vielzahl von Ansätzen für Vertrauen als Interaktionsphänomen, und drittens fragen insbesondere soziologische Ansätze nach der Funktion, welches eine Vertrauensrelation organisational oder gesellschaftlich erfüllt.

Der Blick auf Vertrauen als Persönlichkeitseigenschaft ist für den theoretischen Ansatz der vorliegenden Arbeit relevant, da kulturelle Prägungen sich als individuelle Werte oder Verhaltensdispositionen begreifen lassen. In der theoretischen Fundierung meines Modells des Einflusses kultureller Differenz auf die Vertrauensentwicklung werde ich mit der Theorie der kulturellen kognitiven Rahmen und der impliziten Vertrauenstheorie auf Vertrauen als Aspekt des Individuums zielen (1.4). Im Feld der Ansätze, die Vertrauen als Interaktionsphänomen begreifen, werde ich mich vor allem auf Ansätze der Wirtschafts-/Organisationspsychologie bzw. der Verhaltensökonomik beziehen, um die Prozesse der Vertrauenseinschätzung und der Bildung von Vertrauensüberzeugungen zu rekonstruieren (1.3). Außerdem ziehe ich spieltheoretische Überlegungen zur Vertrauenssignalisierung heran, um die Entstehung von Vertrauensmissverständnissen zu erklären (1.4.3 und 1.5). Die funktionale Perspektive auf Vertrauen spielt hingegen in der vorliegenden Arbeit keine wesentliche Rolle.

1.2.2 Kulturvergleichende und interkulturelle Forschung

1.2.2.1 Ursprünge der interkulturellen Managementforschung

Eine Untersuchung von Vertrauen in interkulturellen Arbeitskontexten kann sich neben der Vertrauensforschung auch auf Grundlagen der interkulturellen Forschung stützen. Ich werde zu diesem Zweck im Folgenden einen Überblick wesentlicher Strömungen und Anknüpfungspunkte geben. Dabei möchte ich unter 'Kultur' zunächst einmal ganz allgemein „die Werte, Normen und Grundannahmen" verstehen, die das Handeln von Menschen einer bestimmten sozialen Gruppe prägen. Ein solches Verständnis von Kultur beginnt sich in der Managementlehre inzwischen als Konsens herauszubilden (Kühlmann 2008: 34), und ich werde in 1.4.3.1 ausführlicher darauf eingehen. Hier geht es mir zunächst um die Einordnung der vorliegenden Arbeit in den Kontext der kulturvergleichenden bzw. interkulturellen Forschung.

Während man die Praxis internationaler Managementtätigkeit schon in den Handelsbeziehungen beispielsweise der alten Ägypter und Griechen oder auch der Kaufleute des Mittelalters lokalisieren kann (Robinson 1964), begann sich ein entsprechendes akademisches Forschungsfeld erst ab den 1950er und 1960er Jahren an amerikanischen Universitäten zu etablieren. Dabei konzentrierte man sich in der internationalen Managementforschung allerdings zunächst lange auf den internationalen Vergleich 'harter' und relativ leicht zu quantifizierender Daten – wie etwa nationaler Währungen, Steuersysteme oder volkswirtschaftlicher Kennzahlen (Ronen 1986: 20). Dies entsprach auch dem Interesse seitens der Managementpraxis: Noch gegen Ende der 1970er stellten La Palombara und Blank fest, dass internationale Konzerne praktisch keine nicht-ökonomischen Daten über die Länder und Kulturen berücksichtigten, in welchen sie tätig sind (La Palombara & Blank 1977).

Wenn man also aus der Perspektive des internationalen Managements in die Literatur der kulturvergleichenden bzw. interkulturellen Forschung blickt, so fällt auf, dass die Ursprünge des skizzierten Kulturverständnisses außerhalb der Disziplin liegen. In der internationalen Managementforschung ging man zunächst lange Zeit von der universellen Gültigkeit von Managementtheorien und Modellen aus, und auch heute wird dieser Ansatz noch relativ häufig vertreten (Kühlmann 2003: 152). Mit der Zeit entwickelte sich jedoch ein Bewusst-

sein – und ebenso ein umfassender Bestand empirischer Belege – für die Unterschiedlichkeit von Managementstilen und -werten (vgl. Usunier 1998: 1; einschlägig sind beispielsweise die Beiträge von Adler 1986, Hofstede 1980, House et al. 2004, Inglehart 1990, 1997, Trompenaars & Hampden-Turner 1993, Schwartz 1992).
In der akademischen Welt fand das Phänomen unterschiedlicher kultureller Prägungen[22] als erstes seitens der Ethnologie und Linguistik Beachtung – und zwar auch hier wieder vor allem in Reaktion auf ein Interesse der Praxis. Das 'Foreign Service Institute' des Außenministeriums der Vereinigten Staaten startete 1946 ein Forschungsprogramm über Kulturunterschiede, aus dem ein interkulturelles Training für Diplomaten hervorgehen sollte (Roth & Roth 2001: 394). Bis 1956 leistete hier insbesondere der Ethnologe Edward Hall grundlegende Forschungsarbeit zu der Frage, wie kulturelle Prägungen Kommunikations- und Verhaltensgewohnheiten beeinflussen. Halls Beiträge boten Anknüpfungspunkte für unterschiedliche Disziplinen und können als einer der wesentlichen Ausgangspunkte für die Entwicklung des interdisziplinären Forschungsfelds der 'interkulturellen Kommunikation/Interaktion' gelten. Halls Beiträge wurden anschließend in der ethnologischen Forschung (Geertz 1973, Goodenough 1957, Kluckhohn & Strodtbeck 1961) und in kommunikationswissenschaftlichen Ansätzen aufgegriffen (Gudykunst 1983). Einflussreich für die internationale Managementforschung waren insbesondere auch die anschließenden Forschungsbeiträge der US-akademischen Psychologie ('cross cultural psychology', beispielsweise Triandis 1972, Triandis & Brislin 1980, Triandis & Berry 1980, Landis & Brislin 1983). Auch deren Forschung folgte wesentlich einer Anwendungsperspektive und orientierte sich an Fragestellungen aus der Praxis wie der Schulung von Mitgliedern des US Peace Corps oder Angehörigen der US Army.
Parallel zu diesen Entwicklungen formierte sich in den 1950er und 1960er Jahren mit der kulturvergleichenden Managementforschung ein stärkeres akademisches Interesse für Aspekte der Strategie und Führung internationaler Unternehmen (Adler 1983, Bartlett & Ghoshal 1987). Zunächst ging man jedoch von der Annahme aus, die Prägung von Individuen durch Organisationen existiere unabhängig von kulturellen Einflüssen (Universalismus-Hypothese bzw. 'culture-free hypothesis', vgl. Hickson et al. 1960). Diesem Ansatz zufolge beruht "erfolgreiches Wirtschaften auf weltweit gültigen Prinzipien und Praktiken [...] die als Optimallösungen in jedwede Kultur übertragen werden können" (Kühlmann 2003: 153). Zudem nahm man an, es finde eine Angleichung der organisationalen und institutionellen Merkmale unterschiedlicher Gesellschaften durch das globale Wirtschaftssystem statt (Konvergenz-Hypothese bzw. 'unification hypothesis', vgl. Höhne 1995: 77f).

1.2.2.2 Entwicklung und Herausforderungen des kulturvergleichenden Paradigmas
Während frühe kulturvergleichende Studien noch im Rahmen dieses universalistischen Paradigmas interpretiert wurden, leitete die Diskussion des ökonomischen Aufstiegs Japans einen Perspektivenwechsel ein. Man begann, zu der Annahme einer Kulturgeprägtheit organisationalen Handelns überzugehen und zunehmend in Frage zu stellen, dass Management universell gültigen Regeln folgt und dass Standard-Managementpraktiken in kulturübergreifend gleicher Weise angewendet werden können (Usunier 1998: 1f). Mit dieser 'kulturalistischen' Perspektive bzw. der Annahme einer Kulturgebundenheit des Wirtschaftens (Kühlmann 2003: 153) wurden Fragen nach Internationalisierungsstrategien, Direktinvestitionen im Ausland oder Standortentscheidungen für Auslandsniederlassungen ergänzt durch Fragen nach dem Einfluss unterschiedlicher kultureller Prägungen auf etwa Managementstile oder Verhandlungsführung. Einflussreich wurde die Studie von Hofstede (1980), welcher anhand

---
[22] Für eine genauere Diskussion der Begriffe des 'Kulturunterschieds' und der 'kulturellen Prägung' vgl. 1.4.4.

1.2 Orientierung in der einschlägigen Forschungsliteratur

umfangreicher Daten für die Kulturbedingtheit organisationalen Verhaltens argumentierte und aufbauend auf Arbeiten von Kluckhohn & Strodtbeck (1961) ein Kulturvergleichsraster für arbeitsbezogene Werthaltungen und Verhaltenstendenzen entwickelte.[23]
Seitdem haben vielfältige weitere Forschungsarbeiten die These des Einflusses kultureller Prägungen auf managementrelevante Aspekte des Verhaltens und Bewertens im Arbeitskontext erhärten können. Wir verfügen innerhalb des kulturalistischen Paradigmas zum einen über ein Repertoire an dichotomen Einschätzungsdimensionen, mithilfe derer sich unterschiedliche kulturelle Prägungen in Werthaltungen oder Verhaltenstendenzen beschreiben lassen, und zum anderen über empirische Belege für die Einordnung vornehmlich nationalkultureller Gruppen anhand dieser Einschätzungsdimensionen (House et al. 2004; vgl. weitere Verweise zu einschlägigen Studien in 1.2.2.1).
Doch für kulturvergleichende Ansätze bestehen grundsätzliche **methodische Schwierigkeiten** (vgl. im Folgenden Kühlmann 2003: 156f.): Ein empirischer Kulturvergleich setzt beispielsweise konzeptuelle Äquivalenz voraus, was bedeutet, dass die zu erfassenden Merkmale von Kultur in ihrer Bedeutung kulturübergreifend identisch (oder hinreichend ähnlich) sein sollten. Da Forscher jedoch grundsätzlich eine eigenkulturelle Perspektive haben, ist es schwierig, sich methodisch abgesichert darüber hinauszubewegen. Diese Problematik wird in der Literatur anhand der Gegenüberstellung 'emischer' und 'etischer' Zugangsweisen diskutiert.[24] Ein emischer Zugang versucht, Beobachtungen, die in einer Kultur angestellt werden, aus der Perspektive und vor dem Hintergrund der beobachteten Kultur zu verstehen. Es gilt, weitestgehend mit Konstrukten zu arbeiten, die kulturspezifisch bzw. individuell auf die betrachtete Kultur zugeschnitten sind. Die etische Sichtweise – die typische Sichtweise der kulturvergleichenden Forschung – betont demgegenüber, dass man zum Zweck eines Kulturvergleichs nicht mit Beschreibungskonstrukten arbeiten könne, welche speziell auf eine der betrachteten Kulturen zugeschnitten sind. Für die vergleichende Betrachtung unterschiedlicher Kulturen bedürfe es vielmehr einer Außensicht auf alle betrachteten Kulturen. Tatsächlich spannt die emisch-etisch-Dichotomie ein Kontinuum auf: Zwar verwendet die etische Perspektive stets allgemeinere und kulturübergreifendere Konstrukte als die emische. Allerdings zielt auch eine emische Perspektive stets auf eine Beschreibung, welche für Betrachter nachvollziehbar sein soll, die nicht die tiefe (emische) Kulturkenntnis des Beschreibers haben. Sie muss daher Beschreibungskonstrukte finden, die sowohl aus der emischen Innenperspektive angemessen erscheinen, als auch aus der Außenperspektive des Rezipienten der Beschreibung verstanden werden. Umgekehrt bestreiten auch Vertreter eines etischen Ansatzes nicht, dass für die Entwicklung von angemessenen etischen Beschreibungskonstrukten die emische Perspektive auf die zu vergleichenden Kulturen einbezogen werden muss, weshalb forschungspragmatisch eine Kombination der beiden Perspektiven geboten erscheint (vgl. Kühlmann 2003: 156).
Im Anschluss an das Problem der konzeptuellen Äquivalenz ergibt sich die Herausforderung der operationalen bzw. funktionalen Äquivalenz: Ein Konzept kann sich in unterschiedlichen Kulturen in Form verschiedenartiger beobachtbarer bzw. messbarer Phänomene äußern. Äußerlich sehr heterogene Daten können äquivalente Indikatoren für das gleiche Konzept darstellen. Beispielsweise kann ein hohes soziales Ansehen in unterschiedlichen Kulturen durch absolut sehr unterschiedlich hohe Einkommensdaten angezeigt werden. Genauso können gleichwertige Beobachtungen aus verschiedenen Kulturen unterschiedliche Merkmale der jeweiligen Kultur indizieren. Bestechung von Geschäftspartnern ist, unabhängig von

---

[23] Zur Kritik an Hofstedes Studie vgl. Fußnote 27.
[24] Die Begrifflichkeit wurde von Pike (1954-1960) aus der Linguistik entlehnt (phonemic, phonetic) und durch die Ethnologen Goodenough (1970) und Harris (1980) bekannt gemacht; vgl. Headland et al. (1990).

der Bewertung dieses Verhaltens, in manchen Kulturen ganz klar Ausdruck sozialer Devianz, während sie in anderen Kulturen eine soziale Anpassung ausdrückt. Weitere Anforderungen an kulturvergleichende Forschung lassen sich aufzählen – etwa die Sicherung der kulturspezifischen Erhebungsäquivalenz, das heißt der Ausschluss ergebnisverzerrender Einflüsse nicht-kultureller Variablen (vgl. Kühlmann 2003: 156f). Sehr viele kulturvergleichende Studien, insbesondere die frühen aber einflussreichen, werden diesen methodischen Anforderungen nur ansatzweise gerecht. Auch wenn sich inzwischen eine wachsende Methodenliteratur speziell der kulturvergleichenden Forschung widmet (beispielsweise Brislin et al. 1973, Harkness et al. 2003, Triandis & Berry 1980, Lonner & Berry 1986, Vijver & Hambleton 1996, Vijver & Leung 1997) kann man die explizite Auseinandersetzung mit den genannten Schwierigkeiten noch nicht zum Standard der kulturvergleichenden Managementforschung zählen (Kühlmann 2003). Eine genauere Diskussion der genannten Aspekte findet sich in der Darstellung der empirischen Studie im zweiten Kapitel.

1.2.2.3 Ergänzung durch das interkulturelle Paradigma

Eine grundlegende Schwierigkeit des kulturvergleichenden Ansatzes ist jedoch nicht forschungsmethodischer, sondern eher konzeptioneller Natur. Sie hat zur Ergänzung des 'kulturvergleichenden' Forschungsparadigmas durch interaktionistische Ansätze und das 'interkulturelle' Paradigma geführt.

Der kulturvergleichende Ansatz geht aus seinem anwendungsorientierten Interesse heraus im allgemeinen mit der Unterstellung einer, dass kulturelle Unterschiede in Gewohnheiten, Einstellungen oder Werten zu interkulturellen Kommunikations- oder Interaktionsproblemen führen. Die Kenntnis bzw. Vermittlung kultureller Unterschiede gilt entsprechend als Ansatz zur Vermeidung derartiger Schwierigkeiten. Dies wird auf Basis kulturvergleichend erhobener Daten gewöhnlich unterstellt, ohne dass „der Nachweis dafür erbracht wird, dass und auf welche Weise die beschriebenen Kulturkontraste tatsächlich zu Problemen im Verständigen und Handeln führen" (Höhne 1995: 88).

Dies ist jedoch in zweierlei Hinsicht zu kritisieren: Zum einen versteht es sich längst nicht von selbst, dass kulturelle Unterschiede zu interkulturellen Interaktionsschwierigkeiten führen. Übersehen wird beispielsweise die Anpassungsfähigkeit und -bereitschaft von Individuen. Es ist nicht ungewöhnlich, dass man sich der interkulturellen Natur einer Handlungssituation bewusst ist und sein Verhalten der Situation anpasst. International erfahrene und erfolgreiche Manager tun dies sogar, ohne bewusst darüber nachzudenken. Genauso kann es schlicht Vergnügen bereiten, in der interkulturellen Zusammenarbeit kulturelle Unterschiede gemeinsam zu entdecken und über sie zu lachen. Unterschiede können ein Grund dafür sein, über sich und seine Vorlieben und Gewohnheiten ins Gespräch zu kommen – oder es kann schlicht und einfach sein, dass sich vorhandene kulturelle Unterschiede in der Zusammenarbeit gar nicht bemerkbar machen. Ob kulturvergleichend bestimmte Unterschiede in der konkreten interkulturellen Interaktion tatsächlich relevant werden, kann nur die empirische Untersuchung interkulturellen Handelns klären.

Zum zweiten muss man sich vergegenwärtigen, dass es neben kulturellen Prägungen eine große Vielzahl weiterer Einflussvariablen auf konkretes Interaktionsverhalten gibt. Daher lässt sich nicht von unterschiedlichen allgemeinen Verhaltenstendenzen im Kulturvergleich auf Schwierigkeiten in konkreten interkulturellen Handlungssituationen schließen. Von kulturellen Eigenschaften im Sinne von Aussagen über Verhaltenstendenzen in kulturellen Gruppen auf Verhaltensweisen von Mitgliedern dieser Gruppen in konkreten Situationen schließen, hieße, den sogenannten ökologischen Fehlschluss ('ecologic fallacy', Robinson 1950) zu begehen. Zwischenmenschliche Interaktion ist, soziologisch gesprochen, stets 'dop-

1.2 Orientierung in der einschlägigen Forschungsliteratur

pelt kontingent' (Luhmann 1985: 148ff.): Obwohl viele Faktoren – unter anderem kulturelle Prägungen – das Verhalten von Individuen nachweisbar beeinflussen, ist Verhalten nicht vorhersagbar. Weder kann ich sicher wissen, wie sich mein Geschäftspartner verhalten wird, noch kann dieser sicher wissen, was ich tun werde (vgl. 1.1.2.2 Unsicherheit als definitorisches Kriterium von Vertrauen).

Vor allem die erstgenannte Überlegung resümiert eine Kritik an der lange Zeit dominanten Konzentration der Forschung auf Kulturunterschiede und damit auf die „Voraussetzungen interkultureller Kommunikation" (Lüsebrink 2004: 11). Gefordert wird, kulturvergleichende Studien durch eine Erforschung der tatsächlichen interkulturellen Handels zu ergänzen. Im Anschluss an die Beschreibung kultureller Differenz bleibt empirisch zu klären, wie handelnde Personen unterschiedlichen kulturellen Hintergrunds mit ihrer kulturellen Verschiedenheit tatsächlich umgehen. Wann verhalten sich Manager gemäß der erlernten Schemata ihrer eigenen Herkunftskultur und versuchen beispielsweise als Auslandsentsandte, die Mitarbeiter in einem anderen Land gemäß der im Heimatland erprobten Führungsmethodik anzuleiten? Wann passen sie sich der Landeskultur an? Und wann entwickeln sie *in der Interaktion* mit ihren Mitarbeitern neue Interaktionsschemata, die weder den kulturellen Präferenzen des Auslandsentsandten noch denen der Mitarbeiter vor Ort entsprechen?

Die skizzierten Überlegungen entstanden im Zusammenhang mit einer Strömung in der Soziologie und Linguistik, welche den Stellenwert der sozialen Interaktion und Kommunikation betont und davon ausgeht, dass menschliches Handeln von interpretativen und kommunikativen Prozessen *während der sozialen Interaktion* abhängt ('Symbolischer Interaktionismus', Blumer 1969, Denzin 1992, Goffman 1967a). Sie führten dazu, dass auch in der Forschungsliteratur des internationalen Managements etwa seit dem Ende der 1980er Jahre die vorherrschenden kontrastiven Ansätze durch interaktionistische Ansätze ergänzt wurden (Höhne 1995: 95) – eine Entwicklung, die sich auch terminologisch in der Ergänzung bzw. teilweise Ablösung des „cross-cultural management" durch das „intercultural management" manifestierte. Man differenzierte die jeweiligen Forschungsansätze und bemühte sich verstärkt um Erkenntnisse über das tatsächliche interkulturelle Management und die in konkreten interkulturellen Situationen entstehende 'Interkultur' (Mauritz 1996, vgl. Bolten 1999a, Müller-Jacquier 2004). Heute ist interkulturelles Management – und das meint grundsätzlich kulturvergleichende und interkulturelle Studien – ein etabliertes Teilgebiet der internationalen Managementforschung.[25]

Festzuhalten bleibt, dass kulturvergleichende Studien eine wesentliche Basis für viele interkulturelle Forschungsbemühungen darstellen, und zwar sowohl für die Entwicklung von Erhebungsinstrumenten als auch für die Analyse empirischer Daten. Dennoch sind sie nicht in der Lage, Fragen der konkreten interkulturellen Interaktion zu beantworten – welche hingegen gerade aus einer anwendungsorientierten Forschungsperspektive von Interesse sind. Dieser Differenzierung wird in vielen kulturvergleichenden Studien zu wenig Aufmerksamkeit gewidmet. Nicht viele Forschungsarbeiten bewegen sich methodisch sicher im Spannungsfeld zwischen der kulturvergleichenden und der interkulturellen Perspektive.

1.2.3 Interkulturelle Vertrauensforschung

Wie sieht es nun aus, wenn man die in den beiden letzten Abschnitten vorgestellten Forschungsdisziplinen zusammen bringt und nach ihrem Schnittfeld fragt, also einer interkultu-

---

[25] Dennoch wird auch heute noch in manchen Bereichen von der impliziten Annahme einer Universalkultur ausgegangen (vgl. Kühlmann 2003: 152, Usunier 1998: 1f).

rellen[26] Vertrauensforschung? Ein solches Forschungsfeld erscheint grundsätzlich von Interesse und von gesellschaftlicher Relevanz, denn zum einen ist Vertrauen in vielfältiger Hinsicht ein wichtiges Forschungsthema, zum anderen wächst die Notwendigkeit, Vertrauen gerade auch in interkulturellen Arbeitsbeziehungen aufzubauen – was aber wiederum durch die kulturell unterschiedlichen Prägungen der Beteiligten erschwert werden kann. Allerdings zeigt die umfassende Beschäftigung mit der Forschungsliteratur, dass es bislang erst relativ wenige Forschungsarbeiten gibt, die sich speziell und ausschließlich dieser Thematik widmen. Ich werde daher in der folgenden Übersicht auch Arbeiten berücksichtigen, welche einen kulturvergleichenden oder interkulturellen Blick auf Vertrauen nur indirekt oder am Rande einbeziehen. Da es sich hier im engeren Sinne um denjenigen Forschungsbereich handelt, zu welchem die vorliegende Arbeit ihren Beitrag leistet, werde ich seiner Darstellung besondere Aufmerksamkeit widmen und einen ausführlichen Überblick geben.

Die Ergebnisse unterschiedlicher Studien deuten darauf hin, dass sich die Entwicklung von Vertrauen schwieriger gestaltet, wenn die Beteiligten sich gegenseitig als Teil unterschiedlicher sozialer Gruppen wahrnehmen (social categorization processes, Kramer 1999, Williams [Michele] 2001). Auch der Eindruck, dass man unterschiedliche Wertvorstellungen hat, kann die Vertrauensentwicklung erschweren (Sitkin & Roth 1993). Andere Studien ergaben, dass sich Vertrauen in mono-nationalen Führungsbeziehungen leichter entwickelt als in bi-nationalen (Banai & Reisel 1999: 484). Nielsen (2001: 19) verweist darauf, dass kulturelle Missverständnisse den Informationsfluss in Arbeitsbeziehungen beeinträchtigen und damit die Vertrauensentwicklung erschweren können. Um so erstaunlicher ist es, dass die Frage nach dem Einfluss kultureller Prägungen auf die Entwicklung von Vertrauen in der Vertrauensforschung auch heute noch meist kein Thema ist (Zaheer & Zaheer 2006: 21). Zwar lokalisiert sich eine Reihe von Beiträgen der Forschung zu internationalen Kooperationen und Allianzen in einem bestimmten kulturellen Kontext oder vergleicht sogar explizit Untersuchungsteilnehmer aus unterschiedlichen Kulturen, aber im Zentrum der Untersuchung steht gleichwohl eine Fragestellung der allgemeinen Vertrauensforschung – und kulturelle Einflussfaktoren werden höchstens 'en passant' betrachtet. Beispielsweise untersucht Luo (2002) den Zusammenhang zwischen Vertrauen und Ergebnissen *anhand* einer Studie zu internationalen strategischen Allianzen in China, und Child & Möllering (2003) untersuchen die Vertrauensentwicklung in Organisationen *anhand* eines Vergleichs zwischen Hong Kong und Festland China.

Im Rahmen des neu entstehenden interkulturellen Ansatzes der Vertrauensforschung wird hier ein Umdenken gefordert. Auch wenn selbstbewusst zusammenfassende 10-Jahres-Rückblicke der Vertrauensforschung vorgenommen werden (Späth & Kilian 2003), bleibt der erreichte Forschungsstand kontextabhängig bzw. in seiner kulturübergreifenden Gültigkeit eingeschränkt (Zaheer & Zaheer 2006: 22). Entsprechend wird der verstärkte Einbezug einer interkulturellen Betrachtungsperspektive und die Herausarbeitung der Kontextabhängigkeit von Vertrauen als wichtiger Bereich zukünftiger Vertrauensforschung gesehen (Schoorman et al. 2007: 350f.).

Als Forschungsfeld begann sich die interkulturelle Vertrauensforschung ab etwa Mitte der 1990er Jahre langsam durch Einzelbeiträge herauszubilden. Auch heute noch zeigen die Ergebnisse dieser Forschungsbemühungen kein einheitliches Bild, und ein Review der verfügbaren Beiträge zeichnet ein relativ heterogenes Feld, das noch viele Fragen unbeantwortet lässt. Im folgenden Überblick gehe ich der Reihe nach darauf ein, auf welche theoretischen Beiträge man zurückgreifen kann (1.2.3.1), welche empirischen Forschungsmethodiken zum

---

[26] Im Folgenden bezieht sich die alleinige Verwendung von 'interkulturell' im übergeordneten Sinne auf 'kulturvergleichend' und 'interkulturell'.

Einsatz kommen (1.2.3.2), in welchen thematischen Zusammenhängen die meisten Forschungsarbeiten entstehen (1.2.3.3) und welche Kulturbeziehungen dabei in den Blick genommen werden (1.2.3.4).

1.2.3.1 Stand der Theoriebildung

In der Theoriebildung zum Einfluss kultureller Differenz auf die Entwicklung von Vertrauen lassen sich zwei Ansätze unterscheiden. Dem ersten Ansatz zufolge werden Nationalkulturen nach dem Ausmaß des gesellschaftlich 'vorhandenen' generalisierten Vertrauens unterschieden. Vertrauen wird als wesentlicher Teil des gesellschaftlichen Sozialkapitals verstanden. Argumentiert wird vielfach mit Verweis auf den World Value Survey (vgl. Inglehart 1990, 1997, Inglehart & Welzel 2005), welcher auf Basis zweier Rating-Fragen Daten zum Ausmaß des generalisierten Vertrauens (das heißt des allgemeinen Vertrauens in unbekannte Fremde) in einer Vielzahl unterschiedlicher Gesellschaften zur Verfügung stellt. Der Survey wurde von dem US-Soziologen Ronald Inglehart initiiert und wird heute in 60 Staaten in Zusammenarbeit mit Wissenschaftlern vor Ort durchgeführt. Die „Vertrauensfrage" wird in den USA seit den 1960er Jahren verwendet.

Fukuyama (1995) führte auf dieser Basis (sowie verschiedener Fallstudien) das Konzept der 'vertrauensreichen' und 'vertrauensarmen' Kulturen ein (high trust vs. low trust cultures, vgl. 1.1.3.3). Er argumentiert, dass Gesellschaften mit einer durchschnittlich höheren Bereitschaft, fremden bzw. nicht verwandten Personen zu vertrauen, leichter Institutionen und größere Unternehmen aufbauen können und daher wirtschaftlich erfolgreicher seien. Ihnen gehöre zudem wirtschaftlich gesehen die Zukunft, da sie angesichts der wachsenden Bedeutung von Netzwerken einen natürlichen Vorteil hätten. Eine Ableitung von Forschungshypothesen für die kulturvergleichende Untersuchung von Vertrauen in internationalen Kooperationen auf Basis von Fukuyamas High-Trust- vs. Low-Trust-Konzeption liefern Zaheer & Zaheer (2006).

Der zweite Ansatz besteht im Rückgriff auf bestehende Modelle kultureller Differenz und deren Verknüpfung mit Modellen der Vertrauensentwicklung. Verwendung finden typischerweise die älteren und bekannteren Dimensionenmodelle kultureller Differenz von Hofstede (1980, 1991) und Trompenaars & Hampden-Turner (1993). Auf Basis dieser Konzepte kultureller Differenz (und der empirischen Daten der Studien von Hofstede und Trompenaars & Hampden-Turner) werden Hypothesen im Hinblick auf Kulturunterschiede des Umgangs mit Vertrauen gemäß der jeweils verwendeten Vertrauensmodelle abgeleitet. Ein solches Modell entwickeln Doney et al. (1998), welche sich auf eine Auswahl der Hofstede-Dimensionen stützen und sie mit einem eigenen Modell zusammenführen, in welchem sie sechs kognitive Prozesse der Vertrauensentwicklung unterscheiden.

Die breiteste Integrationsleistung erreicht das Modell von Johnson & Cullen (2002), welche sich auf ein umfangreiches Review einschlägiger Studien stützen. Sie schlagen vor, zwischen verschiedenen allgemeinen und situativen Ausgangsbedingungen für Vertrauen zu unterscheiden, welche jeweils potenziell durch die nationalkulturelle Prägung der Akteure beeinflusst würden. Diesen Einfluss sehen sie unter anderem in Bezug auf die Signalisierung der eigenen Vertrauenswürdigkeit, welche aufgrund kultureller Unterschiede fehlschlagen könne (Johnson & Cullen 2002: 336f.). In ihrer konkreten Hypothesenentwicklung greifen sie allerdings wiederum auf die Kulturdimensionen von Hofstede und Trompenaars & Hampden-Turner zurück, deren Zusammenhang mit der Entwicklung von Vertrauen nicht geklärt ist. Daneben beziehen sie sich auf die Daten des World Value Survey, welche jedoch nur relativ undifferenzierte Aussagen bezüglich des generalisierten Vertrauens in Fremde erlauben. Trotz ihres umfangreichen Reviews einschlägiger Forschungsergebnisse müssen damit auch

Johnson & Cullen (2002) in ihrer Zusammenfassung einräumen, dass ihr Modell nur in Teilen empirisch abgesichert ist und ihre Schlussfolgerungen als teilweise spekulativ gelten müssen. In ähnlicher Weise lässt sich der Stand der Theoriebildung der interkulturellen Vertrauensforschung insgesamt charakterisieren. Die verfügbaren Modelle haben den Charakter erster Vorschläge und sind bislang in unzureichender Weise empirisch bestätigt. In einem Kommentar zum Modell von Doney et al. (1998) verwies Norderhaaven (1999) entsprechend auf "the need for more data and less theory". Wenngleich mit Gefen & Heart (2006) eine erste Studie auf Basis des Modells von Doney et al. (1998) vorliegt (anhand eines US-Israelischen Vergleichs im Bereich E-Commerce) hat diese Forderung bis heute ihre Berechtigung behalten (zum Review verfügbarer empirischer Beiträge vgl. die nächsten Abschnitte).

Eine grundlegende Problematik der genannten Modelle ist, dass meist keine Einschätzungen vorliegen, inwiefern methodisch gesichert werden kann, dass sie sich für eine Untersuchung unterschiedlicher Kulturen anwenden lassen, bzw. dass Kulturvergleichsdimensionen und Studien vorausgesetzt werden, deren Angemessenheit in der interkulturellen Forschung umstritten ist[27] bzw. die durch neuere Forschungsarbeiten wie etwa die GLOBE Studie abgelöst worden sind (House et al. 2004). Darüber hinaus wird vielfach lediglich auf generalisiertes Vertrauen gezielt, und potenzielle Kulturunterschiede bezüglich einzelner Aspekte der Vertrauensentwicklung werden nicht in den Blick genommen.

1.2.3.2 Empirisch-methodische Ansätze

Die Zahl der empirischen Beiträge zum Einfluss kultureller Differenz auf die Entwicklung von Vertrauen ist im Vergleich zur nicht-kulturrelativen Vertrauensforschung verschwindend gering. Insgesamt spiegelt sie aber dennoch das Spektrum der auch in der allgemeinen Vertrauensforschung verwendeten methodischen Ansätze.

Den wesentlichen Anteil machen Beiträge aus, welche standardisierte Fragebögen einsetzen. Hier ist erstens die Sozialkapitalforschung zu nennen, welche aus einer soziologischen bzw. volkswirtschaftlichen Perspektive darauf zielt, Nationalkulturen, Volkswirtschaften oder Kulturräume auf einer Skala des allgemein vorhandenen Niveaus generalisierten Vertrauens einzuordnen. Dazu dienen oft Metaanalysen von Daten aus anderen Forschungszusammenhängen wie beispielsweise dem World Value Survey (Delhey & Newton 2005, Fishman & Khanna 1999, Fukuyama 1995, Johnson & Cullen 2002), welche teilweise auch den gesamtgesellschaftlichen Blickwinkel gegen den Fokus auf Vertrauen in Organisationen eintauschen (La Porta et al. 1997, Zaheer & Zaheer 2006). Auf eigene Daten zur Situation in Norditalien stützt sich Putnam (1993), der allerdings nur indirekt auf Vertrauen bzw. Sozialkapital schließt (beispielsweise anhand der Dichte von Vereinen in einer bestimmten Region). Vorläufer des Kulturvergleichs anhand standardisierter Fragen zu generalisiertem Vertrauen sind Arbeiten wie von Farris et al. (1973) bzw. Williams et al. (1966). Der Ansatz wird auch heute (neben dem World Value Survey) in kulturvergleichenden Studien eingesetzt, etwa für den Vergleich USA-Japan-Korea (Dyer & Chu 2000, 2003), für den Vergleich Türkei-Japan (Wasti 2001, 2008) oder für die Erhebung unterschiedlicher Niveaus generalisierten Vertrauens innerhalb eines (großen) Landes wie in dem Vergleich verschiedener Regionen Chinas von Ke & Zhang (2003).

Eine alternative Art der Messung von Vertrauen in einem Mehrländervergleich entwickeln Raiser et al. (2004): Sie werten eine Studie der Weltbank und der Europäischen Bank für

---

[27] Die oft zugrunde gelegte Studie von Hofstede (1980) wird nicht nur im Hinblick auf die Repräsentativität ihrer Stichprobe kritisiert (McSweeney 2002), sondern auch im Hinblick auf die Validität der verwendeten Items (House et al. 1997) und die Erklärungsleistung der entwickelten Konstrukte für die vorgefundene Varianz der Daten (die nach Gerhart & Fang 2005 statt 50% nur 2-4% der Varianz erklären können).

Wiederaufbau und Entwicklung im Hinblick darauf aus, ob sich Länder hinsichtlich der Höhe der von Zuliefererbetrieben verlangten Vorauszahlungen unterscheiden. Auch in anderen Studien wird über das Konstrukt des allgemeinen generalisierten Vertrauens hinausgegangen. Vertrauen wird differenzierterer betrachtet, und in Fragebögen werden Daten zu mehreren Teilkonstrukten oder Bedingungen von Vertrauen erhoben. Diese Studien der kulturvergleichenden Vertrauensforschung orientieren sich vielfach an den Kulturvergleichsdimensionen von Hofstede und Trompenaars & Hampden-Turner (Doney et al. 1998, Lundgren & Walczuch 2003, Shane 1992). Anhand der Dimension 'Individualismus vs. Kollektivismus' vergleichen Huff & Kelley (1999, 2003, 2005) das Vertrauensniveau in Organisationen zwischen den als 'individualistisch' geltenden USA und einer Reihe von als 'kollektivistisch' eingestuften asiatischen Kulturen. Einigen Autoren entwickeln auf Basis bestehender quantitativer Vertrauensinventare eigene Erhebungsinstrumente (Banai & Reisel 1999, Kühlmann 2004, Yamagishi & Yamagishi 1994).

Einige Studien verwenden eine Vignetten-Technik (Camp et al. 2002) bzw. den 'Policy capturing approach' (Stahl et al. 2003), das heißt, sie erheben Einschätzungen von Untersuchungsteilnehmern in Form von Reaktionen auf systematisch variierte Szenarien. Auch Yuki et al. (2005) erheben die Vertrauensratings von Untersuchungsteilnehmern hinsichtlich hypothetischer Szenarien. Verschiedene Autoren greifen zudem auf die in der Vertrauensforschung wirkungskräftige Tradition einer spieltheoretisch basierten experimentellen Herangehensweise zurück (Buchan & Croson 2004, Buchan et al. 2002 oder Danielson & Holm 2003), welche teilweise gar nicht mehr experimentell, sondern in Form von Computersimulationen realisiert wird (Macy & Sato 2002). Nur sehr wenige Studien nähern sich dem Thema mithilfe einer offen-qualitativen Forschungsmethodik (Dolles 2002, Elo 2003, Kühlmann 2004; vgl. auch die Übersicht qualitativ-explorativer Erhebungsmethoden der allgemeinen Vertrauensforschung in 2.1.7.1).

1.2.3.3 Thematische Zusammenhänge

Wenn man die thematischen Zusammenhänge betrachtet, aus welchen die verfügbaren Studien der kulturvergleichenden bzw. interkulturellen Vertrauensforschung hervorgehen, dann sticht neben der bereits genannten international vergleichenden Sozialkapitalforschung insbesondere das Forschungsfeld der grenzüberschreitenden Unternehmenskooperationen und internationalen strategischen Allianzen ins Auge. Die Zahl der Forschungsarbeiten zu Vertrauen in solchen internationalen Kooperationskontexten ist relativ hoch (vgl. Aulakh et al. 1996, Child 1998, Currall & Inkpen 2002, Inkpen & Currall 1997, Kosnik & Montgomery 1994, Luo 2002, Madhok 1995, Parkhe 1998a,b, Saxton 1997). Allerdings zeigt eine nähere Analyse, dass nur in sehr wenigen dieser Arbeiten der Fokus auf eine explizite Untersuchung von Kultureinflüssen auf die Entwicklung von Vertrauen gelegt wird. Ariño et al. (2001) verweist auf nationalkulturelle Unterschiede in Wertesystemen oder Institutionen, die Erstvertrauen beeinflussen können. Stahl et al. (2003) untersuchen die Faktoren, welche bei internationalen Firmenzusammenschlüssen das Vertrauen der Mitarbeiter der übernommenen Firma in das Management der übernehmenden Firma bestimmen. Dabei finden sie auch Unterschiede zwischen den Untersuchungsteilgruppen aus Deutschland, Singapur und Kanada, aber die Ergebnisse dieses Kulturvergleich werden nur am Rande berichtet. Eine der wenigen Studien, welche in der Untersuchung von Vertrauen in internationalen Unternehmenskooperationen dem Einfluss kultureller Unterschiede mehr Raum geben, ist die von Johnson et al. (1996). Untersucht werden hier kulturelle Unterschiede in Bezug auf die Einflussfaktoren auf Vertrauen in internationalen strategischen Allianzen im Vergleich zwischen den USA und Japan. Die Studie stützt sich auf Antworten von 89 Paaren bestehend aus jeweils dem japanischen und dem US-amerikanischen Senior Manager der Allianz. Anhand eines selbst entwickelten standardisierten Fragebogens erhebt die Studie das Vertrauen in den Partner zusammen mit vier weiteren Konstrukten (kulturelle Sensibilität, Ähnlichkeit, Komplementarität, und strategischer Stellenwert der Allianz) und bestimmt darauf aufbauend kulturelle Unterschiede der Relevanz der vier Konstrukte für Vertrauen.

Relativ häufig untersucht werden auch internationale Abnehmer-Zulieferer-Beziehungen (International Buyer-Seller Relationships: Brencic & Zabkar 2002, Doney & Cannon 1997, Dyer 2002, Dyer & Chu 2000, Katsikeas et al. 2008, Lane & Bachmann 1996, Sako 1992, Sako & Helper 1998, Wasti 2001, 2008). Eher vereinzelt finden sich Studien zur Vertrauensentwicklung in individuellen interkulturellen Arbeitsbeziehungen, wie etwa im Bereich Führung/ Leadership (Wang & Clegg 2002, Wang & Satow 1995). Auch die GLOBE Studie stellt keine spezifischen Daten zu Vertrauen bereit, wenngleich man hier die Daten des Konstrukts "integrity (honest, sincere, just, trustworthy)" (Hanges & Dickson 2004: 131) auswerten könnte. Als Themenbereich für die Untersuchung von Vertrauen in interkulturellen Zusammenhängen sind ferner interkulturelle Geschäftsverhandlungen (Lee et al. 2006) und interkulturelles Marketing (Usunier 1996, Walton et al. 2008) vertreten. Aufgrund der Fokussierung eines Teilbereichs der Vertrauensforschung auf Vertrauen im Kontext einer über moderne Kommunikationstechniken vermittelten Interaktion (E-Commerce, virtuelle Teams etc.) finden sich auch hier Studien zu interkulturellem Vertrauen (Hsiao 2003, Jarvenpaa et al. 1998, 1999, Jarvenpaa & Leidner 1999, Karvonen et al. 2000, Lundgren & Walczuch 2003).

1.2.3.4 Betrachtete Kulturbeziehungen

Zum einen gibt es internationale Großstudien, die eine Vielzahl von Ländern betrachten – wie etwa den World Value Survey (vgl. Inglehart 1990, 1997, Inglehart & Welzel 2005), die Studie von Aulakh et al. (1996), welche US Kooperationen mit 13 asiatischen, 9 europäischen und 9 lateinamerikanischen Ländern untersuchen, oder die Studie von Huff & Kelley (2003, 2005), welche das Vertrauensniveau in Organisationen in den USA, Japan, Korea, Hongkong, Taiwan, China und Malaysia vergleichen. Daneben gibt es nur wenige Studien, die mehr als zwei Kulturen vergleichen (z.B. Buchan & Croson 2002, 2004: USA-China-Japan-Korea, Dyer 2002: US-Japan-Korea, Banai & Reisel 1999: USA-Israel-Großbritannien-Niederlande). Insgesamt dominieren klar die Zwei-Kulturen-Vergleichsstudien.

Mit Abstand am zahlreichsten verfügbar sind Vergleiche der US-amerikanischen mit anderen Kulturen. Führend ist der Vergleich zwischen den USA und Japan (Dyer 2002, Dyer & Chu 2000, Hagen & Choe 1998, Johnson et al. 1996, Kosnik & Montgomery 1994, Sako 1992, Sako & Helper 1998, Yamagishi & Yamagishi 1994, Yuki et al. 2005) gefolgt von dem Vergleich der USA mit China (Chua et al. 2008, Hsiao 2003, Lee et al. 2006) oder auch weiteren Ländern bzw. Kulturen wie etwa mehrfach Israel (Gefen & Heart 2006, Banai & Reisel 1999).

Betrachtet man die übrigen Studien, so zeigt sich ein sehr heterogenes Feld. Es finden sich Vergleiche zwischen Finnland und Schweden (Karvonen et al. 2000), Schweden und Tansania (Danielson & Holm 2003, 2004), Finnland und Griechenland (Elo 2003), China und Australien (Wang & Clegg 1995) oder Bosnien und Kroatien (Brencic & Zabkar 2002).

Aus deutscher Perspektive wird Vertrauen in kulturvergleichender bzw. interkultureller Perspektive in einer Reihe von Beiträgen gezielt oder zumindest am Rande untersucht. Die meisten Arbeiten sind im Zusammenhang mit einem Forschungsverbund bayrischer Universitäten entstanden (Forarea, 9/94 bis 7/02, u. a. Deutschland-Mexiko: Kühlmann & Schumann 2002, Kühlmann 2004, Deutschland-Japan: Dolles 2002, Deutschland-Russland: Welter 2004, Deutschland-Tschechien: Bürger 2004, Bürger & Bouzkova 2008, Deutschland-Polen: Nuissl 2004). Allerdings basieren die meisten dieser Beiträge auf Projektdesigns, welche nicht auf Vertrauen fokussieren. Daneben gibt es eine vergleichende Arbeit von Lane & Bachmann (1996) zu Vertrauen in deutsch-britischen Abnehmer-Zulieferer-Beziehungen, einen Beitrag von Stahl et al. (2003) zu Vertrauen im Vergleich Deutschland-Singapur-Kanada, Arbeiten zu Vertrauen im deutsch-chinesischen Vergleich (Dolles 2003, Kühlmann & Endrissat 2005) sowie Beiträge eines Forschungsprojekts am RWI Essen zu deutsch-russischen Geschäftsbeziehungen (vgl. Welter & Höhmann 2004).[28]

1.2.4 Kritik der interkulturellen Vertrauensforschung

Nach dieser Übersicht der verfügbaren Beiträge der interkulturellen Vertrauensforschung möchte ich ein kritisches Fazit ziehen. Zunächst sei jedoch noch einmal grundlegend darauf verwiesen, dass in der Vertrauensforschung insgesamt die Betrachtung des Einflusses kultureller Prägungen bislang vielfach noch nicht berücksichtigt wird. Zwar führt die wachsende Etablierung der interkulturellen Managementforschung dazu, dass die Thematik inzwischen häufiger aufgegriffen wird, allerdings wird die Relevanz eines derartigen Einflusses nach wie vor vielfach schlicht negiert. Offenbar in Unkenntnis des Forschungsstands der interkulturellen Managementforschung wird in ansonsten fundierten Beiträgen der Vertrauensforschung versucht, die Position der 'kulturellen Neutralität' des Vertrauenskonstrukts durch selektive Verweise zu untermauern – in drastischer Weise beispielsweise Tway (2003: 17): „Studies in countries other than the United States have indicated that the concepts of trust are truly international. [...] There seems to be little difference, culturally, in how trust works. [...] We can predict that most people in most cultures will react much the same in situations where trust is a factor." Es ist anzunehmen, dass es in Zukunft schwieriger wird, eine derartige Position zu vertreten, denn die Vertrauensforschung beginnt, wie beschrieben, sich zunehmend für Vertrauen in interkulturellen Interaktionssituationen, bzw. allgemeiner für Vertrauen unter speziellen Bedingungen und in unterschiedlichen Kontexten, zu interessieren (vgl. Zolin 2003). Die Vertrauensforschung durchläuft den forschungshistorisch typischen Prozess der Ausdifferenzierung eines Themas, so dass zunehmend speziellere Forschungsfragen verfolgt werden wie beispielsweise die Frage nach Mechanismen der Vertrauensreparatur bzw. der Vertrauensentwicklung unter erschwerten Bedingungen (Kim et al. 2006, Lewicki & Wiethoff 2000) – oder eben der Vertrauensentwicklung in interkulturellen Kontexten.

1.2.4.1 Bedarf an ausdifferenzierter Theoriebildung

Die Betrachtung des Stands der Theoriebildung der interkulturellen Vertrauensforschung (1.2.3.1) macht deutlich, dass bislang nicht auf ausgereifte und empirisch abgesicherte Modelle zurückgegriffen werden kann. Die beschriebenen makrosoziologischen Ansätze, die sich vielfach an den World Value Survey anlehnen, beispielsweise Fukuyamas (1995) Ansatz der vertrauensreichen und vertrauensarmen Kulturen, gehen nicht über das Konstrukt des generalisierten Vertrauens hinaus und können daher nicht berücksichtigen, dass Vertrauen eine in hohem Maße personen- und situationsspezifische Beziehungsqualität ist (vgl. 1.4.2). Daneben gibt es vor allem erste Synthesen aus Theorien der Vertrauensforschung und der interkulturellen Managementforschung, welche noch nicht darauf zielen, etwaige Spezifika oder differenzierteren Fragestellungen des neuen Forschungsfelds Rechnung zu tragen. Studien, die differenziertere Herangehensweisen entwickeln, haben noch nicht zu einer übergreifenden Theoriebildung geführt. Vielfach bleiben die Betrachtungen sehr allgemein, wie etwa in der Präsentation des Zusammenhangs, dass Vertrauen in solchen Kulturen besonders wichtig ist, in welchen institutionelle bzw. rechtsstaatliche Alternativgarantien für ge-

---

[28] Zu deutsch-französisch vergleichenden Arbeiten vgl. 2.1.4.1.

schäftliche Beziehungen instabil oder nicht vorhanden sind (vgl. beispielsweise Welter et al. 2003). Insgesamt fehlt es bislang an einer differenzierten theoretischen Betrachtung des Einflusses kultureller Differenz auf die Entwicklung interpersonalen Vertrauens.

1.2.4.2 Eingeschränkte kulturübergreifende Gültigkeit des Forschungsstands

Was zeigt die Betrachtung des Spektrums der verfügbaren empirischen Beiträge (1.2.3.2)? Die Literatur erscheint insgesamt recht heterogen und auch die oben skizzierten thematischen Felder sind bislang noch wenig bearbeitet. Vielfach handelt es sich bei näherer Betrachtung um interkulturelle Vertrauensforschung im Sinne von 'en passant'-Forschung. Das heißt die Frage kultureller Einflüsse auf die Entwicklung von Vertrauen steht nicht im Fokus dieser Studien oder wird lediglich in einer Post-hoc-Auswertung analysiert.

Was die betrachteten Kulturbeziehungen anbelangt (1.2.3.4), fällt eine klare Dominanz von Vergleichen der USA mit anderen, insbesondere asiatischen Ländern (Japan oder China) ins Auge. Andere Kulturbeziehungen wurden bislang nur sporadisch bzw. in Einzelstudien untersucht. Die bisherigen empirischen Ergebnisse müssen sich daher zum einen der Kritik aussetzen, möglicherweise verschiedene für Vertrauen relevante Aspekte kultureller Differenz bislang gar nicht in den Blick genommen zu haben. Hinzu kommt zum anderen der methodische Kritikpunkt, dass die Mehrzahl der Studien eine starke angelsächsische Prägung aufweist. Dies entspricht der Einschätzung, die Usunier (1998: 5) insgesamt in Bezug auf die Forschung zum interkulturellen bzw. internationalen Management formuliert. Seine Auswertung der Artikel in wesentlichen Publikationsorganen dieser Forschungsrichtung (Journal of International Business Studies, Management International Review, Columbia Journal of World Business) über 25 Jahre ergab für über 90 % der Beiträge eine US-amerikanische Autorenschaft. Der bestehende Forschungsstand muss sich daher der Kritik aussetzen, dass die Ergebnisse insgesamt einer kulturellen Verzerrung unterliegen, wie verschiedene asiatische Autoren zu Recht anmerken. So zwangen die Studien von Ng et al. (1982) und der Chinese Culture Connection (1987) Hofstede zu einer Revision seines Kategorienmodells und der Ergänzung einer fünften Kulturdimension (Hofstede & Bond 1988). In ähnlicher Weise kritisiert Yuki (2003) Hofstedes Individualismus vs. Kollektivismus Dimension mit dem Verweis auf Unterschiede der gruppenspezifischen Wahrnehmungs- und Verhaltensweisen zwischen westlichen und ostasiatischen Kulturen. In Bezug auf die kulturvergleichende Vertrauensforschung ist festzuhalten, dass zwar zunehmend Beiträge von nicht-westlichen Autoren vorgelegt werden, dass aber insgesamt die bisher erarbeiteten Beschreibungskategorien und Erhebungsinstrumente nicht ohne weiteres für die Beschreibung anderer als der untersuchten Kulturen – insbesondere der US-amerikanischen – Gültigkeit beanspruchen können. Es bedarf zusätzlicher Studien zur interkulturellen Vertrauensentwicklung zwischen Angehörigen weiterer wichtiger Einzelkulturräume, um auf dieser Basis die Entwicklung kulturübergreifend gültiger Beschreibungs- bzw. Untersuchungskonstrukte voranzutreiben, so dass zunehmend auch die Vergleichbarkeit von Ergebnissen möglich wird.

1.2.4.3 Bedarf an grundlegenden emisch-interkulturellen Ansätzen

Abschließend möchte ich zwei Kritikpunkte formulieren, welche die eingesetzten empirischen Forschungsmethodiken betreffen. Erstens fällt auf, dass sich die Entstehung des Forschungsfelds einer eigenen interkulturellen Vertrauensforschung vor allem durch den Einbezug kulturvergleichender Fragestellungen seitens der bisherigen Vertrauensforschung in Bereichen wie Managementlehre und Organisationsforschung vollzieht. Diese greifen dabei vielfach auf die populären Ansätze der kulturvergleichenden Forschung aus den 1980er und 1990er Jahren zurück (Hofstede 1930, Trompenaars & Hampden-Turner 1993). Damit vernachlässigen sie die interdisziplinär bislang weniger bekannte Weiterentwicklungen des Fachs, insbesondere die Ergänzung des kulturvergleichenden durch das interkulturelle Forschungsparadigma (vgl. 1.2.2.3). In Bezug auf die Frage, unter welchen Bedingungen und inwiefern die erhobenen kulturellen Unterschiede tatsächlich in der konkreten interkulturellen Interaktion die Entwicklung von Vertrauen beeinflussen können, sind die vorliegenden Beiträge der interkulturellen Vertrauensforschung meist wenig aussagekräftig.

Zweitens ist die bisherige kulturvergleichenden Betrachtung von Vertrauen geprägt von einer von vornherein 'etischen' Betrachtungsweise. Die Annahme, dass sich die verwendeten Beschreibungskategorien für eine Betrachtung aller verglichenen Kulturen gleichermaßen eignen ('universalistische' bzw. 'etische Sicht'), ist unzureichend methodisch abgesichert. Es fehlen Untersuchungen, welche prüfen, inwiefern sich die jeweiligen Beschreibungskategorien überhaupt für die Beschreibung der einzelnen untersuchten Kulturen eignen ('kulturrelative' bzw. 'emische Sicht', vgl. 1.2.2.2 und Fußnote 24). Es fehlt in der bisherigen kulturvergleichenden Betrachtung von Vertrauen an Ansätzen, welche methodisch gewährleisten, dass die verwendeten Beschreibungskonstrukte die zwischen den untersuchten Kulturen bestehenden kulturellen Differenzen angemessen und umfassend erheben können (Morris et al. 1999, Triandis 1994, Zaheer & Zaheer 2006: 22). Der Grund könnte nach Zaheer & Zaheer (2006: 22) darin liegen, dass die Kombination emischer und etischer Zugänge nicht nur eine realitätsnähere und nuanciertere Betrachtung ermöglicht, sondern die Erforschung möglicher Einflüsse kultureller Differenzen auf die Entwicklung von Vertrauen auch um einiges komplexer werden lässt.

1.2.4.4 Zusammenfassung

Der Blick auf die Literatur der interkulturellen Vertrauensforschung lässt theoretische wie auch methodische Forschungsdesiderate erkennbar werden. Für die weitere Entwicklung des Schnittfelds zwischen Vertrauensforschung und interkultureller Managementforschung bedarf es zum einen einer theoretischen Fundierung bzw. eines Modells der Einflüsse kultureller Differenzen auf die Entwicklung von Vertrauen. Zum anderen ist eine angemessene empirischen Forschungsmethodik gefordert. Insbesondere sollte der emisch-kulturrelativen Absicherung der Validität von Beschreibungskonstrukten größere Aufmerksamkeit gewidmet werden. Zudem sollten kulturvergleichende Perspektiven um interkulturelle Betrachtungsweisen ergänzt werden. – In den folgenden Abschnitten dieses Kapitels widme ich mich zunächst dem ersten dieser Punkte: der theoretischen Grundlegung des Einflusses kultureller Differenz auf die Entwicklung von Vertrauen. Die Beschreibung eines methodischen Ansatzes der interkulturellen Vertrauensforschung ist Gegenstand des nächsten Kapitels.

1.3 Ein Modell des Einflusses kultureller Differenz auf die Vertrauensentwicklung

Als Grundlage für die empirische Erforschung des Einflusses kultureller Differenz auf die Vertrauensentwicklung wurde ein theoretisches Modell entwickelt. Es beschreibt den Prozess der interpersonalen Vertrauensentwicklung in zwei Schritten und zeigt auf, inwiefern kulturelle Unterschiede beide dieser Entwicklungsschritte beeinflussen können. Bevor ich diesen Ansatz näher spezifiziere, möchte ich zum einen kurz erläutern, was ich unter kulturellen Unterschieden verstehe, und zum anderen darauf verweisen, dass die Entwicklung interpersonalen Vertrauens selbstverständlich von vielen weiteren Faktoren neben kulturellen Prägungen bzw. kulturellen Unterschieden beeinflusst wird.

Mit dem Begriff der kulturellen Prägung, hinsichtlich derer sich Manager unterscheiden können, beziehe ich mich mit Kühlmann (2008: 32f.) auf „die Werte, Normen und Grundannahmen", die das „Handeln von Menschen, die bestimmten Gruppen oder sozialen Kategorien angehören", prägen. Kultur steht dabei für das „System von Ideen, das von den Kulturmitgliedern gemeinsam geteilt wird" und ihnen einen „Orientierungsrahmen" bietet, „der dem Mitglied für den Umgang mit sich und seiner Umwelt Handlungsmöglichkeiten anbietet oder beschränkt" (vgl. ausführlicher 1.4.3). In meiner Studie werde ich mich auf den Einfluss *nationalkultureller* Prägungen am Beispiel der deutsch-französischen Zusammenarbeit im Management konzentrieren (2.1.4).

Um einen solchen Einfluss zu untersuchen, muss man der methodischen Herausforderung begegnen, weitere Einflussfaktoren zu kontrollieren. Denn die Entwicklung von Vertrauen wird natürlich nicht nur von kulturellen Prägungen, sondern darüber hinaus von vielen weiteren personalen wie situativen Faktoren beeinflusst. Zu ersteren zählen, um nur einige zu nennen, beispielsweise die individuelle Vertrauensdisposition, Alter oder Geschlecht, zu letzteren beispielsweise die Art und Inhalte der Zusammenarbeit (Höhe des individuellen Risikos etc.), die Entwicklungsphase bzw. Dauer der Zusammenarbeit, der institutionelle Rahmen oder auch die konkreten Situationsumstände der Zusammenarbeit (vgl. ausführlicher Kap. 2). In der Entwicklung meines forschungsleitenden theoretischen Modells und der Konzeption der Studie habe ich mich auf die Frage des Einflusses kultureller Differenz im oben bestimmten Sinne auf die Entwicklung von Vertrauen zwischen Kollegen oder Geschäftspartnern konzentriert.

Für die Darstellung des theoretischen Modells im nun folgenden Abschnitt werde ich zunächst meine zwei grundlegenden Argumentationslinien vorstellen. Das heißt ich werde erläutern, wie kulturelle Unterschiede gemäß dem vorgeschlagenen Modell die Entwicklung von Vertrauen beeinflussen können (1.3.1-2). Im dritten Abschnitt werde ich diese beiden Argumentationen in ein Gesamtmodell zusammenführen, dieses Modell im Überblick erläutern und für das Modell und seine grundlegenden Annahmen eine Visualisierung vorstellen (1.3.3). Um die Modelldarstellung übersichtlich zu halten werde ich die detaillierte theoretische Fundierung des Modells erst im darauffolgenden Abschnitt darstellen (1.4).

1.3.1 Vertrauensbildung und Kulturunterschiede der Vertrauensfaktorgewichtung

Kulturelle Unterschiede können die Entwicklung von Vertrauen erstens beeinflussen, wenn die gleichen Vertrauensfaktoren in unterschiedlichen Kulturen einen unterschiedlichen Stellenwert haben – das heißt wenn sie beispielsweise in einer Kultur ein zentraler Bezugspunkt für die Vertrauenswürdigkeit anderer sind, in einer anderen Kultur aber als wenig relevant gelten.

1.3.1.1 Die Gewichtung von Vertrauensfaktoren

Man beginnt nicht blind, anderen zu vertrauen. Denn zu vertrauen bedeutet immer, ein Risiko einzugehen. Stattdessen bildet man eine Einschätzung, ob bzw. inwiefern man einem bestimmten Partner Vertrauen kann (vgl. 1.1.4.1 Das grundlegende Dilemma des Vertrauens). Dazu wertet man – bewusst oder unbewusst – Informationen über den anderen aus. Man zieht bestimmte Beobachtungen und Informationen als 'vertrauensrelevante' Informationen heran, um eine Einschätzung bezüglich bestimmter Vertrauensfaktoren treffen zu können. Beispielsweise beobachtet man, dass man mit dem anderen Dinge abgesprochen hat und der andere danach seine Zusagen auch einhält. Oder man registriert, dass der andere einem Informationen mitteilt, die besonders wichtig oder wertvoll sind. Es kann auch sein, dass man bei einem neuen Partner zur Kenntnis nimmt, dass ihn Dritte als jemanden beschreiben, der Anfragen stets sofort erledigt.[29]

---

[29] Einen zentralen Stellenwert für die Einschätzung der Vertrauenswürdigkeit eines Kollegen oder Geschäftspartners haben nach den Auswertungen der Studie beobachtbare Verhaltensweisen (vgl. Kap. 2 und 3). Allerdings werden darüber hinaus auch andere Informationen mit einbezogen (vgl. 3.6).

1.3 Ein Modell des Einflusses kultureller Differenz auf die Vertrauensentwicklung

Was passiert hier nun? Man stellt auf Basis der verfügbaren Informationen – meist der Beobachtung des anderen – fest, ob er beispielsweise 'Zusagen einhält', mich 'an Wissen teilhaben lässt', oder 'auf Anfragen schnell reagiert'. Solche Aspekte bezeichne ich als **Vertrauensfaktoren**. Es sind Aspekte, anhand derer ich einschätzen kann, ob ich dem anderen vertrauen kann oder besser nicht vertrauen sollte (vgl. zur Definition der Vertrauensfaktoren 1.3.2.1). Den Prozess, wie man solche Vertrauensfaktoren nutzt, um zu Vertrauen oder Nicht-Vertrauen überzugehen, nenne ich **Vertrauensbildung**.

In der Zusammenarbeit mit einem (neuen) Kollegen oder Geschäftspartner gibt es sehr viele Informationen, die sich prinzipiell für eine Einschätzung seiner Vertrauenswürdigkeit heranziehen lassen, und entsprechend gibt es nicht nur einen, sondern eine ganze Reihe bzw. ein Spektrum unterschiedlicher Vertrauensfaktoren. Um die Vertrauensbildung zu rekonstruieren, ist es wichtig zu verstehen, wie diese unterschiedlichen Vertrauensfaktoren gewichtet werden. Nicht alle Vertrauensfaktoren sind gleichwertig. Manche Vertrauensfaktoren sind für viele Menschen von grundlegender Wichtigkeit, wie beispielsweise die Frage, ob der andere einen täuscht oder nicht, oder ob er Versprechen einhält oder nicht. Andere sind hingegen für viele Leute eher weniger wichtige Vertrauensfaktoren, wie etwa die Frage, ob ein Kollege eine Anfrage sofort erledigt oder sich damit mehr Zeit lässt. Je nachdem, wie wichtig für eine Person ein bestimmter 'Vertrauensfaktor' ist, wird die Person – sofern sie bemerkt, dass sie gemäß diesem Faktor eine positive Einschätzung des anderen vornehmen kann, eher vorsichtig Vertrauen fassen oder bereits von der Vertrauenswürdigkeit des anderen relativ stark überzeugt sein. Wenn sie jedoch feststellt, dass sie gemäß dem Vertrauensfaktor eine negative Einschätzung des anderen vornehmen muss, wird sie – je nach ihrer Gewichtung des Faktors – ihr Vertrauen leicht in Frage stellen oder es definitiv verlieren.

Was passiert nun, wenn Vertrauensfaktoren in unterschiedlichen Kulturen unterschiedlich gewichtet werden? Angenommen ein bestimmter Vertrauensfaktor, beispielsweise *'Absprachen treffen'*, gilt in einer ersten Kultur als zentraler Vertrauensfaktor und ist in einer zweiten Kultur im Vergleich dazu ein eher unwichtiger Vertrauensfaktor. In diesem Fall führt die Beobachtung, dass man mit einem Partner Absprachen treffen kann, in der ersten Kultur mit größerer Wahrscheinlichkeit dazu, dass der Partner als vertrauenswürdig eingeschätzt wird und sich Vertrauen bildet als in der zweiten Kultur. Wenn ein bestimmter Vertrauensfaktor in einer Kultur als grundlegend wichtiger Aspekt der Vertrauenswürdigkeit eines Partners gilt, dann ist er ein wichtiger Ausgangspunkt für die Vertrauensbildung. Wird ein Vertrauensfaktor hingegen als nicht so wichtig gesehen, dann ist man auf Basis von Einschätzungen gemäß diesem Faktor eher noch nicht bereit, in umfassenderem Maße Vertrauen zu bilden.

1.3.1.2 Unterschiedliche Faktorgewichtung am Beispiel Pünktlichkeit

Der Effekt einer unterschiedlichen Gewichtung von Vertrauensfaktoren lässt sich gut an einem Beispiel erläutern: Vergleichen wir, wie deutsche und brasilianische Manager darauf reagieren, dass ein Geschäftspartner zu einem vereinbarten Treffen nicht erscheint. Aus der interkulturellen Forschung wissen wir, dass Pünktlichkeit bei geschäftlichen Treffen in Deutschland und Brasilien einen unterschiedlichen Stellenwert besitzt (vgl. Brökelmann et al. 2005, Levine 1998, Levine et al. 1980). Vergleichen wir nun folgende beiden hypothetischen Fälle: Im ersten Fall trifft sich ein ('typischer') brasilianischer Manager mit einem ('typischen') deutschen Manager, im zweiten Fall trifft sich dieser brasilianische Manager mit einem anderen 'typischen' brasilianischen Manager. In beiden Fällen ist ein geschäftlicher Termin für 10.00 Uhr vereinbart. In beiden Fällen erscheint der andere jedoch erst gegen 10.45 Uhr am vereinbarten Treffpunkt (vgl. ausführliche Darstellung in Tab. 1.5).

Tab. 1.5: *Wenn der Geschäftspartner später erscheint (nach Levine 1988)*

Zum Treffen mit einem deutschen Manger erscheint ein brasilianischer Manager eine Dreiviertelstunde später als vereinbart.	Zum Treffen mit einem brasilianischen Manger erscheint ein brasilianischer Manager eine Dreiviertelstunde später als vereinbart.
Für den deutschen Manager fällt die Verspätung seines brasilianischen Geschäftspartners tendenziell stärker ins Gewicht. Tendenziell wartet er auf den Geschäftspartner und fühlt sich durch dessen Verspätung blockiert. Möglicherweise gelangt er zu einer Einschätzung wie etwa der folgenden: *'Also 45 Minuten ist definitiv zu spät. Der ist schlecht organisiert. Der nimmt Termine mit mir nicht ernst. Dem ist unsere Geschäftsbeziehung offenbar nicht besonders wichtig.'* etc. – Das skizzierte Interpretationsschema bedeutet: Der Vorfall könnte das Vertrauen des deutschen Managers in seinen brasilianischen Geschäftspartner beeinträchtigen.	Für den brasilianische Manager fällt die Verspätung seines deutschen Geschäftspartners tendenziell weniger ins Gewicht. Statt bewusst auf den Geschäftspartner zu warten, erledigt er, bis der Geschäftspartner erscheint, eher noch verschiedene Telefonate. Wenn der Geschäftspartner erscheint, muss er dann das letzte Telefonat noch abschließen, so dass der verspätete Kollege sich selbst noch kurz gedulden muss. – Für das Vertrauen des brasilianischen Geschäftsmanns in seinen brasilianischen Geschäftspartner hat es schlicht keine Relevanz, dass dieser um 10.45 Uhr statt um 10.00 Uhr zu dem vereinbarten Treffen erscheint.
→ Deutsche Geschäftskultur: Pünktlichkeit (verstanden als Pünktlichkeit im 5-15 Minutenbereich) ist im Vergleich zur Faktorgewichtung in der brasilianischen Geschäftskultur ein **wichtigerer** Vertrauensfaktor	→ Brasilianische Geschäftskultur: Pünktlichkeit (verstanden als Pünktlichkeit im 5-15 Minutenbereich) ist im Vergleich zur Faktorgewichtung in der deutschen Kultur ein **weniger wichtiger** Vertrauensfaktor

In der deutschen Geschäftskultur ist die Einhaltung von Terminzusagen im Vergleich zur brasilianischen Geschäftskultur ein relativ wichtiger Vertrauensfaktor. Aus Sicht des deutschen Managers ist sein brasilianischer Geschäftspartner 'unpünktlich'. Damit nimmt er gemäß dem Vertrauensfaktor 'Pünktlichkeit' eine negative Einschätzung vor. In der brasilianischen Geschäftskultur sind Vertrauensfaktoren hingegen anders gewichtet, und dem Vertrauensfaktor Pünktlichkeit bzw. der genauen Einhaltung von Terminzusagen kommt ein sehr viel geringerer Stellenwert zu als in Deutschland. Ein solcher Kulturunterschied in der Gewichtung von Vertrauensfaktoren kann Einfluss auf die Entwicklung von Vertrauen haben. Während das Verhalten des brasilianischen Kollegen auf deutscher Seite die Vertrauensbildung beeinträchtigen kann, ist dieser Effekt auf brasilianischer Seite eher unwahrscheinlich.

1.3.1.3 Generalisierungsprozesse des Vertrauens

Die Gewichtung vertrauensrelevanter Informationen ist deshalb von Interesse, weil solche Informationen in unterschiedlicher Weise die Vertrauensbildung 'anstoßen' können. In manchen Fällen wird eine bestimmte Information noch nicht ausreichen, um überhaupt ein erstes Vertrauen zu einem Partner aufzubauen. In anderen Fällen wird eine Information für so wichtig gehalten werden, dass sie den Ausgangspunkt für die Entwicklung eines relativ umfassenden Vertrauens – oder den Verlust von Vertrauen – bildet. Dann ist sie die Grundlage für einen Generalisierungsprozess, das heißt für die Ausdehnung einer relativ speziellen Vertrauenseinschätzung auf weitere Hinsichten des Vertrauens oder auf die Person des anderen als ganzes.

Betrachten wir diese Überlegung im Detail. Für die Rekonstruktion der Generalisierung von Vertrauen sollten wir uns zunächst in Erinnerung rufen, dass Vertrauen eine dreistellige Relation ist: A vertraut B in Bezug auf C (vgl. 1.1.1.3). Selbst wenn in einer gewachsenen interpersonalen Vertrauensbeziehung dieses 'C' sehr viele Hinsichten des Vertrauens gleichzeitig umfassen kann, muss man grundsätzlich zwischen verschiedenen Hinsichten von Vertrauen unterscheiden. Denn eine Vertrauensbeziehung kann kaum gleich zu Beginn mit einem allumfassenden 'C' beginnen. Ein Modell der Vertrauensentwicklung muss rekonstruieren können, wie sich das 'C' in einer Vertrauensbeziehung entwickelt. Angenommen man entwickelt zu einem neuen Kollegen oder Geschäftspartner Vertrauen: In welcher Hinsicht vertraut man ihm zunächst, und wie entwickelt sich darauf aufbauend umfassenderes Vertrauen? In vielen vertrauenskritischen Situationen verfügen wir nur über wenige Informationen oder Beobachtungen, die wir zur Einschätzung des jeweiligen Kollegen oder Geschäftspartners heranziehen können. Oft sind diese Informationen jedoch nicht direkt einschlägig für die jeweilige vertrauenskritische Situation, denn sie betreffen andere Hinsichten des Vertrauens als die, um welche es gerade geht. Ein Beispiel wäre, dass ein neuer Kollege zwar bislang alle seine Zusagen strikt eingehalten hat, aber dass ich mich jetzt frage, ob er auch kritische Informationen konsequent für sich behalten kann. Allein auf der Basis meiner bisherigen Beobachtungen kann ich in dieser Situation die Vertrauenswürdigkeit des jeweiligen Kollegen in der fraglichen Hinsicht nicht einschätzen. Allerdings muss ich mich in der konkreten Situation entscheiden: Ich muss handeln – und ihm die fraglichen Informationen geben oder dies eben nicht tun. In der Einschätzung seiner Vertrauenswürdigkeit in der neuen Vertrauenshinsicht bin ich also gezwungen, mit den zur Verfügung stehenden Informationen auszukommen und auf dieser Basis zu entscheiden. In einer solchen Situation ist man häufig gezwungen, Einschätzungen, die man anhand anderer vertrauensrelevanter Beobachtungen bereits getroffen hat, zu generalisieren.

1.3.1.4 Zusammenfassung: Kulturunterschiede der Vertrauensfaktorgewichtung

Kulturunterschiede in der Gewichtung von Vertrauensfaktoren führen dazu, dass die Erlebnisse und Beobachtungen, die man gemacht hat, in unterschiedlichem Maße dazu Anlass geben, das Vertrauen in einen Kollegen oder Geschäftspartner zu generalisieren. Je nachdem wie wichtig einem ein bestimmter Vertrauensfaktor ist, wird man von diesem ausgehend entweder zunächst vorsichtig Vertrauen fassen oder recht schnell von einer umfassenden Vertrauenswürdigkeit des anderen überzeugt sein. Dabei ist angesichts der bekannten Unterschiede zwischen Kulturen in Bezug auf Wahrnehmungsgewohnheiten, Gewichtungen oder Bewertungsweisen (vgl. 1.2.2) anzunehmen, dass man in unterschiedlichen Kulturen Vertrauensfaktoren unterschiedlich gewichtet. Ein Bereich des Einflusses kultureller Differenz auf die Entwicklung von Vertrauen sind daher die Gewichtungsschemata für Vertrauensfaktoren. – Abb. 1.2 zeigt den Prozess der Vertrauensbildung: den Schritt von diagnostizierten Vertrauensfaktoren zum Vertrauen (Faktor positiv diagnostitziert) oder zum Vertrauensverlust (Faktor negative diagnostitziert).

Abb. 1.2: Der Einfluss von Gewichtungsschemata auf die Vertrauensbildung

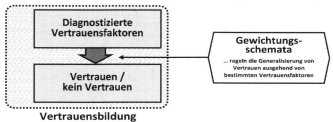

Kulturelle Unterschiede können hier den Prozess der Vertrauensbildung beeinflussen, wenn sich die Gewichtungsschemata für Vertrauensfaktoren im Kulturenvergleich unterscheiden. Wenn ein Vertrauensfaktor in einer Kultur sehr viel stärker gewichtet wird als in einer anderen, so dient eine positive Einschätzung des anderen gemäß diesem Vertrauensfaktor tendenziell häufiger als Ausgangspunkt für Vertrauensgeneralisierungen. (Auch werden Indikatoren, die sich gemäß diesem Vertrauensfaktor interpretieren lassen, voraussichtlich mit höherer Wahrscheinlichkeit in den Blick geraten als in der anderen Kultur, vgl. 1.3.2). Kulturelle Unterschiede in der Gewichtung von Vertrauensfaktoren können daher ein Grund dafür sein, dass kulturelle Vertrauensmissverständnisse entstehen: Jemand bildet oder verliert Vertrauen, obwohl aus Sicht des anderen kein angemessener Grund dafür vorliegt.

Im Abschnitt zur theoretischen Fundierung meines Modells (1.4.2, Theorie der Vertrauensgeneralisierung) werde ich zeigen, warum anzunehmen ist, dass im Übergang von diagnostizierten Vertrauensfaktoren zum tatsächlichen Vertrauen solche Generalisierungsprozesse ablaufen. Mit Hilfe einer Reihe von Mechanismen der Informationsverarbeitung können wir ausgehend von nur einigen als vertrauensrelevant eingeschätzten Informationen weit umfangreichere Vertrauensüberzeugungen ausbilden. Damit ist allerdings auch klar, dass es für die Vertrauensentwicklung sehr wichtig ist, welche Informationen wir zum Ausgangspunkt für solche Generalisierungen nehmen bzw. wie wir Vertrauensfaktoren gewichten. Auf welche Vertrauensfaktoren achten wir bevorzugt, und welche Vertrauensfaktoren sind uns weniger wichtig? Hier eröffnet sich eine wichtige Einflussebene für Kulturunterschiede. In der theoretischen Fundierung des Modells in 1.4 und insbesondere im Abschnitt zu Bedeutung und Einfluss kultureller Unterschiede in 1.4.3 werde ich zeigen, wie sich dieser Einfluss theoretisch rekonstruieren lässt.

1.3.2 Verhaltensinterpretation und Kulturunterschiede der Vertrauensfaktordiagnose

Für eine Betrachtung der Einflüsse kultureller Differenz auf die Vertrauensentwicklung ist es naheliegend aber nicht ausreichend, den Blick auf Kulturunterschiede in der Gewichtung von Vertrauensfaktoren zu richten. Denn kulturelle Unterschiede können die Entwicklung von Vertrauen auch dann beeinflussen, wenn Vertrauensfaktoren in zwei Kulturen genau den gleichen Stellenwert haben. Dies kann dann der Fall sein, wenn man in den jeweiligen Kulturen anhand unterschiedlicher Verhaltensweisen bzw. unter Berücksichtigung unterschiedlicher Situationsumstände auf den jeweiligen Vertrauensfaktor schließt. Man kann auch sagen, dass sich die Mitglieder unterschiedlicher Kulturen darin unterscheiden können, wie sie Vertrauensfaktoren anhand der über einen Partner verfügbaren Informationen bzw. anhand der bei einem Partner beobachteten Verhaltensweisen 'diagnostizieren'.

1.3.2.1 Die Diagnose von Vertrauensfaktoren

Wenn man von Vertrauensfaktoren wie *'Zusagen einhalten'* oder *'Respekt und Interesse zeigen'* redet, dann übersieht man leicht, dass man solche Vertrauensfaktoren nicht direkt wahrnehmen kann. Stattdessen muss man für die Einschätzung der Vertrauenswürdigkeit eines Kollegen oder Partners bestimmte Aspekte seines Verhaltens (oder auch andere Informationen über ihn) als Vertrauensfaktor *interpretieren.* Diesen Prozess des Schlusses von beobachtetem Verhalten auf Vertrauensfaktoren nenne ich **Vertrauensfaktordiagnose.** Der Begriff 'Diagnose' verweist hier auf den für die interkulturelle Vertrauensforschung wichtigen Umstand, dass Vertrauensfaktoren keine objektiv feststellbaren Indikatoren sind. Man kann einen Vertrauensfaktor nicht am Verhalten einer Person direkt ablesen. Vielmehr geht es darum, wie in der Medizin anhand wahrnehmbarer Symptome auf etwas zu schließen, das nicht direkt wahrnehmbar ist: So schließt man in der Medizin vom Symptom oder Krankheitsbild auf die Krankheit. Genau wie man für eine solche medizinische Diagnose oft Kombinationen von Symptomen heranzieht, so achtet man oft auf unterschiedliche konkret wahrnehmbare Aspekte, um einen Vertrauensfaktor zu diagnostizieren.

1.3 Ein Modell des Einflusses kultureller Differenz auf die Vertrauensentwicklung

Die Vertrauensfaktordiagnose bzw. das Prinzip der Verhaltensinterpretation zur Identifikation von Vertrauensfaktoren, macht hier eine grundlegend wichtige Unterscheidung: Wenn wir ein beobachtetes Verhalten 'als Vertrauensfaktor wahrnehmen', dann liegt dem ein Interpretationsprozess zugrunde. Dieser Interpretationsprozess ist Teil dessen, was man in der Psychologie als 'soziale Kognition' bezeichnet (Beer & Ochsner 2006, Bless et al. 2003, Ziva 1999, vgl. 1.4.3). Diese umfasst die kognitiven Prozesse, in welchen wir die soziale Welt, unsere Interaktionspartner, unsere Interaktionen (und auch unsere eigene Rolle in der sozialen Welt) interpretieren (Beer & Ochsner 2006: 98). In solchen Interpretationsprozessen machen wir uns 'einen Reim' auf das Verhalten anderer, das wir wahrnehmen, und beantworten damit auch die Frage, welches Verhalten anderer uns für die Einschätzung ihrer Vertrauenswürdigkeit relevant erscheint, so dass wir es zur Vertrauensfaktordiagnose heranziehen (vgl. auch die Theorie der Vertrauenssignalisierung bzw. die Unterscheidung von Vertrauens- 'Manifesta' und Vertrauens-'Krypta' nach Bacharach & Gambetta 1997 in 1.4.3).

Mit diesen Überlegungen haben wir nun auch etwas genauer spezifiziert, was **Vertrauensfaktoren** sind. Es handelt sich um abstrakte Vertrauensbedingungen oder 'vertrauenswürdig machende Eigenschaften', auf welche man ausgehend von beobachtetem Verhalten oder anderen Informationen schließt. Ein Beispiel für einen Vertrauensfaktor ist *'Zusagen einhalten'*. Wenn man das Verhalten eines Partners als Einhalten einer Zusage interpretiert, dann diagnostiziert man einen Vertrauensfaktor: Man nimmt ein Verhalten des Partner wahr, gewinnt dadurch die Einschätzung: 'Er hält seine Zusagen ein', und dies trägt dazu bei, dass man Vertrauen zu diesem Partner bildet.

Damit wird auch deutlich, warum ich den Begriff des 'Vertrauensfaktors' benutze und vom Begriff des 'Vertrauensindikators' abgrenze. Im englischen Beiträgen wird häufig von „trust cues, trust clues or trust triggers" (vgl. Nissenbaum 2001) oder auch von „signs of trustworthiness" (Bacharach & Gambetta 1997) gesprochen. Mit diesen Begriffen beziehen sich die Autoren jedoch meist auf die konkret wahrnehmbaren Aspekte des Verhaltens. Für meinen theoretischen Ansatz ist es hingegen von grundlegendem Stellenwert, dass Vertrauensfaktoren abstrakte Konstrukte sind, die Personen anhand von beobachtetem Verhalten in einem kognitiven Interpretationsprozess 'diagnostizieren' müssen. Man könnte auch von Vertrauensbedingungen oder -voraussetzungen sprechen, deren (Nicht-)Gegebensein bzw. (Nicht)Erfüllung man feststellen muss.

Vertrauensfaktoren sind grundsätzlich neutral konzipiert: Sie können für oder gegen Vertrauen sprechen. Man kann beobachtetes Verhalten im positiven Sinne gemäß einem Vertrauensfaktor interpretieren – als Zeichen dafür, dass er gemäß diesem Vertrauensfaktor vertrauenswürdig ist. Genauso kann man ein Verhalten gemäß einem Vertrauensfaktor im negativen Sinne interpretieren – als Zeichen dafür, dass der andere gemäß dem Vertrauensfaktor *nicht* vertrauenswürdig ist. Die für die Frage nach Kulturunterschieden der Vertrauensfaktordiagnose interessantere Frage ist jedoch, wann in einer bestimmten Kultur genau ein bestimmtes Verhalten *überhaupt* gemäß einem bestimmten Vertrauensfaktor interpretiert wird.

Der Unterscheidung zwischen Verhaltensbeobachtungen und deren Interpretation gemäß einem Vertrauensfaktor ist man sich im Alltag normalerweise nicht bewusst. Denn man benutzt Wahrnehmungs- und Interpretationsschemata, die man erlernt und verinnerlicht hat und die größtenteils unbewusst ablaufen. Daher glaubt man, Verhalten 'direkt' als das wahrzunehmen, was eigentlich Ergebnis eines Interpretationsprozesses ist (vgl. Bacharach & Gambetta 1997: 156). Beispielsweise glaubt man, beobachten zu können, dass jemand seine Zusage einhält. Tatsächlich interpretiert man hier jedoch ein bestimmtes beobachtbares Verhalten (etwas sagen, etwas tun) vor dem Hintergrund einer vorangegangenen Interaktion, die man als 'Zusage geben' aufgefasst hat. Dies kann dann zu Missverständnissen führen,

wenn es unterschiedliche Auffassungen darüber gibt, wann etwas eine Zusage darstellt und wann nicht.[30]
Gerade für die interkulturelle Vertrauensforschung ist diese Differenzierung sehr wichtig. Denn für die Prozesse der Interpretation von Verhaltensweisen als Vertrauensfaktor gibt es in unterschiedlichen Kulturen unterschiedliche Interpretationsschemata. Ein Verhalten, das in einer Kultur ganz klar gemäß einem Vertrauensfaktor interpretiert wird, gibt in einer anderen Kultur möglicherweise kaum oder viel seltener Anlass, es überhaupt im Hinblick auf diesen Vertrauensfaktor zu deuten.

1.3.2.2 Unterschiedliche Faktordiagnose am Beispiel Pünktlichkeit

Auch dieser Punkt lässt sich am Beispiel der fiktiven Geschäftstermine in Deutschland und Brasilien illustrieren (vgl. 1.3.1.2). Dabei wird gerade im Kontrast zu der obigen Diskussion deutlich, was Kulturunterschiede der Vertrauensfaktordiagnose sind. Nehmen wir also erneut an, ein 'typischer' deutscher Manager sei mit einem 'typischen' brasilianischen Geschäftspartner für 10.00 Uhr verabredet. Dieser erscheint aber erst gegen 10.45 Uhr. Aus deutscher Sicht ist hier eindeutig klar, dass der brasilianische Geschäftspartner seine Terminzusage nicht eingehalten hat, was man als negatives Signal in Bezug auf die Vertrauenswürdigkeit des anderen interpretieren kann – soweit die obige Interpretation.
Allerdings kann man den Sachverhalt auch ganz anders interpretieren. Ein aus der Forschung zum interkulturellen Management bekannter Aspekt kultureller Unterschiedlichkeit ist das Verständnis von Pünktlichkeit in verschiedenen Lebensbereichen (vgl. Levine 1998). Man kann Kulturen danach unterscheiden, wie ausgedehnt der zeitliche Toleranzbereich ist, innerhalb dessen ein Verhalten in bestimmten Kontexten als pünktlich aufgefasst wird. Bei einem für 10.00 Uhr vereinbarten Geschäftstermin gilt im deutschen Unternehmenskontext ein Erscheinen von etwa 5-10 Minuten nach 10.00 Uhr im allgemeinen als 'im Prinzip noch pünktlich' – auch wenn man sich bei 5-10 Minuten Verspätung der Schwelle nähert oder sie bereits überschritten hat, ab der im deutschen Kontext eine Entschuldigung angebracht ist bzw. erwartet wird (vgl. Schroll-Machl 2002). In der brasilianischen Geschäftswelt gibt es hingegen viele Situationen, in welchen auch eine 'Verspätung' von etwa 45 Minuten oder mehr noch innerhalb des üblicher Toleranzbereichs liegt und gar nicht als Unpünktlichkeit aufgefasst wird (Levine et al. 1980).
Das Interessante aus Sicht der Forschung zur Vertrauensentwicklung im geschäftlichen Kontext ist hier der Bezug zu dem sehr grundlegenden Vertrauensfaktor 'Zusagen einhalten', denn wir berühren hier offensichtlich den Bereich der Terminzusagen. Es stellt sich nun die Frage der Faktordiagnose bzw. der Interpretation von Verhaltensweisen als Vertrauensfaktor. Wenn der Geschäftspartner 30 Minuten nach dem vereinbarten Termin erscheint, ist es in Deutschland nicht ungewöhnlich, das Verhalten gemäß dem Vertrauensfaktor 'Zusagen einhalten' als Zeichen gegen die Vertrauenswürdigkeit des Partners zu interpretieren. In der gleichen Situation wird jedoch der brasilianische Geschäftspartner möglicherweise gar keinen Zusammenhang zum Vertrauensfaktor 'Zusagen einhalten' herstellen. Denn er interpretiert das Erscheinen um 10.45 Uhr überhaupt nicht als Nichteinhalten einer Terminzusage. Es ist hierbei nun irrelevant, ob deutsche und brasilianische Manager dem Einhalten von Zusagen einen unterschiedlichen Stellenwert für die Vertrauenseinschätzung beimessen oder

---

[30] Auch in den für die vorliegende Arbeit durchgeführten Interviews zeigte sich, dass die interviewten Manager im allgemeinen nicht zwischen ihren Beobachtungen und den darauf aufbauenden Interpretationsprozessen differenzieren. Eine Ausnahme bilden hier jedoch einige der interkulturell erfahrenen Interviewten. Diese schilderten ganz bewusst anhand dieser Differenzierung, wie ihrer Erfahrung nach kulturelle Vertrauensmissverständnisse entstehen können (vgl. Kap. 5).

nicht. Auch wenn beide gleichermaßen 'Zusagen einhalten' für einen der wichtigsten Vertrauensfaktoren hielten, könnte es zu einem kulturellen Vertrauensmissverständnis kommen. Denn einer der beiden gelangt in seiner 'Faktordiagnose' zu der Ansicht, dass sich das fragliche Verhalten gemäß dem Vertrauensfaktor 'Zusagen einhalten' interpretieren lässt – und der andere nicht.

Für die Vertrauensentwicklung ist es hier also zunächst einmal irrelevant, welche relative Gewichtung in beiden Kulturen dem Vertrauensfaktor 'Zusagen einhalten' beigemessen wird. Der vertrauensrelevante Kulturunterschied besteht darin, wann und inwiefern man überhaupt Verhaltensweisen gemäß dem Vertrauensfaktor 'Zusagen einhalten' als Bruch von Terminzusagen interpretiert. Auch wenn ein bestimmter Vertrauensfaktor in zwei Kulturen in etwa gleich wichtig ist, kann es sein, dass ein Verhalten, welches man in der *einen* Kultur gemäß dem Vertrauensfaktor interpretiert, in der *anderen* Kultur möglicherweise gar nicht mit diesem Vertrauensfaktor in Verbindung gebracht wird. Kulturelle Unterschiede in der Faktordiagnose, also der Interpretation von Verhaltensweisen als Vertrauensfaktor, stellen daher einen weiteren Grund dafür dar, dass kulturelle Vertrauensmissverständnisse entstehen können.[31]

1.3.2.3 Zusammenfassung: Kulturunterschiede der Vertrauensfaktordiagnose

Mit dem Begriff der 'Faktordiagnose' beziehe ich mich darauf, dass man bestimmte Aspekte des bei einem Partner beobachteten Verhaltens (oder andere Informationen über den Partner) als Zeichen für dessen Vertrauenswürdigkeit interpretiert. Da sich die entsprechenden Interpretationsschemata im Vergleich von Kulturen unterscheiden, kann man nicht voraussetzen, dass in zwei Kulturen in gleicher Weise von Verhaltensweisen auf Vertrauensfaktoren geschlossen wird. Ein Verhalten, das in einer Kultur ganz klar gemäß einem Vertrauensfaktor interpretiert wird, gibt in einer anderen Kultur möglicherweise kaum oder viel seltener Anlass, es überhaupt im Hinblick auf diesen Vertrauensfaktor zu deuten. Ein Bereich des Einflusses kultureller Differenz auf die Entwicklung von Vertrauen sind daher die Interpretationsschemata für den Schluss von beobachtetem Verhalten auf Vertrauensfaktoren (vgl. Abb. 1.3).

Abb. 1.3: Der Einfluss von Interpretationsschemata auf die Faktordiagnose

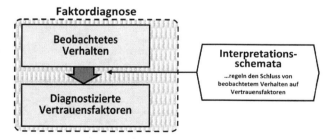

---

[31] Ein eindrucksvolles Beispiel dafür, dass sich der Aufmerksamkeitsfokus in unterschiedlichen Kulturen deutlich unterscheiden kann, bringt Bausinger (2000: 19): „[Ein US-amerikanischer Sozialpsychologe] lebte mit Angehörigen verschiedener Nationen [in einem Wohnheim] zusammen. Eines Tages sagte ihm ein brasilianischer Kollege, dass während seiner Abwesenheit nach ihm gefragt worden sei. Er bat daraufhin den Kollegen um eine Beschreibung des Besuchers, die aber keine klaren Hinweise brachte. Schließlich fragte er ihn, ob es ein Weißer oder ein Schwarzer gewesen sei. Der Brasilianer antwortete, das wisse er nicht – zur größten Überraschung des Nordamerikaners, für diesen dieser Gegensatz zentral war, während er für den Brasilianer keine wichtige Unterscheidung darstellte, so dass er auch nicht darauf geachtet hatte. – Als typisch definiert man i.a. Besonderheiten, die von dem abweichen, was man selbst als normal betrachtet."

Abb. 1.3 zeigt den Prozess der Faktordiagnose (großer gestrichelter Kasten), das heißt den Schritt von Verhaltensbeobachtungen zu deren Interpretation als Vertrauensfaktoren. Kulturelle Unterschiede können diesen Prozess der Faktordiagnose beeinflussen, wenn sich die Interpretationsschemata für den Schluss von beobachtetem Verhalten auf Vertrauensfaktoren im Vergleich unterschiedlicher Kulturen unterscheiden.

Im Abschnitt zur Theorie der Vertrauenssignalisierung (1.4.2) werde ich zur Rekonstruktion der beschriebenen Interpretationsprozesse der Faktordiagnose verschiedene Theorien heranziehen. Insbesondere werde ich mich für die Rekonstruktion der Attribution von Vertrauenswürdigkeit auf die Theorie der Vertrauenssignale von Diego Gambetta stützen (1.4.1.2). Zudem werde ich im Abschnitt zu 'Bedeutung und Einfluss kultureller Unterschiede' in 1.4.3 zeigen, wie sich theoretisch rekonstruieren lässt, dass sich die Interpretationsschemata der Faktordiagnose im Kulturvergleich unterscheiden.

1.3.3 Überblick des Gesamtmodells und Visualisierung einzelner Aspekte

In den beiden vorangehenden Abschnitten 1.3.1 und 1.3.2 wurden zwei mögliche Einflussbereiche kultureller Differenz auf die Vertrauensentwicklung dargestellt. Dabei wurde deutlich, dass zum Verständnis dieser beiden Einflussbereiche zwei Schritte der Vertrauensentwicklung unterschieden werden müssen. Diese Überlegungen werde ich nun in ein Gesamtmodell zusammenführen und für das Modell (1.3.3.1) und seine grundlegenden Annahmen (1.3.3.2-4) eine Visualisierung vorstellen.

1.3.3.1 Gesamtmodell

Das Modell des Einflusses kultureller Differenz auf die Vertrauensentwicklung rekonstruiert die Vertrauensentwicklung im Management in zwei Schritten: Im ersten Schritt, der Faktor-

Abb. 1.4: Modell des Einflusses kultureller Unterschiede auf die Vertrauensentwicklung

Vertrauensentwicklung	**Einflüsse kultureller Differenz**
1. Schritt: Faktordiagnose	
Beobachtetes Verhalten	**Interpretationsschemata** ...regeln den Schluss von beobachtetem Verhalten auf Vertrauensfaktoren
Diagnostizierte Vertrauensfaktoren	**Gewichtungsschemata** ... regeln die Generalisierung von Vertrauen ausgehend von bestimmten Vertrauensfaktoren
Vertrauen / kein Vertrauen	
2. Schritt: Vertrauensbildung	

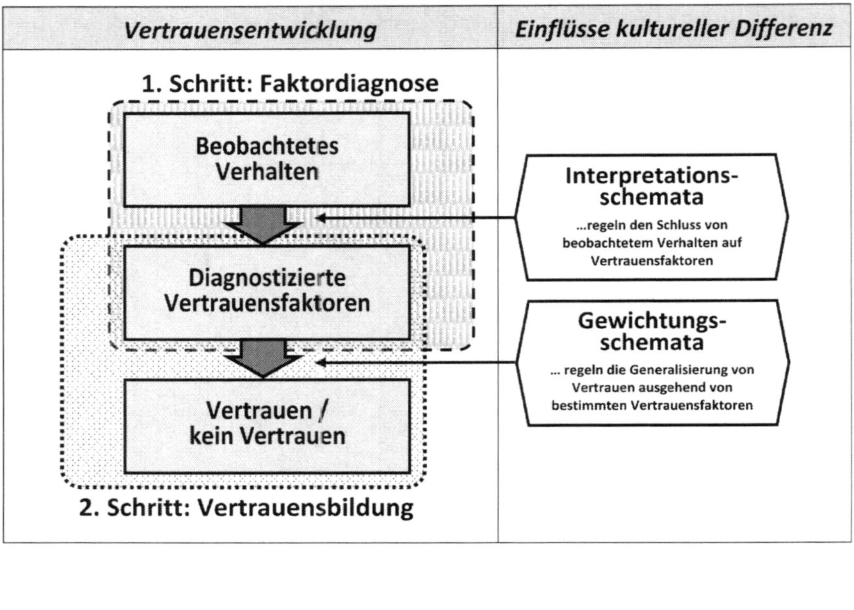

1.3 Ein Modell des Einflusses kultureller Differenz auf die Vertrauensentwicklung

diagnose, schließt man von bestimmten Verhaltensbeobachtungen auf Vertrauensfaktoren, anhand derer man die Vertrauenswürdigkeit eines Kollegen oder Geschäftspartners einschätzt. Dieser Schritt wurde im Rahmen der zweiten Argumentation vorgestellt (vgl. 1.3.2). Tatsächlich liegt er aber im Prozess der Vertrauensentwicklung *vor* der Vertrauensbildung. Diese ist im Gesamtmodell der zweite Schritt: Man geht auf Basis diagnostizierter Vertrauensfaktoren dazu über, einem Partner zu vertrauen (bzw. nicht zu vertrauen, vgl. 1.3.1).

Das Modell unterscheidet nun zwei Arten des Einflusses kultureller Differenz auf die Entwicklung von Vertrauen: Der Prozess der Faktordiagnose wird durch Interpretationsschemata bestimmt, welche sich im Kulturvergleich unterscheiden können. Der Prozess der Vertrauensbildung wird durch Gewichtungsschemata bestimmt, und auch diese können sich im Kulturvergleich unterscheiden. Einen Überblick des Modells gibt Abb. 1.4.

1.3.3.2 Faktordiagnose

Der erste Schritt der Vertrauensentwicklung, die Faktordiagnose, beschreibt, dass man zur Einschätzung der Vertrauenswürdigkeit eines Kollegen oder Partners Aspekte seines Verhaltens als Vertrauensfaktor interpretiert. Die folgende Abbildung illustriert anhand einiger Beispiele, wie Verhaltensweisen als Vertrauensfaktoren interpretiert werden können (vgl. Abb. 1.5.).

Abb. 1.5: Faktordiagnose: Schluss von Verhaltensbeobachtungen auf Vertrauensfaktoren

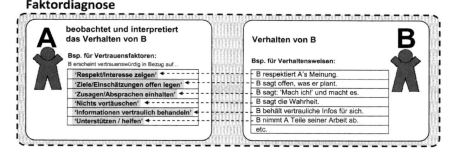

1.3.3.3 Vertrauensüberzeugungen und vertrauensvolles Handeln

Der zweite Schritt der Vertrauensentwicklung, die Vertrauensbildung, beschreibt, wie man ausgehend von den diagnostizierten Vertrauensfaktoren Vertrauen bildet. Diesen Schritt möchte ich nun noch etwas genauer fassen, denn die Rekonstruktion des Einflusses kultureller Unterschiede gestaltet sich hier etwas komplizierter. Daher möchte ich auf die in Abschnitt 1.1 eingeführte Definition von Vertrauen zurückkommen (vgl. Tab. 1.3. in 1.1.2.4) und zwischen Vertrauensüberzeugungen und vertrauensvollem Handeln unterschieden:

Vertrauen bedeutet, (zu glauben, gute Gründe dafür zu haben),
- sich von einem anderen abhängig zu machen,
- obwohl das negative Konsequenzen haben könnte (Risiko)
- und dennoch zu erwarten, dass die negativen Konsequenzen nicht eintreten.

Diese Definition ermöglicht es, sowohl kognitive als auch verhaltensbezogene Interpretationen der Vertrauensrelation abzubilden. Grundsätzlich beschreibt die Definition vertrauensvolles Handeln. Über die Klammer '(zu glauben, gute Gründe dafür zu haben)' bezieht sie jedoch gleichzeitig ein kognitives Verständnis der Vertrauensrelation mit ein: Vertrauen als Vertrauensüberzeugung, das heißt als Überzeugung, dass der andere vertrauenswürdig ist bzw. als Überzeugung, dass man ihm gegenüber vertrauensvoll handeln kann. Diese Unterscheidung zwischen Vertrauensüberzeugungen und vertrauensvollem Handeln möchte ich nun aufgreifen, um zu illustrieren, inwiefern in der Vertrauensbildung Prozesse der Vertrauensgeneralisierung ablaufen.

In einem ersten Schritt integrieren wir die Unterscheidung zwischen Vertrauensüberzeugungen und vertrauensvollem Handeln in das Modell: Im Prozess der Vertrauensbildung entwickelt man Vertrauen ausgehend von als vertrauensrelevant eingestuften Verhaltensbeobachtungen ('Diagnostizierte Vertrauensfaktoren') über die Ausbildung von Vertrauensüberzeugungen bis hin zum konkretem vertrauensvollen Handeln gegenüber dem Partner. Ich folge hier erneut McKnight & Chervany (1996), welche für diese Unterscheidung die soziale Handlungstheorie von Fishbein & Ajzen (1975) heranziehen. Nach der Grundüberlegung dieser Theorie können Überzeugungen bzw. Einstellungen vermittels der Ausbildung von Absichten zu Handlungen führen. Für das vorgeschlagene Modell ist hier vor allem die Annahme relevant, dass vertrauensvollem Handeln die Ausbildung von Vertrauensüberzeugungen voraus geht, auch wenn beides zeitlich nah beisammen liegen kann (vgl. Abb. 1.6).[32]

Abb. 1.6: Vertrauensbildung: von diagnostizierten Vertrauensfaktoren zum Vertrauen

Die Differenzierung zwischen Vertrauensüberzeugungen und vertrauensvollem Handeln lässt sich heranziehen, um die Prozesse der Vertrauensgeneralisierung anhand des vorgeschlagenen Modells zu rekonstruieren:

Menschen generalisieren Vertrauen...

– sowohl in Bezug auf Vertrauensüberzeugungen

– als auch in Bezug auf vertrauensvolles Handeln.

1.3.3.4 Vertrauenshinsichten und Prozesse der Vertrauensgeneralisierung

Unterschiedliche Hinsichten des Vertrauens (vgl. 1.1.1.3) lassen sich für alle drei logischen Schritte der Vertrauensentwicklung unterscheiden: Man kann Kollegen oder Partner in der beruflichen Zusammenarbeit in unterschiedlichen Situationen bei unterschiedlichen Verhaltensweisen beobachten und damit auf unterschiedliche Vertrauensfaktoren schließen (vgl. Abb. 1.5 in 1.3.3.2). Anders ausgedrückt schätzt A dabei ein, inwiefern sich B *in verschiedenen Hinsichten* vertrauenswürdig oder weniger vertrauenswürdig verhält. Diese verschiedenen Hinsichten der Vertrauenswürdigkeit können zweitens auch unterschiedliche Vertrauensüberzeugungen und drittens unterschiedliche vertrauensvolle Handlungen nach sich ziehen.

Wenn ich beobachte, dass ein Kollege Aufgaben kompetent erledigt, dann gewinne ich möglicherweise die Überzeugung, dass ich ihm in Bezug auf die kompetente Erledigung von Aufgaben vertrauen kann – und in diesem Fall werde ich ihm gegenüber möglicherweise vertrauensvoll handeln, indem ich ihm wichtige Aufgaben übertrage. Aber das heißt noch nicht unbedingt, dass ich ihm auch kritische Informationen anvertraue. Ich vertraue ihm eben zunächst einmal nur in einer bestimmten Hinsicht: nämlich in Bezug darauf, dass er wichtige Aufgaben kompetent erledigen kann.

---

[32] Es handelt sich um die 'Theorie des überlegten Handelns' von Fishbein & Ajzen (1975). Die Autoren erweiterten ihren Ansatz später zur 'Theorie des geplanten Verhaltens' (Ajzen & Fishbein 1977). Diese Differenzierung ist hier nicht von Belang.

1.3 Ein Modell des Einflusses kultureller Differenz auf die Vertrauensentwicklung

Der Prozess der Vertrauensentwicklung kann also zunächst einmal dazu führen, dass ein Manager aufgrund seiner bisherigen Erfahrungen in der Zusammenarbeit mit einem Kolle-

Abb. 1.7: Die Unterscheidung von Hinsichten des Vertrauens

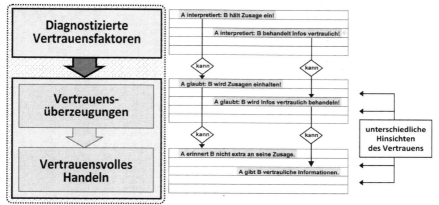

gen diesem Kollegen (nur) in bestimmten Hinsichten vertraut und in anderen Hinsichten (noch) nicht. Diese parallele Entwicklung unterschiedlicher Hinsichten des Vertrauens illustriert Abb. 1.7.[33] Die Unterscheidung von Hinsichten des Vertrauens führt nun allerdings in ein praktisches Problem, denn im Berufsleben kann ich leicht in eine Situation folgender Art geraten: Einerseits bin ich bereits von der Zuverlässigkeit meines neuen Kollegen überzeugt, da ich festgestellt habe, dass er Zusagen einhält. Andererseits stecken wir gerade in einem internen Reorganisationsprozess, und mir liegt dringend daran, seine Meinung zum aktuellen Vorschlag des Vorstands kennenzulernen. Ich kann ihn jedoch nur darauf ansprechen, wenn ich mir sicher sein kann, dass er von diesem Gespräch nichts an Dritte weitergibt. Leider hatte ich bisher keine Möglichkeit, in der Zusammenarbeit mit diesem Kollegen Beobachtungen zu machen, aufgrund derer ich hätte feststellen können, dass er Informationen vertraulich behandelt. Bezüglich des Vertrauensfaktors 'Informationen vertraulich behandeln' konnte ich ihn noch nicht einschätzen. In dieser Hinsicht habe ich noch keine Vertrauensüberzeugung ausgebildet. Also scheidet die Option leider aus, ihn auf den Vorschlag des Vorstands anzusprechen. Es sei denn – ich generalisiere und vertraue ihm auch in dieser Hinsicht.

Hier sind wir nun an einem für Vertrauen sehr grundlegenden Punkt angelangt, nämlich der eigentlichen Entscheidung für vertrauensvolles Handeln. Es ist der Punkt, an welchem man sich seiner Sache nicht sicher ist, durch sein Handeln ein Risiko eingeht – und nichtsdestotrotz mehr oder weniger einfach annimmt, dass die Sache 'gut ausgeht' (vgl. 1.1.2 Definition von Vertrauen). Hier sind manche Manager in manchen Situationen in der Zusammenarbeit

---

[33] Das Modell beschreibt die Unterscheidung von Hinsichten des Vertrauens in allen drei Entwicklungsstufen der Vertrauensentwicklung. Diese Unterscheidung ist wichtig, um beschreiben zu können, wie kulturelle Unterschiede in der Gewichtung von Vertrauensfaktoren die Entwicklung von Vertrauen beeinflussen können. Sie impliziert jedoch nicht, dass alle empirisch gefundenen Vertrauensfaktoren (vgl. Kap. 3) jeweils eigenen Hinsichten von Vertrauensüberzeugungen oder Hinsichten des vertrauensvollen Handelns entsprechen. In der Studie wurde das Spektrum der für Manager relevanten Vertrauensfaktoren untersucht. Inwiefern Manager von diesen Vertrauensfaktoren ausgehend spezifische Vertrauensüberzeugungen entwickeln oder in spezifischer Weise vertrauensvoll handeln, ist eine weitergehende Fragestellung.

mit manchen Kollegen oder Geschäftspartnern bereit, diesen Schritt zu gehen. In anderen Situationen oder in der Zusammenarbeit mit anderen Kollegen oder Geschäftspartnern sind sie es nicht. Es gibt insgesamt sehr viele weitere Aspekte, die hierfür von Bedeutung sind (vgl. 3.6 Modell weiterer Einflussfaktoren auf Vertrauen). An dieser Stelle möchte ich den Blick auf einen grundlegenden Aspekt richten: die Generalisierung von Vertrauen ausgehend von bereits zuvor gebildeten Vertrauensüberzeugungen.

Wenn ich beobachtet habe, dass mein neuer Kollege tut, was wir vereinbart haben und beispielsweise zugesagte Berichte u. ä. zuverlässig zum vereinbarten Zeitpunkt liefert, dann kann ich auf dieser Basis – und vor dem Hintergrund meiner bisherigen Erfahrungen mit anderen Kollegen, Geschäftspartnern etc. (vgl. 1.4.2.4 Implizite Vertrauenstheorie) – meine Vertrauensüberzeugung auf weitere Aspekte oder Hinsichten ausdehnen bzw. generalisieren. Das heißt, ich gelange möglicherweise zu der Überzeugung, dass dieser Kollege auch Informationen vertraulich behandeln wird. Derartige Generalisierungsprozesse sind ein grundlegender Aspekt der Entwicklung interpersonalen Vertrauens. Da wir zu Beginn beruflicher Beziehungen neue Kollegen oder Geschäftspartner noch nicht in vielen unterschiedlichen Situationen beobachten konnten, müssen wir aufgrund positiver wie negativer Erfahrungen in bestimmten Hinsichten auf die Vertrauenswürdigkeit des Kollegen in anderen Hinsichten generalisieren.

Solche Generalisierungen können im Prozess der Vertrauensbildung prinzipiell an zwei Stellen stattfinden: im Übergang von diagnostizierten Vertrauensfaktoren zu Vertrauensüberzeugungen oder auch im Übergang von Vertrauensüberzeugungen zu konkretem vertrauensvollem Handeln. Wenn man beobachtet, dass ein Partner stets seine Zusagen einhält, ist es denkbar, dass man neben der Vertrauensüberzeugung, dass der Partner Zusagen einhält, auch die Überzeugung bildet, dass er mit Informationen vertraulich umgeht. Darüber hinaus

Abb. 1.8: Prozesse der Generalisierung von Vertrauen

Diagnostizierte Vertrauensfaktoren		
	A interpretiert: B hält die Zusage ein!	
	↓ kann ↓	Vertrauensüberzeugungen in zusätzlichen Hinsichten
Vertrauens- überzeugungen	A glaubt: B wird Zusagen einhalten! A glaubt: B wird Infos vertraulich behandeln! < Überzeugungs-Mix >	Vertrauens- generalisierungs- prozesse
	↓ kann ↓	Vertrauensvolles Handeln in zusätzlichen Hinsichten
Vertrauensvolles Handeln	A erinnert B nicht extra an seine Zusage. A überprüft B's Aussagen nicht. A gibt B vertrauliche Informationen. < Handlungs-Mix >	

Vertrauensbildung

können nun ausgehend von einem solchen 'Mix von Vertrauensüberzeugungen' auch am Punkt der Handlungsentscheidung ad hoc Generalisierungen stattfinden. Im Fall des Falles wird man sich möglicherweise spontan auf eine kritische Aussage dieses Partners verlassen – das heißt ihm im Hinblick darauf vertrauen, dass er die Wahrheit sagt. In Abb. 1.8 wird daher

das Ergebnis der ersten Generalisierung als 'Überzeugungs-Mix' und das Ergebnis der zweiten Generalisierung als 'Handlungs-Mix' dargestellt.
Insgesamt fasst das Modell sowohl 'enge' Generalisierungen auf wenige eng 'verwandte' Vertrauenshinsichten, als auch 'weite' Generalisierungen auf viele unterschiedliche Vertrauenshinsichten. Im ersten Fall geht es um eine quasi rationale Übertragung von Vertrauen auf ähnliche Kontexte, wie beispielsweise von der Beobachtung, dass ein Kollege einem wichtige Informationen mitteilt, zu der Überzeugung, dass er einen auch in anderer Hinsicht unterstützen wird. Im zweiten Fall geht es hingegen um den für Vertrauen typischen Schritt ins 'Irrationale', das heißt um die Ausbildung nicht rational abgesicherter Vertrauensüberzeugungen. Man betrachtet die Erfahrung vertrauenswürdigen Verhaltens in einem bestimmten Teilbereich als ausreichend dafür, umfassendes Vertrauen zu der betreffenden Person zu bilden. Ein Vorteil des Modells ist es jedoch, dass der Blick auf unterschiedliche Hinsichten des Vertrauens prinzipiell bis zuletzt beibehalten wird, anstatt ein umfassendes 'Generalvertrauen' an den Endpunkt der Entwicklung zu setzen. Interpersonales Vertrauen ist vielfältig und situativ, und es umfasst viele Graustufen. Das vorgeschlagene Modell ermöglicht es, offen zu lassen, wann in einer interpersonalen Beziehung 'in welcher Weise' und 'in welchem Maße' Vertrauen generalisiert wird.

Die Prozesse der Vertrauensgeneralisierung werden, wie in 1.3.1 dargestellt, durch Gewichtungsschemata bestimmt. Höher gewichtete Vertrauensfaktoren geben in stärkerem Maße dazu Anlass, Vertrauen zu generalisieren, das heißt, vom Vertrauen zu einem Partner in einer spezifischen Hinsicht zu weiteren Hinsichten des Vertrauens überzugehen oder ein allgemeines Vertrauen in den Partner auszubilden. Weniger wichtige Vertrauensfaktoren liegen möglicherweise unterhalb der **'Generalisierungsschwelle'** und führen nicht dazu, dass man umfangreicheres Vertrauen bildet – bzw. sie führen dazu nur dann, wenn man sie zusätzlich zu weiteren Vertrauensfaktoren feststellt. Wo solche 'Schwellen' liegen bzw. wie unterschiedliche Vertrauensfaktoren gewichtet werden, ist ein Aspekt, im Hinblick auf den sich Kulturen unterscheiden können.

1.4 Theoretische Fundierung des Modells

Der folgenden Abschnitte dienen der theoretischen Fundierung des vorgestellten Modells des Einflusses kultureller Differenz auf die Entwicklung von Vertrauen – das heißt der Faktordiagnose bzw. der Theorie der Vertrauenssignalisierung (1.4.1), der Differenzierung zwischen Hinsichten des Vertrauens und der Vertrauensbildung bzw. der Theorie der Vertrauensgeneralisierung (1.4.2-3), sowie schließlich der Einflüsse kultureller Differenz auf die Vertrauensentwicklung (1.4.4).

1.4.1 Die Theorie der Vertrauenssignalisierung

Die Faktordiagnose beruht auf der grundlegenden Unterscheidung zwischen Verhaltensbeobachtungen und deren Interpretation als vertrauensrelevante Signale. Man verfügt in Bezug auf einen Kollegen oder Geschäftspartner über unterschiedliche Verhaltensbeobachtungen und Informationen. Manche dieser Verhaltensbeobachtungen und Informationen zieht man heran um einzuschätzen, ob der Kollege oder Geschäftspartner vertrauenswürdig ist. Doch längst nicht alles, was der andere tut, hilft für die Einschätzung, ob er vertrauenswürdig ist. Nur manche Aspekte interpretiert man als Vertrauensfaktoren (Bacharach & Gambetta 2001).[34] Um diese Interpretationsprozesse der 'Faktordiagnose' theoretisch rekonstruieren zu

---

[34] Vgl. auch Hausers (1996: 9f) ähnliche Unterscheidung zwischen „cues" und „signals".

können, ziehe ich im Folgenden zunächst die allgemeine psychologische Theorie der Attribution heran, welche die Zuschreibung von Gründen für beobachtetes Verhalten beschreibt (1.4.1.1). Anschließend wende ich mich spezieller der Attribution von Vertrauenswürdigkeit zu und greife dazu auf die Theorie der Vertrauenssignale von Diego Gambetta zurück (1.4.1.2).

1.4.1.1 Interpretationsprozesse der Verhaltenseinschätzung

Wie Rempel et al. (1985: 99) in ihrem einflussreichen Beitrag zur Vertrauensforschung anmerken, kann man die meisten Verhaltensweisen prinzipiell als Ausdruck sehr unterschiedlicher Ziele und Absichten interpretieren: „Most behaviors can be interpreted as reflecting any motive orientation. The critical element in the attribution of motives is the interpretation given the behavior or event." Als was man ein beobachtetes Verhalten letztlich versteht, klärt sich im Prozess der Interpretation des Verhaltens.

Eine Rekonstruktion derartiger Interpretationsprozesse liefert die sozialpsychologische Attributionstheorie. Sie gilt seit über dreißig Jahren als eines der psychologischen Standardmodelle dafür, wie man sich im Alltag das Verhalten anderer Menschen erklärt (Heider 1977, Kelley 1967, Jones & Davis 1965, Weiner 1986). Die Attributionstheorie rekonstruiert, wie Menschen anderen Menschen Motive und Gründe für ihr Verhalten zuschreiben. Nötig ist dies insbesondere in der Anfangsphase einer Zusammenarbeit. Denn hier besteht oft eine besonders große Unsicherheit bezüglich der tatsächlichen Motive und Ziele des jeweiligen Kollegen oder Geschäftspartners. Attribution meint, dass man das Verhalten des anderen interpretiert und auf die Gründe für sein Verhalten schließt. Auf diese Weise gewinnt man eine größere subjektive Sicherheit im Umgang mit dem anderen. Denn wenn man weiß (bzw. zu wissen glaubt), was die Gründe für sein Verhalten sind, und Annahmen über seine Ansichten, Motive und Ziele ausbildet, dann kann man sein zukünftiges Verhalten besser antizipieren (bzw. dann glaubt man, das zu können).[35]

Diese Beschreibung von Attributionsprozessen verdeutlicht den Bezug zu den für Vertrauen definitorischen Aspekte, die ich in 1.1 beschrieben habe. Es geht um die grundlegende Frage der Interpretation des Verhaltens anderer. Deshalb habe ich Attributionsprozesse allgemein als Maßnahmen der Reduktion von Unsicherheit bezüglich des zukünftigen Verhaltens von Interaktionspartnern beschrieben. Das ist genau die komplexitätsreduzierende Grundfunktion von Vertrauen im Sinne von Luhmann (1968).[36] Mit der Zuschreibung von Vertrauenswürdigkeit reduziert man aus subjektiver Sicht die zukünftigen Verhaltensoptionen seines Interaktionspartners. Damit reduziert man das wahrgenommene Interaktionsrisiko und ist bereit, vertrauensvoll zu handeln. Gerade in vertrauenskritischen Situationen sind solche Attributionsprozesse besonders wichtig. Die Unsicherheit bezüglich des zukünftigen Verhaltens eines Interaktionspartners wird relevant, wenn dieser andere potenziell auf unsere eigenen Ziele oder Pläne, auf unser Handeln und Leben, Einfluss nehmen kann; in anderen Worten: wenn wir uns in eine Abhängigkeit von ihm begeben. Dann wird es wichtig, das Verhalten des anderen möglichst zutreffend zu antizipieren. Dazu bemüht man sich, alle verfügbaren Informationen über den anderen 'auszuwerten'. Ein wichtiger Teil dieser Informationen besteht meist darin, dass man den anderen in seinem bisherigen Verhalten beobachten konn-

---

[35] Die Attributionstheorie beschreibt rationale Schlussschemata für die Entscheidung, ob das Handeln einer Person auf deren allgemeine Persönlichkeit bzw. 'Handlungsdispositionen' zurückzuführen ist oder ob es sich eher durch die Eigenheiten der spezifischen Handlungssituation erklärt – gemäß Heiders (1977) klassischer Unterscheidung in dispositionale und situationale Erklärungen. Allerdings beschreibt die Attributionstheorie nicht, welche tatsächlichen kognitiven Prozesse diese rationalen Schlussschemata realisieren (Uleman & Bargh 1989: 191). Damit steht sie zwischen dem rein rational-normativen Ansatz der Spieltheorie bzw. Signalisierungstheorie (vgl.1.5) und den deskriptiven Theorien der sozialen Kognition (vgl. 1.4.2.4).

[36] Vgl. 1.1.3.3; zum Bezug der Attributionstheorie auf die Vertrauensentwicklung vgl. Ferrin & Dirks (2003).

1.4 Theoretische Fundierung des Modells

te. Man versucht also, dieses beobachtete Verhalten zu interpretieren und zu verstehen, warum sich der andere so verhalten hat, wie er sich verhalten hat. Das heißt, man versucht zu verstehen, aus welchen Gründen er handelt. Diese Schlussschemata der 'Kausalattribution' sind Gegenstand der Attributionstheorie. Allerdings ist die Interpretation des Verhalten eines Partners besonders schwierig, wenn man noch am Beginn der Zusammenarbeit steht und nur auf wenige Erfahrungen mit dem anderen zurückgreifen kann (vgl. McKnight et al. 1998, Meyerson et al. 1996). Hinzu kommt, wie es die Institutionenökonomik beschreibt, dass in geschäftlichen Kontexten oft große Informationsasymmetrien bestehen können, welche die Unsicherheit verschärfen und die Einschätzung erschweren (vgl. 1.2.1.2).

1.4.1.2 Vertrauenssignalisierung nach Bacharach und Gambetta

Eine ausführlichere Analyse von Attributionsprozessen speziell in Bezug auf Vertrauen liefert Diego Gambetta (vgl. Bacharach & Gambetta 1997, 2001, Gambetta 2000). Grundlegend ist der Beitrag von Bacharach & Gambetta (2001) zu Vertrauenssignalen, der sich im Rahmen des spieltheoretisch-rationalistischen Paradigmas der Vertrauensforschung bewegt, aber deutlich darüber hinausweist. Die Autoren ziehen auf Basis grundsätzlicher spieltheoretischer Überlegungen die Schlussfolgerung, dass für die Entwicklung von Vertrauen kognitive Einschätzungs- und Interpretationsprozesse von großer Bedeutung sind. Gambetta (2000) verweist darauf, dass eine an sich wünschenswerte Kooperation auch bei einem auf beiden Seiten bestehendem rationalen Motiv zu kooperieren nicht zustande kommen kann, wenn diese kognitiven Einschätzungsprozesse 'fehlschlagen', das heißt, wenn ein Kooperationspartner fälschlicherweise dem anderen mangelnden Kooperationswillen unterstellt. Diese Beobachtung ist insbesondere für die Frage des Einflusses kultureller Differenz auf die Entwicklung von Vertrauen sehr interessant, worauf ich noch zurückkommen werde. Zunächst aber möchte ich anhand des Beitrags von Bacharach & Gambetta (2001) beschreiben, wie man die Attributionsprozesse der Zuschreibung von Vertrauenswürdigkeit rekonstruieren kann.

Den Autoren geht es um den Prozess der Einschätzung der Vertrauenswürdigkeit von Interaktionspartnern, das heißt um den Schluss von beobachteten Eigenschaften eines Partners auf dessen Vertrauenswürdigkeit – und damit letztlich um die Ausbildung von Vertrauensüberzeugungen. Entsprechend konzentrieren sie sich in ihrem Vertrauensverständnis auf Vertrauensüberzeugungen („We [...] define 'trust' as a particular belief" (Bacharach & Gambetta 1997: 148; vgl. Gambetta 2000: 217: „a particular expectation we have with regard to the likely behaviour of others"). Innerhalb dieses Rahmens gehen sie nun einen interessanten Schritt, indem sie den Prozess der Einschätzung der Vertrauenswürdigkeit von Interaktionspartnern als Signalinterpretation rekonstruieren. Damit können sie ihn mithilfe des spieltheoretischen Paradigmas der Signalspiele („signaling games") betrachten. Sie rekonstruieren also die „Semiotik des Vertrauens", das heißt den Umgang mit Vertrauenssignalen.

In ihrer Argumentation entwickeln Bacharach und Gambetta zwei Überlegungen, die ich zur Fundierung des Konzepts der 'Faktordiagnose' heranziehen möchte:

- Zunächst beschreiben sie in einem spieltheoretischen Rahmen die Einschätzung der Vertrauenswürdigkeit als „primäres Problem des Vertrauens".[37]

- Anschließend unterscheiden sie Vertrauenskrypta und Vertrauensmanifesta und verweisen damit auf die Notwendigkeit, Aspekte des beobachtbaren Verhaltens zu interpretieren, um sie als 'Vertrauenssignale' zu verstehen.

---

[37] Einem 'primären Problem' entspricht naheliegenderweise ein 'sekundäres Problem' – vgl. 1.5.2.2 Das Vertrauensproblem zweiter Ordnung.

Das primäre Vertrauensproblem: Vertrauenswürdigkeit einschätzen

Bacharach und Gambetta starten mit einer rationalistisch-spieltheoretischen Rekonstruktion der Vertrauenssituation: A fragt sich, ob er gegenüber B vertrauensvoll handeln soll oder nicht. Wenn A vertrauensvoll handelt, dann hat B zwei Möglichkeiten: Er kann sich des Vertrauens würdig erweisen, oder er kann das Vertrauen zu seinem eigenen Vorteil ausnutzen. Welche dieser beiden Optionen für B den größeren Nutzen darstellt, ist für ihn im rationalistischen Paradigma handlungsleitend – und die Einschätzung dieses Nutzens wiederum ausschlaggebend für A's Entscheidung, ob er B vertrauen soll oder nicht.

Wenn für B ausschließlich die Entscheidung zwischen den Optionen 'vertrauenswürdig handeln' und 'Vertrauen ausnutzen' im Raum steht, dann kann man sich leicht Situationen vorstellen, in welchen es für B vorteilhafter ist, das Vertrauen auszunutzen. Ein Beispiel wäre das vertrauensvolle Handeln eines Kreditgebers A. Wenn man aus Sicht des Kreditnehmers B ausschließlich die Optionen 'Rückzahlung' und 'Nicht-Rückzahlung' betrachtet, dann wäre es isoliert betrachtet für B vorteilhafter, einfach auf die Rückzahlung zu verzichten. In dieser 'eingeschränkten' Betrachtungsweise bestimmt man B's komplett eigennützigen Basisnutzen („raw payoffs").

Allerdings können bekannterweise für einen Kreditnehmer weitere Faktoren hinzukommen, die seinen 'Gesamtnutzen' („all-in payoffs") bestimmen: beispielsweise sein Bestreben, in Zukunft weitere Kredite zu bekommen, oder Werthaltungen wie etwa das Bestreben, sich im Leben ethisch korrekt zu verhalten. Wenn solche Faktoren hineinspielen, kann der Gesamtnutzen anders aussehen als der Basisnutzen. Dann kann es für B vorteilhafter sein, das Vertrauen nicht auszunutzen und sich stattdessen vertrauenswürdig zu verhalten.

Wenn B nun solche 'Eigenschaften' hat, welche dazu führen, dass es für ihn insgesamt vorteilhafter ist, sich vertrauenswürdig zu verhalten, dann kann man diese mit Bacharach & Gambetta (1997) als 'vertrauenswürdig machende Eigenschaften' bezeichnen („trustworthy-making properties" bzw. auch „trust-warranting properties").

Nach dieser theoretischen Grundlegung können Bacharach und Gambetta nun das grundlegende Vertrauensproblem formulieren: A muss irgendwie einschätzen, wie das tatsächliche Nutzenkalkül von B aussieht: Zählen für B nur eigennützige Motive, handelt er also nach seinem reinen Basisnutzen (und nutzt Vertrauen aus)? Oder liegt es in B's Gesamtinteresse, Vertrauen nicht auszunutzen – welches der Fall wäre, wenn B 'vertrauenswürdig machende Eigenschaften' besäße. So kann also eine spieltheoretische Analyse der Vertrauenswürdigkeitseinschätzung aussehen: Man muss herausfinden, ob in das Nutzenkalkül des anderen Werte, Verhaltensgewohnheiten etc. eingehen, die ihn davon abhalten, opportunistisch zu handeln.

Der Schluss von Vertrauensmanifesta auf Vertrauenskrypta

Wie bekommt man nun heraus, ob ein Kollege oder Partner solche 'vertrauenswürdig machenden Eigenschaften' besitzt? Der zweite Punkt von Bacharach & Gambetta (1997) ist, dass man 'vertrauenswürdig machende Eigenschaften' im allgemeinen nicht direkt beobachten kann, auch wenn man das zunächst einmal annehmen würde. Also muss man auf entsprechende Anzeichen oder Signale solcher Eigenschaften achten.

> The truster seldom knows the trustee's trust-relevant properties directly from observation. True, one may say, 'I could see at once that he was an honest fellow'. But it is in signs that one sees it. [...] Trust-warranting properties [...] may come variably close to being observable. But, except in limiting cases, they are unobservable and signs mediate the knowledge of them." (Bacharach & Gambetta 1997: 157)[38].

---

[38] Bacharach & Gambetta (1997: 157) räumen ein: Es gibt „sources of knowledge of the trustee's inner properties, and in particular his trust krypta, other than direct observation (e.g. background knowledge or knowledge got from others)."

1.4 Theoretische Fundierung des Modells

Um diese Differenzierung terminologisch zu fassen, schlagen Bacharach und Gambetta vor, die nicht-beobachtbaren Eigenschaften oder Aspekte von Personen 'Krypta' zu nennen und die beobachtbaren 'Manifesta'. In der Einschätzung der Vertrauenswürdigkeit interpretiert man die Manifesta als Zeichen für die Krypta. So schließt man beispielsweise von einem *offenen Blick* auf die *Ehrlichkeit* einer Person oder von einem bestimmten *Akzent* auf ihre *sozio-ethnische Zugehörigkeit*. Mit diesem Schluss auf Vertrauenskrypta schreibt man dem anderen vertrauwürdig machende Eigenschaften zu – Eigenschaften, die ihn dazu motivieren, sich vertrauenswürdig zu verhalten anstatt Vertrauen auszunutzen.

Damit rekonstruieren Bacharach & Gambetta (1997: 158) das primäre Vertrauensproblem als ein Problem der Interpretation von Vertrauenssignalen. „Sign reading is a fundamental part of deciding whether to trust." Wir haben keinen direkten Zugang zu den eigentlich vertrauenswürdig machenden Eigenschaften (Vertrauenskrypta), sondern wir müssen bestimmte beobachtbare Aspekte (Vertrauensmanifesta) als Signale für Vertrauen verstehen.

> Even where deep trust krypta are at work, it is often not the deep trust krypton itself that determines trustworthiness, but a mundane quality known to be correlated with it. ... The question for the truster is whether the trustee has qualities which she believes, in virtue of experience or common sense or on some other basis, to make for trustworthiness (Bacharach & Gambetta 1997: 170).

1.4.2 Die Theorie der Vertrauensgeneralisierung

Die Theorie der Generalisierung von Vertrauen mithilfe von Gewichtungsschemata für unterschiedliche Vertrauensfaktoren beruht auf der Unterscheidung einzelner Hinsichten des Vertrauens. Obwohl sich eine solche Unterscheidung von Hinsichten des Vertrauens aus einem Standardaspekt der Definition von Vertrauen ergibt – nämlich dem Risiko, mit dem Vertrauen ganz grundsätzlich zusammenhängt (vgl. 1.1) –, wird sie in der Literatur selten betont oder ausgearbeitet. Ich werde im Folgenden erstens theoretisch begründen, warum wir von einem Spektrum unterschiedlicher Hinsichten des Vertrauens ausgehen sollten (1.4.2.1). Zweitens werde ich resümieren, wie auf die Frage unterschiedlicher Hinsichten in der Literatur Bezug genommen wird (1.4.2.2). Drittens werde ich genauer erläutern, warum die Differenzierung zwischen Hinsichten des Vertrauens gerade für die Frage des Einflusses kultureller Differenz auf die Vertrauensentwicklung hilfreich und wichtig ist (1.4.2.3).

Die Theorie der Vertrauensgeneralisierung nimmt an, dass man ausgehend von einzelnen speziellen Vertrauenseinschätzungen eines anderen – bzw. in der Interaktion diagnostizierten Vertrauensfaktoren – umfassenderes Vertrauen zu diesem anderen ausbildet. Diese Prozesse der Vertrauensgeneralisierung werden durch Gewichtungsschemata bestimmt. Wichtigere Vertrauensfaktoren geben in stärkerem Maße dazu Anlass, Vertrauen zu generalisieren als weniger wichtige. Letztere liegen möglicherweise auch unterhalb einer 'Generalisierungsschwelle' und führen nicht – oder nur in Kombination mit weiteren Vertrauensfaktoren – dazu, dass man umfangreicheres Vertrauen bildet.

Die folgenden Abschnitte dienen dazu, diesen Ansatz theoretisch zu fundieren. Zunächst argumentiere ich dafür, dass wir angesichts des breiten Spektrums möglicher Interaktionsrisiken in interpersonalen Beziehungen von recht unterschiedlichen Hinsichten interpersonalen Vertrauens ausgehen können: Es gibt sehr unterschiedliche Varianten des 'C' in 'A vertraut B, dass C' (1.4.2.1). Dieser Punkt wird jedoch in der Literatur nicht betont und auch die Diskussion um Vertrauensbedingungen arbeitet mit einem eher weniger umfangreichen Set an Vertrauensfaktoren (1.4.2.2). Nichtsdestotrotz lassen sich Vertrauensfaktoren ausgehend von den unterschiedlichen Hinsichten des Vertrauens prinzipiell auch differenzierter bestimmen. Dies ist gerade für die interkulturelle Vertrauensforschung von Interesse, denn auf diesem Wege lassen sich potenzielle Kulturunterschiede der Gewichtung von Vertrauensfaktoren untersuchen. Diese könnten dazu führen, dass in einer Kultur ausgehend von einem bestimmten diagnostizierten Vertrauensfaktor Vertrauen gebildet wird oder verloren geht, während dies in einer anderen Kultur nicht der Fall ist (1.4.2.3). Zur Begründung der Annahme, dass im Übergang von diagnostizierten Vertrauensfaktoren zum tatsächlichen Vertrauen derartige Generalisierungsprozesse ablaufen, ziehe ich eine Reihe von Theorien und empirischen Befunden der kognitiven Sozialpsychologie heran. Sie beschreiben Mechanismen der Informationsverarbeitung, mithilfe derer wir ausgehend von nur einigen als vertrauensrelevant eingeschätzten Informationen weit umfangreichere Vertrauensüberzeugungen ausbilden können (1.4.2.4). Abschließend stelle ich ein Argument vor, welches die beschriebenen sozialpsychologischen Theorien im Sinne einer funktionalen Rahmentheorie zusammenfasst und damit die Annahme kognitiver 'Mechanismen' der Vertrauensgeneralisierung zusätzlich stützt (1.4.2.5).

1.4.2.1 Vertrauenshinsichten bzw. die dritte Stelle der Vertrauensrelation

Vertrauen lässt sich logisch als die dreistellige Relation A vertraut B, dass C beschreiben (vgl. 1.1.1). Linguistisch gesprochen bedeutet dies, dass man Vertrauen als Prädikat mit den zwei Objekten B und C betrachten kann. Dabei gibt es nicht nur vielfältige Möglichkeiten für das Vertrauensobjekt B (vgl. 1.1.1.1), sondern auch für das 'C' – d.h. die Frage in welcher Hinsicht bzw. im Hinblick worauf ein A dem B vertraut. Dies spiegelt die Tatsache, dass man in zwischenmenschlichen Beziehungen recht unterschiedliche Interaktionsrisiken eingehen kann. Ein Standardaspekt der Definition von Vertrauen, der auch in der von mir verwendeten Definition eine zentrale Rolle spielt (vgl. 1.1.2), ist das Risiko, dass man durch ein vertrauensvolles Handeln eingeht. Mayer et al. (1995) nennen vertrauensvolles Handeln schlicht „Risk Taking in Relationship". Nun ist 'Risiko' ein verhältnismäßig abstraktes Konstrukt, das in unterschiedlicher Weise theoretisch gefasst wurde (vgl. Hansson 2007; zu ökonomischen Ansätzen vgl. Markowitz 1952, Tobin 1958 oder Rothschild & Stiglitz 1970; zu psychologischen Ansätzen vgl. Kahneman & Tversky 1979, Tversky & Kahneman 1986). Grundsätzlich gilt jedoch, dass man das 'In Kauf nehmen möglicher negativer Konsequenzen' (McKnight & Chervany 1996) offensichtlich auf ein recht breites Spektrum an Interaktionssituationen beziehen kann. Interaktionsrisiken gibt es viele, wie sich anhand folgender konkreter Beispiele illustrieren lässt.

- *Absprachen / Regeln treffen bzw. einhalten*: Angenommen ich vertraue jemandem, dass er seine Zusagen einhält und beispielsweise ein vereinbartes Treffen wahrnimmt. Dann besteht mein Risiko darin, dass er die Zusage nicht einhält und das Treffen nicht wahrnimmt. Damit riskiere ich beispielsweise, dass ich eine Reise umsonst unternehme, dass ich meinen Geschäftspartner nicht antreffe, dass ich einen anderen wichtigen Termin umsonst verschoben habe etc.
- *Informationen nicht* ausnutzen *bzw. vertraulich behandeln*: Angenommen ich vertraue jemandem, dass er Informationen, die ich ihm gebe, vertraulich behandelt. Dann bestehen mögliche Risiken für mich darin, dass der andere diese Informationen gegen mich nutzt bzw. sich einen unlauteren Vorteil verschafft, sie als Instrument in internen Machtspielen verwendet, oder mich durch das Ausplaudern vertraulicher Informationen in Schwierigkeiten bringt und eventuell meine anderen Kollegen- oder Geschäftsbeziehungen oder sogar meinen Ruf ruiniert etc.
- *Bewältigung von Aufgaben*: Angenommen ich vertraue jemandem, dass er bestimmte Teilaufgaben der gemeinsamen Zusammenarbeit kompetent und fachlich gut bewältigt. Dann besteht mein Risiko darin, dass er dies nicht tut – aus welchen Gründen auch immer – und dass dies auf mich zurückfällt und meine Arbeitsergebnisse oder meine weiteren Geschäftsbeziehungen nachteilig beeinflusst bzw. mich im schlimmsten Fall den Job kostet etc.

1.4 Theoretische Fundierung des Modells

Diese Liste unterschiedlicher Interaktionsrisiken ließe sich problemlos um weitere andersartige Aspekte verlängern, selbst wenn man sich allein auf Interaktionsrisiken beschränkt, welche man durch vertrauensvolles Handeln im *beruflichen* Kontext eingehen kann, und andere Lebensbereiche außen vor lässt. Es gibt in diesem Sinne sehr unterschiedliche Hinsichten des Vertrauens.

Die Vielfalt solch unterschiedlicher Hinsichten des Vertrauens steht in der Vertrauensforschung selten im Fokus. Besonders deutlich wird eine Vernachlässigung von Vertrauenshinsichten im Konzept des generalisierten Vertrauens (generalized trust). Hier wird Vertrauen grundsätzlich als zweistellige Relation 'A vertraut B' konzipiert, und diese wird bestenfalls nach ihrem 'Niveau' bzw. ihrer 'Stärke' differenziert (vgl. Rotter 1971). Insbesondere in international vergleichenden Studien, die Vertrauen als eines unter anderen Konstrukten untersuchen, wird Vertrauen häufig als unspezifisches generalisiertes Vertrauen gegenüber anderen Personen konzeptionalisiert, und im Fragebogen einfach direkt über die Semantik von 'Vertrauen'/'trust' operationalisiert: Es wird gefragt, ob der Studienteilnehmer glaubt, anderen Leuten könne man generell Vertrauen oder nicht (z.b. im World Value Survey, vgl. Fußn. 9).

Doch auch ansonsten beschränken sich Beiträge der Vertrauensforschung häufig lediglich auf den bloßen Verweis auf die dritte Stelle der Vertrauensrelation. Bacharach & Gambetta (1997: 199) bemerken: „The hidden qualities that are relevant for trustworthiness vary greatly with what the trustee is being trusted to do, and with cultural and other determinants of preferences", und auch Schweer & Thies (2003) betonen, man müsse von lebensbereichsspezifischen Unterschieden des Vertrauens ausgehen. Renn & Levine (1991) fanden in einer Untersuchung von fünf Vertrauensbedingungen (perceived competence, objectivity, fairness, consistency und faith) auch eine lebensbereichsspezifische Abhängigkeit dieser Vertrauensbedingungen (domain-specific trust). Insgesamt jedoch widmen sich empirische Beiträge der Vertrauensforschung selten der Unterscheidung von Hinsichten des Vertrauens im Sinne der dritten Stelle der Vertrauensrelation: A vertraut B, dass C. Falls im theoretischen Zugang zu Vertrauen auf die dritte Stelle im Sinne von 'A vertraut B, dass C' verwiesen wird, wie es beispielsweise Bacharach & Gambetta (1997: 152) tun („trusting someone to do something"), gilt das Interesse des Beitrags jedoch in der Regel nicht der Analyse unterschiedlicher Varianten von C.

Einige Autoren betonen die Wichtigkeit des situationsspezifischen Vertrauens in einen konkreten Interaktionspartner gegenüber dem generalisierten Vertrauen in andere Personen (Butler 1983, 1991, Schweer & Thies 2003, Scott 1980, 1983), und in einer Reihe theoretischer Entwicklungsmodelle wird Vertrauen in Teilkonstrukte aufgespalten. Aber auch diese Teilkonstrukte unterscheiden sich meist nicht im Hinblick auf unterschiedliche Arten eines zweiten Vertrauensobjekts (C), sondern im Hinblick strukturelle Aspekte der Vertrauensdefinition oder -entwicklung – wie etwa in der häufig zitierten Unterscheidung zwischen Beziehungsphasen des „calculus-based trust", „knowledge-based trust" und schließlich „identification-based trust" (Shapiro et al. 1992, Lewicki & Bunker 1996). Unterschiedliche konkrete Interaktionsrisiken werden selten unterschieden. Ein Beispiel sind Bijlsma & Bunt (2003: 551), die für die Vertrauensforschung „a systematic analysis of risks" fordern. Auch Doney et al. (1998) gehen in Richtung einer Differenzierung des 'C', indem sie unterschiedliche kognitive Prozesse der Vertrauensentwicklung unterscheiden, welche sie anhand eines Fokus auf jeweils unterschiedliche Voraussetzungen für Vertrauen charakterisieren. Allerdings bleiben auch sie in ihrer Differenzierung eher auf einer 'strukturellen' Ebene (calculative process, prediction process, intentionality process, capability process, transference process) und interessieren sich nicht für unterschiedliche Hinsichten, in welchen A einem B (via 'kognitivem Vertrauensbildungsprozess') vertrauen kann.

1.4.2.2 Übersicht der Diskussion um Vertrauensbedingungen

Statt um die Differenzierung des zweiten Vertrauensobjekts C dreht sich die Diskussion in der Vertrauensforschung vielmehr eher um unterschiedliche 'Vertrauensbedingungen' bzw. 'Voraussetzungen des Vertrauens' (antecedents of trust, conditions of trust, correlates of trust'). Wenn wir diese Diskussion genauer betrachten, fällt jedoch auf, dass die Mehrzahl der Beiträge mit einer eher geringen Anzahl von ca. drei bis zehn Konstrukten arbeiten. Meist handelt es sich dabei um Teilmengen der in Tab. 1.6 auf der nächsten Seite aufgeführten allgemeinen Vertrauensbedingungen. Die Zahl der Publikationen, die zehn oder mehr Konstrukte differenzieren, bleibt überschaubar.

In einer Reihe von Beiträgen der genannten Literatur zu Vertrauensbedingungen werden quantitative Erhebungsinstrumente für Vertrauen vorgeschlagen („trust inventories" bzw. „trust scales", vgl. beispielsweise Zaheer et al. (1998): Scales of Interorganizational and Interpersonal Trust; Cummings & Bromiley (1996): Organizational Trust Inventory; Curall & Judge (1995): Trust Between Organizational Boundary Role Persons; Butler (1991): Conditions of Trust Inventory; Yamagishi (1986) und Yamagishi & Yamagishi (1994): General Trust Scale, Johnson-George & Swap (1982): Scale to Assess Trust in a Specific Other).[39] Auch diese quantitativen Erhebungsinstrumente arbeiten insgesamt auf einem ähnlichen Differenzierungsniveau wie andere Beiträge in der Diskussion um Vertrauensbedingungen.

Andere Autoren präsentieren Listen von Vertrauensbedingungen auf Basis eigener empirischer Studien oder auf Basis von Review-Studien, ohne dass diese als Grundlage für ein quantitatives Instrument dienen (beispielsweise Gabarro 1978, McKnight & Chervany 1996, Mayer et al. 1995, Bijlsma & Bunt 2003, Moranz 2004, Ross & LaCroix 1996, Thomas 2005e, Ridings et al. 2002, Sako & Helper 1998, Camp et al. 2002, Dirks & Ferrin 2002, Mishra 1996, Whitener et al. 1998 sowie die im Text dieses Kapitels genannten).

Das Vorgehen zur Entwicklung der vorgeschlagenen Listen von Vertrauensbedingungen ist sehr unterschiedlich. Teilweise beruhen sie auf der qualitativen Auswertung offener Leitfadeninterviews wie auch in meiner Studie (Butler 1991, Gabarro 1978). Teilweise werden Bedingungen für Vertrauenshandlungen experimentell getestet (Yamagishi 1986). Oft dient die Forschungsliteratur als Ausgangspunkt und es werden in einem Review-Prozess diejenigen Vertrauensbedingungen als relevante Faktoren bestimmt, die am häufigsten in den jeweils ausgewerteten Forschungsbeiträgen beschrieben werden (McKnight & Chervany 1996, Thomas 2005e). Derartige Listen von Vertrauensbedingungen finden sich meist auch in konzeptionellen Beiträgen zum Vertrauenskonstrukt und seiner Bedeutung und sind im Allgemeinen weder sehr umfangreich noch besonders differenziert. Die Zahl der Beiträge, die zehn oder mehr Konstrukte unterscheiden, bleibt überschaubar (vgl. 1.4.2.2 und Tab. 1.6). Autoren, welche auf die Entwicklung von Erhebungsinstrumenten zielen, beginnen meist mit der Generierung umfangreicherer Itemlisten, auf deren Basis sie quantitative Fragebögen konstruieren. Diese werden empirischen Validierungstests unterzogen und die Autoren gelangen mithilfe faktorenanalytischer Verdichtung zu einer endgültigen Liste von Vertrauensbedingungen (Currall & Judge 1995). Als Ausgangspunkt für die Erstkonstruktion eines Fragebogens diente beispielsweise Cummings & Bromiley (1996) die mehrmonatige Vorarbeit einer Doktorandengruppe, die 273 Items entwickelten, welche sich anschließend auf Basis theoretisch festgestellter Redundanzen auf 121 Items kondensieren ließen, bevor sie in eine

---

[39] Vgl. ferner Clark & Payne 1997, Cook & Wall 1980, Couch et al. 1996, Hart et al. 1986, Gillespie 2003, Kassebaum 2004, Krampen et al. 1982, Larzelere & Huston 1980, Rempel & Holmes 1986, Rotter 1967, 1971, Scott 1981.

empirische Validierung gingen. Publiziert wird in diesen Studien jedoch oft nicht das komplette Instrument sondern lediglich der Fragebogen oder sogar nur einzelne Fragen daraus.

Tab. 1.6: Auswahl von in der Literatur vorgeschlagenen Vertrauensbedingungen

Jennings 1971	Loyalty, accessibility, availability, predictability
Gabarro 1978	Integrity, motives, consistency of behavior, openness, discreetness, functional/specific competence, interpersonal competence, business sense, judgment
Butler & Cantrell 1984	Integrity, competence, consistency, loyalty, openness
Butler 1991	Availability, competence, consistency, discreetness, fairness, integrity, loyalty, openness, promise fulfilment, receptivity
Schindler & Thomas 1993	Integrity, competence, consistency, openness, loyalty
Mayer et al. 1995	Ability, benevolence, integrity

Tendenziell zielen die Beiträge in der Diskussion um Vertrauensbedingungen nicht auf eine möglichst differenzierte Sicht auf Vertrauensbedingungen, sondern stattdessen eher auf die stimmige Aggregation von Einzelaspekten zu Vertrauensbedingungen höherer Abstraktionsebenen – und entsprechend auf den Nachweis der Unabhängigkeit dieser Konstrukte. Die bedeutet, dass sich hinter den drei bis zehn Konstrukten, die meist angeführt werden, tatsächlich eine Vielzahl konkreter Einzelaspekte verbirgt. Ein Grund dafür ist, wie in 1.4.2.1 beschrieben, dass man sich unterschiedlichen Situationen recht unterschiedlichen Interaktionsrisiken aussetzt und entsprechend auch nach jeweils recht unterschiedlichen Anzeichen für die Vertrauenswürdigkeit des Gegenübers Ausschau halten kann.

Dass in der Vertrauensforschung vielfach nicht mit einem differenzierteren Set an Vertrauensbedingungen gearbeitet wird, liegt darin begründet, dass es für viele Fragestellungen und Forschungsdesigns – teilweise schlicht aus forschungspragmatischen Gründen – vorteilhafter erscheint, mit einer überschaubaren Zahl validierter Konstrukte zu arbeiten. Dies gilt insbesondere für Studien, die Vertrauen als einen Aspekt neben anderen (mit) im Blick haben möchten, ohne dabei die Möglichkeit zu haben, sich intensiv um einen differenzierteren Ansatz bemühen zu können. Vertrauen war in den Sozialwissenschaften lange Zeit ein solches 'en passant'- Thema, das „bei der Betrachtung anderer Phänomene quasi 'mit untersucht'" wurde (Schweer & Thies 2003: 3). Studien, die sich der Erforschung von Vertrauen 'unter anderem' widmen, sind etwa die großen sozialwissenschaftlichen Panelstudien wie der 'European Social Survey', www.europeansocialsurvey.org und der 'World Value Survey', www.worldvaluessurvey.org). Dabei gilt natürlich: Je geringerer der Stellenwert des Konstrukts Vertrauen in einem Forschungsansatz oder einer Theorie ist, desto sinnvoller und wichtiger ist es, Vertrauensfaktoren allgemein zu fassen und Einzelaspekte zu aggregieren.

1.4.2.3 Nutzen einer differenzierteren Betrachtung des Spektrums der Vertrauensfaktoren

Entsprechend der Bandbreite möglicher Interaktionsrisiken in zwischenmenschlichen Beziehungen (vgl. 1.4.2.1) ist von einer umfassenden Heterogenität konkreter vertrauensrelevanter Verhaltensweisen bzw. 'Vertrauens-Manifesta' (vgl. 1.4.1.2) auszugehen. Daher kann man davon ausgehen, dass auch eine differenziertere Herausarbeitung der 'Vertrauens-Krypta' bzw. Vertrauensbedingungen oder Vertrauensfaktoren möglich ist. Mit der Theorie der Vertrauensgeneralisierung argumentiere ich dafür, dass genau dies für die interkulturelle Vertrauensforschung geboten erscheint. Denn mögliche Kulturunterschiede in der Gewichtung von Vertrauensfaktoren können dazu führen, dass sich die Generalisierung von Vertrauen ausgehend von den jeweils diagnostizieren Vertrauensfaktoren im Kulturvergleich unterscheidet. Um solche Einflüsse jedoch überhaupt herausarbeiten zu können, bedarf es einer sehr differenzierten Konzeption von Vertrauensfaktoren.

Dem geringen Interesse der bisherigen Forschungsliteratur an der Differenzierung von Vertrauenshinsichten entspricht die geringe Aufmerksamkeit, welche bislang Vertrauensgeneralisierungsprozessen im Individuum zu Teil wird (vgl. 1.4.3). Insbesondere wenn man von dem Konstrukt des generalisierten Vertrauens ausgeht, entsteht häufig gar nicht erst die Möglichkeit oder Notwendigkeit, die Prozesse der Generalisierung von Vertrauen in der konkreten Interaktion detaillierter in den Blick zu nehmen. Genau diese Prozesse sollten jedoch in eine kulturvergleichende bzw. interkulturelle Untersuchung der interpersonalen Vertrauensentwicklung einbezogen werden. Es muss dazu eine Differenzierung vorgenommen werden, die in der Vertrauensforschung bisher vernachlässigt wurde. Es gilt, die Bandbreite der Interaktionsrisiken in Situationen des Vertrauens (bzw. logisch-linguistisch gesprochen der Bandbreite von Varianten für das zweite Vertrauensobjekts 'C' in der Relation 'A vertraut B, dass C') und deren subjektive Interpretation als Vertrauensfaktoren herauszuarbeiten. Dies ermöglicht es, Kulturunterschiede der Gewichtung einzelner Vertrauensfaktoren zu untersuchen, welche sich potenziell im Prozess der Vertrauensgeneralisierung auf die Entwicklung interpersonalen Vertrauens in der interkulturellen Interaktion auswirken.

1.4.2.4 Kognitive Prozesse der Vertrauensgeneralisierung

Die kognitive Psychologie beschreibt insbesondere für den Bereich der sozialen Kognition eine Reihe von Mechanismen für Generalisierungsprozesse der Attribution bzw. der Zuschreibung von Persönlichkeitseigenschaften. Verschiedene Autoren haben vorgeschlagen, für eine Rekonstruktion der Entwicklung von Vertrauen (bzw. Vertrauensüberzeugungen) auf derartige Ansätze zurückzugreifen (McKnight et al. 1998, Ross & LaCroix 1996). Da dies insbesondere eine Möglichkeit bietet, Prozesse der Generalisierung von Vertrauenseinschätzungen zu rekonstruieren, werde ich diesen Vorschlag aufgreifen und im Folgenden einen umfassenden Überblick geben, auf welche Ansätze und Modelle hierbei zurückgegriffen werden kann. Dies stützt das Argument, dass es für eine kulturvergleichende bzw. interkulturelle Betrachtung wichtig ist, den Ausgangspunkt für Vertrauensgeneralisierungen in den Blick zu nehmen und zu untersuchen, ob und inwiefern in unterschiedlichen Kulturen Vertrauensfaktoren unterschiedlich gewichtet werden. Denn dieses Argument setzt voraus, dass derartige Generalisierungsprozesse tatsächlich ablaufen. Ich greife daher im Folgenden auf etablierte Forschungsbeiträge der kognitiven Sozialpsychologie zurück und beschreibe vier wichtige Klassen kognitiver Effekte.

- die Kontrollillusion (illusion of control), den Bestätigungsfehler (confirmation bias) und 'token control efforts' (auf Deutsch in etwa 'Bemühungen der gezielten Merkmalssteuerung'),
- verschiedene Attributionsfehler – wie den fundamentalen Attributionsfehler (fundamental attribution error), die Korrespondenzverzerrung (correspondence bias), den Eigenschaftszuschreibungsfehler (trait ascription bias) und den 'sinister attribution error' (auf Deutsch in etwa 'Fehler in der Zuschreibung böser Absichten'),
- den Halo Effekt, die implizite Persönlichkeitstheorie und das Konzept des spontanen Schlusses auf Eigenschaften (spontaneous trait inference),
- sowie Kategorisierungsprozesse bei sozialen Stereotypen bzw. bei Prozessen der Ingroup-Outgroup-Klassifikation.

Einige der vorgestellten Effekte wurden im Rahmen einer bestimmten Entwicklungslinie der kognitiven Psychologie diskutiert, des sogenannten 'Heuristics & Biases'-Ansatzes (vgl. 1.4.2.5), welche maßgeblich zur Entwicklung der Verhaltensökonomik beitrug (vgl. Gilovich et al. 2002, Diamond & Vartiainen 2007). – Im Anschluss der Darstellung dieser Effekte erläutere ich jeweils ihren Zusammenhang mit Vertrauensgeneralisierungsprozessen.

1.4 Theoretische Fundierung des Modells

Illusion of control, Token control efforts, Confirmation bias

Eine bekannte kognitive Täuschung ist die sogenannte 'Kontrolltäuschung' (**illusion of control**). Die Kontrolltäuschung beschreibt das Phänomen, dass Menschen in Situationen, die sie objektiv nachweislich nicht unter Kontrolle haben, das subjektive Gefühl entwickeln, sie seien Herr der Lage bzw. sie könnten die Lage zumindest beeinflussen (Langer 1975, Fiske & Taylor 1984, Taylor & Brown 1988, Greenberger et al. 1990, Paese & Sniezek 1991). Es ist wenig verwunderlich, dass man mangelnde Kontrolle über eine Situation bzw. Unsicherheit bezüglich der weiteren Entwicklung einer Situation als unangenehm empfindet. Man hat das Bedürfnis, diese Unsicherheit zu überwinden. Interessant ist nun, dass Menschen in solchen Situationen leicht einer Kontrollillusion erliegen. Das heißt, dass sie die unrealistische Meinung entwickeln, sie hätten die Situation in viel stärkerem Maße unter ihrer Kontrolle, als es tatsächlich der Fall ist. Diese Einschätzung spiegelt sich dann auch in der subjektiven Sicherheit, die selbst getroffenen Entscheidungen seien richtig und bewirkten, was sie bewirken sollen.

Um das Phänomen der Kontrollillusion zu verstehen, kann man zwei weitere im Rahmen der Forschung zu kognitiven Täuschungen beschriebene kognitive Mechanismen heranziehen, nämlich den Bestätigungsfehler und die „token control efforts", auf Deutsch in etwa 'Bemühungen der gezielten Merkmalssteuerung'. Beide Effekte greifen vor dem Hintergrund folgender Überlegung: In Situationen der Unsicherheit bzw. Unklarheit entscheidet man sich meist relativ schnell 'probeweise' für eine bestimmte, naheliegende Sichtweise der Situation, die Klarheit und Sicherheit verschafft. Da man aber letztlich weiß, dass diese 'aus der Unsicherheit erlösende' Sichtweise lediglich der eigenen Kreativität bzw. Erfahrung mit Situationsdeutungen entspringt, versucht man, sie aktiv in der Realität zu verifizieren.

Betrachten wir zunächst die Forschung zum sogenannten 'Bestätigungsfehler' (**confirmation bias**). Dieser beschreibt allgemein die Tendenz, nach Informationen bzw. Indizien zu suchen, welche die eigenen Hypothesen bestätigen (Verifikationsprinzip), und darüber zu vernachlässigen, dass man für eine Realistische Einschätzung in gleichem Maße auch nach widerlegenden Informationen suchen müsste (Falsifikationsprinzip). Durch dieses Ungleichgewicht entsteht die Gefahr, leicht zugängliche Informationen zu übersehen, welche gegen die Hypothese sprechen, und gleichzeitig verschiedene möglicherweise weniger wichtige Informationen zur Kenntnis zu nehmen, die für die Hypothese sprechen. Dadurch kann ungerechtfertigterweise der Eindruck entstehen, die eigene Hypothese bzw. Situationsdeutung sei in viel stärkerem Maße durch die Realität bestätigt, als dies tatsächlich der Fall ist (Klayman & Ha 1997, Nickerson 1998, Oswald & Grosjean 2004, Snyder & Stukas 1999, Snyder & Swann 1978).

Die Strategie, eine Hypothese durch kleine Verifikationstests zu erhärten, bezeichnet man als **token control efforts** ('Bemühungen der gezielten Merkmalssteuerung'). In einer Art winziger positiver Hypothesentests leitet man aus seiner Situationsdeutung Mini-Hypothesen ab, welche man anschließend zu bestätigen versucht. Die Annahme, dass man einen Interaktionspartner 'unter Kontrolle' hat, lässt sich beispielsweise über das Mini-Experiment bestätigen, dass man ihn erfolgreich zum Lachen bringen bzw. ihm ein Lächeln abringen kann. Auch hier kann durch den Erfolg derartiger Mini-Experimente fälschlicherweise der Eindruck entstehen, dass man die Situation in stärkerem Maße kontrolliert, als dies tatsächlich der Fall ist. Interessanterweise wurde darüber hinaus festgestellt, dass allein der Versuch, bestätigende Informationen zu entdecken, und die damit einhergehende Aufmerksamkeit für solche Informationen dazu führen, dass man in seiner Situationsdeutung subjektiv sicherer wird. Allein durch die entsprechende kognitive Haltung der Suche nach Bestätigung fühlt man sich immer in seinem Glauben bestärkt, die Situation im Griff zu haben – und unterliegt damit der Kontrollillusion (Langer 1975, McKnight et al. 1998).

Zusammenhang mit Vertrauensgeneralisierungsprozessen: Die beschriebenen Phänomene lassen sich leicht in einen Zusammenhang mit Situationen der Vertrauenswürdigkeitseinschätzung bringen, wie es McKnight et al. (1998) vorschlagen. Die 'Kontrolltäuschung' und 'Merkmalskontrollversuche' könnten zu Vertrauensüberzeugungen führen bzw. diese verstärken. „Even a slight effort at confirming one's tentative trusting beliefs in another may overinflate one's confidence that high levels of trusting beliefs are warranted." (McKnight et al. 1998: 481). Ein ähnlicher Kommentar zu 'Merkmalskontrollversuchen' findet sich bei Johansen (2007: 33): „The feeling of control derived from these token control efforts then translates into an increased willingness to accept risk or in the case of trust, to increased trust." Auch ein Effekt der 'Bestätigungsverzerrung' und der Tatsache, dass bereits allein die kognitive Haltung der Suche nach Bestätigung eine Einschätzung verstärken kann, sind in einer Situation der Vertrauenseinschätzung leicht vorstellbar.

Attributionsfehler

Eine weitere Klasse bekannter kognitiver Täuschungen, die ich für die Diskussion von Generalisierungsprozessen der Vertrauenseinschätzung heranziehen möchte, wird in der Literatur als 'Attributionsfehler' (attribution errors) bezeichnet. Gemeint sind Täuschungen bei der Zuschreibung von Gründen für Handlungen (oder für Ereignisse). Schon sehr lange diskutiert wird der 'fundamentale Attributionsfehler' (**fundamental attribution error**) (Ross 1977, Gilbert & Malone 1995). Er beschreibt die allgemeine Tendenz, sich das Handeln anderer Menschen durch Eigenschaften dieser Menschen zu erklären – also durch ihre Absichten, Ziele oder auch Charaktereigenschaften. Man vernachlässigt demgegenüber, dass in vielen Fällen die Gründe für das Handeln einer Person schlicht in den Situationsumständen liegen. Wenn einen ein Fremder in der Fußgängerzone anrempelt, tendiert man unwillkürlich zu einer Einschätzung im Sinne von 'Unverschämtheit, der hat nicht aufgepasst!', anstatt andere Gründe zu suchen – wie etwa, dass der Fremde selbst angerempelt wurde, dass er gestolpert ist oder dass es in der Fußgängerzone gerade sehr voll ist. Aufgrund dieser Tendenz zur *personalen* Attribution übersehen wir leicht, dass es meist auch viele wichtige *situationale* Einflussfaktoren auf das Handeln von Interaktionspartnern gibt (Vorgaben des Chefs, persönliche Zwänge, Terminüberschneidungen, plötzlich konkurrierende Projektziele, akute Überlastung etc.). Weil es sich beim fundamentalen Attributionsfehler um einen Schluss von beobachtetem Verhalten auf korrespondierende dispositionale Eigenschaften handelt, wird auch von 'Korrespondenzverzerrung' (**correspondence bias**) gesprochen (Gilbert & Malone 1995). Ein ähnliches Phänomen beschreibt schließlich der 'Eigenschaftszuschreibungsfehler' (**trait ascription bias**): Obwohl man in Bezug auf sich selbst weiß, dass man auch oft durch situationale Faktoren wie Stimmungen oder Anforderungen Dritter beeinflusst wird, erklärt man sich tendenziell das Verhalten anderer dennoch häufiger durch die Zuschreibung fester Persönlichkeitseigenschaften (Kammer 1982, Pronin & Ross 2006).

Noch näher an der Vertrauensthematik bewegt sich der sogenannte '**sinister attribution error**', zu deutsch in etwa 'Fehler in der Zuschreibung böser Absichten'. Damit beschreibt Kramer (1994, 1998, 1999) das Phänomen, dass Menschen bei erhöhter Selbstaufmerksamkeit und grüblerischer Einstellung („heightened self-consciousness and rumination", Kramer 1994: 221) leicht ihren Mitmenschen ungerechtfertigterweise bösartige bzw. sinistere Absichten unterstellen. Sie schließen dabei von Verhaltensbeobachtungen – ganz im Sinne des fundamentalen Attributionsfehlers – darauf, dass ihre Interaktionspartner üble Absichten verfolgen oder schlechte Charakterzüge haben und dass sie ihnen schaden wollen. Sie sind also misstrauischer, als sie eigentlich dazu Anlass haben, und bilden die Überzeugung, dass der andere nicht vertrauenswürdig ist.

Zusammenhang mit Vertrauensgeneralisierungsprozessen: Zwar diskutiert Kramer seine Variante des 'schlimmen Attributionsfehler' konkret im Hinblick auf Vertrauen, aber man kann auch die anderen genannten Attributionsfehler auf Vertrauen beziehen. Eine übliche kognitive Erklärung für den fundamentalen Attributionsfehler verweist darauf, dass das Verhalten anderer auffallender bzw. stärker ins Auge fällt als der situationale Kontext (Gilbert & Malone 1995). Für eine funktionale Erklärung, die vor dem Hintergrund der Diskussion von Vertrauenswürdigkeitseinschätzungen plausibel erscheint, lässt sich ein Zusammenhang mit der Einschätzung *zukünftigen* Verhaltens von Interaktionspartnern herstellen. In wichtigen sozialen Beziehungen hat man mit dem anderen in unterschiedlichen Situationen zu tun. Daher ist eine situationale Erklärung für die Einschätzung zukünftigen Handelns tendenziell eher weniger hilfreich als eine personale Erklärung. Wenn man auf die Motive oder Charaktereigenschaften des anderen schließen kann, hat man es leichter, sein zukünftiges Verhalten vorherzusagen. Das wäre eine funktionale Erklärung für die Tendenz, eher nach personalen Erklärungen zu suchen und damit in Kauf zu nehmen, besser einmal zuviel personal zu attribuieren als auf eine für das weitere Handeln wertvolle Einschätzung zu verzichten. Da diese kognitiven Prozesse aber unbewusst ablaufen, gelangt man durch dieses 'Bias' leicht zu gesichert erscheinenden Einschätzungen über den anderen, für welche man eigentlich nur eine sehr unzureichende Beobachtungsgrundlage hat. – Der zentrale Punkt ist jedoch wieder, dass hier Prozesse beschrieben werden, wie Menschen ausgehend von relativ wenigen Informationen zu relativ allgemeinen Einschätzungen über andere Personen gelangen.

Halo Effekt, implizite Persönlichkeitstheorie und Spontaneous Trait Inference

Zur Rekonstruktion von Generalisierungsprozessen der Vertrauensentwicklung möchte ich des Weiteren den 'Halo Effekt' und die 'implizite Persönlichkeitstheorie' bzw. das Phänomen der 'spontanen Zuschreibung von Persönlichkeitseigenschaften' heranziehen.

Bereits Thorndike (1920) beobachtete, dass sich Menschen in der Wahrnehmung oder Einschätzung anderer Personen durch einzelne 'überstrahlende' Eigenschaften beeinflussen lassen. Dieses Phänomen wird als **Halo Effekt** bezeichnet (Cooper 1981). Die Bezeichnung nimmt Bezug auf den Ring des Mondes, auch Licht- oder Mondhof genannt (griech. "hàlos"), der als Ausstrahlung des Mondes auf den umliegenden Bereich erscheint.[40] In ähnlicher Weise strahlen nach dem Halo Effekt die zuerst wahrgenommenen Attribute einer Person auf später wahrgenommene Attribute aus. Man könnte auch sagen, sie setzen in gewisser Weise einen Ankerpunkt, welcher die Wahrnehmung späterer Attribute in Richtung dieses Ankerpunkts verzerrt. Dabei werden Aspekte der ersten Einschätzung auf die spätere Einschätzung übertragen. Ein Beispiel ist die Situation des Bewerbungsgesprächs: Bei einem Kandidaten, der zu Beginn des Gesprächs selbstsicher und rhetorisch überzeugend auftritt, kann ein positiver Ersteindruck entstehen, woraufhin man ihn auch hinsichtlich weiterer Aspekte (wie beispielsweise Kompetenz oder Integrität) positiver einschätzt, als man es allein aufgrund seiner Äußerungen im Gespräch getan hätte.

Zusammen mit Untersuchungen von Asch (1946) zu 'zentralen Eigenschaften', die Ausgangspunkt für den Schluss auf weitere, weniger zentrale Eigenschaften sind, fanden diese Beobachtungen in der Weiterentwicklung der sozialen Urteilsforschung Eingang in die sogenann-

---

[40] Tatsächlich entsteht der Effekt durch Eiskristalle in höheren Luftschichten, die aus dünnem Höhennebel oder Dunst entstanden sind. Sie leiten das auf die Erde fallende Licht in einem sehr schwachen Winkel ab und lassen dadurch für den Betrachter eine Art leuchtenden Ring-Effekt entstehen (vgl. Arbeitskreis Meteore e.V., http://www.meteoros.de/halo.htm, 12.09.2008).

te „**implizite Persönlichkeitstheorie**" (Bruner & Tagiuri 1954, Colman 2001, Cronbach 1955, Schneider 1973).[41] Ausgehend vom Halo Effekt könnte man beschreiben, dass einige erste Eindrücke einer Person zu einem Gesamteindruck führen, der von weiteren Beobachtungen und Eindrücken nicht mehr wesentlich revidiert wird – da der 'Halo' der ersten Eindrücke so deutlich auf alle weiteren Eindrücke 'ausstrahlt'. Die implizite Persönlichkeitstheorie erklärt diesen Prozess etwas differenzierter. Man verfügt individuell über eine aus den eigenen Erfahrungen gewachsene Theorie darüber, welche Persönlichkeitseigenschaften gewöhnlich miteinander einhergehen und welche einander ausschließen. So könnte es beispielsweise Teil einer impliziten Persönlichkeitstheorie sein, dass ruhige Menschen zuverlässiger sind oder dass Menschen, die sehr viel reden, selten auch sehr viel wissen. Unsere individuelle Theorie über solche Zusammenhänge zwischen Persönlichkeitseigenschaften nutzen wir, um ausgehend von ersten Beobachtungen und Einschätzungen eines Partners weitere Einschätzungen dieses Partners abzuleiten und Erwartungen bezüglich seines zukünftigen Verhaltens zu entwickeln.

In ähnlicher Weise zeigt die dem Konzept des 'spontanen Schlusses auf Eigenschaften' (**spontaneous trait inference**) zugrunde liegende Forschung, dass wir tatsächlich aufgrund von relativ wenig Informations- bzw. Beobachtungsinput weitaus umfassendere Einschätzungen generieren können. Aufgrund des einmaligen Wahrnehmung eines bestimmten Verhaltens einer Person bilden Leute Einschätzungen, über welche Eigenschaften die Person verfügt (Uleman et al. 1996).

Zusammenhang mit Vertrauensgeneralisierungsprozessen: Die Vertrauenswürdigkeitseinschätzung hat viel mit der Zuschreibung von Persönlichkeitseigenschaften zu tun (vgl. die Anmerkungen zur Attributionstheorie in 1.4.1.1). Wenn man nicht nur über einzelne Verhaltensbeobachtungen verfügt, sondern weiß, dass der andere eine bestimmte (situationsüberdauernde) Eigenschaft hat, dann kann man sicherer auf sein zukünftiges Verhalten schließen und leichter vertrauen. Dass in diesem Sinne eine erste positive (bzw. negative) Vertrauenswürdigkeitseinschätzung auf die weitere Wahrnehmung des Kollegen oder Geschäftspartners ausstrahlt, ist leicht vorstellbar.

Martin Schweer (Schweer 1996, 1997, Schweer & Thies 2003) überträgt die implizite Persönlichkeitstheorie auf die Fragestellung der Vertrauenswürdigkeitseinschätzung. In seiner impliziten Vertrauenstheorie geht er davon aus, dass Menschen über ein „subjektive(s) 'Wissen' über den Prototyp des 'vertrauenswürdigen' bzw. des 'vertrauensunwürdigen' Interaktionspartners" verfügen (Schweer & Thies 2003: 8). Sie haben aus ihren bisherigen Lebenserfahrungen eine Theorie der zentralen Eigenschaften vertrauens(un)würdiger Partner und der Zusammenhänge zwischen diesen Eigenschaften entwickelt. In anderen Worten: Sie haben einen Weg entwickelt, wie Vertrauenseinschätzungen zu generalisieren sind. Aufgrund ihrer impliziten Vertrauenstheorie schließen sie ausgehend von ersten Eigenschaftszuschreibungen auf weitere Eigenschaften von Interaktionspartnern. Ich werde unten noch ausführlicher auf Schweers implizite Vertrauenstheorie eingehen (vgl. 1.5.3).

Kategorisierungsprozesse: Stereotypen und Ingroup Klassifikation

Ein wichtiger kognitiver Mechanismus, der es uns ermöglicht, ausgehend von wenigen Ausgangsinformationen umfassende Einschätzungen von Interaktionspartnern vorzunehmen, sind **soziale Stereotype** (Hamilton & Sherman 1994, Stangor & Lange 1994). Es handelt sich dabei um Kategorisierungsprozesse für Personen. Wir kennen eine Vielzahl von Möglichkeiten, andere Personen nach bestimmten Merkmalen in bestimmte Gruppen einzuordnen

---

[41] Neben der Bezeichnung "implicit personality theory" (Cronbach 1955) wurde der Ansatz unter der Bezeichnung „Lay personality theory" in die Diskussion eingebracht (Bruner & Tagiuri 1954).

1.4 Theoretische Fundierung des Modells

(beispielsweise Alter, Geschlecht, ethnische Herkunft, Zugehörigkeit zu einer Organisation, Teilnehmer an einem Fest etc.). Da wir jeweils über ein bestimmtes Wissen über alle diese Gruppen verfügen, können wir nach der Gruppeneinordnung einer Person dieser Person weitere Eigenschaften zuschreiben und unsere subjektive Sicherheit in der Einschätzung der Person erhöhen. Wenn wir mit einem konkreten Interaktionspartner zu tun haben, von dem wir noch wenig wissen, dann tendieren wir daher dazu, ihn anhand der verfügbaren Informationen als Angehörigen einer oder mehrerer Gruppen zu identifizieren. Man spricht hier von der 'Aktivierung von Stereotypen' bzw. allgemeiner von 'priming' (Hertel & Fiedler 1998, Wheeler & Petty 2001). Man ist bereit, die weiteren Merkmale von Mitgliedern einer Gruppe auf die Person zu übertragen, die man als der Gruppen zugehörig eingestuft hat – auch wenn man keinerlei Informationen aus der konkreten Interaktion besitzt, welche einen Schluss auf diese Merkmale begründen können.

Man bezeichnet solche Eigenschaftsbündel für soziale Gruppen als 'soziale Stereotype' und den Prozess der Zuschreibung dieser Eigenschaftsbündel aufgrund der Kategorisierung des anderen in eine bestimmte Gruppe von Personen als 'Stereotypisierung'. Dem wichtigen Spezialfall von Stereotypisierung, dass man den anderen in die gleiche Gruppe wie sich selbst einordnet, hat sich eine umfangreiche eigene Forschungstradition gewidmet. Denn es macht einen sehr wichtigen Unterschied, ob man einen Interaktionspartner der eigenen oder einer fremden Gruppe zuordnet – und zwar insbesondere auch für die Entwicklung von Vertrauen (**Ingroup-Outgroup-Klassifikation**; vgl. die 'Theorie der sozialen Identität' von Tajfel & Turner 1986 und die 'Selbstkategorisierungstheorie' von Turner et al. 1987; McKnight et al. 1998 sprechen von „Unit Grouping").

Zusammenhang mit Vertrauensgeneralisierungsprozessen: In ihrer Diskussion der Rolle kognitiver Prozesse für die Ausbildung von Vertrauensüberzeugungen verweisen McKnight et al. (1998: 481) auch auf den Effekt positiver Stereotypisierungen. Wenn man einen Interaktionspartner einer positiv assoziierten Personengruppe zuordnet, dann kann man sehr schnell ihm gegenüber Vertrauensüberzeugungen ausbilden – einfach indem man vom entsprechenden positiven sozialen Stereotyp ausgehend generalisiert: Wenn man der entsprechenden Personengruppe vertrauenswürdig machende Eigenschaften zuschreibt, kann man auch den aktuellen Interaktionspartner für vertrauenswürdig halten, sobald man ihn als dieser Personengruppe zugehörig erkannt hat.

Auf den positiven Vertrauenseffekt, der sich daraus ergibt, einen Interaktionspartner in die eigene Kategorie bzw. Personengruppe einzuordnen, gehen McKnight et al. (1998: 480) unter der Bezeichnung „Unit Grouping" ein. Dass die Einordnung eines Interaktionspartners in eine Gruppe, der man sich selbst zugehörig fühlt, einen positiven Effekt auf die Vertrauensentwicklung hat, wurde vielfach gesehen und auch nachgewiesen (Brewer & Silver 1978). Zucker (1986) beschreibt den Effekt in ihrem häufig aufgegriffenen Konzept des „characteristic-based trust". Zucker et al. (1996) fanden den Effekt speziell für die Zugehörigkeit zur gleichen Organisation, die es beispielsweise Wissenschaftlern ermöglicht, das nötige Vertrauen für eine Kooperation in Forschungsfragen zu entwickeln.

Kategorisierungsprozesse – und insbesondere Stereotypisierungen – spielen für die interkulturelle Forschung eine große Rolle. Denn eine wesentliche 'Gruppenzugehörigkeit' in der interkulturellen Zusammenarbeit besteht in Bezug auf die jeweiligen nationalkulturellen Hintergründe der Beteiligten – für welche man in den meisten Fällen über mehr oder weniger differenzierte soziale Stereotype verfügt.

In Bezug auf die Vertrauensentwicklung in der interkulturellen Zusammenarbeit zeigte sich auch in der für diese Arbeit durchgeführten empirischen Studie ein deutlicher Einfluss von

Stereotypisierungen. Sowohl die Erfüllung von aufgrund positiver Stereotype gebildeten Erwartungen als auch die 'Nicht-Erfüllung' von aufgrund negativer Stereotypen gebildeten Erwartungen können ein Vertrauensgrund sein (vgl. 3.4.2 Handlungsfeld 'Umgang mit Stereotypen').

1.4.2.5 Die Funktion von Generalisierungsprozessen

Abschließend möchte ich ein Argument vorstellen, welches die Annahme kognitiver 'Mechanismen' der Vertrauensgeneralisierung weiter stützt und in der Diskussion um die Rahmentheorie der im letzten Abschnitt beschriebenen kognitiven Effekte zunehmend an Gewicht gewinnt. Es geht um die Kritik der evolutionären Psychologie an dem von Kahneman und Tversky geprägten 'Heuristics & Biases'-Ansatz (Kahneman et al. 1982). Mein Ausgangspunkt ist die Kontroverse um den 'Heuristics & Biases'-Ansatz, aus welcher heraus ich anschließend das Argument der evolutionären Psychologie entwickeln und auf unsere Argumentation beziehen kann. Dieses zielt nicht nur auf eine Revision des 'Heuristics & Biases'-Ansatzes als Rahmentheorie der vorgestellten kognitiven Effekte, sondern es ist gleichzeitig ein zusätzliches Argument für die Annahme, dass wir über kognitive Mechanismen der Generalisierung von Vertrauenseinschätzungen verfügen.

Mit ihrem 'Heuristics & Biases'-Forschungsprogramm schufen Kahneman und Tversky in den 1970er Jahren ein äußerst wirkungsmächtiges Forschungsparadigma. Nach der Grundannahme des Ansatzes verwendet man in Situationen, in welchen man unter Unsicherheit Entscheidungen treffen muss, anstelle von komplexen Analysen und Abschätzungen einfache und schnelle Daumenregeln – sogenannte 'Heuristiken'. Dieses Handeln nach Heuristiken ist sehr effizient, da es mit geringem kognitivem Aufwand in einer großen Zahl von Situationen brauchbare Ergebnisse liefert. Allerdings führt es dazu, dass man in bestimmten Situationen mit seinem Urteil systematisch daneben liegt – daher die Bezeichnung 'Bias', zu deutsch Verzerrung bzw. Täuschung. Tversky & Kahneman (1974: 1124) erläutern das Prinzip am Beispiel der Entfernungsschätzung auf Basis der wahrgenommenen Konturenklarheit von Objekten: je unklarer, desto weiter weg. Das ist einfach und funktioniert generell gut. Es führt allerdings dazu, dass man systematisch bei besonders klarer Sicht Entfernungen unterschätzt und bei trüber Sicht überschätzt. – In meiner bisherigen Argumentation in 1.4.2 habe ich nahegelegt, das Prinzip der Vertrauensgeneralisierung als Heuristik in Sinne des 'Heuristics & Biases'-Ansatzes zu verstehen. Es ist ein effizienter Mechanismus, um auf Basis unvollständiger Informationen (Vertrauens-)Entscheidungen zu treffen, es kann jedoch auch zu Täuschungen und damit zu Vertrauensmissverständnissen führen (vgl. 1.5).

Nun zur Kritik: Das 'Heuristics & Biases'-Programm war für Forscher sehr attraktiv, da es erlaubte, beobachtete Einzelphänomene als eigenständige Effekte innerhalb des Rahmenparadigmas zu sehen. Es entstand eine sehr umfangreiche Zahl von Studien, in welchen eine Reihe interessanter Effekte gefunden wurde. Mit der Zunahme solcher Studien geriet jedoch der Anspruch des Ansatzes, als Rahmentheorie eine integrierende Erklärungsleistung zu erbringen, zunehmend unter Druck (vgl. Pohl 2004a: 11). Der Erfolg des Forschungsprogramms führte dazu, dass es zeitweise so aussah, als ob die menschliche Informationsverarbeitung überwiegend durch Fehler, Täuschungen und Verzerrungen bestimmt werde, insgesamt also unterentwickelt und stark fehleranfällig sei. Kritiker wiesen darauf hin, dass durch den Fokus, in bestimmten Laborsituationen Täuschungen nachzuweisen, aus dem Blick geraten sei, dass die menschliche Informationsverarbeitung in der überwiegenden Mehrzahl von Anwendungsfällen recht zuverlässig funktioniert. Gigerenzer und seine Forschungsgruppe am Max-Planck-Institut in Berlin entwarfen als Gegenprogramm eine optimistischere Deutung der Effekte, die

1.4 Theoretische Fundierung des Modells

sie 1999 in dem Buch 'Simple Heuristics That Make Us Smart' (Gigerenzer et al. 1999) vorstellten. In der Folge setzt sich inzwischen die Tendenz durch, nicht mehr den Charakter von Täuschungen bzw. Verzerrungen in den Vordergrund zu stellen, sondern die beschriebenen Phänomene als Ansatzpunkte für Rückschlüsse auf übergreifende Prinzipien der tatsächlichen Informationsverarbeitung zu nutzen (Pohl 2004a: 10f.). Das Paradigma der Einzeleffekte wird überwunden und man versucht, die beschriebenen Phänomene in übergreifende kognitive Theorien zu integrieren (Pohl 2004a, Baldwin 2005a). – Letztlich bedeutet dies, dass man für die theoretische Betrachtung derselben Phänomene die Perspektive zu wechseln: Statt des normativen Vergleichspunkts einer abstrakten Rationalität wird der deskriptive Blick auf typische oder relevante soziale Situationen zum Vergleichspunkt. Für unsere Argumentation bedeutet dieser Wechsel: Vertrauensgeneralisierung erscheint nicht mehr als 'irrationale Abkürzung', sondern als Anpassung an Herausforderungen der sozialen Interaktion.

Die zentrale Stoßrichtung dieser Kritik am 'Heuristics & Biases'-Programm entwickelte sich in der Folge eines einflussreichen Buchs von Barkow et al. (1992) und lässt sich als das Argument der evolutionären Psychologie charakterisieren. Die evolutionäre Psychologie (Buss 1995, 2004, Cosmides & Tooby 1992, 2005) ist ein Forschungszweig der kognitiven Psychologie, der sich seit den 1990er Jahren rasant entwickelt und nach umfangreichen Kontroversen (Alcock 2001, Segerstrale 2000, Tooby & Cosmides 2005) inzwischen beanspruchen darf, sich als Teildisziplin etabliert zu haben.[42] Kern des Ansatzes ist die Übertragung von Prinzipien und Erkenntnissen der modernen Evolutionsbiologie auf die psychologische Theoriebildung und Forschung. Nach der zentralen Annahme der evolutionären Psychologie besteht das menschliche Gehirn aus einer großen Zahl einzelner hochgradig spezialisierter Mechanismen der Informationsverarbeitung, welche evolutionäre Anpassungen an wiederkehrende Problemstellungen und Herausforderungen des täglichen Lebens in der menschlichen Entwicklungsgeschichte darstellen (z.B. die Organisation gegenseitiger Hilfeleistung oder die Bildung von Koalitionen, das Erkennen von Betrügern, die Partnersuche und -wahl etc., vgl. Baldwin 2005b, Cosmides & Tooby 1992). Forscher versuchen, aus den Annahmen derartiger (sozialer) Herausforderungen Hypothesen über mögliche kognitive Anpassungen abzuleiten, welche sich experimentell testen lassen.

Nach dem Ansatz der evolutionären Psychologie ist unser Apparat der sozialen Einschätzung und Informationsverarbeitung ganz grundlegend auf die verschiedenen Eventualitäten des sozialen Miteinanders abgestimmt (Baldwin 2005b: vi). Damit liefert die evolutionäre Psychologie eine Rahmentheorie für meine Hypothese, *dass* wir über kognitive Mechanismen der Generalisierung von Vertrauenseinschätzungen verfügen. Denn man kann unschwer argumentieren, dass solche Prozesse eine wichtige Funktion in der sozialen Interaktion erfüllen (1.1.3). Im Verlauf der Evolution hätte der erfolgreiche Einsatz angemessener Vertrauensgeneralisierungsprozesse einen Selektionsvorteil dargestellt, so die Anwendung des Arguments der evolutionären Psychologie als Rahmentheorie für die Hypothese der Vertrauensgeneralisierung.

Zentraler Bestandteil dieses Arguments ist die soziale Funktion, welche Vertrauensgeneralisierungsprozesse erfüllen. Dazu möchte ich kurz wiederholen, was ich oben als das grund-

---

[42] Etabliert haben sich verschiedene wissenschaftliche Gesellschaften (u. a. 'Human Behavior and Evolution Society', 'The International Society for Human Ethology', 'The New England Institute for Cognitive Science and Evolutionary Psychology') und Zeitschriften ('Biological Theory. Integrating Development, Evolution and Cognition', 'Evolution and Human Behavior', 'The Journal of Social, Evolutionary and Cultural Psychology', 'An International Journal of Evolutionary Approaches to Psychology and Behavior'). Die andauernde Kontroverse um die evolutionäre Psychologie geht wesentlich auf den wissenschaftlich weniger fundierten Ansatz der 'Soziobiologie', der in den 1970er Jahren maßgeblich die Debatte prägte (vgl. Wilson 1975). Die moderne evolutionäre Psychologie grenzt sich ab durch den Fokus auf spezialisierte anstatt allgemeiner kognitiver Mechanismen („domain-specific mechanisms"), den Fokus auf psychologische Prozesse anstelle von Verhaltensweisen sowie eine Reihe weiterer Annahmen (vgl. Buss 2004, Cosmides & Tooby 2005).

sätzliche Vertrauensdilemma erläutert habe: Um effizient handlungsfähig zu bleiben, muss man erfolgreich einschätzen können, ob (und inwiefern) man einem Interaktionspartner vertrauen kann. Denn wenn man stets allen vertrauen würde, liefe man Gefahr, von nicht vertrauenswürdigen Partnern ausgenutzt zu werden. Würde man hingegen keinem Partner jemals vertrauen, hieße dies, dass man auch stets zwangsläufig auf alle durch Vertrauen möglichen Vorteile (der effizienteren und angenehmeren Zusammenarbeit) verzichten müsste. Daraus ergibt sich für ein effizientes Handeln die Notwendigkeit, erfolgreich zwischen vertrauenswürdigen und nicht-vertrauenswürdigen Partnern zu differenzieren (vgl. 1.1.3.3 'tit-for-tat'-Strategie). Das Problem ist nun, dass man sowohl zu Beginn einer beruflichen Beziehung als auch in wichtigen Intensivierungs- bzw. Entwicklungsschritten einer solchen Beziehung wiederholt in dieses Vertrauensdilemma geraten kann, ohne dass man über genügend einschlägige Informationen über den anderen verfügt, um Vertrauen in der speziellen Situation in einem starken rationalen Sinn zu begründen. Eine Möglichkeit, die uns in dieser Situation bleibt, ist es, vorhandene frühere Verhaltensbeobachtungen (und andere über den anderen verfügbare Informationen) zum Ausgangspunkt für Generalisierungsprozesse zu nehmen. – Damit habe ich nun gezeigt, dass wir erstens aufgrund empirischer Forschungsergebnisse der sozialen Kognitionsforschung annehmen können, tatsächlich über eine Reihe solcher Generalisierungsmechanismen für soziale Einschätzungen zu verfügen, und dass uns zweitens die evolutionäre Psychologie eine Rahmentheorie dafür liefert, welche die Funktion diese Generalisierungsprozesse erfüllen und warum wir über sie verfügen.

1.4.3 Bedeutung und Einfluss kultureller Unterschiede

Das Begriff des Kulturunterschieds ist in der vorliegenden Arbeit von zentraler Bedeutung. Es ist daher genauer zu klären, was man unter 'Kultur' und 'kulturellen Unterschieden' verstehen kann (1.4.3.1) und wie sich ein Einfluss kultureller Prägungen auf individuelles Verhalten theoretisch fassen lässt (1.4.3.2) – insbesondere im Hinblick auf die Einschätzung der Vertrauenswürdigkeit von Kollegen oder Partnern (1.4.3.3). Anschließend diskutiere ich das Spannungsfeld zwischen kultureller Prägung und individuellen Verhaltensspielräumen (1.4.3.4) und ziehe zum Schluss ein kurzes Fazit (1.4.3.5).

1.4.3.1 Der Kulturbegriff in der Managementforschung

Es gibt in der Literatur eine große Vielfalt an Ansätzen zur genaueren Bestimmung dessen, was man unter Kultur, kulturellen Eigenschaften oder kulturellen Unterschieden verstehen kann. Zur Orientierung ist es hilfreich, sich zunächst in zwei Schritten darüber klar zu werden, worauf man den Begriff 'Kultur' beziehen möchte.
Erstens bezieht sich Kultur in der Managementforschung (nach einer Einteilung wie sie beispielsweise Kühlmann 2008: 32f. vornimmt), weder auf den Gegensatz Mensch-Natur (und die Abgrenzung des Menschen vom Tier durch spezifische Fähigkeiten und Fertigkeiten) noch auf die normative Abgrenzung zwischen ästhetisch-geistig wertvollen Dingen (Kunst, Theater etc.) gegenüber dem Alltag, der Unbildung oder der 'Unkultiviertheit'. Gemeint sind vielmehr „die Werte, Normen und Grundannahmen", die das „Handeln von Menschen, die bestimmten Gruppen oder sozialen Kategorien angehören", prägen. Kultur steht damit für ein „System von Ideen, das von den Kulturmitgliedern gemeinsam geteilt wird". Es „umfasst gemeinsame Werthaltungen, Handlungsvorschriften, Wirklichkeitsauffassungen und Denkmuster" (worunter auch die Interpretation von Symbolen fällt) und dient damit als „**Orientierungsrahmen**, der dem Mitglied für den Umgang mit sich und seiner Umwelt Handlungsmöglichkeiten anbietet oder beschränkt" (Kühlmann 2008: 32f., Hervorhebung R.M.).

1.4 Theoretische Fundierung des Modells

Zweitens ist in der Verwendung des Kulturbegriffs der Bezugspunkt der sozialen Gruppe zu spezifizieren. Während sich viele Beiträge der kulturvergleichenden Managementforschung auf National- bzw. Landeskulturen beziehen, ist der Kulturbegriff – und der Gegenstand kulturvergleichender bzw. interkultureller Forschung – sehr viel breiter. Man kann sich neben der nationalkulturellen Ebene auch für Subkulturebenen wie die „unternehmenskulturelle, die branchenkulturelle" oder „die abteilungs- und arbeitsgruppenkulturelle Ebene" interessieren (Thomas 2005b: 35) oder, wie Kühlmann (2008: 37) ergänzt, für „Jugendkultur(en)" oder „Generationenkulturen". Die Bezugspunkte kultureller Prägungen sind vielfältig, und sie beeinflussen zusammen mit dem landeskulturellen Hintergrund und den individuellen Persönlichkeitsstrukturen das Verhalten von Individuen in konkreten Interaktionssituationen.

Darüber hinaus muss man im Blick behalten, dass die Zuschreibung kultureller Prägungen, also die Charakterisierung der Mitglieder einer Gruppe anhand der von ihnen geteilten Gewohnheiten, Normen etc. weder impliziert, dass alle Mitglieder der Gruppe stets marionettenhaft diesen Gewohnheiten und Normen gemäß handeln (deterministischer Kulturbegriff), noch dass sich die Gewohnheiten und Normen der Gruppe niemals ändern (statischer Kulturbegriff). Zum einen muss man unterscheiden zwischen kulturellen Gewohnheiten, Normen etc. im Sinne eines Orientierungsrahmens und dem konkreten Verhalten von Individuen, welches sich an diesem Orientierungsrahmen ausrichtet (oder auch bewusst nicht ausrichtet). Mitglieder einer Kultur haben für ihr Handeln den Orientierungsrahmen ihrer Kultur (vgl. 'adaptive Achse', 1.4.3.4), zu welchem sie sich selbst in Bezug setzen bzw. zu welchem ihr Handeln von anderen Mitgliedern der Kultur in Bezug gesetzt wird. Gleichwohl sind sie in ihrem Handeln nicht durch den Orientierungsrahmen determiniert, sondern sie verhalten sich mehr oder weiter weg vom 'kulturellen Standard' (vgl. 'habituelles Oszillieren' 1.4.3.4). Zum zweiten ist völlig klar, dass sich Kulturen – und natürlich auch Nationalkulturen – über die Zeit verändern. Je größer und je älter eine kulturelle Gruppe jedoch ist, desto länger dauert es bzw. desto einschneidenderer Ereignisse oder Entwicklungen bedarf es, um die Kultur der Gruppe zu verändern. – Eine Untersuchung kultureller Unterschiede zielt daher auf die Beschreibung unterschiedlicher Orientierungssysteme bestimmter sozialer Gruppen zu bestimmten Zeitpunkten.

1.4.3.2 Die Theorie der kulturellen kognitiven Rahmen

Eine theoretische Grundlegung des Verständnisses von Kultur als 'Orientierungsrahmen' liefert der Ansatz der kulturellen kognitiven Rahmen. Er geht auf Beiträge von Harry Triandis in den 1970er Jahren zurück (Triandis 1972, 1974). Triandis zog eine Reihe psychologischer Konzepte heran, etwa die selektive Wahrnehmung oder die Beeinflussung von Einschätzungen durch Vorannahmen, und rekonstruierte kulturelle Prägung als 'kognitive Grundausstattung' mit bestimmten Wahrnehmungs- und Beurteilungsrahmen.

Psychologische Effekte des Aufmerksamkeitsfokus: Ausgangspunkt der Überlegung ist die Beobachtung, dass wir uns sowohl in unserer Wahrnehmung bzw. in unserem Wahrnehmungsfokus als auch in unseren Wertungen und Einschätzungen von Gewohnheiten und Vorannahmen beeinflussen lassen. Der Effekt betrifft bereits die visuelle Wahrnehmung, was eine Vielzahl bekannter optischer Täuschungen illustrieren (vgl. Bach & Poloschek 2006). Als **'selektive Wahrnehmung'** diskutiert man jedoch nicht die Täuschungen des visuellen Apparats, sondern das psychologische Phänomen des Aufmerksamkeitsfokus: Wir nehmen längst nicht alles das bewusst wahr, was wir wahrnehmen könnten, sondern nur einen kleinen Ausschnitt: Dieser bestimmt sich situativ nach unseren Vorerwartungen und Wahrnehmungsgewohnheiten – woraus eine ganze Reihe typischer Täuschungen resultiert (vgl. Dearborn &

Simon 1958, Walsh 1988, Pohl 2004a). Je nachdem mit welchen Interessen oder akuten Bedürfnissen wir in eine Situation hineingehen, nehmen wir tendenziell nur bestimmte Aspekte der Situation bewusst wahr und blenden viele andere Aspekte der Situation einfach aus. Kommt man spät abends nach Hause – und zwar nach Ladenschluss aber mit einem stark knurrenden Magen – dann gilt beim Betreten der Küche die Aufmerksamkeit dem Inhalt des Kühlschranks oder anderen hoffentlich vorhanden Lebensmitteln. Ist man jedoch gut gesättigt und zudem gerade dabei, in eine neue Wohnung zu ziehen (weswegen man sich Gedanken über die Einrichtung der neuen Küche macht), dann gilt beim Betreten der Küche eines Freundes die Aufmerksamkeit weniger dem Inhalt des Kühlschranks als vielmehr der originellen Kücheneinrichtung.

Die Entwicklung eines situativen Aufmerksamkeitsfokus, welcher die kognitive Verarbeitung von gemäß diesem Fokus relevanten Informationen beschleunigt, diskutiert man in der Psychologie als **Priming**-Effekt (vgl. 1.4.2.4 zu Kategorisierungsprozessen). Beispielsweise kann die Diskussion über die Einrichtungspläne der neuen Wohnung den Aufmerksamkeitsfokus plötzlich auf die Kücheneinrichtung des Gastgebers lenken: Man sieht sich die Einrichtung an und nimmt in diesem Moment andere Aspekte der Situation nicht mehr wahr. Priming-Effekte können beispielsweise auch durch die Art und Weise hervorgerufen werden, wie man bestimmte Informationen darbietet (Darstellungseffekt bzw. '**Framing**' der Informationen, vgl. Levin et al. 1998, Nelson et al. 1997). Tversky & Kahneman (1986) konnten etwa zeigen, dass Menschen weniger zu riskanten Entscheidungen neigen, wenn Informationen in einem positiven Licht (als mögliche Gewinne) dargeboten werden als wenn dieselben Informationen in einem negativen Framing (als mögliche Verluste) dargeboten werden. Eine weitere Forschungsrichtung, die sich stark für Framing- und Priming-Effekte interessiert hat, ist die kommunikationswissenschaftliche Beschäftigung mit der Wirkung von Massenmedien (Scheufele 1999), beispielsweise der Medienwirkungsansatz des 'Agenda Setting' (Rössler 1997, Weaver et al. 2004). Weitere Beiträge stammen aus der Beschäftigung mit Fragen der Verhandlungsführung: Verhandlungsführer verhalten sich unterschiedlich, je nachdem welches Grundverständnis der Verhandlungssituation sie unterstellen (Pinkley 1990, Pinkley & Northcraft 1994). Insgesamt lässt sich Priming als ein kognitiver Mechanismus sehen, der hilft, von den vielen Informationen unserer Umwelt gezielt die jeweils benötigten wahrzunehmen und besonders gut zu verarbeiten. Dies ermöglicht uns in der jeweiligen Situation eine effiziente und erfolgreiche Interaktion mit der Umwelt. Die genaue Funktionsweise dieser gezielten und situationsspezifischen Selektivität der Wahrnehmung ist bislang noch nicht vollkommen theoretisch rekonstruiert, weshalb beispielsweise ihre Umsetzung im Feld der künstlichen Intelligenz als sehr schwierig gilt (Pylyshyn 1987, Shanahan 2003).

Kognitive Rahmen als Aspekte kultureller Prägung: Priming bzw. Framing-Effekte gibt es nicht nur in Form eines situativ induzierten Aufmerksamkeitsfokus', sondern auch als situationsübergreifende Tendenz, Dinge in bestimmter Weise wahrzunehmen oder einzuschätzen. Beispielsweise ist es eine typische Konfliktlinie in Unternehmen, dass Mitarbeiter aus der Entwicklungsabteilung den Grad der nötigen technischen Elaboriertheit einer Produktentwicklung anders einschätzen als Mitarbeiter der Abteilung, die das entsprechende Produkt vermarkten sollen. Aus der Sicht des Marketingleiters stellt sich die Sache eben anders dar – anders 'ge-framed' – als aus der Sicht des Entwicklers (Griffin & Hauser 1996). In ähnlicher Weise zog Triandis in seinen grundlegenden Beiträgen zur kulturvergleichenden Psychologie das Prinzip des Priming bzw. der Framing-Effekte für ein Verständnis kultureller Prägung und interkultureller Konflikte heran (Triandis 1972, 1974, 1994). Mit seinem Ansatz der „subjektiven Kultur" prägte er einen kognitiven Zugang zur kulturvergleichenden Psychologie. Triandis versteht Kultur als die charakteristische Art und Weise einer Gruppe, ihre (soziale)

1.4 Theoretische Fundierung des Modells

Umgebung wahrzunehmen (Triandis 1972: 3). Wesentlicher Bestandteil einer Kultur sind nach Triandis & Albert (1987: 267) die 'kognitiven Rahmen' für die Wahrnehmung und Verarbeitung von Informationen („cognitive frames societies provide their members for processing information that has been perceived"), welche man in seiner Kultur im Prozess der Sozialisation bzw., aus dieser Perspektive, der 'Enkulturation', erlernt. Diese kognitiven Rahmen können sich von Kultur zu Kultur unterscheiden – sei es im Vergleich von Nationalkulturen oder auch im Vergleich von Gruppenkulturen wie etwa Entwicklern und Marketing-Fachleuten. Auch wenn die grundlegenden Teilfähigkeiten sozialer Kognition kulturübergreifende menschliche Fähigkeiten sind (Vertrauenseinschätzung, Betrüger-Entdeckung etc.), haben die unterschiedlichen Kulturen doch eigene Ausdifferenzierungen dieser Fähigkeiten entwickelt. Das heißt, unterschiedliche Kulturen haben unterschiedliche kognitiven Rahmen entwickelt, welche ihren Mitgliedern helfen, im Umfeld der jeweiligen Kultur passend und erfolgreich zu agieren (Limaye & Victor 1991). Man hat in seiner eigenen Kultur gelernt, worauf genau man im sozialen Miteinander achten muss – und auch worauf nicht.

1.4.3.3 Kulturelle Prägung und die implizite Vertrauenstheorie

Die Theorie der kognitiven Rahmen unterstellt nicht, dass Individuen in ihrem Verhalten durch ihre Kultur und deren kulturellen Rahmen in einem deterministischen Sinne beeinflusst werden. Vielmehr machen sich Individuen die kognitiven Rahmen ihrer Kultur im Prozess der Enkulturation zu eigen, wodurch diese zu einem Teil ihres individuellen Verhaltens- und Bewertungsrepertoires werden. Man kann hier im übertragenen Sinne von 'kultureller Prägung' sprechen. Der Begriff der Prägung stammt aus der Verhaltensbiologie und wurde ursprünglich zur Bezeichnung einer irreversiblen Form des Lernens durch Umweltreize während einer frühen Lebensphase eingeführt (Lorenz 1937). In der interkulturellen Kommunikations- und Managementforschung verweist er auf die Tatsache, dass Individuen im Rahmen der Enkulturation durch ihre Kultur 'geprägt' werden (vgl. Moosmüller 2004: 61, Luczak 1998: 3).

An dieser Stelle interessiert nun insbesondere die kulturelle Prägung des Umgangs mit Vertrauensfaktoren bzw. der Diagnose und Gewichtung von Vertrauensfaktoren. Um diese zu beschreiben, kann man auf die differentielle Vertrauenstheorie von Martin Schweer zurückgreifen (Schweer 1996, 1997, 2008, Schweer & Thies 2003). Nach Schweer (2008) verfügen Menschen nicht nur über eine 'individuelle Vertrauenstendenz', welche den Grad der grundlegenden Bereitschaft angibt, überhaupt anderen Menschen zu vertrauen (ähnlich Rotter's Ansatz des 'generalisierten Vertrauens', vgl. 1.2.1.1). Darüber hinaus hat jeder Mensch auch eine sogenannte '**implizite Vertrauenstheorie**'. Sie umfasst die individuellen Wahrnehmungsmuster für vertrauensrelevante Aspekte, über die man verfügt und die für verschiedene Lebensbereiche variieren können. Schweer überträgt hier den Ansatz der 'impliziten Persönlichkeitstheorie' nach Bruner & Tagiuri 1954 (vgl. 1.4.2.4) auf Vertrauen bzw. konkreter auf die Einschätzung der Vertrauenswürdigkeit. Nach der impliziten Persönlichkeitstheorie entwickelt man im Heranwachsen eine Theorie darüber, welche Persönlichkeitseigenschaften gewöhnlich miteinander einhergehen und welche einander ausschließen. Entsprechend entwickelt man nach Schweer ein „subjektive(s) 'Wissen' über den Prototyp des 'vertrauenswürdigen' bzw. des 'vertrauensunwürdigen' Interaktionspartners in einem bestimmten Lebensbereich" (Schweer & Thies 2003: 8). – Mein Punkt ist nun, dass man in der Herausbildung dieser individuellen Vertrauenstheorie nach der Theorie der kulturellen kognitiven Rahmen während des Heranwachsens in seiner Kultur geprägt wird (vgl. 1.4.3.2). Die für die vorliegende Arbeit durchgeführte Untersuchung lässt sich damit als eine Explikation der impliziten Vertrauenstheorien der interviewten Manager beschreiben – mit einem Fokus auf kultursensitiven Aspekten dieser impliziten Vertrauenstheorien.

1.4.3.4 Die Reichweite des Einflusses kultureller Prägungen

Wie stark ist der Einfluss solcher kultureller Prägungen auf individuelles Verhalten? Dass es einen solchen Einfluss gibt, war Gegenstand der letzten Abschnitte. Doch andererseits ist individuelles Verhalten nicht kulturell determiniert. Auch wenn man in der Sozialisation lernt, seine Umwelt durch kulturelle kognitive Rahmen wahrzunehmen, gibt es doch innerhalb einer Kultur große Unterschiede. Zwar entwickelt sich über Familie, Bildungssystem, Medien und Gesellschaft eine nationalkulturelle Prägung, doch daneben gibt es eine Vielzahl weiterer prägender Gruppenzugehörigkeiten (Region, Religion, Hobbys, Ausbildung/Beruf, Organisation/Arbeitgeber, Branche etc.). Letztlich entwickelt jedes Individuum über diese unterschiedlichen Zugehörigkeiten, seine persönlichen Erfahrungen und gemäß seiner individuellen Neigungen und Charakterzüge eine individuelle Ausprägung seiner Wahrnehmungs- und Wertungsweisen – bzw. seiner kognitiven Rahmen. Es bleibt also zu klären, wie menschliches Verhalten zwar einerseits nicht kulturell determiniert ist, aber andererseits dennoch durch kulturelle Prägungen beeinflusst wird.

Als erstes rekonstruieren wir dazu kulturelle Prägungen als Orientierungsschemata oder Musterlösungen für den Umgang mit „menschlichen Grundproblemen" (vgl. Demorgon 1996, Parsons 1976) bzw. „Herausforderungen des Lebens" (Kühlmann 2008: 37). Solche Grundprobleme oder Herausforderungen drücken sich in Fragen aus wie beispielsweise derjenigen, ob individuelle Interessen oder Gruppeninteressen wichtiger für Entscheidungen sind[43] oder ob Regeln oder Situationsumstände wichtiger für die Bewertung von Verhalten sind.[44] Nun lässt sich für den Umgang mit solchen Problem meist vereinfachend ein bipolares Verhaltensspektrum aufzeigen. Kulturelle Prägung lässt sich dann als Tendenz in einer Gruppe beschreiben, im Umgang mit dem jeweiligen Problem Verhaltensweisen zu wählen, die sich in einem bestimmten Bereich dieses Spektrums lokalisieren lassen.

Eine gute Illustration dieses Ansatzes liefern Demorgon & Molz (1996: 55) mit ihrem Konzept des „habituellen Oszillierens" zwischen Gegensatzpolen. Es beschreibt zum einen, dass nicht alle Mitglieder einer Kultur mit einem bestimmten Problem gleich umgehen. Es gibt ein für die Kultur typisches Spektrum an Unterschieden, welches die Autoren als '**habituelles Oszillieren**' bezeichnen. Dennoch ähneln sich die Mitglieder der Kultur in ihrem Umgang mit dem Problem, denn das Spektrum insgesamt möglicher Unterschiede des Umgangs mit dem Problem ist deutlich größer ('**potenzielles Oszillieren**'). Kulturelle Prägung bedeutet, dass das habituelle Oszillieren der Mitglieder einer Kultur eine geringere Bandbreite an Verhaltensweisen umfasst als das potenzielle Oszillieren, welches das komplette menschliche Verhaltensspektrum zwischen den Gegensatzpolen umfasst (vgl. Abb. 1.9). Den mittleren Bereich des habituellen Oszillierens beschreiben sie als '**adaptive Achse**' der Kultur. Diese bietet einen gemeinsamen Richtwert, an welchem man sich orientiert. Weil man innerhalb der Kultur beim Umgang mit dem jeweiligen Problem also tendenziell ähnlich vorgeht, besteht eine geringere Wahrscheinlichkeit dafür, dass durch unterschiedliches Verhalten Konflikte entstehen. „Unter 'normalen' Alltagsbedingungen kann sich jeder Mensch, der in einem ihm vertrauten Kulturkreis lebt, mit hoher Wahrscheinlichkeit darauf verlassen, dass seine individuelle Sicht der Welt und der Menschen von seinen Mitmenschen verstanden und oft sogar akzeptiert und geteilt wird (Thomas 2005a: 22f.)". Dennoch gibt es innerhalb einer Kultur er-

---

[43] Vgl. die Individualismus-Kollektivismus-Dimension (Hofstede 1980, Hui & Triandis 1986, Schwartz 1990).
[44] Vgl. die Universalismus-Partikulatrismu-Dimension (Trompenaars & Hampden-Turner 1993).

fahrungsgemäß Verhaltensspielräume. Aus der Kultur heraus wird man jedoch möglicherweise unterschätzen, dass die tatsächlich möglichen Verhaltensspielräume noch viel größer sind als diejenigen, die man aufgrund seiner intrakulturellen Erfahrungsbasis im Blick hat.

Abb. 1.9: Kulturelle Prägung als habituelles Oszillieren (nach Demorgon & Molz 1996)

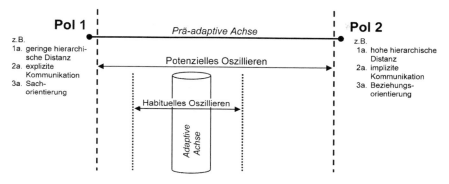

1.4.3.5 Fazit: Kulturelle Prägung und Vertrauensentwicklung

Die Theorie der kulturellen kognitiven Rahmen und die Annahme einer impliziten Vertrauenstheorie liefern zusammen einen theoretischen Ansatz, um den Einfluss kultureller Prägungen auf die Diagnose und Gewichtung von Vertrauensfaktoren zu rekonstruieren. Für die Interpretation des Verhaltens von Kollegen oder Geschäftspartnern im Hinblick auf ihre Vertrauenswürdigkeit, das heißt für die Diagnose von Vertrauensfaktoren wie auch für die Gewichtung solcher Vertrauensfaktoren, gibt es in einer Kultur bestimmte Schemata oder 'kognitive Rahmen'. Während des Heranwachsens in der eigenen Kultur macht man sich diese kulturellen Schemata zu eigen bzw. wird durch sie geprägt. Man entwickelt daher eine zwar letztlich individuelle aber dennoch insgesamt kulturell geprägte 'implizite Vertrauenstheorie'. Deshalb interpretiert man in einer Kultur tendenziell bestimmte Aspekte bzw. beobachtete Verhaltensweisen als Vertrauensfaktoren und andere eher nicht (Faktordiagnose: Interpretation von Verhaltensweisen als Vertrauensfaktoren), und deshalb hält man in einer Kultur tendenziell nach bestimmten Vertrauensfaktoren stärker Ausschau bzw. gewichtet sie höher als andere (Vertrauensbildung: Gewichtung von Vertrauensfaktoren).

1.5 Die Gefahr kultureller Vertrauensmissverständnisse

Das in der Einleitung beschriebene Forschungsinteresse an Einflüssen kultureller Differenz auf die Entwicklung von Vertrauen impliziert auch die Frage, inwiefern es in der interkulturellen Zusammenarbeit zwischen Kollegen oder Geschäftspartnern 'kulturelle Vertrauensmissverständnisse' geben kann: Inwiefern kann es aufgrund kultureller Unterschiede vorkommen, dass ein Manager zu der Ansicht gelangt, er könne einem neuen Kollegen nicht vertrauen, obwohl diese Einschätzung objektiv nicht gerechtfertigt ist? Bzw. allgemeiner ausgedrückt: Inwiefern kann es im interkulturellen Management zu Situationen kommen, in welchen einer der Beteiligten eine Vertrauensüberzeugung ausbildet, die aus der Sicht des anderen bzw. aus einer übergeordneten Betrachtungsperspektive nicht gerechtfertigt ist?

Diese Fragen können aus wissenschaftlicher Sicht bislang unzureichend beantwortet werden. Ein besseres Verständnis der Bedingungen für kulturelle Vertrauensmissverständnisse wäre jedoch gerade auch aus Sicht der Praxis sehr wertvoll. In den folgenden Abschnitten werde ich daher ausführen, was ich unter kulturellen Vertrauensmissverständnissen verstehe (1.5.1), wie man kulturelle Vertrauensmissverständnisse theoretisch fassen kann (1.5.2) und inwiefern der unbewusste Charakter von Vertrauenseinschätzungen und kulturellen Prägungen zur Entstehung kultureller Vertrauensmissverständnisse beitragen kann (1.5.3).

1.5.1 Das Konzept des Vertrauensmissverständnisses

1.5.1.1 Was ist ein Vertrauensmissverständnis?

Rufen wir uns noch einmal die grundlegenden Annahmen des Modells der Vertrauensentwicklung aus 1.3.3 ins Gedächtnis: In der beruflichen Zusammenarbeit ziehen Manager Verhaltensbeobachtungen oder Informationen über einen Kollegen oder Geschäftspartner heran, um einzuschätzen, ob sie ihm vertrauen können. Dies ist der erste Schritt der Vertrauensentwicklung, die Faktordiagnose. Hier geht es darum, welche Aspekte überhaupt als Zeichen für oder gegen die Vertrauenswürdigkeit eines Partners interpretiert werden. Maßgeblich für den zweiten Schritt der Vertrauensentwicklung, die Vertrauensbildung, ist die Frage, ob ein Vertrauensfaktor als eher grundlegend und wichtig gilt oder eher nicht. Wichtige Vertrauensfaktoren haben mit höherer Wahrscheinlichkeit eine Auswirkung auf die Vertrauensbildung als weniger wichtige. Sie sind damit eher Ausgangspunkt für die Generalisierung von Vertrauenseinschätzungen.

Vertrauensmissverständnisse können nun zum einen im ersten Schritt der Vertrauensentwicklung entstehen, das heißt, wenn die Beteiligten in unterschiedlicher Weise von beobachtetem Verhalten auf Vertrauensfaktoren schließen. Ein Vertrauensmissverständnis entsteht dann, wenn ein Manager eine Verhaltensweise seines Kollegen als Vertrauensfaktor interpretiert, während diese Interpretation aus Sicht des Kollegen nicht plausibel ist – und wenn diese unterschiedliche Interpretation der Situation von den Beteiligten nicht bemerkt wird. Solche Fälle diskutiert McAllister (1997: 94) als „misattributions of trustworthiness" und beschreibt sie als Situationen „where we see trust misattributed and failures in trust go unrecognized".

Herr Meyer, Herr Schmidt und das **Diagnose-Missverständnis**: Betrachten wir ein hypothetisches Beispiel. Angenommen die Kollegen Meyer und Schmidt arbeiten zusammen in einem Projekt. Herr Schmidt sagt zu, sich um eine bestimmte Sache zu kümmern, tut dies aber dann nicht – aus Sicht von Herrn Meyer. Dieser interpretiert Herrn Schmidts Verhalten als Bruch einer Zusage, obwohl der Kollege Schmidt bestreiten würde, dass er überhaupt eine Zusage gegeben hat. *Eigentlich* sind sich die beiden also darüber uneinig, ob Herr Schmidt eine Zusage gegeben hat. *Tatsächlich* aber interpretiert Herr Meyer Herrn Schmidts Verhalten als Bruch einer Zusage und damit als Vertrauensbruch. Denn Herr Schmidt verhält sich natürlich wie jemand, der nichts zugesagt hat. Daher beginnt Herr Meyer – gemäß dem Vertrauensfaktor 'Zusagen einhalten' – in Frage zu stellen, ob er Herrn Schmidt weiterhin vertrauen kann. Dies ist ein Vertrauensmissverständnis: Herr Meyer interpretiert das Verhalten seines Kollegen als 'Vertrauenswarnung' (vgl. 3.1.1.2 unterschiedlichen Perspektiven auf Vertrauensfaktoren), und dies reduziert seine Bereitschaft, Herrn Schmidt zu vertrauen. Aus Herrn Schmidts Sicht hat es jedoch gar keine Zusage gegeben, die er hätte *nicht einhalten* können.

1.5 Die Gefahr kultureller Vertrauensmissverständnisse

Vertrauensmissverständnisse können jedoch auch im zweiten Schritt der Vertrauensentwicklung entstehen, das heißt, wenn die Beteiligten Vertrauensfaktoren unterschiedlich gewichten und in unterschiedlicher Weise ausgehend von diagnostizierten Vertrauensfaktoren Vertrauen generalisieren. Ein solches Vertrauensmissverständnis entsteht dann, wenn ein Manager das Verhalten eines Kollegen als wichtigen Vertrauensfaktor sieht und dies als Ausgangspunkt dafür nimmt, umfassend zu dem Kollegen Vertrauen zu fassen oder auch sein Vertrauen in den Kollegen umfassend in Frage zu stellen – wenn gleichzeitig der fragliche mit dem Verhalten assoziierte Vertrauensfaktor aus Sicht des Kollegen kein besonders relevanter Vertrauensfaktor ist und keine umfassende Vertrauensgeneralisierung rechtfertigt.

Herr Neumann, Herr Fischer und das **Gewichtungs-Missverständnis**: Betrachten wir auch hier ein hypothetisches Beispiel. Angenommen Herr Neumann ist Projektleiter in der Abteilung von Herrn Fischer. Herr Fischer trifft nun eine grundlegende Richtungsentscheidung, die das Projekt von Herrn Neumann betrifft, ohne Herrn Neumann dabei in irgendeiner Form in die Entscheidung einzubeziehen. Herr Neumann ist fassungslos und fühlt sich übergangen. Er fragt sich, in wie weit er Herrn Fischer in Zukunft noch vertrauen kann. Er interpretiert das Verhalten von Herrn Fischer als Vertrauenswarnung in Bezug auf den aus seiner Sicht für die berufliche Zusammenarbeit grundlegenden Vertrauensfaktor *'In Entscheidungen einbeziehen'*. Der Aspekt ist für ihn so wichtig, dass sein Vertrauen in Herrn Fischer als Person in Frage steht. Auch Herr Fischer würde zustimmen, dass er Herrn Neumann nicht in die Entscheidung einbezogen hat. Er sieht dies allerdings als einen vollkommen normalen Vorgang, der nicht in besonderem Maße mit der Frage zu tun hat, ob oder inwiefern man sich in der beruflichen Zusammenarbeit vertraut. Wenn er von *seinem* Vorgesetzten nicht in Entscheidungen einbezogen wird, ist klar, dass er dies akzeptiert. Andere Vertrauensfaktoren sind Herrn Fischer sehr viel wichtiger.

Wenn für derartige Missverständnisse der Vertrauensentwicklung kulturelle Unterschiede verantwortlich sind, also unterschiedliche Interpretationsschemata der Faktordiagnose oder unterschiedliche Gewichtungsschemata für Vertrauensfaktoren, dann spreche ich von *kulturellen* Vertrauensmissverständnissen.

1.5.1.2 Positive und negative Vertrauensmissverständnisse

Interessant ist nun, dass es sowohl positive als auch negative Vertrauensmissverständnisse geben kann. Es kann einerseits Missverständnisse geben, durch die das Vertrauen in einen Kollegen oder Geschäftspartner verloren geht oder gar nicht erst aufgebaut wird, obwohl es durchaus gerechtfertigt wäre, dem jeweiligen Kollegen oder Partner zu vertrauen. Dies habe ich eben etwa im Beispiel der fiktiven Kollegen Meyer und Schmidt und dem fälschlichen Eindruck einer gebrochenen Zusage illustriert. Das Missverständnis verhindert dann, dass man Vertrauen entwickelt, oder es führt dazu, dass man sein Vertrauen in Frage stellt. Ich spreche in diesem Fall von einem 'negativen Vertrauensmissverständnis', da Vertrauen *nicht* zustande kommt. Es kann aber auch den umgekehrten Fall geben, nämlich dass man zu unrecht glaubt, einem Kollegen oder Geschäftspartner vertrauen zu können. Dies nenne ich ein 'positives Vertrauensmissverständnis', denn das Ergebnis des Missverständnisses ist, dass Vertrauen tatsächlich entsteht.

Herr Richter, Herr Schneider und das positive Vertrauensmissverständnis in der Cafeteria: Betrachten wir auch hier ein hypothetisches Beispiel: Herr Richter arbeitet seit kurzer Zeit mit einem neuen Kollegen zusammen, Herrn Schneider. Bei einem Gespräch in der Cafeteria erzählt Herr Schneider Herrn Richter eine Reihe vertraulicher Dinge. Herr Richter interpretiert dies gemäß dem Vertrauensfaktor *'An Wissen teilhaben lassen'* als Hinweis darauf, dass er dem neuen Kollegen Schneider vertrauen kann. Er gewinnt vielleicht auch den Eindruck, es habe sich zwischen ihnen eine Vertrauensbeziehung etabliert und Herr Schneider würde ihm vertrauen. Herr Richter weiß jedoch nicht, dass Herr Schneider in seinem Umgang mit Informationen prinzipiell sehr viel offener ist und sehr viel eher als Herr Richter dazu bereit ist, Informationen an andere weiterzuerzählen. Sein Gesprächsverhalten in der Cafeteria war daher auch kein Ausdruck eines besonderen Vertrauens in Herrn Richter. – Gemäß der Terminologie des letzten Absatzes handelt es sich hier übrigens wieder um ein Diagnose-Missverständnis, denn die Beteiligten schließen in unterschiedlicher Weise von Verhalten auf Vertrauensfaktoren: Während Herr Richter das Verhalten von Herrn Schneider gemäß dem Vertrauensfaktor *'An Wissen teilhaben lassen'* interpretiert, gibt aus Herrn Schneiders Sicht seine Gesprächigkeit in der Cafeteria keinen besonderen Anlass, ihn gemäß diesem Vertrauensfaktor als besonders vertrauenswürdig einzuschätzen.

In einem positiven Vertrauensmissverständnis kann das entstehende Vertrauen zweierlei bewirken. Im günstigeren Fall setzt es eine positive Spirale des gegenseitigen Vertrauens in Gang, welche dazu führt, dass sich 'echtes' begründetes Vertrauen entwickelt.[45] Zwar bin ich dann ursprünglich aufgrund einer Fehlinterpretation zu der Ansicht gelangt, der Kollege sei vertrauenswürdig. Weil ich aber aus diesem Grund selbst gegenüber dem Kollegen vertrauensvoll handle, hat dieser wiederum Anlass, mir Vertrauen zu schenken. Dies beeinflusst ihn in seinem Verhalten mir gegenüber, was ich wiederum als positiven Vertrauensfaktor wahrnehme und woran ich möglicherweise begründet erkennen kann, dass ich ihm (tatsächlich) vertrauen kann (vgl. den Faktor *'Handeln des anderen als Ausdruck von Vertrauen'* in 3.6.2). Allerdings kann bei einem positiven Vertrauensmissverständnis das ungerechtfertigte Vertrauen auch schwerwiegende Konsequenzen haben. Man entwickelt Vertrauen zu einem eigentlich gar nicht vertrauenswürdigen Gegenüber. Der eigene Warnmechanismus, wann man besser nicht vertrauen sollte, hat dann versagt.

Man kann positive und negative Vertrauensmissverständnisse in Analogie zu den sogenannten Fehlern erster und zweiter Art aus der Inferenzstatistik sehen: Gemäß der natürlichen Skepsis in einem (interkulturellen) Erstkontakt könnten wir beispielsweise als 'Nullhypothese' annehmen, man dürfe einem Partner nicht vertrauen.[46] Wenn man nun aufgrund des Verhaltens, das man bei seinem Partner beobachtet, bei der Nullhypothese bleibt (nicht vertrauen), aber damit falsch liegt (es gibt eigentlich keinen Grund, dem Partner nicht zu vertrauen), dann begeht man den 'Fehler zweiter Art': Man lehnt H_0 nicht ab, obwohl H_1 wahr ist. Das ist das negative Vertrauensmissverständnis, das ich oben zuerst diskutiert habe. Es ist der Fall, in welchem kein Vertrauen entsteht, weil man den Partner fehlinterpretiert. Genauso könnte es jedoch sein, dass man aufgrund des Verhaltens, das man beobachtet, zu der Ansicht gelang, dass die 'Gegenhypothese' wahr ist: Man gewinnt den Eindruck, dass man dem Partner vertrauen kann. Wenn man damit allerdings falsch liegt, das heißt eigentlich keinen Grund hat zu vertrauen, dann begeht man statistisch ausgedrückt den 'Fehler erster Art': Man lehnt H_0 ab, obwohl H_0 wahr ist. Man interpretiert ein Verhalten als Vertrauensgrund, das in der Bezugswelt des Partners gar kein Zeichen für Vertrauenswürdigkeit ist. Das ist das positive Vertrauensmissverständnis, das ich oben als zweites diskutiert habe. Es ist der Fall, in welchem kein Vertrauen entsteht, weil man den Partner fehlinterpretiert.

---

[45] Zum Konzept der Vertrauensspirale vgl. das Modell von Zand (1977).
[46] Die Hypothesen ließen sich natürlich auch entgegengesetzt konstruieren – beispielsweise mit Verweis auf die Strategie, Erstkontakte grundsätzlich mit einem Vertrauensvorschuss zu beginnen.

1.5.2 Theoretische Rekonstruktion von Vertrauensmissverständnissen

1.5.2.1 Unterschiedliche Gründe für ungerechtfertige Vertrauensüberzeugungen

Der Fall des positiven 'Vertrauensmissverständnisses' ist uns in gewisser Weise aus dem Kontext des Betrugs geläufig. Angenommen ein Betrüger erschleicht das Vertrauen eines arglosen Mitmenschen. Wenn dieser sich von dem Betrüger hereinlegen bzw. täuschen lässt, dann erliegt er in einer gewissen Weise einem positiven Vertrauensmissverständnis. Nur hat in diesem Fall der Betrüger das Missverständnis aktiv herbeigeführt: Er hat den arglosen Mitmenschen getäuscht. Daher möchte ich diesen Fall als aktive Vertrauenstäuschung bezeichnen, wohingegen ich Fehler in der Vertrauenswürdigkeitseinschätzung, die nicht absichtsvoll herbeigeführt wurden, als Vertrauensmissverständnis bezeichne.

Die strukturelle Ähnlichkeit zwischen Vertrauensmissverständnissen und Vertrauenstäuschungen ermöglicht es, das Zustandekommen der Fehlinterpretation in beiden Fällen auf die gleiche Weise zu rekonstruieren (vgl. 1.5.2.2). Zunächst möchte ich jedoch klarstellen, dass die Parallele zwischen Vertrauenstäuschungen und Vertrauensmissverständnissen natürlich nicht nur für *kulturelle* Vertrauensmissverständnisse gilt. Tatsächlich können Vertrauensmissverständnisse aus unterschiedlichen Gründen entstehen. Von kulturellen Vertrauensmissverständnissen zu unterscheiden sind beispielsweise *Vertrauensmissverständnisse aus Unachtsamkeit*. Nicht immer hat man die Zeit, den 'freien Kopf' oder die nötige Aufmerksamkeit, sich gegenüber allen Kollegen, Geschäftspartnern und Mitmenschen so zu verhalten, dass man in angemessener und gerechtfertigter Weise als vertrauenswürdig wahrgenommen wird. Umgekehrt ausgedrückt: Wenn man gestresst ist, schlecht geschlafen hat oder einfach unaufmerksam ist, dann verhält man sich möglicherweise gegenüber einem Kollegen oder Geschäftspartner in einer Weise, die dieser als Anzeichen für fehlende Vertrauenswürdigkeit interpretieren kann (geringeres Interesse für die Person und Situation des anderen, kein proaktives Geben von Informationen etc). Des Weiteren kann es auch *Vertrauensmissverständnisse durch die Beziehungskonstellation* geben. Ein Beispiel wäre, dass A wegen der Vertraulichkeit gewisser Informationen gezwungen ist, mit dem Kollegen C weniger offen zu reden als mit B. Trifft er nun B und C gemeinsam, kann er B bestimmte Dinge nicht sagen. Dies könnte B als Vertrauenswarnung in Bezug auf den Vertrauensfaktor *'An Wissen teilhaben lassen'* interpretieren. – Einen Überblick des skizzierten Spektrums unterschiedlicher Gründe für ungerechtfertigte Vertrauensüberzeugungen gibt Tab. 1.7.

Tab. 1.7: Klassifikation von Vertrauensmissverständnissen und -täuschungen

Ungerechtfertige Vertrauensüberzeugung von A (positiv oder negativ)...	
...beruht auf Absicht von B:	Vertrauenstäuschung/-betrug
...entsteht ohne Absicht von B:	Vertrauensmissverständnis – ... aus Unachtsamkeit – ... durch Beziehungskonstellation – ... aufgrund kultureller Unterschiede o. a.

1.5.2.2 Vertrauensbetrug und gefälschte Vertrauensindikatoren

Vertrauensbetrug bzw. Vertrauenstäuschungen sind Themen, das erst seit relativ kurzer Zeit vermehrt in der Diskussion zu Vertrauen aus organisations- und managementtheoretischer Sicht auftauchen (Harrington 2009). Bislang wurden diese Themen vor allem in der forensischen Psychologie im Zusammenhang mit der Frage der Erkennung von Lügen bzw. Lügnern diskutiert (Gerschlager 2005, DePaulo & Morris 2004, DePaulo et al. 2003, Shulman 2007). Ein grundlegender Ansatz zur Frage der Vertrauenstäuschung speziell aus vertrauenstheoretischer Perspektive findet sich jedoch in den Beiträgen von Diego Gambetta und Michael Bacharach (Gambetta 2000, Gambetta & Bacharach 1997, 2000, Gambetta & Hamill 2005). Obwohl diese Autoren den Fokus auf aktive Vertrauenstäuschungen legen, lassen sich die von ihnen entwickelten Argumente zur Rekonstruktion und Einschätzung positiver wie negativer Vertrauensmissverständnisse heranziehen und damit für die Untersuchung des Einflusses kultureller Unterschiede auf die Vertrauensentwicklung fruchtbar machen.

Das Vertrauensproblem zweiter Ordnung

Zugespitzt formuliert Gambetta seinen zentralen Punkt im Titel seines Aufsatzes 'Können wir dem Vertrauen vertrauen?' (Gambetta 2000). Das Wortspiel, das auch von anderen Autoren aufgegriffen wird (beispielsweise Koehn 1996, Neuberger 2006), verweist darauf, dass ein *scheinbares* Anzeichen für Vertrauenswürdigkeit nicht unbedingt ein Zeichen für *tatsächliche* Vertrauenswürdigkeit sein muss. Denn Vertrauenssignale können auch 'gefälscht' bzw. vorgetäuscht werden. Man muss also nicht nur wissen, welche Signale oder Indikatoren anzeigen, dass man jemandem Vertrauen schenken kann, sondern auch, wann man diesen Signalen selbst vertrauen kann – bzw. woran man erkennen kann, dass jemand ein Vertrauenssignal bewusst vortäuscht.

Gambetta & Bacharach (1997) nennen diese Überlegung das 'Vertrauensproblem zweiter Ordnung' („secondary problem of trust"). Sie stellen zunächst fest, dass sich für die Einschätzung der Vertrauenswürdigkeit grundsätzlich die Frage stellt, ob der andere ein 'eiskalter rationaler Nutzenmaximierer' ist, der eine Vertrauensabhängigkeit sofort für sich ausnutzen würde, oder ob er auch anderen Motiven folgt, welche ihn davon abhalten, Vertrauen auszunutzen. Vertrauenswürdigkeit einzuschätzen, bedeutet herauszufinden, ob in das Nutzenkalkül des anderen auch Werte oder Verhaltensgewohnheiten etc. eingehen, die ihn davon abhalten, opportunistisch zu handeln. Das seien 'vertrauenswürdig machende Eigenschaften', welche die Autoren 'Vertrauenssignale' nennen (vgl. 1.4.1.2).

Aus der Perspektive des eiskalten Nutzenmaximierers ergibt sich aus dieser Überlegung der Anreiz, 'vertrauenswürdig machende Eigenschaften' vorzutäuschen, um Vertrauensabhängigkeiten herbeizuführen, welche er ausnutzen kann. Der Spielraum für eine solche Täuschung ergibt sich aus der Tatsache, dass man vertrauenswürdig machenden Eigenschaften nicht direkt sehen kann. Es handelt sich um abstrakt definierte Eigenschaften (Vertrauens-Krypta), die sich vor allem in beobachtbaren Verhaltensweisen manifestieren (Vertrauens-Manifesta, vgl. 1.4.1.2). Für den Vertrauensbetrüger bietet es sich daher an, 'Vertrauenssignale' zu fälschen bzw. nachzuahmen, was Gambetta & Bacharach (1997) entsprechend als „mimikry" bezeichnen.

Die Kosten-Nutzen-Rechnung des Vertrauensbetrügers

Für eine erfolgreiche Einschätzung der Vertrauenswürdigkeit eines Partners muss man gut darin sein, Vertrauenssignale zu 'lesen'. Das heißt, man muss unterscheiden können, wann ein Vertrauenssignal echt ist und wann es gefälscht ist. Angenommen der Geschäftspartner, der mir erklärt, sein Produkt habe keinerlei Schwächen, hat einen ganz offenen und aufrichtigen Blick. Anhand des aufrichtigen Blicks könnte man darauf schließen, dass der Geschäftspartner die Wahrheit sagt und nicht etwas vortäuscht. In Gambettas Terminologie kommt es nun darauf an zu erkennen, ob das beobachtete Vertrauens-Manifestum (aufrichtiger Blick) in diesem speziellen Fall tatsächlich ein zuverlässiges Zeichen für das entsprechende Vertrauenskrypton (Vertrauensfaktor *'Nichts vortäuschen'*) ist.

1.5 Die Gefahr kultureller Vertrauensmissverständnisse

Nun fragt man sich natürlich, unter welchen Bedingungen Vertrauenssignale zuverlässige Zeichen für vertrauenswürdig-machende Eigenschaften sind. Hier hilft folgende Überlegung: Man muss einfach den Aufwand, den es für einen Vertrauensbetrüger macht, ein bestimmtes Vertrauenssignal zu fälschen, mit dem potenziellen Vorteil vergleichen, den er mit seinem Betrug erreichen kann. Vertrauenssignale sind tendenziell zuverlässig, wenn die entsprechende Mimikry kostspielig ist. Ausgearbeitet wurde diese Überlegung in der Signalisierungstheorie (theory of signaling games), welche Beiträge der Verhaltensökologie (costly signaling theory, vgl. Johnstone 1997, Zahavi 1975) in den 1980er Jahren spieltheoretisch formalisierte (vgl. Sobel 2009). Ein Vertrauensmanifestum ist demnach genau dann relativ sicher gegen Mimikry, wenn es für einen wirklich vertrauenswürdigen Zeitgenossen einen geringen Aufwand darstellt, das Signal zu geben, es aber gleichzeitig für einen potenziellen Vertrauensbetrüger sehr aufwändig ist, das Signal zu fälschen ("hard-to-fake signal", Cronk 2005: 605). Ein gutes Zeichen für die Vertrauenswürdigkeit eines Geschäftspartners im Hinblick darauf, dass er wirklich in eine gemeinsame Geschäftsbeziehung eintreten möchte, wäre demnach, dass er umfangreiche Vorleistungen erbringt und in die gemeinsame Geschäftsbeziehung investiert. Für einen Betrüger wäre das ein relativ aufwändiger Schritt, aber für einen ernsthaften Geschäftspartner, der eine längerfristige Geschäftsbeziehung aufbauen möchte, ist es das, was er ohnehin tut.

Allerdings ist diese Definition der 'sicheren' Vertrauenssignale eine relative Definition. Signale sind sicher, wenn sie für Betrüger *im allgemeinen zu teuer* sind. Dies schließt nicht aus, dass es sich unter bestimmten Umständen doch lohnen kann, bestimmte Vertrauenssignale zu imitieren, auch wenn dies recht kostspielig ist: nämlich genau dann, wenn dem Betrüger der Gewinn, den er aus dem erschlichenen Vertrauen ziehen kann, noch größer erscheint als der Fälschungsaufwand.

Die Signalisierungstheorie liefert also ein theoretisches Handwerkszeug, um das Zustandekommen aktiver Vertrauenstäuschungen zu rekonstruieren. Folgendes Beispiel fasst die Überlegung zusammen: Ein Vertrauensbetrüger fälscht ein Vertrauenssignal, indem er seinem Partner ausgesprochen freundschaftlich und interessiert begegnet und ihn zum Essen einlädt. Sein argloser Partner interpretiert dieses Verhalten (Vertrauensmanifestum) als Vertrauensfaktor (bzw. Vertrauenskrypton): 'Er ist freundlich und interessiert sich für mich. Immerhin lädt er mich zum Essen ein'. Der Partner bildet eine positive Vertrauensüberzeugung – obwohl er eigentlich keinen Grund dafür hat. Denn der Vertrauensbetrüger interessiert sich gar nicht wirklich für ihn und ist auch nicht wirklich freundlich, sondern hat alles nur vorgespielt. Er hat schlicht deshalb in die Essenseinladung investiert, weil er sich von seinem geplanten Vertrauensbetrug einen noch größeren Nutzen verspricht.

1.5.2.3 Übertragung der Argumentation auf Vertrauensmissverständnisse

Bacharach & Gambetta und die Signalisierungstheorie interessieren sich für gefälschte Vertrauenssignale und aktive Vertrauenstäuschungen. In meiner Untersuchung zum Einfluss kultureller Differenz auf die Entwicklung von Vertrauen geht es jedoch um Vertrauensmissverständnisse, das heißt um die *unabsichtliche* Fehlinterpretation von Vertrauenssignalen. Da aber in beiden Fällen aufgrund einer Fehlinterpretation eine ungerechtfertigte Vertrauensüberzeugung entsteht, lässt sich der Ansatz fruchtbar auf Vertrauensmissverständnisse – und damit auch auf *kulturelle* Vertrauensmissverständnisse – übertragen.

Positive Vertrauensmissverständnisse

Besonders deutlich kann man dies für *positive Vertrauensmissverständnisse* zeigen. Denn genau wie beim Vertrauensbetrug geht es hier grundsätzlich darum, dass A eine ungerechtfertigte positive Vertrauensüberzeugung ausbildet – nur dass dies im Fall eines solchen Missverständnisses gar nicht die Absicht von B war. Man könnte sich zum Beispiel vorstellen, dass B einfach ein Typ ist, der grundsätzlich überaus freundlich und höflich ist und 'alle Welt' zum Essen einlädt. Denn B stammt aus einer Kultur, in welcher 'überschwängliche' Freundlichkeit und häufige und breit gestreute Essenseinladungen sehr viel üblicher sind als in A's Kultur. In diesem Fall wäre das Verhalten von B, das A beobachtet, kein Zeichen, ihm in irgendeiner besonderen Weise vertrauen zu können. Das heißt, A schließt möglicherweise zu unrecht vom Verhalten bzw. Vertrauensmanifestum (besonders freundliches Verhalten, Essenseinladung) auf ein zugrunde liegendes Vertrauenskryptum (Respekt und Interesse). – Abgesehen davon, dass B nicht bewusst mit dem Ziel der Vertrauenstäuschung handelt, lässt sich das positive Vertrauensmissverständnis also recht gut in Analogie zur aktiven Vertrauenstäuschung begreifen.

Negative Vertrauensmissverständnisse

In einer weniger direkten Analogie zum Vertrauensbetrug lassen sich *negative Vertrauensmissverständnisse* verstehen. Hier führt die Fehlinterpretation nicht dazu, fälschlicherweise Vertrauen zu schenken, sondern stattdessen dazu, fälschlicherweise *nicht* zu vertrauen – obwohl man eigentlich vertrauensvoll zusammenarbeiten könnte. Denn man kann auch bei der Interpretation eines 'Manifestum' als Zeichen *gegen* die Vertrauenswürdigkeit eines Partners daneben liegen.

Für die genauere Rekonstruktion negativer Vertrauensmissverständnisse möchte ich erneut auf die Spieltheorie zurückgreifen. Denn diese lassen sich in Analogie zum Scheitern der Kooperation im Gefangenendilemma verstehen, d.h. in der Situation der zwei Gefangenen, für die es aus übergeordneter rationaler Sicht wünschenswert wäre, sich gegenseitig zu vertrauen und miteinander zu kooperieren (vgl. Tab. 1.4 in 1.1.3.3). Gambetta (2001: 209) sieht hier „eine der interessantesten und beängstigendsten Lehren der Spieltheorie". Denn wie die Spieltheorie begründet und wie zudem in einer Vielzahl empirischer Studien nachgewiesen wurde, kommt es in der Realität häufig gerade *nicht* zu der aus Sicht der beiden Gefangenen an sich wünschenswerten Kooperation. Die individuelle Rationalität jedes der beiden Gefangenen führt ihn nämlich zu dem Schluss, besser nicht zu kooperieren. Viele Studien interessieren sich zwar dafür, warum es interessanterweise in dieser Situation manchmal doch zur Kooperation kommt. Aus der Perspektive der Vertrauensforschung ist es jedoch gerade interessant, warum es – auch in der Praxis – den Fall der Nicht-Kooperation gibt. Denn eigentlich wäre die vertrauensvolle Kooperation die aus Sicht beider Gefangener zu bevorzugende Lösung.

Der Punkt ist nun, dass es für tatsächliche Kooperation eben nicht ausreichend ist, dass beide Seiten prinzipiell über das Motiv bzw. die Absicht verfügen, miteinander zu kooperieren. Um zu verstehen, warum das nicht ausreicht, muss man die übergeordnete rationale Außensicht verlassen und sich in die Perspektive der individuellen Akteure hineinversetzen: Die zusätzlich notwendige Bedingung ist: A und B müssen *gegenseitig voneinander annehmen*, dass sie über das Motiv bzw. die Absicht verfügen, miteinander zu kooperieren. Die allgemeine Einschätzung, dass es günstiger für beide wäre zu kooperieren, ist nicht ausreichend. Jeder der beiden muss darüber hinaus annehmen, dass der andere das auch so sieht – und nicht etwa Betrugspläne hat, für einen Dritten arbeitet, im Grunde böswillig oder schlicht irrational ist. Diese Überlegung gilt für beide: Ich muss ihm vertrauen, dass er kooperieren will und wird – und er mir, dass ich kooperieren will und werde.

Fassen wir zusammen: Kooperation kann aus zwei Gründen nicht zustande kommen. Erstens kann es sein, dass schlicht das Motiv fehlt. Die Beteiligten haben kein Interesse an Koopera-

1.5 Die Gefahr kultureller Vertrauensmissverständnisse

tion, sie wollen nicht kooperieren. Zweitens kann es aber auch sein, dass es zwar auf beiden Seiten ein Kooperationsmotiv gibt, dass aber mindestens eine Seite zu der *Fehleinschätzung* gelangt, es gebe dieses Motiv auf der anderen Seite nicht. Daher ist es ein „fundamentaler Fehler" aus dem Nichtzustandekommen von Kooperationen zu folgern, dass keine rationalen Motive für Kooperation vorhanden seien, also dass die Betroffenen nicht kooperieren wollten (Gambetta 2000).

Genau damit haben wir nun das negative Vertrauensmissverständnis rekonstruiert: Obwohl es eigentlich keinen Grund gibt, B nicht zu vertrauen, ist A nicht dazu bereit, B Vertrauen zu schenken. Denn er ist fälschlicherweise zu der Überzeugung gelangt, dass B nicht vertrauenswürdig ist. Unter der Annahme, dass sich die Gewichtung der verschiedenen Vertrauensfaktoren (vgl. 1.3.1) und die Prozesse der Einschätzung der Vertrauenswürdigkeit (vgl. 1.3.2) in zwei Kulturen unterscheiden können, ist gerade in der interkulturellen Zusammenarbeit zu erwarten, dass es zu solchen negativen Vertrauensmissverständnissen kommt. Das Wissen um vertrauensrelevante kulturelle Unterschiede ist daher von großer Wichtigkeit und Praxisrelevanz. Von Interesse ist dabei, „wie sich Individuen Überzeugungen aneignen" (Gambetta 2001: 210), und inwiefern es hierbei kulturelle Differenzen gibt, welche die Ausbildung von Vertrauensüberzeugungen behindern können.

1.5.3 Die doppelte Unbewusstheit der interkulturellen Vertrauenseinschätzung

Im letzten Abschnitt habe ich Vertrauensmissverständnisse in Analogie zu aktiven Vertrauenstäuschungen als Interaktionssituationen rekonstruiert, in welchen einer der Beteiligten eine Vertrauensüberzeugung ausbildet, die aus der Sicht des anderen (bzw. aus einer übergeordneten Betrachtungsperspektive) nicht gerechtfertigt ist. Der Grund für solche Vertrauensmissverständnisse kann sein, dass die Beteiligten aufgrund ihrer kulturellen Hintergründe in unterschiedlicher Weise von beobachtetem Verhalten auf Vertrauensfaktoren schließen oder diese in unterschiedlicher Weise als Ausgangspunkt für Vertrauensgeneralisierungen nehmen. Doch einen wesentlichen Aspekt von Missverständnissen haben wir dabei noch nicht in den Blick genommen: Bei einem Missverständnis sind sich die Beteiligten – zumindest für einen Moment, teilweise jedoch auch deutlich länger – nicht darüber im Klaren, dass sie sich missverstehen. Denn ein Missverständnis, das man als solches durchschaut hat, löst sich auf und ist kein Missverständnis mehr.

Im Fall der kulturellen Vertrauensmissverständnisse gibt es nun zwei Faktoren, die fördern, dass solche Missverständnisse entstehen und dass dies von den Beteiligten nicht (auf Anhieb) bemerkt wird. Mit der 'doppelte Unbewusstheit der interkulturellen Vertrauenseinschätzung' beziehe ich mich auf die Tatsache, dass wir uns gewöhnlich weder unserer eigenen impliziten (!) Vertrauenstheorie noch deren kultureller Prägung bewusst sind.

1.5.3.1 Der implizite Charakter von Vertrauenseinschätzungen

Darüber, wie sich Vertrauen entwickelt, denkt man gewöhnlich nicht nach. Vertrauen wird als weitgehend „prä-reflexives" Phänomen bezeichnet (Offe 2001: 365) bzw. als „nicht bewusstseinspflichtig" charakterisiert (Thomas 2005e: 38). Dass die kognitiven Prozesse der Vertrauenseinschätzung in der Regel unbewusst ablaufen, erschwert es, sich über ein eventuelles Fehllaufen dieser Prozesse klar zu werden. Aus der Forschung über implizite bzw. 'automatische' soziale Kognition, wissen wir, dass viele Aspekte der sozialen Urteilsbildung und der Einschätzung von Interaktionspartnern weitgehend unbewusst ablaufen (Devine 2001, Greenwald & Banaji 1995, Greenwald et al. 2006). Eine Reihe solcher kognitiver Mechanismen habe ich in 1.4.2.4 diskutiert, darunter auch die 'implizite Persönlichkeitstheorie' von Bruner & Tagiuri 1954, die Schweer (1996, 1997, 2008) für Vertrauen spezifiziert hat und als 'implizite Vertrauenstheorie' bezeichnet.

Dass die Prozesse der Vertrauenseinschätzung zu großen Teilen unbewusst ablaufen, ist zwar auf der einen Seite ein Vorteil, denn es verschafft uns eine 'kognitive Entlastung': Es ist viel wert, dass wir mit Kollegen oder Partnern zusammen arbeiten können, ohne ständig bewusst darüber nachdenken zu müssen, ob und inwiefern wir ihnen vertrauen können. Wir müssen nicht ständig bewusst alle möglichen Vertrauensfaktoren im Kopf haben, um unsere Vertrauenseinschätzung zu überprüfen und fortzuentwickeln. Auf der anderen Seite bedeutet dies jedoch, dass auch potenzielle Fehleinschätzungen leicht unentdeckt bleiben und nicht bewusst korrigiert werden können. Insgesamt hat man jedoch über die vielfältigen Erfahrungen seiner Biographie meist gelernt, die Vertrauenswürdigkeit anderer erfolgreich einzuschätzen. Erfahrene Manager sind darin erprobt, in neuen beruflichen Beziehungen ihre Kollegen oder Partner richtig einzuschätzen. Sie haben relativ zuverlässige 'interne Alarmglocken' entwickelt, die sie aufmerken lassen, wenn getäuscht wird oder Intrigen gesponnen werden. Allerdings ist es nun gerade dieser Erfahrungsschatz, der es ihnen ermöglicht, im Alltag gleichsam mit einem 'Autopiloten' der Vertrauenseinschätzung und -demonstration zu fahren, also treffsicher einfach 'nebenbei' die Vertrauenswürdigkeit von Kollegen oder Partnern relativ einzuschätzen und sich selbst vertrauenswürdig zu verhalten. Was aber passiert, wenn diese Kollegen oder Partner selbst mit einem ganz anderen 'Autopiloten' unterwegs sind? Was passiert, wenn sie ihre Erfahrungen in einem anderen kulturellen Kontext gemacht haben, in welchen man viele beruflichen Dinge anders regelt und auch mit der Frage, wann man jemandem Vertrauen kann, anders umgeht?

1.5.3.2 Der unbewusste Charakter kultureller Prägungen

Der eigenen kulturellen Prägungen ist man sich in vielerlei Hinsicht nicht bewusst. Will man sie sich bewusst machen, ist das für unterschiedliche Aspekte kultureller Prägung unterschiedlich schwierig. Beispielsweise unterscheidet Schein (1985) in seinem vielfach zitierten Modell der drei Kulturebenen zwischen einer obersten sichtbaren Ebene (mit Artefakten wie Kleidung oder offensichtlichen Verhaltensweisen wie Essgewohnheiten), einer mittleren und bereits teilweise unbewussten Ebene (welche Werte, Normen, grundlegende Ziele oder Vorgehensstrategien umfasst) und schließlich einer unteren Ebene unbewusster kultureller Grundannahmen in Bezug auf die menschliche Natur, menschliche Beziehungen etc., die nur verstehend rekonstruierbar sind.

Dass man sich grundlegender kultureller Prägungen nicht bewusst ist, lässt sich durch deren Funktion erklären. Sie dienen als „Orientierungsrahmen" (Kühlmann 2008: 34), um – in der jeweiligen Kultur – effizient interagieren zu können (vgl. 1.4.3.1). Man erwirbt kulturelle Prägungen im Prozess der Enkulturation im Sinne von Werkzeugen, mit welchen man „sich in seiner Welt zurecht finden und orientieren kann" (Thomas 2005a: 23). Wenn man in seiner Kultur groß geworden ist, sind diese „Wahrnehmungs-, Denk-, Beurteilungs- und Verhaltensschemata so weit entwickelt und verinnerlicht, dass der Handelnde über ihre Funktionsweise, ihre Dynamik und ihre Folgen nicht mehr gesondert nachzudenken braucht. Sie sind [...] in die Handlungsroutine eingegangen" (ebd.). Ähnlich wie man auf seinem Weg zur Arbeit nicht mehr darüber nachdenkt, wo genau es entlanggeht, ist einem in der täglichen Interaktion mit Kollegen oder Geschäftspartnern nicht bewusst, wann und inwiefern man sich gemäß kultureller Schemata verhält. Kulturelle Prägungen in Bezug auf die Vertrauensentwicklung zu Kollegen oder Geschäftspartnern gehören zum unbewussten Teil von Kultur (vgl. 1.5.3.1). Auch dies trägt dazu bei, dass kulturelle Vertrauensmissverständnisse entstehen können. Denn es kann leicht unbemerkt bleiben, wenn man in der interkulturellen Zusammenarbeit mit seiner Einschätzung der Vertrauenswürdigkeit oder der Generalisierung von Vertrauen in Kollegen oder Partner danebenliegt.

1.6 Zusammenfassung und Forschungsfragen

1.6.1 Zusammenfassender Überblick

In diesem Kapitel wurde ein Modell der interpersonalen Vertrauensentwicklung vorgeschlagen, mithilfe dessen eine Theorie des Einflusses kultureller Differenz auf die Entwicklung von Vertrauen formuliert werden konnte. Dazu wurde erstens die Einschätzung der Vertrauenswürdigkeit von Kollegen oder Partnern als 'Faktordiagnose' rekonstruiert, das heißt als Prozess der Interpretation von Verhaltensweisen oder anderen Informationen als Vertrauensfaktoren. Grundlegend ist hierbei die Unterscheidung zwischen einerseits Verhaltensbeobachtungen und andererseits deren *Interpretation als* Vertrauensbedingungen bzw. Vertrauensfaktoren. Mit den entsprechenden Interpretationsschemata wurde ein erster potenzieller Einflussbereich kultureller Differenz auf die Vertrauensentwicklung identifiziert: Das gleiche Verhalten in einer bestimmten Situation kann in *einer* Kultur als ein bestimmter Vertrauensfaktor gelten während es in einer *anderen* Kultur gar nicht mit diesem Vertrauensfaktor in Zusammenhang gebracht wird.

Zweitens wurde die 'Vertrauensbildung' als Übergang von der Einschätzung der Vertrauenswürdigkeit eines Partners ('diagnostizierte Vertrauensfaktoren') zum Vertrauen in den Partner rekonstruiert. Dabei spielen Generalisierungsprozesse des Vertrauens eine wichtige Rolle. Grundlage dieser Überlegung ist die Differenzierung von Hinsichten des Vertrauens: Verhaltensbeobachtungen können als Vertrauensfaktoren für unterschiedliche Hinsichten des Vertrauens interpretiert werden. Eine solche Vertrauensüberzeugung in einer bestimmten Hinsicht kann im Verlauf einer Arbeitsbeziehung generalisiert werden. Wichtige Vertrauensfaktoren geben dabei in stärkerem Maße dazu Anlass, Vertrauen zu generalisieren. In manchen Fällen wird eine bestimmte Information noch nicht ausreichen, um überhaupt ein erstes Vertrauen zu einem Partner aufzubauen. In anderen Fällen wird eine Information so wichtig erscheinen, dass sie den Ausgangspunkt für die Entwicklung eines relativ umfassenden Vertrauens bildet. In diesem Fall ist sie die Grundlage für einen Generalisierungsprozess, das heißt für die Ausdehnung eines relativ speziellen Vertrauens auf weitere Hinsichten des Vertrauens oder auf die Person des anderen insgesamt. Gleiches gilt für den umgekehrten Fall: Auch die Einschätzung, man könne in einer bestimmten Hinsicht nicht vertrauen kann Ausgangspunkt einer Generalisierung sein und zum Verlust von Vertrauen insgesamt führen. Die Gewichtungsschemata für Vertrauensfaktoren, welche dafür verantwortlich sind, wie leicht bzw. in welchem Mae generalisiert wird, wurden als ein zweiter potenzieller Bereich des Einflusses kultureller Differenz auf die Vertrauensentwicklung identifiziert.

Das vorgeschlagene Modell zeigt damit, dass nicht nur kulturelle Unterschiede in der Gewichtung von Vertrauensfaktoren, sondern auch kulturelle Unterschiede der Interpretation von Verhaltensweisen als Vertrauensfaktoren potenziell einen Einfluss auf die Entwicklung von Vertrauen in der interkulturellen Zusammenarbeit haben – und damit zu kulturellen Vertrauensmissverständnissen führen können. Daher darf man für eine Untersuchung des Einflusses kultureller Differenz auf die Entwicklung von Vertrauen nicht nur die Frage nach Kulturunterschieden der Gewichtung von Vertrauensfaktoren in den Blick nehmen, sondern man muss auch fragen, inwiefern sich die Interpretationsschemata für den Schluss von Verhaltensweisen auf Vertrauensfaktoren unterscheiden. Diese beiden Aspekte wurden in der im Folgenden dargestellten empirischen Studie untersucht, und sie wurden aus forschungslogischen Gründen auch in genau dieser Reihenfolge bearbeitet (zu den Ergebnissen vgl. Kap. 4 und 5).

1.6.2 Formulierung der Forschungsfragen

Das einleitend formulierte Forschungsinteresse am Einfluss kultureller Unterschiede auf die Entwicklung von Vertrauen lässt sich vor dem Hintergrund der theoretischen Grundlegung in diesem Kapitel in Form der folgenden drei Forschungsfragen konkretisieren.

(1) **Welches sind die Faktoren, anhand derer Manager im beruflichen Alltag die Vertrauenswürdigkeit von Kollegen oder Geschäftspartnern einschätzen ('Vertrauensfaktoren')?**
Als Vorausbedingung muss zunächst in einer für eine interkulturelle Betrachtung hinreichend differenzierten Weise geklärt werden, welches die (in der interkulturellen Zusammenarbeit der untersuchten Kulturen) relevanten Vertrauensfaktoren sind. Welche Aspekte nehmen Manager (der untersuchten Kulturen) in den Blick, um zu einer Einschätzung zu gelangen, ob sie einem Kollegen oder Geschäftspartner vertrauen können?

(2) **Werden bestimmte Vertrauensfaktoren in unterschiedlichen Kulturen unterschiedlich gewichtet?**
Diese Frage zielt auf die eine Einflussebene kultureller Unterschiede auf die Vertrauensentwicklung: die Gewichtungsschemata für Vertrauensfaktoren. Sie interessiert sich dafür, ob sich die Wichtigkeit, die Manager einzelnen Vertrauensfaktoren beimessen, im Kulturvergleich unterscheidet. Das heißt, es geht um die Wahrscheinlichkeit, mit der bestimmte Vertrauensfaktoren in den untersuchten Kulturen zur Bildung von Vertrauen führen – bzw. als Ausgangspunkt für Vertrauensgeneralisierungen dienen.

(3) **Wird in unterschiedlichen Kulturen auf unterschiedliche Weise von beobachtetem Verhalten auf Vertrauensfaktoren geschlossen?**
Gemäß der entwickelten Theorie des Einflusses kultureller Differenz auf die Vertrauensentwicklung wäre es nicht ausreichend, den Blick auf Kulturunterschiede in der Gewichtung von Vertrauensfaktoren zu richten. Denn kulturelle Unterschiede können die Entwicklung von Vertrauen auch dann beeinflussen, wenn Vertrauensfaktoren in zwei Kulturen genau den gleichen Stellenwert haben. Dies kann dann der Fall sein, wenn man in den jeweiligen Kulturen anhand unterschiedlicher Verhaltensweisen bzw. unter Berücksichtigung unterschiedlicher Situationsumstände auf den jeweiligen Vertrauensfaktor schließt. Daher muss als zweiter Bereich eines potenziellen Einflusses von Kulturunterschieden auf die Entwicklung von Vertrauen die 'Faktordiagnose' in den Blick genommen werden: die Interpretation von Verhaltensweisen als Vertrauensfaktor. Welches konkrete Verhalten eines Kollegen oder Geschäftspartners legen Manager in unterschiedlichen Kulturen dem Schluss auf einen bestimmten Vertrauensfaktor zugrunde? Wann wird ein bestimmtes Verhalten als ein bestimmter Vertrauensfaktor interpretiert?

Das folgende Kapitel beschreibt einen empirischen Zugang zur Erforschung dieser drei Fragen, und die sich anschließenden Kapitel 3, 4 und 5 stellen jeweils dar, welche Antworten auf die drei Fragen in der empirische Studie gefunden wurden.

2. Die Studie: Ein Ansatz der interkulturellen Vertrauensforschung

Wie lässt sich der im letzten Kapitel theoretisch beschriebene Einfluss kultureller Differenz auf die Entwicklung von Vertrauen empirisch untersuchen? Wie lassen sich die im letzten Kapitel formulierten drei Forschungsfragen mit den Methoden der empirischen Sozialwissenschaft beantworten? Das in diesem Kapitel beschriebene Vorgehen kombiniert etablierte Methoden zu einem neuen Ansatz der interkulturellen Vertrauensforschung. Die Darstellung verfolgt nicht nur das Ziel, Design, Erhebung und Auswertung der Studie im Sinne des Gütekriteriums der intersubjektiven Nachvollziehbarkeit darzustellen, sondern sie versteht sich gleichzeitig als methodologischer Beitrag zur Untersuchung von Vertrauen in interkulturellen Kontexten.

Das Kapitel gliedert sich gemäß der Logik der empirischen Studie in die Darstellung der grundlegenden Überlegungen zum Forschungsdesign (2.1) sowie die Beschreibung der Datenerhebung (2.2) und der Datenauswertung (2.3). Die Abschnitte schließen jeweils mit einer Diskussion von Gütekriterien, das heißt Kriterien zur Einschätzung der wissenschaftlichen Qualität. Das Ende des Abschnitts zur Datenauswertung widmet sich darüber hinaus der Frage, welche Verallgemeinerungsansprüche sich mit den in der Studie gewonnenen Erkenntnissen verbinden.

2.1 Forschungsdesign

In den folgenden Abschnitten wird zunächst die Wahl eines explorativen Zugangs begründet und erläutert (2.1.1). Danach werden die Forschungsfragen aus methodischer Sicht präzisiert (2.1.2). Anschließend wird die eingesetzte Kombination qualitativer und quantitativer Forschungstechniken als ein bestimmter Typ von 'Mixed-Methods-Design' charakterisiert (2.1.3), und es wird erläutert, warum die Studie am Beispiel der deutsch-französischen Zusammenarbeit durchgeführt wurde (2.1.4). Danach wird die Frage der Stichprobenbildung in den Blick genommen: Es werden zunächst die Wahl eines quasi-experimentellen Designs (2.1.5) und anschließend die sich ergebenden Implikationen für die Stichprobenbildung (2.1.6) erläutert. In den darauf folgenden Abschnitten werden die verwendeten Erhebungs- und Auswertungstechniken beschrieben (2.1.7-8) und abschließend die Frage der Einschätzung des Designs anhand wissenschaftlicher Gütekriterien diskutiert (2.1.9).

2.1.1 Sozialwissenschaftliche Zugänge und Forschungstechniken

Für die sozialwissenschaftliche Operationalisierung eines theoretisch formulierten Forschungsinteresses bieten sich unterschiedliche Möglichkeiten. Die grundlegende Frage betrifft das Spannungsfeld zwischen explorativen und konfirmatorischen Zugangsweisen. Diese stehen idealtypisch für zwei grundsätzliche Aspekte des sozialwissenschaftlichen Forschungsprozesses, nämlich die konzeptionell-strukturelle Klärung eines Forschungsgegenstands und die Überprüfung von Hypothesen über den Forschungsgegenstand. Da erstere nicht notwendigerweise empirisch erfolgen muss, sondern auch auf theoretischem Weg an den bisherigen Forschungsbeiträgen ansetzen kann, ist die explorative Empirie nicht immer im Blick. Sie wird jedoch genau dann wichtig, wenn es aufgrund des Stands von Theoriebildung und Empirie strittig ist, ob sich im Hinblick auf den Forschungsgegenstand angemessene Hypothesen formulieren lassen. Genau dies ist im Bereich der interkulturellen Vertrauensforschung im Hinblick auf Fragen der Einschätzung der Vertrauenswürdigkeit von Kollegen oder Geschäftspartnern und die Entstehung kultureller Vertrauensmissverständnisse der Fall, wie im Forschungsüberblick in 1.2 ausgeführt wurde und in der Präzisierung der Forschungsfragen in 2.1.2 noch einmal detaillierter begründet wird.

Das theoretische Vorverständnis des Forschungsgegenstands und der empirische Test von auf Basis dieses Vorverständnisses entwickelten Hypothesen stehen in einer notwendigen logischen Reihenfolge. Hypothesen müssen theoretisch fundiert sein und setzen daher ein entsprechendes Vorverständnis des Forschungsgegenstands voraus. In welchem Maße sich jedoch ein konkretes Forschungsprojekt in seinem empirischem Part um die konzeptionell-strukturelle Exploration des jeweiligen Forschungsgegenstands oder um die Überprüfung von Hypothesen über diesen Forschungsgegenstand bemüht, ist eine Funktion des formulierten Forschungsinteresses, des Forschungsstands und der Schwerpunktsetzung bzw. der verfügbaren Ressourcen. Allerdings ergeben sich aus dieser Entscheidung über den methodischen Zugang grundsätzliche Implikationen für den wissenschaftlichen Status der jeweiligen Forschungsergebnisse. Gemäß der logischen Reihenfolge von Exploration und Hypothesentest zielt explorative Forschung auf empirisch fundierte Theorie- und Hypothesenentwicklung, konfirmatorische Forschung hingegen auf den empirischen Test von Hypothesen.

Was nun die eingesetzten Forschungstechniken anbelangt, fällt die starke Assoziation zwischen dem explorativen Zugang und qualitativen Forschungstechniken sowie dem konfirmatorischen Zugang und 'quantitativen' Forschungstechniken ins Auge. Sie zeigt sich auch in der häufigen Kontrastierung 'qualitativer' und ein 'quantitativer' Ansätze. Im engeren Sinn beziehen sich die Begriffe 'qualitativ' und 'quantitativ' jedoch lediglich auf empirische Methoden der Datenerhebung und -auswertung. Noch spezifischer bezieht sich 'qualitativ' auf inhaltlich charakterisierende, nicht zählbare Aspekte von Daten, wohingegen 'quantitativ' den zählbaren Charakter von Daten bezeichnet. Die Begriffe eignen sich daher nicht für die Unterscheidung explorativer (deskriptiver) und konfirmatorischer (hypothesentestender) Forschungsdesigns (vgl. Tab. 2.1).

Tab. 2.1: Phasen sozialwissenschaftlicher Forschung (nach Foscht et al. 2007)

Konzeptionsphase	Fragestellung	explorative vs. konfirmatorische Forschungsfragen
Empiriephase	Datenerhebung	qualitative vs. quantitative Erhebungs- bzw. Auswertungstechniken
	Datenanalyse	
Schlussfolgerungsphase	Schlussfolgerung	Theorie-/Hypothesenentwicklung vs. Hypothesentest

Dennoch dienen in einer idealisierten Gegenüberstellung auf der einen Seite die vor dem Hintergrund eines explorativen Forschungsinteresses eingesetzten qualitativen Erhebungs- und Auswertungstechniken in der Schlussfolgerungsphase des Forschungsprozesses dazu, die *Theoriebildung* hinsichtlich des Untersuchungsgegenstands voranzutreiben, um stichhaltige Hypothesen über den untersuchten Phänomenbereich zu generieren (Hypothesenentwicklung). Auf der anderen Seite prüft die im Rahmen von konfirmatorischen Fragestellungen eingesetzte quantitative Empirie *theoretisch* fundierte Hypothesen (Hypothesentest), und zwar üblicherweise anhand hinreichend großer Stichproben, um induktive Schlüsse auf die jeweils untersuchten gesellschaftlichen Gruppen ziehen zu können. Dabei liegt es nahe, standardisierte Erhebungsinstrumente heranzuziehen, welche sich zur Generierung von quantitativen Daten in größeren Stichproben eignen. Vielfach erprobt und geradezu 'klassisch' ist die Kombination explorativ-qualitativer 'Vorstudien' mit darauf aufbauenden konfirmatorisch-quantitativen 'Hauptstudien'.

Allerdings gilt deshalb nicht, dass explorative Designs der 'qualitativen Forschung' zuzuordnen seien und dass konfirmatorische Designs, die auf Zusammenhangs- und Kausalanalysen zielen, nur durch quantitative Methoden zu realisieren seien (vgl. Mayring 2007d). Zu Verwirrung führt nun zusätzlich, dass in der praktischen sozialwissenschaftlichen Forschung, zumal im Bereich der Betriebswirtschaftslehre, qualitative und quantitative Forschungstechniken zunehmend in Kombinationsvarianten mit unterschiedlichen Schwerpunktsetzungen zum Einsatz kommen. Die methodologische Diskussion nimmt hiervon zunehmend Kenntnis, und die unterschiedlichen Kombinationsvarianten werden inzwischen unter der Bezeichnung 'mixed methods' als 'drittes Paradigma' gehandelt (Foscht et al. 2007, Mayring 2007c, Tashakkori & Teddlie 2003a; vgl. auch 2.1.3).[47]

Zusammengefasst sollte sich die Wahl des methodischen Zugangs letztlich daran ausrichten, ob die Fragestellung es vor dem Hintergrund des einschlägigen Forschungsstands sinnvoll erscheinen lässt, ein konfirmatorisches Design zu entwickeln oder nicht. Wenn man auf Basis der einschlägigen Theoriebildung und der bereits vorliegenden empirischen Forschungsergebnisse Hypothesen formulieren kann, welche die Fragestellung angemessen operationalisieren, dann kann man diese nach dem Wissenschaftsverständnis des kritischen Rationalismus durch Falsifikationstests überprüfen (konfirmatorisches Design). Sofern das verfügbare Vorwissen bzw. der Forschungsstand es jedoch nicht zulassen, gut begründete und dem Forschungsinteresse angemessene überprüfbare Hypothesen zu formulieren, oder sich das Forschungsinteresse auf ein verbessertes Gegenstandsverständnis zielt, so dass andere oder fundiertere Hypothesen entwickelt werden können, gilt es zunächst, das interessierende Phänomen in wissenschaftlich fundierter Weise zu explorieren (exploratives Design).

2.1.2 Methodische Präzisierung der Forschungsfragen

2.1.2.1 *Forschungsfrage-1: explorativ mit qualitativer Auswertung*

Die erste Forschungsfrage zielt darauf, die Voraussetzungen für die Erforschung der zweiten und dritten Forschungsfrage zu liefern. Um Kulturunterschiede der Gewichtung von Vertrauensfaktoren oder der Interpretation von Verhaltensweisen als Vertrauensfaktor bestimmen zu können, braucht man einen hinreichend differenzierten Blick auf Vertrauensfaktoren. Man muss genau diejenigen Differenzierungen zwischen Vertrauensfaktoren in den Blick nehmen können, hinsichtlich derer sich die untersuchten Kulturen unterscheiden. Ein validiertes empirisches Instrumentarium für die kulturvergleichende Untersuchung von Vertrauensfaktoren steht allerdings auf diesem Differenzierungsniveau nicht zur Verfügung – weder für einen internationalen Vergleich unterschiedlicher Kulturen noch speziell für den deutsch-französischen Vergleich. Die bislang in der Literatur verfügbaren Systematiken von Vertrauensbedingungen, 'Antecedents of Trust'-Listen oder Trust Scales bzw. Trust Inventories stellen jeweils nur ein relativ begrenztes Differenzierungsniveau bereit (vgl. 1.4.2.2). Zudem wurden sie nicht aus einer kulturvergleichenden Perspektive heraus entwickelt. Das heißt, dass die für Kulturvergleiche notwendigen Unterscheidungen in der Entwicklung dieser Instrumente bzw. Kategoriensysteme nicht bewusst berücksichtigt wurden. Die bisherige Forschung stellt daher keine fundierten Grundlagen für die Entscheidung bereit, *welche* der bisher vorgeschlagenen bzw. der darüber hinaus möglichen Differenzierungen von Vertrauensfaktoren für eine interkulturelle Untersuchung der Vertrauensentwicklung herangezogen

---

[47] Diziplinenorientierte Zusammenstellungen von Mixed-Methods-Studien liefern beispielsweise Mayring et al. (2007) für die Psychologie oder Niglas (2004) für die Pädagogik.

werden können bzw. sollen. Es muss demgemäß nach dem aktuellen Forschungsstand in der interkulturellen Vertrauensforschung darum gehen, diese Differenzierungen zu entwicklen – und gerade nicht um die Suche nach „more parsimonious models of antecedents of trust", wie sie in der allgemeinen Vertrauensforschung gefordert (Bijlsma & Bunt 2003: 552, vgl. auch Dirks & Ferrin 2002). – Die erste Forschungsfrage ist damit grundsätzlich als **explorative** Frage zu charakterisieren.

Neben der grundsätzlichen Forderung nach einer Differenzierung von Vertrauensfaktoren besteht für eine interkulturelle Studie die methodische Schwierigkeit, 'richtig' bzw. kulturadäquat zu differenzieren. Dies lässt sich mithilfe des Beispiels 'Vertrauen und Pünktlichkeit' illustrieren, das ich anhand des fiktiven deutsch-brasilianischen Geschäftstermins im letzten Kapitel diskutiert habe (1.3.1.2 und 1.3.2.2). Denn an diesem Beispiel kann man sehen, warum es für unsere Forschungsfragen nicht nur wichtig ist, überhaupt einen hinreichend differenzierten Blick auf Vertrauensfaktoren zu entwickeln, sondern warum es darüber hinaus äußerst schwierig ist, in der richtigen Hinsicht zu differenzieren.

Ich hatte in 1.3.2.2 argumentiert, dass sich ein deutsch-brasilianisches Vertrauensmissverständnis durch den kulturell unterschiedlichen Toleranzbereich für Pünktlichkeit ergeben kann. Doch woher kann man als Forscher wissen, dass es in dem skizzierten Beispiel wichtig ist, eventuelle Kulturunterschiede hinsichtlich des zeitlichen Toleranzbereichs für Pünktlichkeit in Betracht zu ziehen? Sofern ich nicht, wie in dem skizzierten Beispiel, auf bestehende Forschungsergebnisse zurückgreifen kann, kann das sehr schwierig sein. Dies liegt daran, dass wir durch unsere eigene Kultur in unserer Wahrnehmung und unseren Einschätzungen geprägt sind. Unsere Kultur hat uns bestimmte Einschätzungsmuster als 'kognitive Rahmen' mitgegeben – wie beispielsweise in Bezug auf die Frage, in welchen Kontexten jemand mit welcher 'zeitlichen Verspätung' noch als pünktlich gilt und wo die Grenze verläuft, ab derer er definitiv als unpünktlich erscheint (vgl. 1.4.3.2 Theorie der kulturellen kognitiven Rahmen). Dies gilt natürlich auch für Wissenschaftler. Angenommen man stellt in einem Forschungsprojekt fest, dass in einer konkreten Situation wie in dem beschriebenen Beispiel ein deutscher Manager zu der Ansicht gelangt, sein brasilianischer Kollege sei unpünktlich und habe seine Zusage nicht eingehalten. Der Brasilianer aber ist nicht der Ansicht, er sei unpünktlich gewesen. Er behauptet, von einer 'nicht-eingehaltenen Zusage' könne nicht die Rede sein. Aus der Sicht eines deutschen Forschers liegt nun zunächst die Schlussfolgerung nahe, dass dem Brasilianer Unpünktlichkeit nicht so wichtig ist, und er schließt auf einen Gewichtungsunterschied des Vertrauensfaktors 'Pünktlichkeit'. Damit wäre der Forscher allerdings in seiner eigenen kulturell geprägten Perspektive gefangen, die nicht hinterfragt, inwiefern das Konzept der Pünktlichkeit selbst kulturell unterschiedlich ist. Denn es geht hier möglicherweise gar nicht darum, wie wichtig Pünktlichkeit ist. Aus Sicht des Brasilianers geht es gar nicht um Pünktlichkeit. Für ihn bewegen wir uns unhinterfragt innerhalb des klar akzeptierten Toleranzbereichs und es handelt sich daher gar nicht um einen Fall von ggf. negativ zu bewertender Unpünktlichkeit (vgl. das eindrucksvolle Beispiel für Kulturunterschiede des Aufmerksamkeitsfokus von Bausinger in Fußnote 31). Wie jeder Manager ist auch jeder Forscher in natürlicher Weise an die Perspektive seiner eigenen kulturellen Prägung gebunden. Er greift daher in seinem Bemühen um ein Verständnis anderskultureller Verhaltensweisen zunächst auf die Konzepte und Sichtweisen seiner eigenen Kultur zurück. Dass auch Forscher durch die eigenen kulturellen 'kognitiven Rahmen' blicken, wird genau dann problematisch, wenn es bei der Betrachtung einer anderen Kultur zu Fehlinterpretationen führt. Auch für regelgeleitete wissenschaftliche Analysen gilt, dass in der interkulturellen Forschung ein situativ angemessenes Verständnis bestimmter Daten – Situationen oder Verhal-

tensweisen – teilweise nur dann möglich ist, wenn es gelingt, die Perspektive der anderen Kultur einzunehmen bzw. nachzuvollziehen. Die entsprechende Frage danach, wie sich Vertrauensfaktoren in einer für die interkulturelle Forschung angemessenen Weise differenzieren lassen, ist daher eine **qualitative** Fragestellung.
Nach den vorangegangenen Überlegungen liefe in der interkulturellen Vertrauensforschung die Verwendung der verfügbaren standardisierten Erhebungs- oder Testinstrumente der allgemeinen Vertrauensforschung Gefahr, wesentliche Differenzierungen gar nicht erst in den Blick zu bekommen – was in Bezug auf die erste und zweite Forschungsfrage die Validität der Untersuchung in Frage stellen würde. Manche Autoren haben daher die theoriebasierte Entwicklung spezifischer Testinstrumente und Hypothesen ausgehend von den bestehenden Instrumenten der Vertrauensforschung und den verfügbaren Systematiken kultureller Unterschiede vorgeschlagen (Doney et al. 1998). In dieser Diskussion wurde aber zu Recht darauf hingewiesen, dass sich hierbei letztlich in gleicher Weise die Problematik der eigenkulturellen Prägung des Forschers stellt. Von daher sei es geboten, in der Entwicklung solcher Testinstrumente die Innensicht der untersuchten Kulturen zu berücksichtigen (emische Perspektive, vgl. 1.2.2.2). "We should start to try to understand the phenomenon of trust more from within and less from our own necessarily biased perspective" (Norderhaven 1999: 10). Genau dies zu leisten, verspricht aus methodischer Sicht der Einsatz qualitativer Erhebungs- und Auswertungstechniken im Rahmen einer 'offen-explorativen' Herangehensweise. Ein solches Vorgehen erscheint prinzipiell dazu geeignet, die beschriebene Einnahme einer 'emischen' Perspektive zu ermöglichen, um die für einen spezifischen Kulturvergleich angemessenen Differenzierungen von Vertrauensfaktoren bestimmen zu können. Denn der Leitgedanke qualitativer Erhebungs- und Auswertungstechniken ist die Orientierung an den individuellen Bedeutungsstrukturierungen der jeweiligen Untersuchungsteilnehmer (Lamnek 2005: 365f.). Den Kern qualitativer Erhebungstechniken wie beispielsweise offener Interviews bildet es festzustellen, „wie die Gesprächspartner ihre Gedanken zum Untersuchungsgegenstand selbst strukturieren und welche gedanklichen Kategorien sie wählen" um ihn im Gespräch zu beschreiben (Cropley 2005: 106). Ziel ist es, den Einfluss der Vorannahmen und Deutungsmuster des Forschers in der Erhebung und Auswertung möglichst gering zu halten. Man versucht als Forscher in gewisser Weise, hinter seinem eigenen 'kognitiven Rahmen' hervorzutreten (vgl. 1.4.3.2). Dazu dient ein zunächst tendenziell ergebnisoffener Prozess der Datenerhebung und -auswertung, in welchem der Forscher versucht, sich an die kulturellen Sprach- und Verhaltenscodes der Untersuchungsteilnehmer anzupassen. Diese Anpassung ermöglicht es, aussagekräftige Daten im Hinblick auf relevante Aspekte des zu explorierenden Phänomens oder Forschungsfelds zu gewinnen, die vor der Untersuchung noch nicht bekannt sind. – Aus diesen Gründen wurden für die Beantwortung der ersten Forschungsfrage **qualitative** Erhebungs- und Auswertungstechniken gewählt: offene Leitfadeninterviews und eine qualitative Inhaltsanalyse zur induktiven Entwicklung eines Kategoriensystems von Vertrauensfaktoren.

2.1.2.2 Forschungsfrage-2: explorativ mit quantitativer Auswertung

Ohne spezifische Unterschiedshypothesen zu formulieren, interessiert sich die zweite Forschungsfrage für Kulturunterschiede in der Gewichtung von Vertrauensfaktoren. Sie ist damit ebenfalls als **explorative** Fragestellung zu charakterisieren. Allerdings ist ein Vergleich von Gewichtungen grundsätzlich **quantitativer** Natur. Denn um feststellen zu können, inwiefern Manager in einer Kultur einen bestimmten Vertrauensfaktor für wichtiger halten als dies Manager einer Vergleichskultur tun, muss man in irgendeiner Form quantifizieren.

Vor dem Hintergrund der Ergebnisse in Bezug auf die erste Forschungsfrage bieten sich hier nun unterschiedliche Optionen. Zum einen könnte auf Basis des entwickelten Kategoriensystems von Vertrauensfaktoren ein standardisiertes Erhebungsinstrument entwickelt werden, das sich speziell zur Erhebung von Gewichtungsunterschieden bei Vertrauensfaktoren eignet. Ein einfacher Ansatz wäre es, in einer weiteren Datenerhebung in zwei Vergleichgruppen für jeden Vertrauensfaktor Gewichtungseinschätzungen auf einer Likert-Skala zu erheben und anschließend die durchschnittlichen Werte für die einzelnen Vertrauensfaktoren zu vergleichen. Alternativ könnte man bereits in der Erhebung für die erste Forschungsfrage die Stichprobe so aufbauen werden, dass – mithilfe einer Kodierung der Interviews und damit einer Quantifizierung der Daten – eine statistische bzw. **quantitative** Auswertung möglich wird (vgl. Srnka & Köszegi 2007). Gewichtungsunterschiede könnten dann durch einen Vergleich von Kodierungshäufigkeiten in Teilgruppen untersucht werden. Dieser Weg wurde in der dieser Arbeit zugrunde liegenden Studie gewählt, da er es ermöglicht, die verfügbaren Ressourcen für eine umfangreichere Erhebung zu bündeln, welche eine gemeinsame Datengrundlage für verschiedene Auswertungsschritte liefert (vgl. 2.1.5-6 zu Teilgruppendesign und Stichprobenbildung). Die Bestimmung der Vertrauensfaktoren als Grundlage für die Bearbeitung der zweiten und dritten Forschungsfrage, konnte damit auf eine sehr fundierte empirische Basis gestellt werden.

2.1.2.3 Forschungsfrage-3: explorativ mit qualitativer Auswertung

Inwiefern wird in unterschiedlichen Kulturen auf unterschiedliche Weise von beobachtetem Verhalten auf Vertrauensfaktoren geschlossen? Auch in Bezug auf die dritte Forschungsfrage lässt sich auf Basis des Forschungsstands nicht präzise bestimmen, welche Kategorien oder Dimensionen für die interkulturelle Untersuchung derartiger Unterschiede einschlägig und angemessen sind. Auch die dritte Forschungsfrage wurde daher als **explorative** Frage charakterisiert: Sie zielt nicht auf einen Test bestehender Unterschiedshypothesen, sondern interessiert sich offen für Kulturunterschiede in der Diagnose von Vertrauensfaktoren. Dies hat den Vorteil, dass (zusammen mit einem Literaturreview der deutsch-französischen Managementforschung) erneut die im ersten Schritt erhobenen Interviewdaten herangezogen werden können. Hier geht es jedoch nicht um die Entwicklung eines Systems von Vertrauensfaktoren, welches zwar kulturadäquat differenzieren aber gleichwohl prinzipiell kulturneutral sein sollte. Stattdessen geht es um die Identifikation kultureller Prägungen im Umgang mit den zuvor identifizierten Vertrauensfaktoren, das heißt um Unterschiede in Bezug auf die Interpretationsschemata der Vertrauensfaktordiagnose. Das Ziel der Herausarbeitung vertrauensrelevanter Kulturunterschiede ist als **qualitatives** Interesse zu charakterisieren, da nicht der zählbare Charakter von Daten im Vordergrund steht. Eine genauere Beschreibung dieses Auswertungsschritts zur 'Bestimmung vertrauensrelevanter Unterschiedsbereiche' findet sich in 2.3.6-7. An dieser Stelle möchte ich auf die grundsätzliche Charakterisierung des Vorgehens als **qualitativer** Auswertungsschritt verweisen.

2.1.2.4 Zusammenfassender Überblick

Betrachten wir die gewählte Zugangsweise und die Charakterisierung der eingesetzten Forschungsmethodik für Datenerhebung und Datenauswertung im Überblick: Die Datenerhebung erfolgte qualitativ in Form offener Leitfadeninterviews und legte die Grundlage für die folgenden Auswertungsschritte. Auch die Datenauswertung für die erste Forschungsfrage folgte einer qualitativen Methodik. Mithilfe einer qualitativen Inhaltsanalyse wurde ein Kategoriensystem von Vertrauensfaktoren entwickelt. Die Berichte der interviewten Manager

2.1 Forschungsdesign

über die Vertrauensentwicklung in einzelnen konkreten beruflichen Beziehungen wurden anschließend mithilfe dieses Kategoriensystems kodiert. Dies führte zu quantitativen Daten (Kodierungshäufigkeiten der Vertrauensfaktoren), so dass zur Beantwortung der zweiten Forschungsfrage entsprechende quantitative Auswertungsverfahren eingesetzt werden konnten (Frequenzstatistik). Zur Beantwortung der dritten Forschungsfrage kam eine Analyse der Literatur zum deutsch-französischen Management in Kombination mit einer weiteren qualitativen Inhaltsanalyse zum Einsatz. Für diese wurden die Kommentare der interviewten Manager zu ihren Vertrauensentwicklungsberichten ausgewertet. In diesen beschreiben sie, welche Verhaltensweisen sie in ihrem beruflichen Alltag erwarten bzw. selbst an den Tag legen und inwiefern sie wechselseitig ihre Verhaltensgewohnheiten als kulturell geprägt wahrnehmen (vgl. 2.1.8.3 Erwartbare Daten). – Im Folgenden wird diese methodische Präzisierung für jede Forschungsfrage im Einzelnen erläutert. Eine Übersicht der Methodenkombination gibt Tab. 2.2 (vgl. auch die ausführlichere Darstellung des Mixed-Methods-Designs in Abb. 2.2 in 2.1.3.2).

Tab. 2.2: Methodische Präzisierung der Forschungsfragen

	Zugang	Erhebungsmethodik	Auswertungsmethodik
Forschungsfrage-1	**explorativ**	**qualitativ:** Leitfadeninterviews	**qualitativ:** qualitative Inhaltsanalyse 1
Forschungsfrage-2	**explorativ**		**quantitativ:** Frequenzstatistik
Forschungsfrage-3	**explorativ**		**qualitativ:** qualitative Inhaltsanalyse 2

2.1.3 Spezifizierung des verwendeten Mixed-Methods-Designs

Die methodologische Diskussion der letzten Abschnitte diente der Begründung, warum zur Beantwortung der drei jeweils als explorativ charakterisierten Forschungsfragen eine Kombination qualitativer und quantitativer Forschungstechniken eingesetzt wurde. Da solche 'Mixed-Methods-Designs' in der sozialwissenschaftlichen Forschung unterschiedlicher Disziplinen in den letzten Jahren vermehrt zum Einsatz kommen, wird in der methodologischen Literatur diskutiert, wie sich derartige Ansätze klassifizieren und ins Verhältnis zueinander setzen lassen. Ich gebe daher einen kurzen Überblick dieser Diskussion, um daran anschließend zu präzisieren, als welche Art von Mixed-Methods-Design sich das gewählte Vorgehen charakterisieren lässt.

2.1.3.1 Varianten sozialwissenschaftlicher Mixed-Methods-Designs

In der methodologischen Diskussion um Mixed-Methods-Designs hat sich bislang keine einheitliche Terminologie und Typologie herauskristallisiert. In dem vielzitierten Herausgeberband von Tashakkori & Teddlie (2003a) herrscht eine verwirrende Begriffsvielfalt.[48] In der Diskussion wurden verschiedene Einteilungsschemata vorgeschlagen (vgl. Brannon 1992, Creswell & Plano Clark 2007: Kap. 4, Green et al. 1989, Niglas 2004). Einfluss in Richtung einer vereinheitlichenden Typologiebildung nahmen die Beiträge von Tashakkori und Teddlie und ihr Vorschlag der „Methods Strands Matrix" (Tashakkori & Teddlie 1998, 2003a,b, Teddlie & Tashakkori 2003, 2009). Ihr grundsätzlicher Klassifizierungsvorschlag unterscheidet folgendermaßen:

---

[48] Niglas (2004: 20) merkt hierzu an: „[The Glossary] contains at least 10 partly overlapping labels for (different but partly overlapping) combined designs, whereby for most terms, several partly overlapping definitions are given (e.g. mixed methods, mixed methods design, mixed model design, multimethods design, multiple methods design, multistrand design, monostrand design, etc.)."

1. Einerseits gibt es den Methodenmix in einfachen 'eingleisigen' Forschungsdesigns (monostrand designs), in welchen die einzelnen Phasen des Forschungsprozesses (also Konzeption, Datenerhebung, Datenauswertung und Schlussfolgerung, vgl. Tab. 2.1 in 2.1.1) Schritt für Schritt durchlaufen werden.

2. Andererseits gibt es auch Varianten des Methodenmix in Form komplexerer 'mehrgleisiger' Forschungsdesigns (multistrand designs), in welchen eine oder mehrere Phasen des Forschungsprozesses mehrfach durchlaufen werden.

Die umfangreicheren Kombinationsmöglichkeiten eröffnen sich natürlich bei den mehrgleisigen Designs. Um diese zu ordnen, schlagen Teddlie & Tashakkori zwei Dimensionen vor. Eine gute Visualisierung dieser Unterscheidungen liefern Foscht et al. (2007: 254), die ich in Abb. 2.1 wiedergebe.

a. Grundsätzlich kann man unterscheiden, ob der Mix erstens durch ein paralleles Vorgehen im mehrgleisigen Design, zweitens durch ein sequentielles Vorgehen oder schließlich drittens durch Konvertierung von Daten (qualitativ–quantitativ) zustande kommt. Für letzteres werden je nach Konvertierungsrichtung die Begriffe „quantitizing" und „qualitizing" vorgeschlagen (Tashakkori & Teddlie 1998: 126).

b. Darüber hinaus kann man unterscheiden, ob sich der Mix qualitativer und quantitativer Techniken erstens allein auf die Empiriephase (Datenerhebung und -auswertung) beschränkt („Method Design") oder ob er zweitens auch andere Phasen des Forschungsprozesses betrifft („Model Design").

Abb. 2.1: Typen mehrgleisiger Mixed-Methods-Designs (nach Foscht et al. 2007)

Gemischtes Untersuchungsdesign mit... (Mixed Methods)					
...parallelem Vorgehen (Concurrent Mixed)		...sequentiellen Vorgehen (Sequential Mixed)		...datenkonvertierendem Vorgehen (Conversion Mixed)	
Methodendesign (Method Design) (1a)	Forschungsdesign (Model Design) (1b)	Methodendesign (Method Design) (2a)	Forschungsdesign (Model Design) (2b)	Methodendesign (Method Design) (3a)	Forschungsdesign (Model Design) (3b)

□ Teilprozess des *quantitativen [qualitativen]** Forschungsprozesses
○ Teilprozess des *qualitativen [quantitativen]** Forschungsprozesses
⬭ Übergeordneter Teilprozess

* In der Darstellung wird grundsätzlich der quantitative Forschungsprozess durch ein Quadrat und der qualitative Prozess durch einen Kreis symbolisiert. Um nicht auch alle „spiegelverkehrten" Varianten darstellen zu müssen, ist in den eckigen Klammern darauf verwiesen, dass die Designs auch umgekehrt aufgebaut sein können. Beispielsweise ist es bei der sequentiellen Vorgehensweise sowohl denkbar, dass – wie in der Darstellung – zuerst ein quantitativer Prozess und dann ein qualitativer Prozess durchlaufen wird als auch umgekehrt, dass – spiegelverkehrt – zuerst ein qualitativer Prozess und dann ein quantitativer Prozess durchlaufen wird.

2.1.3.2 Das verwendete Mixed-Methods-Design

Wie lässt sich das beschriebene Forschungsdesign in der Typologie mehrgleisiger Mixed-Methods-Designs nach Teddlie & Tashakkori (2003) in Abb. 2.1 lokalisieren? Erstens handelt es sich aufgrund der Kombination qualitativer und quantitativer *Fragestellungen* um ein sogenanntes 'gemischtes Forschungsdesign' (model design) und nicht um ein 'gemischtes Methodendesign' (method design). In der Übersicht mehrgleisiger Mixed-Methods-Designs in Abb. 2.1. ist es damit grundsätzlich in einer der 'b'-Spalten zu lokalisieren. Zweitens ist das Design aufgrund der Quantifizierung unstrukturierter Interviewdaten durch Kodierung als 'datenkonvertierendes Vorgehen' zu klassifizieren und entsprechend im rechten Drittel der Tabelle zu lokalisieren. Insgesamt lässt sich das eingesetzte Forschungsdesign damit als 'datenkonvertierendes Mixed-Methods-Forschungsdesign' spezifizieren (Spalte 3b in Abb. 2.1). Eine etwas ausführlichere Charakterisierung des Designs zeigt, die zudem angibt, in welchen Abschnitten der vorliegenden Arbeit die entsprechenden Schritte beschrieben werden, gibt Abb. 2.2.

Abb. 2.2: Das verwendete Mixed-Methods-Design

	Forschungsprozess		Visualisierung	Kapitel
Konzeptionsphase	[1]	Meta-Fragestellung	explorative Metafragestellung	Kap.1, Theorie
	[2]	Fragestellungen	explorativ-qualitativ / explorativ-quantitativ / explorativ-qualitativ	Kap.2, Studie, 2.1 Design
Empiriephase	[3]	Datenerhebung		Kap.2, Studie, 2.2 Erhebung
	[4]	Datenanalyse	(A) Datenkonvertierung [B] (C)	Kap.2, Studie, 2.3 Auswertung – A: Schritt-1, Kap. 2.3.2-3 – B: Schritt-2, Kap. 2.3.4-5 – C: Schritt-2, Kap. 2.3.6-7
Schlussfolgerungsphase	[5]	Ergebnisse und Diskussion bzw. Schlussfolgerungen	(A') [B'] (C')	Kap.3: Vertrauensfaktoren (VF) im Management Kap.4: Kulturunterschiede der Gewichtung von VF Kap.5: Kulturunterschiede der Diagnose von VF
	[6]	Meta-Schlussfolgerung	Meta-Schlussfolgerung	Kap.5 und Kap.6/Schluss

○ = qualitativ   □ = quantitativ   ⌬ = übergeordneter Teilprozess

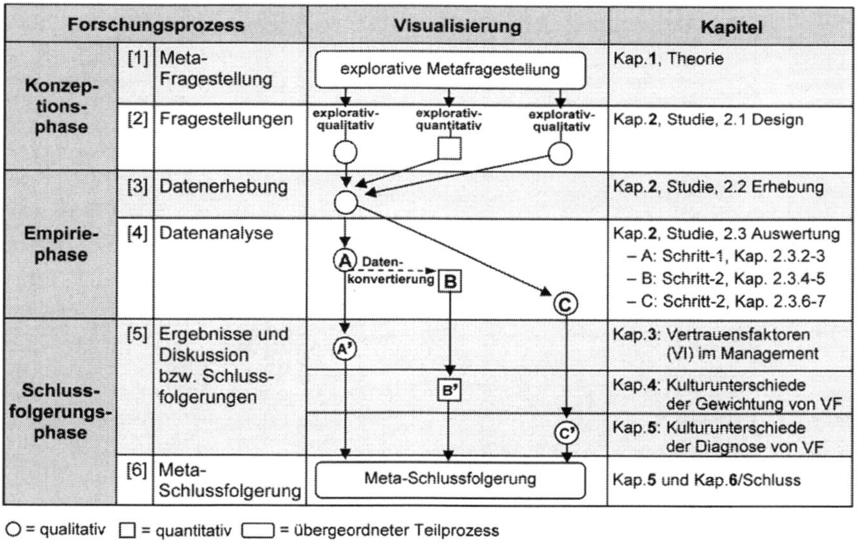

[1] Das im ersten Kapitel formulierte übergeordnete Forschungsinteresse am Einfluss kultureller Unterschiede auf die Entwicklung von Vertrauen lässt sich als ein grundsätzlich exploratives Erkenntnisinteresse charakterisieren, da keine spezifischen Unterschiedshypothesen formuliert werden.

[2] Entsprechend sind auch die drei Forschungsfragen als explorative Fragestellungen zu charakterisieren, wobei allerdings die erste und dritte Forschungsfrage auf qualitative Aussagen zielen, die zweite Forschungsfrage hingegen auf quantitative Aussagen zielt (vgl. 2.1.2).

[3] Die Datenerhebung erfolgte in Form von 100 Leitfadeninterviews (vgl. 2.1.7-8).

[4] (A) Im ersten Schritt wurde eine qualitative Inhaltsanalyse der Interviews durchgeführt, um durch induktive Kategorienbildung ein Kategoriensystem von Vertrauensfaktoren zu entwickeln (vgl. 2.3.2-3).
(B) Im zweiten Schritt wurden die Interviews mit Hilfe des Kategoriensystems der Vertrauensfaktoren kodiert (vgl. 2.3.4). Diese Quantifizierung der Daten ermöglichte auf Basis des Teilgruppendesigns (vgl. 2.1.5) eine Auswertung durch frequenzstatistische Testverfahren (vgl. 2.3.5).
(C) Im dritten Schritt wurden die Interviews durch eine zweite qualitative Inhaltsanalyse mit anderer Zielsetzung ausgewertet. Unter Hinzuziehung eines Literaturreviews wurde eine Systematik vertrauensrelevanter deutsch-französischer Unterschiedsbereiche entwickelt. 2.3.6-7).

[5] (A') Im dritten Kapitel wird als Ergebnis des ersten Auswertungsschritt das Kategoriensystem der Vertrauensfaktoren beschrieben. Damit wird die erste Forschungsfrage (nach dem Spektrum der Vertrauensfaktoren im Management) beantwortet.
(B') Im vierten Kapitel werden die Ergebnisse des zweiten Auswertungsschritts berichtet, das heißt die Unterschiede der Kodierungshäufigkeiten einzelner Vertrauensfaktoren im Vergleich der Teilgruppen. Dies beantwortet die zweite Forschungsfrage (nach Kulturunterschieden der Gewichtung von Vertrauensfaktoren).
(C') Im fünften Kapitel die Ergebnisse des dritten Auswertungsschritts berichtet: die vertrauensrelevanten deutsch-französischen Unterschiedsbereiche. Damit kann die dritte Forschungsfrage (nach Kulturunterschieden der Diagnose von Vertrauensfaktoren) beantwortet werden.

[6] Bereits im fünften Kapitel werden Bezüge zu den im vierten Kapitel berichteten Gewichtungsunterschieden hergestellt. Im Schlusskapitel werden dann die Ergebnisse der Einzelauswertungen im Überblick zusammengeführt und die wechselseitigen Bezüge klargestellt und an zwei Beispielen im Detail erläutert.

2.1.4 Untersuchte Kulturbeziehung und Untersuchungsteilnehmer

2.1.4.1 Deutsch-französische Geschäftsbeziehungen
Die deutsch-französische Zusammenarbeit im Wirtschaftskontext eignet sich in besonderer Weise für eine exemplarische Umsetzung des entwickelten Forschungsdesigns der interkulturellen Vertrauensforschung. Dafür sprechen folgende Gründe:

Intensive Verflechtung der beiden Volkswirtschaften: Die deutsch-französische Aussöhnung nach dem zweiten Weltkrieg und die beginnende politische europäische Kooperation setzten aktiv auf eine wirtschaftliche Integration der europäischen Nachbarländer. Neben der als erster Vorläufer der Europäischen Union bekannten 'Montanunion' von 1951 (Europäische Gemeinschaft für Kohle und Stahl EGKS) entstanden ab Mitte der 1960er Jahre auch eine Reihe größerer europäischer (aber im wesentlichen deutsch-französischer) Projekte im Bereich der Industriekooperation: 'Symphonie', die Entwicklung eines europäischen Nachrichtensatelliten, war das erste deutsch-französische Projekt im Raumfahrtbereich. Mit 'Ariane' folgte die Entwicklung einer eigenen europäischen Trägerrakete, und mit 'Airbus' startete die erfolgreiche und maßgeblich deutsch-französische Kooperation zum Bau eigener europäischer Zivilflugzeuge. Die weitere Entwicklung ging dann deutlich über industrielle Großprojekte hinaus, und es entstand einer breite wirtschaftliche Verflechtung zwischen beiden Ländern. Als stärkste europäische Volkswirtschaften sind Deutschland und Frankreich „die mit

2.1 Forschungsdesign

Abstand wichtigsten Handelspartner. Die Zahl der in Deutschland und Frankreich tätigen Unternehmen und der Kooperationsbeziehungen, in welche deutsche und französische Mitarbeiter gemeinsam involviert sind, ist bereits sehr hoch und steigt weiter.[49] An der Erforschung der interkulturellen Vertrauensentwicklung und einem Verständnis möglicher kultureller Vertrauensmissverständnisse besteht daher gerade für deutsch-französische Geschäftsbeziehungen grundsätzlich ein umfassendes Praxisinteresse.

Kulturelles Konfliktpotenzial: Gerade in der deutsch-französischen Zusammenarbeit könnten kulturelle Vertrauensmissverständnisse eine Rolle spielen. Denn trotz der Erfolgsgeschichte der deutsch-französischen Aussöhnung und der politisch-wirtschaftlichen Integration der beiden Länder zeigt die (im nächsten Abschnitt zitierte) Forschung, dass kulturell unterschiedliche Gewohnheiten, Einstellungen oder Werte die Zusammenarbeit im deutsch-französischen Management beeinflussen können. Als Hintergrund eines solchen deutsch-französischen Konfliktpotenzials wird auf die unterschiedlichen geschichtlich-politischen Entwicklungen Deutschlands und Frankreichs, die unterschiedlichen medialen Landschaften oder die Unterschiede der Erziehungssysteme und Sozialisationsmuster verwiesen (Pateau 1999: 190f., Baasner 2004: 42). Insbesondere für das deutsch-französische Management konnte die bisherige Forschung in verschiedenen Studien eine Reihe deutsch-französischer kultureller Differenzen aufdecken, welche die individuelle Zusammenarbeit im beruflichen Kontext stark beeinträchtigen können (vgl. nächster Absatz). Die deutsch-französische Zusammenarbeit im Management ist daher für die Erforschung des Einflusses kultureller Unterschiede auf die Vertrauensentwicklung ein inhaltlich vielversprechender Forschungsgegenstand.

Forschungsstand: Die Forschungsliteratur zeigt, dass an der Frage deutsch-französischer kultureller Differenz gerade auch in Bezug auf den beruflichen Kontext akademisches Interesse besteht. Am umfangreichsten ist die Studie zu Management und Führung in deutsch-französischen Kontexten von Pateau (1994, 1998, 1999). Ansonsten umfassen die Themen der deutsch-französischen Managementforschung beispielsweise Kommunikation (Hall & Hall 1984, 1990, Helmolt 1997, Litters 1995, Mercélot 2006), Zeitmanagement (Davoine 1999, 2002), Lernstile (Barmeyer 2000a) oder Leistungsmotivation (Hildebrant 2000). Seemann (2000) untersuchte interkulturelle Herausforderungen und die Integration deutscher Auslandsentsandter in Frankreich. In vielen Studien wird dabei jedoch ausschließlich oder ergänzend auf studentische Untersuchungsteilnehmer zurückgegriffen. Methodisch zum Einsatz kommen standardisierte Fragebögen (Hildebrand 2000, JPB 1990, Traub 1997, Seemann 2000), offene, meist leitfadengestützte Interviews (Barmeyer 1996, Fischer 1996, Hall & Hall 1990) oder der kombinierte Einsatz dieser Techniken (Barmeyer 2000b, Davoine 2002, Pateau 1998), daneben auch explorative Fallstudien (Davoine 2002, Strübing 1997) sowie linguistische Forschungsmethodiken (Helmolt 1997, Litters 1995). Internationale Vergleichsstudien, welche die deutsche und die französische Kultur berücksichtigen, verwenden im allgemeinen standardisierte Erhebungsinstrumente (Hofstede 1980, House et al. 2004, LaPorta et al. 1997). Ergänzend bemühen sich auch eine Reihe von Beiträgen um die theoretische Aufarbeitung (Ammon 1999, Geistmann 2002, Strübing 1997), und Praktiker des deutsch-französischen Managements schöpfen aus ihren Erfahrungen (Breuer

---

[49] „Deutschland und Frankreich sind füreinander die mit Abstand wichtigsten Handelspartner. 2005 führte Deutschland ... 10,2 % seiner Exporte nach Frankreich aus. Frankreich hat 16 % seines Gesamtexports in Deutschland abgesetzt. Der intensive Handelsaustausch hat zu erheblichen Direktinvestitionen in beiden Ländern geführt. In den neuen Ländern ist Frankreich, nach den USA, der zweitgrößte Direktinvestor. ... [Die beiden] Volkswirtschaften [erbringen] zusammen mehr als 50% der wirtschaftlichen Leistungen der Euro-Zone." (Daß 2005: 20).

& de Bartha 2002, Herterich 1989, 1996, Hildenbrandt 1997, Moog 1996, 2000, Untereiner 1998, 2004).

Insgesamt dominiert in den spezifisch deutsch-französischen Studien der qualitative Zugang, der insbesondere auch in Qualifizierungsarbeiten als Weg der Wahl erscheint (Haupt 1996, Jahn 2006, Mertes 1993, Pill 2006, Spiewok 1997, Stoiber 1994). Allerdings ist die empirische Basis der meisten dieser Beiträge relativ begrenzt (Zahl der durchgeführten qualitativen Interviews: Fischer 1996:32, Grube 2004:11, Haupt 1996: 27, Jahn 2006:19, Litters 1995:10, Mertes 1993:20, Pill 2006:21, Spiewok 1997:20, Stoiber 1994:8). Lediglich die Studien von Hall & Hall (1984: 180 Interviews mit Deutschen, Franzosen und US-Amerikanern) und Pateau (1998: 169 Interviews mit Deutschen und Franzosen) fußen auf einer breiten qualitativen Datenbasis. Da zudem oft ein relativ breites und unspezifisches Interesse an allgemeinen deutsch-französischen Managementdifferenzen verfolgt wird, besteht bei vielen Arbeiten die Gefahr, dass sie lediglich zu einer mehr oder weniger fundierten Replikation der von Hall & Hall und Pateau beschriebenen Aspekte führen (vgl. die Kritik von Baasner 2004: 44ff.).

Zusammenfassend im Hinblick auf die spezifische Fragestellung des Einflusses kultureller Unterschiede auf die Vertrauensentwicklung gilt, dass man für einen deutsch-französischen Vergleich auf Ergebnisse kulturvergleichender Studien mit ähnlichen aber meist allgemeineren Fragestellungen zurückgreifen kann. Dies ist bei einem explorativen Forschungsvorhaben von großem Vorteil und wurde insbesondere im dritten Auswertungsschritt (zur Bestimmung vertrauensrelevanter Unterschiedsbereiche) genutzt (vgl. 2.3.6-7). Allerdings finden sich unter den Beiträgen der deutsch-französisch vergleichenden Forschung bislang praktisch keine Studien zur mikrosozialen Analyse vertrauensdynamischer Prozesse. Vertrauen wird entweder als wichtiges übergreifendes Konstrukt am Rande thematisiert aber nicht näher spezifiziert, oder es wird als ein interessantes Randthema oder ein Thema 'unter anderen' gestreift (vgl. Barmeyer 2000b: 151ff.). Die wenigen sonstigen Beiträge, welche explizit die Vertrauensthematik im deutsch-französischen Vergleich fokussieren, greifen entweder auf die sehr unspezifischen Daten der World Value Survey zurück (Vishwanath 2004), oder sie entstammen einem Straßburger Forschungsprojekt (Usunier 2000, Usunier & Roger 1999), das sich ebenfalls einer makrosoziologischen Perspektive verpflichtet sah und auf die Überprüfung der Thesen Fukuyamas (1995) in Bezug auf Frankreich und Deutschland zielte.

Dies bedeutet, dass zwar einerseits eine fundierte Basis von Erkenntnissen über deutsch-französische Kulturunterschiede hinsichtlich der Zusammenarbeit im beruflichen Alltag vorliegt, dass man aber andererseits nicht weiß, welche dieser Unterschiede tatsächlich und inwiefern die Entwicklung interpersonalen Vertrauens in signifikanter Weise beeinflussen. Eine gezielte Untersuchung des Einflusses deutsch-französischer Kulturunterschiede auf die Vertrauensentwicklung kann hier wertvolle Ergänzungen leisten, indem sie die vertrauenskritischen Aspekte kultureller Differenz herausfiltert und bestimmt, *wie* diese die Entwicklung von Vertrauen beeinflussen können.

Praktikabilität: Die Durchführung der Studie anhand eines deutsch-französischen Vergleichs hat verschiedene forschungspraktische Vorteile. Im weltweiten Vergleich können die deutsche und die französische Kultur, obwohl man sie unterschiedlichen Kulturräumen zurechnen kann (beispielsweise 'Latin Europe' vs. 'Germanic Europe' nach der Klassifikation der GLOBE Studie) dennoch als zwei Kulturen relativ geringer 'Distanz' gelten (vgl. House et al. 2004). Sie gehören beide zum übergreifenden judäo-christlichen westeuropäischen Kulturraum und verfügen über grundsätzlich vergleichbare Rechts- und Wirtschaftssysteme. Dies erleichtert nicht nur die inhaltliche Konzentration der Forschung auf die spezifische Frage des Einflusses *kultureller* Unterschiede auf die Vertrauensentwicklung (neben dem Einfluss von

2.1 Forschungsdesign

Unterschieden beispielsweise der Rechtssysteme etc.), sondern auch die Sicherung der kulturübergreifenden 'Erhebungsäquivalenz' (Kühlmann 2003: 156f.). Im Vergleich höherdistanter Kulturpaare ergeben sich deutlich größere methodische Probleme, denn die Erhebungstechniken bedürfen hier einer stärkeren Anpassung an die erforschten Kulturräume. Beispielsweise wäre es für einen deutsch-chinesischen Vergleich nicht ohne weiteres möglich, eine Studie auf den Vergleich offener Interviews zu Erlebnissen mit Vertrauen in Geschäftsbeziehungen aufzubauen (vgl. Roy et al. 2001). Im deutsch-französischen Vergleich ist der Einsatz offener Interviews möglich, da die Art des Umgang mit dieser Interviewsituation in beiden Kulturen vergleichbar ist.

Allerdings heißt dies nicht, dass deutsche und französische Manager über identische Ausdrucks- und Kommunikationsweisen in Interviews verfügen. Dies zeigt allein schon die Sprache: Der Einsatz einer Lingua franca wie des Englischen, wie sie in einigen Arbeiten eingesetzt wird, ist in explorative Studien zur Erforschung kultureller Spezifika zwar bisweilen unvermeidlich aber letztlich ungünstig. Denn die speziellen Perspektiven und Blickwinkel einer Kultur sind eng verwoben mit den Ausdrucksweisen der Sprache. Wenn es zudem darum geht, anhand offener sprachlicher Darstellungen einen Zugang zu individuellen Strukturierungs- und Einschätzungsprozessen zu gewinnen, haben Feinheiten des sprachlichen Ausdrucks ein umso größeres Gewicht. Wie in der methodologischen Literatur zur offen-explorativen Datenerhebung betont wird, ist es geboten, sich als Forscher so weit wie möglich mit der Situation und den Gewohnheiten, Fragen und Herausforderungen und der Kommunikationsweise der untersuchten Personengruppe vertraut zu machen (Cropley 2005: 102, Fontana & Frey 1998). Für einen Kulturvergleich bedeutet dies, dass Interviewer über umfassende Fremdsprachenkompetenz und Kenntnis der untersuchten Kulturen verfügen sollten (vgl. Fußnote 73).

2.1.4.2 Auswahlkriterien für die Untersuchungsteilnehmer

Untersuchungsteilnehmer waren deutsche und französische Manager, das heißt angestellte Führungskräfte in Unternehmen. Selbständige Unternehmer wurden nicht einbezogen. Als Kriterien für die Bestimmung der Nationalität dienten Muttersprache (deutsch vs. französisch) und Sozialisation (Familie, Ausbildung und Berufseinstieg in Deutschland vs. in Frankreich). Rekrutiert wurden Manager der oberen und mittleren Führungsebenen. Die interviewten Manager bekleideten Leitungspositionen im Unternehmen und verantworteten Entscheidungen von Tragweite für das Unternehmen. Für dieses Auswahlkriterium sprachen folgende Gründe: Manager in leitenden Positionen haben mit dem Thema Vertrauen in einer Weise zu tun, die *aus Unternehmenssicht* von Interesse ist. Sie setzen sich im vertrauensvollen Handeln nicht nur persönlichen Risiken aus, und es geht für sie nicht nur um Vertrauen als Faktor für eine angenehme Arbeitsatmosphäre. Zudem haben Manager in leitenden Positionen gewöhnlich einen umfassenden beruflichen Erfahrungshintergrund, der sie in die Lage versetzt, von einschlägigen 'Vertrauenserlebnissen' zu berichten.[50] Da zudem Kommunikationsfähigkeit eine wesentliche Voraussetzung von Erfolg im Managerberuf ist, geht mit der Position auch – für Interviews grundlegend – eine hohe Verbalisierungsfähigkeit einher.

---

[50] Ein weiterer Grund ist, dass die oberen bzw. mittleren Führungsebenen gerade für einen deutsch-*französischen* Vergleich sehr wichtig sind. Nur hier erreicht man die 'Grande Ecole Absolventen' und damit die typischen französischen Führungskräfte in Großunternehmen, mit welchen deutsche Manager mittlerer und oberer Führungsebenen zu tun haben (Herterich 1996).

2.1.5 Teilgruppenbildung für ein 2x2 quasi-experimentelles Design

Die zweite Forschungsfrage wurde mithilfe einer frequenzstatistischen Auswertung von Kodierungshäufigkeiten beantwortet. Für einen Kulturvergleich erfordert ein solcher Ansatz natürlich mindestens zwei Teilgruppen: eine Gruppe deutscher und eine Gruppe französischer Manager. Dann lässt sich beispielsweise untersuchen, ob die deutschen Manager den Vertrauensfaktor *'Zusagen einhalten'* häufiger beschreiben als die französischen Manager. Für eine kulturvergleichende Untersuchung ergibt sich hier jedoch grundsätzlich eine Differenzierungsfrage: Es ist möglich, dass sich Manager in Situationen der *inter*-kulturellen beruflichen Zusammenarbeit systematisch anders verhalten als in 'normalen' *intra*-kulturellen Situationen. Welche Teilgruppen sollte man also untersuchen: **inter**-kulturelle oder **intra**-kulturelle?

2.1.5.1 Nachteile eines rein mono-kulturellen Kulturvergleichs

Natürlich könnte man einfach eine Gruppe deutscher mit einer Gruppe französischer Manager vergleichen. Man könnte die Fragen der Gewichtung und Diagnose von Vertrauensfaktoren kulturvergleichend untersuchen, indem man eine Gruppe *deutscher* Manager bildet, die mit *deutschen* Kollegen oder Geschäftspartnern zusammenarbeiten, und eine entsprechende Gruppe französischer Manager, die mit anderen Franzosen zusammenarbeiten ('**monokulturelle Gruppen**'). Dieser Vergleich würde möglicherweise Kulturunterschiede aufdecken. Aber gemäß den Ausführungen in 1.2.2.3 gewinnt man auf dieser Basis keine Erkenntnisse darüber, inwiefern diese kulturellen Unterschiede tatsächlich die Vertrauensentwicklung in der interkulturellen Zusammenarbeit beeinflussen. Menschen sind flexibel und anpassungsfähig, und gerade erfahrene Manager verfügen meist über ein breites Verhaltensspektrum. Wenn man in Rom sei, solle man sich am besten so wie die Römer verhalten, riet schon 387 n. C. der Mailänder Bischof St. Ambrosius. Wenn man weiß, dass man im Ausland ist, verhält man sich klugerweise nicht in jeglicher Hinsicht wie Zuhause. Entsprechend gilt: Wenn man weiß, dass ein Geschäftspartner oder Kollege aus einer anderen Kultur stammt, verhält man sich möglicherweise auch nicht in genau der gleichen Weise wie man es ansonsten in Deutschland gewohnt ist. Vielleicht geht man mit anderen Erwartungen in die Zusammenarbeit hinein oder legt in mancher Hinsicht andere Maßstäbe an (vgl. Adler & Graham 1989).[51] Dies bedeutet aus der Forschungsperspektive: Wenn man im Vergleich von Kulturen Unterschiede feststellt, dann weiß man noch nicht, ob diese Unterschiede in der interkulturellen Zusammenarbeit überhaupt einen Einfluss ausüben. Die Kenntnis kultureller Unterschiede ist zwar eine gute Basis dafür, auf potenzielle Einflussbereiche zu schließen. Welche davon aber tatsächlich im interkulturellen beruflichen Alltag relevant werden, ist eine gesonderte empirische Frage.[52]

2.1.5.2 Nachteile eines rein inter-kulturellen Kulturvergleichs

Die Konsequenz dieser Ausführungen wäre nun folgender Gedankengang: Es interessiert der Einfluss kultureller Unterschiede auf die Vertrauensentwicklung in der *interkulturellen* Zusammenarbeit, also wird die Studie mit *interkulturell* tätigen Managern durchgeführt. Wir vergleichen also eine Gruppe deutscher Manager, die mit französischen Kollegen oder Ge-

---

[51] Adler & Graham (1989) zeigen, dass sich Manager in Verhandlungen an Aspekte der interkulturellen Situation anpassen und sich nicht so verhalten, wie man es auf Basis der Beobachtung in intra-kulturellen Verhandlungen vorhersagen würde.
[52] Auch Fukuyama (1995) und Kühlmann & Endrissat (2005) verweisen speziell in Bezug auf Vertrauensverhalten auf diesen Unterschied zwischen intra-kulturellem und inter-kulturellem Verhalten.

schäftspartnern zusammenarbeiten, mit einer zweiten Gruppe französischer Manager, die mit Deutschen zusammenarbeiten (**'bi-kulturelle Gruppen'**).
Allerdings ergeben sich dann zwei andere Schwierigkeiten. Erstens gilt: Gerade weil sich erfahrene Manager in interkulturellen Situationen anpassen und erfolgreich interkulturelle Herausforderungen meistern, bekommt man auf diese Weise möglicherweise gar nicht heraus, welche Probleme die interkulturell versierten Untersuchungspartner gelöst haben. Wenn sich diese in der interkulturellen Zusammenarbeit sehr geschickt anders *verhalten* als im mono-kulturellen Kontext, dann verfügen sie über ein bestimmtes Handlungswissen. Dieses haben sie nicht notwendigerweise reflektiert, sondern es kann sich um implizites Wissen handeln. Zudem wäre es schwierig festzustellen, ob Manager in der *Bewertung* des Verhaltens ihrer Kollegen oder Geschäftspartner in interkulturellen Kontexten anders vorgehen als im Kontext ihrer eigenen Kultur. Beispielsweise wäre es denkbar, dass ein Deutscher einem Franzosen eine Verspätung einfach so 'durchgehen' lässt, weil er hier qua negativem Stereotyp mit einem kulturell anderen Verhalten rechnet – während ihm bei einem deutschen Kollegen die Verspätung negativ auffallen würde.[53] In einer empirischen Untersuchung wäre es in solchen Fällen sehr schwierig festzustellen, was inwiefern eine Anpassungsleistung darstellt und damit ein Effekt der interkulturellen Situation ist. Aus diesem Grund liefe die Untersuchung Gefahr, einige Aspekte kultureller Differenz, welche die Vertrauensentwicklung beeinflussen, aufgrund der Anpassungsleistung der international erfahrenen Untersuchungsteilnehmer gar nicht in den Blick zu bekommen.
Zweitens sind nicht alle interkulturell tätigen Manager gleichermaßen versiert im Umgang mit kulturellen Unterschieden. Es ist daher anzunehmen, dass man in einem inter-kulturellen Kulturvergleich auch auf unreflektierte kulturelle Vertrauensmissverständnisse stößt. Sofern man allerdings keine Informationen über die potenziellen Konfliktfelder zwischen den untersuchten Kulturen besitzt, wird es schwierig sein, kulturelle Vertrauensmissverständnisse als solche zu identifizieren. Woran soll man erkennen können, dass es sich nicht einfach um persönliche Konflikte handelt? Wie kann man feststellen, dass kulturelle Unterschiede hineinspielen? Hilfreich ist es hier, wenn man auf Erkenntnisse aus einem mono-kulturellen Kulturvergleich zurückgreifen kann. Erst dies ermöglicht es, die Daten eines bi-kulturellen Kulturvergleichs angemessen auszuwerten.

2.1.5.3 Die Lösung: 2x2 Design mit mono- und bi-kulturellen Gruppen

Der Ausweg besteht in einer Aufspaltung der deutschen und französischen Teilgruppen in jeweils eine bi-kulturelle Gruppe und eine mono-kulturelle (Kontroll-)Gruppe (vgl. Tab. 2.3).[54] Auf diese Weise kombiniert man die Vorteile einer inter-kulturellen Perspektive mit derjenigen des Kulturvergleichs.
Man spricht in diesem Falle von einem quasi-experimentellen 2x2 Design, da zwei Variablen variieren (der kulturelle Hintergrund: deutsch/französisch und die Art der Interaktion: mono-/

---

[53] So beschreibt einer der interviewten deutschen Manager seine Einstellung gegenüber dem als anders erlebten Umgang der französischen Kollegen mit Anfragen: „Und wenn man normalerweise irgendetwas schnell erledigt haben will, dann ist man dazu geneigt, bei … Franzosen immer so ein bisschen Zeit mit einzukalkulieren. Da sagt man sich: Okay, wenn ich dem das gebe, da braucht er ein bisschen länger Zeit." [DF-15]

[54] Die Option, anhand der gleichen Gruppe von Managern sowohl mono-kulturelle als auch bi-kulturelle Interaktionen zu erheben, erscheint aus verschiedenen Gründen ungünstig. Erstens sollten in die mono-kulturelle Gruppe Manager mit möglichst wenig deutsch-französischer Erfahrung einbezogen werden. Denn diese Erfahrung spiegelt sich möglicherweise in ihren Vertrauenseinstellungen und -bewertungen. Zweitens würde es hohe kognitive Anforderungen an die Interviewten stellen, wenn sie sowohl von 'interkulturell schwierigen Aspekten' als auch vom 'mono-kulturellen Standard' berichten sollen – und die Interviewzeit, die Führungskräfte für eine Studie zur Verfügung stellen, ist begrenzt.

bi-kulturell), aber man nicht aktiv die Zuweisung der Variablenausprägung kontrollieren kann. Denn man kann den an der Studie teilnehmenden Managern ihren 'kulturellen Hintergrund' und die 'Art ihrer Geschäftsbeziehungen' schließlich nicht randomisiert zuweisen.[55]

Tab. 2.3: Übersicht der Teilgruppen – quasi-experimentelles 2x2 Forschungsdesign

	D: deutsche Manager	F: französische Manager
mono-kulturelle Interaktion	Gruppe1: **DD** deutsche Manager, die mit Deutschen zusammenarbeiten	Gruppe3: **FF** französische Manager, die mit Franzosen zusammenarbeiten
bi-kulturelle Interaktion	Gruppe2: **DF** deutsche Manager, die mit Franzosen zusammenarbeiten	Gruppe4: **FD** französische Manager, die mit Deutschen zusammenarbeiten

Zusammengefasst war für das beschriebene Stichprobendesign die folgende Überlegung ausschlaggebend: Grundsätzlich interessieren zwar vertrauensrelevante Kulturunterschiede an sich, die sich im Vergleich mono-kultureller Gruppen untersuchen lassen. Allerdings interessieren darüber hinaus auch, inwiefern in der interkulturellen Interaktion tatsächlich kulturelle Vertrauensmissverständnisse entstehen – dieser Frage lässt sich anhand einer Untersuchung bi-kultureller Gruppen nachgehen. Allerdings ist es für die Bestimmung solcher kultureller Vertrauensmissverständnisse unter anderem wiederum wichtig, Informationen über entsprechende vertrauensrelevante kulturelle Unterschiede zu haben. Diese liefert der empirische Vergleich mono-kultureller Gruppen. – Das gewählte 2x2 Design ermöglicht also die Kombination der folgenden Untersuchungsperspektiven:
1. DD vs FF: Zeigen sich im deutsch-französischen Kulturvergleich Unterschiede in der Gewichtung von Vertrauensfaktoren? Besteht ein solcher Unterschied unabhängig von etwaigen verzerrenden Effekten der interkulturellen Zusammenarbeit (Kontrollgruppenfunktion)?
2. DD vs. DF, FF vs. FD: Was bedeutet der Unterschied zwischen mono-kultureller und interkultureller Interaktion für die Gewichtung von Vertrauensfaktoren? Gibt es Aspekte, die innerhalb einer Kultur als Vertrauensfaktor wenig ins Gewicht fallen, die aber als Vertrauensfaktor an Bedeutung gewinnen, wenn man in interkulturellen Kontexten tätig ist?
3. DF vs. FD: Gibt es Kulturunterschiede im Hinblick auf die Frage, in wie weit ein Vertrauensfaktor insbesondere in der interkulturellen Interaktion an Gewicht gewinnt?
4. Finden sich in Interviews zur deutsch-französische Zusammenarbeit im Management (bi-kulturelle Gruppen) Hinweise darauf, dass bzw. wie kulturelle Vertrauensmissverständnisse konkret entstehen können?

2.1.6 Implikationen für die Sampling-Strategie

Die mit den Ergebnissen der Studie verbundenen Verallgemeinerungsansprüche und entsprechend die Sicherung der Stichprobenvalidität sind bei Mixed-Method-Designs bisweilen nicht offensichtlich. Ich werde daher im Folgenden einen Überblick dieser methodischen Anforderungen geben (2.1.6.1) und anschließend drei Herausforderungen der Stichproben-

---

[55] Zur Operationalisierung der Variablenausprägungen vgl. 2.2.3.4.

2.1 Forschungsdesign

bildung in der dieser Arbeit zugrunde liegenden Studie beschreiben (2.1.6.2-4). Darüber hinaus werde ich in der Beschreibung der gebildeten Stichprobe in 2.2.3 darauf eingehen, inwiefern diese für den Bereich der deutsch-französischen Managementbeziehungen Repräsentativität beanspruchen kann, und in 2.3.9 die mit den berichteten Ergebnissen verbundenen Verallgemeinerungsansprüche diskutieren.

2.1.6.1 Stichprobenvalidität und Verallgemeinerungsansprüche

Vor dem Hintergrund der Konkretisierung des Forschungsdesigns muss geklärt werden, welche Strategie für die Bildung einer entsprechenden Stichprobe angemessen erscheint. Methodischer Bezugspunkt ist hierbei die Validität der Erhebung, das heißt die Frage, ob die Studie gültige bzw. zutreffende Forschungsergebnisse liefern kann. Man unterscheidet hier die interne von der externen Validität: 'Studien-intern' fragt man, ob die Ergebnisse der Auswertung im Hinblick auf die ausgewerteten Daten zutreffend sind, 'Studien-extern' fragt man nach der Übertragbarkeit der Ergebnisse über die ausgewerteten Daten hinaus auf den untersuchten Bereich.

Die **interne Validität** der Stichprobe betrifft die Frage, ob das erhobene empirische Datenmaterial prinzipiell dazu geeignet ist, etwas über den Untersuchungsgegenstand auszusagen. Interviews mit Chinesen wären kaum geeignet, die Vertrauensfaktoren deutscher Manager zu erheben – genauso wenig wie Interviews mit deutschen Bischöfen. Für unsere Studie müssen die Interviewteilnehmer also grundsätzlich so ausgewählt werden (und die Interviews so geführt werden), dass es die Auswertung der Interviews ermöglicht herauszufinden, welche Vertrauensfaktoren für Manager relevant sind (erste Forschungsfrage), wie sie diese gewichten (zweite Forschungsfrage) und wie sie sie 'diagnostizieren', das heißt welche Beobachtungen oder Informationen sie ihnen zugrunde legen (dritte Forschungsfrage).

Die interne Validität ist eine Voraussetzung dafür, dass Forschungsergebnisse verallgemeinerbar sind. Wenn die Daten 'am Untersuchungsgegenstand vorbei' erhoben wurden, erübrigen sich Fragen der Verallgemeinerungsfähigkeit der Ergebnisse. Daher ist es in der qualitativen Sozialforschung beispielsweise wichtig, sich um die Kontrolle unerwünschter Einflüsse der Untersuchungssituation zu bemühen (Vermeidung von 'Erhebungsartefakten' wie beispielsweise durch soziale Erwünschtheit, Antworttendenzen etc.; vgl. 2.1.8). Allerdings wäre es unbefriedigend, bei der Frage der internen Validität stehen zu bleiben. Angenommen man kann ganz genau bestimmen, in welche Vertrauensmissverständnisse mit französischen Kollegen die beiden Manager Herr Schmidt und Herr Weber im Laufe ihrer Karriere hineingeraten sind. Dann wäre doch gerade die Frage von Interesse inwiefern es denkbar oder wahrscheinlich ist, dass andere deutsche Kollegen in anderen Positionen, Firmen oder Branchen in gleichartige Missverständnisse mit französischen Kollegen geraten. Man möchte gerne wissen, inwiefern es sich um typische Vertrauensmissverständnisse der deutsch-französischen beruflichen Zusammenarbeit handelt.

Die **externe Validität** der Stichprobe fragt daher, inwiefern sich die Forschungsergebnisse über den konkret untersuchten empirischen Bereich hinaus verallgemeinern lassen (vgl. Cook & Campbell 1979: 39). Ergebnisse zu verallgemeinern bedeutet, dass man ausgehend von Aussagen über konkrete untersuchte Fälle durch induktives Schließen bzw. Abstrahieren zu allgemeineren Formulierungen bzw. einer Theorie über den untersuchten Bereich gelangt, welche sich auf weitere Fälle des Bereichs (deduktives Schließen) anwenden lässt (Logik der Generalisierung, vgl. Hempel 1977, Mayring 2007c).

Dabei sind sehr unterschiedliche Arten von Verallgemeinerung zu unterscheiden. In den Naturwissenschaften kann teilweise auf universelle Gesetzmäßigkeiten geschlossen und damit auf alle denkbaren Einzelfälle verallgemeinert werden.[56] Die Sozialwissenschaften interessieren sich jedoch für menschliches Verhalten, das keinen naturwissenschaftlichen Gesetzmäßigkeiten folgt. Daher beschränkt man sich vielfach darauf, die 'Logik der Generalisierung' auf halbem Weg zu beenden und nur auf Mittelwerte großer Gruppen zu generalisieren, aber nicht davon ausgehend wieder zurück auf das Verhalten von Individuen zu schließen. Dazu werden Stichproben so gebildet, dass auf Basis von Wahrscheinlichkeitstheorie und induktiver Statistik auf die jeweils zugrundeliegenden 'Grundgesamtheiten' geschlossen werden kann (vgl. Eckey et al. 2005, Schwarze 1986).

In einigen Forschungskontexten ist jedoch auch dieser Weg versperrt. Es kann sein, dass die Definition der betreffenden Grundgesamtheit unklar oder unmöglich ist (Firestone 1993, Smaling 2003). Für viele Studien gilt auch, dass sich aufgrund eingeschränkter Möglichkeiten des Zugangs zum untersuchten Personenkreis die Stichprobe nicht nach den Anforderungen der Stichprobentheorie bilden lässt (Payne & Williams 2005). Eine für die Anwendung von Verfahren der induktiven Statistik hinreichende Stichprobengröße lässt sich darüber hinaus in manchen Studien auch deswegen nicht erreichen, weil qualitative Erhebungs- und Auswertungstechniken eingesetzt werden, die mit einem relativ großen Aufwand verbunden sind. Allerdings kommen solche 'qualitativen' Forschungsdesigns in unterschiedlichen Disziplinen in jüngerer Zeit vermehrt zum Einsatz.[57] Zu beobachten ist daher eine Zunahme methodologischer Beiträge, welche herausarbeiten, inwiefern sich die Ergebnisse dieser Studien verallgemeinern lassen und welche methodischen Voraussetzungen dafür gelten (Denzin & Lincoln 2005, Firestone 1993, Mayring 2007b, Payne & Williams 2005, Williams [Malcom] 2001). Denn bislang konzentrieren sich qualitative sozialwissenschaftliche Studien in ihren methodischen Bemühungen vielfach allein auf die Sicherung der internen Validität, wohingegen sie ihre Verallgemeinerungsansprüche eher implizit und unsystematisch erheben (Payne & Williams 2005: 297f., Kelle et al. 1993: 60). Stattdessen sollten jedoch die mit dem Forschungsdesign verbundenen Verallgemeinerungsstrategien und die mit den berichteten Ergebnissen verbundenen Verallgemeinerungsansprüche expliziert werden (vgl. 2.3.9).

Wichtig im Hinblick auf die Verallgemeinerungsstrategie ist nun die Frage der Stichprobenbildung, das heißt der Bestimmung des tatsächlich untersuchten empirischen Bereichs im Verhältnis zu dem (größeren) Realitätsbereich, für welchen die Ergebnisse Gültigkeit beanspruchen. Diese Frage stellt sich grundsätzlich, und zwar unabhängig davon, ob konfirmatorische oder explorative Forschungsziele verfolgt werden. Wie Kelle et al. (1993) betonen, wäre eine deskriptive Studie, die auf einer völlig verzerrten Stichprobe basiert, nicht nur „völlig wertlos", sondern könnte „sogar irreführend" sein".[58] – Welche Strategien lassen sich

---

[56] Ein Beispiel ist das Hydrolyse-Experiment. Es wies nach, dass Wasser sich in Wasserstoff und Sauerstoff aufspalten lässt (vgl. Campbell 1986). Dieser Befund ist über das tatsächlich untersuchte Wasser hinaus auf alle übrigen Vorkommen von Wasser verallgemeinerbar.

[57] Vgl. die große Menge der in den letzten Jahren publizierten Handbücher zu qualitativer Forschung, zum einen disziplinenübergreifend (Denzin & Lincoln 2005, Flick et al. 1991, 2000) zum anderen zu Einzeldisziplinen wie 'International Business' (Marschan-Piekkari & Welch 2004) oder Psychologie (Mruck et al. 2000) bzw. 'Psychologie und Sozialwissenschaften' (Richardson 1996), Kulturwissenschaft (Ratner et al. 2001), Kriminologie (Löschper & Meuser 2002) oder Sportwissenschaft (Hunger et al. 2003).

[58] In bestimmten Traditionen qualitativer Sozialforschung wird der Frage nach Kriterien der Stichprobenbildung auch mit dem Hinweis darauf begegnet, dass sich sogenannte „latente Sinnstrukturen", welche soziales Handeln bestimmen, in jedem Einzelfall Geltung verschaffen und deshalb allgemeine Strukturgesetze auch anhand von Einzelfällen rekonstruierbar seien (vgl. beispielsweise Oevermann et al. 1979). Eine solche Annahme wäre allerdings nur für ein hypothesentestendes (gemäß Oevermann „subsumtionslogischen") Vorgehen unproblematisch: Wenn die in dem Untersuchungsfeld geltenden Strukturgesetze bereits vor der Untersuchung bekannt sind, können diese Annahmen anhand von Einzelfällen verifiziert oder falsifiziert werden. Eine qualitative For-

also zur Sicherung der Stichprobenvalidität für das oben entwickelte Forschungsdesign formulieren? Gemäß der Diversität sozialwissenschaftlicher Untersuchungsgegenstände, Fragestellungen und Erhebungsmethoden gibt es unterschiedliche Strategien, Stichproben zu bilden (vgl. allgemein zu Stichprobenbildung Miles & Huberman 1994: 28f., zur Stichprobenbildung in qualitativen Studien vgl. die Übersicht von Patton 1990: 169ff.). Weil jedoch die erste und dritte Forschungsfrage auf eine *qualitative* Auswertung zielen, die zweite Forschungsfrage hingegen eine quantitative Auswertung anstrebt, muss die Stichprobenbildung unterschiedlichen Anforderungen gleichzeitig Genüge leisten. Es ergeben sich daher drei Dilemmata, welche zur Formulierung einer Sampling-Strategie aufgelöst werden müssen.

2.1.6.2 Erstes Sampling-Dilemma: Heterogenität vs. Homogenität

Das erste Sampling-Dilemma entsteht dadurch, dass man für die gemäß der zweiten Forschungsfrage angestrebten statistischen Vergleichstests eine möglichst homogene Stichprobe bilden sollte, dass man jedoch für die gemäß der ersten und dritten Forschungsfrage angestrebten qualitativen Auswertungen in der Stichprobe eine hinreichend große Heterogenität abbilden sollte.

Mit der zweiten Forschungsfrage habe ich das Interesse formuliert, Kulturunterschiede der Gewichtung von Vertrauensfaktoren zu identifizieren. Als Operationalisierung dieser Fragestellung kann man für die unterschiedlichen Vertrauensfaktoren vergleichen, mit welcher Häufigkeit sie von den deutschen im Vergleich zu den französischen Untersuchungsteilnehmern verwendet werden. Eine signifikant häufigere Verwendung auf französischer Seite könnte man dann dahingehend interpretieren, dass französische Manager diesem Vertrauensfaktor ein höheres Gewicht beimessen als deutsche Manager. Die Voraussetzung dafür, solche Effekte nachweisen zu können, ist allerdings, dass sich die verglichenen Gruppen der deutschen und der französischen Manager – abgesehen von der kulturellen Zugehörigkeit – möglichst gleichen. Denn sonst könnten andere Variablen als die kulturelle Zugehörigkeit für etwaige Unterschiede verantwortlich sein.

Um die Vergleichbarkeit der Teilgruppen zu sichern, sollte man sie möglichst homogen gestalten. Angenommen man vergleicht zwei Gruppen deutscher und französischer Manager, die alle ca. 50 Jahre alt sind, männlich sind, in der gleichen Branche in Industriekonzernen mit über 100.000 Mitarbeitern arbeiten, jeweils Teams von über 20 Personen führen etc. Dann ist es erstens wahrscheinlicher, dass man kulturelle Unterschiede entdeckt, falls es welche gibt. Zweitens sind diese eventuell gefundenen Unterschiede leichter auf die Variable 'kulturelle Zugehörigkeit' zurückzuführen als wenn sich die Gruppen hinsichtlich all dieser Faktoren nicht gleichen. – Gemäß der zweiten Forschungsfrage liegt also die Sampling-Strategie nahe, möglichst homogene Vergleichsgruppen zu bilden.

Das ist allerdings nicht die Strategie, die sich aus der ersten und dritten Forschungsfrage ableitet. Gemäß der ersten Forschungsfrage soll das Spektrum der von Managern verwendeten Vertrauensfaktoren bestimmt werden. Ein Spektrum zu bestimmen bedeutet, die Bandbreite der Ausprägungen einer Variablen empirisch zu erkunden. Dazu muss die Stichprobenbildung vor allem sicherstellen, dass auch tatsächlich alle relevanten Ausprägungen der Variable erfasst werden. Es sollten daher möglichst verschiedenartige Manager in die Studie einbezogen werden. Zwar stellt sich indirekt die Frage der Verallgemeinerbarkeit, wenn es darum

---

schungsstrategie erfordert hingegen, dass die behaupteten Strukturgesetzlichkeiten in den Einzelfällen nicht nur wiedergefunden, sondern dort *systematisch entdeckt* werden. Dies wäre aber nur dann möglich, wenn man davon ausgehen kann, dass der Einzelfall in allen Aspekten vollständig von Strukturgesetzen determiniert wäre (vgl. Kelle et al. 1993: 60).

geht, relevante, das heißt häufig wiederkehrende, Merkmalsausprägungen zu erfassen. Aber wenn sich das Forschungsinteresse grundsätzlich auf die Bandbreite des Spektrums richtet, dann sollte die Sampling-Strategie auf Reichhaltigkeit bzw. Heterogenität ausgerichtet sein und versuchen, eine maximale Variation von Merkmalsausprägungen abzubilden (Prinzip der Varianzmaximierung, vgl. Patton 2002).

Eine ähnliche Überlegung gilt für die dritte Forschungsfrage: Kulturunterschiede zu bestimmen, bedeutet, dass man versucht herauszufinden, inwiefern Menschen aus unterschiedlichen Kulturen beispielsweise Dinge auf unterschiedliche Weise tun oder bewerten. Auch hierbei geht es darum, ein Spektrum zu explorieren: Man möchte beispielsweise für die berufliche Zusammenarbeit von Managern über die ganze Bandbreite ihres Verhaltens, Einschätzens und Bewertens hinweg wissen, wo und inwiefern es Unterschiede zwischen den betrachteten Kulturen gibt. Auch hier stellt sich wieder indirekt die Frage der Verallgemeinerbarkeit. Denn genau wie man bei der ersten Forschungsfrage nach *relevanten* Vertrauensfaktoren sucht, möchte man hier *Kultur*-Unterschiede bestimmen, also Unterschiede bezüglich kulturtypischer Aspekte. Solche Kulturunterschiede manifestieren sich zwar in der individuellen Interaktion, aber sie sind nur dann als Kulturunterschiede bestimmbar, wenn sie repräsentativ für Vertreter der betrachteten Kulturen sind, und nicht, wenn sie lediglich Unterschiede in der Herangehensweise individueller Untersuchungsteilnehmer sind. Das bedeutet, dass Untersuchungen mit gewissen Mindestanzahlen von Vertretern der betrachteten Kulturen arbeiten müssen und dass darüber hinaus in den zu vergleichenden Gruppen verzerrende Einflüsse anderer Variablen möglichst kontrolliert werden sollten.

Allerdings besteht die grundlegende Sampling-Anforderung, die sich aus der explorativ-qualitativen Frage nach vertrauensrelevanten Kulturunterschieden ableiten lässt, wie bei der ersten Forschungsfrage wiederum darin, die Bandbreite eines Spektrums abzudecken. Es sollte Datenmaterial erhoben werden, welches die potenziell vorhandenen Kulturunterschiede umfassend abbildet und erlaubt, sie in der Analyse zu identifizieren. Die Stichprobenbildung sollte daher auf Reichhaltigkeit bzw. Heterogenität zielen (vgl. Tab. 2.4).

Tab. 2.4: Erstes Sampling-Dilemma: Homogenität vs. Heterogenität

• Wenn man die Sampling-Strategie nach der zweiten Forschungsfrage ausrichtet (Bestimmung von Kulturunterschieden der Gewichtung von Vertrauensfaktoren), dann sollte man eine **möglichst homogene** Stichprobe bilden.
• Wenn man die Sampling-Strategie nach der ersten und dritten Forschungsfrage ausrichtet (Bestimmung des Spektrums der Vertrauensfaktoren bzw. der Kulturunterschiede in der Identifikation von Vertrauensfaktoren), dann sollte man hingegen eher eine **hinreichend heterogene** Stichprobe bilden.

Auflösungsprinzip: Ein Ausweg besteht darin, wesentliche potenziell verzerrende Einflussfaktoren auf theoretischer Basis zu bestimmen und sie zwar zu variieren (Heterogenität), aber sie dabei aktiv zu kontrollieren, das heißt, sie für die zu vergleichenden Teilgruppen konstant zu halten (Vergleichbarkeit der Teilgruppen). Das heißt man lässt beispielsweise zwar zu, dass sowohl männliche als auch weibliche Manager in die Untersuchung einbezogen werden, aber man achtet darauf, in den zu vergleichenden Teilgruppen ein jeweils gleiches Verhältnis von männlichen und weiblichen Managern zu erreichen. Weitere Vorteile dieses Vorgehens sind, dass sich verallgemeinernde Schlüsse auf eine breitere Grundgesamtheit richten können und dass sich das Rekrutierungspotential erhöht: Da es nicht einfach ist, 100 Führungskräfte in *einem* Unternehmen als Untersuchungsteilnehmer zu gewinnen, bietet sich beispielsweise eine kontrollierte Variation der Variable 'Unternehmenszugehörigkeit' an.

2.1.6.3 Zweites Sampling-Dilemma: Kleine Stichprobe vs. große Stichprobe

Ein zweites Dilemma entsteht dadurch, dass man für die gemäß der dritten Forschungsfrage angestrebten statistischen Vergleichstests eine relativ große Stichprobe bilden sollte (statistische Aussagekraft bzw. Teststärken), dass der hohe Aufwand für die qualitative Erhebung und Auswertung gemäß der ersten beiden Forschungsfragen nahelegt, die Stichprobe möglichst klein zu halten (Auswertungsintensität).

Der statistische Vergleich der Häufigkeiten in Gruppen (also beispielsweise der Häufigkeiten mit welcher die deutschen und die französischen Manager bestimmte Vertrauensfaktoren verwenden bzw. beschreiben), setzt Mindestgrößen der zu vergleichenden Gruppen voraus und wird im Bereich realistischer Fallzahlen tendenziell stichhaltiger, wenn die jeweiligen Gruppen größer sind.

Die explorativ-qualitative Herangehensweise in Bezug auf die erste und dritte Forschungsfrage stellt jedoch – insbesondere im Vergleich zu konfirmatorisch-quantitativen Fragestellungen – einen erheblichen Aufwand dar (vgl. 2.2 und 2.3). Aus diesem Grund bewegen sich die in derartigen Studien erhobenen Fallzahlen üblicherweise zwischen 10 und 30, erreichen seltener die 50 und bleiben insgesamt meist deutlich im zweistelligen Bereich, um eine hinreichend intensive Auswertung der Daten gewährleisten zu können. Da die Bestimmung des Spektrums der von Managern verwendeten Vertrauensfaktoren (erste Forschungsfrage) eine Voraussetzung für die Beantwortung der anderen beiden Forschungsfragen darstellt, muss eine qualitativ hochwertige Auswertung sichergestellt werden, was tendenziell für die Begrenzung der Stichprobengröße spricht (vgl. Tab. 2.5).

Tab. 2.5: Zweites Sampling-Dilemma: Große Stichprobe vs. kleine Stichprobe

• Wenn man die Sampling-Strategie nach der zweiten Forschungsfrage ausrichtet, dann sollte man versuchen, eine **eher große** Stichprobe zu bilden.
• Wenn man die Sampling-Strategie nach der ersten und dritten Forschungsfrage ausrichtet, dann sollte man eher eine **verhältnismäßig kleine** Stichprobe bilden.

Auflösungsprinzip: Ein möglicher Ausweg aus dem Dilemma ist die Arbeit mit einer Stichprobengröße, welche die für die angestrebten statistischen Vergleichstests (zweite Forschungsfrage) erforderlichen Mindestanzahlen sicher erreicht, ohne jedoch wesentlich darüber hinauszugehen.

Aufgrund des 2x2-Designs und Mindestgrößen von 20-25 Untersuchungsteilnehmern pro Gruppe (vgl. 2.3.5.2) wurde eine Gesamtstichprobengröße von 100 Teilnehmern gewählt. Dies ermöglicht die frequenzstatistische Auswertung für die zweite Forschungsfrage. In Kauf genommen wird allerdings mit dieser für qualitative Studien verhältnismäßig großen Stichprobe ein relativ großer Erhebungs- und Auswertungsaufwand.[59] Von Vorteil ist jedoch, dass sich durch diese relativ große Stichprobe die interne Validität, also die 'Qualität der qualitativen Ergebnisse' verbessert. Die größere Stichprobe verbessert die Möglichkeit, das Spektrum der Vertrauensfaktoren und Kulturunterschiede umfassend in den Blick zu bekommen und genügend aussagekräftiges Datenmaterial zu gewinnen – was gerade bei einer schwer zugänglichen Thematik wie der Einschätzung von Vertrauenswürdigkeit äußerst vorteilhaft erscheint.

---

[59] Merkens (1997: 97): „Die Mächtigkeit von Stichproben differiert bei qualitativen Studien in der Regel zwischen einem und maximal hundert Fällen."

2.1.6.4 Drittes Sampling-Dilemma: Zugang vs. Randomisierung

Ein drittes Dilemma für die Sampling-Strategie ist ebenfalls forschungspraktischer Natur: Um Verzerrungen durch potenziell einflussreiche aber unbekannte Faktoren auszuschließen, können Stichproben durch Zufallsauswahl gebildet werden. Randomisierung ist eine Strategie, um die Vergleichbarkeit von Teilgruppen zu sichern, ohne alle potenziell einflussreichen Faktoren zu kennen. Vorausgesetzt werden dabei hinreichend große Stichprobenzahlen. Für unseren Untersuchungskontext scheidet eine Randomisierungsstrategie allerdings aus. Es wäre nicht nur sehr schwierig, die Grundgesamtheit deutscher und französischer Führungskräfte für die Zufallsauswahl zu bestimmen (vgl. 2.2.3.3), sondern es wäre zudem höchst unwahrscheinlich, eine hohe Quote zufällig bestimmter Führungskräfte aus dem oberen und mittleren Management für die Teilnahme an einstündigen Interviews zu gewinnen. Die Stichprobenbildung muss sich auch nach den Möglichkeiten des Zugangs zu entsprechenden Interviewteilnehmern richten (vgl. Tab. 2.6).

Tab. 2.6: Drittes Sampling-Dilemma: Randomisierung vs. Zugangsschwierigkeit

- Wenn man die Sampling-Strategie nach der zweiten Forschungsfrage ausrichtet, dann sollte man versuchen, eine **randomisierte** Stichprobe zu bilden.
- Wenn man die Sampling-Strategie nach der ersten und dritten Forschungsfrage ausrichtet, dann erscheint es eher geboten, die Bildung der Stichprobe an den **Gelegenheiten** zu orientieren, überhaupt Zugang zu solchen Interviewteilnehmern zu erlangen, die **theoretisch begründet** für die Studie interessant sind.

Auflösungsprinzip: Einen Ausweg bietet die Bildung einer kontrollierten Gelegenheitsstichprobe, welche realistische Chancen des Zugangs zu Untersuchungsteilnehmern nutzt und gleichzeitig sicherstellt, die auf theoretischer Basis bestimmten Einflussfaktoren zu kontrollieren.

In meiner Studie gelang der Zugang zur Untersuchungszielgruppe, indem Personalverantwortliche deutsch-französischer Unternehmen für eine Unterstützung der Studie gewonnen wurden. Im Verlauf der Vermittlung von Interviewteilnehmern wurde dann zunehmend darauf geachtet, die Stichprobe gemäß dem Teilgruppendesign und unter Kontrolle der Variablen Unternehmenszugehörigkeit, Altersklasse und Geschlecht der Teilnehmer gezielt auszubauen (vgl. ausführlicher die Darstellung der Stichprobe in 2.2.3).

2.1.7 Interviews als Erhebungsinstrument

2.1.7.1 Qualitativ-explorative Erhebungsmethoden der Vertrauensforschung

Welche qualitativ-explorativen Erhebungsmethoden kommen für das bisher präzisierte Forschungsinteresse in Betracht?[60] Tab. 2.7 gibt eine Übersicht der in der Literatur zur Vertrauensforschung vorgeschlagenen und verwendeten Verfahren. Sie nennt Beispielstudien, in welchen diese Verfahren zum Einsatz kamen, und beschreibt Vor- und Nachteile der einzelnen Verfahren.

---

[60] Ich beschränke mich aufgrund der in 2.1.2 ausgeführten Überlegungen im Folgenden auf qualitativ-explorative Verfahren. Außen vor lasse ich standardisierte Verfahren (v. a. Fragebögen, vgl. Banai & Reisel 1999), experimentelle Verfahren (vielfach auf Basis des Gefangenendilemmas, vgl. Köszegi 2001) und Metaanalysen (vgl. Johnson & Cullen 2002, Fukuyama 1995).

2.1 Forschungsdesign

Tab. 2.7: Qualitativ-explorative Erhebungsmethoden der Vertrauensforschung

Offene Interviews (nicht bis halbstandardisiert; Leitfadengestützt, problemzentriert/ fokussiert, narrativ, im Rahmen von Strukturlegetechniken u.a.)	Bsp.	– Dolles (2002), Elo (2003), Meifert (2003), Gennerich (2000): als hauptsächliches Datenerhebungsinstrument – Dyer & Chu (2000) als Ergänzung und zur Klärung von Antworten in standardisierten Fragebögen
	Vorteile	– Rückfrage-Techniken einsetzbar – Terminkoordination einfacher (Einzeltermine) – prinzipiell telefonisch möglich (geringer Aufwand)
	Nachteile	– Reflexiv: untersucht nicht 'in-vivo-Vertrauen'; daher schwierig, implizite Aspekte des Vertrauens zu erfassen – Stellt hohe Anforderungen an Gesprächstechnik/Interviewer
Gruppendiskussion/ Fokusgruppen (moderierte oder un-moderierte Diskussion mehrerer Personen)	Bsp.	– Connell et al. (2003) für den Test, ob ihre Umfrageergebnisse alle Vertrauensaspekte abdeckten, welche aus Sicht der Teilnehmer relevant erschienen
	Vorteile	– Rückfrage-Techniken einsetzbar – Gruppendiskussion mit gegenseitiger 'Inspiration' kann helfen, implizite Vertrauensaspekte aufzudecken und das Problem der unscharfen Vertrauenssemantik zu entschärfen
	Nachteile	– Reflexiv: untersucht nicht 'in-vivo-Vertrauen', daher schwierig, implizite Aspekte des Vertrauens zu erfassen – Rückfrage-Techniken nur bedingt einsetzbar – Erhöhter organisatorischer Aufwand; nur geringe Stichprobengrößen im geschäftlichen Kontext realistisch
Fragebögen (mit offenen Fragen)	Bsp.	– Batt & Parining (2002) als Teil eines Fragebogeninstruments, der offen nach Vertrauensfaktoren fragt
	Vorteile	– Relativer Aufwand gering; online/ per Post möglich
	Nachteile	– In der Regel reflexiv: untersucht nicht 'in-vivo-Vertrauen' – Keine Rückfrage-Techniken einsetzbar – Problem der unscharfen Vertrauenssemantik stellt sich verstärkt
Teilnehmende Beobachtung (Teilnahme des Forschers an den Interaktionssituationen, in welchen Vertrauen untersucht werden soll)	Bsp.	– Karvonen et al. (2000): sowohl reine als auch teilnehmende Beobachtung; in Kombination mit offenen Interviews
	Vorteile	– Umgeht Problem der unscharfen Vertrauenssemantik – Direkter Zugang: untersucht 'in-vivo-Vertrauen' – Ermöglicht Zugang zu unbewussten Aspekten des Verhaltens
	Nachteile	– Kann nur Ausschnitte des relevanten Verhaltensspektrums analysieren – Beobachter beeinflusst potenziell das Verhalten d. Untersuchungsteilnehmer – Sehr aufwändig – Zugang zu Teilnehmern im geschäftlichen Kontext schwierig
Gesprächs- bzw. Interaktionsanalyse (Video-/Audio-Aufnahme authentischer Gesprächssequenzen)	Bsp.	– Deppermann (1997) analysiert die Inszenierung von Glaubwürdigkeit in Streitgesprächen
	Vorteile	– Ermöglicht Zugang zu unbewussten Aspekten des sprachlichen Ausdrucksverhaltens / der interpersonalen Interaktion – Direkt: untersucht 'in-vivo-Vertrauen'
	Nachteile	– In der Regel Fokus auf Kommunikation/Sprache, das heißt weitere vertrauensrelevante Verhaltensaspekte werden ausgeblendet; teilweise mangelnde Berücksichtigung des Interaktionskontexts – Aufnahmesituation beeinflusst potenziell Sprache/Verhalten – Sehr aufwändig

2.1.7.2 Vorteile offener Interviews im Sinne der Studie

Als explorativ-qualitativer Zugang für das Forschungsziel, kulturelle Einflüsse auf die Entwicklung von Vertrauen in interkulturellen Geschäftsbeziehungen zu bestimmen, eignen sich insbesondere offene Interviews. Dies zeigt ein Vergleich offener Interviews mit den anderen in Tab. 2.7 aufgeführten Methoden.

- Offene Interviews ermöglichen – im Vergleich zu Fragebögen – eine Form der Datenerhebung, die sich stark an den Bedeutungsstrukturierungen der Interviewten orientiert, es dem Forscher aber dennoch ermöglicht, durch die Interviewführung eine gezielte Qualitätssicherung zu betreiben. Es kann Verständnisproblemen seitens des Studienteilnehmers oder mangelnden Präzisierungen bzw. Themenabschweifungen durch konsequente Rückfragen und weitere Gesprächsführungstechniken unmittelbar begegnen (vgl. 2.1.8 Entwicklung der Interviewmethodik).

- Gleichzeitig ist bei offenen Interviews – im Vergleich zu Gruppendiskussionen – der Organisationsaufwand deutlich geringer, was insbesondere für die Zielgruppe des oberen und mittleren Managements in internationalen Unternehmen ein sehr wichtiger Aspekt ist.

- Die Methode der passiven Teilnahme an Interaktionen und der Beobachtung der Beteiligten bietet einen direkten Zugang zu Aspekten der Vertrauensentwicklung. Allerdings erscheint es aufgrund der Sensibilität der Vertrauensthematik bei dieser Art der Datenerhebung schwer, Unternehmen für eine Kooperation zu gewinnen.

- Zudem bietet der reflexive Zugang über offene Interviews gegenüber Beobachtung, Gesprächsanalyse oder anderen Formen der Aufzeichnung authentischer Interaktionen den Vorteil, eine größere Bandbreite an Bereichen und Situationen der vertrauensrelevanten Interaktion in den Blick nehmen zu können. Man ist nicht darauf angewiesen, lange genug dabei zu sein, um relevantes Datenmaterial erheben zu können, sondern man kann gezielt nach vertrauensrelevanten Erlebnissen fragen und damit auf ein breiteres Erlebnisspektrum der Interviewten zurückgreifen als nur das Geschehen zum Zeitpunkt der Studie.

2.1.7.3 Zur Aussagekraft von Interviewdaten im Sinne der Studie

In der theoretischen Diskussion der Vertrauensentwicklung im ersten Kapitel wurde klar, dass Prozesse der Vertrauenseinschätzung weitgehend unbewusst bzw. unreflektiert ablaufen (vgl. 1.5.3.1). Ergebnis der Gegenüberstellung qualitativ-explorativer Erhebungsmethoden im letzten Abschnitt war jedoch, dass man sich bei offenen Interviews – im Gegensatz etwa zu teilnehmender Beobachtung oder Gesprächs- bzw. Interaktionsanalyse – auf einen Zugang über die Reflexion der Interviewten festlegt. Vertrauen über einen reflexiven Zugang zu erheben, ist daher nicht einfach. Zudem bedeutet die Wahl von Interviews als Erhebungsinstrument, dass nur solche Aspekte der Vertrauensentwicklung erhoben werden können, welche prinzipiell der reflexiven Rekonstruktion durch Interviewteilnehmer zugänglich sind. Allerdings bedeutet 'unreflektiert' nicht, dass sich die Prozesse der Vertrauenseinschätzung grundsätzlich einer bewussten Reflexion völlig entziehen, sondern nur, dass man im Allgemeinen nicht darüber nachdenkt. Aus diesem Grund ist davon auszugehen, dass sich die für Interviews gewonnenen Manager zum Zeitpunkt des Interviews noch nicht umfassend mit der Frage der Vertrauenseinschätzung auseinander gesetzt haben. Es ist nicht anzunehmen, dass sie spontan wohlüberlegte Rekonstruktionen ihres Umgangs mit Vertrauenseinschätzungen liefern können. Bei einem Zugang über offene Interviews muss man sich folglich die Frage stellen, wie man gewährleisten kann, dennoch an valide und für die Fragestellung relevante Daten zu gelangen. Die methodologische Forschung zum Instrument des Interviews stellt hierfür inzwischen einen recht umfassenden 'Werkzeugkasten' von Interviewformen und Gesprächstechniken bereit, mit deren Hilfe man gezielt beispielsweise die Erinnerungsleistung der Interviewten unterstützen kann. Die folgenden Abschnitte beschreiben die Entwicklung der Interviewmethodik und machen deutlich, wie den skizzierten sowie weiteren methodischen Herausforderungen begegnet wurde.

2.1.8 Entwicklung der Interviewmethodik

Gemäß dem entwickelten Design wird mit der Erhebung in Form offener Leitfadeninterviews den geplanten drei Auswertungsschritten ein einziger Datenerhebungsschritt zugrunde gelegt. Dies ermöglicht zum einen die Ressourcenbündelung zur Erstellung einer relativ umfassenden qualitativen Stichprobe. Zum anderen macht es jedoch erforderlich, sich diesem Erhebungsschritt und der entsprechenden Methodik mit großer Sorgfalt zu widmen. Die folgende Darstellung beschreibt ausführlich, welche Überlegungen im Verlauf der Ausarbeitung des Forschungsdesigns in die Entwicklung der Interviewmethodik eingeflossen sind. Dies ermöglicht nicht nur die Einschätzung der in der vorliegenden Studie erhobenen Daten, sondern zeigt gleichzeitig den weiterreichenden Nutzen der entwickelten Vorgehensweise für den Einsatz in anderen Forschungsprojekten mit vergleichbaren Fragestellungen auf.

Die Entscheidung für den Einsatz offener Interviews als Erhebungsinstrument ist der erste Schritt einer Reihe von Klärungen auf dem Weg zu einer konkreten Interviewmethodik. In der methodologischen Literatur werden sehr unterschiedliche Typen offener Interviews diskutiert, und in der Forschungspraxis wird eine Vielzahl von Varianten eingesetzt. Der methodische Kern aller Varianten des offenen Interviews ist dabei die 'Offenheit', das heißt das Bestreben, den Sichtweisen und Bedeutungsstrukturierungen der Interviewten Raum zu geben und die Interviewführung entsprechend anzupassen. Dabei muss sich die Konkretisierung der Interviewmethodik in einem konkreten Projekt nach der Forschungsfrage und dem Erhebungskontext richten. Die unterschiedlichen Formen offener Interviews eröffnen unterschiedliche Zugänge zum untersuchten Phänomenbereich, müssen allerdings auch jeweils unterschiedlichen methodischen Schwierigkeiten begegnen. Sowohl für die Durchführung eines Projekts als auch für die Einschätzung der wissenschaftlichen Qualität des Vorgehens ist es nicht ausreichend, lediglich einen Typ wie 'offenes', 'narratives' oder 'problemzentriertes' Interview zu spezifizieren. Vielmehr muss herausgearbeitet werden, welche Aspekte der Interviewführung aus welchen Gründen für die spezifische Fragestellung zum Einsatz kommen sollen und wie die spezifischen methodischen Herausforderungen angegangen werden sollen, die mit der geplanten Interviewführung einhergehen.

2.1.8.1 Methodische Schwierigkeiten des Zugangs zu Vertrauen in Interviews

Das bisher formulierte Erhebungsziel besteht darin, in offenen Interviews einen Zugang zu solchen Aspekten der Vertrauenseinschätzung zu bekommen, welche die interviewten Manager bewusst mit dem Thema Vertrauenseinschätzung in Verbindung bringen. Welche Möglichkeiten bieten sich hierzu?

Als erfahrene Führungskräfte in verantwortlichen Positionen sind die befragten Manager natürlich praktische Experten darin zu erkennen, ob sie Kollegen, Mitarbeitern oder Geschäftspartnern vertrauen können. Ein nahe liegender Ansatz wäre es also, die befragten Manager als 'Experten' zu interviewen und sie danach zu fragen, wie sie die Vertrauenswürdigkeit von Kollegen oder Geschäftspartners einschätzen. Man würde also fragen: „Sie haben doch viel Erfahrung mit Vertrauen. Wie machen Sie es denn...?", um anschließend gemeinsam im Interview herauszuarbeiten, wie der Interviewte seiner Ansicht nach vorgeht und worauf er achtet.

Ein solches Vorgehen sähe sich allerdings mit einer Reihe methodischer Herausforderungen konfrontiert: Wie beschrieben laufen die interessierenden Einschätzungsprozesse meist unbewusst ab, und man kann nicht von einer umfassenden spontanen Auskunftsfähigkeit ausgehen. Daher wäre in den Interviews jeweils in Form eines Prozesses der moderierten Selbstreflexion zu erkunden, wie der jeweilige Interviewte vorzugehen glaubt. Selbstreflexive

Prozesse der Rekonstruktion eigener Vorgehensweisen sind jedoch aus den im Folgenden aufgeführten methodischen Gründen kein idealer empirischer Zugang zu den eigentlichen Vorgehensweisen – insbesondere nicht in Bezug auf unser Erkenntnisinteresse einer Identifikation der tatsächlich relevanten Vertrauensfaktoren.

1. Soziale Erwünschtheit, Dissonanzvermeidung, Ex-Post-Rationalisierungen: Wenn Menschen in Interviews gefragt sind, eigene individuelle Vorgehensweisen oder auch Gewohnheiten zu rekonstruieren, weichen ihre Darstellungen in typischer Weise von dem ab, was sie wirklich tun bzw. getan haben. Als '**soziale Erwünschtheit**' (Crowne & Marlow 1964) bezeichnet man das Phänomen, dass Interviewte (teilweise unbewusst) dazu tendieren, die Realität in Richtung dessen abzuändern, was man eigentlich tun sollte bzw. was sozial erwartet wird. Sie versuchen, Antworten zu geben, die den vorherrschenden sozialen Erwartungen und Normen entsprechen bzw. sie vermeiden es, solche Normen zu verletzen (vgl. Cropley 2005: 69, der auf die Parallele zu 'political correctness' verweist).

Einen weiteren Verzerrungseffekt bezeichnet man als '**Dissonanzvermeidung**'. Entsprechend der von Festinger (1978) entwickelten Theorie der kognitiven Dissonanz haben Menschen ein starkes Bestreben, sich selbst als konsistente Persönlichkeit wahrzunehmen. Sie tendieren daher dazu, Ansichten über ihr eigenes Verhalten zu bilden, welche sie als konsistente und rationale Persönlichkeiten erscheinen lassen. Aspekte, welche nicht in dieses Bild passen, werden vergessen bzw. unbewusst ausgeblendet. Weil sich aber tatsächlich niemand in allen Situationen immer konsistent und rational-widerspruchsfrei verhält, dienen sogenannte **Post-Rationalisierungen** dazu, Konsonanz herzustellen. Man entwickelt nachträglich einen Rahmen bzw. eine Interpretation, der das eigene Verhalten in Kongruenz mit dem eigenen Selbstkonzept bringt (vgl. Joyce et al. 2002, Rosenzweig & Wolpin 1993).

2. Abstraktionstendenz und Unschärfe der Vertrauenssemantik. Eine zweite methodische Herausforderung ergibt sich speziell in Bezug auf die dritte Forschungsfrage, welche sich für die Identifikation von Vertrauensfaktoren anhand von beobachtetem Verhaltens interessiert. Die Datenerhebung sollte in der Lage sein, die konkret beobachtbaren Verhaltensweisen zu bestimmen, welche Manager als Vertrauensfaktoren interpretieren. In der Terminologie von Bacharach & Gambetta (1997) sind dies die Vertrauensmanifesta, anhand derer Menschen auf dahinter liegende abstraktere Vertrauenskrypta (das heißt vertrauenswürdig machenden Eigenschaften) schließen (vgl. 1.4.1.2). Wenn die Untersuchungsteilnehmer jedoch im Interview in einem Prozess der Selbstreflexion rekonstruieren, worauf sie achten, dann bewegen Sie sich erst einmal grundsätzlich auf der Ebene der Vertrauensfaktoren bzw. Vertrauenskrypta. Sie überlegen, was die aus ihrer Sicht relevanten vertrauenswürdig machenden Eigenschaften sind (**Abstraktionstendenz**). Diese Überlegungen beeinflussen sie jedoch darin, sich zu erinnern, auf welche Aspekte genau sie auf der konkreten Wahrnehmungs- bzw. Beobachtungsebene eigentlich achten (vgl. zum Priming-Effekt 1.4.2.4). Daher ist der Zugang über Selbstreflexion kein günstiger Weg, um zu erheben, welche Vertrauensmanifesta für die Interviewten eine Rolle spielen.

Hinzu kommt, dass es im Begriffsfeld der vertrauenswürdig machenden Eigenschaften, in welchem sich die Interviewten bei der Rekonstruktion ihres Vorgehens bewegen, eine Reihe sehr grundsätzlicher und umfassender Konstrukte gibt (wie z.B. Offenheit, Ehrlichkeit oder Zuverlässigkeit). Diese Begriffe sind zwar thematisch einschlägig, aber sie bewegen sich auf einem relativ abstrakten Niveau und sind daher in Bezug auf die ihnen zugrunde liegenden Vertrauensmanifesta **mehrdeutig**, und es ergeben sich zwischen diesen Begriffen Überschneidungsbereiche (vgl. 3.7 Überwindung der Mehrdeutigkeiten). Hinzu kommt, dass Interviewte im Prozess einer Selbstreflexion oft nicht auf Anhieb den passenden Begriff finden.

2.1 Forschungsdesign

Sie verwenden daher Begriffe, die sie unmittelbar zuvor verwendet haben oder die ihnen gerade in den Sinn kommen, was sich in **Inkonsistenzen der Darstellung** und in Selbstkorrekturen zeigt.[61] – Für die Erforschung von Kulturunterschieden der Diagnose von Vertrauensfaktoren kommt es aber gerade darauf an, auf Basis welcher Vertrauensmanifesta geschlossen wird, dass ein Partner vertrauenswürdig ist oder nicht. Dies bleibt in selbstreflektiven Darstellungen häufig offen bzw. die Rekonstruktionen entsprechen nicht dem tatsächlich Erlebten. Es erscheint daher methodisch problematisch, Manager direkt als Experten dafür zu interviewen, wie sie konkret die Vertrauenswürdigkeit von Kollegen oder Geschäftspartnern einschätzen.

2.1.8.2 Interviewtechniken zur Erhebung realer Erlebnisse

Es gibt jedoch eine vielversprechende Alternative: Man kann Interviewteilnehmer bitten, sich reale Fälle bzw. Erlebnisse zu vergegenwärtigen, in welchen sie in der beruflichen Zusammenarbeit zu einer Einschätzung der Vertrauenswürdigkeit des Partners gelangt sind. Denn die Rekonstruktion dessen, wie man es in einem ganz konkreten Fall gemacht hat, bietet Anhaltspunkte, um die genannten Schwierigkeiten zu umgehen. Wenn es gelingt, intuitiv als vertrauensrelevant eingestufte Erlebnisse im Interview detailliert nachzuzeichnen, wird ein Zugang zu den konkreten Vertrauensmanifesta möglich. Wenn man reale Erlebnisse im Detail nachzeichnet, ist man zudem nicht gezwungen, die abstrakte Terminologie der vertrauensrelevanten Eigenschaften zu verwenden.

In der Methodenliteratur werden verschiedene Interviewverfahren beschrieben, welche einen solchen Zugang über den Bericht realer Erlebnisse wählen. In die Entwicklung der Interviewmethodik eingeflossen sind die 'Critical Incident Technique', die 'Verlaufserkundung' und das 'kognitive Interview'. Die in der Literatur prominenteste Methode ist die **Critical Incident Technique** bzw. Methode der kritischen Ereignisse (Aamodt et al. 1986, Chell 1998, Flanagan 1954, Gremler 2004, Query et al. 2001, Woolsey 1986). Sie wird häufig in der kulturvergleichenden bzw. interkulturellen Managementforschung eingesetzt[62] und wurde auch bereits für die Erforschung von Vertrauen verwendet (Butler 1991). Entwickelt wurde sie von John Flanagan, welcher als Leiter der psychologischen Abteilung der US Luftwaffe zu Trainingszwecken die spezifischen Kompetenzen und Fertigkeiten bestimmen wollte, die zur Ausübung des Pilotenberufs nötig sind. Er bat daher erfahrene Piloten, im Detail zu berichten, welches besonders kritische Momente in der Ausübung ihres Berufs gewesen seien und wie sie sich jeweils verhalten hätten. Auch Flanagan hatte gesehen, dass für seine Zwecke die Beschreibung des tatsächlichen Vorgehens in konkreten Fällen der Sammlung von Interpretationen, Bewertungen oder Meinungen vorzuziehen ist (Flanagan 1954: 29). Anstatt Meinungen, Bauchgefühle oder Einschätzungen zu erheben, ermögliche es die Critical Incident Technique, konkrete Berichte über Verhaltensweisen zu erheben – und zwar genau von denjenigen, die am besten in der Lage sind, Bericht zu erstatten (Flanagan 1954: 30). Während Flanagan sich allerdings auf schriftliche Berichte stützte, wird die Critical Incident Technique in der empirischen Sozialforschung heute typischerweise in offenen Interviews eingesetzt (Chell 1998: 54).

Für die Rekonstruktion von Vertrauenseinschätzungen wäre der Fokus auf kritische Erlebnisse, besondere Vorkommnisse oder Schlüsselerlebnisse in einer beruflichen Beziehung aller-

---

[61] Dies war auch ein deutliches Ergebnis meiner Vorstudie, in welcher Passagen ausgewertet wurden, in welchen die Interviewten eine solche Rekonstruktion ihres Vorgehens bei der Einschätzung der Vertrauenswürdigkeit von Interaktionspartnern vornehmen.

[62] Vgl. zum Einsatz beispielsweise Brislin et al. (1986), Stahl et al. (1999), Schroll-Machl (2002) sowie zur Methodologie Wright (1999), Thomas (2005a).

dings eine unangemessene Einschränkung, denn Vertrauen entsteht nicht nur über 'kritische', das heißt als 'besonders' wahrgenommene Ereignisse, sondern Vertrauen entsteht wesentlich auch über Verhaltensgewohnheiten und Alltagshandlungen (Gabarro 1978: 297f.). Daher wurde ergänzend auf eine Weiterentwicklung der Critical Incident Technique zurückgegriffen, die von Franke & Kühlmann (1985) vorgeschlagen wurde: die **Verlaufserkundung**. Die Autoren beschreiben Gesprächstechniken, die Vorgesetzten helfen, sich in Gesprächen mit Mitarbeitern entweder ein unvoreingenommenes Bild von einem Vorgang zu machen (Sacherkundung) oder einen Zugang zur individuellen Auffassung einer Entwicklung zu gewinnen (Erlebniserkundung). Für beide Gesprächsziele betonen sie den Wert der 'Verlaufsorientierung': Sie ergänzen damit Flanagans Ansatz, sich kritische Ereignisse berichten zu lassen, durch eine strikt am chronologischen Ablauf orientierte Gesprächsführung. In der dieser Arbeit zugrunde liegenden Studie diente die Verlaufsorientierung dazu, den interviewten Managern zu erleichtern, sich die Entwicklung einer beruflichen Beziehung zu vergegenwärtigen und dabei rückblickend zu prüfen, welche Aspekte des Beziehungsverlaufs ihnen für ihre Vertrauenseinschätzung rückblickend als wichtig erscheinen (vgl. 2.1.8.5 Gesprächstechniken zur Förderung der Erinnerungsleistung).

Ergänzend wurde auf Gesprächstechniken zurückgegriffen, die im Bereich der forensischen Psychologie bzw. dem 'Interviewkontext' der Zeugenbefragung als Methode des **kognitiven Interviews** beschrieben werden (Dornburg & McDaniel 2006, Fisher & Geiselman 1992, Geiselmann et al. 1984, 1985, Köhnken & Brockmann 1988). Kern dieses Ansatzes ist die Umsetzung gedächtnispsychologischer Forschungsergebnisse in Gesprächstechniken zur gezielten Verbesserung der Erinnerungsleistung der Interviewten (vgl. die Diskussion in 2.1.8.5).

2.1.8.3 Erwartbare Daten und Auswertungsoptionen

Erfahrungen mit der Erhebung realer Erlebnisse in Interviews mit Managern zeigen ein typisches Datenmuster. Auch wenn Interviews gezielt nach Erlebnisberichten fragen, beschränken sich interviewte Manager nicht auf detailreiche und handlungsorientierte Schilderungen solcher Erlebnisse. Stattdessen tendieren sie offenbar dazu, die berichteten Erlebnisse gleich selbst ausführlich zu kommentieren. Sie versuchen, ihre Beobachtungen auf einem relativ hohen Abstraktionsniveau kategorisierend einzuordnen und sie gleichzeitig zu bewerten. So schreibt etwa Thomas (2005c) im Rückblick auf seine Erfahrung mit der Durchführung zahlreicher interviewbasierter Studien zu Kulturunterschieden:

> Wenn man Gespräche mit Menschen führt, die über langjährige eigene Erfahrungen in der Kommunikation mit Menschen einer spezifischen Fremdkultur verfügen, und wenn man sie im Rahmen teilstrukturierter Interviews systematisch über ihre Beobachtungen erwartungswidrigen Verhaltens fragt, stellt man fest, dass sie dazu neigen, ihre Beobachtungen auf einem relativ hohen Abstraktionsniveau in Form typischer und charakteristischer allgemeiner Merkmale und Eigenschaften zu kategorisieren (Thomas 2005c: 103).

Auch Pateau (1994: 162) stellte in einer Untersuchung auf Basis von über 150 offenen Interviews seitens der Interviewten das Bestreben fest, Eindrücke kultureller Unterschiede eher in sehr allgemeinen Kategorien zu beschreiben als konkrete Erlebnisse oder Situationen zu schildern („de la part de l'interviewé un désir de figer les cultures sur des stéréotypes plutôt que de décrire des situations concrètes"). In einer Reihe von Studien wird auch berichtet, dass die anvisierte Erhebung von Falldarstellungen gar nicht gelingt. Beispielsweise berichtet Pill (2006: 62): „Most of the respondents only referred to the general behaviour of the other culture without being able to describe a specific situation." Nach Thomas' Einschätzung bedarf es daher „einer sorgfältigen Interviewführung, um [überhaupt] verhaltensnah interkulturelle Interaktionssituationen geschildert zu bekommen" (Thomas 2005c: 103).

2.1 Forschungsdesign

Für das Ziel einer Erhebung realer Erlebnisse in offenen Interviews ergeben sich daher zwei Konsequenzen. Erstens muss besonderer Wert auf die Entwicklung der Interviewmethodik, das Interviewertraining, ein entsprechendes Briefing der Interviewteilnehmer zu Beginn des Interviews sowie schließlich eine sorgfältige Interviewführung gelegt werden (vgl. Aghamanoukjan et al. 2007: 430ff., Witzel 2000). Da sich das Datenerhebungsziel offenbar nur in Form einer Vermischung konkreter Falldarstellungen mit allgemeinen Kommentaren und Kategorisierungen realisieren lässt, wird zweitens in der Datenauswertung eine Strukturierung des Datenmaterials erforderlich, welche Falldarstellungen und Kommentarstellen voneinander abgrenzt. Dies führt jedoch dazu, dass man neben den grundsätzlich angestrebten Falldarstellungen eine zweite Art von Datenmaterial gewinnt. Je nach den Forschungszielen der Studie und der Qualität der Daten stehen diese für zusätzliche Auswertungsoptionen zur Verfügung.

In Bezug auf das Forschungsziel der Bestimmung vertrauensrelevanter Kulturunterschiede eröffnet sich hier im Sinne der dritten Forschungsfrage ein Zugang zu Unterschieden der Vertrauensfaktordiagnose bzw. des Umgangs mit Vertrauensfaktoren – zumal für die Interviews weitgehend sehr erfahrene Manager gewonnen werden konnten.[63] Gemäß dem Teilgruppendesign (vgl. 2.1.5) ließen sich zum einen die Kommentare dieser Manager in der deutschen und der französischen mono-kulturellen Gruppe kontrastieren (Kommentare zum eigenen Verhalten und eigene Bewertungen). Zum anderen ließen sich in den bi-kulturellen Interviews die Kommentare deutscher Manager über das Verhalten oder Bewerten französischer Manager (und umgekehrt) auswerten. Da drittens als Korrektiv die in der Literatur der deutsch-französischen Managementforschung berichteten Kulturunterschiede herangezogen werden konnten, boten diese Daten eine Basis für die Beantwortung der dritten Forschungsfrage (vgl. die ausführlichere Diskussion in 2.3.6.1).

2.1.8.4 Entwicklung der Interviewleitfragen

Fassen wir den Kern der bisherige Argumentation zur Entwicklung der Interviewmethodik zusammen: Nach dem skizzierten Ansatz geht es – gemäß den Prinzipien von Critical Incident Technique, Verlaufserkundung und kognitivem Interview – darum, die interviewten Manager um detaillierte Schilderungen vertrauensrelevanter Erlebnisse zu bitten. Diese dienen dann als Zugang zu denjenigen konkreten Aspekten des Verhaltens, auf welche die Interviewten achten, um die Vertrauenswürdigkeit von Kollegen oder Geschäftspartnern einzuschätzen (Vertrauensmanifesta). Die Auswertung zielt darauf, diese Aspekte zu systematisieren, um die dahinter liegenden Vertrauensfaktoren (Vertrauenskrypta) zu bestimmen. – Es gilt nun, genauer zu klären, welche vertrauensrelevanten Erlebnisse in welchen beruflichen Beziehungen die interviewten Manager schildern sollen und wie man sie im Interview danach fragen kann.

Bestimmung der zu thematisierenden Vertrauensbeziehungen: Grundsätzlich richtete sich der Gesprächsfokus gemäß dem theoretischen Modell der interpersonalen Vertrauensentwicklung auf den einfachsten Fall: die Beziehung zwischen zwei Personen (Interaktionsdyade). Jeder interviewte Manager sollte jeweils mehrere Vertrauensbeziehungen zwischen sich selbst und jeweils einem Kollegen oder Geschäftspartner berichten. Nun waren allerdings zwei Fragen zu klären:

---

[63] Knapp die Hälfte der interviewten Manager in der bi-kulturellen Gruppe arbeiteten direkt auf Leitungsebene der jeweiligen Unternehmen bzw. Konzernsparten und verantworteten umfangreiche Geschäftsbereiche. Zudem waren die interviewten Manager zum Zeitpunkt des Interviews durchschnittlich bereits 14,2 Jahre im deutsch-französischen Kontext tätig.

- *Art des (national-)kulturellen Hintergrunds*: Erstens fordert das 2x2 Teilgruppen-Design eine Festlegung des (national-)kulturellen Hintergrunds der Kollegen und Geschäftspartner, von welchen berichtet werden soll. In der DD-Gruppe wurden deutsche Manager nach Berichten über Vertrauen in der Zusammenarbeit mit anderen Deutschen gefragt, und in der DF-Gruppe sollten deutsche Manager von Vertrauen zu französischen Kollegen oder Geschäftspartnern berichten. In den französischen Gruppen war es jeweils umgekehrt.
- *Art der Beziehung*: Zweitens war zu entscheiden, inwiefern die Art der Beziehungen festgelegt werden soll (unternehmensinterne Kollegenbeziehungen vs. externe Beziehungen zu Kunden, Lieferanten etc.; Beziehungen zu Vorgesetzten, gleichgestellten Kollegen oder Mitarbeitern). Um die Optionen, prägnante berufliche Erfahrungen mit Vertrauen zu finden – gekoppelt mit der Bereitschaft, im Interview davon zu berichten – nicht einzuschränken, wurden den interviewten Managern diesbezüglich keine Vorgaben gemacht. Zwar gibt es hier in einem gewissen Rahmen Unterschiede der Vertrauenseinschätzung, wie beispielsweise die Studie von Gabarro (1978) zeigte.[64] Allerdings handelt es sich offenbar nur um Tendenzen, und in anderen Studien wurden im Vergleich zwischen Vorgesetzten-, Kollegen- und Mitarbeiterbeziehungen keine bedeutsamen Unterschiede gefunden (Schindler & Thomas 1993: 566: „The importance of conditions of trust ... was the same for all three [types of] dyads."). Den interviewten Managern wurde daher freigestellt, von unternehmensinternen Beziehungen Kollegen (gleichgestellten Kollegen, Vorgesetzten oder Mitarbeitern) oder auch von Beziehungen zu externen Geschäftspartnern (Kunden, Dienstleistern etc.) zu berichten. Dies ermöglichte den Interviewten, besonders prägnant erinnerte Fälle ihrer beruflichen Laufbahn herauszugreifen, wodurch die Vertrauensfaktoren für ein breites Spektrum an beruflichen Beziehungen im Management abgebildet werden konnten.[65]

Kern der Interviews waren drei Interviewleitfragen. Die ihnen zugrunde liegenden Überlegungen waren die folgenden:

Frage-1: Vertrauensaufbau (V+): Wie lässt sich rekonstruieren, wie sich in einer beruflichen Beziehung Vertrauen entwickelt hat? Nicht alle Aspekte der Zusammenarbeit sind für die Entwicklung von Vertrauen gleichermaßen relevant. Was sind die vertrauensrelevanten Aspekte und Erlebnisse im Verlauf einer Beziehung? Es gilt, diejenigen Aspekte herauszufiltern und im Interview näher zu beleuchten, welche rückblickend als für die Entwicklung von Vertrauen relevant erscheinen. Woran hat der Interviewte in einer konkreten beruflichen Beziehung erkannt, dass er seinem Kollegen oder Geschäftspartner vertrauen kann. Inwiefern hat sich die Beziehung so entwickelt, dass der Interviewte Vertrauen aufbauen konnte? Darauf zielt die erste Interviewleitfrage (vgl. Tab. 2.8).

Tab. 2.8: Die erste Interviewleitfrage

Interviewleitfrage-1: Wenn Sie an die verschiedenen Kollegen und Geschäftspartner denken, mit welchen Sie in Ihrer Tätigkeit zu tun haben: Greifen Sie jemanden heraus, von dem Sie sagen würden: Zu dieser Person kann ich vertrauen. – **Wie haben Sie zu dieser Person Vertrauen gewonnen? Wenn Sie einmal damit beginnen, wie Sie sich kennen gelernt haben: Was ist dann der Reihe nach passiert? Wie haben Sie gemerkt, dass Sie dieser Person vertrauen können?**

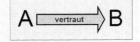

---

[64] Gabarro (1978) berichtet, dass „integrity, competence, and consistency" wichtiger für Vertrauen in Mitarbeiter seien, „integrity, loyalty, and openness" hingegen wichtiger für Vertrauen in Vorgesetzte.
[65] Die Art der Beziehung wurde im Interview geklärt und in den Transkripten vermerkt (vgl. 2.3.2.2 Strukturierung der Transkripte). In der Gesamtanzahl der dargestellten Fälle ergab sich eine annähernd gleiche Verteilung der Arten von berichteten Beziehungen.

2.1 Forschungsdesign

Frage-2: Vertrauensverlust bzw. fehlender Vertrauensaufbau (V-): Natürlich könnte man sich darauf beschränken, Fälle positiver Vertrauensentwicklung zu erfragen und die dafür relevanten Aspekte herauszuarbeiten. Allerdings ist man in der Rekonstruktion realer Erlebnisse mit der Herausforderung konfrontiert, dass die Prozesse der Vertrauenseinschätzung weitgehend unbewusst ablaufen. Daher erschien es in der Entwicklung der Interviewleitfragen sinnvoll, die erste Frage zu ergänzen. Es bot sich dazu an, die Perspektive umzukehren und auch nach dem Gegenteil zu fragen, das heißt nach Fällen der Vertrauensaufkündigung (bzw. des fehlenden oder gescheiterten Vertrauensaufbaus, vgl. Tab. 2.9).

Tab. 2.9: Die zweite Interviewleitfrage

Interviewleitfrage-2: Im beruflichen Leben kommt es auch vor, dass man sein Vertrauen in einen Kollegen oder Geschäftspartner mehr oder weniger in Frage stellen muss. Wenn Sie an die verschiedenen Kollegen und Geschäftspartner denken, mit welchen Sie in ihrer Tätigkeit zu tun haben: Erinnern Sie sich an eine Situation, in der irgendetwas vorgefallen ist, weshalb Sie sich gesagt haben: Ich kann dieser Person nicht mehr in dem Maße vertrauen, wie ich es einmal getan habe? – **Warum haben Sie Ihr Vertrauen in Frage gestellt? Was ist da genau passiert?**

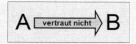

Fälle, in welchen man vertraut hat und es dann aber 'schief gegangen' ist, könnten in der Erinnerung sogar präsenter sein als Fälle, in welchen man vertraut hat und das Vertrauen nicht enttäuscht wurde. Dafür sprechen verschiedene Argumente: Nach dem *erkenntnistheoretischen Argument* ist es leichter festzustellen, dass man nicht vertrauen kann, als dass man vertrauen kann. Denn ein einziger Fall des enttäuschten Vertrauens zeigt deutlich, dass man Vertrauen in Frage stellen muss. Hingegen kann es auch nach längerer Zusammenarbeit ohne Vertrauensbruch immer noch unklar sein, ob Vertrauen wirklich gerechtfertigt ist (vgl. 1.1.4.2 erkenntnistheoretische Asymmetrie der Vertrauenseinschätzung). Demnach kann man möglicherweise von Fällen des Vertrauensbruchs leichter berichten als von Prozessen der Entwicklung von Vertrauen. Nach dem *relevanztheoretischen Argument* besitzt enttäuschtes Vertrauen eine höhere Relevanz für den Vertrauenden als gewürdigtes Vertrauen (Sperber et al. 1995, Sperber & Wilson 1995). Wenn man jemandem vertraut, dann sind ökonomisch gesprochen die Vorteile, die einem dies bringt, gewöhnlich weniger gewichtig als die potenziellen Nachteile, die entstehen können, wenn der andere das Vertrauen missbraucht. Es ist daher im Grunde wichtiger, (schwerwiegende) Vertrauensenttäuschungen zu vermeiden, als (normale) Vertrauensbeziehungen zu leben oder aufzubauen. Fälle des Vertrauensmissbrauchs treten aus diesem Grund möglicherweise stärker ins Bewusstsein als stetige vertrauensvolle Zusammenarbeit. Ross & LaCroix (1996: 319f.) bemerken hierzu: „Experiences of betrayal may be more vivid and thus easier to store and retrieve ... Betrayal is probably a more vivid experience than cooperation."

Aus diesen Gründen erschien es vielversprechend, die Frage nach Fällen einer positiven Entwicklung von Vertrauen zu ergänzen und die interviewten Manager auch um die Schilderung von Fällen zu bitten, in welchen ihr Vertrauen enttäuscht wurde. Ein ähnliches Vorgehen wählte Butler (1991). Allerdings beschränkte er sich auf diese beiden Fragen, wohingegen ich die folgende dritte Frage ergänze.

Frage-3: Demonstration der eigenen Vertrauenswürdigkeit / Vertrauensmaßnahmen (Vm): Die beiden vorgestellten Fragen nach Vertrauensaufbau und Vertrauensverlust lenken den Blick zwar auf unterschiedliche Entwicklungsrichtungen von Vertrauen, aber sie behalten beide die Perspektive der Vertrauenseinschätzung bei: Woran kann ich erkennen, ob der andere vertrauenswürdig bzw. nicht vertrauenswürdig ist? In vielen beruflichen Situationen ist es jedoch auch wichtig, einem Kollegen oder Geschäftspartner erfolgreich zu signalisieren, dass dieser einem selbst Vertrauen schenken kann. In besonders deutlicher Weise steht diese Frage der erfolgreichen Demonstration eigener Vertrauenswürdigkeit beispielsweise bei Verkäufern oder Vertriebsmitarbeitern im Vordergrund. Daher erscheint eine weitere Ergänzung der Interviewleitfragen aussichtsreich (vgl. Tab. 2.10). Denn die zusätzliche Frage nach der Demonstration eigener Vertrauenswürdigkeit bedeutet die Einnahme einer weiteren Perspektive auf den gleichen Gegenstand, das heißt auf die Einschätzung der Vertrauenswürdigkeit. Man kann diese weitere Perspektive auf die eigenen Vertrauensfaktoren auch als Maßnahme verstehen, um die Erinnerungsleistung der Interviewten zu unterstützen (vgl. 2.1.8.5).

Tab. 2.10: Die dritte Interviewleitfrage

Interviewleitfrage-3: Stellen Sie sich vor, dass Sie neu mit einem Kollegen oder Geschäftspartner zu tun haben und es ein für Sie wichtiges Projekt bzw. eine für Sie wichtige Geschäftsbeziehung ist. Sie möchten gerne, dass dieser Kollege oder Geschäftspartner merkt dass er Ihnen vertrauen kann. Wie zeigen Sie ihm das? – **Was machen Sie oder worauf achten Sie, damit der andere merkt, dass er Ihnen vertrauen kann?**

Eine solche dritte Leitfrage nach 'vertrauensbildenden Maßnahmen' bietet darüber hinaus für den kulturvergleichenden bzw. interkulturellen Fokus der Studie zwei spezielle Vorteile. Erstens kann man die Kombination der ersten und der dritten Interviewleitfrage als eine Art der 'verschränkten Befragung' betrachten. Sie ermöglicht einen Zugang zu der Frage, ob das, was die französischen Manager tun, um ihren deutschen Kollegen die eigene Vertrauenswürdigkeit zu signalisieren, auch das ist, worauf die deutschen Manager primär achten, wenn sie die Vertrauenswürdigkeit von Kollegen oder Geschäftspartnern einschätzen (und umgekehrt). Zweitens ist das 'Vertrauensaufbau-Wissen' der interkulturell erfahrenen Manager, welche die deutsch-französische Zusammenarbeit aus langjähriger beruflicher Praxis kennen, ein sehr wertvoller Zugang zu der Frage, wie man praktisch mit etwaigen vertrauensrelevanten Kulturunterschieden umgehen kann – also wie man kulturelle Vertrauensmissverständnisse vermeiden oder bewältigen kann ('interkulturelle Vertrauensmaßnahmen').[66]

2.1.8.5 Gesprächstechniken zur Förderung der Erinnerungsleistung

Nach der bisher entwickelten Interviewmethodik sollten die Interviewteilnehmer gebeten werden, die Entwicklung bzw. Aufkündigung von Vertrauen in konkreten beruflichen Beziehungen nachzuzeichnen und dabei die aus ihrer Sicht vertrauensrelevanten Aspekte der Zusammenarbeit im Detail zu schildern. Die wesentliche methodische Herausforderung für eine solche Erhebung realer Erlebnisse in Interviews sind neben der Frage der grundsätzlichen Auskunftsbereitschaft der Interviewten deren möglicherweise unzureichende oder ver-

---

[66] Die dritte Interviewleitfrage zielt aus zwei Gründen nicht auf eine Falldarstellung. Erstens wird angenommen, dass man in Bezug auf das eigene aktive Handeln realitätsgetreuer Auskunft geben kann als in Bezug auf die eigenen Einschätzungs- und Interpretationsschemata (vgl. 2.1.8.1). Zweitens ist für beide möglichen Arten von 'Vertrauensmaßnahmen-Falldarstellungen' tendenziell mit einer geringen Auskunftsbereitschaft zu rechnen. Zum einen könnte man nach Fällen erfolgreicher Vertrauensdemonstration fragen. Hier ist von einer eingeschränkten Auskunftsbereitschaft auszugehen, weil man mit solchen Darstellungen in 'Manipulationsverdacht' geraten kann (vgl. die Ausführungen zum Tabu-Thema Vertrauen in 6.5.3). Zum anderen könnte man nach Fällen gescheiterter Vertrauensdemonstration fragen – doch ist eher von einer geringen Bereitschaft interviewter Manager auszugehen, solche Fälle beruflichen Scheiterns detailliert zu Protokoll zu geben.

2.1 Forschungsdesign

zerrte Erinnerungsleistungen. Denn aus der Forschung sind eine Reihe von Effekten bekannt, welche die Validität retrospektiver Erhebungsverfahren beeinträchtigen können:
Rosy retrospection meint den auch im Alltagsleben bekannten Effekt, den die Römer 'memoria praeteritorum bonorum' nannten: Die Vergangenheit erscheint uns im Rückblick positiver als sie tatsächlich war. In Experimenten wurde nachgewiesen, dass Versuchspersonen zurückliegende Ereignisse positiver bewerten als sie die gleichen Ereignisse zu dem Zeitpunkt bewertet hatten, als diese tatsächlich stattfanden (Mitchell & Thompson 1994).
Hindsight bias bezeichnet den Effekt, dass sich Menschen, sobald sie die tatsächliche Entwicklung der Dinge kennen, systematisch falsch an ihre früheren Ansichten, Annahmen und Aussagen zur Entwicklung der Dinge erinnern. Man spricht auch vom 'I knew it all along'-effect" (Fischhoff 1975, Fischhoff & Beyth 1975, Pohl 2004b). Wenig erstaunlich ist, dass die Verzerrung immer in Richtung des späteren tatsächlichen Ausgangs der Entwicklungen zeigt. Man mag eben auch vor sich selbst nicht gerne zugeben, dass man falsch lag.
Dissonanzvermeidung. Menschen verändern Erinnerungen im Prozess des Erinnerns im Hinblick auf die Vermeidung kognitiver Dissonanz (vgl. 2.1.8.1), das heißt in dem unbewussten Bestreben, sich selbst als konsistente stimmige Persönlichkeit wahrzunehmen. „Man ist gewöhnt, jede Erfahrung in das schon vorhandene System seiner Überzeugungen und Meinungen einzubauen und bei der Erinnerung alle nicht so recht passenden Details wegzulassen" (Franke & Kühlmann 1985: 339). Dieser Effekt führt zu kontinuierlichen Veränderungen des Gedächtnisses (Brandtstädter & Greve 1994, Kotre 1995).
Erinnerungstäuschungen durch Suggestiv-Fragen. In ihren Studien zur Befragung von Augenzeugen konnte Elizabeth Loftus nachweisen, dass sich die Erinnerung von Zeugen systematisch durch die Art des Fragens manipulieren lässt (u. a. Loftus 1979, 1991). Es macht einen Unterschied, ob man die Zeugen eines Autounfalls fragt, ob sie 'ein Stoppschild' oder 'das Stoppschild' gesehen haben. Die Verwendung des bestimmten Artikels suggeriert, dass ein Stoppschild da war. Es bringt viele Befragte dazu, sich an ein Stoppschild zu erinnern, auch wenn gar keines da war (Loftus & Palmer 1974; vgl. 2.1.8.6 Gesprächstechniken zur Minimierung von Interviewereffekten).

Erinnerungen existieren also nicht per se und müssen lediglich von einem fixen Speicherort abgerufen werden. Stattdessen werden Erinnerungen, während sie berichtet werden, vor dem Hintergrund der aktuellen Situation aktiv rekonstruiert. Daher wurden in der gedächtnispsychologischen Forschung eine Reihe von Prinzipien und Gesprächstechniken entwickelt, um gezielt die Erinnerungsleistung von Interviewten zu fördern. Durch sie kann die subjektive Verzerrung rückblickender Darstellungen abgeschwächt und damit eine größere Validität der Daten erreicht werden. Auf folgende drei Prinzipien bzw. Techniken wurde zurückgegriffen (vgl. 2.1.8.2 Kognitives Interview):
Aktualisierung von Kontextinformationen: Experimente haben gezeigt, dass im Gedächtnis nicht nur die grundlegenden und wichtigen Aspekte von Erlebnissen gespeichert werden, sondern darüber hinaus auch viele Kontextinformationen. Wenn man sich solche Kontextinformationen wieder bewusst macht, fördert dies die Erinnerung an zentrale Aspekte des Erlebens (Davies 1986, Krafka & Penrod 1985). Wenn es gelingt, die Interviewten zu einer möglichst detailreichen Darstellung zu bewegen, in welcher sie auch Aspekte berichten, welche ihnen im ersten Moment als irrelevant oder unwichtig erscheinen, profitiert man von diesem Effekt. Denn die Formulierung vermeintlich unwichtiger Aspekte, kann eine wichtige Erinnerungshilfe auf dem Gedächtnisweg hin zu weiteren, möglicherweise wichtigeren Aspekten darstellen. Zudem ist es für die Erhebung eines (teilweise) impliziten Phänomens wie der Vertrauenseinschätzung besonders bedeutsam, dass Interviewte nicht der Tendenz fol-

gen, erinnerte Details in wichtig und unwichtig zu trennen und nur die vermeintlich wichtigen Aspekte zu nennen. In der Gesprächseinleitung wurde daher der Stellenwert einer detaillierten Darstellung betont. Im Interview wurde zudem immer wieder dazu aufgefordert, sich mental in die jeweilige Situation zurückzuversetzen (Ort, Tageszeit, Gefühlslage etc.), sowie strikt chronologisch nachfolgende Ereignisse zu berichten ('Was passierte dann genau danach?'). Zudem wurden stets Präzisierungsfragen gestellt, welche um die ausführlichere Erläuterung bereits genannter Aspekte baten.

Orientierung am Erinnerungsprozess des Interviewten: Ein grundsätzlich erinnerungsförderliches Prinzip ist die flexible Interviewführung. Der 'ideale' Interviewaufbau im Sinne der drei Interviewleitfragen sah vor, dass zunächst ein oder zwei Vertrauensentwicklungsfälle, an zweiter Stelle ein oder zwei Fälle des Vertrauensverlusts und abschließend Wege zur Darstellung der eigenen Vertrauenswürdigkeit beschrieben werden. Dies ist jedoch für den Interviewten nicht unbedingt der geeignete Weg, um sich an vertrauensrelevante Aspekte seiner bisherigen Arbeitsbeziehungen zu erinnern. Einige der interviewten Manager erinnerten sich spontan zunächst an Situationen des Vertrauensverlusts, und nach der Erzählung dieses Erlebnisses fiel es ihnen leichter, sich auch an positive Fälle der Entwicklung von Vertrauen zu erinnern – und umgekehrt. Manche der interviewten Manager begannen auch spontan damit, ihr Vorgehen zur Demonstration eigener Vertrauenswürdigkeit zu schildern. Im Sinne einer flexiblen Interviewführung wurden derartige Impulse genutzt und das Interview an späterer Stelle auf die noch im Sinne der Interviewleitfragen offenen Punkte zurückgeführt (vgl. hierzu das Konzept des 'befragtenzentrierten' Interviews, Hoff 1985, 1992, Hoff et al. 1983).

Das Prinzip der Orientierung am natürlichen Erinnerungsprozess des Interviewten kann dabei auch das Prinzip der strikten Verlaufsorientierung 'schlagen'. Sofern der interviewte Manager Ereignisse anspricht, die im Beziehungsverlauf an späterer Stelle stehen, obliegt es dem Interviewer, entweder direkt dieses Ereignis detaillierter zu erkunden und danach zur chronologischen Beziehungsentwicklung zurückzukehren, oder vorzuschlagen, das angesprochene Ereignis zurückzustellen (und es später wieder ins Gespräch zu bringen). Genauso führt der natürliche Erinnerungsprozess und Darstellungsfluss des Interviewten dazu, dass einzelne Ereignisse nur angerissen werden, bevor weitere Aspekte beschrieben werden. Auch hier ist es Aufgabe des Interviewers, die 'angerissenen' Aspekte im Gedächtnis zu behalten und später über gezielte Präzisierungs- und Klärungsfragen 'abzuarbeiten'. Ziel bleibt, eine gleichmäßig detaillierte Darstellung der vertrauensrelevanten Aspekte der Beziehungschronologie zu erreichen.

Perspektivenwechsel: Die Gedächtnispsychologie betrachtet eine Gedächtnisrepräsentation nicht als ein einheitliches Abbild eines tatsächlichen Erlebnisses, sondern stattdessen als komplexes Netzwerk unterschiedlicher einzelner Merkmale des Erlebnisses (Multikomponentenansatz, Bower 1967, Köhnken & Brockmann 1988). In diesem Netzwerk kann das Erlebnis über unterschiedliche 'Zugriffspfade' erinnert werden. Wenn bestimmte Aspekte des Erlebnisses über einen Zugriffspfad nicht mehr erinnert werden, dann kann es sein, dass sie über einen anderen Pfad (noch) zugänglich sind (vgl. Tulving 1974, Whitten & Leonard 1981). Den Vorteil solch unterschiedlicher Zugriffspfade nutzt man im kognitiven Interview durch Perspektivenwechsel. Der Interviewte wird aufgefordert, das jeweilige Erlebnis aus unterschiedlichen Perspektiven zu beschreiben.

In diesem Sinne wurden gemäß einem Vorschlag von Franke & Kühlmann (1985) die Metaphern des Drehbuchs bzw. der Gerichtsverhandlung aufgegriffen. Die interviewten Manager wurden aufgefordert, die Entwicklung der jeweiligen beruflichen Beziehung auch einmal wie

2.1 Forschungsdesign

in einem Drehbuch zu schildern – so, dass man anhand ihrer Darstellung einen Film drehen könnte, der plausibel vermittelt, warum man dem jeweiligen Kollegen vertrauen bzw. nicht vertrauen kann. Alternativ wurden die interviewten Manager gebeten sich vorzustellen, sie müssten die (fehlende) Vertrauenswürdigkeit des Kollegen detailliert und nachvollziehbar vor einem Richter begründen. Durch diese Metaphern werden die Interviewten angeregt, aus ihrer eigenen Wahrnehmungsperspektive herauszutreten und sich zu fragen, wie man die Dinge aus einer neutralen Beobachterperspektive darstellen müsste.[67]

Die Überlegung des Perspektivenwechsels nutzt die entwickelte Interviewmethodik zudem im übertragenen Sinne, nämlich nicht in Bezug auf die Erinnerung von Ereignissen, sondern in Bezug auf die Rekonstruktion der eigenen Vertrauensfaktoren. Gemäß den drei Interviewleitfragen wurden die interviewten Manager mit drei unterschiedlichen Perspektiven konfrontiert: Sie näherten sich der Einschätzung der Vertrauenswürdigkeit sowohl aus der Perspektive des Vertrauensaufbaus (Vertrauensfaktoren als Gründe *für* Vertrauen bzw. Vertrauensgründe) als auch aus der Perspektive der Vertrauensaufkündigung (Vertrauensfaktoren als Gründe *gegen* Vertrauen bzw. Vertrauenswarnungen). Darüber hinaus nahmen sie gemäß der dritten Leitfrage die Perspektive der Demonstration eigener Vertrauenswürdigkeit gegenüber einem Partner ein.

2.1.8.6 Gesprächstechniken zur Minimierung von Interviewereffekten

Eine weitere methodische Herausforderung sind sogenannte Interviewereffekte (interviewer bias). Interviewer haben durch ihre individuellen Erwartungen, ihre Art des Fragens und ihre Reaktion auf die Antworten der Interviewten einen Einfluss darauf, was diese wie im Interview zu Protokoll geben (Hildum & Brown 1956, Salazaar 1990, Wyatt & Campbell 1950). Dies kann zu einer systematischen Verzerrung der erhobenen Daten führen.

Interviewereffekte führen in der standardisierten Umfrageforschung zu methodischen Problemen, wenn zur Erhebung umfangreicher Fallzahlen verschiedene Interviewer eingesetzt werden müssen. Die individuelle Art der Interviewer, das Gespräch zu führen, kann dazu führen, dass bestimmte Variablenausprägungen systematisch mit dem Interviewer variieren. Um dies zu vermeiden, versucht man, durch intensives Interviewertraining zu gewährleisten, dass die standardisierten Fragen auch auf standardisierte Weise gestellt werden. Man versucht also, dem verzerrenden Einfluss von Interviewereffekten gegenzusteuern, indem man das Verhalten und die Art des Fragens für alle Interviews möglichst angleicht.

Bei offenen Interviews stellt sich das Problem jedoch auf ganz andere Weise. Hier will man gerade keine umfassende Standardisierung des Interviews erreichen. Die offene Herangehensweise dient vielmehr dazu, individuelle Sichtweisen des Interviewten auf den Gesprächsgegenstand zu erforschen. Demzufolge muss man dem Interviewten eigene Wege der Darstellung zugestehen und individuell nachfragen. Der Interviewer fragt also nicht komplett standardisiert in jedem Interview gleich, sondern er fragt in jedem Interview auf individuell andere Weise. Fontana & Frey (1998) raten zudem, sich als Interviewer in seiner Kommunikation, seiner Körperhaltung, Mimik und Kleidung umfassend an den Interviewten anzupassen. Dies ist hilfreich in Bezug auf das Ziel offener Interviews, im individuellen Gespräch die spezifischen Ansichten der Interviewten zu erheben, um dadurch neue Einsichten in den jeweiligen Phänomenbereich zu gewinnen.

---

[67] Im systemischen Coaching spricht man im Zusammenhang vergleichbarer Techniken von 'zirkulärem Fragen': Es geht darum, den Coachee zu neuen Einsichten oder weiteren Erinnerungen zu helfen, indem man konsequent die Perspektiven Dritter einbezieht (Ellebracht et al. 2002: 54f.).

Es tritt daher ein anderer Aspekt in den Vordergrund: die inhaltliche Beeinflussung des Interviewten durch den Interviewer. Die Art und Weise des Fragens und die Rückmeldesignale des Interviewers können den Interviewten auf subtile Art und Weise in eine bestimmte Richtung lenken oder bestimmte Antworten provozieren. Fragen können suggestiv bestimmte Antwortrichtungen als 'erwartet' nahe legen (suggestive oder 'tendenziöse' Fragen, vgl. Foddy 1993, Swann et al. 1982). Darüber hinaus reagieren Interviewteilnehmer bereits allein auf selektive positive Rückmeldesignale des Interviewers wie "mmm-hmm" (Greenspoon-Effekt, vgl. Greenspoon 1955). Man nennt diesen Beeinflussungseffekt durch verbale operante Konditionierung auch 'Shaping of behaviour'. Auch durch Nicken oder erhöhte Aufmerksamkeit lässt der Interviewer erkennen, welche Aspekte ihn besonders interessieren und kann damit ungewollt die Aussagen des Interviewten lenken (Cropley 2005: 69).

Es erhebt sich also die Frage, wie solchen Effekten entgegengewirkt werden kann, insbesondere wenn der Weg einer strikten Standardisierung ausscheidet. Der grundlegende Lösungsansatz besteht in einer bestimmten Art der Gesprächsführung. Für deren Einsatz bedarf es jedoch zum einen der Schulung des Interviewers und zum anderen eine Erläuterung der Interviewsituation und der verwendeten Gesprächstechnik gegenüber dem Interviewten.

Gesprächstechnik: Abgesehen von den Interviewleitfragen sollte das Gespräch möglichst ausschließlich über inhaltlich neutrale Gesprächsanreger (prompts) bzw. Nachfragen gesteuert werden (vgl. Arksey & Knight 1999: 84). Dazu wird entweder rein strukturell gefragt (Verlaufserkundungs-, Veranschaulichungsnachfragen) oder es wird auf inhaltliche Aspekte Bezug genommen, welche der Interviewte bereits von sich aus ins Gespräch gebracht hat (Präzisierungs-, Reformulierungs-, Bilanzierungsnachfragen). Einen Überblick gibt Tab. 2.11 (vgl. auch Ellebrecht et al. 2002: 54f.). Aber obwohl der Interviewer damit inhaltlich das Feld dem Interviewten überlässt, behält er die Gesprächsführung. Das heißt, ihm obliegt es, den Interviewten bei thematischen Abschweifungen etc. wieder zur Fragestellung zurückzuholen.

Tab. 2.11: Übersicht struktureller, inhaltlich neutraler Nachfragen

• Verlauferkundungs-Nachfragen	– Wie ist es dazu gekommen? – Wie sind Sie dazu vorgegangen? Was haben Sie genau gemacht? – Wann ist dann danach passiert?
• Präzisierungs-Nachfragen	– Was meinen Sie damit, dass…? – Was verstehen Sie darunter, wenn Sie sagen…? – Was heißt das jetzt in Bezug auf den konkreten Fall?
• Veranschaulichungs-Nachfragen	– Können Sie ein Beispiel geben? – Ist Ihnen das schon einmal so passiert? – War das in anderen Fällen, (in denen Sie auch…), auch so?
• Reformulierungs-Nachfragen	– Ich glaube, ich habe das nicht richtig verstanden. Warum haben Sie das getan? / Was ist da passiert? – Können Sie mir noch einmal erklären, wie Sie…? – Was genau meinen Sie, wenn Sie sagen „…"?
• Bilanzierungs-Nachfragen ('aktives Zuhören')	– Sie haben also <…> ? – Habe ich Sie richtig verstanden, dass <…> ?
• 'Schweigende' Nachfrage	– Abwarten, Kopfnicken, Handbewegung, fragender Blickkontakt…

2.1 Forschungsdesign

Interviewer-Schulung: Da es in alltäglichen Gesprächssituationen eher unüblich ist, rein strukturell und inhaltlich neutral zu kommunizieren, ist für eine umfassende Umsetzung dieser inhaltlich neutralen Gesprächstechnik ein längeres Training notwendig (Aghamanoukjan et al. 2007: 430ff., Franke & Kühlmann 1985: 339, 341, Witzel 2000). Die Studie profitierte hier von der Ausbildung des Forschers in systemischer Gesprächstechnik, welche das strukturelle Nachfragen im Kontext einer Beratungssituation trainierte, sowie von der Durchführung der Vorstudie (vgl. 2.2.1). Alle Interviews der Studie wurden vom Forscher selbst durchgeführt.

Situationsklärung: Wenn man die beschriebene Gesprächstechnik umsetzt, gerät man in ein Dilemma: Rein inhaltlich-strukturelles Fragen schafft eine sehr unnatürliche Gesprächssituation, welche der Interviewteilnehmer nicht gewohnt ist. Die kommunikativen Konventionen gebieten es in Alltagsgesprächen, auf den anderen einzugehen, zu reagieren und inhaltlich zum Gespräch beizutragen. Auch Interviewteilnehmer möchten darauf achten, was den Interviewer interessiert und was nicht. Als Interviewer möchte man jedoch gemäß der Gesprächstechnik genau das nicht zu erkennen geben, um den Interviewten nicht zu beeinflussen. Man vermeidet damit jedoch etwas, das eigentlich erwartet wird: Verständnis zu signalisieren, indem man spontan reagiert, die Beiträge des Gesprächspartners aufgreift, kommentiert und durch eigene ähnliche oder weiterführende Punkte ergänzt (vgl. Hron 1994). Je besser man also die Gesprächstechnik umsetzt, desto unnatürlicher wird das 'Gespräch'. Der Interviewte bekommt das Gefühl, nicht zu wissen, worauf der Interviewer hinaus möchte – was eventuell dazu führt, dass sich seine Auskunftsbereitschaft reduziert (Aghamanoukjan et al. 2007: 430ff.)

Um diesem Effekt entgegenzuwirken, wurden folgende Maßnahmen ergriffen. Im Vorfeld des Gesprächs wurde – mit Verweis darauf, dass man zum Thema Vertrauen natürlich inhaltlich nichts vorgeben dürfe – ausführlich über die Rahmenaspekte des Projekts berichtet (eingesetzte Methodik, Aufnahmetechnik, betreuender Lehrstuhl, persönlich-biografischer Frankreich-Bezug des Interviewers etc.). Zu Beginn des Gesprächs wurde die Gesprächstechnik erläutert, darauf verwiesen, dass die Gesprächssituation möglicherweise ungewohnt sei, und um Einverständnis gebeten, so vorgehen zu dürfen. Im Gespräch wurde dann allen Aussagen des Interviewten, die sich im weitesten Sinn auf die Fragestellung bezogen, grundsätzlich mit uneingeschränktem Interesse begegnet (Aghamanoukjan et al. 2007: 430ff.).

In Bezug auf die 'unnatürliche' Gesprächssituation, dass der Interviewer keinerlei inhaltliche Kommentare oder Gesprächsbeiträge liefert, erwies sich eine der beschriebenen Nachfragetechniken, das sogenannte 'aktive Zuhören' (restating), als wirkungsvoll. Diese Gesprächstechnik, die beispielsweise im Kontext des systemischen Coachings eingesetzt wird, besteht darin, die letzte zentrale Aussage des Interviewten strikt wörtlich zu wiederholen („Sie sagen also, dass..."). Dies signalisiert eine kommunikative Bestätigung, schafft einen scheinbaren Ausgleich für das kommunikative Ungleichgewicht, dass nur der Interviewte inhaltlich zum Gespräch beiträgt – und macht es dennoch nicht nötig, dem Interviewten inhaltliche Vorgaben zu liefern (vgl. Franke & Kühlmann 1985: 337 sowie Flanagan 1954: 16: „If the observer has given what seems like only part of the story, he should be encouraged by restating the essence of his remarks. This usually tends to encourage him to continue and may result in his bringing out many relevant details that the interviewer did not know the situation well enough to ask for.").

Offenlegung der Forschungsinteressen. Auch wenn der Interviewer keine inhaltlichen Vorgaben macht und alle Aussagen des Interviewten gleichermaßen positiv und interessiert aufnimmt, versuchen sich Interviewte tendenziell gemäß den antizipierten Forschungsinteressen zu verhalten. Sie versuchen, individuell zu verstehen, worauf 'das Ganze' hinauslaufen soll, und in diesem Sinn 'interessante' Antworten zu liefern – und zu zeigen, dass sie 'intelligente' Interviewpartner sind (vgl. Berger 1974). Um diesen Effekt zu kontrollieren, empfiehlt es sich, allen Interviewten möglichst genau und in gleicher Weise zu erklären, wie die Studie methodisch vorgeht, was das Erhebungsziel ist und was von ihnen genau erwartet wird (vgl. Witzel 2000). In der beschriebenen Studie war es angesichts der für Manager oberer und mittlerer Führungsebenen ungewohnten kommunikativen Anforderungen insbesondere wichtig zu vermitteln, dass es tatsächlich besonders auf Detailschilderungen von Erlebnissen, Abläufen und Beobachtungen ankam. Für die Studie wertvoll und relevant waren Beobachtungen und Erlebnisse. Gerade nicht gefordert war hingegen eine besondere intellektuelle Leistung zur Systematisierung dieser Erlebnisse. Dennoch zeigten sich auch nach im Sinne der Interviewmethodik äußerst 'ergiebigen' Interviews die interviewten Manager teilweise skeptisch in Bezug darauf, ob das Interview für das Forschungsprojekt hilfreich gewesen sei. Sie hätten doch nur ein paar Anekdoten erzählt – oder, wie es einer der interviewten Manager ausdrückte, "nur ein paar Schwanker aus dem Leben eines Banker".

2.1.8.7 Sicherung der kulturübergreifenden Erhebungsäquivalenz

Bevor ich zu einer Zusammenfassung der eingesetzten Interviewmethodik komme, möchte ich noch auf eine letzte methodische Herausforderung eingehen: Wie stellt man in einer kulturvergleichenden Studie sicher, dass das Erhebungsinstrument in den untersuchten Kulturen auf gleiche Weise funktioniert? Man spricht hier vom Problem der kulturübergreifenden Erhebungsäquivalenz (Kühlmann 2003: 156f., Vijer & Hambleton 1996, Harkness et al. 2003). Das Problem stellt sich für eine offen-explorative Datenerhebung im Vergleich zu standardisierten Erhebungsinstrumenten in entschärfter Form, denn die offene Herangehensweise hilft mit ihren gezielten Klärungsnachfragen sicherzustellen, dass die Interviewten in beiden untersuchten Kulturen gleichermaßen verstehen, nach was sie der Interviewer fragt. Dennoch galt es auch in der beschriebenen Studie, ein gleiches Verständnis der Interviewleitfragen und der Vorinformation zum Interview sicherzustellen (vgl. 2.2.2 sowie Anhang A und B).
Die Studie zielte darauf, gerade die kulturelle Prägung der geäußerten Beobachtungen, Ansichten und Vorgehensweisen zu explorieren. Wenn ein Interviewter sich in einer Fremdsprache ausdrücken muss, kann es jedoch schwieriger werden, solche eigenkulturellen Prägungen aufzudecken. Um den interviewten Managern zu ermöglichen, sich in ihren Berichten über die schwer zu verbalisierenden Aspekte der Vertrauenseinschätzung spontan und natürlich äußern zu können, wurden alle Interviews in der Muttersprache der interviewten Manager geführt. Gleiches galt für die Kontaktaufnahme, die Vorabinformation und die Kommunikation direkt vor dem Interview. Die Verwendung der Muttersprache der Interviewten lässt sich hier im Sinne eines 'kulturellen Priming' verstehen (Oyserman & Lee 2007).
Die Interviewleitfragen und die Vorabinformation wurden im Deutschen entwickelt und ins Französische übersetzt (vgl. Anhang A und B). Es galt dabei, die semantische Äquivalenz der Leitfragen sicherzustellen. Dies geschah zum einen durch eine Recherche der semantischen Felder von 'Vertrauen' und 'Confiance' in einschlägigen Lexika und der Literatur (insbesondere Baumann & Leimdorfer 1997). Es ergab sich, dass die semantischen Felder und sprachlichen Konstruktionen im Deutschen und Französischen hinreichend ähnlich sind, so dass gewährleistet schien, in den deutschen und französischen Interviews grundsätzlich über die gleichen Dinge zu reden (vgl. Tab. 2.12).[68]

---

[68] „Francophones et germanophones pensent la confiance de manière très proche" (Baumann & Leimdorfer 1997: 359).

Tab. 2.12: Semantik des Vertrauens im Deutschen und Französischen

Positive Vertrauensentwicklung / Vertrauenswürdigkeit (V+)	
D:	**F:**
jemandem vertrauen	faire confiance à qn
zu jemandem Vertrauen haben	avoir confiance en qn
jemandem (sein) Vertrauen schenken	donner sa confiance à qn
vertrauenswürdig sein	mériter la confiance de qn
	être digne de confiance
zu jemandem Vertrauen aufbauen	construire la confiance avec qn
	construire une relation de confiance avec qn
jemandens Vertrauen verdienen	gagner la confiance de qn
Vertrauensverlust / fehlende Vertrauenswürdigkeit (V-)	
D:	**F:**
sein Vertrauen verlieren	perdre la confiance de qn
jemandens Vertrauen enttäuschen	trahir la confiance de qn
jemandens Vertrauen missbrauchen	abuser de la confiance de qn
sein Vertrauen entziehen	retirer sa confiance
Er hat mein Vertrauen zerstört.	Il a brisé ma confiance.
Mein Vertrauen wurde zerstört.	Ma confiance a été brisé.
Mein Vertrauen hat abgenommen.	La confiance a diminué.
Vertrauen war da aber es ging verloren.	La confiance était là et elle a disparue.
Vertrauensmaßnahmen / Demonstration von Vertrauenswürdigkeit (Vm)	
D:	**F:**
jemandem gegenüber vertrauenswürdig erscheinen	inspirer (la) confiance à qn
einen Vertrauen erweckenden Eindruck machen	
um jemandens Vertrauen zu gewinnen...	pour avoir la confiance de qn...
	pour mettre qn en confiance

Darüber hinaus wurden im Sinne eines 'cognitive pretesting' (Arthur et al. 2002, Forsyth & Lessler 1991) die Übersetzungen von Interviewleitfragen und Vorinformation in mehreren Diskussionen mit deutschsprachigen französischen Praktikern und Forschern validiert. Weitere terminologische Feinheiten konnten in der Diskussion mit den Interviewten der Vorstudie (vgl. 2.2.1) geklärt werden. In einem abschließenden Rückübersetzungstest der französischen Übersetzung durch einen deutsch sprechenden französischen Forscher ergaben sich keine inhaltlichen Abweichungen vom Original.

2.1.8.8 Zusammenfassender Überblick und Vorteile der Interviewmethodik

Die interviewten Manager wurden gebeten, vertrauensrelevante Erlebnisse in Beziehungen zu Kollegen oder Geschäftspartnern zu schildern. In drei Interviewleitfragen wurde erstens nach Erlebnissen positiven Vertrauensaufbaus, zweitens nach Fällen der Vertrauensaufkündigung und drittens nach eigenen vertrauensbildenden Maßnahmen gefragt. Dabei wurden gemäß dem 2x2 Teilgruppendesign die Hälfte der deutschen Manager um Berichte von Beziehungen zu französischen Kollegen gebeten, und entsprechend auf französischer Seite umgekehrt (bi-kulturelle Gruppen). Die andere Hälfte der deutschen Manager wurde nach Berichten über andere deutsche Kollegen gefragt, und entsprechend auf französischer Seite umgekehrt (mono-kulturelle Gruppen).

Die Interviews sind durch die drei Leitfragen als 'teilstrukturierte' Interviews zu bestimmen, welche zwar den Gesprächsgegenstand abstrakt vorstrukturieren, aber darüber hinaus keine inhaltlichen Vorgaben machen. Sie lassen sich im Sinne von Witzel (1985, 2000) als 'problemzentrierte Interviews' verstehen, welche den Gesprächsablauf an einer für das Forschungsprojekt relevanten Problemstellung orientieren und mit einer flexiblen aber in Bezug auf das Thema direktiven Gesprächsführung versuchen, die Darstellung des Interviewten in dem durch die Leitfragen vorgegebenen Rahmen zu halten. Die Interviewmethodik greift zurück auf die 'Critical Incident Technique' (Schilderung kritischer Ereignisse, vgl. Flanagan 1954) sowie die Idee der 'Verlaufserkundung' (chronologische Erkundung von Abläufen, vgl. Franke & Kühlmann 1985). Denn für die Vertrauensentwicklung relevant sind sowohl 'normale', den Erwartungen entsprechende Routine-Interaktionen des Alltags als auch 'kritische', als besonders positiv oder negativ erlebte Ereignisse. Die erste und dritte Interviewleitfrage zielen damit stärker auf den Beziehungsverlauf und Routine-Interaktionen des Alltags (Fokus: Vertrauensbildung). Die zweite Interviewleitfrage zielt eher auf kritische Ereignisse (Fokus: (Vertrauensverlust/-bruch). Die Interviewmethodik greift ferner zurück auf Gesprächstechniken zur Förderung der Erinnerungsleistung der Interviewten ('kognitives Interview') sowie Maßnahmen zur Minimierung inhaltlicher Beeinflussungen des Interviewten durch den Interviewer und zur Sicherung der kulturübergreifenden Erhebungsäquivalenz.

Insgesamt bietet die entwickelte Interviewmethodik für die Erforschung von Prozessen der Einschätzung von Vertrauenswürdigkeit eine Reihe von Vorteilen, nicht zuletzt indem sie Wege eröffnet, den sich stellenden methodischen Herausforderungen zu begegnen. Die Erhebung realer als vertrauensrelevant eingeschätzter Erlebnisse in der Entwicklung von Kollegen- oder Geschäftsbeziehungen ermöglicht einen Zugang zu den konkreten Vertrauensmanifesta im Sinne von Bacharach & Gambetta (1997): den beobachtbaren Aspekten, auf welche Manager achten, wenn sie die Vertrauenswürdigkeit eines Kollegen oder Partners einschätzen. Sie umgeht zudem das Problem der abstrakten Terminologie der vertrauensrelevanten Eigenschaften. Die drei Interviewleitfragen ermöglichen eine zweifache Perspektivenkombination: kontrastiert werden zum einen die positive Entwicklung von Vertrauen (erste Interviewleitfrage) mit dem Verlust von Vertrauen oder dem Scheitern der Vertrauensentwicklung (zweite Interviewleitfrage) und zum zweiten die Einschätzung des Verhalten eines Gegenübers (erste beiden Interviewleitfragen) mit dem eigenen Verhalten (dritte Interviewleitfrage). Damit wird die gleiche Frage, nämlich die nach den zur Einschätzung der Vertrauenswürdigkeit herangezogenen Aspekten, aus drei Richtungen angegangen – ein methodischer Kniff, der auf die Herausforderung des impliziten Charakters der Thematik antwortet. Zudem helfen die drei Interviewleitfragen, flexibel auf den Interviewten einzugehen und ihm unterschiedliche und sich gegenseitig unterstützende Erinnerungswege zu eröffnen. Nicht zuletzt ermöglichen die drei Interviewleitfragen in Kombination mit dem 2x2-Teilgruppendesign eine Untersuchung der Frage, ob deutsche Manager ihre Vertrauenswürdigkeit überhaupt anhand derjenigen Aspekten demonstrieren, auf die ihre französischen Kollegen achten – und umgekehrt. Auch die Betonung einer detailreichen Darstellung hilft, methodischen Schwierigkeiten retrospektiver Erhebungsverfahren entgegenzuwirken. Gesprächstechniken der strukturellen, inhaltlich neutralen Nachfrage, Interviewer-Schulung und eine bewusste Situationsklärung und Offenlegung der Forschungsinteressen dienen der Minimierung ungewollter Einflüsse durch den Interviewer. Die Verwendung der Muttersprache der Interviewten, die Klärung der deutschen und französischen Vertrauenssemantik, kognitives Pretesting durch Diskussionen mit muttersprachlichen Forschern und Praktikern, die Vorstudie und ein Rückübersetzungstest gewährleisten die kulturübergreifende Erhebungsäquivalenz.

2.1.9 Auswertungsmethoden

Im Gegensatz zu der ausführlichen Darstellung der Interviewmethodik in den letzten Abschnitten beschränke ich mich in der folgenden Darstellung der Auswertungsmethoden auf die Beschreibung der methodischen Alternativen (2.1.9.1) und die Begründung der eingesetzten Methodenkombination (2.1.9.2). Denn die im ersten und dritten Auswertungsschritt eingesetzte Inhaltsanalyse stellt eine Methodik dar, die im Forschungsprozess gemäß den jeweiligen Forschungsfragen und zu analysierenden Daten systematisch auszudifferenzieren ist. Die genauere Beschreibung des inhaltsanalytischen Vorgehens findet sich daher in der Beschreibung der jeweiligen Auswertungsschritte in 2.3.

2.1.9.1 Verfahren zur Auswertung unstrukturierter Interviewdaten

Eine Datenerhebung in Form offener Leitfadeninterviews liefert unstrukturierte Interviewdaten. Für deren Auswertung werden in der Literatur unterschiedliche Verfahren diskutiert und verwendet. In allen Fällen geht es darum, eine Strukturierung der Daten zu entwickeln, welche sich für weitergehende Analysen eignet.[69] Tab. 2.13. gibt eine Übersicht der wesentlichen Verfahren zur Auswertung unstrukturierter Interviewdaten.

Tab. 2.13: Übersicht von Verfahren zur Auswertung unstrukturierter Interviewdaten

Verfahren	Ursprünge/ Vertreter
• **Grounded Theory** Phänomene, die sich in einzelnen Textstellen zeigen, werden als Kode gekennzeichnet (in vivo Kodierung). Anschließend wird gezielt nach weiteren Textstellen gesucht, die ähnliche oder kontrastierende Phänomene zeigen. Im Durcharbeiten des Materials werden die Kodes dann im Sinne der Bildung einer 'gegenstandsbegründeten Theorie' zu abstrakteren theoretischen Konstrukten verdichtet.	Glaser & Strauss 1967, Glaser 1978, Strauss & Corbin 1990
• **Thematisches Kodieren** Generiert werden zunächst Kategorien für einen einzelnen Fall. Anschließend erst werden diese zwischen verschiedenen Fällen abgeglichen, um eine übergreifende thematische Struktur zu erarbeiten. Für die Auswertung weiterer Fälle wird diese zugrunde gelegt, aber auch weiterentwickelt, das heißt überprüft und modifiziert. – Im erste Schritt wird also ausschließlich ein Fall ausgewertet, und erst im zweiten Schritt wird wie bei der Grounded Theory zu fallübergreifenden Vergleichen übergegangen.	Flick 1996, 2002
• **Objektive Hermeneutik** Ziel ist es, anhand eines intersubjektiv nachvollziehbaren Prozesses des Verstehens 'objektive Bedeutungen' aus den Daten herauszuarbeiten. Dazu werden Deutungshypothesen für Aussagen entwickelt, zu welchen man verschiedene hypothetische Situationen bzw. Geschichten zu finden versucht, in welchen die Deutungshypothesen begründet zutreffen würden. Nach solchen Situationen wird in den Daten gesucht. Herausgearbeitet werden dann die allgemeinen Struktureigenschaften dieser Situationen bzw. Geschichten.	Oevermann 1981, 2000

---

[69] Für die Inhaltsanalyse formuliert Früh (2007: 42) sehr prägnant: „Der pragmatische Sinn jeder Inhaltsanalyse besteht letztlich darin, unter einer bestimmten forschungsleitenden Perspektive Komplexität zu reduzieren. Textmengen werden hinsichtlich theoretisch interessierender Merkmale klassifizierend beschrieben."

• **Analytische Induktion** Zur Erklärung eines in den Daten entdeckten/ definierten Falls/ Phänomens/ Zusammenhangs/Ereignisses etc wird eine Hypothese gebildet. Es werden auf theoretischer Basis Belegaspekte für die Hypothese entwickelt. Dann werden Daten/Fälle analysiert: Wird die Hypothese nicht bestätigt, wird sie modifiziert um die hinzugezogenen Daten beschreiben zu können.	Cressey 1953, Johnson 1998, Katz 2001, Znaniecki 1934
• **Gesprächsanalyse** Die Methode arbeitet mit Audio- oder Video-Aufzeichnungen authentischer Gespräche. Das zu untersuchende Phänomen steht damit direkt für die Auswertung zur Verfügung. Zunächst werden einzelne Gesprächsdaten im Hinblick auf kommunikative und interaktionistische Auffälligkeiten analysiert ('Sequenzanalyse'). Die auf diese Weise anhand von Einzelfällen entwickelten Hypothesen werden durch vergleichende Analysen auf ihre Verallgemeinerbarkeit hin überprüft.	Deppermann 2001, Have 1999, Hutchby & Wooffitt 1998
• **Klassische Inhaltsanalyse** Deduktive Kategorienanwendung: Messung der Häufigkeit von Merkmalen in Texten zwecks statistischer Frequenzanalysen.	Berelson 1952, Früh 2007
• **Qualitative Inhaltsanalyse** (Vor allem) Induktive Kategorienbildung: Entwicklung von Kategorien, welche sich für eine Beschreibung der Daten eignen, durch systematische Suche nach strukturellen Ähnlichkeiten innerhalb der Daten.	Mayring 1994, 2000, 2005, 2007a, Früh 2001

Die genannten Verfahren unterscheiden sich teilweise weniger in ihrem Vorgehen als vielmehr nach ihren erkenntnistheoretischen Grundannahmen und dem forschungstheoretischen Kontext, in welchem sie entwickelt wurden und eingesetzt werden. Die meisten der aufgeführten Verfahren sind eindeutig dem übergreifenden 'qualitativen Paradigma' zuzuordnen und wurden für den Einsatz in qualitativ-explorativen Forschungsdesigns entwickelt. Die Einordnung der Ansätze, die als 'Inhaltsanalyse' bezeichnet werden, ist allerdings weniger eindeutig, denn hier gilt es, zwei Anwendungsvarianten zu unterscheiden:

- **Klassische Inhaltsanalyse**: Die klassische Inhaltsanalyse wurde als Auswertungsinstrument zur Kodierung von Texten mithilfe von Kategoriensystemen entwickelt. Die methodischen Standards wurden Mitte des 20. Jahrhunderts in Forschungsprojekten zur Auswertung von Dokumenten der Massenkommunikation entwickelt (Berelson 1952). Leitbild waren positivistische Wissenschaftsstandards, also die Orientierung an den Naturwissenschaften und damit der klassischen Messtheorie. Nach diesem Ansatz ist die Inhaltsanalyse ein sozialwissenschaftliches Messinstrument: Die Zuweisung von Textstellen zu Kategorien wird als regelgeleitetes und systematisches Registrieren von Beobachtungen mit Hilfe numerischer Zeichensysteme verstanden.[70] Inhaltsanalysen sind damit Messungen der Häufigkeit von Merkmalen in Texten zum Zweck statistischer Frequenzanalysen.

- **Qualitative Inhaltsanalyse**: Philipp Mayring prägte ein am qualitativ-interpretativen Paradigma orientiertes Verständnis der Inhaltsanalyse, wonach diese für die induktive Entwicklung von Kategorien anhand vorhandener Daten eingesetzt werden kann (Mayring 1994, 2000, 2005, 2007a). Auch Früh (2001) beschreibt ein ähnliches Verständnis der

---

[70] Vgl. Früh (2007: 36). In diesem Verständnis wird die Inhaltsanalyse in der Diskussion teilweise als „quantitative Inhaltsanalyse" bezeichnet.

Inhaltsanalyse, wobei er von „basiswissengeleiteter offener Kategorienbildung" spricht. Die Inhaltsanalyse wird in diesen Fällen nicht (allein) zur Anwendung vorhandener Kategorien für die Kodierung unstrukturierter Daten eingesetzt, sondern sie dient (zunächst) der Entwicklung eben dieser Kategorien anhand vorhandener unstrukturierter Daten.[71]

2.1.9.2 Kombination unterschiedlicher Auswertungsverfahren zur Beantwortung der drei Forschungsfragen

Für die drei gemäß dem Mixed-Methods-Design (2.1.3) geplanten Auswertungsschritte wurde unter den dargestellten Methoden eine Kombination der beiden grundlegenden Ausprägungen der Inhaltsanalyse gewählt: Eine qualitative Inhaltsanalyse als induktive Kategorienentwicklung bildete den ersten Auswertungsschritt, das heißt wurde zur Bestimmung der Vertrauensfaktoren eingesetzt (vgl. 2.3.3). Anschließend bildete eine Materialkodierung anhand bestehender Kategorien – gemäß der klassischen Inhaltsanalyse – die Vorbereitung (vgl. 2.3.4) für den zweiten Auswertungsschritt, das heißt die anschließende frequenzstatistische Analyse von Kodierungshäufigkeiten (vgl. 2.3.5). Diese Kombination der beiden inhaltsanalytischen Varianten einer induktiven Kategorienentwicklung und anschließenden Materialkodierung bzw. Quantifizierung bietet die Möglichkeit, zwei unterschiedliche Arten von Erkenntnisgewinn zu kombinieren. Entsprechende Ansätze stammen aus der methodologischen Diskussion um Mixed-Methods-Designs (vgl. 2.1.3). Das gewählte Vorgehen orientiert sich vor allem an Mayring 1994, 2000, 2005, 2007a sowie darüber hinaus an Srnka & Köszegi 2007 und Früh 2001. Im dritten Auswertungsschritt kam dann erneut eine qualitative Inhaltsanalyse als induktive Kategorienentwicklung zu Einsatz, um – in einem Abgleich mit bestehenden Ergebnissen der deutsch-französischen Managementforschung – vertrauensrelevante deutsch-französische Kulturunterschiede in der Diagnose von Vertrauensfaktoren zu bestimmen (vgl. 2.3.6-7).

2.1.10 Zur Anwendung von Gütekriterien

2.1.10.1 Kriterien für die Einschätzung wissenschaftlicher Qualität

In der Diskussion der Sampling-Strategie bin ich bereits auf die Frage nach wissenschaftlichen Gütekriterien eingegangen. Es handelt sich um eine Frage, die für das entwickelte Mixed-Methods-Design nicht einfach zu beantworten ist. In einer empirischen Studie sollten sich das Forschungsdesign, die Stichprobenbildung, die Datenerhebung und die Datenauswertung einer wissenschaftlichen Qualitätseinschätzung stellen. Die wissenschaftliche Qualität wird dabei grundsätzlich nach den Hauptgütekriterien der Reliabilität und der Validität eingeschätzt. Die Forschungsmethoden sollen zuverlässig sein, also bei wiederholtem Einsatz an gleichen oder ähnlichen Gegenständen gleiche Ergebnisse liefern (Reliabilität). Darüber hinaus sollte sichergestellt sein, dass dabei auch tatsächlich das untersucht wird, was untersucht werden soll (Validität). Diesen Kriterien kann man übergeordnet das Kriterium der Objektivität im Sinne einer objektiv-neutralen Vorgehensweise voranstellen: Eine Studie sollte nicht vom Forscher selbst so beeinflusst werden, dass der Gegenstand subjektiv verzerrt oder nur in perspektivischen Ausschnitten betrachtet wird. Andere Forscher sollten bei Verwendung derselben Methoden zu den gleichen Daten bzw. Ergebnissen kommen (Schnell et al. 2005: 149f., Bortz & Döring 2006: 192ff, 335ff.).

---

[71] Mayring unterscheidet zwischen „induktiver Kategorienentwicklung" und „deduktiver Kategorienanwendung" (Mayring 2000: 1).

2.1.10.2 Qualitätskriterien für Mixed-Methods-Designs

Die Einschätzung der Qualität empirischer Forschung muss sich jedoch stets auch am Forschungskontext, der Fragestellung und den Forschungszielen orientieren. Denn die Heterogenität sozialwissenschaftlicher Erkenntnisinteressen macht es unmöglich, mit einfachen allgemeingültigen Verfahren der Qualitätseinschätzung zu arbeiten. Die genannten drei Hauptgütekriterien sind daher in der methodologischen Literatur für unterschiedliche Forschungskontexte ausdifferenziert worden. Ein umfangreicher Teil dieser Methodendiskussion dreht sich um die Frage, inwiefern bestimmte Ausdifferenzierungen von Gütekriterien in gleicher Weise für die Qualitätseinschätzung quantitativer und qualitativer empirischer Forschung von Nutzen sind. Insbesondere wird die Frage diskutiert, inwiefern die klassischen Gütekriterien der Testtheorie zur Einschätzung des Vorgehens in explorativ-qualitativen Forschungskontexten geeignet sind (Steinke 2000, 2005). Während die sogenannten 'quantitativen' Methoden gewöhnlich darauf abzielen, theoretisch abgeleitete Hypothesen mit Hilfe standardisierter Erhebungsinstrumente einem Falsifikationstest zu unterziehen, ist die qualitative Methodik darauf ausgerichtet, sich zunächst in einem offenen Prozess der Datenerhebung an den Bedeutungsstrukturierungen der untersuchten Personen zu orientieren und anschließend auf Basis der Analysen unstrukturierter Daten Hypothesen oder Theorien zu generieren.

Das Grundproblem für die übergreifende Anwendung von Güterkriterien erschließt sich nun aus einer einfachen Überlegung: Eine Standardisierung des Erhebungsinstruments erleichtert es, in einer Untersuchung den klassischen Gütekriterien zu entsprechen. Doch sie setzt für die Entwicklung angemessener Antwortoptionen ein hinreichend differenziertes Vorverständnis des Untersuchungsgegenstands voraus. Sofern jedoch genau diese Differenzierungen erforscht werden sollen, kann man nicht auf standardisierte Instrumente zurückgreifen (Steinke 2005). Dies wiederum erschwert die Erfüllung der klassischen Gütekriterien, weshalb unklar ist, ob sie in diesem Fall in der gleichen Art und Weise Anwendung finden können.

Eine wissenschaftliche Qualitätseinschätzung wird jeweils am Ende der nun folgenden großen Abschnitte zur Datenerhebung (2.2) und Datenauswertung (2.3) vorgenommen. An dieser Stelle soll abschließend mit Früh (2007) auf die Interpretation des grundsätzlichen wissenschaftlichen Gütekriteriums der Objektivität im Sinne des kritischen Rationalismus nach Popper (1935) hingewiesen werden, welches zur Einschätzung 'quantitativer' wie 'qualitativer' Studien gleichermaßen dienen kann. Ein Forscher hat nie einen 'objektiv-neutralen' Zugang zur Realität. Er hat „nicht nur eine mehr oder weniger subjektiv gefärbte Realitätsvorstellung, sondern wählt und vertritt auch eine ganz bestimmte Zugangsmöglichkeit" (Früh 2007: 21). Der Forschungsprozess sollte daher aus seiner notwendigerweise subjektiv beeinflussten Perspektive herausgelöst werden, indem diese „kommunizierbar, nachvollziehbar und kritisierbar" gemacht wird. Für ein wissenschaftliches Vorgehen ist es in diesem Sinne von grundlegender Wichtigkeit, dass der Forscher „die gewählte Perspektive, seine Vorstellungen und Vorgehensweise detailliert offenlegt, damit sie auch von Dritten ... auf ihre Brauchbarkeit überprüft werden können" (ebd.). Diesem Ziel dient dieses Kapitel.

2.2 Datenerhebung

Aus Unternehmenssicht ist die Problematik potenzieller kultureller Vertrauensmissverständnisse insbesondere für eine bestimmte Gruppe von Einzelakteuren relevant: nämlich für Personen mit 'Schnittstellenfunktion', die zwischen Organisationen oder auch unternehmensintern zwischen Team- oder Projektstrukturen vermitteln. Man spricht von „boundary spanning

2.2 Datenerhebung

persons" (Adams 1976, Curral & Judge 1995) oder „Vertrauenshütern" (Child 2001). Für die Stichprobe wurde in einem aufwändigen Rekrutierungsverfahren Zugang zum einschlägigen Personenkreis aufgebaut. Über die Personalabteilungen der für die Kooperation gewonnenen Unternehmen konnten über 100 Manager für die Teilnahme an der Studie gewonnen werden, von welchen ein erheblicher Teil direkt auf der Ebene der Unternehmensleitung tätig war.

2.2.1 Vorstudie zum Test der Interviewmethodik

Vor Beginn der Hauptuntersuchung wurde eine separate Vorstudie durchgeführt, um das entwickelte Erhebungsinstrument zu testen und gleichzeitig ein weiteres Interviewertraining für den Forscher zu ermöglichen. Durchgeführt wurden insgesamt zehn Interviews. In Diskussionen nach den Interviews wurden Rückmeldungen der Interviewten zur Interviewtechnik sowie zur Wirkung und zum Verständnis der Interviewleitfragen eingeholt. Die Interviews wurden in Auszügen transkribiert, um Varianten der Interviewführung und die Reaktionen der Interviewten auf die eingesetzten Fragetechniken analysieren zu können. Die Auswertung bestätigte die in 2.1.8.3 beschriebene Erwartung, sowohl konkrete Falldarstellungen im Sinne der Leitfragen als auch allgemeine Kommentare und Einschätzungen zu erhalten. Insbesondere zeigte sich, dass durch die entwickelten Interviewleitfragen und die eingesetzten Gesprächstechniken gewährleistet werden konnte, dass die Interviewten in ausreichendem Maße aus ihrer Sicht vertrauensrelevante Aspekte im Verlauf konkreter beruflicher Beziehungen darstellen.

2.2.2 Rekrutierung der Interviewteilnehmer und Ablauf der Interviews

Der Zugang zu den Interviewteilnehmern verlief über Personalverantwortliche, welche für eine Unterstützung der Studie gewonnen werden konnten. Teilweise bestanden eigene Kontakte, teilweise wurden Kontakte über die deutsch-französischen Wirtschaftsclubs vermittelt. Die Personalverantwortlichen sprachen entweder direkt potenzielle Teilnehmer aus der Zielgruppe an oder sie leiteten die Interviewanfrage und die Vorinformation zum Interview weiter.

In einer ersten Erhebungsphase wurden zunächst mehr bi-kulturelle Interviews durchführt, weil dies den beteiligten Unternehmen im Rahmen einer deutsch-französischen Studie offenbar plausibler erschien. In einer zweiten Phase der Stichprobenbildung ging es dann vor allem darum, die vorhandene Stichprobe so auszubauen, dass die geplante Teilgruppenaufteilung in Kombination mit einer Kontrolle der Variablen Unternehmenskultur, Altersklasse und Geschlecht erreicht werden konnte (vgl. 2.2.3 Beschreibung der Stichprobe). Dabei zeigte sich, dass in einigen Unternehmen zwar einer oder wenige Manager für ein Interview gewonnen worden waren, dass aber keine weitergehende Kooperation seitens des Unternehmens erreicht werden konnte. Eine Kontrolle der Variable Unternehmenskultur war damit nicht möglich, weshalb diese Interviews nicht weiter berücksichtigt wurden. In zwei Fällen stellte sich beim Interview heraus, dass die durch die Personalabteilung vermittelten Manager weder deutscher noch französischer Nationalität waren. In weiteren zwei Fällen stimmten Interviewteilnehmer der Audioaufnahme des Interviews nicht zu.[72] Da sich die Rekrutierung von Interviewteilnehmern in Dienstleistungsunternehmen schwieriger gestaltete, wurde dieser Bereich durch Interviews mit deutschen und französischen Rechtsanwälten aus deutsch-französischen Anwaltskanzleien ergänzt (vgl. 2.2.3.2).

---

[72] Insgesamt konnten 13 Interviews nicht für die Auswertung berücksichtigt werden und zählen damit nicht zur Stichprobe: In zwei Fällen stimmten die Interviewteilnehmer der Audioaufnahme nicht zu. In weiteren zwei Fällen wurde durch die Personalabteilung ein Interviewpartner vermittelt, der weder deutscher noch französischer Nationalität war. In weiteren neun Fällen wurden die Interviews nicht weiter berücksichtigt, weil in dem jeweiligen Unternehmen nur einer oder nur wenige Interviewteilnehmer gewonnen werden konnten.

Die Interviews fanden auf deutscher Seite im süddeutschen Raum statt und auf französischer Seite in Paris, und zwar in fast allen Fällen im Büro des interviewten Managers. Die Interviews wurden zwischen April 2005 und April 2006 durchgeführt. Alle Interviews wurden in der Muttersprache der Interviewten durchgeführt.[73] Den Interviewteilnehmern wurde nach ihrer Zustimmung zum Interview ein Informationsblatt zugesandt, welches sie über den Forschungskontext der Studie aufklärte. Gleichzeitig bat es sie darum zu versuchen, sich bereits vor dem Interview berichtenswerte Fälle und Episoden aus ihrer beruflichen Laufbahn ins Gedächtnis zu rufen. Auch auf die für das Projekt notwendige Audioaufnahme wurde hingewiesen. Zu Beginn jedes Interviews wurden das Forschungsprojekt und die eingesetzte Gesprächstechnik erläutert. Dabei wurde darauf hingewiesen, dass es für die späteren Auswertungen unbedingt auf eine möglichst detailreiche Darstellung ankäme und es wurde darum gebeten, im Verlauf des Gesprächs stets Präzisierungsfragen stellen zu dürfen.

Die Interviews wurden aufgezeichnet. Zu Beginn des Treffens wurde das Einverständnis des Interviewteilnehmers mit der Audioaufzeichnung eingeholt. Einleitend wurden die Interviewteilnehmer um eine kurze Darstellung ihrer Position und Tätigkeit im jeweiligen Unternehmen gebeten – verbunden mit der Bitte zu reflektieren, in welchen Situationen und inwiefern Vertrauen für Sie bei Ihrer Tätigkeit eine Rolle spiele („priming effect in knowledge activation", vgl. McGarty 1999). Nach dem Interview wurden die Interviewten gebeten, einen kurzen Fragebogen auszufüllen. Dieser diente dazu, verschiedene Merkmale für die Teilgruppenzuweisung und für die Variablenkontrolle zu bestätigen (Altersklasse, Nationalität/Muttersprache/Ausbildung bzw. Studienabschluss, Dauer der bisherigen Zusammenarbeit französischen bzw. deutschen Kollegen/Partnern, Häufigkeit des Kontakts) und das schriftliche Einverständnis des Interviewten zur Auswertung des Interviews einzuholen.

2.2.3 Beschreibung der Stichprobe

2.2.3.1 Eckdaten der Stichprobe

Die Stichprobe umfasst insgesamt 100 Interviews. Die Hälfte der Interviews fand mit deutschen Managern, die andere Hälfte mit französischen Managern statt. Die interviewten Manager verteilen sich auf vier Teilgruppen (vgl. 2.1.5): In zwei monokulturellen Gruppen (DD, FF) berichten Deutsche über Erfahrungen mit Deutschen (bzw. Franzosen über Franzosen) und in zwei bi-kulturellen Gruppen (DF, FD) berichten Deutsche über Franzosen und umgekehrt. Die 100 Interviews umfassen insgesamt ca. 90 Stunden Audioaufnahmezeit. Die durchschnittliche Interviewdauer beträgt 54 min. Einen Überblick gibt Tab. 2.14.

Tab. 2.14: Eckdaten der Stichprobe

	gesamte Stichprobe	D	F	DD	DF	FD	FF		gesamte Stichprobe	D	F
Anzahl der Interviews	100	50	50	24	26	26	24	Gesamtdauer (in Stunden)	87:45 h	41:27	46:55
								Durchschnitt (in Minuten)	53:01 min	49:45	56:18

2.2.3.2 Kontrolle der Variablen Unternehmenskultur, Branche und Sektor

Das Konzept der Unternehmenskultur ('corporate culture', 'organizational culture') beschreibt, dass innerhalb von Unternehmen bestimmte Gewohnheiten der Kommunikation,

---

[73] Voraussetzung dafür war die umfassende Französischkompetenz des Forschers, die aufgrund eines Französischstudiums und einem längerem beruflichen Aufenthalt in Frankreich gegeben war.

2.2 Datenerhebung

der Zusammenarbeit, des Vorgehens und Bewertens etc. vorherrschen, welche die Mitarbeiter in ihrer Individualität prägen bzw. beeinflussen (vgl. Gomez & Jones 2000, Neuberger & Kompa 1993, Schein 1984, 1985). Die Variable Unternehmenszugehörigkeit wurde daher als potenziell einflussreich in Bezug auf die abhängige Variable Vertrauenseinschätzung betrachtet. Daher wurde die Stichprobe so aufgebaut, dass in jedem kooperierenden Unternehmen jeweils für alle der zu vergleichenden Teilgruppen die gleiche Anzahl von Interviewten gewonnen werden konnte.

Rekrutiert wurden die Interviewteilnehmer in 'deutsch-französischen' Unternehmen, das heißt entweder deutschen Muttergesellschaften mit französischen Tochterunternehmen (oder umgekehrt), deutsch-französischen Joint Ventures oder 'echten' deutsch-französischen Unternehmen wie im Fall der EADS. Die vertretenen Branchen zählen zu den für die deutsch-französischen Wirtschaftsbeziehungen wesentlichen Branchen (vgl. ausführlicher im nächsten Abschnitt). Darüber hinaus wurde auf eine gleiche Verteilung in Bezug auf die Variablen Wirtschaftssektor und Branche geachtet. Denn entsprechend der unterschiedlichen Arbeits- und Geschäftskontexte im Industrie- und Dienstleistungsbereich wie auch in unterschiedlichen Einzelbranchen ist denkbar, dass Vertrauen im Management hier in unterschiedlichen Hinsichten relevant wird. Die Vergleichbarkeit der Teilgruppen hinsichtlich Sektor, Branche und Unternehmenszugehörigkeit zeigt Abb. 2.3. Die Teilgruppen stehen dabei stets von links nach rechts in der Reihenfolge DD, DF, FD, FF. Aus Datenschutzgründen sind die Namen der Unternehmen in der Abbildung nicht zugeordnet.

Abb. 2.3: Kontrolle der Variablen Sektor, Branche und Unternehmenszugehörigkeit

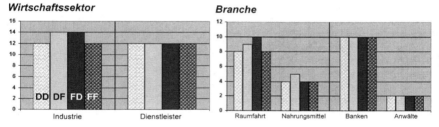

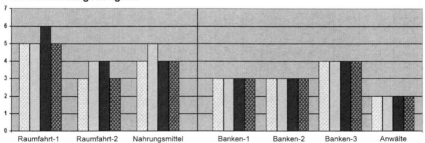

Die interviewten Manager aus der **Industrie** arbeiteten in zwei Konzernen mit weltweiten – und darunter auch starken deutsch-französischen – Aktivitäten: Zum einen war dies die EADS (European Aeronautic Defence and Space Company), der größte europäische Luft-, Raumfahrt- und Rüstungskonzern. Die EADS beschäftigte im Jahr 2007 rund 116.000 Mitarbeiter in mehr als 70 Produktionsstandorten, hauptsächlich in Deutschland, Frankreich, Großbritannien und Spanien. Etwa ein Drittel der Interviewten aus der Industrie arbeitete für die Konzernsparte 'EADS Astrium', welche Satelliten herstellt und etwa 12.000 Mitarbeiter in Frankreich, Deutschland, Spanien, Großbritannien und Französisch-Guayana beschäftigt. Das zweite Drittel war für die Konzernsparte 'EADS Space Transportation' tätig, welche maßgeblich an Entwicklung und Bau der Ariane-Raketen, des Weltraumlabors Columbus und des unbemannten europäischen Raumtransporter ATV beteiligt ist.[74] Astrium und Space Transportation haben unterschiedliche Entstehungsgeschichten vor ihrer Eingliederung in den EADS-Konzern und wurden in der Studie in Bezug auf die Kontrolle der Variable 'Unternehmenskultur' als eigene Unternehmen betrachtet.

Das letzte Drittel der interviewten Manager aus der Industrie arbeitete für den französischen Nahrungsmittelkonzern Bongrain SA. Schwerpunkt des Unternehmens sind Herstellung, Vermarktung und Vertrieb von Käseprodukten. Bekannte Marken sind beispielsweise Géramont, Bresso, Milkana, Tartare, Henri oder Caprice des Dieux. Bongrain beschäftigt etwa 18.500 Mitarbeiter weltweit, davon 8.200 in Frankreich und 750 in Deutschland. Bongrain ist in diesem Bereich in Deutschland (und auch weltweit) Marktführer, steht in Frankreich selbst jedoch erst an zweiter Stelle hinter der Lactalis-Unternehmensgruppe.[75]

Die interviewten Manager aus dem **Dienstleistungssektor** stammten aus den zwei größten deutschen Geschäftsbanken, der Deutschen Bank und der Commerzbank, welche beide größere Niederlassungen in Paris betreiben. Die Filiale der Deutschen Bank in Paris besteht seit 1977. Zudem verschaffte sich die Deutsche Bank 1999 durch die Übernahme der französischen Banque Worms ein Filialnetz in ganz Frankreich und Zugang zu einem Kundenstamm von ca. 15.000 Privat- und über 2.000 Firmenkunden. Die deutsche Bank beschäftigt heute in Paris 260 Mitarbeiter.[76] Die Pariser Filiale der Commerzbank besteht seit 1976 und die Commerzbank beschäftigt heute in Frankreich knapp über 60 Mitarbeiter.[77]

Drittens wurden Interviewteilnehmer bei deutschen Landesbanken rekrutiert, welche selbst in Paris Niederlassungen betreiben bzw. mit den französischen Sparkassen (Groupe Caisse d'Epargne) kooperieren. Die Landesbank Baden-Württemberg (LBBW, 12.000 Mitarbeiter laut Geschäftsbericht 2007) betreibt in Paris nur eine Repräsentanz, aber es gibt Kooperationsbeziehungen wie beispielsweise zu den französischen Sparkassen (Groupe Caisse d'Epargne, 51.200 Mitarbeiter laut Geschäftsbericht 2007). Die Westdeutsche Landesbank (West-LB, 6.500 Mitarbeiter laut Geschäftsbericht 2007) betreibt hingegen in Paris die 1960 als 'Banque Franco-Sarroise' gegründete und später in 'Banque Franco-Allemande' umbenannte älteste deutsch-französische Bank. Sie beschäftigt 145 Mitarbeiter.[78] Ergänzend wurden im Dienstleistungssektor Rechtsanwälte aus 'deutsch-französischen' Kanzleien interviewt.

2.2.3.3 Zur Repräsentativität der Stichprobe

Repräsentativität bezieht sich auf die Frage der Strukturgleichheit zwischen einer Stichprobe und der zugehörigen Grundgesamtheit. Aus den in 2.1.6 diskutierten Gründen wurde keine Zufallsstichprobe zum Zweck inferenzstatistischer Rückschlüsse auf die Grundgesamtheit

---

[74] Die Daten stammen von der Unternehmenswebsite (www.astrium.eads.net, 04.09.2008). Nach Abschluss der Studie fusionierte die EADS die beiden Konzernsparten zur 'Division Astrium' und gab den Organisationseinheiten die Bezeichnungen 'EADS Astrium Satellites' und 'EADS Astrium Space Transportation'.
[75] Die Daten stammen aus dem Geschäftsbericht der Gruppe des Jahres 2007 sowie der Website der deutschen Niederlassung www.bongrain.de.
[76] Angaben der Deutschen Bank, Press and Media Relations, France, 2008.
[77] Angaben der Commerzbank, Pressestelle Frankfurt, 2008.
[78] Website der West-LB, www.westlb.com, 25.09.2008.

2.2 Datenerhebung

gebildet. Gleichwohl wurde versucht, solche Unternehmen zu gewinnen, die in für die deutsch-französischen Wirtschaftsbeziehungen repräsentativen Branchen tätig sind. Die Einschätzung dieser Repräsentativität ist jedoch nicht einfach. Daten zu der Frage, wie sich die Anzahl der Beschäftigten in Unternehmen, die in Deutschland und Frankreich aktiv sind, auf unterschiedliche Branchen verteilt, sind nach den durchgeführten Recherchen nicht verfügbar. Gleiches gilt für Vertriebsstrukturen von Unternehmen beider Länder, die im Nachbarland Produkte oder Dienstleistungen verkaufen und deren Beschäftigte in diesem Zusammenhang mit Situationen der deutsch-französischen Zusammenarbeit konfrontiert sind.

Für eine Einschätzung der deutsch-französischen Wirtschaftsbeziehungen kann man daher lediglich Zahlen zur Handelsstruktur heranziehen. Allerdings muss in Kauf genommen werden, dass aufgrund von Problemen der statistischen Erfassung des Warenverkehrs innerhalb der Europäischen Gemeinschaft (Intrahandel) seit dem Fortfall der Zollgrenzen, die intra-europäischen Statistiken des bilateralen Handels grundsätzlich verzerrt sind (vgl. FAZ-Institut 2000: 9).[79] Darüber sind spezifische Daten zu bilateralen Handelsstrukturen schwer zu beschaffen. Es gibt in den verfügbaren nationalen Statistiken Deutschlands und Frankreichs keine systematisch für einzelne bilaterale Handelsbeziehungen desaggregierten Daten, welche einzelne Branchen oder zumindest Wirtschaftssektoren ausweisen.[80] Notwendig waren daher Einzelrecherchen zur deutsch-französischen bilateralen Handelsstruktur seitens der deutschen und französischen Behörden und Wirtschaftsforschungsinstitute. Diese ermöglichten folgende Einschätzung der Repräsentativität der Stichprobe in Bezug auf die durch die beteiligten Unternehmen vertretenen Branchen.

1. **EADS Astrium**: Für eine Einschätzung der Relevanz des Sektors 'Raumfahrt / Aeronautique' innerhalb der deutsch-französischen Handelsstruktur lassen sich Daten des Instituts der deutschen Wirtschaft von 2004 heranziehen. Demnach macht 'Luft- und Raumfahrt' zusammen mit der 'Automobilindustrie' (in der Überkategorie 'Fahrzeugbau') 20,3 % der deutschen Exporte nach Frankreich und 15,6 % der französischen Exporte nach Deutschland aus.[81] Zudem stammen 47 % der deutschen Importe im Bereich 'Luft- und Raumfahrt' aus Frankreich.[82]
2. **Bongrain**: 12 % der deutschen Nahrungsmittelimporte ('secteur agro-alimentaire') kommen aus Frankreich. Es handelt sich um einen weiteren deutschen Importsektor, in welchem Frankeich eine wichtige Rolle spielt. Wichtiger ist Frankreich als deutscher Handelspartner nach den Daten der französischen Missions Economiques für 2004 nur in den Sektoren 'Aéronautique' (s. o.) 'Energie' (18,3 %), 'Stahlindustrie' (16,4 %) und 'Automobilin-

---

[79] Vgl. FAZ-Institut (2000: 9): „Problematisch ist unter anderem, dass Unternehmen mit einem Intrahandelsvolumen von weniger als [100.000 €] nicht meldepflichtig sind. Schätzungen zufolge ist dies etwa die Hälfte der Unternehmen, die im EU-Handel aktiv sind. Hinzu kommt, dass einige Unternehmen ihrer Meldepflicht nicht nachkommen. Die Statistiker in Wiesbaden versuchen, diese Datenlücke durch eigene Schätzungen zu schließen. Solche so genannten Zuschätzungen werden [aber] nicht für die einzelnen Warengruppen gesondert ausgewiesen. Sie beziehen sich vielmehr auf das Gesamtvolumen der bilateralen Handelsströme."

[80] Anlaufstellen der Recherche waren beispielsweise das Außenministerium (www.bmwi.de), die Bundesagentur für Außenwirtschaft (www.bfai.com), das Institut der deutschen Wirtschaft (www.iwkoeln.de), das Deutsch-Französische Institut (www.dfi.de), die Deutsch-Französischen Industrie- und Handelskammer (www.francoallemand.com), die Französische Industrie- und Handelskammer in Deutschland e.V. (www.ccfa.de), die Invest in France Agency Deutschland (www.investinfrance.de), die Banque de France (www.banque-france.fr), die französische Zollbehörde 'Direction Générale des Douanes et Droits Indirects' (www.douanes.fr), die Außenhandels-Website der französischen Regierung (www.exporter.gouv.fr) und die französischen 'Missions Economiques' (www.missioneco.org/allemagne).

[81] Vgl. Römer et al. (2004: 21), der in einem Bericht für das Institut der deutschen Wirtschaft die 'International Trade by Commodity Statistics' der OECD ausgewertet hat.

[82] Missions Economiques (2004: 51).

dustrie' (15,8 %).[83] Gleichzeitig umfassen die Nahrungsmittelexporte nach Deutschland auch einen hohen Anteil der französischen Gesamtausfuhren (13,1 %).[84] Zudem ist der Lebensmittelsektor in Frankreich von herausragender Bedeutung: Mit einem Umsatz von 124 Mrd. € hatte er 2004 noch vor der Automobil- und der Elektrik- und Elektronikindustrie mit 21 % den größten wirtschaftlichen Anteil an der Industrie in Frankreich, und die Lebensmittelindustrie beschäftigt 396.400 Personen in 10.624 Unternehmen (3.180 Unternehmen haben mehr als 20 Beschäftigte), womit sie der drittgrößte Arbeitgeber in Frankreich ist.[85] Auch in Deutschland zählt die Nahrungsmittelindustrie mit 5.900 Betrieben, mehr als einer halben Million Beschäftigten und einem Umsatz von rund 130 Milliarden Euro im Jahr 2005 zu den wichtigsten Industriezweigen.[86]

3. **Banken**: Die Einschätzung der Relevanz der Aktivitäten von Banken innerhalb der deutsch-französischen Wirtschaftsbeziehungen gestaltet sich aufgrund des Fehlens von Daten zum bilateralen Austausch von Dienstleistungen relativ schwierig. Allerdings lassen die in 2.2.3.2 genannten Mitarbeiterzahlen der deutschen Häuser in Frankreich darauf schließen, dass deutsch-französische Aktivitäten in relevantem Umfang bestehen.

Im Hinblick auf die Repräsentativität der Stichprobe lässt sich vor dem Hintergrund dieser Einschätzungen feststellen, dass die interviewten Manager aus einschlägigen Unternehmen sowie für die deutsch-französischen Wirtschaftsbeziehungen relevanten Branchen rekrutiert wurden.

2.2.3.4 Operationalisierung des Teilgruppendesigns

Das Forschungsdesign sah vor, in einem quasi-experimentellen 2x2 Design die Variablen kultureller Hintergrund (deutsch/französisch) und Art der Interaktion (mono-/bi-kulturell) zu variieren (vgl. 2.1.5). Dazu war die Operationalisierung dieser Variablenausprägungen zu klären.

– Als Kriterium für die Bestimmung der Nationalität dienten die Muttersprache (deutsch bzw. französisch) und die primäre und sekundäre Sozialisation, das heißt der Ort des familiären Heranwachsens, der Ausbildung und des Berufseinstiegs (in Deutschland bzw. in Frankreich).

– Für die bi-kulturellen Gruppen wurden Manager rekrutiert, die über eine möglichst umfangreiche, mehrjährige Erfahrung in der deutsch-französischen Zusammenarbeit verfügten. So konnte sichergestellt werden, dass sie über einen hinreichenden Erfahrungshintergrund verfügen, um gemäß den Leitfragen Falldarstellungen zur deutsch-französischen Vertrauensentwicklung berichten zu können. Die Erfahrung in der Zusammenarbeit mit Kollegen bzw. Geschäftspartnern aus der anderen Kultur wurde mit einem Fragebogen kontrolliert. Im Aufbau der Stichprobe gelang es, im deutsch-französischen Management sehr erfahrene Manager zu gewinnen. Die durchschnittliche Dauer der bisherigen beruflichen Zusammenarbeit mit Kollegen oder Geschäftspartnern aus dem anderen Land betrug in der deutschen bi-kulturellen Gruppe 12,6 Jahre und in der französischen 15,8 Jahre, woraus sich eine durchschnittliche Erfahrung im deutsch-französischen Management von 14,2 Jahren ergibt (vgl. Abb. 2.4). Ebenso wurde im Fragebogen die Häufigkeit des deutsch-französischen Kontakts in der beruflichen Tätigkeit zum Zeitpunkt des Interviews erhoben. Zwei Drittel der interviewten Manager in den bi-kulturellen Gruppen ga-

---

[83] Missions Economiques (2004: 51).
[84] Missions Economiques (2004: 51).
[85] Französische Botschaft in Deutschland (2006); vgl. Castel et al. (2007: 554f.).
[86] Französische Botschaft in Deutschland (2006).

2.2 Datenerhebung

ben an, täglich mit Kollegen oder Geschäftspartnern aus dem anderen Land zu tun zu haben (deutsche bi-kulturelle Gruppe: 71 %, französische bi-kulturelle Gruppe 62 %, vgl. Abb. 2.4).

- Für die mono-kulturellen Gruppen wurde nicht nur ein hinreichender Erfahrungshintergrund im Management in Bezug auf die Zusammenarbeit mit gleichkulturellen Partnern vorausgesetzt, sondern erwünscht war darüber hinaus ein möglichst geringer Erfahrungshintergrund in Bezug auf interkulturelle Interaktionen. Interviewt wurden daher Manager, die vor allem im nationalen Kontext tätig waren (beispielsweise Kundenbetreuer oder Vertriebsverantwortliche für das Inlandsgeschäft des Konzerns oder auch die Finanzchefs oder Personalleiter einer nationalen Niederlassung).[87]

Abb. 2.4: Erfahrung der Interviewpartner im deutsch-französischen Management

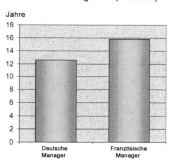

Durchschnittliche Erfahrung im deutsch-französischen Management (in Jahren)

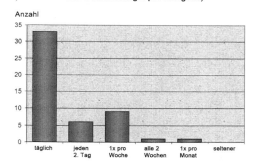

Häufigkeit des interkulturellen Kontakts
(Anzahl der interviewten Manager pro Kategorie)

2.2.3.5 Kontrolle der Variablen Geschlecht und Altersklasse

Was die Variablen Geschlecht und Altersklasse anbelangt, war aufgrund theoretischer Überlegungen bzw. von Ergebnissen anderer Studien anzunehmen, dass sie die Art und Weise der Vertrauenseinschätzung beeinflussen können. Unterschiede zwischen den Geschlechtern in Bezug auf Vertrauen konstatieren beispielsweise Johnson-George & Swap (1982), Rempel et al. (1985) und Scott (1983). In einer Studie von Couch & Jones (1997: 329) erzielten Frauen höhere Werte beim 'Vertrauen in den Partner' als Männer. Höheres Alter geht automatisch mit einem größerem interpersonellen Erfahrungshorizont einher, welcher den Umgang mit Vertrauenseinschätzungen verändern kann – beispielsweise indem ursprüngliche Tendenzen durch individuelle Erfahrungen verstärkt oder verändert werden.

---

[87] In einigen Interviews berichteten die Interviewten auch Fälle, die nicht dem Teilgruppen-Schema entsprachen. In der quantitativen Auswertung der Teilgruppenvergleich wurden diese 'Non-Schema-Fälle' nicht berücksichtigt. Für die Illustration bestimmter Aspekte der qualitativen Auswertung wurden sie herangezogen.

Abb. 2.5: Kontrolle der Variablen Altersklasse und Geschlecht

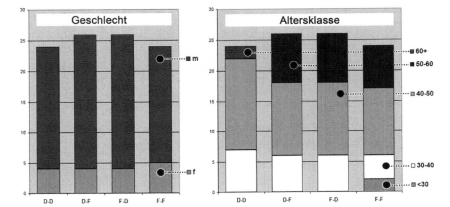

In der Stichprobenbildung wurden daher die Faktoren Geschlecht und Altergruppe kontrolliert, das heißt es wurde eine ährliche Zusammensetzung aller vier Teilgruppen hinsichtlich dieser Faktoren realisiert. Um den Teilnehmerkreis weit zu halten, wurden in der Rekrutierung der Interviewteilnehmer zunächst keine Einschränkungen hinsichtlich Alter und Geschlecht vorgenommen. Im zweiten Teil der Erhebung wurde dann darauf hingearbeitet, in der weiteren Rekrutierung Ungleichgewichte zwischen den Teilgruppen hinsichtlich dieser Variablen gezielt auszugleichen. D e Vergleichbarkeit der Teilgruppen hinsichtlich der Variablen Geschlecht und Alter illustriert Abb. 2.5.

2.2.4 Einschätzung der Qualität von Datenerhebung und Stichprobe

2.2.4.1 Qualität von Stichprobenbildung und Stichprobe

Das gewählte Vorgehen zur Stichprobenbildung hat Vor- und Nachteile. Letztere ergeben sich vor allem aus der Notwendigkeit, aufgrund der gewählten Kombination von zwei explorativ-qualitativen mit einer explorativ-quantitativen Frage verschiedene grundsätzliche methodische Dilemmata auflösen zu müssen (vgl. 2.1.6). Zu den Qualitätsmerkmalen der Stichprobenbildung gehört erstens ihr für vergleichbare Studien großer Umfang von 100 einstündigen Interviews, der sowohl eine große Bandbreite relevanten Datenmaterials für die qualitativen Auswertungen zur Verfügung stellt als auch für die frequenzanalytischen Vergleichstests der Teilgruppen ausreichende Teststärken garantiert. Ein zweites Qualitätsmerkmal ist die trotz des schwierigen Zugangs zur untersuchten Personengruppe (Führungskräfte des mittleren und oberen Managementebene) erreichte Vergleichbarkeit der Teilgruppen hinsichtlich Unternehmenszugehörigkeit, Branche und Wirtschaftssektor sowie darüber hinaus hinsichtlich Altersklasse, Geschlecht und Arbeitsort (Süddeutschland/Paris). Drittens konnten für die Teilnahme an der Studie sehr erfahrene Manager in hochrangigen Positionen gewonnen werden. Von den interviewten Managern in der bi-kulturellen Gruppe arbeitete knapp die Hälfte der Ebene der Unternehmens- bzw. Konzernleitung. Zudem waren die interviewten Manager zum Zeitpunkt des Interviews durchschnittlich bereits 14,2 Jahre im deutsch-französischen Kontext tätig. Sie konnten damit auf einen äußerst umfangreichen Erfahrungsschatz der beruflichen Zusammenarbeit im deutsch-französischen Management zurückblicken, was sich der Reichhaltigkeit und Prägnanz der Daten widerspiegelt. Schließlich ist es im Hinblick auf die Aussagekraft der Ergebnisse vorteilhaft, dass es in der Stichprobenbildung gelang, mit den beteiligten Unternehmen Vertreter der für die deutsch-französische Wirtschaftsbeziehungen repräsentativen Branchen zu gewinnen (vgl. 2.2.3.3).

2.2.4.2 Qualität der Datenerhebung

Qualitätsmerkmale der Datenerhebung waren erstens der offene und dokumentierte Prozess der Kontaktaufnahme und Information der Interviewteilnehmer (vgl. Anhang A), zweitens die Audioaufzeichnung der Interviews, welche die Daten komplett und unverfälscht für die Auswertung bereitstellte (vgl. 2.3.2) sowie schließlich die Interviewführung, welche Gesprächstechniken zur Förderung der Authentizität der Darstellungen und der Minimierung von Interviewereffekten einsetzte (vgl. 2.1.8).

2.3 Datenauswertung

Die Datenauswertung folgte der anwendungsorientierten Konzeption der Studie. Aus dem Datenmaterial konnten durch die Auswertungstechnik der qualitativen Inhaltsanalyse anschauliche und praxisnahe Ergebnisse gewonnen werden. Die handlungsnahe Definition der Vertrauensfaktoren und deren Gruppierung in 'Handlungsfelder des Managementalltags' unterstützt die Anschlussfähigkeit der Ergebnisse für die Praxis, beispielsweise die Personalentwicklung. Zudem können in den Ergebniskapiteln zum Einfluss kultureller Unterschiede auf die Vertrauensentwicklung authentische Beispiele des gelingenden und scheiternden interkulturellen Vertrauensaufbaus ebenso wie konkrete 'Strategien des interkulturellen Vertrauensaufbaus' beschrieben werden.

2.3.1 Übersicht

Nach Abschluss der Datenerhebung lagen die 100 Interviews mit deutschen und französischen Managern als Audiomitschnitte vor. Wie kommt man von etwa 90 Stunden Audio-Material zu einer Beantwortung der drei Forschungsfragen? – In der Diskussion des Forschungsdesigns habe ich erläutert, dass die Datenauswertung drei wesentliche Analyseschritte umfasste (2.1.3.2, vgl. Abb. 2.15).

Tab. 2.15: Übersicht der drei Auswertungsschritte der Datenauswertung

(1)	Durch eine **induktive Kategorienentwicklung** wurde ein Kategoriensystem von Vertrauensfaktoren entwickelt, welches die Frage nach dem Spektrum der verwendeten Vertrauensfaktoren beantwortet (erste Forschungsfrage).
(2)	Mit Hilfe des Kategoriensystems wurden die Interviews kodiert. Damit lag eine Quantifizierung der Daten vor, welche eine Auswertung mittels frequenzstatistischer Testverfahren (**Chiquadrat-Test**) ermöglichte (Teilgruppenvergleiche im 2x2 Design). Auf diese Weise wurde die Gewichtung der Vertrauensfaktoren im Kulturvergleich untersucht (zweite Forschungsfrage).
(3)	Eine **zweite induktive Kategorienentwicklung** diente, in Kombination mit einem **Literaturreview** zur deutsch-französischen Managementforschung, der Bestimmung vertrauensrelevanter deutsch-französischer Unterschiedsbereiche und darauf aufbauend der Identifikation konkreter kultureller Vertrauensmissverständnisse (dritte Forschungsfrage).

In den folgenden Abschnitten beschreibe ich diese drei Auswertungsschritte und die jeweils notwendigen vorbereitenden Schritte (2.3.2-7). Anschließend werde ich eine Qualitätseinschätzung der Datenauswertung vornehmen (2.3.8) und diskutieren, welche Verallgemeinerungsansprüche sich mit den Ergebnissen der Auswertung verbinden (2.3.9).

Die Datenauswertung lässt sich in vorbereitende Schritte und Auswertungsschritte unterteilen. Einen Gesamtüberblick der Datenauswertung gibt Ablaufmodell-1 in Abb. 2.6. Zur besseren Übersichtlichkeit habe ich für die beiden qualitativen Auswertungsschritte jeweils separat ein detaillierteres Ablaufmodell erstellt (Ablaufmodell-2: Entwicklung des Kategoriensystems, Abb. 2.7 in 2.3.3.1), Ablaufmodell-3: Bestimmung der vertrauensrelevanten Unterschiedsbereiche, Abb. 2.8 in 2.3.7.1).

Abb. 2.6: Ablaufmodell-1: Gesamtüberblick der Datenauswertung

1

A Vorbereitung-1:
Von den Audio-Aufnahmen zu den Analyseeinheiten
- Transkription, Korrektur und Klärung
- Strukturierung der Interviewtexte nach Leitfragen und Falldarstellungen
- Identifikation der Analyseeinheiten (Selektionskritierien; Einheitenidentifikationstest)

B Auswertung-1 (zielt auf die erste Forschungsfrage):
Induktive Bestimmung der Vertrauensfaktoren
- Induktive Kategorienbildung ('Vertrauensfaktoren'); Basis: Falldarstellungen der Vertrauensentwicklung; Einbezug von insgesamt 70 % der Interviews
- Informelle Interkodierer-Reliabilitätstests der Anwendung des Kategoriensystems

→ Vgl. ausführliche Darstellung in Ablaufmodell-2, Abb. 2.7 in 2.3.3.1

2

C Vorbereitung-2:
Kodierung der Falldarstellungen
- Anwendung des Kategoriensystems auf alle bisher nicht einbezogenen Interviews (restliche 30 %)
- Endgültiger Durchgang der bisher unzugeordneten Analyseeinheiten
- Systematische abschließende Kodierungsprüfung aller kodierten Stellen in allen Kategorien
- Interkodierer-Reliabilitätstest für die Kodierung

D Auswertung-2 (zielt auf die zweite Forschungsfrage):
Statistische Analyse der Kodierungshäufigkeiten
- Export der Kodierungshäufigkeiten aus der QDA-Software
- Gruppenvergleiche mittels **Chiquadrat-Test**

3

E Vorbereitung-3:
Kodierung der Kommentarstellen und Literaturreview
- Kodierung der Kommentarstellen
- Kodierung der interkulturellen Vertrauensmaßnahmen
- Review der Literatur zum deutsch-französischen Management

F Auswertung-3 (zielt auf die dritte Forschungsfrage):
Induktive Bestimmung vertrauensrelevanter Unterschiedsbereiche
- Zweite induktive Kategorienbildung ('Unterschiedsbereiche'); Basis: Kommentarstellen
- Identifikation kultureller Vertrauensmissverständnisse
- Überarbeitung der Systematik der Unterschiedsbereiche anhand des Literaturreviews, der kulturellen Vertrauensmissverständnisse und der interkulturellen Vertrauensmaßnahmen
- Hierarchisierung: handlungsfeldbezogene 'Unterschiedsbereiche' und übergeordnete 'Erklärungskonzepte'

→ Vgl. ausführliche Darstellung in Ablaufmodell-3, Abb. 2.8 in 2.3.7.1

2.3 Datenauswertung

Einige dieser Auswertungsschritte konnten zeitlich parallel bzw. überlappend stattfinden (Transkriptionen, Strukturierungen, Einheitenidentifikation, induktive Bestimmung der Vertrauensfaktoren). Andere mussten notwendigerweise nacheinander stattfinden (Kodierung nach Einheitenidentifikation und nach Fertigstellung des Kategoriensystems der Vertrauensfaktoren). Sowohl die Entwicklung des Kategoriensystems als auch die Kodierung der Interviews wurde mithilfe einer Datenbanksoftware für Texte und Textstellen, eines sogenannten QDA-Programms ('qualitative data analysis') durchgeführt.[88]

2.3.2 Vorbereitung-1: Von den Audioaufnahmen zu den Analyseeinheiten

Ziel des ersten Auswertungsschritts war die systematische Bestimmung der von den interviewten Managern verwendeten Vertrauensfaktoren (vgl. 2.3.3). Die in Form von Audioaufnahmen vorliegenden Daten machten dafür jedoch eine Reihe von Vorbereitungsschritten erforderlich, deren Notwendigkeit insbesondere dem linguistischen Laien auf Anhieb nicht bewusst ist. Es ist zunächst notwendig, die Interviews von der Datenform der Audioaufnahme in Textform zu überführen (Transkription) und die linguistisch-grammatikalische Form der sogenannten 'gesprochenen Sprache' (Fiehler 2005, Henning 2006) in die für die textbasierte Auswertung besser zugängliche Form zu bringen (2.3.2.1). Zweitens muss die Grundstruktur der Daten (Falldarstellungen und Kommentarstellen) im Transkript markiert werden (2.3.2.2). Drittens wird eine Definition und Markierung der Analyseeinheiten benötigt, welche der qualitativen Inhaltsanalyse für die induktive Kategorienbildung zugrunde gelegt werden können (2.3.2.3).

2.3.2.1 Transkription, Korrektur und Klärung

Die Masse und Vielfalt der Informationen eines einstündigen Interviews kann in Notizen, die während des Interviews gemacht werden, nur radikal verkürzt und (gemäß dem Aufmerksamkeitsfokus und Interesse des Protokolanten) verzerrt wiedergegeben werden. Daher ist die Audioaufnahme und anschließende Verschriftlichung von Interviews (Transkription) heute in vielen Kontexten Standard der sozialwissenschaftlichen Forschung. Allerdings wird der Prozess der Verschriftlichung nicht immer auf dem Niveau der gegenwärtigen linguistischen Forschung zur 'gesprochenen Sprache', das heißt zu den systematischen Unterschieden zwischen schriftlicher und mündlicher Kommunikation, reflektiert (vgl. Biber 1988, Fiehler 2005, Hennig 2006). Der Prozess der Verschriftlichung von Interviews stellt eine starke Reduktion und gleichzeitige Interpretation vorhandener Audiodaten dar, welche gemäß dem Gütekriterium der intersubjektiven Nachvollziehbarkeit regelgeleitet erfolgen sowie transparent und nachvollziehbar dargestellt werden sollte. Im Folgenden beschreibe ich daher, wie die Daten für die Inhaltsanalyse vorbereitet wurden.

Transkription: Es ist eine strukturelle Eigenart mündlicher Kommunikation, dass man tatsächlich ausgesprochene Äußerungen stets ergänzt, um sinnvolle Aussagen zu konstruieren. Man versteht auch, was jemand sagt oder sagen will, wenn er es nicht vollständig sagt oder sich verspricht. Unser sprachlicher Wahrnehmungsapparat 'säubert' nicht nur das Gehörte weitgehend um 'äh's und Füllsel, sondern ergänzt und synthetisiert aus Satzbruchstücken sinnvolle Einheiten. Da es in der Alltagskommunikation selten auf eine exakte Semantik ankommt, funktioniert dies in beeindruckender Weise, und Missverständnisse sind eher selten. In der Transkription sollte diese aktive Ergänzung und Korrektur des Gehörten allerdings bewusst verhindert werden. Da die Studie auf die Rekonstruktion von Vertrauensfaktoren an-

---

[88] Zum Einsatz kam MaxQDA der VERBI Software Consult Sozialforschung GmbH Marburg.

hand der Darstellungen der interviewten Manager zielte, sollten für diese Rekonstruktion die genauen Formulierungen der interviewten Manager zur Verfügung stehen. Es war daher wichtig, eine zuverlässige Übertragung der Äußerungen in die Schriftform zu gewährleisten. Daher wurden die Interviews wörtlich transkribiert. In der Transkription wurden zudem bei jedem Wechsel zwischen Interviewer und Interviewtem sowie bei längeren Darstellungen etwa im Minutenabstand Zeitmarken gesetzt, welche in den späteren Auswertungen das schnelle Auffinden beliebiger Stellen in der Audioaufnahme ermöglichten. Alle Eigennamen wurden anonymisiert. Zu den Transkriptionskonventionen vgl. Kowal & O'Conell (2003) sowie Anhang C.

Korrektur: Gesprochene Sprache folgt anderen grammatikalischen Prinzipien als die Schriftsprache (Fiehler 2005). Daher ist es bei einer Verschriftlichung sinnvoll, wörtliche Transkriptionen zu überarbeiten, um eine hinreichend flüssige Lesbarkeit des Textes zu erreichen, ohne die sich der Aufwand für weitere Auswertungen stark erhöhen würde (vgl. Cropley 2005, Mayring 2007a). Diesem Ziel diente die Vereinheitlichung von Schreibweisen und die 'Korrektur' von Orthographie, Satzstellung und Grammatik nach Maßgabe der Schriftsprache. Dabei wurde darauf geachtet, stets die Begrifflichkeit des Interviewten beizubehalten.

2.3.2.2 Strukturierung der Transkripte
Ergebnis der Transkription waren 2300 Textseiten (Word-Standardformatierung, 1,5-zeilig Arial 12 pt). Mit diesem Material konnte allerdings nicht direkt gearbeitet werden. Denn als relevantes Material sollten in diesem Auswertungsschritt ausschließlich Berichte über reale Arbeitsbeziehungen herangezogen werden. Ausgangspunkt für die induktive Kategorienentwicklung zur Bestimmung der Vertrauensfaktoren konnten ausschließlich derjenigen Interviewstellen sein, in welchen die interviewten Manager ihre Kollegen oder Geschäftspartner als vertrauenswürdig oder nicht vertrauenswürdig charakterisieren. Diese stellen waren als sogenannte 'Analyseeinheiten' im Material zu identifizieren.

Dazu wurde es jedoch als weiterer vorbereitender Schritt nötig, eine Strukturierung der Transkripte durchzuführen. Denn die Berichte über reale Arbeitsbeziehungen – die 'Falldarstellungen' – mussten erstens von den allgemeinen Kommentaren der interviewten Manager (Anmerkungen, Kategorisierungen ihrer Erlebnisse etc.) getrennt werden und zweitens über den Gesamtverlauf des Interviews zusammengeführt werden. Was den ersten Aspekt angeht, wurde die in der Erhebung realer Erlebnisse in Interviews mit Managern zu erwartende Vermischung konkreter Falldarstellungen mit allgemeinen Kommentaren, Kategorisierungen und Einschätzungen bereits in 2.1.8.3 erläutert. Hinzu kommt jedoch, dass die erhobenen Falldarstellungen auch über den Verlauf des Interviews 'zerstückelt' vorliegen. Darin spiegelt sich eine Stärke der Interviewmethodik, sich nicht auf spontane Erinnerungen zu verlassen, sondern den Erinnerungsprozess aktiv zu fördern und durch Präzisierungsnachfragen weitere Informationen zu gewinnen (vgl. 2.1.8).

– Zum einen muss man sich vergegenwärtigen, dass die interviewten Manager gemäß der Interviewmethodik aufgefordert waren, nicht nur zeitlich zurückliegende Erlebnisse darzustellen, sondern darüber hinaus den Fokus auf Aspekte zu richten, die schon beim eigentlichen Erleben nicht im Zentrum ihrer Aufmerksamkeit standen (vgl. 1.5.3.1). Die Anleitung und Unterstützung durch den Interviewer förderte ihren **Erinnerungsprozess**, so dass die Interviewten im Gesprächsverlauf stets auch weitere Aspekte zu bereits zuvor besprochenen Fällen ergänzten. In dem Bemühen, sich genauer zu erinnern, reformulieren die interviewten Manager auch bestimmte Aspekte ihrer Darstellung, wodurch wie-

derum an späteren Stellen des Interviews deutlicher wird, was genau sie an einer früheren Stelle ausdrücken wollten.
- Hinzu kommen zweitens **Präzisierungsnachfragen** als wichtiges Instrument der Interviewtechnik (vgl. Übersicht der Fragetechniken, Tab. 2.11 in 2.1.8.6) – wie beispielsweise die Aufforderung, bereits angesprochene Aspekte näher auszuführen. Um den natürlichen Gesprächsfluss nicht immer zu unterbrechen, muss ein Interviewer solche Präzisierungspunkte häufig zunächst im Kopf behalten und später der Reihe nach 'abarbeiten' („Sie hatten vorhin gesagt, dass ... – An was genau dachten Sie da? / Können Sie das genauer erläutern?").
- Drittens verwendeten die interviewten Manager in ihren Darstellungen das Erzählprinzip der **Kontrastierung**, welches ebenfalls der Zerstückelung der Darstellungen Vorschub leistete: In der Darstellung eines Falles erläuterten die Interviewten oft bestimmte Aspekte anhand eines weiteren Falles, der ihnen in diesem Zusammenhang eingefallen war. Insbesondere erläuterten Sie Aspekte von 'positiven' Vertrauensfällen (V+), indem sie diese mit negativen Vertrauensfällen (V-) kontrastierten.

Die 'Erinnerungsarbeit' des Interviewten, 'nachträgliche' Präzisierungsnachfragen des Interviewers und das Erzählprinzip der Kontrastierung führten also dazu, dass über den Interviewverlauf hinweg verstreut inhaltlich oder auch chronologisch zusammenhängende Informationen zu einzelnen Falldarstellungen und ihren Teilaspekten zu finden waren. Diese Zusammenhänge sind für die inhaltsanalytische Auswertung von großer Bedeutung, aber sie sind in der Auswertung von einstündigen Interviews bzw. etwa 25-seitigen Transkripten kaum zu erfassen und müssen daher in einer Strukturierung zusammengeführt werden.

Strukturierung nach Abstraktionsniveau: Die primäre Strukturierungsdimension war das **Abstraktionsniveau** der Darstellungen. Ziel war es, Falldarstellungen von allgemeinen Kommentaren und Anmerkungen zu trennen. Die Kriterien dafür zeigt die Beschreibung der Kodierregeln für die spätere Erfassung der Falldarstellungen und Kommentarstellen in der Auswertungssoftware in Tab. 2.16.

Tab. 2.16: Kriterien für die Kodierung von Falldarstellungen und Kommentarstellen

> Für die Beschreibungen von Aspekten der beruflichen Zusammenarbeit gilt:
> - **Eine Stelle wird als Falldarstellung gekennzeichnet, wenn...**
>   - der Interviewte sich auf eine konkrete Person bezieht, mit welcher er in beruflicher Hinsicht zusammenarbeitet oder zusammengearbeitet hat, und
>   - er diese Person namentlich nennt, und/oder von ihren Eigenschaften oder Handlungen in der 3. Person Singular berichtet (er/sie ist/hat...).
> - **Eine Stelle wird als Kommentarstelle gekennzeichnet (egal ob sie vor, innerhalb oder nach einer Falldarstellung steht), wenn...**
>   - kein Bezug auf eine konkrete Person erkennbar ist (insbesondere wenn sie losgelöst von einer Falldarstellung steht) oder
>   - kein klarer inhaltlicher Bezug zum Gesprächskontext der Falldarstellung erkennbar ist.

In einigen Interviews gibt es Stellen, in welchen sich zwar der Interviewte inhaltlich klar erkennbar auf eine konkrete Person oder ein konkretes Erlebnis bezieht, welche aber dennoch nicht eindeutig den Kriterien für eine Falldarstellung entsprechen, weil der Interviewte den Bezug auf die konkrete Person 'linguistisch verschleiert' – etwa durch Verwendung der 'man'-Form bzw. 'neutralen Personenreferenz'. Neben der Tendenz zu Kommentaren und verallgemeinernden Darstellungen (vgl. 2.1.8.3) könnte hierfür verantwortlich sein, dass es die interviewten Manager teilweise aufgrund der vertraulichen Natur der berichteten Informationen und der laufenden Audioaufzeichnung vorzogen, eine verallgemeinerte Form für ihre Darstellung zu wählen. Derartige Stellen bezeichne ich als 'Quasi-Fälle', denn sie entsprechen dem Erhebungsziel der Darstellung konkreter Vertrauenserlebnisse. Die Linguistik liefert Kriterien dafür, dass derartigen Darstellungen der Charakter der Erzählung eines konkreten Erlebnisses zugesprochen werden kann (vgl. Gülich & Hausendorf 2001, Quasthof 2001). Sie wurden in der Strukturierung als Quasi-Fälle gekennzeichnet, aber in der Auswertung wie Falldarstellungen behandelt. Entsprechend wurden zwei alternative Kriterien dafür formuliert, Stellen als Quasi-Fall zu kennzeichnen: wenn erstens der Interviewte sich auf eine konkrete Person bezieht und lediglich seinen Bericht nicht besonders detailliert ausführt oder zweitens wenn der Interviewte sich zwar vordergründig nicht auf eine konkrete Person bezieht (neutrale Personenreferenz durch Verwendung von Pronomen wie 'man' oder 'jemand', Weinrich 2005: 98f.), aber seine Darstellung sich auf einer konkreten Erzählebene bewegt (szenische Darstellung), das heißt in Raum und Zeit fixiert ist, einen chronologischen Ablauf darstellt, von konkreten Handlungen und Ereignissen handelt und/oder von Emotionalität gekennzeichnet ist (vgl. die linguistischen Definitionskriterien des Erzählens nach Gülich & Hausendorf 2001).

Markierung von Vertrauensrichtung und Kulturrichtung: Die zweite Strukturierungsdimension war – gemäß den Leitfragen – die **Vertrauensrichtung**: Im Sinne einer flexiblen Interviewführung war im Interview dem Erinnerungsprozess des Interviewten gefolgt worden. Bei der Strukturierung nach Abstraktionsniveau wurde daher jeweils vermerkt, ob es sich um die Darstellung bzw. Illustration von Vertrauensgründen (V+), Vertrauenswarnungen (V-) oder Vertrauensmaßnahmen (Vm) handelt (vgl. Tab. 2.17).

Tab. 2.17: Definition von Vertrauensgründen, -warnungen und -maßnahmen

V+	**Vertrauensgründe** Aspekte, die begründen, warum der Interviewte in der berichteten Beziehung **Vertrauen schenkt**: a) warum er **initial** Vertrauen schenkt b) warum er **weiterhin/verstärkt** (im Verlauf der Beziehung) Vertrauen schenkt
V-	**Vertrauenswarnungen** Aspekte, die begründen, warum der Interviewte in der berichteten Beziehung **kein Vertrauen schenkt**: a) **Vertrauens-ENTZUG** Aspekte, die begründen, warum der Interviewte in der berichteten Beziehung Vertrauen verloren hat b) **Vertrauens-UN-Würdigkeit** Aspekte, die begründen, warum der Interviewte in der berichteten Beziehung kein Vertrauen gewonnen hat
Vm	**Vertrauensmaßnahmen** Aspekte, die beschreiben, worauf der Interviewte zurückführt, dass der andere in der berichteten Beziehung zu ihm (dem Interviewten) Vertrauen gewonnen hat: a) vom Interviewten aktiv ergriffene **Maßnahmen** b) **Umstände**, die dem Interviewten diesbezüglich relevant erscheinen

Die dritte Strukturierungsdimension war – gemäß dem Forschungsdesign bzw. der Teilgruppenbildung – die **Kulturrichtung** der berichteten Beziehungen. Gekennzeichnet wurde, ob es um deutsch-deutsche, deutsch-französische, französisch-deutsche oder französisch-französische Beziehungen ging. Grundsätzlich war diese Kulturrichtung durch das Forschungsdesign und den Interviewten festgelegt. Allerdings erzählten vereinzelt auch Interviewte in der bi-kulturellen Gruppe von mono-kulturellen Beziehungen. Auch in der mono-kulturellen Gruppe gab es Fälle, in welchen der Interviewte doch auch über bi-kulturelle Erfahrungen verfügte und davon berichtete (vgl. Fußn. 87). Daher wurde bei der Strukturierung nach Abstraktionsniveau jeweils die Kulturrichtung vermerkt (DD, DF, FD, FF).

2.3.2.3 Identifikation der Analyseeinheiten

Natürlich werden in einem einstündigen Interview zu Vertrauensbeziehungen nicht einfach abschnittsweise Vertrauensfaktoren beschrieben, und auch nach dem Herausfiltern der Falldarstellungen, waren diese noch nicht abschnittsweise in Beschreibungen einzelner Vertrauensfaktoren gegliedert. Stattdessen mussten in einem eigenen Materialdurchlauf gezielt diejenigen Textstellen innerhalb der Falldarstellungen markiert werden, in welchen der Interviewte Aspekte beschreibt, die als Vertrauensfaktor gewertet werden können – die sogenannten 'Analyseeinheiten'. Die Bestimmung von Analyseeinheiten (unitization) ist ein wesentlicher Schritt der Inhaltsanalyse von nicht-standardisierten Daten (Früh 2007: 88ff., Krippendorff 1980: 57ff Mayring 2007a: 53, Wever et al. 2006: 24).

Die Interviewten beschreiben Vertrauensfaktoren sowohl ausschweifend über längere Abschnitte (und unterbrochen von Nachfragen) als auch in bisweilen sehr kurzen Teilsätzen. Entsprechend konnten die Analyseeinheiten nicht auf einer formal-syntaktischen Ebene bestimmt werden (Sätze, Absätze oder Redeeinheiten), sondern sie waren auf der inhaltlich-semantischen Ebene zu identifizieren: als thematische Einheiten (vgl. Früh 2007: 92; Krippendorff 1980: 63 spricht von „thematic units", Srnka & Köszegi 2007: 41 von „thought units"). Markiert wurden alle Stellen, welche im Sinne der Fragestellung und entsprechend der Interviewleitfragen Vertrauensfaktoren beschreiben.[89] Für jede Analyseeinheit wurde auch gleichzeitig die Vertrauensrichtung gekennzeichnet (V+, V- oder Vm). Eine differenziertere Darstellung der Selektionsregeln für Analyseeinheiten findet sich in Tab. 2.18. Die Reliabilität des Vorgehens wurde durch den Einheitenidentifikationstest überprüft und nachgewiesen (vgl. 2.3.8.2).

Tab. 2.18: Selektionsregeln für die Identifikation von Analyseeinheiten

V+	**Vertrauensgründe** (Vertrauenswürdigkeit)
	Als Vertrauensgründe werden solche Aspekte markiert, die der Interviewte anführt, um zu begründen, warum er in der berichteten Beziehung **Vertrauen schenkt**.
	Markiert werden also Aussagen des Interviewten, die sich aus dem Gesprächszusammenhang heraus folgendermaßen verstehen lassen:
	„Dafür, dass ich
	▶ diesem Kollegen/ Geschäftspartner **vertrauen kann/konnte,**
	▶ zu diesem Kollegen/ Geschäftspartner **Vertrauen entwickeln kann/konnte,**
	ist/war für mich folgender Aspekt wichtig: ... <Textstelle>."
V-	**Vertrauenswarnungen-1** (Vertrauens-UN-würdigkeit)
	Als Vertrauenswarnungen werden erstens solche Aspekte markiert, die der Interviewte anführt, um zu begründen, warum er in der berichteten Beziehung **kein Vertrauen gewonnen** hat.

---

[89] Als Analyseeinheiten werden alle als voneinander unabhängig angesehenen Aspekte markiert, die den Selektionsregeln entsprechen. Da die Selektionsregeln auf inhaltlich-semantische Aspekte zielen, ist es möglich, dass sich zwei als Analyseeinheit identifizierte Textstellen überlappen. Die beiden überlappenden Textstellen werden jedoch als voneinander unabhängige Analyseeinheiten betrachtet und in der QDA-Software unabhängig voneinander bearbeitet und verwaltet. Denn sie drücken Aspekte aus, die auf einer inhaltlich-semantischen Ebene als voneinander unabhängig betrachtet werden können (vgl. Friedel 2005: 37f).

	Markiert werden also Aussagen des Interviewten, die sich aus dem Gesprächszusammenhang heraus folgendermaßen verstehen lassen: „Dafür, dass ich – diesem Kollegen/ Geschäftspartner **NICHT vertrauen kann/konnte**, – zu diesem Kollegen/ Geschäftspartner **KEIN Vertrauen entwickeln konnte**, ist/war für mich folgender Aspekt wichtig: ... <Textstelle>."
	Vertrauenswarnungen-2 (Vertrauens-ENTZUG) Als Vertrauenswarnungen werden zweitens solche Aspekte markiert, die der Interviewte anführt, um zu begründen, warum er in der berichteten Beziehung **Vertrauen verloren** hat. Markiert werden also Aussagen des Interviewten, die sich aus dem Gesprächszusammenhang heraus folgendermaßen verstehen lassen: „Dafür, dass ich – **mein Vertrauen** in diesen Kollegen/ Geschäftsp. **in Frage stellen muss/musste**, ... – diesem Kollegen/ Geschäftspartner **nicht mehr Vertrauen kann/konnte**, ... ist/war für mich folgender Aspekt wichtig: ... <Textstelle>."
Vm	**Vertrauensmaßnahmen** (Vertrauensbildende Maßnahmen) Als Vertrauensmaßnahmen werden erstens solche Aspekte markiert, die der Interviewte unternimmt, um **Vertrauenswürdigkeit zu demonstrieren**, das heißt, um dem anderen zu zeigen, dass er selbst ein vertrauenswürdiger Partner ist. Markiert werden also Aussagen des Interviewten, die sich aus dem Gesprächszusammenhang heraus folgendermaßen verstehen lassen: „Um einem neuen Kollegen/ Geschäftspartner zu **zeigen, dass er mir Vertrauen kann**, achte ich auf folgenden Aspekt: ... <Textstelle>."

2.3.3 Auswertung-1: Induktive Bestimmung der Vertrauensfaktoren

Nachdem die Interviews transkribiert und strukturiert und die im Sinne der Fragestellung relevanten Stellen (Analyseeinheiten) markiert waren, konnte der Prozess der induktiven Herausarbeitung der Vertrauensfaktoren aus den Berichten über die Vertrauensentwicklung in Beziehungen zu Kollegen oder Geschäftspartnern (Falldarstellungen) beginnen. Die folgenden Abschnitte dienen dazu, diesen Auswertungsprozess der qualitativen Inhaltsanalyse nachzuzeichnen. Das Ergebnis, also das endgültige Kategoriensystem der Vertrauensfaktoren und damit die Beantwortung der ersten Forschungsfrage, wird im dritten Kapitel dargestellt.

2.3.3.1 Ablaufmodell

Qualitativ-explorative Datenauswertungen sind komplexe und langwierige Prozesse, die verhältnismäßig schwer zu dokumentieren sind. Krippendorff (1998: 67) stellte fest: „How categories are defined ... is an art. Little is written about it." Auch heute noch ist zu beobachten, dass die „Kategorienentwicklung [ein] vernachlässigtes Gebiet dar[stellt]" (Mayring 2005: 11). Dennoch sollte die Entwicklung von Kategoriensystemen eigentlich gemäß dem wissenschaftlichen Gütekriterium der Transparenz bzw. Nachvollziehbarkeit möglichst detailliert beschrieben werden (vgl. 2.3.8.3). Dem dienen die folgenden Abschnitte.

Einen Überblick der Entwicklung des Kategoriensystems gibt Ablaufmodell-2 in Abb. 2.7, welches sich an Mayring (2000, 2007a) orientiert und die entwickelten Vorgehensregeln für die induktive Kategorienbildung präzisiert.

2.3 Datenauswertung

Abb. 2.7: *Ablaufmodell-2: Entwicklung des Kategoriensystems*

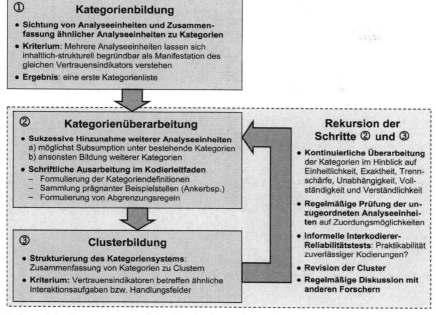

Aufgrund der Datenmenge und der Bandbreite und Detailfülle der Daten gestaltete sich der Entwicklungsprozess des Systems der Vertrauensfaktoren extrem zeit- und arbeitsaufwändig. Im Folgenden werde ich die wesentlichen Prozessschritte, zentrale Entscheidungen sowie wichtige Zwischenstände beschreiben.

2.3.3.2 Überblick der Herangehensweise und Methodik

Die Methode der induktiven Kategorienentwicklung setzt an den gesammelten Analyseeinheiten an. Es gilt, eine Struktur zu identifizieren, nach derer die Analyseeinheiten übersichtlich und sinnvoll geordnet werden können. Dazu werden übergeordnete Kategorien entwickelt, die auf einem höheren Abstraktionsniveau als die Analyseeinheiten liegen und jeweils strukturell gleichartige Analyseeinheiten zusammen fassen. Ziel ist eine Systematik von Kategorien zur Beschreibung der wesentlichen Vertrauensfaktoren, die in den Darstellungen der interviewten Manager auftauchen.

Die Vorgehensweise besteht grob gesagt darin, Analyseeinheiten zu sichten und thematisch oder strukturell gleiche oder ähnliche Analyseeinheiten zu gruppieren. Früh (2007: 62) erklärt: „Mengen konkreter Äußerungen werden hinsichtlich ihrer Bedeutung als äquivalent betrachtet, so dass sie sich derselben Kategorie zuordnen lassen". Aus diesen Gruppen ähnlicher Analyseeinheiten werden übergeordnete Kategorien gebildet, wobei der Prozess sich unter steter Hinzuziehung weiterer Analyseeinheiten immer mehr von der Neubildung von Gruppen bzw. Kategorien hin zur Unterordnung unter bestehende Kategorien bzw. zur Überarbeitung bestehender Kategorien verlagert.

Diese Entwicklung des Kategoriensystems wird nach Mayring (2000, 2007a) anhand einer Teilmenge des vorhandenen Datenmaterials vorgenommen. Denn es ist anzunehmen, dass im Verlauf des Prozesses 'theoretische Sättigung' eintritt (Glaser & Strauss 1967, Strauss & Corbin 1990). Das bedeutet bezogen auf die der Arbeit zugrunde liegende Studie, dass das Spektrum relevanter Vertrauensfaktoren so weit durch Kategorien erschlossen ist, dass die Untersuchung weiterer Daten keine neuen Erkenntnisse mehr bringt. Wenn alle neu betrachteten Analyseeinheiten bereits bestehenden Kategorien zugeordnet werden können, sind Neubildungen oder Modifizierungen des Kategoriensystems nicht mehr notwendig (Mayring 2007b, Smaling 2003). Sollte dieser Sättigungseffekt im Prozess der Kategorienbildung nicht auftreten, wäre die Datenmenge für die Untersuchung der Fragestellung nicht ausreichend bzw. die Fragestellung zu breit angelegt.

In der beschriebenen Studie erwies sich etwa ein Drittel des Materials als ausreichend, um ein gesättigtes und kohärentes Kategoriensystem allgemeiner Vertrauensfaktoren zu entwickeln. Dabei wurden diejenigen Interviews ausgewählt, welche – gemäß den Eindrücken aus Interviewführung und Strukturierung – in Bezug auf die Datenerhebungsziele besonders inhaltsreich erschienen. Die 36 Interviews stammten zu gleichen Teilen aus den vier Teilgruppen, da das Kategoriensystem in der Lage sein sollte, alle Interviews gleichermaßen beschreiben zu können – sowohl deutsche als auch französische und sowohl mono-kulturelle als auch bi-kulturelle. Es ist ein Gütekriterium für ein Kategoriensystem, dass es einen hohen Prozentsatz der insgesamt identifizierten Analyseeinheiten beschreiben kann (vgl. 2.3.8.4). Insgesamt wurden in diesem Auswertungsschritt 838 Analyseeinheiten innerhalb von 220 Falldarstellungen einbezogen (durchschnittlich pro Interview 23 Stellen innerhalb von 6 Falldarstellungen). Einen Überblick gibt Tab. 2.19.

Allerdings zeigte sich, dass damit für den Teilbereich der 'interkulturellen Vertrauensfaktoren' noch keine Sättigung erreicht wurde. Dies ist auch nachvollziehbar, denn für die Bildung dieser Kategorien standen nur die Hälfte der Interviews (die bi-kulturellen Interviews) und damit nur halb so viel Datenmaterial zur Verfügung. Deshalb wurden anschließend gezielt je weitere 10 Interviews aus den beiden bi-kulturellen Gruppen einbezogen, so dass der Bildung des Gesamt-Kategoriensystems insgesamt 56 Interviews zugrunde liegen (vgl. 2.3.3.5).

Tab. 2.19: Überblick des der Kategorienbildung zugrunde gelegten Datenmaterials

		DD	DF	FD	FF	Gesamt
Interviews		9	9	9	9	36
Falldarstellungen		51	52	50	67	220
davon	Fälle V+	21	20	20	24	85
	Fälle V-	20	30	25	38	113
	Fälle Vm	10	2	5	5	22
Analyseeinheiten		229	197	205	207	838
davon	Analyseeinheiten V+	112	87	96	84	379
	Analyseeinheiten V-	65	48	51	77	241
	Analyseeinheiten Vm	52	62	58	46	218

2.3.3.3 Ziele und Vorgehen bei Entwicklungsstart

Ziel war zunächst die getrennte Entwicklung je eines deutschen und eines französischen Kategoriensystems. Denn zum einen versucht die Methodik der induktiven Kategorienbildung, immer zunächst möglich „nah am Text" zu bleiben – und der französische ist eben französisch (vgl. emische Perspektive, 1.2.2.2). Zum anderen wurde in der Entwicklung der Inter-

2.3 Datenauswertung

viewmethodik spezifiziert, dass für die Suche nach kulturellen Unterschieden anzustreben ist, in der Analyse zunächst auf möglichst niedrigem Abstraktionsniveau zu bleiben, um etwaige sprachlich-kulturelle Unterschiede finden zu können. Zweitens wurde zunächst auch eine jeweils getrennte Kategorienentwicklung für die drei Vertrauensrichtungen angestrebt (V+, V- und Vm). Denn in der Literatur sind die Zusammenhänge zwischen Vertrauen, fehlendem Vertrauen und Misstrauen umstritten. Vertrauen und Misstrauen werden zum einen als gegenüberliegende Endpole einer Variablendimension betrachtet (Bigley & Pearce 1998). Andere Beiträge stellen diese Sicht in Frage und argumentieren, dass Vertrauen und Misstrauen nicht als Pole ein und derselben Dimension zu betrachten sind (Lewicki et al. 1998, Mishra 1996).[90] Eine offene Herangehensweise in der Auswertung sollte daher zunächst mit einem weiten Blick getrennte Kategorien entwickeln, um dann in einem zweiten Schritt zu prüfen, inwiefern sich diese integrieren lassen.

2.3.3.4 Entwicklung der mono-kulturellen Kategorien

Kategorienbildung anhand der DD-Interviews: Die Entwicklung des Kategoriensystems wurde anhand der mono-kulturellen begonnen. In einer systematischen Betrachtung der Analyseeinheiten (zunächst der V+ Stellen und anschließend separat der V- und Vm Stellen) wurde geprüft, ob inhaltlich-strukturelle Zusammenfassungen mehrerer Stellen zu gemeinsamen Kategorien möglich sind. In diesen Fällen wurden provisorische Kategorien definiert und die entsprechenden Stellen zugeordnet. Wenn im weiteren Verlauf Analyseeinheiten geprüft wurden, die neue Ähnlichkeiten aufwiesen, wurde die Kategoriendefinition so überarbeitet bzw. erweitert, dass auch diese neuen Stellen zugeordnet werden konnten. Stellen, die nach den bestehenden Kategoriendefinitionen mehreren Kategorien zugeordnet werden konnten, wurden zunächst tatsächlich doppelt kodiert. Diese Doppelkodierungen wurden vermerkt, um sie später systematisch aufzulösen und dabei Abgrenzungen bzw. Kodierregeln bilden zu können. Restliche nicht-kategorisierte Stellen wurden in der Kategorie 'unzugeordnet' gesammelt: Dies waren 'Einzel-Stellen', zu denen sich nicht genügend ähnliche Stellen gefunden hatten, welche die Bildung einer Kategorie gerechtfertigt hätten, sowie Stellen, die schwierig zu deuten waren und daher schwierig zuzuordnen waren.

Überarbeitung der Kategorien und Oberkategorienbildung: Im Prozess der Hinzunahme weiterer Analyseeinheiten wurden regelmäßig die in einer Kategorie gebündelten Textstellen vergleichend betrachtet, um eine zunehmend klarere Definition der Kategorie herauszuarbeiten. Dabei wurden auch immer mehr Abgrenzungen entwickelt und die bestehenden Abgrenzungsregeln verfeinert. In der Betrachtung und Diskussion ähnlicher Kategorien wurde wiederholt entschieden, ähnliche Kategorien zusammenzulegen. Um die Übersichtlichkeit des Kategoriensystems zu verbessern, wurden ähnliche Kategorien zu Clustern (Oberkategorien) gebündelt. Regelmäßig wurde für die unzugeordneten Stellen geprüft, ob sich nach den letzten Überarbeitungen neue Möglichkeiten der Zuordnung oder Kategorienneubildung ergeben hatten.

Erstellung einer ersten Version des Kodierleitfadens: Im Prozess der Kategorienbildung zeigten sich Sättigungseffekte. Das heißt, die Anzahl der Kategorienneubildungen und der signifikanten Überarbeitungen bestehender Kategorien nahm deutlich ab. Nachdem alle 229 Analyseeinheiten aus den DD-Interviews geprüft worden waren, wurden die bislang unzuge-

---

[90] Wichtig ist zu sehen, dass sich die in dieser Arbeit verfolgte Fragestellung nicht auf (aktives) Misstrauen richtet, sondern spezieller auf fehlendes Vertrauen oder 'Nicht-Vertrauen', das heißt auf die Frage, warum Vertrauen verloren geht oder nicht zustande kommt.

ordneten Stellen erneut geprüft und sofern möglich den neu gebildeten Kategorien zugeordnet. Das entstandene Kategoriensystem wurde als Kodierleitfaden mit Kategorienbezeichnungen und -definitionen zusammengestellt. Aus den zugeordneten Textstellen wurden sogenannte 'Ankerbeispiele', das heißt prägnante und für die Kategorie repräsentative Stellen, herausgesucht.

Parallelisierung der Vertrauensrichtungen: Im späteren Verlauf der Kategorienbildung anhand der DD-Interviews wurde geprüft, inwiefern sich die entstandenen Kategorien bei den V+, V- und Vm Stellen unterscheiden. Es stellte sich heraus, dass sich für die meisten Kategorien problemlos Tripel konstruieren ließen, die nach dem Schema (V+ ↔ V-) und (V+ ↔ Vm) jeweils ein logisch-semantisches Gegenteil ausdrückten. Dies wurde zunächst in einem Vergleich der V+ und V- Kategorien deutlich: knapp 2/3 der Kategorien konnten wie beschrieben parallelisiert werden (vgl. Tab. 2.20).

Nach Einbezug von weiteren Vm Stellen und der Bildung entsprechender Kategorien wurde deutlich, dass insgesamt nur in 13 % der gebildeten Kategorien keinerlei Parallelisierungen nach dem Schema (V+ ↔ V-) bzw. (V+ ↔ Vm) möglich waren, da keine entsprechenden Stellen gefunden worden waren (vgl. Tab. 2.20). Diese Beobachtung wurde als ausreichend dafür betrachtet, in der weiteren Entwicklung des Kategoriensystems mit einer Parallelisierung von V+, V- und Vm zu arbeiten.

Tab. 2.20: Parallelisierungsprüfung der V+, V- und Vm Kategorien

Test auf Anzahl sich entsprechender Kategorien (Kodierleitfaden Version 44, 31.10.2006)
• V+ und V- Vergleich ergibt Entsprechungen bei 21 von 30 Kat. (=70 %)
• V+ und Vm Vergleich ergibt Entsprechungen bei 16 von 30 Kat. (=53 %)
• V+/V-/Vm Vergleich ergibt Entsprechungen bei 26 von 30 Kat. (=87 %)

Bestätigt wurde diese Entscheidung durch die Beobachtung, dass die Interviewten diese Parallelisierung selbst vornehmen und dies auch sagen. Auch verwenden sie 'nicht-V-' Faktoren als V+ Faktoren und umgekehrt, oder sie berichten zur weiteren Illustration eines V+ Falles einen 'umgekehrten' V- Fall. Es wurde daher ein integriertes Kategoriensystem erstellt, welches jeden Vertrauensfaktor in je einer V+, V- und Vm Variante definiert, wobei die Kategorienbezeichnung an die V+ Variante angelehnt wurde. – Damit gab es eine erste Version des Kategoriensystems. Jede Kategorie entsprach einem Vertrauensfaktor, basierend auf jeweils drei Arten von Analyseeinheiten: Vertrauensgründen (V+), Vertrauenswarnungen (V-) und Vertrauensmaßnahmen (Vm).

Entwicklung und Integration des französischen Kategoriensystems: Für die FF-Interviews wurde nun entsprechend vorgegangen. Durch eine induktive Kategorienbildung wurden anhand der Analyseeinheiten aus den ausgewählten neun französischen Interviews Kategorien gebildet. Anschließend wurden diese Kategorien mit den anhand der DD-Interviews gebildeten Kategorien verglichen. Die Gegenüberstellung ergab, dass sich die Mehrzahl der Kategorien weitgehend zur Deckung bringen ließ (vgl. Tab. 2.21).

Tab. 2.21: Gegenüberstellung der DD- und FF-Kategorien (Zwischenstand)

Verhältnis von alten (DD) und neuen (FF) Kategorien (Kodierleitfaden Version 89, 18.01.2007)
• Kategorien-Gesamtzahl: 43
• davon bereits bestehende (aus DD): 36 (=84 %)
• davon neu gebildete (aus FF): 7 (=16 %)

Dies zeigte, dass durch ein integriertes, übergreifendes Kategoriensystem eine angemessene Beschreibung der Vertrauensfaktoren sowohl in den deutschen als auch in den französischen Interviews möglich ist, sofern die Kategorienbildung auf Interviews aus beiden Sprachen aufbaut. Die sieben Kategorien, die anhand der FF-Interviews neu gebildet worden waren, wurden in das bestehende Kategoriensystem integriert. Darüber hinaus wurden einige der bestehenden Kategorien um offenbar wichtige definitorische Aspekte und Begriffe aus den entsprechenden FF-Kategorien ergänzt. Im Leitfaden wurden bei den bestehenden Kategorien jeweils französische Ankerbeispiele ergänzt.

2.3.3.5 Entwicklung der inter-kulturelle Kategorien

In der gleichen Vorgehensweise wie bei den mono-kulturellen Interviews wurde nun der Reihe nach für die in den bi-kulturellen Interviews markierten Analyseeinheiten geprüft, welche davon sich bestehenden Kategorien zuordnen ließen und welche zur Bildung neuer, 'interkultureller' Kategorien Anlass gaben. In der Auswertung der neun deutschen und neun französischen bi-kulturellen Interviews (vgl. Abb. 2.19 in 2.3.3.2) ergab sich keine offensichtliche 'theoretische Sättigung'. Auch die Auswertung der letzten Interviews führte zur Bildung weiterer 'interkultureller' Kategorien. Dies liegt daran, dass die interviewten Manager der bi-kulturellen Gruppe selbstverständlich nicht ausschließlich interkulturelle Vertrauensfaktoren beschreiben. In der interkulturellen Zusammenarbeit sind nicht völlig andere, sondern lediglich *zusätzliche* Faktoren relevant. Um das Spektrum dieser speziellen Vertrauensfaktoren der interkulturellen Zusammenarbeit herauszuarbeiten, wurden daher sukzessive pro Gruppe weitere zehn Interviews herangezogen. Gegen Ende der Auswertung dieser zusätzlichen 20 Interviews waren auch hier deutliche Sättigungseffekte erkennbar. Damit waren insgesamt 76 % der bi-kulturellen Interviews (38 von 50) in die Kategorienentwicklung einbezogen worden. Wenn Analyseeinheiten zwar als inhaltlich-strukturell zusammenhängend erschienen aber insgesamt zu wenige waren, um die Bildung eine Kategorie zu rechtfertigen, blieben sie unzugeordnet. Als 'zu wenig' galt dabei, dass entsprechende Stellen in unter 5 % der Interviews auftauchten.[91]

2.3.3.6 Endüberarbeitung und Umfang des endgültigen Kategoriensystems

Abschließend erfolgte eine umfassende endgültige Überarbeitung des entwickelten Kategoriensystems, in der drei wesentliche Dinge geleistet wurden:

1. *Optimierung der Abbildungskraft des Kategoriensystems für kulturelle Unterschiede*: Im Verlauf der Entwicklung des Kategoriensystems war fortlaufend notiert worden, wo potenzielle kulturelle Unterschiede aufgefallen waren – wie beispielsweise in der Gewichtung bestimmter definitorischer Aspekte. Es wurden nun noch einmal alle Kategorien – und zwar insbesondere die 'mono-kulturellen' – daraufhin analysiert, ob im deutsch-französischen Vergleich systematisch unterschiedliche Gewichtungen bezüglich einzelner definitorischer Aspekte der jeweiligen Kategorie auffielen. Sofern dies in deutlichem Maße der Fall war, wurde die Kategorie in diese definitorischen Aspekte aufgespalten. Dies war ein wichtiger Schritt, um zu gewährleisten, dass das Kategoriensystem bei der Kodierung der deutschen und französischen Interviews relevante Kulturunterschiede anhand der Häufigkeiten unterschiedlicher Kategorien erfassen kann, anstatt sie innerhalb ein und derselben Kategorie zu verschleiern.

---

[91] Bei den allgemeinen Vertrauensfaktor-Kategorien blieben inhaltlich-strukturell ähnliche Analyseeinheiten unzugeordnet, die in unter 5% der Gesamtzahl der Interviews auftauchten (in unter 5 Interviews). Bei den interkulturellen Vertrauensfaktor-Kategorien war der Bezugspunkt die Hälfte der Interviews (in unter 3 Interviews). Eine Ausnahme bildet die interkulturelle Kategorie *'Kulturelle Tabus respektieren'*, die insgesamt lediglich in zwei Interviews kodiert ist, aber aufgrund der Prägnanz der Textstellen und ihrer theoretischen Relevanz aufgenommen wurde.

2. *Verfeinerung der Abgrenzungen*: In einer Reihe von Diskussionen mit anderen Forschern wurden anhand von Ankerbeispielen und kritischen Stellen die in ihrer Abgrenzung kritischen Kategorienpaare bezüglich ihrer Definition und der jeweiligen Abgrenzungsregeln im Detail besprochen und die Abgrenzungsregeln weiterentwickelt.

3. *Test des Kategoriensystems durch Probekodierungen*: Um die Stabilität und Anwendbarkeit des Kategoriensystems zu testen, wurden sukzessive aus jeder Teilgruppe weitere vier Interviews hinzugenommen, und getestet, inwiefern sich die Analyseeinheiten gemäß dem Kodierleitfaden zuordnen lassen. Insgesamt wurden damit in die Entwicklung des Kategoriensystems 72 Interviews einbezogen.

Das endgültige Kategoriensystem umfasst nach Abschluss aller Entwicklungsschritte, Abgrenzungen und Ausdifferenzierungen insgesamt 60 Vertrauensfaktor-Kategorien vor.[92] Diese bewegen sich auf dem Abstraktionsniveau der konkreten Handlungs- bzw. Beobachtungsebene und ermöglichen eine differenzierte Beschreibung der von den interviewten Managern verwendeten Vertrauensfaktoren. Es wurde damit erreicht, im Differenzierungsniveau des Kategoriensystems in deutlicher Weise über bestehende Typologien von 'Antecedents of trust' hinauszugehen und insbesondere ein Beschreibungsinstrumentarium zur Identifikation *kultureller* Unterschiede der Gewichtung von Vertrauensfaktoren zu entwickeln.

4. *Gruppierung in Handlungsfelder*: Für die Gliederung der 60 Vertrauensfaktoren wurde ausgehend von den gebildeten Oberkategorien bzw. Clustern eine Gruppierung in 12 Handlungsfelder entwickelt. Ein Handlungsfeld beschreibt eine Interaktionsaufgabe bzw. Interaktionsherausforderung, welche sich gemäß den Darstellungen der interviewten Manager in der gemeinsamen Zusammenarbeit typischerweise stellt. Jedes Handlungsfeld fasst diejenigen Vertrauensfaktoren zusammen, welche die interviewten Manager im Kontext einer solchen Interaktionsaufgabe beschreiben. Diese Interaktionsaufgaben bzw. Handlungsfelder wurden so bestimmt, dass sie jeweils etwa vier bis fünf Vertrauensfaktoren zusammenfassen und in jedem Handlungsfeld wichtige, das heißt häufig gefundene Vertrauensfaktoren vertreten sind. Eine Übersicht der Handlungsfelder findet sich in 3.5.

Das entwickelte Kategoriensystem stellt aufgrund seines Umfangs und Differenzierungsgrads hohe Anforderungen an die Kodierer. Allerdings wurden in vergleichbaren Studien auch bereits deutlich umfangreichere Systeme verwendet.[93]

2.3.4 Vorbereitung-2: Kodierung der Falldarstellungen

Mit Abschluss der Entwicklung des Kategoriensystems konnte die erste Forschungsfrage – nach dem Spektrum der Vertrauensfaktoren – beantwortet werden (vgl. Kap. 3). Gleichzeitig war die Voraussetzung für die Kodierung der Falldarstellungen geschaffen, das heißt für die Quantifizierung der Daten und damit die Untersuchung der zweiten Forschungsfrage.

2.3.4.1 Zum Prinzip der Kodierung

In der bisherigen Auswertung war eine kategoriale Beschreibung der Interviewtranskripte entwickelt und damit das Spektrum der Vertrauensfaktoren herausgearbeitet worden. Für

---

[92] Hinzu kommen weitere Einflussfaktoren der Vertrauenseinschätzung, die im Auswertungsprozess identifiziert wurden aber nicht in das Kategoriensystem der Vertrauensfaktoren aufgenommen wurden (vgl. 3.6 Weitere Einflussfaktoren auf Vertrauen).
[93] Stahl (1998) arbeitet mit insgesamt 170 Kategorien, die er zwar in drei unterschiedliche Kategoriensysteme gliedert, aber am gleichen Datenmaterial mit den gleichen Kodierern einsetzt. Friedel (2005) arbeitet mit 111 Kategorien, die er in 12 „übergeordnete Code-Familien" gliedert.

2.3 Datenauswertung

die Beantwortung der zweiten Forschungsfrage (nach Kulturunterschieden in der Gewichtung von Vertrauensfaktoren) ging es nun darum, zu klären, mit welchen Häufigkeiten die gefundenen Kategorien insgesamt im erhobenen Datenmaterial vorkommen. Dazu mussten die vorliegenden Daten mithilfe des Kategoriensystems der Vertrauensfaktoren komplett 'kodiert' werden. Der Prozess der Kodierung ist die 'Datenkonvertierung', aufgrund derer das verwendete Forschungsdesign nach Teddlie & Tashakkori (2003) als 'datenkonvertierendes Mixed-Method-Forschungsdesign' bestimmt wurde (vgl. 2.1.3). Es handelt sich um eine sekundäre Datengewinnung, in welcher man mithilfe des entwickelten Kategoriensystems anhand der vorliegenden 'Interview-Rohdaten' erhebt, welche Kategorien mit welchen Häufigkeiten vorkommen (Früh 2007: 63). Anschließend kann man gemäß dem Forschungsdesign die Häufigkeit des Vorkommens der Kategorien in den Teilgruppen vergleichen. Das heißt, man kann in einer frequenzstatistischen Betrachtung prüfen, ob sich im Vergleich der Teilgruppen signifikante Häufigkeitsunterschiede zeigen („exploratives Signifikanztesten" nach Bortz & Döring 2006: 371f., vgl. nächster Abschnitt 2.3.5).

Die Kodierung von Texten mithilfe vorhandener Kategorien wird auch als 'quantitative' bzw. 'strukturierende Inhaltsanalyse' bezeichnet (Krippendorff 1980; vgl. auch Mayring 2007a: 82f.). Das Ziel ist es dabei letztlich, eine Art 'Messung' durchzuführen. Die verschiedenen Kategorien können als Merkmalsausprägungen einer Variablen angesehen werden (vgl. Schnell et al. 2005: 412). Durch die Zuordnung von Textstellen zu Kategorien (Kodierung) und die Auszählung dieser Zuordnungen wird dann im klassischen Sinn der Messtheorie ein empirisches Relativ auf ein numerisches Homomorph abgebildet (Bortz 1993: 43).

Allerdings ist der eigentliche Schritt der Kodierung – genau wie die Bestimmung der Analyseeinheiten – letztlich stets ein interpretativer Schritt. Früh (2007: 39) bemerkt hierzu: „Wenn die Inhaltsanalyse als quantifizierende Methode bezeichnet wird, dann [meint] das meistens nur ..., dass die Häufigkeit 'qualitativer' Merkmale an einer Vielzahl von Texten ermittelt, das heißt gezählt wird. Insofern ist sie also in der Regel zwar eine quantifizierende Methode, die aber die 'qualitative' Analyse voraussetzt." Vor der Quantifizierung steht also als 'qualitativer' Schritt die Kodierung. Zur Überprüfung der Reliabilität des entsprechenden Vorgehens wurden 'informelle' Reliabilitätstests während der Kodierung eingesetzt und nach Abschluss der Kodierung ein umfassender Interkodiererreliabilitätstest durchgeführt (vgl. 2.3.8.5).

2.3.4.2 Vorgehen zur Kodierung der Interviewtranskripte

Die Kodierung der Interviews erfolgte anhand des Kodierleitfadens (vgl. Kap. 3) sowie des ergänzenden 'Leitfadens zur Kodierung mehrdeutig verwendeter Ausdrücke' (vgl. 3.7) in folgenden drei Schritten:

1. *Überprüfung der bestehenden Kategorienzuweisungen*: Nach Abschluss der Entwicklung des Kategoriensystems waren im Prinzip bereits 56 % der Interviews kodiert (36 Interviews und 20 zusätzliche bi-kulturelle Interviews, vgl. 2.3.3). Allerdings ist eine induktive Kategorienentwicklung ein Prozess der ständigen Revision der Kategorien und ihrer Definitionen und Abgrenzungen. Daher war es nötig, für die Kodierung alle bisherigen Kategorienzuweisungen anhand des endgültigen Kategoriensystems bzw. Kodierleitfadens zu überprüfen bzw. zu re-kodieren.
2. *Kodierung der restlichen Interviews*: Die restlichen Interviews wurden gemäß Leitfaden kodiert. Während der Kodierung wurden erstens alle kritischen Zuordnungen markiert und zweitens alle nicht zuordenbaren Analyseeinheiten gesammelt.
3. *Review der unzugeordneten und schwierigen Stellen*: In regelmäßigen Diskussionen mit Forscherkollegen wurden die kritischen Zuordnungen und die unzugeordneten Analyse-

einheiten durchgesprochen. Am Schluss wurden, teilweise wieder in Diskussion mit anderen Forschern, der Reihe nach alle verbliebenen unzugeordneten Analyseeinheiten sowie alle als 'schwierig' vermerkten Zuordnungen erneut durchgegangen. Dabei wurden Zuordnungsoptionen diskutiert und entschieden, welche Analyseeinheiten definitiv unzugeordnet verbleiben (vgl. 2.3.8.4 Zur Vollständigkeit des Kategoriensystems).

2.3.5 Auswertung-2: Statistische Analyse der Kodierungshäufigkeiten

2.3.5.1 Bestimmung signifikanter Unterschiede
Nach Abschluss der Kodierungen konnte aus der QDA-Software eine Häufigkeitsmatrix exportiert werden, welche die Kodierungen aller Kategorien pro Interview auflistete. Diese Datenmatrix enthielt also für jede Vertrauensfaktor-Kategorie die Information, in wie vielen der Interviews jeder Teilgruppe mindestens einmal kodiert war. Diese Informationen waren nun die Basis, um gemäß der zweiten Forschungsfrage zu prüfen, ob es bei den Vertrauensfaktoren Kulturunterschiede der Kodierungshäufigkeiten – bzw. der Gewichtung – von Vertrauensfaktoren gibt. Dabei wurden in diesem Auswertungsschritt keine spezifischen Hypothesen über Kulturunterschiede getestet. Stattdessen wurde generell geprüft, ob es bei einem oder mehreren der kodierten Vertrauensfaktoren in einem oder mehreren der Teilgruppenvergleiche signifikante Unterschiede der Kodierungshäufigkeiten gibt (exploratives Signifikanztesten nach Bortz & Döring 2006: 371f.).
Benötigt wurde für diese explorative Datenanalyse ein Signifikanztest für Unterschiede zwischen zwei Werten zweier Vergleichsgruppen (vgl. Bortz 1993: 128ff.). Genauer gesagt waren vorliegende Häufigkeitsunterschiede im Auftreten von Merkmalen einzuschätzen, wobei von einer Gleichverteilung der Merkmalsalternativen in Form einer Chiquadrat-Verteilung ausgegangen wurde (vgl. Bortz 1993: 145). Die vorliegenden Daten gaben für jedes Interview Auskunft darüber, ob ein Vertrauensfaktor in diesem Interview kodiert worden war oder nicht. Da die Teilgruppen nicht exakt gleich groß waren, musste der Test zudem in der Lage sein, Unterschiede der Gruppengrößen zu berücksichtigen. Zum Einsatz kam daher ein Vierfelder-Chiquadrat-Test zum Vergleich der Häufigkeiten eines zweifach gestuften eindimensionalen Merkmals (Bortz 1999: 162, Kanji 2006: 15).
Für den explorativen Test auf signifikante Unterschiede der Kodierungshäufigkeiten bei einzelnen Vertrauensfaktoren im Vergleich der Teilgruppen wurde der Chiquadrat-Test für den Vergleich der Kodierungsanzahlen aller 60 Vertrauensfaktoren in jeweils fünf Vergleichspaaren gerechnet.[94] Die Voraussetzung von n > 20 für die Vergleichsgruppen (Kanji 2006: 15) war in allen Gruppenvergleichen erfüllt.[95] Im vierten Kapitel findet sich eine ausführliche Beschreibung der Vergleichstests (in 4.1) und eine vollständige Darstellung der Ergebnisse (in 4.2).

---

[94] In konfirmatorischen Forschungsdesigns ergibt sich beim Einsatz multipler Tests in derselben Grundgesamtheit das Problem einer Kumulierung der Alphafehler – wenn die gleiche Hypothese über mehrere Signifikanztests geprüft wird oder die Einzeltests mit einem logischen 'oder' verknüpft sind (Jain 2007, Rice 1989). Das heißt, es erhöht sich die Gefahr, eine Hypothese fälschlicherweise als bestätigt anzusehen. Dem begegnet man häufig mit einer Korrektur, welche Alpha nach unten korrigiert (wie beispielsweise die Bonferroni- oder die Bonferroni-Holms-Methode). In explorativen Designs, welche ein deskriptives Forschungsinteresse verfolgen und keine spezifische Hypothese testen, ist diese Korrektur nicht angebracht. Denn sie dienen nicht zur Entscheidung über die Gültigkeit von Hypothesen, sondern zur qualifizierten Entwicklung von Hypothesen (Bender & Lange 2001). Hier ist bewusst einer Vermeidung des Beta-Fehlers der Vorzug zu geben, da man vermeiden möchte, 'mögliche' Unterschiede zu übersehen.
[95] Gruppengröße für den Gesamtkulturvergleich war jeweils n = 50. Gruppengröße für die übrigen Vergleiche waren n = 24 für die mono-kulturellen Gruppen und n = 26 für die bi-kulturellen Gruppen.

2.3 Datenauswertung

2.3.5.2 Auswertungsschema für die Ergebnisse

Um die relevanten Aspekte systematisch in den Blick zu bekommen, wurde nach folgendem Auswertungsschema vorgegangen.

1. *Kulturvergleich der Gewichtung:* Zunächst wurde geprüft, ob sich Kulturunterschiede der Gewichtung von Vertrauensfaktoren im deutsch-französischen Kulturvergleich finden. Dazu wurden die Kodierungshäufigkeiten der Vertrauensfaktoren in der mono-kulturellen deutschen Gruppe mit ihren Kodierungshäufigkeiten in der mono-kulturellen französischen Gruppe verglichen (DD vs. FF).
2. *Prüfung auf interkulturelle Bedeutsamkeit der Vertrauensfaktoren:* Anschließend wurde für beide Kulturen geprüft, ob sich die Gewichtung der Vertrauensfaktoren zwischen der mono-kulturellen und der bi-kulturellen Gruppe unterscheidet: Wird ein Vertrauensfaktor in der Beschreibung von Situationen der interkulturellen Zusammenarbeit häufiger genannt als in der Beschreibung von Situationen intra-kultureller Zusammenarbeit (DD vs. DF, FF vs. FD)?
3. *Test auf Kulturunterschiede der interkulturellen Bedeutsamkeit:* Zudem wurde getestet, ob es Häufigkeitsunterschiede der Kodierung der Vertrauensfaktoren zwischen den beiden bi-kulturellen Gruppen gibt – also Kulturunterschiede der interkulturelle Bedeutsamkeit der Vertrauensfaktoren (Vergleich zwischen den beiden bi-kulturellen Gruppen: DF vs. FD).
4. *Einbezug der Vertrauensrichtung:* Danach wurden die Ergebnisse in ihrer Aufschlüsselung nach den drei Vertrauensperspektiven betrachtet. Hier ging es darum, insbesondere für die bi-kulturellen Gruppen zu prüfen, ob sich Einflüsse kultureller Unterschiede auf Vertrauen in bestimmten Verteilungsmustern der Vertrauensperspektive zeigen. Die drei Interviewleitfragen fungierten im Sinne einer 'verschränkten Befragung': So konnte beispielsweise untersucht werden, ob das, was die französischen Manager tun, um ihren deutschen Kollegen die eigene Vertrauenswürdigkeit zu signalisieren, auch tatsächlich von den deutschen Kollegen häufig als Vertrauensgrund genannt wird.

Die Ergebnisse der beschriebenen Vergleichstests lieferten eine umfangreiche Datenbasis um Schlussfolgerungen auf vertrauensrelevante Kulturunterschiede zu ziehen. Die Auswertungsergebnisse werden im Detail im vierten Kapitel berichtet.

2.3.6 Vorbereitung-3: Kodierung der Kommentarstellen

Bisher wurden die beiden Auswertungsschritte zur Beantwortung der ersten und der zweiten Forschungsfrage beschrieben – jeweils zusammen mit einem notwendigen vorbereitenden Schritt:
- Nach der Vorbereitung der Daten (2.3.2) lieferte die induktive Bestimmung der Vertrauensfaktoren (2.3.3) die Grundlage für die Beantwortung der ersten Forschungsfrage (nach dem Spektrum der Vertrauensfaktoren im Management).
- Nach der Kodierung aller Interviews (2.3.4) lieferte die häufigkeitsstatistische Auswertung (2.3.5) die Grundlage für die Beantwortung der zweiten Forschungsfrage (nach kulturellen Unterschieden in der Gewichtung von Vertrauensfaktoren).

Wie im Theoriekapitel dargelegt wurde, lässt sich allerdings auf dieser Basis die übergeordnete Forschungsleitfrage noch nicht angemessen beantworten (vgl. 1.3 Modell des Einflusses kultureller Differenz auf die Vertrauensentwicklung). Deshalb war die dritte Forschungsfrage formuliert worden: Gibt es Kulturunterschiede in der Diagnose von Vertrauensfaktoren bzw. wird in unterschiedlichen Kulturen auf unterschiedliche Weise von beobachtetem Verhalten auf Vertrauensfaktoren geschlossen? Ein Verhalten, das in einer Kultur eindeutig gemäß einem Vertrauensfaktor interpretiert wird, gibt in einer anderen Kultur möglicherweise kaum oder viel seltener Anlass, es im Hinblick auf diesen Vertrauensfaktor zu deuten. Zur Beantwortung der dritten Forschungsfrage wurde eine zweite qualitative Inhaltsanalyse der Interviews durchgeführt. Deren Grundlage war die Kodierung von 'Kommentarstellen' (2.3.6.1) und 'interkulturellen Vertrauensmaßnahmen' (2.3.6.2) sowie die Erstellung eines Reviews der Literatur zum deutsch-französischen Management (vgl. 2.1.4.1 und 2.3.7.2).

2.3.6.1 Kodierung von Unterschieds- und Verhaltenskommentaren

Die Erhebung realer Erlebnisse in teilstrukturierten Interviews mit Managern führt zu einer Kombination aus Erlebnisdarstellungen und Kommentaren dieser Erlebnisse – in Bezug auf Erwartungshaltungen, Gewohnheiten, Bewertungen etc. (vgl. die Ausführungen dazu in 2.1.8.3). Auch in der dieser Arbeit zugrunde liegenden Studie beschränkten sich die interviewten Manager nicht darauf, im Sinne von Verlausorientierung und Critical Incident Technique die vertrauensrelevanten Entwicklungsschritte ihrer beruflichen Beziehungen im Detail chronologisch nachzuzeichnen. Stattdessen ergänzten sie darüber hinaus ihre Berichte stets ausführlich durch Kommentare und Bewertungen. Im Prozess der Interviewstrukturierung wurden diese Kommentarstellen systematisch gesammelt (vgl. 2.3.2.2). Dabei wurden in den 100 Interviewtranskripten über 500 Kommentarstellen kodiert.[96] Aufgrund des Teilgruppendesigns führte diese Kodierung der Kommentarstellen dazu, dass für die Bestimmung vertrauensrelevanter Unterschiedsbereiche folgende zwei Arten von Kommentarstellen zur Verfügung standen:

Als **Unterschiedskommentare** bezeichne ich die Kommentare der Interviewten aus den bi-kulturellen Gruppen zu Aspekten, hinsichtlich derer sich ihrer Erfahrung oder Ansicht nach die Verhaltensgewohnheiten (und teilweise auch Einschätzungen oder Bewertungen) deutscher und französischer Manager unterscheiden. Diese Unterschiedskommentare lieferten für die Beantwortung der dritten Forschungsfrage aus drei Gründen eine wertvolle Datengrundlage:

– *Position und Erfahrung der interviewten Manager*: In der bi-kulturellen Gruppe arbeiteten fast die Hälfte der interviewten Manager auf Leitungsebene und verfügten über langjährige Erfahrung im deutsch-französischen Management (durchschnittlich 14,2 Jahre). Sie konnten damit auf einen recht umfangreichen Erfahrungsschatz zurückgreifen, was sich in der Reichhaltigkeit und Detailfülle ihrer Beobachtungen widerspiegelt.

– *Authentizität und Detailfülle*: Die interviewten Manager belegen ihre Unterschiedskommentare oft wiederum durch kurze aber detailliert geschilderte Erfahrungsbeispiele. Damit sind die Unterschiedskommentare nicht nur vielfach sehr handlungsnah und detailreich, sondern sie lassen auch deutlich erkennen, dass sie auf authentischen Erfahrungen im deutsch-französischen Management beruhen.

– *Vertrauensfokus*: Die interviewten Manager fokussierten in ihren Unterschiedskommentaren vielfach auf die Entwicklung von Vertrauen. Einige der geschilderten Beobachtungen werden auch in anderen Beiträgen der deutsch-französischen Managementforschung beschrieben. Allerdings beschreiben die interviewten Manager diese Kulturunterschiede speziell im Hinblick auf die Entwicklung von Vertrauen. Dabei ergänzen sie Aspekte, die ihnen für die Frage der Vertrauensentwicklung zwischen Kollegen und Geschäftspartnern bedeutungsvoll erscheinen und die in der allgemeinen deutsch-französischen Managementforschung bislang nicht im Blick sind.

---

[96] Der Export dieser Textstellen aus der QDA-Software in Microsoft Word ergab in Standardformatierung einen Umfang von über 300 Seiten.

2.3 Datenauswertung

Als **Verhaltenskommentare** bezeichne ich Kommentare aus allen Teilgruppen (aber insbesondere den mono-kulturellen) zu eigenen Verhaltensgewohnheiten und teilweise auch Einschätzungs- oder Bewertungsmustern. Sie erwiesen sich für die Herausarbeitung der vertrauensrelevanten Kulturunterschiede als sehr aufschlussreich. Denn wenn man von den 'Unterschiedskommentaren' aus den bi-kulturellen Interviews ausgeht, bilden die 'Verhaltenskommentare' eine wertvolle Interpretationshilfe. Wenn die interkulturell erfahrenen *deutschen* Manager Kulturunterschiede beschreiben, konzentrieren sie sich nämlich oft darauf, das *französische* Vorgehen zu erläutern und skizzieren das deutsche Vorgehen höchstens kurz für den benötigten Kontrast. Hier ist es für die Interpretation sehr hilfreich, wenn man auf Darstellungen aus den mono-kulturellen Interviews zurückgreifen kann, in welchen andere deutsche Manager das gleiche Vorgehen relativ ausführlich beschreiben oder kommentieren. Gleiches gilt umgekehrt für die französische Perspektive.[97]

2.3.6.2 Bestimmung interkultureller Vertrauensmaßnahmen

Eine zweite Art von Daten aus den Interviews, die zur Bestimmung der vertrauensrelevanten Unterschiedsbereiche herangezogen wurde, waren die interkulturellen Vertrauensmaßnahmen. Dabei handelt es sich um Antworten auf die dritte Interviewleitfrage, in welchen die interviewten Manager speziell auf interkulturelle Aspekte der Zusammenarbeit Bezug nehmen. Dies bedeutet, dass sie laut eigener Aussage ihr Verhalten gemäß den ihrer Ansicht nach vertrauensrelevanten Kulturunterschieden anpassen.

Die dritte Interviewleitfrage zielte auf Angaben darüber, was die interviewten Manager tun, um einem neuen Kollegen oder Geschäftspartner zu signalisieren, dass sie ein vertrauenswürdiger Partner sind. Ich nenne dies 'vertrauensbildende Maßnahmen' oder kurz 'Vertrauensmaßnahmen'. In den bi-kulturellen Interviews lässt sich diese Frage nun folgendermaßen präzisieren: Was tut der interviewte Manager, um einem neuen Kollegen *aus dem anderen Land* zu signalisieren, er sei ein vertrauenswürdiger Partner? Die Antworten auf diese Frage kann man in zwei Gruppen unterteilen: In vielen Fällen antworten die Interviewten in den bi-kulturellen Gruppen auf die dritte Leitfrage ähnlich wie die Interviewten in den mono-kulturellen Gruppen. Oft sagen sie beispielsweise, sie würden schlicht und einfach darauf achten, sich so zu verhalten, wie sie es selbst von einem vertrauenswürdigen Partner erwarten. Einige der Interviewten erklären auch explizit, sie würden sich immer gleich verhalten, um Vertrauen aufzubauen – unabhängig davon, ob der Kollege oder Geschäftspartner aus der eigenen Kultur kommt oder aus einer fremden.

Allerdings erklären eine ganze Reihe der interviewten Manager auch, dass sie, wenn sie mit einem Kollegen oder Geschäftspartner aus der anderen Kultur eine Vertrauensbeziehung aufbauen wollen, selbstverständlich ihr Verhalten anpassen. Es gebe bestimmte Dinge, auf die müsse man 'im Umgang mit Franzosen' (bzw. 'avec les Allemands') unbedingt achten, sonst sei es zweifellos sehr viel schwieriger, Vertrauen aufzubauen. Ebenso gebe es auch Aspekte, auf die könne man quasi optional achten, was den Vertrauensaufbau erleichtern würde. Diese interkulturellen Vertrauensmaßnahmen waren für die Bestimmung vertrauensrelevanter Unterschiedsbereiche sehr aufschlussreich und bildeten eine wertvolle Ergänzung der Kommentarstellen. Denn hier sind die interkulturell erfahrenen Manager nicht nur aus ihrer Erfahrung nach der Ansicht, dass ein bestimmter kultureller Unterschied einen Einfluss

---

[97] Prinzipiell hätte sich hier auch dadurch ein Erkenntnisspielraum ergeben können, dass man die Kommentare, Erwartungen und Wertungen aus den mono-kulturellen deutschen Interviews mit denjenigen aus den mono-kulturellen französischen Interviews kontrastiert. Allerdings wäre eine direkte Kontrastierung nur eingeschränkt möglich gewesen, denn die deutschen und die französischen Manager kommentieren natürlich nicht systematisch die gleichen Aspekte der Zusammenarbeit.

auf die Vertrauensentwicklung hat. Darüber hinaus geben sie an, sich in ihrem Verhalten an dieser Ansicht zu orientieren. Sie passen ihr Verhalten bewusst an die Tatsache an, dass sie mit einem Kollegen aus der anderen Kultur zu tun haben, denn sie glauben, dass dies die Vertrauensentwicklung beeinflusst. – Als weitere Datenbasis für die Bestimmung vertrauensrelevanter Unterschiedsbereiche wurden daher aus allen in den bi-kulturellen Interviews kodierten Antworten auf die dritte Leitfrage diese interkulturellen Vertrauensmaßnahmen herausgefiltert.

2.3.7 Auswertung-3: Induktive Bestimmung vertrauensrelevanter Unterschiedsbereiche

2.3.7.1 Ablaufmodell

Die qualitative Inhaltsanalyse zur Bestimmung vertrauensrelevanter Unterschiedsbereiche folgte grundsätzlich dem gleichen methodischen Schema wie der erste Auswertungsschritt, nämlich der qualitativen Inhaltsanalyse mit ihrem systematischen Ablaufschema der induktiven Kategorienbildung (Mayring 2000, 2007a, vgl. 2.3.3.1). Da dieses Schema anhand des ersten Auswertungsschritts ausführlich beschrieben wurde (vgl. 2.3.3), beschränke ich mich an dieser Stelle auf die Wiedergabe des Ablaufschemas (Abb. 2.8 auf der nächsten Seite) und die kurze Beschreibung der wesentlichen Vorgehensschritte (vgl. auch 2.3.8.6 zu Güteeinschätzung).

2.3.7.2 Kategorienbildung: Bestimmung vertrauensrelevanter Unterschiedsbereiche

Kern der Auswertung war die Entwicklung von Kategorien vertrauensrelevanter Kulturunterschiede, welche das Ablaufmodell-3 in Abb. 2.8. in den beiden Punkten 'Kategorienbildung' und 'Kategorienüberarbeitung' abbildet. Dazu wurden in einem ersten Schritt die kodierten Kommentarstellen und interkulturellen Vertrauensmaßnahmen systematisch gesichtet und nach inhaltlich-struktureller Ähnlichkeit zusammengefasst. Kriterium für die Zusammenfassung war, dass sich die Textstellen auf jeweils ähnliche Verhaltensweisen oder Handlungsherausforderungen bezogen (beispielsweise 'Einhalten von Regeln', 'Umgang mit Hierarchie', 'Äußern von Kritik'). Auf diese Weise entstand eine Liste von Kulturunterschieds-Kategorien.

Die Aussagekraft dieser Kulturunterschieds-Kategorien speiste sich aus zwei Quellen. Erstens war dies der **Erfahrungshintergrund** der interviewten Manager in Kombination mit der Anzahl der Interviews. Die interviewten Manager in der bi-kulturellen Gruppe waren etwa zur Hälfte auf Konzernebene leitend tätig und verantworteten teilweise umfangreiche Unternehmensbereiche. Zudem waren sie zum Zeitpunkt des durchschnittlich bereits 14,2 Jahre im deutsch-französischen Kontext tätig (vgl. Abb. 2.4. in 2.2.3.4). Da für die Kategorienbildung zudem Kommentarstellen aus der gesamten Stichprobe, das heißt aus 100 Interviews, herangezogen werden konnten (vgl. 2.3.6.1), konnten empirisch gut fundierte Kategorien entwickelt werden. Denn ein Aspekt, der in einem einzelnen Kommentar in einem Interview beschrieben wird, thematisiert zwar vielleicht ein detailliert beschriebenes und für den Einzelnen prägendes Erlebnis, ist aber dennoch in seiner überindividuellen Aussagekraft beschränkt. Wenn jedoch der gleiche Aspekt in einer größeren Zahl von Kommentaren unterschiedlicher Interviewpartner thematisiert wird, liegt es nahe, dass es sich um einen für die (interkulturelle) Vertrauensentwicklung potenziell relevanten Aspekt handelt.

2.3 Datenauswertung

Abb. 2.8: Ablaufmodell-3: Bestimmung vertrauensrelevanter Unterschiedsbereiche

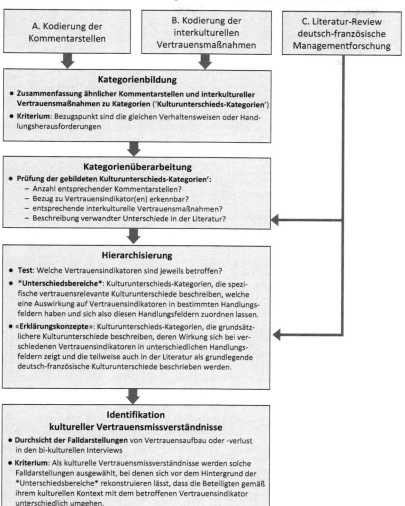

Zweitens wurde als Korrektiv geprüft, inwiefern der jeweilige Aspekt auch in gleicher oder ähnlicher Weise in der bisherigen Forschung als Kulturunterschied beschriebenen wird. Dazu wurde ein **Literaturreview** der einschlägigen Forschungsergebnisse der deutsch-französischen Managementforschung erstellt, in welchem Dimensionen und Teildimensionen deutsch-französischer kultureller Differenz herausgearbeitet wurden (vgl. 2.1.4.1). Es zeigte sich, dass einige der gebildeten Kulturunterschieds-Kategorien Ähnlichkeiten mit allgemeinen Beschreibungskonstrukten kultureller Differenz aus der deutsch-französischen Managementforschung und aus der allgemeinen interkulturellen Forschung aufwiesen. In einem Abgleich der entwickelten Kulturunterschieds-Kategorien mit dem Literaturreview wurden – sofern möglich – die Kategorien mit etablierten Begrifflichkeiten benannt. Beispielsweise wurde eine Kategorie nach der Dimension 'Sach- vs. Beziehungsorientierung' benannt, die in der allgemeinen interkulturellen Forschung und auch in der deutsch-französischen Managementforschung in einer Reihe von Studien gefunden bzw. beschrieben wurde (vgl. 5.6.1).

Im Prozess der Überarbeitung und Diskussion der Kulturunterschieds-Kategorien wurden einige der gebildeten Kategorien zusammengezogen sowie andere aufgespalten. In die endgültige Liste wurden diejenigen Kulturunterschieds-Kategorien aufgenommen, die einen erkennbaren Bezug zu einem oder mehreren der Vertrauensfaktoren hatten und zu denen eine größere Anzahl von Kommentarstellen oder interkulturellen Vertrauensmaßnahmen gefunden worden war. Zusätzlich wurden diejenigen Kategorien aufgenommen, zu denen zwar wenige Kommentarstellen bzw. interkulturellen Vertrauensmaßnahmen gefunden worden waren, die aber in der Literatur in mehreren Studien als deutsch-französischer Kulturunterschied beschrieben werden.

2.3.7.3 Differenzierung: Unterschiedsbereiche und Erklärungskonzepte

In der Systematisierung stellte sich heraus, dass sich einige der entstandenen Kulturunterschieds-Kategorien recht deutlich einzelnen Vertrauensfaktoren zuordnen ließen. Andere Kategorien betrafen jedoch unterschiedliche Vertrauensfaktoren eines Handlungsfelds oder auch mehrere Handlungsfelder gleichzeitig. Nur sehr wenige der gebildeten Kulturunterschieds-Kategorien wiesen gar keine direkten Bezüge zum System der Vertrauensfaktoren auf.

Die meisten Kategorien wiesen Bezüge zu mehreren Vertrauensfaktoren eines Handlungsfelds auf, und in einigen Fällen hatten Kategorien auch deutliche Bezüge zu Vertrauensfaktoren aus unterschiedlichen Handlungsfeldern. Es zeigte sich, dass es sich hierbei um grundsätzlichere Aspekte kultureller Differenz handelte, die ihrerseits Auswirkungen auf andere spezifischere Kulturunterschiede hatten. Beispielsweise hatte die Kategorie «*Direktheit des Kommunikationsstils*» eine Auswirkung auf die Kategorien *Kommunikation beim Treffen von Absprachen*, *Konfliktmanagement* und *Äußern von Kritik und Widerspruch* (vgl. die Übersicht in Tab. 5.3 in 5.1.2). Zudem ließen sich bei einige dieser Aspekte kultureller Differenz Parallelen zu Forschungsergebnissen weiterer Studien zur deutsch-französischen Managementdifferenzen feststellen (vgl. ausführlicher die Darstellung in Kap. 5). Aus diesem Grund wurde folgende Differenzierung eingeführt:

– Einige der gefundenen Kulturunterschieds-Kategorien beschreiben spezifische vertrauensrelevante Kulturunterschiede, welche eine Auswirkung auf Vertrauensfaktoren in bestimmten Handlungsfeldern haben und sich also diesen Handlungsfeldern zuordnen lassen. Sie werden als **Unterschiedsbereiche** bezeichnet und in der Arbeit im Folgenden durch vor und nachgestellte Sternchen gekennzeichnet.

– Andere der gefundenen Kulturunterschieds-Kategorien beschreiben grundsätzlichere vertrauensrelevante Kulturunterschiede, deren Wirkung sich bei verschiedenen Vertrauensfaktoren in unterschiedlichen Handlungsfeldern zeigt, und die teilweise auch in der Literatur als grundlegende deutsch-französische Kulturunterschiede beschrieben werden. Diese werden als «*Erklärungskonzepte*» bezeichnet und in der Arbeit im Folgenden durch Kursivschreibung und doppelte spitze Klammern gekennzeichnet.

2.3 Datenauswertung

2.3.7.4 Identifikation kultureller Vertrauensmissverständnisse

Die Bestimmung der vertrauensrelevanten Unterschiedsbereiche ermöglichte einen letzten und im Sinne der allgemeinen Forschungsleitfrage zentralen Auswertungsschritt: die Identifikation von Darstellungen kultureller Vertrauensmissverständnisse in den Berichten der interviewten Manager.

Theoretische Grundlagen: Die theoretischen Grundlagen des Konzepts des Vertrauensmissverständnisses – und insbesondere des *kulturellen* Vertrauensmissverständnisses – habe ich in 1.5 entwickelt. An dieser Stelle möchte ich kurz das Wichtigste zusammenfassen. Als Vertrauensmissverständnis bezeichne ich Interaktionssituationen, in welchen einer der Beteiligten Gründe für die Ausbildung einer bestimmten Vertrauensüberzeugung sieht, die aus der Sicht des anderen (bzw. aus einer übergeordneten Betrachtungsperspektive) nicht als Gründe gelten können. Als kulturelles Vertrauensmissverständnis bezeichne ich ein Vertrauensmissverständnis, das aufgrund kultureller Unterschiede entsteht. In der interkulturellen Zusammenarbeit können unterschiedliche Gewohnheiten, Einstellungen oder Werte der beteiligten Kollegen oder Geschäftspartner die wechselseitige Einschätzung von Vertrauenswürdigkeit beeinflussen. Dies kann einerseits dazu führen, dass man (aus der Sicht seiner eigenen Kultur heraus) zu der Einschätzung gelangt, gute Gründe dafür zu haben, einen Kollegen für nicht vertrauenswürdig zu halten – obwohl man aus der Sicht der anderen Kultur keine guten Gründe dafür hat ('negatives Vertrauensmissverständnis'). Kulturelle Unterschiede können jedoch auch dazu führen, dass man (aus der Sicht seiner eigenen Kultur heraus) zu der Einschätzung gelangt, man habe gute Gründe, einem Geschäftspartner zu vertrauen, obwohl dem aus Sicht der anderen Kultur nicht so ist ('positives Vertrauensmissverständnis'). Erläutern lässt sich dies am Beispiel der gebrochenen Zusage. Deutsche und französische Manager achten für die Einschätzung, wann man eine Zusage gegeben hat und wann man die Zusage *(noch) nicht* gegeben hat, auf unterschiedliche Aspekte. Diese Einschätzungsunterschiede lassen sich mit Verweis auf den im Kulturvergleich unterschiedlichen Kommunikationsstil beschreiben. Er führt dazu, dass gleiches kommunikatives Verhalten im Zusammenhang mit Zusagen von deutschen und französischen Managern teilweise unterschiedlich interpretiert wird. Daher ist es möglich, dass bei Herrn Meyer der Eindruck entsteht, sein französischer Kollege Monsieur Béart habe seine Zusage nicht eingehalten, während es aus Sicht von Monsieur Béart gar keine Zusage gegeben hat. Doch leider interpretiert Herr Meyer seine Beobachtung als Hinweis darauf, dass er dem Kollegen Béart vielleicht besser nicht vertrauen sollte. Dies kann ihn in seinem weiteren Verhalten gegenüber M. Béart beeinflussen und eine negative Spirale des abnehmenden Vertrauens in Gang setzen. Eine Vielzahl ausführlich kommentierter Beispiele für kulturelle Vertrauensmissverständnisse findet sich in Kap. 5.

Identifikation der Missverständnisse: Zur Identifikation von kulturellen Vertrauensmissverständnissen in den Berichten der interviewten Manager wurden die gesammelten bikulturellen Falldarstellungen (von Erlebnissen der Vertrauensentwicklung und des Vertrauensverlusts) durchgesehen. Dabei wurde jeweils geprüft, ob sich die berichtete Einschätzung des interviewten Managers vor dem Hintergrund der vertrauensrelevanten deutsch-französischen Unterschiedsbereiche – oder auch der deutsch-französischen Gewichtungsunterschiede für Vertrauensfaktoren – als kulturelles Missverständnis rekonstruieren lässt. Für die erste Auswahl derjenigen Episoden, die potenziell als kulturelle Vertrauensmissverständnis rekonstruierbar sind, gab es jedoch darüber hinaus einen weiteren Anhaltspunkt: Die interviewten Manager verfügten größtenteils über eine sehr umfassende Managementerfahrung im deutsch-französischen Kontext. Auf die Frage nach Situationen, in welchen sie ihr Vertrauen in einen Kollegen oder Geschäftspartner aus dem anderen Land einmal in Frage stellen mussten, berichteten sie Erlebnisse und kommentierten diese gleichzeitig im Hinblick auf ihrer Erfahrung nach einschlägige Kulturunterschiede. Vielfach handelte es sich um zeitlich länger zurückliegende aber sehr prägende Erlebnisse, die sie nun im Interview selbst als Missverständnisse rekonstruierten. Damals – in der berichteten Situation – hatten sie tatsächlich ihr Vertrauen in den jeweiligen Kollegen bzw. Partner in Frage gestellt oder verloren. Vor dem Hintergrund ihrer deutsch-französischen Managementerfahrung zum Zeitpunkt des Interviews rekonstruierten sie jedoch selbst das damalige Erlebnis als ein kulturelles Vertrauensmissverständnis. In ihrer weiteren beruflichen Zusammenarbeit mit Kollegen aus dem anderen Land hätten sie gelernt, welche kulturelle Unterschiede in der Zusammenarbeit eine Rolle spielen und könnten sich daher rückwirkend erklären, wie ihre damalige Einschätzung zustande gekommen ist.

Für die Frage, ob die betreffende Darstellung als kulturelles Vertrauensmissverständnis gewertet wurde, gaben diese Selbsteinschätzungen wichtige Hinweise, waren jedoch nicht ausschlaggebend. Stattdessen wurde vor allem auf die Systematik deutsch-französischer vertrauensrelevanter Unterschiede zurückgegriffen, welche auf Basis der Kommentarstellen, der berichteten interkulturellen Vertrauensmaßnahmen und des Literaturreviews entwickelt worden war (2.3.7.2). Mit deren Hilfe wurden auch eine Reihe von Darstellungen identifiziert, die zwar nicht vom Interviewten selbst als kulturelles Vertrauensmissverständnis rekonstruiert worden waren, die sich aber vor dem Hintergrund der entwickelten Systematik vertrauensrelevanter deutsch-französischer Unterschiedsbereiche als kulturelle Vertrauensmissverständnisse interpretieren ließen.

Methodischer Orientierungspunkt: Einen methodischen Orientierungspunkt für die beschriebene Bestimmung kultureller Vertrauensmissverständnisse bildete die in der kulturvergleichenden Forschung häufig eingesetzte Erhebung interkultureller Critical Incidents in Kombination mit dem Einholen von Expertenurteilen zur Interpretation der Critical Incidents.[98] Dabei werden zunächst Berichte über Erlebnisse mit Angehörigen einer fremden Kultur gesammelt, welche als kritisch, unerwartet, befremdlich etc. empfunden wurden (vgl. 2.1.8.2 zur Critical Incident Technique).[99] Ziel des Vorgehens ist die Herausarbeitung spezifischer Dimensionen kultureller Unterschiedlichkeit für das jeweils betrachtete Kulturenpaar, welche man im deutschen „Kulturstandards" nennen kann (Thomas 2005a, Fink & Meierewert 2001). Den methodischen Kern der Auswertung bildet die qualitative Inhaltsanalyse. Allerdings werden systematisch weitere Datenquellen herangezogen. Zum einen wird auf einschlägige Forschungsliteratur zu kultureller Differenz zurückgegriffen. Zum anderen erfolgt teilweise eine weitere empirische Rückkopplung, indem Urteile 'kultureller Experten' eingeholt werden (vgl. Stahl et al. 1999: 225ff.). Diese können aus der untersuchten Personengruppe stammen (beispielsweise in der Kultur aufgewachsene oder erfahrene Manager). Alternativ werden Personen befragt, „die sich wissenschaftlich mit interkulturellen Prozessen zwischen beiden Kulturen befasst haben" (Thomas 1999: 116). Erhoben wird die Einschätzung der Experten in Bezug auf die Critical Incidents (typisch / untypisch), die entwickelten Unterschiedsdimensionen (relevant / weniger irrelevant) oder schließlich die Interpretation der Critical Incidents anhand dieser Unterschiedsdimensionen (zutreffend / nicht

---

[98] Derartige Auswertungen zielen häufig auf die Entwicklung von Materialen für interkulturelle Trainingsmaßnahmen, sogenannte 'Intercultural Sensitizers' bzw. 'Culture Assimilators' (vgl. Albert 1983, 1995, Brislin 1995, Cushner & Landis 1996, Fiedler et al. 1971, Thomas 1999, Triandis 1995).
[99] Erlebnisse, „in denen das Verhalten des Interaktionspartners nach Meinung des Befragten nicht seinen (eigenkulturellen) Erwartungen oder Vorstellungen entsprach und das er sich aus seinen bisherigen Erfahrungen nicht erklären kann" (Thomas 1999: 115).

zutreffend).[100] – Die identifizierten kulturellen Vertrauensmissverständnisse lassen sich als kulturelle Critical Incidents begreifen, und die zu ihrer Interpretation herangezogene Systematik der Unterschiedsbereiche beruht unter anderem auf der Auswertung der Kommentarstellen, welche sich in Analogie zu dem beschriebenen Einholen von 'Expertenurteilen' setzen lässt.

Als Forschungsergebnis bilden die kulturellen Vertrauensmissverständnisse ein Bindeglied zwischen den drei Auswertungsergebnissen der Studie: den Vertrauensfaktoren, den Gewichtungsunterschieden und den Unterschiedsbereichen. Zum einen illustrieren sie, inwiefern durch die mit den Unterschiedsbereichen beschriebenen Kulturunterschiede grundsätzlich in Bezug auf bestimmte Vertrauensfaktoren Vertrauensmissverständnisse entstehen können. Damit bilden sie *Typen* kultureller Vertrauensmissverständnisse (vgl. 2.3.9.3). Zum anderen werden teilweise Zusammenhänge mit den bei den jeweils betroffenen Vertrauensfaktoren gefundenen deutsch-französischen Gewichtungsunterschieden deutlich.

2.3.8 Einschätzung der Qualität der Datenauswertung

In diesem Abschnitt werde ich die Darstellung des methodischen Vorgehens abschließen und wie für die Datenerhebung (2.2.4) auch für die Datenauswertung wissenschaftliche Gütekriterien heranziehen und eine Qualitätseinschätzung vornehmen. Dabei konzentriere ich mich auf die qualitativen Analyseschritte (erste und dritte Forschungsfrage). Denn mit der qualitativen Inhaltsanalyse als einer Auswertungstechnik für 'unstrukturiertes' Datenmaterial verbindet sich die Notwendigkeit, die Vorgehenssystematik gemäß der Fragestellung und der Art der vorliegenden Daten auszudifferenzieren. Die Güteeinschätzung kann sich hier nicht vollständig an standardisierten Analyseverfahren orientieren, sondern muss den Prozess der Kategorienbildung und das entwickelte Kategoriensystem prüfen. Dies gilt insbesondere für das Kategoriensystem der Vertrauensfaktoren und die anschließende Kodierung der Interviews, denn beides zusammen bildete die Grundlage für die frequenzstatistische Analyse der Daten im zweiten Auswertungsschritt. (Zu Auswahl und Angemessenheit der Testverfahren für die statistische Analyse der Kodierungshäufigkeiten vgl. 2.3.5.1). Zunächst erläutere ich das Verhältnis der beiden eingesetzten Interkodierer-Reliabilitätstests (2.3.8.1). Die darauf folgenden Abschnitte betrachten dann die relevanten Vorgehensschritte und Ergebnisse des ersten Auswertungsschritts: die Bestimmung der Analyseeinheiten (2.3.8.2), die *Entwicklung* des Kategoriensystems (2.3.8.3), den *Aufbau* des Kategoriensystems (2.3.8.4) sowie die *Anwendung* des Kategoriensystems zur Kodierung der Interviews (2.3.8.5). Abschließend diskutiere ich das Vorgehen des zweiten qualitativen Auswertungsschritts: die Bestimmung der vertrauensrelevanten Unterschiedsbereiche (2.3.8.6).

2.3.8.1 Vorbemerkung zu Interkodierer-Reliabilitätstests

In der dieser Arbeit zugrunde liegende Studie kamen zwei unterschiedliche Interkodierer-Reliabilitätstests zum Einsatz: der Einheitenidentifikationstest und der Kodierungstest. Diese Tests dienten der Prüfung der wissenschaftlichen Qualität zweier grundlegender Auswertungsschritte der Inhaltsanalyse: Der Einheitenidentifikationstest überprüfte die Bestimmung von Analyseeinheiten innerhalb des Datenmaterials (2.3.8.2). Der Kodierungstest überprüfte die Zuordnung von Analyseeinheiten zu Kategorien (2.3.8.5).

---

[100] Teilweise wird zudem versucht, die entwickelten Unterschiedsdimensionen kulturhistorisch zu verankern (Demorgon 1996, Pateau 1998, Thomas 1999).

Mit den Tests wurde für die beiden Auswertungsschritte geprüft, ob das eingesetzte Vorgehen in hinreichendem Maße intersubjektiv reproduzierbar ist und damit als objektiv gelten kann. Dazu wurden beide Tests während des jeweiligen Auswertungsschritts in zwei Varianten mit unterschiedlichem Ziel eingesetzt. Einmal wurde bereits während des Auswertungsschritts informell bzw. probeweise getestet. Damit wurde geprüft, ob die Objektivität des Vorgehens möglicherweise unzureichend ist, um in diesem Fall bereits zu einem frühen Zeitpunkt der Auswertung das Vorgehen entsprechend revidieren zu können. Der eigentliche Test wurde jeweils formell am Ende des Auswertungsschritts eingesetzt, um einen Ausweis für die wissenschaftliche Güte des Vorgehens zu liefern. Ein scheiternder Test am Ende der Auswertung hätte zur Revision des Vorgehens und zur Wiederholung der Auswertung gezwungen.

2.3.8.2 Einheitenidentifikationstest

Der Einheitenidentifikationstest (unitizing reliability test) überprüft die Übereinstimmung von zwei unabhängigen Auswertern in Bezug auf die Identifikation von Analyseeinheiten innerhalb des Datenmaterials (Dailey 2006: 443, Srnka & Köszegi 2007: 36). Eine hinreichend hohe Übereinstimmung lässt darauf schließen, dass das Vorgehen zur Identifikation von Analyseeinheiten intersubjektiv reproduzierbar ist und damit als objektiv gelten kann. Während des Verlaufs der Einheitenidentifikation wurden wiederholt 'informelle Einheitenidentifikationsprüfungen' durchgeführt (vgl. Mayring 2005: 12 „formative Reliabilitätsprüfungen"; vgl. auch Lombard et al. 2005, Srnka & Köszegi 2007: 35f.). Dazu wurden zunächst relativ großzügig Textstellen als Analyseeinheiten identifiziert und dabei alle kritischen Stellen markiert und gesammelt. Für diese wurde in der Diskussion mit Forscherkollegen entschieden, ob sie als Analyseeinheiten betrachtet werden sollen oder nicht. Der abschließende Einheitenidentifikationstest wurde dann am Ende der Entwicklung des Kategoriensystems anhand von 16 Prozent der Interviews durchgeführt. Dazu wurden aus allen vier Teilgruppen je zwei der bereits bearbeiteten und zwei noch unbearbeitete Interviews zufällig ausgewählt.[101] Der Verfasser und eine Forscherkollegin, die mit dem Konzept der Vertrauensfaktoren vertraut war, bearbeiteten anschließend unabhängig voneinander die Interviews in der QDA-Software und markierten Analyseeinheiten.[102] Danach wurden diese Markierungen durchgesehen und für jede markierte Analyseeinheit in einer Tabelle notiert, ob sie übereinstimmen oder nur von einem der Forscher identifiziert worden war. Insgesamt wurden in den 16 Interviews 492 Analyseeinheiten von mindestens einem der Forscher gefunden. Davon wurden 458 Analyseeinheiten und damit 93 Prozent aller Analyseeinheiten übereinstimmend identifiziert.[103] Damit war die wissenschaftliche Güte der Vorgehensweise zur Identifikation der Analyseeinheiten sichergestellt (vgl. Dailey 2006: 443, Srnka & Köszegi 2007: 14).

2.3.8.3 Vorgehensregeln für die induktive Kategorienentwicklung

Das Metakriterium für die Einschätzung der wissenschaftlichen Qualität einer induktiven Kategorienbildung ist die Transparenz des Vorgehens. Durch eine genaue Dokumentation des Vorgehens, welche die wesentlichen Entscheidungsschritte beschreibt, wird der Prozess

---

[101] Für den abschließenden Einheitenidentifikationstest wurden ausgewählt: DD-02, DD-05, DD-07, DD-23, DF-08, DF-14, DF-16, DF-22, FD-12, FD-14, FD-16, FD-20, FF-02, FF-07, FF-17, FF-21.
[102] Die zweite Bearbeitung wurde von meiner Forscherkollegin Dr. Julia Hormuth übernommen, der hierfür mein herzlicher Dank gilt.
[103] Der Übereinstimmungskoeffizient ist der Quotient aus Gesamtzahl und Zahl der Übereinstimmungen. 'Gesamtzahl' war die Anzahl der von Forscher-1 und/oder Forscher-2 als Analyseeinheiten identifizierten Stellen und die 'Übereinstimmungen' waren die von beiden Forschern als Analyseeinheiten identifizierten Stellen.

der Kategorienbildung nachvollziehbar und damit überhaupt erst einschätzbar. Einzuschätzen ist dann, inwiefern das Vorgehen regelgeleitet war, das heißt einem konsistenten und nachvollziehbaren Ablaufschema folgte. – Die ausführliche Dokumentation des Vorgehens, des Ablaufschemas und der Vorgehensregeln erfolgte in 2.3.3.

Für eine (indirekte) Einschätzung der Güte der Kategorienentwicklung kann darüber hinaus die Einschätzung ihres Ergebnisses, also des Kategoriensystems, sowie die Einschätzung der Anwendbarkeit dieses Kategoriensystems, herangezogen werden. Diese beiden grundlegenden Qualitätsaspekte einer induktiven Kategorienentwicklung werden in den folgenden beiden Abschnitten ausführlicher diskutiert.

2.3.8.4 Semantische Validität des Kategoriensystems

„Die Inhaltsanalyse steht und fällt mit ihren Kategorien", wie bereits der Pionier der klassischen Inhaltsanalyse, Berelson (1952: 147) betonte. Denn die „Grundidee" der Inhaltsanalyse besteht darin, „dass eine Bedeutungsstruktur in eine Formalstruktur transformiert wird" (Früh 2007: 29f.). Die Bedeutungsstruktur ist dabei für Früh „der in der Forschungsfrage formulierte Vorstellungsinhalt (Konstruktebene)", und die Formalstruktur ist „das mittels der Inhaltsanalyse erstellte Datenmodell", das heißt die „Gesamtheit der nach Kategorien geordneten Codierungen". Entsprechend ist eine Inhaltsanalyse „dann gelungen, wenn die Formalstruktur (Datenmodell) exakt die in der Forschungsfrage gemeinte Bedeutungsstruktur abbildet" (ebd.). Die wichtigste Qualitätsfrage im Hinblick auf das fertige Kategoriensystem ist daher die nach seiner logisch-semantischen Validität: Sind die Bedeutungen und Abgrenzungen der Kategorien dazu geeignet, die Bedeutungen und Abgrenzungen in den Aussagen der Interviewten angemessen zu rekonstruieren und damit valide abzubilden? Sind die Kategorien so definiert und voneinander abgegrenzt, dass sie erstens die für die Fragestellung relevanten Differenzierungen ermöglichen und zweitens die im Material vorhandenen Differenzierungen valide abbilden können? – Um ein Kategoriensystem bezüglich der genannten Fragen einschätzen zu können wird in der Methodenliteratur vorgeschlagen, es auf folgende Eigenschaften zu prüfen: Einheitlichkeit des Klassifikationsprinzips, Exaktheit, Trennschärfe und Unabhängigkeit der Kategorien, Vollständigkeit der Kategorien sowie Verständlichkeit der Kategorien.[104]

Einheitlichkeit des Klassifikationsprinzips: Beziehen sich die Kategorien auf die gleiche Bedeutungsdimension? – Das Kategoriensystem erfasst einheitlich und ausschließlich Vertrauensfaktoren im oben definierten Sinn, das heißt in ihrer Ausprägung als Vertrauensgrund, Vertrauenswarnung oder Vertrauensmaßnahme (vgl. 2.3.3.4). Weitere von den interviewten Managern genannte Aspekte zum Thema Vertrauen oder zum Thema der deutsch-französischen Zusammenarbeit bzw. kulturellen Differenz wurden nicht in das Kategoriensystem einbezogen, sondern separat gesammelt (vgl. 2.3.6). – Damit wird die Forderung nach Einheitlichkeit bzw. Eindimensionalität des Klassifikationsprinzips erfüllt.

Exaktheit und Trennschärfe der Kategorien: Sind die Kategorien exakt definiert und logisch klar voneinander abgegrenzt? Sind die Kategorien infolgedessen trennscharf, so dass eine eindeutige Kodierung der Analyseeinheiten möglich wird? – Ein wesentlicher Teil der Entwicklungsarbeit für das Kategoriensystems zielte darauf, die Forderung nach Exaktheit und Trennschärfe der Kategorien zu erfüllen. Das Ergebnis eines langen Prozesses der kontinuierlichen Diskussion und Verbesserung des Kategoriensystems hinsichtlich seiner Definitionen

---

[104] Zu Gütekriterien für den Aufbau von Kategoriensystemen vgl. Früh (2007: 85ff.), Holsti (1969: 95) oder Krippendorff (1980).

und Abgrenzungsregeln war ein detaillierter Kodierleitfaden (welcher der Darstellung in Kap. 3 (Vertrauensfaktoren im Management) zugrunde liegt). Die interne Konsistenz des entwickelten Kategoriensystems bestätigte sich darin, dass im abschließenden Test auf Interkodiererübereinstimmung sehr gute Werte erreicht wurden (vgl. 2.3.8.5). – Damit kann von einer hinreichenden Exaktheit und Trennschärfe der Kategorien ausgegangen werden.

Unabhängigkeit der Kategorien: Sind die Kategorien voneinander unabhängig, so dass nicht die Einordnung einer Textstelle in eine bestimmte Kategorie eine weitere Kodierung der Stelle zwingend nach sich zieht? – Diese Forderung ist eine Variante der Forderung nach Trennschärfe der Kategorien. Die Forderung nach Unabhängigkeit meint, dass Kategorien insofern trennscharf sein sollen, dass es keine logischen Einschlussbeziehungen zwischen ihnen gibt. Angenommen eine Kategorie A beinhaltet eine Kategorie B. Dann müssen alle Analyseeinheiten, die B zugeordnet werden, automatisch auch A zugeordnet werden. In dem entwickelten Kategoriensystem ist dies nicht der Fall, denn alle Kategorien sind einander ausschließend definiert. – Die Forderung nach Unabhängigkeit der Kategorien ist damit erfüllt, und zwar auch für Kategorien, die aufgrund der Wortwahl ihrer Benennung den Eindruck erwecken könnten, dass eine logische Einschlussbeziehung vorliegt.[105]

Vollständigkeit der Kategorien: Sind insgesamt hinreichend viele der relevanten Textstellen durch Kategorien erfassbar? Kann das Kategoriensystem das Untersuchungsmaterial erschöpfend beschreiben? – In der Entwicklung des Kategoriensystems wurde angestrebt, dass die Kategorien über 90 % der Analyseeinheiten des gesamten erhobenen Datenmaterials erfassen können (vgl. Stahl 1998: 140). Durch die kontinuierliche Diskussion der zunächst schwer zuordenbaren Stellen im Prozess der Entwicklung des Kategoriensystems wurde ein umfassendes und differenziertes Instrument entwickelt. Es verblieben letztlich nur 1 % der Analyseeinheiten als nicht zuordenbar, weshalb die Forderung nach Vollständigkeit der Kategorien als umfassend erfüllt gelten kann. In den nicht zuordenbaren Textstellen beschreiben die interviewten Manager meist Aspekte, die zwar grundsätzlich als weiterer Vertrauensfaktor nachvollziehbar wären, die aber dennoch in keinem zweiten der 100 Interviews gefunden worden waren und daher nicht zur Bildung einer eigenen Kategorie oder eines eigenen Definitionspunkts innerhalb einer bestehenden Kategorie Anlass gaben.

Verständlichkeit der Kategorien: Sind die Kategorien verständlich, das heißt erschließt sich ihre Bedeutung aus ihrer Benennung? – Eine wesentliche Leistung des Kategoriensystems besteht darin, die einzelnen Vertrauensfaktoren in einem verbalen Modus zu definieren und nach Handlungsfeldern bzw. Interaktionsaufgaben zu gruppieren. Dies ermöglicht es, die Kategorien in verständlicher und leicht zugänglicher Weise zu präsentieren.

2.3.8.5 Kodierungstest als zweiter Interkodierer-Reliabilitätstest

Für eine gute Kodierung ist ein gutes Kategoriensystem notwendig aber nicht hinreichend. Es muss dafür Sorge getragen werden, dass das Kategoriensystem korrekt und gewissenhaft zur Kodierung eingesetzt wird. Um dies nachzuweisen, wurde ein zweiter Interkodierer-Reliabilitätstest durchgeführt, den ich im Folgenden kurz als 'Kodierungstest' bezeichne.

Der Kodierungstest überprüft die Übereinstimmung von zwei unabhängigen Auswertern in Bezug auf die Kodierung von Analyseeinheiten, das heißt die Zuordnung von Analyseeinhei-

---

[105] Die Kategorien sollten griffig und verständlich benannt werden, weshalb auf Begrifflichkeiten der Alltagssprache zurückgegriffen wurde. Allerdings sind die hierfür in Frage kommenden Begriffe aufgrund ihrer jeweiligen alltagssprachlichen Konnotationen nicht klar voneinander abgegrenzt. Genau diese klare Abgrenzung schaffte die Ausarbeitung der jeweiligen Kategoriendefinitionen.

2.3 Datenauswertung

ten zu Kategorien gemäß dem Kodierleitfaden. Eine hinreichend hohe Übereinstimmung lässt darauf schließen, dass sich das Kategoriensystem (mit seinen Zuordnungsregeln) intersubjektiv reproduzierbar auf die vorliegenden Interviews anwenden lässt und damit als objektiv gelten kann. Allerdings muss man berücksichtigen, dass diese Übereinstimmung nicht nur die Anwendungsgüte misst, sondern gleichzeitig auch die im letzten Abschnitt beschriebene Güte des Aufbaus des Kategoriensystems (vgl. Früh 2007: 188). Denn auch unklare und sich nicht ausschließende Kategorien führen zu einer geringeren Übereinstimmung zweier Kodierer. Daher wurde die Interkodiererreliabilität an zwei verschiedenen Stellen im Analyseprozess überprüft:
- Zum einen wurden informelle Kodierungs-Pretests durchgeführt, um anhand der auftretenden Nicht-Übereinstimmungen Ansatzpunkte für die Verbesserung des Kategoriensystems zu gewinnen (Mayring 2005: 12, vgl. 2.3.8.1).
- Zum anderen wurde ein abschließender Kodierungstest durchgeführt, um die Interkodiererreliabilität der endgültigen Kodierung zu bestimmen.

Sofern ein solcher abschließender Kodierungstest einen genügend hohen Übereinstimmungskoeffizienten ergibt, hat dies eine doppelte Aussagekraft: Erstens kann darauf geschlossen werden, dass das Kategoriensystem in seinen Definitionen und Abgrenzungen sinnvoll aufgebaut ist und ihm seiner Hilfe grundsätzlich zuverlässig kodiert werden kann. Zweitens ist die Übereinstimmung der Kodierer ein Anhaltspunkt dafür, dass das Kategoriensystem in der entsprechenden Studie sorgfältig und korrekt auf das vorliegende Material angewendet wurde.

Für einen abschließenden Kodierungstest müssen verschiedene Punkte geklärt werden: Man muss ein geeignetes Berechnungsverfahren für die Interkodiererreliabilität wählen, die Menge des zugrunde zu legenden Materials bestimmen und das Material auswählen, die Kodierer bestimmen, und schließlich die Testkodierungen durchführen, den Koeffizienten berechnen und das Ergebnis bewerten. Um dann die endgültigen Auswertungsdaten zu erhalten, muss man abschließend noch klären, wie mit den Nicht-Übereinstimmungen zwischen den Kodierern verfahren wird.

Auswahl des Berechnungsverfahrens: Zur Frage, wie die Interkodiererreliabilität zu berechnen ist, herrscht in der Methodenliteratur Uneinigkeit. Popping (1988) zählt 39 verschiedene Übereinstimmungskoeffizienten allein für nominalskalierte Daten bzw. Kategorien. Am verbreitetsten ist die Bestimmung der prozentualen Übereinstimmung der Kodierer (vgl. Gremler 2004: 74, welcher die in verwendeten Koeffizienten in qualitativen Studien zum Dienstleistungsmanagement verglich). Verwiesen wird dabei in der Regel auf Holsti (1969: 140).[106] Dieses Verfahren erschien aus folgendem Grund auch für die vorliegende Arbeit passend: Zwar wird in der Literatur darauf verwiesen, dass der 'Holsti-Koeffizient' nicht zufallskorrigiert ist.[107] Allerdings war dies für den Kodierertest des vorliegenden Kategoriensystems praktisch irrelevant. Denn je umfangreicher ein Kategoriensystem ist, desto geringer ist die zufällig zu erwartende Übereinstimmung der Kodierer, und in der dieser Arbeit zugrunde liegenden Studie ging es um ein Kategoriensystem mit insgesamt 60 zu kodierenden Kategorien.

Materialauswahl und Vorbereitung: Der Kodierertest wurde nach Abschluss der Kodierungen durchgeführt. Bei der Materialauswahl für den Test war sicherzustellen, dass in den gewählten Interviews auch tatsächlich alle Kategorien kodiert sind. In der Stichprobenbildung wur-

---

[106] Vgl. Mayring (2007a: 113) oder Bortz & Döring (2006: 154).
[107] Verfahren wie Cohens kappa (Cohen 1960), Scotts pi (Scott 1995) oder Krippendorffs alpha (Krippendorff 1980) bereinigen die prozentuale Übereinstimmung um zufällige Übereinstimmung.

de daher darauf geachtet, dass jede Kategorie mindestens zweimal kodiert war. Insgesamt wurde der Test anhand von 24 Prozent der Interviews durchgeführt.[108]

Durchführung und Ergebnis des Kodierungstests: Für die ausgewählten Interviews wurden die Zuordnungen von zwei unabhängigen Kodierern verglichen.[109] Dem Zweitkodierer wurde für jedes Interview die Liste aller identifizierten Analyseeinheiten ohne die vom Erstkodierer vorgenommenen Zuordnungen vorgelegt. Die Liste wurde vom Zweitkodierer abgearbeitet und jede Analyseeinheit entweder einer Kategorie zugeordnet (und zwar als Vertrauensgrund, -warnung oder -maßnahme) oder als nicht zuordenbar markiert. Die Zuordnungen von Erst- und Zweitkodierer wurden jeweils in einer Tabelle festgehalten. Anschließend wurden beide Zuordnungstabellen verglichen und die übereinstimmenden und nicht-übereinstimmenden Zuordnungen ausgezählt. Für alle nicht übereinstimmend kodierte Stellen, wurde in der abschließenden Diskussion gemeinsam geklärt, welcher Kategorie sie zugeordnet werden bzw. ob sie als unzugeordnet verbleiben.

Insgesamt wurden für den Test in den 24 Interviews 969 vorhandene Analyseeinheiten zugeordnet. Da 'reichhaltige' Interviews ausgewählt wurden, entspricht dies 29,7 Prozent aller insgesamt identifizierten Analyseeinheiten. Der Vergleich ergab 865 übereinstimmende Zuordnungen. Der Übereinstimmungskoeffizient nach Holsti, also die prozentuale Übereinstimmung der Kodierer, bewegt sich im Vergleich der einzelnen für den Kodierungstest bearbeiteten Interviews zwischen .80 und .95. Die Gesamtübereinstimmung beträgt .89.[110]

Einschätzung des Ergebnisses: Auch abhängig vom verwendeten Berechnungsverfahren lässt sich für einen Kodierungstest keine fixe Richtschnur für die Akzeptanzschwelle des Übereinstimmungskoeffizienten angeben (Früh 2007: 192). Denn der Wert variiert notwendig mit verschiedenen Faktoren wie beispielsweise der Anzahl der Kategorien, der Komplexität und Abstraktheit des zugrunde liegenden theoretischen Konstrukts sowie der Vertrautheit der Kodierer mit dem Kategoriensystem, ihren intellektuellen Fähigkeiten und ihrer Sorgfalt. Zum Vergleich herangezogen werden können die in vergleichbaren Studien berichteten Holsti-Koeffizienten[111] und die in der methodologischen Literatur genannten Anforderungen.[112] Vor dem Hintergrund der Komplexität der Thematik und der Differenziertheit des Kategoriensystems kann die erreichte mittlere Übereinstimmung von .89 (bei einem niedrigsten Wert von .80) als sehr guter Wert eingestuft werden. Daher kann begründet davon ausgegangen werden, dass erstens mit dem verwendeten Kategoriensystem auf zuverlässige Weise gleiche Stellen gleichen Kategorien zugeordnet werden können und dass zweitens die

---

[108] Die Zufallsauswahl aus den 'reichhaltigeren' 50% der Interviews in jeder Gruppe ergab: DD-09, DD-13, DD-14, DD-18, DD-24, DF-03, DF-12, DF-19, DF-23, DF-25, FD-05, FD-09, FD-22, FD-23, FD-25, FF-01, FF-03, FF-06, FF-11, FF-23. Um zu gewährleisten, dass jede Kategorie mindestens zweimal kodiert war, wurden zusätzlich hinzugenommen: DF-06, DF-20, FD-10, FD-24.

[109] Die Rolle des zweiten Kodierers wurde von meiner Forscherkollegin Dr. Julia Hormuth übernommen, der ich dafür herzlich danke.

[110] Es wurde darauf verzichtet, die Interkodiererreliabilität für jede Kategorie einzeln zu bestimmen, da diese Werte aufgrund des im Vergleich zur Stichprobengröße hohen Differenzierungsgrads des Kategoriensystems nicht aussagekräftig gewesen wären (vgl. Früh 2007: 157).

[111] Eigenen Recherchen zufolge bewegen sich die in wissenschaftlichen Studien berichteten Werte für die prozentuale Übereinstimmung von Kodierern größtenteils im Spektrum zwischen 74 % und 96 % (vgl. beispielsweise Otnes et al. 2004: 95 %, Schwalbe 2006: 91 %, Stone 2000: 87,5 %, Soderlund 1985: 82 %, O'Leary & El-Nawaway 2002: 74,3%).

[112] Bos (1989) betrachtet für komplexe Kategoriensysteme bereits eine Übereinstimmung von ≥70 % als zufriedenstellend. Sogar in der quantitativen Inhaltsanalyse gilt ein Holsti Koeffiziente von ≥90 % als akzeptabel (vgl. Wimmer & Dominick 1997).

2.3 Datenauswertung

Reliabilität der vom Verfasser vorgenommenen Kodierung der 100 Interviews als hinreichend hoch gelten kann.

2.3.8.6 Bestimmung vertrauensrelevanter Unterschiedsbereiche

Als grundlegende Gütekriterien für die qualitative Inhaltsanalyse zur Bestimmung der vertrauensrelevanten deutsch-französischen Unterschiedsbereiche müssen – wie bei der Entwicklung des Kategoriensystems der Vertrauensfaktoren – die Transparenz und Regelgeleitetheit des Vorgehens betrachtet werden. Entsprechend wurden in 2.3.6 die vorbereitenden Analyseschritte und die verwendeten Daten beschrieben und in 2.3.7 die einzelnen Vorgehensschritte erläutert und die entwickelten Konstrukte definiert.

Allerdings diente der qualitative Auswertungsschritt der Bestimmung der vertrauensrelevanten Unterschiedsbereiche nicht der Vorbereitung einer Datenquantifizierung. Es war nicht der Zweck des entwickelten 'Kategoriensystems', eine weitere reliable Kodierung der Interviews durchzuführen. Analyseziel war vielmehr eine in den Daten fundierte Herausarbeitung vertrauensrelevanter deutsch-französischer Unterschiedsbereiche und ihre Systematisierung (vgl. 2.3.6). Die Einschätzung der Qualität dieses Auswertungsschritts bemisst sich daher an anderen Kriterien bzw. an einer anderen Gewichtung der Kriterien wie die Entwicklung und der Aufbau des Kategoriensystems der Vertrauensfaktoren. Wesentlich sind hier vielmehr erstens die empirische Fundierung der entwickelten Kategorien in den Daten, zweitens die logisch-inhaltliche Konsistenz des erarbeiteten Kategoriensystems von Unterschiedsbereichen sowie drittens die zusätzliche Fundierung der Kategorien: Sie sollten möglichst nicht nur auf den Daten der vorliegenden Studie basieren, sondern darüber auf vergleichbaren empirischen Ergebnissen der bestehenden Forschungsliteratur.

- Die empirische Fundierung der entwickelten Kategorien ('Unterschiedsbereiche') in den Daten wurde durch den Einsatz des Instruments der qualitativen Inhaltsanalyse mit seinem systematischen Ablaufschema der induktiven Kategorienbildung (Mayring 2000, 2007a, vgl. 2.3.3.1) gewährleistet. Die empirische Fundierung der 'Unterschiedsbereiche' wird in der Darstellung der vertrauensrelevanten Unterschiedsbereiche im fünften Kapitel durch entsprechende Belegstellen umfassend illustriert.

- Um eine logisch-inhaltliche Konsistenz des Kategoriensystems zu gewährleisten wurden alle Kategorien ('Unterschiedsbereiche') im Detail beschrieben, eine klare Gliederung gemäß den Handlungsfeldern des Kategoriensystems der Vertrauensfaktoren (vgl. 2.3.3.6) erarbeitet, und es mit den 'Erklärungskonzepte' die allgemeineren Aspekte kultureller Differenz, die auch in der bestehenden Forschungsliteratur beschrieben werden 'ausgekoppelt' (vgl. 2.3.7.3).

- Die Rückbindung an empirische Ergebnisse der bestehenden Forschungsliteratur wurde über den Einbezug eines Literaturreviews der deutsch-französischen Managementforschung gewährleistet (vgl. das Ablaufschema in 2.3.7.1).

Für diesen dritten Auswertungsschritt der dieser Arbeit zugrunde liegenden Studie insgesamt hervorzuheben ist der systematische Rückgriff auf unterschiedliche Datenquellen im Prozess der Kategorienbildung (Kommentarstellen, interkulturelle Vertrauensmaßnahmen, Literaturreview, vgl. das Ablaufschema in 2.3.7.1). Dies entspricht dem Gütekriterium der Daten-Triangulation, das heißt dem wechselseitigen Abgleich von Informationen über den gleichen Gegenstand aus unterschiedlichen Quellen (vgl. Denzin 1977).

2.3.9 Verallgemeinerungsansprüche

Nach der Präsentation von Forschungsdesign, Erhebung und Auswertung möchte ich in den folgenden Absätzen diskutieren, welche Verallgemeinerungsansprüche sich mit den unterschiedlichen in der Studie gewonnenen Ergebnissen jeweils verbinden lassen. Dazu ist es hilfreich, sich noch einmal das grundlegende Forschungsdesign zu vergegenwärtigen: Gemäß dem übergeordneten Forschungsinteresse, auf welche Weise kulturelle Unterschiede die Entwicklung von Vertrauen beeinflussen können, wurde ein explorativer Ansatz gewählt. Denn dieses Interesse richtet sich auf ein bislang wenig erforschtes Feld der interkulturellen Vertrauensforschung (vgl. 1.2.4). Die Studie zielt auf fundierte Einsichten darin, auf welche Weise derartige Einflüsse möglich sind und in Bezug auf welche Kulturunterschiede sie zu erwarten sind. Sie unternimmt also nicht einen empirischen Test von zu Beginn der Erhebung formulierten spezifischen Hypothesen. Vielmehr leistet sie wissenschaftlich fundierte Theoriebildung – das heißt in diesem Fall, sie generiert strukturelles Wissen über Einflüsse kultureller Differenz auf Vertrauen. Derartige Erkenntnisse ermöglichen es, in Anschlussstudien wissenschaftliche Hypothesen fundiert und realitätsnah zu formulieren.

Welche Verallgemeinerungsansprüche verbinden sich mit den Ergebnissen der Studie? In welcher Weise erstreckt sich der Geltungsanspruch der Erkenntnisse, die hinsichtlich der Einflüsse kultureller Differenz auf die Vertrauensentwicklung gewonnen wurden, über die Gruppe der interviewten 100 deutschen und französischen Manager hinaus? Diese Frage ist für die unterschiedlichen Arten von Ergebnissen der Studie in unterschiedlicher Weise zu beantworten. Zunächst möchte ich daher noch einmal die wesentlichen Arten von Ergebnissen zusammen fassen, um daran anschließend die jeweiligen Verallgemeinerungsansprüche zu diskutieren.

- Das **System der Vertrauensfaktoren** macht Aussagen darüber, wie sich die von Managern für die Einschätzung von Kollegen oder Geschäftspartnern (in der intra- wie interkulturellen Zusammenarbeit) herangezogenen Aspekte differenzieren lassen (vgl. 2.3.2-3 und Kap. 3).

- **Vertrauensrelevante Kulturunterschiede** werden zum einen im vierten Kapitel beschrieben. Dort werden deutsch-französischer Unterschiede der Gewichtung von Vertrauensfaktoren dargestellt, die anhand unterschiedlicher Kodierungshäufigkeiten in einzelnen Teilgruppen bestimmt wurden (vgl. 2.3.4-5 und Kap. 4). Weitere vertrauensrelevante Kulturunterschiede werden im fünften Kapitel beschrieben. Die dort dargestellten vertrauensrelevanten deutsch-französischen Unterschiedsbereiche ermöglichen Aussagen zu Kulturunterschieden der Diagnose von Vertrauensfaktoren, und sie liefern Hintergrundinformationen zum Verständnis der gefundenen Gewichtungsunterschiede (vgl. 2.3.6-7 und Kap. 5).

- Darüber hinaus wurden **kulturelle Vertrauensmissverständnisse** identifiziert, welche in Zusammenhang mit der Darstellung der vertrauensrelevanten Unterschiedsbereiche im fünften Kapitel beschrieben werden (vgl. 2.3.7.4 und Kap. 5).

2.3.9.1 System der Vertrauensfaktoren

Das System der Vertrauensfaktoren im Management beschreibt Aspekte, welche für die interviewten deutschen und französischen Manager als Vertrauensfaktoren relevant sind. Damit lässt sich im engeren Sinne der Verallgemeinerungsanspruch verbinden, dass die beschriebenen Vertrauensfaktoren auch für andere deutsche und französische Manager der untersuchten Unternehmen, Branchen, Altersgruppen und Führungsebenen relevant sind

(vgl. 2.2.3). Darüber hinaus könnte man verallgemeinernd schließen, dass viele der beschriebenen Vertrauensfaktoren auch für deutsche und französische Manager insgesamt relevant sind. – Was spricht für diese verallgemeinernden Schlüsse?
Die Verallgemeinerung kann sich hier zum einen auf die mit 100 Interviewten für eine qualitative Auswertung *relativ große Stichprobe* stützten, welche zudem eine *gezielte Heterogenität* abbildet (vgl. 2.1.6.2). Diese Stichprobe lieferte eine *fundierte empirische Basis* für die Bestimmung der einzelnen Vertrauensfaktoren. Sie ermöglichte in der induktiven Entwicklung der Vertrauensfaktoren eine Bestätigung des Faktorensystems durch *theoretische Sättigung*. Das bedeutet, dass im Verlauf der induktiven Kategorienbildung der Punkt erreicht wurde, an welchem keine weiteren Vertrauensfaktoren mehr bestimmt werden konnten (vgl. 2.3.3). Smaling (2003) nennt diese Art der Begründung einer induktiven Verallgemeinerung „**generalization based on covering the variation**" bzw. „**variation-based generalization**". Der Verallgemeinerungsanspruch bezieht sich darauf, das relevante Spektrum der Variation eines Phänomens in einem bestimmten Bereich umfassend beschrieben zu haben. Im Fall der beschriebenen Studie handelt es sich um die Vertrauensfaktoren von Managern in dyadischen Managementbeziehungen im deutsch-französischen Kontext.
Gestützt wird dieser Verallgemeinerungsschluss zudem dadurch, dass innerhalb des entwickelten Systems der Vertrauensfaktoren an vielen Stellen *Konkordanzen mit bestehenden Forschungsergebnissen* der Vertrauensforschung festgestellt wurden, welche auf Basis anderer Daten gleichartige Aussagen zu Entstehungsbedingungen von Vertrauen bzw. Vertrauensfaktoren machen (vgl. Kap. 3, Diskussionsabschnitte).

2.3.9.2 Vertrauensrelevante Kulturunterschiede

Die als Ergebnis der Studie beschriebenen vertrauensrelevanten Kulturunterschiede umfassen erstens Unterschiede der Gewichtung von Vertrauensfaktoren und zweitens Unterschiede der Diagnose von Vertrauensfaktoren. In Bezug auf einige Vertrauensfaktoren wurden beide Arten von Kulturunterschieden gefunden (vgl. 6.3 Zusammenführung der Ergebnisse der Einzelauswertungen). In allen Fällen handelt es sich jedoch um Aussagen über *kulturelle Eigenschaften*. Daher gilt es zwei wichtige Aspekte zu berücksichtigen:
Erstens sind Aussagen über kulturelle Eigenschaften grundsätzlich relativ zu einem bestimmten Kulturvergleich: Es geht nicht um deutsche oder französische kulturelle Eigenschaften an sich, sondern um Aspekte, die aus der Perspektive eines deutsch-französischen Kulturvergleichs ins Auge fallen. Beispielsweise ist den interviewten französischen Managern der Vertrauensfaktor *'Absprachen / Regeln flexibel handhaben'* wichtiger als den interviewten deutschen Managern, und die interviewten französischen Manager interpretieren direktes Äußern von Kritik eher als mangelnde Höflichkeit bzw. mangelnden Respekt und damit als Vertrauenswarnung als die interviewten deutschen Manager. Da derartige Aussagen relativ zu dem entsprechenden Kulturvergleich sind, lassen sich die in der vorliegenden Studie über die französische Kultur formulierten Aussagen nicht ohne weiteres auf die Charakterisierung französischer Manager im Vergleich zu beispielsweise chinesischen Managern übertragen.
Zweitens muss man für die Frage der Aussagekraft von Aussagen über kulturelle Eigenschaften die Ebene der Kultur von der Ebene der Mitglieder der Kultur, das heißt der individuellen Handlungsebene, unterscheiden. Wenn man auf der Kulturebene von Unterschieden bzw. von unterschiedlichen kulturellen Standards, Regeln oder Normen spricht, dann bezieht man sich auf grundlegende Tendenzen innerhalb meist großer und in vielfacher Hinsicht auch heterogener Gruppen (vgl. 1.4.3). Davon ausgehend lässt sich nicht auf Unterschiede zwischen individuellen Mitgliedern dieser Gruppen schließen, ohne den sogenannten 'ökologi-

schen Fehlschluss' zu begehen (vgl. Robinson 1950). Es gilt lediglich, dass es für Individuen eine bestimmte Wahrscheinlichkeit gibt, in konkreten interkulturellen Handlungssituationen mit der jeweiligen kulturellen Unterschiedlichkeit konfrontiert zu werden.

Aus diesen Gründen sind die Verallgemeinerungsansprüche, welche sich mit den Aussagen zu vertrauensrelevanten deutsch-französischen Kulturunterschieden im vierten und fünften Kapitel verbinden, zu differenzieren. Zu diskutieren ist erstens der Schluss ausgehend von der Stichprobe auf allgemeine deutsch-französische Kulturunterschiede und zweitens die Möglichkeit einer direkten Übertragung der Aussagen auf weitere konkrete Situationen des deutsch-französischen Managements.

Schluss auf allgemeine deutsch-französische Managementunterschiede: Die typische Verallgemeinerung setzt an den in der Studie gefundenen deutsch-französischen Kulturunterschieden an und verallgemeinert auf deutsch-französische Managementunterschiede im Allgemeinen. Bezugspunkt sind dabei 'Kulturunterschiede' und damit die aggregierte bzw. überindividuelle Ebene der 'Kultur' (vgl. 1.4.3.1). Ausgesagt wird also, dass es im deutschen und französischen Unternehmenskontext unterschiedliche Regeln oder Maßstäbe dafür gibt, Vertrauensfaktoren zu gewichten (Kap. 4) bzw. Verhaltensweisen als Vertrauensfaktor zu interpretieren (Kap. 5). Eine solche Verallgemeinerung lässt sich in folgender Weise begründen:

– In Bezug auf die gefundenen Gewichtungsunterschiede gewährleisten die *Stichprobengröße* bzw. die Teilgruppengrößen, dass ausreichende Teststärken für die Anwendung des Chiquadrat-Tests bestanden und die gefundenen Unterschiede als statistisch signifikant gelten können (vgl. 2.2.3). Die *Drittvariablenkontrolle* (vgl. 2.2.3.2) stützt den Schluss, dass die gefundenen Unterschiede auf den Einfluss der Variable 'kulturelle Prägung' zurückzuführen sind. Die *Repräsentativität der Stichprobe* im Sinne der Abbildung von für die deutsch-französische Zusammenarbeit relevanten Branchen stützt die Verallgemeinerung auf deutsch-französische Managementbeziehungen insgesamt (vgl. 2.2.3.3).

– Die Verallgemeinerung der Aussagen zu vertrauensrelevanten Unterschiedsbereichen und deren Einfluss auf die Interpretation von Verhaltensweisen als Vertrauensfaktor wird zum einen gestützt durch ihre *breite empirische Verankerung* im Datenmaterial (durch die qualitative Inhaltsanalyse der Kommentarstellen sowie den Einbezug der interkulturellen Vertrauensmaßnahmen) und zum zweiten durch die festgestellten *Konkordanzen mit vorliegenden Ergebnissen der deutsch-französischen Managementforschung* (2.3.7.2).

– Für diejenigen Vertrauensfaktoren, bei welchen deutsch-französische Unterschiede sowohl der Faktorgewichtung als auch der Faktordiagnose gefunden wurden, wird eine Verallgemeinerung der Aussage, es gebe in Bezug auf den Faktor vertrauensrelevante deutsch-französische Kulturunterschiede zudem im Sinne einer Daten-Triangulation gestützt (vgl. Denzin 1977 bzw. 2.3.8.6). Diese Aussage wird durch unterschiedliche Auswertungsmethoden mehrfach gestützt. Dass kulturelle Unterschiede in Bezug auf den jeweiligen Vertrauensfaktor die Vertrauensentwicklung beeinflussen können, ist hier ein Ergebnis sowohl des zweiten als auch des dritten Auswertungsschritts.

Schluss auf weitere konkrete deutsch-französische Managementbeziehungen: Es bleibt zu fragen, inwiefern man aus den Ergebnisse der Studie auch etwas im Hinblick auf die individuelle Handlungsebene lernen kann bzw. inwiefern sich die Aussagen zu deutsch-französischen Unterschieden innerhalb der Stichprobe direkt auf andere konkrete Situationen des deutsch-französischen Managements übertragen lassen. Wenn man beispielsweise von den in der Studie beschriebenen konkreten kulturellen Vertrauensmissverständnissen ausgeht, dann stellt eine solche Verallgemeinerung keinen 'ökologischen Fehlschluss' im oben

2.3 Datenauswertung

skizzierten Sinne dar (vgl. Erläuterung in 1.2.2.3). Die Verallgemeinerung von innerhalb der untersuchten Stichprobe festgestellten Einflüssen deutsch-französischer Unterschiede auf Vertrauensentwicklungsprozesse auf andere Situationen des deutsch-französischen Managements bezeichnet man vielmehr als **Analogieschluss** („**analogical generalization**", Smaling 2003). Sie besagt, dass man mit den in der Studie beschriebenen Einflüssen kultureller Differenz auf die Vertrauensentwicklung mit einer gewissen Wahrscheinlichkeit auch in anderen Situationen des deutsch-französischen Managements rechnen kann. Smaling (2003: 57f.) beschreibt für eine solche Verallgemeinerung sechs Qualitätskriterien, die sich zur Einschätzung einer solchen 'Verallgemeinerung per Analogieschluss' heranziehen lassen:

1. Ähnlichkeit (*Relative degree of similarity*): Ein Analogieschluss ist stärker, wenn zwischen untersuchten Fällen und Übertragungsziel mehr Ähnlichkeiten und weniger Unterschiede (in Bezug auf relevante Faktoren) bestehen. – Die Untersuchungsteilnehmer der Studie ähneln tendenziell anderen im deutsch-französischen Kontext tätigen Managern der oberen und mittleren Führungsebenen, und zwar nicht nur in Bezug auf ihren nationalkulturellen Hintergrund, sondern beispielsweise auch in Bezug auf soziodemografischen Hintergrund, Bildungshintergrund, Berufserfahrung oder Altersklasse.

2. Relevanz der Ähnlichkeit (*Relevance of the similarities for the conclusion*): Ein Analogieschluss ist stärker, wenn die zwischen untersuchten Fällen und Übertragungsziel bestehenden Ähnlichkeiten in Bezug auf die Verallgemeinerung relevant sind. – Für die Übertragung von Aussagen zu Einflüssen kultureller Differenz auf die Vertrauensentwicklung im Management erscheinen die Managementtätigkeit und der kulturelle Hintergrund als relevante Ähnlichkeiten zwischen den untersuchten und anderen deutschen und französischen Managern. Zudem wurden die Untersuchungsteilnehmer in Unternehmen rekrutiert, welche in für die deutsch-französischen Wirtschaftsbeziehungen repräsentativen Branchen tätig sind (2.2.3.2).

3. Anzahl der vorliegenden vergleichbaren Fälle (*Support by other, similar cases*): Ein Analogieschluss ist stärker, wenn die zu übertragenden Aussagen auf einer größeren Fallzahl basieren. – Die Ergebnisse der Studie basieren auf einer für qualitative Erhebungen relativ umfangreichen Stichprobe von 100 Untersuchungsteilnehmern.

4. Unterschiedlichkeit der vorliegenden Fälle (*Support by means of variation*): Ein Analogieschluss ist stärker, wenn die zugrundeliegenden Fälle, auf welchen die zu übertragenden Aussagen basieren, sich möglichst stark unterscheiden. – Die untersuchte Stichprobe ist in Bezug auf Drittvariable heterogen. Sie variiert gezielt die als potenziell einflussreich betrachteten Drittvariablen Sektor, Branche, Unternehmenskultur, Geschlecht und Altersklasse.

5. Plausibilität der übertragenen Aussagen (*Relative plausibility of the conclusion on its own*): Ein Analogieschluss ist stärker, wenn die übertragenen Aussagen als solche plausibel erscheinen. – Der Bezug der Kulturunterschiede zur Vertrauensentwicklung und zu den einzelnen Vertrauensfaktoren wird im vierten und fünften Kapitel jeweils ausführlich begründet, woraus sich Einschätzungen der Plausibilität von Übertragungen im Einzelfall ableiten lassen.

6. Stützung durch andere Forschungsergebnisse (*Further empirical and theoretical support*): Ein Analogieschluss ist stärker, wenn ihn weitere Forschungsergebnisse stützen. – In der Ergebnisdarstellung verweise ich auf bei den einzelnen Kulturunterschieden auf Zusammenhänge zur bestehenden deutsch-französischen und allgemeinen interkulturellen Managementforschung.

2.3.9.3 Typen kultureller Vertrauensmissverständnisse

Das formulierte Forschungsinteresse der Arbeit ist nicht allein *kulturkontrastiv*, das heißt, es wird nicht nur kulturellen Unterschieden in Bezug auf die Vertrauensentwicklung gefragt (beispielsweise im Vergleich der Kodierungshäufigkeiten der beiden mono-kulturellen Gruppen). Darüber hinaus ist es *interkulturell* und fragt, inwiefern sich solche Unterschiede in der tatsächlichen interkulturellen Interaktion auswirken (vgl. 1.2.2 und 2.1.5). Neben den quantitativen Vergleichen, welche mögliche Effekte der interkulturellen Situation auf die Kodierungshäufigkeiten in den Blick nehmen (Vergleich der beiden bi-kulturellen Gruppen; Vergleich zwischen jeweils der mono-kulturellen Gruppe einer Kultur und der bi-kulturellen Gruppe derselben Kultur) ist daher auch von Interesse, inwiefern im deutsch-französischen Management konkrete kulturelle Vertrauensmissverständnisse entstehen können.

Im Hinblick auf diese Frage lässt sich zunächst festhalten, dass die im vierten und fünften Kapitel beschriebenen Kulturunterschiede grundsätzlich ein *Potenzial* für kulturelle Vertrauensmissverständnisse umreißen. Die beschriebenen Kulturunterschiede der Gewichtung und der Diagnose von Vertrauensfaktoren lassen sich als Hinweis auf mögliche kulturelle Vertrauensmissverständnisse verstehen (vgl. Kap. 1, Theorie des Einflusses kultureller Differenz auf die Vertrauensentwicklung). Es lassen sich daraus jedoch keine Aussagen zu hinreichenden Bedingungen für das Entstehen solcher Missverständnisse ableiten.[113]

Daher ist es interessant, dass im Rahmen der Auswertungen zur Bestimmung der vertrauensrelevanten Unterschiedsbereiche auch konkrete Darstellungen individueller beruflicher Interaktion gefunden wurden, die sich auf Basis der Ergebnisse der Auswertung als kulturelle Vertrauensmissverständnisse interpretieren lassen. Deren Beschreibung und Interpretation ermöglicht eine Verallgemeinerung im Sinne einer **Typenbildung**. Es wird anhand dieser Situationen empirisch fundiert möglich, für einzelne Vertrauensfaktoren beispielhaft zu beschreiben, wie die gefundenen Kulturunterschiede zu konkreten kulturellen Vertrauensmissverständnissen führen können. Ausgehend von den in Kap. 5 nach den jeweils betroffenen Vertrauensfaktoren geordneten kulturellen Vertrauensmissverständnissen lassen sich Einschätzungen vornehmen, inwiefern sich in anderen deutsch-französischen Interaktionssituationen das Handeln der Interaktionspartner in der gleichen Weise interpretieren lässt.

Außerdem ist anzunehmen, dass auch Manager anderer Kulturpaare in ähnliche kulturelle Vertrauensmissverständnisse geraten können, sofern es zwischen ihren jeweiligen kulturellen Hintergründen ähnliche Unterschiede gibt wie im deutsch-französischen Vergleich. Darüber hinaus ist es aufgrund der intra-kulturellen Varianz individueller Verhaltens- und Bewertungsweisen zudem möglich, dass Manager auch innerhalb ihrer eigenen Kultur in Vertrauensmissverständnisse geraten können, die sich gemäß den beschriebenen Typen von Vertrauensmissverständnissen rekonstruieren lassen.

---

[113] Dies wäre angesichts der Vielzahl weiterer Einflussbedingungen auf die Vertrauensentwicklung in konkreten beruflichen Beziehungen ein nicht einzulösender Anspruch (vgl. 3.6; vgl. Robinson 1950).

3. Vertrauensfaktoren im Management

Woran erkennen Manager, ob sie Kollegen oder Geschäftspartnern vertrauen können? Was sind die für sie relevanten Vertrauensfaktoren? In diesem Kapitel wird diese Frage detailliert und in handlungsorientierter Perspektive beantwortet. Die beschriebenen 60 Vertrauensfaktoren basieren auf der qualitativen Auswertung von 100 Interviews mit deutschen und französischen Managern, in welchen diese in über 830 einzelnen Falldarstellungen beschreiben, wie sie zu bestimmten Kollegen und Geschäftspartnern Vertrauen aufgebaut oder Vertrauen verloren haben – und wie sie selbst anderen gegenüber ihre eigene Vertrauenswürdigkeit demonstrieren.

Als Vertrauensfaktoren wurden aus diesen Interviews diejenigen Aspekte herausgefiltert, auf welche die interviewten Manager verweisen, wenn sie begründen, warum sie zu den jeweiligen Kollegen oder Geschäftspartnern Vertrauen entwickelt oder das Vertrauen in sie verloren haben – und an welchen sie sich selbst orientieren, um ihre eigene Vertrauenswürdigkeit zu demonstrieren. Das Ergebnis dieser Auswertungen[114] ist ein differenziertes und handlungsnahes System von Vertrauensfaktoren im Management.

Die 60 Vertrauensfaktoren sind in 12 Handlungsfelder gegliedert. Die Darstellung ist für alle Handlungsfelder gleich – eine Lesehilfe verdeutlicht das Darstellungsschema, das sich durch dieses Kapitel zieht (Abb. 3.1. in 3.1.4). Zugrunde liegt der Darstellung der 'Kodierleitfaden' der Auswertung: Die Beschreibungen der Vertrauensfaktoren sind die ausformulierten Definitionen des Kodierleitfadens (vgl. 2.3.3), welche für dieses Kapitel in einen lesbaren Fließtext umgearbeitet wurden. In der Darstellung der Vertrauensfaktoren werden für viele der definitorischen Aspekte auch Beispielzitate ergänzt – sowohl aus den deutschen als auch aus den französischen Interviews. Zudem werden in separaten 'Fallbeispielen' etwas ausführlichere vertrauensrelevante Erlebnisse zitiert. Beides illustriert die Vielfalt der Aspekte, die unterschiedlichen Managern für ihre Vertrauenseinschätzung wichtig sind. Durch die lebendige Darstellung *in den Worten der interviewten Manager* sind die Definitionen der Vertrauensfaktoren einfacher zu verstehen und nachzuvollziehen. Dennoch musste aufgrund des Materialumfangs der im Kodierleitfaden gesammelten 'Ankerbeispiele'[115] eine Auswahl getroffen werden. In vielen Fällen werden zwar alle einzelnen definitorischen Aspekte im Text beschrieben, aber nur ein zentraler Aspekt kann durch ein Beispielzitat illustriert werden.[116]

Das System der Vertrauensfaktoren ist Ergebnis des ersten Auswertungsschritts der dieser Arbeit zugrunde liegenden Studie, deren Methodik ich im letzten Kapitel beschrieben habe. Nach einer allgemeinen Einführung in das System der Vertrauensfaktoren (3.1) bildet die Darstellung der einzelnen Vertrauensfaktoren den Hauptteil des Kapitels (3.2-4). Dabei wird jeweils auf Zusammenhänge mit anderen Forschungsbeiträgen zu Bedingungen der Vertrauensentwicklung verwiesen. Ein tabellarischer Überblick aller Vertrauensfaktoren wird am Ende der Gesamtdarstellung gegeben (3.5). Abschließend werde ich auf eine Reihe weiterer Aspekte eingehen, welche einige der interviewten Manager zur Einschätzung der Vertrauenswürdigkeit von Kollegen und Geschäftspartnern heranziehen, welche jedoch nicht in das System der Vertrauensfaktoren aufgenommen wurden (3.6).

---

[114] Die Auswertungen erfolgten als 'qualitative Inhaltsanalyse', vgl. die ausführliche Darstellung in 2.3.2-3.
[115] Die Ankerbeispiele sind prägnante Illustrationen der definitorischen Aspekte der Vertrauensfaktoren. Sie sind eine Auswahl aus den insgesamt 2879 Analyseeinheiten, d.h. Interviewstellen im Begründungszusammenhang, warum sich Vertrauen entwickelt oder Verloren geht bzw. zur Frage wie Vertrauenswürdigkeit demonstriert wird.
[116] Die Verwendung des Kodierleitfadens erfolgte nicht als gedrucktes Dokument sondern rechnergestützt. Dadurch waren alle Vertrauensfaktoren, definitorischen Aspekte, Abgrenzungsregeln und Ankerbeispiele beim Kodieren stets sowohl über eine 'anklickbare' Baumstruktur als auch über eine Volltext-Suchfunktion verfügbar.

3.1 Einführung in das System der Vertrauensfaktoren

Einführend wiederhole ich, welches Verständnis von Vertrauensfaktoren im Theoriekapitel entwickelt wurde und der Auswertung und damit auch diesem Kapitel zugrunde liegt (3.1.1). Zudem gehe ich darauf ein, nach welchen Kriterien und auf welchem Abstraktionsniveau die Vertrauensfaktoren definiert und benannt wurden (3.1.2), ich erläutere die Gruppierung der Vertrauensfaktoren in Handlungsfelder (3.1.3), und ich erkläre das Darstellungsschema, nach welchem die Vertrauensfaktoren in diesem Kapitel präsentiert werden (3.1.4).

3.1.1 Definition der Vertrauensfaktoren

3.1.1.1 Vertrauensrelevante Informationen über einen Partner

Wenn man einem anderen gegenüber vertrauensvoll handelt und sich damit in gewisser Hinsicht von ihm abhängig macht, dann geht man damit immer ein Risiko ein: Man kann nie sicher sein, wie der andere sich tatsächlich verhalten wird (vgl. 1.1). Die Einschätzung, ob man ihm vertrauen kann, ist daher immer auch eine Einschätzung dieses Risikos. Wenn man ein solches Risiko einschätzt, dann liegt es nahe, möglichst viele einschlägige Informationen heranzuziehen. Doch welche Informationen sind einschlägig, wenn man als Manager das Risiko einschätzen möchte, einem Kollegen oder Geschäftspartner zu vertrauen? Auf diese Frage antwortet das in diesem Kapitel vorgestellte System der Vertrauensfaktoren. Die Vertrauensfaktoren bilden die Brücke zwischen den verfügbaren Informationen über einen Kollegen oder Partner und der Einschätzung seiner Vertrauenswürdigkeit. Sie beschreiben abstrakte Vertrauensbedingungen bzw. 'vertrauenswürdig machende Eigenschaften', auf welche man ausgehend von beobachtetem Verhalten oder anderen Informationen schließt. Es sind diejenigen Aspekte, welche für Manager wichtige Faktoren für die Einschätzung der Vertrauenswürdigkeit ihrer Kollegen und Partner sind (vgl. die ausführliche Definition der Vertrauensfaktoren in 1.3.2.1).

Größtenteils beziehen sich die Vertrauensfaktoren auf bestimmte Verhaltensweisen, welche man in der gemeinsamen Zusammenarbeit bei einem Kollegen oder Partner beobachten kann. Möglich ist natürlich auch, dass mir andere Kollegen berichten, wie sich der Betreffende ihnen gegenüber verhält, oder dass sie mir Dinge erzählen, die Rückschlüsse auf das Verhalten des Kollegen in weiteren Situationen erlauben. Schließlich ist es auch möglich, dass man den Betreffenden dabei beobachtet, wie er sich anderen Kollegen gegenüber verhält. In allen Fällen stellt sich jedoch die Frage, an welcher 'vertrauenswürdig machende Eigenschaft' bzw. an welchem Vertrauensfaktor man sich orientieren kann.

3.1.1.2 Die unterschiedlichen Perspektiven auf Vertrauensfaktoren

Vertrauensfaktoren sind grundsätzlich neutral konzipiert. Ein Vertrauensfaktor kann den anderen als vertrauenswürdig oder als nicht vertrauenswürdig ausweisen. Ein offensichtlicher Vertrauensfaktor ist beispielsweise *'Zusagen einhalten'*. Wenn ein Geschäftspartner etwas zusagt und diese Zusage einhält, dann wird dies als Hinweis darauf gewertet, dass er vertrauenswürdig ist. Hält er sie nicht ein, erscheint er als nicht vertrauenswürdig. Im ersten Fall sieht man den Vertrauensfaktor als Grund, dem anderen zu vertrauen. In diesem Fall spreche ich von einem **Vertrauengrund** und verwende das Kürzel **'V+'**. Im anderen Fall hält mich der Vertrauensfaktor davon ab, dem anderen zu vertrauen. Er fungiert gleichsam als Warnung. In diesem Fall spreche ich daher von einer **Vertrauenswarnung** und verwende das Kürzel ' **V-'**.

Vertrauensfaktoren werden aber nicht nur zur Einschätzung von anderen herangezogen, sondern sie bieten auch Orientierungspunkte für das eigene Handeln. Angenommen in einer neuen Geschäftsbeziehung steht viel für mich auf dem Spiel und ich habe großes Interesse an einer fairen und erfolgreichen Zusammenarbeit. Dann wäre es ungünstig, wenn mir mein neuer Geschäftspartner zunächst einmal längere Zeit mit großen Misstrauen begegnet. Ich werde mich also bemühen, ihm schnell zu demonstrieren, dass er mir vertrauen kann. Wenn mir eine Beziehung wichtig ist, dann bemühe ich mich selbst aktiv, meinen Beitrag dazu zu leisten, dass sich Vertrauen entwickelt. In Bezug auf den Vertrauensfaktor *'Zusagen einhalten'* hieße dies, dass ich mich bemühe, meine Zusagen strikt einzuhalten. In dieser Perspektive auf Vertrauensfaktoren spreche ich von **Vertrauensmaßnahme** und verwende das Kürzel **'Vm'**.

3.1.1.3 Positiv und negativ definierte Vertrauensfaktoren

Die unterschiedlichen Perspektiven der Vertrauensgründe, -warnungen und -maßnahmen helfen dabei, ein möglichst breites Spektrum von Vertrauensfaktoren in den Blick zu bekommen. Denn es gibt Vertrauensfaktoren, die eher als Faktoren *für* Vertrauen praktische Bedeutung haben, aber auch andere, die eher als Faktoren wirksam sind, die *gegen* Vertrauen sprechen. Die Analyse der Interviews meiner Studie zeigte, dass es bei manchen Vertrauensfaktoren vor allem darum geht, dass es vertrauensförderlich ist, sich nach einer positiv formulierten Gebotsnorm bzw. Erwartung zu verhalten. Beispiele hierfür sind die Vertrauensfaktoren *'Zusagen einhalten'* oder *'Respekt und Interesse zeigen'*. Bei anderen Vertrauensfaktoren steht hingegen im Vordergrund, dass der Verstoß gegen eine Verbotsnorm als Vertrauenswarnung wahrgenommen wird, wie beispielsweise bei den Vertrauensfaktoren *'Nichts vortäuschen'* oder *'Informationen nicht ausnutzen'*. Die Vertrauensfaktoren wurden in diesem Fall negativ definiert, das heißt, ihre Benennung enthält eine Negation. Insgesamt zeigte die Auswertung der Interviews allerdings, dass Manager die Vertrauensfaktoren grundsätzlich in beide Richtungen erleben und benutzen (vgl. 2.3.4.4).

3.1.2 Detaillierungsgrad der Vertrauensfaktoren

In diesem Kapitel mache ich einen neuen Vorschlag für ein Klassifikationssystem von Vertrauensfaktoren im Management, welches diese auf einem besonders differenzierten und handlungsnahen Abstraktionsniveau herausarbeitet.
Damit knüpfe ich an eine Diskussion an, welche in einer Vielzahl unterschiedlicher Beiträge Vertrauensbedingungen bzw. 'Conditions of trust' diskutiert.[117] Ich habe auf diese Literatur bereits im Forschungsüberblick (1.2.1) und in der Diskussion meiner Theorie der Vertrauensgeneralisierung (1.4.2.2) verwiesen. Die spezifischen inhaltlichen Bezüge zwischen den einzelnen in meiner Studie herausgearbeiteten Vertrauensfaktoren und korrespondierenden Vertrauensbedingungen, die in der Literatur beschrieben werden, diskutiere ich in diesem Kapitel jeweils nach der Vorstellung der Vertrauensfaktoren eines Handlungsfelds.
Einleitend erläutere ich nun zunächst, warum und inwiefern das in diesem Kapitel präsentierte Klassifikationssystem von Vertrauensfaktoren einen höheren Detaillierungsgrad aufweist als das bisher vorgeschlagenen Listen von Vertrauensbedingungen.

3.1.2.1 Fehlendes Differenzierungsniveau bisheriger Beiträge

Keine der in 1.4.2.2 zitierten Studien beschreibt Vertrauensfaktoren auf dem Differenzierungsniveau der vorliegenden Arbeit. Die in der Literatur als Vertrauensbedingungen beschriebenen Aspekte werden im Allgemeinen gebündelt und zu wenigen übergeordneten Ver-

---

[117] In der Diskussion von Beiträgen der Forschungsliteratur folge ich der Terminologie von Butler (1991) und spreche von 'Vertrauensbedingungen'. Meinen Begriff der 'Vertrauensfaktors' betrachte ich als inhaltlich synonym, verwende ihn zur Abgrenzung allerdings ausschließlich für die von mir vorgeschlagenen Vertrauensfaktoren.

trauensbedingungen aggregiert (vgl. 1.4.2.2). Der Grund hierfür ist zum einen, dass es ein prinzipielles Ziel wissenschaftlicher Theoriebildung sein muss, 'sparsame' Konstruktbildung zu betreiben („principle of parsimony", vgl. Epstein 1984, Sober 1981). Zum anderen ist es ein verständliches Ziel, das Differenzierungsniveau zu begrenzen, um handhabbare Erhebungsinstrumente für die weitere Forschung zu entwickeln. Allerdings ist dieses Differenzierungsniveau aus der Perspektive der interkulturellen Vertrauensforschung unzureichend (vgl. meine Argumentation in 1.4.2.3). Denn die in der Literatur vorgeschlagenen Vertrauensbedingungen fassen Faktoren zusammen, die im Kulturvergleich möglicherweise unterschiedlich gewichtet werden oder anhand unterschiedlicher Verhaltensbeobachtungen oder Informationen 'diagnostiziert' werden (vgl. 1.3). Darüber hinaus kämpfen sie mit einer in der Literatur vielfach nicht ausreichend reflektierten Mehrdeutigkeit der zugrunde gelegten Begrifflichkeiten (vgl. meine Ausführungen zur 'Unschärfe der Vertrauenssemantik' in 2.1.8.1).

Die Auswertung der Darstellungen der in meiner Studie interviewten Manager offenbarte diese Mehrdeutigkeiten in vielfacher Hinsicht. Die Interviewtechnik der gezielten Konkretisierungsnachfragen ermöglichte es zu zeigen, dass die interviewten Manager die Begrifflichkeiten im Umfeld der in der Literatur häufig genannten Vertrauensbedingungen (wie beispielsweise Offenheit, Ehrlichkeit oder Zuverlässigkeit) in einer relativ großen Bandbreite konkreter Bedeutungen verwenden. Die Aspekte und Verhaltensweisen, auf welche sich die Manager mithilfe dieser Begriffe in ihren Darstellungen beziehen, stehen zudem in sehr unterschiedlichen Handlungszusammenhängen ihres Arbeitskontexts. Die Arbeit mit diesen abstrakt gefassten Vertrauensbedingungen ist daher weder für die empirische Vertrauensforschung (insbesondere nicht die interkulturelle) noch für die Managementpraxis unkritisch zu sehen. Denn offenbar beziehen sich Manager mit Begriffen wie Offenheit, Ehrlichkeit und Zuverlässigkeit etc. auf durchaus sehr unterschiedliche konkrete Vertrauensfaktoren (vgl. 3.7).

3.1.2.2 Handlungsnahe Benennung und Definition der Vertrauensfaktoren

Mit dem in der vorliegenden Studie entwickelten System von Vertrauensfaktoren wird dieses Problem gelöst: Die Vertrauensfaktoren wurden im Prozess der Kategorienbildung (vgl. 2.3.3) nahe an der Abstraktionsebene der konkreten Verhaltensbeobachtung definiert und benannt – und zwar soweit möglich in den Worten der interviewten Manager. Dies entspricht dem verhaltensorientierten Ansatz zur Bestimmung von Vertrauensbedingungen im Sinne von "managerial trustworthy behaviors" (Whitener et al. 1998, Korsgaard et al. 2002, Cardona & Elola 2003). Die Benennung und Definition der Vertrauensfaktoren orientierte sich zu diesem Zweck an verbalen Steigerungsformen des Abstraktionsniveaus, wie sie beispielsweise Graumann (1960) mit dem verbalen, adverbialen, adjektivischen und substantivischen Modus beschreibt. Es wurde soweit möglich dem verbalen (oder adverbialen) Modus der Vorzug gegeben und nur in Ausnahmefällen (z.B. wenn es die Interviewpartner überwiegend so formulierten) auf den adjektivischen oder substantivischen Modus zurückgegriffen (vgl. auch Semin & Fiedler 1991). Diese handlungsnahe Bestimmung der Vertrauensfaktoren erscheint aus praktischer Perspektive vorteilhaft, denn sie ermöglicht eine Konzeption vertrauensrelevanter Attribute als beeinflussbare Verhaltensweisen, welche die Anschlussfähigkeit der Forschungsergebnisse für die Managementpraxis oder für Trainingsmaßnahmen verbessert.

Möglich wurde das beschriebene Vorgehen durch die Art der Datenerhebung. Die Studie wurde so angelegt, dass detaillierte Darstellungen vertrauensrelevanter Entwicklungen in konkreten Kollegen- und Geschäftsbeziehungen erhoben werden konnten (vgl. 2.1.8). Sowohl die Formulierung der Interviewleitfragen als auch die Gesprächstechnik der Konkretisierungsnachfragen zielten darauf, Darstellungen nahe an der konkreten Handlungs- bzw. Wahrnehmungsebene zu erhalten. In der Terminologie von Gambetta & Bacharach (1997) interessierte es, wie die interviewten Manager anhand von beobachtbaren Zeichen bzw. „trust manifesta" auf Vertrauensfaktoren bzw. „trust krypta" schließen – also auf die nicht direkt sichtbaren vertrauensrelevanten Eigenschaften bzw. Handlungsdispositionen ihrer Kollegen und Geschäftspartner (vgl. 1.4.1 Theorie der Vertrauenssignalisierung). Die auf diese Weise gebildete Datenbasis ermöglichte es, Vertrauensfaktoren differenziert und handlungsnah herauszuarbeiten.

Zwar zeigte sich, dass die interviewten Manager in ihren Darstellungen auch Vertrauensfaktoren auf einem relativ abstrakten Niveau nennen. Beispielsweise beschreiben sie ihre vertrauenswürdigen Kollegen oder Geschäftspartner spontan als 'offen', 'ehrlich' oder 'zuverlässig'. Das sind in Bacharach & Gambetta's (1997) Terminologie ganz eindeutig „trust krypta", also nicht direkt beobachtbare Aspekte. Der Interviewansatz und die Nachfragetechniken führten aber dazu, dass die Interviewpartner diese Aspekte in den meisten Fällen weiter ausdifferenzierten und durch Verweis auf Verhaltensweisen inhaltlich präzisierten. Dabei zeigte sich, dass sich hinter diesen abstrakten Begriffen recht unterschiedliche Aspekte der Vertrauenseinschätzung verbergen können. So wird beispielsweise die Aussage „*er war offen*" konkretisiert als „*er hat erzählt, was er plant*" oder als „*er gab mir wertvolle Informationen*" oder als „*er hat erzählt, was er privat macht.*" etc. Die Bestimmung der Vertrauensfaktoren konnte sich auf diese Präzisierungen stützen, um auf einer konkreten und handlungsnahen Ebene zu bleiben. Damit konnte die Problematik der Mehrdeutigkeit abstrakt gefasster Vertrauensbedingungen vermieden werden (vgl. 3.7).[118]

3.1.3 Gruppierung der Vertrauensfaktoren in Handlungsfelder

In der Kategorienentwicklung wurden insgesamt 60 einzelne Vertrauensfaktoren identifiziert. Für diese wurde in einer vergleichenden Analyse dieser Vertrauensfaktoren eine Gruppierung in **zwölf Handlungsfelder** entwickelt (vgl. Tab. 3.1 auf der nächsten Seite). Ein Handlungsfeld beschreibt eine Interaktionsaufgabe bzw. Interaktionsherausforderung, welche sich nach den Darstellungen der interviewten Manager in der gemeinsamen Zusammenarbeit typischerweise stellt. Jedes Handlungsfeld fasst also diejenigen Vertrauensfaktoren zusammen, welche die interviewten Manager im Kontext einer solchen Interaktionsherausforderung beschreiben.

Die zwölf Handlungsfelder lassen sich wiederum in **drei Bereiche** gruppieren: Erstens betreffen einige grundsätzliche Interaktionsaufgaben im Management die beruflichen Aufgaben bzw. das Geschäftliche. Diese lassen sich als 'aufgabenorientierte' Handlungsfelder zusammenfassen. Zweitens sind für die Entwicklung von Vertrauen jedoch auch 'beziehungsorientierte' Handlungsfelder von Bedeutung: Man kann nicht mit einem Kollegen oder Geschäftspartner zusammenarbeiten, ohne dabei faktisch auch die zwischenmenschliche Beziehung in vielerlei Hinsicht auszugestalten. Drittens zeigt die Auswertung der Interviews zur interkulturellen Vertrauensentwicklung, dass es auch spezielle 'interkulturelle' Vertrauensfaktoren gibt: Wenn Kollegen oder Geschäftspartner aus verschiedenen Kulturen stammen, müssen sie Wege finden, mit ihrer kulturellen Verschiedenheit umzugehen. Wie sie dies tun, hat einen Einfluss darauf, inwiefern sie sich gegenseitig als vertrauenswürdige Partner wahrnehmen.

---

[118] Sehr abstrakte Vertrauensbedingungen wie Offenheit, Ehrlichkeit oder Zuverlässigkeit und ihre jeweiligen Ausdifferenzierungen wurden im Verlauf der Auswertung systematisch gesammelt. Auf diese Weise konnten Interpretations- bzw. Kodierregeln formuliert werden, um derartige Aussagen zusammen mit bzw. anhand ihrer Präzisierungen zu kodieren (zu konkreten Beispielen vgl. 3.7) Anschließend wurde dann die folgende 'Kodierschwelle' festgelegt: *Wenn einer der abstrakten Begriffe der Liste (wie etwa 'Offenheit') an der entsprechenden Interviewstelle oder im darauf folgenden Interviewabschnitt nicht im Sinn der formulierten Kodierregeln interpretiert werden kann, wird die Textstelle nicht kodiert.*

Tab. 3.1: Gruppierung der Vertrauensfaktoren in 12 Handlungsfelder mit Leitfragen

(A) Die Handlungsfelder der **aufgabenbezogenen** Vertrauensfaktoren
1. **Umgang mit Absprachen / Regeln** Trifft der andere mit mir Absprachen? Hält er diese ein – bzw. gibt er Bescheid, wenn das nicht geht?
2. **Weitergabe von Informationen** Wie geht der andere mit Informationen von mir um? Gibt er mir Informationen – und welche?
3. **Umgang mit Anweisungen / Aufforderungen** (Wie) erledigt der andere Anweisungen oder Aufforderungen? Lässt *er mir* Freiräume?
4. **Bewältigung von Aufgaben** Wie bewältigt der andere Aufgaben, die er im Rahmen unserer Zusammenarbeit erledigen muss?
5. **Umgang mit Konflikten / Schwierigkeiten** Wie geht der andere an Konflikte heran? Wie selbstbewusst begegnet er auftretenden Schwierigkeiten?
(B) Die Handlungsfelder der **beziehungsbezogenen** Vertrauensfaktoren
6. **Beziehungsaufbau / Beziehungspflege** Leistet der andere einen Beitrag zu unserer Beziehung, der über die reine Aufgabenerledigung hinausgeht?
7. **Aufdeckung von Relationship Fit** Passt der andere zu mir? Haben wir Ähnlichkeiten oder Gemeinsamkeiten?
8. **Respektvoller Umgang / Facework** Begegnet der andere mir mit Respekt und Höflichkeit? Betreibt er 'Facework'?
9. **Fairplay in der Zusammenarbeit** Inwiefern verhält sich der andere fair? Was tut er, um unsere Zusammenarbeit fair zu gestalten?
10. **Kooperatives Verhalten** Inwiefern unterstützt mich der andere bei gemeinsamen Aufgaben oder gegenüber Dritten?
(C) Die Handlungsfelder der **interkulturellen** Vertrauensfaktoren
11. **Umgang mit kultureller Differenz** Wie geht der andere damit um, dass wir uns aufgrund unserer kulturellen Zugehörigkeit unterscheiden?
12. **Verhalten in Bezug auf Stereotype** Inwiefern entspricht der andere dem Bild, was ich von ihm als Angehörigem seiner Kultur habe?

Die Gruppierung der Vertrauensfaktoren in Handlungsfelder orientiert sich an den aus Sicht der interviewten Manager vertrauensrelevanten Handlungskontexten. Die Gruppierung unternimmt dabei keine Gewichtungen. Sie trifft keine Aussagen über die relative Wichtigkeit der Vertrauensfaktoren in unterschiedlichen Entwicklungsphasen der Beziehung oder bei unterschiedlichen Interaktionstypen und -risiken. Zudem ordnet sie die Vertrauensfaktoren nicht gemäß eines spezifischen Modells der Vertrauensentwicklung (wie beispielsweise Lewicki & Bunker 1996 bzw. Shapiro et al. 1992, Rempel et al. 1985 oder Doney et al. 1998). Dieses in Gewichtungsfragen und hinsichtlich der Diskussion um Entwicklungsmodelle von Vertrauen neutrale Darstellungsprinzip bietet folgende Vorteile:

- Erstens liefert es eine breite, differenzierte und unvoreingenommene Grundlage für die Untersuchung von Einflüssen kultureller Differenz auf die Entwicklung von Vertrauen.
- Zweitens ist es empirisch fundiert, indem es die Sichtweisen und Arbeitskontexte der interviewten Manager widerspiegelt: Die Handlungsfelder spiegeln wider, dass die interviewten Manager das Verhalten ihrer Kollegen bzw. Geschäftspartner in Bezug auf *diese* Interaktionsaufgaben als vertrauensrelevant wahrnehmen. Das heißt, die Gruppierung orientiert sich nicht an der Art der jeweils dem Vertrauensfaktor zugrunde liegenden Verhaltensweisen, sondern an der Bewertung dieser Verhaltensweisen aus Sicht der interviewten Manager (als fair/unfair oder als respektvoll/respektlos etc.).

3.1 Einführung in das System der Vertrauensfaktoren

- Drittens greift es die handlungsorientierte Perspektive auf, welche schon der Definition und Benennung der Vertrauensfaktoren zugrunde gelegt wurde und trägt dazu bei, die Anschlussfähigkeit der Forschungsergebnisse für die Managementpraxis bzw. für Trainingsmaßnahmen zu verbessern.

3.1.4 Darstellungsschema der Vertrauensfaktoren in diesem Kapitel

Im Hauptteil des Kapitels präsentiere ich die einzelnen Vertrauensfaktoren in der erläuterten Gliederung von zwölf Handlungsfeldern in drei Bereichen (3.2-4). Dabei stehen *'Vertrauensfaktoren'* jeweils kursiv und in einfachen Anführungszeichen und <Handlungsfelder> kursiv und in eckigen Klammern. Für jedes Handlungsfeld orientiere ich mich am gleichen Darstellungsschema, vgl. Abb. 3.1.

Abb. 3.1: Darstellungsschema für die Handlungsfelder

⚠ Lesehilfe: Darstellungsschema Kapitel 3 ⚠		
4 Blöcke pro Handlungsfeld	**Erläuterung**	**Beispiel**
(1) Einführung ins <Handlungsfeld> Bezug der Handlungsaufgabe zur Entwicklung von Vertrauen ⬇	Erläuterung inwiefern die jeweilige Interaktionsaufgabe mit Vertrauen bzw. mit der Einschätzung von Vertrauenswürdigkeit zusammenhängt	**3.2.1 Umgang mit Absprachen / Regeln** Die alltäglich berufliche Koordination, *wer was wann* macht, betrifft Vertrauen insofern als [...]
(2) Tabellarische Übersicht *'Vertrauensfaktoren'* des jeweiligen Handlungsfelds ⬇	Übersicht der Vertrauensfaktoren des jeweiligen Handlungsfelds: Als zusammenfassende Definition dienen Leitfragen	**Leitfrage:** Trifft der andere mit mir Absprachen? Hält er diese ein – bzw. gibt Bescheid, wenn das nicht geht? 1. Absprachen treffen / Regeln vereinbaren / Kann ich mit ihm Absprachen treffen bzw. Regeln vereinbaren? 2. Zusagen einhalten / Hält er Zusagen oder Absprachen ein? [...]
(3) *'Vertrauensfaktoren'* des <Handlungsfelds> Darstellung als Vertrauensgrund, -warnung und -maßnahme (mit ausgewählten Beispielzitaten und ausführlicheren Fallbeispielen) ⬇	Präsentation der einzelnen Vertrauensfaktoren des Handlungsfelds: – Beschreibung der definitorischen Aspekte – Perspektiv-Wechsel: Darstellung als Vertrauensgrund (V+), -warnung (V-) und -maßnahme (Vm) – Illustration durch ausgewählte Beispielzitate – Einzelne Fallbeispiele vertrauensrelevanter Erlebnisse und Einschätzungen	**3.2.1.1 Absprachen treffen / Regeln vereinbaren (VF-1.1)** **(V+)** Nach den Beschreibungen der interviewten Manager ist es ein Vertrauensgrund, dass der andere mit ihnen Absprachen trifft oder mit ihnen Regeln vereinbart [...]. Bsp.: „... **(V-)** Umgekehrt beschreiben es die interviewten Manager als Vertrauenswarnung, dass sich mit dem anderen keine (klaren) Absprachen treffen lassen [...].Bsp.: „... **(Vm)** Als Vertrauensmaßnahme beschreiben die interviewten Manager, wie sie sich bemühen [...]. Bsp.: „...
(4) Literaturbezüge Verweise auf anderorts diskutierte ähnliche Vertrauensbedingungen	Diskussion von Bezügen zwischen dargestelltem Handlungsfeld / Vertrauensfaktoren einerseits und Literatur zu Vertrauensbedingungen andererseits.	[...] Ähnlich dem Vertrauensfaktor *'Absprachen treffen / Regeln vereinbaren'* nennt Gillespie (2003) die Bedingung „entering into informal agreements and task coordination" [...]

In der Präsentation der einzelnen Vertrauensfaktoren werde ich diese stets in der dreifachen Perspektive von Vertrauensgrund, Vertrauenswarnung und Vertrauensmaßnahme definieren. Dies entspricht nicht nur dem Aufbau der Studie und des Kodierleitfadens, sondern es ermöglicht zudem, der unterschiedlichen Schwerpunktsetzung der interviewten Manager Rechnung zu tragen. Diese beschreiben manche Vertrauensfaktoren vor allem als Vertrauensgrund, andere vor allem als Vertrauenswarnung oder als Vertrauensmaßnahme (vgl. 3.1.1.3). Außerdem sind manche der Vertrauensfaktoren aus den unterschiedlichen Perspektiven unterschiedlich leicht wahrzunehmen. Ein Beispiel ist der Vertrauensfaktor *'An wissen teilhaben lassen'*: Es ist relativ schwer zu merken, wenn der andere einem Wissen vorenthält (Vertrauenswarnung). Beim Vertrauensfaktor *'Informationen vertraulich behandeln'* ist das anders: Es ist schwieriger zu merken, wenn der andere Informationen tatsächlich vertraulich behandelt (Vertrauengrund). Hilfreich ist die Darstellung aus den drei Perspektiven auch bei komplexeren Vertrauensfaktoren wie etwa *'Nichts vortäuschen'*, *'Respekt und Interesse zeigen'* oder *'Kontakt pflegen / viel kommunizieren'*. Andere Vertrauensfaktoren, wie etwa diejenigen im Handlungsfeld <Umgang mit Absprachen / Regeln> sind relativ klar und einfach zu verstehen. Bei ihnen ist die Entsprechung der drei Perspektiven relativ offensichtlich.

3.2 Aufgabenbezogene Vertrauensfaktoren

In der Zusammenarbeit zwischen Kollegen oder Geschäftspartnern gibt es stets bestimmte Aufgaben und Tätigkeiten, die gemeinsam bewältigt werden müssen. Zu diesem Zweck dienen unter anderem Absprachen und Regeln, die Weitergabe von Informationen oder auch Anweisungen bzw. Aufforderungen. Für die Einschätzung der Vertrauenswürdigkeit eines Kollegen oder Partners achten die interviewten Manager auf sein Verhalten in solchen aufgabenbezogenen Handlungsfeldern. So ist es ihnen beispielsweise auch wichtig, inwiefern oder wie der andere seinen Teil der gemeinsamen Aufgaben bewältigt und wie er mit Konflikten und Schwierigkeiten umgeht. – Im Folgenden werde ich die einzelnen aufgabenbezogenen Vertrauensfaktoren vorstellen. Dabei sind immer vier bis sieben Vertrauensfaktoren zu einem Handlungsfeld zusammengefasst (vgl. Tab 3.2.).

Tab. 3.2: Die Handlungsfelder der aufgabenbezogenen Vertrauensfaktoren

Handlungsfelder der aufgabenbezogenen Vertrauensfaktoren		
	1.	Umgang mit Absprachen / Regeln
	2.	Weitergabe von Informationen
	3.	Umgang mit Anweisungen / Aufforderungen
	4.	Bewältigung von Aufgaben
	5.	Umgang mit Konflikten / Schwierigkeiten

3.2.1 Umgang mit Absprachen/Regeln

In der beruflichen Zusammenarbeit muss man stets koordinieren, wer was wann macht. Für manche Aufgaben kann man dazu auf (unternehmensinterne, branchenspezifische etc.) Regeln oder Prozeduren zurückgreifen. Aber auch dann müssen für viele der konkreten Arbeitsschritte einzelne Absprachen getroffen werden. Nach den Darstellungen der interviewten Manager fungieren verschiedene Aspekte des Umgangs mit solchen Regeln oder Absprachen als Vertrauensfaktoren. Von herausragender Wichtigkeit dafür, ob ein Kollege oder Geschäftspartner als vertrauenswürdig eingeschätzt wird, ist insbesondere die Frage, inwiefern er sich an Absprachen hält bzw. ob er seine Zusagen einhält.
Die Koordination der Tätigkeiten unterschiedlicher Leute in der schnellen Welt des beruflichen Alltags ist aufwändig und fehleranfällig. Im besten Fall funktioniert alles reibungslos

3.2 Aufgabenbezogene Vertrauensfaktoren

und kostet mich wenig Zeit und Energie. Was einmal abgesprochen ist, wird auch erledigt. Hier wird ein 'Vertrauensdeal' deutlich: Das Risiko des Vertrauens einzugehen wird belohnt (vorausgesetzt, das Vertrauen ist gerechtfertigt): Vertrauensvoll zu handeln bedeutet, Zeit zu gewinnen, indem man auf Kontrolle verzichtet. Man tauscht in gewisser Weise einen Ressourcengewinn (von Zeit, Koordinations- oder Kontrollaufwand) gegen eine Abhängigkeit (der andere gewinnt den Handlungsspielraum zu verhindern, dass tatsächlich alles reibungslos funktioniert).

Im Kulturvergleich ist nun höchst interessant, dass die Vorstellungen darüber, wie man Absprachen und Regeln nutzt, um die berufliche Alltagskoordination zu realisieren, durchaus unterschiedlich sind. Sie können sich teilweise sogar widersprechen. So kann man beispielsweise darauf setzen, die Zusammenarbeit über einmal explizit fixierte Regeln und Absprachen zu koordinieren *('Absprachen treffen / Regeln vereinbaren')*, oder stattdessen darauf, bestehende Regeln oder Absprachen stets neu situativ anzupassen *('Absprachen / Regeln flexibel handhaben')* (vgl. 4.2.1). – Im Einzelnen lassen sich in den Darstellungen der interviewten Manager folgende vier Vertrauensfaktoren unterscheiden (Tab. 3.3).

Tab. 3.3: Handlungsfeld-01: <Umgang mit Absprachen / Regeln>

Leitfrage: Trifft der andere mit mir Absprachen? Hält er diese ein – bzw. gibt Bescheid, wenn das nicht geht?	
1. Absprachen treffen / Regeln vereinbaren	Kann ich mit ihm Absprachen treffen / Regeln vereinbaren / ein gemeinsames Vorgehen beschließen etc.?
2. Zusagen einhalten	Hält er Zusagen oder Absprachen ein? Hält er Wort?
3. Bei Nicht-Einhalten von Zusagen informieren	Informiert er mich, wenn er eine Zusage nicht einhalten kann? Gibt er mir eine (plausible) Erklärung dafür?
4. Absprachen / Regeln flexibel handhaben	Zeigt er die Bereitschaft, Absprachen oder Regeln auch einmal flexibel zu handhaben?

3.2.1.1 Absprachen treffen/Regeln vereinbaren (VF-1.1)

(V+) Nach den Beschreibungen der interviewten Manager ist es ein Vertrauensgrund, dass der andere mit ihnen Absprachen trifft oder mit ihnen Regeln vereinbart. Dass man mit jemandem Regeln oder Abmachungen vereinbaren könne, mache ihn vertrauenswürdig. Sie beschreiben, wie sie mit Kollegen zu Beginn eines Projekts ein gemeinsames Statement verfassten oder auch in einem Workshop Prinzipien der Zusammenarbeit vereinbarten. Ein Beispiel aus dem Managementalltag ist es, dass der Kollege nach einem Meeting das gemeinsame Protokoll mit unterschreibt.

(V-) Umgekehrt beschreiben es die interviewten Manager als Vertrauenswarnung, dass sich mit dem anderen keine (klaren) Absprachen treffen lassen bzw. dass sich mit ihm keine Regeln der Zusammenarbeit vereinbaren lassen. Vertrauen könne man nicht haben, wenn „eine Vereinbarung heute" nur „die Basis für einen weiteren Kompromiss morgen darstellt" [DF-01].[119]

(Vm) Entsprechend bemühen sich die interviewten Manager, einem Kollegen oder Geschäftspartner ihre eigene Vertrauenswürdigkeit dadurch zu signalisieren, dass mit ihm Absprachen treffen, Dinge vereinbaren, Punkte regeln und konkrete Termine vereinbaren – anstatt die Dinge „wischi-waschi offen zu lassen" [DF-15].

---

[119] Die Herkunft aller Zitate aus Interviews der Studie wird durch einen Verweis auf den Code des jeweiligen Interviews gekennzeichnet. Die Interviews sind anonymisiert und für jede Teilgruppe durchnummeriert (Teilgruppen DD, DF, FD, FF, vgl. Tab. 2.3 in 2.1.3.5 zum verwendeten 2x2 quasi-experimentellen Erhebungsdesign).

3.2.1.2 Zusagen einhalten (VF-1.2)

(**V+**) Die interviewten Manager beschreiben es als Vertrauensgrund, dass der andere seine Zusagen einhält. Er hat es versprochen, er hat gesagt: 'Ja, das mache ich' – wenn er es dann auch tut, wenn er Wort hält, wenn sein Sagen und Handeln übereinstimmen, dann ist das ein Grund, ihm zu vertrauen. Bsp.: „Le collègue dit: 'Je vais faire ça.' et il le fait" [FF-05]. 'Zusage' bedeutet, dass der andere sich mir gegenüber verpflichtet hat, etwas zu tun. In einer leicht anderen Perspektive spricht man von einer 'Absprache' oder 'Vereinbarung', wenn man gemeinsam etwas beschlossen hat. Anders ausgedrückt: Man hat sich *gegenseitig* etwas zugesagt. Wie bei Zusagen schafft dies die Erwartung, dass der andere sich an seinen Teil der Absprache hält. Bsp.: „Wenn wir also beispielsweise ausmachen: 'Wir machen das dann und dann fertig'. Und dann ist sein Teil auch fertig" [DF-24].

Eine wichtige Art von Zusagen ist für die interviewten Manager die Terminzusage. Der Vertrauensgrund ist hier, dass der andere seine Zusage *rechtzeitig* einhält – spätestens zu dem Termin, für den er es versprochen hat. Bsp.: „Il m'a dit: 'Ok, … quoi qu'il fasse, je ne partirai pas samedi avant d'avoir terminé.' Et j'ai fait le constat qu'effectivement, le samedi soir, c'est terminé" [FF-12].

In einem ähnlichen Sinne ist es Vertrauensgrund, wenn der andere unsere Absprachen oder einen Konsens, den wir gefunden haben, nicht erneut in Frage stellt, wenn er nicht entgegen unserer Vereinbarung handelt. Es geht darum, dass er die Position, auf die wir uns geeinigt haben, konsistent weiter vertritt und auch entsprechend handelt – und nicht mit Dritten etwas anderes vereinbart. Er hält sich an die Spielregeln, die wir vereinbart haben. Bsp.: „Und dass dieser Konsens dann nicht irgendwie von ihm in Frage gestellt wurde" [DD-17].

Um das Einhalten von Zusagen kann man sich auch schon dadurch kümmern, dass man nur zusagt, was man einhalten kann. Die interviewten Manager beschreiben es als Vertrauensgrund, dass der andere sich bemüht sicherzustellen, dass er seine Zusagen einhalten kann – indem er nichts verspricht, was er später nicht einhalten kann bzw. indem er Forderungen oder Bitten mit dem Hinweis ablehnt, er könne sie nicht rechtzeitig erfüllen. Bsp.: „Si elle n'est pas capable de fournir le travail en fin de semaine, la personne vous le *dit*. Elle vous le dit *dès le depart*: 'Non, je ne pourrais pas te donner ça pour vendredi. Je ne pourrais te le donner que pour lundi.' Et le lundi vous l'avez" [FD-08].

(**V-**) Aus der Perspektive der Vertrauenswarnung berichten die Manager von Fällen, in denen sich der andere nicht an seine Zusagen gehalten hat, Zusagen oder Vereinbarungen nicht rechtzeitig eingehalten hat. Bsp.: „Jedes Mal, wenn irgendwo ein Problem auftritt, das zum Beispiel zu Verzügen führt, wird er mir sofort versprechen: 'Mach dir keine Sorgen. Darum kümmere ich mich. Da gibt es keinen Verzug.' Und dann gibt es doch einen Verzug. Also das ist symptomatisch" [DD-03]. Genauso beschreiben sie Fälle, in welchen sich der andere nicht an gemeinsame Absprachen gehalten, entgegen der Vereinbarungen gehandelt oder einen gefundenen Konsens in Frage gestellt hat. Bsp.: „Ich musste in einem Meeting feststellen, dass sie etwas ganz anders dargestellt hat, als wir es definitiv miteinander besprochen hatten. Sie hat das wissentlich getan, das kann nicht aus Versehen oder aus Unachtsamkeit passiert sein" [DD-17]. Oder: „Pourquoi il a trahi ma confiance ? Parce que tout simplement, je me suis mis d'accord avec l'autre qu'on signerait ce mémo ensemble. Et je m'aperçois qu'il a envoyé le mémo – sans me nommer – à son nom. Donc, il a fais exactement le contraire de ce que nous avons convenu de faire ensemble" [FD-03].

(**Vm**) Entsprechend bemühen sich die interviewten Manager, einem Kollegen oder Geschäftspartner ihre eigene Vertrauenswürdigkeit dadurch zu signalisieren, dass sie sich an ihre Zusagen halten. Bsp.: „Nicht zu sagen: 'Ja, ja, hm, ich kümmere mich darum' und dann sich sa-

3.2 Aufgabenbezogene Vertrauensfaktoren

gen: 'Weißt du was: Ist mir egal, lass ich jetzt einfach mal versanden das ganze Ding'" [DF-19]. Insbesondere bemühen sie sich, terminkritische Zusagen rechtzeitig einzuhalten. Bsp.: „Dinge, die ich verspreche, halte ich zu dem Termin ein" [DD-03]. Vorausblickend achten sie darauf, nur solche Dinge zu versprechen, die sie auch einhalten können oder es dem anderen zu signalisieren, wenn sie eine in Frage stehende Sache eventuell nicht rechtzeitig erledigen können bzw. wenn dies auch von Dritten abhängt. Bsp.: „Man darf nicht zu viel versprechen, weil viele Sachen hat man ja auch nicht in der Hand [DF-19]. Oder: „Halbwegs realistische Pläne zu machen, die ich nachher einhalten kann – und nicht irgendwas versprechen vom Himmel herunter, was eigentlich unrealistisch ist" [DF-25].

3.2.1.3 Bei Nicht-Einhalten von Zusagen informieren (VF-1.3)

(V+) Auch wenn man sich sehr bemüht, nichts zu versprechen, was man nicht einhalten kann, wird man doch im beruflichen Alltag regelmäßig in Situationen kommen, in welchen man gegebene Zusagen oder Absprache nicht – oder nicht rechtzeitig – einhalten kann. Nach den Berichten der interviewten Manager heißt dies jedoch nicht, dass man dadurch automatisch ihr Vertrauen verliert. Es kommt vielmehr darauf an, wie man sich in dieser Situation verhält. Es spricht aus Sicht der interviewten Manager dafür, einem Geschäftspartner oder Kollegen zu vertrauen, wenn dieser sie in einem solchen Fall darüber informiert, dass er die Zusage nicht einhalten kann – insbesondere wenn er sie *rechtzeitig* darüber informiert und wenn er es *von sich aus* tut. Bsp.: „Wenn er aus irgendwelchen Gründen mal ein Problem damit hat und es erst später tun kann, dann informiert er rechtzeitig darüber, dass es später wird, per Email oder per Telefon" [DD-03].
Darüber hinaus berichten es die interviewten Manager als vertrauensförderlich, wenn der andere (von sich aus) plausible Erklärungen oder Gründe dafür angibt, warum er seine Zusage nicht einhalten kann, und wenn er sich dafür entschuldigt. Bsp.: „Falls es mal nicht klappen sollte, dann geht er halt wirklich von sich aus proaktiv auf [mich] zu und sagt: Pass auf, das konnte ich nicht einhalten, so, aus dem und dem Grund" [DD-09].
Wenn der andere nicht 'proaktiv' die Gründe dafür nennt, warum er die Zusage nicht einhalten kann – etwa weil er 'sehr viel um die Ohren hat', dann kann er immer noch auf Nachfrage besonders bereitwillig reagieren und sich gegebenenfalls dann dafür entschuldigen, dass er es nicht von sich aus getan hat. Bsp.: „Wenn ich ihn darauf angesprochen habe, dann kam: 'Oh, sorry!' Und dann kam auch wirklich die Erklärung dazu" [DD-09].

(V-) Als eine Vertrauenswarnung werten es die interviewten Manager hingegen, wenn der andere sie *gar nicht* darüber informiert, dass er eine Zusage oder Vereinbarung nicht (rechtzeitig) einhalten kann, wenn er sie nicht frühzeitig bzw. *nicht rechtzeitig* informiert oder wenn er sie *nicht von sich aus* informiert, das heißt erst auf Nachfrage zögerlich damit 'herausrückt', dass er die Zusage (wohl) nicht einhalten kann. Bsp.: „Et c'est moi qui demande mardi: 'Où est le briefing?'. Ce n'est pas lui qui vient en disant lundi soir: 'J'ai eu ci, ça' [FD-23]. Erschwerend kommt hinzu, wenn der andere (von sich aus) keine Erklärungen oder Gründe dafür angibt oder angeben kann, warum er die Zusage nicht einhalten kann – und wenn ich also erst von meiner Seite aus danach fragen muss. Bsp.: „Also er hat dann halt nicht gesagt warum, sondern ich musste ihm dann nachtelefonieren: 'Pass mal auf. Wir hatten das vereinbart. Was ist da los?' [DD-09]. Wichtig ist darüber hinaus, dass die Gründe, die der andere angibt, plausibel und stichhaltig sind. 'Faule Ausreden' gelten als Vertrauenswarnung.

(Vm) Wenn man eine Zusage oder Absprache nicht (rechtzeitig) einhalten kann, dann ist es nach den Darstellungen der interviewten Manager eine Vertrauensmaßnahme, den anderen (proaktiv und rechtzeitig) darüber zu informieren. Bsp.: „Si on ne tient pas ses promesses, ça peut arriver, il faut informer" [FF-13].

Fallbeispiel-1: Rechtzeitig informieren, wenn man Zusagen nicht einhalten kann

Und diese Review wird zwei Monate vorher auf einen Tag angesetzt. Wenn wir jetzt in der Vorbereitung das nicht schaffen, dann schaue ich, dass ich, sobald ich das bemerke, ihm Bescheid gebe und sage: „Der Test, die Review kann da nicht durchgeführt werden, weil zum Beispiel irgendein Zulieferer ein Teil noch nicht geliefert hat." Und: „Wir schauen mal, dass wir die dann auf einen anderen Termin verlegen, etwas später." ... Es ist ganz einfach: Sobald ich es bemerke, kommuniziere ich. [DD-03]

Darüber hinaus kann man (von sich aus) Erklärungen oder Gründe dafür angeben, warum man die Zusage nicht einhalten kann, und zwar spätestens wenn der andere nachfragt oder wenn man zufällig mit ihm zu tun hat. Bsp.: „Ich habe heute jemandem im Treppenhaus getroffen. Ich habe noch nicht mal 'Guten Morgen' gesagt. Ich habe gesagt: 'Entschuldigung, ich habe Ihnen versprochen, am Freitag kriegen Sie etwas. Und normalerweise liefere ich das auch. Bin aber noch nicht dazu gekommen.' Hat er auch nur gegrinst. Und dann habe ich gesagt: 'Und apropos: Guten Morgen!' [DF-21]. – Vorteilhaft ist es natürlich darüber hinaus, wenn man mit plausiblen und stichhaltigen Erklärungen aufwarten kann.

3.2.1.4 Absprachen/Regeln flexibel handhaben (VF-1.4)

(V+) Vereinbarte Regeln (oder geltende Vorschriften) können – genau wie Zusagen oder gemeinsam getroffene Absprachen – von der Realität 'überholt' werden, so dass sie eigentlich nicht mehr sinnvoll sind. Nach ihren Berichten erleben es die interviewten Manager als ein Signal für die Vertrauenswürdigkeit eines Kollegen oder Geschäftspartners, wenn dieser dazu bereit ist – besonders im Krisenfall – auch einmal Regeln, Vorschriften oder Prozeduren flexibel zu handhaben – so dass es mit ihm möglich ist, auch einmal „den kurzen Dienstweg" zu nehmen. Bsp.: „Er ist fähig, Anweisungen der Hierarchie an die Situation anzupassen" [DF-13]. Ähnliches gilt für den Umgang mit Absprachen. Es kann auch ein Vertrauensgrund sein, wenn der andere in der Lage ist, flexibel mit Absprachen umzugehen und nicht immer nur das zu tun bereit ist, was man gemeinsam abgesprochen hat. Bsp.: „Wenn Sie einen Vertrag machen, dann können Sie in A, B, C, D, E genau die Deliveries hinschreiben und dann nachher Punkt für Punkt abhaken. Aber wenn sich die Umwelt inzwischen ein bisschen geändert hat, dann müssen Sie halt eine gewisse Flexibilität haben. Und da ist der halt flexibler" [DF-25].

(V-) Umgekehrt berichten es die interviewten Manager als Vertrauenswarnung, wenn der andere nicht dazu bereit ist, auch einmal die jeweiligen Regeln oder Vorschriften flexibel zu handhaben. Bsp.: „Si on lui demande du travail il dit: D'accord, donne-moi un numéro sur lequel je peux pointer, sinon je ne peux pas le faire" [FD-17]. Das gleiche gilt für den Fall, dass der andere nicht auch einmal flexibel mit einer Vereinbarung umgehen kann.

Fallbeispiel-2: Keine Flexibilität im Umgang mit Zusagen

Il y avait un problème important, mais il me disait : « Non, mais j'ai rendez-vous avec un journaliste ». Je lui disais : « Oui, mais le journaliste, là, il n'est pas important, on a vrai problème ». Il me dit : « Non, mais j'ai un rendez-vous, donc je le ferai, je le ferai rapidement, mais je le ferai. Donc je ne vais pas bouger. J'ai un rendez-vous, je ne bouge pas. » [FD-09]

(Vm) Die Bereitschaft, auch einmal mit Regeln bzw. Vorschriften oder auch Absprachen flexibel umzugehen, berichten auch einige der interviewten Manager als Vertrauensmaßnahme. Beispielsweise im Hinblick auf die Pünktlichkeit bei Terminen.

Fallbeispiel-3: Bereit sein, mit Absprachen flexibel umzugehen: Beispiel Pünktlichkeit

Wenn ich in Frankreich bin und ein Meeting habe mit französischen Kollegen, und das Meeting ist um 9.00 Uhr und um 9.10 Uhr ist da immer noch keiner angerollt – dann habe ich da eine größere Toleranz. ... Ich würde sicher

3.2 Aufgabenbezogene Vertrauensfaktoren

in Frankreich jetzt nie offensiv bei so einem Meeting dann die Leute schon im Vorfeld mit Nachdruck darauf hinweisen, dass wir morgen aber pünktlich anfangen müssen, weil wir dann... und so. Nein, nein. So läuft das, glaube ich, viel, viel besser. [DF-04]

3.2.1.5 Diskussion

Einige der einleitend entwickelten Überlegungen zum Handlungsfeld <Umgang mit Absprachen/Regeln> finden sich in der Literatur im Zusammenhang mit der Diskussion um die allgemeinen Vertrauensbedingungen 'consistency', 'reliability', 'predictability' und 'integrity' (vgl. McKnight & Chervany 1996: 65, Tab. 2; vgl. auch meine Diskussion der unterschiedlichen Bedeutungen von 'Zuverlässigkeit' in 3.7). Einschlägig ist insbesondere der Aspekt der Konsistenz zwischen dem, was ein Partner sagt, und dem, was er macht. Darauf wird häufig verwiesen (McGregor 1967: „inconsistencies between words and deeds", Gabarro 1978: "consistency in what the other one says and does", Lewicki & Bunker 1996: „constancy of behavior", Simons 1999: „word-action mismatches undermine trust", Kouzes & Posner 1993: „their actions are consistent with their words" oder „they do what they say they will do"). Allerdings muss man hier differenzieren, denn es gibt unterschiedliche vertrauensrelevante Arten von Konsistenz im Handeln (vgl. Tab. 3.13 in 3.3.4.2). So ist beispielsweise zu klären, gemäß welchem Vertrauensfaktoren das Verhalten im konkreten Fall interpretiert wird: als *'Zusagen einhalten'* oder als *'Nichts vortäuschen'*.
An einigen Stellen wird in der Literatur konkret auf den Umgang mit Absprachen Bezug genommen. Ähnlich dem Vertrauensfaktor *'Absprachen treffen / Regeln vereinbaren'* nennt Gillespie (2003) die Bedingung „entering into informal agreements and task coordination". Vergleichbar mit dem Vertrauensfaktor *'Zusagen einhalten'* nennen Butler (1991) „promise fulfillment" und Thomas (2005e) die „Erfüllung von Versprechungen" sowie Dasgupta (1988) allgemein „credibility of promises". Allerdings richten die genannten Autoren weder den Blick auf den Aspekt des flexiblen Umgangs mit Zusagen, noch stellen sie den Zusammenhang her, dass das Spannungsfeld zwischen *'Zusagen einhalten'* und *'Zusagen flexibel handhaben'* auch für den Umgang mit bestehenden Regeln besteht. Wie sich in den Interviews der vorliegenden Studie herausstellte, sind beides jedoch vertrauensrelevante Aspekte, die insbesondere für die Untersuchung von Vertrauen im Kulturvergleich recht aufschlussreich erscheinen (vgl. die Kulturdimension 'Universalismus vs. Partikularismus' nach Parsons & Shils (1951) oder Trompenaars & Hampden-Turner (1997) sowie die Diskussion in 5.1.1).

3.2.2 Weitergabe von Informationen

Auch im geschäftlichen Alltag gilt, was schon der britische Philosoph Francis Bacon (1597) notierte: Wissen ist Macht. Gemeint ist, dass bestimmten Fakten in bestimmten Situationen besondere Bedeutung zukommt. Man spricht dann von 'Informationen' bzw. 'informiert sein'. Der Umgang mit Informationen und insbesondere die Frage, wer wann wem welche Informationen weitergibt, hat nach den Darstellungen der interviewten Manager für die Einschätzung der Vertrauenswürdigkeit von Kollegen und Geschäftspartnern große Bedeutung: Teilen sie die Macht des Wissens mit mir oder nicht? Wie verhalten sie sich, wenn ich sie an meinem Wissen teilhaben lasse? In der Auswertung der Interviews kristallisierten sich die folgenden vier Vertrauensfaktoren heraus (Tab. 3.4).

Tab. 3.4: Handlungsfeld-02: <Weitergabe von Informationen>

Leitfrage: Wie geht der andere mit Informationen von mir um? Gibt er mir Informationen – und welche?	
1 An Wissen teilhaben lassen	Lässt er mich an Wissen / Know-how teilhaben? Bringt er in unsere Zusammenarbeit wertvolle Ideen ein?
2 Mitdenken und individuell informieren	Denkt er für mich mit und informiert mich, wenn er etwas weiß/erfährt, das für mich relevant ist?
3. Informationen vertraulich behandeln	Behandelt er Informationen von mir vertraulich?
4. Informationen nicht ausnutzen	Nutzt er Informationen, die ich ihm gebe, nicht etwa zu seinem Vorteil (oder sogar gegen mich)?

3.2.2.1 An Wissen teilhaben lassen (VF-2.1)

(V+) Für die interviewten Manager stellt es einen Vertrauensgrund dar, dass ein Kollege oder Geschäftspartner ihnen Informationen gibt, die für ihn, für sie beide oder auch für Dritte in der jeweiligen Situation wichtig und wertvoll sind. Der andere ist bereit, sein Wissen weiterzugeben. Er lässt an seinem Know-how teilhaben. Er gibt Informationen: Daten, Fakten, aufgabenspezifisches Know-how oder Informationen über Dritte, über interne Strukturen oder Ereignisse. Der Kollege bringt seine guten Ideen in die Zusammenarbeit ein und behält sie nicht für sich. Bsp.: „Und da war die Bereitschaft, auch Wissen weiter zu geben. ... Bei diesen Telefonkontakten habe ich einfach gemerkt, dass er mit keinen Informationen hinter dem Berg hält" [DD-13]. Oder: „Donner de l'information, et ne pas retenir. Partager, partager. Son souci de partager et de donner de l'information. Je pense que c'est aussi un aspect important de la relation de confiance" [FD-07].

In diesem Zusammenhang betonen einige Manager, dass es ein Vertrauensgrund sei, wenn der andere im Informationsaustausch mehr tut, als er eigentlich müsste, das heißt ihnen zusätzliche, über die konkrete Aufgabe hinausgehende Informationen gibt. Bsp.: „Er hat mir dann auch mal ab und zu eine Information geliefert, die er mir eigentlich nicht hätte geben brauchen" [DD-05].

Als besonders vertrauensförderlich wird wahrgenommen, wenn die Informationen, die man bekommt, *vertrauliche* Information sind: Sie berichten von Kollegen, von welchen sie Informationen über noch nicht offiziell bekannt gegebene Entscheidungen des Managements, hochsensible Testergebnisse oder Pläne für interne Umstrukturierungen bekamen – wertvolle Informationen, die aus bestimmten Gründen unbedingt (noch) nicht an Dritte weitergegeben werden durften. Bsp.: „Er liefert mir Informationen, die ich so normalerweise von anderen Gesprächspartnern eben nicht bekomme. ... vertrauliche Informationen, die über den Standard hinausgehen" [DF-20]. Oder: „Il me donne des informations, qu'il a peut-être intérêt à ne pas me donner" [FD-05]. – Eine solche Weitergabe vertraulicher Informationen ist übrigens nicht nur gemäß dem Vertrauensfaktor *'An Wissen teilhaben lassen'* ein Vertrauensgrund, sondern sie wird darüber hinaus als ein Vertrauensbeweis angesehen – und wirkt damit über die Reziprozität von Vertrauen (vgl. 3.6.2 *'Handeln als Ausdruck von Vertrauen'*.

(V-) Aus der umgekehrten Perspektive, also als Vertrauenswarnung, ist ein solches Verhalten meist nur indirekt wahrzunehmen – denn zunächst einmal weiß ich schließlich nichts von den Informationen, die man mir vorenthält. Dass der andere mich *nicht* an Wissen teilhaben lässt, kann ich nur daraus schließen, dass er mir nur wenige oder gar keine Informationen gibt oder daraus, dass er offensichtlich Gründe vorschiebt, um Informationen nicht herausgeben zu müssen. Bsp.: „Und er schiebt dann in den meisten Fällen Gründe vor: Das wäre

3.2 Aufgabenbezogene Vertrauensfaktoren

jetzt halt geheim, und das könnte er mir nicht sagen" [DD-03]. Oder: „[Er hält] Informationen bewusst zurück: Die gehört mir, die Information!" [DD-05].
Oder ich kann auf zurückgehaltene Informationen daraus schließen, dass die Informationen, die ich bekomme, unvollständig sind bzw. dass es zu wenige Informationen sind, um sie sinnvoll benutzen zu können. Bsp.: „Quand je cherche à avoir des informations, je ne les ai pas. On me les donne, mais on ne me donne pas les raisons, le contexte, les causes racines. ... Quand je demande, on ne me donne que les faits. Mais ça ne me permet pas de les utiliser" [FD-07]. Manchmal kann man auch im Nachhinein feststellen, dass der andere Informationen zurückgehalten hat, z.b. dass er einem weniger Informationen gegeben hat, als er eigentlich hätte geben müssen oder dass er einen von bestimmten vertraulichen Informationen ausgeschlossen hat. Bsp.: „Ab und zu kommen dann solche Geschichten raus, ... dann kriege ich Informationen von ihr, wo ich merke, oh, da hat sie mich praktisch nicht informiert" [DD-20]. – Auch hier kann neben der konkreten Vertrauenswarnung, dass Informationen zurückgehalten werden, die weitergehende Interpretation dieses Handelns als 'Ausdruck fehlenden Vertrauens' eine Rolle spielen (vgl. 3.6.2 *'Handeln als Ausdruck von Vertrauen'*).

(**Vm**) Als entsprechende Vertrauensmaßnahme berichten die interviewten Manager davon, den anderen an wertvollem Wissen teilhaben zu lassen, ihm Zugang zu Informationen zu ermöglichen, ihm Einblick in wichtige interne Strukturen zu geben oder ihm Hintergründe erläutern. Bsp.: „Ich habe ihr wichtige Interna im Sinne von politischen Zusammenhängen dargestellt, um sie davor zu schützen, irgendwo ins offene Messer zu laufen. ... Indem ich ihr zum Beispiel Dinge noch mal erklärt habe, die sie in Meetings gehört hat aber nicht verstehen konnte" [DD-08]. Oder: „Je pense que la confiance vient du maximum de communication et d'information qui est donné. C'est pourquoi je m'attache à donner l'information que je reçois aux gens" [FD-20].
Auch berichten die interviewten Manager davon, bei dieser Weitergabe von Informationen gezielt und offensichtlich etwas mehr zu tun, als sie eigentlich müssten. Das heißt, sie sagen dem anderen etwas mehr, als unbedingt nötig ist, oder sie gehen sogar einen Schritt weiter und geben dem anderen wirklich vertrauliche Informationen. Bsp.: „Je lui donnais ces informations qui étaient un peu de nature confidentielle" [FF-17]. Wie auch die Semantik des Ausdrucks 'jemandem etwas anvertrauen' zeigt, geht es hier nicht allein um den Vertrauensfaktor *'An Wissen teilhaben lassen'*, sondern auch darum zu zeigen, dass man selbst dem anderen vertrauen schenkt (vgl. 3.6.2).

Fallbeispiel-4: Ein bisschen die Grenzen verschieben und vertrauliche Informationen weitergeben

> Ich beziehe die Mitarbeiter in sehr viele Dinge mit ein und halte nicht mit Informationen zurück. Ich beziehe Mitarbeiter in Dinge mit ein, wo sie genau wissen: 'Normalerweise werde ich hier aber nicht mit einbezogen – und der hat es jetzt trotzdem gemacht.' Also ich verschiebe selber die Grenzen so ein bisschen. [DD-02]

3.2.2.2 Mitdenken und individuell informieren (VF-2.2)

(**V+**) Beim letzten Vertrauensfaktor (*'An Wissen teilhaben lassen'*) ging es um die Weitergabe von 'an sich' wertvollen Informationen. Es kann aber auch ein Vertrauensgrund sein, dass mir der andere Informationen gibt, die *speziell für mich* wichtig und wertvoll sind – mehr als für ihn oder für andere. Die interviewten Manager berichten von Situationen, in welchen ein Kollege oder Partner sie extra kontaktierte, um ihnen Informationen zu geben, die speziell für sie in der jeweiligen Situation wichtig oder interessant waren. Bsp.: „Wenn einflussreiche Personen aus seinem Kreis, zum Beispiel sein Vorgesetzter oder Jemand vom Ministerium, etwas von ihm verlangen in Bezug auf das Projekt, wo er mich eigentlich nicht informieren müsste, dann tut er das trotzdem" [DD-03]. Oder: „Es kam vor, dass sie mir zum Beispiel schon mal vorab etwas erzählte: 'Da kommt jetzt was. Da entsteht bei uns latent Unzufrie-

denheit' – noch bevor das jetzt hochgekocht war. Dann konnte ich schon mal reagieren und das abfangen, bevor ein Konflikt überhaupt richtig entstanden war" [DD-23].
Der zentrale Punkt ist hier, dass der andere quasi für mich mitdenkt. Er macht sich meine Perspektive, also meine Ziele oder Befürchtungen, zu Eigen. Daher sieht er, dass bestimmte Informationen, für mich in besonderem Maße relevant sind, und informiert mich. Er gibt mir Rückmeldungen, die ich sonst nicht erhalte. Er gibt mir Tipps oder weist mich auf etwas hin. Bsp.: „Ich bin jetzt hier auf dem Gebiet nicht so erfahren. Der Kollege ... weist mich auf Dinge hin: Haben Sie da dran gedacht? und so. ... Oder: Wenn Sie das so ein bisschen umkonstruieren, haben Sie da und da einen Vorteil" [DD-12]. Das kann auch bedeuten, dass mich der andere warnt, weil er den Eindruck gewonnen hat, dass ein Dritter bestimmte Entwicklungen oder Informationen gegen mich verwenden könnte: Bsp.: „Ich hatte eine Diskussion mit den Kollegen von XY, ich habe das so dargestellt, aber ich hatte so das Gefühl, die hauen jetzt als nächstes auf deinen Bereich" [DD-17].

(V-) Zur Vertrauenswarnung kann dieser Vertrauensfaktor werden, wenn man bemerkt, dass der andere offensichtlich *nicht* für mich mitgedacht hat, mich also *nicht* proaktiv informiert hat: wenn er es versäumt hat, mir Informationen zu geben, die für mich wichtig gewesen wären und die er mir von sich aus hätte geben müssen. Bsp.: „Und dann habe ich gemerkt: Er hat Kenntnisse über bestimmte Dinge und bringt es nicht fertig, mir dies mitzuteilen. Also mitzuteilen: Da ist irgendetwas, und das solltest du eigentlich wissen. Also Informationen über einen [Kollegen] oder auch Feedbacks, die mir nützlich gewesen wären, um bestimmte Entscheidungen zu treffen" [DF-06].

(Vm) Als Vertrauensmaßnahme geht es den interviewten Managern entsprechend darum, für den anderen mitzudenken und ihm proaktiv Informationen zu geben, die (speziell) für ihn wichtig und wertvoll sind – bzw. Informationen, die zwar für ihn in besonderem Maße relevant sind, aber sie ihm nicht unbedingt geben müssten. Bsp.: „Ich hatte mir gemerkt, dass er da mal was gesagt hat, wo er hausintern mit einer Meinung zur Disposition steht. Und ich erinnerte mich dann an einen Vortrag, den ich kürzlich gehört hatte, wo jemand genau seine Argumentation gestützt hat. Und dann habe ich ihm diesen Vortrag besorgt" [DD-22].

Fallbeispiel-5: Dem anderen Munition liefern, die er intern benötigt
> Und dann habe ich einen Hörer in die Hand genommen, habe hier mit verschiedensten Abteilungen telefoniert und wirklich dann mal gesammelt, was da schief gelaufen ist. Habe diese ganzen Informationen genommen aus unserem System und habe sie ihr zu Verfügung gestellt und habe gesagt: 'Also, pass auf: das, das, das und das. Wenn sie dich noch mal ansprechen, weißt du, worum es geht.' Also ich habe ihr sozusagen Munition geliefert für eine Diskussion, die sie intern führen muss. [DF-19]

3.2.2.3 Informationen vertraulich behandeln (VF-2.3)

(V+) Ein häufiger und wichtiger Vertrauensgrund ist es für die interviewten Manager, dass der andere Informationen vertraulich behandelt: dass er erkennt, welche Informationen vertraulich sind und mit Ihnen vertraulich umgeht. Dies ist im Managementberuf wichtig, da in vielen Fällen Informationen sensibel bzw. nur für einen bestimmten Personenkreis bestimmt sind. Man spricht ja auch entsprechend von *vertraulichen* Informationen. Der als Vertrauensgrund geschätzte vertrauliche Umgang mit Informationen kann dabei entweder Informationen betreffen, welche ich dem anderen gegeben bzw. 'unter vorgehaltener Hand' erzählt habe. Bsp.: „Und es hat das Vertrauensverhältnis weiter gefestigt, dass auch der Inhalt des Gespräches zwischen uns geblieben ist. Das Gespräch ist vertraulich geblieben" [DD-13]. Oder: „C'est quelqu'un qui prenait soin, quand des gens venaient, de bien fermer les documents sur le bureau qui étaient confidentiels pour ne pas ... Donc, quelqu'un qui respectait vraiment les règles de confidentialité" [FD-10].

3.2 Aufgabenbezogene Vertrauensfaktoren

Es kann genauso aber auch um Informationen gehen, die der andere von Dritten erfahren hat oder die er von sich aus in Erfahrung gebracht hat – aber von welchen ich möchte, dass sie nicht weitergeben werden. Zum Beispiel kann ein Kollege zufällig entdecken, dass mir ein Fehler unterlaufen ist und ich gerade im Stillen an der Behebung dieses Fehlers arbeite. Dass der andere hier Diskretion übt und diese Information für sich behält, ist ein wichtiger Vertrauensgrund. Bsp.: „Si j'ai commis une erreur de gestion, le collègue ... m'aide à résoudre ce problème sans en faire état aux autres cadres ... sans que ça remonte à la direction générale, au président directeur général" [FF-16].

Ob der andere Informationen vertraulich behandelt, betrifft sein Verhalten gegenüber Dritten, weshalb man darauf nur indirekt schließen kann. Dies tun aber sehr viele Manager. Sie argumentieren: Ich bekomme mit, welche Informationen im Umlauf sind, und wenn mir die fraglichen Informationen nicht von Seiten Dritter zu Ohren kommen, dann kann ich darauf schließen, dass der andere sie vertraulich behandelt hat. Viele der interviewten Manager zeigen sich sehr sicher, über das eigene Netzwerk unweigerlich früher oder später mitzubekommen, wenn der andere die fraglichen Informationen nicht vertraulich behandelt hat. Bsp.: „Ich weiß: Der ist in einer ähnlichen Situation. Er ist auch Führungskraft, muss Mitarbeiter führen, die motivierter oder weniger motiviert sind. Und wenn ich ihm schon mal was erzählt habe, 'Mensch, ich habe da ein Problem...', dann kam das nie von irgendeiner Seite zurück. Also ich kriege das dann doch irgendwo mit, wenn solche Dinge rauskommen. Das kriegt man doch über irgendwelche Ecken wieder mit. Und da weiß ich halt: Da kam halt nichts zurück" [DD-23].

Es gibt allerdings weitere Wege um einzuschätzen, ob der andere mit Informationen vertraulich umgeht. Ich kann beispielsweise beobachten, wie er mir selbst gegenüber mit Informationen umgeht, die er von Dritten bekommen hat. Dann kann man ich beispielsweise bemerken, dass er mit solchen Informationen mir gegenüber bewusst zurückhaltend ist, oder ich kann feststellen, dass er mir Informationen, von denen ich weiß, dass sie von dritter Seite aus bekommen hat, nicht von sich aus weitererzählt hat.

Fallbeispiel-6: Er hat die Einstellung, dass er keine Geheimnisse durch die Gegend trägt

> Er hat die Einstellung, dass er keine Geheimnisse durch die Gegend trägt. Ich merke das aus den Gesprächen, die wir am Mittagstisch miteinander haben, auch über irgendwelche Besprechungen. Da stockt das dann an dem Teil, wo die Informationen dann eher ein bisschen vertraulich werden. Da merke ich dann: Das ist jetzt eine Sache, die will er nicht unbedingt weitergeben – darf er vielleicht auch nicht unbedingt weitergeben. Und dann schließe ich daraus, dass er bei mir mit meinen vertraulichen Informationen, die ich ihm gebe, dass er da genauso mit umgeht. [DD-23]

Wie beim Einhalten von Zusagen kann es auch beim vertraulichen Umgang mit Informationen ein Vertrauensgrund sein, dass der andere einem vorausschauend mitteilt, dass er bestimmte Informationen nicht vertraulich behandeln könne, sondern aus Loyalitätsgründen weiter geben müsse – also *bevor* man sie ihm erzählt. Bsp.: „Er hat dann auch vorher gesagt: Hör mal zu, wenn du mir darüber was erzählen willst, ich kann das nicht für mich behalten, weil das muss ich mit meinem Boss bereden, weil das ist irgendwie für mich ein Zustand, wo ich meinem Boss auch verpflichtet bin, also behalte es für dich" [DF-23].

(V-) Als Vertrauenswarnung beschreiben die interviewten Manager den Fall, dass der andere mit Informationen nicht vertraulich umgeht, das heißt, dass er vertrauliche Informationen nicht für sich behält, sondern sie weiter gibt. Bsp.: „J'avais des informations sur un client que j'ai donné confidentiellement au directeur commercial – qui les a répercuté à la direction générale ce qui peut avoir des implications sur la gestion de la société, quoi – alors que l'information qui avait été donnée avait été donnée à titre confidentiel. Et ne devait pas remonter" [FF-16]. Die Vertraulichkeit von Informationen kann man auch verletzt sehen, wenn Emails an Dritte weitergeleitet werden. Eine technische Entwicklung – die Leichtigkeit des

Weiterleitens von Emails – führt dazu, dass sich dieses Vertraulichkeitsproblem heute vermehrt stellt, denn es wäre natürlich ungleich aufwändiger, postalische Briefe extra zu kopieren, um sie an andere Leute weiter zu versenden. Bsp.: „Une lettre que vous avez destinée à une personne et à personne d'autre, tout à coup vous la retrouvez chez d'autres personnes... Cette lettre, je ne l'aurais pas formulée de la même façon si j'avais su qu'après elle serait transmise à une autre personne. Et, ça c'est quelque chose qui peut parfois un peu remettre en cause la confiance" [FD-01].

Teilweise entsteht diese Vertrauenswarnung vor allem bei fehlender Abstimmung bzw. Rücksprache. Eigentlich wäre der Betreffende mit der Weitergabe der Informationen grundsätzlich einverstanden gewesen, wenn eine entsprechende Rücksprache erfolgt wäre. Es geht hier darum, dass der andere die Hoheit über eine bestimmte Information anerkennt. Vertrauen wird in Frage gestellt, wenn die Information ohne Rücksprache weitergegeben wurde. Bsp.: „Da sind Informationen weiter geflossen ... ohne das noch mal eine Absprache statt gefunden hatte" [DD-13].

Wie beim Vertrauensgrund gilt auch hier, dass manche der interviewten Manager auf den nicht vertrauenswürdigen Umgang mit Informationen indirekt schließen: Wer ihnen Informationen von Dritten weitergibt, die offensichtlich vertraulich sind, bei dem befürchten sie, dass er möglicherweise auch umgekehrt Informationen, die sie ihm geben, nicht vertraulich behandelt. Bsp.: „Im Grunde genommen gibt er mir ja Informationen, die ich nicht haben dürfte. Vielleicht macht er ja dasselbe mit den Informationen, die ich ihm gebe" [DF-19].

Der Test auf vertraulichen Umgang mit Informationen ist offenbar auch ein beliebter 'Vertrauenstest' bzw. 'Versuchsballon'. Einige der interviewten Manager berichten, dass sie gezielt die Strategie einsetzen, einem anderen weniger wichtige vertrauliche Informationen zu geben, um zu testen, ob er sie weitergibt.

Fallbeispiel-7: Versuchsballon zum vertraulichen Umgang mit Informationen

Dem habe ich mal was Persönliches, Vertrauliches erzählt, und zwei Minuten später rief mich [eine Kollegin] an und sagte mir: 'Jetzt hat er es mir grade erzählt.' Aber das war auch ein Versuchsballon von mir, also das muss ich fairerweise dazu sagen. ... Ich habe ihm was gesagt und wollte mal sehen: Behält er es für sich oder behält er es nicht für sich? Und es hat keine zwei Minuten gedauert... [DF-19]

(Vm) Die entsprechende Vertrauensmaßnahme ist natürlich, selbst Diskretion zu üben und Informationen nicht (einfach) weiterzugeben. Dies umfasst auch Fälle, in denen es eher darum geht, die Quellen für Informationen mit Diskretion zu behandeln. Insbesondere wenn man von Mitarbeitern über Fehler oder Probleme in der Organisation informiert wird, ist es vertrauensbildend, die Quellen oder Informanten nicht offen zu legen. Bsp.: „Also beispielsweise steckt mir ein Meister von der Produktion so beiläufig: 'Hier da schau dir das mal an, ich weiß nicht, ob das so richtig ist.' ... Dass ich da nicht zu seinem Vorgesetzten anschließend hinlaufe und sage: 'Hier, der Herr X hat mir gesagt, das ist aber Sch..., was ihr hier macht.' Sondern dann bin ich da halt zufällig vorbeigekommen und habe das gesehen" [DD-17]. Eine weitere Vertrauensmaßnahme, welche die interviewten Manager beschreiben, ist es, gewisse Dinge oder Probleme eher „unter vier Augen" [DD-10] bzw. „im kleinen Kreis" [DD-17] zu besprechen.

Wie wir in der Diskussion von *'Informationen vertraulich behandeln'* als Vertrauenswarnung gesehen haben, geht es manchmal vor allem darum, vor der Weitergabe von Informationen das Einverständnis dafür einzuholen bzw. den anderen gezielt darüber zu informieren, dass man eine Information von ihm an Dritte weitergibt. Schwierig wird es, wenn man den anderen dann nicht erreichen kann, wie das Fallbeispiel-8 zeigt.

Fallbeispiel-8: Kleine Vertrauensmaßnahme bei der Weitergabe vertraulicher Informationen

[Ein Mitarbeiter hier am Standort musste ein komplexes Angebot erstellen, und fragte mich, ob wir so etwas schon einmal gemacht haben.] Ich habe eins raus gesucht, von dem ich dachte, das ist das richtige, und wollte das

3.2 Aufgabenbezogene Vertrauensfaktoren

dem Kollegen hier [am Standort] geben. Ich denke, da spricht auch nichts dagegen. Ich habe dann versucht, den Kollegen in [Frankreich] vorher anzurufen. Ich wollte das mit ihm abklären, dass ich das vorhabe und ob das für ihn okay ist. Aber er war jetzt nicht zu erreichen, und es musste schnell gehen. Und da war ich jetzt in der Bredouille. Was ich jetzt gemacht habe ist Folgendes: Ich habe dem deutschen Kollegen hier das [Angebot] geschickt, **habe aber den französischen Kollegen als Kopie auf die Email gesetzt, so dass er nachvollziehen kann, dass ich jetzt diese Information vom ihrem Server an den deutschen Kollegen gegeben habe – mit der Bitte, das auch vertraulich zu behandeln.** Ich denke, dass das wichtig ist, solche kleinen Maßnahmen, dass er nicht das Gefühl hat, dass ich den Informationszugriff, den ich da habe, irgendwie zu ihren Ungunsten oder zumindest ohne ihr Wissen irgendwie benutze. [DF-14]

3.2.2.4 Informationen nicht ausnutzen (VF-2.4)

Wenn man Informationen an einen anderen weiter gibt, dann behält man sich oft unausgesprochen das Recht vor, erstens darüber zu bestimmen, wem diese Informationen darüber hinaus noch grundsätzlich zugänglich gemacht werden dürfen und zweitens, wer diese Informationen in der einen oder anderen Form nutzen darf. Der letzte Vertrauensfaktor ('*Informationen vertraulich behandeln*') betraf den ersten Punkt, das heißt die Zugänglichkeit bzw. die Weitergabe von Informationen. Der Vertrauensfaktor '*Informationen nicht ausnutzen*' betrifft den zweiten Punkt.

(V+) Nach ihren Berichten sehen es die interviewten Manager als Signal für die Vertrauenswürdigkeit eines Kollegen oder Geschäftspartners, wenn dieser Informationen, die er von ihnen bekommen hat, nicht ausnutzt, also ohne ihr Einverständnis zum eigenen Vorteil nutzt. Bsp.: „Je vois si je suis capable de lui dire des choses de façon confidentielle, sans qu'elle aille sans servir" [FD-05]. Ähnlich beschreiben sie, dass der andere Informationen, die sie ihm geben, nicht aktiv zu ihrem Nachteil verwendet. Bsp.: „Ich kann mich darauf verlassen, dass er das nicht in seiner Organisation nach oben trägt und gegen mich verwendet" [DD-03].

(V–) Der umgekehrte Fall wird entsprechend als Vertrauenswarnung wahrgenommen: dass der andere Informationen, die ich ihm gebe, für sich selbst ausnutzt, also zu seinem Vorteil verwendet. Bsp.: „Er hat das, was ich von mir preisgegeben bzw. offenbart habe, für sich persönlich genutzt und Vorteile für sich daraus gezogen" [DF-06].

Fallbeispiel-9: Ich hatte das Gefühl, so ein bisschen ausgenutzt worden zu sein

> Ich hatte so eine Sammlung von Zeitungsartikeln und teilweise selbst geschrieben Sachen zu so einem bestimmten Thema. Da hat ein Kollege gesagt, er würde sich für diese Unterlagen interessieren und ob er sich die Mal anschauen könnte. Und ich habe die dann dann auch mal ausgeliehen. Und dann habe ich festgestellt: Der hat das eigentlich alles ... schnell kopiert und hat sich das angeeignet, um das dann eben für sich selbst verwenden zu können. ... Und der dann auch ja sogar noch behauptet, er hätte das selbst zusammen getragen. Und er hat es dann zu seinen Unterlagen genommen. Und dann wurde da so ein internes Seminar organisiert. Und da habe ich das eben gemerkt. Der hatte dann so Redebeiträge und so eine kleine Präsentation mit den Unterlagen gemacht ... Da habe ich gemerkt: **Er hatte die Informationen praktisch so bei mir abkopiert oder hatte das als sein Eigenes ausgegeben.** ... Und habe ihn hinterher gefragt. „Sag mal, das waren doch eigentlich genau die Dinger da, die ich mal..." Und da hat er es dann auch zugegeben. Aber er hätte eigentlich korrekterweise in der Präsentation sagen müssen, dass das nicht direkt von ihm war. Er hat sich so ein bisschen geistiges Eigentum praktisch angeeignet. [DF-26]

Die Variante ist, dass der andere Informationen von mir sogar gegen mich, also zu meinem Nachteil, verwendet. Bsp.: „Ich kann mit ihm nicht über Probleme in meiner Abteilung zum Beispiel sprechen, ohne dass ich befürchten muss, dass der es hinterher gegen mich verwendet" [DD-17]. Oder: „A chaque fois que je lui ai donné des informations il s'en est servi contre moi" [FF-09].

Fallbeispiel-10: Er hat die Information genommen und dann subtil gegen mich gearbeitet

> Und bei diesem Kollegen ... musste ich dann aber sehr schnell feststellen, **dass er diese Information, die ich dort preisgegeben habe, dazu benutzt hat, die eigene Position zu stärken.** Ich hatte ihm kundgetan: ‚Ok, auf diesem Arbeitsgebiet konnten wir einen Erfolg landen und konnten uns beteiligen an dem und dem Arbeitspaket.' Das hat dann zur Folge gehabt, dass der Kollege diese Information genommen hat und meiner Auffassung nach subtil da-

gegen gearbeitet hat. Denn diese Sache war noch nicht fix, sondern das war noch im Entstehen. Und auf einmal war [die Option] nicht mehr da. Und das hat bei mir dann die Alarmglocken klingeln lassen, und ich hab mir gesagt: 'Ok, mit dem Kollegen kannst du nicht vertrauensvoll zusammenarbeiten.' [DF-12]

(Vm) Als Vertrauensmaßnahme achten die interviewten Manager darauf, Informationen, die sie von einem anderen bekommen, nicht ohne Rücksprache zu ihrem eigenen Vorteil – bzw. nicht zu dessen Nachteil – auszunutzen. Bsp.: „Wenn er mir quasi unter dem Siegel der Vertraulichkeit oder Verschwiegenheit Informationen gibt, also dass ich das auch nicht eins zu eins jetzt ausnutze" [DF-20].

3.2.2.5 Diskussion

Sehen wir uns die einschlägigen Beiträge der Literatur zur Diskussion um Vertrauensbedingungen aus dem Blickwinkel des Handlungsfelds <Weitergabe von Informationen> an. Die meisten der genannten Vertrauensbedingungen betreffen den Vertrauensfaktor 'An Wissen teilhaben lassen'. Zand (1972) oder Dyer (1997) nennen „sharing information". Whitener et al. (1998) nennen „sharing and exchanging ideas", Tzafrir et al. (2003): „the amount to which directors share information with subordinates", Morgan & Hunt (1994): „sharing of meaningful and timely information between firms", Smith & Aldrich (1991): „information sharing between suppliers and buyers". Lorenz (1988) und Aoki (1988) berichten den Aspekt für den französischen respektive japanischen Business-Kontext. Auch Gillespie (2003) spricht von „information sharing", zieht dabei aber, wie häufig in der Literatur, unterschiedliche Aspekte zusammen: „sharing work-related or personal information of a sensitive nature". Neben dem Aspekt, einen anderen *überhaupt* an wertvollem Wissen teilhaben zu lassen (Vertrauensfaktor 2.1), bezieht sie sich hier auch auf den Aspekt der Vertraulichkeit („sensitive information", Vertrauensfaktor 2.3) und auf den privaten Charakter von Informationen, die ausgetauscht werden (vgl. den Vertrauensfaktor 6.2 'Privates erzählen'). Eine solche Bestimmung von Vertrauensbedingungen ist im Kontext kulturvergleichender Studien zu ungenau, und Vertrauensmessinstrumente wie das von Gillespie entwickelte sind daher aus einer interkulturellen Perspektive kritisch zu sehen.

Andere Autoren nennen den Aspekt der Vertraulichkeit von Informationen als separate Vertrauensbedingung (Butler 1991: "discreetness", Moranz 2004: "Geheimhaltung", Thomas 2005e „diskreter Umgang mit Geheimnissen"). Auch Gabarro 1978 spricht von "discreetness" („that the other person would not violate confidences"). Allerdings zieht er das mit dem Aspekt zusammen, Informationen nicht zum Nachteil des anderen einzusetzen („that the other person would not carelessly divulge to others potentially harmful information").
Der Aspekt, auf welchen sich der letzte Vertrauensfaktor des Handlungsfelds bezieht, also 'Informationen nicht ausnutzen', findet sich in der allgemeineren Diskussion um Vertrauen und opportunistisches Verhalten (vgl. Sako & Helper 1998).
Der Aspekt 'Mitdenken und individuell informieren' kommt in der Literatur nicht als Vertrauensfaktor in den Blick. Er ist jedoch wiederum aus kulturvergleichender Perspektive interessant, denn es zeigt sich hier im deutsch-französischen Vergleich ein deutlich größeres Gewicht dieses Vertrauensfaktors auf deutscher Seite (vgl. 4.2.2). Dieser Stellenwert ist im Zusammenhang mit der auf deutscher Seite stärker punktuell-aufgabenorientierten Kommunikation zu sehen, welcher auf französischer Seite offenbar ein kontinuierlicherer Kommunikationsfluss im Arbeitsalltag gegenüber steht. Dieser umfasst aufgabenspezifische wie auch allgemeinere bis hin zu halb-privaten Aspekten. Relativ wichtiger ist im französischen Umfeld die Teilnahme am 'Flurfunk' bzw. die Nutzung des 'Informationsmittels Kaffeeautomat' und man könnte entsprechend von 'Informationen als Holschuld' sprechen. Demgegenüber ist es im deutschen Unternehmenskontext von größerer Bedeutung, Informationen,

3.2 Aufgabenbezogene Vertrauensfaktoren

die für andere relevant sind, gezielt weiterzugeben, weswegen man von 'Informationen als Bringschuld' sprechen könnte: In Deutschland ist es wichtiger, mitzudenken und den anderen individuell zu informieren (vgl. 4.2.2 sowie die Diskussion in 5.6).

3.2.3 Umgang mit Anweisungen / Aufforderungen

Erfolgreiche Arbeitsteilung im beruflichen Kontext setzt voraus, dass die Beteiligten eine angemessene Art und Weise finden, über die Aufteilung der Arbeit zu kommunizieren und dass sie ihren jeweiligen Teil der Arbeit tatsächlich erledigen. Fünf Vertrauensfaktoren im Umfeld dieser Fragen fasst das Handlungsfeld <Umgang mit Anweisungen/Aufforderungen> zusammen (vgl. Tab. 3.5 auf der nächsten Seite).
Zunächst einmal geht es um die eigentliche Umsetzung von Anweisungen, Bitten oder Ratschlägen. Zwischen Kollegen oder Geschäftspartnern erfolgt die Zuweisung von 'Arbeitspaketen' über Anweisungen, Aufforderungen, Bitten oder Ratschläge – je nach Rollenverteilung und Umgangston. Unabhängig von der Art der Kommunikation ist es jedoch nach den Berichten der Interviewpartner für die wahrgenommene Vertrauenswürdigkeit eines anderen stets wichtig, ob dieser andere tatsächlich auch macht, was von ihm verlangt wird, worum er gebeten wird oder was ihm nahe gelegt wird.
Allerdings geht es nicht nur darum, ob er es macht, sondern auch darum, wie er sich im Prozess der Umsetzung verhält: Arbeitet er selbständig oder braucht er für alles eine detaillierte Anleitung? Hält er mich auf Stand, wie es mit der Umsetzung vorangeht, oder herrscht totale Funkstille, und ich weiß nicht, wie weit er ist? Wenn er auf wirklich kritische Probleme stößt, sagt er mir dann Bescheid, so dass ich gegebenenfalls darauf reagieren kann?
Wenn der andere sich umgekehrt mit einem Ratschlag *an mich* wendet bzw. wenn unser Arbeitsverhältnis dergestalt ist, dass *er mir* Anweisungen geben kann, dann interessiert mich, ob er mir Freiräume lässt, die Umsetzung seiner Entscheidungen selbst auszugestalten, und ob er mir eventuell sogar die Zuständigkeit für bestimmte Entscheidungsbereiche überträgt.

Tab. 3.5: Handlungsfeld-03: <Umgang mit Anweisungen / Aufforderungen>

Leitfrage: (Wie) erledigt der andere Anweisungen oder Aufforderungen? Lässt *er mir* Handlungs- oder Entscheidungsfreiräume?	
1. Anweisungen / Aufforderungen umsetzen	Setzt er Anweisungen um? Kommt er Aufforderungen, Bitten oder Ratschlägen nach?
2. Selbständig arbeiten	Arbeitet er selbständig, das heißt kümmert er sich um seine Arbeit allein und eigenverantwortlich?
3. Regelmäßig berichten	Berichtet er mir regelmäßig, wie es bei ihm läuft? Hält er mich über positive wie negative Entwicklungen auf Stand?
4. Bei kritischen Problemen informieren	Informiert er mich bei kritischen Problemen, welche die Umsetzung einer Anweisung gefährden?
5. Freiheit lassen / Zuständigkeiten übertragen	Wenn er sich an mich wendet: Lässt er mir Freiräume? Überträgt er mir Zuständigkeiten?

3.2.3.1 Anweisungen/Aufforderungen umsetzen (VF-3.1)

(**V+**) Für die interviewten Manager stellt es einen Vertrauensgrund dar, dass der andere macht, was sie sagen. Er führt ihre Anweisungen aus bzw. befolgt ihre Aufforderungen bzw. kommt ihren Bitten nach bzw. folgt ihren Ratschlägen. Bsp.: „Quand je lui demande de faire quelque chose, elle le fait" [FF-15]. Oder: „Wir machen einmal im Jahr Zielvereinbarungen. ... Dabei sehe ich natürlich einerseits, wie bereitwillig er in einem Gespräch solche Ziele annimmt. Und dann sehe ich auch den Erfüllungsgrad" [DF-12].

Auch diesen Vertrauensfaktor nutzen die interviewten Manager für schrittweise 'Vertrauenstests' (vgl. Vertrauensfaktor 2.3 *'Informationen vertraulich behandeln'*). Um herauszufinden, ob ein Mitarbeiter auch wirklich tut, was sie ihm sagen, greifen viele der befragten Manager auf die Strategie der schrittweisen Delegation zurück: Wenn sich anhand kleiner Aufgaben bestätigt, dass der andere tut, was man sagt, dann kann man das auch schrittweise für größere Aufgaben annehmen.[120]

(V-) Als Vertrauenswarnung sehen es die interviewten Manager, wenn der andere nicht tut, was sie ihm sagen – insbesondere, wenn er etwas nach wiederholter Aufforderung nicht tut. Bsp.: „Ich sage: ‚Ok, ich möchte Freitagabend das in der Post haben.' Und ich bin am Wochenende hier. Und es ist nicht da. Sondern erst am Montag" [DF-03]. Oder: „Und dann habe ich gesagt: 'Okay, ihr kriegt das gescannt, ihr kriegt das. Tut mir den Gefallen wirklich bis Ende der Woche, schickt mir die unterschriebene Deckseite zurück.' Und, ist was gekommen? Nein!" [DF-21].

Fallbeispiele-11/12: Ich fragte monatelang danach: nichts passierte / Das wollte er partout nicht.

> Je constate que ce que je dis n'est pas appliqué. ... Donc je me suis aperçu qu'il y avait une personne, en laquelle je ne pouvais pas avoir confiance pour faire avancer des dossiers. Et pourquoi est-ce que je le vois ? Il y avait un dossier qui pour moi - même s'il etait complexe - pouvait avancer rapidement. ... Mais je me suis aperçu que, **alors que je posais la question depuis des mois et des mois, la réponse ne revenais pas**. [FD-06]

> Ich hatte einen Mitarbeiter, das ist schon länger her. Der konnte wenig Englisch. Aber das Arbeitsgebiet hatte sich etwas gewandelt von national zu international. Also sprich deutschsprachige Auftraggeber sind weniger geworden. Also habe ich ihm dann vorgeschlagen: Weil sich eben das Arbeitsgebiet für ihn ändern wird ... müsse er da ein bisschen was tun. Habe ich ihm angeboten, ihn nach England auf einen Crashkurs zu schicken. 14 Tage. Dass ich ihm also helfe. Das wollte er partout nicht. Er war schon im Alter. Er wollte es einfach nicht. ... Und ich musste ihn dann in ein anderes Gebiet in meiner Abteilung versetzen. [DD-05]

In einer Variante berichten die interviewten Manager von Fällen, in welchen der andere bewusst etwas anderes tat als das, was sie von ihm verlangt hatten – beispielsweise indem er einem Ratschlag nicht gefolgt ist (vgl. Fallbeispiel-13).

Fallbeispiel-13: Ich hatte gesagt: Bitte stimmen Sie sich mit dem Kollegen ab!

> Ich sagte zu dem Kollegen, weil er eben meine Vertretung war: 'Da gibt es eine Veranstaltung, stimmen Sie sich doch mit einem anderen Kollegen ab, wer da von Ihnen beiden dran teilnimmt.' (Der andere Kollege hat auch in dem Zuständigkeitsbereich gearbeitet.) 'Reden Sie mal mit ihm zusammen, ja, und sagen Sie mir dann, wer von Ihnen da dran teilnimmt.' (Da sollte nur einer teilnehmen.) Da kam er zurück und sagte: 'Ich nehme teil.' Also bin ich davon ausgegangen, dass er sich mit dem anderen Kollegen abgestimmt hat, und dass sie dann so überein gekommen sind, dass er teilnimmt. – Danach hat sich dann herausgestellt, dass er das gar nicht getan hatte. Er hatte sich nicht mit dem Kollegen abgestimmt. Das kam dann eben raus. Ich habe den anderen Kollegen angesprochen. Sagte der: 'Ja wie? Da weiß ich ja nichts davon?!' Und dann habe ich ihn wieder angesprochen, und er sagte dann: 'Ja, ich bin ja als Ihre Vertretung ein wichtigerer Mitarbeiter als jetzt die anderen, und da habe ich mir rausgenommen, das zu entscheiden.' [DD-23]

(Vm) Die entsprechende Vertrauensmaßnahme besteht entsprechend darin, dass man macht, was der andere sagt: dass man seine Anweisungen oder Aufforderungen umsetzt, seinen Bitten nachkommt oder seine Ratschläge befolgt. Bsp.: „Ich habe mich dann auch ... auf Tipps oder auf Vorschläge [von ihm] wirklich eingelassen ... Und da er dann wusste, dass ich eben nicht sein Urteil noch 3-4 Mal gegen checke ... hat das ein Vertrauensverhältnis geschaffen" [DD-18]. Oder: „Ce qu'il m'a demandé je l'ai réalisé aussi" [FD-01]. Oder: „Il faut faire ce qu'on vous demande de faire. Voilà" [FD-20].

---

[120] Bei dem Vertrauensfaktor *'Anweisungen / Aufforderungen umsetzen'* geht es um das Umsetzen von Aufgaben überhaupt – d.h. in dem Sinne, dass der andere tatsächlich das tut, was verlangt ist. Es geht nicht um den Aspekt der Fachkompetenz bzw. erfolgreichen Umsetzung der Aufgaben (vgl. Vertrauensfaktoren des vierten Handlungsfelds <*Bewältigung von Aufgaben*>).

3.2 Aufgabenbezogene Vertrauensfaktoren

3.2.3.2 Selbständig arbeiten (VF-3.2)

(V+) Die interviewten Manager beschreiben es als Vertrauensgrund, dass der andere selbständig arbeitet, also sich beispielsweise allein und eigenverantwortlich um die Umsetzung von Arbeitsanweisungen kümmert. Er sucht allein nach Wegen, wie er vorgehen kann – auch um auftretenden Problemen zu begegnen – und er wartet nicht darauf, gesagt zu bekommen, was zu tun ist. Bsp.: „Sie weiß auch, wann Sie nicht kommen muss – dieses selbstständige Arbeiten" [DD-24]. Im Französischen spricht man von 'se débrouiller tout seul': „Elle a montré des capacités pour se débrouiller toute seule, sans responsable. Pour malgré tout, faire marcher le back office avec les deux autres collaboratrices sans responsable. ... Donc, ça montre une capacité à se remettre en question, à travailler en autonomie" [FF-15].

(V-) Als Vertrauenswarnung sehen es die interviewten Manager, wenn der andere zu einem solchen selbständigen Arbeiten nicht in der Lage ist.

Fallbeispiel-14: Er konnte nicht selbst entscheiden, wann eine Bitte um Rücksprache dringend war

> Normalerweise verlasse ich mich darauf, dass meine Kollegen bzw. Mitarbeiter einschätzen können, ob eine Bitte um Rücksprache dringend ist oder nicht. Weniger Dringendes sammeln sie und dann setzt man sich einmal in der Woche zusammen und bespricht das. Ich muss das eigentlich nicht überwachen, ob die mit dem Thema zurückkommen oder nicht. Und das war bei dem Kollegen nicht so. Da musste ich dann plötzlich für mich selber gucken: Ich habe ihm doch vor einer Woche gesagt: 'Bitte Rücksprache!' Bis heute haben wir es noch nicht gemacht! ... **Ich habe dann angefangen, die Themen, die ich ihm mit 'Bitte Rücksprache!' gegeben hatte, für mich auf die Wiedervorlage zu nehmen.** Ich habe dann für mich angefangen zu gucken, wie sind die Abläufe, wann kommt das, wo haben wir einen Termin? Also ich habe angefangen, die Termine selber zu überwachen, die eigentlich sein Projekt betroffen haben. Und dann in dem Moment, wo die Termine nicht eingehalten sind, also wo die Meilensteine, die Knackpunkte sonst das Projekt umgeschmissen hätten, in dem Moment habe ich dann das Gespräch gesucht. [DD-24]

(Vm) Entsprechend kann selbständiges Arbeiten eine Vertrauensmaßnahme sein. Exemplarisch beschreibt einer der interviewten Anwälte ein solches selbständiges Arbeiten als vertrauensbildende Maßnahme gegenüber seinem Mandanten:

Fallbeispiel-15: Es geht darum, seine Sache zu 100 Prozent zu managen

> [Es geht darum] dass Sie seine Sache übernehmen, diese auch zu 100 Prozent managen, und ihn nicht unbedingt mit jedem Kleinsch... behelligen. Er will auch eine gewisse Ruhe haben. Er will sich sagen: "Die Akte habe ich jetzt abgegeben, habe ich einem Profi, habe ich einem Anwalt gegeben. Der macht das für mich. Ich brauche mich nicht mehr allzu viel darum kümmern. Ich kann jetzt auch meinen Seelenfrieden wieder finden. Denn ich habe ja jemand, der sich für mich darum kümmert." [DF-09]

3.2.3.3 Regelmäßig berichten (VF-3.3)

(V+) Ein Vertrauensgrund besteht für die interviewten Manager darin, dass der andere, während er irgendetwas für sie tut, sie laufend auf Stand hält, wie weit er damit ist. Das heißt, dass er häufig und regelmäßig darüber kommuniziert, wie es bei ihm läuft. Insbesondere heißt es auch, dass er auch im positiven Sinne berichtet, wenn es gut läuft bzw. wenn alles läuft, wie es laufen soll. Denn hier interessiert die Information, dass es überhaupt am Laufen ist. Es geht also darum, ob der andere stets auch Zwischenbescheide gibt, ob er auch „mal zwischendurch eine Reassurance" gibt.

Fallbeispiele-16/17: Kurze Zwischenbescheide bzw. 'mal zwischendurch eine Reassurance' geben

> Die hat natürlich sehr viel um die Ohren, aufgrund ihres Aufstiegs im Unternehmen hat die jetzt viel mehr Projekte. Deshalb kann die mir jetzt nicht von heute auf morgen antworten. Aber **die gibt mir dann einen kurzen Zwischenbescheid** und sagt: "Hier, also pass auf, wir haben dich nicht vergessen, ich kümmere mich drum. Das wird aber noch dauern, bis Anfang nächster Woche." Dann weiß ich: Alles klar, das dauert halt so lange... [DF-19]

> „**Dieser Kollege gibt mir einfach mal zwischendurch eine Reassurance**: 'Wir haben doch das und das vereinbart. Ich wolle Ihnen nur sagen: Läuft alles so.' Oder: Während ich auf dem Weg zur Toilette bin, schaute dieser Kollege aus seinem Büro raus und sagte zu mir: 'Du, [Name des Interviewpartners], die Repo, ich bin grad dabei, die hast du heut Abend!' [DF-03]

(V-) Deutlicher wird dieser Vertrauensfaktor als Vertrauenswarnung: Die interviewten Manager berichten es als nicht vertrauensförderlich, wenn der andere nicht regelmäßig berichtet, wie es bei ihm läuft. Denn das bedeutet, dass sie sich selbst darum kümmern müssen, auf Stand zu bleiben. Bsp.: „Si quelqu'un reste dans sa bulle et ne fait pas remonter ses problèmes, ça veut dire qu'on ne sait pas ce qu'il fait. Il passe peut-être son temps à faire de l'internet ou je ne sais quoi. Et là on a un doute sur la personne" [FF-13]. Oder: „Il a tenu la fin du mois, mais il ne vous a même pas appelé jusque là. Vous voyez, il ne vous a pas prévenu: Je ferai la fin du mois ! Ou: Je ne ferai pas la fin du mois !" [FD-11].

Fallbeispiel-18: Der hat auch daran gearbeitet – aber er hat das nicht erzählt.

> Also zum Beispiel wenn so eine Verbindung nicht funktioniert hat, dann bekam der die Information. Und dann war der sehr bestrebt, da dran zu arbeiten: "Boah, das soll funktionieren!" Und der arbeitete dann weiter, und tippte, und machte, und setzte Sachen auf, und sendete, und testete, und so. Und das habe ich sehr oft nicht mitbekommen. **Es war also oft so, dass er auf seiner Seite schon wieder weiter gearbeitet hat, um das Problem zu lösen, mir aber das nicht gesagt hat:** "Du, ..., ich habe jetzt eine Information. Jetzt können wir weiter machen. Ich teste auf meiner Seite noch. Lass mich das mal so probieren. Ich sage dir wieder Bescheid, wenn ich was habe." ... Also das heißt, der hat schon auch gearbeitet. Klar hat der gearbeitet. Der hat auch sehr schnell gearbeitet und war richtig bestrebt, das hinzukriegen. Aber er hat das nicht erzählt. [DF-15]

(Vm) Als Vertrauensmaßnahme geht es entsprechend darum, den anderen, während man etwas für ihn erledigt, darüber auf Stand zu halten, wie es läuft: regelmäßig darüber zu kommunizieren, wie sich die Sache entwickelt. Bsp.: „Man muss den anderen mit einbeziehen, mit Informationen versehen und ihn auf dem Laufenden halten, wenn sich irgendwas verändert meinetwegen" [DD-14]. Oder: „Das erste, was ich mache, ich schreibe dem Kunden eine kurze Email, und sage: 'Pass auf, ich habe das jetzt gekriegt, das ist jetzt bei mir gelandet, ich kümmere mich darum.' Dass der einen kurzen Zwischenbescheid kriegt. Dass der weiß: Da ist überhaupt jemand am anderen Ende und ließt meine E-Mails. ... Das ist auch so eine wichtige Sache: dass man den Leuten, wenn es länger dauert, immer mal ein kurzes Feedback gibt und sagt: 'Wir sind weiter dran, wir arbeiten dran, wir haben Sie nicht vergessen.' Kurzer Zwischenbescheid" [DF-19].

3.2.3.4 Bei kritischen Problemen informieren (VF-3.4)

(V+) Die interviewten Manager berichten als Vertrauensgrund, dass der andere sie insbesondere dann proaktiv informiert, wenn es kritische Probleme gibt – beispielsweise wenn es ein Problem gibt, dass die Umsetzung einer Anweisung gefährdet. Im besten Fall informiert mich der andere *rechtzeitig* darüber, das heißt bevor etwas 'so richtig schlecht' läuft. Denn diese Information eröffnet mir zum einen unter Umständen Spielräume, um korrigierend einzugreifen zu können. Zum anderen kann, wenn ich als Führungskraft über Probleme in meinem Verantwortungsbereich nicht direkt informiert bin, sondern erst über Dritte davon erfahre, das Bild entstehen, dass ich meinen Verantwortungsbereich nicht im Griff habe.

Fallbeispiele-19/20: Wenn was nicht gut läuft, meldet er sich

> Und ich konnte mich immer darauf verlassen, dass, wenn was nicht gut läuft, sie sich dann meldet. ... Wir machen sehr viel Projektarbeit, da gibt es ja immer wieder kritische Situationen, wo das Projekt nicht so läuft, wie es laufen soll, wo ein Termin nicht eingehalten wird. Das sind so kritische Situationen, wo eigentlich das Vertrauen anfängt. Bevor irgendwie etwas schlecht läuft, muss der Mitarbeiter die Führungskraft einschalten. [DD-24]

> Je sais que s'il y a un problème il vient me voir. ... Je le vois rarement. De temps en temps je vais le voir, on parle. Mais s'il a un problème, tout de suite il sera là en disant : « J'ai un problème ». S'il ne vient pas me voir, c'est qu'il n'y a pas de problème. Ce qui est le plus agaçant pour un dirigeant : ne pas être au courant des problèmes. [FD-09]

(V-) Die entsprechende Vertrauenswarnung besteht für die interviewten Manager darin, dass der andere sie nicht von sich aus über kritische Probleme informiert, um die sie wissen

3.2 Aufgabenbezogene Vertrauensfaktoren

sollten.[121] Bsp.: „Bei einer wichtigen Verhandlung hat er [mich] nicht informiert: 'Da läuft was schief. Wir haben es doch vorher eigentlich anders besprochen, aber so wird das Ergebnis nicht sein...' Sondern er ist erst [gekommen], als das Ergebnis da war und man nichts mehr machen konnte" [DD-24].

Fallbeispiel-21: Von ihm höre ich immer 'Alles läuft wunderbar', obwohl eigentlich Not am Mann ist
Von ihm höre ich auf der einen Seite „Ja, also in dem Projekt: alles läuft wunderbar, alles ist im Timing." Und am nächsten Tag höre ich von dessen Kunden, dass überhaupt nichts läuft, alles total am Boden liegt und eigentlich momentan Troubleshooting angesagt ist." ... Das passiert ständig. [DD-18]

(Vm) Als Vertrauensmaßnahme kann man entsprechend darauf achten, den anderen zu informieren, wenn es kritische Probleme gibt. Bsp.: „Wenn es ein technisches Problem gibt oder so, dann habe ich das eigentlich immer kommuniziert und bin auf den Kollegen zugegangen und habe gesagt: Da, so und so schaut es aus" [DF-25].

3.2.3.5 Freiheit lassen/Zuständigkeiten übertragen (VF-3.5)

Der letzte Vertrauensfaktor in diesem Handlungsfeld wechselt die Perspektive: Die vier bisher vorgestellten Vertrauensfaktoren werden hauptsächlich in der Darstellung von Beziehungen Vorgesetzter zu ihren Mitarbeitern genannt. Beim Vertrauensfaktor *'Freiheit lassen/ Zuständigkeiten übertragen'* ist es hingegen umgekehrt.

(V+) Ein Vertrauensgrund ist es für die interviewten Manager, wenn der andere ihnen Aufgaben oder Entscheidungsbefugnisse überträgt. Bsp.: „Er hat mir Aufgaben übertragen" [DD-13]. Oder: „Au fur et à mesure, il me confie de plus en plus de projets ou de tâches, qu'il délègue de plus en plus de choses qu'il avait l'habitude de faire" [FF-23].
Als verwandten Aspekt beschreiben sie, dass der andere ihnen Freiheiten lässt, dass er es ihnen überlässt, wie sie bei der Umsetzung einer Anweisung vorgehen, dass er auf Kontrolle verzichtet. Bsp.: „Er hat mir die Freiheit gegeben, die Sachen so anzufassen, wie ich sie anfassen will oder meine, anfassen zu müssen, und wie das für mich zielführend gewesen ist" [DD-13]. „Il me donne des choses à faire et me laisse faire comme je le veux" [FD-22].

(V-) Als Vertrauenswarnung beschreiben die interviewten Manager zum einen, dass der andere ihnen keine Zuständigkeiten oder Entscheidungsbefugnisse überträgt, sondern alles selbst entscheiden will. Bsp.: „Ein Spruch von ihm war, den kann ich sagen: You can do what you want, but you have to ask me" [DF-25].
Zum anderen beschreiben sie, dass der andere ihnen nicht die Freiheit lässt, Dinge so zu tun, wie sie sie für richtig halten. Er mischt sich ein, kontrolliert sehr stark oder urteilt über Dinge, die er eigentlich viel weniger gut kennt, als sie selbst. Bsp.: „Il est toujours entrain d'exiger que je justifie tout ce que je dis, tout ce que je fais" [DF-05].

(Vm) Als Vertrauensmaßnahme kann man dem anderen Zuständigkeiten oder Entscheidungsbefugnisse übertragen. Bsp.: „D'abord je lui délèguerai un certain nombre d'actions" [FD-08]. Oder man kann ihm Freiheit lassen und ihn weniger (oder sogar gar nicht) kontrollieren. Bsp.: „Ich habe Ergebnisse, die ich von ihm bekommen habe, ungelesen weiter geleitet und damit ihm auch gezeigt: Ich bin nicht dazu da, um deine Arbeite noch mal zu kontrollieren. ... Auch wenn ich denke, ich könnte jetzt Kontrolle ausüben. Dann mache ich es lieber nicht, ja, dann verkneife ich mir das. Auch Gesten, die vielleicht also Kontrolle ausgelegt werden könnten. In dem Augenblick spare ich sie mir dann" [DD-18]. Oder: „Ich räume ihm gegenüber mehr Spiel-

---

[121] Es geht hier nicht um das Eingestehen von Fehlern (vgl. Vertrauensfaktor 5.4), sondern um das Versäumnis, den zuständigen Vorgesetzten über kritische Entwicklungen zu informieren, die dieser kennen sollte – um gegebenenfalls eingreifen zu können.

räume ein als man das sonst einem Geschäftspartner tun würde. ... Bei jedem anderen würde ich diesen Vertrag nicht unterschreiben oder würde drei Mal drauf schauen oder hier noch die und die und die Klausel einbauen. Bei ihm sage ich: Gut, lass es gut sein" [DD-21].
Solche Maßnahmen werden von vielen der interviewten Manager auch im Sinne von *'Handeln als Ausdruck von Vertrauen'* verstanden (vgl. 3.6.2), Bsp.: „Au départ, je vais toujours laisser la personne se mettre en situation toute seule. Donc, je vais toujours la laisser se débrouiller. ... Et puis, à partir de là, la personne, elle verra: Il me laisse de l'autonomie, il me laisse faire. Peut-être qu'il me fait confiance" [FF-15].

Fallbeispiel-22: Keine Kontrolle der Arbeit im Home Office
> Das ist ein Mitarbeiter von mir, der eine ziemlich weite Anfahrt hat hier jeden Tag. Und der wollte eben wissen, welche Möglichkeiten es gibt, ein oder zwei Tage in der Woche von einem Home Office aus, also von zu Hause aus, zu arbeiten. Und der machte dann eigentlich von sich aus Vorschläge, wie ich dann nachprüfen könnte, dass er diesen Tag zu Hause da wirklich sinnvoll nutzt. Und ich sagte dann: 'Ich brauche keine zusätzliche Sicherheit.' Mir reicht es, wenn er mir das sagt. Also ich brauche keine zusätzliche Kontrolle für mich, um sicher zu stellen, dass er diese acht Stunden, die er von zu Hause aus arbeitet, auch wirklich effizient und effektiv arbeitet. [DD-18]

3.2.3.6 Diskussion

Von den Vertrauensfaktoren des Handlungsfelds *<Umsetzung von Anweisungen / Aufforderungen>* thematisiert die Literatur zu Vertrauensbedingungen vor allem den Aspekt, welchen der Vertrauensfaktor *'Freiheit lassen / Zuständigkeiten übertragen'* beschreibt (Whitener et al. 1998: „delegation of control", Becerra & Gupta 2003: „decision-making autonomy", Thomas 2005e: „Kompetenzzuschreibung und Verantwortungsübertragung dem Partner gegenüber"). Vertrauenstheoretisch geht es um die Wirkung von Macht- bzw. Kontrollverzicht als Vertrauenssignal. Vertrauenswürdig ist ein Verhalten, das eine durch vertrauensvolles Handeln entstandene Abhängigkeit bzw. 'Machtposition' nicht ausnutzt. Aus diesem Grund kann auch ein offensichtlicher Machtverzicht wie beim Übertragen von Zuständigkeiten als Vertrauensgrund interpretiert werden. Einschlägig ist der Aspekt insbesondere in der Führungsrelation zwischen Vorgesetztem und Mitarbeiter. In der Führungstheorie wird er auch unter dem Begriff des 'Empowerment' diskutiert (Conger & Kanungo 1988, Nielsen 1986, Spector 1986). – Die Aspekte der Kommunikation beim Erteilen und der Umsetzung von Anweisungen, auf welche sich die anderen Vertrauensfaktoren beziehen, werden in der Literatur nicht betont.

3.2.4 Bewältigung von Aufgaben

Ein zentrales Risiko in der arbeitsteiligen Zusammenarbeit betrifft die Frage, *wie* der andere seinen Teil der Arbeit erledigt. Denn hier können sich negative Konsequenzen für mich ergeben: Beispielsweise kann es auf mich zurückfallen, wenn der andere seine Arbeit schlecht macht. Hier wird besonders deutlich, inwiefern Vertrauen und Kontrolle alternativ die gleiche Funktion erfüllen können. Beide sind ein Weg, mit eben diesem Risiko umzugehen. Ich kann entweder genau kontrollieren, ob der andere seine Aufgaben gut genug bewältigt, oder ich kann darauf vertrauen, dass er das tut. Aber woran kann ich einschätzen, dass ich Grund habe, darauf zu vertrauen? Die interviewten Manager ziehen hierzu eine Reihe von Vertrauensfaktoren heran, die deutlich zeigen, wie man im Handlungsfeld *<Bewältigung von Aufgaben>* unterschiedliche Schwerpunkte setzen kann. Der Kulturvergleich zeigt, wie sich hier der deutsche vom französischen Fokus unterscheidet (vgl. 4.2.4). Aber auch innerhalb der eigenen Kultur kann es hilfreich sein, die folgenden sieben Aspekte im Blick zu haben (vgl. Tab. 3.6).

3.2 Aufgabenbezogene Vertrauensfaktoren

Tab. 3.6: Handlungsfeld-04: <Bewältigung von Aufgaben>

Leitfrage: Wie bewältigt der andere Aufgaben, die er im Rahmen unserer Zusammenarbeit erledigen muss?	
1. Kompetent sein / sich auskennen	Ist er fachlich gut? Kennt er sich in seinem Fachgebiet aus? Weiß er wovon er spricht?
2. Qualitativ hochwertige Arbeit machen	Macht er seine Arbeit gut, qualitativ hochwertig und professionell?
3. Ergebnisse liefern	Liefert er Ergebnisse (anstatt nur zu planen oder sich in Details zu verlieren)? Kommt etwas 'dabei raus'?
4. Arbeitseinsatz / Motivation zeigen	Zeigt er Arbeitseinsatz/Motivation? Arbeitet er sehr viel, sehr lange, besonders schnell oder besonders intensiv?
5. Organisiert und klar vorgehen	Geht er organisiert, geplant und klar vor? Geht er gewissenhaft, strukturiert und methodisch vor?
6. Taktisch / strategisch vorgehen	Geht er taktisch-strategisch geschickt vor? Gewinnt er Dritte für die Umsetzung seiner Ziele?
7. Initiative und Kreativität zeigen	Geht er von sich aus über seinen definierten Rahmen hinaus? Geht er seine Aufgaben kreativ an?

3.2.4.1 Kompetent sein/sich auskennen (VF-4.1)

(V+) Ein wichtiger Vertrauensgrund, der sich in den Darstellungen der interviewten Manager wie auch in der Forschungsliteratur häufig findet, ist, dass der andere kompetent ist, dass er fachliche Kompetenz hat, dass er fachlich gut ist bzw. sein Fachgebiet versteht. Der andere weiß, wovon er spricht. Er versteht, worum es geht. Bsp.: „Er versteht sein Fachgebiet auf jeden Fall. Er macht Marketing und er kennt sich mit dem Marketing aus und weiß, was man da machen kann" [DD-07]. Oder: „Quand il fait deux et deux ça fait bien quatre et ça ne fait pas 4,5 ou 3½" [FD-06]. Oder: „Il est, du point de vue professionnel, tout à fait un coryphée. Il connaît son métier. Ce qu'il dit est exact" [FD-26].

(V-) Die entsprechende Vertrauenswarnung ist fehlende Fachkompetenz: Der andere kennt sich nicht aus. Er ist unfähig. Bsp.: „Effectivement, le projet n'avance pas parce que, fondamentalement, la personne n'est pas vraiment compétente pour le traiter. Et donc, comme elle n'est pas compétente, eh bien, moi, je n'ai pas confiance" [FF-14].

(Vm) Als Vertrauensmaßnahme bemühen sich die interviewten Manager, gegenüber dem anderen ihre Fachkompetenz zu demonstrieren: Sie versuchen ihm zu zeigen, dass sie kompetent sind und sich auskennen. Bsp.: „Grundsätzlich, glaube ich, ist es einfach das, dass man wirklich den Leuten signalisiert, dass man ein kompetenter Partner ist" [DF-04]. Oder: „Il faut vraiment démontrer que ce dont on parle est solide, qu'on maîtrise bien son activité, son périmètre" [FD-13].

3.2.4.2 Qualitativ hochwertige Arbeit machen (VF-4.2)

(V+) Die interviewten Manager achten neben der Frage der allgemeinen Fachkompetenz (Vertrauensfaktor 4.1), auch gezielt auf die Qualität der Arbeit im Einzelfall. Sie beschreiben es als Vertrauensgrund, dass der andere gute Arbeit leistet bzw. dass er seine Arbeit qualitativ hochwertig und professionell erledigt. Bsp.: „In unserer Zusammenarbeit hat sie ihre Sachen inhaltlich sehr gut gemacht" [DD-24]. Oder: „C'est quelqu'un, à qui on peut dire qu'on a confiance. Puisqu'on lui avait confié deux chantier majeurs, et les deux, ils ont été réussis – sans qu'on ait un mal à dire" [FD-06].

(V-) Entsprechend berichten es die interviewten Manager als Signal dafür, einem Kollegen oder Geschäftspartner *nicht* zu vertrauen, wenn dieser *keine* gute Arbeit leistet, wenn seine Arbeit qualitativ schlecht ist oder wenn er Fehler macht oder sich „sehr grobe Schnitzer" leistet [DD-20]. Bsp.: „Er hat vieles auf die leichte Schulter genommen und nicht tiefgründig genug abgearbeitet" [DD-16]. Oder: „Parce que le travail ... n'a pas été fait correctement" [FF-01]. Oder „Chaque fois qu'on regarde la façon dont il travaille, on se rend compte qu'on a raison de ne pas faire confiance. [C'est] des réalisations qui ne sont pas probantes" [FF-14].

(Vm) Um zu zeigen, dass sie selbst vertrauenswürdig sind, bemühen sich die interviewten Manager, gute und qualitativ hochwertige Arbeit leisten, ihren Job ordentlich zu machen bzw. „keine gravierende Fehler [zu] machen" [DF-09]. Bsp.: „Il faut leur apporter un service de qualité" [FF-10]. Oder: „Ça passe par la qualité du travail" [FD-20].

3.2.4.3 Ergebnisse liefern (VF-4.3)

(V+) Einige der interviewten Manager beschreiben einen interessanten Aspekt als Vertrauensgrund: Es geht ihnen in ihren Darstellungen darum, dass der andere seine Arbeit *tatsächlich* erledigt, dass er *überhaupt* Arbeitsergebnisse liefert – egal wie der Weg dahin aussieht. Bsp.: „On voit bien que les choses avancent, on voit bien les résultats" [FF-13].

(V-) Als entsprechende Vertrauenswarnung beschreiben sie, dass der andere *keine* Ergebnisse liefert. Er ist nicht produktiv. Er macht zwar gute Pläne, aber es kommt nichts dabei heraus. Es gibt keine Ergebnisse. Er verliert sich irgendwo auf dem Weg zum Ergebnis. Er verliert sich in Details, er verzettelt sich. Er ist nicht genug zielorientiert. Bsp.: „Ergebnisse werden nicht gebracht" [DD-18]. Oder: „Le résultat, il ne sort pas" [FF-14]. Oder: „Je sait que si je lui donne un gros dossier, ça va se perdre dans les sables du désert et je n'aura rien au bout" [FF-13].

Fallbeispiel-23: Der Entwicklungsleiter mit der beeindruckenden Methode – aber ohne Ergebnisse

> C'était un patron de Recherche et Développement. Alors le travail d'un patron de Recherche et Développement, c'est de chercher des nouveaux produits. [Cependant] **l'essentiel de ses présentations, il le faisait sur sa méthode pour créer un nouveau produit**. C'était une démarche très structurée et assez complexe, avec des étapes. Et puis comme il disait à l'époque, il y avait les tables « Go, No Go », je me souviens de ça. Et alors en fait, **il passait les ¾ de son temps à exposer la méthode**. Et alors tout le monde trouvait ça très intéressant, parce que c'était objectivement intéressant. – **Mais les produits, on ne les voyait pas. Les nouveaux produits, on ne les voyait pas.** Donc il y avait une grande capacité à communiquer sur la méthode, « comment je fais, ce que je vais faire », avec des beaux schémas, une belle logique, des plannings - mais pas de résultats. Donc il a fait des présentations sur la méthode et on n'a jamais vu de résultat. Alors ce gars-là, il n'était pas bien orienté. Parce que **il n'avait pas l'esprit d'innovation, il n'avais pas l'esprit de création de produit. Il avait l'esprit de méthode**. Et donc on l'a orienté dans une fonction où son esprit de méthode était utile. Donc les exemples de gens en qui je n'avais pas confiance, j'ai remarqué souvent qu'ils communiquaient souvent sur la méthode, sur l'organisation, sur la procédure. Et pendant qu'on communique là-dessus, eh bien on ne parle pas du résultat. **Parce que ce qui compte, ce n'est pas de faire un programme, c'est de faire le travail.** [FF-14]

(Vm) Die interviewten Manager beschreiben es entsprechend als Vertrauensmaßnahme, sich zu bemühen, Ergebnisse zu liefern. Bsp.: „Je suis quelqu'un qui est très orienté sur le résultat final" [FD-25]. Oder: „Si je dis à un de mes clients: 'On va essayer de solutionner votre problème de telle manière ou on va essayer d'organiser les négociations de telle façon', ... il faut aussi qu'au bout du compte, effectivement, le client voie que ça donne des résultats ... et que ça réussisse" [FD-05].

3.2.4.4 Arbeitseinsatz/Motivation zeigen (VF-4.4)

(V+) Nach den Darstellungen der interviewten Manager ist es ein Vertrauensgrund, dass der andere Motivation und großen Arbeitseinsatz zeigt. Das kann heißen, dass er sehr viel oder

3.2 Aufgabenbezogene Vertrauensfaktoren

sehr lange arbeitet: „bis abends in die Puppen" [DD-05]. Bsp.: „Samedi matin, il est venu tôt, il s'est investit, et il n'est pas parti avant d'avoir terminé" [FF-12].
Ähnlich sehen es die interviewten Manager als Vertrauensgrund, dass der andere sehr intensiv arbeitet, große Motivation erkennen lässt, sich richtig reinhängt, „sehr hoch motiviert" ist [DD-05] oder auch, dass er besonders schnell arbeitet, Sachen in Rekordzeit erledigt („dans un temps record", FD-06). Bsp.: „[C'est] son enthousiasme, et son investissement" [FD-07]. Oder: „On s'était donnés six mois pour rédiger ce document. Et au lieu de mettre six mois, on a mis deux mois. .... Ce collaborateur, effectivement, allait très vite" [FF-14].

(V-) Umgekehrt ist es eine Vertrauenswarnung, dass der andere faul ist und wenig arbeitet: Bsp.: „En fait, c'était quelqu'un qui était peu travailleur, qui venait tard le matin, qui partait tôt le soir" [FF-09]. Bzw. dass er nicht engagiert ist, sich nicht reinhängt, nur halbherzig arbeitet, die Dinge 'schleifen' lässt oder einfach sehr langsam oder zu langsam arbeitet. Bsp.: „C'est quelqu'un qui a perdu sa motivation" [FF-12]. Oder: „Elle n'adhérait pas à ce que je lui demandais de faire. ... Donc, elle le faisait, mais vraiment contrainte et forcée. Sans entrain. Sans s'investir. Sans joie. Sans plaisir. C'est contrainte et forcée" [FF-15].

Fallbeispiel-24: Und dann habe ich festgestellt, dass er morgens erst um 10 Uhr da war
> Und dann habe ich festgestellt, **dass der Mitarbeiter morgens erst um 10 Uhr da war.** Wenn man mit Asien arbeitet, ist das schwierig wegen der Zeitverschiebung: da gehen die Kollegen vor Ort schon in den Feierabend. ... Das ist mir ja nicht von Anfang an aufgefallen, das hat eine gewisse Zeit gedauert. ... Dann habe ich plötzlich einmal von einem Kollegen aus China gehört: „Ja, wir hätten das ja schon lang gerne geklärt, aber wir erreichen uns nie. Wenn wir morgens anrufen, ist niemand da." Und erst da habe ich mir das eigentlich ein bisschen bewusster angeschaut [und festgestellt], dass der Kollege wirklich oft später kam. [DD-24]

(Vm) Als entsprechende Vertrauensmaßnahme kann man viel und schnell arbeiten, sich engagieren und Motivation" zeigen bzw. „mit Begeisterung rangehen". Bsp.: „Über diese drei, vier Jahre [habe ich] dann wirklich Vertrauen bilden können über hohes Engagement" [DD-12]. Oder: „Dass man schneller ist oder zügiger oder zackiger arbeitet, als manche andere" [DF-10]. „Durch Arbeitswillen" [DF-18]. Oder: „Et puis mon dynamisme, j'arrive au travail, je suis souriante, je salue tout le monde" [FF-06]. Oder: „Montrer l'exemple en travaillant beaucoup" [FF-11].

3.2.4.5 Organisiert und klar vorgehen (VF-4.5)

(V+) Es spricht aus Sicht einiger der interviewten Manager dafür, einem Kollegen oder Geschäftspartner zu vertrauen, wenn dieser an seine Aufgaben organisiert bzw. geplant herangeht. Dies drückt sich beispielsweise darin aus, dass er gewissenhaft und genau vorgeht oder dass er pünktlich ist. Bsp.: „[Er hatte] eine für mich sehr, sehr klare Struktur im Vorgehen, im Planen, im Abwickeln, im Reagieren, im Reporten" [DF-23]. Oder: „Er geht die Dinge dann auch sehr detailliert an und sehr genau" [DF-15].
Es kann sich auch darin ausdrücken, dass er in seinem Vorgehen klar, transparent und eindeutig ist. Bsp.: „Il a bien su, justement, mettre en place de moyens, communiquer sur les moyens dont il aurait besoin pour atteindre ses objectifs. Et il a su être transparent sur la façon dont il atteint ses objectifs. Il a prouvé la transparence, et il l'a même recherché, je dirais" [FD-06].
Weitere Aspekte sind, dass der andere strukturiert bzw. methodisch vorgeht bzw. dass er seine Aufgaben im Griff hat und den Überblick behält über das, was er tut, und dass er auf diese Weise seine Arbeitsaufgaben reibungslos und ohne Zwischenfälle bewältigt. Bsp.: „[Il a] fait un plan et ce plan [a été] executé parfaitement" [FD-06].

Fallbeispiel-25: Er hat alles Wichtige bei sich in der Abteilung sehr sauber strukturiert
> [Es] war einfach zu sehen, dass er all diese Parameter, die wichtig sind oder all die Bereiche, die wichtig sind, dass er die sehr sauber bei sich in der Abteilung strukturiert hat, nachvollzogen hat. Dass er auch wenn Änderungen kommen, wenn Abweichungen kommen, seine Systeme wieder neu ausrichtet. Und dass er dadurch ganz deutlich spüren lässt, dass er seinen Bereich beherrscht. ... Das sind auch so Dinge wie: dass er nicht ständig den Eindruck macht, überlastet zu sein, dass er den Eindruck macht, auch mal das Ganze angucken zu können. [DD-16]

(**V-**) Die entsprechende Vertrauenswarnung ist ein unorganisiertes, ungeplantes Vorgehen, welches es an Gewissenhaftigkeit und Genauigkeit fehlen lässt: Der andere nimmt Sachen nicht so genau, er ist etwas chaotisch. Bsp.: „Zum Beispiel hieß es im Herbst: 'Ach, ich habe Unterlagen für Sie.' Dann bin ich hingefahren. Ich gucke mir das an: Also es war nicht dreißig Prozent dessen, was ich brauche! Also er mit stolzgeschwellter Brust: 'Hier, ich habe alle Unterlagen, die Sie brauchen.' Ich gucke mir die Sachen an und es fehlen siebzig Prozent. Der selber glaubte das!" [DD-10].

Der andere dokumentiert sein Vorgehen nicht ausreichend bzw. kann nicht darüber berichten (vgl. Fallbeispiel 26). Er ist in seinem Vorgehen unklar, uneindeutig, intransparent. Bsp.: „Et il n'a pas été très précis dans ses réponses. Il m'a dit: 'Oui, j'ai préparé une présentation, je vais vous l'adresser, et puis donc, vous verrez si vous avez des choses à y apporter. Et puis pour les questions, oui, on verra'. Enfin: c'était très vague" [FD-02].

Fallbeispiel-26: Er weiß offenbar, was er tun muss – aber für mich ist es völlig undurchsichtig
> C'est dans toute la documentation qui est associée. C'est-à-dire, par exemple, il ne formalise pas notre engagement. Il est plutôt sur un mode de fonctionnement informel, où finalement je ne sais pas de quel nature l'engagement il est. Je ne sais pas si on a correctement identifié les risques. Je ne sais pas en cours d'étude où est-ce qu'on en est, concrètement par rapport à l'engagement qu'on a pris pour notre client externe: Est-ce qu'on est plutôt en avance? Plutôt en retard? - Si je pose ce genre de questions, je n'ai pas de réponses rapides. ... **Il y a pas forcément de planification, de structuration de projet explicites.** ... Ce que je [lui] réclame, c'est de structurer dès le départ [son] activité. [...**Lui, il sait**] comment s'y prendre, comment faire travailler les autres, mais sans que ça soit visible de l'extérieur, et visible par moi.

(**Vm**) Als Vertrauensmaßnahme, beschreiben die interviewten Manager, müsse man organisiert und strukturiert vorgehen. Bsp.: „Il faut vraiment structurer, définir, et procédurer les choses. Il ne faut surtout pas être dans le flou" [FD-13]. Man habe gewissenhaft und pünktlich zu sein. Bsp.: „La rigueur, je veux dire : être à l'heure à un rendez-vous" [FF-20]. Und man müsse sein Vorgehen klar planen und diese Planung auch klar kommunizieren (vgl. Fallbeispiel-27).

Fallbeispiel-27: Planen, die Planung kommunizieren – und auch auf die Risiken hinweisen
> Und darum versuche ich halt, möglichst auch mit einer ganz klaren Prozedur bzw. mit einem ganz klaren Plan, aus dem sich dann eine Prozedur ableitet, aufzuwarten – um die Leute eben einzufangen. Ich versuche die Leute ins Boot zu holen, indem ich einen klaren Entwicklungsplan aufzeige – so, dass man die Struktur erkennt. Ich definiere einen ganz klaren Projektablauf: wo ich wann welche Teile zuliefere und wie sich das ins System einbindet – damit die einen ganz klaren Plan haben. ... Also ich sage: Ich habe einen Plan – bzw. wir haben einen Plan, der soll so und so ablaufen. [FD-22]

3.2.4.6 Taktisch/strategisch vorgehen (VF-4.6)

(**V+**) Einige der interviewten Manager berichten von Fällen, in denen sie es als Signal für die Vertrauenswürdigkeit eines Kollegen oder Geschäftspartners erlebt haben, dass dieser taktisch bzw. strategisch geschickt in seinem Vorgehen war bzw. dass er sich erfolgreich darum bemüht hatte, Dritte für die Umsetzung seiner Ziele zu gewinnen. Bsp.: „Wenn ich sage: 'Ich hätte gerne mal, dass dies einmal so kanalisiert würde', dann weiß ich, dass [der] das in der entsprechenden Sensibilität machen würde" [DF-06].

(**V-**) Als Vertrauenswarnung wird es umgekehrt beschrieben, wenn der andere ein solches taktisches bzw. strategisches Geschick im seinem Vorgehen vermissen lässt. Das kann sich bei-

3.2 Aufgabenbezogene Vertrauensfaktoren

spielsweise auch darin zeigen, dass einem der andere einen Rat zum Vorgehen gegenüber Dritten gibt, der sich als wenig zielführend herausstellt (vgl. Fallbeispiel-28).

Fallbeispiel-28: Ein taktisch ungünstiger Ratschlag stellt in Frage, dass man vertrauen kann

> Et donc, à un moment donné, il m'a dit : « **Tu fais cette synthèse-là et tu la remets à telle personne** ». Bon je fais la synthèse, je la valide avec lui et je la remets à telle personne. **Et, en fait, on se rend compte que la personne qui reçoit l'analyse réagit d'une manière complètement contraire à ce qui était voulu au départ.** On lui avait demandé de faire valider un sujet, et au lieu que le sujet soit validé, il est complètement remis en question parce que cette personne, qui a reçu le projet, la synthèse, ne s'attend pas du tout à recevoir la synthèse. Cette personne-là s'attendait plutôt à avoir une petite conversation dans le couloir, où mon chef lui dise : « Voilà, on a prévu de faire ça et ça. Tout est clair, je n'ai pas de question, je voulais juste t'informer. » Et l'autre va dire : « Ok. C'est bon. Je te fais confiance. Pas de problème. » Mais à partir du moment où on lui envoie trop d'informations, il va avoir tendance à dire : « Ou là ! Ça, c'est nouveau, ça c'est nouveau, ça c'est nouveau. Je ne comprends pas. » Et donc il va revenir avec une batterie de questions. Résultat : au lieu de faire passer une décision comme une lettre à la poste, on se retrouve avec une batterie de questions auxquelles il faut répondre et plein de choses qui sont remises en question alors que ça n'était pas du tout l'objectif. – Donc moi, dans ce cas-là – ça s'est passé il n'y a pas très longtemps, c'est pour ça que ça me revient – à la fois ça m'énerve, ça m'embête, parce que ce qui devait être validé ne l'est pas ou avec du retard. Et le deuxième point, c'est: **Je me dis: « Ce que mon chef m'a demandé de faire – à préparer cette synthèse et la faire passer – ce n'était pas en fait du tout la bonne tactique pour faire avancer le truc.** » Et alors, moi, ce que je me dis, aujourd'hui : « Comment être sûr la prochaine fois que la tactique qu'il choisit soit la bonne ? » [FF-23]

(**Vm**) Als Vertrauensmaßnahme geht es entsprechend darum, selbst taktisches bzw. strategisches Geschick im Vorgehen zu demonstrieren und zu zeigen, das man erfolgreich Dritte für die Umsetzung von Zielen gewinnen kann.

3.2.4.7 Initiative und Kreativität zeigen (VF-4.7)

(**V+**) Nach den Darstellungen einiger der interviewten Manager ist es ein Grund, einem Kollegen oder Geschäftspartner Vertrauen zu schenken, wenn dieser kreativ ist und auf intelligente Weise Eigeninitiative zeigt. Bsp.: „C'est quelqu'un qui arrive avec des idées" [FF-10]. Das heißt auch, dass der andere mitdenkt und sich aktiv von sich aus und auf kreative Weise darum kümmert, Aufgaben anzugehen oder Probleme zu lösen. Dabei bleibt er nicht in seinem definierten Rahmen, sondern er geht darüber hinaus. Bsp.: „Même si ce n'est pas forcément dans les choses qu'on lui demande, dans sa charte de poste, il va quand même le faire s'il pense qu'il y a un intérêt pour son entreprise et un intérêt pour le résultat. Donc c'est quelqu'un qui est capable d'aller au-delà de ce qui est défini formellement" [FD-25].

Fallbeispiel-29: Bei einem Problem in Eigeninitiative die Ursachen an der Wurzel packen

> Das war [bei ihm] auch das 'Bohren in die Tiefe' – soweit bis man sagen kann: 'Okay, das ist es jetzt. Es war DER Fehler.' – Beispielsweise ist die Temperatur zu hoch. Dann darf man nicht nur sagen: „Wir müssen das nächste Mal niedrigere Temperaturen nehmen.", sondern das hört da nicht auf. Man muss fragen: "Warum war die Temperatur zu hoch? Versagt der Wärmetauscher? Ist der Wärmetauscher zu heiß, zu kalt eingestellt? Welcher Mechanismus? Wie wirkt der eigentlich? Wie kam es dazu, dass die Heißwassertemperatur zu hoch war? War das nur die Regelung? Warum hat die Regelung eigentlich die ganzen Wochen vorher funktioniert und jetzt nicht?" Wenn man das dann so weit runtergebrochen hat, dann stellt man z.B. fest, was weiß ich, dass das Ventil Nummer X verkalkt ist. – Und dieser Kollege konnte das so weit runterbrechen. **Er hatte einfach Eigeninitiative und hat das so weit runtergebrochen. 'Also okay, da unten finde ich es wieder.' So dass das Problem wirklich beseitigt war.** – Und häufig findet das einfach nur ein bisschen oberflächlich statt. 'Ja, Temperatur zu hoch, wir haben ein bisschen korrigiert' – dann läuft das wieder 4 Wochen. Und dann 'blupp' passiert der gleiche Fehler nochmal. Und dann passiert es noch drei, vier mal in schnellerem Abstand. Und dann muss ich hingehen und sagen: 'Ja, Mensch, Leute, habt ihr euch überlegt, warum das immer wieder passiert?' Da muss ich es wieder anschieben. [DD-16]

(**V-**) Umgekehrt kann es eine Vertrauenswarnung sein, dass der andere eine solche Kreativität bzw. Eigeninitiative vermissen lässt.

Fallbeispiel-30: Der andere geht nicht von sich aus über die das Besprochene hinaus

> C'est quand on fait du développement par rapport à des nouveaux produits. Je travaille avec une personne en recherche et développement qui est dans une logique très assistée, c'est-à-dire où **elle attendent qu'on leur**

dise : « voilà, le briefing c'est A-B-C-D-E, et dans A, il y a A.1, A.2, et seulement à partir de là elle commence à travailler. Elle ne va pas chercher A.3, elle ne va pas chercher F. Et ça c'est très très difficile. [FD-25]

(**Vm**) Als Vertrauensmaßnahme kann man entsprechend selbst Kreativität und Eigeninitiative an den Tag legen, neue Ideen ins Spiel bringen und sich über den eigenen Tellerrand hinausbewegen. Bsp.: „[Je ne vais] pas hésiter à m'intéresser à un problème qui sort de mon domaine de responsabilités, où je vois un dysfonctionnement, où je vais essayer de pousser le problème jusqu'à ce qu'on trouve une solution" [DF-08].

3.2.4.8 Diskussion

Im Themenbereich des Handlungsfelds *<Bewältigung von Aufgaben>* fällt in der Literatur als häufig genannte Vertrauensbedingung 'Kompetenz' ins Auge. Zusammen mit 'expertness' und 'ability' erreicht 'competence' 24 % der genannten 'Antecedents of Trust' im Review von McKnight & Chervany 1996. Insgesamt häufiger wird in der Literatur dabei auf 'ability' oder 'competence' verwiesen (Cook & Wall 1980, Good 1988, Jones et al. 1975, Kee & Knox 1970, Mayer et al. 1995, Sitkin & Roth 1993). Etwas seltener genannt werden 'expertness' bzw. 'expertise' (Barber 1983, Blakeney 1986, Camp et al. 2002, White 2005).

Auch die für die der Arbeit zugrunde liegende Studie interviewten Manager beziehen sich auf Kompetenz als Vertrauensfaktor (*'Kompetent sein / sich auskennen'*). Allerdings zeigen die Darstellungen der interviewten Manager, dass es für sie im vertrauensrelevanten Handlungsfeld der *<Bewältigung von Aufgaben>* auch ganz andere Priorisierungen gibt. Die Ausdifferenzierung dieser unterschiedlichen Blickwinkel auf die Bewältigung von Aufgaben in Form der übrigen Vertrauensfaktoren liefert ein für die kulturvergleichende Betrachtung sehr interessantes Ergebnis, denn sie stehen in inhaltlichem Zusammenhang mit einer Reihe von in der Literatur beschriebenen kulturellen Unterschiedsdimensionen und erscheinen von daher geeignet für die Bestimmung vertrauensrelevanter Aspekte kultureller Differenz. So stehen beispielsweise die Vertrauensfaktoren 4.3, 4.5 und 4.7 in Zusammenhang mit der Unterschiedsdimension der 'Unsicherheitsvermeidung' (Hofstede 1980, House et al. 2004). In Zusammenhang mit der 'Monochronie-Polychronie-Dimension' (Hall 1983, vgl. 5.4.3.1) steht der Vertrauensfaktor 4.5. Der Vertrauensfaktor 4.6 steht in Zusammenhang mit der Kulturdimension 'Beziehungs- vs. Sachorientierung' (vgl. 5.6.1). In den Beiträgen zu Vertrauensbedingungen werden diese Aspekte entweder nicht thematisiert oder stillschweigend unter 'Kompetenz'/'Fähigkeit'/'Expertise' subsumiert. Bisweilen wird immerhin zwischen 'Kompetenz' (vgl. Vertrauensfaktor 4.1) und 'Performanz/Leistung' (vgl. Vertrauensfaktoren 4.2 und 4.3) unterschieden (Moranz 2004). Gabarro (1978) bestimmte auf Basis von Interviews mit Top-Führungskräften 'business sense' und 'interpersonal competence' als Vertrauensbedingungen, womit er auf einen Aspekt Bezug nimmt, welchen ich mit dem Vertrauensfaktor 4.6 *'Taktisch / strategisch vorgehen'* gefasst habe. Gabarro spricht von „competence in the other's ability to work with people" und erläutert: „At this level of the organization, 'getting the job done' also requires competence at working with people."

3.2.5 Umgang mit Konflikten / Schwierigkeiten

Auch ohne dass man dies plant oder herbei wünscht, sieht man sich bei der Realisierung gemeinsamer beruflicher Aufgaben mit den unterschiedlichsten Konflikten und Schwierigkeiten konfrontiert. 'Konflikt' meint dabei die Kollision unterschiedlicher und sich ausschließender Ziele oder Interessen. 'Schwierigkeit' meint hingegen ein Problem, einen Fehler oder ein Defizit, das die Realisierung der Aufgaben erschweren oder verhindern kann. Wenn ich mit jemandem zusammen arbeite, dann gehe ich immer auch ein Risiko in Bezug darauf ein,

3.2 Aufgabenbezogene Vertrauensfaktoren

wie er sich in solchen Fällen verhält – also wenn es Konflikte zwischen uns oder Schwierigkeiten bei der Realisierung der Aufgaben gibt. Denn Konflikte zwischen uns können mich viel Zeit und Ressourcen kosten und eventuell zu meinem Nachteil ausgehen, und auch Schwierigkeiten bei der Realisierung der Aufgaben können erschweren oder verhindern, dass ich in der Zusammenarbeit meine eigenen Ziele erreiche.

Im Hinblick auf **Konflikte** geht es darum, inwiefern die Konflikte meine Ressourcen binden und eventuell zu meinem Nachteil ausgehen. Zum einen werten es die interviewten Manager als vertrauensförderlich, wenn sie mit dem anderen Konflikte schnell und unproblematisch – und damit Ressourcen schonend – lösen können. Dies kann erleichtert werden, wenn der andere Konflikte offen und proaktiv angeht und in Diskussionen sachlich bleibt. Zum anderen zählt es für die Interviewpartner als Vertrauensgrund, wenn der andere grundsätzlich bereit ist, sein Eigeninteresse (auch einmal) zurückzustellen. Denn das macht es weniger wahrscheinlich, dass Konflikte zu ihrem Nachteil ausgehen. Darüber hinaus sehen es die interviewten Manager als vertrauensförderlich, wenn der andere der Entstehung von Konflikten aktiv vorbeugt oder entstehenden Konflikten frühzeitig begegnet – indem er entschieden und selbstbewusst auftritt, klar Position bezieht und es auch sagt, wenn ihm etwas nicht passt.

Im Hinblick auf **Schwierigkeiten** (Probleme, Fehler oder Defizite) geht es darum, inwieweit der andere durch sein Verhalten dazu beiträgt, dass die Schwierigkeiten die Realisierung der Aufgabe möglichst wenig erschweren bzw. sie nicht sogar verhindern. Wenn der andere selbst auf Schwierigkeiten stößt, dann werten es die interviewten Manager als vertrauensförderlich, wenn er dies zugibt und ihnen Bescheid sagt. Eine der möglichen Schwierigkeiten, auf die mein Kollege oder Partner stoßen kann, ist Widerstand von dritter Seite. Ein Vertrauensgrund ist, wenn der andere in diesem Fall gegenüber Dritten standhaft bleibt. Schließlich kann es aber auch auf meiner Seite aufgabenkritische Schwierigkeiten (Probleme, Fehler oder Defizite) geben. Als vertrauensförderlich gilt, wenn mich der andere auf solche Schwierigkeiten hinweist.

In beiden Fällen gilt: Wenn der andere sich so verhält, dass sich meine Nachteile aufgrund von Konflikten oder Schwierigkeiten begrenzen lassen, dann werten die interviewten Manager das als Vertrauensgrund. Dabei kann man die folgenden sieben Vertrauensfaktoren unterscheiden (vgl. Tab. 3.7).

Tab. 3.7: Handlungsfeld-05: <Umgang mit Konflikten / Schwierigkeiten>

Leitfrage: Wie geht der andere an Konflikte heran? Wie selbstbewusst begegnet er auftretenden Schwierigkeiten?	
1. Konflikte offen und proaktiv managen	Geht er Konflikte offen / proaktiv an? Spricht er sie von sich aus an? Kann ich mit ihm 'darüber reden'?
2. Eigeninteressen zurückstellen	Ist er bereit, bei Konflikten nicht ausschließlich seine Eigeninteressen, sondern auch andere (meine) Interessen zu berücksichtigen?
3. In Diskussionen sachlich bleiben	Bleibt er in Diskussionen sachlich, das heißt, bleibt er auf der sachlich-objektiven bzw. technisch-inhaltlichen Ebene – anstatt emotional oder laut zu werden?
4. Fehler / Schwächen eingestehen	Gesteht er Fehler oder Schwächen ein anstatt sie zu vertuschen? Gibt er es zu, wenn er auf Schwierigkeiten stößt bzw. etwas nicht so gut hinbekommt wie geplant?

5. Auf Fehler / Defizite hinweisen	Traut er sich, es mir zu sagen, wenn ich einen Fehler mache, bzw. mich auf Defizite aufmerksam zu machen, die er bei mir erkennt?
6. Gegen Widerstand zu seiner Überzeugung stehen	Steht er zu seiner Überzeugung oder seiner Entscheidung auch wenn es Widerstand gibt bzw. wenn 'der Wind etwas stärker weht'?
7. Entschieden und selbstbewusst auftreten	Tritt er entschieden und selbstbewusst auf? Ist er entscheidungsfreudig? Traut er sich, es zu sagen, wenn er anderer Meinung ist?

3.2.5.1 Konflikte offen und proaktiv managen (VF-5.1)

(V+) Nach den Berichten der interviewten Manager ist es ein Signal für die Vertrauenswürdigkeit eines Kollegen oder Geschäftspartners, wenn er mit Konflikten zwischen ihnen offen und proaktiv umgeht. Er spricht Konflikte von sich aus an bzw. informiert darüber, wenn man sich seiner Ansicht nach in einem Konflikt befindet oder gerade hineingerät. Er spricht die Sache offen an und bemüht sich gegebenenfalls aktiv um eine Klärung des Konflikts. Bsp.: „Ihm war es immer wichtig, dass Unklarheiten möglichst schnell [geklärt werden]. Es gibt ja immer Stress. Da vergreift man sich mal im Ton. Oder es kommen Sachen anders rüber, als man es erwartet hätte. ... Wenn so etwas war ..., dann wer er immer hinterher und hat relativ schnell versucht, das dann zu klären" [DD-09]. Oder: „Bei ihm kommt gleich ein direktes Feedback. Also das heißt, dass er, wenn ich störe, dann auch sagt: Du, das passt nicht. Bei anderen ... ist das nicht so. Die sagen das nicht so. Die sind viel zu höflich als dass Sie in dem Moment sagen würden: Du störst jetzt! ... Und er sagt dann auch: Du, das passt nicht!" [DF-15].

Dies umfasst auch, dass der andere überhaupt dazu bereit ist, zu akzeptieren, dass es einen Konflikt gibt, den Konflikt zu diskutieren und gemeinsam nach Lösungen zu suchen. Man kann mit dem anderen über schwierige Dinge offen diskutieren. Bsp.: „Ich kann mit ihm eben auch schwierige Dinge – und vielleicht auch Dinge, wo wir uns nicht einig sind – offen diskutieren. Wo ich sage: Hier, du siehst es so, ich sehe es so, ich halte das für falsch, weil... Oder: Ich schlage vor, dass wir das anders machen..." [DD-17]. Oder: „Wir können sozusagen symbolisch uns mal gegen das Schienbein treten: 'Jetzt hast du mich aber hier wieder außen vor gelassen. Was sollte denn der Quatsch!' ... Also man stößt sich ab und zu mal an und holt sich sozusagen wieder auf die Nulllinie zurück gegenseitig. Und damit ist die Sache dann aber auch gegessen" [DD-13].

(V-) Umgekehrt kann es als Vertrauenswarnung wahrgenommen werden, wenn sich mit dem anderen nicht offen über Konflikte reden lässt. Der andere thematisiert Konflikte nicht von sich aus, und er lässt nicht zu, dass man selbst Konflikte thematisiert, diskutiert oder im Gespräch nach einer Lösung sucht. Bsp.: „Die Dinge mal anzusprechen und auf den Punkt zu bringen und zu sagen: 'Lass uns darüber reden', das hat er immer vermieden" [DD-01].

(Vm) Die entsprechende Vertrauensmaßnahme ist es, bei einem Konflikt frühzeitig und proaktiv auf den anderen zuzugehen, die Probleme auf den Tisch zu bringen und zu versuchen, die Sache in einem offenen Gespräch zu klären. Bsp.: „Innerhalb des Managements, also mit Kollegen, versuche ich grundsätzlich über Probleme, die es gibt, offen zu diskutieren. Wenn ich mit jemandem anderer Meinung bin, ... dann suche ich das Gespräch mit demjenigen. ... Und ich versuche, das dann auch wirklich offen anzusprechen" [DD-17]. Oder: „Da war für mich dann von vornherein klar: Da werde ich jetzt gar nicht erst drei Wochen warten und wir

3.2 Aufgabenbezogene Vertrauensfaktoren

beschnuppern uns, sondern da setzen wir uns gleich am ersten Tag zusammen. Ich habe also zu ihm gesagt: 'Komm, mit deinem Vorgänger war das so und so. Das ging nicht. ... – Wie wollen wir beide denn jetzt damit umgehen an der Stelle?" [DD-13]. Oder: „C'est donc en essayant de dévoiler les choses et de poser les vrais problèmes. De ne pas essayer de tourner autour du vrai problème. Et une fois que ça, c'est sur la table, et bien on est bien obligé de discuter après. Donc, de forcer le débat sur des sujets qui ne sont pas faciles justement" [FD-14].

3.2.5.2 Eigeninteressen zurückstellen (VF-5.2)

(**V+**) Die interviewten Manager beschreiben es als Vertrauensgrund, dass der andere – insbesondere bei Interessenkonflikten – nicht ausschließlich seinen Eigeninteressen folgt. Bsp.: „Er hat nicht versucht, Situationen in persönlichen Vorteil zu münzen" [DD-11]. Positiv ausgedrückt geht es darum, dass der andere auch *andere* Interessen als seine eigenen berücksichtigt.

Besonders klar wird dies in der Interaktion von zwei Personen, wenn der andere *seine* Interessen zugunsten *meiner* Interessen zurückstellt. Dies wäre etwa der Fall in einer Situation, in der er mich leicht übervorteilen – also opportunistisch handeln – könnte, dies aber bewusst unterlässt. Ein Interviewpartner berichtet beispielsweise von dem Vertriebsmitarbeiter einer Bank, der ihm (seiner Einschätzung nach) lediglich die tatsächlich für ihn vorteilhaften Produkte anbot – und damit dem Verkaufsdruck widerstand, auch suboptimale Produkte an den Mann zu bringen, um den eigenen Bonus innerhalb der Bank zu sichern (Fallbeispiel-31).

Fallbeispiel-31: Der Vertriebsmitarbeiter, der nur 'optimale' Produkte anbot

> Il faut voir que dans ce genre de métier, les commerciaux sont censés vendre effectivement les produits. Et il y a des choses qui sont de très bonnes qualités, et il y a d'autres qui sont d'un peu moins bonne qualité. Les commerciaux ont une forte pression pour vendre ça. **Et malgré tout, le plus difficile, c'est de vendre les produits qui sont de moindre qualité.** Ils peuvent avoir d'ailleurs des initiatives sous forme de ce qu'on appelle des « sales crédits ». Pour vendre ils ont une sorte de système de « sales crédits », c'est-à-dire lorsqu'ils vendent ces produits à la fin de l'année cela leur donne leurs fameux bonus. **Donc il y a une pression très forte, une « incentive » très forte, pour vendre au client *non pas* les produits qu'on pense être adaptés à ce client.** ... – Donc ce confrère c'est l'exemple de quelqu'un qui vous propose des produits financiers qui sont adaptés à ce que vous faites. [FF-21]

In abgeschwächter Form kann der andere auch seine Eigeninteressen zugunsten unserer gemeinsamen Interessen bzw. zugunsten des Team- oder Firmeninteresses zurückstellen. Bsp.: „Je sait qu'il va réagir au mieux de nos intérêts communs. ... [Pour lui,] ce qui est important, c'est le bien de l'équipe" [FF-07].

(**V-**) Als eine Vertrauenswarnung berichten es die interviewten Manager, dass der andere sehr (oder *zu sehr*) auf seinen Vorteil bedacht ist und bei Interessenkonflikten nicht bereit ist, seine Eigeninteressen zurückzustellen. Das ist dann besonders deutlich, wenn er sein Eigeninteresse über mein Interesse stellt, das heißt, wenn er opportunistisch handelt. Aber die interviewten Manager beschreiben es auch als eine entsprechende Vertrauenswarnung, dass der andere sehr egoistisch, sehr ehrgeizig oder sehr auf seinen eigenen Vorteil, seinen Verdienst, seine Karriere bedacht ist. Denn bei jemandem, der sich sehr an seinen eigenen Interessen orientiert, bei dem läuft man Gefahr, 'verraten' zu werden, wenn man, aus welchen Gründen auch immer, einmal nicht mehr mit diesen Interessen konform gehen kann. Bsp.: „Was für mich persönlich auch noch ein Punkt ist, wo ich mein Vertrauen zu jemandem [in Frage stelle], ist Folgendes: In Geschäftsbeziehungen geht es ja letztendlich um Zaster, es geht um Geld. Aber wenn jemand in Gesprächen zu sehr den materiellen Vorteil immer in den Vordergrund rückt, also wenn jemand zu oft auf seinen eigenen Vorteil bedacht ist, und darüber auch spricht, das ist für mich auch ein Punkt, wo ich sage: Das ist dann auch keine

Basis. Für mich impliziert das: Wenn es ihm einen (materiell) Vorteil bringt, dann verkauft er mich" [DD-09].

Ähnlich beschreiben die interviewten Manager auch, dass sie bei solch einem Kollegen oder Partner das Gefühl haben, für die Zwecke des anderen instrumentalisiert zu werden. Bsp.: „Man kann dann Vertrauen entgegen bringen, wenn klar ist, dass derjenige nicht ausschließlich für seine eigene Reputation arbeitet – und dafür andere nutzt. Das muss die Motivation des anderen sein – und genau so war das in diesem Fall nicht" [DD-14].

Weitere Varianten sind, dass der andere objektive Argumente, die seinen Eigeninteressen widersprechen, einfach nicht gelten lässt, dass er seine Eigeninteressen über gemeinsame Interessen stellt oder dass er seine Eigeninteressen über das Team- oder Firmeninteresse stellt. Bsp.: „Das war offensichtlich, dass es einfach um Machtspielchen ging. Es ging nicht um die Sache, um die beste Lösung" [DD-02]. Oder: „Un critère pour moi, c'est son comportement vis-à-vis de la société. Savoir si cette personne réagit simplement pour son intérêt personnel ou son intérêt local, ou si elle a en tête aussi l'intérêt de la société. Pour moi, c'est extrêmement important. Donc, si je m'en rends compte, que son seul intérêt est son intérêt propre, personnel, en général je ne lui fais pas du tout confiance" [FD-15].

(Vm) Eine entsprechende Vertrauensmaßnahme kann es sein, in einer Konfliktsituation die eigenen Interessen zurückzustellen bzw. sich für die Interessen des anderen einzusetzen. Bsp.: „On a vécu des moments difficiles ici, parce qu'on a dû déménager. ... Donc évidemment j'ai cherché à défendre leurs intérêts et à m'assurer que les conditions matérielles dans lesquelles ils étaient installés, étaient correctes. ... Donc à ce train-là, à travers cette expérience-là, je leur ai montré que j'étais prêt à me battre pour eux" [FF-18].

3.2.5.3 In Diskussionen sachlich bleiben (VF-5.3)

(V+) Nach Ansicht der interviewten Manager ist es ein Grund, der dafür spricht, einem Kollegen oder Geschäftspartner Vertrauen zu schenken, wenn dieser in Diskussionen nicht laut wird, nicht emotional wird, sondern auf der sachlich-objektiven bzw. technisch-inhaltlichen Ebene bleibt. Bsp.: „Elle est très factuelle. ... Il n'y a pas de ressentiments, de feelings, de machin. C'est business, business" [FD-06].

(V-) Dieser Vertrauensfaktor wurde häufiger als Vertrauenswarnung beschrieben: Der andere blieb in Diskussionen nicht sachlich, sondern wurde emotional bzw. laut. Es kam zu heftigen Reaktionen oder sogar zu Beschimpfungen. Bsp.: „Ich habe das in den Diskussionen gemerkt: Da ist es in den Verhandlungen mal lauter geworden, da ist es auch persönlich geworden, da wurde 'Du Knallkopp!' gesagt oder solche Geschichten. Da ist viel mehr auf der emotionalen Ebene abgelaufen als auf der technisch-inhaltlichen Ebene. ... Also das wurde schon sehr, sehr laut, ja, und sehr emotional" [DF-22].

Fallbeispiel-32: Roter Kopf und: „Sie versuchen hier, mich auszubremsen!"

> Ich hatte eine andere Auffassung als dieser Kollege. Ich habe versucht, ihm die Gründe dafür zu erläutern. Ich hatte zu ihm gesagt: ‚Hier, das ist ein Thema, über das wir reden müssen, weil ich eine andere Auffassung habe in dieser Geschichte.' Also **ich habe ein paar Sätze zu dem Thema schon gesagt gehabt und also sachlich zu erläutern versucht, warum ich eine andere Auffassung vertrete.** Und er hat also gleich richtig in den falschen Hals gekriegt. **Es kam also gleich so eine richtig emotionale Gegenreaktion. Roter Kopf und: „Sie versuchen hier, mich auszubremsen!'** Mitten im Gespräch kriegt er einen roten Kopf und wirft mir vor, ich würde versuchen, ihn auszubremsen. ... Wie kann ich mit so jemandem vertrauensvoll zusammen arbeiten? [DD-17]

(Vm) Die entsprechende Vertrauensmaßnahme ist es, in Diskussionen nicht emotional zu werden sondern sachlich zu bleiben. Bsp.: „Ich versuche sehr stark einfach sehr sachlich zu bleiben. [Ich] versuche ... über die Sachebene Bezug zu fassen" [DD-16].

3.2 Aufgabenbezogene Vertrauensfaktoren

3.2.5.4 Fehler/Schwächen eingestehen (VF-5.4)

(V+) Nach den Beschreibungen der interviewten Manager ist es ein wichtiger Vertrauensgrund, dass der andere Fehler oder Schwächen einsieht und eingesteht anstatt sie zu vertuschen. Er gibt es zu, wenn er auf Schwierigkeiten stößt bzw. wenn er etwas nicht so gut hinbekommt, wie er möchte oder wie man es von ihm erwarten könnte. Bsp.: „Dass er da, wo er einen Fehler findet, den auch einfach zugibt oder akzeptiert und sagt: Oh ja, ist mir durch die Lappen gegangen. Habe ich nicht bemerkt. Muss ich korrigieren. Muss ich schauen, wie ich das wegkriege. Also wenn er einen sachlichen Fehler macht, dass er sagt: Oops, das geht auch anders, da habe ich mich gepennt" [DD-16]. Die interviewten Manager werten diesen Vertrauensfaktor – also die grundsätzliche Bereitschaft, Fehler oder Schwächen einzugestehen – als einen Hinweis darauf, dass der andere sie bei kritischen Problemen informiert (vgl. Vertrauensfaktor 3.4, Fallbeispiel 33).

Fallbeispiel-33: Nicht zu stolz zu sein zuzugeben, dass man Hilfe gebrauchen kann

C'était aussi quelqu'un qui avait la maturité par rapport à lui même pour être justement très honnête envers lui-même et envers les autres pour justement lorsqu'il y a des choses qui bloquent, **ne pas hésiter, ne pas avoir peur, ne pas être trop fier pour dire** : « Voila, j'ai besoin d'aide, j'ai un problème, j'y arriverai pas etc.» ... Ça donne un feedback qui dit : « OK, il saura me dire quand il ne peut plus. Il saura me donner un feedback honnête et transparent. » [... C'est] savoir que quelqu'un va venir s'il a un problème. Donc qu'il va avoir la capacité et la volonté de venir. [FD-07]

Als eine Variante beschreiben die interviewten Manager, dass der andere ihnen außerhalb der konkreten Zusammenarbeit offen von Problemen erzählt, die er im beruflichen Kontext hat bzw. dass er ihnen gegenüber Bedenken oder Unsicherheiten offenbart. Er macht quasi 'die Deckung auf', er gibt sich eine Blöße. Bsp.: „„... sagte er: 'Also ich habe da dieses und jenes Problem – weißt du, was man da machen kann?' ... Das ist ja so eine gewisse Art von Risiko, indem ich jemand sozusagen eine offene Flanke gebe, in dem Sinne, dass ich sage: 'Hier, ich weiß jetzt hier was nicht', öffne ich mich ja jemandem gegenüber und zeige jemandem eine Schwäche" [DF-18].

Eine typische Situation, in welcher sich dieser Vertrauensfaktor zeigt, ist, wenn es darum geht zuzugeben, dass man etwas nicht verstanden hat oder etwas nicht kann. Genau dies beschreiben die interviewten Manager als wichtigen Vertrauensgrund: dass der andere sich traut zu sagen, dass er etwas nicht verstanden hat oder etwas nicht kann. Er gibt es schlicht zu. Er verschweigt oder überspielt es nicht. Das kann man beispielsweise auch daran sehen, dass er bei einem Problem um Rat fragt. Bsp.: „Und dazu gehört auch, dass er gegebenenfalls sagt: Hallo, was du von mir verlangst: Ich kann das nicht. Denn ich habe es noch nicht gemacht. Kannst du mir helfen?" [DD-06]

Weiterhin geht damit einher, dass der andere auch eigene Fehler selbst verantwortet bzw. dafür gerade steht. Er zieht sich nicht aus der Affäre, wenn klar ist, dass es sein Fehler war – und sieht damit den Fehler ein bzw. gibt ihn zu. Bsp.: „Und er hat dann nicht irgendwie versucht, es gut zu reden oder schön zu reden, sondern er hat tatsächlich dann gesagt: 'Ok, haben wir uns getäuscht, wir müssen zurückrudern.' Und er hat das dann auch selbst vor dem Kunden vertreten. Er hat also nicht gesagt: 'Geht jetzt du einmal hin und versuche, die Dinge wieder einzurenken'. [... Er hatte] die entsprechende Souveränität, auch mal Fehler zuzugeben" [DD-01].

Schließlich hängt damit auch zusammen, dass er andere auf entsprechende Kritik nicht verärgert oder eingeschnappt reagiert. Er ist offen für (konstruktive) Kritik. Er nimmt es nicht übel, wenn ich ihn kritisiere bzw. auf einen Fehler hinweise. Bsp.: „[Ich wusste auch], dass ich [ihm] gegenüber jederzeit konstruktive Kritik äußern kann – ohne missverstanden zu werden" [DD-18]. Oder: „Quand j'ai quelque chose à lui dire, je vais lui dire. Il ne m'en voudra pas" [FF-06].

(V-) Ebenso von zentraler Wichtigkeit ist die entsprechende Vertrauenswarnung, dass der andere seine Fehler oder Schwächen *nicht* eingesteht, sondern dass er versucht, sie zu überspielen oder zu vertuschen. Er verheimlicht Probleme oder stellt Sachen besser dar, als sie sind. Bsp.: „[Er hatte] nicht das Rückgrat zu sagen: 'Es tut uns leid, wir haben uns da vergaloppiert' oder 'Es ist uns zu viel Geld' oder sonst irgendwas. ... Ich habe ihm wirklich die Tür aufgemacht, ja, ganz höflich, und habe gesagt: 'Hier, ich gebe dir die Chance dich ganz ohne Gesichtsverlust hier raus zu ziehen.' – Nichts. Also wirklich: Das wurde komplett vom Tisch gewischt. Er sagte: 'Aber was glauben Sie denn! Ach was, Ihr Eindruck ist völlig falsch!' und so" [DD-14].

Zweiter Aspekt: Bei Verständnisschwierigkeiten fragt der andere nicht nach, sondern überspielt sie, vgl. Fallbeispiel 34.

Fallbeispiel-34: Es ist kein Problem, etwas nicht zu verstehen. Unverzeihlich ist, das nicht zuzugeben.

C'est peut-être par fierté ou peut-etre par je ne sais pas quoi – qu'il ne me faisait pas reformuler la question, que je faisais l'hypothèse qu'elle était comprise. Mais, en fait, elle n'était pas comprise. Le résultat c'est que un mois après j'ai découvert les catastophes. ... Ce qui s'est passé c'est qu'au lieu de me dire qu'il n'a pas compris, il a simplement essayé d'imaginer... [...] Le plus grave finalement, c'est pas tellement le fait de ne pas comprendre. Tout le monde n'est pas génial. **Je n'en veux à personne de ne pas parler très bien le français. En revanche, de ne pas reconnaître qu'on n'a pas compris**, de ne pas reconnaître qu'effectivement on a écrit n'importe quoi, **ça, je ne pardonne pas**. Parce que ça, ç'a des conséquences gravissimes pour tout le monde - bien au-delà de la relation personnelle qu'on peut avoir. [FD-06].

(Vm) Als Vertrauensmaßnahme beschreiben die interviewten Manager, dass sie es offen sagen, wenn sie etwas nicht können oder nicht wissen – lieber fragen, als so zu tun 'als ob', und dass sie dem anderen gegenüber Schwächen nicht überspielen, sondern sie zugeben. Bsp.: „Ich sage das dem anderen auch: Ich habe keine Idee, wie man das lösen kann. Hast du eine Idee? Selbst wenn ich Projektleiter bin und man eigentlich von mir erwartet, dass ich es wissen müsste. Ich sage dann einfach: Ich weiß es nicht. Ich habe keine Ahnung. Können wir das mal diskutieren?" [DF-23]. Oder: „Si on n'a pas la compétence, d'accepter de dire qu'on n'a pas la compétence" [FD-24].

3.2.5.5 Auf Fehler/Defizite hinweisen (VF-5.5)

(V+) Drehen wir, im Vergleich zum letzten Vertrauensfaktor (*'Auf Fehler/Schwächen eingestehen'*) einmal die Perspektive um: Aus Sicht der Interviewten Manager kann es auch ein Vertrauensgrund sein, dass der andere es mir sagt, wenn ich einen Fehler mache bzw. dass er mich auf Defizite aufmerksam macht, die er bei mir erkennt. Der andere behält solche Beobachtungen bzw. Einsichten nicht für sich, sondern er übt konstruktive Kritik. Oder, wie es einer der interviewten Manager ausdrückt: „Dass mir ein Mitarbeiter sagt, wenn ich einen Fehler mache. Dass mir ein Mitarbeiter nicht einfach immer sagt: 'Die Welt ist rosa!'. Ich muss wissen, was ich falsch mache. ... Für mich hat Vertrauen auch etwas damit zu tun, mich auf Defizite aufmerksam zu machen: dass ich vielleicht bei einem Thema nicht genug hinschaue oder ein Thema vielleicht auch mal vergesse" [DD-06].

(V-) Umgekehrt berichten die Interviewpartner von der Vertrauenswarnung, dass der andere es ihnen *nicht* sagt, wenn sie einen Fehler machen bzw. Defizite haben. Der andere behält es für sich – und bietet ihnen keine Chance, aus ihren Fehlern zu lernen bzw. weitere Fehler zu vermeiden: „Der sagte immer nur 'Ja', und 'Jawoll, jawoll". Und dann irgendwann hörte ich hinter meinem Rücken zwischen Tür und Angel wie er sagt: 'Ich wusste gleich, dass das verkehrt ist'" [DF-03]. Oder: „Der Punkt ist ja auch: Wenn ich etwas falsch gemacht habe... Wir lernen auch von unseren Fehlern... Auch deshalb hätte er es mir direkt sagen müssen. Das

3.2 Aufgabenbezogene Vertrauensfaktoren

war ein ganz wesentlicher Punkt, wo ich sage: Mensch, in so einer wichtigen Sache, wenn ich Fehler mache, dann sollte mir doch mein Kollege zumindest mal sagen, dass er das vermutet, oder dass er den Eindruck hat. Und nicht mich so sinngemäß irgendwie im Regen stehen lassen" [DD-10].

(Vm) Als Vertrauensmaßnahme beschreiben die interviewten Manager, wie sie den anderen auf Fehler oder Defizite hinweisen, die sie bei ihm beobachtet haben. Einer der Interviewpartner kommentiert dies mit der Bemerkung, man habe schließlich „im Zweifelsfall sogar die Verpflichtung", dies zu tun [DD-10]. Bsp.: „Si je pense que ce qu'elle me demande de faire ne va pas avec ce que l'on fait, pour X et X raison, j'essaierai d'aller lui expliquer, de lui montrer mon point de vue. Voilà. Pour qu'il l'analyse ainsi de suite. Pour qu'il puisse se dire: Oui, tout compte fait, c'est bien, elle a raison. Je peux lui faire confiance" [FF-01].

3.2.5.6 Gegen Widerstand zu seiner Überzeugung stehen (VF-5.6)

(V+) Eine mögliche Schwierigkeit, auf die ein Kollege oder Geschäftspartner bei der Erledigung seiner Aufgaben stoßen kann, ist Widerstand von dritter Seite. Aus Sicht der interviewten Manager ist es ein Vertrauensgrund ist, wenn der andere in solchen Fällen gegenüber Dritten standhaft bleibt. Der andere steht zu seinem Wort bzw. zu seiner Überzeugung oder seiner Entscheidung – und zwar auch, wenn 'der Wind etwas stärker weht'. Er richtet sein Fähnlein nicht nach dem Wind. Er zeigt Rückgrat und ist nicht wankelmütig. Bsp.: „[Er hatte] einfach auch ein gewisses Rückgrat. Ich wusste: Wenn es irgendwie ein bisschen heißer hergeht, oder wenn es mal richtig heiß hergeht, dann fällt er nicht um. Und zu Entschlüssen oder Entscheidungen, die er mir gegenüber trifft oder die er mir gegenüber entsprechend kommuniziert, steht er eben auch, wenn von anderen Leuten... oder wenn ein bisschen ein härterer Wind weht. ... Ich wusste: Er steht zu dem, was er sagt" [DD-09]. Oder: „Die waren von der Sache überzeugt. Die haben wirklich auch gesagt: Okay, wir gehen mal gegen die Widerstände jetzt. Gegen Zweifel und Widerstände von anderen, wir setzen uns jetzt da mal durch. Wir glauben an die Geschichte!" [DD-14]. Oder: „C'est quelqu'un dont on sait qu'il pourra défendre un point de vue chez son patron" [FD-05].

(V-) Umgekehrt berichten es die interviewten Manager als Vertrauenswarnung, dass der andere nicht zu seiner Überzeugung steht, wenn er angegriffen wird. Er ist durchsetzungsschwach, hat kein Rückgrat. Wenn er sich streiten müsste, lässt er es lieber. Bsp.: „Er war relativ konfliktscheu. Er ist immer relativ schnell in Deckung gegangen, wenn es Konflikte gab. Er war einfach durchsetzungsschwach. Er ist dann irgendwann zum zahnlosen Tiger geworden. Wenn es wirklich um die Wurst ging, also darum, sich durchzusetzen, wenn er angeschossen wurde von links und rechts, dann knickte er ein, dann brach er relativ schnell ein" [DD-02].

Fallbeispiel-35: Und dann urplötzlich kriegt er kalte Füße und unterstützt das nicht mehr

> Also er hat Dinge in Frage gestellt, die er erst mitgetragen hat. Das Vertrauensverhältnis ist aber dann gestört, wenn Sie dann plötzlich merken, dass Sie selbst 'unter Lebensgefahr' das alles unternehmen, aber dann die Firma dann doch lieber nicht will. Der wusste, dass ich da hinfliege, und hat das mit getragen. Und dann hatte ich es quasi in der Tasche, und dann hat er einen Rückzieher gemacht. ... Also **Sie ackern, Sie ziehen irgendeine Transaktion an Land, ja, und denken, Sie könnten das landen. Und dann urplötzlich kriegt er kalte Füße und unterstützt das nicht mehr.** [DD-19]

(Vm) Die entsprechende Vertrauensmaßnahme besteht darin zu versuchen, seine Entscheidungen wirklich klar durchzuhalten: indem man hartnäckig bleibt, zu dem steht, was man gesagt hat und auch bereit ist, gegen Widerstände dafür zu kämpfen. Bsp.: „Moi, j'ai une ligne de conduite, qui est constante. Donc j'ai toujours une idée claire et une ligne directrice. Je suis constant dans mes idées, je ne change pas d'avis" [FF-13]. Vgl. auch Fallbeispiel-36.

Fallbeispiel-36: Eine klare Aussage und Rückgrat sind die Basis für Vertrauen

Also bisher habe ich immer die Erfahrung gemacht, dass in einer Führungsposition **eine klare Aussage und ein Rückgrat, das die Mitarbeiter spüren,** die absolute Basis für Vertrauen darstellt. **Die Mitarbeiter müssen das Gefühl haben, dass man für etwas steht und versucht, das auch durchzusetzen** - zumindest mal so weit, bis man merkt: Es geht da nicht mehr. Es treffen halt auch Andere andere Entscheidungen. In einer Firma geht es halt nicht demokratisch zu, sondern da trifft einer eine Entscheidung, an die muss man sich dann halten. Aber es geht darum, zumindest mal so lange zu sagen: „Ok, ich schwenke nicht mein Fähnchen sofort in die andere Richtung." ... **Wenn sich die Rahmenbedingungen nicht wirklich massiv ändern, versuche ich, die Dinge wirklich durchzuhalten und dafür auch zu kämpfen.** ... Ich ändere also nicht aufgrund von irgendwelchen kurzzeitigen Strömungen oder Begehrlichkeiten von anderen Abteilungen die Linie. [DD-01]

3.2.5.7 Entschieden und selbstbewusst auftreten (VF-5.7)

(V+) Auch ohne den konkreten Fall, dass sich der andere gegenüber Dritten durchsetzen muss (Vertrauensfaktor 5.6), gilt nach den Darstellungen der interviewten Manager bereits allgemein ein entschiedenes und selbstbewusstes Auftreten als Vertrauensgrund. Der andere ist entscheidungsfreudig, tritt überzeugend auf und kann auch 'Nein' sagen. Bsp.: „Er hat eine gewisse Entscheidungsfreudigkeit oder auch ein Selbstbewusstsein" [DD-09]. Wenn ihm etwas nicht passt oder er anderer Meinung ist, dann traut sich der andere, das zu sagen. Er ist kein Duckmäuser. Er hat keine Angst vor dem Chef, sondern er sagt offen seine Meinung. Bsp.: „Wenn ihm irgendwas in seiner Arbeit nicht gefallen hat, dann hat er das gesagt" [DF-23].

Manche Interviewpartner beziehen diesen Aspekt auf die 'Persönlichkeit' des anderen: Der andere „hat Persönlichkeit", das heißt, er hat eine gewisse Ausstrahlung. Er ist von der Persönlichkeit her „nicht wischi-waschi". Bsp.: „Der ist ein ganz starker, ein toller Charakter" [DF-24].

(V-) Eine Vertrauenswarnung kann umgekehrt sein, dass der andere unentschieden bzw. unentschlossen ist. Bsp.: „Er war kein starker Partner. Ich hatte den Eindruck, dass er sich eben so ein bisschen durchlaviert. Also er sagte nicht Fisch und nicht Fleisch" [DD-09]. Ein Beispiel kann etwa die mangelnde Entscheidungsstärke eines Chefs sein: „C'est mon grand chef. Il a un peu de mal à prendre position clairement. Quelquefois il y a des conflits ... et il faut bien qu'à un moment donné, à un certain niveau, quelqu'un tranche. Et ça, ça ne se fait pas. Ça, c'est de la déception. ... On a du mal à lui faire prendre position clairement" [FD-12].

(Vm) Die entsprechende Vertrauensmaßnahme besteht darin, entschieden und selbstbewusst aufzutreten, nicht 'Chamäleon zu spielen' bzw. sein Fähnchen nicht nach dem Wind zu hängen, zu sagen, was einem nicht passt, und als Chef Entscheidungsstärke zu zeigen. Bsp.: „Man muss darüber sprechen, ... was einem stinkt und was gut ist. Das gehört auch mit dazu. Auch mal unbequeme Dinge zu sagen" [DD-06]. Oder: „Ich versuche, etwas für die anderen zu sein, so dass es heißt: Das ist der Stabilitätsfaktor bei uns im Projekt. Und wenn wir Schwierigkeiten haben, dann haben wir Jemanden, der entscheidet" [DF-23].

3.2.5.8 Diskussion

Insgesamt wird das Thema Konfliktmanagement in der Literatur zu Vertrauensbedingungen erstaunlich selten aufgegriffen. Camp et al. (2002) nennen „Conflict Management Style", und zwar definiert als „the manner in which the trustee handled conflict, i.e., publicly or privately". Mit einzelnen Vertrauensfaktoren des Handlungsfelds <Umgang mit Konflikten / Schwierigkeiten> verwandte Aspekte werden allerdings als Vertrauensbedingungen genannt.
In Bezug auf 'Eigeninteressen zurückstellen' nennen Rosen & Jerdee (1977) die Frage, ob der andere sich „group goals" zu eigen macht, und Bijlsma & Bunt (2003) verweisen auf die Vertrauenswarnung, dass ein Vorgesetzter sich stark nach Eigeninteressen richtet („striving after personal, rather than team goals", „busy minding his own career"). Mishra (1996: 7) spricht von

„the concern dimension of trust" und präzisiert „that [the other party] be concerned about my interests or the interests of the whole". Es ginge nicht darum, dass der andere keine Eigeninteressen habe, sondern „that such self-interest is balanced by interest in the welfare of others".
Im Zusammenhang mit *'Fehler / Schwächen eingestehen'* steht das Argument von Deutsch (1962), dass ein Vertrauenspartner mit der Bitte um Hilfe Schwäche und Verwundbarkeit signalisiere. Ähnliches gilt für die „Bitte um Feedback", die Lorbeer (2003) als Vertrauensbedingung beschreibt. Wer um Feedback bittet, räumt prinzipiell ein, dass möglicherweise nicht alles hundertprozentig perfekt ist.
Was Feedback anbelangt, ist für die Einschätzung von Vertrauenswürdigkeit jedoch auch die umgekehrte Perspektive von Interesse: Fehlendes Feedback kann als Vertrauenswarnung interpretiert werden. Bijlsma & Bunt (2003) beschreiben die Vertrauensbedingung „giving feedback on performance". Diesen Punkt beschreiben auch die von mir interviewten Manager, wobei es ihnen insbesondere darum geht, ob sich der andere traut, ihnen (wichtiges) kritisches Feedback zu geben. Dies beschreibt der Vertrauensfaktor *'Auf Fehler / Defizite hinweisen'*.
Einige Beiträge zur Frage von Vertrauen in Führungskräfte untersuchen, inwiefern verschiedene Aspekte von Führungsstil als Vertrauensfaktor wirken. Kirkpatrick & Locke (1996) sowie Conger & Kanungo (1998) konnten zeigen, dass ein charismatischer Führungsstil Vertrauen gegenüber Vorgesetzten schaffen kann. Der Aspekt des charismatischen Auftretens fasse ich als Aspekt des Vertrauensfaktors *'Entschieden und selbstbewusst auftreten'* (vgl. 3.2.5.7).

3.3 Beziehungsbezogene Vertrauensfaktoren

Die Existenzgrundlage geschäftlicher Beziehungen ist natürlich das Geschäftliche. Gleichzeitig kann man aber nicht mit einem Kollegen oder Geschäftspartner zusammenarbeiten, ohne dass sich dadurch die jeweilige zwischenmenschliche Beziehung in vielerlei Hinsicht ausgestaltet. Die interviewten Manager beschreiben viele Vertrauensfaktoren, in welchen sich ausdrückt, wie man sich zu dieser zwischenmenschlichen Beziehung stellt. Beispielsweise kann man sich – mehr oder weniger aktiv – direkt um die Entwicklung dieser zwischenmenschlichen Beziehung bemühen, und damit signalisieren, wie wichtig sie einem ist. Ebenso zeigt sich in der Art und Weise, wie man zur Bewältigung der geschäftlichen Aufgaben zusammenarbeitet, ob der andere einem respektvoll begegnet, ob er fair ist und ob er einem hilft oder entgegenkommt. Die interviewten Manager ziehen zur Einschätzung der Vertrauenswürdigkeit ihrer Kollegen oder Geschäftspartner sehr viele solche beziehungsbezogenen Aspekte heran. Diese lassen sich in die folgenden sechs Handlungsfelder gruppieren (vgl. Tab. 3.8).[122]

Tab. 3.8: Die Handlungsfelder der beziehungsbezogenen Vertrauensfaktoren

Handlungsfelder der beziehungsbezogenen Vertrauensfaktoren	
6.	Beziehungsaufbau / Beziehungspflege
7.	Aufdeckung von Relationship Fit
8.	Respektvoller Umgang / Facework
9.	Fairplay in der Zusammenarbeit
10.	Kooperatives Verhalten

---

[122] Vgl. zu dieser Klassifikation die Einführung zum Handlungsfeld <Beziehungsaufbau / Beziehungspflege> in 5.6.

3.3.1 Beziehungsaufbau/Beziehungspflege

Man kann sich nicht *nicht* beziehungsbezogen verhalten.[123] Auch wer sich ganz bewusst *ausschließlich* auf die gemeinsamen Aufgaben konzentriert, gestaltet die gemeinsame Beziehung. Wenn A sich *nicht* aktiv um die Pflege der gemeinsamen Beziehung bemüht, dann fällt das möglicherweise seinem Partner B auf – vor allem wenn B dies eigentlich erwartet hätte. In diesem Fall kann B den Eindruck gewinnen, dass A es offenbar nicht für nötig erachtet, sich aktiv um Beziehungspflege zu bemühen. Auch wenn A gar nicht beabsichtigt, diesen Eindruck zu erwecken, könnte sein Kollege oder Partner dies so interpretieren – ohne dass A dies überhaupt bemerkt.

Wie könnte es denn aussehen, wenn A sich hingegen aktiv um Beziehungspflege bemüht? Beispielsweise könnte A sich um den Auf- und Ausbau der Beziehung kümmern, indem er gemeinsame Initiativen startet. Er könnte sich um die Entwicklung von gemeinsamen Zielen oder Teamgeist bemühen. Er könnte den Kontakt und Austausch auf eine private Ebene erweitern. Oder er könnte Lockerheit und Humor in die Beziehung einbringen. – In den Darstellungen der interviewten Manager finden sich eine Reihe von Aspekten, die sich in diesem Sinne als Vertrauensfaktoren des 'Beziehungsaufbaus' bzw. der 'Beziehungspflege' verstehen lassen (vgl. Tab. 3.9).

Tab. 3.9: Handlungsfeld-06: <Beziehungsaufbau / Beziehungspflege>

Leitfrage: Leistet der andere einen Beitrag zu unserer Beziehung, der über die reine Aufgabenerledigung hinausgeht?	
1. Kontakt pflegen / viel kommunizieren	Bemüht sich der andere aktiv um Kontaktaufbau bzw. Kontaktpflege? Bemüht er sich um persönlichen Kontakt und kommuniziert intensiv und regelmäßig mit mir?
2. Privates erzählen	Redet der andere mit mir auch über Nicht-Geschäftliches? Öffnet er sich als Person und erzählt mir auch von halb-privaten oder privaten Dingen?
3. Sich privat treffen	Trifft sich der andere mit mir in persönlich-privaten Kontexten (z.B. abends auf ein Bier, gemeinsame private Aktivitäten, Einladung nach Hause etc)?
4. Teamgeist / gemeinsame Ziele entwickeln	Schafft er Teamgeist/ Zusammengehörigkeitsgefühl? Entwickelt er gemeinsame Ziele / eine gemeinsame Mission? Entsteht ein „Wir-Gefühl"?
5. Freundlich und aufgeschlossen sein	Ist der andere freundlich und nett? Ist er aufgeschlossen, kontaktfreudig, offen gegenüber anderen?
6. Locker sein / Humor haben	Ist der andere locker/cool/relaxed und nimmt nicht alles so genau? Hat er Humor, macht er Späße mit, versteht er Ironie?

Aber warum verstehen die Manager dies als Hinweise auf die Vertrauenswürdigkeit des anderen? Vertrauen beinhaltet die Annahme, dass der andere nicht zu meinem Nachteil handelt. Wenn zwischen mir und dem anderen eine gefestigte, über die gemeinsamen Aufgaben hinausgehende Beziehung besteht, dann bestärkt mich dies erstens in der Annahme, dass der andere nicht zu meinem Nachteil handeln wird. Zweitens habe ich für diese Annahme eine verbesserte Einschätzungsbasis – ganz einfach deshalb, weil ich bessere Möglichkeiten habe, Dinge über den anderen zu erfahren und ihn einzuschätzen.

---

[123] In Abwandlung des sogenannten 'Metakommunikativen Axioms' nach Watzlawick et al. (1969).

3.3 Beziehungsbezogene Vertrauensfaktoren

3.3.1.1 Kontakt pflegen/viel kommunizieren (VF-6.1)

(V+) Nach Ansicht vieler der interviewten Manager ist es ein Vertrauensgrund, wenn der andere sich aktiv um Kontaktaufbau bzw. Kontaktpflege kümmert, wenn er sich um persönlichen Kontakt mit mir bemüht, und wenn er intensiv mit mir kommuniziert.[124]
Das heißt zum einen, dass der andere in unsere Beziehung 'investiert'. Bsp.: „Dass [er] sich Zeit genommen hat, über das eigentliche hinaus. ... einfach miteinander zu reden" [DF-14]. Oder: „Il s'est investi dans la relation!" [FF-16]. Dazu zählt beispielsweise, dass der andere versucht, unsere berufliche Beziehung auf- bzw. ausbauen, indem er sich aktiv darum bemüht, Gründe für eine (oder für die weitere) Zusammenarbeit zu finden bzw. zu entwickeln. Bsp.: „Dass dann nach langer Zeit wieder spontan ein Anruf kam, und er sagte dann: Ja, hier, Herr Kollege, ich habe hier was. Hätten Sie nicht Lust hier, dass man hier zusammen irgendwie das oder jenes macht?" [DD-21].
Ein weiterer Aspekt ist, dass der andere sich darum bemüht, mich persönlich kennenzulernen und mich (wiederholt) persönlich zu treffen. Er nimmt dafür Reiseaufwand und -kosten auf sich. Oder er gibt mir die Gelegenheit, ihn als Person kennenzulernen – beispielsweise lädt er mich ein, ihn an seinem Standort bzw. Arbeitsplatz zu besuchen. Bsp.: „Il essaie de me voir régulièrement. ... Il vient très souvent à Paris." [FD-21].
Die interviewten Manager berichten auch davon, dass der andere 'Beziehungspflege' betreibt, indem er den Kontakt gezielt aufrecht erhält: Er kontaktiert oder trifft mich, auch wenn es keinen konkreten aufgabenspezifischen Anlass dafür gibt. Bsp.: „Also man hat dann irgendwann mal telefoniert und dann hat man sich getroffen. ... Man ist so in einem lockeren Kontakt geblieben. Man hat dann alle halbe Jahr oder einmal im Jahr mal miteinander telefoniert und dann mal erzählt. ... Mal hat er angerufen, mal habe ich angerufen." [DD-21]

Fallbeispiel-37: Er sagt, er würde mich gern noch mal treffen zum Mittag essen – einfach nur so.
Der hat mir gesagt, er würde mich gern noch mal treffen zum Mittagessen, aber wir sollen nicht über [Geschäftliches] reden. ... **Einfach nur so. Wir hätten uns schon sechs Monate nicht getroffen.** Wie wäre es denn, wenn wir uns [dann] noch mal treffen könnten. Aber nicht, um über [Geschäftliches] zu reden. – **Und da stellt man schon fest: ihm liegt daran, die Basis, die die man angefangen hat, aufzubauen, weiter zu entwickeln, dass es ihm Spaß macht.** ... [Es war eine] Person, die mich auch treffen wollte, ohne dass man jetzt konkret über ein Geschäft gesprochen hat. [DF-17]

Ein verwandter Aspekt ist, dass der andere intensiv, das heißt viel und regelmäßig, mit mir kommuniziert. Er sucht die regelmäßige Kommunikation mit mir. Es gibt einen umfangreichen und reichhaltigen kommunikativen Austausch zwischen uns. Bsp.: „Cette personne, elle échange naturellement. Il y a de la communication" [FF-12]. Oder: „Parmi mes collaborateurs, ça a été une des personnes avec laquelle j'ai eu le plus d'échanges d'informations, de discussions, de confrontations de point de vues. Et donc il y avait une qualité de dialogue, une qualité d'échange d'information qui a été extrêmement riche" [FF-17].

(V-) Umgekehrt berichten die interviewten Manager davon, dass sie es als Vertrauenswarnung wahrnehmen, wenn der andere nicht bereit ist, in die gemeinsame Beziehung zu 'investieren'. Er bemüht sich nicht, unsere Zusammenarbeit zu entwickeln. Er hält den Kontakt nicht von sich aus aufrecht. Er kontaktiert oder trifft mich nicht auch einmal einfach so, sondern jeweils nur, wenn es einen konkreten aufgabenspezifischen Anlass dafür gibt. Wir

---

[124] Die beiden Aspekte 'Kontaktpflege betreiben' und 'Viel kommunizieren' hängen unmittelbar zusammen. In den Interviews sind Aussagen zur Beziehungspflege und zur Kommunikationsdichte häufig ineinander verwoben, und zwar insbesondere in den französischen Interviews. Die französischen Manager betonen sehr oft, wie wichtig ihnen für die Entwicklung von Vertrauen eine häufige und intensive Kommunikation ist. Gleichzeitig stellt diese für sie meist einen wesentlichen Aspekt der Beziehungsentwicklung und -pflege dar.

haben keinen persönlichen Kontakt bzw. er trifft mich nicht persönlich. Er gibt mir keine Gelegenheit, ihn als Person kennenzulernen. Das umfasst auch, dass der andere wenig mit mir kommuniziert. Er geht auf Distanz. Er beschränkt die Kommunikation auf das Nötigste. Er arbeitet in seiner Ecke und kommt da nicht raus. Bsp.: „Avec lui il y a une NON-communication" [FD-03]. Oder: „Cette personne ne communiquait pas. ... C'était quelqu'un qui travaillait dans son coin" [FD-15].

(**Vm**) Wenn die interviewten Manager von diesem Aspekt als Vertrauensmaßnahme berichten, sprechen sie davon, aktiv in die Beziehung mit dem anderen zu investieren. Sie bemühen sich, den anderen (als Person) kennenzulernen und die gemeinsame Zusammenarbeit auf- oder auszubauen. Bsp.: „Also was ich versuche, ist ganz klar, eine Beziehung aufzubauen. Also außerhalb der normalen Arbeit" [DF-21]. Sie bemühen sich, den Kontakt zu pflegen, persönlichen Kontakt herzustellen bzw. den anderen persönlich zu treffen. Bsp.: „Also ich achte am Anfang erstmal auf persönlichen Kontakt. Dass Kontakt stattfindet. Ich hab jetzt zum Beispiel gerade die Verantwortlichkeit für [vom Konzern übernommene Firma] übernommen. Da treffe ich mich jetzt mit den einzelnen Abteilungsleitern und Geschäftsführern und wir reden miteinander, wie wir die Dinge sehen" [DF-03]. Oder: „Il faut y aller, rencontrer des gens. Il faut éviter les relations uniquement au téléphone. ... Donc, demain, je vais le voir. On n'a pas d'ordre du jour précis. Je vais le voir pour garder les contacts. ... C'est de l'effort personnel, puisqu'il faut faire l'effort. Ce que j'appelle 'l'effort', c'est aller voir les gens, s'appeler. Ça ne vient pas tout seul. C'est faire un effort. Il faut faire voir qu'on a intérêt à travailler ensemble" [FF-10]. Oder: „[Il faut] se parler plus au téléphone, d'essayer de se voir, plutôt que d'utiliser le mail – ce genre de choses très pratiques" [FF-18].
Schließlich beschreiben die interviewten Manager auch, dass sie versuchen, einfach sehr viel mit dem anderen zu kommunizieren und sich auszutauschen. Bsp.: „Je crois, en tout cas, pour que la confiance existe qu'il est important de communiquer beaucoup ... Je crois que c'est important ... de communiquer régulièrement et de, si possible, trouver des satisfactions dans l'échange pour que la confiance se nourrisse" [FD-16]. „Lui parler. ... Parler beaucoup. ... C'est important de beaucoup parler" [FD-09].

Fallbeispiel-38: Für mich ist in so Anfangsphasen das Wichtige, sehr viel zu kommunizieren
> Und in so Anfangsphasen ist für mich eigentlich **das Wichtige, sehr viel zu kommunizieren**. Ich gehe zu den Personen, die jetzt neu sind, hin und sage: 'Ich habe dieses Thema, ich habe das auf dem Tisch. Das haben wir seither so und so gemacht. Ist das für Sie in Ordnung, dass wir das zukünftig auch so machen?' Oder: 'Ich habe mir überlegt, im neuen Umfeld wäre doch dieses oder jenes besser. Was halten Sie davon?' Also **ich suche diesen Dialog. Ich suche einfach diese Gespräche mit den Kollegen**. [DD-24]

Fallbeispiel-39: Wenn man nicht regelmäßig kommuniziert, verliert man Vertrauenskapital
> Je les avertis systématiquement, je les mets en copie par mail. J'appelle souvent pour discuter des dossiers. Il faut qu'il y ait un sujet. Mais je les appelle. S'il y a juste à faire suivre une information, je le fais par mail, parce que ce n'est pas la peine de perdre de temps. Mais **si je pense que ça vaut le coup de discuter, « est-ce qu'on le fait, est-ce qu'on ne le fait pas », j'appelle toujours**. Le mail, pour moi, je préfère l'utiliser pour transmettre l'information ou pour donner une note aboutie, si vous voulez. Et je pense que le téléphone est beaucoup plus important. ... **Il faut absolument garder la relation. Parce que sinon, les gens vont recevoir des choses formelles ou « formatées »**, mais s'ils perdent le contact de la discussion, ils perdent, à mon avis... **On perd un capital de confiance si on perd la régularité de l'échange**. [FD-20]

3.3.1.2 Privates erzählen (VF-6.2)

(**V+**) Nach den Berichten der interviewten Manager kann es ein Vertrauensgrund sein, dass der andere auch über Nicht-Geschäftliches redet, dass er von halb-privaten oder privaten Dingen erzählt, dass er bereit ist, der geschäftlichen Beziehung auch eine private Dimension zu geben, indem er Privates erzählt. Er erzählt von sich, er öffnet sich als Person, er ist bereit, „auch mal was Privates rauszulassen" [DF-01] oder „auch etwas von sich preiszugeben"

3.3 Beziehungsbezogene Vertrauensfaktoren

[DD-09]. Bsp.: „dass [er] auch bewusst Dinge gesagt hat, die man jetzt nicht typischerweise formal in einer Besprechung oder so sagen würde" [DF-14]. Oder: „Über die Zeit haben wir natürlich auch das ein oder andere Private ausgetauscht. Das heißt, wir haben ... natürlich auch des Öfteren mal abends zusammen gesessen und haben privat getratscht" [DF-23]. Oder: „On parle de choses qui ne sont plus seulement professionnelles" [FD-01].

Was die Themen anbelangt, auf welche die interviewten Manager verweisen, wenn sie von dem Verhalten ihres Kollegen oder Gesprächspartner berichten, das ich unter den Faktor 'Privates erzählen' fasse: Sie sind sehr vielfältig. Das „nicht rein Business-mäßige" [DF-06] umfasst ein breites Spektrum, von eher noch halb-privaten bis hin zu eigentlich sehr privaten Themen: Der andere erzählt von privaten Interessen, Hobbys oder Sport oder wie er das Wochenende verbracht hat. Er erzählt Biographisches, von seinem Lebensweg, was er früher gemacht hat, von Familiendingen, Ehe, Beziehung oder Kindern. Die Themen reichen weiterhin von beruflichen Plänen, Karrierezielen bzw. der beruflichen Zukunft bis hin zu privaten Sorgen, Problemen oder gesundheitlichen Fragen.

(**V-**) Von dem gleichen Vertrauensfaktor berichten die interviewten Manager als Vertrauenswarnung: Der andere erzählt nichts über sich. Er lässt nicht Privates raus.

Fallbeispiel-40: Er ist nicht in der Lage, auch mal über private Dinge zu reden

> **Er ist nicht in der Lage, persönliche Beziehungen einzugehen.** ... Und da muss ich sagen: **Da fällt es mir schwerer, Vertrauen aufzubauen.** Er ist nicht in der Lage, persönliche Beziehungen einzugehen, das heißt, **ein persönliches Verhältnis aufzubauen, wo man auch mal über private Dinge reden kann.** Also nicht vielleicht in dem intimsten Bereich, aber **einfach mal über private Dinge: was die Familie macht und so weiter** - um überhaupt ein bisschen **mehr von sich preiszugeben.** Um - ja, ein Gefühl dafür zu kriegen: wer ist der Gegenüber? Wer ist das eigentlich? **Wie lebt der? Was macht der? Was hat der für Hobbys? Das ist auf der persönlichen Ebene:** verstehen, wie der andere lebt: Was macht der? Was hat er gerne? Was hat er nicht so gerne? – Und wenn einer da nicht so gerne darüber redet oder auch nicht darüber reden kann, dann kann man natürlich auch zusammen arbeiten, klar. Aber es ist für mich etwas anderes als wenn ich jemanden persönlich besser kenne. **In der Kommunikation zu meinem Chef fehlt diese persönliche Ebene,** und ist deshalb einfach etwas distanzierter – sachlich-professionell, aber etwas distanzierter. Aber **bei ihm ist diese Distanz einfach da.** Und diese Distanz führt letztendlich auch dazu, dass das Vertrauen, was ich ihm entgegenbringe, auch [eingeschränkt] ist. [DF-12]

Fallbeispiel-41: Die lassen nichts Privates raus – oder sehr wenig.

> Also ich habe **mehrere vergleichbare Fälle.** ... Mit denen bin ich in ganz überwiegendem Maße nicht richtig **warm geworden.** Ich weiß, das ist professionell, aber: **Die lassen nichts Privates raus – oder sehr wenig.** Das ist ganz erstaunlich. ... Das betrifft auch das 'sich Zeigen'. ... **Die geben auch wenn sie [im Meeting oder in der Präsentation] reden von sich nichts preis. Es ist ja schon die Frage: Wie gebe ich mich als Redner?** Denn da drücke **ich ja Persönlichkeit aus.** ... Und da habe ich das Gefühl, dass [sie] sich da bewusst zurück nehmen ... um nichts von [ihrer] Individualität zu verraten. [DF-01]

(**Vm**) Als entsprechende Vertrauensmaßnahme beschreiben die interviewten Manager, mit dem anderen auch über nicht-berufliche Dinge zu sprechen und ihm auch von persönlich-privaten Dingen zu erzählen – wie von der Familie oder dem eigenen Werdegang etc. Bsp.: „dass man mal ein bisschen über das Privatleben und so erzählt. ... was weiß ich, Familienleben, Partnerschaften, oder sonstige Dinge" [DD-04]. Oder: „Also am Anfang versuche ich, dem anderen erst mal ein bisschen von mir zu erzählen. Wer bin ich, was mache ich, was habe ich schon gemacht? Auch bisschen: Was ist meine Familie? Was sind so meine Hintergründe?" [DD-16]. Oder: „indem ich offen auf ihn zugehe. Z.B. indem ich ihm beim ersten Gespräch vielleicht erzähle, wo ich herkomme, was ich gemacht habe und so" [DF-24]. Metaphorisch spricht einer der interviewten Manager davon, man müsse die Vorhänge vor dem eigenen Fenster etwas beiseite ziehen, um den anderen ins eigene Häuschen hineinsehen zu lassen („que l'ont dévoile un petit peu l'intérieur de sa fenêtre, l'intérieur de sa maison", FD-11). – Ein extremes Beispiel, das die Wirkung dieses Vertrauensfaktors als Vertrauensmaßnahme illustriert, ist ein 'Coming out' (Fallbeispiel-42).

Fallbeispiel-42: 'Coming out' als Vertrauensmaßnahme
> Et puis bon, ce qui, souvent apporte le « **Vertrauenschub** » **c'est lorsque je leur dis ce que je fais, ce que je suis, donc je suis gay, etc.** Bon, ça arrive souvent lorsqu'on s'entend bien. Et alors là, comme je disais avant, ça fait le saut. **C'est rigolo peut-être mais pour l'instant ça a toujours bien marché. Parce que les gens prennent ça aussi comme un symbole de confiance.** Et puis, c'est souvent arrivé que les gens me parlent dans le sens contraire. Qu'ils me disent des choses sur leur famille ou sur je n'en sais rien, sur leurs enfants etc. Donc, ils s'ouvrent, vraiment. Et ça, c'est bon. Donc ça joue un rôle aussi. Donc, malgré tout, je crois que l'aspect privé, ça peut jouer un rôle aussi dans la vie professionnelle, en tous les cas. [FD-22]

3.3.1.3 Sich privat treffen (VF-6.3)

(**V-**) Wenn sie von dem Vertrauensgrund berichten, dass der andere bereit war, der geschäftlichen Beziehung auch eine private Dimension zu geben, dann legen einige der interviewten Manager einen anderen Schwerpunkt als den mit dem letzten Vertrauensfaktor *'Privates erzählen'* beschriebenen. Sie verweisen nicht auf die Inhalte der Konversation sondern auf deren Kontext: Sie berichten davon, dass sich der andere mit ihnen auch in nicht rein beruflich bedingten Kontexten trifft. Man habe auch Kontakt in halbprivaten, quasi-privaten oder privatpersönlichen Kontexten.

Das fängt damit an, dass der andere mit einem zusammen Mittagessen oder mal einen Kaffee trinken geht, und es geht damit weiter, mal abends zusammen zu sitzen, ein Bier trinken zu gehen bzw. gemeinsam zu Abend zu essen. Ein solcher nicht-geschäftlicher Kontakt kann sich auch auf gemeinsamen Geschäftsreisen ergeben oder durch eine aus bestimmten Gründen nach Hause verlagerte geschäftliche Besprechung. Es kann auch noch stärker in einen rein privaten Kontakt und gemeinsame private Aktivitäten hinein gehen („mal abends ins Kino gegangen zusammen", DF-16) bis hin zum gemeinsamen Kennenlernen der Familien, zu Einladungen zum Abendessen, gemeinsamen Reiseteilnahmen („dass ich eben so eine Reise dann mitgemacht habe, wo die Kollegin auch mitgefahren ist, mit mir, ihrem Mann und ihrem Sohn und ihrer einen Tochter", DF-18) oder bis hin zur Hochzeitseinladung: „Je pense qu'il n'y a pas beaucoup de patrons qui réagissent comme ça avec leur équipe, les membres de leur équipe. Donc, c'est vraiment ... Il a assisté à mon mariage, des choses comme ça, quoi. C'est vraiment quelque chose" [FF-08].

(**V-**) Eine entsprechende **Vertrauenswarnung** wäre, dass der andere keine Anstalten macht oder nicht dazu bereit ist, sich auch einmal in persönlich-privaten Kontexten zu treffen.

(**Vm**) Als **Vertrauensmaßnahme** berichten die interviewten Manager davon, dass sie sich bemühen, mit dem anderen nicht ausschließlich beruflich-geschäftlichen Umgang zu pflegen, sondern ihn auch einmal in eher persönlich-privaten Kontexten zu treffen – gemeinsam Mittagessen oder Abendessen zu gehen oder eine Veranstaltung zu besuchen etc. Bsp.: „Da habe ich persönlich Wert drauf gelegt. Also wir haben das immer gemacht, wenn wir Meetings hatten, an einem der beiden Standorte. Dann ist ja immer einer von beiden auf Dienstreise und hat abends sowieso nichts Besseres zu tun. Dass dann praktisch derjenige, der vor Ort ist, mit demjenigen dann irgendwo zu Abend gegessen hat. Und dass man so einfach auch die Gelegenheit zu einem offenen Gespräch hat. Das habe ich initiiert" [DF-14].

Fallbeispiel-43: Sich privat treffen als Vertrauensmaßnahme im Vertrieb
> Und bei uns hieß es immer: **Das höchste Gut – neben dem, dass die Technik stimmen muss – ist Customer Intimacy. ... Das wurde sehr ernst genommen, den Kunden auszuführen abends.** Das war ein ganz hohes Gut, das vom Chef gepflegt wurde. „Sind Sie denn auch ausgegangen mit den anderen? Haben Sie sie gut zum Essen ausgeführt?" – „Nein, wir hatten keine Zeit mehr, wir mussten bis neun arbeiten." – „Ja, wären Sie doch hinterher noch wo hin gegangen!" – „Die Leute wollten heim zu ihrer Familie."... – Also man wurde richtig – nicht genötigt, aber bewusst daran erinnert. „Nehmt das Geld bitte gerne in die Hand und nehmt den Kunden abends mal zum Essen mit" – **um einfach auf einer privateren oder entspannteren Ebene dann noch ein bisschen mit ihm in Kontakt zu kommen.** – Der überwiegende Teil der Kunden, der hat das positiv aufgenommen. [DD-12]

3.3 Beziehungsbezogene Vertrauensfaktoren

3.3.1.4 Teamgeist/gemeinsame Ziele entwickeln (VF-6.4)

(V+) Große Ziele erreicht man nicht im Alleingang – sondern mit Teamgeist. Ein Vertrauensgrund kann sein, dass mit dem anderen ein solcher Teamgeist, ein Zusammengehörigkeitsgefühl entsteht. Die interviewten Manager berichten, dass zwischen ihnen und den jeweiligen Kollegen, denen sie vertrauen, eine Art „Übereinstimmung im Geiste" entsteht, eine „complicité", wie man es häufig im Französischen ausdrückt. Alternativ sprechen die französischen Manager von „communauté d'esprit" (Verbundenheit im Geiste), „entente cordiale" (herzlichem Einvernehmen) oder auch „connivence intellectuelle" (heimlichem Einverständnis im Geiste). Man hat einfach das Gefühl, dass der andere mit einem selbst zusammen „am selben Strang zieht". Bsp.: „Wir haben gesagt: Wir haben bestimmte Aufgaben zu erfüllen, und das machen wir – und ich unterstütze dich, du unterstützt mich. Da ist dann irgendwie so eine Übereinstimmung im Geiste entstanden" [DF-23]. Oder: „Wir haben [in einer Stoßzeit, als wirklich viel los war], im Weihnachtsgeschäft, gut zusammenarbeitet. ... Im Weihnachtsgeschäft, da brummt es wirklich. Also da ist man teilweise immer 10-12 Stunden im Büro. Und da [hatte ich] das Gefühl hat, dass wir am selben Strang ziehen" [DD-09].
Ein zweiter Aspekt der beschrieben wird, sind die gemeinsamen Ziele – bzw. die gemeinsame Entwicklung gemeinsamer Ziele oder: Wir entwickeln eine gemeinsame Strategie, um eine schwierige Situation zu bewältigen. Wir entwickeln gemeinsame Ziele, eine gemeinsame Vision. Wir haben eine gemeinsame Mission. Es entsteht ein „Wir-Gefühl" zwischen uns. Bsp.: „[Und dann haben wir] darüber diskutiert: Was ist denn der gemeinsame Weg? [und sind] dann zu der Erkenntnis [gekommen]: Da ist ein Weg, der entspricht UNS" [DF-23]. Oder: „[Il y avait] une sorte de confiance mutuelle sur le but d'aboutir" [FD-11].

(V-) Umgekehrt beschreiben es die interviewten Manager als Vertrauenswarnung, dass mit dem anderen kein Teamgeist, kein Zusammengehörigkeitsgefühl, keine gemeinsame Mission entsteht. „Es war letztlich dann im Endeffekt schon ein Erfolg", wie einer der Manager berichtet, „aber sagen wir mal so: das Gefühl, dass man das gemeinsam geschafft hatte, war einfach nicht da" [DD-04]. Solch fehlender Teamgeist fällt vor allem dann auf, wenn es hart auf hart kommt. Denn dann zeigt sich, ob das Einvernehmen nur ein scheinbares ist, ein reines Gutwetter-Einvernehmen.

(Vm) Als Vertrauensmaßnahme wird der Aspekt von den interviewten Managern folgendermaßen beschrieben: Man müsse sich bemühen, mit dem anderen ein Zusammengehörigkeitsgefühl bzw. einen Zusammenhalt aufzubauen. Man müsse eine Verbundenheit, eine „complicité" schaffen, sich mit ihm solidarisieren und gemeinsame Ziele entwickeln. Es ginge darum, das Gemeinsame in den Vordergrund zu stellen. Bsp.: „[Il faut] élaborer avec [l'autre personne] une stratégie, une certaine complicité pour aboutir à quelque chose" [FF-11]. Oder: „J'essaie de trouver des arguments sur pourquoi on a intérêt à travailler ensemble. C'est la façon dont je procède. Donc soit par présentation – avec des jolies choses, là, sur l'écran – soit par une discussion plus directe. C'est de montrer qu'il y a un intérêt mutuel à travailler ensemble" [FD-12].

3.3.1.5 Freundlich und aufgeschlossen sein (VF-6.5)

(V+) Es spricht aus Sicht der interviewten Manager dafür, einem Kollegen oder Geschäftspartner zu vertrauen, wenn dieser aufgeschlossen und offen ist – auch gegenüber anderen. Er hat eine offene Ausstrahlung. Er lächelt – oder, wie man im Französischen sagt, er ist 'souriant'. Er ist freundlich und nett. Ein zweiter Aspekt hier ist, dass der andere sich kontaktfreudig zeigt. Er integriert sich gut ins Team bzw. in den jeweiligen sozialen Kontext. Bsp.: „Sie hat sich schnell ins Team eingewöhnt" [DD-24].

(V+) Umgekehrt berichten es die Interviewpartner als Vertrauenswarnung, dass der andere nicht freundlich und aufgeschlossen ist. Er ist reserviert, distanziert. Er verzieht keine Miene, hat immer denselben Gesichtsausdruck – wie eine Maske. Er ist unfreundlich und meckert ständig. Bsp.: „Irgendwie waren die Kontakte immer so ein bisschen reserviert. [Auch] distanzierter" [DF-04]. Oder: „Sie hatte immer den gleichen Gesichtsausdruck, ohne je irgendeine Gefühlsregung zu zeigen. Da habe ich das Gefühl, ich habe einen Schauspieler vor mir, aber nicht einen Mensch, zu dem ich Vertrauen haben kann" [DD-07]. Oder: „Und die haben in der Präsentation keine Miene verzogen. Nichts gesagt. Die haben nicht zu erkennen gegeben, was Sie von uns halten, was Sie von der Präsentation halten, was Sie von den Personen oder der Institution halten" [DF-05]. Oder: „Le premier contact avec cette personne-là: finalement, elle est restée assez froide. Assez fermée, finalement" [FF-23].

(V+) Als Vertrauensmaßnahme kann man dem anderen gegenüber freundlich und aufgeschlossen sein, auf ihn zugehen, den Kontakt auf lockere Art beginnen. Bsp.: „Ich bin einfach locker eingestiegen, habe gesagt, dass ich neu bin und jetzt öfter komme, und habe mich kurz vorgestellt" [DD-06]. Oder: „Mon approche: ouverte, sympa, souriante" [FD-03].

Fallbeispiel-44: Den neuen Kollegen freundlich ansprechen und auf ihn zugehen

> Der Kollege war neu zu uns in die Abteilung gestoßen und hat natürlich auch in dem Sinne vielleicht Anschluss gesucht. ... Und ich bin auch jemand, der sich dann eigentlich gerne um eine neue Kollegen kümmert. Oder nicht „kümmert", das ist falsch. Ich bin jemand, der die einfach auch hoffentlich **freundlich anspricht und einfach mal ein paar Worte mit denen wechselt**. Denn ich habe in meinem Berufsleben oft gewechselt und weiß, wie das ist und habe mich eigentlich immer gefreut, wenn da Leute auf mich zugekommen sind. [DD-22]

3.3.1.6 Locker sein/Humor haben (VF-6.6)

(V+) Ein Vertrauensgrund kann sein, dass der andere locker ist und Humor hat. Dass er locker ist, heißt, dass er nicht formell und steif ist, sondern dass er cool und relaxed ist und nicht alles so wahnsinnig genau nimmt. Bsp.: „Irgendwie ist er ein Typ, der eher alle fünfe grade sein lässt, als das er das alles so wahnsinnig pedantisch nimmt. ... Da habe ich dann das Gefühl gewonnen: Dem ist das Leben recht, wie es ist. Er sagt: 'Mir ist es recht so, wie es ist. Ich habe damit keine Sorgen. Und wenn sie mich heute rausschmeißen ist mir das auch wurst. Ich habe zu Hause mein Weingut. Ist zwar nicht groß, aber zumindest kann es mich ernähren.' Also er war relaxed, er war wirklich relaxed." [DF-23]. Dies trifft einen Stereotyp der 'französischen Lebensart', welchen die deutschen Manager teilweise sehr positiv bewerten (vgl. Fallbeispiel-45).

Fallbeispiel-45: Abends im Büro im Stuhl gecoucht und Rotwein aus Frankreich getrunken

> Der ist ein ganz cooler Typ. Der saß dann oftmals so da, **hat in seinem Stuhl gecoucht und hatte die Füße auf dem Tisch. Und während wir geplaudert haben, haben wir Rotwein dabei getrunken** - oder was immer er dabei hatte. Er hatte immer etwas aus Frankreich mitgebracht mit seinem Auto. Und wir haben so manche Stunde zusammen gesessen und haben einfach nur über Gott und die Welt geplaudert. ... **Dann haben wir uns abends, so um sieben oder acht, zusammen gehockt und haben dann ein Glas oder eine Flasche Rotwein getrunken.** [DF-23]

Ein zweiter Punkt ist hier der Humor: Als Vertrauensgrund wird gesehen, dass der andere Humor hat. Er macht Späße mit. Er mag oder macht ironische Wortspiele. Bsp.: „Par exemple, là, j'ai fêté mes 40 ans, donc je l'ai invité, et il est venu. C'était, c'était une soirée déguisée sur un thème. Il a joué le jeu, il s'est déguisé. Il a vraiment joué le jeu. Tous mes amis me disaient: Mais c'est incroyable d'avoir son patron qui fait ça comme ça, qui participe" [FF-08]. Oder: „ Il est quelqu'un qui n'est pas [trop sérieux], quelqu'un qui arrive à traiter les sujets sérieux de façon humoristique. ... C'est sa façon de parler, de répondre, de prendre les sujets qui sont

3.3 Beziehungsbezogene Vertrauensfaktoren

sérieux et toujours les tourner... – pas à la rigolade, mais... On peut être sérieux en rigolant, aussi. Donc, un peu ironique. Et tout ça. Et ça m'a plu tout de suite" [FD-22].

(V-) Eine Vertrauenswarnung kann sein, dass der andere nicht locker ist, keinen Spaß versteht, nie selbst Witze oder lustige Bemerkungen macht, Ironie nicht versteht. Dies illustriert eindringlich das deutsch-französische Vertrauensmissverständnis der 'Die Geschichte von den Konzepten A und B' in 5.6.3.3.

(Vm) Als Vertrauensmaßnahme kann man entsprechend eine gewisse Lockerheit an den Tag legen und die Bereitschaft zeigen, auch Späße mitzumachen oder selbst mal einen lockeren Spruch, einen Witz oder eine ironische Bemerkung machen. Bsp.: „Den Humor nicht verlieren. Also lieber mal – ja einfach ein bisschen lockerer in ein Gespräch rein gehen" [DF-26].

Fallbeispiel-46: Ein Vertriebschef, der muss auch mal einen lockeren Spruch machen
> Ein Vertriebschef, der muss auch mal einen lockeren Spruch sagen: „Hallo, haben Sie heute schon einen Konsumentenkredit verkauft?" Da guckte mich der verständnislos an: „Es ist Viertel nach acht, wir machen um halb neun auf!" Sage ich: „Ja und? Wann sind Sie gekommen?" Sagt er: „Zehn vor acht." Sage ich: „Und?! Das sind doch schon 20 bis 25 Minuten!" - „Ja, aber ist doch noch kein Kunde da." - Sage ich: „Ja da hätten Sie doch schon einem Mitarbeiter einen verkaufen können!" **Das ist nicht ernst gemeint, einfach ein Spruch.** Aber A erinnert ihn das an die Aufgabe, und B sagt der sich: „He, der ist heute ganz gut drauf, irgendwie!" Und zum C sagt er: „Ich könnte es ja mal versuchen." [DD-06]

3.3.1.7 Diskussion

Dass aktive Kontaktpflege eine Vertrauensbedingung sein kann, wird in der Literatur selten berichtet. Lewicki et al. (1998) verweisen auf „promoting interdependence, pursuing opportunities and new joint initiatives" und treffen damit einen Aspekt, den einige der interviewten französischen Manager betonen. Aus umgekehrter Perspektive beziehen sich Bijlsma & Bunt (2003) auf einen ähnlichen Punkt, wenn sie Reserviertheit bzw. Zurückhaltung („aloofness") von Managern als Vertrauenswarnung beschreiben.

Was hingegen in der Literatur häufiger betont wird, ist der Stellenwert von Kommunikation für die Vertrauensentwicklung. Larson (1992) nennt „the ease of communication", „the number of communications", „the density of communication" bzw. „the steady exchange of information". Was allerdings typischerweise nicht präzisiert wird, ist, welche Art und Inhalte der Kommunikation hier relevant sind. Die interviewten Manager unterscheiden insbesondere zwei Dinge: zum einen sind dies die vertrauensrelevanten Aspekte des inhaltlichen Informationsaustauschs, die ich im Handlungsfeld *<Weitergabe von Informationen>* zusammenfasse, wie beispielsweise den Vertrauensfaktor *'An Wissen teilhaben lassen'*. Zum anderen ist es eine Kommunikation, die als Mittel der Beziehungspflege gesehen wird – was ich im Handlungsfeld *<Beziehungsaufbau / Beziehungspflege>* beispielsweise mit den Vertrauensfaktoren *'Kontakt pflegen / viel kommunizieren'* oder *'Privates erzählen'* beschreibe. Den Aspekt *'Privates erzählen'* beschreiben Ridings et al. (2002) als Vertrauensbedingung in virtuellen Internetgemeinschaften („confiding personal information").

3.3.2 Aufdeckung von Relationship Fit

Vertrauensvoll gegenüber einem Kollegen oder Geschäftspartner zu handeln, heißt anzunehmen, dass dieser sich in einer bestimmten Weise verhält: Ich nehme an, dass er – obwohl er das könnte – nicht zu meinem Nachteil handelt. Wenn mir ein Kollege oder Partner in verschiedener Hinsicht ähnlich ist bzw. wenn es zwischen uns Gemeinsamkeiten gibt und wir in gewisser Weise 'zueinander passen', dann gibt mir das in Bezug auf diese Verhaltenseinschätzung ein Gefühl der Sicherheit. Denn wer einem ähnlich ist, den kann man tendenziell auch besser einschätzen.

Nun lassen sich viele Arten von Gemeinsamkeiten natürlich nicht nach Belieben herstellen. Beispielsweise hat man entweder die gleiche Universität besucht oder nicht. Ein solcher 'Schwarz-Weiß-Blick' ist jedoch unzureichend, wenn man den Stellenwert von Gemeinsamkeiten für die Vertrauensentwicklung begreifen möchte. Damit Gemeinsamkeiten für die Beziehung relevant werden können, muss man sich ihrer in der Kommunikation bzw. Interaktion bewusst werden. Das heißt, man kann Gemeinsamkeiten in der Kommunikation bzw. Interaktion entdecken oder sie sogar erst gemeinsam entwickeln.

Natürlich ist es eine wichtige Frage, ob mir ein Kollege oder Partner auf Anhieb sympathisch ist oder nicht. Aber da das riesige Spektrum möglicher Gemeinsamkeiten oder Ähnlichkeiten nicht auf den ersten Blick ersichtlich ist, lässt sich erst im Verlauf der Beziehung herausfinden, inwiefern und in Bezug worauf es ein 'Relationship Fit' gibt. Wenn wir nicht auf der gleichen Universität waren, lässt sich herausfinden, ob wir vielleicht dennoch eine ähnliche berufliche Laufbahn eingeschlagen haben – oder gemeinsame Bekannte, gemeinsame Vorlieben, gemeinsame Steckenpferde etc. haben. Besonders wichtig ist dabei beispielsweise die Erfahrung, dass man sich in der Art und Weise ähnelt, wie man Aufgaben und Herausforderungen durchdenkt und sie praktisch angeht. – Zu ergänzen ist, dass sich natürlich auch Unterschiede und fehlende Gemeinsamkeiten aufdecken lassen. Förderlich für die Vertrauensentwicklung ist an dieser Stelle ein gutes Gespür für solche potenziellen Nicht- Gemeinsamkeiten: Es gilt, aktiv zu vermeiden, solche Unterschiede in der Kommunikation bzw. Interaktion aufzudecken.

Einige der interviewten Manager betonen, man solle sich ihrer Erfahrung nach für die Einschätzung, ob man vertrauen kann, nicht von seinem ersten Eindruck leiten lassen. Dass man sich in gewisser Hinsicht vielleicht *doch* sympathisch findet, wird man in manchen Fällen erst nach und nach entdecken. Der Eindruck, dass der 'erste Eindruck' zuverlässig sei, ist selbst nicht zuverlässig. Er unterliegt einer systematischen Verzerrung, da man in einer Beziehung, die sich wider erwarten gut entwickelt – in der man ein Relationship Fit aufdeckt oder entwickelt – zu der Annahme tendiert, die gemeinsamen Aspekte auch schon zu Beginn der Beziehung wahrgenommen zu haben (vgl. die Ausführungen zu Dissonanzvermeidung und Post-Rationalisierungen in 2.1.8.1).

Mit dem Begriff 'Relationship Fit' beziehe ich mich auf die unterschiedlichen Aspekte, die zu dem Eindruck führen können, dass man zueinander passt. Die interviewten Manager achten auf eine Reihe von Vertrauensfaktoren, welche ein solches Relationship Fit zwischen Ihnen und den jeweiligen Kollegen bzw. Partnern beschreiben. Dazu gehören erstens die ganz allgemein konstatierte Ähnlichkeit (gleiche Wellenlänge, Sympathie), zweitens private oder biographische Gemeinsamkeiten sowie drittens die insbesondere für die Zusammenarbeit im Management wichtige Ähnlichkeit im Denken oder Vorgehen (vgl. Tab. 3.10).

Tab. 3.10: Handlungsfeld-07: <Aufdeckung von Relationship Fit>

Leitfrage: Passt der andere zu mir? Haben wir Ähnlichkeiten oder Gemeinsamkeiten?	
1. Sympathie / affektive Übereinstimmung	Ist er mir sympathisch?
2. Private / biographische Gemeinsamkeiten	Hat er mit mir private oder biographische Gemeinsamkeiten?
3. Einigkeit / Ähnlichkeit im Denken/Vorgehen	Ist er mir ähnlich im Denken bzw. Vorgehen?

3.3 Beziehungsbezogene Vertrauensfaktoren

3.3.2.1 Sympathie/affektive Übereinstimmung (VF-7.1)

(V+) Ein von den interviewten Managern häufig beschriebener Vertrauensgrund ist, dass ihnen der andere sympathisch ist, dass mit dem anderen „die Chemie stimmt", dass sie auf der gleichen Wellenlänge sind. Dahinter steht die unspezifische Einschätzung, dass man auf einem relativ grundlegenden Niveau mit dem anderen Ähnlichkeiten bzw. Gemeinsamkeiten hat bzw. dass man 'einfach zueinander passt'. Es besteht eine affektive, 'gefühlte' bzw. 'gefühlsmäßige' Übereinstimmung mit dem anderen. Man passt irgendwie vom Typ her zueinander.

Viele der interviewten Manager verwenden, wenn sie dies beschreiben, Metaphern der affektiven Übereinstimmung. Beispielsweise sprechen viele Interviewpartner in der Beschreibung ihres vertrauenswürdigen Kollegen oder Geschäftspartner davon, dass einfach **„die Chemie stimmt"**. Diese Ausdrucksweise, von der 'passenden Chemie' zu sprechen, geht auf deutsche Dichter des ausgehenden 18. Jahrhunderts zurück, welche aus der damaligen Theorie der organischen Chemie den Begriff der *attractio selectiva* bzw. chemischen Ähnlichkeit auf zwischenmenschliche Beziehungen übertrugen (Pflug 2007). Bekannt wurde die Metapher ab 1809 durch Goethes Roman 'Die Wahlverwandtschaften'. Sie drückt nach der Grundidee ein besonders gutes Zusammenspiel bzw. Verständnis zwischen zwei Menschen aus, das auf Ähnlichkeit bzw. Passung beruht.

Etwas Ähnliches ausdrücken lässt sich mit den Metaphern von der **gleichen Wellenlänge** oder dem **guten Draht**, den man zu jemandem hat. Sie stammen aus der Telekommunikation. Die Güte des Drahts bzw. die Passung der Wellenlänge verbessert die (Tele-)Kommunikation. Die französischen Manager sprechen auch allgemein von 'Affinität', also von Wesensverwandtschaft bzw. natürlicher Passung („Il y a effectivement les éléments d'affinité", FF-11) oder auch von 'Alchimie' bzw. den 'ineinander verhakten Atomen' (les atomes crochus) – womit wir wieder beim chemisch-physikalischen Bezugsfeld wären. Bsp.: „Des fois, on a envie de donner sa confiance parce qu'il y une espèce d'alchimie qui se construit" [FD-16].

Häufig verwenden die interviewten Manager in diesem Zusammenhang auch den Begriff der gegenseitigen **Sympathie**, welcher stärker in den affektiven Bereich hinein geht. In der Literatur wird wechselseitige Sympathie als „affektive Übereinstimmung" definiert (Scholl 2005: 34, Buschmeier 1995: 108). Dies umfasst auch „liking" (Chismar 1988). Die Manager beschreiben es als Vertrauensgrund, dass ihnen der andere sympathisch ist. Bsp.: „Und sie war mir auch durchaus sympathisch. ... Und da dachte ich mir: Gut, da kannst du dich drauf einlassen" [DD-20]. „Ein gewisser Sympathiefaktor ist dabei, also das kann man nicht ausschließen. Auch wenn man es vielleicht nicht wahr haben will. Aber manche Personen sind einem sympathischer als andere" [DD-15].

Die Verwendung der Metaphern zeigt, dass es den interviewten Managern offenbar schwer fällt, diesen Eindruck eines unspezifisch empfundenen 'Relationship Fit' („une espèce de fit", FD-16) zu begründen und an konkreten Dingen festzumachen. Teilweise verweisen sie einfach ganz unspezifisch auf **„ein (gutes) Bauchgefühl"** bzw. seitens der französischen Manager auf **„un (bon) feeling"** oder **„un a priori positif")**. Bsp.: „Il y avait du feeling" [FF-12]. Oder sie beziehen sich relativ allgemein auf die Konsequenzen des 'Relationship Fit': dass man gut miteinander klar kommt, sich gut versteht, gut miteinander kann („Wir haben uns einfach sehr, sehr gut verstanden. ... Es war einfach eine sehr, sehr angenehme Zusammenarbeit angenehm und nett ist („das ist die ganze Zeit eine sehr, sehr angenehme Zusammenarbeit gewesen, DF-23) oder etwas konkreter, dass man leicht gemeinsame Gesprächsthemen findet („Eh bien lui est sympathique, je sens qu'avec lui je vais pouvoir parler d'autre chose que de travail", FF-04).

(**V-**) Die interviewten Manager beschreiben den Vertrauensfaktor auch umgekehrt als Vertrauenswarnung: Wenn der andere einem unsympathisch ist bzw. wenn die Chemie nicht stimmt, wenn man kein (gutes) Bauchgefühl oder „feeling" hat, dann sei dies ein Signal dafür, einem Kollegen oder Geschäftspartner *nicht* zu vertrauen. Bsp.: „Er war mir unsympathisch. Es war eine Antipathie. Ich habe den Mann gesehen und gefressen. Also ich kann es nicht sagen, warum" [FF-12]. Oder: „Also, ich sage mal so: mein Fall war der Herr nicht. Also das ist halt immer so eine Geschichte: Sympathie, Antipathie. Also, klar: Ohne Sympathie kein Vertrauen. Also ich hätte ihm schon mal gar kein Vertrauen [geben sollen]. Aber es gab im Grunde keinen objektiven Grund, diese Geschäftsbeziehung abzulehnen" [DD-09]. Oder: „Celui-là, je ne le sens pas. Prudence ! ... Il est désagréable, il n'est pas sympathique" [FF-04].

(**Vm**) Die entsprechende Vertrauensmaßnahme ist relativ schwer zu konkretisieren. Einige Interviewpartner berichten von gezielten Versuchen, Sympathie aufzubauen bzw. sympathisch zu wirken. Beispielsweise berichtete ein Manager: „Es geht darum, über das Telefon Sympathie zu vermitteln. Das kann ich, indem ich lache. In dem Telefonat habe ich immer versucht, dabei zu schmunzeln, zu lachen – etwas rüberzubringen" [DD-06]. Es gilt, sich umgänglich und gesellig zu verhalten. Man müsse versuchen zu erreichen, dass der andere die Zusammenarbeit als angenehm empfindet (Fallbeispiel 47).

Fallbeispiel-47: Das Gefühl vermitteln, dass die Zusammenarbeit mit einem angenehm ist
Il reste l'élément personnel qui fait qu'à un moment donné les gens vous acceptent. Il faut simplement avoir une certaine capacité de dialogue avec les gens. De dialogue, de, de, de...On appelle ça en France « la convivialité ». Ça c'est important, pour les clients. La convivialité, c'est **la capacité d'être sociable avec le client**. De le mettre en confiance. **De lui donner le sentiment que travailler avec moi, c'est** non seulement la garantie qu'il aura une solution à son problème – une solution optimisée, c'est-à-dire la meilleure possible – mais qu'en plus, **que ce soit agréable de travailler avec moi**. Voilà. Et, ça, c'est très important. [FD-05]

3.3.2.2 Private/biographische Gemeinsamkeiten (VF-7.2)

(**V+**) In den Darstellungen der interviewten Manager zeigte sich, dass es für sie einen Vertrauensgrund darstellt, wenn sich herausstellt, dass der andere mit ihnen Gemeinsamkeiten hat. Die Bandbreite solcher privaten oder biographischen Gemeinsamkeiten, auf welche die interviewten Manager verweisen, ist groß:
Herkunftsort/-region, Bsp.: „Also es ist eigentlich irrational, aber: Ich hatte einen Kollegen, zu dem hatte ich recht schnell einen sehr guten Draht, einfach weil wir dieselbe Herkunft hatten bzw. dieselben Wurzeln. Er kam auch vom Bodensee" [DD-09].
Studium oder Ausbildung, Bsp.: „Wir sind beide Psychologinnen, wir haben also einen ähnlichen Hintergrund" [DD-08].
Berufliche Laufbahn oder Lebensweg, Bsp.: „Die berufliche Laufbahn könnte man als ähnlich bezeichnen. [Bei ihm war es] eher auch ein angemessener Arbeitgeberwechsel. Also das ist jetzt mein dritter oder vierter Arbeitgeber in 25 Jahren. Also angemessen, auch kein 'Job-Hopper'. Ich könnte jetzt den Lebenslauf von dem Kollegen nicht genau rekapitulieren, aber ich glaube, dass er auch mindestens zwei oder drei Arbeitgeber hatte. Wenn nicht sogar vier. Vielleicht sind das dann auch so Dinge, die dann so eine gemeinsame Lebenssituation oder Historie bilden" [DD-22].
Alter, Bsp.: „Er ist einer von den eher älteren Kollegen. Also ich selber bin jetzt im Marketing auch eine von den älteren, weil da unten im Umfeld die Leute sind 25 und 30, also wie gesagt, das ist ein bisschen anders" [DF-04].
Familiäre Situation, Bsp.: „Nach unseren Zusammenkünften und Gesprächen – das ging ja über eine geraume Zeit – haben wir doch festgestellt, dass wir ähnliche ... familiäre Hintergründe [haben]" [DD-20]. Oder: „On a des points communs au niveau familial" [FF-01].

3.3 Beziehungsbezogene Vertrauensfaktoren

Private Interessen, Sport oder Hobbys, Bsp.: „Wir haben gemerkt, dass wir viele gemeinsame Interessen haben" [DD-08]. Oder: „Wir lieben beide Sport. Ich Fußball, er hat Rugby gespielt. Das sind so Themen, da reden wir darüber. ... Das hat alles mit dazu beigetragen, dass das Verhältnis so ist, wie es halt heute ist [DF-12]. Oder: „Da kommen natürlich dann auch noch Dinge dazu, die sich erst so im Laufe der Zeit dann herausstellen: dass wir ähnliche Hobbys haben beispielsweise" [DD-17].
Religion, Bsp.: Fallbeispiel-48.

Fallbeispiel-48: Entdeckung einer als selten empfundenen Gemeinsamkeit
> Das kam dann auch eigentlich wieder über die private Schiene zu Stande, der engere Kontakt. Weil wir beide in die Kirche gehen. Und das ist jetzt nicht unbedingt eine Sache, die man so häufig findet, insgesamt in der Gesellschaft. Sie hat auf ihrer Karte glaube ich so einen Fisch drauf gehabt, so einen Aufkleber. Das habe ich zufällig gesehen, und dadurch habe ich sie angesprochen. Und so hat sich das dann ergeben. Dann sind wir halt ins Gespräch gekommen. "Ah, du gehst auch hin?" Und so hat sich das ein bisschen dann ergeben. [DD-23]

(V-) Als Vertrauenswarnung sehen es die interviewten Manager, wenn sich herausstellt, dass es zwischen dem anderen und ihnen in bestimmten Bereichen keine Gemeinsamkeiten bzw. sogar konkrete Unterschiedlichkeiten gibt. Beispielsweise verweist ein Interviewpartner darauf, der andere habe einen sehr anderen „Umgang mit Menschen" als er selbst: „Sein Umgang mit Menschen entspricht nicht meinem. ... Deshalb ist natürlich auch die Vertrauensbasis und das Vertrauensverhältnis ein ganz anderes" [DD-06]. Ein anderer Manager beschreibt die Vertrauenswarnung festzustellen, dass der andere politisch extrem rechte Ansichten vertritt, die er selbst strikt ablehnt.

(Vm) Viele der als Vertrauensgrund beschriebenen privaten oder biographischen Gemeinsamkeiten lassen sich aber natürlich nicht aktiv herstellen – sie bestehen, oder sie bestehen eben nicht. Aufgrund der Tatsache allerdings, dass es eine große Bandbreite an möglichen Gemeinsamkeiten gibt, die vertrauensförderlich sein können, kann es eine Vertrauensmaßnahme sein, Gemeinsamkeiten mit dem anderen aktiv zu suchen, bzw. zu versuchen, Gemeinsamkeiten aufzudecken.

Fallbeispiele-49/50: Aktiv aufzeigen, dass man Gemeinsamkeiten hat
> Nachher war es für die Beziehung eigentlich auch ein Knackpunkt bzw. das war sicherlich sehr entscheidend, **dass ich ihm vermittelt habe, dass ich genau wie er selbst jemand bin, der** sehr aktiv in Wertpapieren ist. Das habe ich gemacht, indem ich ihm gesagt habe, dass ich morgens sehr früh in die Bank gehe, um – neben der Arbeitsvorbereitung – selbst zu gucken, wie mein Depot aussieht und wo ich disponieren muss. [DD-06]

> Dann habe ich mir aus dieser Kundengruppe drei Adressen rausgepickt, die ich intensiver angehen möchte. **Das waren Adressen aus den neuen Bundesländern. Und ich war ja 5 Jahre in Berlin, so dass ich dann auch dort relativ schnell zu verstehen gegeben habe, dass ich möglicherweise ein Verständnis für die Themen dort drüben habe.** Und ich habe eben auch diese Dinge – "Ost-West-Zusammenwachsen" – auch aktiv ausgesprochen. [DD-22]

3.3.2.3 Einigkeit/Ähnlichkeit im Denken/Vorgehen (VF-7.3)

Die Analyse der Aspekte, die von den interviewten Managern als vertrauensförderliche Ähnlichkeiten genannt werden, förderte ein interessantes Ergebnis zu Tage. Zunächst ist festzustellen, dass sich am häufigsten der Verweis auf unspezifische Metaphern der affektiven Übereinstimmung wie Sympathie etc. findet. Der Faktor *'Sympathie / affektive Übereinstimmung'* ist der insgesamt am vierthäufigsten kodierte Vertrauensfaktor. Dies erstaunt nicht, da solche allgemeinen, unspezifischen Begrifflichkeiten kognitiv leichter zugänglich sind und also zu erwarten ist, dass sie sich in der im Interview abgebildeten Suche der Manager nach Beschreibungskategorien häufig finden. Der Verweis auf Sympathie kommt schnell über die Lippen. Nur worauf gründet sich eigentlich die Sympathie, die man empfindet? Hier ist nun der Vergleich zwischen den beiden inhaltlich konkreteren Vertrauensfaktoren dieses Handlungsfelds interessant: Das Spektrum der genannten Aspekte vertrauensrelevanter *'Privater /*

biographischer Gemeinsamkeiten' ist zwar beeindruckend breit (vgl. 3.3.2.2), aber in der Gesamthäufigkeitsrangliste schaffte es dieser Vertrauensfaktor nicht einmal unter die ersten 30. Ganz anders jedoch der zweite Aspekt, den ich im Folgenden beschreiben werde: *'Einigkeit/Ähnlichkeit im Denken/Vorgehen'*. Er findet sich in der Rangliste an Position 7 und damit unter den Top-Ten-Vertrauensfaktoren. Dies ist ganz offenbar die zentrale vertrauensförderliche Ähnlichkeit im Managementberuf.

(V+) Den Vertrauensgrund der Einigkeit bzw. Ähnlichkeit im Denken und Vorgehen beschreiben die interviewten Manager auf drei Wegen.

Erstens verweisen sie direkt darauf, dass es mit dem anderen **Ähnlichkeiten im (aufgabenspezifischen) Denken, Bewerten und Vorgehen** gibt. Sie nennen zum einen die grundsätzlich präferierte Arbeitsweise, Vorgehensweise bzw. Herangehensweise: Sie sind sich mit dem anderen in ihrem Vorgehen einig: Der andere handelt genau so, wie ich handeln würde. Er handelt so, als ob er ich wäre. Bsp.: „Ich habe dabei gemerkt, dass er von seiner Methode her sehr ähnlich meiner eigenen Einstellung arbeitet" [DD-16]. Oder: „On a les mêmes modes de fonctionnement" [FD-10]. Oder: „Cette personne réagit toujours pratiquement presque comme j'aurai moi-même réagi" [FF-07]. Sie nennen weiterhin das aufgabenspezifische Denken, Auffassen oder Strukturieren: Der andere denkt genauso wie, in ähnlichen Situationen schätzen wir die Sache gleich ein, wir haben dieselbe Art und Weise, Dinge zu strukturieren, „une certaine communauté de jugement", FF-03.

Fallbeispiele 51/52/53/54: Das Wiedererkennen der eigenen Spielregeln beim anderen

> Und wenn in dieser Abteilung Probleme auftreten, dann habe ich beobachtet, **dass er auch das die gleichen Fragen stellt bzw. diese Probleme mit der gleichen Art und Weise und in der gleichen Tiefe nachfragt**, so wie ich das gerne auch machen würde an der Stelle. **Also ich finde die gleiche Technik, die gleiche Methodik wieder. Das Wiedererkennen meiner eigenen Spielregeln spielt da eine Rolle**. Das heißt, das Vertrauen entstand, , weil ich gesehen habe, dass der dieselben Dinge anwendet, die ich an der Stelle auch angewendet hätte, oder dieselben Fragen stellt, die ich auch gestellt hätte. [DD-16]
>
> Es war da **ein relativ hoher Übereinstimmungsgrad in der Art und Weise, Dinge strukturieren zu wollen, und auch in der Art und Weise nachzufragen**. ... Ich habe eigentlich gespürt, dass meine Art und Weise, an ein Projekt heranzugehen und eine Projektleitung umzusetzen, dass das seiner Auffassung auch entsprochen hat. [DD-01]
>
> **Wenn man so in ähnlichen Situationen die Sache halt gleich einschätzt.** ... Und dann war auch wieder dieser Punkt irgendwo zutreffend, dass man Situationen ähnlich sieht oder wertet. **Man versteht sich. Man sieht die Umstände oder wertet die Umstände ähnlich.** Man kann sich in die Rolle des anderen hinein versetzen. Man man lacht über dieselben Witze. Das sind ja alles so Punkte, die dann irgendwo eine Gemeinsamkeit schaffen. Oder **auch im Gespräch eben, wenn da so eine Bestätigung rüber kommt: "ja, sehe ich auch so..."** [DD-23]
>
> La confiance **s'est** instaure entre nous, parce que **on a les même façons de voir les choses.** ... Il s'est trouvé que nous avions la même vision d'un dossier ... Dès que nous parlions d'un dossier, la stratégie qui était élaborée en commun ne connaissait pas de divergences. **C'est à dire on était toujours d'accord sur la stratégie d'un dossier**, et on l'est toujours d'ailleurs, et on avait pas besoin de se parler. ... Et ça, c'est rare. ... L'un commençait une phrase et l'autre la terminait, voila. [FF-02]

Schließlich verweisen die interviewten Manager auch allgemein auf gleiche Ansichten, Werte oder übergeordnete Prioritätensetzung. Wir haben viele Werte gemeinsam. Bsp.: „On a la même vision du monde" [FF-02] oder: „des valeurs partagées" [FF-14] bzw. „beaucoup de valeurs en commun" [FF-06]. Oder: „un système de valeurs relativement convergeant ... quelqu'un qui a, à peu près, ma structure de caractère" [FD-23].

Zweitens verweisen die interviewten Manager darauf, **dass die Zusammenarbeit mit dem anderen gut und reibungslos** abläuft. Es lässt sich gut mit dem anderen zusammenarbeiten. Es gibt keine Reibungsverluste. Die Zusammenarbeit läuft gut – im Hinblick auf praktische Konsequenzen, Produktivität etc. „Habe ich gesagt: Hey, das ist gut gelaufen mit ihm. ... Es gibt keine starken Reibungsverluste" [DD-09]. Oder: „Das läuft alles recht problemlos" [DD-23]. Oder: „C'est une personne avec qui on travaille bien. Quand on a été amené à travailler

3.3 Beziehungsbezogene Vertrauensfaktoren 231

ensemble, ça s'est bien passé. Il n'y a pas eu de difficultés. Le contact a été bon, on a travaillé intelligemment ensemble" [FD-14].

Drittens berichten die Interviewpartner, dass sie mit dem anderen **in schwierigen Situationen Kompromisse finden** bzw. sich einigen können. Bei schwierigen Themen findet man einen Konsens. Sie können Konflikte mit dem anderen leicht lösen, weil sie sich grundsätzlich einig sind. Bsp.: „Wenn ich schwierige Themen zu diskutieren hatte, wo auch beispielsweise andere Bereiche mit Einfluss nehmen, also z.b. Marketing oder die Exportabteilung, habe ich gesehen, dass wir da sehr gut in der Lage waren, einen Konsens zu finden" [DD-17]. Oder: „Tout ce qu'on a eu à faire ensemble, à chaque fois ça s'est bien passé. Il n'y a pas eu de clash. Tous les problèmes ont toujours été résolus. C'est pour ça que je dis que ça, ça aide pour la confiance" [FD-14].

Fallbeispiel-55: We agree that we don't agree
> Et après, bon il y a toujours un moment où on n'est pas d'accord. Mais ce « pas d'accord » ça peut très bien... j'aime bien l'expression anglaise qui dit : « we agree that we don't agree ». Donc on est d'accord quand même. On est pas d'accord, bon ok, mais ça n'empêche pas que... On peut pas dialoguer quand même, qu'on peut construire ensemble quelque chose. [FD-17]

(V-) Die interviewten Manager beschreiben es umgekehrt als Vertrauenswarnung, dass sie mit dem anderen nicht übereinstimmen – hinsichtlich Arbeitsweise, Vorgehensweisen, Denken oder Bewerten. Bsp.: „Er lebt in einer anderen Welt. ... Der kommt einfach aus einer anderen Ecke. Der ist Einkäufer und er denkt eigentlich nur einkäuferisch" [DF-21]. Oder: „La réaction de la personne était à l'opposé de mes valeurs. ... Je trouve que sa réaction est bête, et en plus c'est une réaction qui va complètement à l'encontre de ce en quoi moi je crois" [FF-19]. Oder: „On ne se comprend pas. On a le sentiment de ne pas partager les mêmes valeurs ou les mêmes objectifs professionnels ou en terme de travail" [FD-18].

Fallbeispiel-56: Für mich war völlig klar, dass er diese Leute einlädt – hat er aber nicht
> [Er leitete den Aufbau einer neuen Werkstatt, und da sollte es nun die große Eröffnungsfeier geben.] Und es geht da genau um diesen Werkstoff, den wir dort bei diesen Kunden verkaufen wollen. Und was ist für mich persönlich dann der erste Adresse: **Man muss diese Leute einzuladen zu so einem Event. Das ist unser potenzieller Kunde.** ... Da muss ich diese Leute unbedingt einladen zu dieser Einweihungsfeier. Das ist doch logisch. Die stehen für mich an erster Stelle. ... Und dann ließ ich das so laufen. Und dann habe ich 1-2 Wochen vorher erfahren: **Das ist nicht passiert! Er hat die Leute nicht eingeladen** – obwohl er sie natürlich kannte. Und er wusste auch, dass er natürlich auch Nutznießer ist, wenn die Aufträge kommen. Denn er ist derjenige, der sie abwickeln wird. Aber er hat sie nicht eingeladen. ... Und da war ich also wirklich völlig konsterniert. So etwas kann ich nicht verstehen. Das ist für mich außerhalb jeder Vernunft. Das kann ich einfach nicht verstehen. [DD-14]

Fallbeispiel-57: Der pragmatische Weg vs. der Ansatz 'von der Forschungsseite her'
> Wir hatten in Bezug auf das Problem einen gewissen Approach hatten, wie wir eigentlich ein Problem lösen. Und diese beiden Kollegen ... **die hatten halt eine andere Auffassung, wie man dieses Problem lösen könnte**. Wir sind mehr in Richtung „der pragmatische Weg" gegangen und möglichst zielorientiert – und sie kamen halt mehr auf von der Forschungsseite, um das Problem zu lösen. Und **da sind natürlich Welten aufeinander geprallt**. [DF-25]

Das kann sich auch darin zeigen, dass die Zusammenarbeit mit dem anderen nicht gut bzw. nicht reibungslos läuft. Es lässt sich mit dem anderen nicht gut zusammenarbeiten. Bsp.: „Da habe ich dann auch festgestellt, dass wir uns nicht wirklich gut verstehen, wenn wir enger zusammen arbeiten. ... So während des ganzen Workshops habe ich nur so gedacht: Also unter Zusammenarbeit verstehe ich was anderes. Was soll die Show hier?" [DD-07]. Oder es kann zu Meinungsverschiedenheiten oder Konflikten kommen – bzw. solche Meinungsverschiedenheiten oder Konflikte lassen sich nicht lösen. Ich kann mit dem anderen bei schwierigen Themen keinen Konsens finden. Bsp.: „Es gab Probleme, Punkte, wo man uneins war, oder wo man ganz klar Schwierigkeiten miteinander hatte. ... Da gab es dann Streitereien oder auch Meinungsverschiedenheiten. ... Irgendwie ging es dann nicht weiter. Da waren Meinungsverschiedenheiten und die haben wir nicht gemeinsam gelöst" [DD-04].

(**Vm**) Wie beim letzten Vertrauensfaktor (*'Private / biographische Ähnlichkeiten'*) gilt, dass sich eine *'Einigkeit im Denken/Vorgehen'* nicht einfach aktiv herstellen lässt – im Allgemeinen besteht sie, oder sie besteht eben nicht. Allerdings kann man als Vertrauensmaßnahme versuchen, hinsichtlich des Vorgehens und Bewertens mit dem anderen zusammen eine gemeinsame Linie zu finden. Wenige der interviewten Manager beschreiben dies explizit als eigene Vertrauensmaßnahme. Allerdings verweisen einige der Interviewpartner darauf, dass sie ihre Sprache oder Redeweise an ihr Gegenüber anpassen (Il faut que nous, on aménage toujours notre discours. ... Quand on donne un conseil à quelqu'un, il faut savoir à qui on s'adresse – pour avoir le langage, pour adapter son langage", FD-05) oder dass sie sich bewusst mit dem anderen auf eine Ebene begeben (vgl. Fallbeispiel 58).

Fallbeispiel-58: Im Gespräch mit Kunden oder Mitarbeitern, muss ich mich auf deren Ebene begeben
Bei einem ersten Gespräch mit einem neuen Mitarbeiter oder einem Kunden, versuche ich, von vornherein eine Atmosphäre zu schaffen. Ich muss mich anpassen. ... Wenn ich mit Kunden oder Mitarbeitern spreche, muss ich mich auf deren Ebene begeben. Wenn ich mit einem Landwirt ein Gespräch führe, führe ich das anders, als wenn ich mit einem Geschäftsführer spreche. Das ist entscheidend, weil ansonsten hat der das Gefühl: Sender-Empfänger, das passt überhaupt nicht. [DD-06]

3.3.2.4 Diskussion

Zu allen drei Vertrauensfaktoren des 'Relationship Fit' werden in der Literatur korrespondierende Vertrauensbedingungen genannt. Swan et al. (1988) sprechen von „Likability" und Lorbeer (2003) von „Sympathie". Nicholson et al. (2001) argumentieren, dass Sympathie („interpersonal liking") dazu führt, dass Partnern positivere Motive bzw. Absichten unterstellt werden.
Ähnlich dem Vertrauensfaktor *'Private / biographische Gemeinsamkeiten'* nennen Cardona & Elola (2003) „demographic similarity (both gender and age)" und Tyler 2003 „shared social bonds". Mit dem „Thematisieren von Sachverhalten, die eine gemeinsame Identifikation ermöglichen" geht Thomas (2005e) in Richtung des aktiven Entdeckens von Gemeinsamkeiten. Walczuch & Lundgren (2004) sprechen allgemein von „perceived similarity". Seligmann (1997) nennt zusätzlich „gemeinsame Werte" – was ich mit dem Vertrauensfaktor *'Einigkeit/ Ähnlichkeit im Denken/Vorgehen'* fasse. Denn die Wirkung unterschiedlicher Werte schafft für die Zusammenarbeit im Management potenzielle Probleme in der gemeinsamen Lagebewertung bzw. im gemeinsamen Vorgehen. Auch andere Autoren sprechen von „shared values" oder „value congruence" (Jones & George 1998, Kramer 1999, Lewicki et al. 1998, Sitkin & Roth 1993, Hart et al. 1986).
Konkreter in Bezug auf die Zusammenarbeit nennt Moranz (2004) „ähnliche Ansichten". Eine nicht vertrauensförderliche Wirkung haben nach Bijlsma & Bunt (2003) „differences of opinion ... about the preferred solution to those problems" und nach Currall & Judge 1995 „failure to manage conflicts effectively" – eine mögliche Folge von Uneinigkeit im Denken bzw. Vorgehen. Kramer (1999) stellt einen Bezug her zu sozialen Kategorisierungsprozessen (Billig & Tajfel 1973, Tajfel & Turner 1986): Man begegnet Mitgliedern der 'In-group' genannten eigenen Gruppe tendenziell vertrauensvoller als Mitgliedern einer als Fremdgruppe wahrgenommenen 'Out-group' – wobei es allein auf die subjektive Wahrnehmung bzw. Konstitution von Gruppenzugehörigkeiten ankommt (soziale Kategorisierungsprozesse). Die Feststellung von Ähnlichkeiten (insbesondere gemäß dem Vertrauensfaktor *'Private / biographische Gemeinsamkeiten'*) lässt sich als Etablierung einer gemeinsamen sozialen Gruppenzugehörigkeit

3.3.3 Respektvoller Umgang / Facework

Um die Vertrauensfaktoren des respektvollen Umgangs näher zu charakterisieren ist es hilfreich, den Fachausdruck '**Facework**' heranzuziehen. Dieser Ausdruck nimmt zwar Bezug auf die alltagssprachliche Verwendung des Begriffs 'Gesicht' in Wendungen wie 'das Gesicht verlieren' oder 'das Gesicht wahren', bezeichnet aber ein wissenschaftliches Konstrukt. Es wurde von dem amerikanischen Soziologen Goffman (1955, 1967b) entwickelt und zählt heute zu den grundlegenden theoretischen Begriffen der Soziolinguistik, insbesondere der Theorie der Höflichkeit (Domenici & Littlejohn 2006; vgl. auch 5.8.1.1). 'Face' bezeichnet nach Goffman das 'öffentliche Selbstbild' (public self-image), das heißt das Bild, das sich andere Leute von einem machen oder das man ihnen gerne vermitteln möchte. Vereinfacht gesagt gilt: Wird jemand beleidigt oder gedemütigt, dann wird sein öffentliches Selbstbild beschädigt. Facework bezeichnet daher zunächst einmal alle Aktivitäten, die versuchen, solchen Schaden zu vermeiden, abzuschwächen oder zu beheben.

Allerdings kann man Gesichtsbedrohungen auch aktiv vorbeugen, indem man das öffentliche Selbstbild des anderen im positiven Sinne aufbaut und verstärkt: Man lobt ihn, zollt ihm Respekt, hebt seine Leistungen und Fähigkeiten hervor etc. Brown & Levinson (1978) haben diese Differenzierung des Face-Konzepts ausgearbeitet: Sie unterscheiden Handlungsweisen, die sich auf die Vermeidung von Gesichtsbedrohungen richten ('negative face') von solchen, die auf die Verstärkung des gewünschten Selbstbilds im positiven Sinn zielen ('positive face'). Negatives Facework heißt also, dass der andere Abwertungen bzw. Bedrohungen meines öffentlichen Selbstbilds vermeidet: Er ist höflich, er nimmt auf mich Rücksicht und er stellt mich als Person, meine Ideen und Entscheidungen nicht in Frage. Positives Facework bedeutet, dass der andere mich aufwertet. Er interessiert sich für mich und mein Handeln oder für meine Beweggründe, Ziele etc. Er verhält sich anerkennend und wertschätzend in Bezug auf meine Arbeit und meine Leistungen.

Das Handlungsfeld des respektvollen Umgangs beschreibt also die Herausforderung im Management, gegenüber Kollegen oder Geschäftspartnern hinreichend respektvoll zu agieren und angemessenes Facework zu betreiben. Doch warum wird dies als vertrauensförderlich wahrgenommen? Zunächst einmal gilt: Wenn ich jemandem gegenüber vertrauensvoll handle, dann mache ich mich von ihm abhängig, denn er könnte zu meinem Nachteil handeln. Dabei umfassen seine Handlungsoptionen meist auch Möglichkeiten, mein öffentliches Selbstbild zu beschädigen. Bemüht sich der andere hingegen um Facework, kann dies im Umkehrschluss ein Indiz dafür sein, dass er auch in anderer Hinsicht vertrauenswürdig ist. Darüber hinaus erklären sich die Vertrauensfaktoren des Facework als Anzeichen dafür, dass der andere neben seinen eigenen auch meine Bedürfnisse im Blick hat. Wenn jemand respektvoll handelt und sich mir oder anderen gegenüber um Facework bemüht, dann handelt es sich offenbar um jemanden, für den nicht allein die eigenen Ziele und Bedürfnisse zählen. Wenn man die Facework-Vertrauensfaktoren nach Brown & Levinsons (1978) Unterscheidung in negatives und positives Face ordnen würde, dann wären die Vertrauensfaktoren *'Respekt und Interesse zeigen'*, *'Bescheiden auftreten/nicht angeben'* und *'In Entscheidungen einbeziehen'* als Facework im positiven Sinn zu sehen, während die Vertrauensfaktoren *'Kritik/Widerspruch höflich-indirekt äußern'* und *'Zuständigkeiten respektieren'* eher der Vermeidung von Gesichtsbedrohungen dienen ('negative facework').[125] Eine Übersicht der Vertrauensfaktoren des respektvollen Umgangs gibt Tab. 3.11.

Tab. 3.11: Handlungsfeld-08: <Respektvoller Umgang / Facework>

Leitfrage: Betreibt der andere 'Facework'? Begegnet er mir mit Respekt und hilft mir, mein Gesicht zu wahren?	
1. Respekt und Interesse zeigen	Begegnet er mir respektvoll/höflich? Nimmt er mich ernst? Erkennt er meine Leistung an? Zeigt er Verständnis für mich?
2. Kritik / Widerspruch höflich-indirekt äußern	Äußert er Kritik gar nicht oder nur höflich-indirekt?
3. Bescheiden auftreten / nicht angeben	Tritt er bescheiden auf und gibt nicht an?
4. Zuständigkeiten respektieren	Respektiert er Zuständigkeiten? Hält er die Führungslinien ein? Übergeht er mich nicht?
5. In Entscheidungen einbeziehen	Bezieht er mich in seine Entscheidungen ein?

3.3.3.1 Respekt und Interesse zeigen (VF-8.1)

Die interviewten Manager beschreiben es in vielen Varianten als Vertrauensgrund, dass der andere ihnen respektvoll begegnet. Respekt kommt vom lateinischen „respectus", welches wörtlich „Zurückschauen" und im übertragenen Sinn eben „Rücksicht" oder „Berücksichtigung" bedeutet. Dies umreißt ein sehr weites Feld an Verhaltensweisen, denen gemeinsam ist, dass sie sich im Sinne des oben beschriebenen Konzepts des negativen oder positiven Facework verstehen lassen. Insgesamt geht es den interviewten Managern aus allen drei Perspektiven (Vertrauensgrund, -warnung und -maßnahme) stets um folgende fünf Aspekte: um *Akzeptanz*, das heißt darum, als Person ernst genommen zu werden; um *Wertschätzung*, das heißt darum, für die eigene Arbeit anerkannt zu werden; um *Höflichkeit* bzw. darum, dass Umgangsformen eingehalten werden; um *Interesse*, also darum, dass der andere sich für sie als Person interessiert und schließlich darum, dass der andere *Verständnis* für ihre Probleme bzw. ihre Situation zeigt. Ich werde diese fünf Aspekte im Einzelnen erläutern und durch Beispiele illustrieren.

(V+) Wenn die interviewten Manager *'Respekt und Interesse zeigen'* als einen Vertrauensgrund beschreiben, dann sprechen sie davon, dass der andere sie nicht als Person in Frage stellt – sondern sie ernst bzw. wichtig nimmt. Bsp.: „dass er mich auch gefragt hat, weil er hätte ja ebenso gut sagen können: Nein, die fragen wir nicht" [DF-18].
Dazu gehört auch, dass der andere sie nicht unangemessen von oben herab behandelt, sondern dass er sich tendenziell auf eine Ebene mit ihnen stellt. Bsp.: „Er hat sich mit mir in einer Art und Weise abgestimmt, so dass ich eben nicht immer das Gefühl hatte: Da ist jemand, der will mir ständig zeigen: er kann's besser" [DD-01]. Oder: „Er hat mich nach meiner Meinung gefragt, obwohl man eigentlich vermuten dürfte, dass jemand, der seit mehreren Jahren Justiziar und juristischer Leiter einer Abteilung eines Großkonzerns ist, es eigentlich nicht nötig hat" [DD-21].

---

[125] Aus einer interkulturellen Perspektive sind die Vertrauensfaktoren des Facework interessant, da sich die Vorstellungen davon, wann auf welche Weise ein Gesichtsverlust entstehen kann, im Vergleich von Kulturen deutlich unterscheiden (Hu 1944, Imahori & Cupach 2005, Ting-Toomey & Kurogi 1998). Einflussreich ist hier die „Face negotiating theory" von Ting-Toomey (1988, 1998, 2005), die kulturelle Unterschiede der Kommunikation und des Umgangs mit Konflikten beschreibt. Zu diesbezüglichen deutsch-französischen Kulturunterschieden vgl. 5.5 und 5.8).

3.3 Beziehungsbezogene Vertrauensfaktoren

Ebenso gehört dazu, dass er meine Entscheidungen respektiert („Es war meine Entscheidung und die hat er so respektiert", DD-21) und meine Kompetenz, mein Wissen, meine Meinung, meine Ideen, Fragen oder Argumente ernst nimmt und sie nicht als unsinnig abtut.

Fallbeispiel-59: Er sagt: Ja, ich sehe die Punkte, die du hast. Ich kann die nachvollziehen
> Ein anderer Punkt ist, wenn ich mir ernst genommen vorkomme. Das ist eine Sache, wo man im Geschäftsleben teilweise auch Unterschiedliches persönlich erlebt. Man erlebt sich nicht von jedem unbedingt – ich will nicht sagen "für voll genommen", aber es sind schon... Es passiert einem, dass man meint, latent Vorbehalte zu spüren - gerade, wenn die Geschäftsinteressen auch unterschiedlich sind. Ein typisches Beispiel: Wenn der A-Bereich eben sagt: "Das ist ein guter Kunde", und ich zu ihm sage: "Das ist ein schlechter Kunde" Dann kann der andere das aufgreifen oder er kann das nicht aufgreifen. Und er greift das auf und sagt: "Ja, ich sehe die Punkte, die du hast. Ich kann die nachvollziehen." [DD-23]

Die Interviewpartner beschreiben auch, dass der andere ihnen gegenüber Wertschätzung oder Anerkennung in Bezug auf ihre Arbeit, ihre Leistung oder ihr Handeln zeigt – und zwar von sich aus, als freiwilliges Zeichen bzw. als Geste. „Er hat mir eine Glückwunschmail geschickt: 'Lob mal dein Team...' Ich solle mich bei meinem Team bedanken, das wäre alles hervorragend gelaufen, das sei ein super Projekt. Und er wollte jetzt einen Folgeauftrag mit mir verhandeln. ... Und das ging ans Top-Management mit Kopie an mich" [DF-22]. Oder: „Je sens qu'en face il y a une certaine estime, quelqu'un qui est satisfait du travail qui est fait" [FF-23]. Sie sprechen zudem davon, dass der andere ihnen gegenüber höflich ist. Er hat gute Manieren. Bsp.: „Er hält mir die Tür auf, weil er sieht: Ich habe die Hände voll bis ganz oben. Und der hält mir *in dem Moment* die Tür auf. Also so ein gewisses Zeichen von Höflichkeit" [DF-15]. Der andere vergreift sich nicht im Ton.

Fallbeispiel-60: Diverse andere Führungskräfte, die vergreifen sich wirklich dermaßen im Ton...
> Grundlage für Vertrauen ist eben auch **der Respekt, wie er mit jemandem umgeht**. Also **es gibt ja auch diverse andere Führungskräfte, die vergreifen sich wirklich dermaßen im Ton**, da sage ich mir dann: „Okay, sorry. [Ich mache] im Geschäft gerade das, was nötig ist. Und der Rest..." Aber das ist natürlich keine Grundlage für Vertrauen [oder] für eine Geschäftsbeziehung auf Vertrauensbasis. **Also Vertrauen ohne Respekt geht halt nicht**. [DD-09]

Ein wichtiger Aspekt von Höflichkeit ist, dass der andere nicht über mich oder über andere (in Abwesenheit) schlecht redet. Bsp.: „Das betrifft das Thema 'wie man über andere spricht': dass er sich eben nicht das Maul verreißt" [DD-09]. Ebenso gehört es in gewisser Weise zur Höflichkeit, dass der andere sich ordentlich kleidet bzw. das „äußere Erscheinungsbild" oder dass er einem beim Geschäftsbesuch etwas zu Trinken bzw. Kaffee und 'Besprechungs-Kekse' anbietet (Fallbeispiel 61).

Fallbeispiel-61: Ein äußerst höflicher Empfang mit Kaffee und Keksen, sehr zuvorkommend...
> Je l'ai rencontré. D'abord, de façon très sociale, très- très- très polie, très- euh- presque joviale, euh, il m'a offert un café, des petits gateaux. "Est-ce que vous avez ça ?" me sortant des tas de bouqins pour me montrer des tas de chose etc. [FD-03]

In vielen Darstellungen der interviewten Manager geht es in diesem Kontext um die Frage, inwiefern der andere Interesse an ihrer Person erkennen lässt. Als Vertrauensgrund werten sie, dass der andere sich für ihr Handeln, ihre Beweggründe und ihre Ziele interessiert, und dass er hier auch nachfragt. Bsp.: „Das zeigt mir, dass er sich mit mir auseinander setzt und ihm auch nicht egal ist, wie ich mich sozusagen jetzt gerade in der Situation verhalte und bewege. ... Ein ehrliches Interesse nicht nur an der Arbeit, sondern an der Person" [DD-18]. Oder. „Das ist etwas, was mir natürlich auch, ja, vielleicht das Vertrauen auch gleich gegeben hat: dass er über meinen Lebenslauf bestens Bescheid wusste, ja. ... Dass er sich meine Mappe genau angeschaut hat, gar keine Erwartungen an mich hatte und aber sich mit meiner Person auseinander gesetzt hatte" [DD-21].
Ebenso erscheint es ihnen als vertrauensförderliches Signal, wenn der andere ihnen mit Verständnis für ihre spezifischen Probleme bzw. ihre Situation oder ihre Ziele und Vorhaben

begegnet. Er hört ihnen zu und versucht, ihren Standpunkt bzw. ihre Sichtweise zu verstehen. 'Il est à l'écoute', wie es die französischen Manager ausdrücken. Er nimmt Anteil an meiner Situation oder auch meinen Sorgen. Er kann meine Bedenken nachvollziehen bzw. nachempfinden. „C'était quelqu'un qui a été prêt à comprendre, à écouter" [FD-25]. Oder: „Le fait aussi que la personne écoute, je trouve que c'est important, l'écoute. Cette personne écoute, elle essaie de comprendre les problèmes qu'on peut avoir" [FF-01].

(V-) Die interviewten Manager beschreiben es als Vertrauenswarnung, dass der andere sich ihnen (oder anderen) gegenüber respektlos verhält. „Fehlender Respekt ist ein Vertrauenskiller. Auf jeder Ebene. In der Hierarchie nach unten und in der Hierarchie nach oben" [DF-03]. Oft verweisen die Interviewpartner auf fehlende Akzeptanz der Person. Der andere nimmt sie als Person nicht ernst bzw. nicht wichtig. Er übergeht sie. Bsp.: „Ich hatte das Gefühl, dass er mich nicht für voll nimmt" [DD-21]. Dies ist aus der Gesamtsicht der Auswertungen ein zentraler Grund für die interviewten Manager, Vertrauen in Frage zu stellen, und sie beschreiben ihn in unterschiedlichsten Kontexten (vgl. Fallbeispiele 62-64).

Fallbeispiel-62: Zeichen einer gewissen 'Wurstigkeit' bezüglich der Beziehung
Das sind gerade so Dinge im zwischenmenschlichen Bereich: **dass man gleichen Ortes ist, aber sich nicht meldet.** Solche Dinge stören. Er war hier in [Stadt] und ich habe das durch Zufall hinterher über Dritte erfahren. **Zumindest gehört es dazu, dass man sich vorher meldet und sagt: 'Ich bin da, habe aber keine Zeit.'** Denn die Möglichkeit, dass man sich durch Zufall doch begegnet, ist ja immer da. Dann ist es peinlich. Das heißt, **wenn ich Wert lege auf eine Beziehung, dann passe ich [doch] vorher auf und gebe Bescheid,** sage: Jawohl, ja. [Und wenn] es mir egal ist, dann tue ich es nicht. [Und insofern] nehme ich das entweder als Zeichen der Gedankenlosigkeit oder als **Zeichen einer gewissen Wurstigkeit bezüglich der Beziehung.** Ja, und das ist dann wieder etwas, was mein Vertrauen vermindert. – Ihm war offensichtlich egal, ob ich das jetzt sehe, dass er mit meiner Konkurrenz einen Termin hat, mit denen zum Mittag essen geht - und ich gar nicht weiß, dass er überhaupt im Lande ist. Das hat für mich gezeigt, dass irgendwo das Vertrauen, das man da rein setzen kann, nicht so sehr groß ist. [DF-01]

Fallbeispiel-63: Das waren haarsträubende Begründungen – der hat uns nicht ernst genommen.
Et là, je me suis fâché, parce que **la personne en question n'était pas capable de donner une explication claire sur le problème en question et sur sa recommandation.** Et on a été obligé d'appeler une tierce personne – donc une troisième personne qui travaillait aussi en usine – pour avoir vraiment une réponse objective et non intéressée sur le projet, sur le problème en question. ... **Le fait de ne pas vouloir répondre ou de nous raconter un peu des histoires abracadabrantes, on va dire, qui n'étaient pas très très crédibles, c'est une façon de dire ou de montrer qu'on ne nous prend pas au sérieux.** Ça veut dire: Toi, je te raconte n'importe quoi, tu vas me croire, et ça suffit pour justifier mon choix. [FF-23]

Fallbeispiel-64: Europaverantwortlicher trifft Landeschef zum ersten Mal – und notiert: nichts!
Je le rencontrais, et il n'a pas pris de notes. Il n'a même pas préparé l'entretien. Il connaissait mon nom, quand même, mais il n'a pris aucune note pendant l'entretien. **Ça aurait été normal qu'il prenne des notes. Et puis ça aurait été aussi normal qu'il ait, par exemple, un guide de notre entretien.** C'était le patron commercial de l'Europe. Donc il rencontrait tous les commerciaux. Et pour moi il aurait été normal qu'à la limite il y ait un peu un cadre d'entretien, vu qu'il rencontrait tous les commerciaux, pour mieux se fixer les idées. **Le type qui arrive comme ça, qui me rencontre, mais qui manifestement ne m'a pas garder de traces de cet entretien, pour moi... Je n'ai aucune confiance.** Enfin, aucune confiance, je veux dire... **Ça diminue mon estime, je me dis : « Ça ne sert à rien. On a perdu notre temps ».** Je l'ai rencontré pendant une demi-heure. Et je suis sûr qu'il n'avait pas préparé l'entretien. Et il n'a gardé aucune trace de ces entretiens, etc... [FF-20]

Neben das 'Nicht-ernst-genommen-Werden' tritt in den Darstellungen der interviewten Manager das 'Unangemessen-von-oben-herab-behandelt-Werden' („als ob ich Luft wäre") bzw. das 'Vor-Dritten-bloßgestellt-werden' („vorführen braucht man sich nicht lassen"):

Fallbeispiel-65: Wir müssen auf die Kollegin Rücksicht nehmen, die ist leider nicht so gut
Wir haben den Kollegen aus der Filiale in Paris natürlich erst mal die Eröffnung des Workshops überlassen – Hausrecht. Und dann meinte sie auf einmal, das Wort ergreifen zu müssen – um **sinngemäß zu sagen, dass sie aus Rücksicht auf mich jetzt darum bitten würde, dass wir alle englisch sprechen. Für sie wäre es zwar okay, aber ich würde doch tausend mal besser englisch sprechen.** – Das war ein absoluter Affront. Da habe ich nur gedacht: 'Sag mal: Geht es dir noch gut? Was soll denn der Blödsinn?' – Die französischen Kollegen kannten mich sowieso

3.3 Beziehungsbezogene Vertrauensfaktoren

alle. Denen hatte ich schon lange erklärt: 'Entweder, wir machen es auf französisch und wir brauchen doppelt so lange, oder wir machen es auf englisch.' Und die französischen Kollegen hatten selbst auch überhaupt nicht auf französisch angefangen, sondern auf englisch. [DD-07]

Fallbeispiel-66: Die Kleine, die kriegt das nicht hin, ich komme jetzt und übernehme das alles

> Wenn jemand andere bloßstellt, dann ist es für... Also dann habe ich kein Vertrauen mehr. ... Das ist mir mit einem Kollegen in dem gleichen Projekt passiert. ... Ich sollte ein Projektmeeting leiten bzw. moderieren. Und wir waren dann in dem Meeting mit Videokonferenz. Und ich startete. Und dann wurde ich von dem Kollegen total überfahren. ... **Er hat das alles an sich gerissen. Also da habe ich mich wirklich wirklich link behandelt gefühlt vor Dritten.** Ja, so wie **"Die Kleine, die kriegt das nicht hin, ich komme jetzt und übernehme das alles."** Ich hatte die Projektleitung! Und hatte alle bisherigen Meetings auch moderiert! ... **Ich habe mich "wie in die Pfanne gehauen" gefühlt.** [DD-08]

Die Interviewpartner verweisen auch darauf, dass der andere von sich aus ihnen gegenüber keine Wertschätzung oder Anerkennung zeigt – in Bezug auf ihre Arbeit, ihre Leistung, ihr Handeln (Fallbeispiel-67) oder dass er ihnen gegenüber unhöflich ist, keine guten Manieren hat oder sich im Ton vergreift.

Fallbeispiel-67: Der Neue, der – ohne erst einmal hinzugucken – gleich wusste, was man ändern muss

> Also von einem Neuen verlangt man eigentlich, dass er sich erst mal den Bereich gut und genau ankuckt. Das heißt, dass er **erst einmal mit der entsprechenden Wertschätzung für die Arbeits- und Lebensleistung**, die ja auch dranhängt, da ran geht. Und dass er DANN erst kommt und sagt: „Also... das und das müssen wir verändern, weil ich glaub so und so... - Das war bei dem überhaupt nicht. [DD-02]

Eine wichtige als mangelnde Höflichkeit zu verstehende Vertrauenswarnung ist den interviewten Managern zufolge auch, dass der andere über sie oder über andere (eventuell sogar in Abwesenheit) schlecht redet (Fallbeispiel-68).

Fallbeispiel-68: Über andere in Abwesenheit schlecht extrem geredet

> Er hat nach sehr kurzer Zeit **über viele Leute in Abwesenheit EXTREM schlecht gesprochen.** Also abwertend, wertend, despektierlich. „DER war das die längste Zeit!", und „DEN haue ich raus!", und so. Klar hatte ich da relativ schnell die Befürchtung: Wenn der schon mir gegenüber, nachdem er mich vier Wochen hier kennt, über einige Leute, die jeder hier kennt und die hier stark sind, so spricht, dann weiß ich nicht, wie er über mich redet, wenn er das Gebäude hier verlässt. – Das war also: **in Abwesenheit schlecht, despektierlich über andere reden,** obwohl man sie noch überhaupt nicht kennt. [DD-02]

Wenn die interviewten Manager *'Respekt und Interesse zeigen'* als Vertrauenswarnung beschreiben, dann sprechen sie auch davon, dass der andere kein Interesse an ihnen als Person erkennen lässt. Er interessiert sich nicht für mein Handeln, meine Fähigkeiten, meine Beweggründe oder Ziele etc. Er fragt nicht nach. Bsp.: „Sie weiß nicht, wie ich führe. Sie weiß nicht, wie ich fachlich bin. Und so weiter" [DD-06]. Der andere zeigt kein Verständnis für meine Probleme bzw. meine Situation. Er nimmt keinen Anteil an meinen Sorgen oder kann meine Bedenken nicht nachvollziehen bzw. nachempfinden. Bsp.: „Il n'écoute pas, il ne se préocupe pas de nos préoccupations" [FD-11].

(Vm) Der Vertrauensfaktor *'Respekt und Interesse zeigen'*, ist auch einer der Vertrauensfaktoren, auf welchen die interviewten Manager am ausführlichsten als Vertrauensmaßnahme eingehen: Man müsse dem anderen respektvoll und mit Interesse begegnen. Man müsse ihn als Person ernst und wichtig nehmen. Bsp.: „Lasse ich den im Kommandostil hier rumflitzen? Oder zeige ich dem, dass ich ihn als Mensch wahrnehme?" [DF-03]. Man müsse seine Meinung, seine Ideen, Fragen oder Argumente ernst nehmen und sie nicht als unsinnig abtun. Bsp.: „éviter de dire: Mais c'est de la connerie, ce que tu dis! C'est plutôt: Je comprends, mais..." [FD-17]. Man kann dem anderen auch durch Kleinigkeiten zeigen, dass er einem als Person wichtig ist (Fallbeispiel 69).

Fallbeispiel-69: Eine Tafel Schokolade aus dem Automat geholt

> Das sind so viele Kleinigkeiten. **Gestern einer, der hat durchgearbeitet und Hunger gehabt. Bin ich an den Automat gesprungen und hab eine Tafel Schokolade aus dem Automat geholt,** dass er wenigstens was zum Essen hatte. Der hat Stress im Moment. Das ist ein Kollege von mir. Der hat nicht mal Zeit gehabt, in die Kantine zu gehen, zum Essen. Der hat einen Termin. - Wenn ich das sehe, mache ich das halt. [DD-05]

Sich mit dem anderen auf eine Ebene zu stellen, ist ein weiterer Aspekt, den die interviewten Manager beim Faktor 'Respekt und Interesse zeigen' als Vertrauensmaßnahme beschreiben:

Fallbeispiel-70: Du bist genauso wichtig wie ich. Ich mache meine Arbeit, du machst deine Arbeit!

> Jemand an der Maschine unten, der freut sich wie ein Schneekönig, wenn er wichtig genommen wird, wenn er sagen kann: „He, ich darf mit dem Projektleiter von dem Riesenprojekt hier am Tisch sitzen und **der nimmt mich wahr, der nimmt mich wichtig – mich und meine Arbeit.**" Wenn ich das so mache, dann habe ich alle hinter mir. Die vertrauen mir, die fühlen sich aufgehoben und die machen mit. Ich glaube, das ist ein Punkt, den ich auf jeden Fall mache, **dass ich also nicht so von oben herab als Abteilungsleiter hier fungiere, sondern sage: Okay, ich begebe mich auf die gleiche Ebene.** ... Man muss am Projektanfang sagen: „He, ihr seid wichtig! Wir brauchen Euch auch – genauso wie jeden einzelnen aus dem Kernteam!" Ich bin mir bewusst darüber, dass ich die Arbeit nicht alleine machen kann. Ich brauche eben die Fachleute. Wenn ich meinetwegen jetzt hier was akquiriert habe, dann muss ich mich rückversichern, dass die Leute zur Verfügung stehen, dass sie auch Interesse an der Arbeit bzw. an dem Projekt haben. **Also muss ich sie ins Boot holen. Und das geht auch darüber, dass ich eben, ja, denen auch einen entsprechenden Respekt zolle.** Also: oftmals beobachte ich das im Management, dass die die Leute, die wirklich die Arbeit machen, zum Teil gar nicht kennen – und umgekehrt genau so. Also so mache ich es nicht. „Respekt zollen" heißt für mich einfach: **nicht** zu sagen: „He, ich bin eine Stufe über dir, ich bin wichtiger und du bist unwichtiger!" Sondern ich glaube: Auch wenn das Management sicher ganz klar eine wichtige Funktion hat – ohne die arbeitende Schicht geht es nicht. Die Leute, die wirklich die Facharbeit machen, die Leute, die wirklich die Kenntnis haben, wie etwas auszuführen ist – diese Leute sind nicht einfach so mal eben ersetzbar. Nur weil 'Ingenieur' davor steht, hole ich mir halt denen an her, dann macht der die Arbeit – so einfach ist das nicht. Das ist sehr, sehr speziell, was zum Teil hier gemacht wird. Und daher halte ich das für wichtig, dass derjenige das dann auch spürt, dass ich [ihm Respekt zolle.] ... **Das meine ich mit Respekt: dass man den Leuten zu verstehen gibt, schau her, du bist genauso wichtig wie ich. Ich mache meine Arbeit, du machst deine Arbeit. Aber das ist gemeinsam, das bedingt sich, das ergänzt sich –deswegen bin ich nicht wichtiger als du.** [DD-14]

Das kann so weit gehen, dass man sich auch einmal demonstrativ *unter* den anderen stellt bzw. sich für den anderen 'zum Depp macht' (Fallbeispiel-71).

Fallbeispiel-71: Man muss sich auch manchmal zum Esel machen, das gehört dazu

> Ich hatte damals einen Mitarbeiter, der hat als Berater zwar viel Volumen gemacht, aber wenig Gewinn. Er war insgesamt deutlich mehr auf Kundenseite, als auf Bankseite. ... Ich habe mit ihm darüber gesprochen und vorgeschlagen, dass ich ihn – und er mich – ins Beratungsgespräch begleite und wir danach jeweils dann gemeinsam Manöverkritik üben. **Er wollte das nicht, weil er meinte, dass er dann als Depp da stünde**: Der Kunde könnte denken: Wenn der Chef mitgeht, dann hat der Berater keine Kompetenz. [...] Dann sind wir in ein Kundengespräch gegangen und es passierte genauso, wie der Mitarbeiter erwartet hat: **Der Kunde fragte mich: „Wieso sind Sie dabei, hat der Herr Sowieso die Kompetenz nicht oder was?"** Dann habe ich dem Kunden erklärt, dass es genau umgekehrt sei. Ich wollte als Chef wieder näher an den Kunden kommen, um da fit zu sein. Ich sei derjenige, der lernt, nicht er. – Das hat dem Kunden gefallen. Und der Berater war völlig begeistert. Er hat mir hinterher gesagt, dass er seitdem bei dem Kunden einen Stein im Brett hatte. – Das hat auch was mit Vertrauen zu tun. **Ich muss mich manchmal auch – auf Deutsch gesagt – zum Esel machen. Indem ich da einfach gesagt habe: „Hallo, ICH lerne hier."** Das gehört auch dazu. Ein Chef heute, der meint, er steht auf einem Podest, der ist eben in einer anderen Welt. [DD-06]

Die interviewten Manager verweisen auch darauf, dass sie dem anderen gegenüber Wertschätzung in Bezug auf seine Arbeit, seine Leistung, sein Handeln entgegenbringen. Bsp.: „Basis muss erstmal die Wertschätzung bisher geleisteter Arbeit und bisher geleisteter Dinge sein. ... Was ich tue ist: fragen, fragen, fragen. Fragen, wie die Leute das machen, warum sie es so machen, was dahinter steckt" [DD-02].

Es ginge auch darum, dem anderen gegenüber höflich zu sein, gute Manieren an den Tag zu legen und darauf zu achten, ordentlich gekleidet zu sein. Die Interviewpartner beschreiben, wie Sie versuchen, dem anderen im Arbeitsalltag mit kleinen Höflichkeiten, Gefälligkeiten oder Rücksichtnahme zu begegnen. Bsp.: „Der hat im Moment gerade viel Telefon. Wenn ich weiß, dass er eh telefoniert dann spreche ich den nicht genau in dem Moment an, sondern winke

3.3 Beziehungsbezogene Vertrauensfaktoren

und [gebe das Signal] 'Ich seh schon'. Okay, im Moment kann er es nicht." [DF-15] Oder: „Commencer une réunion sans café, c'est pas très bon pour créer la confiance" [FD-24].
Ebenso beschreiben die interviewten Manager, dass sie dem anderen Interesse an ihm als Person signalisieren und sich bewusst für seine Beweggründe und Ziele interessieren. Sie fragen nach und sie zeigen Verständnis für seine Probleme, seine Situation, seine Ziele oder seine Vorhaben. Sie hören zu, und sie versuchen, seinen Punkt bzw. seine Sichtweise zu verstehen und seine Bedenken aufzunehmen oder nachzuempfinden.

Fallbeispiel-72: Im Team hat das keiner irgendwie wahr genommen. Da habe ihn angesprochen.

> Ich hatte mit dem einen der Kollegen drüben eben so eine Episode. Da ging es um Gehaltserhöhungen, die Gehaltserhöhungen wurden verteilt. Und er bekam keine, obwohl er wohl offensichtlich eine erwartet hatte – was ich überhaupt nicht wusste. Am nächsten Tag saß der da so völlig apathisch da – völlig anders als sonst. Ich hatte aber den Eindruck, im Team hat das keiner irgendwie wahr genommen oder angesprochen. Und ich bin dann durchgelaufen, habe jedem ‚Guten Morgen' gesagt, und habe ihn da sitzen sehen. Da dachte ich mir: „Was ist denn da los? Das gibt's doch wohl nicht!" Und dann habe ihn angesprochen. Und dann so nach einer Zeit rückte er dann im Vier-Augen-Gespräch damit heraus, was Sache war. Also der war... Der hat selber gesagt: so offen war er noch nie gegenüber einem Kollegen oder einem Chef eigentlich. Ja, **ich habe ihn genau an der richtigen Stelle abgeholt irgendwo.** Denn ich hatte gemerkt: „He, da ist irgendwas los! Was ist da los?" Und dann habe ihn halt beiseite genommen und habe gesagt: „He, was gibt es? Wo ist das Problem?" **Und da hat er das Vertrauen gehabt eben,** das auch wirklich auszusprechen. [DD-14]

3.3.3.2 Kritik/Widerspruch höflich-indirekt äußern (VF-8.2)

(V+) Ein typischer 'Facework'-Vertrauensfaktor betrifft die Art und Weise, wie man Kritik oder Widerspruch äußert (vgl. 3.3.3 Einleitung zu <Respektvoller Umgang / Facework>). Die interviewten Manager berichten es als Vertrauensgrund, dass der andere sensibel mit Kritik umgeht und Kritik oder Widerspruch nur sehr höflich und in eher indirekter Weise zum Ausdruck bringt. Dieser Vertrauensfaktor ist gerade in der interkulturellen Zusammenarbeit sehr wichtig (vgl. die Diskussion in 5.8.1).

Fallbeispiel-73: Sensibel mit Sprache umgehen, um jemanden nicht zu verletzen

> [Ich habe beobachtet], **dass er auf sensible Art und Weise mit den Informationen aus Personalentwicklungsgesprächen umgeht.** ... Ich habe schnell gemerkt, wie sensibel er mit Sprache umgeht, um schon Dinge deutlich zu machen, aber sie so zu formulieren, dass er niemanden dabei wirklich verletzt. ... **Er hat schon klare Aussagen zu bestimmten Einschätzungen, zu bestimmten Verhaltensweisen, Einstellungen und Leistungen gemacht. Aber er hat sie so in nocte gefasst, dass es nicht ehrenrührig oder verletzend für jemanden wäre.** Er hat das praktisch umgemünzt. – Ich glaube, das erklärt so einen Punkt des Vertrauens. Wie ich gesehen habe, wie sensibel er [vorgeht...] um jemandem nicht weh zu tun. [DF-06]

(V-) Umgekehrt stellt es für einige der interviewten Manager eine Vertrauenswarnung dar, dass der andere in der gemeinsamen Zusammenarbeit Kritik oder Widerspruch sehr offen und direkt äußert bzw. dass er sehr umfassende Kritik übt – selbst wenn diese als „konstruktive Kritik" gemeint ist. Dabei muss es sich nicht um direkte gegenseitige Kritik handeln, sondern es kann auch um das Äußern von Kritik an Dritten gehen, beispielsweise um Kritik an der Firma oder dem Chef etc. (Fallbeispiel-74).

Fallbeispiel-74: Le dénigrement – wie konstruktiv gemeinte Kritik wahrgenommen werden kann

> Il y a un autre critère que j'ai oublié tout à l'heure aussi, qui, pour moi, est important pour la confiance. C'est **le dénigrement**. En anglais c'est « diffamation ». **C'est quand vous dites des choses pas très bien sur la société, sur vos collègues, sur votre boss, etc.** Quand je suis en face de quelqu'un qui se plaint de la société, qui se plaint de son chef, qui se plaint de ses collègues... la confiance est très faible. ... J'ai un exemple. C'est quelqu'un de la société en Allemagne. Il a un très, très bon niveau. C'est sans doute quelqu'un de très compétent. Mais **il critique en permanence [notre groupe], etc. Donc, c'est quelqu'un en lequel je n'ai absolument pas confiance. Ça, clairement, clairement.** ... Il critique en permanence [notre groupe] où la société ne fonctionne pas comme elle devrait fonctionner. Et puis, je pense surtout que ce n'est pas très bien. Enfin, on est dans une société, on adhère à ses règles. Si on n'adhère pas à ses règles, on la quitte, on fait autre chose. [FD-15]

(**Vm**) Als entsprechende Vertrauensmaßnahme berichten die interviewten Manager davon, dass sie darauf achten, den anderen nicht offen zu kritisieren, sich mit Kritik zurückzuhalten oder auch einmal auf Kritik zu verzichten. Sie bemühen sich, Kritik oder Widerspruch weniger direkt und offen, sondern stattdessen vielmehr in höflich-indirekter Weise zu äußern. Es gilt, ein klares 'Nein' zu vermeiden. Besser sei, „immer höflich um das 'Nein' herumsprechen" [DF-05]. Man solle eher darauf hinweisen, dass die fragliche Sache einem sehr schwer fallen würde und dass man es für besser hielte, es anders zu machen. Man könne beim Smalltalk die für den anderen negativen Themen ausklammern („Ich vermeide bewusst irgendwelche Themen, die jetzt unangenehm sein könnten", DF-19) und sich damit zurückhalten, strittige Meinungen offen und offensiv zu rechtfertigen oder zu diskutieren („Ich halte mich eher zurück, als dass ich anfange, irgendwas zu rechtfertigen – selbst wenn ich der Meinung bin, das sehe ich jetzt bestimmt nicht so oder bestimmt nicht in jedem Fall so", DF-04).

3.3.3.3 Bescheiden auftreten / nicht angeben (VF-8.3)

(**V+**) Ein Vertrauensgrund kann sein, dass der andere bescheiden, zurückhaltend und nicht zu selbstbewusst auftritt. In wenigen Fällen beschreiben dies die interviewten Manager positiv als Vertrauensgrund. Häufiger verweisen sie auf diesen Vertrauensfaktor als Vertrauenswarnung oder Vertrauensmaßnahme.

(**V-**) Als Vertrauenswarnung wird offenbar gewertet, wenn der andere nicht bescheiden und zurückhaltend auftritt, sondern vielmehr überzogen selbstbewusst und von sich überzeugt. Er lobt sich selbst. Bsp.: „Sein Auftreten war sehr selbstbewusst, also übertrieben selbstbewusst" [DD-12]. Oder: „Der Mitarbeiter ist sehr selbstbewusst. ... Ich bin toll und mache das alles prima!" [DD-24]. Oder: „[Il est] très 'moi je, moi je', enfin très égocentrique. ... C'est quelqu'un, je ne sais pas, moi, qui parle tout le temps de lui, qui se vante beaucoup, etc." [FF-23].
Er agiert angeberisch oder setzt sich in Szene oder redet auf arrogante Weise bzw. zeigt ein „elitäres Gehabe". Bsp.: „Sie merken, wenn der andere, wenn Sie irgendwas sagen, regelmäßig Wortbeiträge einstreut, die im Zweifelsfall auch entbehrlich sind" [DD-11]. Oder: „Der ist so: Also ich bin die Elite, ja. Also erstmal: Das was ich mache, ist ja sowieso das Non-Plus-Ultra" [DF-21]. Oder: „C'est quelqu'un qui vous parle de façon arrogante etc." [FD-03].
In anderen Darstellungen verweisen die Interviewpartner darauf, dass der andere 'besserwisserisch' handelt: Er weiß (immer) alles besser. Er ist rechthaberisch oder anmaßend. Bsp.: „Wenn wir miteinander zu tun hatten, dann hatte ich eigentlich immer das Gefühl: Egal was du sagst, sie weiß es besser und sie hat immer recht" [DD-02]. Oder: „Das ist dieses Auftraggebergehabe: „Das was ich im Kopf habe, das ist richtig und alles andere ist nicht richtig" [DF-25].

Fallbeispiel-75: Der kam neu dazu und wusste alles besser – das war anmaßend!

> Er war anmaßend: Er ist neu dazugekommen und wusste ALLES besser. Er hat EINEN Blick in den Laden geworfen und hatte dann seine Konzepte parat und wusste, was man ändern muss. „So machen wir das jetzt!" Das war einfach für uns nicht glaubwürdig: Da hat einer nicht richtig hingekuckt. Da markiert einer den dicken Max, und sonst ist das nichts. Das war anmaßend. [DD-02]

Wiederholt beschreiben die interviewten Manager die Situation, dass der andere „dick aufträgt": Er tut so, als ob er sich auskennen würde – obwohl er sich faktisch überhaupt nicht auskennt – und redet unqualifiziert über Dinge, von denen er keine Ahnung hat. Oder er tut so, als ob er bestimmte Fähigkeiten habe, die er aber nicht hat.

(**Vm**) Als Vertrauensmaßnahme kann man gegenüber dem anderen bescheiden auftreten, sich selbst nicht zu wichtig nehmen und sich um eine angemessene Selbstdarstellung bemühen. Bsp.: „[Ich bin] durch viele Projekte gegangen ist und habe viele Menschen erlebt. Und ich habe erlebt, dass der eigene Bestandteil an so einem Prozess nur <so> groß ist und nicht

3.3 Beziehungsbezogene Vertrauensfaktoren

<SOO> groß ist. Und wenn er nur <so> groß ist, dann sollte man sich auch so verhalten." Oder: „Il faut trouver le bon équilibre entre être très sûr de soi et ne pas se prendre au sérieux" [FF-07].
Als wichtiger Aspekt wird auch betont, dem anderen gegenüber nicht besserwisserisch bzw. als 'Alleswisser'aufzutreten. Bsp.: „Il ne faut pas essayer de faire croire que l'on connaît tout" [FF-07].

Fallbeispiel-76: Nicht den Alleswisser, Besserwisser herauskehren

> Ich kann nicht den ... Alleswisser, Besserwisser herauskehren, sondern ich muss eben versuchen, zunächst mal ihn zu fragen, wie ER sein Geschäft macht. Und dann gehe ich halt mit ihm mit zu seinen ... Kunden und versuche eben auch nicht SEIN Geschäft besser zu wissen. **Sondern: Ich zeige ihm dann zwar auch das, was ich besser weiß, aber eben ohne zu sagen, dass ich es besser weiß.** Ich sage ihm einfach: Ok, [bei uns] ist es vielleicht so: ... [DF-02].

Gleiches gilt für den Aspekt, nicht so zu tun, als wüsste man Bescheid, wenn dem nicht so ist. Bsp.: „se présenter simplement et dire ce qu'on peut faire – sans dire plus que ce qu'on peut faire" [FD-02].

3.3.3.4 Zuständigkeiten respektieren (VF-8.4)

(V+) Die interviewten Manager berichten es als Vertrauensgrund, dass der andere ihre Zuständigkeiten respektiert und sie nicht übergeht. Dabei geht es zum einen darum, dass der andere ihre Zuständigkeiten in Bezug auf ihre Tätigkeit bzw. die jeweilige Arbeitsaufteilung respektiert. Er kümmert sich nicht – ohne das mit ihnen abzusprechen – einfach so um Dinge, die in ihre Zuständigkeit fallen. Zum anderen betrifft es die Linienorganisation im Unternehmen. Wenn der andere mein Vorgesetzter ist, dann bedeutet, dass er mich nicht übergeht, dass er sich nicht direkt an meine Mitarbeiter wendet, statt mit mir zu reden. Wenn der andere mein Mitarbeiter ist, dann geht es darum, dass er sich nicht einfach – an mir vorbei – direkt an meinen Vorgesetzten wendet.

(V-) Wichtig wird dieser Vertrauensfaktor in den Interviews insbesondere als Vertrauenswarnung: Es ist aus Sicht der interviewten Manager ein Signal, dem anderen nicht zu vertrauen, wenn dieser Zuständigkeiten nicht respektiert: Der andere übergeht mich. Er kümmert sich ohne Absprache um Dinge, die in meine Zuständigkeit fallen. Bsp.: „Und dann hat sie das ganze Protokoll alleine in ihrem Namen an alle Teilnehmer geschickt. Und es war mein Projekt! Ich habe ich gedacht: Das kann doch wohl nicht wahr sein! ... Und dann habe ich gedacht: Na gut: So hintergehen lasse ich mich nur ein Mal!" [DD-07].
Ein anderer Aspekt ist, dass der andere die Führungslinien nicht einhält. Beispielsweise wendet er sich als mein Chef an mir vorbei direkt an meine Mitarbeiter (Fallbeispiel 77).

Fallbeispiel-77: Der hat sich sicher gesagt: 'Der Alte hat ja anscheinend gar nichts zu melden hier'

> Da hatten wir **eine Situation, wo ich mit einem meiner Mitarbeiter hochkommen sollte**. Da habe ich gesagt: 'Worum geht das?' – 'Das werden Sie früh genug erfahren.' ... **Wir sind da reingegangen und saßen dann da und wussten nicht, worum es geht**. Mein Mitarbeiter hatte mich natürlich auch gefragt. Musste ich sagen: 'Keine Ahnung'. **Das heißt, ich war auch genauso vorgeführt.** Der hat sich gesagt: 'Mensch, der Alte hat ja anscheinend gar nichts zu melden hier' oder so. Dann hat sie also gesagt: 'Sagen Sie mal, der Kollege...' – ich nenne ihm mal Müller. Das war so eine Situation so nach dem Motto: 'Herr Müller, haben Sie heute schon mal in den Spiegel geguckt?' So in etwa begann das Gespräch. Und der Kollege sagte erstaunt: 'Ja wie? Ob ich heute schon in den Spiegel geguckt habe? Ja, natürlich, beim Rasieren.' – 'Ja, nein. Ich meine, auch als Sie angezogen waren.' – 'Hm??? Ja natürlich, na klar.' – 'Ist Ihnen was aufgefallen?' – 'Nein.' – 'Ja, lässt Ihre Frau Sie immer so gehen?' Der Kollege guckte sie schon völlig irritiert an. 'Ja, wie? Lässt meine Frau mich immer so gehen?' Und ich saß dabei und wusste gar nicht, worum es geht. Ja, und dann sagt sie: 'Na ja, wenn Ihnen das nicht auffällt, dann geht jetzt Ihr Chef mal mit Ihnen zusammen in die Toilette und sie gucken gemeinsam in den Spiegel, was dem auffällt.' ... – Letztendlich: Der hatte ein Hemd a mit so Druckknöpfen. Völlig banal. Aber irgendein Vorstand hatte sich beschwert. – **Sie hat nicht die Linien eingehalten: Führen in Linien. Das wäre MEIN Job gewesen [das dem Mitarbeiter zu sagen]. Sie**

kann MICH zusammenscheißen, dann kann ICH gucken, wie ich damit umgehe. ... Und da kann ich schon sagen: He, da war das Vertrauen erst mal ziemlich erschüttert! ... Und **das ist ein krasses Beispiel dafür gewesen, wo erst mal Vertrauen zerstört war.** [DD-06].

Genauso berichten Interviewpartner vom umgekehrten Fall: Der andere wendet sich an mir vorbei direkt an meinen Vorgesetzen – obwohl ich der zuständige Ansprechpartner wäre. Anstatt eine Sache mit mir zu besprechen, versucht der andere bei meinem Chef eine Entscheidung zu meinen Ungunsten zu erwirken oder sich über mich zu beklagen. Bsp.: „Er ist dann meistens auch zu seinem Chef gegangen (bzw. zu unserem gemeinsamen Chef) und hat sich da schon beklagt über mich" [DF-23]. Oder: „En fait, ce qui s'est passé, une fois peut-être même deux, c'est qu'il est passé par sa hiérarchie. Enfin par le... Au lieu de prendre le chemin direct, il est passé par un autre chemin" [FF-23]. – Vgl. Fallbeispiele 78-79.

Fallbeispiele-78/79: Wenn der Kollege es lieber über meinen Chef versucht, als mit mir zu reden
> Einer meiner Mitarbeiter machte eine Analyse und kannte dabei diese neue Forderung noch nicht. Das ist im Grunde eine Kleinigkeit. **Das kann man innerhalb von zehn Minuten erledigen. Wenn man kooperiert, dann reicht ein Anruf.** Man sagt diesem Mitarbeiter: 'Du hast da wohl was vergessen: Der [Wert] ist nicht 24,5 Bar, der neue [Wert] ist jetzt 24 Bar'. – **Aber dieser Kollege nimmt diese Analyse und macht wirklich ein Managementthema daraus. Anstatt innerhalb von zehn Minuten das Problem zu lösen, approached er mein Management und macht Druck.** Er sagt meinem Chef: Dem seine Leute arbeiten nicht vernünftig. [DF-22]

> Wir haben die Sachen besprochen, sind auseinander gegangen und haben auch gesagt: Da stimmen wir jetzt eigentlich noch nicht überein. – **Ich habe eigentlich gedacht: 'Na gut, da reden wir jetzt in zwei Tagen noch mal drüber.'** Ich habe schon gedacht, dass wir es auf unserem Level definitiv geklärt kriegen. Aber er hat Rückendeckung von seinem Management geholt. Und plötzlich hat nach zwei Stunden bekam ich einen Brief von dessen Chef. 'Das kann ja gar nicht sein, ist alles unmöglich!' ... Also dann kriegt man plötzlich Briefe, die das Klima total kaputt machen. Und **da geht bei mir auch der Vertrauenslevel nach unten, weil das finde ich destruktiv für die Beziehung – sowohl jetzt im Geschäftlichen, als auch was die persönliche Beziehung angeht.** Weil ich einfach sage: Das hätte alles nicht sein müssen! Warum noch jemand drittes da rein bringen? Jetzt ist es plötzlich... **Jetzt muss ich es wieder meinem Chef erzählen, warum mein Chef ein Fax von seinem Chef bekommen hat.** Weil sein Chef schickt diese Faxe ja nicht mir, der schickt das ja gleich meinem Chef. Jetzt ruft mein Chef wieder bei mir an und sagt so: 'Was ist denn jetzt wieder los?' Und ich sage so: 'Keine Ahnung. Wir haben ein Gespräch gehabt. Wir haben noch keine Lösung. Aber ich weiß nicht, warum der zu seinem Chef gerannt ist.' [DF-21]

(Vm) Als entsprechende Vertrauensmaßnahme kann man dem anderen vermitteln, dass man seine Zuständigkeiten respektiert. Bsp.: „J'essaie d'expliquer que je ne viens pas 'piquer' le travail de l'autre. ... L'idée c'est de garantir à la personne qui est en face qu'on ne vient pas empiéter sur son domaine"[FD-09].
Oder man kann sich bemühen, die Führungslinien einzuhalten – also beispielsweise nicht den eigenen Vorgesetzten zu übergehen und sich direkt an dessen Chef zu wenden. Bsp.: „Ich halte die Wege ein. Dass man also nicht über ihn hinweg zu seinem Vorgesetzten springt" [DD-14].

3.3.3.5 In Entscheidungen einbeziehen (VF-8.5)

(V+) Nach ihren Berichten erleben es viele der interviewten Manager als Signal für die Vertrauenswürdigkeit eines Kollegen oder Geschäftspartners, wenn dieser sie in seine Entscheidungsfindung einbezieht. Der andere stellt sie nicht vor vollendete Tatsachen. Er fragt sie nach ihrer Meinung bzw. fragt sie um Rat. Er hört sich ihre Vorschläge und Argumente an, bevor er entscheidet – und gegebenenfalls geht er auch auf ihre Argumente ein. Bsp.: „Also er hat sich beide Seiten angehört und so, und hat darüber nachgedacht" [DD-09]. Oder: „Et qu'en tout cas, personne n'est mis devant le fait accompli. C'est-à-dire l'une des parties réalise quelque chose sans le dire à l'autre et l'autre le découvre" [FF-07].
Wenn der andere allein entscheidet bzw. nicht auf ihre Argumente eingeht, dann ist es ein Vertrauensgrund, wenn er ihnen seine Entscheidung erläutert und eine Erklärung und Grün-

3.3 Beziehungsbezogene Vertrauensfaktoren

de dafür angibt, warum sie nicht einbezogen werden konnten. Bsp.: „Also ihm war es wirklich wichtig – und das hat man gespürt – dass die Leute verstehen, warum er etwas macht, und warum er etwas unter Umständen nicht macht" [DD-09].

Fallbeispiel-80: Wenn er es nicht machen konnte, gab er mir die Erklärung bzw. die Gründe dazu

[Das Vertrauen] ist auch darüber entstanden: Wenn ich z.B. gesagt habe: 'Ich habe ein Problem, ich stelle mir diese Lösung vor...' und er hat halt dann gesagt: 'Ja, das kann man machen' oder 'Das kann man nicht machen'. **Und wenn er es nicht machen konnte, wollte ich immer die Erklärung, warum nicht – die Erklärung dazu, die Gründe dazu. Und wenn ich die gekriegt habe, dann also... Dadurch hatte ich dann schon das Gefühl, ich werde in diese Entscheidung, in dieses Umfeld, mit eingebunden.** Das ist, glaube ich der Punkt. [DD-24]

(V-) Umgekehrt beschreiben es die interviewten Manager als Vertrauenswarnung, dass der andere sie nicht in seine Entscheidungsfindung einbezieht bzw. sie vor vollendete Tatsachen stellt. Bsp.: „Thema Zielvorgaben: ... Der hat mir eines Tages eine Email geschickt, wo die Ziele drin standen. Okay, da konnte man noch, sagen wir mal, Verständnispunkte diskutieren. Aber die Art und Weise, wie das so entstanden ist und was für ihn wichtig ist, das hat er klar hingeschrieben und das ist es. Wenn ich darüber hinaus noch andere Ziele hätte, wäre das mein Problem" [DF-14].

Ebenso beschreiben sie, dass der andere sich ihre Vorschläge und Argumente gar nicht anhört, bevor er entscheidet – und dass er auch nicht dazu bereit ist, mit ihnen über seine Entscheidung zu diskutieren, das heißt die Gelegenheit einzuräumen, die eigenen Ideen und Ansichten zu äußern (Fallbeispiel-81).

Fallbeispiel-81: Wir haben keinen Millimeter Veränderung gespürt

Es kam eine Entscheidung. Und dann haben wir über die Entscheidung diskutiert. Aber wir haben keinen Millimeter Veränderung gespürt. Nicht einen Millimeter mehr. **Und wir hatten bestimmt keine schlechten Argumente. Die waren aber dann nicht mehr gewünscht, weil die Entscheidung bereits gefallen war.** Und wir glaubten, sie wäre noch verhandelbar. Aber das hat nicht gestimmt. – Frage: Und im Vorfeld konnten Sie da auch nichts machen? – Im Vorfeld konnten wir auch nichts machen, weil **das Vorfeld hat mit der Entscheidung quasi begonnen.** [DF-23]

Dass etwa ein Vorgesetzter nicht immer auf Vorschläge oder Argumente eingehen kann, wird klar akzeptiert. Allerdings wird es als Vertrauenswarnung beschrieben, dass der andere in einem solchen Fall dafür keine Erklärung bzw. keine Gründe angibt. Er erklärt bzw. begründet seine Entscheidungen nicht (Fallbeispiel-82).

Fallbeispiel-82: Wenn er nur Druck macht, ohne zu erklären warum – dann verliere ich Vertrauen

Ce qui me fait perdre la confiance, c'est par exemple lorsqu'il me fait de la pression sans m'expliquer pourquoi. ... Je suis tout à fait d'accord de travailler sous pression. Je n'ai pas de problème. Mais, faire de la pression pour faire de la pression, et ne pas expliquer pourquoi, et quelle est la raison, et je ne sais pas quoi . Chez moi, ça ne marche pas. ... **Et en fait, plus il me mettait sous pression, moins j'avais envie de le faire. J'ai essayé d'en parler avec lui.** ... Il n'a pas voulu en parler. Il a refusé complètement la discussion". [FD-22]

(Vm) Entsprechend bemühen sich die interviewten Manager, einem Kollegen oder Geschäftspartner ihre eigene Vertrauenswürdigkeit dadurch zu signalisieren, dass sie ihn in die eigene Entscheidungsfindung einbeziehen, anstatt ihn vor vollendete Tatsachen zu stellen. Bsp.: „Ich versuche, Dinge mit ihm abzustimmen. Ich versuche keine Alleingänge" [DD-11]. Sie versuchen, Ziele gemeinsam mit dem anderen zu entwickeln und den anderen nach seinen Vorschlägen und Argumenten zu fragen, bevor sie entscheiden. Und wenn der andere gute Argumente hat, bemühen sie sich, auf diese Argumente einzugehen. Bsp.: „Was ich tue ist: Vorschläge abfragen, wie die es denn machen würden, wenn sie in meiner Situation wären. Wenn ich selber dann den ersten guten Vorschlag habe, dann achte ich darauf, auf gute Argumente zu hören, sie [mit einzubeziehen]. Selbst wenn ich ihnen nicht vollständig folge, versuche ich doch, bestimmte Aspekte mit einzubeziehen" [DD-02].

Fallbeispiel-83: Und dann, liebe Kollegen, setzen wir uns alle an einen Tisch...
Ich sage: 'Wenn wir ein gemeinsames Projekt machen, und ich bin Verantwortlicher für dieses Projekt, **dann sage ich euch, wie ich mir das vorstelle. Und dann, liebe Kollegen, setzen wir uns alle an einen Tisch** und schauen uns an, ob diese Vorstellungen vor dem Hintergrund des Ziels, das von uns erwartet wird, des Ergebnisses, das von uns erwartet wird, ob das vor dem Hintergrund alle Randkonsequenzen oder Randbedingungen, die wir erfüllen bzw. beachten müssen, ob das ein gescheites Ziel ist oder nicht. So. **Ich sage, wie ich mir das vorstelle, und jetzt diskutieren wir darüber**, ob diese Vorstellung etwas Umsetzbares ist oder nicht. Und zwar ungeachtet dessen ..., dass ich derjenige bin, der es verantworten muss. **Wir diskutieren zunächst mal. Und dann schauen wir, ob dieses Ergebnis, etwas ist, was wir alle gemeinsam tragen können. So. Und wenn wir zu dem Ergebnis kommen, dass wir es alle gemeinsam tragen können und [also] zum Konsens kommen, dann ist für mich das Optimum erreicht.**' Und wenn dann irgendwelche Leute dabei sind, die sagen: 'Aber das können wir nicht!' Oder: 'Das können wir nicht, weil...' - **dann diskutieren wir über diese Argumente und ich gebe auch jedem das Forum, den Raum, dass er diskutieren kann.** Und ich versuche so empathisch wie möglich demjenigen das Gefühl zu geben, dass er angehört wird, dass er ernst genommen wird, dass die Argumente, die er bringt, ernst genommen werden. **Ob er jung oder alt ist oder sonst irgendwas, spielt dabei keine Rolle. Die Gefühle, Meinungen, Ansichten werden ernst genommen, werden aufgenommen.** [DF-23]

Und wenn man nicht auf die Argumente des anderen eingeht oder nicht darauf eingehen kann, dann geht es darum, ihm dafür eine Erklärung oder Gründe zu liefern bzw. ihm die Hintergründe erklären. Bsp.: „Also ich bin nun mal Führungskraft bzw. Vorgesetzter. Da könnte ich jetzt sagen: 'Mei, ich filtere die Informationen, das geht doch euch nicht alles was an, das muss doch für euch nicht alles wichtig sein. Ich gebe euch einen Auftrag und dann macht ihr das und dann nehme ich die Sachen entgegen.' Das mache ich aber nicht. Sondern ich gehe zu den Leuten hin und binde sie ein. Ich erkläre ihnen die Hintergründe, warum wir das jetzt machen und was hinter dem Projekt steckt und so weiter – auch wenn sie nur einen kleinen Teil davon bearbeiten" [DD-14].

3.3.3.6 Diskussion

In der Literatur werden von den Vertrauensfaktoren des Handlungsfelds <Respektvoller Umgang/Facework> vor allem der erste (*'Respekt und Interesse zeigen'*) und der letzte (*'In Entscheidungen einbeziehen'*) thematisiert.

Viele Autoren beschreiben Aspekte des Ausdrucks von Respekt und Interesse als Vertrauensbedingung. Im Vordergrund stehen dabei zum einen **Interesse** bzw. 'concern' (Mishra 1996: „concern for another party's welfare or interests", Kotter & Schlesinger 1979: „management's concern with the employees' own welfare and interests", Nanus 1989: „a leader's degree of concern about the needs of others", Korsgaard et al. 2002: "demonstrating concern for employees"). Teilweise wird in diesem Zusammenhang die relativ abstrakte Vertrauensbedingung 'benevolence' genannt (Huff & Kelley 1999: "benevolence refers to a sense that the trustee is a caring person genuinely concerned about the trustor's welfare"). Bijlsma & Bunt (2003) verweisen auf die nicht vertrauensförderliche Wirkung von "lack of care", „distant behaviour", „perceived lack of knowledge about what people do and whether they perform as expected". Zum anderen betonen einige Autoren auch **Respekt** im Sinne von Wertschätzung und Anerkennung bzw. 'appreciation' (Bijlsma & Bunt 2003: "take [the other one] seriously", „show respect", „show appreciation for good work", Thomas 2005e: „respektvolles und anerkennendes Vorgesetztenverhalten", „wertschätzende interpersonale Beziehung", „von Empathie und personaler Wertschätzung getragene Kommunikation").

Auch der Vertrauensfaktor *'In Entscheidungen einbeziehen'* wird von einer Reihe von Autoren als Vertrauensbedingung beschrieben, insbesondere in Studien zur Frage von Vertrauen in Vorgesetzte. Dirks & Ferrin (2002) sprechen in ihrem Review-Artikel von „participative decision making", Whitener et al. (1998) von „sharing control, including participation in decision making and delegating control". Bijlsma & Bunt (2003) betonen den schwächeren Aspekt, sich im Entscheidungsprozess überhaupt auf Diskussionen einzulassen („openness to

3.3 Beziehungsbezogene Vertrauensfaktoren

ideas", „fruitful discussions", „be a good listener if subordinates [bring] up ideas or [make] suggestions"). Tzafrir (2005) berichtet einen Zusammenhang zwischen Vertrauen und „employee participation", „allowing employees freedom of action / ... to participate in decision making" bzw. „delegation". Darüber hinaus wird das Einbeziehen in Entscheidungen und die Angabe von Gründen für Entscheidungen gegenüber denjenigen, die von den Entscheidungen betroffen sind, auch unter dem Begriff "interactional justice" als Vertrauensbedingung diskutiert (Dirks & Ferrin 2002). Die interaktionale Gerechtigkeit wurde als Ergänzung der beiden etablierten Formen von Gerechtigkeit (der distributiven und prozeduralen Gerechtigkeit) in den 1980er Jahren vorgeschlagen. Sie rückt den Aspekt der respektvollen Behandlung in den Vordergrund, denn über Verteilungs- und Verfahrensgerechtigkeit hinaus beeinflusst auch die Art der interpersonellen Behandlung das Gerechtigkeitserleben (Bies & Moag 1986, Schermerhorn et al. 1982, vgl. die Diskussion in 3.3.4.6).

Nicht im Fokus stehen in der Literatur die Aspekte, welche die Vertrauensfaktoren *'Kritik / Widerspruch höflich-indirekt äußern'*, *'Bescheiden auftreten / nicht angeben'* und *'Zuständigkeiten respektieren'* beschreiben. Es handelt sich dabei jedoch um Aspekte, welche insbesondere für eine interkulturelle Betrachtung der Vertrauensentwicklung interessant sind, wie ich für den deutsch-französischen Vergleich zeigen werde (vgl. die Darstellung in 5.8)

3.3.4 Fairplay in der Zusammenarbeit

Dass der Umgang mit expliziten Regeln oder Absprachen ein für Vertrauen relevantes Handlungsfeld der beruflichen Zusammenarbeit darstellt, habe ich oben erläutert (vgl. 3.2.1 Handlungsfeld *<Umgang mit Absprachen/Regeln>*). Daneben gibt es aber auch eine Vielzahl impliziter Regeln und Normen der sozialen Zusammenarbeit – wie beispielsweise die im letzten Abschnitt beschriebenen Höflichkeitsregeln des Facework (vgl. 3.3.3 Handlungsfeld *<Respektvoller Umgang / Facework>*). Ein weiterer wichtiger Bereich solcher impliziter Regeln hat mit Fairness und Gerechtigkeit zu tun, worauf ich nun in diesem Abschnitt näher eingehen werde. Denn auch hier gibt es eine Reihe von Aspekten, welche für die interviewten Manager grundlegend wichtige Vertrauensfaktoren darstellen.

Wenn Manager faire Verhaltensweisen und Geschäftspraktiken von unfairen unterscheiden, dann orientieren sie sich letztlich an ihren individuellen Vorstellungen von Fairness im beruflichen bzw. geschäftlichen Alltag. Man reflektiert im Alltag selten gesetzlich vorgeschriebene oder theoretisch begründete Gerechtigkeitsnormen, sondern man orientiert sich intuitiv an dem, was man als fair oder unfair empfindet – an internalisierten Gerechtigkeitsnormen. Die Einschätzungen der Fairness des Verhaltens von Kollegen und Geschäftspartnern sind für die interviewten Manager bei der Einschätzung von deren Vertrauenswürdigkeit offenbar äußerst wichtig. Sie orientieren sich hier an verschiedenen Vertrauensfaktoren, welche ich im Handlungsfeld *<Fairplay in der Zusammenarbeit>* zusammenfasse.

Ich verwende für die Bezeichnung dieses Handlungsfelds aus verschiedenen Gründen den Begriff 'Fairplay'. Erstens sind die alternativen Begriffe 'Gerechtigkeit', 'Fairness' oder 'Anständigkeit' sowie auch die Begriffe 'Ehrlichkeit' oder 'Integrität' sehr umfassende Begriffe, und die Auswertung der Interviews hat gezeigt, dass sie von den interviewten Managern mehrdeutig verwendet werden (vgl. 3.7). Zum zweiten steht der Begriff 'Fairplay' für ein handlungsorientiertes, auf ein sportliches Miteinander anspielendes Gerechtigkeitsverständnis, das sich relativ gut auf meine handlungsorientierte Sichtweise des beruflichen Miteinanders übertragen lässt. Nicht zuletzt verwenden auch die interviewten Manager selbst den Begriff 'Fairplay', um das vertrauenswürdige Verhalten ihrer Geschäftskollegen und -partner zu charakterisieren. Beispielsweise beschreibt ein Interviewpartner, wie sein Verhandlungspartner nach einem

Meeting nicht offen sagt, dass er sich nicht gemäß dem Besprochenen verpflichten will oder kann. Stattdessen zögert er einfach das Meeting so lange hinaus, dass keine Zeit mehr bleibt, gemeinsam das Protokoll zu unterschreiben. Der Manager kommentiert dies mit den Worten: „Wenn sich diese Meinungsbildung sozusagen hinter der Fassade abspielt, ... dann habe ich eben einfach das Gefühl 'Hier, hoppla, ich muss jetzt aufpassen!' ... Hier habe ich jetzt nicht das Gefühl, dass das von Hause aus vertrauenswürdig ist bzw. dass hier Fairplay gespielt wird" [DF-14].

Verstöße gegen Fairplay-Regeln gelten als Vertrauenswarnungen, weil auch der Vertrauensbruch selbst als ein solcher Verstoß gegen eine Fairplay-Regel gesehen werden kann. Wenn ich vertrauensvoll handle, dann wäre es unfair von meinem Kollegen oder Partner, dieses Vertrauen zu brechen bzw. auszunutzen. Vertrauensvolles Handeln schafft quasi eine 'moralische' Verpflichtung, das Vertrauen nicht zu enttäuschen (Baier 1986, vgl. 1.1.2.3). Auf dieser Basis könnte man schließen: Wenn jemand offenbar auch anderweitig gegen Fairplay-Regeln verstößt, dann muss man bei ihm vermutlich eher damit rechnen, dass er sich auch unfair verhält, wenn man ihm gegenüber vertrauensvoll handelt. Das gilt insbesondere für Fairplay-Verstöße durch unlautere Vorteilnahme. Denn ein entgegengebrachtes Vertrauen lässt sich oft genau in solch einem opportunistischen Sinn zum eigenen Vorteil brechen bzw. ausnutzen.

Nach den Darstellungen der interviewten Manager gibt es eine ganze Reihe von Fairplay-Regeln bzw. -Erwartungen, die als Vertrauensfaktor fungieren. Insbesondere gilt es als unfair und nicht vertrauensförderlich, aktiv etwas vorzutäuschen oder zu lügen. Aber schon wenn jemand lediglich nicht sagt, was er vorhat, das heißt seine Ziele oder Absichten nicht offenlegt, wird das vielfach als Vertrauenswarnung interpretiert. Als unfair und nicht vertrauensförderlich wird es außerdem gesehen, wenn der andere Anerkennung oder Belohnungen nicht leistungsgemäß 'verteilt' oder wenn er betrügt bzw. sich durch unlauteres Vorgehen oder raffiniertes Tricksen Vorteile verschafft (vgl. Tab. 3.12).

Tab. 3.12: Handlungsfeld-09: <Fairplay in der Zusammenarbeit>

Leitfrage: Inwiefern verhält sich der andere fair? Was tut er, um unsere Zusammenarbeit fair zu gestalten?	
1. Ziele / Einschätzungen offenlegen	Legt er seine Ziele und Einschätzungen offen?
2. Nichts vortäuschen	Sagt er die Wahrheit und täuscht nichts vor?
3. Die Zusammenarbeit ernst nehmen	Kooperiert er ernsthaft? Lässt er sich auf die gemeinsame Aufgabe wirklich ein?
4. Anerkennung / Belohnungen fair verteilen	Bemüht er sich um eine faire 'Verteilung' von Anerkennung und Belohnungen?
5. Anständig / korrekt handeln	Handelt er moralisch anständig bzw. korrekt?

3.3.4.1 Ziele/Einschätzungen offenlegen (VF-9.1)

Seine Ziele oder Einschätzungen offen zu legen, ist zweifellos ein Aspekt von Offenheit. Dass Aspekte von Offenheit zu den Vertrauensfaktoren zählen, ist keine Überraschung. Auch in der Vertrauensforschung gehört 'Offenheit' zu den stets genannten Vertrauensbedingungen. Viel zu oft bleibt dabei allerdings unklar, was genau mit 'Offenheit' oder 'Transparenz' gemeint ist. Es bleibt im Unklaren, dass es im beruflichen und privaten Alltag eine große Vielfalt an voneinander unabhängigen Aspekten der Offenheit gibt, und entsprechend auch viele unterschiedliche Wege, selbst gegenüber einem Partner 'offen' zu sein.

Auch in den 100 Interviews mit deutschen und französischen Managern, die für diese Arbeit geführt wurden, wird Offenheit als Vertrauensgrund oder -maßnahme und fehlende Offen-

3.3 Beziehungsbezogene Vertrauensfaktoren

heit als Vertrauenswarnung thematisiert. Da die Darstellungen jedoch erlebte Fallgeschichten nachzeichnen und sich dabei um eine detaillierte Rekonstruktion des beobachteten Verhaltens bemühen, und auch da gezielt nachgefragt wurde, was die Gesprächspartner jeweils mit 'Offenheit' meinten, wurde es möglich, die einzelnen vertrauensrelevanten Teilaspekte von Offenheit im beruflichen Alltag herauszuarbeiten. Einige dieser Aspekte habe ich in dem Vertrauensfaktor 'Ziele/Einschätzungen offenlegen' zusammengefasst (vgl. die Präzisierung der unterschiedlichen Verwendungsweisen von 'Offenheit' als Vertrauensfaktor in 3.7).

(V+) Einer der zentralen Aspekte, welche die interviewten Manager als Vertrauensgrund beschreiben, besteht darin, dass der andere in einer Art freiwilliger Kommunikation über sich selbst seine Ziele, Hintergründe, Beweggründe, Erwartungen etc. ihnen gegenüber offenlegt. Der andere legt seine Ziele, Absichten oder Vorgehenspläne offen. Er gibt mir gegenüber seine Ziele klar zu erkennen. Bsp.: „[Dieser] Chef hat in den Zielvereinbarungsgesprächen mit mir auch seine eigenen Ziele offen gelegt, die er verfolgen muss" [DF-13].
Er legt seine Beweggründe, Hintergründe, Entscheidungsgrundlagen, Bewertungsmaßstäbe oder Verhandlungsspielräume offen. Bsp.: „Er äußert sich relativ offen über seine eigenen Beweggründe, über die Hintergründe für Entscheidungen und Strukturen innerhalb seiner Organisation" [DF-01].
Der andere legt seine Erwartungen, seine Meinung, seine Einschätzungen, Bewertungen, Gedankengänge offen. Er sagt mir, was er denkt. Anders ausgedrückt: Er legt die Karten auf den Tisch. Er spielt ein offenes Spiel.[126] Bsp.: „Also er hat ohne jede Vorbehalte seine Meinung und seine Erwartungen oder eben auch Nicht-Erwartungen mir gegenüber geäußert" [DD-21].
Eine Implikation, welche die interviewten Manager hier als Vertrauensgrund beschreiben, ist die folgende: Der andere macht keine Umwege, sondern er geht direkt auf sein Ziel los. Das heißt insbesondere, dass er über seine Ziele etc. klar und deutlich spricht, also dass er nicht verklausuliert oder 'diplomatisch verhüllt' spricht. Er ist 'geradeaus' und sagt ganz klar, offen und direkt, was er will. Bsp.: „Er war geradeaus" [DF-24]. Oder: „Il va droit au but" [FD-06].
Oder: „[Er macht keine] falschen oder diplomatischen Vorspiegelungen, weil er meint, bestimmte Dinge nicht so offen sagen zu können oder gar nicht sagen zu können. Sondern bei ihm ist es so: Ein Ja ist ein Ja, und ein Nein ist ein Nein" [DF-01].
Seine eigenen Absichten, Beweggründe, Erwartungen und Meinungen gegenüber anderen offen zu legen, ist gerade in beruflich-geschäftlichen Zusammenhängen nicht unbedingt üblich. Aus verschiedenen Gründen ist es oft auch einfach nicht möglich. Vielleicht gerade deshalb wird es als Vertrauensgrund gesehen, wenn der andere auch einmal diese berufliche 'Panzerung' bzw. den Zwang der hierarchischen Beziehung etc. einfach beiseite lässt und 'Klartext' redet – über das eigentliche Problem spricht, über die Aufgabe, den Job, die Situation oder das, was man seiner Ansicht nach eigentlich tun müsste. Bsp.: „Das war ein Gespräch 'of the records'. ... Auch heute ist weiterhin die Möglichkeit da zu sagen: Und jetzt gehen wir mal hier in ein anderes Büro rein ... und sprechen mal wirklich so außerhalb des Tagesgeschäfts" [DD-13]. Oder: „Ce sont des gens qui à un moment donné sortent du panzer, se rencontrent et se serrent la main et disent: 'Bon, allez, voilà. Maintenant on va parler du vrai problème.' Là, c'est exactement ça" [FD-05]. Oder: „On est capable à la limite de mettre de côté les relations hiérarchique ou de travail, etc., enfin les sujets quotidiens. Et dire: 'Voilà. Bon ben, c'est tout. Il se passe ça, qu'est-ce que tu en penses?' etc.' – C'est ce qui s'est passé plusieurs fois" [FF-23].

---

[126] Die Kartenmetapher findet sich in den Interviews in zwei Verwendungsweisen. Hier geht es ums 'Karten auf den Tisch legen' – und nicht darum, dass der andere 'nicht mit gezinkten Karten spielen' soll. Darum dreht es sich beim nächsten Vertrauensfaktor ('Nichts vortäuschen').

(V-) Umgekehrt ist es nach den Beschreibungen der interviewten Manager eine Vertrauenswarnung, wenn der andere einen über seine Ziele, Hintergründe, Beweggründe, Erwartungen etc. im Unklaren lässt. Er spricht nicht darüber. Der andere hält sich diesbezüglich bedeckt, ist wortkarg, lässt nichts raus. Er weiht mich nicht ein. Eigentlich muss er das ja auch nicht. Aber irgendwie weiß man dann bei ihm nicht, was er eigentlich will, was er vor hat.
Die Interviewpartner verweisen darauf, dass der andere sie im Unklaren über seine Ziele, Absichten, Vorgehenspläne oder Wertmaßstäbe lässt. Bsp.: „Ich hatte keinen klaren Hinweis darauf, wo die Wertigkeiten liegen – also ob jetzt das Wohlwollen des Chefs, die Ertragsziele des Unternehmens oder die persönliche Wirkung mir gegenüber in irgendeiner Weise priorisiert werden. Sondern da war unklar, in welche Richtung die Entscheidungen in jedem Einzelfall fallen können. Sie konnten jedes Mal anders ausfallen. ... Es war immer etwas unklar, um was es tatsächlich geht. ... Die Transparenz über die Motive war eben auch nicht da" [DF-01]. Oder: „Auf meine Frage, worum es gehe, hat sie gesagt, das würde ich noch früh genug erfahren" [DD-06]. Oder: „Je ne sais pas quel est son but. Je ne sais pas: Qu'est-ce qu'il veut ? Je ne sais pas. Je ne sais RIEN. C'est quoi qui est en cause? Je ne sait pas. Mais ça peut pas être une relation de confiance!" [FD-03].
Der andere lässt sie im Unklaren über seine Erwartungen, seine Meinung, seine Einschätzungen. Bsp.: „Il ne dit pas tout ce qui l'intéresse, tout ce sur quoi il travaille. ... On ne sait jamais, quand on discute d'un sujet, on ne sait pas si l'autre nous dit tout ce qu'il a en tête là-dessus" [FD-14]. Er lässt sie im Unklaren über sein eigentliches, tatsächliches Handeln. Bsp.: „Das war ein Fall, wo ich das Gefühl hatte, dass da parallel Kontakte bestehen, ohne dass die offen gelegt werden, dass er Alternativen prüft oder ausprobiert, ohne mir Kenntnis davon zu geben" [DF-01].
Genauso sehen es die interviewten Manager als Vertrauenswarnung, wenn der andere verklausuliert bzw. 'diplomatisch verhüllt' spricht, wenn er also auf dem Weg zum Ziel Umwege macht, wenn er immer nur 'um den heißen Brei herum' redet – oder wenn er nicht bereit ist, auch einmal die berufliche 'Panzerung' beiseite zu lassen und offen zu reden.

(Vm) Sehr viele der interviewten Manager beschreiben diesen Aspekt – dem anderen gegenüber eigene Ziele, Einschätzungen etc. offen zu legen – als Vertrauensmaßnahme. Offenlegen kann man die eigenen Ziele, Absichten oder Vorgehenspläne („Sie müssen offen und ehrlich sagen, was Sie wollen, was Sie nicht wollen", DD-10), die eigenen Beweggründe, Hintergründe, Bewertungsmaßstäbe, Entscheidungsgrundlagen etc. („Ich versuche, meine Position oder meine Sichtweise der Dinge halt so gut wie möglich erklären", DD-23), oder die eigenen Erwartungen, Meinungen, Einschätzungen. Bsp.: „Ich sage gleich: Das und das ist das Problem. ... Ich sage: Also das, der Punkt, ist für mich nicht kriegsentscheidend. Also das ist uns unerheblich. Also da könnt ihr gern bei eurer Gebühr bleiben, das ist für uns uninteressant. Andererseits, der Punkt ist mir sehr wichtig" [DF-19]. Oder: „C'est que je vais être très ouvert sur ... comment je vois les choses, ce que je demande qu'on fasse, le comportement que j'attends" [FF-05].
Oft verweisen die interviewten Manager darauf, man müsse 'die Karten auf den Tisch legen' bzw. 'seine Interessen' oder einfach 'alles' offen auf den Tisch legen. Bsp.: „Ich zeige, so weit es mir möglich ist, meine Karten. Ich lege meine Karten relativ offen auf den Tisch" [DD-13]. Oder: „Man muss die Interessen, die man hat, auf den Tisch legen. Man muss sagen: Ich habe die und die Interessen und die und die Punkte sind für mich sehr wichtig. Und wenn die Interessen auf dem Tisch sind, dann kann sich, glaube ich, ein stärkeres oder intensiveres Vertrauen entwickeln... Man erreicht es, Vertrauen geschenkt zu bekommen, indem man offen und ehrlich ist. ... Also ich denke, wichtig ist, dass man die Interessen offenlegt" [DD-20]. Oder:

3.3 Beziehungsbezogene Vertrauensfaktoren

„J'essaie de ... mettre honnêtement les choses sur la table, ... d'annoncer nos plans, ... de dire franchement: Ecoutez, regardez-là: Nous on travaille là-dessus... dévoiler les choses" [FD-14]. Oder: „véritablement jouer franc-jeu vis-à-vis de lui, tout mettre sur la table" [FD-13].
Weitere Teilaspekte dieser Offenheit sind, dass man keine großen Umwege auf dem Weg zu Ziel macht, das heißt, dass man nicht 'diplomatisch verhüllt' redet, sondern direkt zum Punkt kommt bzw. direkt auf sein Ziel zu geht. Bsp.: „Auch wenn es noch so diplomatisch ist, sich so auszudrücken, dass man sagt, was man will" [DF-06]. Anders ausgedrückt geht es darum, auch mal die berufliche 'Panzerung' beiseite zu lassen und offen bzw. 'off the records' über die Dinge zu reden, die im Kontext der Arbeitsaufgabe anstehen. Bsp.: „Indem ich ihn auch mal 'off the records' angerufen habe. Das entwickelt sich halt mit der Zeit, dass man sagt: Wie können wir dann mit dem Thema umgehen? Ist das machbar oder nicht machbar?" [DF-25].
Wenn der andere mir gegenüber seine Ziele, Hintergründe, Beweggründe etc. offenlegt, dann ist das nicht nur in direkter Weise ein Vertrauensgrund, weil sich der andere dadurch mir gegenüber verwundbar macht. Es ist darüber hinaus auch in indirekter Weise ein Vertrauensgrund, denn man kann daran auch ablesen, dass der andere einen nicht aktiv täuscht. Die mit dem Vertrauensfaktor *'Ziele / Einschätzungen offenlegen'* beschriebene Offenheit ermöglicht also gleichzeitig eine indirekte Einschätzung eines weiteren Vertrauensfaktors, nämlich des Vertrauensfaktors *'Nichts vortäuschen'* (vgl. 3.3.4.2).

3.3.4.2 Nichts vortäuschen (VF-9.2)

Ein zentraler Vertrauensfaktor ist nach den Darstellungen der interviewten Manager, ob der andere aktiv etwas vortäuscht oder nicht bzw. – positiv formuliert – ob er die Wahrheit sagt oder nicht. Fast zwei Drittel der 100 Interviewpartner beschreiben in ihren Vertrauenserlebnissen diesen Faktor. Dabei wird er in etwa doppelt so häufig als Vertrauenswarnung genannt wie als Vertrauensgrund, weshalb ich ihn nach der negierten Vertrauenswarnung benenne.
Es geht hier um eine wichtige Bedeutung des Begriffs 'Ehrlichkeit': Der andere ist ehrlich in dem Sinne, dass er nicht etwas vortäuscht, was nicht der Fall ist. Ehrlichkeit zählt zum einen zu den häufig in der Literatur genannten 'Standard-Vertrauensbedingungen', ist zum anderen jedoch ein sehr abstrakter und vieldeutiger Begriff, dessen jeweilige Ausdifferenzierungen unterschiedliche Vertrauensfaktoren betreffen (vgl. die Präzisierung in 3.7). Der Vertrauensfaktor *'Nichts vortäuschen'* fasst die nach meinen Auswertungen zentralen vertrauensrelevanten Teilaspekte von Ehrlichkeit im beruflichen Alltag zusammen.

(V+) Wenn die interviewten Manager von diesem Aspekt als Vertrauensgrund berichten, ist ein zentraler Aspekt die 'Wahrheitsfrage': Der andere sagt die Wahrheit. Er lügt nicht. Er gibt nicht etwas Falsches für etwas Wahres aus. Bsp.: „Il ne cherche pas à créer de fausses informations" [FD-12]. Der andere sagt nicht nur Halbwahrheiten. Er verheimlicht nichts, er verschweigt nichts, er hält nichts zurück, er verbirgt nichts, sondern er gibt mir 'die komplette Information'. Bsp.: „Il faut que l'explication soit complète. Dès lors qu'il ya le sentiment qu'on me cache quelque chose, qu'on ne me dit pas toute la vérité, la méfiance revient" [FF-05]. Oder: „Elle m'a tout dit. Et elle n'a rien oublié. Et de ce fait, la confiance s'est instaurée entre nous" [FF-02].
Daneben gibt es zwei Spezifikationen dieser Wahrheitsfrage, die für die Zusammenarbeit besonders wichtig sind:
Erstens geht es darum dass der andere keine Hintergedanken bzw. verdeckte Pläne verfolgt, keine 'hidden agenda'. Er täuscht mir gegenüber nicht vor, andere Ziele zu verfolgen als die, welche er tatsächlich verfolgt. Er spielt kein falsches Spiel. Das bedeutet, dass der andere

nicht etwas anderes denkt oder tut als das, was er mir gegenüber vorgibt, zu denken oder zu tun. Dies ist ein wichtiger Aspekt in den Darstellungen der Interviewpartner. Es geht ihnen hier um eine gewisse Konsistenz im Verhalten des anderen: Der andere macht, was er sagt. Er täuscht nicht bzgl. seines faktischen Handelns. Bsp.: „Ich bin sicher, dass da kein falsches Spiel gespielt wird oder dass es da nicht im Hintergrund um Politik geht" [DD-18]. Oder: „Die Informationen, die rüber kommen, sind immer verlässlich. ... Er versucht nicht, mich zu hintergehen" [DD-16]. Oder: „Quand il vous livre une information il n'y a pas de manipulation, ... il n'y a pas d'agenda cachée" [FD-06]. – Vgl. zu diesem Aspekt auch weiter unten Tab. 3.13: 'Unterschiedliche vertrauensrelevante Arten von Konsistenz im Handeln'.

Eine zweite wichtige Variante der Wahrheitsfrage im geschäftlichen Alltag betrifft die Qualität von Produkten oder Leistungen. Als Vertrauensgrund wird beschrieben, dass der andere nicht vortäuscht, bei seinem Produkt bzw. seiner Leistung sei alles wunderbar, wenn es tatsächlich Risiken, Schwächen oder Probleme gibt. Er legt die Schwächen eines Angebots offen. Er offenbart, wenn er Bedenken hat, und redet offen über mögliche Risiken. Er vertuscht keine Risiken. Bsp.: „J'ai posé un certain nombre de questions, auxquelles il a répondu de façon très transparente, sans chercher à dire: Bon, tout est bien, tout est magnifique" [DF-09]. Vgl. Fallbeispiel-84:

Fallbeispiel-84: Keine nicht vorhandenen Kompetenzen vortäuschen
> Da hat er das Telefon in die Hand genommen und hat einen Kollegen angerufen, der Steuerrecht macht. [Er hat also] zugegeben „Hier, pass auf Mandant, in dem und dem Themengebiet kenne ich mich nicht aus. Das ist zu speziell." Anstatt dem Mandant zu sagen: „Das ist kein Problem, das wickeln wir alles für Sie ab." [DF-19]

Wenn man sich die Sache genauer überlegt, fällt jedoch auf, dass man im Falle des Vertrauensfaktor 'Nichts vortäuschen' letztlich in einem erkenntnistheoretischen Dilemma steckt: Man will insbesondere dann nicht getäuscht werden, wenn einem keine anderen Wege offen stehen, die Wahrheit herauszubekommen oder zu überprüfen. Um jedoch eine Täuschung zu erkennen, muss genau dies der Fall sein: Man muss auf einem anderen Weg die Wahrheit herausbekommen.

Dies ist der Grund dafür, warum die interviewten Manager hier vielfach auf einen Trick zurückgreifen: Sie achten auf die Konsistenz des Handelns ihres Gegenübers. Dies bedeutet insbesondere, dass sie sein Handeln *ihnen gegenüber* damit vergleichen, wie er sich *Dritten gegenüber* verhält. Für die Interviewpartner stellt es einen Vertrauensgrund dar, wenn sie beobachten, dass der andere Dritten gegenüber genauso redet und handelt, wie er ihnen gegenüber redet und handelt. Denn sie sehen dies als Anzeichen dafür, dass er ihnen gegenüber nichts vortäuscht. Die Beobachtung, dass sich der andere Dritten gegenüber anders verhält als mir gegenüber, gibt Anlass zu der Vermutung, dass er ein 'falsches Spiel' spielt, dass er eine 'hidden agenda' verfolgt. Vertrauenswürdig ist jemand, der nicht mit zwei Zungen redet – „quelqu'un qui n'a pas deux discours différents" (FD-07). Bsp.: „Er hat immer gesagt: Ich fahre mit offenem Visier. Und zwar nicht nur dir gegenüber, sondern allen gegenüber. Weil ich mit meinem Alter es nicht mehr nötig habe, dir irgendwas zu sagen, aber was ganz anderes zu meinen.' ... Er hat beispielsweise gesagt: 'Das sehe ich so und so. Und das ist für mich ein miserabeler Zustand.' Und dann hat er das nicht mir gegenüber so gesagt und einem anderen gegenüber was völlig anders gesagt – was ich auch schon erlebt habe" [DF-23].

Nicht immer hat man jedoch die Gelegenheit, sein Gegenüber in der Interaktion mit Dritten zu beobachten. Die interviewten Manager gehen also auf dem Weg des indirekten Schließens noch einen Schritt weiter. Sie achten auf eine zweite Art von Konsistenz im Handeln des anderen, welche ebenso ein Anzeichen dafür sein kann, dass der andere ihnen gegenüber nichts vortäuscht: Sie besteht darin, dass die Art und Weise, wie *der andere* mir gegen-

3.3 Beziehungsbezogene Vertrauensfaktoren

über bestimmte Sachverhalte darstellt, sich nicht deutlich von der Art und Weise unterscheidet, wie *Dritte* mir gegenüber die gleichen Sachverhalte darstellen. Das heißt *sein Handeln mir gegenüber* stimmt damit überein, *wie Dritte mir gegenüber handeln*. In den Darstellungen der Interviewpartner ist es also beispielsweise ein Vertrauensgrund, dass ich von ihm ein Ergebnis genannt bekomme und dieses Ergebnis gleichzeitig auch von Dritten kommuniziert bekomme – und zwar mit den gleichen Inhalten bzw. der gleichen Bewertung (Fallbeispiele 85/86).

Fallbeispiele-85/86: Wenn ein Bild – mehrfach kommuniziert – das Gleiche ist

> Wenn man [viel] kommuniziert, gewinnt man **verschiedene Eindrücke.** Wenn man zu Strategien, Geschäftsvorfällen, Planungen etc. sehr unterschiedliche Meinungen hört, dann denkt man: „Na, der erzählt mir nicht die ganze Geschichte." ... Wenn die **kongruent zueinander– also wenn von verschiedenen Leuten zu einem Themengebiet die gleiche Message kommuniziert wird** – dann entsteht ein konsistentes Bild, und dann entsteht Vertrauen. ... Weil das, was gesagt wird, ist logisch. Das was als Ergebnis kommuniziert wird, ist richtig, und dieses Ergebnis wird von mehreren Stellen gleichzeitig kommuniziert – oder in der gleichen Überzeugung, in der gleichen Richtung, in der gleichen Wertigkeit. Und diese Konsistenz führt zu Vertrauen. ... Das ist eine gewisse Form der Vertrauensbildung, **wenn ein Bild mehrfach kommuniziert das Gleiche ist. Also wenn ich quasi keinen Ansatzpunkt habe, Verdacht zu schöpfen, dass dort Unehrlichkeit, Unvollständigkeit, Strategie, Taktik im Spiel ist.** [DF-13]

> C'est **l'ensemble et la cohérence du discours de plusieurs personnes**, dans une institution, qui font que l'on a confiance. Si on va voir le trader ou le vendeur et qu'on a une histoire et ensuite qu'on va voir l'analyste et qu'on a une autre histoire, là on a moins confiance. [FF-03]

(V-) Es ist nach den Berichten der interviewten Manager für sie eine zentrale Vertrauenswarnung, dass der andere ihnen aktiv etwas vortäuscht bzw. nicht die Wahrheit sagt. Er lügt. Er gibt etwas Falsches für etwas Wahres aus. Er ist nicht ehrlich – dahingehend, dass er etwas vortäuscht. Er sagt nur Halbwahrheiten. Er verschweigt oder verheimlicht Dinge oder hält Sachen zurück. Oder er lügt durch gezieltes Auslassen, durch gezieltes 'Lücken lassen'. Bsp.: „Cette personne, la première fois que je l'ai rencontrée, sur un dossier particulier, ne m'a pas tout dit" [FF-02].

Fallbeispiel-87: Und dann stellte ich fest, dass in dem Dossier eine relevante Seite einfach fehlte

> Ce qui a cassé la confiance : **Il m'a dit : « Je te donne l'information. Voilà l'information, je te la donne ».** Mais je me suis rendu compte, quelques temps après, qu'il avait enlevé une partie de l'information avant de la donner. Ça, ça casse la confiance. Dès qu'on remarque ça, on le découvre, la confiance, elle est cassée on a plus confiance du tout. ... Je m'en rappelle, parce que **c'était un truc, qui m'avait choqué : Il m'avait donné l'information. Il y avait une page qui était importante, et il l'avait gardé pour lui. Je l'ai su, parce que j'ai eu le même document quelques jours plus tard par un collègue français etc. Et là, la page ne manquait pas, tout simplement.** Et comme par hasard, c'était la page où il y avait les responsabilités : qui était en charge de quoi. **Cette page manquait.** Par exemple. Et ça, **cette manière de cacher l'info, de garder certains atouts pour soi** : Ça, c'est horrible. Ça, ça casse la confiance. [FD-17]

Ein erster spezieller Fall von Täuschung ist, dass der andere eine „hidden agenda" bzw. Hintergedanken hat. Er verschweigt mir, dass er eigentlich etwas anderes tut oder vor hat. Er macht das heimlich und hintenrum. Bsp.: „Sie agiert sehr viel hinter einem herum. Da ist sie nicht offen einem gegenüber. Dann wird hintenrum auch intrigiert" [DF-16]. Oder: „Je sais qu'il manipule les faits. Manipuler, c'est à dire utiliser. Par exemple il a plusieurs informations, mais il ne va utiliser qu'une information, parce que cette information elle va dans son sens. Il ne va pas utiliser les autres informations si ça ne l'arrange pas. ... Il ne dit pas toute la vérité" [FF-19].

Fallbeispiel-88: Verdeckte Kontrollanrufe

> Ich komme morgens sehr früh, so bis 7.00 Uhr oder 7.30 Uhr. Umgekehrt gehe ich auch abends um 18.30 Uhr oder um 18.45 Uhr. Denn dann bin ich fertig oder habe etwas vor. Und an der Ecke habe ich für mich den Anspruch, dass ich meinen Job auch eigenverantwortlich mache. **Dann gab es eine Phase, da bekam ich abends so zwischen 19.00 Uhr und 20.15 Uhr Anrufe von dieser Chefin. Und ich wusste genau, dass das Anrufe ohne Substanz waren.** Denn ein paar Mal war ich ja dann noch da und habe abgenommen, und dann gab es eigentlich nichts und sie wollte mir einen schönen Abend wünschen. Außerdem habe ich dann sonst morgens früh zurückgerufen und nachgefragt, und dann hatte sie vergessen, was gewesen war. **Also waren das Kontrollanrufe.** [DD-06]

In diesem Zusammenhang kommen die interviewten Manager auf einen weiteren Aspekt von Verhaltenskonsistenz zu sprechen: Als Vertrauenswarnung interpretieren sie, wenn der andere eine gewisse Konsistenz in seinem Verhalten *ihnen gegenüber* vermissen lässt. Denn dies interpretieren sie als Hinweis darauf, dass er sie über seine eigentlichen Ziele täuscht und tatsächlich eine andere Agenda verfolgt. Eine Übersicht der unterschiedlichen vertrauensrelevanten Arten von Konsistenz im Handeln gibt Tab. 3.13.

Tab. 3.13: Unterschiedliche vertrauensrelevante Arten von Konsistenz im Handeln

	Konsistenz-1	Konsistenz-2	Konsistenz-3
Definition V- (Vertrauens-warnung)	Der andere handelt/redet jetzt anders als später. Der andere sagt zwar jetzt so, aber macht es später anders.	Der andere handelt/redet Dritten gegenüber anders als mir gegenüber. Der andere erzählt anderen etwas anderes als mir. Er handelt/redet Dritten gegenüber anders als er mir gegenüber handelt/redet.	Der andere handelt/redet nicht in Übereinstimmung mit Dritten. Er sagt zu mir etwas anderes als das, was Dritte zu mir sagen. Von ihm höre ich Sachen anders, als ich sie von Dritten höre.
	Zeitpunkt-1 A ←handelt≠ B Zeitpunkt-2 A ←handelt B	Zeitpunkt-1 A ←handelt≠ B ↘ C	Zeitpunkt-1 A ←handelt≠ B ↘ C
Relevanz für die Vertrauens-einschätzung	**Nicht eindeutig:** Muss je nach Kontext interpretiert werden: – etwas erst so sagen und dann später anders machen → 'Zusagen einhalten' – etwas mal so sagen und mal anders sagen (geringe Halbwertzeit von Aussagen → 'Zusagen einhalten' – etwas erst so machen und dann später anders sagen/darstellen → 'Nichts vortäuschen' – sich über Zeit/Situationen gleich verhalten → Metaindikator: 'Konsistentes Handeln über die Zeit'	**Eindeutig:** Starker Hinweis auf den Vertrauensindikator 'Nichts vortäuschen'. Beispiele: – Der andere macht oder plant offenbar etwas anderes als das, was er mir gegenüber zu machen oder zu planen angibt. Er hat Hintergedanken. – Vorne herum mir gegenüber freundlich, aber dann anderen was reingedrückt / im Meeting ganz scharf.	**Nicht eindeutig:** kann Hinweis auf Unterschiedliches sein: – fehlende Kompetenz (die anderen sind besser) – fehlende Sorgfalt / schlechte Arbeit (die anderen arbeiten besser) – fehlendes Selbstbewusstsein im Auftreten (die anderen setzen sich erfolgreicher durch) u.a.

Fehlende Konsistenz im Verhalten werten die die interviewten Manager hier also als Indiz dafür, dass der andere ihnen gegenüber bewusst etwas anderes sagt als das, was er tatsächlich denkt oder macht ('Konsistenz-2' in Tab. 3.13): Er täuscht sie bezüglich seines tatsächlichen Handelns bzw. Denkens. Er macht nicht, was er sagt – wie ein französischer Manager berichtete: „Très rapidement, je me suis rendu compte qu'entre ce qu'il disait et ce qu'il faisait, il y avait des grandes différences" [FD-09].

Fallbeispiel-89: Da sind wir aus allen Wolken gefallen

> Wir hatten also gesagt: Okay, dann stellen wir mal so einen Projektplan auf und überlegen uns, wie könnte eigentlich sowas funktionieren? ... **So war der gemeinschaftlich anerkannte Projektplan aufgebaut.** ... Mit diesem Projektplan haben wir ein halbes Jahr gearbeitet. **Dann habe ich nach einem halben Jahr entdeckt, dass [er ein eigenes System] aufgebaut hat.** Und zwar einzig und allein mit dem Zweck, die Entscheidung, dass das Zentralsystem in Deutschland steht, zu unterlaufen – dadurch, dass er etwas investiert hat. Wir hatten zu dem Zeitpunkt noch nichts investiert. ... Das war für mich so ein Punkt, wo ich von ihm völlig überrascht war. ... Er hat einen Haufen Geld der Firma rausgeschossen – **ohne jede Information, ohne jede Absichtserklärung, ohne jede Abstimmung, ohne alles!** Er hat brav in

3.3 Beziehungsbezogene Vertrauensfaktoren

dem gemeinsamen Projekt mitgearbeitet, hat aber parallel dazu etwas völlig anderes gemacht. Das war ein Punkt, wo wir alle aus allen Wolken gefallen sind. Das hat dann einen riesen Krach gegeben. [DF-23]

Es kann unterschiedliche Gründe dafür geben, warum man in dieser Weise getäuscht wird. Ein möglicher Grund ist, dass der andere durch seine Täuschung einen dazu bewegen möchte, etwas zu tun. Er versucht, einen zu manipulieren. Genau dies – bzw. den entsprechenden Eindruck – beschreiben einige der interviewten Manager als Vertrauenswarnung: das Gefühl, vom anderen manipuliert zu werden.

Fallbeispiel-90: Wie der Eindruck entsteht, instrumentalisiert zu werden

Il vous dit « Surtout vous n'envoyez ça qu'à moi. Vous n'envoyez pas ailleurs dans l'entreprise ». Ou : « Avant de faire ça, vous m'appelez moi, et puis vous envoyez ça sur mon fax ». Quand il organise des réunions, vous n'êtes jamais dans cette réunion. Vous êtes en rendez-vous avec lui, et puis après lui, il va dans la réunion avec les autres gens de l'entreprise. Ou bien, si vous, vous êtes dans la réunion avec les autres gens de l'entreprise, il veut déjà savoir avant ce que vous allez dire. « Ne dites pas ça, mais surtout insistez là-dessus. » – [... **C'est**] **des situations où, si vous voulez, on sent qu'il y a un désaccord entre ce que fait la personne qui, à un moment donné, a le dossier entre les mains, et puis les autres personnes dans l'entreprise qui ont leur mot à dire.** Et, là, il faut être très prudent. Parce que, **on risque de vous instrumentaliser** et de vous faire travailler dans un sens qui n'est pas le bon. [FD-05]

Einer der interviewten Manager beschreibt einen solchen Fall als Kontrast zu dem, was er eigentlich in anderen Situationen als Vertrauensgrund sieht: nämlich dass der andere Beziehungspflege betreibt, indem er ohne besonderen Anlass zwischendurch zum Essen einlädt:

Fallbeispiel-91: So ein toller Hecht bin ich ja doch nicht, dass er mich einfach so einladen müsste...

Ich wurde forciert eingeladen zu einem ganz großen Mittagessen. Also das war ein Restaurant, wo ich mir die Frage gestellt habe: „Wieso muss das ein so gutes Restaurant sein?" Und innerhalb von 2 Monaten wurde ich dann zu einer Veranstaltung eingeladen, wo es darum ging, eine Riesenkreditgenehmigung zu erteilen. – [Es waren insgesamt sogar zwei Einladungen zum Mittagessen]. Das waren Gespräche, die sind sehr nett verlaufen. Das einzige, was nicht vergleichbar war mit anderen Geschäftsverbindungen, war, dass alles zeitlich ziemlich nah beieinander war. Erst kam eine Einladung, dann kam vier Wochen später noch mal eine Einladung, eine zweite Einladung. Und dann kam wieder in einem relativ kurzen Abstand danach dann eine Präsentation, wo ein Projekt vorgestellt wurde. Und dann wurde gleich, so ein paar Tage danach, nachgefragt, ob wir dann daran interessiert wären, da mit zu machen. – Da hat sich nicht eine Vertrauensbasis entwickelt, sondern **das war eine Manipulation.** Und da funktioniert glaube ich dann das innere Gespür, der gesunde Menschenverstand. **Dass man sagt: „Aha, das ist mir doch ein bisschen komisch. So ein toller Hecht bin ich ja doch nicht."** [DF-17]

Einige Interviewpartner beschreiben diesen Punkt indem sie sagen, dass der andere nicht authentisch handelt, dass er nicht er selbst ist bzw. nicht als 'er selbst' handelt. Ein Anzeichen dafür, dass der andere möglicherweise etwas anderes denkt oder macht als er mir gegenüber sagt, kann auch sein, dass er ohne ersichtlichen Grund unhöflich reagiert oder aggressiv wird. 'Getroffener Hund bellt', wie man sprichwörtlich sagt. So etwas kann ein Zeichen dafür sein, dass man dem anderen nicht vertrauen kann. Es ist sozusagen ein indirekter Hinweis auf Unehrlichkeit: Da könnte 'etwas im Busch' sein. Da gibt es vielleicht etwas, das der andere verschweigt.

Fallbeispiel-92: Getroffener Hund bellt

C'était une grande leçon. ... **Je lui demande un jour des renseignements sur un dossier qui n'était pas du mien.** C'était de la banque privée, moi je m'occupait de la banque d'entreprises. **Elle me dit : « ça ne vous regarde pas. » Sans raisons.** Bon, moi je me suis dit : « ça ne me regarde pas, secret bancaire, bon... ». Et puis je me dis : « Bon, quand même, elle a mauvais caractère. » **Deux ans après, j'ai appris qu'elle avait volé de l'argent.** Quand on a changé de système informatique, elle avait repéré les gens dont l'argent n'avait pas bougé depuis plus de 10 ans, et elle avais mis leur argent sur un compte à elle. **Donc j'ai compris, par exemple, que quand vous posez une question poliment et qu'on vous répond, sans raisons, de manière agressive, c'est qu'on a quelque chose à cacher.** Donc ma méfiance, elle s'alerte à ce moment là. **Un comportement agressif cache quelque chose, et cache généralement une incompétence technique ou une malhonnêteté.** Absolument. Et ça s'est vérifié. Alors ça veut dire qu'on a quelque chose à cacher : qu'on veut cacher son incompétence, le fait qu'on ne connaît pas le dossier, qu'on ne connaît pas la réponse. Ou le fait qu'on vous a caché quelque chose et que vous ne devez pas le savoir... **Pour moi, les réactions agressives, immédiatement, chez moi, engendrent de la méfiance.** [FD-20]

Ein zweiter spezieller Fall von Täuschung ist die Vertrauenswarnung, dass der andere die Schwächen eines Produkts oder einer Leistung gezielt verschweigt und vortäuscht, alles sei wunderbar. Er verbirgt seine Bedenken und vertuscht Risiken oder Probleme. Nach der Präsentation des Geschäftspartners habe das alles 'ganz toll und sexy' ausgesehen, erzählt einer der interviewten Manager. Aber nachdem er das dann zurück in der Firma mit seinen Experten durchgesprochen hatte, sei ihm klargeworden, dass der andere die eigentlichen technischen Probleme dezent verschwiegen hatte („En discutant avec des experts, je me suis aperçu qu'en fait, il avait fait une belle présentation très sexy, mais que derrière, techniquement, ce n'était pas aussi rose que ça", FF-12). Anderes Bsp.: „Il avait essayé de me vendre quelque chose – sans détails – quelque chose dont il devait savoir dès le départ que c'était pas très bien monté, pas très solide, pas de très bonne qualité. Et qui a quand même essayé. Bon. La transaction ne s'est pas faite, mais j'ai rompu tout contact avec lui. C'était peut-être trop sévère, mais bon" [FF-21]. Oder: „Wir haben einen neuen Werbefilm gedreht. Und dann kommt die kreative Geschäftsführung und der Regisseur und sagen uns: 'Hach, wir haben SO einen TOLLEN Film gedreht, SUPERKLASSE!. Sie werden begeistert sein!' Und dann sehe ich die ersten Bilder von dem Werbefilm und sage mir: 'Also Mensch, das ist doch totaler Mist.' Und dann merke ich, dass diese Leute, weil Sie Angst um Ihr Geld haben, mir irgendeinen Quatsch erzählen. Das heißt, sie verkaufen mir eine Ware, die schlecht ist, für gut. Das ist Manipulation!" [DF-03].

Auch bei den Darstellungen des Vertrauensfaktors *'Nichts vortäuschen'* als Vertrauenswarnung zeigt sich, dass die interviewten Manager indirekt schließen – insbesondere ausgehend von Beobachtungen der Konsistenz des Handelns ihrer Kollegen oder Geschäftspartner. Eine Vertrauenswarnung ist es, wenn er sich gegenüber Dritten etwas anderes erzählt als mir. Er verhält sich anderen gegenüber anders als er sich mir gegenüber verhält. Dadurch hat es für mich den Anschein, dass er etwas verbirgt bzw. etwas vortäuscht (Fallbeispiel-93).

Fallbeispiel-93: Im Vier-Augen-Gespräch war der Kettenhund plötzlich handzahm
> Und das war ein Kollege, der eben dort im Stab war und der dort auch – in größeren Meetings –wirklich als ein extrem scharfer Kettenhund seines Chefs aufgetreten ist. Der hat dort die Machtposition, die er hatte – also die Rückendeckung durch seinen Chef – auch wirklich ausgenutzt. **Und der hat dann eben versucht, im Vier-Augen-Gespräch so ein – ja, ein enges, freundschaftliches Verhältnis aufzubauen**, so immer mit der Aussage: „Ja, mit dir kann ich ja jetzt mal offen darüber reden. Aber alle anderen, die brauchen da wirklich ordentlich Feuer unterm Hintern, ansonsten bewegen die sich ja nicht." ... **Und diese Masche – und da kommt man nicht gleich dahinter – die hat er mit jedem gespielt!** Also mit jedem war er unter vier Augen absolut verständnisvoll und hat dann auch versucht, einem anderen entgegen zu kommen. ... **Und in der großen Runde**, da konnte er sich ja nicht plötzlich outen, indem er jedem eine Speziallösung zuspricht. Und dann **hat er alles, was man unter vier Augen mit ihm besprochen hatte, vom Tisch gewischt** und hat dann richtig gepoltert und hat sozusagen die harte, zentrale Linie rausgekehrt. **Und das war natürlich ein Kollege, zu dem habe ich kein Vertrauensverhältnis aufgebaut.** ... [Da] kann man nicht mehr unterscheiden: Verhält sich der jetzt ehrlich? Ist das, was er einem sagt, wirklich ehrlich gemeint? Oder ist es absolut opportunistisch und einfach der Weg des geringsten Widerstands? [DD-18]

(Vm) Wenn die interviewten Manager vom Vertrauensfaktor *'Nichts vortäuschen'* als Vertrauensmaßnahme berichten, meinen sie zunächst einmal den grundsätzlichen Aspekt, dem anderen die Wahrheit zu sagen, also nicht zu lügen bzw. ehrlich zu sein im Sinne von *nichts vortäuschen* – und eben auch nicht Sachen zu verschweigen oder zu verheimlichen. Bsp.: „Wenn ich geschäftlich kommuniziere [dann ist es] immer, hundert Prozent, mein bestes Wissen" [DF-07]. Oder „Il faut toujours être honnête et dire la vérité, la simple vérité" [FF-07].
Darüber hinaus baut man Vertrauen auf, indem man keine „hidden agenda" oder Hintergedanken verfolgt und dem anderen seine wirklichen Ziele nennt – anstatt andere Ziele vorzutäuschen und 'hintenrum' die eigentlichen Ziele zu verfolgen. Um nicht (fälschlicherweise) diesen Eindruck zu erwecken, sollte man auch vermeiden, gegenüber dem anderen anders zu reden oder zu handeln als gegenüber Dritten. Bsp.: „Ich treibe keine Spielchen mit den Leu-

3.3 Beziehungsbezogene Vertrauensfaktoren

ten. ... Ich glaube jeder kann mich einschätzen: Jeder kann einschätzen, was ich vorhabe, wie ich mich verhalte, was ich also wirklich erreichen möchte. Und ich mache keinen Unterschied zwischen Mitarbeitern, Kollegen und Vorgesetzten" [DD-14]. Oder: „Alles, was ich geschäftlich kommuniziere ... ist NIE mit Informationen gespickt, die versuchen, etwas zu erreichen. Wenn ich jemandem etwas sage, dann sage ich es ihm so, wie ich es denke. Was ich nicht tue, ist: jemandem etwas sagen, um etwas zu erreichen. Ich habe den Ansatz: wenn ich etwas sage, dann sage ich es so, wie ich es denke und wie ich die Realität sehe. Ich mache mir keine Gedanken darüber, was ich jemandem sagen muss, dass er sich so und so verhält" [DF-07]. Oder: „Ce que je fais pour qu'il ait confiance ? Je suis lisible. ... Je ne triche pas. .... C'est à dire: Si je suis là, qu'il me voit là. Si je suis là, qu'il n'ait pas l'impression que je suis à côté et que je dise que je suis là alors que je suis à côté" [FD-16].

Um diesen Punkt auszudrücken, sprechen die interviewten Manager auch davon, dass man 'authentisch' sein müsse: So sein, wie man ist. Man selbst sein. Bsp. „Ich bin authentisch. So wie ich bin" [DF-07]. Oder: „Il faut essayer de montrer son naturel, c'est d'être le plus naturel possible" [FF-11]. Oder: „Je ne cherche pas à être différente de ce que je suis. C'est-à-dire que, je crois que, je laisse à l'autre la possibilité d'avoir un jugement sur moi. ... j'essaie d'être naturelle, d'être moi-même" [FD-10].

Ebenso beschreiben einige der interviewten Manager die Vertrauensmaßnahme, den anderen nicht bezüglich der Qualität eines Produkts oder einer Leistung zu täuschen – also nicht die Sachen zu beschönigen, nicht Dinge 'unter den Teppich zu kehren' sondern dem anderen 'reinen Wein einzuschenken'. Bsp.: „dass ich ihm nicht sage: 'Wir können es' und in Wirklichkeit können wir es nicht" [DF-17]. Oder: „Indem ich ihn auch hinter die Kulissen gucken lasse, indem ich sozusagen auch negative Dinge erwähne. Also nicht immer painting everything rosy" [DD-19].

Eine spezielle Situation ist die Verkaufssituation gegenüber einem Kunden, wenn man als Verkäufer erkennt, dass ein Verkauf eigentlich nicht im Interesse des Kunden wäre. Einige der interviewten Manager beschreiben es als Vertrauensmaßnahme, dem Kunden in dieser Situation vom Kauf abzuraten. Bsp.: „Bei einigen Produkten habe ich ihm auch vom Kauf abgeraten. Ich habe solche Produkte zwar als neue erwähnt und erklärt, warum sie interessant sind und was Chancen und Risiken sind. Aber ich habe ihm gleichzeitig abgeraten: So wie ich Ihr Profil einschätze, würde ich das an Ihrer Stelle nicht machen" [DD-06].

3.3.4.3 Die Zusammenarbeit ernst nehmen (VF-9.3)

(V+) Einige der interviewten Manager beschreiben es als Vertrauensgrund, dass der andere die gemeinsame Zusammenarbeit ernst und wichtig nimmt, dass er wirklich kooperieren will. Er lässt sich auf die Situation bzw. auf die gemeinsame Aufgabe wirklich ein und arbeitet ernsthaft daran. Er investiert in das gemeinsame Projekt und räumt ihm auch Priorität ein. Man hat das Gefühl, dass er dahinter steht bzw. auch „dass man für ihn ein wichtiger Partner ist" [DD-15]. Bsp.: „Im Verlauf der Entwicklung des Projektes habe ich dann gesehen: ... Er hat immer den konstruktiven Weg gesucht. Da hat einfach die Projektabwicklung gezeigt – sei es bei der Erstellung von Vertragsänderungen, sei es bei der Abwicklung von Störungen oder beim Austausch von [...] – dass er wirklich kooperieren wollte. Und man hat gesehen: Er hat einfach den Projekterfolg gesucht und wollte uns nicht vorführen. Er war wirklich daran interessiert, das Projekt abzuwickeln" [DF-22].

Hier geht es also auch darum, dass man nicht das Gefühl hat, vom anderen dahingehend ausgenutzt zu werden, dass *man selbst* in die Zusammenarbeit tatsächlich investiert, also auch im Sinn einer längerfristigen Zusammenarbeit, dass *der andere* aber nur einmalig für sich einen Profit realisieren möchte. Als Vertrauensgrund gilt stattdessen, dass sich der andere aufrichtig für eine längerfristige Zusammenarbeit interessiert. Der andere meint es ernst und er führt mich nicht an der Nase herum. Er nimmt mich nicht auf den Arm bzw. auf Französisch: „Il ne me mène pas en bateau" [FF-03]. Die französischen Manager benutzen hier auch häufig die Formulierung 'jouer le jeu', das heißt: 'das Spiel (mit)spielen': Der andere hat Lust, das Spiel (mit)zuspielen. Bsp.: „Quand est-ce que ça a commencé nos relations? On a commencé par faire des échanges au niveau des chefs de département. ... Et donc là, il y a les gens qui ont envie de jouer le jeu et les gens qui n'ont pas envie de jouer le jeu, voilà, clairement. Et quand on tombe sur quelqu'un qui a envie de jouer le jeu, eh bien, il y a une notion de relation qui se créé, vraiment" [FD-12].

(V-) Die interviewten Manager beschreiben es umgekehrt als Vertrauenswarnung, dass andere es mit der gemeinsamen Zusammenarbeit nicht ernst meint. Er arbeitet nicht ernsthaft am gemeinsamen Projekt, investiert nichts in die gemeinsame Zusammenarbeit und räumt ihr keine Priorität ein. Bsp.: „Es gab seitens des anderen ein gewisses Zurückziehen aus der ganzen Sache und sagen: 'Dann mach doch selbst' und so" [DD-04]. Der andere will nicht kooperieren, zeigt keine Kooperationsbereitschaft und er grenzt sich eher ab bzw. arbeitet sogar gegen mich. Bsp.: „Da war nicht das Verständnis für den anderen da. Stattdessen da hat er nur den Konkurrent gesehen und hat auch versucht, ein Feindbild aufzubauen" [DF-22].

(Vm) Als Vertrauensmaßnahme kann man dem anderen zeigen, dass man die gemeinsame Zusammenarbeit ernst und wichtig nimmt. Bsp.: „Sie müssen ihm klar machen, dass Sie ein Gesprächspartner, ein Geschäftsfreund, ein Freund sind. ... Der darf Sie nicht als Feind betrachten. ... Er muss das Gefühl haben: „Das ist nicht ein richtiger Partner, mit dem ich eine gemeinsame Sache aufbauen kann" [DF-17]. Das kann man beispielsweise tun, indem man bewusst in das gemeinsame Projekt oder in eine (potenzielle) Zusammenarbeit investiert.

3.3.4.4 Anerkennung/Belohnungen fair verteilen (VF-9.4)

(V+) Ein Vertrauensgrund kann es sein, dass der andere sich in Bezug auf die 'Verteilung' von Anerkennung, Belohnungen oder sonstigen Ressourcen fair verhält. Hier geht es den interviewten Managern um verschiedene Formen von Verteilungsgerechtigkeit bzw. distributiver Gerechtigkeit.[127] Der andere verhält sich so, dass beispielsweise Lob und Belohnungen in angemessenem Verhältnis zu Leistungen ausgeteilt werden. Insbesondere betonen die interviewten Manager, dass der andere Leistungen angemessen honoriert und klarstellt, von wem sie erbracht wurden, anstatt sich mit fremden Federn zu schmücken. Bsp.: „Er hat auch nicht fremde Ergebnisse als die eigenen verkauft" [DD-11]. Oder: „Quand certains directeurs généraux lui font des compliments sur certains de mes dossiers, il vient me le dire. Parce que souvent, moi je fais le dossier, mais c'est lui qui va le présenter. ... Et donc il vient me le dire. Il me le dit. Il ne le garde pas pour lui" [FF-06].

Fallbeispiel-94: Er hat sich nicht mit fremden Federn geschmückt

> In seinem Bereich ging es gerecht zu. ... Das heißt: **Eine bestimmte Leistung, die da war, wurde auch angemessen honoriert.** ... ,Angemessen honoriert' heißt, dass bei entsprechenden Anlässen auch gesagt wird, wessen Projekt und wessen Erfolg dass war. Es gibt ja auch die Tendenz, dass man sich gerne die Erfolge seiner Mitarbeiter einverleibt, und Sachen, die gut verlaufen sind, sich selber auf die Fahne schreibt als Vorgesetzter. Und es gibt das Umgekehrte, dass man eben jeweils die Anteile, die jemand an einem Erfolg hat, auch namentlich benennt und zurechnet – öffentlich, bei entsprechenden Gelegenheiten. Und das hat er gemacht. **Er hat sich nicht mit fremden Federn geschmückt,** nicht mit den Federn seiner Mitarbeiter, sondern **hat das DEUTLICH auch gesagt, wessen Verdienst das dann jeweils war.** Also wenn er das mal in einem Gespräch gesagt hat, **dann fiel auch mein Name,** und es blieb nicht irgendwie ein Projekt, das UNTER SEINER Regie da irgendwie in seinem Bereich läuft. [DD-02]

---

[127] Schweer & Thies (2005) sehen Verteilungsgerechtigkeit als eines der zentralen Merkmale einer Vertrauensorganisation.

3.3 Beziehungsbezogene Vertrauensfaktoren

(V-) Umgekehrt kann es eine Vertrauenswarnung sein, dass der andere nicht dafür Sorge trägt, dass Anerkennung, Belohnungen oder sonstigen Ressourcen fair verteilt werden. In den Darstellungen der interviewten Manager geht es dabei meist darum, dass der andere fremde Leistungen als seine eigenen ausgibt.

Fallbeispiel-95: Wenn sich irgendwo Projekterfolg andeutet, reklamiert er: Meine Leistung!

> C'était un projet qui est mené jusqu'au bout, qui aboutit. Et **ce projet s'avère être une réussite**. Et on se rend compte, en fait, qu'il y a certaines personnes qui sont très peu intervenues tout au cours de la phase de travail et d'avancement du projet, qui dès lors qu'il est terminé et qu'il a réussi, se l'approprient. **[Cette personne a dit]: « Moi, je... C'est mon idée, j'ai super bien travaillé, etc ».** Alors que c'est une personne, par exemple, qui n'est pas du tout intervenue auparavant. ... Je l'ai vécu, moi. Je l'ai vu. Je l'ai entendu. J'étais entre autres dans la même réunion. Mais bon, moi je n'ai rien dit. Parce que dans ces cas-là, je ne dis rien. Ce n'est pas quelque chose...Je ne vais pas dire : « Non, non, ce n'est pas vrai... Ce n'est pas toi, c'est un tel. ». A ce moment là, je note et je ne dis rien. Je me dis : Ok, c'est bon. **La prochaine fois, je me méfierai.**" [FF-23]

(Vm) Als entsprechende Vertrauensmaßnahme kann man sich bemühen, die Leistungen des anderen in einem angemessenen Maße anzuerkennen und zu belohnen – und nicht selbst Anerkennung oder Belohnung für solche Leistungen in Anspruch zu nehmen (sich nicht mit fremden Federn zu schmücken). Bsp.: „Ich habe es immer als wichtig betrachtet – das ist meines Erachtens äußerst wichtig –, wirklich die Leistung bei den Leuten zu lassen, die sie erbracht haben. Und die Leute auch zu nennen. Zu sagen: He, das hat der Kollege so und so gemacht. Das war nicht ich. Ich war vielleicht der, der es berichtet hat oder so, aber gemacht hat hier Kollege XY" [DD-14].

Insbesondere in der Rolle als Vorgesetzter, berichten die Interviewpartner, müsse man darauf achten, nicht Dritte gegenüber dem anderen zu bevorzugen.

Fallbeispiel-96: Belohnungen oder Gratulationen gerecht verteilen

> Pour mettre quelqu'un en confiance, aussi, je vais..., j'accorde beaucoup de, d'importance à être juste. ... Qu'est-ce que cela veut dire, « être juste » ? C'est-à-dire être juste avec l'un comme avec l'autre. Etre juste c'est **ne pas avoir des préférences**. ... Etre juste, c'est **récompenser ou féliciter de la même façon l'un ou l'autre**. Ce n'est pas un petit peu pour l'un et un peu moins pour l'autre. [FF-15]

3.3.4.5 Anständig/korrekt handeln (VF-9.5)

(V+) Nach Ansicht der interviewten Manager ist es ein Grund, einem Kollegen oder Geschäftspartner Vertrauen zu schenken, wenn dieser sich anständig bzw. korrekt verhält. Dies bedeutet grundsätzlich, dass er rechtschaffen handelt und nichts aus ihrer Sicht Unrechtes bzw. Unmoralisches tut. Bsp.: „Er hätte eher eine Woche lang Suppe gekocht, als seine Kreditraten nicht zu bezahlen" [DD-09].

Insbesondere heißt es, dass er mich nicht betrügt, das heißt, eine Situation zu meinen Ungunsten ausnutzt bzw. sich durch raffinierte Tricks auf zweifelhafte Weise Vorteile verschafft. Es ist anständig und fair in dem Sinne, dass er nicht versucht, mich zu übervorteilen oder reinzulegen. Er versucht nicht, mich über den Tisch zu ziehen. Er arbeitet nicht ‚mit Haken und Ösen'. Er hält sich an die Spielregeln.

Fallbeispiel-97: Faire Gesprächsleitung – er hat bei eigentlich nebensächlichen Einwürfen weitergeleitet

> Und das war eigentlich mein erster Eindruck: Der war durchaus fair. **Er hat sich damals durchaus fair verhalten bei diesem Treffen, in dieser Review.** Das heißt: [In so einer Review] stellen wir dann typischerweise unsere Arbeit vor und dann gibt es Fragen aus dem Publikum, zum Beispiel von den Experten, die er mitgebracht hat. Und dann ist es immer wichtig, wie der Vorsitzende bzw. Review-Leiter da reagiert. Es gibt natürlich Experten, die sich selbst gerne darstellen wollen und dann irgendwelche Fehler suchen und das auch übertreiben. **Das wichtige ist, da ein Augenmaß zu haben: Ist das jetzt Kleinkram, worüber man redet, oder ist das wirklich wichtig? Und er hat sehr gutes Augenmaß damals bewiesen.** ... Er einfach die Diskussion in einer bestimmten Form geleitet: Er hat Diskussionen oder Gespräche, die zu tief irgendwo in Details gingen oder die unwichtig waren, freundlich

gebremst und dann einfach weitergeleitet zu wichtigeren Dingen. ... Und auch bei der nächsten Review, war er wieder sehr sehr fair und hat mit sehr gutem Augenmaß das Ganze geleitet. [DD-03]

Der andere orientiert sich in seinem Handeln an ethisch-moralischen Werten und stellt diese über sein konkretes Eigeninteresse. Die französischen Manager sprechen hier oft von „honnète" bzw. von „honnèteté intellectuelle". Das bedeutet wörtlich „intellektuelle Redlichkeit" und ist ansonsten zu übersetzen mit Ehrlichkeit, Aufrichtigkeit, Anständigkeit, Korrektheit oder Rechtschaffenheit.

Fallbeispiel-98: Unser Gespräch ließ mich erkennen, dass er nach ethischen Prinzipien handelt
> C'est le directeur financier [d'une société qui était notre client]. Moi j'ai pas mal de confiance. Et la confiance a été augmentée par le fait que... Il m'a dit en particulier **que quand ils veulent racheter une société et que le propriétaire de la société demande que l'on vire les fonds dans un paradis fiscal, en général, il refuse**. Il dit qu'il n'est pas question pour lui de cautionner une transaction où le bénéficiaire cherche, a priori, à dissimuler un revenu. Bon, c'est un peu une anecdote, mais **c'est à des détails de ce style que l'on sent que l'interlocuteur est honnête**. Et je dirais que quand quelqu'un est honnête, a priori on peut avoir confiance en lui. **En fait, il a cité un cas théorique**. On parlait de l'Europe de l'est. Il me parlait des sociétés qui éventuellement étaient à racheter en Europe. On a commencé à parler de la Russie. Le client en question est dans le domaine minier. Et il a dit que l'un des problèmes en Russie c'est que le droit de la propriété n'est pas clair. Donc à partir de là, on a parlé de toutes les transactions qui étaient un peu troubles. Et donc il a donné un exemple, en disant : « **Si jamais on me demande**, comme je suis directeur financier, de payer le rachat d'une société, mais je sais que le paiement, que le virement va aller dans un paradis fiscal, **à ce moment-là je refuse la transaction**. Je mets mon veto. Je considère que la transaction ne doit pas avoir lieu. » Donc ça procède d'un état d'esprit où ce sont des sociétés qui ont ce qu'on appelle aussi un comportement citoyen, qui ne veulent pas être complices de transactions qui se troublent. Alors après, ça peut être du blanchiment d'argent sale, ça peut être des sociétés qui n'ont pas été acquises par leur propriétaires de façon honnête, etc... **Donc quand quelqu'un me fait ce genre de déclarations, pour moi c'est un signe d'honnêteté, tout à fait.** [FF-20]

(V-) Deutlich häufiger findet sich dieser Vertrauensfaktor in der umgekehrten Perspektive: Eine Vertrauenswarnung kann es für die interviewten Manager sein, dass der andere sich aus ihrer Sicht *nicht* redlich und anständig verhält: Er tut Unrechtes. Beschrieben werden etwa Beispiele, wie ein Vorgesetzter ein Vorgehen wählt, das nicht gesetzeskonform bzw. rechtlich zweifelhaft ist, oder wie ein Kollege seine Fahrtkostenabrechnung zu seinen Gunsten manipuliert.
Teilweise wird beschrieben, dass der andere sich durch raffiniertes Tricksen Vorteile zu verschaffen versucht (Fallbeispiel-99). Jemanden solchermaßen raffiniert 'übers Ohr zu hauen', nennt man auf Französisch auch 'corriger la fortune'.

Fallbeispiel-99: Ein halbes Jahr später wollte er das Angebot plötzlich annehmen
> Und **ein halbes Jahr später**, da kam er dann und sagte dann plötzlich: „Hör mal zu, du hast mir hier ein Angebot gemacht, jetzt nehme ich das an." – Der Markt war ganz nach oben gelaufen, und das Angebot von damals hatte dein auf einem Markt basiert, der sehr viel günstiger war. Und dann habe ich ihm gesagt: „Ja nee, also jetzt ist es zu spät. Das geht nicht." Und dann war er böse, und so weiter und fort. ... **Ich fand das nicht fair von ihm.** Und wir haben es dann auch nicht gemacht. [DF-02]

Der andere hält sich nicht an etablierte Spielregeln oder verändert die Regeln zu seinen Gunsten. Bsp.: „Et ça [il] le fait parfois. ... On vous a donné une règle, vous la respectez, vous allez assez loin. Et puis ensuite, on change les règles" [FD-11].
Oder er verändert das Protokoll: Er versucht, Vereinbarungen bzw. Besprechungsergebnisse zu seinen Gunsten zu verändern, indem er das Protokoll abwandelt und in einer für ihn günstigeren Fassung verschickt. Die Manager berichten auch von Situationen, die der andere zu ihren Ungunsten ausnutzte – indem er sich beispielsweise 'rein zufällig' vertrauliche Dokumente durchlas, die im Besprechungsraum vergessen worden waren. Schließlich gibt es noch den Aspekt, dass der andere nachtragend ist und versucht, mir etwas 'heimzuzahlen' bzw. mit mir 'abzurechnen'. Ich habe den Eindruck, er lässt mich jetzt büßen, nur weil er wegen irgendeiner früheren Sache verärgert ist.

3.3 Beziehungsbezogene Vertrauensfaktoren

(**Vm**) Als entsprechende Vertrauensmaßnahme berichten die interviewten Manager davon, dass sie darauf achten, sich im moralischen Sinne anständig zu verhalten: den anderen nicht zu betrügen, sich nicht durch Tricks Vorteile zu verschaffen, die etablierten Regeln einzuhalten und sich nicht opportunistisch zu verhalten bzw. den anderen nicht auszunutzen. Bsp.: „Mit 'fair' meine ich, dass ich den Gegenüber nicht ungerecht behandle, ja, wie soll man sagen, nicht schlecht behandle. 'Schlecht behandeln' ist vielleicht das falsche Wort. Dass ich ihn nicht übers Ohr haue. Dass ich ihn nicht ausnutze. 'Ausnutzen' ist vielleicht das beste Wort. Das ist mit meine ich mit fair: den anderen 'nicht ausnutzen'. Ja, so würde ich das beschreiben" [DD-15]. Oder: „On peut tout faire mais il ne faut pas que ce soit fait avec malveillance, dans un esprit de nuire à l'autre. C'est un jeu où il y a des règles. Les règles, elles sont faites pour être respectées" [FF-04]. Oder: „J'ai tout fait pendant trois ans pour ne jamais les trahir. Donc j'ai toujours été correct avec eux. La confiance, elle s'est créée tout doucement. ... 'Etre correct avec eux', cela veut dire 'ne pas leur faire un mauvais coup' ... Je n'était jamais non-correct vis-à-vis d'eux. ça n'a pas empêché que, de temps en temps, c'était difficile, animé. Mais j'ai toujours gardé la confiance avec eux" [FF-10].

3.3.4.6 Diskussion

Auch in der Literatur zu Vertrauensbedingungen spielt das Themenfeld der Gerechtigkeit bzw. Fairness eine gewichtige Rolle. Neben allgemeinen Verweisen auf Fairness und Gerechtigkeit werden insbesondere die Aspekte betont, welche die Vertrauensfaktoren *'Nichts vortäuschen'*, *'Anerkennung und Belohnungen fair verteilen'* und *'Anständig / korrekt handeln'* beschreiben.

Einige Autoren verweisen allgemein auf den Stellenwert von Fairness und Gerechtigkeit als Vertrauensbedingung. Butler (1991), der in seiner Liste im Wesentlichen die Vertrauensbedingungen von Gabarro (1978) und Jennings (1971) zusammenführte, ergänzte „Fairness", da dies von 36 seiner 84 Interviewpartner erwähnt wurde (Butler 1991: 648). Pillai et al. (1999) sehen allgemein „justice as a mediator of the relationship between leadership and trust". Bijlsma & Bunt (2003:639) sprechen von „being fair" bzw. „[being] treated fairly", aber ergänzen auch den in der Literatur seltenen Verweis, dass derart allgemein gefasste Vertrauensbedingungen von eingeschränkter Aussagekraft sind: „fairness" wie auch „respect" seien „quite general terms that do not reveal much about what managers can do to generate these experiences" (vgl. meine Diskussion in 3.7).
Garcia (2003: 12) konstatiert in seinem Review der Vertrauensforschung, dass „individuals that perceive that they are treated with justice and fairness present greater levels of trust, independently of whether it might be of disadvantage to them". Ähnlich merken auch Dirks & Ferrin (2002: 614) an: „Trust is ... frequently associated with the perceived fairness of leadership actions".
Dirks & Ferrin (2002) konkretisieren dabei die vertrauensrelevante Fairness sowohl als distributive als auch als prozedurale Gerechtigkeit. Für sie fungieren beide Standardaspekte der Theorie der Gerechtigkeit, die gerechte Verteilung und die gerechte Vorgehensweise, als Vertrauensbedingung − wie auch für eine Reihe weiterer Autoren (Alexander & Ruderman 1987, Brockner & Siegel 1995, Folger & Konovsky 1989, Kumar 1996, Pillai et al. 1999). Dabei betrifft die distributive Gerechtigkeit sehr deutlich den Vertrauensfaktor *'Anerkennung und Belohnungen fair verteilen'* und die prozedurale Gerechtigkeit den Vertrauensfaktor *'Anständig / korrekt handeln'*. Doch betrachten wir die Fairplay-Faktoren der Reihe nach.

Relativ selten wird *'Ziele / Einschätzungen offenlegen'* konkret als eigene Vertrauensbedingung genannt. Thomas (2005e) spricht von "Transparenz in Bezug auf die Begründung des eigenen Verhaltens" und auch von "Entscheidungs-, Handlungs- und Begründungstransparenz" (womit er sich allerdings auch auf den Aspekt *'In Entscheidungen einbeziehen'* beziehen könnte, vgl. 3.3.3.5). Viel häufiger beschränkt sich die Literatur auf die Nennung relativ abstrakter Vertrauensbedingungen: Genannt wird zum einen das Konstrukt der Absichten („motives"), welches Gabarro (1987) definiert als „what one perceives as the other's intentions" bzw. auch „agenda". Zum anderen wird häufig das Konstrukt der Offenheit („openness") angeführt, welches ich unten im Abschnitt zur Mehrdeutigkeit abstrakter Vertrauensbedingungen diskutiere (3.7). *'Ziele / Einschätzungen offenlegen'* ist natürlich ein Aspekt von Offenheit – nur hat Offenheit eben auch eine ganze Reihe anderer Bedeutungen, die in anderem Zusammenhang eine Rolle als Vertrauensfaktor spielen.

Ähnliches gilt für den Vertrauensfaktor *'Nichts vortäuschen'*, welcher in den Darstellungen der für diese Arbeit interviewten Manager eine gewichtige Rolle spielt. Die definitorischen Aspekte dieses Vertrauensfaktors (vgl. 3.3.4.2) verbergen sich in der Literatur hinter den abstrakten und mehrdeutigen Konstrukten 'Ehrlichkeit', 'Integrität' oder 'Konsistenz' (vgl. dazu meine Diskussion der unterschiedlichen Bedeutungen von Ehrlichkeit in 3.7 sowie die Präzisierung unterschiedlicher vertrauensrelevanter Arten von Konsistenz im Handeln in Tab. 3.13 in 3.3.4.2).

Auch der Vertrauensfaktor *'Die Zusammenarbeit ernst nehmen'* hat natürlich mit der abstrakten Vertrauensbedingung „motives" zu tun, und Gabarro (1978) nennt in diesem Zusammenhang auch „commitment" und "posture", also das Engagement bzw. die Haltung oder Einstellung (gegenüber der gemeinsamen Arbeit). Camp et al. (2002) und Camp & Vertinsky (2003) nennen mit „sincere willingness to cooperate" relativ genau diesen Vertrauensfaktor, verstehen das aber wiederum als Teilaspekt des "Benevolence"-Konstrukts.

Eine deutliche Rolle in der Literatur zu Vertrauensbedingungen, insbesondere in Studien zur Frage von Vertrauen in Vorgesetzte, spielt der Vertrauensfaktor *'Anerkennung und Belohnungen fair verteilen'*, welcher das Gerechtigkeitskonzept der 'distributiven' Gerechtigkeit widerspiegelt. Ferrin & Dirks (2003) untersuchen distributive Gerechtigkeit im Zusammenhang mit der Vertrauenswirkung unterschiedlicher Vergütungssysteme („compensation systems") und Mayer & Davis (1999: 123) berichten, „the implementation of a more acceptable performance appraisal system increased trust for top management". Zur Erklärung der Vertrauensentwicklung durch wahrgenommene distributive Gerechtigkeit ziehen einige Autoren (wie Das & Teng 1998) die Equity-Theorie heran, andere auch (wie Menzies & deCieri 2003) die Theorie sozialer Austauschbeziehungen. Die Equity-Theorie (Adams 1965) versucht das Gerechtigkeitsempfinden in sozialen Beziehungen anhand der wahrgenommenen Fairness der Ressourcenverteilung in Bezug auf den geleisteten Ressourcen-Input zu erklären – beispielsweise in Bezug auf das Gerechtigkeitsempfindens von Mitarbeitern (Carrell & Dittrich 1978). Auch die Theorie sozialer Austauschbeziehungen (Blau 1964, Cook 1987) betont die Erwartung distributiver Gerechtigkeit in sozialen Beziehungen, bezieht sich dabei allerdings stärker auf die Erfüllung sozialer Verpflichtungen.

In verschiedenen Beiträgen werden in der Literatur Aspekte als Vertrauensbedingung genannt, die ich mit dem Vertrauensfaktor *'Anständig / korrekt handeln'* fasse. Ring & Ven (1994) nennen „moral integrity", Whitener et al. (1998) „moral character" und Mayer & Davies (1999) „perceived accuracy". Mishra (1996: 268) beschreibt die Vertrauensbedingung, dass „one party believes that it will not be taken unfair advantage of by another" bzw. „that the party will not be opportunistic" und verweist auf McGregor (1967) und Bromiley & Cummings (1993). Pettit (1995) verweist mit „a desire for the good opinion of others" auf den Aspekt des Ehrgefühls. Der Vertrauensfaktor *'Anständig / korrekt handeln'* fasst auch den von einigen Autoren als Vertrauensbedingung betonten Aspekt der prozeduralen Gerechtigkeit (Korsgaard et al. 1995, Pillai et al. 1999).

3.3.5 Kooperatives Verhalten

Arbeitsteilig zusammenzuarbeiten bedeutet in einem gewissen Sinn natürlich prinzipiell, dass man kooperiert bzw. sich gegenseitig unterstützt – indem jeder seinen Teil zur Realisierung der Arbeitsaufgaben beiträgt. Dabei kann man natürlich seinen Teil auch einfach nach dem Muster 'Dienst nach Vorschrift' erledigen. Alternativ kann man aber immer auch 'ein bisschen mehr' tun als zur Realisierung der Arbeitsaufgaben im strengen Sinn erforderlich wäre. Man kann sich mehr oder weniger stark gegenseitig unterstützen bzw. man kann ein mehr oder weniger kooperatives Verhalten an den Tag legen. Man kann beispielsweise auch dem anderen gemäß seinen Wünschen entgegenkommen oder auf seine Anliegen besonders schnell reagieren. Man kann ihm bei seinem Teil der Arbeit unter die Arme greifen, ihm gezielt beim Erreichen seiner Ziele helfen, oder für ihn gegenüber Dritten Partei ergreifen (vgl. Tab. 3.14).

Dies alles sind für die interviewten Manager Vertrauensfaktoren, weil man an ihnen ablesen kann, inwiefern der andere sich in seinem Handeln (auch) an Bedürfnissen orientiert, die *für sie* konkret aus ihrer Arbeitsaufgabe heraus entstehen. Er handelt hier nicht direkt *für sich* und seine unmittelbaren Ziele, sondern macht sich auch ihre unmittelbaren Ziele zu Eigen. Darin zeigt sich – neben den im letzten Handlungsfeld diskutierten Fairplay-Regeln – ein alternatives Zeichen dafür, dass der andere Vertrauen nicht ausnutzen wird. Denn das Vertrauensrisiko besteht schließlich darin, dass der andere sich in der Vertrauenssituation allein an seinen Zielen orientiert – und damit für mich die Gefahr besteht, dass er zu meinem Nachteil handelt.

Tab. 3.14: Handlungsfeld-10: <Kooperatives Verhalten>

Leitfrage: Inwiefern unterstützt mich der andere bei gemeinsamen Aufgaben oder gegenüber Dritten?	
1. Entgegenkommen / disponibel sein	Kommt er mir entgegen? Ist er für mich erreichbar?
2. Schnell reagieren bei Anfragen / Bitten	Reagiert er schnell, wenn ich mich an ihn wende?
3. Helfen / Rat geben	Hilft er mir? Gibt er mir gute Ratschläge?
4. Sich loyal verhalten	Verhält er sich (Dritten gegenüber) loyal zu mir?

3.3.5.1 Entgegenkommen/disponibel sein (VF-10.1)

(V+) Es spricht aus Sicht der interviewten Manager dafür, einem Kollegen oder Geschäftspartner zu vertrauen, wenn dieser für sie erreichbar ist, sich Zeit für sie nimmt und ihnen gegenüber kulant ist bzw. ihnen entgegen kommt.

Dass der andere disponibel ist und sich für mich Zeit nimmt, bedeutet zum einen, dass er überhaupt für mich kontaktierbar ist und dass er auch kurzfristig für mich da ist. Bsp.: „Il est toujours joignable. C'est assez agréable. Ou s'il n'est pas joignable, on peut lui envoyer un mail et il répond" [FD-24]. Er ist insbesondere offen für meine Fragen und ich kann mich jederzeit mit Problemen an ihn wenden. Er ist für mich da und hat ein offenes Ohr. Bsp.: „Er hat zu mir gesagt: Wenn du ein Problem hast, dann kommst du zu mir. Nicht mit jeder Kleinigkeit, aber mit wichtigen Fragen. Dann bin ich für dich da" [DD-05]. Einige Interviewpartner verweisen auch auf den Aspekt, dass der andere sich, wenn sie sich an ihn wenden, für sie bzw. für ihre Fragen und Probleme *Zeit nimmt*.

Neben der Disponibilität, also dem 'zeitlichen Entgegenkommen', geht es auch um ein Entgegenkommen in anderen Bereichen: Der andere kommt mir bei der gegenseitigen Lastenverteilung entgegen, er kommt mir in der Sache entgegen, er geht auf meine Bedürfnisse ein.
Ein wichtiger Punkt ist hierbei, inwieweit der andere in seinem Verhalten *Kulanz zeigt*: Macht er Abstriche bei seinen Ansprüchen? Ist er großzügig im Umgang mit Fehlern meinerseits? Lässt er auch mal was durchgehen? Bsp.: „Wir haben auch immer wieder Terminverzüge drin gehabt. ... Das hat er nie irgendwo reklamiert. Das hat immer gepasst" [DD-14]. Oder: „Ich habe für diesen Kollegen etwas gemacht. Und da gab es dann mal einige Punkte, Fristen, die ich übersehen hatte. Und er hätte da eigentlich Regress nehmen können. Und er hat davon Abstand genommen" [DD-20].

(V-) Als Vertrauenswarnung berichten einige Interviewpartner, dass der andere erstens nicht disponibel, nicht für sie erreichbar ist bzw. sich keine Zeit für sie nimmt. Bsp.: „Und dann war er teilweise nicht zu erreichen. Oder er hat nicht zurückgerufen" [DD-09]. Oder: „... dass im Grunde genommen von meinem Gesprächspartner an der Stelle gesagt wurde: Da habe ich jetzt keine Zeit zu. Das mache ich jetzt nicht." [DD-04].
Zweitens beschreiben sie, dass er nicht kulant bzw. nicht entgegenkommend ist und nicht auf ihre Bedürfnisse eingeht. Bsp.: „Und er hat bei jedem technischen Problem dann Nachforderungen an uns gestellt" [DF-22].

(Vm) Als entsprechende Vertrauensmaßnahme kann man sich bemühen, für den anderen disponibel bzw. (jederzeit) erreichbar zu sein. Bsp.: „Je lui donne par exemple un numéro de téléphone parce que s'il a besoin de me joindre, il peut me joindre là" [FD-18].
Das gilt insbesondere wenn er Fragen oder Probleme hat. Bsp.: „indem ich, den Leuten anbiete, zu mir zu kommen, wenn irgendwas schief läuft" [DF-23]. Oder: „dass man denen halt anbietet: okay, und wenn es irgendwelche Fragen gibt, man ist jederzeit da" [DF-16].
Dann geht es darum, sich für den anderen Zeit zu nehmen, ihm zuhören, auf seine Fragen oder Probleme einzugehen und sie ernst zu nehmen. Bsp.: „Man muss als Ansprechpartner zur Verfügung stehen und sein Problem ernst nehmen" [DF-19]. Oder: „Si elle vient me voir pour parler, pour exposer ses difficultés, ses problèmes. Je vais être à l'écoute" [FF-15].
Neben der Disponibilität gib es weitere Varianten, dem anderen entgegenzukommen oder auf seine Bedürfnisse einzugehen. Bsp.: „Wenn er mir ein Signal gibt [muss ich darauf eingehen]. Seine Rückmeldung war, dass er beruflich sehr viel unterwegs ist, und ob wir den Termin nicht auch telefonisch machen könnten. Ich habe also gesehen, dass er Zeitnot hat. Ich habe dann ... gefragt, ob wir einen Telefontermin auszumachen sollen" [DD-06].

3.3.5.2 Schnell reagieren bei Anfragen/Bitten (VF-10.2)

(V+) Wenn ich den anderen kontaktiere und eine Anfrage oder eine Bitte etc. an ihn richte, dann kann es nach den Berichten der interviewten Manager ein Vertrauensgrund sein, dass der andere sofort bzw. sehr schnell reagiert – und zwar von sich aus, ohne dass ich noch einmal nachhaken muss. Bsp.: „Beispielsweise hat er gesagt: Ach, Sie wollen mit dem und dem sprechen. Ich mache Ihnen einen Kontakt. – Und einen Tag später hatte ich ein Email: Ich hab Herrn Sowieso angerufen, er freut sich auf Ihren Anruf" [DF-05]. Oder: „Quand je lui demande de faire quelque chose, elle le fait. Et puis, c'est fait tout de suite" [FF-15].

(V-) Umgekehrt kann es eine Vertrauenswarnung sein, dass der andere auf Anfragen oder Bitten etc. nicht oder nur sehr träge bzw. sehr spät reagiert. Wenn ich etwas von ihm will, dauert es immer ein bisschen länger – und ich muss quasi 'Extra-Zeit' mit einkalkulieren. Oder ich warte, und es passiert einfach nichts. Er reagiert gar nicht. Keine Antwort. Er lässt

3.3 Beziehungsbezogene Vertrauensfaktoren

es liegen. Er verschlampt es. Er sitzt es aus. Er vergisst es. Bsp.: „Wenn dann einer toter Mann macht, also sich nicht meldet" [DD-10].

In vielen der Berichte geht es darum, dass der andere es dann zwar irgendwann doch tut, es aber zunächst verschleppt oder aufgeschoben hatte. Der Interviewpartner musste daher (mehrfach) nachhaken bzw. auf französisch 'relancer', sonst hätte es seinem Eindruck nach noch länger gedauert. Bsp.: „Wenn ich Informationen angefordert habe, dass dann einfach zum Beispiel Emails nicht beantwortet wurden. Tagelang unbeantwortet. Und dann musste ich eigentlich ständig hinterher haken, und dann erst, wenn es wirklich dringend wurde und ich wirklich, sage ich mal, einen schärferen Ton auch angeschlagen habe, dann erst kam eine Antwort" [DF-18]. Oder: „Da habe ich eine schlechte Erfahrung: [Dieser Kollege] sagt: 'Ach, das leite ich Ihnen noch zu.' Und dann müssen Sie nach zwei Wochen darum betteln, oder daran erinnern" [DF-05].

(Vm) Entsprechend versuchen die interviewten Manager, einem Kollegen oder Geschäftspartner ihre eigene Vertrauenswürdigkeit dadurch zu signalisieren, dass sie sich bemühen, auf seine Bitten oder Anfragen sofort oder sehr schnell zu reagieren. Zudem versuchen sie, der jeweiligen Bitte oder Anfrage in jedem Fall von sich aus nachzukommen, so dass der andere nicht noch einmal von seiner Seite aus nachhaken muss. Bsp.: „möglichst reaktiv sein" [DF-09]; „être réactif [FF-04]; „ne pas traiter des dossiers avec retard" [FD-05].

3.3.5.3 Helfen/Rat geben (VF-10.3)

(V+) Es spricht aus Sicht der interviewten Manager dafür, einem Kollegen oder Geschäftspartner zu vertrauen, wenn dieser ihnen aktiv beim Erreichen von Zielen oder beim Bewältigen von Problemen hilft oder ihnen Ratschläge gibt. Der andere hilft mir aktiv und tatkräftig. Er greift mir unter die Arme. Er steht mir zur Seite. Er tut etwas für mich. Bsp.: „Gerade in solchen Terminsituationen hat er mir dann auch mal geholfen. Beispielsweise sagte er: 'Ich komme am Samstag rein helfe euch' – also in meinem Team" [DD-05]. Ein häufiger betonter Aspekt ist, dass der andere mir hilft, auf meinem Karriereweg weiterzukommen. Beispielsweise schlägt mich für eine Stelle vor oder er protegiert mich bzw. fördert mich. Bsp.: „Dieser Mitarbeiter hat offensichtlich dann vorgeschlagen, dass ich das machen könnte. Und ich habe dann anschließend diese Stelle übernommen" [DD-01]. Ein besonderer Fall, in dem Hilfe nötig ist, und in dem sich zeigt, ob mir der andere hilft, ist der Notfall, die unvorhergesehene Situation. Hilft mir der andere, wenn ich ihn wirklich brauche? Ist er im Notfall da und unterstützt mich? Hilft er mir kurzfristig, wenn ich einmal überraschenderweise in eine schwierige Lage gerate? Bsp.: „Dass sie mich unterstützt, wenn ich ihre Unterstützung brauche" [DD-08]. Vgl. Fallbeispiele-100/101. – Dies ist übrigens auch einer der Aspekte von Verlässlichkeit bzw. Zuverlässigkeit, vgl. die Übersicht in 3.7.

Fallbeispiele-100/101: Helfen, wenn Hilfe nötig ist

> Wenn ich zum Beispiel weiß: „Okay, bei mir steht das Wasser jetzt wirklich gerade Unterkante Oberlippe! **Bei mir ist jetzt wirklich Schicht im Schacht! Ich habe zu viel zu tun, ich komme nicht rum.**" Und wenn der Kollege dann vielleicht auch freiwillig mit einspringt und sagt: „Du, pass mal auf, ich kann dir da noch ein bisschen unter die Arme greifen." ... Also ich hatte einen Fall, da war es in der Beratung. [Da hatte ich, weil eine Kollegin im Urlaub war, zwei Bereiche gleichzeitig zu verantworten] und musste dann entsprechenden Umsatz auch generieren. Das war also tödlich. Da war ich wirklich 12 Stunden in der Bank und konnte danach dann eigentlich erst anfangen zu arbeiten. **Und dann war es so, dass eine Kollegin dann wirklich stark mitgezogen hat.** ... **Sie hat mitgezogen, hat mich wirklich stark unterstützt, und hat mir auch richtig Arbeit abgenommen. Das war brutal.** Alleine hätte ich es nicht geschafft. Mit ihr war das super. **Und das hätte sie nicht machen müssen.** Weil sie stand vorher auch gut da. Sie hatte in dem Sinne nichts zu verantworten, das lag alles an mir. [DD-09]

> Il m'a aidé dans le passé. J'avais un besoin ici sur le site : un remplacement d'une personne qui partait. Et, en fait, il m'a aidé. Il m'a proposé, donc, sur ce poste là, une personne qui était dans ses équipes. Alors, **il m'a aidé largement**. ... Il m'a vraiment aidé. ... Il a vu notre situation, il a vu qu'on avait un besoin et un problème, et voilà, il

> m'a aidé. ... Je l'ai mis au courant de la situation, et **c'est lui qui, spontanément, m'a proposé cette personne.** Et donc, je l'ai appelée et puis voilà. **Ce n'est pas moi qui ai demandé, je lui ai exposé le problème et il m'a apporté une solution.** ... **C'est assez remarquable. Cela lui a fait perdre une personne de son équipe,** parce que lui, derrière, a dû réembaucher une autre personne. C'est assez remarquable. Parce que quelquepart, moi, j'avais un problème, et lui s'est créé, dans son équipe, ce même problème. [FD-13]

Eine weitere Form der Hilfe, die sich in den Darstellungen vertrauensfördernden Handelns findet, ist der gute Ratschlag: Ein Vertrauensgrund kann sein, dass mich der andere gut berät bzw. mir gute Ratschläge gibt. Bsp.: „[Der hat mir geholfen. Er sagte mir:] Da gibt es die neuste Entscheidung: Schau mal da und da in die Zeitschrift, da gibt es eine Rechtssprechung. Oder: 'Ich habe das so und so gemacht. Eigentlich muss das so und so gemacht werden" [DD-20].

(V-) Eine Vertrauenswarnung kann sein, dass mir der andere nicht hilft – in Bezug auf die beruflichen Aufgaben oder beim Erreichen von Zielen. Anstatt mich beispielsweise zu unterstützen und mir Arbeit abzunehmen, lädt er im Gegenteil Arbeit auf mich ab. Oder er schlägt eine Bitte um Hilfe aus, die ihn nicht viel gekostet aber mich sehr weitergebracht hätte. Bsp.: „Parfois il nous demande de travailler sur des sujets, alors que moi j'estime que c'est à lui de le faire. Il se décharge sur nous, que ce soit moi ou mes collègues du même niveau. ... Il se décharger des certaines choses, parce que il a pas envie de les faire, ou qu'il a pas le temps, je sais rien, et c'est à nous de le faire. ... Il nous fait travailler là dessus, mais nous on a autre chose à faire. C'est son boulot, on a pas que ça à faire, on a aussi nos tâches quotidiennes" [FF-06].
Dass einem die Hilfe versagt wird, spürt man natürlich dann besonders deutlich, wenn man sie gerade sehr dringend benötigt. Die interviewten Manager berichten als deutliche Vertrauenswarnung, dass der andere sie hängen ließ, dass er ihnen nicht half, obwohl sie es nötig gehabt hätten und obwohl er es hätte tun können – und sie es eigentlich von ihm erwartet hätten.

Fallbeispiel-102: Anstatt zu helfen, als der Projektstress überhand nahm, machte er Vorwürfe

> Je lui ai dit, par exemple, qu'on avait une charge de travail, dans mon équipe, à l'heure actuelle, qui était trop importante. Et **plutôt que de m'aider** à voir comment on pouvait, soit en renforçant l'équipe, soit en voyant comment on pouvait faire pour faire en sorte de diminuer cette charge de travail, **il se retourne vers moi en disant :** « **C'est de ta faute.** » Donc dans ces cas-là, on perd confiance parce que : C'est vrai qu'un manager est effectivement quelqu'un qui, à certains moments, doit nous indiquer quand on fait des choses que l'on fait mal, ce qui est normal. Mais **un manager c'est aussi une personne qui doit venir nous soutenir quand on demande à avoir un peu d'aide de sa part, quand on est dans une situation qu'on arrive pas à maîtriser complètement.** Et d'autant plus, parce qu'on ne maîtrisait pas la situation parce que ce responsable lui-même venait nous amener des contraintes de plus en plus importantes, et qui génèrent ces problèmes. [FF-09]

(Vm) Viele der interviewten Manager beschreiben die Vertrauensmaßnahme, dem anderen zu helfen. Bsp.: „Donc, j'ai tout fait pour les aider, et j'ai toujours pensé à les aider" [FF-10]. Man kann dem anderen in Bezug auf die beruflichen Aufgaben helfen. Bsp.: „Wenn er einen Termin nicht einhalten kann, dann muss ich ihm helfen. Dann helfe ich ihm. Oder ordne ihm einen anderen Mitarbeiter zu, der ihm hilft. ... Und das merkt er dann auch, dass er nicht allein gelassen wird" [DD-05].
Man kann ihm auch bei seinem beruflichen Weiterkommen helfen. Bsp.: „dann vielleicht auch mal eine Hilfe anbieten in einer Form, wo man sagt: [Wir machen] ein Programm mit euch: Ausbildung, Fortbildung! – Also eine Perspektive bieten. Das habe ich immer auch versucht" [DD-05].
Man kann dem anderen schließlich auch, sofern nötig, auch privat helfen. Bsp.: „Auch mal privat: Das gibt es mal. Die Leute haben manchmal privat ein dickes Problem. Dass man auch, wenn man das erfährt und sich dann einmischen darf... Da fragt man eben. Dann hilft

3.3 Beziehungsbezogene Vertrauensfaktoren

man auch mal. Einer, der wollte ein Haus bauen .... Dass die Firma ihm ein Darlehen gibt, günstige Konditionen. Geht alles. Setzt man sich dafür ein" [DD-05].
Bei den Vertrauensfaktoren geht es letztlich um Möglichkeiten, das zukünftige Handeln eines Kollegen oder Geschäftspartners einschätzen zu können. Dazu braucht es häufig nicht einmal ein konkretes Handeln, sondern lediglich die offen erkennbare Bereitschaft zu einem solchen Handeln – so auch beim Helfen: Die interviewten Manager beschreiben auch allein das Anbieten von Hilfe als Vertrauensmaßnahme. Bsp.: „Ich habe ihnen auch Hilfe angeboten: 'Sie können mal kommen. Wir wollen ja auch Arbeitspartner haben. Wenn sie mal bestimmte Systeme anbieten, [können sie kommen und schauen] wie wir das machen.' ... Das war natürlich auch so ein Teil der vertrauensbildenden Maßnahme: ... Hilfe anbieten" [DD-05]. Oder: „Das man vielleicht auch manchmal sieht: Der andere hat im Moment ein Problem. Und dass man dann fragt: 'Kann ich vielleicht dir was helfen oder so?' Das ist manchmal nur so eine so eine Frage, die man stellt" [DF-15].
Eine besondere Variante des Helfens besteht darin, im Notfall für den anderen da zu sein. Man lässt den anderen nicht hängen, sondern unterstützt ihn in besonderen Situationen bzw. bei besonderen Anforderungen. Bsp.: „wenn sie zu mir kommt und mich auch wirklich bittet um Hilfe bittet, dass ich ihr dann auch helfe" [DF-15]. Oder: „wirklich dann, wenn er wenn er ein Problem hat, ihn tatkräftig zu unterstützen – am besten eine Lösung zu finden" [DF-19]. Oder: „le soutenir quand il en a besoin" [FF-17].
Und schließlich wird auch als Vertrauensmaßnahme beschrieben, dem anderen mit gutem Rat oder Tipps zu weiterzuhelfen. Bsp.: „ganz konkret auf die momentanen Probleme eingehen, die die Kollegen gerade bewegen. ... Ich versuche mich da hinein zu denken in die technischen Probleme oder in die Managementprobleme, die sie gerade mit ihrem Projekt haben und versuche dann aus meiner Erfahrung heraus den einen oder anderen Tipp zu geben. Also das ist jetzt mit den Mitarbeitern in den verschiedenen Abteilungen, die ich da habe" [DF-11]. Oder: „J'essaie de, si vous voulez, de lui apporter mes conseils" [FD-21].

3.3.5.4 Sich loyal verhalten (VF-10.4)

(V+) Die interviewten Manager beschreiben loyales Verhalten als Vertrauensgrund: Der andere ist für mich und nicht gegen mich – und zeigt das auch gegenüber Dritten.
Das bedeutet zum einen, dass der andere grundsätzlich meine Rolle, Position oder Sichtweise akzeptiert und vertritt. Er hält zu mir. Er stellt sich hinter mich, anstatt gegen mich zu operieren. Bsp.: „Ich hatte unheimlich das Gefühl, er steht hinter mir" [DD-05]. Oder: „Er hat meine Rolle hundertprozentig akzeptiert" [DD-01]. Oder: „Und man konnte uns auch nicht gegeneinander ausspielen, was ja im Unternehmen auch immer ganz wichtig ist. ... Also wir haben im Grunde bei diesen Schwierigkeiten immer zusammen gehalten" [DD-08].
Loyales Verhalten umfasst darüber hinaus insbesondere, dass mich der andere *im Konfliktfall gegenüber Dritten* unterstützt. Im Konflikt mit Dritten hält er zu mir. Er lässt mich (mit meiner Position) nicht allein, sondern er hält zu mir bzw. ergreift für mich Partei. Er vertritt meine Position gegenüber Dritten bzw. stellt sie nicht vor Dritten in Frage. Bsp.: „Sie hat meine Arbeit gegenüber anderen Abteilungen intern in Schutz genommen. ... Man hat sich gegenseitig quasi auch gegen andere unterstützt" [DF-18]. Oder: „Er hat mich als seinen Chef in Schutz genommen. Er hat [ihnen] gesagt, dass mein Ansatz, hier zu kritisieren, ja grundsätzlich richtig sei, dass ich aber gleichzeitig mit Sicherheit nicht um ihre schwierige Personalsituation – Leute krank usw. – gewusst hätte. Also hat er nach außen das, was ich geschrieben habe, vertreten" [DD-06]. Oder: „Je sais que, par exemple, vis-à-vis de nos relations avec les autres services, je sais qu'il prend toujours ma défense" [FF-08].

Fallbeispiel-103: Rückendeckung im 'Comité de Direction'
> Je me suis à plusieurs reprises senti soutenu par ce collègue qui prenait position en ma faveur. ... Ça ne s'est pas passé qu'une seule fois, mais à plusieurs reprises, et puis ça continue encore aujourd'hui. C'était dans ce qu'on appelle, nous, nos « comités de direction ». On est avec notre chef commun, et on doit discuter de différents dossiers qui sont partagés au sein du centre de compétences, de notre organisation. Et sur certains dossiers, ce collègue a pris position pour défendre, aussi, ce que je disais, en confirmant ce que j'avais avancé, devant mon supérieur hiérarchique, dans la réunion en groupe. [FF-17]

Schließlich kann mich der andere auch gegenüber Dritten unterstützen, indem er Initiativen zu meinem Vorteil unternimmt. Er setzt sich für mich ein – beispielsweise bei der eigenen Hierarchie, bei einem gemeinsamen Auftraggeber oder bei der Geschäftsführung eines Kunden. Bsp.: „Er hat dann diese Lösung bei seinem Management auch durchgeboxt" [DF-22]. „Und das Geschäft, was wir unbedingt haben wollten, ... hat er in seinem Haus durchgefochten, dass wir das bekommen, zusammen mit anderen. Er hätte genauso gut leicht sagen können: „Tut mir leid, zu spät." ... Er hat dafür gesorgt, dass wir unsere Chance bekommen haben" [DF-05].

(V-) Umgekehrt beschreiben es die interviewten Manager als Vertrauenswarnung, dass der andere sich nicht loyal verhält. Das bedeutet zum einen, dass der andere sich nicht hinter mich bzw. hinter meine Rolle, Position oder Sichtweise stellt, sondern diese (ggf. hinter meinen Rücken) in Frage stellt (vgl. Fallbeispiel-104) bzw. dass der andere gegen mich operiert oder sogar direkt versucht, mir zu schaden. Bsp.: „Sie hat das in einem völlig verdrehten Kontext dargestellt, so dass ich mich letzten Endes rechtfertigen musste. Ich musste mich vor der Hierarchie rechtfertigen – was nicht immer ganz einfach ist, wenn man unvorbereitet mit so einem Vorwurf konfrontiert wird" [DD-17]. Oder: „Es haben mir andere Mitarbeiter aus meiner Gruppe, die ich schon länger kenne, nach meinem Urlaub erzählt: Du, der fängt an, an deinem Stuhl zu sägen. Der macht dich dann schlecht" [DD-23].

Fallbeispiel-104: Er hat sich nicht hinter meinen Vorschlag gestellt
> Einmal ging es mit einem Chef um eine Personalangelegenheit, die mich nicht betroffen hat. Ich habe diesem Chef einen Vorschlag gemacht, wie man das lösen könnte. Und **er hat gesagt: Ja, das sei ein Vorschlag. Er trage das weiter. Er sage aber, dass der Vorschlag von mir ist.** Und in dem Moment da habe ich dann so ein bisschen aufgehorcht. ... Weil das so ungewöhnlich war, dass er das so bewusst gesagt hat: „...er sage aber, dass der Vorschlag von mir ist". **Da hatte ich so das Gefühl: Er steht nicht hinter dem Vorschlag.** Das war eine unpopuläre Maßnahme. Eine Personalangelegenheit ist immer delikat. So etwas zu lösen ist auch schwierig. Und er hätte sich offensichtlich selbst unwohl gefühlt, so eine Maßnahme überhaupt vorzuschlagen. Ihm wäre es lieber gewesen, wenn man das Thema ausgesessen hätte. Und er ist dann zum nächsten Vorgesetzten gegangen und hat diesen Vorschlag unterbreitet, mit dem Hinweis, dass der Vorschlag von mir ist. Und da hatte ich damals **dann gedacht: 'Na ja, das wäre jetzt für mich schöner gewesen, wenn er gesagt hätte: Ja, okay, er steht da auch dahinter.'** [DD-24]

Zum anderen kann sich die Vertrauenswarnung des illoyalen Verhaltens darin ausdrücken, dass der andere im Konfliktfall mit Dritten nicht zu mir hält. Im Konflikt mit Dritten unterstützt er mich nicht, sondern ergreift Partei gegen mich. Bsp.: „Vor längerer Zeit hatte ich [mir] Chancen ausgerechnet, irgendwo noch eine Stufe weiter zu kommen auf der Karriereleiter. Und da dachte ich eigentlich, bestimmte Vertreter in dem Direktorenkreis würden für mich stimmen. Haben sie nicht getan. Und ich habe das nicht gewusst, warum das passiert ist. Ich habe es halt mittlerweile erfahren, warum das passierte. Da war ich erstaunt über ein, zwei Personen, die da nicht für mich gestimmt haben, wo ich eigentlich immer gedacht habe, die wären für mich. Aber es war nicht so" [DD-05].

(Vm) Die entsprechende Vertrauensmaßnahme besteht darin, sich dem anderen gegenüber loyal zu verhalten. Dies umfasst zum einen, dass man die Rolle, Position oder Sichtweise des anderen akzeptiert und auch vertritt, sie also nicht (vor Dritten) in Frage stellt. Man macht sich die Sichtweise des anderen zu eigen. Bsp.: „Cette personne a un certain nombre d'objectifs professionnels – pour obtenir des affaires, pour développer son activité, pour obtenir des contrats. Donc, moi, je l'ai aidé dans ce sens-là, je n'ai pas du tout essayé de le contrer. Donc, ça lui a permis de développer aussi son activité" [FD-15].

Zum anderen geht es darum, dass man im Konflikt mit Dritten nicht gegen den anderen Partei ergreift, sondern zu ihm hält und ihn aktiv unterstützt. Bsp.: „[C'est prendre] la défense de quelqu'un qui subit un revers professionnel. On prend [position], parle à la hiérarchie en essayant de mettre en avant l'injustice avec laquelle le collaborateur est traité. ... C'est s'engager pour quelqu'un. ... On essaie d'éclairer la vue d'un responsable qui lui n'a pas compris que le collaborateur avait certains bons aspects et bons cotés" [FD-10].

Fallbeispiel-105: Er stand in einem Konfliktfeld – und ich wurde von anderen Seiten angesprochen...
In dieser Konstellation war es sehr wichtig, dass ich loyal war. Loyalität in Sinne von [dass er gemerkt hat]: 'Der agiert nicht gegen mich.' Das heißt, ich bin relativ offen umgegangen mit Konflikten, die da im Raum gestanden haben, habe Dinge auch ausgesprochen. **Er stand in einem Konfliktfeld. Er hat gesehen, dass ich von anderen Seiten angesprochen werde, um gegen ihn zu operieren. Und da hat er gemerkt, dass ich da ziemlich immun war, dass ich ihm gegenüber loyal war.** [Ein Beispiel:] Sein Chef hat plötzlich mit mir einen Termin gemacht. Dabei war relativ offensichtlich, dass das, was er mit mir vorhatte, mehr oder weniger gegen meinen Chef gesprochen hätte. Und da habe ich sehr direkt und sehr schnell und sehr deutlich zu meinem Chef gesagt: ‚Mensch, ich habe übrigens einen Termin mit .... Der will was von mir. Was ist denn da der Hintergrund? Haben Sie irgendetwas gehört? Worum könnte es denn da gehen?' [DD-02]

3.3.5.5 Diskussion

Dass es die Vertrauensentwicklung fördert, wenn man kooperiert bzw. sich gegenseitig unterstützt, wird in der Literatur durchaus gesehen. Bijlsma & Bunt 2003 nennen „supportive behaviour" als Vertrauensbedingung, und Thomas (2005e) nennt „kooperatives Verhalten". Der Aspekt der Verfügbarkeit für den anderen (Jennings 1971: „accessibility, availability", Butler 1991: „availability") betrifft die ersten drei Vertrauensfaktoren des Handlungsfelds (10.1, 10.2 und 10.3).

Es werden jedoch auch konkretere Vertrauensbedingungen genannt, die inhaltlich in Zusammenhang mit den einzelnen Vertrauensfaktoren des Handlungsfelds stehen. In Bezug auf den Vertrauensfaktor *'Entgegenkommen / disponibel sein'* nennt Butler (1991) „receptivity", Moranz (2004) „ständige Erreichbarkeit" und Thomas (2005e) die „Ansprechbarkeit für Ideen und Meinungen". Auf den Aspekt *'Schnell reagieren bei Anfragen / Bitten'* verweisen Rempel et al. (1985) als „responsive", Tsui (1994) als „mutual responsiveness" oder Moranz (2004) als „schnelles Beantworten von Anfragen". Ridings et al. (2002) nennen als Vertrauensbedingung in virtuellen Internetgemeinschaften „perceived responsiveness" bzw. „if others respond quickly". Auch *'Helfen / Rat geben'* findet sich als Vertrauensbedingung (Johnson-George & Swap 1982: 1308: "the other's help or assistance when needed"; Bijlsma & Bunt 2003: „Help and guidance in improving individual performance" bzw. „he or she supported them in matters important to them"). Der Aspekt der Loyalität ist ebenfalls eine Vertrauensbedingung, die in einer Reihe von Beiträgen genannt wird – beispielsweise als „loyalty" bei Jennings (1971) und Butler (1991). Bijlsma & Bunt (2003) nennen konkreter „support ... in resolving problems with others" bzw. „offering unconditional support [for someone]" bzw. „trying to cope with others who are 'no good' or uncooperative"). Einige Autoren sehen Loyalität in begrifflicher Nähe zu 'benevolence' (Camp et al. 2002) oder auch 'fairness' (Moranz 2004).

3.4 Interkulturelle Vertrauensfaktoren

Die Hälfte der 100 Interviews wurden mit international tätigen Managern über ihre Vertrauenserfahrungen in interkulturellen Arbeitskontexten geführt ('bi-kulturelle Interviews', vgl. 2.1.5 Teilgruppenbildung). Daher lieferte die Bestimmung der Vertrauensfaktoren im Management bereits ein erstes Ergebnis in Bezug auf die Frage, wie kulturelle Unterschiede

die Entwicklung von Vertrauen beeinflussen können: In der interkulturellen Zusammenarbeit gibt es typische 'interkulturelle Vertrauensfaktoren', welche in einem rein intra-kulturellen Arbeitskontext eher seltener bzw. nur eingeschränkt eine Rolle spielen.
Diese interkulturellen Vertrauensfaktoren spiegeln eine zweifache Herausforderung des Umgangs mit interkultureller Differenz, die sich für Manager in interkulturellen Arbeitskontexten stellt. Zum einen zeigt die Forschungsliteratur zum interkulturellen Management und zur interkulturellen Kommunikation (vgl. 1.2.2), dass in beruflichen Kontexten kulturelle Unterschiede zu Missverständnissen oder anderen Schwierigkeiten führen können. Manager, die in unterschiedlichen nationalen Kulturen und ihren jeweiligen Familienstrukturen, Ausbildungssystemen und Medienwelten aufwachsen, können tendenziell unterschiedliche Gewohnheiten, Einstellungen oder Werte entwickeln – beispielsweise im Hinblick auf ihr Hierarchieverständnis, Fragen der Führung oder Mitarbeitermotivation, den Kommunikationsstil oder ihr Zeitmanagement und ihre individuelle Arbeitsorganisation (vgl. 1.4.3). Folglich stellt sich für Manager in interkulturellen Arbeitskontexten die Herausforderung, einen Weg zu finden, wie sie mit solchen zwischen sich und Kollegen oder Partnern einer anderen Kultur bestehenden Unterschieden umgehen.
Zweitens zeigen die Alltagserfahrung, die Medien und auch die Forschung, dass Kulturen über einen gewissen Vorrat an vorgefertigten Bildern und Meinungen bezüglich anderer Kulturen verfügen. Daher ist man in der Lage, (scheinbar) typische Eigenschaften von Vertretern einer fremden Kultur zu beschreiben, auch ohne dass man selbst eigene Erfahrungen in der jeweiligen Kultur gemacht hat. Diese sogenannten Klischees, Stereotype, Vorurteile oder Fremdbilder zieht man auch dann heran, wenn man erste 'fremdkulturelle' Erfahrungen macht und versucht, diese zu beschreiben oder einzuordnen (Schlöder 1994; vgl. zu sozialen Stereotypen 1.4.2.4). Manager sehen sich in interkulturellen Arbeitskontexten daher auch mit der Herausforderung konfrontiert, einen Weg des Umgangs mit den bestehenden Stereotypen bzw. Fremdbildern entwickeln, die sie selbst bezüglich der Kultur ihres Kollegen oder Geschäftspartners kennen, und umgekehrt.
Auch wenn viele Manager in der interkulturellen Zusammenarbeit mit diesen beiden Herausforderungen nicht bewusst umgehen, kann doch ihr jeweiliger Partner beobachten, wie sie sich im Hinblick auf diese Fragen verhalten. Es bieten sich ihm hier entsprechende 'interkulturelle Vertrauensfaktoren'. Ich gruppiere diese interkulturellen Vertrauensfaktoren gemäß den zwei eben beschriebenen Herausforderungen in die zwei Handlungsfelder *Umgang mit kultureller Differenz* und *Verhalten in Bezug auf Stereotype*.

3.4.1 Umgang mit kultureller Differenz

Die Notwendigkeit für Manager in interkulturellen Arbeitskontexten, mit den faktisch zwischen ihnen und ihren Kollegen bzw. Geschäftspartnern bestehenden unterschiedlichen kulturellen Prägungen und Hintergründen umzugehen, schafft einen Spielraum für interkulturelle Vertrauensfaktoren. Dabei ließen sich aus den Interviews der bi-kulturellen Gruppen folgende acht Aspekte herausarbeiten, die ausschließlich oder tendenziell mit einem interkulturellen Arbeitskontext verknüpft sind (vgl. Tab. 3.15).

Tab. 3.15: Handlungsfeld-11: <Umgang mit kultureller Differenz>

Leitfrage: Wie geht der andere damit um, dass wir uns aufgrund unserer kulturellen Zugehörigkeit unterscheiden?	
1 Kulturelle Differenz akzeptieren	Erkennt und akzeptiert er kulturelle Unterschiede? Akzeptiert er, dass ich anders bin als er?

3.4 Interkulturelle Vertrauensfaktoren

2	Anpassungsbereitschaft zeigen	Ist er bereit, sich an meine kulturelle Andersartigkeit anzupassen? Passt er sich tatsächlich an?
3	Fremdsprache beherrschen / anwenden	Kann er meine Sprache gut sprechen? Spricht er mit mir in meiner Sprache?
4	Fremdkulturinteresse/-wissen zeigen	Zeigt er, dass er (zumindest grundlegende) Kenntnisse über meine Kultur hat? Zeigt er Interesse an meiner Kultur?
5	Kulturelle Tabus respektieren	Respektiert er Tabus meiner Kultur? Macht er keine Witze über meine Kultur (beispielsweise über Persönlichkeiten, historische Entwicklungen etc)?
6	Eigene Arbeitsweisen/-werte erläutern	Spricht er mit mir über seine eigenen Arbeitsweisen und -werte? Erklärt er mir seine präferierten Vorgehensweisen, seine Vorlieben und Maßstäbe?
7	Interkulturelle Unterstützung leisten	Hilft er mir bei Schwierigkeiten, die sich für mich im Zusammenhang mit seiner Kultur ergeben? Übersetzt er mir beispielsweise, wenn es wichtig ist?
8	Nationale Interessen zurückstellen	Ist er bereit, bei Konflikten nicht ausschließlich seine nationalen Interessen, sondern auch die Interessen meiner Nation zu berücksichtigen?

3.4.1.1 Kulturelle Differenz akzeptieren (VF-11.1)

(V+) Es liegt nicht unbedingt in der Natur des Menschen, Andersartigkeit zu akzeptieren oder sogar gut zu heißen (vgl. Reynolds et al. 1987, Rydgren 2004). Wenn ihr Kollege oder Partner hingegen kulturelle Differenz als solche erkennt und akzeptiert, werten dies die interviewten Manager der bi-kulturellen Gruppen als Vertrauensgrund. Dies kann auch einfach heißen, dass ihr Kollege oder Partner akzeptiert, dass sie anders sind als er. Bsp.: „[Es gab bei ihm eine] Akzeptanz, dass der andere ebenfalls seine Wahrheit und Ansicht der Dinge hat" [DF-23] Oder: „Et cette personne-là était capable de dire: Ok, il y a une autre façon de faire" [FD-25]. Oder: „On est rentré très vite dans une acceptation de la différence et dans un niveau de: 'Je t'explique comment je suis et comment je vois, et toi m'expliques, et on accepte qu'on est différent.' Ce n'est pas l'accusation mutuelle: Tu est mauvais parce que tu est différent" [FD-23].

(V-) Umgekehrt berichten es die interviewten Manager als Vertrauenswarnung, dass der andere ihre kulturelle Andersartigkeit nicht akzeptiert. Wie beim Vertrauensgrund auch geht es hier nicht speziell um nationalkulturelle Differenz, sondern um kultureller Differenz in einem viel weiteren Sinne, beispielsweise auch in Bezug auf geschlechtliche Orientierung oder Ausbildung (Fallbeispiel 106; vgl. 1.4.3.1 zum Kulturbegriff bzw. vgl. hierzu auch hierzu das Konzept der 'Diversität' / 'Diversity', Triandis et al. 1994 oder Plummer 2003).

Fallbeispiel-106: Mit Archivar-Studium kann man doch nicht im HR-Bereich arbeiten!

J'ai fait une école initialement pour être conservateur du patrimoine, pour être dans les archives, **les archives nationales**, et puis ça ne m'a pas plu, donc après j'ai fais des ressources humaines. J'ai fait un diplôme, mais entre temps, j'ai travaillé. Pour savoir, justement, quelle orientation j'allais prendre. ... Et donc j'avais trouvé ce poste par relation, puisque quand on a fait une école de conservation du patrimoine, pour bosser en entreprise, c'est pas évident. ... Donc j'ai travaillé comme assistante de formation. C'était mon premier poste, j'ai travaillé avec la responsable formation. ... Elle m'a dit : « **De toute façon vous n'êtes pas faite pour faire des ressources humaines** ». Elle avait décrété que j'étais pas faite pour les ressources humaines, et que je devais retourner dans mes archives et mes bibliothèques. Elle avait décidé. Voila. « De toute façon, vous n'êtes pas faites pour ça » [FF-06]

(Vm) Als Vertrauensmaßnahme berichten die Interviewpartner, dass sie auf mögliche kulturelle Unterschiede achten und diese als solche anerkennen und akzeptieren. Es ginge darum, den anderen in seiner kulturellen Andersartigkeit zu akzeptieren. Bsp.: „Je crois qu'il faut accepter la différence" [FD-10]. Oder: „Avec les personnes où je vois qu'on a moins d'intersections entre nos caractères, nos façons de voir, j'essaie de lui montrer que j'ai reconnu, que j'ai compris qu'il était différent de moi, et que c'était pas mauvais, et que je sais que ça va être plus difficile que si on était très semblable. Mais qu'on peut en parler s'il a envie" [FD-23].

3.4.1.2 Anpassungsbereitschaft zeigen (VF-11.2)

(V+) Bereits die bloße Akzeptanz kultureller Differenz kann ein Vertrauensgrund bzw. eine Vertrauenswarnung darstellen (Vertrauensfaktor *'Kulturelle Differenz akzeptieren'*). Darüber hinaus berichten es die interviewten Manager jedoch als Vertrauensgrund, dass der andere die Bereitschaft signalisiert, sich an sie bzw. an ihre kulturelle Andersartigkeit anzupassen – bzw. dass er genau dies auch tut. Bsp.: „Er hat auch gesagt hat: 'Ich weiß, dass meine Vorstellungen die französischen Vorstellungen sind. Die habe ich in meiner Umgebung gelernt. Das sind die Vorstellungen, die früher für mich wichtig waren, als ich noch nicht in einem bi-nationalen Team war. Ich weiß, dass ich meine persönlichen Vorstellungen anpassen muss, an das, was andere Leute tun, was andere Menschen tun, was andere Länder tun.' Das hat er so gesagt" [DF-23].

(V-) Die entsprechende Vertrauenswarnung besteht darin, dass der andere keinerlei Bereitschaft zeigt, sich an meine kulturelle Andersartigkeit anzupassen.

(Vm) Viele der interviewten Manager in den bi-kulturellen Gruppen beschreiben diesen Faktor als Vertrauensmaßnahme: Sie bemühen sich, gegenüber dem anderen die Bereitschaft zu signalisieren, sich an ihn und seine kulturellen Eigenheiten anzupassen – bzw. genau dies zu tun (Fallbeispiele-107/108). Bsp.: „J'essaierais d'aller vers l'autre, vers sa culture à lui. ... [Il faut] aller un petit peu vers lui et sa façon de travailler et sa façon d'être" [FD-18]. Oder: „J'étais en Argentine l'autre jour, j'ai embrassé les gens parce qu'on s'embrasse. Si je vais au Japon, je ne vais pas les embrasser. On ne s'embrasse pas. Les Allemands non plus, je ne vais pas les embrasser. Parce qu'on ne s'embrasse pas en Allemagne. En Argentine, au Brésil, tout le monde s'embrasse. C'est de l'adaptation, ça. ... Pour créer la confiance, eh bien, ça me paraît vital, oui. Ça me paraît vital, nécessaire, indispensable" [FD-16].

Fallbeispiele-107/108: Varianten von 'Sich-auf-die-andere-Kultur-einlassen'

> Dann ist natürlich bei den Franzosen eins wichtig: dass man sie ein bisschen abholt in ihrem Stolz, ihrer Sprache und ihrer Kultur, insbesondere auch Esskultur. Das heißt: dadurch, dass ich auch etwas Französisch kann und mich dann bemüht habe, in diesen Versammlungen dann auch auf Französisch zu sprechen und **dass ich mich dann auch darauf eingelassen habe auf die Art und Weise, wie dort diese Festivitäten veranstaltet wurden**, dadurch hat das ganz gut geklappt, dass ich eine persönliche Beziehung aufbauen konnte. [DF-14]

> On sait qu'en Allemagne, il y a des choses dans lesquels il y a besoin d'un consensus. C'est-à-dire que les gens ont besoin d'être d'accord avant. Donc, ils font ce travail d'être d'accord. En France, on ne le fait pas. On fait. Il n'y en a pas un qui marche mieux que l'autre. Mais **ce n'est pas la même démarche.** Donc, quand on travaille avec les gens au quotidien, **on doit faire attention à ça. C'est-à-dire il ne faut pas partir et dire : « On est en France, donc la personne avec qui on va dialoguer c'est comme si c'était [un Français] ».** Non. C'est des gens qui ont peut-être une culture différente, et donc qui ont peut-être une manière de pensée qui est un peu différente de la nôtre. Et ça, c'est une démarche qui aide beaucoup au début. C'est-à-dire, **ne pas partir avec sa manière de penser et son système culturel** qu'on nous a enseigné depuis qu'on est tout petit à l'école. [FD-11]

3.4 Interkulturelle Vertrauensfaktoren

3.4.1.3 Fremdsprache beherrschen/anwenden (VF-11.3)

(V+) Eine spezielle Form der kulturellen Anpassung ist die (praktizierte) Fremdsprachenkompetenz. Die interviewten Manager berichten es als Vertrauensgrund, dass der andere ihre Sprache gut sprechen kann bzw. dass er mit ihnen in ihrer Sprache spricht (und zwar hinreichend gut. Dass der andere Fremdsprachenkenntnisse demonstriert und mit mir in meiner Sprache spricht, ist gleichzeitig ein Signal dafür, dass er sich bemüht, auf mich und meine kulturellen Eigenheiten zuzugehen. Der andere hat sich die Mühe gemacht, meine Sprache zu erlernen, und er macht sich die Mühe, sie zu sprechen.

Fallbeispiele-109/110: Der Effekt von Fremdsprachenkompetenz auf die Vertrauensentwicklung

> Diese Person spricht deutsch ... Er spricht sehr gut deutsch. ... **Was ich ihm vielleicht auch honoriere, ist, dass er auch immer wieder als Franzose eben nicht in Französisch mit mir kommuniziert, sondern immer in deutsch mit mir spricht,** beispielsweise am Telefon. Das erleichtert mir natürlich bei meinen rudimentären Kenntnissen die Zusammenarbeit sehr, weil ich halt in meiner Muttersprache bleiben kann. Das ist so eine Sache, wo ich sagen würde, **das war MIT so eine vertrauensbildende Maßnahme** damals. **Das ist sicher ein Punkt: seine Deutschkenntnisse und seine sehr hohe Bereitschaft in DER Sprache mit mir zu kommunizieren.** [DF-06]

> Et cette personne a l'avantage de parler un peu français aussi, donc... **Peut-être que ça, ça créé une forme de confiance, de se dire qu'à partir du moment où elle fait un « EFFORT »**, on a un côté plus positif, on est un peu plus « OUVERT » à accepter ce qu'elle va nous demander, parce qu'il fait un effort. [FD-12]

Neben der direkten Kommunikation verweisen die Interviewpartner auch darauf, dass ihnen der andere Dokumente etc gleich in ihrer Sprache liefert.

(V-) Einige Interviewpartner beschreiben die Schwierigkeit des Vertrauensaufbaus, wenn der andere ihre Sprache nicht spricht – und gegebenenfalls darüber hinaus auch des Englischen (als lingua franca und Arbeitssprache in vielen internationalen Konzernen) nicht hinreichend mächtig ist. Bsp.: „C'est quelqu'un qui ne parle pas anglais et encore moins le français. Il ne parle qu'allemand. Et je pense qu'une des difficultés, enfin, dans ce cas précis, c'était le problème linguistique. Enfin dans son cas... Comme on ne pouvait pas non plus communiquer beaucoup en anglais, je pense que ça a été très dur d'établir une relation plus approfondie – sans manipuler, sans dominer la langue parfaitement, en fait. Et ça restait à des stades un peu superficiels" [FD-07].

Es kann allerdings auch als Vertrauenswarnung wahrgenommen werden, dass der andere meine Sprache zwar spricht, sie aber gleichwohl nur sehr unzureichend bzw. nur auf niedrigem Niveau beherrscht – und mit mir also in schwer verständlicher Weise kommuniziert.

Fallbeispiel-111: Ich war nicht sicher, ob er die einzelnen Punkte des Gesprächs verstanden hatte

> Ich bin aus dem Einstellungsgespräch [mit dem französischen Personalverantwortlichen] nicht mit einem sehr positiven Gefühl rausgegangen. Das lag sicherlich daran, dass er mit mir deutsch geredet hat. Er hatte vielleicht auch nicht die Erfahrung, wie man so ein Personalvorstellungsgespräch von A-Z in deutsch führt. Und **ich hatte dann schon auch das Gefühl, dass ich nicht sicher war, ob er mich verstanden hat, ob er die einzelnen Punkte des Gesprächs verstanden hatte.** Oder ob es seine Masche war, ein Gespräch so zu führen. Vielleicht hat er sich eben auch deshalb sehr strikt an bestimmte Dinge gehalten, weil er sich damit halt über SEINE Schwächen der deutschen Sprache auch hinweghelfen konnte. Das kann ich nicht beurteilen. **Ich hatte schon das Gefühl, dass es da aufgrund der sprachlichen Unterschiede schwierig war.** [DF-06]

(Vm) Mit dem anderen in seiner Sprache zu sprechen, beschreiben einige der interviewten Manager als wichtige Vertrauensmaßnahme in der interkulturellen Zusammenarbeit. Bsp.: „Mit Franzosen geht es eben darum, dass man die Landessprache benutzt" [DF-05]. Oder: „Wie kommuniziert man denn mit Franzosen? Tunlichst in deren Muttersprache. Das ist eine extrem vertrauensbildende Maßnahme". Oder: „Et puis, ça aide aussi si je parle allemand avec lui" [FD-17].

3.4.1.4 Fremdkulturinteresse/-wissen zeigen (VF-11.4)

(**V+**) Ein Vertrauensgrund kann es sein, dass der andere neben seiner eventuell vorhandenen Fremdsprachenkompetenz auch Kenntnisse oder Wissen über meine Kultur offenbart oder zumindest ein gewisses Interesse an meiner Kultur zeigt. Der andere interessiert sich für meine Kultur und für meine kulturelle Prägung. Bsp.: „Diese eine Person, die kannte die deutsche Mentalität gut. ... Weil sie schon länger in Deutschland immer wieder gearbeitet hat und so die deutsche Vorgehensweise kennt. ... Und deshalb, ja, hatte ich den Eindruck, da kann man einfach durch diese Kenntnis des anderen auf eine... ja auf eine höhere Vertrauensbasis zurückgreifen. ... Es wirkt auf mich vertrauenswürdig, wenn Franzosen oder generell Leute aus anderen Kulturen sich mit dem Land, mit der Sprache beschäftigt haben" [DF-26].

(**V-**) Eine Vertrauenswarnung kann hingegen sein, dass der andere sich *nicht* für meine Kultur interessiert. Er lässt ('dumme') Vorurteile gegenüber meiner Kultur erkennen, die überhaupt nicht zutreffen. Er demonstriert eklatante Unkenntnis grundlegender Aspekte meiner Kultur.

Fallbeispiel-112: Er war aus Paris und meinte, in Stuttgart sei es sehr kalt, ein anderes Klima...

> Da hatte ich mal eine Person aus Paris, **der meinte, wenn er hier nach Deutschland kommt, also nach Stuttgart oder Karlsruhe, das sei sehr kalt, das heißt, da sei schon allein das Klima ganz anders.** Aber in Stuttgart ist das ja gar nicht anders, das ist ja genau das gleiche wie in Paris auch. **Aber damit fängt das schon an. Das heißt: Man ist sehr skeptisch mit solchen Leuten.** [DF-02]

(**Vm**) Als Vertrauensmaßnahme beschreiben die interviewten Manager, dass sie dem anderen zeigen, dass sie über ein bestimmtes Wissen über seine Kultur verfügen bzw. dass sie sich für seine Kultur und für seine kulturellen Prägungen interessieren: Bsp.: „[Man muss erreichen, dass] der Gesprächspartner den Eindruck hat, Sie haben sich mit dem Land Frankreich auch ein bisschen mehr beschäftigt" [DF-02]. Oder: „Ich gebe das Signal, dass ich das Französische mag, dass ich gerne erzähle von Reisen nach Frankreich. [Damit] der andere den Eindruck gewinnt: Mensch, der ist frankophil! An unserer Kultur und unserer Art zu leben hat er Freude!" [DF-06].

3.4.1.5 Kulturelle Tabus respektieren (VF-11.5)

(**V+**) Ein Vertrauensgrund kann darin bestehen, dass der andere kulturelle Tabus, besondere kulturelle Werte oder Wichtigkeiten – 'heilige Kühe' – respektiert. Darüber hinaus besteht interkultureller Respekt darin, nicht unüberlegt auf scheinbar positive Stereotype Bezug zu nehmen, welche aus der Sicht des anderen möglicherweise nicht so positiv assoziiert sind, wie man selbst sie wahrnimmt.

(**V-**) Es liegt in der Natur des Tabus, dass der Verstoß auffälliger ist als die Respektierung. Die interviewten Manager berichten es vor allem als Vertrauenswarnung, dass der andere kulturelle Tabus bricht. Dies kann insbesondere dadurch geschehen, dass er sich über Aspekte meiner Kultur lustig macht, über die man sich in meiner Kultur eben nicht lustig machen sollte – beispielsweise wichtige Persönlichkeiten oder historische Entwicklungen.

Fallbeispiel-113: Hitlergruß und 'Ordnung!' rufen – ui, das fand ich sehr, sehr schwierig

> Das war irgendwie ein Meeting, wo ich als einzige Frau aber auch als einzige Deutsche war. Also die haben dann da so rumgewitzelt. **Und dann kam von ihm so eine Reaktion, wo er wie ein Hitlergruß so ähnlich ein Witzchen da gemacht hat. – Ui, das fand ich sehr, sehr schwierig.** Wir standen in so einer Runde, auf dem Weg zum Essen oder so. Da standen andere Leute dabei. Also der hat sich da irgendwie produziert und fand das ungeheuer lustig. Und dann wurde da irgendwas erzählt und er hat irgendjemand da zitiert, ich weiß das gar nicht mehr, aber **er hat einfach so eine Geste gemacht und dann in seinem Französisch irgendwas Deutsches imitiert, irgendwie sowas mit "Ordnung" oder irgendwie so. Also so ganz... Die Andeutung war klar. Es war klar, was das sein sollte. – Und**

3.4 Interkulturelle Vertrauensfaktoren

> das fand ich dermaßen unmöglich. Sowieso, grundsätzlich. Und dann in dieser Runde. Okay, aber schon gar nicht, wo ich dabei war! Für mich war das... Ich war völlig konsterniert und habe gedacht: "Wo bist du denn hier, was ist das denn jetzt?" – Das hat natürlich dann schon was mit Frankreich zu tun, mit Frankreich und mit Deutschen und mit dem Krieg und mit dieser ganzen Vergangenheit und ich weiß nicht was er da für ein Problem hatte. Es war nicht mal jemand viel Älteres. Der ist vielleicht ein bisschen älter als ich, aber nicht viel. [DF-04]

Im Folgenden zitiere ich eine Tabubruch-Episode aus einem Interview mit einem deutschen Manager aus der mono-kulturellen Gruppe. Es handelt sich um einen kulturellen Tabubruch in Bezug auf die deutsche Kultur, der in diesem Fall aber nicht von einem französischen, sondern von einem israelischen Geschäftspartner des interviewten Managers begangen wurde, aber der die drastische Wirkung dieses Vertrauensfaktors gut illustriert (Fallbeispiel-114).

Fallbeispiel-114: Er hat eine Regel verletzt, eine Grenze überschritten

> **Das war ein israelischer Kunde**, den hatte ich schon Jahre. Er hat immer viel verhandelt. Einmal habe ich mit diesem Kunden um ein ganz banales Festgeld verhandelt. Und der hat dann irgendwann gesagt: „Nee, so passt mir das nicht mehr." Wir waren gut dabei, also habe ich gesagt: „Ok. Aber hier ist die Grenze. Hier, diese Konditionen, nicht mehr und nicht weniger, keine Chance." **Bis dahin war das eine sachliche Ebene. Das war eine über Jahre gut geprägte Zusammenarbeit. Er hat mich geschätzt – so glaubte ich immer. Ich hatte ihn geschätzt. Und dann kam nur ein Aussage:** „Sie haben noch etwas gut zu machen!" Ich habe überhaupt nicht verstanden. Ich musste drei Mal nachfragen, weil ich nicht verstanden habe, was der Mann von mir wollte. Und dann habe ich noch mal nachgefragt. Und **er reflektierte dann im Grunde genommen aufs Dritte Reich: Ich müsste noch etwas gut machen. Und deshalb müsste er bessere Konditionen bekommen.** Ich sage Ihnen ganz offen: Locker gesagt: Ich habe ihn rausgeschmissen. Weil in dem Punkt gibt es einfach keine Zusammenarbeit. Er hat eine Regel verletzt. **An der Ecke war kein Vertrauensverhältnis mehr da.** Da muss ich konsequent sein, denn er hat eine Regel verletzt. Ich kann an der Stelle vieles [mitmachen/dulden/nachsehen]. Natürlich hat ein Kunde immer in vielen Punkten auch ein Stück weit Narrenfreiheit. Aber **der hat eine Linie überschritten. Und die hat er drastisch überschritten.** [DD-06]

Ein Beispiel für fehlenden 'interkulturellen Respekt' ist auch die Bezugnahme auf scheinbar positive Stereotype. Wie dies Anlass zu Irritationen geben kann, berichtet eine Interviewpartnerin. Sie hatte in einer Präsentation für französische Kollegen mit dem in Deutschland positiv assoziierten 'Franzosen-Stereotyp' gespielt, dass die Franzosen Meister darin seien, das Leben zu genießen – und dafür weniger Wert auf Korrektheit oder Perfektion legen, insbesondere in Bezug auf „Wohnen oder Haus". In einer aus ihrer Sicht nett gemeinten Art nahm die interviewte Managerin in der Präsentation auf den von ihr positiv bewerteten Stereotyp der Franzosen Bezug. Aber auf der französischen Seite kam das überhaupt nicht so an, wie es gemeint war (Fallbeispiel-115).

Fallbeispiel-115: Die Villa und das sympathische windschiefe Häuschen

> Und da haben wir dann in Powerpoint irgendein Bild von irgendeiner tollen Villa genommen, um zu demonstrieren: die Deutschen, da muss das immer alles toll und proper und irgendwie schön sein – und für die Franzosen haben wir da eher so ein Häuschen genommen, das so ein bisschen super sympathisch und super nett war – **aber ein bisschen windschief irgendwie.** ...Und das hat einen Aufschrei der Entrüstung hervorgerufen. ... Ich glaube, im Grunde hat es die Leute ein bisschen verletzt. Und sie haben nicht wirklich das so verstanden, wie wir das als Absender gemeint hatten. Nämlich, das wir gemeint haben, das was wir jetzt hier mit dem Französischen verbinden, das ist eigentlich das, was uns allen sehr, sehr sympathisch ist, und was wir eigentlich viel besser finden. Nämlich das die Leute irgendwie mehr Muße haben, ein bisschen relaxter sind und, und, und. Und das es eben gerade egal ist, dass... – Vielleicht war das Bild mit dem Haus auch schlecht gewählt. **Ich weiß es nicht, aber es ist irgendwie nach hinten losgegangen.** ... Also die haben sich da so ein bisschen angegriffen gefühlt, und ein bisschen auf den Schlips getreten und das war überhaupt nicht so gemeint. [DF-04]

(Vm) Die entsprechende Vertrauensmaßnahme besteht darin, sich entsprechend zu informieren und darauf zu achten, kulturelle Tabus zu respektieren.

3.4.1.6 Eigene Arbeitsweisen/-werte erläutern (VF-11.6)

(V+) Wie die umfangreiche Literatur zu Kulturunterschieden im Management eindrücklich zeigt, können kulturelle Unterschiede der Arbeitsweisen und -werte im beruflichen Alltag zu Reibungen führen (vgl. 1.2.2). Ein Vertrauensgrund kann es daher sein, dass der andere mich über seine kulturelle Prägung 'aufklärt' und mit mir darüber spricht, an welchen Werten er sich orientiert und nach welchen Gewohnheiten er arbeitet. Er erklärt mir, wie er tickt, seine konkrete Arbeitsweise, seine Vorgehensweisen und Arbeitswerte – bzw. auch, warum er in einem konkreten Fall etwas so tut, wie er es tut.

(V-) Eine Vertrauenswarnung könnte sein, dass sich der andere weigert, kulturelle Unterschiede zwischen uns in Bezug auf Arbeitswerte oder präferierte Vorgehensweisen zu thematisieren oder mir auf Nachfrage darüber zu berichten, nach welchen Maßstäben er sich gemäß seiner Kultur bevorzugt richtet.

(Vm) Als Vertrauensmaßnahme kann man dem anderen gegenüber seine persönliche Arbeitsweise und seine Arbeitswerte erläutern und soweit möglich den Bezug zum eigenen kulturellen System und seinen Werten und präferierten Vorgehensweisen verdeutlichen. Ich sage, wie ich bin, wie ich arbeite. Ich erkläre, wie ich ticke, wie ich 'funktioniere'. Bsp.: „Und ich sage auch, wie ich bin, wie ich arbeite" [DF-03]. Oder: „lui dire comment moi je fonctionne" [FD-09]. Oder: „[Il faut] expliquer ce qu'on fait et *pourquoi* on le fait, dans quelle logique de fonctionnement. ... C'est important de ... beaucoup s'expliquer" [FD-09].
Eine Variante besteht darin, mögliche Vorurteile des anderen kann quasi präventiv zu entkräften. Das heißt, man kann von sich aus aktiv versuchen, möglicherweise beim anderen bestehende Vorurteile oder Stereotype aus dem Feld zu räumen, indem man gezielt erzählt, wie man (wirklich) ist – für was man steht, was die eigenen Werte und Herangehensweisen sind. „Il faut essayer de casser les a prioris de l'autre", wie es ein französischer Manager ausdrückt: man müsse versuchen, die stereotypen Wahrnehmungen des anderen zu durchbrechen.

3.4.1.7 Interkulturelle Unterstützung leisten (VF-11.7)

(V+) Ein Vertrauensgrund kann sein, dass der andere einem speziell in Bezug auf Schwierigkeiten der interkulturellen Situation hilft. Das heißt, der andere hilft einem in Bezug auf Probleme oder Herausforderungen, die sich für einen daraus ergeben, dass man mit der Kultur des anderen zu tun hat. Der klassische Fall wäre, dass man im Ausland ist und mit dem anderen innerhalb seiner Kultur zu tun hat. Bei den typischen interkulturellen Fettnäpfchen und Schwierigkeiten, die sich dann ergeben, kann einem der andere als 'Experte' für seine eigene Kultur Hilfestellung geben.
Im einfachsten Fall kann er sprachliche Hilfestellung geben und an wichtigen Stellen Sachen übersetzen. Bsp.: „In den Sitzungen, wo ich am Anfang vielleicht 30-40 Prozent, wenn es hoch kommt, verstanden habe, wenn beispielsweise ein Chart an der Tafel war, da war er bei mir und hat mir die notwendige Hilfestellung gegeben, mitzukommen, dabei zu sein, und nicht irgendwie ausgegliedert zu sein. Also er hat sehr viel für die Integration für mich getan an dieser Stelle ... weil er sich eben mit seinen Deutschkenntnissen mir sehr unterstützend zur Verfügung gestellt hat, und dazu beigetragen hat, mich zu integrieren" [DF-06].
Das Spektrum möglicher interkultureller Ratschläge ist jedoch viel größer. Beispielsweise berichtet ein Interviewpartner, den guten Rat bekommen zu haben, während eines bestimmten Meetings trotz seiner eher geringen Sprachkenntnisse, seine Präsentation in der Landessprache zu halten: „Und er hat mir dann Mut gemacht, meine Präsentation – die allererste in diesem Kreis – dann auch in Französisch zu machen. Das habe ich dann mehr schlecht als recht halt auch irgendwie hingebracht. Aber er hat mich ermutigt und mir gesagt: 'Weißt du, wenn du das in Französisch machst, dann hast du schon die Leute auf deiner Seite. Die sehen, dass du dich bemühst, und das nehmen alle als positiv auf.' Das war dann auch so. Und es ist auch so, dass jeder, der in diesem Kreis erstmals dabei ist und aus dem

3.4 Interkulturelle Vertrauensfaktoren 275

Ausland kommt und das auf Französisch macht – egal wie schlecht er geredet hat, einen Riesenbeifall kriegt" [DF-06].

(**V-**) Eine entsprechende Vertrauenswarnung wäre ein 'interkulturelles Hängenlassen': dass der andere einen, obwohl er der 'kulturelle Experte' ist, mit interkulturellen Schwierigkeiten allein lässt bzw. einen sehenden Auges in 'interkulturelle Fettnäpfchen' treten lässt.

(**Vm**) Als Vertrauensmaßnahme kann man dem anderen in Bezug auf Schwierigkeiten, die sich für ihn aus der Konfrontation mit meiner Kultur ergeben, mit Rat und Tat zu Seite stehen. Man kann ihm beispielsweise erläutern, warum die eigenen Landsleute sich in bestimmten Situationen unter Umständen auf eine für ihn ungewohnte Weise verhalten.

3.4.1.8 Nationale Interessen zurückstellen (VF-11.8)

Die Frage, ob man bereit ist, auch einmal nationale Interessen zurückzustellen, spielt in deutsch-französischen Firmen – mit organisationalen Einheiten in beiden Ländern – natürlich eine Rolle. Das kann beispielsweise daran liegen, dass die Boni für das Führungspersonal nach den Ergebnissen der nationalen Einheiten berechnet werden, was Anreize schafft, für die eigene Niederlassung bzw. Landeszentrale und gegen die Schwesterfirma im anderen Land zu optimieren – auch wenn man gemeinsam Teil der gleichen Firma ist. Es kann auch daran liegen – wie im Hochtechnologiebereich – dass man Großaufträge an den eigenen nationalen Standort holen möchte, um die entsprechenden Kompetenzen vor Ort aufzubauen oder zu erhalten und damit Zukunftssicherung zu betreiben – auch wenn es aus Sicht der Gesamtfirma vielleicht gute Gründe dafür gibt, Kompetenzen zu bündeln und daher bestimmte Aufträge an den Standort im anderen Land abzugeben.

(**V+**) Die interviewten Manager berichten es als Vertrauensgrund, dass der andere in Interessenkonflikten nicht ausschließlich seinem nationalen Eigeninteresse bzw. insbesondere den Interessen seines (nationalen) Standorts folgt, sondern dass er stattdessen auch die Interessen ihrer Nation (bzw. ihres Standorts) berücksichtigt. Bsp.: „Wir haben ja oft den Fall, dass wir gemeinsame Angebote haben, das heißt Projekte, wo es einen deutschen und einen französischen Anteil gibt. Da wird dann darüber diskutiert, wer was macht. Und da gab es ein Projekt in diesem Jahr zum Beispiel, wo alles so aussah, als sei das ein Projekt, was auf unserem Teilgebiet größtenteils in Frankreich ablaufen würde. Und da hat aber dieser Abteilungsleiter aktiv dafür gesorgt, dass in der Angebotserstellung ein größerer Teil auch nach Deutschland geht. Also er hat sozusagen freiwillig zum Zwecke der gemeinsamen Zusammenarbeit etwas von dem Kuchen abgetreten, den er leicht hätte in Anführungszeichen kassieren können" [DF-14].

Fallbeispiel-116: Er entscheidet neutral – ein anderer würde die deutschen Standorte begünstigen

> Son rôle est de coordonner justement les activités entre tous les sites. Il a une tâche donc qui n'est pas facile. Parce que bon, chacun des sites défend sa propre activité. Et lui, il essaie quand même d'harmoniser un petit peu ça. Eviter qu'il y ait trop de choses faites des deux côtés, en parallèle. ... Nous **on voit bien que c'est difficile pour lui**. [Mais] **il donne l'impression qu'il fait un réel effort, et qu'il est, je dirais, neutre ente les différents centres, etc.** ... **Il fait un effort pour montrer qu'il a une certaine, enfin une neutralité** qu'il n'a pas de parti pris entre les différents sites. ... **Ça, ça favorise la relation.** ... Par exemple il y a eu plusieurs cas où, effectivement, pour un appel d'offre ou pour une activité, **il y avait une équipe en France, une équipe en Allemagne qui voulaient toutes les deux faire cette activité. Et lui, il a réellement essayé de regarder qui était le mieux placé pour le faire et essayer de porter des arguments**, pour dire : « Et bien, non, dans ce cas-là, il vaut mieux que ce soit cette équipe-là. » et puis une autre fois dans un autre cas : « Il vaut mieux que ce soit cette équipe-là. » Et en fonction d'arguments rationnels, c'est ce qu'il a essayé de faire. **Nous on s'est aperçu par toutes ses décisions ou par les arguments qu'il donnait, qu'il essayait d'avoir une approche pragmatique, sans parti pris. C'est ça qui nous a donné un peu confiance en lui.** ... Je dirais peut-être qu'**une autre personne aurait cherché à privilégier des activités en Allemagne**. [FD-14]

(**V-**) Umkehr berichten es die Interviewpartner als Vertrauenswarnung, dass der andere in Interessenkonflikten (oder generell) seinem nationalen Eigeninteresse bzw. dem Standortinteresse folgt.

Fallbeispiele-117/118: Die Bevorzugung von (nationalen) Standortinteressen

> Er ist ein außerordentlich systematischer Mensch, ein sehr gescheiter Mann, ein Verehrer von René Descartes. Also: Alles, was messbar ist, ist real. Er ist ein Logiker. Aber in diesem Fall… Seine Argumentation läuft darauf hinaus, **die Franzosen mit in das Projekt hineinzunehmen, obwohl wir den Auftrag komplett alleine gewonnen haben**. Und da schlägt er etwas vor, das nicht logisch ist. Das ist nicht nach seiner Leitfigur Descartes wirklich messbar logisch darzustellen. … **Ich weiß, dass Standortinteressen dahinter stehen, weil] das halt dann auf niedrigeren Ebenen im Detail nicht so geschickt kaschiert wird, wie es mein Chef macht.** Und er, als wirklich ein absoluter Systematiker, entblödet sich nicht, in einer Besprechung – oder jetzt in mehreren Besprechungen, wo es wirklich hart auf hart kam – nicht-logische Argumentationsketten zu verwenden. Und **das enttäuscht mich außerordentlich.** [DF-11]

> Il fonctionne surtout vis-à-vis de son l'intérêt local. Pas son intérêt personnel d'ailleurs, mais l'intérêt local, les sites allemands. … Il a pris un certain nombre de décisions qui favorisent manifestement tout ça, le site, certains sites locaux. … Je sais que s'il y avait des décisions difficiles à prendre, par exemple pour départager des activités en France et en Allemagne, **il prendrait sûrement la décision de favoriser l'activité en Allemagne, même si ce n'est pas conforme à un intérêt général.** Alors qu'un manager doit pouvoir prendre une décision qui soit indépendante de son site locale. Qui soit plutôt conforme à, à l'intérêt de la société. **C'est quelqu'un qui, je pense, croit beaucoup en son activité. Il a un rôle maintenant qui est transnational, donc qui couvre plusieurs pays. Mais on voit très bien qu'il est, il aime son entité, enfin l'entité qu'il avait au départ en Allemagne. Donc, on sent qu'il a un a priori.** [FD-15]

(**Vm**) Die interviewten Manager beschreiben diesen Vertrauensfaktor auch als Vertrauensmaßnahme: Sie achten darauf, einen ausgewogenen Umgang mit nationalen Interessen zu praktizieren und im Konfliktfall nicht nur den eigenen nationalen Interessen zu folgen, sondern auch in angemessenem Umfang die Interessen der Nation ihres Kollegen einzubeziehen.

3.4.1.9 Diskussion

Im Vergleich zur allgemeinen Forschung zu den Bedingungen des Vertrauensaufbaus steckt die Forschung zu speziellen Vertrauensbedingungen in interkulturellen Kontexten noch in gewisser Weise 'in den Kinderschuhen' (vgl. meine Darstellung in 1.2.4).

Interessant ist nun, dass die beschriebenen interkulturellen Vertrauensfaktoren Aspekte thematisieren, die prinzipiell auch analog in intra-kulturellen Arbeitskontexten relevant werden können. Man kann auch die Andersartigkeit der Persönlichkeit seines Kollegen akzeptieren (vgl. VF-11.1), sich an die Persönlichkeit eines Kollegen anpassen (vgl. VF-11.2). *'Fremdkulturinteresse/-wissen zeigen'* und *'Kulturelle Tabus respektieren'* thematisieren interkulturelle Varianten des Vertrauensfaktors *'Respekt und Interesse zeigen',* und das gleiche gilt für *'Interkulturelle Unterstützung leisten'* in Bezug auf den Vertrauensfaktor *'Helfen / Rat geben'.* Schließlich kann man auch innerhalb eines Landes Team- oder Standortinteressen gegenüber dem Gesamtinteresse des Unternehmens zurückstellen (vgl. VF-11.8) und selbst in Bezug auf Fremdsprachenkompetenz gilt, dass man sich in seiner Sprachwahl bzw. seinem Sprachniveau an einen Kollegen, Geschäftspartner oder Kunden anpassen kann.

Genauso interessant ist hingegen, dass diese Aspekte in der Literatur zu Vertrauensbedingungen bislang kaum gesehen werden. Lediglich der Aspekt der Anpassungsbereitschaft (vgl. VF-11.2) findet sich bei Lorbeer (2003). Dabei untersucht Lorbeers Studie interessanterweise Vertrauen in Kundenbeziehungen. Auch in meiner Studie findet sich der Vertrauensfaktor *'Anpassungsbereitschaft zeigen'* in den mono-kulturellen Gruppen im Zusammenhang mit Darstellungen von Maßnahmen des Vertrauensaufbaus gegenüber Kunden.

Die meisten der dargestellten interkulturellen Vertrauensfaktoren thematisieren jedoch in relativ deutlicher Weise Aspekte, die typischerweise für interkulturelle Arbeitskontexte charakteristisch sind und werden in der Literatur zur Vertrauensforschung bislang nicht beschrieben.

3.4 Interkulturelle Vertrauensfaktoren

Wenn man über die Vertrauensforschung hinausgeht und die interkulturelle Beziehungsentwicklung bzw. das Verhalten in interkulturellen Kontexten insgesamt in den Blick nimmt, dann wird der Vergleich mit Modellen der interkulturellen Kompetenz interessant. Stimmen die Aspekte, welche als Teilfähigkeiten einer interkulturellen Kompetenz beschrieben werden, mit denjenigen überein, welche von den in meiner Studie interviewten Managern als Faktoren der Vertrauenswürdigkeit von Partnern speziell in interkulturellen Arbeitskontexten wahrgenommen werden? Ein Vergleich mit dem Referenzrahmen für interkulturelle Kompetenz des INCA-Projekts zeigt, dass es sowohl Übereinstimmungen als auch Unterschiede gibt. Die INCA-Ausdifferenzierung von sechs Teilaspekten interkultureller Kompetenz in jeweils drei Kompetenzstufen beschreibt Aspekte, die teilweise mit den Definitionen der interkulturellen Vertrauensfaktoren übereinstimmen (Vgl. Tab. 3.16.).[128]

Tab. 3.16: Interkulturelle Kompetenz nach INCA und interkulturelle Vertrauensfaktoren

INCA Teilaspekte interkultureller Kompetenz, die Überschneidungen aufweisen	Überschneidungen mit den interkulturellen Vertrauensfaktoren
– Bei **Ambiguitätstoleranz** geht es laut dem INCA-Referenzrahmen u. a. darum, sich der Möglichkeit einer Ambiguität ständig bewusst sein und, wenn diese eintritt, in der Lage sein, sie zu tolerieren und damit umzugehen (3AT).*	→ Diese Verhaltensbeschreibung ähnelt dem mit dem Vertrauensfaktor *11.1 Kulturelle Differenz akzeptieren* beschriebenen Verhalten.
– **Verhaltensflexibilität** meint laut dem INCA-Referenzrahmen u. a., die Verhaltensmuster einer anderen Kultur manchmal zu übernehmen oder sich diesen anpassen (2VF) bzw. bereit und fähig zu sein, sich einer Arbeitssituation entsprechend zu verhalten (3VF).	→ Diese Verhaltenbeschreibungen treffen recht gut die Definition des interkulturellen Vertrauensfaktors *11.2 Anpassungsbereitschaft zeigen*.
– **Kommunikationsbewusstsein** heißt laut dem INCA-Referenzrahmen u. a., auf die Strategie der Metakommunikation zurückzugreifen bzw. zu versuchen, die eigenen Kommunikationskonventionen klarzustellen (2KB) Darüber hinaus bezieht sich „Kommunikationsbewusstsein" darauf, unterschiedliche Kommunikationskonventionen erkennen zu können und bereit zu sein, sich diesen anzupassen (3KB).	→ Dies thematisiert einen Teilaspekt des Vertrauensfaktors *11.6 Eigene Arbeitsweisen/-werte erläutern*. → Dieser Aspekt klingt an in der Definition des Vertrauensfaktors *11.4 Fremdsprachen beherrschen und anwenden*, bezieht sich mit dem Fokus auf Kommunikationskonventionen aber auf einen speziellen Aspekt.
– **Wissenserwerb** meint laut dem INCA-Referenzrahmen u. a., dass man gut über die andere Kultur Bescheid weiß (3WE), Gleichzeitig nennt der INCA-Referenzrahmen hier, dass man, wenn erforderlich, anderen in Arbeitssituationen mit Rat und Tat zur Seite steht (3WE).	→ Dies thematisiert ganz klar einen wichtigen Teilaspekt des Vertrauensfaktors *11.4: Fremdkulturinteresse/-wissen zeigen*. → Hier fällt wiederum aufgrund des interkulturellen Bezugspunkts ein Zusammenhang mit dem Vertrauensfaktors *11.7: Interkulturelle Unterstützung leisten* ins Auge.

---

[128] Das INCA-Projekt (2001-2004) erarbeitete eine theoretische Fundierung interkultureller Kompetenz sowie ein entsprechendes Diagnoseinstrument (INCA-Project 2004, vgl. www.incaproject.org). Die theoretischen Grundlagen entwickelten Prof. Mike Byram, Durham University, Prof. Torsten M. Kühlmann, Universität Bayreuth, Prof. Bernd Müller-Jacquier, Universität Bayreuth und Prof. Gerhard Budin, Universität Wien. Verweise beziehen sich auf die 'Assessorenversion' des Referenzrahmens für 'interkulturelle Kompetenz'.

- Offenheit gegenüber anderen Kulturen bezieht sich laut dem INCA-Referenzrahmen u. a. darauf, die Werte, Normen und Verhaltensweisen des anderen in alltäglichen Situationen zu akzeptieren, ohne sie zu bewerten (2OK).	→ Dieser Aspekt findet sich in der Definition des Vertrauensfaktors 11.1: Kulturelle Differenzakzeptieren wieder.

*Angegeben werden die Kurzbezeichnungen des INCA-Projekts, vgl. INCA-Project 2004.

In der Definition des sechsten INCA-Aspekts interkultureller Kompetenz („Empathie") lassen sich keine direkten Bezüge zu den in meiner Studie festgestellten interkulturellen Vertrauensfaktoren feststellen. Auf der anderen Seite thematisieren diese – mit der Fremdsprachenkompetenz als Sprachkompetenz insgesamt (VF-11.3), dem interkulturellen Respekt im Sinne des respektvollen Umgangs mit kulturellen Tabus (VF-11.5), der Kommunikation über die eigene Arbeitsweise (VF-11.6) und dem Zurückstellen nationaler Interessen (VF-11.8) – eine Reihe von Aspekten, die im INCA-Kompetenzrahmen nicht im Vordergrund stehen.

3.4.2 Verhalten in Bezug auf Stereotype

Unabhängig davon, welche Funktion man ihnen zuschreibt und welchen Umgang mit ihnen man befürwortet, sind Stereotype oder Fremdbilder fester Bestandteil einer Kultur (Schlöder 1994). Manager müssen daher in interkulturellen Arbeitskontexten Wege finden, mit den einschlägigen kulturellen Stereotypen umzugehen. Nun hat Vertrauensentwicklung mit der Frage zu tun, inwiefern Erwartungshaltungen entsprochen wird (vgl. Moranz 2004: 242 „Erfüllte Erwartungen" bzw. „Erwartungskonformität"). Es ist daher wichtig zu wissen, dass in interkulturellen Situationen häufig (unwillkürlich) ein Abgleich zwischen stereotypen Erwartungshorizonten und dem tatsächlich beobachteten (und interpretierten) Verhalten stattfindet. Die Ergebnisse dieser Verhaltenseinschätzung vor dem Hintergrund stereotyper Erwartungen berichten die interviewten Manager als Vertrauensfaktoren (vgl. Tab. 3.17.).

Tab. 3.17: Handlungsfeld-12: <Verhalten in Bezug auf Stereotype>

Leitfrage: Inwiefern entspricht der andere dem Bild, welches ich von ihm als Angehörigem seiner Kultur habe?	
1. Positivem Fremdbild entsprechen	Erfüllt er die positiven Erwartungen, die ich an ihn als Angehörigen seiner Kultur habe?
2. Negativem Fremdbild nicht entsprechen	Erfüllt er die negativen Erwartungen, die ich an ihn als Angehörigen seiner Kultur habe, gerade nicht?

3.4.2.1 Positivem Fremdbild entsprechen (VF-12.1)

(V+) Nach den Beschreibungen der interviewten Manager kann es ein Vertrauensgrund sein, dass der andere sich gemäß ihrem positiven Fremdbild verhält. Er erfüllt positive Erwartungen, die ich an ihn als Vertreter seiner Kultur habe. Bsp.: „[Il avait] le côté structuré et 'zuverlässig', fiable, qui est une caractéristique plutôt allemande et pas française. Donc je retrouvais [chez lui] les caractéristiques classiques d'un collègue allemand" [FD-25]. Oder: „Il était typiquement allemand. ... Les contacts qu'on a eu ensemble, m'ont montré bien que c'était quelqu'un de fiable ... quelqu'un pour lequel la parole était importante. [... C'était quelqu'un] qui correspondait bien à l'image que j'avais de Allemand" [FD-09].

(V-) Eine Vertrauenswarnung kann es umgekehrt sein, dass der andere die positiven Erwartungen, die ich an ihn als Vertreter seiner Kultur richte, enttäuscht. Bsp.: „Et c'etait une découverte, puisque je pensais... Bon, j'avais l'image un peu de l'esprit allemand très – ce qui

3.4 Interkulturelle Vertrauensfaktoren

est vrai d'ailleurs en majorité – très, très carré et puis... des gens qui respectent complètement leur parole. Et, là, je suis tombé sur quelqu'un qui n'avait strictement aucun respect de la parole donnée" [FD-15].

Fallbeispiel-119: Das sind Grande-Ecole-Leute – das sind gar keine 'richtigen' Franzosen

> Die Kollegen, die wir innerhalb der Firma treffen, also zumindest Führungspositionen, Abteilungsleiter aufwärts, die sind meiner Meinung nach nicht repräsentativ für Franzosen. Die sind nicht durch die französische Kultur und das, was man landläufig von einem Franzosen erwartet, dominiert. Die sind eher dominiert durch die Ausbildung. Das sind Absolventen der Grandes Ecoles und nach meinem Dafürhalten ist das eine ganz bestimmte Kultur, die sich in diesen Personen darstellt, die nichts mit der französischen Kultur direkt zu tun hat. Das heißt, die Verhaltensmuster dieser Leute sind andere, als die, man langläufig einem Franzosen zurechen würde. ... Die sind sehr sehr pünktlich, sehr formal, sehr exakt, alle sehr hierarchisch orientiert, sehr operationell zuverlässig, wenig visionär. ... **Das spezifisch Französische findet man in diesen Leuten nicht so**, also so das landläufige: Also insbesondere der typische Südfranzose ist der, der immer eine viertel Stunde später kommt, **der also so Leben etwas leichter nimmt, der es nicht so genau damit nimmt, die Dinge exakt zu interpretieren und formal zu bearbeiten.** Der auch so ein bisschen Lebensgenuss dabei hat, insgesamt, so das 'savoir vivre', was man den Franzosen unterstellt. **Die Kollegen bei uns neigen eher zur Selbstkasteiung und nehmen sich und ihren Job und ihre Verantwortung der Firma gegenüber sehr ernst.** [DF-14]

(Vm) Als Vertrauensmaßnahme kann man entsprechend versuchen, sich gemäß dem vermuteten positiven Fremdbilds des anderen zu verhalten. Wenn ich also annehme, dass der andere bestimmte positive Erwartungen an mich als Vertreter meiner Kultur hat, dann kann ich versuchen, genau diese Erwartungen zu erfüllen – bzw. ich kann mich bemühen, sie zumindest nicht völlig zu enttäuschen.

3.4.2.2 Negativem Fremdbild nicht entsprechen (VF-11.2)

(V+) Ein weiterer Vertrauensgrund im Umgang mit Fremdbildern kann es sein, dass der andere meinen *Befürchtungen nicht* entspricht. Einige der interviewten Manager beschreiben, dass der andere ihre negativen Erwartungen an ihn als Vertreter seiner Kultur *gerade nicht* erfüllte. Bsp.: „Im Verlauf der Entwicklung des Projektes habe ich dann gesehen: Der Junge arbeitet sehr pragmatisch – eigentlich mehr deutsch als französisch. Er hat immer den konstruktiven Weg gesucht" [DF-22]. Oder: „C'est quelqu'un qui est capable d'aller au-delà de ce qui est défini formellement, ce que d'habitude, les Allemands ont peut-être un peu plus de mal à faire, ou à accepter, au moins de faire" [FD-25].

Fallbeispiel-120: Bei ihm war das positiv anders: Raum mit Licht, Kaffee, was zu trinken...

> In Deutschland haben wir hier eine ganz klare Sitte. Bei einem Gespräch – selbst wenn zwei völlig unbekannte Gesprächspartner, ab einem gewissen Level, zusammengeführt werden – wird immer gefragt (so wie Ihnen das hier auch widerfahren ist): 'Möchten Sie etwas trinken? Möchten Sie einen Kaffee?' oder sowas. **In Frankreich werden Sie in 90 Prozent der Fälle in einen Raum geführt, der ganz selten Tageslicht hat, der meistens eher im inneren Bereich der Bürofläche ist und nicht im Fensterbereich. Und dann lässt man Sie erst mal alleine sitzen. Und Sie bekommen keinen Kaffee, Sie bekommen kein Wasser, Sie bekommen keine Kekse.** Hier in Deutschland ist das ein RITUAL. Das ist ein SEHR klarer Unterschied, ganz ganz deutlich klarer Unterschied. – **In diesem Fall, bei diesem Geschäftspartner, da war es ganz anders:** Wir hatten einen Besprechungsraum mit Licht. Mir wurde die Frage gestellt: 'Möchten Sie einen Kaffee?' – und zwar außerdem von einer sehr professionellen, sehr freundlichen Sekretär. Und das ist immer so geblieben. Immer wenn ich in diesem Hause bin – und das ist einer der größten Konzerne Frankreichs – ist dieses Ritual ähnlich so wie hier. [DF-05]

(V-) Eine Vertrauenswarnung kann sein, dass der andere die negativen Erwartungen, die ich an ihn aufgrund der Klischees, Vorurteile und Stereotype bezüglich seiner Kultur habe, auch tatsächlich erfüllt. Bsp.: „La façon dont je pourrais l'exprimer c'est que là c'est le mauvais côté de la culture allemande qui s'exprimait là – telle que moi je l'aperçois. C'est ce côté suranalytique, ce côté à vouloir tout décortiquer – et à en perdre la vision de l'essentiel" [FD-06].

(Vm) Als Vertrauensmaßnahme kann ich mich bemühen, dem antizipierten negativen Fremdbild des anderen bezüglich meiner Kultur gerade nicht zu entsprechen. Bsp.: „[Il faut] lui montrer au fur et à mesure que ce que je dis, je le fais. C'est très important. ... Parce que effectivement, l'Allemand va dire: 'Le Français n'est pas très fiable.' Donc il faut montrer que ce qu'on dit, on le fait, et ce qu'on fait, on le dit" [FD-09].

Fallbeispiele-121: Dem negativem Fremdbild nicht entsprechen

Die Franzosen haben ein Bild von einem typischen Deutschen. Also bei uns [in der Gruppe] geht das geflügelte Wort um: „Les Allemands sont carrés." Und in einem Sprachkurs, in dem ich gewesen bin ... da hieß es von den französischen Lehrkräften - und das haben sie groß an die Tafel geschrieben: "Die Deutschen - die Bulldozer". So. **Wenn man jetzt diesem Bild [der Deutschen] nicht unbedingt entspricht, sondern eher Verhaltensweisen und Einstellungen hat, die dem Französischen näher kommen, dann ist das sicherlich auch ein guter Türöffner.** Dann ist eine gemeinsame Welle schon ein bisschen eher da. ... Französische Kollegen haben das ja vielleicht im Kopf: 'Die Deutschen!', und 'Das muss man jetzt in der und der Zeit durchziehen!' und 'Zack-zack!' und 'So geht's!'. **Wenn sie feststellen, dass es das nicht ist, sondern dass man anders auftritt, dass man nicht so „carré" ist, dann ist das vielleicht auch ein Punkt, der wahrgenommen wird** – bewusst oder unbewusst, der auch eine gewisse Akzeptanz schafft. [DF-06]

3.4.2.3 Diskussion

Der Umgang mit Stereotypen wird in der Literatur zu Vertrauensbedingungen sehr selten thematisiert. Verwiesen wird auf den allgemeineren Aspekt, dass Vertrauen damit zusammenhängt, dass Erwartungen erfüllt werden (vgl. Moranz 2004: 242: „Erfüllte Erwartungen" bzw. „Erwartungskonformität", McKnight et al. 1998: 478: „situational normality beliefs"). Camp & Vertinsky (2003: 4) merken an, dass kulturelle Stereotype für die Vertrauensentwicklung eine größere Rolle spielen, wenn man erst über wenig Informationen über seinen (fremdkulturellen) Kollegen oder Partner verfügt.

Deutlicher thematisiert die Wirkung kultureller Stereotype nur Kühlmann (2004). In einer Studie zu Vertrauen in deutsch-mexikanischen Unternehmenskooperationen fand er heraus, dass die Untersuchungsteilnehmer aktives Vertrauensmanagement betreiben. Dabei versuchen sie sowohl in Bezug auf das Vertrauen zu Kontaktpersonen aus den Partnerunternehmen als auch in Bezug auf die Partnerunternehmen selbst, die jeweils beim Partner unterstellten Heterostereotype zu widerlegen. „Die deutschen Geschäftspartner legen besonderen Wert auf die Pflege enger, freundschaftlicher Beziehungen, während die mexikanische Seite nachdrücklich Kompetenz, Zuverlässigkeit und Ehrlichkeit demonstriert" (Kühlmann 2004: 73f.). Darüber hinaus scheinen „deutsche Unternehmen ... dem Heterostereotyp des harten, auf Abmachungen pochenden deutschen Geschäftsgebarens entgegenwirken zu wollen, während Mexikaner den Eindruck von Improvisation und Korruption durch Offenheit zu berichtigen versuchen" (a.a.O.) Kühlmann beschreibt damit recht genau eine interkulturelle Vertrauensmaßnahme gemäß dem Vertrauensfaktor *'Negativem Fremdbild nicht entsprechen'*. In der dieser Arbeit zugrunde liegenden Studie zeigte sich darüber hinaus, dass auch positive kulturelle Stereotype im Zusammenhang mit der Vertrauensentwicklung eine Rolle spielen können (Vertrauensfaktor 12.1 *'Positivem Fremdbild entsprechen'*).

3.5 Tabellarischer Überblick des Systems der Vertrauensfaktoren

Aufgabenbezogene Handlungsfelder

1. Umgang mit Absprachen / Regeln
Leitfrage: Trifft der andere mit mir Absprachen? Hält er diese ein – bzw. gibt er Bescheid, wenn das nicht geht?

1.1	Absprachen treffen / Regeln vereinbaren	Kann ich mit dem anderen Absprachen treffen/ Regeln vereinbaren / ein gemeinsames Vorgehen beschließen etc.?
1.2	Zusagen einhalten	Hält der andere Zusagen oder Absprachen ein? Hält er Wort, wenn er etwas versprochen hat?
1.3	Bei Nicht-Einhalten von Zusagen informieren	Informiert mich der andere, wenn er eine Zusage *nicht* einhalten kann? Tut er es rechtzeitig? Gibt er mir eine Erklärung dafür, warum er die Zusage *nicht* einhalten kann? Ist sie plausibel?
1.4	Absprachen / Regeln flexibel handhaben	Zeigt der andere die Bereitschaft, Absprachen oder Regeln auch einmal flexibel zu handhaben? Kann ich mit ihm auch einmal den 'kurzen Dienstweg' nehmen?

2. Weitergabe von Informationen
Leitfrage: Wie geht der andere mit Informationen von mir um? Gibt er mir Informationen – und welche?

2.1	An Wissen teilhaben lassen	Lässt er mich an Wissen/Know-how teilhaben? Bringt er in die Zusammenarbeit wertvolle Ideen ein?
2.2	Mitdenken und individuell informieren	Denkt er für mich mit und informiert mich, wenn er etwas weiß/erfährt, das für mich relevant ist?
2.3	Informationen vertraulich behandeln	Behandelt er Informationen von mir vertraulich?
2.4	Informationen nicht ausnutzen	Nutzt er Informationen, die ich ihm gebe, nicht etwa zu seinem Vorteil (oder sogar gegen mich)?

3. Umgang mit Anweisungen / Aufforderungen
Leitfrage: (Wie) erledigt der andere Anweisungen oder Aufforderungen? Lässt *er mir* Freiräume?

3.1	Anweisungen / Aufforderungen umsetzen	Setzt er Anweisungen um? Kommt er Aufforderungen, Bitten oder Ratschlägen nach?
3.2	Selbständig arbeiten	Arbeitet er selbständig, d.h. kümmert er sich um seine Arbeit allein und eigenverantwortlich?
3.3	Regelmäßig berichten	Berichtet er mir regelmäßig, wie es bei ihm läuft? Hält er mich über positive wie negative Entwicklungen auf Stand?
3.4	Bei kritischen Problemen informieren	Informiert er mich bei kritischen Problemen, welche die Umsetzung einer Anweisung gefährden?
3.5	Freiheit lassen / Zuständigkeiten übertragen	Wenn er sich an mich wendet: Lässt er mir Freiräume? Überträgt er mir Zuständigkeiten?

4. Bewältigung von Aufgaben
Leitfrage: Wie bewältigt der andere Aufgaben, die er im Rahmen unserer Zusammenarbeit erledigen muss?

4.1	Kompetent sein / sich auskennen	Ist er fachlich gut? Kennt er sich in seinem Fachgebiet aus? Weiß er wovon er spricht?
4.2	Qualitativ hochwertige Arbeit machen	Macht er seine Arbeit gut, qualitativ hochwertig und professionell?
4.3	Ergebnisse liefern	Liefert er Ergebnisse – anstatt nur Pläne zu machen oder sich in Details zu verlieren? Ist er produktiv? Kommt etwas 'dabei raus'?
4.4	Arbeitseinsatz / Motivation zeigen	Zeigt er Arbeitseinsatz / Motivation? Arbeitet er sehr viel / lange, besonders schnell oder intensiv?
4.5	Organisiert und klar vorgehen	Geht er organisiert, geplant und klar vor? Geht er gewissenhaft, strukturiert und methodisch vor?
4.6	Taktisch / strategisch vorgehen	Geht er taktisch / strategisch geschickt vor? Gewinnt er Dritte für die Umsetzung seiner Ziele?
4.7	Initiative und Kreativität zeigen	Geht er von sich aus über seinen definierten Rahmen hinaus? Geht er seine Aufgaben kreativ an?

5. Umgang mit Konflikten und Schwierigkeiten
Leitfrage: Wie geht der andere an Konflikte heran? Wie selbstbewusst begegnet er auftretenden Schwierigkeiten?

5.1	Konflikte offen und proaktiv managen	Geht er Konflikte offen und proaktiv an? Spricht er Konflikte von sich aus an? Kann ich mit ihm 'darüber reden'?
5.2	Eigeninteressen zurückstellen	Ist er bereit, bei Konflikten nicht ausschließlich sein Eigeninteresse, sondern auch andere (meine) Interessen zu berücksichtigen?
5.3	In Diskussionen sachlich bleiben	Bleibt er in Diskussionen sachlich, d.h. bleibt er auf der sachlich-inhaltlichen Ebene – anstatt emotional oder laut zu werden?
5.4	Fehler / Schwächen eingestehen	Gesteht er Fehler oder Schwächen ein anstatt sie zu vertuschen? Gibt er es zu, wenn er auf Schwierigkeiten stößt bzw. etwas nicht so gut hinbekommt wie geplant?
5.5	Auf Fehler / Defizite hinweisen	Traut sich der andere, es mir zu sagen, wenn ich einen Fehler mache, bzw. mich auf Defizite aufmerksam zu machen, die er bei mir erkennt?
5.6	Gegen Widerstand zu seiner Überzeugung stehen	Steht er zu seiner Überzeugung oder seiner Entscheidung auch wenn es Widerstand gibt bzw. wenn 'der Wind etwas stärker weht'?
5.7	Entschieden und selbstbewusst auftreten	Tritt er entschieden und selbstbewusst auf? Ist er entscheidungsfreudig? Traut sich, es zu sagen, wenn er anderer Meinung ist?

Beziehungsbezogene Handlungsfelder

6. Beziehungsaufbau / Beziehungspflege
Leitfrage: Leistet der andere einen Beitrag zu unserer Beziehung, der über die reine Aufgabenerledigung hinausgeht?

6.1	Kontakt pflegen / viel kommunizieren	Bemüht er sich aktiv um Kontaktaufbau/-pflege? Kommuniziert er intensiv und regelmäßig mit mir?
6.2	Privates erzählen	Redet er auch über Nicht-Geschäftliches? Erzählt er mir von (halb-)privaten Dingen?
6.3	Sich privat treffen	Trifft er sich mit mir in persönlich-privaten Kontexten?
6.4	Teamgeist / gemeinsame Ziele entwickeln	Schafft er Teamgeist/ Zusammengehörigkeitsgefühl? Entwickelt er gemeinsame Ziele?
6.5	Freundlich und aufgeschlossen sein	Ist er freundlich und nett? Ist er aufgeschlossen, kontaktfreudig, offen gegenüber anderen?
6.6	Locker sein / Humor haben	Ist er locker/cool/relaxed und nimmt nicht alles so genau? Hat er Humor? Versteht er Ironie?

7. Aufdeckung von Relationship Fit
Leitfrage: Passt der andere zu mir? Haben wir Ähnlichkeiten oder Gemeinsamkeiten?

7.1	Sympathie / affektive Übereinstimmung	Ist er mir sympathisch?
7.2	Private / biographische Gemeinsamkeiten	Hat er mit mir private oder biographische Gemeinsamkeiten?
7.3	Einigkeit / Ähnlichkeit im Denken/Vorgehen	Ist er mir ähnlich im Denken bzw. Vorgehen?

8. Respektvoller Umgang / Facework
Leitfrage: Begegnet der andere mir mit Respekt und Höflichkeit? Betreibt er 'Facework'?

8.1	Respekt und Interesse zeigen	Begegnet mir der andere respektvoll? Nimmt er mich ernst? Erkennt er meine Leistungen an? Ist er höflich? Zeigt er Verständnis für mich / meine Situation?
8.2	Kritik / Widerspruch höflich-indirekt äußern	Äußert er Kritik gar nicht oder nur höflich-indirekt?
8.3	Bescheiden auftreten / nicht angeben	Tritt er bescheiden auf und gibt nicht an?
8.4	Zuständigkeiten respektieren	Respektiert er Zuständigkeiten? Hält er die Führungslinien ein?
8.5	In Entscheidungen einbeziehen	Bezieht er mich in seine Entscheidungen ein?

9. Fairplay in der Zusammenarbeit
Leitfrage: Inwiefern verhält sich der andere fair? Was tut er, um unsere Zusammenarbeit fair zu gestalten?

9.1	Ziele / Einschätzungen offenlegen	Legt er seine Ziele und Einschätzungen mir gegenüber offen?
9.2	Nichts vortäuschen	Sagt er die Wahrheit und täuscht nichts vor?
9.3	Die Zusammenarbeit ernst nehmen	Kooperiert er ernsthaft? Lässt er sich auf die gemeinsame Aufgabe wirklich ein?
9.4	Anerkennung / Belohnungen fair verteilen	Bemüht er sich um eine faire 'Verteilung' von Anerkennung und Belohnungen?
9.5	Anständig / korrekt handeln	Handelt er moralisch anständig bzw. korrekt?

10. Kooperatives Verhalten
Leitfrage: Inwiefern unterstützt mich der andere bei gemeinsamen Aufgaben oder gegenüber Dritten?

10.1	Entgegenkommen / disponibel sein	Kommt er mir in der Sache entgegen? Ist er für mich erreichbar? Nimmt er sich Zeit für mich?
10.2	Schnell reagieren bei Anfragen / Bitten	Reagiert er schnell, wenn ich mich an ihn wende – von sich aus, ohne dass ich nachhaken muss?
10.3	Helfen / Rat geben	Hilft er mir / unterstützt er mich? Gibt er mir gute Ratschläge?
10.4	Sich loyal verhalten	Verhält er sich (Dritten gegenüber) loyal zu mir?

Interkulturelle Handlungsfelder

11. Umgang mit kultureller Differenz
Leitfrage: Wie geht der andere damit um, dass wir uns aufgrund unserer kulturellen Zugehörigkeit unterscheiden?

11.1	Kulturelle Differenz akzeptieren	Erkennt und akzeptiert er kulturelle Unterschiede? Akzeptiert er, dass ich anders bin als er?
11.2	Anpassungsbereitschaft zeigen	Ist er bereit, sich an meine kulturelle Andersartigkeit anzupassen? Passt er sich tatsächlich an?
11.3	Fremdsprache beherrschen / anwenden	Kann er meine Sprache gut sprechen? Spricht er mit mir in meiner Sprache?
11.4	Fremdkulturinteresse/-wissen zeigen	Zeigt er Interesse an meiner Kultur? Zeigt er, dass er Kenntnisse über meine Kultur hat?
11.5	Kulturelle Tabus respektieren	Respektiert er Tabus meiner Kultur? Macht er keine Witze über meine Kultur?
11.6	Eigene Arbeitsweisen/-werte erläutern	Spricht er mit mir über seine eigenen Arbeitsweisen und -werte? Erklärt er mir seine präferierten Vorgehensweisen, seine Vorlieben und Maßstäbe?
11.7	Interkulturelle Unterstützung leisten	Hilft er mir bei Schwierigkeiten, die sich für mich im Zusammenhang mit seiner Kultur ergeben? Übersetzt er mir beispielsweise, wenn es wichtig ist?
11.8	Nationale Interessen zurückstellen	Ist er bereit, bei Konflikten auch die Interessen meiner Nation zu berücksichtigen?

12. Verhalten in Bezug auf Stereotype
Leitfrage: Inwiefern entspricht der andere dem Bild, welches ich von ihm als Angehörigem seiner Kultur habe?

12.1	Positivem Fremdbild entsprechen	Erfüllt er die positiven Erwartungen, die ich an ihn als Angehörigen seiner Kultur habe?
12.2	Negativem Fremdbild nicht entsprechen	Erfüllt er die negativen Erwartungen, die ich an ihn als Angehörigen seiner Kultur habe, gerade nicht?

3.6 Weitere Einflussfaktoren auf Vertrauen

Das Auswertungsziel in der Entwicklung des Systems der Vertrauensfaktoren bestand darin, ein einheitliches, exaktes und trennscharfes System voneinander unabhängiger Kategorien zu entwickeln (vgl. 2.3.8.4). Wichtig war dafür unter anderem zu gewährleisten, dass die Vertrauensfaktoren auf einem einheitlichen Abstraktionsniveau bestimmt und definiert werden. Aufgrund des Problems der Mehrdeutigkeit relativ abstrakt gefasster Vertrauensfaktoren (wie etwa Offenheit, Ehrlichkeit oder Zuverlässigkeit, vgl. 3.7), sowie gemäß dem Ziel, eine Grundlage für einen Kulturvergleich der Gewichtung von Vertrauensfaktoren zu schaffen, wurden die Vertrauensfaktoren auf der handlungsnahen Ebene direkt beobachtbarer Aspekte bestimmt. Eine Konsequenz dieses Vorgehens war, dass eine Reihe von Aspekten, auf welche die interviewten Manager in der Beschreibung vertrauenswürdiger und nicht vertrauenswürdiger Kollegen und Geschäftspartner zu sprechen kamen und welche zudem in der Literatur zu Vertrauensbedingungen diskutiert werden, nicht in das Kategoriensystem aufgenommen wurden.

Dennoch waren für diese Aspekte im Prozess der induktiven Kategorienbildung Kategorien und Kodierregeln gebildet worden. Sie wurden im Verlauf der Auswertung systematisch kodiert – wenngleich nicht mit dem Anspruch, Einheitlichkeit, Exaktheit und Trennschärfe dieser zusätzlichen Kategorien per Interkodierer-Reliabilitätstest nachweisen zu können, vgl. 2.3.8.5. Sie wurden nicht in die späteren kulturvergleichenden Auswertungen einbezogen, sind aber gleichwohl aus Sicht des allgemeinen Interesses an einer differenzierten empirischen Aufarbeitung der Vertrauensfaktoren im Management bedeutsam. Im Folgenden gebe ich ergänzend zu den in den Abschnitten 3.1 bis 3.4 vorgestellten Vertrauensfaktoren einen Überblick dieser weiteren Einflussfaktoren auf die Einschätzung der Vertrauenswürdigkeit von Kollegen oder Geschäftspartnern. Ich beschreibe die insgesamt sechs weiteren Faktoren (WF), indem ich sie aus der Perspektive als Vertrauensgrund darstelle und jeweils kurz Bezüge zur Literatur zu Vertrauensbedingungen diskutiere. Erstens werde ich auf Rahmenbedingungen der Vertrauenseinschätzung eingehen (3.6.1, WF1-4), zweitens auf die Rolle von Reziprozität für die Vertrauenseinschätzung zu sprechen kommen (3.6.2, WF5-6), und drittens zwei Einflussfaktoren der Situation beschreibe, welche für die interviewten Manager eine Rolle spielen (3.6.3, WF7-8).

3.6.1 Rahmenbedingungen der Vertrauenseinschätzung

Einige der interviewten Manager verweisen zur Begründung dafür, warum sie einem Kollegen oder Geschäftspartner vertrauen, auf Rahmenbedingungen ihrer Vertrauenseinschätzung – wie die Bestätigung ihrer Einschätzung durch wiederholtes Erleben ('Er hat seine Zusagen *immer* eingehalten') oder den Hintergrund vieler oder besonders intensiver gemeinsamer Erfahrungen.

WF-1: Bestätigung durch wiederholtes Erleben: Der andere bestätigt meine Einschätzung eines Verhaltens als Vertrauensgrund, indem er dieses Verhalten wiederholt zeigt bzw. indem er wiederholt so handelt. Das heißt, er zeigt über die Zeit bzw. über verschiedene Situationen hinweg wiederholt das Verhalten, das ich als Vertrauensgrund interpretiere („...in verschiedenen anderen Situationen: versprochene Dinge wurden eingehalten", DF-26). Mein (positiver/negativer) Eindruck bestätigt sich. („Er öffnet vertrauensvoll seine Schubladen und lässt uns da reinkucken ... also ich bin von ihm diesbezüglich nie enttäuscht worden", DF-11).

WF-2: Bestätigung durch Berichte Dritter: Dritte bestätigen mich in meiner Wahrnehmung von Vertrauensgründen. Sie bestätigen meine Einschätzung, insofern als sie dem fraglichen

Kollegen bzw. Geschäftspartner ebenfalls vertrauen. („Ich weiß es von zwei oder drei meiner Kolleginnen und Kollegen... Die haben auch direkt im ersten Gespräch Vertrauen zu ihm gefasst. Also wir waren alle total begeistert von [ihm]", DD-07). Ich bekomme von anderen positive Informationen über den anderen bzw. ich bekomme auf meine Nachfrage keine negativen Informationen. Sofern ich solche Informationen von Dritter Seite im Vorfeld meiner Zusammenarbeit mit dem anderen erhalte, spricht man von Ruf bzw. Reputation. („...dass er seine Abteilung und seine Organisation im Griff hat. Er hatte auch den Ruf, dass er das hat", DD-16.)

Diskussion: In beiden Fällen geht es um den gleichen moderierenden Aspekt, nämlich die Frage, ob sich eine Verhaltensbeobachtung bestätigt. Informationen darüber kann man entweder aus direkter Erfahrung erlangen oder durch Vermittlung von Dritten. Reputation ist die Abstraktion einer solchen Vermittlung über Dritte, die dann auch schriftliche Berichte und andere Zeichen neben dem gesprochenen Wort umfasst (berufliche Position, Publikationen, Kontakte und Umgang etc.). Wiederholtes Erleben kann genau wie die Berichte Dritter sowohl positive als auch negative Einschätzungen der Vertrauenswürdigkeit verstärken (vgl. Burt & Knez 1995, 1996).

Die *'Bestätigung durch wiederholtes Erleben'* ist eine bestimmte Art der vertrauensrelevanten Konsistenz: des konsistenten Verhaltens über die Zeit bzw. über verschiedene Situationen hinweg (vgl. zu diesem Art von 'Konsistenz' als Vertrauensfaktor auch Dunn 2000; vgl. zu den unterschiedlichen vertrauensrelevanten Arten von Konsistenz im Handeln Tab. 3.13 in 3.3.4.2).

Die *'Bestätigung durch Berichte Dritter'* ist ebenfalls eine Art der vertrauensrelevanten Konsistenz. Hier geht es darum, ob das bei einem Partner direkt beobachtete Verhalten mit der Art und Weise übereinstimmt, wie sich der Partner gegenüber Dritten verhält – worüber man aus den Berichten Dritter erfährt. 'Reputation' ist eine in der Literatur häufig genannte Vertrauensbedingung (vgl. beispielsweise Camp et al. 2002, Dollinger et al. 1997, Dyer & Chu 2000, Greif 1989, Jarillo 1988, Lorbeer 2003, Moranz 2004, Nielson 2001). Sie spielt eine gewichtige Rolle insbesondere in der frühen Entwicklungsphase einer beruflichen Beziehung. Denn wenn man noch keine eigenen Erfahrungen mit jemandem gemacht hat, haben für die Vertrauenseinschätzung die Berichte Dritter bzw. die Reputation einen höheren Stellenwert.

WF-3: Viele gemeinsame Erfahrungen: Die Einschätzungsbasis in Bezug auf einen Kollegen oder Geschäftspartner verbessert sich durch viele gemeinsame Erfahrungen – beispielsweise wenn man mit dem anderen durch die gemeinsame berufliche Tätigkeit einen intensiven (persönlichen) Kontakt im beruflichen Alltag hat oder auch wenn man mit dem anderen schon sehr lange beruflich in Kontakt ist bzw. ihn schon sehr lange kennt.

WF-4: Intensive gemeinsame Erfahrungen: Eine verbesserte Einschätzungsbasis kann man nicht nur über *viele* gemeinsame Erfahrungen, sondern auch durch wenige aber sehr intensive Erfahrungen gewinnen. Die interviewten Manager verweisen darauf, dass sie mit dem anderen gemeinsam bereits schwierige Zeiten, Situationen oder Projekte durchlebt bzw. gemeistert haben. Sie haben unter hohem externem Druck zusammen gearbeitet bzw. sie haben gemeinsam ein schwieriges Problem gelöst.

Diskussion: Beide Faktoren (WF-3 und WF-4) beschreiben den gleichen grundlegenden moderierenden Effekt: Je länger oder je intensiver eine berufliche Beziehung sich entwickelt, desto mehr Möglichkeiten hat man, den Partner (gemäß den verschiedenen Vertrauensfaktoren) einzuschätzen. In der Literatur wird zwischen diesen beiden Aspekten meist nicht differenziert, allerdings wird der grundlegende Punkt häufig beschrieben (beispielsweise bei Dyer & Chu 2000, Gabarro 1978, Giddens 1994, Gulati & Sytch 2008, Nissenbaum 2001,

Thomas 2005e). Speziell die Kontakthäufigkeit als Vertrauensfaktor untersucht Dunn (2000: 285, „the frequency with which the trustee and trustor interact").

Die Orientierung der interviewten Manager an weiteren Einflussfaktoren wie den eben beschriebenen Rahmenbedingungen WF1-4 lässt sich als Ansatz zur Lösung des von Gambetta & Bacharach (1997) formulierten Vertrauensproblems zweiter Ordnung verstehen (vgl. 1.5.2.2). Ein *scheinbares* Anzeichen für Vertrauenswürdigkeit muss nicht unbedingt ein Zeichen für *tatsächliche* Vertrauenswürdigkeit sein. Denn Vertrauenssignale können auch 'gefälscht' bzw. vorgetäuscht werden. Hilfreich ist es daher, wenn neben dem eigentlichen Vertrauensfaktor weitere Möglichkeiten hat, dessen Aussagekraft einzuschätzen. Hierzu kann der Einbezug von Rahmenbedingungen dienen. Dass mir *wiederholt* geholfen wird, macht mich sicherer darin, dass ich das *'Helfen'* gerechtfertigt als Vertrauensgrund interpretiere. Denn die wiederholte Fälschung von Vertrauenssignalen ist schwieriger als die einmalige Fälschung.

3.6.2 Die Rolle von Reziprozität

Zweifellos spielt Reziprozität in der Entwicklung zwischenmenschlichen Vertrauens eine wichtige Rolle (vgl. 1.1.3.3, 1.2.1.2). Auch die interviewten Manager beschreiben Aspekte von Reziprozität. Dabei lässt sich – in Analogie zur verhaltensbezogenen und kognitiven Definition von Vertrauen, vgl. 1.1.2.1) – unterscheiden zwischen einer Reziprozität des Handelns ('...und er hat mir dann eben auch geholfen') und einer Reziprozität des Vertrauens als Einstellung ('... und daran sehe ich, dass er auch mir vertraut').

WF-5: Handeln des anderen als Ausdruck von Gegenseitigkeit: Hier geht es um reziprokes Handeln, um eine wahrgenommene Balance des Gebens und Nehmens. Der andere gibt mir zurück, was ich ihm gebe. Unsere Beziehung beruht auf Gegenseitigkeit. Ein beobachtetes Verhalten, das als Vertrauensgrund interpretiert wird, wird gleichzeitig als Ausdruck von Gegenseitigkeit wahrgenommen. Bsp.: „[Das ist] ein Geben und Nehmen: Ich sage irgendwie eine Kleinigkeit, dann vertraut er mir irgendwie eine Kleinigkeit an" [DD-03]. Oder: „[Ich] habe einfach eine bestimmte Offenheit an den Tag gelegt – was dann von der Person mit entsprechender Offenheit auch beantwortet wurde" [DF-14].

WF-6: Handeln des anderen als Ausdruck von Vertrauen: Auch Vertrauen selbst kann als Vertrauensfaktor wirken. Die interviewten Manager berichten es als Vertrauensgrund, dass der andere durch sein Handeln ausdrückt, dass er ihnen vertraut. Einige der Vertrauensfaktoren werden teilweise auch als solche 'Vertrauensbeweise' wahrgenommen.

Diskussion: Dass Vertrauen mit reziprokem Verhalten zusammenhängt – also dem Helfen, wenn einem geholfen wurde etc. – untersuchen zahlreiche Studien aus unterschiedlichen Disziplinen (Buchan et al. 2002, Cardona & Elola 2003, Lagace 1991, Nissenbaum 2001, Serva et al. 2005) – insbesondere im Rahmen des spieltheoretische Ansatzes zu Vertrauen (Berg et. al. 1995) und im Zusammenhang mit der Theorie sozialer Austauschbeziehungen (vgl. die Diskussion zu Literaturbezügen des Vertrauensfaktors *'Anerkennung und Belohnungen fair verteilen'* in 3.3.4.4 und die dortigen Verweise).
Reziprozität spielt für Vertrauenseinschätzungen nicht nur in Bezug auf die Gegenseitigkeit des Handelns im Sinne bestimmter Vertrauensfaktoren eine Rolle, sondern auch in Bezug auf Vertrauen selbst. „Trust may beget more trust" (Das & Teng 1998). Der Eindruck, dass ein Kollege oder Partner einem Vertrauen schenkt, ist selbst ein Vertrauensfaktor. Hier ist zu fragen, wie sich eine solche Demonstration von Vertrauen zu den übrigen Vertrauensfaktoren verhält. Die interviewten Manger beschreiben in vielen Fällen Vertrauensfaktoren und interpretieren diese zudem als Ausdruck von 'Vertrauen schenken' bzw. als 'Vertrauens-

beweis'. In den analysierten Interviews betrifft dies insbesondere die folgenden Vertrauensfaktoren:
- *'An Wissen teilhaben lassen'*: Geheimnisse bzw. sensible Informationen mitteilen;
- *'Fehler/Schwächen eingestehen'*, das heißt offen von Problemen erzählen bzw. Bedenken oder Unsicherheiten offenbaren – sich eine Blöße zu geben, „die Deckung aufmachen";
- *'Privates erzählen'* – insbesondere wenn es sich um einen Kollegen oder Geschäftspartner handelt, von dem man weiß, dass er dies sonst bzw. anderen gegenüber nicht tut;
- *'Freiheit lassen / Zuständigkeiten übertragen'*, das heißt die Übertragung von Aufgaben oder Entscheidungsbefugnissen bzw. der Verzicht auf Kontrolle.

Auch die vertrauensförderliche Wirkung von Vertrauen wird in der Literatur vielfach beschrieben (Brower et al. 2000, Cardona & Elola 2003, Creed & Miles 1996, Das & Teng 1998, Dirks & Ferrin 2002, Konovsky et Pugh 1994, Organ 1990). Eine theoretische Rekonstruktion des Effekts liefert Gambetta (2001) in seiner Diskussion des Gefangenendilemmas: Er erklärt, dass Kooperation nicht nur deshalb nicht zustande kommen kann, weil man nicht glaubt, dass der andere kooperieren wird, sondern auch deshalb, weil man nicht den Eindruck hat, dass der andere darauf vertraut, dass man selbst kooperiert (vgl. meine Diskussion des negativen Vertrauensmissverständnisses in 1.5.2.3).

3.6.3 Einflussfaktoren der Situation

In der Literatur werden in einer Vielzahl von Beiträgen situative Einflussfaktoren auf Vertrauen diskutiert. Obwohl sich in der dieser Arbeit zugrunde liegenden Studie die Interviewleitfragen ausdrücklich auf die Charakterisierung (des Verhaltens) des jeweiligen Kollegen oder Partners im Verlauf der beruflichen Beziehung richteten, verwiesen die interviewten Manager in ihren Darstellungen in einigen Fällen auch auf zentrale Aspekte der Situation, die aus ihrer Sicht wichtige Faktoren für die Vertrauensentwicklung in der jeweiligen Arbeitsbeziehung gewesen waren.

WF-7: *Situationsumstände der Zusammenarbeit*: Als Vertrauensgrund beschreiben die interviewten Manager, dass es die Situation bzw. Rollenkonstellation begünstigte, Vertrauen zu entwickeln: Man hatte die gleichen Zielvorgaben, saß im gleichen Boot bzw. es bestand keine offene Konkurrenzsituation. Auch die Tatsache, dass der andere Entscheidungsbefugnis hat, wird als vertrauensförderlicher Rahmenfaktor genannt.

In der Literatur wird auf den Stellenwert, den situative bzw. Kontextfaktoren für die Vertrauensentwicklung besitzen, in einer Reihe von Beiträgen verwiesen. Hart et al. (1986) nennen „congruity of objectives", Nissenbaum (2001) spricht von „Mutuality" oder „the presence of common ends: ... Such cases of mutual ends occur when a person is 'in the same boat' as another." Nissenbaum nennt auch „contextual factors" bzw. „the nature of the setting in which we act." Camp & Vertinski 2003 sprechen von „societal environment characteristics" bzw. von „characteristics associated with tasks and opportunities involved", nämlich „the relationship between the tasks, needs and objectives of the trustor and its economic environment, i.e., the importance of the alliance or the perceived value of the enterprise, in terms of profits or market positions ... [as well as] fundamental aspects of the tasks involved, such as complexity, novelty, and ambiguity." Auch speziell die 'Höhe des Einsatzes', das heißt die Frage, wie wichtig die Zusammenarbeit und ihr Ergebnis für die Beteiligten ist, wird als Faktor der Vertrauensentwicklung beschrieben (Barber 1983, Seligman 1998, Snijders & Keren 1999).

WF-8: Institutionelle Zugehörigkeit des Partners: Einige der interviewten Manager verweisen als Vertrauensgrund auf die institutionelle Zugehörigkeit ihres Geschäftspartners. Sie erklären beispielsweise, das Unternehmen ihres Partners würde professionell empfangen, es verfüge über repräsentative Büroräume bzw. es sei ein sehr großes und renommiertes Unternehmen.

In der Literatur ist dieser Aspekt im Rahmen der Diskussion um 'institutionelles Vertrauen' präsent (McKnight & Chervany 1998, Metlay 1999, Shapiro 1987, Zucker 1986). Er ist allerdings abzugrenzen von der umfassenden Diskussion zu Vertrauen in Institutionen. Betont wird als Vertrauensbedingung vor allem die institutionelle Gewährleistung von Sanktionen im Falle des Vertrauensbruchs (Hagen & Choe 1998: „mechanisms of sanction, social and institutional", Dasgupta 1988: „credible threat of punishment").

3.7 Fazit: Überwindung der Mehrdeutigkeiten

Mit dem System der Vertrauensfaktoren im Management wurde gemäß der ersten Forschungsfrage das Spektrum der Aspekte beschrieben, anhand derer Manager im beruflichen Alltag die Vertrauenswürdigkeit von Kollegen oder Geschäftspartnern einschätzen – und damit die Grundlage gelegt für die kulturvergleichende Auswertung, die ich in den folgenden beiden Kapiteln vorstellen werde. Zugleich sichert die handlungsnahe Beschreibung der einzelnen Vertrauensfaktoren und ihre Gruppierung in Handlungsfelder die Anschlussfähigkeit der Ergebnisse aus Sicht der Praxis. Mit der Konzentration auf eine Beschreibung von Vertrauensfaktoren auf der handlungsnahen Ebene direkt beobachtbarer Aspekte leiste ich einen Beitrag zur Diskussion um Vertrauensbedingungen. Dieser Beitrag besteht vor allem darin, das Spektrum der Vertrauensfaktoren im Management in einer differenzierten und konsistenten Weise empirisch fundiert herausgearbeitet zu haben, so dass die in der Diskussion vielfach bestehenden begrifflichen Mehrdeutigkeiten vermieden bzw. aufgelöst werden können. Ich werde daher abschließend anhand von drei in der Vertrauensliteratur quasi als Standard aufgeführter Vertrauensbedingungen – nämlich Offenheit, Ehrlichkeit und Zuverlässigkeit[129] – aufzeigen, wie unterschiedlich die Aspekte und Verhaltensweisen sind, auf welche sich die Manager in ihrem beruflichen Alltag mit solch allgemeinen Begriffen beziehen. Gleichzeitig werde ich aufzeigen, wie diese unterschiedlichen Aspekte mithilfe des vorgestellten Systems der Vertrauensfaktoren im Management in differenzierter und eindeutiger Weise erfasst werden können (vgl. folgende Seiten, Tab. 3.18-20).

Dies illustriert, dass es das entwickelte System der Vertrauensfaktoren im Management erlaubt, die unterschiedlichen Verwendungsweisen und Präzisierungen der Interviewpartner in Bezug auf abstrakte Vertrauensbedingungen wie Offenheit, Ehrlichkeit oder Zuverlässigkeit differenziert und als Bezugnahme auf unterschiedliche Vertrauensfaktoren in unterschiedlichen Handlungsfeldern zu erfassen. In den nächsten beiden Kapiteln werde ich zeigen, wie sich auf dieser Basis Kulturunterschiede aufdecken lassen, welche die Vertrauensentwicklung in interkulturellen Arbeitskontexten bzw. in der Zusammenarbeit von Personen mit unterschiedlichen kulturellen Hintergründen beeinflussen können.

---

[129] Die diskutierten Konstrukte stellen eine Auswahl dar. Daneben arbeitet die Vertrauensliteratur mit weiteren ähnlich abstrakten 'Vertrauensbedingungen' wie beispielsweise 'ability'/'competence' (Cook & Wall 1980, Good 1988, Jones et al. 1975, Sitkin & Roth 1994, Mayer et al. 1995) oder 'intentions'/'benevolence'/'goodwill' (Larzelere & Huston 1980, Ring & van de Ven 1992, Mayer et al. 1995, McKnight & Chervany 1996, Kee & Knox 1970).

Offenheit: Der Aspekt 'Offenheit' findet sich als allgemeine Vertrauensbedingung in vielen Beiträgen: Meist wird er als „openness" beschrieben (Butler 1991, Butler & Cantrell 1984, Farris et al. 1973, Gabarro 1987, Hart et al. 1986, Mishra 1996). McKnight & Chervany (1996) nennen „Openness" und „Open-mindedness" und Thomas (2005e) spricht im Deutschen von „Offenheit".
Allerdings ist das Themenfeld der Offenheit so weit, dass die Analyseeinheiten, in welchen die interviewten Manager auf die Offenheit ihres Kollegen oder Geschäftspartners zu sprechen kommen, gemäß den jeweiligen Präzisierungen der interviewten Manager und gemäß den Definitionen der Vertrauensfaktoren im Kodierleitfaden als insgesamt elf (!) verschiedene Vertrauensfaktoren in sieben unterschiedlichen Handlungsfeldern kodiert wurden (vgl. Tab. 3.18).

Tab. 3.18: Mehrdeutigkeit abstrakter Vertrauensbedingungen: Beispiel 'Offenheit'

Offenheit	
Verwendungsweisen	kodierte Vertrauensfaktoren
1. Der andere ist offen: Er lässt mich an wertvollem Wissen teilhaben. Er hält Wissen nicht vor mir geheim halten, sondern er gibt mir Informationen/Ideen/Know-how.	2.1 An Wissen teilhaben lassen
2. Der andere ist offen: Er kehrt Konfliktthemen nicht unter den Teppich, sondern er geht Konflikte offen und proaktiv an.	5.1 Konflikte offen und proaktiv managen
3. Der andere ist offen: Er redet über Privates. Er erzählt von persönlich-privaten Dingen. Er erzählt auch Dinge, die man formal in Meetings nicht sagt. Er gibt mir gegenüber auch persönliche Bedenken/Sorgen preis. Er öffnet sich als Person.	6.2 Privates erzählen
4. Der andere ist offen: Er ist allgemein aufgeschlossen, prinzipiell interessiert an Neuem. Er ist jemand, der auf die Leute zugeht.	6.4 Freundlich und aufgeschlossen sein
5. Der andere ist offen… für meine Belange. Er interessiert sich für mich. Er versteht mich. Er zeigt Verständnis für meine Situation/ meine Probleme.	8.1 Respekt und Interesse zeigen
6. Der andere ist offen: Er redet mir gegenüber offen über seine Einschätzungen eines Sachverhalts, seine Ziele, seine Pläne – *anstatt dies nicht zu tun.* Er legt die Karten auf den Tisch.	9.1 Ziele / Einschätzungen offenlegen
7. Der andere ist offen: Er redet mir gegenüber offen über Einschätzungen eines Sachverhalts bzw. einer Entwicklung – *anstatt mir etwas anderes vorzutäuschen.*	9.2 Nichts vortäuschen
8. Der andere ist offen: Ich kann jederzeit (mit Fragen/Problemen) zu ihm kommen / ihn anrufen. Er hat jederzeit ein offenes Ohr für mich. Ich kann mich bei Problemen an ihn wenden, er ist dann für mich da.	10.1 Entgegenkommen und disponibel sein
9. Der andere ist offen… gegenüber kultureller Andersartigkeit: Er interessiert sich für sie. Er interessiert sich für Neuartiges aus einer fremden Kultur.	11.4 Fremdkulturinteresse/-wissen zeigen
10. Der andere ist offen… gegenüber kultureller Andersartigkeit: Wenn etwas anders ist, akzeptiert er das.	11.1 Kulturelle Differenz akzeptieren
11. Der andere ist offen: Er erzählt mir von seinen Werten/ Gewohnheiten/ Vorgehensweisen/ von seinen Erwartungen in Bezug auf die gemeinsame berufliche Zusammenarbeit. Er erzählt von seiner Kultur.	11.5 Eigene Arbeitsweisen/-werte erläutern

3.7 Fazit: Überwindung der Mehrdeutigkeiten

Ehrlichkeit: Auch der Aspekt 'Ehrlichkeit' wird sehr häufig als allgemeine Vertrauensbedingung genannt, oft direkt als „honesty" (Butler 1991, Bacharach & Gambetta 1997, Larzelere & Huston 1980, Rempel et al. 1985) bzw. als „Ehrlichkeit" (Moranz 2004, Thomas 2005e). Schon Hovland et al. (1953) nennen negativ definiert die „motivation to lie". McKnight & Chervany (1996) nennen „Honesty" und "Credibility". Prominent ist auch das verwandte Konstrukt der Integrität („integrity" bei Liebermann 1981, Mayer et al. 1995 und Schoorman et al. 2007). Dieses wird vielfach in engem Zusammenhang mit Ehrlichkeit gesehen (beispielsweise bei Butler & Cantrell 1984: „integrity" definiert als "honesty/truthfulness" oder bei Gabarro 1987: „integrity" definiert als „the other's honesty in the relationship").

Allerdings ist auch das Themenfeld der Ehrlichkeit sehr umfassend, was sich auch in meiner Studie bestätigte. Die Analyseeinheiten, in welchen die interviewten Manager auf die Ehrlichkeit ihres Kollegen oder Geschäftspartners zu sprechen kommen, wurden gemäß der jeweiligen Präzisierungen als insgesamt fünf verschiedene Vertrauensfaktoren in drei unterschiedlichen Handlungsfeldern kodiert (vgl. Tab. 3.19).

Tab. 3.19: Mehrdeutigkeit abstrakter Vertrauensbedingungen: Beispiel 'Ehrlichkeit'

Ehrlichkeit	
Verwendungsweisen	kodierte Vertrauensfaktoren
1. Der andere ist ehrlich. Er erzählt, was Sache ist. Wenn er etwas Wichtiges weiß, dann erzählt er es mir – auch wenn er es mir nicht erzählen müsste.	2.1 An Wissen teilhaben lassen
2. Der andere ist ehrlich. Er täuscht nicht Kenntnisse/Fähigkeiten oder Wissen vor, sondern, wenn er etwas nicht kann, sagt er es.	5.4 Fehler / Schwächen eingestehen
3.. Der andere ist ehrlich. Er sagt mir, was er plant bzw. was er denkt.	9.1 Ziele / Einschätzungen offenlegen
4.. Der andere ist ehrlich. Er sagt mir, was er wirklich plant bzw. denkt – anstatt etwas anderes vorzutäuschen. Er sagt die Wahrheit. Er lügt nicht.	9.2 Nichts vortäuschen
5. Der andere ist ehrlich. Er zieht mich nicht über den Tisch. Er trickst nicht. Er betrügt mich nicht.	9.5 Anständig / korrekt handeln

Zuverlässigkeit: Die allgemeine Vertrauensbedingung 'Zuverlässigkeit' wird in der Literatur ebenso recht häufig genannt. Sie findet sich als 'Zuverlässigkeit' bei Krampen et al. (1982) oder Moranz (2004) sowie als 'reliability' bei Johnson-George & Swap (1982), Mishra (1996), McKnight & Chervany (1996). Allerdings ist das Themenfeld der Zuverlässigkeit sehr umfassend und eine abstrakt gefasste Vertrauensbedingung 'Zuverlässigkeit' lässt nicht erkennen, was im konkreten Fall gemeint ist. Die Analyseeinheiten, in welchen die interviewten Manager auf Aspekte der 'Zuverlässigkeit' ihres Kollegen oder Geschäftspartners zu sprechen kommen, wurden gemäß der jeweiligen Präzisierungen der Interviewpartner in Form von insgesamt 14 verschiedene Vertrauensfaktoren in sechs unterschiedlichen Handlungsfeldern sowie als *'Bestätigung durch wiederholtes Erleben'* (WF-1) kodiert (vgl. Tab. 3.20).

Tab. 3.20: Mehrdeutigkeit abstrakter Vertrauensbedingungen: Beispiel 'Zuverlässigkeit'

Zuverlässigkeit	
Verwendungsweisen	kodierte Vertrauensfaktoren
1. Der andere ist zuverlässig. Er hält ein, was er verspricht. Er sagt es, er macht es. Nicht etwas <u>so</u> sagen und dann <u>anders</u> machen.	1.2 Zusagen/ Absprachen einhalten
2. Der andere ist zuverlässig. Wenn er eine Zusage nicht einhalten kann, sagt er (rechtzeitig) Bescheid.	1.3 Bei Nicht-Einhalten von Zusagen informieren
3. Der andere ist zuverlässig. Wenn ich ihm etwas sage bzw. ihn um etwas bitte, dann macht er es auch.	3.1 Anweisungen / Aufforderungen umsetzen
4. Der andere ist zuverlässig: „Die wusste, wann sie sich melden muss. Wenn es kritisch wurde, wusste sie sofort: 'Okay, da ist es kritisch, damit muss ich jetzt zur Chefin gehen'" [DD-24]	3.3 Bei kritischen Problemen informieren
5. Der andere ist zuverlässig. Der kann das. Das ist ein sehr zuverlässiger Mann, der kennt sich (fachlich) aus.	4.1 Kompetent sein / sich auskennen.
6. Der andere ist zuverlässig. Der macht seine Sachen gut/gewissenhaft/ordentlich.	4.2 Qualitativ hochwertige Arbeit machen
7. Der andere ist zuverlässig. Wenn der etwas anpackt, dann kriegt er das auch wirklich hin, dann kommt da etwas dabei heraus.	4.3 Ergebnisse liefern
8. Der andere ist zuverlässig. Er trägt auch die Konsequenzen, wenn es sein Fehler war. Er zieht sich nicht aus der Affäre, wenn klar ist, dass es doch nicht gut war. Sondern er übernimmt die Verantwortung.	5.4 Fehler/ Schwächen (eingestehen und) angehen
9. Der andere ist zuverlässig. Er steht zu seinem Wort, auch wenn der Wind stärker weht / seine Entscheidungen angegriffen werden. Er ist nicht wankelmütig. Er steht absolut zuverlässig zu seinem Wort.	5.6 Gegen Widerstand zu seiner Überzeugung stehen
10. Der andere ist zuverlässig. Wenn er etwas *so* macht, führt er nicht hintenrum etwas anderes im Schilde.	9.2 Nichts vortäuschen
11. Der andere ist zuverlässig. Wenn ich ihn um etwas bitte, macht er es sofort.	10.2 Schnell reagieren bei Anfragen / Bitten
12. Der andere ist zuverlässig. Er ist da, wenn ich ihn brauche. Er ist im Notfall für mich da.	10.3 Helfen / Rat geben
13. Der andere ist zuverlässig. Gegenüber Dritten ergreift er für mich – nicht gegen mich – Partei.	10.4 Sich loyal verhalten
14. Der andere ist zuverlässig. Er zeigt über die Zeit bzw. über unterschiedliche Situationen hinweg ein gleiches Verhalten.	13-1 Bestätigung durch wiederholtes Erleben

4. Kulturunterschiede der Gewichtung von Vertrauensfaktoren

Welche Vertrauensfaktoren sind Managern besonders wichtig? Worauf stützen sie sich insbesondere um einzuschätzen, ob sie einem Kollegen oder Geschäftspartner vertrauen können? Was sind zentrale Vertrauensfaktoren, und welche Vertrauensfaktoren sind weniger wichtig – und inwiefern gibt es kulturelle Unterschiede im Hinblick auf diese Frage der Gewichtung von Vertrauensfaktoren? Die folgenden Abschnitte berichten und diskutieren die Ergebnisse der Auswertungen, die zur Beantwortung dieser Fragen durchgeführt wurden (zu Methodik und Vorgehen vgl. 2.3.5).

Den Kern der Auswertung bildet ein statistischer Vergleich der Kodierungshäufigkeiten der Vertrauensfaktoren in den deutschen und französischen Teilgruppen der Studie (vgl. 2.1.5). Die allgemeine Frage, ob einzelne der im letzten Kapitel beschriebenen Vertrauensfaktoren von den interviewten deutschen Managern stärker gewichtet werden als von den interviewten französischen Managern (oder umgekehrt), wurde also konkret anhand des Vergleichs der Kodierungshäufigkeiten in den Teilgruppen untersucht. Es wurde dazu angenommen, dass Vertrauensfaktoren, welche sehr viele der interviewten Manager zur Einschätzung der Vertrauenswürdigkeit ihrer Kollegen und Geschäftspartner heranziehen, den interviewten Managern insgesamt wichtiger sind als solche, auf die sich nur wenige der Interviewpartner beziehen. Auf diese Weise konnte beispielsweise geprüft werden, inwiefern die interviewten Manager bestimmten Vertrauensfaktoren im interkulturellen Arbeitskontext mehr Gewicht geben als in einem intra-kulturellen ('rein-deutschen' bzw. 'rein-französischen') Arbeitskontext (zum Auswertungsschema für die Teilgruppenvergleiche vgl. 4.1.1).

Darüber hinaus wurden die Kodierungshäufigkeiten der vier Teilgruppen in der weiteren Differenzierung nach der jeweiligen 'Vertrauensrichtung' betrachtet. Das heißt, es wurden die Kodierungszahlen der Vertrauensfaktoren als Vertrauensgründe (V+), als Vertrauenswarnungen (V-) und als Vertrauensmaßnahmen (Vm) verglichen (vgl. 2.1.8.4). Auf diese Weise konnten Auffälligkeiten berücksichtigt werden, die gar nicht erst in den Blick kommen, wenn man lediglich die Gesamtkodierungsanzahlen eines Vertrauensfaktors pro Teilgruppe betrachtet (vgl. die ausführliche Diskussion in 4.2.1 anhand des Vertrauensfaktors *'Absprachen / Regeln flexibel handhaben'*).

Den Ansatz der Teilgruppenvergleiche und das Interpretationsspektrum der Ergebnisse dieser Vergleiche möchte ich im Folgenden anhand des Vergleichs der mono-kulturellen und des Vergleichs der bi-kulturellen Teilgruppen erläutern.

Zum Vergleich der mono-kulturellen Teilgruppen

Angenommen ein Vertrauensfaktor VF ist in einer Kultur A sehr wichtig für die Einschätzung der Vertrauenswürdigkeit von Partnern (z.B. sehr hohe Kodierungszahl in der mono-kulturellen deutschen Teilgruppe), wird aber in einer Kultur B kaum berücksichtigt (z.B. sehr geringe Kodierungszahl in der mono-kulturellen französischen Teilgruppe). Eine solche im Kulturvergleich unterschiedliche Gewichtung eines Vertrauensfaktors lässt darauf schließen, dass dieser Faktor in beiden Kulturen unterschiedlich häufig Ausgangspunkt für Generalisierungsprozesse der Vertrauenseinschätzung ist (vgl. 1.4.2). Daraus ergibt sich ein Potenzial für kulturelle Vertrauensmissverständnisse. Insbesondere könnte es sein, dass ein Mitglied der Kultur B gar nicht darauf achtet, ob es ein Verhalten gemäß dem Vertrauensfaktor VF zeigt, da dies aus seiner Sicht nicht vertrauensrelevant ist – dass dies aber von einem Interaktionspartner aus Kultur A beobachtet und gemäß dem Vertrauensfaktor VF als Vertrauenswarnung interpretiert wird ('negatives Vertrauensmissverständnis', vgl. ausführlicher in 1.5).

Zum Vergleich der bi-kulturellen Teilgruppen:

Schwieriger ist die Interpretation der Ergebnisse des Vergleichs der bi-kulturellen Teilgruppen, da sich hier sich prinzipiell Interpretationsspielräume ergeben. Dies liegt daran, dass sich die Beschreibung von Vertrauensfaktoren in den Interviews an zwei Bedingungen knüpft: die Darbietung bestimmter Verhaltensweisen durch einen Interaktionspartner B und deren Interpretation *als Vertrauensfaktor* durch den (interviewten) Interaktionspartner A. Dies möchte ich an einem Beispiel erläutern: Angenommen es fällt auf, dass ein Vertrauensfaktor in der bi-kulturellen deutschen Gruppe deutlich häufiger gefunden wurde als in der monokulturellen deutschen Gruppe (DF>DD) und dabei in der DF-Gruppe vor allem in der Perspektive als Vertrauensgrund (V+). Für ein solches Ergebnis können unterschiedliche Gründe verantwortlich sein:

– Eine mögliche Erklärung wäre, dass die französischen Manager das entsprechende Verhalten häufiger zeigen als es im deutschen Kontext üblich ist und dass dies den deutschen Managern positiv auffällt, so dass sie es entsprechend häufiger berichten als die französischen Manager. Hier würde man auf einen Kulturunterschied der Verhaltensgewohnheiten schließen.

– Eine andere Erklärung wäre jedoch, dass die deutschen Manager das entsprechende Verhalten von ihren französischen Kollegen gerade nicht erwarten und es ihnen deshalb besonders auffällt, wenn die Franzosen das Verhalten zeigen. Dies führt zu einem höheren Anteil entsprechender Berichte innerhalb ihrer Darstellungen. Dies wäre eine Interpretation, die kulturelle Stereotype heranzieht.

Hilfreich für die Interpretation insbesondere der Ergebnisse des Vergleichs der bi-kulturellen Teilgruppen sind daher Ansatzpunkte, die über die quantitativen Daten hinausgehen. Solche Ansatzpunkte liefern die Ergebnisse des dritten Auswertungsschritts, die ich im nächsten Kapitel berichte: die mittels einer qualitativen Inhaltsanalyse der Interviews bestimmten vertrauensrelevanten deutsch-französischen Kulturunterschiede.[130] Ich werde dort entsprechende Bezüge zu den in diesem Kapitel berichteten Ergebnissen herstellen.

Ziel dieses Kapitels ist es, die im deutsch-französischen Vergleich unterschiedlichen Gewichtungen bei der Einschätzung der Vertrauenswürdigkeit von Kollegen oder Geschäftspartnern zu beschreiben. Wichtig ist dabei insgesamt zu sehen, dass sich aus den Ergebnissen nur bedingt Prognosen für tatsächliche deutsch-französische Vertrauensmissverständnisse ableiten lassen. Signifikante Unterschiede zwischen den Gesamtkodierungen eines Vertrauensfaktors in den deutschen und französischen Teilgruppen lassen keine Rückschlüsse zu, unter welchen Umständen sich in der deutsch-französischen Zusammenarbeit in Bezug auf diesen Vertrauensfaktor tatsächlich kulturelle Vertrauensmissverständnisse ergeben. Sie geben jedoch empirische Anhaltspunkte dafür, mit welchen *potenziellen* Vertrauensmissverständnissen in der deutsch-französischen Zusammenarbeit zu rechnen ist. Um dies zu illustrieren, werde ich in der Darstellung der Ergebnisse bei einer Reihe von Faktoren exemplarisch aufzeigen, inwiefern die Ergebnisse dazu Anlass geben, mit bestimmten Arten *potenzieller* deutsch-französischer Vertrauensmissverständnisse zu rechnen.

---

[130] Für eine ausführliche Darstellung des methodischen Vorgehens im dritten Auswertungsschritt vgl. 2.3.7.

4.1 Gesamtüberblick der Ergebnisse

Aufbau des Kapitels

Einleitend wird tabellarisch eine Übersicht der Kodierungshäufigkeiten aller Vertrauensfaktoren und aller durchgeführten Vergleichstests gegeben (4.1). Die erste Tabelle berichtet die Ergebnisse der Teilgruppenvergleiche zur Bestimmung von Kulturunterschieden der Gewichtung von Vertrauensfaktoren (Tab. 4.1 im Abschnitt 4.1.1). Die beiden anderen Tabellen (Abschnitt 4.1.2) berichten die Positionen der Vertrauensfaktoren in einer Rangliste nach Kodierungshäufigkeit, und zwar zum einen in der Sortierung nach den Vertrauensfaktoren (Tab. 4.2), zum anderen in der Sortierung nach Gesamtkodierungshäufigkeit bzw. Gesamtranglistenposition (Tab. 4.3).

Der Hauptteil des Kapitels folgt dem Orientierungsraster der im letzten Kapitel beschrieben vertrauensrelevanten Handlungsfelder (4.2). Für jedes Handlungsfeld wird zunächst für die einzelnen Vertrauensfaktoren des Handlungsfelds eine detaillierte Übersicht der Kodierungshäufigkeiten in Tabellenform gegeben.[131] Diese ergänzt die Übersichtstabellen aus 4.1 durch eine Aufschlüsselung der Kodierungshäufigkeiten nach Teilgruppen und Vertrauensrichtung. Anschließend werden für die einzelnen Vertrauensfaktoren die im Hinblick auf die kulturvergleichenden Fragestellungen interessanten Ergebnisse berichtet. Besondere Aufmerksamkeit gilt dabei der Frage, bei welchen Vertrauensfaktoren sich im Vergleich einzelner Teilgruppen statistisch signifikante Unterschiede zeigen.

Abschließend fasse ich die wesentlichen Ergebnisse zusammen und verweise auf den Zusammenhang der Ergebnisse dieser quantitativen Auswertung mit den im folgenden Kapitel dargestellten Ergebnissen der qualitativen Auswertung (4.3).

4.1 Gesamtüberblick der Ergebnisse

4.1.1 Ergebnisse der Teilgruppenvergleiche

Gibt es Kulturunterschiede der Gewichtung von Vertrauensfaktoren im deutsch-französischen Kulturvergleich? Unterscheiden sich die deutsche und die französische Stichprobe im Hinblick darauf, ob einzelne Vertrauensfaktoren in der interkulturellen Zusammenarbeit wichtiger sind als im intra-kulturellen Kontext? Werden einzelne Vertrauensfaktoren für deutsche und französische Manager in unterschiedlichem Maße in der interkulturellen Zusammenarbeit bedeutsam? Zur Beantwortung dieser Fragen lassen sich Ergebnisse der quantitativen Auswertungen heranziehen, welche im Folgenden die Tabelle 4.1 im Überblick darstellt.

Die Tabelle berichtet die Ergebnisse der mittels eines Chiquadrat-Tests (vgl. 2.3.5.1) verglichenen Kodierungshäufigkeiten jedes Vertrauensfaktors in den einzelnen Teilgruppen. Angegeben werden die zugrunde liegenden Kodierungshäufigkeiten sowie der jeweils berechnete Chiquadrat-Wert. Da die Teilgruppen nicht exakt gleich groß sind, erfolgt die Angabe der Kodierungshäufigkeiten zur besseren Vergleichbarkeit in Prozent der jeweiligen Teilgruppen.[132] Zusätzlich werden in kleinerer Schrift darunter die zugrunde liegenden absoluten Werte angegeben. Signifikanzen sind mit einem oder mehreren Sternsymbolen gekenn-

---

[131] Die beiden interkulturellen Handlungsfelder werden in diesem Kapitel zusammen betrachtet (4.2.11).
[132] DD: n=24, DF: n=26, FD: n=26, FF: n=24, vgl. hierzu 2.2.3 Beschreibung der Stichprobe.

zeichnet[133] und die entsprechende Tabellenzellen grau hinterlegt. Zur Bezeichnung der Teilgruppen verwende ich die im zweiten Kapitel eingeführten Kürzel: DD und FF stehen für die mono-kulturellen Gruppen (in welchen auf deutscher Seite deutsche Manager über Erfahrungen mit deutschen Kollegen oder Geschäftspartnern berichten und auf französischer Seite umgekehrt). DF und FD bezeichnen die bi-kulturellen Gruppen, in welchen Deutsche über die Zusammenarbeit mit Franzosen berichten und umgekehrt (vgl. 2.1.5). – Die Teilgruppenvergleiche gliedern sich entsprechend der einleitend formulierten Fragen in die folgenden drei Blöcke:

1. Test auf Kulturunterschiede der Gewichtung von Vertrauensfaktoren im deutsch-französischen Kulturvergleich:
   – Der **DD:FF-Test** vergleicht die Kodierungshäufigkeit eines Vertrauensfaktors in der mono-kulturellen deutschen Gruppe (24 Interviews) mit derjenigen in der mono-kulturellen französischen Gruppe (24 Interviews).

1. Kulturunterschiede der Gewichtung von Vertrauensfaktoren	2. Interkulturelle Bedeutsamkeit der Vertrauensfaktoren		3. Vergleich der interkulturellen Bedeutsamkeit der Faktoren
DD vs. FF	DD vs. DF	FF vs. FD	DF vs. FD

2. Test auf interkulturelle Bedeutsamkeit der Vertrauensfaktoren (in beiden Kulturen):
   – Der **DD:DF-Test** vergleicht die Kodierungshäufigkeit eines Vertrauensfaktors in der mono-kulturellen deutschen Gruppe (24 Interviews) mit derjenigen in der bi-kulturellen deutschen Gruppe (26 Interviews).
   – Der **FF:FD-Test** vergleicht die Kodierungshäufigkeit eines Vertrauensfaktors in der mono-kulturellen französischen Gruppe (24 Interviews) mit derjenigen in der bi-kulturellen französischen Gruppe (26 Interviews).

1. Kulturunterschiede der Gewichtung von Vertrauensfaktoren	2. Interkulturelle Bedeutsamkeit der Vertrauensfaktoren		3. Vergleich der interkulturellen Bedeutsamkeit der Faktoren
DD vs. FF	**DD vs. DF**	**FF vs. FD**	DF vs. FD

3. Test auf Kulturunterschied der interkulturellen Bedeutsamkeit
   – Der **DF:FD-Test** vergleicht die Kodierungshäufigkeit eines Vertrauensfaktors in der bi-kulturellen deutschen Gruppe (26 Interviews) mit derjenigen in der bi-kulturellen französischen Gruppe (26 Interviews).[134]

1. Kulturunterschiede der Gewichtung von Vertrauensfaktoren	2. Interkulturelle Bedeutsamkeit der Vertrauensfaktoren		3. Vergleich der interkulturellen Bedeutsamkeit der Faktoren
DD vs. FF	DD vs. DF	FF vs. FD	**DF vs. FD**

---

[133] Es handelt sich fast ausschließlich um Signifikanzen auf 0.05 Niveau, die mit einem Stern gekennzeichnet sind. In zwei Fällen hingegen ergab sich ein signifikanter Häufigkeitsunterschied auf 0.005 Niveau (drei Sterne), vgl. Fußnote 137.

[134] Anmerkung: Für die Vergleichstests wurden grundsätzlich die Kodierungen von Vertrauensfaktoren in den Antworten auf die dritte Interviewleitfrage in den bi-kulturellen Gruppen nicht berücksichtigt. Diese Maßnahme trägt der Tatsache Rechnung, dass sich hier eine Verfälschung der Ergebnisse ergeben würde. Denn in den bi-kulturellen Interviews waren die Interviewpartner mit der dritten Interviewleitfrage aufgefordert zu berichten, wie sie sich speziell dann verhalten, wenn ihr Kollege oder Partner nicht ihrer Kultur angehört. Die Frage richtete sich damit auf eine potenzielle Anpassung bzw. Veränderung ihres Verhaltens im Vergleich zur intrakulturellen Interaktion. Durch diese Maßnahme wurde es entsprechend nötig, in den Tests auf die interkulturelle Bedeutsamkeit von Vertrauensfaktoren – also im Vergleich der jeweiligen mono- mit der jeweiligen bi-kulturelle Gruppe (DD:DF, FF:FD) – auch in den mono-kulturellen Gruppen die Kodierungen von Vertrauensfaktoren in den Antworten auf die dritte Interviewleitfrage außen vor zu lassen.

4.1 Gesamtüberblick der Ergebnisse

Tab. 4.1: *Kulturunterschiede der Gewichtung: Ergebnisse der Teilgruppenvergleiche*

		1. Kulturunterschiede der Gewichtung von Vertrauensfaktoren		2. Interkulturelle Bedeutsamkeit von Vertrauensfaktoren				3. Vergleich der interkulturellen Bedeutsamkeit	
		DD (24) vs. FF (24)		DD (24) vs. DF (26)		FF (24) vs. FD (26)		DF (26) vs. FD (26)	
Vertrauensfaktor		DD:FF	chi²	DD⁻ᵛᵐ:DF	chi²	FF⁻ᵛᵐ:FD	chi²	DF:FD	chi²
011	Absprachen treffen / Regeln vereinbaren	13%:4% 3:1	1.07	8%:23% 2:6	1.98	4%:4% 1:1	0.00	23%:4% 6:1	4.05*
012	Zusagen einhalten	50:46 12:11	0.08	50:46 12:12	0.07	46:42 11:11	0.06	46:42 12:11	0.08
013	Bei Nicht-Einhalten von Zusagen informieren	17:21 4:5	0.13	17:15 4:4	0.01	13:8 3:2	0.31	15:8 4:2	0.74
014	Absprachen / Regeln flexibel handhaben	0:0 0:0	–	0:12 0:3	2.89	0:23 0:6	6.16*	12:23 3:6	1.19
021	An Wissen teilhaben lassen	71:42 17:10	4.06*	58:23 14:6	6.33*	33:31 8:8	0.04	23:31 6:8	0.38
022	Mitdenken und individuell informieren	46:17 11:4	4.65*	42:19 10:5	2.93	13:8 3:2	0.31	19:8 5:2	1.46
023	Informationen vertraulich behandeln	42:17 10:4	3.55	38:31 9:8	0.25	17:35 4:9	2.05	31:35 8:9	0.09
024	Informationen nicht ausnutzen	29:17 7:4	1.04	29:19 7:5	0.66	13:4 3:1	1.24	19:4 5:1	2.96
031	Anweisungen / Aufforderungen umsetzen	21:17 5:4	0.13	13:23 3:6	0.93	17:35 4:9	2.05	23:35 6:9	0.83
032	Selbständig arbeiten	13:17 3:4	0.16	13:0 3:0	3.39	17:4 4:1	2.23	0:4 0:1	1.00
033	Regelmäßig berichten	4:21 1:5	2.98	4:12 1:3	0.90	21:12 5:3	0.79	12:12 3:3	0.00
034	Bei kritischen Problemen informieren	21:17 5:4	0.13	21:4 5:1	3.34	17:8 4:2	0.93	4:8 1:2	0.35
035	Freiheit lassen / Zuständigkeiten übertragen	25:17 6:4	0.49	13:12 3:3	0.01	8:8 2:2	0.01	12:8 3:2	0.22
041	Kompetent sein / sich auskennen	17:63 4:15	10.32***	17:23 4:6	0.31	50:23 12:6	3.85*	23:23 6:6	0.00
042	Qualitativ hochwertige Arbeit machen	29:42 7:10	0.08	29:4 7:1	5.83*	29:35 7:9	0.24	4:35 1:9	7.77*
043	Ergebnisse liefern	8:21 2:5	1.47	4:0 1:0	1.08	21:15 5:4	0.25	0:15 0:4	4.25*
044	Arbeitseinsatz / Motivation zeigen	21:42 5:10	2.37	17:0 4:0	4.62*	38:23 9:6	1.21	0:23 0:6	6.65*
045	Organisiert und klar vorgehen	13:17 3:4	0.16	13:15 3:4	0.08	17:27 4:7	0.75	15:27 4:7	1.02
046	Taktisch / strategisch vorgehen	0:4 0:1	1.00	0:4 0:1	0.92	4:8 1:2	0.27	4:8 1:2	0.35
047	Initiative und Kreativität zeigen	8:4 2:1	0.35	8:0 2:0	2.21	4:4 1:1	0.00	0:4 0:1	1.00
051	Konflikte offen und proaktiv managen	38:8 9:2	5.66*	25:23 6:6	0.02	4:12 1:3	0.90	23:12 6:3	1.19
052	Eigeninteressen zurückstellen	46:42 11:10	0.08	38:23 9:6	1.21	38:12 9:3	4.52*	23:12 6:3	1.19
053	In Diskussionen sachlich bleiben	13:0 3:0	3.13	8:8 2:2	0.01	0:8 0:2	1.88	8:8 2:2	0.00
054	Fehler/Schwächen eingestehen	46:46 11:11	0.00	38:23 9:6	1.21	42:31 10:8	0.63	23:31 6:8	0.38
055	Auf Fehler / Defizite hinweisen	13:8 3:2	0.22	13:4 3:1	1.24	4:4 1:1	0.00	4:4 1:1	0.00
056	Gegen Widerstand zu seiner Überzeugung stehen	25:17 6:4	0.49	21:12 5:3	0.79	8:4 2:1	0.44	12:4 3:1	1.06
057	Entschieden und selbstbewusst auftreten	33:17 8:4	1.74	33:19 8:5	1.26	17:15 4:4	0.01	19:15 5:4	0.13
061	Kontakt pflegen / viel kommunizieren	21:63 5:15	8.39***	8:8 2:2	0.01	46:35 11:9	0.64	8:35 2:9	5.54*
062	Privates erzählen	38:25 9:6	0.85	33:46 8:12	0.84	25:15 6:4	0.71	46:15 12:4	5.67*
063	Sich privat treffen	46:21 11:5	3.30	38:19 9:5	2.02	21:4 5:1	3.34	19:4 5:1	2.96
064	Teamgeist / gemeinsame Ziele entwickeln	17:25 4:6	0.49	17:8 4:2	0.93	21:15 5:4	0.25	8:15 2:4	0.74
065	Freundlich und aufgeschlossen sein	25:29 6:7	0.10	21:15 5:4	0.25	25:8 6:2	2.73	15:8 4:2	0.74
066	Locker sein / Humor haben	13:8 3:2	0.22	8:12 2:3	0.14	8:8 2:2	0.01	12:8 3:2	0.22
071	Sympathie / affektive Übereinstimmung	63:46 15:11	1.31	58:38 14:10	1.93	46:38 11:10	0.27	38:38 10:10	0.00

Vertrauensfaktor		DD:FF	chi^2	DD^{-Vm}:DF	chi^2	FF^{-Vm}:FD	chi^2	DF:FD	chi^2
072	Private / biographische Gemeinsamkeiten	29:21 7:5	0.44	25:15 6:4	0.71	21:0 5:0	5.90*	15:0 4:0	4.25*
073	Einigkeit / Ähnlichkeit im Denken/Vorgehen	54%:50% 13:12	0.08	50%:27% 12:7	2.76	50%:38% 12:10	0.66	27%:38% 7:10	0.77
081	Respekt und Interesse zeigen	79:67 19:16	0.89	67:42 16:11	2.92	50:27 12:7	2.76	42:27 11:7	1.33
082	Kritik / Widerspruch höflich-indirekt äußern	0:0 0:0	–	0:4 0:1	0.92	0:8 0:2	1.88	4:8 1:2	0.35
083	Bescheiden auftreten / nicht angeben	25:13 6:3	1.21	25:12 6:3	1.50	13:8 3:2	0.31	12:8 3:2	0.22
084	Zuständigkeiten respektieren	17:4 4:1	1.96	13:19 3:5	0.41	4:0 1:0	1.08	19:0 5:0	5.43*
085	In Entscheidungen einbeziehen	38:8 9:2	5.66*	17:12 4:3	0.27	8:4 2:1	0.44	12:4 3:1	1.06
091	Ziele/ Einschätzungen offenlegen	46:29 11:7	1.39	29:42 7:11	0.92	21:31 5:8	0.63	42:31 11:8	0.73
092	Nichts vortäuschen	63:75 15:18	0.85	58:50 14:13	0.34	67:42 16:11	2.92	50:42 13:11	0.30
093	Die Zusammenarbeit ernst nehmen	17:8 4:2	0.75	13:15 3:4	0.08	4:15 1:4	1.71	15:15 4:4	0.00
094	Anerkennung / Belohnungen fair verteilen	21:25 5:6	0.11	21:4 5:1	3.34	17:0 4:0	4.62*	4:0 1:0	1.00
095	Anständig / korrekt handeln	29:42 7:10	0.80	29:31 7:8	0.01	42:23 10:6	1.94	31:23 8:6	0.38
101	Entgegenkommen / disponibel sein	50:25 12:6	3.13	38:27 9:7	0.63	17:23 4:6	0.31	27:23 7:6	0.10
102	Schnell reagieren bei Anfragen / Bitten	17:29 4:7	1.04	17:23 4:6	0.31	21:8 5:2	1.75	23:8 6:2	2.32
103	Helfen / Rat geben	42:67 10:16	2.96	38:35 9:9	0.04	58:19 14:5	7.94*	35:19 9:5	1.53
104	Sich loyal verhalten	50:29 12:7	2.13	42:35 10:9	0.26	29:12 7:3	2.38	35:12 9:3	3.83
111	Kulturelle Differenz akzeptieren	0:4 0:1	1.00	0:4% 0:1	0.92	4:12 1:3	0.90	4:12 1:3	1.06
112	Anpassungsbereitschaft zeigen	0:0 0:0	–	0:4 0:1	0.92	0:4 0:1	0.92	4:4 1:1	0.00
113	Fremdsprache beherrschen / anwenden	0:0 0:0	–	0:15 0:4	3.93*	0:27 0:7	7.36*	15:27 4:7	1.02
114	Fremdkulturinteresse/ -wissen zeigen	0:0 0:0	–	0:15 0:4	3.93*	0:0 0:0	–	15:0 4:0	4.25*
115	Kulturelle Tabus respektieren	4:0 1:0	1.00	0:4 0:1	0.00	0:0 0:0	–	4:0 1:0	1.00
116	Eigene Arbeitsweisen/- werte erläutern	0:4 0:1	1.00	0:4 0:1	0.92	0:4 0:1	0.92	4:4 1:1	0.00
117	Interkulturelle Unterstützung leisten	0:0 0:0	–	0:4 0:1	0.92	0:4 0:1	0.92	4:4 1:1	0.00
118	Nationale Interessen zurückstellen	0:0 0:0	–	0:27 0:7	7.36*	0:12 0:3	2.89	27:12 7:3	1.94
121	Positivem Fremdbild entsprechen	0:0 0:0	–	0:4 0:1	0.92	0:19 0:5	5.03*	4:19 1:5	2.96
122	Negativem Fremdbild nicht entsprechen	0:0 0:0	–	0:19 0:5	5.03*	0:12 0:3	2.89	19:12 5:3	0.58

Angaben gerundet in Prozent relativ zur Teilgruppengröße (DD,FF: n=24, DF,FD: n=26); darunter in kleinerer Schrift Angabe der absoluten Kodierungshäufigkeiten (Anzahl der Interviews, in welchen der jeweilige Vertrauensfaktor kodiert wurde).

4.1.2 Gesamtkodierungshäufigkeiten und Rangliste

Welche der in Kap. 3 beschriebenen Vertrauensfaktoren sind besonders wichtig, und welche sind weniger wichtig? Die folgenden beiden Tabellen berichten die Kodierungshäufigkeiten der Vertrauensfaktoren, und zwar zum einen sortiert nach Vertrauensfaktoren (Tab. 4.2, zum anderen sortiert nach Gesamtkodierungshäufigkeit bzw. Gesamtranglistenposition (Tab. 4.3). Betrachtet man die Kodierungshäufigkeiten insgesamt (Wie viele der 100 interviewten Manager beschreiben den jeweiligen Vertrauensfaktor – als Vertrauensgrund, Vertrauenswarnung oder Vertrauensmaßnahme?), erhält man Aufschluss über die relative Wichtigkeit des jeweiligen Vertrauensfaktors *als* Vertrauensfaktor in der vorliegenden Stichprobe. Auf dieser Basis lässt sich eine Häufigkeitsrangliste der Vertrauensfaktoren erstellen. Beide Werte (Kodierungshäufigkeit und Ranglistenposition) werden zudem auch separat für alle Teilgruppen angegeben.

4.1 Gesamtüberblick der Ergebnisse

Tab. 4.2: *Kodierungshäufigkeiten & Ranglistenposition, Sortierung nach Vertrauensfaktoren*

Die Tabelle gibt insgesamt und pro Teilgruppe jeweils in einer ersten Spalte die Kodierungshäufigkeit an und in einer zweiten Spalte dahinter die Ranglistenposition (eingeklammerte Werte); die Top-Ten jeder Gruppe sind grau hinterlegt. Bei gleicher Kodierungshäufigkeit wurde dieselbe Ranglistenposition vergeben.[135]

Vertrauensfaktor	Ges	Ges	DD	DD	DF	DF	FD	FD	FF	FF
011 Absprachen treffen / Regeln vereinbaren	16	(32)	3	(39)	6	(13)	1	(39)	1	(44)
012 Zusagen einhalten	52	(3)	12	(6)	12	(2)	11	(1)	11	(7)
013 Bei Nicht-Einhalten von Zusagen informieren	15	(35)	4	(33)	4	(26)	2	(29)	5	(23)
014 Absprachen / Regeln flexibel handhaben	10	(44)	0	(48)	3	(31)	6	(14)	0	(48)
021 An Wissen teilhaben lassen	46	(5)	17	(2)	6	(13)	8	(9)	10	(10)
022 Mitdenken und individuell informieren	25	(21)	11	(9)	5	(21)	2	(29)	4	(28)
023 Informationen vertraulich behandeln	36	(12)	10	(14)	8	(9)	9	(5)	4	(28)
024 Informationen nicht ausnutzen	20	(28)	7	(20)	5	(21)	1	(39)	4	(28)
031 Anweisungen / Aufforderungen umsetzen	26	(20)	5	(28)	6	(13)	9	(5)	4	(28)
032 Selbständig arbeiten	9	(45)	3	(39)	0	(47)	1	(39)	4	(28)
033 Regelmäßig berichten	15	(36)	1	(47)	3	(31)	3	(25)	5	(23)
034 Bei kritischen Problemen informieren	14	(38)	5	(28)	1	(41)	2	(29)	4	(28)
035 Freiheit lassen / Zuständigkeiten übertragen	17	(31)	6	(24)	3	(31)	2	(29)	4	(28)
041 Kompetent sein / sich auskennen	35	(14)	4	(33)	6	(13)	6	(14)	15	(4)
042 Qualitativ hochwertige Arbeit machen	30	(17)	7	(20)	1	(41)	9	(5)	10	(10)
043 Ergebnisse liefern	12	(41)	2	(45)	0	(47)	4	(20)	5	(23)
044 Arbeitseinsatz / Motivation zeigen	25	(21)	5	(28)	0	(47)	6	(14)	10	(10)
045 Organisiert und klar vorgehen	22	(25)	3	(39)	4	(26)	7	(12)	4	(28)
046 Taktisch / strategisch vorgehen	4	(50)	0	(48)	1	(41)	2	(29)	1	(44)
047 Initiative und Kreativität zeigen	5	(49)	2	(45)	0	(47)	1	(39)	1	(44)
051 Konflikte offen und proaktiv managen	24	(23)	9	(16)	6	(13)	3	(25)	2	(39)
052 Eigeninteressen zurückstellen	7	(48)	3	(39)	2	(38)	2	(29)	0	(48)
053 In Diskussionen sachlich bleiben	30	(17)	11	(9)	6	(13)	3	(25)	10	(10)
054 Fehler / Schwächen eingestehen	23	(24)	8	(19)	5	(21)	4	(20)	4	(28)
055 Auf Fehler / Defizite hinweisen	41	(9)	11	(9)	6	(13)	8	(9)	11	(7)
056 Gegen Widerstand zu seiner Überzeugung stehen	15	(37)	6	(24)	3	(31)	1	(39)	4	(28)
057 Entschieden und selbstbewusst auftreten	8	(46)	3	(39)	1	(41)	1	(39)	2	(39)
061 Kontakt pflegen / viel kommunizieren	43	(7)	5	(28)	2	(38)	9	(5)	15	(4)
062 Privates erzählen	34	(15)	9	(16)	12	(2)	4	(20)	6	(19)
063 Sich privat treffen	28	(19)	11	(9)	5	(21)	1	(39)	5	(23)
064 Teamgeist / gemeinsame Ziele entwickeln	20	(29)	4	(33)	2	(38)	4	(20)	6	(19)
065 Freundlich und aufgeschlossen sein	20	(30)	6	(24)	4	(26)	2	(29)	7	(15)
066 Locker sein / Humor haben	12	(42)	3	(39)	3	(31)	1	(39)	2	(39)
071 Sympathie / affektive Übereinstimmung	48	(4)	15	(3)	10	(6)	10	(3)	11	(7)
072 Private / biographische Gemeinsamkeiten	16	(33)	7	(20)	4	(26)	0	(48)	5	(23)
073 Einigkeit / Ähnlichkeit im Denken/Vorgehen	43	(7)	13	(5)	7	(11)	10	(3)	12	(6)
081 Respekt und Interesse zeigen	62	(1)	19	(1)	11	(4)	7	(12)	16	(2)
082 Kritik / Widerspruch höflich-indirekt äußern	8	(47)	0	(48)	1	(41)	2	(29)	0	(48)
083 Bescheiden auftreten / nicht angeben	21	(26)	6	(24)	3	(31)	2	(29)	3	(38)
084 Zuständigkeiten respektieren	12	(43)	4	(33)	5	(21)	0	(48)	1	(44)
085 In Entscheidungen einbeziehen	16	(34)	9	(16)	3	(31)	1	(39)	2	(39)
091 Ziele/ Einschätzungen offenlegen	46	(5)	11	(9)	11	(4)	8	(9)	7	(15)
092 Nichts vortäuschen	62	(2)	15	(3)	13	(1)	11	(1)	18	(1)
093 Die Zusammenarbeit ernst nehmen	14	(39)	4	(33)	4	(26)	4	(20)	2	(39)
094 Anerkennung / Belohnungen fair verteilen	13	(40)	5	(28)	1	(41)	0	(48)	6	(19)
095 Anständig / korrekt handeln	32	(16)	7	(20)	8	(9)	6	(14)	10	(10)
101 Entgegenkommen / disponibel sein	37	(11)	12	(6)	7	(11)	6	(14)	6	(19)
102 Schnell reagieren bei Anfragen / Bitten	21	(27)	4	(33)	6	(13)	2	(29)	7	(15)
103 Helfen / Rat geben	41	(9)	10	(14)	9	(7)	5	(19)	16	(2)
104 Sich loyal verhalten	36	(12)	12	(6)	9	(7)	3	(25)	7	(15)

---

[135] Für die Vergleichstests wurden grundsätzlich die Kodierungen von Vertrauensfaktoren in den Antworten auf die dritte Interviewleitfrage in den bi-kulturellen Gruppen nicht berücksichtigt (vgl. Anmerkung in Fußnote 134). Daher lassen sich die Kodierungszahlen in den Teilgruppen nicht zur Gesamtkodierungszahl addieren.

Tab. 4.3: Kodierungshäufigkeiten & Ranglistenposition, Sortierung nach Gesamthäufigkeit

Die Tabelle gibt insgesamt und pro Teilgruppe jeweils in einer ersten Spalte die Kodierungshäufigkeit an und in einer zweiten Spalte dahinter die Ranglistenposition (eingeklammerte Werte); die Top-Ten jeder Gruppe sind grau hinterlegt. Bei gleicher Kodierungshäufigkeit wurde dieselbe Ranglistenposition vergeben.[136]

Vertrauensfaktor	Ges	Ges	DD	DD	DF	DF	FD	FD	FF	FF
081 Respekt und Interesse zeigen	62	(1)	19	(1)	11	(4)	7	(12)	16	(2)
092 Nichts vortäuschen	62	(2)	15	(3)	13	(1)	11	(1)	18	(1)
012 Zusagen einhalten	52	(3)	12	(6)	12	(2)	11	(1)	11	(7)
071 Sympathie / affektive Übereinstimmung	48	(4)	15	(3)	10	(6)	10	(3)	11	(7)
021 An Wissen teilhaben lassen	46	(5)	17	(2)	6	(13)	8	(9)	10	(10)
091 Ziele / Einschätzungen offenlegen	46	(5)	11	(9)	11	(4)	8	(9)	7	(15)
061 Kontakt pflegen / viel kommunizieren	43	(7)	5	(28)	2	(38)	9	(5)	15	(4)
073 Einigkeit / Ähnlichkeit im Denken/Vorgehen	43	(7)	13	(5)	7	(11)	10	(3)	12	(6)
055 Auf Fehler / Defizite hinweisen	41	(9)	11	(9)	6	(13)	8	(9)	11	(7)
103 Helfen / Rat geben	41	(9)	10	(14)	9	(7)	5	(19)	16	(2)
101 Entgegenkommen / disponibel sein	37	(11)	12	(6)	7	(11)	6	(14)	6	(19)
023 Informationen vertraulich behandeln	36	(12)	10	(14)	8	(9)	9	(5)	4	(28)
104 Sich loyal verhalten	36	(12)	12	(6)	9	(7)	3	(25)	7	(15)
041 Kompetent sein / sich auskennen	35	(14)	4	(33)	6	(13)	6	(14)	15	(4)
062 Privates erzählen	34	(15)	9	(16)	12	(2)	4	(20)	6	(19)
095 Anständig / korrekt handeln	32	(16)	7	(20)	8	(9)	6	(14)	10	(10)
042 Qualitativ hochwertige Arbeit machen	30	(17)	7	(20)	1	(41)	9	(5)	10	(10)
053 In Diskussionen sachlich bleiben	30	(17)	11	(9)	6	(13)	3	(25)	10	(10)
063 Sich privat treffen	28	(19)	11	(9)	5	(21)	1	(39)	5	(23)
031 Anweisungen / Aufforderungen umsetzen	26	(20)	5	(28)	6	(13)	9	(5)	4	(28)
022 Mitdenken und individuell informieren	25	(21)	11	(9)	5	(21)	2	(29)	4	(28)
044 Arbeitseinsatz / Motivation zeigen	25	(21)	5	(28)	0	(47)	6	(14)	10	(10)
051 Konflikte offen und proaktiv managen	24	(23)	9	(16)	6	(13)	3	(25)	2	(39)
054 Fehler / Schwächen eingestehen	23	(24)	8	(19)	5	(21)	4	(20)	4	(28)
045 Organisiert und klar vorgehen	22	(25)	3	(39)	4	(26)	7	(12)	4	(28)
083 Bescheiden auftreten / nicht angeben	21	(26)	6	(24)	3	(31)	2	(29)	3	(38)
102 Schnell reagieren bei Anfragen / Bitten	21	(27)	4	(33)	6	(13)	2	(29)	7	(15)
024 Informationen nicht ausnutzen	20	(28)	7	(20)	5	(21)	1	(39)	4	(28)
064 Teamgeist / gemeinsame Ziele entwickeln	20	(29)	4	(33)	2	(38)	4	(20)	6	(19)
065 Freundlich und aufgeschlossen sein	20	(30)	6	(24)	4	(26)	2	(29)	7	(15)
035 Freiheit lassen / Zuständigkeiten übertragen	17	(31)	6	(24)	3	(31)	2	(29)	4	(28)
011 Absprachen treffen / Regeln vereinbaren	16	(32)	3	(39)	6	(13)	1	(39)	1	(44)
072 Private / biographische Gemeinsamkeiten	16	(33)	7	(20)	4	(26)	0	(48)	5	(23)
085 In Entscheidungen einbeziehen	16	(34)	9	(16)	3	(31)	1	(39)	2	(39)
013 Bei Nicht-Einhalten von Zusagen informieren	15	(35)	4	(33)	4	(26)	2	(29)	5	(23)
033 Regelmäßig berichten	15	(36)	1	(47)	3	(31)	3	(25)	5	(23)
056 Gegen Widerstand zu seiner Überzeugung stehen	15	(37)	6	(24)	3	(31)	1	(39)	4	(28)
034 Bei kritischen Problemen informieren	14	(38)	5	(28)	1	(41)	2	(29)	4	(28)
093 Die Zusammenarbeit ernst nehmen	14	(39)	4	(33)	4	(26)	4	(20)	2	(39)
094 Anerkennung / Belohnungen fair verteilen	13	(40)	5	(28)	1	(41)	0	(48)	6	(19)
043 Ergebnisse liefern	12	(41)	2	(45)	0	(47)	4	(20)	5	(23)
066 Locker sein / Humor haben	12	(42)	3	(39)	3	(31)	1	(39)	2	(39)
084 Zuständigkeiten respektieren	12	(43)	4	(33)	5	(21)	0	(48)	1	(44)
014 Absprachen / Regeln flexibel handhaben	10	(44)	0	(48)	3	(31)	6	(14)	0	(48)
032 Selbständig arbeiten	9	(45)	2	(39)	0	(47)	1	(39)	4	(28)
057 Entschieden und selbstbewusst auftreten	8	(46)	3	(39)	1	(41)	1	(39)	2	(39)
082 Kritik / Widerspruch höflich-indirekt äußern	8	(47)	0	(48)	1	(41)	2	(29)	0	(48)
052 Eigeninteressen zurückstellen	7	(48)	3	(39)	2	(38)	2	(29)	0	(48)
047 Initiative und Kreativität zeigen	5	(49)	2	(45)	0	(47)	1	(39)	1	(44)
046 Taktisch / strategisch vorgehen	4	(50)	0	(48)	1	(41)	2	(29)	1	(44)

---

[136] Vgl. Fußnote 135.

4.2 Einzelergebnisse und Diskussion 299

Aus den Werten der Teilgruppen erschließen sich Abweichungen der relativen Wichtigkeit der Vertrauensfaktoren im Vergleich der Teilgruppen. Es zeigt sich, bei welchen Vertrauensfaktoren sich die relative Wichtigkeit des jeweiligen Faktors *als* Vertrauensfaktor im deutsch-französischen Vergleich unterscheidet. Auf diese Frage werde ich in der Diskussion der Einzelergebnisse im nächsten Abschnitt eingehen (4.2). Die Sortierung nach Häufigkeit in der zweiten Tabelle lässt deutlich erkennen, wie sich die Top-Ten-Platzierung der Vertrauensfaktoren (grau hinterlegte Felder) im Vergleich der Teilgruppen unterscheidet.

4.2 Einzelergebnisse und Diskussion

Nach diesem tabellarischen Gesamtüberblick der quantitativen Ergebnisse berichte und diskutiere ich im Folgenden besonders auffällige Ergebnisse und Zusammenhänge im Detail – und zwar für die einzelnen Vertrauensfaktoren anhand der jeweiligen Kodierungshäufigkeiten sowie deren Aufspaltung in Vorkommenshäufigkeiten als Vertrauensgrund, -warnung und -maßnahme.

Vor allem gehe ich dabei auf diejenigen Vertrauensfaktoren ein, bei welchen im Vergleich einzelner Teilgruppen statistisch signifikante Unterschiede der Kodierungshäufigkeiten gefunden wurden. Es handelt sich hier fast ausschließlich um Signifikanzen auf 0.05 Niveau.[137] Die Berechnung erfolgte mit Hilfe eines Chiquadrat-Tests (vgl. 2.3.5.2). Darüber hinaus berichte ich auch Häufigkeitsunterschiede, die dieses Signifikanzniveau nicht erreichen, aber vor dem Hintergrund der mittels einer qualitativen Inhaltsanalyse bestimmten vertrauensrelevanten deutsch-französischen Kulturunterschiede (vgl. nächstes Kapitel) als interessante Indizien erscheinen.

Bei jedem Handlungsfeld gebe ich anfangs für die einzelnen Vertrauensfaktoren des Handlungsfelds eine detaillierte Übersichtstabelle der Kodierungshäufigkeiten. Diese ergänzt die Übersichtstabellen aus Abschnitt 4.1 durch eine Aufschlüsselung der Häufigkeiten nach Teilgruppen (Spalten) und Vertrauensrichtung (Zeilen). Den Aufbau dieser Tabellen möchte ich an dieser Stelle am Beispiel des Vertrauensfaktors *'Absprachen treffen / Regeln vereinbaren'* kurz erläutern (vgl. Tab. 4.4).

Tab. 4.4: Beispieltabelle Einzelergebnisse: Aufschlüsselung der Kodierungshäufigkeiten

Anteil Interviews mit Kodierung…	Alle Interviews	DD-Vm	DD	DF	FD	FF	FF-Vm	Signifikanzen
– des Vertrauensfaktors insgesamt	16 (16)	8 (2)	13 (3)	23 (6)	4 (1)	4 (1)	4 (1)	DF>FD*
– als Vertrauensgrund (V+)	7 (7)		4 (1)	15 (4)	4 (1)	4 (1)		
– als Vertrauenswarnung (V-)	4 (4)		4 (1)	8 (2)	4 (1)	0 (0)		
– als Vertrauensmaßnahme (Vm)	8 (8)		4 (1)	8 (2)	15 (4)	4 (1)		

Angaben gerundet in Prozent relativ zur Teilgruppengröße (alle Interviews: n=100; DD,FF: n=24; DF,FD: n=26); dahinter in kleinerer Schrift Angabe der absoluten Kodierungshäufigkeiten (Anzahl der Interviews, in welchen der Vertrauensfaktor kodiert wurde).

Grundsätzlich verwende ich die im zweiten Kapitel eingeführten Kürzel: **DD, DF, FD, FF** stehen für die Teilgruppen, d.h. die mono-kulturellen Teilgruppen (DD, FF) und die bi-kulturellen Teilgruppen (DF, FD, vgl. 2.1.5, 4.1.1). **V+, V-, Vm** bezeichnen die drei Vertrauensrichtungen: V+ steht für den Bericht eines Vertrauensfaktors als Vertrauensgrund, V- bezeichnet Vertrauenswarnungen, und Vm ist das Kürzel für Vertrauensmaßnahmen (vgl. 2.1.8.4).

– Die **Zellen** der Tabelle geben an, in wie vielen Interviews der jeweiligen Teilgruppe der Vertrauensfaktor insgesamt bzw. als Vertrauensgrund, -warnung oder -maßnahme kodiert wurde. Da sich die Größe der Teilgruppen geringfügig unterscheidet, erfolgt die

---

[137] Einzige Ausnahme ist der DD:FF-Test beim Vertrauensfaktor *'Kompetent sein / sich auskennen'* und beim Vertrauensfaktor *'Kontakt pflegen / viel kommunizieren'*, welcher in beiden Fällen Signifikanz auf 0.005 Niveau erreicht.

Angabe der Kodierungshäufigkeiten zur besseren Vergleichbarkeit in Prozent der jeweiligen Teilgruppen. In Klammern und kleinerer Schrift werden dahinter zusätzlich die absoluten Kodierungsanzahlen angegeben.
- Die **Zeilen** bilden die Aufschlüsselung nach Vertrauensrichtung. Die erste Zeile gibt den Anteil der Interviews der jeweiligen Gruppe an, in welchen der Vertrauensfaktor überhaupt kodiert wurde (als Vertrauensgrund, Vertrauenswarnung und/oder Vertrauensmaßnahme). Die übrigen Zeilen nennen den Anteil der Interviews, in welchen der Faktor als Vertrauensgrund bzw. als Vertrauenswarnung bzw. als Vertrauensmaßnahme kodiert wurde. Da in den Interviews alle Vertrauensfaktoren grundsätzlich sowohl als Vertrauensgrund, -warnung und -maßnahme beschrieben werden konnten, lassen sich die Werte in diesen drei Zeilen nicht zu dem Wert 'Gesamtkodierungen' addieren.
- Von den **Spalten** der Tabelle nennt die erste den Anteil der Interviews, in welchen der Vertrauensfaktor insgesamt kodiert wurde (also als Vertrauensgrund und/oder Vertrauenswarnung und/oder Vertrauensmaßnahme in einem der 100 Interviews, vgl. 4.1.2). Zentral sind anschließend die Spalten DD, DF, FD und FF, welche die Kodierungshäufigkeit für die einzelnen Teilgruppen wiedergeben, das heißt den Anteil der Interviews, in welchen der Faktor in den einzelnen Teilgruppen kodiert wurde.
Ergänzend finden sich in den Spalten DD^{-Vm} und FF^{-Vm} die Kodierungshäufigkeiten der mono-kulturellen Gruppen reduziert um die Kodierungen des jeweiligen Faktors als Vertrauensmaßnahme. Diese Werte wurden für den Vergleichstest der Kodierungshäufigkeiten zwischen jeweils der mono-kulturellen und bi-kulturellen Gruppe benötigt, um Ergebnisverzerrungen zu vermeiden (vgl. die Erläuterung in Fußnote 134 im Abschnitt 4.1.1). Sofern sich in den Teilgruppenvergleichen signifikante Unterschiede der Kodierungshäufigkeiten ergaben, ergänze ich entsprechende Hinweise in der Spalte 'Signifikanzen'.

Nach den Ergebnistabellen für die einzelnen Vertrauensfaktoren des Handlungsfelds folgt mein **Diskussionsschema** dem in 2.3.5.2 berichteten Auswertungsschema:
- Ich beginne mit dem Kulturvergleich: Zeigten sich Unterschiede im Vergleich zwischen der deutschen und der französischen mono-kulturellen Gruppe?
- An zweiter Stelle berichte ich von der Prüfung auf interkulturell relevante Unterschiede. Das heißt zum einen, dass ich vom Vergleich der beiden bi-kulturellen Gruppen (DF vs. FD) berichte. Bestätigte sich ein deutsch-französischer Unterschied im Vergleich der bi-kulturellen Gruppen (z.B. DF>FD), was darauf hindeutet, dass er tatsächlich in der interkulturellen Vertrauensentwicklung relevant ist? Zum anderen bedeutet es, dass ich die Ergebnisse des Vergleichs zwischen jeweils der mono-kulturellen und der bi-kulturellen Gruppe auf deutscher und französischer Seite darstelle. Fällt ein Aspekt als Vertrauensfaktor kaum oder wenig ins Gewicht, solange man sich in der eigenen Kultur bewegt, gewinnt aber an Bedeutung, wenn man in interkulturellen Kontexten tätig ist (z.B. DF>DD)?
- Schließlich berichte ich Auffälligkeiten, die dann in den Blick kommen, wenn man die Ergebnisse nach den drei Vertrauensrichtungen differenziert, das heißt die unterschiedlichen Häufigkeiten des Faktors als Vertrauensgrund, Vertrauenswarnung und Vertrauensmaßnahme in den einzelnen Teilgruppen vergleicht.

In der Darstellung ergänze ich im Text jeweils die Einzelergebnisse, auf welche ich mich beziehe, und zwar in Prozent der jeweiligen Teilgruppe (DD,FF: n=24, DF,FD: n=26). Sofern ich Einzelwerte für die drei Vertrauensrichtungen angebe, stehen diese stets in der gleichen, festgelegten Reihenfolge, nämlich V+/V-/Vm (d.h. Vertrauensgrund/ Vertrauenswarnung/ Vertrauensmaßnahme).

4.2 Einzelergebnisse und Diskussion

4.2.1 Umgang mit Absprachen / Regeln

Beginnen wir mit den vier Vertrauensfaktoren im Handlungsfeld *<Umgang mit Absprachen / Regeln>* (vgl. zur Definition des Handlungsfelds 3.2.1). Gibt es bei den einzelnen Vertrauensfaktoren im Vergleich der Teilgruppen signifikante Unterschiede der Kodierungshäufigkeiten? Anders gefragt: Gibt es Unterschiede im Hinblick darauf, wie viele der interviewten deutschen bzw. französischen Manager einer Gruppe in ihren Darstellungen auf den jeweiligen Vertrauensfaktor zu sprechen kommen? – Eine Übersicht der Kodierungshäufigkeiten für die Vertrauensfaktoren des Handlungsfelds gibt zunächst Tab. 4.5.

Tab. 4.5: Einzelergebnisse Handlungsfeld <Umgang mit Absprachen / Regeln>

[Angaben bei dieser und den folgenden Tabellen gerundet in Prozent relativ zur Teilgruppengröße (alle Interviews: n=100; DD,FF: n=24; DF,FD: n=26); dahinter in kleinerer Schrift Angabe der absoluten Kodierungshäufigkeit (Anzahl der Interviews, in welchen der Vertrauensfaktor kodiert wurde).

1.1 Absprachen treffen / Regeln vereinbaren

Anteil Interviews mit Kodierung...	Alle Interviews	DD^{-Vm}	DD	DF	FD	FF	FF^{-Vm}	Signifikanzen
– des Vertrauensfaktors insgesamt	16 (16)		8 (2)	13 (3)	23 (6)	4 (1)	4 (1)	DF>FD*
– als Vertrauensgrund (V+)	7 (7)			4 (1)	15 (4)	4 (1)	4 (1)	
– als Vertrauenswarnung (V-)	4 (4)			4 (1)	8 (2)	4 (1)	0 (0)	
– als Vertrauensmaßnahme (Vm)	8 (8)			4 (1)	8 (2)	15 (4)	4 (1)	

1.2 Zusagen einhalten

Anteil Interviews mit Kodierung...	Alle Interviews	DD^{-Vm}	DD	DF	FD	FF	FF^{-Vm}	Signifikanzen
– des Vertrauensfaktors insgesamt	52 (52)		50 (12)	50 (12)	46 (12)	42 (11)	46 (11)	46 (11)
– als Vertrauensgrund (V+)	33 (33)			38 (9)	31 (8)	42 (11)	21 (5)	
– als Vertrauenswarnung (V-)	33 (33)			46 (11)	31 (8)	15 (4)	42 (10)	
– als Vertrauensmaßnahme (Vm)	22 (22)			4 (1)	27 (7)	31 (8)	25 (6)	

1.3 Bei Nicht-Einhalten von Zusagen informieren

Anteil Interviews mit Kodierung...	Alle Interviews	DD^{-Vm}	DD	DF	FD	FF	FF^{-Vm}	Signifikanzen
– des Vertrauensfaktors insgesamt	15 (15)	17 (4)		17 (4)	15 (4)	8 (2)	21 (5)	13 (3)
– als Vertrauensgrund (V+)	6 (6)			13 (3)	4 (1)	4 (1)	4 (1)	
– als Vertrauenswarnung (V-)	11 (11)			13 (3)	15 (4)	4 (1)	13 (3)	
– als Vertrauensmaßnahme (Vm)	4 (4)			4 (1)	4 (1)	0 (0)	8 (2)	

1.4 Absprachen / Regeln flexibel handhaben

Anteil Interviews mit Kodierung...	Alle Interviews	DD^{-Vm}	DD	DF	FD	FF	FF^{-Vm}	Signifikanzen
– des Vertrauensfaktors insgesamt	10 (10)	0 (0)	0 (0)	12 (3)	23 (6)	0 (0)	0 (0)	FD>FF^{-Vm}*
– als Vertrauensgrund (V+)	6 (6)			0 (0)	12 (3)	12 (3)	0 (0)	
– als Vertrauenswarnung (V-)	6 (6)			0 (0)	0 (0)	23 (6)	0 (0)	
– als Vertrauensmaßnahme (Vm)	1 (1)			0 (0)	4 (1)	0 (0)	0 (0)	

Hinweisen möchte ich zunächst auf ein Ergebnis beim Vertrauensfaktor: *'Zusagen einhalten'*. Offenbar handelt es sich hier um einen sehr wichtigen Vertrauensfaktor, denn er spielt in den Darstellungen von über der Hälfte aller interviewten Manager eine Rolle (52 %). Damit steht er in der Häufigkeitsrangliste der Vertrauensfaktoren auf dem dritten Platz (vgl. Tab. 4.3 in 4.1.2). Dass der Bruch von Zusagen nicht vertrauensförderlich wahrgenommen wird, ist allerdings genauso wenig eine Überraschung, wie dass ein zuverlässiges Einhalten von Zusagen ein Aspekt von Vertrauenswürdigkeit ist.

Betrachten wir nun den Kulturvergleich, zeigt sich, dass *'Zusagen einhalten'* in der deutschen und der französischen mono-kulturellen Gruppe etwa gleich häufig beschrieben wurde, nämlich jeweils von etwa der Hälfte der interviewten Manager (DD50:FF46). Deutsche und französische Manager geben dem Vertrauensfaktor *'Zusagen einhalten'* in etwa gleiches Gewicht. Dieses Ergebnis lässt nicht vermuten, dass es in Bezug auf das Einhalten von Zusagen in der deutsch-französischen Zusammenarbeit ein Potenzial für kulturelle Vertrauensmissverständnisse gibt.

Dennoch gibt es eine Möglichkeit, wie solche Missverständnisse entstehen können: Da *'Zusagen einhalten'* offenbar ein sehr grundlegender Vertrauensfaktor ist, würde es ins Gewicht fallen, falls es in Bezug auf die Diagnose dieses Vertrauensfaktors anhand beobachteten Verhaltens kulturelle Unterschiede gibt. Dass dies tatsächlich der Fall ist, werde ich im nächsten Kapitel in der Diskussion der qualitativen Auswertung zeigen (vgl. 5.1).

Was den Kulturvergleich anhand der quantitativen Ergebnisse im Handlungsfeld <Umgang mit Absprachen / Regeln> anbelangt, wird es nun interessant, wenn wir uns den ersten und den letzten Vertrauensfaktor des Handlungsfelds ansehen. Der Vertrauensfaktor '**Absprachen treffen / Regeln vereinbaren**' wird in den bi-kulturellen Gruppen von etwa einem Viertel der deutschen Manager beschrieben – und taucht damit signifikant häufiger auf deutscher Seite auf als auf französischer (DF23:FD4*)[138]. Das heißt, wenn die deutschen Manager die Entwicklung von Vertrauen zu französischen Kollegen oder Geschäftspartnern nachzeichnen, dann sprechen sie signifikant häufiger als die französischen Manager davon, dass der andere mit ihnen Absprachen trifft oder Regeln vereinbart (bzw. dies nicht tut). Auch im Vergleich der mono-kulturellen Gruppen beschreiben mehr deutsche als französische Managern diesen Vertrauensfaktor (DD13:FF4), aber der Unterschied ist nicht signifikant. Dies deutet darauf hin, dass es hier einen Kulturunterschied gibt, der insbesondere in der interkulturellen Interaktion zum Tragen kommt. Offenbar achten die interviewten deutschen Manager bei der Vertrauenseinschätzung französischer Kollegen oder Geschäftspartnern stärker darauf, ob Absprachen getroffen werden, als es umgekehrt die französischen Interviewpartner tun. Dies lässt auf ein Potenzial für kulturelle Vertrauensmissverständnisse schließen: Es besteht die Möglichkeit, dass ein französischer Manager sich in der Zusammenarbeit mit einem deutschen Kollegen nicht in besonderem Maße darum bemüht, Absprachen zu treffen bzw. Regeln zu vereinbaren, da er sich tendenziell weniger darum bemüht als der Deutsche und diesen Aspekt auch nicht für besonders wichtig hält. Für den deutschen Manager ist das Verhalten seines französischen Kollegen jedoch möglicherweise Anlass, seine Bereitschaft zu reduzieren, diesem Kollegen zu vertrauen.

Eine weitere Auffälligkeit zeigt sich beim Vertrauensfaktor '**Absprachen / Regeln flexibel handhaben**'. Hier gibt es auf der französischen Seite eine deutliche Signifikanz im Vergleich der mono-kulturellen mit der bi-kulturellen Teilgruppe (FD23:FF0*). Auf diesen Vertrauensfaktor verweisen also die französischen Manager, welche von der Zusammenarbeit mit deutschen Kollegen berichten, signifikant häufiger als ihre Kollegen, die aus der rein französischen Zusammenarbeit berichten. Es scheint sich also um einen Aspekt zu handeln, der für französische Manager insbesondere in der Zusammenarbeit mit Deutschen (und dabei vor allem in negativer Perspektive, also als Vertrauenswarnung) ins Blickfeld gerät (FD12/23/0)[139].

Wenn wir nun insgesamt bei diesem Vertrauensfaktor die Häufigkeitsverteilung in den Teilgruppen nach Vertrauensperspektive aufschlüsseln, zeigt sich ein interessantes Schema, das sich als Hinweis auf einen Einfluss kultureller Unterschiede interpretieren lässt. Es findet sich auch bei anderen Vertrauensfaktoren, und ich werde es an dieser Stelle etwas ausführlicher erläutern: Bei diesem Schema fällt in der einen bi-kulturellen Gruppe die Häufigkeit als Vertrauensgrund und Vertrauensmaßnahme auf, während in der anderen bi-kulturellen Gruppe

---

[138] Ich schreibe 'DF23:FD4*' für die Angabe des prozentualen Anteils an Interviews der jeweiligen Teilgruppe, in welchen der Vertrauensfaktor mindestens einmal kodiert wurde. Der Stern steht für die Signifikanz auf 0.05 Niveau. Da die Chiquadrat-Werte aller Vergleichstests in Tab. 4.1 in 4.1.1 vollständig aufgeführt sind, verzichte ich im Fließtext auf diese Angabe.

[139] Einzelwerte für die drei Vertrauensrichtungen stehen stets in der festgelegten Reihenfolge V+/V-/Vm, das heißt prozentualer Anteil der Kodierungen des Vertrauensfaktors in der jeweiligen Teilgruppe 1. als Vertrauensgrund, 2. als Vertrauenswarnung und 3. als Vertrauensmaßnahme.

die Häufigkeit als Vertrauenswarnung hervorsticht. So ergaben sich etwa beim Vertrauensfaktor *'Absprachen / Regeln flexibel handhaben'* in der DF-Gruppe eine hohe Zahl von Kodierungen als Vertrauensgrund und Vertrauensmaßnahme, während sich in der FD-Gruppe viele Kodierungen als Vertrauenswarnung fanden. Das Schema besteht also aus drei Auffälligkeiten im Vergleich der Teilgruppen. Sie zeigen sich beim Vertrauensfaktor *'Absprachen / Regeln flexibel handhaben'* in einer relativ schwachen Ausprägung: Erstens gilt: DF/V+ > DF/V-, zweitens gilt DF/Vm > DD/Vm und drittens schließlich gilt FD/V- > FD/V+. Dieser Zusammenhang zeigt, wie sich kulturelle Unterschiede in den Kodierungshäufigkeiten der Vertrauensfaktoren widerspiegeln können. Ich erläutere die möglichen Schlüsse in Tab. 4.6 und werde in der Diskussion anderer Vertrauensfaktoren darauf zurückkommen. Das Schema liefert einen interessanten Anhaltspunkt dafür, inwiefern sich in den Kodierungshäufigkeiten je nach Vertrauensrichtung im Vergleich der Teilgruppen Indizien für einen Einfluss kultureller Unterschiede zeigen können (vgl. auch 4.3.2).

Tab. 4.6: Häufigkeitsverteilungsschema, das auf kulturelle Unterschiede verweist

- **In der bi-kulturellen Gruppe von Kultur-A ist die Zahl von Beschreibungen des Faktors als Vertrauensgrund größer als die der Beschreibungen als Vertrauenswarnung**: Aus Sicht von Kultur-A fällt bei Kultur-B ein Verhalten gemäß diesem Vertrauensfaktor positiv auf (V+). Daraus lässt sich erstens schließen, dass die Vertreter von Kultur-B offenbar ein entsprechendes Verhalten zeigen. Zweitens bewerten die Vertreter von Kultur-A dieses Verhalten tendenziell in Bezug auf Vertrauen positiv, also als Vertrauensgrund.
Das heißt in Bezug auf den Vertrauensfaktor *'Absprachen / Regeln flexibel handhaben'*: Die französischen Manager, von welchen die interviewten deutschen Manager berichten, gehen offenbar mit Absprachen und Regeln flexibel um. Die interviewten deutschen Manager bewerten dieses Verhalten tendenziell positiv, also als Vertrauensgrund.

- **Gleichzeitig ist in Kultur A die Zahl der Beschreibungen des Vertrauensfaktors als Vertrauensmaßnahme in der bi-kulturellen Gruppe größer als in der mono-kulturellen Gruppe**: Das heißt, in Kultur-A bemüht man sich auch, diesen Vertrauensfaktor speziell in der Zusammenarbeit mit Kultur-B als Vertrauensmaßnahme umzusetzen (und zwar häufiger, als man das Verhalten im mono-kulturellen Kontext als Vertrauensmaßnahme einsetzt). Offenbar nehmen Vertreter von Kultur-A an, dass dieser Aspekt für ihre Kollegen aus Kultur-B ein wichtiger Vertrauensfaktor ist und bemühen sich daher um ein entsprechendes Verhalten.
Das heißt in unserem Beispiel: Offenbar nehmen die interviewten deutschen Manager an, dass ein flexibler Umgang mit Absprachen für ihre französischen Kollegen ein wichtiger Vertrauensfaktor ist. Sie bemühen sich daher in der interkulturellen Zusammenarbeit, sich entsprechend zu verhalten.

- **Schließlich ist in Kultur-B in der bi-kulturellen Gruppe die Zahl von Beschreibungen des Faktors als Vertrauenswarnung größer als die der Beschreibungen als Vertrauensgrund**: Aus Sicht von Kultur-B fällt also das Verhalten von Kultur-A im Zusammenhang mit dem entsprechenden Vertrauensfaktor negativ auf. Dies bestätigt erstens, dass den Vertretern von Kultur-B dieser Aspekt für die Vertrauenseinschätzung wichtig ist. Zweitens deutet es darauf hin, dass die Vertreter von Kultur-A tendenziell das entsprechende Verhalten *nicht* zeigen.
Das heißt in unserem Beispiel: Den interviewten französischen Managern ist es für die Einschätzung der Vertrauenswürdigkeit ihrer deutschen Kollegen offenbar wichtig, ob diese Regeln und Absprachen flexibel handhaben. Ihre deutschen Kollegen (von welchen Sie im Interview berichten) tun dies aus französischer Perspektive offenbar häufig nicht.

4.2.2 Weitergabe von Informationen

Gibt es bei den Vertrauensfaktoren im Handlungsfeld *<Weitergabe von Informationen>* auffällige quantitative Häufigkeitsunterschiede im deutsch-französischen Vergleich (vgl. zur Definition des Handlungsfelds 3.2.2)? Eine Übersicht der Ergebnisse gibt Tab. 4.7.

Tab. 4.7: Einzelergebnisse Handlungsfeld <Weitergabe von Informationen>

2.1 An Wissen teilhaben lassen

Anteil Interviews mit Kodierung...	Alle Interviews	DD^{-Vm}	DD	DF	FD	FF	FF^{-Vm}	Signifikanzen
– des Vertrauensfaktors insgesamt	46 (46)	58 (14)	71 (17)	23 (6)	31 (8)	42 (10)	33 (8)	DD>FF*; DD^{-Vm}>DF*
– als Vertrauensgrund (V+)	32 (32)		50 (12)	23 (6)	27 (7)	29 (7)		
– als Vertrauenswarnung (V-)	10 (10)		17 (4)	4 (1)	8 (2)	13 (3)		
– als Vertrauensmaßnahme (Vm)	21 (21)		33 (8)	12 (3)	19 (5)	21 (5)		

2.2 Mitdenken und individuell informieren

Anteil Interviews mit Kodierung...	Alle Interviews	DD^{-Vm}	DD	DF	FD	FF	FF^{-Vm}	Signifikanzen
– des Vertrauensfaktors insgesamt	25 (25)	42 (10)	46 (11)	19 (5)	8 (2)	17 (4)	13 (3)	DD>FF*
– als Vertrauensgrund (V+)	16 (16)		38 (9)	15 (4)	4 (1)	8 (2)		
– als Vertrauenswarnung (V-)	8 (8)		17 (4)	4 (1)	4 (1)	8 (2)		
– als Vertrauensmaßnahme (Vm)	9 (9)		21 (5)	8 (2)	4 (1)	4 (1)		

2.3 Informationen vertraulich behandeln

Anteil Interviews mit Kodierung...	Alle Interviews	DD^{-Vm}	DD	DF	FD	FF	FF^{-Vm}	Signifikanzen
– des Vertrauensfaktors insgesamt	36 (36)	38 (9)	42 (10)	31 (8)	35 (9)	17 (4	17 (4)	
– als Vertrauensgrund (V+)	25 (25)		38 (9)	19 (5)	31 (8)	13 (3		
– als Vertrauenswarnung (V-)	11 (11)		13 (3)	15 (4)	8 (2)	8 (2		
– als Vertrauensmaßnahme (Vm)	9 (9)		8 (2)	15 (4)	12 (3)	0 (0		

2.4 Informationen nicht ausnutzen

Anteil Interviews mit Kodierung...	Alle Interviews	DD^{-Vm}	DD	DF	FD	FF	FF^{-Vm}	Signifikanzen
– des Vertrauensfaktors insgesamt	20 (20)	29 (7)	29 (7)	19 (5)	4 (1)	17 (4)	13 (3)	
– als Vertrauensgrund (V+)	8 (8)		13 (3)	12 (3)	4 (1)	4 (1)		
– als Vertrauenswarnung (V-)	12 (12)		21 (5)	15 (4)	0 (0)	8 (2)		
– als Vertrauensmaßnahme (Vm)	5 (5)		4 (1)	8 (2)	4 (1)	4 (1)		

Zunächst können wir feststellen, dass sich der Vertrauensfaktor *'An Wissen teilhaben lassen'* fast in der Hälfte aller Interviews findet und dass er offenbar ein sehr wichtiger Vertrauensfaktor ist. Dies bedeutet, dass es für die interkulturelle Vertrauensentwicklung ins Gewicht fällt, falls es im Umgang mit diesem Vertrauensfaktor ('Faktordiagnose') Kulturunterschiede gibt (vgl. 5.2.1). Der Vertrauensfaktor wird zudem im Vergleich der mono-kulturellen Gruppen signifikant häufiger von den deutschen Managern beschrieben (DD71:FF42*), was darauf hindeutet, dass er ihnen wichtiger für die Vertrauenseinschätzung ist, als den französischen Managern.

Einen weiteren signifikanten Unterschied gibt es beim Vertrauensfaktor *'Mitdenken und individuell informieren'*. Auch dieser findet sich im Vergleich der mono-kulturellen Gruppen signifikant häufiger in den Darstellungen der deutschen Manager als in denen der französischen Manager (DD46:FF17*).

Zudem fällt auf, dass der Vertrauensfaktor *'Informationen vertraulich behandeln'* in den mono-kulturellen Gruppen von den deutschen Managern deutlich häufiger beschrieben wird als von den französischen, allerdings ist dieser Unterschied nicht signifikant (DD42:FF17). Im Vergleich der bi-kulturellen Gruppen zeigen sich zunächst recht ähnliche Kodierungsanteile (DF31:FF35). Allerdings fällt auf, dass in der FD-Gruppe die Häufigkeit als Vertrauensgrund heraus sticht (FD31/8/12). Dies lässt sich als Hinweis darauf verstehen, dass viele der deutschen Kollegen, von welchen die französischen Interviewpartner berichten, auch tatsächlich Informationen vertraulich behandeln – was offenbar von den französischen Managern durchaus positiv bewertet wird. Diese Beobachtung basiert zwar auf geringen Kodierungszahlen. Interessant erscheint sie jedoch vor dem Hintergrund der vertrauensrelevanten deutsch-französischen Unterschiedsbereiche, die ich im nächsten Kapitel berichte (vgl. 5.2).

4.2.3 Umgang mit Anweisungen / Aufforderungen

Wenn man sich die Vertrauensfaktoren im Handlungsfeld *<Umgang mit Anweisungen / Aufforderungen>* (vgl. 3.2.3 zur Definition des Handlungsfelds) im Hinblick auf Häufigkeitsunterschiede im deutsch-französischen Vergleich näher ansieht, findet man zwar keine Signifikanzen, aber es gibt doch bei den einzelnen Vertrauensfaktoren verschiedene Auffälligkeiten.

Tab. 4.8: Einzelergebnisse Handlungsfeld *<Umgang mit Anweisungen / Aufforderungen>*

3.1 Anweisungen / Aufforderungen umsetzen

Anteil Interviews mit Kodierung...	Alle Interviews	DD-Vm	DD	DF	FD	FF	FF-Vm	Signifikanzen
– des Vertrauensfaktors insgesamt	26 (26)	13 (3)	21 (5)	23 (6)	35 (9)	17 (4)	17 (4)	
– als Vertrauensgrund (V+)	22 (22)		13 (3)	23 (6)	35 (9)	17 (4)		
– als Vertrauenswarnung (V-)	14 (14)		13 (3)	15 (4)	19 (5)	8 (2)		
– als Vertrauensmaßnahme (Vm)	5 (5)		8 (2)	4 (1)	8 (2)	0 (0)		

3.2 Selbständig arbeiten

Anteil Interviews mit Kodierung...	Alle Interviews	DD-Vm	DD	DF	FD	FF	FF-Vm	Signifikanzen
– des Vertrauensfaktors insgesamt	9 (9)	13 (3)	13 (3)	0 (0)	4 (1)	17 (4)	17 (4)	
– als Vertrauensgrund (V+)	8 (8)		13 (3)	0 (0)	4 (1)	17 (4)		
– als Vertrauenswarnung (V-)	1 (1)		4 (1)	0 (0)	0 (0)	0 (0)		
– als Vertrauensmaßnahme (Vm)	1 (1)		0 (0)	4 (1)	0 (0)	0 (0)		

3.3 Regelmäßig berichten

Anteil Interviews mit Kodierung...	Alle Interviews	DD-Vm	DD	DF	FD	FF	FF-Vm	Signifikanzen
– des Vertrauensfaktors insgesamt	15 (15)	4 (1)	4 (1)	12 (3)	12 (3)	21 (5)	21 (5)	
– als Vertrauensgrund (V+)	6 (6)		0 (0)	12 (3)	4 (1)	8 (2)		
– als Vertrauenswarnung (V-)	8 (8)		4 (1)	4 (1)	8 (2)	17 (4)		
– als Vertrauensmaßnahme (Vm)	8 (8)		4 (1)	12 (3)	12 (3)	4 (1)		

3.4 Bei kritischen Problemen informieren

Anteil Interviews mit Kodierung...	Alle Interviews	DD-Vm	DD	DF	FD	FF	FF-Vm	Signifikanzen
– des Vertrauensfaktors insgesamt	14 (14)	21 (5)	21 (5)	4 (1)	8 (2)	17 (4)	17 (4)	
– als Vertrauensgrund (V+)	7 (7)		13 (3)	4 (1)	8 (2)	4 (1)		
– als Vertrauenswarnung (V-)	7 (7)		17 (4)	0 (0)	0 (0)	13 (3)		
– als Vertrauensmaßnahme (Vm)	2 (2)		0 (0)	4 (1)	4 (1)	0 (0)		

3.5 Freiheit lassen / Zuständigkeiten übertragen

Anteil Interviews mit Kodierung...	Alle Interviews	DD-Vm	DD	DF	FD	FF	FF-Vm	Signifikanzen
– des Vertrauensfaktors insgesamt	17 (17)	13 (3)	25 (6)	12 (3)	8 (2)	17 (4)	8 (2)	
– als Vertrauensgrund (V+)	8 (8)		13 (3)	4 (1)	8 (2)	8 (2)		
– als Vertrauenswarnung (V-)	4 (4)		0 (0)	12 (3)	4 (1)	0 (0)		
– als Vertrauensmaßnahme (Vm)	9 (9)		17 (4)	0 (0)	12 (3)	8 (2)		

Der Vertrauensfaktor *'Anweisungen / Aufforderungen umsetzen'* findet sich in den monokulturellen Gruppen etwa gleich oft. Allerdings gibt es Indizien dafür, dass dieser Vertrauensfaktor gerade in der interkulturellen Zusammenarbeit relevant wird. Auffällig ist zunächst, dass er sich in den FD-Gruppen häufiger findet als in den FF-Gruppen (FD35:FF17). Auch auf deutscher Seite gibt es diesen interkulturellen Effekt: Der Vertrauensfaktor findet sich auch hier häufiger in den bi-kulturellen als in den mono-kulturellen Gruppen auf (DF23:DD13). Dies fällt auf, da die meisten Vertrauensfaktoren (der ersten zehn, d.h. nicht-interkulturellen Handlungsfelder) in den bi-kulturellen Gruppen seltener gefunden wurden als in den monokulturellen Gruppen (was daran liegen könnte, dass in den bi-kulturellen Interviews ein Teil der Interviewzeit eben für die Beschreibung interkultureller Vertrauensfaktoren und für Kommentare zur interkulturellen Zusammenarbeit verwendet wurde.) Insgesamt lassen diese Ergebnisse darauf schließen, dass der Aspekt *'Anweisungen / Aufforderungen umsetzen'* in der deutsch-französischen Zusammenarbeit – im Vergleich zur mono-kulturellen Interaktion unter Deutschen oder unter Franzosen – als Vertrauensfaktor an Gewicht gewinnt. Inwiefern sich in der deutsch-französischen Zusammenarbeit tatsächlich spezifische Herausforderungen in Bezug auf die Diagnose des Vertrauensfaktors *'Anweisungen / Aufforderungen umsetzen'* ergeben, zeige ich im nächsten Kapitel (vgl. 5.3).

Beim Vertrauensfaktor *'Regelmäßig berichten'* gibt es einen Unterschied im Vergleich der mono-kulturellen Gruppen (DD4:FF21), den man als Hinweis darauf verstehen könnte, dass die interviewten französischen Manager auf diesen Vertrauensfaktor stärker achten als die deutschen Interviewpartner. Dies wird zudem dadurch gestützt, dass sich bei Berücksichtigung der Kodierungshäufigkeiten pro Vertrauensrichtung im Teilgruppenvergleich das typische Kulturunterschiedsschema zeigt, das ich in der Diskussion des Faktors *'Absprachen / Regeln flexibel handhaben'* beschrieben habe (vgl. 4.2.1). Zwar zeigt sich das Schema auch hier anhand relativ geringer Kodierungszahlen, die Beobachtung erscheint aber vor dem Hintergrund der im nächsten Kapitel berichteten Ergebnisse deutsch-französischer Unterschiedsbereiche der Diagnose von Vertrauensfaktoren von Interesse (vgl. 5.3): Für die interviewten deutschen Manager der bi-kulturellen Gruppe ist es häufiger ein Vertrauensgrund als eine Vertrauenswarnung, dass ihre französischen Mitarbeiter oder Kollegen *regelmäßig berichten, was läuft* (DF12/4/12), und sie bemühen sich auch selbst, im Sinne einer interkulturellen Vertrauensmaßnahme entsprechend zu handeln – und zwar gegenüber französischen Kollegen häufiger als in der mono-kulturellen Zusammenarbeit (DF/Vm12:DD/Vm4). Demgegenüber findet sich der Vertrauensfaktor in der französischen bi-kulturellen Gruppe häufiger in Form der Vertrauenswarnung als in Form des Vertrauensgrunds (FD4/8/12). Diese Ergebnisse verweisen auf ein Potenzial für folgendes kulturelles Vertrauensmissverständnis: Ein deutscher Manager berichtet in der Zusammenarbeit mit einem französischen Vorgesetzten nicht regelmäßig über den positiven Forschritt seiner Arbeit, da er dies nicht für besonders relevant hält. Für den französischen Vorgesetzten ist dieses Verhalten jedoch ein Grund, seine Bereitschaft zu reduzieren, dem deutschen Mitarbeiter zu vertrauen.

Die gleiche typische Kombination von Auffälligkeiten zeigt sich auch beim Vertrauensfaktor *'Freiheit lassen / Zuständigkeiten übertragen'*. Er wird in den bi-kulturellen Gruppen auf deutscher Seite am häufigsten als Vertrauenswarnung beschrieben (DF4/12/0), während er sich auf französischer Seite häufiger als Vertrauensgrund oder als Vertrauensmaßnahme und seltener als Vertrauenswarnung findet (FD8/4/12). Dies deutet darauf hin, dass dieser Vertrauensfaktor den interviewten deutschen Managern wichtiger ist als den französischen und dass sie sich auch entsprechend verhalten. Auch diese Ergebnisse deuten darauf hin, dass es zu entsprechenden deutsch-französischen Vertrauensmissverständnissen kommen kann. Interessant erscheinen sie vor allem vor dem Hintergrund der im nächsten Kapitel berichteten deutsch-französischen Unterschieds in Bezug auf das Respektieren von Zuständigkeiten (vgl. 5.8.2).

4.2.4 Bewältigung von Aufgaben

In der quantitativen Betrachtung der Vertrauensfaktoren der <Bewältigung der Aufgaben> (vgl. 3.2.4 zur Definition des Handlungsfelds) im deutsch-französischen Vergleich fallen zwei Dinge ins Auge: Der Vertrauensfaktor *'Kompetent sein / sich auskennen'* findet sich im Vergleich der mono-kulturellen Gruppen in besonders deutlicher Weise häufiger auf französischer Seite, und die drei Vertrauensfaktoren *'Qualitativ hochwertige Arbeit machen'*, *'Ergebnisse liefern'* und *'Arbeitseinsatz / Motivation zeigen'* finden sich im Vergleich der bi-kulturellen Gruppen signifikant häufiger auf französischer Seite (vgl. Tab. 4.9).

Tab. 4.9: Einzelergebnisse Handlungsfeld <Bewältigung von Aufgaben>

4.1 Kompetent sein / sich auskennen

Anteil Interviews mit Kodierung...	Alle Interviews	DD⁻ᵛᵐ	DD	DF	FD	FF	FF⁻ᵛᵐ	Signifikanzen
– des Vertrauensfaktors insgesamt	35 (35)	17 (4)	17 (4)	23 (6)	23 (6)	63 (15)	50 (12)	FF>DD***; FF⁻ᵛᵐ>FD*
– als Vertrauensgrund (V+)	22 (22)		17 (4)	15 (4)	19 (5)	38 (9)		
– als Vertrauenswarnung (V-)	11 (11)		0 (0)	8 (2)	8 (2)	29 (7)		
– als Vertrauensmaßnahme (Vm)	13 (13)		13 (3)	8 (2)	19 (5)	13 (3)		

4.2 Qualitativ hochwertige Arbeit machen

Anteil Interviews mit Kodierung...	Alle Interviews	DD⁻ᵛᵐ	DD	DF	FD	FF	FF⁻ᵛᵐ	Signifikanzen
– des Vertrauensfaktors insgesamt	30 (30)	29 (7)	29 (7)	4 (1)	35 (9)	42 (10)	29 (7)	FD>DF*; DD⁻ᵛᵐ>DF*
– als Vertrauensgrund (V+)	16 (16)		21 (5)	0 (0)	23 (6)	21 (5)		
– als Vertrauenswarnung (V-)	11 (11)		13 (3)	4 (1)	12 (3)	17 (4)		
– als Vertrauensmaßnahme (Vm)	8 (8)		4 (1)	8 (2)	8 (2)	13 (3)		

4.3 Ergebnisse liefern

Anteil Interviews mit Kodierung...	Alle Interviews	DD⁻ᵛᵐ	DD	DF	FD	FF	FF⁻ᵛᵐ	Signifikanzen
– des Vertrauensfaktors insgesamt	12 (12)	4 (1)	8 (2)	0 (0)	15 (4)	21 (5)	21 (5)	FD>DF*
– als Vertrauensgrund (V+)	5 (5)		0 (0)	0 (0)	8 (2)	13 (3)		
– als Vertrauenswarnung (V-)	7 (7)		4 (1)	0 (0)	12 (3)	13 (3)		
– als Vertrauensmaßnahme (Vm)	3 (3)		4 (1)	0 (0)	8 (2)	0 (0)		

4.4 Arbeitseinsatz / Motivation zeigen

Anteil Interviews mit Kodierung...	Alle Interviews	DD⁻ᵛᵐ	DD	DF	FD	FF	FF⁻ᵛᵐ	Signifikanzen
– des Vertrauensfaktors insgesamt	25 (25)	17 (4)	21 (5)	0 (0)	23 (6)	42 (10)	38 (9)	FD>DF*; DD⁻ᵛᵐ>DF*
– als Vertrauensgrund (V+)	17 (17)		17 (4)	0 (0)	23 (6)	29 (7)		
– als Vertrauenswarnung (V-)	6 (6)		8 (2)	0 (0)	0 (0)	17 (4)		
– als Vertrauensmaßnahme (Vm)	9 (9)		8 (2)	8 (2)	12 (3)	8 (2)		

4.5 Organisiert und klar vorgehen

Anteil Interviews mit Kodierung...	Alle Interviews	DD⁻ᵛᵐ	DD	DF	FD	FF	FF⁻ᵛᵐ	Signifikanzen
– des Vertrauensfaktors insgesamt	22 (22)	13 (3)	13 (3)	15 (4)	27 (7)	17 (4)	17 (4)	
– als Vertrauensgrund (V+)	16 (16)		8 (2)	12 (3)	27 (7)	17 (4)		
– als Vertrauenswarnung (V-)	6 (6)		13 (3)	4 (1)	4 (1)	4 (1)		
– als Vertrauensmaßnahme (Vm)	7 (7)		0 (0)	4 (1)	19 (5)	4 (1)		

4.6 Taktisch / strategisch vorgehen

Anteil Interviews mit Kodierung...	Alle Interviews	DD⁻ᵛᵐ	DD	DF	FD	FF	FF⁻ᵛᵐ	Signifikanzen
– des Vertrauensfaktors insgesamt	4 (4)	0 (0)	0 (0)	4 (1)	8 (2)	4 (1)	4 (1)	
– als Vertrauensgrund (V+)	2 (2)		0 (0)	4 (1)	4 (1)	0 (0)		
– als Vertrauenswarnung (V-)	2 (2)		0 (0)	0 (0)	4 (1)	4 (1)		
– als Vertrauensmaßnahme (Vm)	0 (0)		0 (0)	0 (0)	0 (0)	0 (0)		

4.7 Initiative und Kreativität zeigen

Anteil Interviews mit Kodierung...	Alle Interviews	DD⁻ᵛᵐ	DD	DF	FD	FF	FF⁻ᵛᵐ	Signifikanzen
– des Vertrauensfaktors insgesamt	5 (5)	8 (2)	8 (2)	0 (0)	4 (1)	4 (1)	4 (1)	
– als Vertrauensgrund (V+)	4 (4)		8 (2)	0 (0)	4 (1)	4 (1)		
– als Vertrauenswarnung (V-)	1 (1)		0 (0)	0 (0)	4 (1)	0 (0)		
– als Vertrauensmaßnahme (Vm)	2 (2)		0 (0)	4 (1)	4 (1)	0 (0)		

Der Vertrauensfaktor *'Kompetent sein / sich auskennen'* scheint den interviewten französischen Managern deutlich wichtiger zu sein als den deutschen. Der Aspekt wird von knapp zwei Dritteln der interviewten Manager in der mono-kulturellen französischen Gruppe beschrieben, und zwar sowohl als Vertrauensgrund als auch als Vertrauenswarnung. Daraus ergibt sich im Vergleich der mono-kulturellen deutschen mit der französischen Gruppe eine Signifikanz auf 0.005 Niveau (DD17:FF63***).

Betrachtet man die Kodierungsverteilung im Vergleich der mono-kulturellen Gruppen im Detail, fällt die unterschiedlich häufige Beschreibung als Vertrauenswarnung ins Auge. Auf deutscher Seite wird hier *'Kompetent sein / sich auskennen'* kein einziges Mal als Vertrauenswarnung beschrieben, auf französischer Seite jedoch sieben Mal (DD17/0/13, FF38/29/13). Daraus ist wohl kaum zu schließen, dass für deutsche Manager fehlende Fachkompetenz keine Vertrauenswarnung darstellt – immerhin wird Kompetenz in den meisten (auch deutschen) Zusammenstellungen von Vertrauensgründen als grundlegender Faktor genannt (z.B. Moranz 2004, Thomas 2005e; vgl. auch 3.2.4.8). Warum wird dann dieser Vertrauensfaktor von den deutschen Managern so viel seltener beschrieben als von den französischen? Eine mögliche Erklärung wäre, dass man Begrifflichkeiten im Umfeld von Kompetenz in Deutschland und Frankreich unterschiedlich verwendet. In Deutschland wird der Begriff 'Kompetenz' mit einer fundierten Ausbildung und Spezialisierung sowie mit umfassender Erfahrung assoziiert (Fachkompetenz). Demgegenüber zielt das französische Ausbildungssystem stärker auf die Entwicklung von Generalisten (vgl. Pateau 1998: 212f.). In diesem Zusammenhang bezieht sich 'Kompetenz' vor allem darauf, mit unterschiedlichsten Kontexten in der Praxis grundsätzlich zu Recht zu kommen (vgl. auch Bohlinger & Münk 2008). Den Punkt beschreiben auch zwei der interviewten französischen Manager aus der bi-kulturellen Gruppe:

> Un Français qui dit qu'il est compétent, connaît les grandes lignes du sujet pour lequel il a une compétence. C'est bon tzack-tzack. Un Allemand qui dit « ich bin kompetent », il pense plus « je connais tous les détails du programme, du projet, ou du sujet. Je suis un spécialiste pointu dans le domaine ». En disant « je suis compétent » [...] l'Allemand et le Français, ils disent [deux] choses différentes. [FD-17]
>
> « Compétence » au sens français du terme, c'est-à-dire « Leistungsfähigkeit », [...] la capacité à performer. [FD-20]

Vor diesem Hintergrund könnte man schließen, dass die französischen Manager eher dazu bereit sind, das Verhalten ihrer Kollegen und Geschäftspartner als 'mangelnde Kompetenz' zu bewerten, während es im Vergleich dazu in Deutschland als 'schwerwiegenderer' Vorwurf erscheint, jemandem mangelnde Kompetenz zu unterstellen, und dieser Aspekt in den Darstellungen der interviewten Manager daher seltener als Grund für fehlendes oder verlorenes Vertrauen auftaucht.

Der Vertrauensfaktor *'Qualitativ hochwertige Arbeit machen'* zeigt sich im Vergleich der mono-kulturellen Gruppen relativ ausgeglichen (DD29:FF42, ohne Vm sogar DD29:FF29). Allerdings findet sich ein signifikanter Unterschied im Vergleich der bi-kulturellen Gruppen (DF4:FD35*).

Bei genauerer Betrachtung der Ergebnisse in den bi-kulturellen Gruppen zeigt sich, dass dieser Unterschied vor allem auf die Häufigkeit der Beschreibung dieses Vertrauensfaktors als Vertrauensgrund zurückgeht: knapp einem Viertel der französischen Manager beschreiben diesen Aspekt, aber kein einziger deutscher (DF0/4/8, FD23/12/8). Dies deutet darauf hin, dass erstens die französischen Manager in der interkulturellen Zusammenarbeit stärker auf diesen Vertrauensfaktor achten, wobei sie zweitens vielfach das Verhalten der deutschen Kollegen in Bezug auf diesen Vertrauensfaktor als positiv bewerten. Das heißt, einigen der französischen Manager fällt die qualitativ hochwertige Arbeit ihrer deutschen Kollegen positiv auf (Vertrauensgrund). Auf deutscher Seite gibt es lediglich einen Manager, dem die seiner Ansicht nach mangelnde Arbeitsqualität eines französischen Kollegen negativ auffällt. Ansonsten spielt für die deutschen Manager dieser Aspekt *für die Vertrauenseinschätzung französischer Kollegen* offenbar keine besondere Rolle. In der mono-kulturellen deutschen Gruppe taucht dieser Faktor praktisch nicht auf, wodurch der Unterschied zur bi-kulturellen Gruppe signifikant ist (DD29:DF4*).

Der Vertrauensfaktor *'Ergebnisse liefern'* wird auf deutscher Seite praktisch nicht beschrieben, auf französischer Seite hingegen sowohl in den mono-kulturellen Gruppen als auch in den bi-kulturellen Gruppen. Im Teilgruppenvergleich ergibt sich damit zwischen den bi-kulturellen Gruppen ein signifikanter Unterschied (DF0:FD15*) und auch zwischen den mono-kulturellen Gruppen ein deutlicher Unterschied (DD8:FF21).

4.2 Einzelergebnisse und Diskussion

Offenbar ist dieser Aspekt für die französischen Manager ein wichtigerer Vertrauensfaktor als für die deutschen. Für sie ist für die Einschätzung der Vertrauenswürdigkeit (eher als für ihre deutschen Kollegen) die Frage wichtig, ob ein Kollege oder Mitarbeiter 'Ergebnisse liefert', und zwar insbesondere in der deutsch-französischen Zusammenarbeit (vgl. hierzu den im nächsten Kapitel beschriebenen deutsch-französischen Unterschiedsbereich 'Gewichtung von Prozessen und Ergebnissen' in 5.4.1).

Auch beim Vertrauensfaktor **'Arbeitseinsatz / Motivation zeigen'** ergibt sich im Vergleich der bi-kulturellen Gruppen ein signifikanter Unterschied (DF0:FD23*) und im Vergleich der mono-kulturellen Gruppen ein deutlicher Unterschied (DD21:FF42). Dies deutet darauf hin, dass der Vertrauensfaktor den französischen Managern wichtiger ist als den deutschen, und zwar insbesondere in der interkulturellen Zusammenarbeit. Auffällig ist, dass der Aspekt in den französischen bi-kulturellen Gruppen vor allem als Vertrauensgrund beschrieben wird und kein einziges Mal als Vertrauenswarnung (FD23/0/12). Er fällt den französischen Managern also in der Zusammenarbeit mit Deutschen relativ häufig positiv auf. Allerdings berichten sie umgekehrt nicht davon, ihr Vertrauen in deutsche Kollegen in Frage gestellt zu haben, weil diese nicht motiviert gewesen seien.
Die deutschen Manager der bi-kulturellen Gruppe beschreiben den Aspekt hingegen weder als Vertrauensgrund noch als Vertrauenswarnung. Daraus ergibt sich ein signifikanter Unterschied zwischen der bi-kulturellen und der mono-kulturellen deutschen Gruppe (DD17:DF0*).

Beim Vertrauensfaktor **'Organisiert und klar vorgehen'** ergaben die Teilgruppenvergleiche keine signifikanten Unterschiede. Dies könnte erstaunen, weil das entsprechende Verhalten im deutsch-französischen Vergleich gemäß einem verbreiteten Stereotyp eher als deutsche Eigenschaft gesehen wird (Schroll-Machl 2002, Schroll-Machl & Nový 2000). Zudem wird der Aspekt auch in der deutsch-französisch vergleichenden Managementforschung als typische deutsche Eigenschaft gerade im Vergleich zum beruflichen Kontext in Frankreich berichtet (Pateau 1998: 61f., Davoine 1999, 2002).
Interessant ist nun, dass der Aspekt im Vergleich der bi-kulturellen Gruppen auf französischer Seite häufiger beschrieben wird (FD27:DF15). Der Unterschied beruht vor allem auf der Häufigkeit als Vertrauensgrund in der FD-Gruppe (FD27/4/19). Das heißt, den französischen Managern fällt dieses Verhalten positiv bei ihren deutschen Kollegen oder Geschäftspartnern auf. Interessant ist darüber hinaus der Vergleich der französischen Teilgruppen: hier wird der Vertrauensfaktor in der FD-Gruppe häufiger als Vertrauensmaßnahme beschrieben als in der FF-Gruppe (FD/Vm19:FF/Vm4). Einige französische Manager scheinen also zu glauben, dass dieser den deutschen Managern wichtig ist, und bemühen sich daher bewusst, 'organisiert und klar vorzugehen', um Vertrauen zu Deutschen aufzubauen.

Beim Vertrauensfaktor **'Taktisch / strategisch vorgehen'** lassen sich aufgrund der geringen Kodierungszahlen keine Aussagen über Kulturunterschiede machen. Allerdings möchte ich vor dem Hintergrund der qualitativen Auswertung darauf hinweisen, dass der Vertrauensfaktor in der deutschen mono-kulturellen Gruppe gar nicht, in der französischen mono-kulturellen Gruppe einmal und in der französischen bi-kulturellen Gruppe zwei mal beschrieben wurde. Der einzige deutsche Manager, der diesen Vertrauensfaktor beschreibt, berichtet von einem Vertrauensgrund in der Zusammenarbeit mit einem französischen Kollegen (vgl. hierzu den im nächsten Kapitel beschriebenen Kulturunterschied in Bezug auf die Bewertung von taktisch-strategischem Vorgehen, 5.4.1.4).

4.2.5 Umgang mit Konflikten und Schwierigkeiten

Betrachten wir die quantitativen Ergebnisse im Handlungsfeld *<Umgang mit Konflikten und Schwierigkeiten>* (vgl.3.2.5 zur Definition des Handlungsfelds). Einen Überblick gibt Tab. 4.10.

Tab. 4.10: Einzelergebnisse Handlungsfeld *<Umgang mit Konflikten / Schwierigkeiten>*

5.1 Konflikte offen und proaktiv managen

Anzahl Interviews mit Kodierung...	Alle Interviews	DD^{-Vm}	DD	DF	FD	FF	FF^{-Vm}	Signifikanzen
– des Vertrauensfaktors insgesamt	24 (24)	25 (6)	38 (9)	23 (6)	12 (3)	8 (2)	4 (1)	DD>FF*
– als Vertrauensgrund (V+)	13 (13)		21 (5)	15 (4)	12 (3)	4 (1)		
– als Vertrauenswarnung (V-)	4 (4)		8 (2)	8 (2)	0 (0)	0 (0)		
– als Vertrauensmaßnahme (Vm)	11 (11)		25 (6)	8 (2)	8 (2)	4 (1)		

5.2 Eigeninteressen zurückstellen

Anteil Interviews mit Kodierung...	Alle Interviews	DD^{-Vm}	DD	DF	FD	FF	FF^{-Vm}	Signifikanzen
– des Vertrauensfaktors insgesamt	7 (7)	38 (9)	46 (11)	23 (6)	12 (3)	42 (10)	38 (9)	
– als Vertrauensgrund (V+)	11 (11)		17 (4)	4 (1)	4 (1)	21 (5)		
– als Vertrauenswarnung (V-)	21 (21)		29 (7)	19 (5)	12 (3)	25 (6)		
– als Vertrauensmaßnahme (Vm)	4 (4)		8 (2)	0 (0)	0 (0)	8 (2)		

5.3 In Diskussionen sachlich bleiben

Anteil Interviews mit Kodierung...	Alle Interviews	DD^{-Vm}	DD	DF	FD	FF	FF^{-Vm}	Signifikanzen
– des Vertrauensfaktors insgesamt	30 (30)	8 (2)	13 (3)	8 (2)	8 (2)	0 (0)	0 (0)	FF^{-Vm}>FD*
– als Vertrauensgrund (V+)	3 (3)		4 (1)	0 (0)	8 (2)	0 (0)		
– als Vertrauenswarnung (V-)	3 (3)		4 (1)	8 (2)	0 (0)	0 (0)		
– als Vertrauensmaßnahme (Vm)	3 (3)		8 (2)	4 (1)	0 (0)	0 (0)		

5.4 Fehler / Schwächen eingestehen

Anteil Interviews mit Kodierung...	Alle Interviews	DD^{-Vm}	DD	DF	FD	FF	FF^{-Vm}	Signifikanzen
– des Vertrauensfaktors insgesamt	8 (8)	38 (9)	46 (11)	23 (6)	31 (8)	46 (11)	42 (10)	
– als Vertrauensgrund (V+)	25 (25)		33 (8)	15 (4)	23 (6)	29 (7)		
– als Vertrauenswarnung (V-)	14 (14)		13 (3)	8 (2)	15 (4)	21 (5)		
– als Vertrauensmaßnahme (Vm)	14 (14)		17 (4)	8 (2)	23 (6)	8 (2)		

5.5 Auf Fehler / Defizite hinweisen

Anteil Interviews mit Kodierung...	Alle Interviews	DD^{-Vm}	DD	DF	FD	FF	FF^{-Vm}	Signifikanzen
– des Vertrauensfaktors insgesamt	23 (23)	13 (3)	13 (3)	4 (1)	4 (1)	8 (2)	4 (1)	
– als Vertrauensgrund (V+)	5 (5)		8 (2)	4 (1)	4 (1)	4 (1)		
– als Vertrauenswarnung (V-)	3 (3)		8 (2)	4 (1)	0 (0)	0 (0)		
– als Vertrauensmaßnahme (Vm)	3 (3)		4 (1)	0 (0)	4 (1)	4 (1)		

5.6 Gegen Widerstand zu seiner Überzeugung stehen

Anteil Interviews mit Kodierung...	Alle Interviews	DD^{-Vm}	DD	DF	FD	FF	FF^{-Vm}	Signifikanzen
– des Vertrauensfaktors insgesamt	15 (15)	21 (5)	25 (6)	12 (3)	4 (1)	17 (4)	8 (2)	
– als Vertrauensgrund (V+)	7 (7)		13 (3)	8 (2)	4 (1)	4 (1)		
– als Vertrauenswarnung (V-)	6 (6)		13 (3)	8 (2)	0 (0)	4 (1)		
– als Vertrauensmaßnahme (Vm)	7 (7)		17 (4)	4 (1)	0 (0)	8 (2)		

5.7 Entschieden und selbstbewusst auftreten

Anteil Interviews mit Kodierung...	Alle Interviews	DD^{-Vm}	DD	DF	FD	FF	FF^{-Vm}	Kommentare
– des Vertrauensfaktors insgesamt	41 (41)	33 (8)	33 (8)	19 (5)	15 (4)	17 (4)	17 (4)	
– als Vertrauensgrund (V+)	17 (17)		33 (8)	19 (5)	8 (2)	8 (2)		
– als Vertrauenswarnung (V-)	7 (7)		4 (1)	0 (0)	12 (3)	13 (3)		
– als Vertrauensmaßnahme (Vm)	4 (4)		4 (1)	8 (2)	4 (1)	0 (0)		

Ein signifikanter Unterschied ergab sich beim Vertrauensfaktor *'Konflikte offen und proaktiv managen'* im Vergleich der mono-kulturellen Gruppen: Er wurde auf deutscher Seite in knapp 40% der Interviews gefunden, auf französischer Seite hingegen nur in knapp 10% (DD38:FF8*). Der gleiche Unterschied zeigt sich in schwächerer Form auch im Vergleich der bi-kulturellen Gruppen (DF23:FD12). Dies lässt sich als Hinweis darauf deuten, dass der Vertrauensfaktor den deutschen Managern wichtiger ist als den französischen.

Wenn man sich die Ergebnisse in den Teilgruppen genauer ansieht, fällt zudem auf, dass sich der Vertrauensfaktor auf französischer Seite etwas häufiger in der bi-kulturellen als in der mono-kulturellen Gruppe findet (FD12:FF4), und zwar insbesondere als Vertrauensgrund und als Vertrauensmaßnahme (FD12/0/8). Offenbar fällt es einigen französischen Managern

4.2 Einzelergebnisse und Diskussion

positiv auf, dass ihre deutschen Kollegen und Geschäftspartner Konflikte offen und proaktiv managen, und sie bemühen sich, im Sinne einer interkulturellen Vertrauensmaßnahme auch selbst entsprechend zu handeln. Trotzdem besteht hier offenbar ein potenzielles deutsch-französisches Vertrauensmissverständnis darin, dass ein französischer Manager einen Konflikt nicht offen und proaktiv angeht und dass sein deutscher Kollege oder Geschäftspartner dies als ein Zeichen für fehlende Vertrauenswürdigkeit interpretiert.

Der Vertrauensfaktor *'In Diskussionen sachlich bleiben'* wird insgesamt selten beschrieben. Vor dem Hintergrund der im nächsten Kapitel berichteten qualitativen Auswertung ist allerdings im Vergleich der mono-kulturellen Gruppen interessant, dass der Aspekt auf deutscher in 13% der Interviews beschrieben wird, auf französischer Seite hingegen gar nicht. Auf französischer Seite beschreiben den Aspekt lediglich zwei Manager in der bi-kulturellen Gruppe, und zwar jeweils als Vertrauensgrund. Sie bewerten also ein entsprechendes Verhalten ihrer deutschen Kollegen gemäß diesem Vertrauensfaktor als vertrauensförderlich. Umgekehrt wird der Faktor in der DF-Gruppe nicht als Vertrauensgrund, wohl aber als Vertrauenswarnung beschrieben (DF0/8/4). Einigen deutschen Managern fällt das Verhalten ihrer französischen Kollegen in Bezug auf diesen Vertrauensfaktor negativ auf. Insgesamt ergibt sich (auf Basis geringer Kodierungshäufigkeiten) ein Indiz dafür, dass der Aspekt den deutschen Managern wichtiger ist als den französischen, und dass die deutschen Manager auch selbst eher ein entsprechendes Verhalten im Sinne einer Vertrauensmaßnahme zeigen.

4.2.6 Beziehungsaufbau / Beziehungspflege

Wenn man die Kodierungshäufigkeiten der Vertrauensfaktoren im Handlungsfeld <Beziehungsaufbau / Beziehungspflege> (vgl. 3.3.1 zur Definition des Handlungsfelds) im Teilgruppenvergleich betrachtet, dann gibt es vor allem Auffälligkeiten in Bezug auf die ersten beiden Vertrauensfaktoren: *'Kontakt pflegen / viel kommunizieren'* und *'Privates erzählen'*. – Eine Übersicht gibt Tab. 4.11.

Tab. 4.11: Einzelergebnisse Handlungsfeld <Beziehungsaufbau / Beziehungspflege>

6.1 Kontakt pflegen / viel kommunizieren

Anteil Interviews mit Kodierung...	Alle Interviews	DD^{-Vm}	DD	DF	FD	FF	FF^{-Vm}	Signifikanzen
– des Vertrauensfaktors insgesamt	43 (43)	8 (2)	21 (5)	8 (2)	35 (9)	63 (15)	46 (11)	FF>DD***; FD>DF*
– als Vertrauensgrund (V+)	21 (21)		8 (2)	8 (2)	27 (7)	42 (10)		
– als Vertrauenswarnung (V-)	5 (5)		0 (0)	0 (0)	12 (3)	8 (2)		
– als Vertrauensmaßnahme (Vm)	28 (28)		13 (3)	27 (7)	46 (12)	25 (6)		

6.2 Privates erzählen

Anteil Interviews mit Kodierung...	Alle Interviews	DD^{-Vm}	DD	DF	FD	FF	FF^{-Vm}	Signifikanzen
– des Vertrauensfaktors insgesamt	34 (34)	33 (8)	38 (9)	46 (12)	15 (4)	25 (6)	25 (6)	DF>FD*
– als Vertrauensgrund (V+)	29 (29)		29 (7)	46 (12)	15 (4)	25 (6)		
– als Vertrauenswarnung (V-)	5 (5)		8 (2)	12 (3)	0 (0)	0 (0)		
– als Vertrauensmaßnahme (Vm)	9 (9)		17 (4)	8 (2)	12 (3)	0 (0)		

6.3 Sich privat treffen

Anteil Interviews mit Kodierung...	Alle Interviews	DD^{-Vm}	DD	DF	FD	FF	FF^{-Vm}	Signifikanzen
– des Vertrauensfaktors insgesamt	28 (28)	38 (9)	46 (11)	19 (5)	4 (1)	21 (5)		
– als Vertrauensgrund (V+)	20 (20)		38 (9)	19 (5)	4 (1)	21 (5)		
– als Vertrauenswarnung (V-)	0 (0)		0 (0)	0 (0)	0 (0)	0 (0)		
– als Vertrauensmaßnahme (Vm)	9 (9)		8 (2)	12 (3)	15 (4)	0 (0)		

6.4 Teamgeist / gemeinsame Ziele entwickeln

Anteil Interviews mit Kodierung...	Alle Interviews	DD^{-Vm}	DD	DF	FD	FF	FF^{-Vm}	Signifikanzen
– des Vertrauensfaktors insgesamt	20 (20)	17 (4)	17 (4)	8 (2)	15 (4)	25 (6)	21 (5)	
– als Vertrauensgrund (V+)	12 (12)		13 (3)	4 (1)	15 (4)	17 (4)		
– als Vertrauenswarnung (V-)	3 (3)		4 (1)	4 (1)	0 (0)	4 (1)		
– als Vertrauensmaßnahme (Vm)	6 (6)		0 (0)	8 (2)	8 (2)	8 (2)		

6.5 Freundlich und aufgeschlossen sein

Anteil Interviews mit Kodierung...	Alle Interviews	DD⁻ᵛᵐ	DD	DF	FD	FF	FF⁻ᵛᵐ	Signifikanzen
– des Vertrauensfaktors insgesamt	20 (20)	21 (5)	25 (6)	15 (4)	8 (2)	29 (7)	25 (6)	
– als Vertrauensgrund (V+)	14 (14)		21 (5)	12 (3)	4 (1)	21 (5)		
– als Vertrauenswarnung (V-)	7 (7)		8 (2)	8 (2)	4 (1)	8 (2)		
– als Vertrauensmaßnahme (Vm)	6 (6)		8 (2)	4 (1)	4 (1)	8 (2)		

6.6 Locker sein / Humor haben

Anteil Interviews mit Kodierung...	Alle Interviews	DD⁻ᵛᵐ	DD	DF	FD	FF	FF⁻ᵛᵐ	Signifikanzen
– des Vertrauensfaktors insgesamt	12 (12)	8 (2)	8 (2)	12 (3)	4 (1)	8 (2)	8 (2)	
– als Vertrauensgrund (V+)	14 (14)		8 (2)	12 (3)	4 (1)	8 (2)		
– als Vertrauenswarnung (V-)	7 (7)		0 (0)	0 (0)	0 (0)	0 (0)		
– als Vertrauensmaßnahme (Vm)	6 (6)		8 (2)	12 (3)	0 (0)	0 (0)		

Besonders auffällig ist das Ergebnis des Vergleichs der mono-kulturellen Gruppen beim Vertrauensfaktor *'Kontakt pflegen / viel kommunizieren'*. Er findet sich hier in fast zwei Dritteln der französischen Interviews aber nur in knapp über 20% der deutschen Interviews. Dieser Unterschied ist signifikant auf 0.005 Niveau (DD21:FF63***). Auch der Unterschied der Kodierungshäufigkeiten im Vergleich der bi-kulturellen Gruppen ist signifikant (auf 0.05 Niveau, DF8:FD35). Genauso fällt auf, dass *'Kontakt pflegen / viel kommunizieren'*, was die Rangfolge der Vertrauensfaktoren anbelangt, in den französischen Teilgruppen sehr weit vorne steht (FF: Position 4, FD Position 5), in den deutschen Teilgruppen hingegen recht weit hinten (DD: Position 28, DF Position 38).

Betrachtet man die Kodierungshäufigkeiten in den Teilgruppen aufgeschlüsselt nach Vertrauensrichtung, fallen eine Reihe weiterer Aspekte ins Auge: In der DF-Gruppe findet sich der Vertrauensfaktor deutlich am häufigsten als Vertrauensmaßnahme (DF:8/0/27). Damit wurde er hier mehr als doppelt so häufig als Vertrauensmaßnahme gefunden wie in der mono-kulturellen Gruppe (DD:8/0/13). Man könnte daraus schließen, dass es bei den interviewten deutschen Managern der bi-kulturellen Gruppe ein gewisses Bewusstsein dafür gibt, dass dieser Faktor für den Vertrauensaufbau mit französischen Kollegen relevant ist, und dass sie sich daher aktiv darum bemühen, im Sinne vertrauensbildender Maßnahmen entsprechend zu handeln.

Deutlicher noch bemühen sich die Franzosen darum, zu ihren deutschen Kollegen vermittels *'Kontakt pflegen / viel kommunizieren'* Vertrauen aufzubauen (FD:27/12/46). Damit wird der Faktor in der FD-Gruppe am häufigsten als Vertrauensmaßnahme beschrieben. Offenbar sehen auch die interviewten französischen Manager der bi-kulturellen Gruppe diesen Vertrauensfaktor als eine besonders erfolgversprechende vertrauensbildende Maßnahme – entweder speziell gegenüber Deutschen oder auch generell in der interkulturellen Zusammenarbeit.

Auffällig ist weiterhin, dass sich der Vertrauensfaktor in den französischen Teilgruppen vor allem als Vertrauensgrund und als Vertrauensmaßnahme und sehr viel seltener als Vertrauenswarnung findet (FF42/8/25; FD17/5/18). In den bisher diskutierten Fällen hatten wir dieses Muster mehrfach in derjenigen Kultur festgestellt, in welcher sich der jeweilige Vertrauensfaktor seltener fand. In der anderen Kultur, in welcher er sich also im Kulturvergleich als relevanter herausgestellt hatte, ergab sich in diesen Fällen hingegen in den meisten Fällen eine besondere Häufigkeit als Vertrauenswarnung. Dass dies hier nicht so ist, lässt sich damit erklären, dass es sich bei *'Kontakt pflegen / viel kommunizieren'* um einen Vertrauensfaktor handelt, der in der Gesamtauswertung – also auch in den deutschen Gruppen – relativ selten als Vertrauenswarnung gefunden wurde (DD8/0/13, DF8/0/27). Es handelt sich also offenbar um eine Art 'Vertrauensplus' in der Interaktion: Der Aspekt sticht für die Einschätzung von Vertrauen positiv hervor, aber es wird tendenziell eher nicht als Vertrauenswarnung betrachtet,

4.2 Einzelergebnisse und Diskussion

wenn ein Kollege oder Geschäftspartner sich nicht so verhält. Insofern ist hier auch tendenziell weniger zu erwarten, dass es zu negativen Vertrauensmissverständnissen kommt.

Insgesamt lassen sich die Kodierungsergebnisse beim Vertrauensfaktor *'Kontakt pflegen / viel kommunizieren'* also dahingehend interpretieren, dass den deutschen Managern ein Vertrauensfaktor nicht so wichtig ist, der für die französischen Manager hingegen äußerst wichtig ist – und zwar insbesondere als Vertrauensgrund (vgl. hierzu die Ergebnisse der qualitativen Auswertung im Bereich 'Beziehungsaufbau und Beziehungspflege', 5.6.1). Es ist daher denkbar, dass einem deutschen Manager in der Zusammenarbeit mit einem französischen Kollegen ein wichtiger Ansatzpunkt, aktiv Vertrauen aufzubauen, gar nicht bewusst ist: nämlich aktive Kontaktpflege zu betreiben bzw. sich aktiv darum zu bemühen, viel mit dem Kollegen zu kommunizieren.

Der Vertrauensfaktor *'Privates erzählen'* wird im Vergleich der mono-kulturellen Gruppen hingegen auf deutscher Seite etwas häufiger beschrieben als auf französischer (DD38:FF25). Signifikant ist dieser Unterschied im Vergleich der bi-kulturellen Gruppen (DF46:FD15*): Dieser Vertrauensfaktor spielt offenbar für die deutschen Manager in ihrer Zusammenarbeit mit Franzosen eine deutlich größerer Rolle, als für die interviewten französischen Manager in ihrer Zusammenarbeit mit Deutschen. Dies zeigt sich auch im Vergleich der Ranglistenpositionen des Vertrauensfaktors: In der DF-Gruppe findet er sich an Position 2, wohingegen er in der FD-Gruppe erst an 20. Stelle steht.

Zudem fällt auf, dass sich der Vertrauensfaktor auf deutscher Seite häufiger in den bi-kulturellen Gruppen als in den mono-kulturellen Gruppen findet (DF46:DD33), und zwar vor allem als Vertrauensgrund (DF:V+46). Obwohl das entsprechende Verhalten im französischen Kontext also als Vertrauensfaktor offenbar deutlich weniger wichtig ist als im deutschen Kontext, zeigen es einige französische Manager – was wiederum ihre deutschen Kollegen als Vertrauensgrund in Bezug auf *'Privates erzählen'* interpretieren.

Von den interviewten französischen Managern wird der der Faktor *'Privates erzählen'* als Vertrauenswarnung überhaupt nicht beschrieben (DF15/0/12, FF25/0/0). Wie beim soeben diskutierten Vertrauensfaktor *'Kontakt pflegen / viel kommunizieren'* lässt sich dies damit erklären, dass sich der Vertrauensfaktor insgesamt über alle Teilgruppen hinweg sehr viel seltener als Vertrauenswarnung (im Vergleich zur Häufigkeit als Vertrauensgrund) findet (gesamt: 29/5/9). Aufschlussreich im Hinblick auf diesen Zusammenhang sind die Ergebnisse der qualitativen Auswertung, die ich im nächsten Kapitel berichte (vgl. 5.6).

In den französischen mono-kulturellen Gruppen findet sich dieser Vertrauensfaktor gar nicht als Vertrauensmaßnahme, hingegen dreimal in den bi-kulturellen Gruppen – ein Aspekt, der vor dem Hintergrund der qualitativen Ergebnisse berichtenswert erscheint. Er ließe sich als Indiz dafür verstehen, dass die französischen Manager *'Privates erzählen'* als eine erfolgversprechende vertrauensbildende Maßnahme speziell gegenüber Deutschen (bzw. generell in der interkulturellen Zusammenarbeit) sehen (vgl. 5.6.2).

Auch der mit *'Privates erzählen'* verwandte Vertrauensfaktor **'Sich privat treffen'** findet sich im Vergleich der mono-kulturellen Gruppen deutlich häufiger auf deutscher Seite (DD46: FF21). Dass dieser Unterschied nicht signifikant ist, liegt möglicherweise schlicht daran, dass der Vertrauensfaktor insgesamt relativ selten beschrieben wurde. Betrachtet man die Ranglistenposition des Faktors in den Teilgruppen, findet er sich in der DD Gruppe an Position 9, in der FF Gruppe hingegen erst auf Position 23.

4.2.7 Aufdeckung von Relationship Fit

Im Teilgruppenvergleich der Kodierungshäufigkeiten der Vertrauensfaktoren des Bereichs <Aufdeckung von Relationship Fit> (vgl. 3.3.2 zur Definition des Handlungsfelds) zeigen sich im Vergleich der mono-kulturellen Gruppen keine besonders auffälligen Unterschiede. Einen Überblick gibt Tab. 4.12.

Tab. 4.12: Einzelergebnisse Handlungsfeld <Aufdeckung von Relationship Fit>

7.1 Sympathie / affektive Übereinstimmung

Anteil Interviews mit Kodierung...	Alle Interviews	DD^{-Vm}	DD	DF	FD	FF	FF^{-Vm}	Signifikanzen
– des Vertrauensfaktors insgesamt	48 (48)		58 (14)	63 (15)	38 (10)	38 (10)	46 (11)	46 (11)	
– als Vertrauensgrund (V+)	42 (42)			50 (12)	38 (10)	38 (10)	42 (10)		
– als Vertrauenswarnung (V-)	6 (6)			17 (4)	0 (0)	0 (0)	8 (2)		
– als Vertrauensmaßnahme (Vm)	5 (5)			8 (2)	4 (1)	8 (2)	0 (0)		

7.2 Private / biographische Gemeinsamkeiten

Anteil Interviews mit Kodierung...	Alle Interviews	DD^{-Vm}	DD	DF	FD	FF	FF^{-Vm}	Signifikanzen
– des Vertrauensfaktors insgesamt	16 (16)	25 (6)	29 (7)	15 (4)	0 (0)	21 (5)	21 (5)	FF^{-Vm}>FD*; DF>FD*
– als Vertrauensgrund (V+)	14 (14)		25 (6)	12 (3)	0 (0)	21 (5)		
– als Vertrauenswarnung (V-)	2 (2)		0 (0)	4 (1)	0 (0)	4 (1)		
– als Vertrauensmaßnahme (Vm)	2 (2)		8 (2)	0 (0)	0 (0)	0 (0)		

7.3 Einigkeit / Ähnlichkeit im Denken/Vorgehen

Anteil Interviews mit Kodierung...	Alle Interviews	DD^{-Vm}	DD	DF	FD	FF	FF^{-Vm}	Signifikanzen
– des Vertrauensfaktors insgesamt	43 (43)	50 (12)	54 (13)	27 (7)	38 (10)	50 (12)	50 (12)	
– als Vertrauensgrund (V+)	35 (35)		38 (9)	23 (6)	35 (9)	46 (11)		
– als Vertrauenswarnung (V-)	11 (11)		17 (4)	12 (3)	4 (1)	13 (3)		
– als Vertrauensmaßnahme (Vm)	2 (2)		4 (1)	0 (0)	4 (1)	0 (0)		

Bei näherer Betrachtung der Ergebnisse beim Vertrauensfaktor *'Private / biographische Gemeinsamkeiten'* fällt das Ergebnis des Vergleichs der bi-kulturellen Gruppen ins Auge. Der Vertrauensfaktor findet sich in der französischen bi-kulturellen Gruppe überhaupt nicht, was einen signifikanten Unterschied zur deutschen bi-kulturellen Gruppe ergibt (DF15:FD0*). Spielt für die französischen Manager die Entdeckung privater oder biographischer Gemeinsamkeiten bei der Einschätzung der Vertrauenswürdigkeit ihrer deutschen Kollegen eine geringere Rolle als in der Zusammenarbeit mit anderen französischen Managern? Oder sehen sie weniger Gemeinsamkeiten mit ihren deutschen Kollegen als umgekehrt diese mit ihnen? Diese Frage stellt sich, zumal immerhin über 20% der französischen Manager in der mono-kulturellen Gruppe auf den Vertrauensfaktor *'Private / biographische Gemeinsamkeiten'* zu sprechen kommen (FF:21).

Eine Hypothese, die vor dem Hintergrund der qualitativen Auswertungen plausibel erscheint, ist die folgende: In Frankreich gibt es im Bereich des mittleren und oberen Managements eine wichtige Variante der Vertrauenskonstitution über den Vertrauensfaktor *'Private / biographische Gemeinsamkeiten'*, die es in Deutschland schlicht nicht gibt – nämlich den gemeinsamen Besuch einer französischen Eliteuniversität bzw. Grande Ecole: Man ist 'camarade de promotion' (vgl. hierzu ausführlicher 5.7.1).

4.2.8 Respektvoller Umgang / Facework

Sehen wir uns nun die Vertrauensfaktoren im Handlungsfeld <Respektvoller Umgang / Facework> (vgl. 3.3.3 zur Definition des Handlungsfelds) im Hinblick auf Häufigkeitsunterschiede im deutsch-französischen Vergleich näher an. Einen Überblick gibt Tab. 4.13.

4.2 Einzelergebnisse und Diskussion

Tab. 4.13: Einzelergebnisse Handlungsfeld <Respektvoller Umgang / Facework>

8.1 Respekt und Interesse zeigen

Anteil Interviews mit Kodierung...	Alle Interviews	DD-Vm	DD	DF	FD	FF	FF-Vm	Signifikanzen
– des Vertrauensfaktors insgesamt	62 (62)	67 (16)	79 (19)	42 (11)	27 (7)	67 (16)	50 (12)	
– als Vertrauensgrund (V+)	27 (27)		33 (8)	19 (5)	23 (6)	33 (8)		
– als Vertrauenswarnung (V-)	26 (26)		38 (9)	23 (6)	15 (4)	29 (7)		
– als Vertrauensmaßnahme (Vm)	39 (39)		42 (10)	42 (11)	38 (10)	33 (8)		

8.2 Kritik / Widerspruch höflich-indirekt äußern

Anteil Interviews mit Kodierung...	Alle Interviews	DD-Vm	DD	DF	FD	FF	FF-Vm	Signifikanzen
– des Vertrauensfaktors insgesamt	8 (8)	0 (0)	0 (0)	4 (1)	8 (2)	0 (0)	0 (0)	
– als Vertrauensgrund (V+)	1 (1)		0 (0)	4 (1)	0 (0)	0 (0)		
– als Vertrauenswarnung (V-)	2 (2)		0 (0)	0 (0)	8 (2)	0 (0)		
– als Vertrauensmaßnahme (Vm)	5 (5)		0 (0)	15 (4)	4 (1)	0 (0)		

8.3 Bescheiden auftreten / nicht angeben

Anteil Interviews mit Kodierung...	Alle Interviews	DD-Vm	DD	DF	FD	FF	FF-Vm	Signifikanzen
– des Vertrauensfaktors insgesamt	21 (21)	25 (6)	25 (6)	12 (3)	8 (2)	13 (3)	13 (3)	
– als Vertrauensgrund (V+)	3 (3)		8 (2)	0 (0)	0 (0)	4 (1)		
– als Vertrauenswarnung (V-)	13 (13)		21 (5)	12 (3)	8 (2)	13 (3)		
– als Vertrauensmaßnahme (Vm)	8 (8)		0 (0)	15 (4)	12 (3)	4 (1)		

8.4 Zuständigkeiten respektieren

Anteil Interviews mit Kodierung...	Alle Interviews	DD-Vm	DD	DF	FD	FF	FF-Vm	Signifikanzen
– des Vertrauensfaktors insgesamt	12 (12)	13 (3)	17 (4)	19 (5)	0 (0)	4 (1)	4 (1)	DF>FD*
– als Vertrauensgrund (V+)	1 (1)		0 (0)	4 (1)	0 (0)	0 (0)		
– als Vertrauenswarnung (V-)	9 (9)		13 (3)	19 (5)	0 (0)	4 (1)		
– als Vertrauensmaßnahme (Vm)	3 (3)		4 (1)	0 (0)	8 (2)	0 (0)		

8.5 In Entscheidungen einbeziehen

Anteil Interviews mit Kodierung...	Alle Interviews	DD-Vm	DD	DF	FD	FF	FF-Vm	Signifikanzen
– des Vertrauensfaktors insgesamt	16 (16)	17 (4)	38 (9)	12 (3)	4 (1)	8 (2)	8 (2)	DD>FF*
– als Vertrauensgrund (V+)	5 (5)		13 (3)	0 (0)	4 (1)	4 (1)		
– als Vertrauenswarnung (V-)	6 (6)		4 (1)	12 (3)	4 (1)	4 (1)		
– als Vertrauensmaßnahme (Vm)	8 (8)		21 (5)	8 (2)	4 (1)	0 (0)		

Der Vertrauensfaktor 'Respekt und Interesse zeigen' steht (zusammen mit dem Fairplay-Faktor 'Nichts vortäuschen') an erster Stelle der Gesamthäufigkeitsrangliste: Fast zwei Drittel der interviewten Manager (62%) beschreiben diesen Vertrauensfaktor. Allerdings finden sich in der quantitativen Betrachtung keine auffälligen deutsch-französischen Unterschiede. Die qualitativen Auswertungen zeigen jedoch, dass es einige einflussreiche Kulturunterschiede im Umgang mit diesem Vertrauensfaktor bzw. in der Interpretation von Verhaltensweisen gemäß diesem Faktor gibt, worauf ich in der Diskussion der vertrauensrelevanten Unterschiedsbereiche im nächsten Kapitel eingehen werde. Aufgrund der relativen Wichtigkeit dieses Vertrauensfaktors sind diese Unterschiede für die Entwicklung von Vertrauen in der interkulturellen Zusammenarbeit potenziell einflussreich (vgl. 5.8).

Beim Vertrauensfaktor 'Kritik / Widerspruch höflich-indirekt äußern' wurden in den Teilgruppenvergleichen keine auffälligen Unterschiede festgestellt. Allerdings deutet Verschiedenes darauf hin, dass kulturelle Unterschiede die Vertrauensentwicklung in Bezug auf diesen Faktor beeinflussen können. Erstens gehen die interviewten Manager, die sich auf diesen Aspekt beziehen (welches ausschließlich Interviewpartner der bi-kulturellen Gruppen sind), relativ ausführlich auf ihn ein und geben ihm in ihren Darstellungen einen großen Stellenwert. Zweitens gibt es sehr viele Kommentarstellen, in welchen (auch andere) Interviewpartner diesen Aspekt als im deutsch-französischen Vergleich kulturell unterschiedlich beschreiben (vgl. die Belegzitate in 5.8.1.2). Drittens wissen wir aus der Forschungsliteratur, dass die Frage der Art und Weise, wie man Kritik und Widerspruch äußert, gerade hinsichtlich der Kulturunterschiedsdimension Sach- vs. Beziehungsorientierung Konfliktpotenzial

enthält (z.B. Ting-Toomey 1988) und dass dies auch in der deutsch-französischen Zusammenarbeit eine Rolle spielt (Pateau 1998, vgl. auch 5.8.1).
Betrachten wir deshalb trotz der geringen Kodierungszahlen die Ergebnisse in den Teilgruppen. Der Vertrauensfaktor findet sich ausschließlich in den bi-kulturellen Gruppen. Dabei fällt auf, dass er in der bi-kulturellen deutschen Gruppe besonders häufig als Vertrauensmaßnahme kodiert wurde (DF4/0/15). Einige der deutschen Manager sind also offenbar der Ansicht, dass dieser Aspekt ihren französischen Kollegen wichtig ist, und sie bemühen sich, in ihrem Handeln darauf einzugehen. Zweitens fällt auf, dass sich der Faktor auf französischer Seite (in der bi-kulturellen Gruppe) nicht als Vertrauensgrund wohl aber als Vertrauenswarnung findet (FD0/8/4). Einige der interviewten französischen Manager verweisen also darauf, dass ihre deutschen Kollegen sich *nicht* darum bemühen, Kritik und Widerspruch nur höflich-indirekt zu äußern – um so zu illustrieren, warum es ihnen schwer fällt, diesen Kollegen Vertrauen zu schenken. Diese Beobachtungen lassen sich vor dem Hintergrund der qualitativen Auswertung als Indizien dafür betrachten, dass dieser Aspekt den französischen Managern für die Einschätzung der Vertrauenswürdigkeit von Kollegen oder Geschäftspartnern wichtiger ist.

Weiterhin fallen Ergebnisse bei den letzten beiden Vertrauensfaktoren des Handlungsfelds ins Auge: Beginnen wir mit dem Vertrauensfaktor *'Zuständigkeiten respektieren'*. Er wird sowohl im Vergleich der mono-kulturellen als auch der bi-kulturellen Gruppen auf deutscher Seite jeweils von etwa 20% der interviewten Manager beschrieben, auf französischer Seite hingegen fast gar nicht (DD17:FF4; DF19:FD0*).
Bei näherer Betrachtung der Teilgruppen fällt auf, dass sich der Vertrauensfaktor in den Darstellungen der deutschen Manager vor allem als Vertrauenswarnung findet (DF4/19/0). Das heißt, in einigen Fällen erscheinen deutschen Managern ihre französischen Kollegen als wenig vertrauenswürdig, da diese fehlenden Respekt vor Zuständigkeiten erkennen lassen. Auf französischer Seite wird der Aspekt fast gar nicht beschrieben – am häufigsten noch in der bi-kulturellen Gruppe als Vertrauensmaßnahme (FD/Vm8). Bei einigen der interviewten französischen Manager findet sich der Vertrauensfaktor also als Maßnahme des Vertrauensaufbaus gegenüber deutschen Kollegen. Sie sind offenbar der Ansicht, dass dieser Aspekt ihren deutschen Kollegen für die Vertrauenseinschätzung wichtig ist. – Die Ergebnisse deuten darauf hin, dass hier ein Potenzial für deutsch-französische Vertrauensmissverständnisse besteht.

Der Vertrauensfaktor *'In Entscheidungen einbeziehen'* findet sich im Vergleich der monokulturellen Gruppen auf deutscher Seite signifikant häufiger (DD38:FF8*).
Bei näherer Betrachtung der Teilgruppen fallen zwei Aspekte ins Auge: Erstens beruht die Häufigkeit in der mono-kulturellen deutschen Gruppe vor allem auf den Beschreibungen als Vertrauensmaßnahme. Eine Reihe der interviewten deutschen Manager beschreiben, wie sie, um Vertrauen aufzubauen, sich bemühen, ihre Mitarbeiter oder Kollegen in Entscheidungen mit einzubeziehen. Demgegenüber wird dieser Aspekt in der mono-kulturellen französischen Gruppe überhaupt nicht als Vertrauensmaßnahme beschrieben. Gemäß der Stichprobe sieht man es also offenbar im französischen Kontext nicht als vertrauensbildende Maßnahme, den anderen explizit in Entscheidungen einzubeziehen.
Eine zweite Auffälligkeit zeigt sich im Vergleich der bi-kulturellen Gruppen: Auf deutscher Seite wird *'In Entscheidungen einbeziehen'* zwar als Vertrauenswarnung beschrieben, nicht aber als Vertrauensgrund (DF0/12/8). Keiner der interviewten deutschen Manager berichtet von einem französischen Kollegen oder Geschäftspartner, der ihm besonders vertrauens-

würdig erschien, weil er ihn in Entscheidungen einbezog. Eher fällt es den deutschen Managern negativ auf, wenn sich französische Kollegen gerade *nicht* so verhalten.
Auch hier besteht also wieder ein Potenzial für kulturelle Vertrauensmissverständnisse: Ein französischer Manager bezieht möglicherweise einen deutschen Mitarbeiter nicht in eine Entscheidung ein, da er dies gar nicht für notwendig erachtet. Der deutsche Manager interpretiert dieses Verhalten jedoch als Vertrauenswarnung.

4.2.9 Fairplay in der Zusammenarbeit

Im Handlungsfeld *<Fairplay in der Zusammenarbeit>* (vgl. 3.3.4 zur Definition des Handlungsfelds) fallen Unterschiede der Kodierungshäufigkeiten im deutsch-französischen Vergleich bei drei Vertrauensfaktoren ins Auge. Eine Übersicht der Ergebnisse gibt Tab. 4.14.

Tab. 4.14: Einzelergebnisse Handlungsfeld <Fairplay in der Zusammenarbeit>

9.1 Ziele / Einschätzungen offenlegen

Anteil Interviews mit Kodierung...	Alle Interviews	DD^{-Vm}	DD	DF	FD	FF	FF^{-Vm}	Signifikanzen
– des Vertrauensfaktors insgesamt	46 (46)	29 (7)	46 (11)	42 (11)	31 (8)	29 (7)	21 (5)	
– als Vertrauensgrund (V+)	21 (21)		21 (5)	27 (7)	19 (5)	17 (4)		
– als Vertrauenswarnung (V-)	14 (14)		8 (2)	23 (6)	15 (4)	8 (2)		
– als Vertrauensmaßnahme (Vm)	31 (31)		42 (10)	35 (9)	35 (9)	13 (3)		

9.2 Nichts vortäuschen

Anteil Interviews mit Kodierung...	Alle Interviews	DD^{-Vm}	DD	DF	FD	FF	FF^{-Vm}	Signifikanzen
– des Vertrauensfaktors insgesamt	62 (62)	58 (14)	63 (15)	50 (13)	42 (11)	75 (18)	67 (16)	
– als Vertrauensgrund (V+)	28 (28)		33 (8)	23 (6)	23 (6)	33 (8)		
– als Vertrauenswarnung (V-)	43 (43)		38 (9)	46 (12)	27 (7)	63 (15)		
– als Vertrauensmaßnahme (Vm)	21 (21)		21 (5)	19 (5)	19 (5)	25 (6)		

9.3 Die Zusammenarbeit ernst nehmen

Anteil Interviews mit Kodierung...	Alle Interviews	DD^{-Vm}	DD	DF	FD	FF	FF^{-Vm}	Signifikanzen
– des Vertrauensfaktors insgesamt	14 (14)	13 (3)	17 (4)	15 (4)	15 (4)	8 (2)	4 (1)	
– als Vertrauensgrund (V+)	11 (11)		13 (3)	15 (4)	12 (3)	4 (1)		
– als Vertrauenswarnung (V-)	3 (3)		4 (1)	4 (1)	4 (1)	0 (0)		
– als Vertrauensmaßnahme (Vm)	3 (3)		4 (1)	4 (1)	0 (0)	4 (1)		

9.4 Anerkennung / Belohnungen fair verteilen

Anteil Interviews mit Kodierung...	Alle Interviews	DD^{-Vm}	DD	DF	FD	FF	FF^{-Vm}	Signifikanzen
– des Vertrauensfaktors insgesamt	13 (13)	21 (5)	21 (5)	4 (1)	0 (0)	25 (6)	17 (4)	FF^{-Vm}>FD*
– als Vertrauensgrund (V+)	5 (5)		17 (4)	0 (0)	0 (0)	4 (1)		
– als Vertrauenswarnung (V-)	5 (5)		4 (1)	4 (1)	0 (0)	13 (3)		
– als Vertrauensmaßnahme (Vm)	4 (4)		4 (1)	4 (1)	0 (0)	8 (2)		

9.1 Anständig / korrekt handeln

Anteil Interviews mit Kodierung...	Alle Interviews	DD^{-Vm}	DD	DF	FD	FF	FF^{-Vm}	Signifikanzen
– des Vertrauensfaktors insgesamt	32 (32)	29 (7)	29 (7)	31 (8)	23 (6)	42 (10)	42 (10)	
– als Vertrauensgrund (V+)	10 (10)		21 (5)	4 (1)	8 (2)	8 (2)		
– als Vertrauenswarnung (V-)	23 (23)		17 (4)	27 (7)	15 (4)	33 (8)		
– als Vertrauensmaßnahme (Vm)	4 (4)		4 (1)	0 (0)	4 (1)	8 (2)		

Der Vertrauensfaktor *'Ziele / Einschätzungen offenlegen'* – Gesamtranglistenposition 5 – findet sich im Vergleich der mono-kulturellen Gruppen (DD46:FF29) wie auch im Vergleich der bi-kulturellen Gruppen (DF42:FD31) häufiger auf deutscher Seite. Dies deutet darauf hin, dass *'Ziele / Einschätzungen offenlegen'* für die deutschen Manager ein wichtigerer Vertrauensfaktor ist als für die französischen Manager.
Interessant ist zudem der Blick auf die Kodierungshäufigkeiten dieses Vertrauensfaktors als Vertrauensmaßnahme. Es handelt sich insgesamt um einen Vertrauensfaktor, der am häufigsten als Vertrauensmaßnahme beschrieben wird (gesamt:21/14/31). Im Vergleich der Teilgruppen zeigt sich hier jedoch ein Ausreißer nach unten in der mono-kulturellen französischen Gruppe: Der Vertrauensfaktor findet sich in etwa zu gleichen Anteilen in der deutschen mono-kulturellen Gruppe (DD42) und in der deutschen bi-kulturellen Gruppe (DF35).

Das heißt, die deutschen Manager bemühen sich generell, als Vertrauensmaßnahme ihre Ziele und Einschätzungen offen zu legen. Auf französischer Seite findet sich diese Vertrauensmaßnahme aber deutlich häufiger in der bi-kulturellen Gruppe (FD35) als in der mono-kulturellen Gruppe (FF13). Den französischen Manager erscheint dieser Aspekt offenbar insbesondere in der Zusammenarbeit mit Deutschen als vertrauensförderlich.

Eine zweite Auffälligkeit im Handlungsfeld <Fairplay in der Zusammenarbeit> betrifft den Vertrauensfaktor **'Nichts vortäuschen'**, der (zusammen mit dem Faktor 'Respekt und Interesse zeigen') die Gesamthäufigkeitsrangliste anführt: 62% der interviewten Manager beschreiben diesen Vertrauensfaktor. Der Vergleich der mono-kulturellen Gruppen offenbart hier keine Besonderheiten, und auch in der Betrachtung der Häufigkeitsranglisten zeigt sich hier kein Kulturunterschied (DD: Position 3, DF: Position 1, FD: Position 1, FF: Position 1).

Interessant ist allerdings der Teilgruppenvergleich in Bezug auf die Häufigkeit als Vertrauenswarnung. In der deutschen bi-kulturellen Gruppe fällt diese deutlich ins Auge (DF23/46/19). Insgesamt beschreiben die deutschen Manager den Vertrauensfaktor 'Nichts vortäuschen', wenn Sie von der Zusammenarbeit mit Franzosen berichten, häufig in der Variante als Vertrauenswarnung: Sie haben den Eindruck, getäuscht worden zu sein. Interessant ist hier, dass es sich in der französischen mono-kulturellen Gruppe ähnlich verhält. Auch hier sticht die Häufigkeit als Vertrauenswarnung hervor (FF33/63/25). Das heißt, auch französische Manager berichten häufig von der Vertrauenswarnung, getäuscht worden zu sein, wenn sie mit anderen Franzosen zusammen arbeiten. Wenn hingegen deutsche Manager mit anderen deutschen Managern oder auch französische Manager mit deutschen Managern zusammen arbeiten, dann berichten sie deutlich seltener von der Vertrauenswarnung, getäuscht worden zu sein (DD/V-:38, FD/V-:27). Diese Beobachtungen deuten darauf hin, dass es hier einen kulturellen Unterschied gibt, der dazu führt, dass das Verhalten der französischen Manager (auch von anderen Franzosen) häufiger als Vertrauenswarnung in Bezug auf 'Nichts vortäuschen' interpretiert wird als das Verhalten der deutschen Manager (vgl. hierzu die Diskussion in 5.9).

Eine weitere Beobachtung betrifft den Vertrauensfaktor **'Anerkennung fair verteilen'**: Hier zeigte sich ein signifikanter Unterschied im Vergleich der mono- mit der bi-kulturellen Gruppe auf französischer Seite (FF0:FD17*). Während dieser Vertrauensfaktor für die französischen Manager in der Zusammenarbeit mit anderen Franzosen durchaus eine Rolle spielt, kommen sie in ihren Berichten über Vertrauen in der Zusammenarbeit mit Deutschen überhaupt nicht auf diesen Vertrauensfaktor zu sprechen.

4.2.10 Kooperatives Verhalten

Betrachten wir die Vertrauensfaktoren im Handlungsfeld <Kooperatives Verhalten> (vgl. zur Definition des Handlungsfelds in 3.3.5). Sie scheinen von den deutschen und französischen Managern weitgehend ähnlich gewichtet zu werden. Von Interesse erscheinen lediglich die Ergebnisse beim Vertrauensfaktor 'Sich loyal verhalten' (vgl. Tab. 4.15).

Tab. 4.15: Einzelergebnisse Handlungsfeld <Kooperatives Verhalten>

10.1 Entgegenkommen / disponibel sein

Anteil Interviews mit Kodierung...	Alle Interviews	DD^{-Vm}	DD	DF	FD	FF	FF^{-Vm}	Signifikanzen
– des Vertrauensfaktors insgesamt	37 (37)	38 (9)	50 (12)	27 (7)	23 (6)	25 (6)	17 (4)	
– als Vertrauensgrund (V+)	24 (24)		33 (8)	27 (7)	19 (5)	17 (4)		
– als Vertrauenswarnung (V-)	5 (5)		8 (2)	4 (1)	8 (2)	0 (0)		
– als Vertrauensmaßnahme (Vm)	14 (14)		21 (5)	15 (4)	12 (3)	8 (2)		

4.2 Einzelergebnisse und Diskussion

10.2 Schnell reagieren bei Anfragen / Bitten

Anteil Interviews mit Kodierung...	Alle Interviews	DD^{-Vm}	DD	DF	FD	FF	FF^{-Vm}	Signifikanzen
– des Vertrauensfaktors insgesamt	21 (21)	17 (4)	17 (4)	23 (6)	8 (2)	29 (7)	21 (5)	
– als Vertrauensgrund (V+)	12 (12)		8 (2)	19 (5)	8 (2)	13 (3)		
– als Vertrauenswarnung (V-)	10 (10)		17 (4)	12 (3)	0 (0)	13 (3)		
– als Vertrauensmaßnahme (Vm)	6 (6)		0 (0)	4 (1)	12 (3)	8 (2)		

10.3 Helfen / Rat geben

Anteil Interviews mit Kodierung...	Alle Interviews	DD^{-Vm}	DD	DF	FD	FF	FF^{-Vm}	Signifikanzen
– des Vertrauensfaktors insgesamt	41 (41)	38 (9)	42 (10)	35 (9)	19 (5)	67 (16)	58 (14)	FF^{-Vm}>FD*
– als Vertrauensgrund (V+)	35 (35)		33 (8)	35 (9)	19 (5)	54 (13)		
– als Vertrauenswarnung (V-)	6 (6)		8 (2)	0 (0)	4 (1)	13 (3)		
– als Vertrauensmaßnahme (Vm)	11 (11)		8 (2)	15 (4)	8 (2)	13 (3)		

10.4 Sich loyal verhalten

Anteil Interviews mit Kodierung...	Alle Interviews	DD^{-Vm}	DD	DF	FD	FF	FF^{-Vm}	Signifikanzen
– des Vertrauensfaktors insgesamt	36 (36)	42 (10)	50 (12)	35 (9)	12 (3)	29 (7)	29 (7)	
– als Vertrauensgrund (V+)	23 (23)		25 (6)	31 (8)	12 (3)	25 (6)		
– als Vertrauenswarnung (V-)	11 (11)		29 (7)	8 (2)	0 (0)	8 (2)		
– als Vertrauensmaßnahme (Vm)	11 (11)		13 (3)	12 (3)	15 (4)	4 (1)		

Hinweisen möchte ich darauf, dass der Vertrauensfaktor *'Sich loyal verhalten'* sowohl im Vergleich der mono-kulturellen Gruppen (DD50:FF29) als auch im Vergleich der bi-kulturellen Gruppen (DF35:FD12) häufiger von deutschen Managern beschrieben wird (vgl. hierzu auch 5.1.3 zu Loyalität im Zusammenhang mit Absprachen).

4.2.11 Interkulturelle Vertrauensfaktoren

Das wesentliche Ergebnis der vorliegenden Studie in Bezug auf das Handlungsfeld <Umgang mit kultureller Differenz> wie auch das Handlungsfeld <Verhalten in Bezug auf Stereotype> besteht darin, die jeweiligen interkulturellen Vertrauensfaktoren überhaupt erst im Prozess der induktiven Kategorienbildung herausgearbeitet zu haben (vgl. zur Definition der Handlungsfelder 3.4.1-2). Dies liefert einen wichtigen Beitrag zur Antwort auf die übergeordnete Forschungsleitfrage: Inwiefern können Kulturunterschiede die Vertrauensentwicklung beeinflussen? Sie können die Vertrauensentwicklung nicht nur deshalb beeinflussen, weil sich die Gewichtung von oder der Umgang mit Vertrauensfaktoren unterscheiden. Sie können die Vertrauensentwicklung auch deshalb beeinflussen, weil in der interkulturellen Zusammenarbeit diese speziellen interkulturellen Vertrauensfaktoren zur Verfügung stehen – für die Einschätzung der Vertrauenswürdigkeit von Kollegen oder Geschäftspartnern wie auch zur Demonstration der eigenen Vertrauenswürdigkeit.

Wenn wir nun die Kodierungshäufigkeiten bei den interkulturellen Vertrauensfaktoren betrachten, müssen wir berücksichtigen, dass uns hier aus zwei systematischen Gründen eine weniger umfangreiche Datenbasis als im Fall der übrigen Vertrauensfaktoren zur Verfügung steht: Zum einen finden sich die interkulturellen Vertrauensfaktoren natürlich per definitionem in den *inter*-kulturellen Gruppen. Die Bildung der mono-kulturellen Gruppen zielte schließlich darauf, Berichte über *intra*-kulturelle Zusammenarbeit zu erheben. Damit halbiert sich jedoch die Zahl der letztlich einschlägigen Interviews auf insgesamt 50. Zum zweiten muss man bedenken, dass es natürlich auch in den Interviews der bi-kulturellen Gruppen in wesentlichen Teilen nicht um die speziell interkulturellen sondern um die grundlegenden aufgaben- und beziehungsorientierten Vertrauensfaktoren ging. Interkulturelle Vertrauensfaktoren werden also nur in einem Teil der in den bi-kulturellen Interviews zur Verfügung stehenden Interviewzeit beschrieben. – Dennoch möchte ich im Folgenden auf drei Auffälligkeiten in den quantitativen Ergebnissen hinweisen (vgl. Tab. 4.16).

Tab. 4.16: Einzelergebnisse ausgewählter interkultureller Vertrauensfaktoren

11.3 Fremdsprache beherrschen / anwenden

Anteil Interviews mit Kodierung...	Alle Interviews	DD^{-Vm}	DD	DF	FD	FF	FF^{-Vm}	Signifikanzen
– des Vertrauensfaktors insgesamt	19 (19)	0 (0)	0 (0)	15 (4)	27 (7)	0 (0)	0 (0)	
– als Vertrauensgrund (V+)	8 (8)		0 (0)	15 (4)	15 (4)	0 (0)		
– als Vertrauenswarnung (V-)	5 (5)		0 (0)	8 (2)	12 (3)	0 (0)		
– als Vertrauensmaßnahme (Vm)	13 (13)		0 (0)	27 (7)	23 (6)	0 (0)		

11.4 Fremdkulturinteresse/-wissen zeigen

Anteil Interviews mit Kodierung...	Alle Interviews	DD^{-Vm}	DD	DF	FD	FF	FF^{-Vm}	Signifikanzen
– des Vertrauensfaktors insgesamt	7 (7)	0 (0)	0 (0)	15 (4)	0 (0)	0 (0)	0 (0)	DF>FD*
– als Vertrauensgrund (V+)	4 (4)		0 (0)	15 (4)	0 (0)	0 (0)		
– als Vertrauenswarnung (V-)	1 (1)		0 (0)	4 (1)	0 (0)	0 (0)		
– als Vertrauensmaßnahme (Vm)	5 (5)		0 (0)	12 (3)	8 (2)	0 (0)		

11.8 Nationale Interessen zurückstellen

Anteil Interviews mit Kodierung...	Alle Interviews	DD^{-Vm}	DD	DF	FD	FF	FF^{-Vm}	Signifikanzen
– des Vertrauensfaktors insgesamt	10 (10)	0 (0)	0 (0)	27 (7)	12 (3)	0 (0)	0 (0)	
– als Vertrauensgrund (V+)	6 (6)		0 (0)	15 (4)	8 (2)	0 (0)		
– als Vertrauenswarnung (V-)	7 (7)		0 (0)	19 (5)	8 (2)	0 (0)		
– als Vertrauensmaßnahme (Vm)	1 (1)		0 (0)	0 (0)	4 (1)	0 (0)		

Es gibt erstens einen Unterschied beim Vertrauensfaktor *'Fremdsprache beherrschen / anwenden'*, welcher sich häufiger in der französischen bi-kulturellen Gruppe als in der deutschen findet (DF15:FD27). Zweitens gibt es einen signifikanten Unterschied beim Vertrauensfaktor *'Fremdkulturinteresse/-wissen zeigen'*, welcher häufiger in der deutschen bi-kulturellen Gruppe als in der französischen beschrieben wird (DF15:FD0*). Drittens schließlich findet sich der Vertrauensfaktor *'Nationale Interessen zurückstellen'* in der deutschen bi-kulturellen Gruppe etwas häufiger als in der französischen (DF27:FD12).

4.3 Zusammenfassung

Die statistische Auswertung der Kodierungshäufigkeiten der Vertrauensfaktoren ergab, dass sich in einer Reihe von Teilgruppenvergleichen signifikante deutsch-französische Unterschiede zeigen, die ich im Folgenden zusammenfassend darstelle (4.3.1). Schließen werde ich mit einem Hinweis zur Interpretation der Ergebnisse, welcher den Bezug zum folgenden Kapitel aufzeigt (4.3.2).

4.3.1 Übersicht der wesentlichen Ergebnisse

Im Folgenden fasse ich die berichteten Ergebnisse im Hinblick auf die drei zentralen Auswertungsfragen zusammen:
1. Zeigten sich deutsch-französische Unterschiede im Vergleich der mono-kulturellen Teilgruppen, das heißt in Bezug auf die Gewichtung der Vertrauensfaktoren im deutschen im Vergleich zum französischen Kontext (DD:FF)?
2. Ergaben sich auf deutscher oder französischer Seite signifikante Unterschiede der interkulturellen Bedeutsamkeit der Vertrauensfaktoren? Sind also einzelne Vertrauensfaktoren speziell in der interkulturellen Zusammenarbeit wichtig (DD:DF und FF:FD)?
3. Fanden sich deutsch-französische Unterschiede im Vergleich der bi-kulturellen Teilgruppen, das heißt in Bezug auf die Frage, inwiefern die einzelnen Vertrauensfaktoren speziell in der interkulturellen Zusammenarbeit wichtig sind (DF:FD)?

Erstens wurden im deutsch-französischen Vergleich der mono-kulturellen Teilgruppen bei sechs Vertrauensfaktoren signifikante Unterschiede der Kodierungshäufigkeiten gefunden. Davon fanden sich vier Vertrauensfaktoren häufiger in der deutschen Teilgruppe und zwei

4.3 Zusammenfassung

häufiger auf französischer Seite. Dabei sind vier der Unterschiede, nämlich die, bei welchen der Vertrauensfaktor häufiger auf deutscher Seite gefunden wurde, signifikant auf 0.05 Niveau. Zwei der Unterschiede, nämlich die, bei welchen der Vertrauensfaktor häufiger auf französischer Seite gefundenen wurde, erreichen 0.005 Niveau. – Einen Überblick gibt Tabelle 4.17.

Tab. 4.17: Signifikante Unterschiede im Vergleich der mono-kulturellen Gruppen

Nr.	Vertrauensfaktor	DD:FF†	chi²	wichtiger für
021	An Wissen teilhaben lassen	71:42 / 17:10	4.06*	D
022	Mitdenken und individuell informieren	46:17 / 11:4	4.65*	D
041	Kompetent sein / sich auskennen	17:63 / 4:15	10.32***	F
051	Konflikte offen und proaktiv managen	38:8 / 9:2	5.66*	D
061	Kontakt pflegen / viel kommunizieren	21:63 / 5:15	8.39***	F
085	In Entscheidungen einbeziehen	38:8 / 9:2	5.66*	D

† Die Angabe der Kodierungshäufigkeiten erfolgt in Prozent der jeweiligen Teilgruppen. Zur Information werden zusätzlich in kleinerer Schrift darunter die zugrunde liegenden absoluten Werte angegeben.

Was ergaben zweitens die Auswertungen in Bezug auf die Frage, ob die Vertrauensfaktoren häufiger in der inter-kulturellen oder häufiger in der intra-kulturellen Zusammenarbeit beschrieben werden? Für diese Frage sind die 'interkulturellen' Vertrauensfaktoren weniger von Interesse, denn diese werden selbstverständlich in den bi-kulturellen bzw. 'interkulturellen' Gruppen häufiger beschrieben. Doch auch was die übrigen Vertrauensfaktoren anbelangt, zeigten sich Unterschiede: Im Vergleich der mono- mit der bi-kulturellen Gruppe wurden auf deutscher Seite drei und auf französischer Seite sechs signifikante Unterschiede gefunden. Einen Überblick geben Tabellen 4.18 und 4.19.

Bei den signifikanten Unterschieden handelt es sich fast ausschließlich um den Fall, dass der jeweilige Vertrauensfaktor häufiger in der mono-kulturellen Gruppe als in der bi-kulturellen Gruppe gefunden wurde. Dies könnte daran liegen, dass in der interkulturellen Zusammenarbeit naturgemäß die interkulturellen Vertrauensfaktoren eine größere Rolle spielen, so dass die in der bi-kulturellen Gruppe interviewten Manager die übrigen Vertrauensfaktoren möglicherweise insgesamt weniger stark im Blick hatten. Es könnte jedoch auch schlicht damit zusammenhängen, dass in den Interviews der bi-kulturellen Gruppen in einem Teil der Interviewzeit interkulturelle Vertrauensfaktoren beschrieben wurden, weshalb insgesamt weniger Zeit für die Darstellung der übrigen Faktoren zur Verfügung stand.

Allerdings gibt es auch – auf französischer Seite – einen Fall, in welchem ein Vertrauensfaktor in der bi-kulturellen Gruppe signifikant häufiger als in der mono-kulturellen gefunden wurde. Es handelt sich um den Vertrauensfaktor *'Absprachen / Regeln flexibel handhaben'* (DF23:FF0*). Offenbar beschreibt dieser Vertrauensfaktor einen Aspekt, der für die französischen Manager speziell in der interkulturellen Zusammenarbeit bzw. in der Zusammenarbeit mit deutschen Kollegen oder Geschäftspartnern relevant wird.

Tab. 4.18: Deutscher Vergleich mono- vs. bi-kulturelle Gruppe: signifikante Unterschiede

Nr.	Vertrauensfaktor	DD-Vm:DF†	chi²	Richtung
021	An Wissen teilhaben lassen	58:23 / 14:6	6.33*	mono > bi
042	Qualitativ hochwertige Arbeit machen	29:4 / 7:1	5.83*	mono > bi
044	Arbeitseinsatz / Motivation zeigen	17:0 / 4:0	4.62*	mono > bi

Tab. 4.19: Französischer Vergleich mono- vs. bi-kulturelle Gruppe: signifikante Unterschiede

Nr.	Vertrauensfaktor	FF^{-Vm}:FD†	chi^2	Richtung
014	Absprachen / Regeln flexibel handhaben	0:23 0:6	6.16*	bi > mono
041	Kompetent sein / sich auskennen	50:23 12:6	3.85*	mono > bi
052	Eigeninteressen zurückstellen	38:12 9:3	4.52*	mono > bi
072	Private / biographische Gemeinsamkeiten	21:0 5:0	5.90*	mono > bi
094	Anerkennung / Belohnungen fair verteilen	17:0 4:0	4.62*	mono > bi
103	Helfen / Rat geben	58:19 14:5	7.94*	mono > bi

† Die Angabe der Kodierungshäufigkeiten erfolgt in Prozent der jeweiligen Teilgruppen. Zur Information werden zusätzlich in kleinerer Schrift darunter die zugrunde liegenden absoluten Werte angegeben.

Drittens ergaben die Auswertungen deutsch-französische Unterschiede hinsichtlich der Frage, inwiefern die einzelnen Vertrauensfaktoren für die interviewten Manager speziell in der interkulturellen Zusammenarbeit wichtig sind. Die Ergebnisse dieses Vergleichs der Kodierungshäufigkeiten der beiden bi-kulturellen Teilgruppen (DF:FD) sind von Interesse, da sie besonders deutlich darauf verweisen, dass es in Bezug auf die jeweiligen Vertrauensfaktoren ein konkretes Potenzial für deutsch-französische Vertrauensmissverständnisse in der interkulturellen Zusammenarbeit gibt. Während sich auf Basis von Unterschieden im Vergleich der *mono-kulturellen* Teilgruppen nur indirekt auf ein Potenzial für Missverständnisse in der *interkulturellen* Zusammenarbeit schließen lässt, kann man einen Gewichtungsunterschied im Vergleich der bi-kulturellen Gruppen als deutlicheren Hinweis auf mögliche interkulturelle Vertrauensmissverständnisse interpretieren. – Einen Überblick gibt Tabelle 4.20.

Tab. 4.20: Signifikante Unterschiede im Vergleich der bi-kulturellen Gruppen

Nr.	Vertrauensfaktor	DF:FD†	chi^2	wichtiger für
011	Absprachen treffen / Regeln vereinbaren	23%:4% 6:1	4.05*	D
042	Qualitativ hochwertige Arbeit machen	4:35 1:9	7.77*	F
043	Ergebnisse liefern	0:15 0:4	4.25*	F
044	Arbeitseinsatz / Motivation zeigen	0:23 0:6	6.65*	F
061	Kontakt pflegen / viel kommunizieren	8:35 2:9	5.54*	F
062	Privates erzählen	46:15 12:4	5.67*	D
072	Private / biographische Gemeinsamkeiten	15:0 4:0	4.25*	D
084	Zuständigkeiten respektieren	19:0 5:0	5.43*	D
114	Fremdkulturinteresse/-wissen zeigen	15:0 4:0	4.25*	D

† Die Angabe der Kodierungshäufigkeiten erfolgt in Prozent der jeweiligen Teilgruppen. Zur Information werden zusätzlich in kleinerer Schrift darunter die zugrunde liegenden absoluten Werte angegeben.

4.3.2 Abschließende Überlegung zum Stellenwert der Ergebnisse

Die in diesem Kapitel berichteten Unterschiede der Kodierungshäufigkeiten im Vergleich der Teilgruppen interpretiere ich im Sinne der zweiten Forschungsfrage als Kulturunterschiede der Gewichtung von Vertrauensfaktoren (vgl. 1.6.2). Damit nehme ich in einem zweiten Schritt an, dass es in Situationen des deutsch-französischen Managements, in welchen die diesen Vertrauensfaktoren zugrunde liegenden Verhaltensweisen eine Rolle spielen, zu kulturellen Vertrauensmissverständnissen kommen kann (vgl. 1.5). Ziel dieses Kapitels war je-

4.3 Zusammenfassung

doch grundsätzlich nur die Darstellung auffälliger deutsch-französischer Unterschiede in der Gewichtung von Vertrauensfaktoren. Zwar bin ich auf mögliche Konsequenzen, das heißt potenzielle deutsch-französische Vertrauensmissverständnisse, die aufgrund dieser kulturell unterschiedlichen Gewichtungen entstehen können, an unterschiedlichen Stellen exemplarisch eingegangen. Für eine umfassende Untersuchung, inwiefern in der deutsch-französischen Zusammenarbeit Vertrauensmissverständnisse entstehen können, ist es jedoch wichtig, auch den ersten Schritt unseres Zwei-Schritt-Modells der Vertrauensentwicklung näher zu betrachten: die *Faktordiagnose* bzw. den Schluss von Verhaltensweisen auf Vertrauensfaktoren (vgl. 1.3.2). Wie ich im ersten Kapitel argumentiert habe, können Vertrauensmissverständnisse auch unabhängig von einer unterschiedlichen Gewichtung von Vertrauensfaktoren entstehen – nämlich aufgrund der Tatsache, dass die Beteiligten in unterschiedlicher Weise von beobachtetem Verhalten auf Vertrauensfaktoren schließen (vgl. 1.3). Dies bedeutet, dass sich auf Basis der in diesem Kapitel beschriebenen Ergebnisse die möglichen Ursachen für deutsch-französische Vertrauensmissverständnisse nur zum Teil beschreiben lassen.

Die in diesem Kapitel berichtete quantitative Betrachtung der Kodierungshäufigkeiten in den Teilgruppen basiert auf dem für beide Kulturen gleichermaßen als Beschreibungssystem geeigneten System der Vertrauensfaktoren (vgl. Kap. 3). In der Entwicklung dieses Systems der Vertrauensfaktoren wurde gewährleistet, dass sich die gebildeten Vertrauensfaktorkonstrukte gleichermaßen für die Beschreibung der Darstellungen deutscher wie auch französischer Manager eignen und daher zu einer Kodierung aller Interviews herangezogen werden konnten. Was damit jedoch prinzipiell offen bleibt, ist die Frage, inwieweit sich in Bezug auf die einzelnen Vertrauensfaktoren die jeweiligen Interpretationsprozesse der Faktordiagnose im deutsch-französischen Vergleich gleichen oder unterscheiden. Denn auch wenn ein Aspekt wie *'Zusagen einhalten'* in der deutschen und der französischen Geschäftswelt ein etwa gleich wichtiger Vertrauensfaktor ist (vgl. 4.2.1), kann es sein, dass ein Verhalten, das von deutschen Managern ganz klar im Hinblick auf diesen Vertrauensfaktor interpretiert wird, möglicherweise französischen Managern kaum oder viel seltener Anlass gibt, es im Hinblick auf diesen Vertrauensfaktor zu deuten (vgl. 5.1).

Daher bin ich in der dieser Arbeit zugrunde liegenden Studie noch einen wesentlichen Schritt weiter gegangen und habe in einem dritten Auswertungsschritt deutsch-französische vertrauensrelevante Kulturunterschiede herausgearbeitet, die den Umgang mit Vertrauensfaktoren bzw. die Faktordiagnose betreffen. Unter welchen Umständen gelten bestimmte Verhaltensweisen oder Informationen als Vertrauensfaktoren? Welche Verhaltensweisen oder Informationen geben den deutschen und französischen Managern Anlass, einen Kollegen oder Partner gemäß einem bestimmten Vertrauensfaktor als vertrauenswürdig oder nicht vertrauenswürdig einzustufen? Diese Fragen beantwortet das folgende Kapitel und ergänzt damit die in diesem Kapitel dargestellte Auswertung zu deutsch-französischen Unterschieden der Gewichtung von Vertrauensfaktoren. Eine Zusammenführung der Ergebnisse beider Auswertungsschritte findet sich dann im letzten Kapitel (6.3).

5. Kulturunterschiede der Diagnose von Vertrauensfaktoren

Wann sieht man Gründe, einem Kollegen oder Geschäftspartner in einer bestimmten Hinsicht zu vertrauen – oder eben nicht zu vertrauen? In diesem Kapitel geht es um die Frage, wann und inwiefern Manager das Verhalten eines Kollegen oder Partners als Vertrauensfaktor interpretieren. Dabei liegt der Fokus darauf zu zeigen, dass es in Bezug auf diese Frage deutsch-französische Kulturunterschiede gibt, welche zu kulturellen Vertrauensmissverständnissen führen können. Damit beantwortet das Kapitel die dritte Forschungsfrage: Es wird in unterschiedlichen Kulturen auf unterschiedliche Weise von beobachtetem Verhalten auf Vertrauensfaktoren geschlossen (vgl. 1.6.2).

In der Begrifflichkeit meines theoretischen Modells geht es hier um Kulturunterschiede der 'Faktordiagnose'. Das Kapitel beschreibt am deutsch-französischen Beispiel, inwiefern sich Mitglieder unterschiedlicher Kulturen darin unterscheiden können, wie sie Vertrauensfaktoren anhand der bei einem Partner beobachteten Verhaltensweisen bzw. anhand der über einen Partner verfügbaren Informationen 'diagnostizieren' (vgl. 1.3.2).

Basis des Kapitels sind erstens eine Auswertung der 100 Interviews mit deutschen und französischen Managern mit Hilfe des Instruments der qualitativen Inhaltsanalyse sowie zweitens ein Review der bestehenden Forschungsliteratur zum deutsch-französischen Management (zu den methodischen Grundlagen vgl. nächster Absatz). Bestimmt wurden 21 Bereiche deutsch-französischer kultureller Differenz ('vertrauensrelevante Unterschiedsbereiche'), die zeigen, wie deutsche und französische Manager das Verhalten ihrer Kollegen oder Geschäftspartner in unterschiedlicher Weise als vertrauensrelevant einstufen.

Dies liefert jedoch nicht nur eine Antwort auf die dritte Forschungsfrage nach Kulturunterschieden der Diagnose von Vertrauensfaktoren. Die 21 vertrauensrelevanten Unterschiedsbereiche helfen zudem, einige der im letzten Kapitel berichteten Kulturunterschiede in der Gewichtung von Vertrauensfaktoren besser zu verstehen. Das ist insbesondere dann der Fall, wenn ein Unterschiedsbereich beschreibt, wie deutsche und französische Manager ein bestimmtes Verhalten im Sinne zweier verschiedener Vertrauensfaktoren interpretieren. In dieser Hinsicht geht das Kapitel also über hinaus die Beantwortung der dritten Forschungsfrage bzw. die Beschreibung von Kulturunterschieden der Faktordiagnose hinaus.

Einleitend werde ich im Folgenden die methodischen Grundlagen des Kapitels resümieren, eine Übersicht der für das Verständnis des Kapitels zentralen theoretischen Konstrukte geben und schließlich das Darstellungsschema erläutern, nach welchem die 21 vertrauensrelevanten Unterschiedsbereiche in diesem Kapitel präsentiert werden.

Übersicht der methodischen Grundlagen

Die Grundlage des Kapitels bildet der dritte Auswertungsschritt der Studie, welcher gemäß der dritten Forschungsfrage darauf zielte, Kulturunterschiede im Umgang mit Vertrauensfaktoren herauszuarbeiten. Dazu wurde eine qualitative Inhaltsanalyse durchgeführt, welcher Interviewstellen zugrunde gelegt wurden, in denen die interviewten Manager zum einen ihr eigenes Verhalten und Bewerten im beruflichen Kontext beschreiben und zum anderen darstellen, welches Verhalten und Bewerten sie vor dem Hintergrund ihrer Erfahrung im interkulturellen Management bei Angehörigen der anderen Kultur als typisch wahrnehmen. Diese Interviewstellen erwiesen sich als für die Fragestellung äußerst aussagekräftig. Dies ist zum einen darauf zurückzuführen, dass die interviewten Manager in hochrangigen Führungspositionen tätig und im Managementberuf sehr erfahren waren. Darüber hinaus verfügten die interviewten Manager der 'bi-kulturellen Gruppen' zum Zeitpunkt des Interviews bereits über durchschnittlich 14,2 Jahre Erfahrung im deutsch-französischen Management und waren damit speziell im *interkulturellen* Management sehr erfahren. Als Korrektiv und Ergänzung dieses Erfahrungshintergrunds der interviewten Manager wurden in der Bestimmung der endgültigen Liste vertrauensrelevanter Unterschiedsbereiche neben den Interviewdaten auch die Ergebnisse eines Reviews der bestehenden Forschungsliteratur zum deutsch-französischen Management einbezogen. – Eine ausführlichere Darstellung der zugrunde gelegten Datenquellen und des methodischen Vorgehens findet sich in 2.3.6-7, ein Ablaufmodell des methodischen Vorgehens in 2.3.7.1 und eine Diskussion der Verallgemeinerungsansprüche, die sich mit dem gewählten explorativen Ansatz verbinden, in 2.3.9.

Übersicht der grundlegenden Kategorien

In Kapitel 2 wurden in der Darstellung des dritten Auswertungsschritts der Studie (2.3.6-7) vier für dieses Kapitel wesentliche Kategorien eingeführt. Sie sind für das Verständnis dieses Kapitels zentral, und ich werde sie daher im Folgenden resümierend vorstellen:

– Die Hauptgliederungsebene des Kapitels sind die 21 im dritten Auswertungsschritt identifizierten vertrauensrelevanten Kulturunterschiede, die ich als ***Unterschiedsbereiche*** bezeichne. Sie fassen jeweils verschiedene Aspekte kultureller Differenz in Bezug auf einen bestimmten Bereich des beruflichen Handelns zusammen – wie etwa die *Kommunikation beim Treffen von Absprachen*, das *Konfliktmanagement* oder die *Reaktionsgeschwindigkeit bei Anfragen oder Bitten*.[140] Diese Unterschiedsbereiche sind diejenigen Kategorien der Inhaltsanalyse im dritten Auswertungsschritt, welche eine Auswirkung auf *bestimmte* Vertrauensfaktoren in *bestimmten* Handlungsfeldern haben. Sie lassen sich daher diesen Handlungsfeldern zuordnen, und entsprechend kann sich die Darstellung der Unterschiedsbereiche an der Systematik der zwölf Handlungsfelder aus Kap. 3 orientieren.

– Mit dem Begriff «*Erklärungskonzept*» beziehe ich mich darauf, dass in der Inhaltsanalyse des dritten Auswertungsschritts auch eine Reihe von Kulturunterschieden gefunden wurden, die Bezüge zu *unterschiedlichen* Vertrauensfaktoren in *unterschiedlichen* Handlungsfeldern aufweisen. Es zeigte sich, dass sich diese Kulturunterschiede als grundsätzliche Aspekte deutsch-französischer Differenz verstehen lassen, die jeweils mehrere der spezifischen vertrauensrelevanten Unterschiedsbereiche beeinflussen. Beispielsweise hat das Erklärungskonzept «*Direktheit des Kommunikationsstils*» eine Auswirkung auf die Unterschiedsbereiche *Kommunikation beim Treffen von Absprachen*, *Konfliktmanagement* und *Äußern von Kritik und Widerspruch*.[141] Diese relativ grundlegenden und umfassenden Aspekte wurden als 'Erklärungskonzepte' aus der Systematik der Unterschiedsbereiche herausgenommen. Die Darstellung dieses Kapitels orientiert sich ausschließlich an den Unterschiedsbereichen. Allerdings ist es aufschlussreich, in der Diskussion der einzelnen Unterschiedsbereiche jeweils auf Einflüsse der Erklärungskonzepte zu verweisen. An welchen Stellen auf welche der sieben Erklärungskonzepte Bezug genommen wird, zeigen jeweils kleine Übersichtstabellen im Text sowie die Tabellen in der zusammenfassenden Übersicht in 5.11.

– Als **kulturelles Vertrauensmissverständnis** bezeichne ich ein Vertrauensmissverständnis, aufgrund kultureller Unterschiede entsteht. Dabei unterscheide ich positive und negative kulturelle Vertrauensmissverständnisse (vgl. 1.5.1): In der interkulturellen Zusammenarbeit können unterschiedliche Gewohnheiten, Einstellungen oder Werte der beteiligten

---

[140] Eine Übersicht der Unterschiedsbereiche findet sich in 5.11.
[141] Auch eine Übersicht der Erklärungskonzepte findet sich in 5.11.

5. Kulturunterschiede der Diagnose von Vertrauensfaktoren 327

Kollegen oder Geschäftspartner die Entwicklung von Vertrauen beeinflussen. Dies kann einerseits dazu führen, dass man (aus der Sicht seiner eigenen Kultur heraus) zu der Einschätzung gelangt, gute Gründe dafür zu haben, einen Kollegen für nicht vertrauenswürdig zu halten – obwohl man aus der Sicht der anderen Kultur keine guten Gründe dafür hat (negatives Vertrauensmissverständnis). Kulturelle Unterschiede können jedoch auch dazu führen, dass man (aus der Sicht seiner eigenen Kultur heraus) zu der Einschätzung gelangt, man habe gute Gründe, einem Geschäftspartner zu vertrauen, obwohl dem aus Sicht der anderen Kultur nicht so ist (positives Vertrauensmissverständnis).

Ich werde in diesem Kapitel 37 empirisch gefundene kulturelle Vertrauensmissverständnisse darstellen und diskutieren. Sie bestätigen, dass die vertrauensrelevanten Unterschiedsbereiche in der deutsch-französischen Zusammenarbeit tatsächlich von praktischer Relevanz sind. Denn sie illustrieren anhand von Daten aus den Interviews beispielhaft, wie deutsche und französische Manager aufgrund der im letzten und in diesem Kapitel dargestellten Kulturunterschiede in Missverständnisse der Vertrauensentwicklung geraten können. Um dies zu verdeutlichen werde ich jeweils nach der Darstellung der Missverständnis-Episode zu ihrer Interpretation erstens die in diesem Kapitel vorgestellten vertrauensrelevanten Unterschiedsbereiche heranziehen und zweitens an einigen Stellen auch auf die im letzten Kapitel beschriebenen Kulturunterschiede der Gewichtung von Vertrauensfaktoren verweisen.

– Der Begriff **interkulturelle Vertrauensmaßnahme** bezeichnet Antworten auf die dritte Interviewleitfrage, in welchen die interviewten Manager speziell auf interkulturelle Aspekte der Zusammenarbeit Bezug nehmen. Dies bedeutet, dass die interkulturell erfahrenen Manager laut eigener Aussage ihr Verhalten an den nach meinen Auswertungen vertrauensrelevanten Kulturunterschieden orientieren, um die Entwicklung von Vertrauen zu erleichtern (vgl. 2.3.6.2). Damit liefern die in diesem Kapitel dargestellten interkulturellen Vertrauensmaßnahmen eine zweite Art von Bestätigung dafür, dass die gefundenen Unterschiedsbereiche in der deutsch-französischen Zusammenarbeit tatsächlich von praktischer Relevanz sind.

Darstellungsschema für die Unterschiedsbereiche

Zur Orientierung des Lesers sind die Unterschiedsbereiche durchnummeriert (Kulturunterschied KU-01 bis KU-21) und es wird stets das gleiche Darstellungsschema verwendet (vgl. Abb. 5.1):

1. Argumentation: Der erste Schritt beschreibt den argumentativen Kern des Unterschiedsbereichs. Es werden die unterschiedlichen Gewohnheiten, Sichtweisen und Interpretationsmuster der interviewten deutschen und französischen Manager und ihr Zusammenhang erläutert. Es wird aufgezeigt, inwiefern der jeweilige Kulturunterschied einen Einfluss auf die Vertrauensentwicklung hat, und es werden Verweise auf weitere einschlägige Forschungsbefunde gegeben.

2. Zitate: Um das Spektrum der Aussagen der interviewten Manager aufzuzeigen, das der Bestimmung der Unterschiedsbereiche zugrunde lag, werden Zitate aus den Interviews präsentiert und kommentiert. Sie erfüllen die Doppelfunktion, einerseits die Argumentation durch Belege zu stützen und sie andererseits durch Illustrationen zu veranschaulichen und nachvollziehbar zu machen. Die Zitate bieten damit nicht nur einen Einblick in die Datengrundlage, auf Basis derer die unterschiedlichen Aspekte des jeweiligen Unterschiedsbereichs herausgearbeitet wurden. Die Authentizität und Lebendigkeit der Zitate ermöglicht es

zudem, den Bezug des abstrakten Unterschiedsbereichs zur Handlungsrealität der interviewten Manager zu verdeutlichen.

3. Vertrauensmissverständnisse: An dritter Stelle werden ausgewählte kulturelle Vertrauensmissverständnisse vorgestellt, die in den Darstellungen der interviewten Manager gefunden wurden. Titel und Untertitel dienen einer ersten Charakterisierung. Auf das jeweilige Zitat folgt dann eine Erläuterung, inwiefern die berichtete Episode als kulturelles Vertrauensmissverständnis interpretiert werden kann. Auch die kulturellen Vertrauensmissverständnisse erfüllen die Doppelfunktion, die Argumentation zu stützen und zu veranschaulichen. Denn sie zeigen, dass und inwiefern der diskutierte Kulturunterschied zu Missverständnissen führen kann. Zudem lässt sich an einigen Missverständnissen auch aufzeigen, wie sich die im letzten Kapitel berichteten Kulturunterschiede der Gewichtung von Vertrauensfaktoren auf die interkulturelle Vertrauensentwicklung auswirken können.

4. Interkulturelle Vertrauensmaßnahmen: Auch die interkulturellen Vertrauensmaßnahmen erfüllen die beschriebene Doppelfunktion, indem sie belegen und illustrieren, inwiefern die interviewten Manager den diskutierten Kulturunterschied gezielt in ihrem Handeln berücksichtigen, um in der interkulturellen Zusammenarbeit Vertrauen aufzubauen.

Abb. 5.1: Darstellungsschema für die vertrauensrelevanten Unterschiedsbereiche

⚠️ Lesehilfe: Darstellungsschema Kapitel 5 ⚠️	
4 Blöcke pro Unterschiedsbereich	Erläuterung
(1) Argumentation	Die Argumentation beschreibt die in der Auswertung herausgearbeiteten Unterschiede der Gewohnheiten, Sichtweisen und Interpretationsmuster der interviewten Manager und ihren Einfluss auf den Umgang mit Vertrauensfaktoren.
(2) Belegzitate	Die Zitate belegen und illustrieren die Argumentation, indem sie das Spektrum der Aussagen der interviewten Manager aufzeigen, das der Bestimmung der Unterschiedsbereiche zugrunde lag.
(3) Vertrauens-missverständnisse*	Die Vertrauensmissverständnisse sind von den interviewten Managern dargestellte Episoden, welche sich auf Basis des jeweiligen Unterschiedsbereichs als kulturelle Missverständnisse interpretieren lassen.
(4) Interkulturelle Vertrauensmaßnahmen*	Die interkulturellen Vertrauensmaßnahmen sind Antworten auf die dritte Interviewleitfrage, in welchen die interviewten Manager speziell auf interkulturelle Aspekte der Zusammenarbeit Bezug nehmen. Dies bedeutet, dass sie laut eigener Aussage den diskutierten Unterschiedsbereich gezielt berücksichtigen, um in der interkulturellen Zusammenarbeit Vertrauen aufzubauen.

*soweit empirisch gefunden

Die folgenden Abschnitte des Kapitels stellen – geordnet nach Handlungsfeldern – die 21 in der Auswertung identifizierten Unterschiedsbereiche dar, und zwar stets nach dem Schema <Argumentation – Zitate – Vertrauensmissverständnisse – interkulturelle Vertrauensmaßnahmen>. Vertrauensmissverständnisse und interkulturelle Vertrauensmaßnahmen wurden jedoch nicht in Bezug auf alle Unterschiedsbereiche empirisch gefunden. Die einleitenden Abschnitte 'Argumentation' geben eine Übersicht des jeweiligen Unterschiedsbereichs. Eine tabellarische Übersicht aller Unterschiedsbereiche findet sich in 5.11.

5.1 Umgang mit Absprachen und Regeln

Ob Manager anderen Kollegen oder Geschäftspartnern vertrauen, kann damit zusammen hängen, wie diese mit Absprachen und Regeln umgehen – vgl. die Einführung zum Handlungsfeld <Umgang mit Absprachen und Regeln> in 3.2.1). In der Bestimmung der vertrauensrelevanten Unterschiedsbereiche wurden drei deutsch-französische Kulturunterschiede gefunden, welche in diesem Handlungsfeld die Interpretation von Verhaltensweisen als Vertrauensfaktor beeinflussen: Erstens haben Absprachen für die französischen Manager offenbar in einer anderen Weise Verbindlichkeit als für die deutschen Manager. Zweitens kommunizieren die französischen Manager beim Treffen von Absprachen anders als die deutschen Manager. Drittens beeinflusst die hierarchische Beziehung zwischen Vorgesetztem und Mitarbeiter die französischen Manager im Umgang mit Absprachen in anderer Weise als die deutschen Manager (vgl. Tab. 5.1).

Tab. 5.1: Vertrauensrelevante Unterschiedsbereiche im ersten Handlungsfeld

Unterschiedsbereich	Nummer	Abschnitt
Stellenwert und Verbindlichkeit von Absprachen	KU-01	5.1.1
Kommunikation beim Treffen von Absprachen	KU-02	5.1.2
Einfluss von Hierarchieorientierung auf Absprachen	KU-03	5.1.3

Diese drei vertrauensrelevanten Unterschiedsbereiche werde ich im Folgenden näher erläutern und durch Zitate belegen und veranschaulichen.

5.1.1 Stellenwert und Verbindlichkeit von Absprachen [KU-01]

5.1.1.1 Argumentation

Absprachen haben für die interviewten deutschen Manager im Vergleich zu ihren französischen Kollegen offenbar sowohl generell einen höheren Stellenwert als auch im Einzelfall eine höhere Verbindlichkeit. Dies führt dazu, dass es im deutschen und französischen Unternehmenskontext teilweise unterschiedliche Auffassungen darüber gibt, wann etwas eine verbindliche Zusage ist und wann nicht.

Der höhere **Stellenwert** von Absprachen auf deutscher Seite zeigt sich darin, dass es die interviewten deutschen Manager tendenziell als wichtiger hervorheben als ihre französischen Kollegen, dass man Dinge klärt, abspricht, vereinbart. Dies zeigte sich bereits darin, dass der Vertrauensfaktor 'Absprachen treffen / Regeln vereinbaren' in den deutschen Interviews häufiger gefunden wurde als in den französischen (DF>FD*, DD>FF, vgl. 4.2.1), und es bestätigte sich in deutlicher Weise in der Auswertung der Kommentare der deutschen und französischen Manager zum Thema Absprachen und Regeln.

Betrachten wir in diesem Zusammenhang eines der Erklärungskonzepte, nämlich den grundlegenden deutsch-französischen Kulturunterschied in der «Herangehensweise» an Arbeitsaufgaben. Während die deutschen Manager in ihren Darstellungen größeren Wert auf die Vorbereitung und Planung der Aufgabenumsetzung legen, tendieren die französischen Manager laut ihren Berichten eher dazu, Dinge schnell anzugehen und zunächst noch offene Fragen im Verlauf der Aufgabenumsetzung zu klären. Bei einer solchen stärker planenden Herangehensweise liegt es dann auch näher, sich im Vorfeld der Umsetzung von Arbeitsaufgaben um klärende Absprachen zu bemühen. – Einen Überblick, an welchen weiteren Stellen des Kapitels auf das Erklärungskonzept der unterschiedlichen «Herangehensweise» deutscher und französischer Manager an Arbeitsaufgaben Bezug genommen wird, gibt Tab. 5.2.

Tab. 5.2: Bezüge zum Erklärungskonzept «Herangehensweise»

5.1.1	KU-01: *Stellenwert und Verbindlichkeit von Absprachen* im Handlungsfeld <Umgang mit Absprachen/Regeln>
5.3.1	KU-05: *Detaillierungsgrad von Anweisungen* im Handlungsfeld <Umgang mit Anweisungen / Aufforderungen>
5.4.1	KU-07: *Gewichtung von Prozessen und Ergebnissen* im Handlungsfeld <Bewältigung von Aufgaben>
5.7.2	KU-15: *Wahrgenommene Unterschiedlichkeit der Herangehensweise* im Handlungsfeld <Aufdeckung von Relationship Fit>

Darüber hinaus haben Absprachen für die interviewten deutschen Manager auch in höherem Maße **Verbindlichkeit** als für die französischen Manager. Für viele der interviewten deutschen Manager sind die Absprachen, die sie mit jemandem getroffen haben, erst einmal verbindlich. Sie beschreiben, wie sie sich auch bei unvorhergesehenen Entwicklungen erst einmal grundsätzlich darum bemühen, ihre Absprachen einzuhalten. Dies bedeutet, dass man im deutschen Unternehmenskontext in stärkerem Maße mit dem verbindlichen Einhalten von Absprachen rechnen kann als im französischen Kontext. Für die deutschen Manager sinkt für die Dinge, die man geklärt bzw. abgesprochen hat, im weiteren Verlauf der Zusammenarbeit der Koordinationsbedarf – denn das ist schließlich abgesprochen. Es erhöht sich stattdessen der Koordinationsbedarf für den Fall, dass Absprachen verändert werden sollen. Die interviewten französischen Manager sind demgegenüber in stärkerem Maße dazu bereit, einmal getroffene Absprachen gemäß der Entwicklung der Zusammenarbeit zu verändern bzw. anzupassen. Neue Entwicklungen oder Gegebenheiten nach dem Vereinbaren einer Absprache können gleichsam dazu führen, dass die Verbindlichkeit der Absprache sinkt. Daher müssen Absprachen vor dem Hintergrund neuer Gegebenheiten erneuert oder aktualisiert werden. Durch diese Notwendigkeit der Aktualisierung von Absprachen ergibt sich für die französischen Manager im Vergleich zu ihren deutschen Kollegen grundsätzlich ein kontinuierlich erhöhter Koordinationsbedarf in Bezug auf das, was abgesprochen ist. Gleichzeitig ist es für sie aber auch leichter möglich, auf unvorhergesehene Entwicklungen mit einer flexiblen Anpassung von Absprachen zu reagieren. – Dieser unterschiedliche Verbindlichkeitsgrad von Absprachen kann in der deutsch-französischen Zusammenarbeit dazu führen, dass die deutschen Manager ein Verhalten der französischen Kollegen als Nicht-Einhalten einer verbindliche Absprache interpretieren, während diese noch nicht davon ausgehen, dass es sich um eine verbindliche Absprache handelt.

Zudem gilt, dass es auf deutscher und französischer Seite ein jeweils unterschiedliches Verständnis von 'Verbindlichkeit' und 'Flexibilität' gibt. Was für einen deutschen Manager flexibel ist, erscheint aus Perspektive seines französischen Kollegen möglicherweise als eher inflexibel. Aufgrund dieses unterschiedlichen Begriffsverständnisses lässt sich ein Kulturunterschied der Faktordiagnose rekonstruieren: Die französischen Manager interpretieren möglicherweise ein bestimmtes Verhalten als inflexibel (Vertrauenswarnung in Bezug auf 'Absprachen / Regeln flexibel handhaben'), bei welchem die deutschen Manager den Eindruck haben, flexibel zu agieren.

Der beschriebene Unterschiedsbereich *Stellenwert und Verbindlichkeit von Absprachen* findet seinen Ausdruck offenbar auch in der im deutsch-französischen Vergleich unterschiedlichen Gewichtung der Vertrauensfaktoren 'Absprachen treffen / Regeln vereinbaren' und 'Absprachen/Regeln flexibel handhaben'. Wie in 4.2.1 beschrieben, findet sich der erste Vertrauensfaktor in den Darstellungen der deutschen Manager häufiger als in den Darstellungen der französischen Manager (DF>FD*, DD>FF). Der zweite Vertrauensfaktor findet sich hingegen insbesondere in den Darstellungen der französischen Manager, die von Beziehungen zu deutschen Kollegen berichten (FD>FF*).

Der Unterschiedsbereich *Stellenwert und Verbindlichkeit von Absprachen* bestätigt andere Ergebnisse der deutsch-französischen Managementforschung. Thomas (2005a: 26) beschreibt 'Regelorientierung' als deutschen Kulturstandard. Helmolt & Müller-Jacquier (1991: 36) fanden seitens französischer Manager eine kritische Einstellung gegenüber dem als zu unflexibel wahrgenommenen Verhalten der deutschen Kollegen. Die unterschiedliche Verbindlichkeit von Absprachen für deutsche und französische Manager beschreibt auch Pateau (1999: 91f.). Zudem erzielte Frankreich in den kulturvergleichenden Studien von Hofstede (1980) und House et al. (2004) geringere Werte als Deutschland auf der Skala der 'Unsicherheitsvermeidung'. Diese beschreibt das Ausmaß, zu dem sich Menschen von unerwarteten oder unsicheren Situationen bedroht fühlen und daher versuchen, solche Situationen zu vermeiden – indem sie die Gültigkeit sozialer Normen oder Regeln wertschätzen und sich auf sie verlassen.[142] Unsicherheitsvermeidung wurde auch anhand verwandter Konzepte untersucht und beschrieben, beispielsweise anhand der Kulturdimensionen Universalismus-Partikularismus (Parsons & Shils 1951, Trompenaars & Hampden-Turner 1993) oder Ambiguitätstoleranz (Frenkel-Brunswik 1949, Furnham & Ribchester 1995). – Im Folgenden werde ich den Unterschiedsbereich *Stellenwert und Verbindlichkeit von Absprachen* und seine Wirkung auf die Entwicklung von Vertrauen durch Zitate der interviewten Manager belegen und veranschaulichen.

5.1.1.2 Zitate

Betrachten wir zunächst einige Zitate zur Sicht der deutschen Manager auf die Verbindlichkeit von Absprachen. Wenn für den anderen Absprachen nicht verbindlich sind, dann ist das, wie ein deutscher Manager berichtet, „so eine Sache, wo ich sagen muss: das ist extrem vertrauensgefährdend" [DD-21].[143]

> Wenn jemand nach einer Vereinbarung kommt und sagt: 'Hier, wir haben das zwar vereinbart, allerdings ist das nicht so, wie ich es wollte. Ich hätte jetzt gerne noch das und das und das dazu.' ... Das ist dann so ein Punkt, wo man sagt: In diese Person habe ich sicherlich beruflich kein Vertrauen. [DD-21]

Auch einigen französischen Managern fällt auf, dass Absprachen für ihre deutschen Kollegen eine andere Verbindlichkeit haben. Ein französischer Manager berichtet: „Wenn man etwas zusagt, dann habe ich den Eindruck, dass man sich gegenüber einem Deutschen stärker verpflichtet als gegenüber einem Franzosen" [FD-23]. Das betrifft gerade auch Terminzusagen:

> Quand vous donnez [une promesse]... J'ai l'impression qu'on s'engage plus vis-à-vis d'un Allemand que vis-à-vis d'un Français. Par exemple [si je dis] : « A telle date, je remets telle chose », le Français va dire : « Ok, ça veut dire qu'àpres à peu près cette période-là, j'ai la chose. » Et ça se voit dans le travail de tous les jours. Quand je demande quelque chose en Allemagne pour telle date, c'est toujours là, ou très souvent là. En France, si vous ne relancez pas la personne avant le rendez-vous, vous êtes quasiment sûr de ne pas avoir les choses comme il faut. Alors soit il manque des choses, soit elles ne sont pas là à l'heure. Soit ce n'est pas ce que vous avez demandé. Enfin, il y a plein de choses. [FD-23]

Dieser deutsche Umgang mit Absprachen wird von den französischen Managern teilweise positiv bewertet:

---

[142] „Uncertainty Avoidance refers to the extent to which members of an organisation or society strive to avoid uncertainty by reliance on social norms, rituals, and bureaucratic practices to alleviate the unpredictability of future events" (Chhokar et al. 2007: 640).

[143] Die Herkunft aller Zitate aus Interviews der Studie wird durch einen Verweis auf den Code des jeweiligen Interviews gekennzeichnet. Die Interviews sind anonymisiert und für jede Teilgruppe durchnummeriert (Teilgruppen DD, DF, FD, FF, vgl. Tab. 2.3 in 2.1.3.5 zum verwendeten 2x2 quasi-experimentellen Erhebungsdesign).

> J'ai l'impression qu'on peut avoir facilement confiance en eux [les Allemands], dans la mesure où, quand ils disent qu'ils font quelque chose, ils le font. Et que c'est fait rapidement. Et c'est très carré. Enfin c'est bien conforme à ce qui a été dit à un moment donné. [FD-02]

Teilweise sehen sie es aber auch negativ für den Arbeitsprozess, dass die Deutschen zu sehr auf Absprachen oder Regeln beharren. Eine französische Managerin bedauert, dass „ein großer Reichtum an Ideen verloren ginge, weil die Deutschen die Franzosen bremsen, wenn diese Ideen außerhalb der geltenden Vorschriften entwickeln" (on perd cette richesse puisque l'Allemand va freiner le Francais quand il développe des idées hors la procédure) [FD-18].

Betrachten wir im Vergleich einige Zitate zur französischen Sicht auf die Verbindlichkeit von Zusagen. Ein französischer Manager beschreibt den Umgang mit einer nicht eingehaltenen Zusage eines Zulieferers:

> On dit : « Ah, tu as été en retard ! Bon, ne recommence pas ! Lalala. » Et puis le fournisseur français va dire : « Ben tiens, je t'invite à déjeuner, on va discuter du problème, etc...» – On ne va pas rentrer dans cette relation là au niveau de l'Allemand. [FF-16]

Umgekehrt wird aber auch vom Kunden erwartet, dass er eine Anpassung von Zusagen toleriert. Französische Kunden, so einer der interviewten französischen Manager, akzeptieren es relativ problemlos, dass man 'morgen etwas anders macht, als man gestern gesagt hat':

> Et puis je peux changer de trajectoire plus facilement. **Le client français accepte assez facilement qu'on fasse différemment le lendemain que ce qu'on a dit la veille.** Pourvu que globalement, on arrive à l'objectif. On a le droit de changer de trajectoire, il accepte beaucoup plus facilement ça. Il accepte plus facilement les contradictions. Du moment qu'il voit que l'on continue quand même vers l'objectif. ... Vous pouvez plus facilement lui dire : « Ecoutez, on est parti dans une direction, je ne pense pas que ce soit la bonne. On va aller dans une autre direction... » Les clients français acceptent plus facilement les changements. [FD-05]

Aus deutscher Sicht schafft eine Zusage eine Verbindlichkeit, die es unbedingt erfordert, beim Nicht-Einhalten von Zusagen rechtzeitig Bescheid zu sagen und die Sache zu erklären. Ansonsten ist es aus deutscher Sicht schwierig, Vertrauen aufzubauen. Dies kann in der deutsch-französischen Zusammenarbeit offenbar zu einer Herausforderung werden:

> **Und jedes Gespräch ist ja letztendlich irgendwie eine Vereinbarung. Jedes Gespräch.** Zum Beispiel sage ich jemandem: 'Ok, ich werde das und das machen.' Dann sagt er: '*Das* finde ich gut. *Das* finde ich gut. *Das* geht da und da hin.' **Und wenn er jetzt plötzlich zwei Gesprächstermine später sein Werturteil völlig geändert hat – OHNE dass er mich zwischendurch darüber informiert hat, dass er die Dinge plötzlich anders sieht – dann sage ich: 'Ja Moment mal: Was soll das? Heute redest du so, morgen redest du so?** - Für mich muss das Handeln und das Sagen in einer durchgehenden Logik stehen. Wenn einer sich nicht in dieser Logik verhält, **dann sage ich: 'Also pass mal auf: An was soll ich mich orientieren? Wie soll ich das Vertrauen aufbauen?'** Und das behalte ich. [So etwas bleibt mir im Gedächtnis.] Alles was mir wichtig ist, behalte ich. Und ich messe die Leute daran, ob sie sich ebenso verhalten.
> Und selbst wenn einer die Meinung ändert, ist das nicht schlimm, wenn er mir sagt, dass er die Meinung geändert hat. Also wenn er sagt: 'Also ok, das sehe ich nicht mehr so. Da sind andere Einflussfaktoren gekommen. Es geht jetzt in *die* Richtung.' Wenn er aber die Meinung ändert, ohne mich zu informieren, und plötzlich aus unerklärten Gründen anders handelt, dann sage ich: 'Also komm! Was der mir sagt, kannste in der Pfeife rauchen. **Das kannste vergessen.** An was soll ich mich bei dir orientieren?' [DF-07]

Eine Verschärfung des Vertrauensproblems kann nun dadurch entstehen, dass auf deutscher Seite das Verhalten des Franzosen rückblickend als Lüge bzw. als Täuschung interpretiert wird. Denn es wird nicht berücksichtigt, dass der französische Geschäftspartner vielleicht eine andere Verbindlichkeit der Zusage unterstellt hat.[144] Stattdessen wird geschlossen, dass

---

[144] Er könnte auch der Ansicht sein, gar keine Zusage gegeben zu haben, vgl. die Ausführungen zur *Kommunikation beim Treffen von Absprachen* im nächsten Abschnitt.

5.1 Umgang mit Absprachen und Regeln

seine 'Zusage' eine bewusste Lüge war. – Ein deutscher Manager berichtet von der Zusammenarbeit mit seinem französischen Chef, zu dem er kein Vertrauen hat:

> Das krasseste Beispiel war das folgende: Da ging es um Fragen zu einer Organisationsänderung. Ich habe gesagt: ‚Wie werden wir's machen?' Und er hat gesagt: ‚Ok, wir werden es so und so machen.' Das hat er mir am EINEN Tag gesagt. Und drei Tage später kriege ich eine Email, da steht das genaue Gegenteil drin. Ohne dass zwischendrin kommuniziert wurde. Das kriegte ich per Email. ... Letztendlich habe ich dann resigniert. Weil: was wollen Sie machen? Sie bemerken: Derjenige will lügen. Und derjenige will auch nicht darüber sprechen, sondern er will, dass es akzeptiert wird. Das merke ich an seinem Verhalten. Also wenn man mal versucht, ihn darauf anzusprechen und so, dann ist Schluss. Dann weicht er aus. [DF-07]

Eine sehr treffende Rekonstruktion der französischen Sichtweise auf den Umgang mit Zusagen liefert ein im deutsch-französischen Business sehr erfahrener deutscher Top-Manager: Wenn man merkt, dass ein Plan nicht der richtige war, dann ändert man ihn selbstverständlich. Absprachen muss man intelligent an die Entwicklung der Dinge anpassen. Eine Absprache gilt genau solange, bis man eine neue Absprache trifft.

> Bei Verlässlichkeit, da muss man zwei Dinge unterscheiden. Ich arbeite immerhin schon 13 Jahre jetzt bei [französischer Konzern]. Und ich merke immer, dass da zwei Dinge durcheinander gebracht werden, auch hier in Deutschland, auch von meinen Kollegen. Diese [deutschen] Kollegen sagen: Verlässlichkeit ist, dass ich einen Plan gemacht habe und dann genau nach diesem Plan vorgehe und das nicht ändere. Das ist für mich nicht Verlässlichkeit. Das ist im Zweifelsfall idiotisch. **Wenn ich zwischendurch merke, dass der Plan nicht der richtige war, dann ändere ich den Plan! Verlässlichkeit ist für mich: Ich habe eine Absprache. Die gilt solange, bis ich eine neue Absprache treffe.** Das heißt, ich hab einen Plan, der gilt solange, bis ich sage: ‚Hey, hör mal, mir ist eine neue Erkenntnis gekommen. Lass uns den Plan ändern. Lass uns da drüber sprechen.' – ‚Ok, du hast Recht.' – Und dann macht man einen neuen Plan. – *Das* ist verlässlich. [DF-03]

Aus einer typisch deutschen Sicht versuchen [DF-03] die Franzosen, einmal getroffene Absprachen später zu verändern. Man fängt neu an, über Punkte zu diskutieren, die eigentlich schon geklärt waren. Das kommt auf deutscher Seite nicht gut an.

> Das Folgende habe ich mit Franzosen erlebt: **Wir unterschrieben die Minutes of Meeting. Das steht da. Und am nächsten Tag fängt der an, darüber zu diskutieren, ob das, was wir unterschrieben haben noch rechtens ist, ja oder nein.** ... Das ist ein Unterschied in der Kultur zwischen Franzosen und Deutschen. Wenn wir Deutschen mal was da hin geschrieben haben, dann haben wir was hingeschrieben. Und das ist bei Franzosen oft nicht der Fall. ... Es ist manchmal sehr schwierig, mit Franzosen zusammen zu arbeiten. Das ist, weil: **die Franzosen fangen immer wieder bei Adam und Eva an.** Das heißt, wenn mal ein Fortschritt in einem Gespräch erzielt worden ist zu einem bestimmten Thema – das war heute wieder das Gleiche, **wir haben uns alle agreed, das gibt es schriftlich, SO machen wir es – dann fangen die wieder von vorne an zu diskutieren.** [DF-24]

Nach dem französischen Ansatz geht es bisweilen darum, Absprachen erst nachträglich im Verlauf der weiteren Zusammenarbeit genauer zu präzisieren und zu interpretieren. Ein französischer Manager bemerkt dazu:

> Souvent, on a tendance à croire que ce qu'il demande, ce n'est pas tout à fait ce qu'il veut. Nous, on pense ça, c'est-à-dire on se dit : « Non, ce n'est pas ça qu'il veut vraiment. Il a dû se tromper. Et puis, il en demande trop. » Vous voyez ? [il rit] C'est très français, ça. Et ça, c'est un gros défaut. [FD-11]

In Frankreich gibt es auch die Variante, erst einmal 'ja' zu sagen, um Zeit zu gewinnen und sich die Sache in Ruhe zu überlegen. Wenn es darum geht, Vertrauen zu deutschen Kollegen aufzubauen, dann kann das allerdings „tödlich" sein:

> Le respect de la décision, ça c'est aussi un point important. [En Allemagne,] si vous avez pris la décision, vous l'acceptez et vous l'appliquez. **Alors que nous, Français, on a tendance à dire 'oui' pour gagner du temps, et pour pouvoir le lendemain, dire : « tout compte fait, je ne suis pas d'accord. »** ... Je m'en suis rendu compte aussi : en Allemagne, il vaut mieux prendre du temps et dire : « je ne peux pas prendre de décision actuellement, mais je prend une décision jusqu'à cette date, et je vous la donnerai à cette date », que prendre la décision pour gagner du temps, ce que va faire un Français... Alors là, c'est mortel !! C'est mortel ! Ca crée vraiment des malaises. [FD-24]

Umgang mit Regeln oder Vorschriften: Der beschriebene Kulturunterschied zeigt sich, ähnlich wie in Bezug auf den Stellenwert und die Verbindlichkeit von Absprachen, auch in Bezug auf Regeln oder Vorschriften. Hier drückt sich eine aus der Literatur zum interkulturellen Management bekannte Unterschiedsdimension aus, nämlich die von Parsons & Shils (1951: 77ff.) und Trompenaars & Hampden-Turner (1993: 8) beschriebene Universalismus-Partikularismus-Dimension. Sie beschreibt, dass in manchen Kulturen Regeln, Vorschriften, soziale Rollen oder Verpflichtungen etc. stärker als situationsübergreifend bzw. 'universell' gültig betrachtet werden, wohingegen sie in anderen Kulturen stärker als situationsspezifisch betrachtet und individuell bzw. situativ ausgelegt werden.

Diesen Punkt illustriert das Zitat eines französischen Managers, der von der Zusammenarbeit mit seinem deutschen Chef berichtet, mit welchem sich der Aufbau von Vertrauen schwierig gestaltet. Er beschreibt, wie es in der Zusammenarbeit mit diesem Chef immer darum geht, den geltenden Vorschriften entsprechend zu handeln, wohingegen man die Dinge nach seiner aus Frankreich gewohnten Sichtweise tendenziell etwas 'lockerer' angehen würde.

> [Avec mon chef allemand] il y a une façon de travailler, qui est : « On doit faire ça comme ça, donc on fait ça comme ça. » Alors qu'en France, on est plus ouvert, plus prêt à... On est moins... Comment dire ? Enfin, s'il y a un processus pour faire valider... **Par exemple : On fait un nouveau décor pour un emballage**, et on va le faire valider. Donc normalement, il faut récupérer les signatures de tout le monde, etc. Du côté allemand, on va faire ça de manière très, très consciencieuse – c'est le côté allemand plutôt. **Et du côté français, on va en discuter un petit peu à droite à gauche. Et, éventuellement, on n'aura pas les signatures de tout le monde, mais on aura au moins un accord oral etc. Ou alors on aura tendance, si ce ne sont pas des choses qui sont très importantes, à dire : « Ok, on décide, on fait ça de notre côté. »** Donc c'est aussi, pour moi c'est des relations de confiance qui sont différentes. Puisqu'on a un petit peu plus d'autonomie d'un côté que de l'autre. Du côté français on part du principe que la confiance dont on dispose nous permet de décider sur tel sujet, par exemple. Alors que du côté allemand c'est : « Oui, les gens me font confiance, mais la procédure veut que, par exemple, l'on fasse tout signer, donc on fait tout signer. Comme ça on est sûr. » Voilà. – Je ne dis pas que c'est mieux d'un côté ou de l'autre. Les deux arrivent au même résultat. C'est juste une façon qui est différente. [FD -23]

Während die Deutschen gern mit Regeln arbeiten würden, seien die Franzosen einfach flexibler und anpassungsfähiger. Ein zu enger Rahmen sei ihnen eher unangenehm, sie würden hier eine größere Freiheit bevorzugen.

> L'Allemand est beaucoup plus rigoureux, plus exact, plus concret, il travaille avec des règles. Le Français est quelqu'un qui est beaucoup plus malléable, plus... Il n'aime pas les cadres trop serrés. Il a besoin d'une certaine liberté. [FD-26]

Ein anderer französischer Manager beschreibt, wie man sich, wenn man sich einmal gut kennt, gemeinsam über bestehende Vorschriften hinwegsetzen kann. Dann kann man die Vorschriften ein bisschen 'anpassen':

> On peut se permettre de biaiser un peu la règle. De l'appeler en direct, dire : « Bon, on a un accident comment on fait ? » Puis, là le gars dit : « Et bien non. On ne va pas faire, pour l'instant ne faites pas pour le papier, on verra plus tard. » [FD -11]

Und eine solche Regelanpassung wird in Frankreich unter Umständen durchaus auch erwartet. Ein deutscher Anwalt in Frankreich berichtet:

> Die Anwaltschaft ist in Frankreich eine stärkere Klüngelei als in Deutschland. Man verständigt sich leichter in Frankreich auf Kosten der Mandantschaft. ... **Das kann leicht vorkommen in Frankreich, dass Sie einen Kollegen anrufen und sagen: 'Ich bin unter Druck und kann die Frist nicht einhalten. Können wir das nicht verlängern?** ... Können wir da nicht beim Gericht nachfragen, ob wir ob wir das nicht auf einen späteren Zeitpunkt setzen können?' **In der Regel wird einfach im Zuge der französischen Kollegialität mehr oder minder erwartet, dass ihnen der Kollege sagt: 'Ja, ja, kein Problem, machen wir.'** [DF-09]

Um nun wieder den Bogen zu den Absprachen zurückzuspannen: Manchmal gibt es auch Regeln der Zusammenarbeit, welche verhindern sollen, dass sich jemand in ungerechtfertig-

5.1 Umgang mit Absprachen und Regeln 335

ter Weise Vorteile verschafft. In dem Beispiel eines französischen Managers geht es um solche Vorschriften, welche bei einer Ausschreibung die konkurrierende Teilnahme unterschiedlicher Niederlassungen des Konzerns regelten. Die haben die französischen Kollegen in der federführenden Niederlassung kurz vor Ausschreibungsende noch einmal 'angepasst', da sie die Ausschreibung zu verlieren drohten. Damit haben sie sie dann aber doch noch gewonnen. So etwas käme in Frankreich häufiger vor, bemerkt der Manager, wohingegen er den Eindruck habe, dass das in Deutschland doch seltener sei.

> Ça peut arriver en France : vous pouvez avoir des gens... Par exemple, vous avez fait un appel d'offres. Vous pensez que vous allez vraiment gagner. Et à la fin, les règles sont biaisées, sont truquées. C'est-à-dire qu'au final vous perdez. Et ça, nos collègues à [une ville] le font parfois. ... On vous a donné une règle, vous la respectez, vous allez assez loin. Et puis ensuite, on change les règles. [... Ils sont] capables de faire travailler des gens comme ça avec une règle, et au dernier moment, parce qu'ils sont coincés, ils changent la règle pour s'en sortir. Et sans le dire bien sûr. – Je n'ai pas l'impression que ce soit aussi facile en Allemagne. Ça doit exister, mais comme ça, si on dit 'statistiquement', je pense que c'est moins [fréquent]. ... Alors que chez nous, effectivement, c'est plus fréquent. [FD-11]

Ergänzen könnte man an dieser Stelle den sarkastischen Ausspruch des ehemaligen französischen Staatspräsidenten Jacques Chirac, mit dem er am 22.02.1988 in der Tageszeitung Le Monde zitiert wird: „Les promesses n'engagent que ceux qui les reçoivent" (Versprechen verpflichten nur den, dem etwas versprochen wird).

5.1.1.3 Vertrauensmissverständnisse

Im Folgenden stelle ich zwei Episoden aus den Interviews vor, die sich vor dem Hintergrund des beschriebenen deutsch-französischen Unterschiedsbereichs *Stellenwert und Verbindlichkeit von Absprachen* als kulturelle Vertrauensmissverständnisse interpretieren lassen. Vorschlagen werde ich dabei im ersten Fall eine Interpretation als 'Diagnose-Missverständnis' und im zweiten Fall eine Interpretation als 'Gewichtungs-Missverständnis' (zur Identifikation kultureller Vertrauensmissverständnisse vgl. die Einleitung dieses Kapitels bzw. 2.3.7.4).

- **Mit Vorgänger ausgehandelte Gehaltserhöhung zählt nicht**
  < Der neue Chef hält sich nicht an die mit dem Personaler verhandelte Zusage! >

Vor dem Hintergrund der Darstellungen des letzten Abschnitts wird folgender vertrauenskritischer Vorfall, den ein deutscher Manager aus seiner Zusammenarbeit mit seinem französischen Chef berichtet, als kulturelles Vertrauensmissverständnis nachvollziehbar.

> Mit meinem französischen Chef gab es mal eine Diskussion um mein Gehalt. **Da war ich sehr enttäuscht. Da sah ich mich nicht bestätigt in meinem Vertrauen**, das ich in diesen Vorgesetzten habe. Ich hatte vorab eine Verabredung, dass mein Gehalt um, was weiß ich, drei oder vier Prozent, steigen sollte. Das war noch mit meinem deutschen Personaler mündlich vereinbart gewesen – nicht schriftlich, mündlich. Als ich den neuen französischen Chef bekam, bin ich davon ausgegangen, dass der natürlich denjenigen von der Personalabteilung, der für mich verantwortlich war, mit in den Entscheidungsprozess für die Gehaltsfindung einbeziehen würde. Aber das hat nicht stattgefunden. **Man hat sich nicht an diese mündliche Verabredung gehalten**, sondern man hat andere Kriterien herangezogen, um das Thema Gehaltsfindung zu bewerten. Und da muss ich sagen: da war ich sehr enttäuscht. [DF-12]

Der interviewte deutsche Manager berichtet, dass sich sein neuer französischer Chef nicht an eine Zusage gehalten hat, die der Deutsche vor dem Chefwechsel mit der Personalabteilung vereinbart hatte. Der deutsche Manager betrachtet diese einmal ausgehandelte Zusage als verbindlich – auch für den neuen Chef. Dass dieser sich jedoch eigenmächtig über diese Zusage hinwegsetzt, enttäuscht den deutschen Manager sehr und führt dazu, dass er sein Vertrauen in den Vorgesetzten in Frage stellt. Er interpretiert das Verhalten des Vorgesetzten als Vertrauenswarnung in Bezug auf den Faktor *'Zusagen einhalten'*. Er zieht nicht in Betracht, dass eventuell die Zusage aus Sicht des neuen französischen Vorgesetzten keine Verbindlichkeit hat. Möglicherweise hat die fragliche 'Zusage' angesichts der Tatsache, dass *er jetzt Bereichsleiter ist*, keine Verbindlichkeit mehr. Für ihn gibt es hier darum vielleicht gar keine Zusage, an die er sich halten müsste, und von daher zieht er es gar nicht in Erwägung, dass der deutsche Mitarbeiter sein Verhalten als Vertrauenswarnung in Bezug auf den Faktor *'Zusagen einhalten'* interpretieren könnte. – Die Episode lässt sich damit als ein Missverständnis interpretieren, das aufgrund von Kulturunterschieden in der Diagnose von Vertrauensfaktoren entsteht.

- **Interviewtermin trotz wichtiger interner Probleme**
  < Il y avait un problème important, mail il avait rendez-vous avec un journaliste ! >

Vor dem Hintergrund des Unterschiedsbereichs *Stellenwert und Verbindlichkeit von Absprachen* wird auch der folgende Bericht eines französischen Niederlassungsleiters aus der Zusammenarbeit mit seinem deutschen Counterpart als kulturelles Vertrauensmissverständnis nachvollziehbar.

> Il y avait un problème important. Il me disait : « Non, mais j'ai rendez-vous avec un journaliste. » Je lui disais : « Oui, mais le journaliste, là, il n'est pas important, on a vrai problème. » Il me dit : « Non, mais j'ai un rendez-vous, donc je le ferai, je le ferai rapidement, mais je le ferai. » Donc lui était : « Je ne vais pas bouger. J'ai un rendez-vous, je ne bouge pas. » Et ça c'est très allemand. Le Français, lui, au contraire, il dit : « Bon allez, passez le journaliste à quelqu'un d'autre, j'ai un problème plus important. » [FD-09]

Der französische Manager erwartete in der beschriebenen Situation offenbar von seinem deutschen Kollegen, dass er seine Zusage für ein Interview mit einem Journalisten nicht einhält, weil sich ein sehr viel dringlicheres Problem im Unternehmen ergeben hatte. Er erwartete, dass sein deutscher Kollege mit seiner Zusage flexibel umgeht und unter den gegebenen Umständen das Interview mit dem Journalisten absagt oder delegiert. Gemäß dem beschriebenen deutsch-französischen Unterschiedsbereich *Stellenwert und Verbindlichkeit von Absprachen* erfordert bzw. rechtfertigt es jedoch aus Sicht des deutschen Managers die Situation nicht, sich über die gegebene Zusage zum Interview hinwegzusetzen. Er hält sich an seine Zusage, und das unternehmensinterne Problem ist ihm lediglich Anlass dafür, das Interview zu verkürzen.

Dieses Verhalten des deutschen Managers entspricht nicht der Erwartung seines französischen Kollegen und gibt diesem Anlass, es als Vertrauenswarnung in Bezug auf den Faktor *'Absprachen / Regeln flexibel handhaben'* zu interpretieren. Es handelt sich um einen Vertrauensfaktor, der insbesondere in der interkulturellen Zusammenarbeit auf französischer Seite wichtiger ist als auf deutscher Seite und der von den interviewten französischen Managern in ihren Berichten über die Zusammenarbeit mit deutschen Kollegen häufiger als Vertrauenswarnung beschrieben wird als umgekehrt.

Der deutsche Manager glaubt, gute und einsehbare Gründe für dieses Verhalten zu haben (die gegebene Zusage). Er würde vermutlich im Prinzip zugestehen, dass man sein Verhalten in gewisser Weise auch als unflexibel interpretieren kann. Aber *'Absprachen / Regeln flexibel handhaben'* hat für ihn als Vertrauensfaktor einen geringeren Stellenwert. Er würde nicht annehmen, dass der französische Kollege sein Verhalten als eine Vertrauenswarnung interpretieren und davon ausgehend sein Vertrauen in ihn in Frage stellen könnte. – Der Bericht lässt sich damit als Missverständnis aufgrund einer unterschiedlichen Gewichtung von Vertrauensfaktoren interpretieren.

5.1 Umgang mit Absprachen und Regeln

5.1.1.4 Interkulturelle Vertrauensmaßnahmen

Einige der interviewten französischen Manager beschreiben interkulturelle Vertrauensmaßnahmen in Bezug auf den unterschiedlichen *Stellenwert* von Absprachen im deutschen und französischen Kontext (vgl. Einleitung dieses Kapitels bzw. 2.3.6.2).

Ein französischer Manager beschreibt, wie er sich in der Zusammenarbeit bewusst zurück nimmt und sich Zeit lässt, bis Dinge hinreichend geklärt sind, bis Zustimmungen gegeben und Vereinbarungen getroffen sind. Seine eigentliche Präferenz wäre, unabhängig von der definitiven Klärung mancher Aspekte schon früher mit der Durchführung bestimmter Arbeitsschritte zu beginnen. Das Abwarten der Klärung fällt ihm schwer, aber er betrachtet es als notwendige und sinnvolle Strategie des Vertrauensaufbaus gegenüber deutschen Kollegen.

> Ça peut nous paraître difficile d'attendre des réponses, d'attendre l'accord de plusieurs personnes. Peut être, on va se dire : « Oui, nous, ça irait plus vite. » ... **On sait qu'en Allemagne, il y a des choses dans lesquels il y a besoin d'un consensus. C'est-à-dire que les gens ont besoin d'être d'accord avant.** ... Il faut chercher à construire plutôt que d'obtenir au maximum rapidement quelque chose. [FD-11]

Ein französischer Manager beschreibt, wie er sich bemüht, in der Zusammenarbeit mit seinem deutschen Kollegen die Dinge zu klären, Absprachen zu treffen und sich gemeinsam auf Vorgehensregeln zu einigen.

> A partir du moment où, avec [mes collègues allemands], on a agréé, on a construit, et on est arrivé d'accord sur des principes en termes de « process » et de « procédures » réciproques, **derrière, ça marche très bien, ça fonctionne très bien.** Je pense que pour la culture allemande, il faut vraiment ... que les choses soient définies, écrites, et agréées ensembles. [FD-13]

Auch konkret in Bezug auf die *Verbindlichkeit* von Absprachen werden interkulturelle Vertrauensmaßnahmen beschrieben. Ein französischer Manager beschreibt, wie er bewusst auf den etwas flexibleren Umgang mit Regeln verzichtet, den er eigentlich vorziehen würde.

> [Il faut] être capable de dire : « Je travaille avec un Allemand. Donc il faut que je respecte un certain nombre de règles d'organisation, de procédures, même si certaines ne me plaisent pas. » Il faut être capable de dire : « Bon, je m'adapte et on travaille ensemble. » [FD-08]

Ein anderer französischer Manager beschreibt, wie er sich bemüht, genau den Rahmen bzw. die vereinbarten Vorgehensweisen der deutschen Kollegen einzuhalten.

> Je vais le faire de manière de respecter le cadre avec eux. Si par exemple, ils ont défini une manière de traiter un accident, s'ils ont dit, par exemple : « ça doit être avec 48 heures de délai, ça doit être fait par fax, ça doit être fait dans le cadre d'un contrat » etc., je vais tout faire pour bien respecter ce qui a été défini à un moment. C'est-à-dire, je vais répondre à leur attente. Alors qu'avec les Français, il y a un accident, on appelle. « Oui, ça ne marche pas bien. » Je ne fait pas attention à la manière que la personne avait fixée au début – en me disant : « Vous devriez faire comme ça. » Je ne vais pas y faire attention. – Avec les Allemands, je vais travailler en fonction de notre référentiel. Je vais bien respecter le cadre qu'ils ont imposé, comme ça je suis sûr de ne pas faire d'erreurs. Peut-être que ce serait mieux de les appeler à ce moment-là, mais je ne le sais pas. Si on ne connaît pas bien la personne ... il faut bien respecter les règles, les règles déposées. [FD-11]

Ähnlich beschreibt ein weiterer französischer Manager, dass man sich in der Zusammenarbeit mit den Deutschen bewusst an das halten sollte, was vereinbart wurde – auch wenn man nach der französischen Art vielleicht noch eine bessere Idee hat als die, die im Vertrag festgeschrieben wurde, und vielleicht eigentlich gerne sagen würde: „Ach, der Vertrag, das ist doch alles nur Papier..."

> Nous, on a une habitude, quand même. On est tous ingénieux, vous savez, les Français. On est toujours plein d'idées. **On va toujours trouver une autre idée que celle qui avait été précisée au contrat. Toujours.** [il rit]. **Donc, justement, il faut bien se référer à ce qui a été agréé.** C'est un grand piège ça, que de travailler avec notre manière à nous, très impulsive, très orientée sur la technique. Vous voyez ? **On va dire : « Tout ça, c'est du papier,** c'est ... » [FD-11]

Die beschriebenen interkulturellen Vertrauensmaßnahmen sind Antworten auf die dritte Interviewleitfrage, das heißt die Frage, was die Interviewpartner tun, um einem neuen Kollegen oder Geschäftspartner zu signalisieren, dass sie ein vertrauenswürdiger Partner sind. Die in der deutsch-französischen Zusammenarbeit erfahrenen Manager beschreiben hier, wie sie ihr Verhalten an ihrer Ansicht nach vertrauensrelevante Kulturunterschiede anpassen. Mit diesen Verhaltensanpassungen zielen sie darauf, den interkulturellen Vertrauensaufbau zu erleichtern. Sie versuchen zu erreichen, dass die Kollegen oder Geschäftspartner aus der anderen Kultur ihr Verhalten nicht in Bezug auf einen bestimmten Vertrauensfaktor als Vertrauenswarnung (fehl-)interpretieren.

5.1.2 Kommunikation beim Treffen von Absprachen [KU-02]

5.1.2.1 Argumentation

Es gibt einen sehr wichtigen Kulturunterschied zwischen dem deutschen und dem französischen Kommunikationsstil: Im Französischen drückt man sich tendenziell indirekter und weniger explizit aus als im Deutschen. Dieser Unterschied wird in der deutsch-französisch vergleichenden Forschung vielfach beschrieben (Helmolt 1997, Helmolt & Müller-Jacquier 1991, Litters 1995, Pateau 1999).

In Bezug auf die Entwicklung von Vertrauen zwischen deutschen und französischen Managern zeigt die unterschiedliche Direktheit der Kommunikation offenbar Wirkungen auf unterschiedliche Vertrauensfaktoren in unterschiedlichen Handlungsfeldern. Deshalb wurde das Erklärungskonzept «*Direktheit des Kommunikationsstils*» gebildet, auf welches im Folgenden so wie an weiteren Stellen dieses Kapitels Bezug genommen wird (vgl. Tab. 5.3).

Tab. 5.3: Bezüge zum Erklärungskonzept «Direktheit des Kommunikationsstils»

5.1.2	KU-02: *Kommunikation beim Treffen von Absprachen* im Handlungsfeld <Umgang mit Absprachen / Regeln>
5.3.1	KU-05: *Detaillierungsgrad von Anweisungen* im Handlungsfeld <Umgang mit Anweisungen / Aufforderungen>
5.5.1	KU-10: *Konfliktmanagement: Herangehensweise und Emotionalität* im Handlungsfeld <Umgang mit Konflikten und Schwierigkeiten>
5.6.1	KU-11: *Beziehungsentwicklung* im Handlungsfeld <Beziehungsaufbau / Beziehungspflege>
5.8.1	KU-16: *Äußern von Kritik und Widerspruch* im Handlungsfeld <Respektvoller Umgang / Facework>
5.9.1	KU-19: *Äußern von Zielen und Absichten* im Handlungsfeld <Fairplay in der Zusammenarbeit>

Der für die Vertrauensentwicklung zentrale Einflussbereich ist die unterschiedliche Art der deutschen und französischen Manager, Kritik, Widerspruch oder eine ablehnende Haltung zu formulieren. Darauf werde ich in der Darstellung des Unterschiedsbereichs *Äußern von Kritik und Widerspruch* ausführlich eingehen (5.8.1). Hier geht es nun darum, dass die unterschiedliche «*Direktheit des Kommunikationsstils*» der deutschen und französischen Manager offenbar zu einem grundlegenden kommunikativen Missverständnis in Bezug auf Absprachen führen kann: Es kann passieren, dass es auf deutscher Seite nicht (vollständig) ankommt, wenn auf französischer Seite Kritik, Widerspruch oder eine ablehnende Haltung in der französisch-indirekteren Ausdrucksweise formuliert wird.[145] Dies führt im Zusammenhang mit Absprachen zu einem Potenzial für Vertrauensmissverständnisse. Bereits im Verlauf einer Diskussion kann es zu unterschiedlichen Auffassungen in Bezug auf den Diskussionsprozess kommen, wenn einem deutschen Manager entgeht, ihm der französische Kollege signalisiert, dass der Diskussionsverlauf nicht seinen Vorstellungen entspricht. Wenn es am Ende einer solchen Diskussion dann darum geht, die Ergebnisse festzuhalten, geht der französische Manager möglicherweise davon aus, dass sein deutscher Kollege gemerkt hat, dass er den besprochenen Überlegungen eher ablehnend gegenüber steht. Doch selbst wenn er am Ende der Besprechung erneut höflich-indirekt formuliert, dass er nicht einverstanden ist, wird dies auf deutscher Seite aus der Kommunikativen Gewohnheit eines direkteren Ausdrucksweise möglicherweise nicht verstanden. Der deutsche Manager gewinnt den Eindruck, seinen französischen Kollegen für ein Projekt, eine Vorgehensweise oder eine Position gewonnen zu haben bzw. ihm eine Zusage abgerungen zu haben, weil er das französische 'Nein' als Zustimmung fehlinterpretiert.

5.1.2.2 Zitate

Eine große Schwierigkeit aus deutscher Sicht besteht darin, ein französisches höflich-indirektes 'Nein' als solches zu erkennen. Denn es kann sein, dass der französische Kollege: „'Ja' gesagt" hat, aber „'Nein' gemeint" hat [DF-23]. Ein deutscher Manager beschreibt, wie ihm oft erst nach einer Weile klar wird, wenn hinter einem französischen 'Ja' tatsächlich ein indirektes 'Nein' steckt:

> Ich denke gerade bei Franzosen ist eine gewisse Gefahr am Anfang, dass die immer schnell 'oui, oui' sagen und aber eigentlich gar nicht 'ja' meinen, sondern nach dem Motto: Na ja, wir wollen den nicht vor den Kopf stoßen und also sagen wir: Wir tun's. Aber so hintenrum merkt man dann erst, dass es doch eigentlich nicht ihr Interesse ist. [DF-08]

Ein weiterer deutscher Manager, der bei einem französischen Kollegen Schwierigkeiten hat herauszuhören, was dieser genau meint, hat sich Rat bei anderen französischen Kollegen geholt:

> Meine anderen französischen Kollegen haben mir gesagt: Pass bei dem auf. Das ist für uns ein typischer Franzose. Der ist ein Diplomat. Und der Diplomat, der sagt etwas in einer Art und Weise, dass derjenige, zu dem er was sagt, sich eigentlich ganz gut fühlt. Pass aber auf, was er sagt. Und wie er es sagt. Wenn du das alles zusammen nimmst – was er sagt, wie er es sagt und zu welcher Zeit er was sagt – dann kommst du möglicherweise irgendwann zur Erkenntnis, dass er dir diplomatisch zu erzählen versucht, dass du ein Idiot bist. Aber das sagt er nicht offen – 'Du bist ein Idiot!' – so wie es andere dann prompt gesagt hätten – vielleicht etwas freundlicher, aber im Endeffekt genau so. Aber er sagt das eben nicht. Er sagt: 'Du bist ein wunderbarer Kerl!', und meint aber, 'Du bist ein Idiot!' [DF 23]

Auch die Mitteilung, dass eine Absprache nicht eingehalten werden kann oder nicht mehr gilt, wird in Frankreich oft indirekt formuliert. Ein französischer Manager beschreibt, wie man das beispielsweise anhand ausweichender Antworten erkennen kann:

> C'est des réponses vagues, par exemple. Des réponses vagues où vous ne savez pas exactement si c'était oui ou non ou peut-être. Ça c'est un signe qu'en fait la situation a peut-être changé chez la personne. Si, si c'est quelqu'un en qui vous êtes habitué à ce qu'il vous donne des réponses claires. Vous aviez l'habitude que la personne vous donne toujours des réponses claires et précises. Et tout d'un coup, les réponses ne sont plus claires et précises. Tout d'un coup il vous donne des réponses un peu fuyantes. La personne évite vos questions, tourne autour. [FD-01]

---

[145] Der Unterschied kann in umgekehrter Perspektive zu dem kulturellen Missverständnis führen, dass direktere deutsche Formulierungen auf französische Manager unbeabsichtigterweise kalt, unhöflich oder sogar aggressiv wirken und sie unter Umständen auf eine ablehnende Haltung des deutschen Gesprächspartners schließen lassen.

Der eher direktere und explizitere Kommunikationsstil der Deutschen führt auch dazu, dass sie Aussagen tendenziell wörtlich verstehen bei denen Franzosen ein „so ungefähr – je nachdem" mitdenken. Im deutschen Verständnis handelt es sich schnell um eine klärende Aussage, die den anderen festlegt, wohingegen der Franzose von einer bloßen Richtungsangabe ausgeht, die unhinterfragt unter dem Vorbehalt zukünftiger Entwicklungen steht. Einer der interviewten französischen Manager beschreibt die Situation anhand eines Beispiels der Konversation mit Mandanten. Seiner Darstellung zufolge erwartet ein deutscher Mandant bei einer Aussage wie „Wir werden einen Prozess anstrengen" leicht, dass der Anwalt konkret 'einen Prozess anstrengen' wird. Demgegenüber versteht ein französischer Mandant, dass der Anwalt zwar versuchen wird, 'einen Prozess anzustrengen', aber sicherlich auch andere Wege prüfen wird und, falls sich ein anderer Weg als vielversprechender herausstellt, eben keinen Prozess anstrengen wird.

> Et puis, et puis c'est vrai que **souvent le client allemand, il prend les choses – ce qu'on dit, en français on dit « au pied de la lettre » – c'est-à-dire de façon très précise.** Vous lui dites une chose, il la comprend dans la signification que ce qu'il a dans le dictionnaire – de façon très précise. Mais, le Français, quand il s'exprime, il ne le pense pas comme ça. Il a une notion toujours plus large, plus floue des choses. Donc, si je dis à un client allemand: **« Ecoutez, on va lui faire un procès, à votre adversaire, on va lui faire un procès. »** Et à un moment donné, il dit : « Alors, le procès, il démarre quand ? » Alors je lui dis : « Attendez, on est entrain de préparer. Et puis on va essayer de le régler à l'amiable. On prend contact avec l'autre partie, on va les impressionner, on... » – « Non, non, non. Mais, on a dit qu'on allait commencer le procès, on va commencer le procès ! » **Le client français, on lui dit : « On va lui faire un procès. » il sait très bien qu'on ne le fera peut-être pas. Mais qu'on se met, on se prépare à faire un procès si nécessaire.** [FD-05]

5.1.2.3 Vertrauensmissverständnisse

- **Völlig anderen Weg eingeschlagen als vereinbart**
  < Er sagt lächelnd 'wunderbar' und macht dann was völlig anderes ! >

Die Argumentation des letzten Abschnitts und die zitierten Kommentare der deutschen und französischen Manager lassen die folgende Darstellung eines deutschen Managers als kulturelles Vertrauensmissverständnis verständlich werden.

> **Er schaut ihnen ins Gesicht und sagt lächelnd: 'Das ist wunderbar! Wunderbare Idee! Großartig!', und macht dann was völlig anderes.** Und das ist dann über die Zeit immer deutlicher geworden. Und das ist über viele Ereignisse hinweg immer das Gleiche gewesen, dass es sich anders verhalten hat, als er sich offen – dem Anschein nach – so gezeigt hat. **Das heißt also, er hat 'ja' gesagt, hat aber 'nein' gemeint. Oder er hat 'ja' gesagt, aber dann gemeint: 'Dir werde ich es schon zeigen. Und dieses Ja, das hält genauso lange an, wie ich brauche, um aus der Tür raus zu gehen.'** ... In seine Äußerungen kann man nicht Vertrauen haben, weil er das sagt, aber jenes meint. Das zeigt sich nicht sofort, weil er zunächst mal 'ja' sagt: 'Ja wunderbar! Prima!'. Aber hinterher, im Umsetzen dessen, was wir vereinbart haben, zeigt sich, dass er einen völlig anderen Weg eingeschlagen hat, als den, den wir ursprünglich vereinbart haben. Und das ist so ein Fall, wo ich sage: Da hat sich nie Vertrauen entwickelt. [DF-23]

Der hier interviewte deutsche Manager hatte also wiederholt den Eindruck, dass sein französischer Kollege ihm zustimmte bzw. sich mit ihm auf bestimmte Dinge einigte („was wir vereinbart haben"), sich aber anschließend anders verhielt. Das bedeutet: Aus Sicht des deutschen Managers hält sich der Franzose nicht an Absprachen. Der Deutsche interpretiert das Verhalten seines französischen Kollegen als Vertrauenswarnung in Bezug auf den Faktor 'Zusagen einhalten'. Er zieht nicht in Betracht, dass es aus Sicht des französischen Kollegen möglicherweise gar keine Zusagen gegeben hat, sondern dass er stattdessen den jeweiligen Vorschlägen des Deutschen aus seiner Sicht klare Absagen erteilt hat. Hier zeigt sich offenbar die Wirkung eines deutsch-französischen Unterschieds der Faktordiagnose.

Dass man in Kulturen, die einen indirekteren Kommunikationsstil pflegen als das Deutsche, in vielen Situationen 'ja' sagen, aber damit 'nein' meinen kann, ist gleichsam ein 'Klassiker' der interkulturellen Kommunikation. Hier offenbart er seine hinderliche Wirkung auf den

Aufbau gegenseitigen Vertrauens zwischen Kollegen: „Wunderbare Idee" kann im Französischen sehr viel eher als im Deutschen bedeuten, dass der Betreffende die Idee gerade nicht wunderbar findet.

5.1.3 Einfluss von Hierarchieorientierung auf Absprachen [KU-03]

5.1.3.1 Argumentation

In vielen Darstellungen der interviewten Manager zeigt sich ein kultureller Unterschied in Bezug auf die hierarchische Beziehung zwischen Vorgesetzten und Mitarbeitern. Nach der vergleichenden Auswertung der deutschen und französischen Interviews sind die Hierarchien in Frankreich 'steiler' als in Deutschland. Gemäß den Berichten der interviewten Manager ist es im französischen Unternehmenskontext in höherem Maße akzeptiert, dass Entscheidungen von Vorgesetzen getroffen werden, ohne Mitarbeiter 'offiziell' in den Entscheidungsprozess einzubeziehen. Auch werden in Frankreich offenbar in vielen Kontexten den Mitarbeitern in geringerem Maße Entscheidungsbefugnisse übertragen als dies tendenziell in deutschen Unternehmen der Fall ist. Es bestätigt sich hier ein grundlegender Kulturunterschied, der in der Literatur als unterschiedliche «*Hierarchieorientierung*» diskutiert wird, und als gut belegter deutsch-französischer Kulturunterschied gelten kann. Er wird in einer Reihe anderer Studien beschrieben wird (u. a. Gmür 1999, Pateau 1999, House et al. 2004). In der Tradition von Hofstede (1980) wird er auch als 'Machtdistanz' (Power Distance) bezeichnet. Auch in der dieser Arbeit zugrunde liegenden Studie wurde er gefunden, und ich ziehe ihn als Erklärungskonzept für verschiedene vertrauensrelevante Unterschiedsbereiche heran.

Welchen Einfluss hat dieser Kulturunterschied auf die Entstehung von Vertrauen, wenn wir das Handlungsfeld <Umgang mit Absprachen/Regeln> betrachten? Die typische Situation, in der entsprechende Vertrauensmissverständnisse entstehen können, sind Absprachen am Ende von geschäftlichen Treffen. Die interviewten deutschen Manager gehen hier teilweise davon aus, dass ihr französischer Gesprächspartner über größere Entscheidungsbefugnisse verfügt, als dies tatsächlich der Fall ist. Sie diskutieren mit ihm und handeln eine Absprache aus. Dabei ist ihnen nicht bewusst, dass die 'Zusage' des französischen Gesprächspartners häufig unter einem 'Chef-Vorbehalt' steht, auch wenn er dies nicht explizit erwähnt. Dass die Hierarchie unpassende Zusagen, die auf einer unteren Ebene gegeben wurden, einfach suspendiert, kann in französischen Unternehmen offenbar viel leichter passieren als in deutschen Unternehmen – sogar, wenn es sich um schriftliche Absprachen handelt. Aus französischer Sicht erscheinen die realen Entscheidungsbefugnisse des französischen Meetingteilnehmers aber ebenso wie die Möglichkeit des Vetos der Hierarchie oft selbstverständlich. Deswegen sehen sie teilweise in solchen Fällen gar nicht die Notwendigkeit, ihren deutschen Partner noch einmal separat darüber zu informieren, wenn eine 'Absprache' durch das Veto der Hierarchie hinfällig wird. Dies kann aus deutscher Sicht jedoch als Bruch einer Zusage interpretiert werden.

Ein weiteres kulturelles Vertrauensmissverständnis kann entstehen, wenn ein französischer Manager sich am Ende des Meetings bemüht, die entsprechende Frage offen zu lassen, weil er das Veto seines Chefs voraussieht und es vorzieht, Rücksprache zu nehmen. Sofern der französische Manager dies jedoch nicht explizit sagt, kann auf deutscher Seite der Eindruck entstehen, dass sich mit dem französischen Kollegen keine Absprachen treffen lassen (vgl. 5.1.1). – Einen Überblick, an welchen Stellen des Kapitels auf die unterschiedliche «*Hierarchieorientierung*» deutscher und französischer Manager Bezug genommen wird, gibt Tab. 5.4.

Tab. 5.4: Bezüge zum Erklärungskonzept «Hierarchieorientierung»

5.1.3	KU-03: *Einfluss von Hierarchieorientierung auf Absprachen* im Handlungsfeld <Umgang mit Absprachen / Regeln>
5.8.2	KU-17: *Respektieren von Zuständigkeiten* im Handlungsfeld <Respektvoller Umgang / Facework>
5.8.3	KU-18: *Einflussnahme auf Entscheidungsprozesse* im Handlungsfeld <Respektvoller Umgang / Facework>

Zur Beschreibung dieses Kulturunterschieds könnte man eine stärkere *'laterale Loyalität'* auf deutscher Seite mit einer stärker *'hierarchischen Loyalität'* auf französischer Seite kontrastieren (vgl. Gmür 1999, Linhart 1993; vgl. auch die Diskussion des Unterschiedsbereichs *Loyalität gegenüber beruflichen Partnern* in 5.10.1). Im französischen Unternehmenskontext hat die Hierarchie oft eine umfassendere Entscheidungskompetenz als in Deutschland. Genauso wird es in französischen Unternehmen eher akzeptiert als in deutschen, dass Dinge ohne Rücksprache mit betroffenen Mitarbeitern entschieden werden und auch, dass Entscheidungen ohne Rücksprache revidiert oder abgeändert werden (vgl. Pateau 1998, Castel et al. 2007). Hierzu bemerkt Gmür (1999: 19) in seiner vergleichenden Analyse deutscher und französischer Werke der Organisationslehre: „Aus französischer Perspektive stellen Hierarchien vor allem Befehlsketten dar. Die horizontalen Beziehungen spielen für die formale Organisation und damit die Umsetzung der von oben vorgegebenen Struktur nur eine untergeordnete Rolle." Auf der deutschen Seite hingegen seien „die horizontalen (lateralen) Beziehungen ... ebenso wichtig wie die vertikalen Beziehungen."

Interessant ist in diesem Zusammenhang, dass der Vertrauensfaktor *'Sich loyal verhalten'* häufiger in den Interviews mit den deutschen Managern auftaucht (DD>FF, DF>FD). Wenn ein deutscher Manager aufgrund eines Vetos des Chefs eine auf gleicher Hierarchieebene gegebene Zusage nicht einhalten kann, dann verspürt er möglicherweise eine höhere Verpflichtung, diese Zusage persönlich 'abzusagen', also seinem Kollegen oder Geschäftspartner Bescheid zu sagen und ihm (entschuldigend) die Gründe für diesen Schritt mitzuteilen. In Frankreich wird hingegen ein Verständnis der wechselseitigen Eingebundenheit in hierarchische Befehlsketten vorausgesetzt, so dass dieser Schritt nicht unbedingt erforderlich ist. Dies lässt sich als Unterschied der Faktordiagnose rekonstruieren: Der französische Manager betrachtet sein Verhalten nicht als kritisch in Bezug auf Loyalität, während der deutsche Manager eine Vertrauenswarnung in Bezug auf *'Sich loyal verhalten'* diagnostiziert.

Ein weiteres in diesem Zusammenhang interessantes Ergebnis ist, dass sich auch im Handlungsfeld *<Umgang mit Konflikten und Schwierigkeiten>* eine Wirkung der im deutsch-französischen Vergleich unterschiedlichen Hierarchieorientierung zeigt, und zwar in Bezug auf den Vertrauensfaktor *'Gegen Widerstand zu seiner Überzeugung stehen'*. Es gibt in der quantitativen Auswertung Indizien dafür, dass die deutschen Manager diesen Vertrauensfaktor höher gewichten als die französischen (DD>FF, DF>FD). Die deutschen Manager haben gelegentlich den Eindruck, ihre französischen Kollegen würden vor ihrem Chef 'einknicken' – während diese sich lediglich entsprechend den hierarchischen Gegebenheiten verhalten. Das kann passieren, wenn Franzosen die deutschen Kollegen über ein Veto der französischen Hierarchie informieren. Der Unterschied ist allerdings in den Daten nicht stark ausgeprägt und wird daher nicht als eigener Bereich kultureller Unterschiedlichkeit mit Einfluss auf die Vertrauensentwicklung behandelt.

5.1 Umgang mit Absprachen und Regeln

5.1.3.2 Zitate

Deutsche Manager beschreiben ihre Erfahrungen, dass Zusagen oder auch Unterschriften von französischen Kollegen unter Umständen nichts gelten, wenn die französische Hierarchie ihr Veto einlegt. Der Kollege wird dann „einfach zu Hause overruled" [DF-21]. Das bestätigt ein französischer Manager: „Des engagements qui aient été pris en réunion, et après ça a été fait autrement – parce que les chefs s'en étaient mêlés – ça je l'ai déjà observé plusieurs fois" [FD-17].

Um von deutscher Seite aus die Verbindlichkeit einer französischen Zusage einschätzen zu können, muss man daher auch einschätzen, ob die entsprechenden Inhalte der Zusage auf dem hierarchischen Level des Gesprächspartners tatsächlich entschieden werden können.

> In dem Moment, wo ich sage: Ich unterschreibe da irgendwas, was mit Schedule bzw. Zeitplan oder auch mit Kosten zu tun hat, muss ich merken: Da ist er der falsche Level. Dann ist selbst sein Chef der falsche Level in Frankreich. **Das kann er mir zehn Mal unterschreiben. Wenn sein oberster Chef 'nein' sagt, dann gilt die Unterschrift nicht.** [DF-21]

In Frankreich haben Mitarbeiter oft geringere tatsächliche Entscheidungsbefugnisse als in Deutschland. Ein Manager erläutert den Unterschied: „Die Franzosen tun keinen Schritt, ohne ihren Chef zu informieren. ... Wir treffen sehr lange Entscheidungen alleine, bis wir irgendwie merken: Wir müssen jetzt zum Chef gehen, weil es jetzt wirklich heiß geworden ist." [DF-23]. Ein anderer Manager bestätigt dieses „grundsätzliche Problem":

> Wenn, sagen wir mal, meine Mitarbeiter irgendwohin gehen und mit den Franzosen ein Geschäft verhandeln: Wenn die von hier wegfahren, dann weiß ich, worüber die reden. Also normalerweise sind wir immer abgestimmt oder wir versuchen, es zu sein. Und wenn einer meiner Mitarbeiter ein Commitment abgibt, dann darf der das auch. Da kriegt der auch meine Rückendeckung. [DF-24]

Dann berichtet er von einem entsprechenden Erlebnis:

> Ich habe vor kurzem hier gerade so einen Fall gehabt, gerade letzten Freitag. **Da gab es eine Absprache zwischen einem meiner Mitarbeiter und einem Franzosen. Das liegt alles hier in schriftlicher Form vor** [zeigt auf seinen Schreibtisch]: ‚Wir gehen so und so vor. So machen wir es.' Der Franzose hat dann – weil es zeitlich nicht anders ging am Freitag Nachmittag – sein Management darüber informiert. **Da hat das Management hier angerufen, wir haben drei Stunden diskutiert, und zum Schluss waren wir wieder da, wo wir am Anfang waren.** [DF-24]

Das betrifft auch die Gültigkeit von Unterschriften. Wenn in Deutschland etwas unterschrieben ist, „dann ist das nach außen hin unterschrieben. Da kriegt der Kollege vielleicht intern einen auf den Deckel, dass er das unterschrieben hat, aber im Normalfall würde die Firma nicht die Unterschrift eines Mitarbeiters zurücknehmen" [DF-21]. Nicht so in Frankreich: „Das passiert mit französischen Kollegen laufend. Das ist keine einmalige Geschichte. Da kriegen Sie dann einfach zwei Tage später eine Email: ‚Wir haben das alles nicht so gemeint.' Punkt, aus" [DF-21].

> Wenn ich zum Beispiel mit einem Deutschen ein Meeting mache, und ich unterschreibe die Meeting-Minutes und derjenige unterschreibt die Meeting-Minutes, dann sind die Meeting-Minutes unterschrieben. **Wenn ich mit einem Franzosen ein Meeting mache und die Meeting-Minutes mit dem unterschreibe und der geht nach Hause und sein Chef sagt: 'Nein', dann sind die Meeting-Minutes nicht unterschrieben. Auch wenn da zehn Unterschriften drauf sind.** Also das bedeutet, dass ich bin schon sehr detailliert schauen muss: In wie weit ist derjenige verantwortlich für das, was er da gerade unterschreibt? Und wenn ich weiß, für was er verantwortlich ist, dann kann ich auch in dem Moment dann das Vertrauen ihm entgegen bringen, dass das, was er da unterschreibt, auch so stimmen wird. [DF-21]

Das hat natürlich Auswirkungen auf die Verbindlichkeit von Zusagen, die unterhalb der Vorstandsebene gegeben wurden – selbst wenn sie schriftlich fixiert wurden. Ein Manager berichtet, dass selbst direkt unterhalb der Ebene des Konzernvorstands „teilweise Franzosen ankommen und sagen: ‚Was ist denn schon ein Vertrag?' Da fallen Sie als Deutscher vom

Stuhl. Aber in Frankreich ist das so." Demgegenüber sei in Deutschland die „Unterschriftenregelung schon sehr, sehr einbetoniert" [DF-21].

Eine besondere interkulturelle 'Vertrauensfalle' entsteht nun dadurch, dass französische Manager diese Zusammenhänge voraussetzen und daher ihre deutschen Kollegen unter Umständen gar nicht informieren, wenn eine Vereinbarung aufgrund des Vetos der Hierarchie nicht eingehalten werden kann. Sie gehen unter Umständen einfach davon aus, dass den Deutschen auch klar ist, dass man eine „unsinnige Entscheidung" getroffen hat, die ohnehin „politisch nicht vertretbar" ist und über die man also nicht weiter reden muss:

> Le piège qu'il y a c'est que le Français ne va pas nécessairement dire à l'Allemand qu'il a changé d'avis. Parce que si on a pris une décision, qui est entre guillemets « politiquement non défendable », il part du principe que l'Allemand aussi comprendra ça aussi de son côté, parce qu'il parle aussi avec son chef. Sous-entendu. Ce n'est pas le cas, mais c'est ce qu'il pense, le Francais. Donc de toutes façons, il comprendra lui aussi que c'était une décision idiote et que ce n'est même pas la peine d'en parler. Et ça, le collègue Allemand, il comprend pas du tout. Le collègue Allemand, il ne comprend pas du tout pourquoi, des semaines après, le collègue Français il ne fait pas son action, alors qu'il s'était engagé. Et ça ça crée d'énormes problèmes. ... Ce n'est pas par méchanceté qu'il ne le dit pas. C'est qu'il ne le pense pas. Parce que c'est logique. C'est logique que c'était « con » entre guillemets... Donc on ne va pas en parler parce que de toutes façons on a dit assez de « conneries » là-dessus... [FD-17]

5.1.3.3 Vertrauensmissverständnisse

- **Wort des Vorgesetzten schlägt gemeinsame Vereinbarungen**
  < Etwas gemeinsam Vereinbartes hat er einfach nicht respektiert! >

Im Folgenden gebe ich die Darstellung eines deutschen Managers wider. Er berichtet von einem Vorfall in einem französischen Konzern, der sein Vertrauen in einen französischen Kollegen zerstörte. Vor dem Hintergrund des letzten Abschnitts, der die in deutschen und französischen Unternehmen unterschiedliche Hierarchieorientierung und ihren Einfluss auf den Umgang mit Absprachen diskutierte, lässt sich der Vorfall als kulturelles Vertrauensmissverständnis interpretieren.

> Also das habe ich hier in Frankreich erlebt. Da hatten wir etwas vereinbart, diese Person und ich, eine gemeinsame Vorgehensweise in einem Meeting. Und in diesem Meeting HÄLT diese andere Person sich nicht daran! Zu seinem eigenen Vorteil! Und zu meinem Nachteil. Und diese Person, mit der werde ich nie wieder ein Wort reden – wenn ich das vermeiden kann. ... Wir hatten das vorher quasi abgesprochen. Der hat sich mit mir geeinigt. Und dann hat er wohl später noch von seiner Vorgesetzten Vorgaben bekommen – was auch immer – und in diesem gemeinsamen Meeting dann (das war mit uns beiden und einer anderen Partei) hat er das, was wir vereinbart hatten, einfach nicht gemacht. Er hat genau das Entgegengesetzte gemacht. ...
> Das hat er mir nicht irgendwie vorher noch kommuniziert. Das habe ich dann in dem Meeting mitbekommen. Dieser Mensch, der hatte nicht die Gradlinigkeit, das vorher mit mir abzusprechen. Oder er hat einfach nur das getan, was sein Boss – also wir waren in zwei verschiedenen Direktionen – vertreten hat. ... Ich habe ihn dann danach darauf angesprochen: Sagt er: ‚Ja, aber die...' Ich: ‚Wir hatten das vereinbart, wieso...?' – ‚Also, ja...' Und dann: ‚Das hat mir aber jemand anders gesagt.' – Seine Vorgesetzte hatte ihm was anderes gesagt. Die hatte ihm gesagt, das Thema anders anzugehen. Es gibt ja manchmal gegenläufige Interessen zwischen verschiedenen Abteilungen. – Und der war einfach nicht gradlinig genug, ‚nein' zu sagen, oder das mit mir zu regeln vorher. ... Etwas Vereinbartes, als Team Vereinbartes, hat er einfach nicht respektiert. ... Also, da hab ich überhaupt kein Vertrauen mehr zu diesem Menschen! Da kann man nichts anvertrauen, nichts vereinbaren – für mich ist die Person erledigt. [DF-17]

Während es in dieser Episode für den Franzosen offenbar trotz der Diskussion mit dem Deutschen klar war, auf welche Linie er durch die Vorgaben seines Chefs festgelegt war, war der deutsche Manager offen in das Treffen hineingegangen. Im Gespräch mit dem französischen Kollegen hatte er den Eindruck gewonnen, sie hätten sich gemeinsam in der Diskussion auf ein bestimmtes Vorgehen geeinigt. Das heißt, er interpretierte das Verhalten des französischen Kollegen in der Diskussion so, dass dieser mit ihm ein bestimmtes Vorgehen abgesprochen habe bzw. es ihm zugesagt habe. Dass der Franzose sich dann anders verhält, interpretiert er als Vertrauenswarnung in Bezug auf den Faktor *'Zusagen einhalten'* – obwohl es möglicherweise aus Sicht des Franzosen gar keine wirkliche Zusage gegeben hat. Darüber hinaus hätte der deutsche Manager erwartet, dass der französische Kollege ihm zumindest Bescheid sagt, wenn er nach Rücksprache mit seinem Chef doch das von ihm ursprünglich vorgeschlagene Vorgehen wählt. Denn sie hatten schließlich etwas anderes vereinbart. Dass der Franzose dies nicht tut, interpretiert der Deutsche als Vertrauenswarnung in Bezug auf den Faktor *'Bei Nicht-Einhalten von Zusagen informieren'*. Allerdings war es dem französischen Manager möglicherweise gar nicht bewusst, dass von dem deutschen Manager erwartet worden war, dass er ihn darüber informiert, seine Zusage doch nicht einhalten zu können.

5.2 Weitergabe von Informationen

Es wurde in den Auswertungen ein deutsch-französischer Unterschiedsbereich identifiziert, welcher die Entwicklung von Vertrauen im Hinblick auf Vertrauensfaktoren des Handlungsfelds *<Weitergabe von Informationen>* beeinflussen kann. Es handelt sich um den *Relevanzbereich von Informationen*, das heißt die Frage, wann man Informationen als für die berufliche Zusammenarbeit einschlägig oder relevant betrachtet. Dieser Unterschiedsbereich kann die Vertrauensentwicklung in Bezug auf die beiden Vertrauensfaktoren *'An Wissen teilhaben lassen'* und *'Informationen vertraulich behandeln'* beeinflussen.
Wenn jemand Informationen als relevant für seine berufliche Aufgabe einstuft, dann geht damit einher, dass er in gewisser Weise ein 'Recht' auf diese Informationen beansprucht. Denn ohne die Informationen kann er seiner Ansicht nach die beruflichen Aufgaben nicht angemessen erfüllen. Falls ein Kollege oder Geschäftspartner über die fraglichen Informationen verfügt, dann erwartet man in einem solchen Fall, dass der andere mich an seinem Wissen teilhaben lässt. Wenn die betreffenden Informationen hingegen für meine berufliche Aufgabe *nicht* relevant sind, dann könnte man sagen, dass andere unter gewissen Umständen ein 'Recht' darauf haben können, mir diese Informationen vorzuenthalten – beispielsweise wenn es sich um aus bestimmten Gründen vertrauliche Informationen handelt. Dass der *Relevanzbereich von Informationen* groß ist, bedeutet, dass man für die Bearbeitung einer beruflichen Aufgabe tendenziell mehr Informationen bzw. Informationen aus einem weiteren Bereich für relevant hält (vgl. Tab. 5.5).

Tab. 5.5: Vertrauensrelevante Unterschiedsbereiche im zweiten Handlungsfeld

Unterschiedsbereich	Nummer	Abschnitt
Relevanzbereich von Informationen	KU-04	5.2.1

Es handelt sich um den einzigen vertrauensrelevanten Unterschiedsbereich, der dem Handlungsfeld *<Weitergabe von Informationen>* zugeordnet wurde. Ich werde ihn im Folgenden näher erläutern und durch Zitate belegen und veranschaulichen.

5.2.1 Relevanzbereich von Informationen [KU-04]

5.2.1.1 Argumentation

Die Auswertung der Interviews offenbarte ein unterschiedliches Verständnis der deutschen und französischen Manager in Bezug auf den *Relevanzbereich von Informationen*, das heißt die Frage, wann Informationen für eine Arbeitsaufgabe relevant sind und entsprechend weitergegeben bzw. im Umkehrschluss auch eingefordert werden dürfen. Sehr viele der interviewten französischen Manager beschreiben ein Bedürfnis nach Kontextinformationen, also nach Informationen, die über ihre Aufgabe im engeren Sinne hinausgehen. Aus Sicht der deutschen Manager gehen diese Informationen, welche die französischen Manager einfordern, jedoch deutlich über die eigentliche Arbeitsaufgabe hinaus und können bzw. dürfen daher nicht eingefordert werden. Sie betonen häufiger, dass man das Gebot der Vertraulichkeit bestimmter Informationen nicht verletzen dürfe. Die französischen Manager beschreiben hingegen ausführlich, warum für sie Rahmen- oder Kontextinformationen für die Erledigung ihrer Arbeitsaufgaben von großer Wichtigkeit sind.

Wie kann man verstehen, dass die französischen Manager dieses Bedürfnis nach Überblicks- und Rahmenwissen bzw. diese 'Kontextneugierde' haben? Es gibt einen Aspekt der französischen Kultur, den man im Französischen als „le goût de la transversalité" bzw. als „travailler transversalement" bezeichnet (vgl. Pateau 1998: 56f.) und den es in der deutschen Kultur in dieser Form offenbar nicht gibt. Er wurde auch von vielen der für die Studie interviewten Manager beschrieben, und ich habe daher das Erklärungskonzept der «*Transversalité*» gebildet. Der Begriff der Tranversalité hat keine etablierte und passende Entsprechung im Deutschen.[146] Von der Sache her geht es darum, sich für Dinge zu interessieren oder Dinge zu tun, die sich nicht im eigenen Arbeitsbereich, sondern in einem angrenzenden bzw. quer (transversal) liegenden Bereich finden. Dies betrifft sowohl die Frage der Weitergabe von Informationen als auch das Vorgehen bei der Bewältigung von Aufgaben (vgl. 5.4.2). An dieser Stelle geht es nun zunächst um den Aspekt der Informationsweitergabe.

Es ist offenbar im französischen Unternehmenskontext in stärkerem Maße als in Deutschland üblich, sich für Dinge zu interessieren, die etwas außerhalb der eigentlichen Aufgabe bzw. des eigentlichen Aufgabenbereichs liegen. Aus der französischen Sichtweise ist dieses Kontextwissen nötig, um sich ein Bild vom übergeordneten, 'globalen' Ziel der Arbeit zu machen. Dann kann man während der Arbeit kontinuierlich abschätzen, inwiefern man durch die ausgeführten Tätigkeiten dem übergeordneten Ziel näher kommt, und man kann bei unvorhergesehenen Entwicklungen mit neuen kreativen Ideen bzw. Kurskorrekturen reagieren, die weiterhin (oder noch besser) sicherstellen, dass man das Ziel erreicht. Diese Überlegungen gelten für die französische Businesskultur auch deshalb in stärkerem Maße als für die deutsche, da in Frankreich bei Arbeitsanweisungen und in Abstimmungsprozessen weniger umfassend bzw. detailliert geklärt wird, was genau wie zu tun ist (vgl. 5.3.1 *Detaillierungsgrad von Anweisungen*). Der Interpretationsbedarf ist daher größer und ein handlungsleitendes Kontextwissen hat einen höheren Stellenwert. Im französischen Unternehmenskontext gibt es eine höhere Erwartungs- bzw. Anspruchshaltung, solche Kontextinformationen zu bekommen.

Der beschriebene Kulturunterschied birgt die Gefahr zweier Arten von Vertrauensmissverständnissen im Bereich der <Weitergabe von Informationen>, welche ich unten anhand von Beispielen illustrieren werde.[147] Im einen Fall erscheinen die Deutschen den Franzosen als weniger vertrauenswürdig, weil sie ihnen aus ihrer Sicht notwendige Informationen verweigern (Vertrauensfaktor 'An Wissen teilhaben lassen'). Im anderen Fall erscheinen die

---

[146] Im Deutschen wird der Begriff 'Transversalität' in relativ speziellen Kontexten verwendet – etwa in der Mathematik für die Überschneidung von Flächen (Bröcker & Jänich 1973: 153ff.) oder in Philosophie und Geisteswissenschaften im Sinne von Multiperspektivität (Sandbothe 1997).
[147] Auf einen dritten Typ von kulturellem Vertrauensmissverständnis, der sich aus der «*Transversalité*» ergibt, werde ich beim Handlungsfeld <Respektvoller Umgang> eingehen: Die Tendenz der französischen Manager, sich aktiv für Dinge außerhalb ihres Aufgabenbereichs zu interessieren oder zu kümmern, kann auf deutscher Seite zu dem Eindruck führen, übergangen zu werden (Vertrauenswarnung in Bezug auf den Vertrauensfaktor 'Zuständigkeiten respektieren'; vgl. 5.8.2.4).

5.2 Weitergabe von Informationen

Franzosen den Deutschen weniger vertrauenswürdig, weil sie Informationen weitergeben, welche aus deutscher Sicht eigentlich eher hätten vertraulich behandelt werden sollen (Vertrauensfaktor *'Informationen vertraulich behandeln'*). Dies bedeutet, das hier das gleiche Verhalten (Informationen weitergeben) in der einen Kultur als Vertrauensgrund in Bezug auf den einen Vertrauensfaktor interpretiert wird (*'An Wissen teilhaben lassen'*), in der anderen Kultur hingegen als Vertrauenswarnung in Bezug auf den anderen Vertrauensfaktor (*'Informationen vertraulich behandeln'*).

Man könnte nun entsprechend erwarten, dass sich bei diesen beiden Vertrauensfaktoren auch Unterschiede der Kodierungshäufigkeiten finden – was allerdings in der Studie nicht der Fall war. Der Vertrauensfaktor *'Informationen vertraulich behandeln'* findet sich erwartungsgemäß häufiger bei den deutschen Managern (DD>FF), aber auch der Faktor *'An Wissen teilhaben lassen'* (DD>FF*), was gemäß meiner Argumentation zur «Transversalité» nicht zu erwarten wäre. Dieses Ergebnis hängt möglicherweise damit zusammen, dass die Franzosen das Verhalten, was die Deutschen als *'An Wissen teilhaben lassen'* interpretieren, eher im Hinblick auf den Vertrauensfaktor *'Kontakt pflegen/viel kommunizieren'* interpretieren (vgl. 5.6.1). Gemäß dieser Überlegung legen die französischen Manager ihren Fokus eher darauf, eine berufliche Beziehung über kontinuierliche und umfangreiche Kommunikation zu pflegen, wobei sie natürlich auch kontextrelevantes Wissen austauschen. Weil der Relevanzbereich von Informationen größer als in Deutschland konzeptualisiert wird, umfasst dieser Informationsaustausch während des beruflichen Alltags im französischen Unternehmenskontext tendenziell auch mehr jobnahe Aspekte als im deutschen Kontext. Daher ergibt sich auf deutscher Seite hier ein größerer Spielraum für ein explizites *'An Wissen teilhaben lassen'*, und aus dem gleichen Grund gewinnt auf deutscher Seite auch *'Mitdenken und individuell informieren'* als Vertrauensfaktor eine größere Bedeutung. Bei letzterem Vertrauensfaktor wurde auch ein entsprechender signifikanter Unterschied der Kodierungshäufigkeiten gefunden: DD>FF* (vgl. 4.2.2). – Eine Übersicht, an welchen Stellen des Kapitels auf die unterschiedliche Neigung deutscher und französischer Manager zu «Transversalité» Bezug genommen wird, gibt Tab. 5.6.

Tab. 5.6: Bezüge zum Erklärungskonzept «Transversalité»

5.2.1	KU-04: *Relevanzbereich von Informationen* im Handlungsfeld <Weitergabe von Informationen>
5.4.2	KU-08: *Horizont für kreative Mitarbeit* im Handlungsfeld <Bewältigung von Aufgaben>
5.8.2	KU-17: *Respektieren von Zuständigkeiten* im Handlungsfeld <Respektvoller Umgang/Facework>

5.2.1.2 Zitate

Als Ausgangspunkt möchte ich ein Zitat eines deutschen Managers vorstellen, der bei seinem französischen Kollegen dessen vertraulichen Umgang mit Informationen schätzt. Er beschreibt, dass er auch selbst mit Informationen vertraulich umgeht. In seiner Situation hält er Vertraulichkeit für wichtig, weil er zwischen verschiedenen Bereichen arbeitet, die miteinander konkurrieren.

> Also ich habe das bei ihm sehr geschätzt und mir das auch angewöhnt. Dadurch, dass ich halt auch springe, das heißt teilweise in Bereichen arbeite, die auch gegeneinander arbeiten – auch politisch, ist das ja immer so ein bisschen ein Thema. Da habe ich mir eben auch angewöhnt, in **jedem Bereich, wo ich bin, die Sachen, die ich dort erfahre, in eine Schublade zu tun und die Schublade zuzumachen und abzuschließen. Denn wenn da was über Querverbindungen in eine andere Abteilung sickern würde, das wäre tödlich oder könnte tödlich sein.**
> [DD-09]

Der interviewte deutsche Manager gibt Gründe dafür an, warum er in seiner Arbeitssituation mit der Weitergabe von Informationen vorsichtig ist. Interessant ist, dass demgegenüber eine große Zahl der interviewten französischen Managern darauf Bezug nehmen, dass und warum gerade der Austausch von Wissen und Informationen über Querverbindungen zwischen Abteilungen erwartet und erwünscht ist. Betrachten wir einige Zitate französischer Manager, welche diese französische „Kontextneugierde" beschreiben und erklären.

Ein französischer Manager beschreibt sein Informationsbedürfnis im Rahmen seiner Arbeit. Wenn man ihn darum bittet, etwas zu tun, dann bemüht er sich, möglichst viel über den Kontext herauszubekommen: warum er das tun soll, wie diese Fragestellung entstanden ist, was bereits in diese Richtung passiert ist etc.

> Moi j'aime bien comprendre. Moi, je sais très bien combien je gagne dans mon département, mais ça m'intéresse de savoir combien on gagne à côté. Ça m'intéresse de savoir comment est la structure de la succursale. Voilà, les aspects généraux. Si on me demande de plancher sur un sujet, je ferai une première partie pour savoir le contexte général, l'histoire, le pourquoi. Si on me demande de travailler sur quelque chose, je vais déjà au moins travailler sur l'historique : Qu'est-ce qui s'est passé avant ? Je fais cela pour comprendre à peu près pourquoi on en est arrivé à cette question. ... Toujours. Je fonctionne comme ça. J'ai besoin de remettre dans un contexte historique, dans un contexte historique général, ou historique de la société. ... Pour moi, pour comprendre les choses, même pour voir l'intérêt, ou voir la raison pour laquelle on me demande de faire quelque chose, j'ai besoin de mettre les choses dans un contexte. Et l'information fait partie de ce contexte. [FD-20]

Entsprechend seiner Erwartung, von anderen möglichst viele Kontextinformationen zu bekommen, versucht dieser französische Manager auch selbst, anderen möglichst viele Informationen zu geben. Beides hält er für sehr wichtig für die Entwicklung von Vertrauen.

> Moi, je pense que la confiance vient du maximum de communication et d'information qui est donné. C'est pourquoi je m'attache à donner l'information que je reçois aux gens. Et que j'attends d'eux la même chose. Pour moi la confiance va avec le niveau d'information, et avec la qualité de l'information qu'on reçois. Parce que j'ai besoin, moi, de bien comprendre pourquoi on me demande de faire les choses, dans quel contexte je dois les faire, etc. Pour moi la confiance va avec le niveau d'information que je reçois, que je peux donner. [FD-20]

Ein zweiter französischer Manager betont, dass man ihn ruhig nach Dingen außerhalb seines eigenen Aufgabengebiets fragen könne und dass er aber auch ein Recht hätte, andere nach solchen Dingen zu fragen – was bei seinen deutschen Kollegen anders sei:

> Donc, moi je pars du principe que chacun a sa compétence. Moi, je suis compétent dans mon domaine, eux, ils sont compétents dans le leur. Et moi, ça ne me gêne pas s'ils posent des questions dans mon domaine. Et en retour, j'ai le droit de poser des questions dans le leur. C'est-à-dire que c'est un peu un échange. [FF-23]

Ein dritter französischer Manager beschreibt seine Beobachtung, dass die Franzosen sich sehr viel mehr gegenseitig auch über Abteilungsgrenzen hinweg an Wissen und Informationen teilhaben lassen, um das Gesamtprojekt voranzubringen.

> Ce que j'avais détecté dès le départ, ou petit à petit en fait, c'est qu'**ici en France on a une culture du partage de l'information**. On travaille plutôt en réseau, de manière très interconnectée, c'est-à-dire que **quelqu'un qui fait une discipline, va de manière assez naturelle voir son collègue d'une discipline connexe, pour voir s'il n'y a pas de l'information utile à échanger**. Et on met en commun beaucoup et on débat beaucoup, pour faire avancer. [FD -18]

Ein vierter französischer Manager erläutert, dass Franzosen immer den Gesamtrahmen im Blick hätten. Von daher gingen sie schlicht und einfach davon aus, dass manche Dinge auch sie beträfen, bei welchen ihre deutschen Kollegen der Ansicht seien, dass sie in *deren* Zuständigkeitsbereich fallen. Den Deutschen ginge das nicht so, denn sie verfolgten eher den Ansatz, eine Aufgabe genau zu definieren, um sich dann auf diese Aufgabe konzentrieren zu können und sich gerade nicht um die Dinge außen herum kümmern zu müssen.

> Un Allemand a une éthique de travail qui est de faire très bien ce qu'on lui demande de faire, mais il a une « job description », ça va de A à B, et il s'intéresse de A à B. Et il considère que le contexte n'est pas de son ressort. [Il

5.2 Weitergabe von Informationen

ne s'interesse] pas de B à C, ni de -A à +A. Le Français, lui, il va raisonner toujours sur le contexte général. Et il va toujours aller regarder un peu plus au large, avant ou après. [FD-20]

Der zitierte französische Manager bemerkt, er habe schlechte Erfahrungen damit gemacht, sich mit Problemen außerhalb der definierten Aufgabenbereiche an seine deutschen Kollegen zu wenden. In solchen Fällen habe er es als schwierig erlebt, das jeweilige Problem überhaupt anzugehen.

> Moi j'ai tendance à travailler comme ça. Et j'ai eu ici des problèmes [avec mes collègues allemands]. Si j'arrivai avec un problème concret en disant : « Voilà, j'ai un problème », ils me disaient : « Je suis désolé, ce n'est pas mon boulot. » Je suis allé voir une autre personne : « Ce n'est pas mon boulot non plus. » Si personne n'avait la fonction de s'en occuper, le problème n'existait pas. ... Par exemple. L'organisation à l'allemande, normalement, est une organisation précise : Tous les cas sont évoqués, c'est la tâche d'une personne. Donc ce n'est pas la peine d'aller faire la tâche de l'autre. Pour moi il y a un Taylorisme dans la division du travail allemande qui ne correspond pas à la forme d'esprit qu'on peut avoir en France. En France, on va toujours chercher le général. On discute. Même en réunion, souvent, on se retrouve à perdre beaucoup de temps à parler de choses générales avant de passer au sujet réel. [FD-20]

Der französische Manager ist fest davon überzeugt, dass man immer ein Rahmenwissen bezüglich der allgemeinen Vorgaben und Ziele des übergreifenden Gesamtprojekts benötige. Damit kann man bessere Arbeit machen, man kann zukunftsorientierter und kreativer arbeiten.

> Je vous explique : **Quand on regarde le contexte, on peut comprendre que si on vous a demandé de faire telle tâche, ça s'inscrit dans un projet global, donc c'est à faire de tel esprit.** Mais si on ne regarde pas le contexte général, on peut, à ce moment-là, suivre à la lettre une certain nombre de recommandations sans se préoccuper de l'esprit. Donc on suit la lettre, la forme, et non pas l'esprit dans lequel le travail doit être fait. Et à ce moment là, le rendu final, qui sera impeccable par rapport au cahier des charges, va être moins utile qu'un travail qui aura été plus prospectif ou plus curieux. C'est mon sentiment profond. [FD-20: A189f]

Eine französische Managerin spricht über ihren deutschen Chef, zu dem sie und ihr Team kein Vertrauen haben. Was ihr fehlt: die „finalité", das „à quoi ça sert derrière", also die große Linie, die Vision, das übergeordnete Ziel, der Gesamtkontext. Sie sieht deshalb nicht, wie durch ihre Arbeit eine „valeur ajoutée", ein Mehrwert im Sinne des Gesamtziels entstehen soll. Dadurch hat sie keine Motivation, keinen Enthusiasmus und spricht von einem „climat de non confiance".

> Ses demandes sont prises plus comme des contraintes que comme un besoin de faire vraiment avancer les choses. **On ne voit pas la finalité**... ça, ça influe sur la qualité du travail fourni, je pense. Le problème c'est que ... si vous n'avez pas confiance dans ce que vous demande votre patron, vous n'avez pas tendance à y mettre un enthousiasme débordant. Et éventuellement à le prendre comme une contrainte. Il y a un certains nombre de « reportings », de choses comme ça, où **on a l'impression que ça ne sert pas vraiment. Il n'y a pas de valeur ajoutée à faire ce genre de travail.** ... Nous, **on n'a pas confiance parce qu'on ne sait pas à quoi ça sert derrière.** [FD-12: A173]

Genau das, was der französischen Managerin fehlt, beschreibt ein anderer französischer Manager als Vertrauensmaßnahme: er achte in seinem Führungsverhalten immer darauf, auch den Kontext zu erklären und einen Gesamtüberblick, eine „vision globale" zu geben. Wenn man den Gesamtüberblick habe, könne man besser zusammenarbeiten und bessere Entscheidungen treffen.

> **Je crois que la confiance, c'est peut-être un autre point important, c'est expliquer le contexte.** C'est pour que tous les partenaires comprennent l'enjeu, qu'ils comprennent la vue d'ensemble. Parce que le fait d'avoir **la vue d'ensemble**, ça permettra aussi quand plus tard ils ont une discussion, de toujours ramener à **la vision globale : « qu'est ce qu'on veut faire ? »** Ça permet d'orienter ou de prendre plus facilement une décision qui est « bonne ». ... **Il faut toujours penser système – enfin essayer du moins – et ne pas l'oublier dans ses actions locales.** Et ça je crois aussi ça aide à travailler ensemble parce que si on une vision un peu plus globale, c'est plus facile après dans les discussions techniques locales, pour aller vers un accord. [FD-17]

5.2.1.3 Vertrauensmissverständnisse

Vor dem Hintergrund der Darstellungen des letzten Abschnitts lassen sich die folgenden vertrauenskritischen Vorfälle als kulturelle Vertrauensmissverständnisse interpretieren.

- **Informationsverweigerung im Vorprojekt**
  < Ils nous font de la rétention d'information ! >

Ein französischer Manager berichtet über die Schwierigkeit, Vertrauen zu deutschen Kollegen aufzubauen, mit welchen er in den Vorprojekten zu Ausschreibungen größerer Industrieprojekte zusammenarbeitet. Die Deutschen halten seiner Ansicht nach systematisch Informationen zurück, die ihm für seine Arbeit relevant erscheinen.

> Certains avant-projets sont menés en commun, on partage les responsabilités des activités entre les Français et les Allemands. Et on a beaucoup de mal à travailler en avant-projets et à établir une relation de confiance dans ces phases d'avant-projets. **Nos collègues allemands ayant l'impression qu'on se mêle de trucs qui ne nous regardent pas, quoi. Demandant de l'information qu'ils n'estiment pas être utile pour nous.** Ou alors ils considèrent, quand on leur demande de l'information, qu'ils peuvent nous répondre que cette information ne nous est pas utile et donc on n'en a pas besoin et ils ne nous la donnent pas. Et de leur côté, ils sont un peu fatigués par le fait qu'on passe beaucoup de temps en réunions, à débattre, et qu'on n'avance pas, quoi... C'est une différence culturelle très importante dans la manière d'appréhender ces avant-projets. **Et du coup on a du mal à travailler en confiance. Nous on a l'impression qu'ils nous font de la rétention d'information...** On a **l'impression que**, sur ces avant-projets, nos collègues allemands font de la rétention d'information, **ils gardent l'information pour eux qui nous semblerait utile à nous**, et on a beaucoup de mal, en fait, à obtenir cette information, pour pouvoir, nous, avancer. Alors je ne sais pas si c'est du côté de mes collègues allemands, si, en fait, il y a une défiance et ils considèrent que les Français se mêlent de ce qui ne les regardent pas, en fait préfèrent ne pas donner l'information, ou si c'est leur manière naturelle de travailler. Mais on a beaucoup de mal à établir des relations, [avec nos collègues allemands,] dans le cadre de ces avant-projets. [FD-18]

Der französische Manager ist der Ansicht, dass seine deutschen Kollegen ihm relevante Informationen vorenthalten – eine Vertrauenswarnung in Bezug auf den Faktor *'An Wissen teilhaben lassen'*. Er erklärt, dass man in derartigen Vorprojekten zur Angebotserstellung für industrielle Großaufträge sehr schnell sehr komplexe Fragen bearbeiten müsse. Aus Sicht des Interviewpartners ist daher völlig klar, dass die Deutschen den Franzosen mehr Informationen geben sollten. Offenbar haben allerdings die deutschen Kollegen den Eindruck, dass der Informationsanspruch der Franzosen in diesem Kontext zu weit geht, also dass diese sich in Dinge einzumischen versuchen, die sie nichts angehen. Sie würden daher vermutlich nicht der Einschätzung zustimmen, dass sie als nicht vertrauenswürdig erscheinen, weil sie die französischen Kollegen 'nicht an Wissen teilhaben lassen'.

Der Vertrauenskonflikt entwickelt sich genau in Bezug auf den als kulturell unterschiedlich bestimmten *Relevanzbereich von Informationen*. Die Franzosen folgen ihrer 'Kontextneugierde' und fordern die Teilhabe an Hintergrundwissen. Aber aus Sicht der Deutschen versuchen sie damit, sich in Dinge einzumischen, die sie nichts angehen, da sie intern und vertraulich sind. Der interviewte französische Manager interpretiert dieses Verhalten jedoch als Vertrauenswarnung in Bezug auf den Faktor *'An Wissen teilhaben lassen'*.[148]

- **Verweigerung grundlegender Kontextinfos**
  < Il ne me donne pas les causes racines ! >

Ein französischer Manager beschwert sich über die Informationspolitik seines deutschen Vorgesetzten.

> Quand je cherche à avoir des informations je ne les ai pas. **On me les donne, mais on ne me donne pas les raisons, le contexte, les causes racines.** L'information est un peu comme un iceberg. Vous avez l'information qui est là mais vous avez aussi les raisons, le contexte. **On appelle ca les « root causes » en anglais, les causes racines.** Et

---

[148] Vgl. auch die Argumentation zum Unterschiedsbereich *Respektieren von Zuständigkeiten* in 5.8.2.

5.2 Weitergabe von Informationen

> c'est ce qu'on ne me donne pas. Quand je demande, on ne me donne que les faits. Mais ça ne me permet pas de les utiliser. C'est très important de savoir donner l'information. C'est-à-dire que si vous donnez le fait, OK, vous savez, c'est ça. La réponse c'est oui. Mais vous n'êtes pas capable de comprendre et donc, dans une autre situation, de développer votre... – comment dire ? **Vous savez que c'est 'oui' mais vous ne savez pas pourquoi ? comment ? quels sont les processus qui amènent à ça ?** ... – Je pense que c'est souvent le fait. J'ai le sentiment que vis-à-vis de certaines personnes avec qui je n'ai pas établi de liens de confiance, c'est parce que je n'ai pas de l'information, je ne me sens pas à l'aise, je ne sens pas que c'est des gens qui sont prêts à donner des informations ouvertes. [FD-07]

Der französische Manager erwartet, dass der deutsche Vorgesetzte sein Hintergrundwissen mit ihm teilt, das heißt, dass er ihm bestimmte Rahmeninformationen gibt, die 'causes racines', die 'root causes'. Einfach nur ein 'Ja' oder einfach nur die Tatsachen, das reicht ihm nicht. Damit fühlt er sich nicht wohl, damit kann er nicht richtig arbeiten. Er empfindet es als ein Zurückhalten von Informationen, der andere gibt ihm keine 'offenen Informationen'. Da kann er kein Vertrauen entwickeln, er empfindet es als Vertrauenswarnung in Bezug auf den Faktor *'An Wissen teilhaben lassen'*. Grundlage für die Einschätzung, dass ihm der andere Informationen vorenthält, ist allerdings seine Auffassung, dass er ein 'Recht' auf diese Informationen hat, weil er nur so vernünftig arbeiten könne. Möglicherweise wird diese Einschätzung von dem deutschen Vorgesetzten nicht geteilt.

- **Weiterleitung individuell zusammengestellter Informationen**
   < Er leitete die von mir zusammen gestellten Informationen einfach weiter! >

Es handelt sich hier um ein kulturelles Vertrauensmissverständnis aus Sicht eines deutschen Managers, das jedoch im Interview von einem französischer Manager berichtet wurde, der das Erlebnis vor dem Hintergrund seiner Erfahrungen im deutsch-französischen Management rekonstruiert. Der französische Manager berichtet also, wie er einmal durch sein 'französisches' Verhalten fast das Vertrauen eines deutschen Mitarbeiters verspielte. Er hatte gerade eine Führungsposition in der französischen Niederlassung eines deutschen Konzerns übernommen, als sich der im Folgenden beschriebene Vorfall ereignete. Weil sich der Deutsche direkt bei dem französischen Vorgesetzten über dessen Vorgehen beschwerte und es zu einer gemeinsamen Aussprache kam, konnte die Sache aufgeklärt werden.

> C'était au début où j'étais là. C'est un détail, vous allez voir, c'est un petit détail, mais c'est important. Monsieur S. est un collaborateur, qui gère une équipe qui s'occupe du [un service]. A un moment donné, je lui ai demandé : « Tiens, expliquez-moi, envoyez-moi des détails. » Et **il m'envoie un mail, résumant son activité, un certain nombre de papiers, qu'il fait lui-même, mais pour suivre son activité, sa gestion. J'ai trouvé que c'était des papiers assez intéressants, et je les ai transférés à un de mes collègues**, en particulier le collègue en charge de [un département], vu que [ce département] et [un autre département] étaient séparés à l'époque. (Je les ai remis ensemble, après.) Et je dis : « Mais ça, ce sont des informations intéressantes pour le collègue de [l'autre département], en charge de [il explique les rapports entre les départements].».
>
> Et là, Monsieur S. m'a demandé: « Est-ce que je peux venir vous voir ? », « Bien sûr, descendez. » **Et il me dit :** « **Pourquoi ?? Je vous ai donné ces informations pour *vous*. Pourquoi les avez-vous passées à Madame ..., qui est responsable de [l'autre département] ?** » Je lui dis : « Eh bien écoutez, je pense que c'est intéressant. Quel est le problème ? » Il me dit : « Ce sont des informations à moi, elles n'ont pas à être diffusées à quelqu'un d'autre. » Je lui dis : « Attendez, Monsieur S., **nous sommes dans la même banque**. En plus, moi, j'ai toujours travaillé comme ça, je partage. » Pas auprès de tout le monde, ce n'est pas le but de le diffuser dans le marché. Mais **les informations qui peuvent être utiles à quelqu'un d'autre pour faire du business, ça me semble normal**. Et je lui dis : « En plus, vous n'avez pas de chance, **ça fait 20 ans que je travaille comme ça, c'est pas contre vous, mais c'est comme ça que je travaille. Partager l'information**, etc. »
>
> Et là, après, on a eu une petite discussion, et il me dit : « Ah, je comprends, vous ne m'en vouliez pas à moi. **Alors, vous ne l'avez pas fait contre moi ?** » Il avait l'impression que du fait d'avoir diffusé cette information, **c'était pour le mettre en défaut vis-à-vis de l'autre personne**. Parce qu'il était dans ses lignes hiérarchiques. ... Et effectivement, j'aurais pu lui dire. J'ai dit : « Tiens, Monsieur S., avant de l'envoyer, j'aurais pu vous avertir, j'aurais dû vous avertir. » Mais je n'y ai pas pensé. Et **lui, il l'a pris comme une attaque personnelle**. Alors on s'est expliqués, etc... Mais vous voyez, c'est un tout petit détail. Ce n'est pas très important. Mais il l'a mal pris. **Il a cru que c'était une agression. Que je lui en voulais, que c'était une agression vis-à-vis de lui.** – C'est un excellent exemple je

trouve, parce que c'est une toute petite chose, pas importante, on s'est parlés, bon, on travaile depuis cinq ans ensemble et on se fait confiance. [FD-09]

Der Bericht lässt sich auf ein im deutsch-französischen Vergleich unterschiedliches Verständnis von Vertraulichkeit und damit einen Kulturunterschied der Faktordiagnose (in Bezug auf den Faktor *'Informationen vertraulich behandeln'*) zurückführen: Der französische Manager berichtet die Episode als Illustration für ein Verhalten, mit dem er seiner Ansicht nach riskierte, das Vertrauen des deutschen Mitarbeiters zu beschädigen. Er glaubt, dass der Deutsche sein Verhalten als Vertrauenswarnung in Bezug auf den Faktor *'Informationen vertraulich behandeln'* interpretierte. Nach dessen Einschätzung ging es um Informationen, die er sich in erster Linie für seinen eigenen Gebrauch individuell zusammengestellt hatte. Dass der französische Chef diese Informationen einfach an die Kollegin weitergab – zumal ohne Rückfrage – fand der Deutsche dermaßen inakzeptabel, dass er sich beschwerte.

Aus Sicht des französischen Chefs handelte es sich jedoch nicht um vertrauliche Informationen, sondern um Informationen, die sinnvoll den Arbeitskontext der Kollegin ergänzten und die er ihr daher selbstverständlich weiterleitete. Auch wenn er im Nachhinein einsieht, dass er dem deutschen Mitarbeiter hätte Bescheid geben können, ist das für ihn hier nebensächlich. Er betont, dass die Anekdote „nur ein Detail, ein kleines Detail" behandelt, und zeigt sich noch im Nachhinein etwas erstaunt darüber, dass der Deutschen sein Verhalten als Vertrauensbruch interpretierte.

Im Kontrast interessant ist in diesem Zusammenhang die Darstellung eines anderen deutschen Managers, der sich in einer ähnlichen Situation ganz anders verhält. Er misst dem Aspekt der Vertraulichkeit von Informationen große Wichtigkeit bei und bemüht sich sehr darum, bei der Weitergabe von Informationen genau diesen Fall von Vertrauensbedrohung zu vermeiden.[149]

> Ich habe Zugriff auf die Laufwerke [an unserem Standort in Frankreich], dort also, wo die Angebote und alle abteilungsspezifischen Informationen abgelegt sind. Und ich wollte jetzt hier dem Abteilungsleiter [an unserem deutschen Standort] ein Beispiel geben von einem Angebot, was die in [Frankreich] gemacht hatten. Ich habe eins rausgesucht, von dem ich dachte, das ist das richtige, und wollte das dem Kollegen geben. Ich denke, da spricht auch nichts dagegen. Ich habe dann versucht, den Kollegen in [Frankreich] vorher anzurufen. Ich wollte das mit ihm abklären, dass ich das vorhabe und ob das für ihn okay ist. Aber er war jetzt nicht zu erreichen und es musste schnell gehen. Und da war ich jetzt in der Bredouille. – **Was ich jetzt gemacht habe ist folgendes: Ich habe dem deutschen Kollegen hier das jetzt geschickt, habe aber den französischen Kollegen als Kopie auf die Email gesetzt, so dass er nachvollziehen kann, dass ich jetzt diese Information vom ihrem Server an den deutschen Kollegen gegeben habe** – mit der Bitte, das auch vertraulich zu behandeln. – Ich denke, dass das wichtig ist, solche kleinen Maßnahmen, dass er nicht das Gefühl hat, dass ich den Informationszugriff, den ich da habe, irgendwie zu ihren Ungunsten oder zumindest ohne ihr Wissen irgendwie benutze. [DF-14]

5.3 Umgang mit Anweisungen / Aufforderungen

Gibt es deutsch-französische vertrauensrelevante Unterschiedsbereiche, welche Vertrauensfaktoren des Handlungsfelds <Umgang mit Anweisungen / Aufforderungen> betreffen? Ein Indiz dafür, dass es hier vertrauensrelevante Kulturunterschiede in der Diagnose von Vertrauensfaktoren gibt, findet sich bereits in den Ergebnissen der quantitativen Auswertung im vierten Kapitel. Der Vertrauensfaktor *'Anweisungen / Aufforderungen umsetzen'* wurde sowohl in der deutschen als auch in der französischen bi-kulturellen Gruppe jeweils deutlich häufiger gefunden als in der entsprechenden mono-kulturellen Gruppe. Sowohl für die deutschen als auch für die französischen Manager gewinnt dieser Vertrauensfaktor offenbar

---

[149] Weitere kulturelle Vertrauensmissverständnisse, in welchen der hier in Bezug auf die <Weitergabe von Informationen> beschriebene Kulturunterschied eine Rolle spielt, werden beim Handlungsfeld <Respektvoller Umgang / Facework> in der Diskussion des Vertrauensfaktors *'Zuständigkeiten respektieren'* dargestellt.

5.3 Umgang mit Anweisungen / Aufforderungen

dann an Gewicht, wenn sie interkulturell arbeiten. Tatsächlich ergaben sich als Ergebnis der qualitativen Inhaltsanalyse des dritten Auswertungsschritts dann zwei vertrauensrelevante Unterschiedsbereiche. Der erste Unterschied betrifft die Frage *wie Anweisungen gegeben* werden, und zwar insbesondere wie detailliert dabei geklärt wird, worum es geht. Der zweite Unterschied betrifft die Frage, *wie Anweisungen ausgeführt* werden, und zwar insbesondere, wie sich der Prozess des selbständigen Arbeitens gestaltet. Eine Übersicht gibt Tab. 5.7.

Tab. 5.7: Vertrauensrelevante Unterschiedsbereiche im dritten Handlungsfeld

Unterschiedsbereich	Nummer	Abschnitt
Detaillierungsgrad von Anweisungen	KU-05	5.3.1
Kommunikation beim selbständigen Arbeiten	KU-06	5.3.2

Diese beiden vertrauensrelevanten Unterschiedsbereiche werde ich im Folgenden näher erläutern und durch Zitate belegen und veranschaulichen.

5.3.1 Detaillierungsgrad von Anweisungen [KU-05]

Nach den Berichten der interviewten Manager wird in Deutschland im Vergleich zu Frankreich bei Anweisungen oder Aufforderungen tendenziell präziser und detaillierter geklärt, was genau verlangt ist. In diesem unterschiedlichen *Detaillierungsgrad von Anweisungen* drückt sich ein grundlegender deutsch-französischen Kulturunterschiede aus, den ich als «*Ausführlichkeitskonflikt*» bezeichne und als Erklärungskonzept an verschiedenen Stellen der Arbeit heranziehe. Die Auswertungen zeigten, dass die deutschen Manager dazu tendieren, ausführlicher zu reden, zu schreiben oder zu planen, während es die französischen Manager bevorzugen, mit einer kürzeren, 'kondensierteren' Fassung des gleichen Inhalts zu arbeiten. Die französischen Manager geben nicht nur weniger detaillierte Anweisungen, sondern sie machen auch insgesamt kürzere Powerpoint-Präsentationen oder sie schreiben weniger Text pro Aufzählungspunkt in einem Bericht oder Angebot entwerfen (vgl. FD-13; vgl. Pateau 1999: 85f.). Das einschlägige Stichwort hierzu im Französischen ist die „synthèse", das heißt die Zusammenfassung des Wesentlichen, von der in Frankreich viel die Rede ist und die in vielen Zusammenhängen verlangt wird. Den deutschen Managern erscheint sie allerdings leicht ein bisschen zu knapp geraten. Man kann hier auch die deutsche 'Liebe zum Detail' mit dem französischen Sinn fürs Wesentliche ('Esprit de Synthèse') kontrastieren (vgl. Pateau 1999: 85f). – Einen Überblick, an welchen Stellen des Kapitels auf den «*Ausführlichkeitskonflikt*» zwischen deutschen und französischen Managern Bezug genommen wird, gibt Tab. 5.8.

Tab. 5.8: Bezüge zum Erklärungskonzept «Ausführlichkeitskonflikt»

5.3.1	KU-05: *Detaillierungsgrad von Anweisungen*
	im Handlungsfeld <*Umgang mit Anweisungen/Aufforderungen*>
5.3.2	KU-06: *Kommunikation beim selbständigen Arbeiten*
	im Handlungsfeld <*Umgang mit Anweisungen/Aufforderungen*>
5.4.1	KU-07: *Gewichtung von Prozessen und Ergebnissen*
	im Handlungsfeld <*Bewältigung von Aufgaben*>

Eine gute Synthese ist aus französischer Sicht sehr anerkennenswert. Eine redundante Ausdrucksweise gilt hingegen als etwas, das man besser vermeiden sollte. Einer der französischen Manager berichtet belustigt von dem großen Schild, das er in der Werkshalle einer deutschen Niederlassung des Konzerns gesehen hatte: „Vorsicht! Langsam fahren!" stand auf dem Schild. Der französische Manager erklärt mir, dass es doch auf der Hand läge, falls man ein Vorsicht-

Schild in einer Werkshalle sähe, an der entsprechenden Stelle langsam zu fahren. In Frankreich lerne man schon in Schulaufsätzen, dass Redundanzen kein guter Stil seien [FD-20].

Abb. 5.2: Explizite und implizite Hinweisschilder in Deutschland und Frankreich

Aus deutscher Sichtweise folgt man hier einem komplett anderen Ansatz. Man versucht, bei einem Gefahrenhinweis oder einer Anweisung etc. durch Präzisierung oder Reformulierung sicherzustellen, dass wirklich klar ist, worum genau es geht. „Doppelt gemoppelt hält besser" fasst diesen Ansatz knapp zusammen. Die deutsche Bahn kennzeichnet beispielsweise seit langen Jahren nicht funktionsfähige Türen mit dem viersprachig ausgefertigten Hinweisschild "Tür unbenutzbar. Bitte benutzen Sie die anderen Türen!" (vgl. Abb. 5.2).

Interessant ist nun, wie dieser «Ausführlichkeitskonflikt» im Handlungsfeld <Umgang mit Anweisungen / Aufforderungen> zu Vertrauenskonflikten führen kann. Betrachten wir dazu noch einmal die Frage des *Detaillierungsgrads von Anweisungen*. Sie betrifft zum einen die **Formulierung** der Anweisung. Anweisungen oder Aufforderungen kann man ausführlicher oder weniger ausführlich formulieren. Zum Zweiten betrifft sie jedoch auch die **Erwartungen**, die hinter einer einmal formulierten Anweisung stehen. Wie detailliert ist etwas gemeint? Wie umfassend soll man der formulierten Aufforderung nachkommen? Soll das von A bis Z durchexerziert werden, oder soll man die Sache mit einem gesunden Blick fürs Wesentliche angehen? – In beiden Fällen arbeiten die französischen Manager tendenziell mit einem geringeren Detaillierungsgrad, und daraus ergibt sich in beiden Fällen ein Potenzial für Vertrauensmissverständnisse. Dies sei im Folgenden jeweils etwas genauer ausgeführt.

5.3.1.1 Argumentation: Detaillierungsgrad der Formulierung von Anweisungen

Französische Anweisungen sind tendenziell weniger detailliert als deutsche Anweisungen. Nach den Darstellungen der interviewten französischen Manager klärt bzw. erklärt man im französischen Management eher insgesamt den Kontext („la finalité", „la vision globale") als detailliert die Aufgabe bzw. das Vorgehen (vgl. dazu Pateau 1998: 69ff.). Um diesen deutsch-französischen Kulturunterschied zu verstehen, ist es hilfreich, ihn im Zusammenhang mit einer Reihe weiterer Eigenheiten der französischen und der deutschen Kultur zu sehen. Zunächst möchte ich an die oben unter dem Punkt *Relevanzbereich von Informationen* beschriebene Kontextneugierde der französischen Manager erinnern (vgl. 5.2.1). Wie ich dort anhand verschiedener Zitate veranschaulicht habe, geben französische Manager Anweisungen zwar einerseits oft weniger detailliert als deutsche Manager, legen jedoch andererseits vielfach größeren Wert darauf, grundsätzliche Dinge und Hintergründe im Zusammenhang mit der Aufgabe zu klären – was seitens französischer Mitarbeiter auch erwartet wird (vgl. Castel et al. 2007: 565: „what is expected from management is that it provides a broad framework"). Auf der Basis dieses Rahmen- oder Kontextwissens kann und soll die Anwei-

5.3 Umgang mit Anweisungen / Aufforderungen 355

sung im Prozess der Ausführung durch den Mitarbeiter von diesem selbständig ausdifferenziert werden. Diese Autonomie einer eigenständigen Interpretation von Anweisungen wird von französischen Mitarbeitern geschätzt und erwartet (vgl. d'Iribarne 1989, Castel et al. 2007). Entsprechend interessieren sich die französischen Manager stärker für das entsprechende Rahmen- oder Hintergrundwissen (vgl. „Quel est l'objectif final?" Worauf soll das insgesamt hinauslaufen? [DF-17]), um dann auf der Basis weniger detaillierter Anweisungen selbständig einzelne Arbeitsschritte konkretisieren zu können.

Es ist aufschlussreich, den geringeren Detaillierungsgrad von Anweisungen und die selbständige Konkretisierung von Anweisungen auf der Basis von Hintergrundwissen im Zusammenhang mit einem weiteren grundlegenden deutsch-französischen Kulturunterschied zu sehen: In einer Vielzahl von Kommentaren der interviewten deutschen und französischen Manager zeigt sich ein Unterschied in der «*Herangehensweise*» an Arbeitsaufgaben bzw. an die Umsetzung von Anweisungen. Es geht um die Frage, wie gut oder umfassend man ein Vorhaben plant, bevor man zur Umsetzung der Aufgabe schreitet. Bereits in der Diskussion vertrauensrelevanter Unterschiedsbereiche im Handlungsfeld *<Umgang mit Absprachen und Regeln>* hatte ich einen französischen Manager zitiert, der sich 'zügelt' und mit der Umsetzung von Ideen wartet, bis diese auf der deutschen Seite einen Klärungsprozess durchlaufen haben. Im Vergleich zu ihren deutschen Kollegen haben die französischen Manager die Tendenz, sich *vor* der Umsetzung von Anweisungen, Ideen oder Vorhaben weniger ausführlich mit vorbereitender Planung zu beschäftigen, sondern stattdessen schneller mit der Umsetzung zu beginnen (vgl. Pateau 1998: 61f.). Während dieser Umsetzung müssen dann zwangsläufig 'en passant' gewisse Sachen durch Versuch und Irrtum bzw. durch Improvisation geklärt werden. Dies hätte man zwar möglicherweise auch durch eine gute vorbereitende Planung klären können. Da man allerdings gegenüber den 'Planern' einen Zeitvorsprung hat, gibt es Spielraum für Versuch-und-Irrtum und für etwaige Richtungsänderungen. Im Französischen spricht man in diesem Zusammenhang von '**se débrouiller**', was wörtlich bedeutet: 'sich aus dem Nebel befreien' – aus Deutscher Sicht könnte sagen: aus dem Nebel der Unklarheit des Vorgehens. Diese Unklarheit kann entweder herrschen, weil man noch nicht besonders genau geklärt hat, wie man vorgehen möchte, oder weil unvorhergesehene Entwicklungen eingetreten sind, auf die man reagieren muss. Der französische 'esprit de débrouillardise' (Pateau 1998) schafft die Klarheit des Vorgehens nicht durch eine vorgeschaltete Planung sondern dadurch, dass man die Dinge klärt, während man dabei ist, sie zu tun. Das ist das sogenannte '**système D**', abgeleitet von 'se débrouiller' (zurechtkommen, sich zu helfen wissen, vgl. Castel et al. 2007, Pateau 1998).[150] Innerhalb des 'système D' sind Anweisungen (und auch Absprachen) tendenziell weniger ausdifferenziert, da die Ausdifferenzierung im Arbeitsprozess erfolgt. Aus deutscher Sicht könnte man von '**En passant-Planung**' sprechen, da die Klärungen, die man eigentlich in Form von Vorab-Planung vornehmen könnte, erst während der Aktivität quasi *en passant* erledigt werden.

Ein deutsch-französischer Interaktionskonflikt in der Führungsrelation zwischen französischem Vorgesetzten und deutschem Mitarbeiter kann nun darin bestehen, dass der Deutsche den Eindruck hat, dass eine 'Anweisung' noch den Status einer ersten Überlegung hat bzw. sich noch im Prozess der Ausdifferenzierung befindet. Entsprechend sieht er noch keinen Handlungsbedarf. Aus Sicht des französischen Vorgesetzten ist jedoch bereits genug gesagt und geklärt und es wird erwartet, dass der deutsche Mitarbeiter mit der Ausführung beginnt. In den Interviews zeigt sich hier deutlich ein Effekt auf die Vertrauensentwicklung: Der französische Vorgesetzte bekommt

---

[150] Übersetzungen nach Langenscheidts Handwörterbuch Deutsch-Französisch 1998; vgl. auch 'débrouillard': geschickt, pfiffig.

den Eindruck, dass sein deutscher Mitarbeiter nicht macht, was er ihm sagt. Während also auf der einen Seite der Deutsche noch gemeinsamen Klärungsbedarf sieht, da ihm die Erklärungen des Franzosen noch zu unspezifisch für eine 'Anweisung' erscheinen, interpretiert der Franzose das Verhalten des Deutschen als Vertrauenswarnung in Bezug auf den Faktor *'Anweisungen umsetzen'*. Er sagt sich: *'Der Mitarbeiter macht nicht, was ich ihm sage. Er führt meine Anweisungen nicht aus'*. Teilweise gehen die französischen Manager sogar soweit, dass sie auf fehlende Kompetenz schließen: *'Der macht es nicht – offenbar kann er es nicht. Ich kann ihm solche Aufgaben zukünftig nicht mehr übertragen!'* – Um zu zeigen, wie dieser Kulturunterschied der Faktordiagnose zu kulturellen Vertrauensmissverständnissen führen kann, lässt sich der Zusammenhang folgendermaßen typisiert auf den Punkt bringen: Ein französischer Vorgesetzter gibt eine Anweisung oder bittet um etwas, was sein deutscher Mitarbeiter dann nicht macht, was der Franzose wiederum als Vertrauenswarnung in Bezug auf *'Anweisungen umsetzen'* interpretiert. Denn der Franzose versteht nicht, warum der Deutsche nicht mit der Umsetzung seiner Aufgabe beginnt, wohingegen der Deutsche das Bedürfnis hat, bei der aus seiner Sicht zu unklaren Anweisung erst etwas genauer zu klären, worum es denn eigentlich gehen soll.

Einen Überblick, an welchen weiteren Stellen des Kapitels auf das Erklärungskonzept der «*Herangehensweise*» Bezug genommen wird, gibt Tab. 5.2 in 5.1.1.1. Um den Befund zu verstehen, warum die deutschen Manager die Anweisungen der französischen Hierarchie als unzureichend empfinden können, lässt sich jedoch darüber hinaus ein Zusammenhang mit zwei weiteren Unterschiedsbereichen herstellen, und es lassen sich zudem zwei weitere der Erklärungskonzepte heranziehen, die an anderer Stelle ausführlicher diskutiert werden:
- *Einflussnahme auf Entscheidungsprozesse*: Die deutschen Manager erwarten in stärkerem Maße als ihre französischen Kollegen, in Entscheidungen einbezogen zu werden. Dem entspricht, dass sie bei Anweisungen häufig auch mehr Diskussionsbedarf und ein größeres Klärungsbedürfnis empfinden (vgl. 5.8.3).
- *Gewichtung von Prozessen und Ergebnissen*: Weil die deutschen Manager der Vorgehensplanung größeren Stellenwert einräumen als ihre französischen Kollegen, erwarten sie eine ausführlichere Klärung von Anweisungen (vgl. 5.4.1).
- «*Direktheit des Kommunikationsstils*»: Die deutschen Manager haben auch deshalb häufig noch Klärungsbedarf, weil aus ihrer Sicht die französischen Vorgesetzten die Dinge nur vage ausdrücken, anstatt sie auf den Punkt zu bringen (vgl. 5.1.2).
- «*Unsicherheitsvermeidung*»: Es gibt in der deutschen Geschäftskultur im Vergleich zur französischen eine größere Tendenz, sich darum zu bemühen, unerwartete oder unsichere Situationen zu vermeiden. Mögliche Fragen bezüglich der Arbeitsanweisungen sind daher aus Sicht der deutschen Manager besser gleich zu klären. So kann man eher vermeiden, dass in der späteren Ausführung der Anweisungen Unklarheit darüber entsteht, was genau gemeint war (vgl. 5.1.1).

5.3.1.2 Zitate

Französische Führungskräfte stoßen durch ihre Art, Anweisungen zu formulieren, in der Zusammenarbeit mit deutschen Mitarbeitern auf Probleme. Aus deutscher Sicht sind die Anweisungen noch nicht hinreichend klar, weshalb die Deutschen entweder abwarten oder auf eine weitere Klärung drängen. Ein französischer Manager berichtet von dieser Reaktion der Deutschen:

> [J'ai fait] des projets où on demandait certaines choses et les gens disaient : « Avec ça on ne peut pas faire, on ne peut pas travailler. » Et pourquoi ? Parce que ce n'était pas assez précis, pas assez directif pour eux. [FD-25]

Ein anderer französischer Manager beschreibt, wie er in Frankreich Anweisungen gibt und wie die französischen Mitarbeiter damit umgehen. Als Franzose gibt er typischerweise keine

5.3 Umgang mit Anweisungen / Aufforderungen 357

Anweisung, sondern einen Hinweis. Er sagt: 'Ich glaube, man sollte das mehr in diese Richtung angehen, machen Sie doch mal, und dann sprechen wir uns noch mal!' Der französische Mitarbeiter überlegt sich dann, wie das wohl gemeint ist, arbeitet entsprechend daran und kommt nach zwei Wochen und fragt, ob das so passt.

> Très français, je lui donne non pas un ordre, mais je lui donne une indication. ... Je lui dis : « Tiens, voilà mon idée, je pense qu'il faudrait plutôt faire ça, travaillez là-dessus et reparlez m'en. » ... Le Français, il s'y met en se disant : « Bon, qu'est-ce qu'il a voulu me dire, je crois que c'est ça qu'il cherche, donc je vais travailler dessus. » Et puis deux semaines plus tard il [vient] me voir en disant : « Tiens, je crois que c'est ça que tu pensais. Qu'est-ce tu en penses ? » [FD-09]

Ein französischer Manager beschreibt, dass er sich bemüht, in seinen Anweisungen gegenüber deutschen Mitarbeitern besonders explizit zu sein. Denn typischerweise seien es die Deutschen, die sich bei ihm mit Nachfragen nach mehr Details melden, wie er das denn genau meine. Ansonsten seien sie unsicher, wie sie mit der Aufgabe beginnen sollen. Seine französischen Mitarbeiter hingegen würden ohne Nachfragen mit der Aufgabe beginnen, würden zunächst versuchen, möglichst weit selbständig zu arbeiten, und würden dann erst nachfragen, ob das passe bzw. wie es weitergehen solle.

> Pour ce qui est de la partie allemande, il faut être explicite dans ce que l'on demande. ... Par exemple si je dois formuler une demande pour quelque chose. **Si je formule la même demande aussi bien à des Français qu'à des Allemands, très fréquemment, ça va être un Allemand qui va me demander un peu plus de détails sur ce que je veux, et comment je le veux.** Sinon, il ne va pas savoir comment démarrer l'activité. Le Français, lui, démarrera le travail, et après viendront des questions : « Mais en fait là j'ai un choix à faire. Toi qui me demandes quelque chose, quelle direction dois-je prendre ? » Mais culturellement, **le Français essaiera d'en faire le maximum avant d'aller poser une question complémentaire. Alors que l'Allemand, lui, cherchera à avoir bien compris le détail de ce qui lui est demandé avant de commencer.** ... Pour obtenir un travail donné, il faudra dans la relation avec les Allemands, qui par nature ont un mode de fonctionnement très rigoureux, il faudra donner suffisamment d'explications, de détails sur ce que l'on veut exactement. [FD-19]

Der französische Manager erzählt eine Anekdote, wie er an verschiedene Mitarbeiter – darunter auch deutsche Kollegen – eine Powerpoint-Tabelle schicken wollte, welche die Mitarbeiter ausfüllen sollten. Er gab in der Tabelle eine grobe Struktur vor, worin die Mitarbeiter „les idées principales de la situation", also sozusagen die Kerndaten des aktuellen Stands ihrer Projektarbeit, ergänzen sollten. Diese Tabelle bekam ein französischer Kollege zu sehen, der viel mit Deutschen zu tun hatte. Der kam sofort zu ihm und warnte ihn eindringlich: Wenn er wirklich wolle, dass die Deutschen das ausfüllen, müsse er unbedingt klarer dazu schreiben, was er damit meine und wie man es ausfüllen solle. Sonst bekäme er zwar sicherlich von den Franzosen etwas zurück – aber sicher nicht von den Deutschen.

> Je vais illustrer par un exemple : Étant donné mon activité, je dois avoir en permanence une synthèse de la situation de chaque industriel qui travaille pour nous, chaque équipementier qui travaille pour nous. Pour faire cette synthèse je fais appel à chacune des personnes qui est en contact direct avec chacun un industriel. Il y a un certain nombre de collaborateurs et chacun gère certains industriels. Donc je ne peux pas faire cette synthèse tout seul, j'ai besoin de consulter tous les collaborateurs qui travaillent pour moi. **J'ai commencé par faire un tableau un petit peu simple de ce que je veux. Dans mon esprit, c'était chacun va mettre dans ce tableau, planche PowerPoint, chacun va mettre dedans les idées principales de la situation qu'il y a avec l'industriel. – Donc ce sujet-là était destiné aussi bien pour des Allemands que pour des Français. Et un collègue beaucoup plus expérimenté que moi dans la relation et dans le mode de fonctionnement des Allemands m'a dit : « Attention ! Si tu veux qu'on te réponde, si tu veux surtout que les collègues allemands te répondent, sois plus précis, donne leur un exemple de ce que tu attends exactement ! Sinon, en France, les gens vont voir un peu les choses, vont te répondre, peut-être différemment les uns les autres, mais vont te répondre. Mais les Allemands seront gênés parce qu'ils n'auront pas compris avant de commencer ce que tu attends exactement d'eux. »** – Si je résume un peu, moi ce que j'ai perçu dans ce mode de fonctionnement c'est que l'Allemand ne va pas commencer l'activité s'il n'a pas bien compris le détail de l'exigence. Le Français va commencer et s'il y a un problème il viendra me poser une question derrière. [FD-19]

Auf französischer Seite kann es Verärgerung auslösen, wenn ein deutscher Mitarbeiter eine französische 'Hinweis-Anweisung' nicht als Anweisung auffasst und einfach abwartet bzw.

dass er, anstatt die Aufgabe anzugehen, nach Präzisierungen verlangt. Ein französischer Manager hat sogar den Eindruck, dass sein deutscher Mitarbeiter es ganz gezielt ausnutzt, dass die Anweisungen von französischer Seite nicht ganz so präzise sind, wie sie es vielleicht sein könnten – um sich in Ruhe um irgendwelche Details kümmern zu können und sich gleichzeitig davor zu drücken, an den eigentlichen Projektzielen zu arbeiten.

> Alors, cette personne-là, je pense qu'il abuse de cela. Il abuse peut-être de notre petite faiblesse qu'on a à ne pas être très très précis – pas assez précis qu'il ne le rêverait – sur la définition de nos objectifs, pour finalement se noyer dans des détails infinis et ne pas avancer sur ce qui est le fait majeur du projet. [FD-06]

5.3.1.3 Vertrauensmissverständnisse

- **Monatelang nichts getan und nur aufs Konzept gewartet**
  < je posais la question depuis des mois et des mois, mais la réponse ne revenais pas >

Ein französischer Manager berichtet über einen Mitarbeiter in Deutschland, der ihm zuarbeitet: 'Das war jemand, bei dem habe ich irgendwann gemerkt, dass ich ihm nicht vertrauen kann, Aufgaben voranzubringen.' (Je me suis aperçu qu'il y avait une personne, en laquelle je ne pouvais pas avoir confiance pour faire avancer des dossiers) [FD 06]. Er gibt ein Beispiel: Die deutsche Niederlassung sah sich mit einer steuerrechtlichen Änderung konfrontiert, woraufhin der französische Manager den deutschen Mitarbeiter aufforderte, 'entsprechende Maßnahmen zu ergreifen'. Seiner Ansicht nach hätte der Mitarbeiter das schnell erledigen können. Er hätte sich ein bisschen informieren können, ein bisschen rechts und links mit einem Anwalt, Notar oder Berater sprechen können, das Problem analysieren und mit solchen Partnern zusammen eine Lösung entwickeln können. Doch obwohl es eigentlich hätte schnell gehen können, passierte, nachdem er ihm diese Anweisung gegeben hatte, *monatelang* nichts. Obwohl er wiederholt nachfragte, passierte Monat für Monat einfach nichts.

> Pourquoi est-ce que je le vois ? Il y avait un dossier qui pour moi – même s'il etait complexe – pouvait avancer rapidement. Parce qu'on pouvait échanger des avis – à droite, à gauche, chez un avocat, chez un notaire, chez un consultant etc. On pouvait analyser rapidement le problème et construire, avec ces gens, des solutions. Mais je me suis aperçu que, alors que je posais la question depuis des mois et des mois, la réponse ne revenais pas. ... Je me suis aperçu que, alors que je posais la question depuis des mois et des mois, la réponse ne revenais pas. ... Je pense que cette personne, au plan technique, n'arrive pas à [voir l'essentiel de ce qu'on leur demande]. [FD-06]

Mit der Erzählung illustriert der interviewte französische Manager einen Fall, in dem er zu einem deutschen Kollegen sein Vertrauen verloren hat. Nicht nur, dass der Deutsche nicht machte, was er ihm sagte (Vertrauenswarnung in Bezug auf *'Anweisungen umsetzen'*), darüber hinaus sind dem französischen Manager Zweifel an der Fachkompetenz des Deutschen gekommen (Vertrauenswarnung in Bezug auf *'Kompetent sein / sich auskennen'*). Sein Schluss: Dieser Mitarbeiter ist leider von seinen technischen Fähigkeiten her nicht in der Lage, bei einer Anweisung zu kapieren, worum es geht.

Insgesamt lässt sich die Episode vor dem Hintergrund der Ausführungen dieses Abschnitts zum Unterschiedsbereich *Detaillierungsgrad von Anweisungen* als kulturelles Vertrauensmissverständnis begreifen. Der Franzose interpretiert das Verhalten des Deutschen als Nicht-Umsetzen einer Anweisung, während der Deutsche noch gar nicht davon ausgeht, dass er bereits eine Anweisung erhalten hatte.

Äußerst aufschlussreich ist nun zusätzlich eine kleine Anmerkung des Franzosen, welche er an seine Erzählung anschließt: Es sei schon lustig, bemerkt der interviewte Franzose, wie der deutsche Kollege sich ausdrücke. Er würde immer behaupten, ihm sei das 'Konzept' noch nicht klar. Mit dem könne man niemals irgendwo weiterkommen, ohne dass man ein 'Konzept' beschlossen bzw. 'abgesegnet' habe. Der würde es tatsächlich fertig bringen, monate-

5.3 Umgang mit Anweisungen / Aufforderungen

lang nichts zu tun und zu warten, dass man ihm das Konzept schicke. Das veranlasst den französischen Manager zu dem Kommentar, er sei sich nicht sicher, ob das deutsche Wort „Konzept" und das französische Wort „concept" überhaupt das gleiche bedeuteten.

> C'est amusant, la façon dont elle l'exprime : elle a toujours besoin de CONCEPT. ... Et donc, on ne peut jamais avancer sur un chantier avec cette personne, sans qu'il ait bien validé le CONCEPT. Et, donc il est capable de rien faire du tout pendant des mois et des mois en attendant qu'on lui ait envoyé le concept. ... Bon, je ne sais pas exactement si ce que veut dire CONCEPT en allemand est ce que cela veut dire en français. J'ai l'impression que ça ne veut pas dire la même chose. [FD-06]

Tatsächlich spielt den Beteiligten die sprachliche Bedeutung von „Konzept" und „concept" hier einen zusätzlichen Streich. Denn im Deutschen bezieht sich 'Konzept' auf etwas, das zumindest bereits in ersten Ansätzen durchdacht bzw. vorbereitet ist – ein Plan, ein Vorschlag, ein Ansatz etc. Das französische 'concept' hingegen ist noch sehr nah am Status einer Idee, einer „représentation générale et abstraite", das heißt einer allgemeinen und abstrakten Vorstellung (Barmeyer 1996: 36). Hier gibt es tendenziell noch keine erste Fassung, noch kein Paper, noch keinen ersten Entwurf. Dem deutschen 'Konzept' entspricht im Französischen eher 'avant-projet', 'projet' oder 'plan d'action' (Breuer & de Bartha 2002). Auch wenn sich die beiden gemeinsam auf Englisch über „the concept" verständigen, kann es allein aus sprachlichen Gründen sein, dass der Deutsche sich ein 'Konzept' wünscht und noch einige grundsätzliche Punkte klären möchte, wohingegen der Franzose an 'le concept' denkt und der Ansicht ist, dass dieses doch hinreichend klar umrissen sei.

5.3.1.4 Interkulturelle Vertrauensmaßnahmen

Einer der interviewten französischen Manager nimmt in seiner Antwort auf die Frage zum Vertrauensmanagement auf den Kulturunterschied des Detaillierungsgrads von Anweisungen Bezug. Um mit deutschen Kollegen Vertrauen aufzubauen, müsse man sich bemühen, Anweisungen möglichst präzise und detailliert zu geben.

> Pour ce qui est de la partie allemande, **il faut être explicite dans ce que l'on demande.** ... Par exemple si je dois formuler une demande pour quelque chose. Si je formule la même demande aussi bien à des Français qu'à des Allemands, très fréquemment, ça va être un Allemand qui va me demander un peu plus de détails sur ce que je veux, et comment je le veux. Sinon, il ne va pas savoir comment démarrer l'activité. Le Français, lui, démarrera le travail, et après viendront des questions : « Mais en fait là j'ai un choix à faire. Toi qui me demandes quelque chose, quelle direction dois-je prendre ? » Mais culturellement, le Français essaiera d'en faire le maximum avant d'aller poser une question complémentaire. Alors que l'Allemand, lui, cherchera à avoir bien compris le détail de ce qui lui est demandé avant de commencer. ... **Pour obtenir un travail donné, il faudra dans la relation avec les Allemands, qui par nature ont un mode de fonctionnement très rigoureux, il faudra donner suffisamment d'explications, de détails sur ce que l'on veut exactement.** [FD-19]

Dies bestätigt ein anderer französischer Manager:

> Je pense que le langage clair est la meilleure des choses : de définir les objectifs clairement. [FD-12]

5.3.1.5 Argumentation: Detaillierungsgrad der Erwartungen bei Anweisungen

Anweisungen werden nicht nur erstens vom Vorgesetzten formuliert, sondern auch zweitens vom Mitarbeiter interpretiert – und dabei natürlich im besten Fall so verstanden, wie sie gemeint sind. Betrachten wir diese zweite Seite im Hinblick auf den Detaillierungsgrad: Wie 'detailliert' sind Anweisungen nach Ansicht deutscher und französischer Manager gemeint? Nach den Aussagen der interviewten Manager sind Anweisungen auf französischer Seite oft weniger 'detailliert gemeint' als sie auf deutscher Seite verstanden werden. Dies bedeutet, dass der Spielraum, den eine weniger detailliert formulierte französische Anweisung (vgl. 5.3.1.1.) offen lässt, nicht notwendigerweise durch eine umfassende und ausführliche Umsetzung zu erfüllen ist. Jedoch vermuten offenbar deutsche Mitarbeiter bisweilen 'hinter' französischen Anweisungen viel detailliertere Erwartungen, als seitens ihrer französischen Vorgesetzten tatsächlich bestehen. Sie 'übererfüllen' die Anweisung, da es ihnen fremd ist, ihr im Sinne des französischen 'Esprit de Synthèse' nachzukommen. Hier zeigt sich der einleitend beschriebene deutsch-französische «*Ausführlichkeitskonflikt*» (vgl. 5.3.1).

Besonders deutlich zeigt sich der Effekt in der 'deutschen' Reaktion auf die französische Anweisung, in irgendeiner Sache einen schriftlichen Bericht zu verfassen. So berichtet ein deutscher Manager, wie seitens der französischen Konzernzentrale von einer neu in den französischen Konzern integrierten deutschen Niederlassung ein umfassender Finanzbericht angefordert wurde. Dieser sollte zur Vorbereitung eines Treffens des Konzernvorstands angefertigt werden, bei welchem es um eine Gesamtanalyse der Finanzen im weltweiten Niederlassungsnetz gehen sollte. Die Deutschen beklagten sich über die umfangreiche Anfrage, recherchierten jedoch detailliert alle angefragten Informationen und erstellten mit verhältnismäßig großem Aufwand den angeforderten Finanzbericht. Der Geschäftsführer Finanzen der deutschen Niederlassung fühlte sich anschließend regelrecht vor den Kopf gestoßen, als der Bericht vom Finanzvorstand des Konzerns nur in sehr groben Zügen ausgewertet und berücksichtigt wurde [DF-03].

Betrifft dieser Kulturunterschied nun einen der Vertrauensfaktoren? Für diese Frage muss man sich vergegenwärtigen, welcher Eindruck hier auf deutscher Seite entsteht. Die interviewten deutschen Manager fühlen sich durch die aus ihrer Sicht unverhältnismäßig umfassenden Forderungen ihrer französischen Vorgesetzten 'gegängelt'. Einer der interviewten Manager findet dies schlicht „ineffizient". Es entsteht so bei den deutschen Managern der Eindruck, dass ihnen das Recht abgesprochen wird, selbst zu entscheiden, was wichtig ist und was nicht. Sie interpretieren das Verhalten der französischen Kollegen daher in Bezug auf den Vertrauensfaktor '*Freiheit lassen / Zuständigkeiten übertragen*'. Von daher ist es plausibel, dass sich auch bei diesem Vertrauensfaktor das typische Kulturunterschiedsschema zeigt (vgl. 4.2.1, Tab. 4.6).

Aus französischer Sicht gibt es allerdings gar kein Problem, denn die Franzosen setzen einen entsprechenden Interpretationsspielraum voraus: Selbstverständlich kann und soll man (in einem gewissen Rahmen) selbst entscheiden, wo eventuell größere Ausführlichkeit geboten ist und wo man sich mit einer klugen – und natürlich weitaus weniger ausführlichen – 'Synthèse' begnügen kann.

5.3.1.6 Zitate

Einige der interviewten deutschen Manager formulieren den Stereotyp, dass die Franzosen lockerer seien und auch eher mal Fünfe gerade sein lassen. Sie zeigen sich erstaunt, wenn sie in der Zusammenarbeit mit Franzosen mit aus ihrer Sicht 'bürokratischem Vorgehen' und teilweise sehr umfassenden Forderungen konfrontiert sind.

> [In französischen Firmen] da ist alles – bis ins Tausendstel – spezifiziert! ... Ich war mal Process Organizer des Project Managements, und da musste ich natürlich auch ... mir die Managementanweisungen [der französischen Kollegen] ansehen. Und da habe ich gesehen: Das ist in Frankreich ungleich bürokratischer als es das bei uns ist! [DF-22]

Dies bestätigt ein anderer deutscher Manager:

> Es ist ein bisschen umständlich und ziemlich bürokratisch. Das spielt bei den Franzosen ohnehin eine viel größere Bedeutung: die Kontrolle, die genaue Kontrolle. Alle Zahlen müssen stimmen. ... Das ist Firmentradition, auch, ja. Dieses überzogene Controlling, überzogene Reporting. Die französische Firma macht das insgesamt so. [DF-11]

Allerdings verweist er hier auf einen zentralen Punkt: „Alle Zahlen müssen stimmen – auch wenn sie mit einer hohen Unschärfe belegt sind – aber sie müssen zusammen stimmen" [DF-11]. Wo man aus deutscher Sicht die 'hohe Unschärfe' kritisch erwähnen muss, hat man aus

5.3 Umgang mit Anweisungen / Aufforderungen

französischer Sicht eine wertvolle 'Synthèse' geleistet. Aus deutscher Sicht – wenn man die Anweisungen mit dem höheren Detaillierungsgrad interpretiert – sollte man eine solche Unschärfe der Zahlen eigentlich vermeiden. Das war der Ansatz der Deutschen in dem oben zitierten Fall, in welchem die Finanztruppe am deutschen Standort dem französischen Finanzvorstand einen viel zu umfassenden Bericht ablieferte.

5.3.1.7 Vertrauensmissverständnisse

- **Völlig überzogene Reporting-Forderungen**
  < Das kostet viel Zeit und viel Energie. Das ist ineffizient, unnötig, unrealistisch! >

Ein deutscher Manager berichtet über einen französischen Vorgesetzten, zu dem er schwer Vertrauen fassen kann:

> Das ist überzogenes Controlling, überzogenes Reporting. Ich muss jetzt jeden Monat einen zentimeterdicken Report abliefern. ... Und das kostet viel Zeit und viel Energie. Das ist unnötig. ... Ich glaube nicht, dass es einen Mehrwert bringt. ... Ich habe mich darüber beschwert – aber [mein französischer Vorgesetzter] versteht das nicht. ... Jetzt machen wir eine operative Planung für fünf Jahre. Das ist absolut aberwitzig. Wir wissen nicht, was in zwei Jahren kommt. Was sollen wir planen, was in 2010 kommt? Aber: Das wird verlangt. ... Ah, die Franzosen, das wollen sie haben. [DF-11]

Der Deutsche interpretiert die Anweisung des französischen Vorgesetzten dahingehend, dass monatlich ein zentimeterdicker Report erstellt werden soll. Er kommt der Aufforderung sozusagen mit deutscher Gründlichkeit nach. Nach den Ausführungen dieses Abschnitt könnte man sich fragen, ob der Report nicht möglicherweise den französischen Erfahrungen 'über-entspricht'. Der Deutsche fragt sich:

> Klar müssen wir [eine Arbeitsbelastungsplanung] machen! Aber muss man es so genau machen? Müssen wir es jeden Monat machen? Wir haben früher einige Sachen auch gemacht – aber halt viertel- oder halbjährlich. [DF-11]

Der interviewte Manager empfindet die französischen Reporting-Forderungen als „überzogen". Seiner Ansicht nach müsse das alles nicht so genau gemacht werden. Er vergleicht die Situation mit seinem früheren deutschen Chef, der ihm da viel mehr Freiraum gelassen hat.

> Das habe ich früher gar nicht gemacht. Da habe ich reingeguckt und abgesehen, dass das ok war. Und dann habe ich zu meinem Chef gesagt: 'Also ich glaube, wir erreichen die Ziele.' Dann hat er gesagt: 'OK. Du weißt: du kennst deine Ziele. Und am Ende des Jahres werden wir dann sehen.' [...] Mein Chef hat früher gesagt: 'Er wird es schon richtig machen. Am Ende des Jahres sehen wir: Da kommen die Finanzzahlen auf den Tisch. Und wenn er es halt zweimal falsch gemacht hat, dann ist er die längste Zeit Vorgesetzter gewesen.' [DF-11]

Der deutsche Manager kontrastiert also die beschriebenen Reporting-Forderungen seines neuen französischen Chefs mit der Art und Weise, wie sein früherer deutscher Chef mit ihm zusammen gearbeitet hat. Der hat ihm mehr Freiheit gelassen. Er interpretiert die überzogene Reporting-Forderung des französischen Vorgesetzen als Vertrauenswarnung in Bezug auf den Faktor *'Zuständigkeiten übertragen / Freiheit lassen'* interpretieren. Vor dem Hintergrund der Ausführungen dieses Abschnitts lässt sich aber rekonstruieren, dass der französische Manager vermutlich gar kein so detailliertes Reporting erwartet hat.

5.3.2 Kommunikation beim selbständigen Arbeiten [KU-06]

5.3.2.1 Argumentation: Selbständiges Arbeiten in der Führungsrelation

Gerade im Zusammenhang mit dem Geben und Ausführen von Anweisungen ist es für die Vertrauensentwicklung wichtig, wie Kontroll- und Korrekturprozesse organisiert sind. Wenn man die Aussagen der deutschen und französischen Manager zu den vier Vertrauensfaktoren *'Selbständig arbeiten', 'Regelmäßig berichten', 'Bei kritischen Problemen informieren', 'Freiheit lassen / Zuständigkeiten übertragen'* mit den thematisch einschlägigen Kommentaren der bi-kulturell erfahrenen Interviewpartner vergleicht, dann fällt eine kulturell unterschiedliche Tendenz ins Auge. Offenbar bemühen sich die interviewten deutschen und französischen Manager, die logischen Gegensätze zwischen diesen Aspekten der Zusammenarbeit in unterschiedlicher Weise auszubalancieren.

In den Kommentaren der interviewten Manager wird deutlich, dass deutsche Führungskräfte offenbar stärker darauf setzen, Mitarbeitern Zuständigkeiten zu übertragen und ihnen Freiheit zu lassen. Sie erwarten dafür einen wirklich *selbständig arbeitenden* Mitarbeiter, der nicht ständig bei ihnen nachfragt, sondern der die Dinge selbst erledigt und nur im Fall kritischer Probleme mit Rückfragen kommt. Demgegenüber scheinen die französischen Führungskräfte in der Übertragung von Zuständigkeiten nicht so weit zu gehen. Sie erwarten auch von 'selbständig' arbeitenden Mitarbeitern, dass diese sie kontinuierlich sowohl über Schwierigkeiten als auch über Fortschritte informieren und auf Stand halten. Auch den französischen Vorgesetzten ist es wichtig, von ihren Mitarbeitern bei kritischen Problemen informiert zu werden. Aber ihnen ist es darüber hinaus wichtig, über nicht-kritische Aspekte – inklusive dem 'normalen' Projektfortschritt – relativ kontinuierlich informiert zu werden. Mitarbeiter sollten auch wenn alles gut läuft „immer mal 'ne Reassurance geben", wie es ein deutscher Manager ausdrückt [DF-03]. Das Bedürfnis französischer Führungskräfte 'auf Stand' zu sein, wurde auch in anderen Studien beschrieben. Auch Castel et al. (2007: 575) gehen auf diesen Punkt ein. Viele der von ihnen interviewten französischen Manager „stressed the need for outstanding leaders to be tuned in on a daily basis to what happens in their organizations."

Diese Beobachtungen lassen es plausibel erscheinen, dass in den quantitativen Ergebnissen der Studie bei den Vertrauensfaktoren *'Regelmäßig berichten'* und *'Freiheit lassen / Zuständigkeiten übertragen'* in jeweils umgekehrter Richtung das typische Kulturunterschiedsschema gefunden wurde (vgl. 4.2.1, Tab. 4.6). Denn dies kann man als Indiz dafür sehen, dass die Franzosen eher *'Regelmäßig berichten'* als die Deutschen, während die Deutschen eher *'Freiheiten lassen / Zuständigkeiten übertragen'* als die Franzosen.

Man kann den deutsch-französischen Unterschied in Bezug auf die *Kommunikation beim selbständigen Arbeiten* in einem Zusammenhang mit weiteren in der Studie gefunden Kulturunterschieden sehen. Zum einen besteht ein Zusammenhang mit den Unterschieden in Bezug auf *Stellenwert und Verbindlichkeit von Absprachen* (5.1.1) und *Detaillierungsgrad von Anweisungen* bzw. «*Herangehensweise*» an Aufgaben (5.3.1). Im französischen Unternehmenskontext müssen erstens Absprachen tendenziell 'aktualisiert' werden, zweitens werden Anweisungen nicht so detailliert gegeben, sondern im Prozess der Umsetzung ausdifferenziert, und drittens besteht insgesamt eine Tendenz, weniger Zeit in die Planung von Aufgaben zu stecken, sondern stattdessen schneller mit deren Umsetzung zu beginnen. Wenn man sich diese Tendenzen auf französischer Seite erneut vergegenwärtigt, wird deutlich, warum es aus einer französischen Perspektive wichtig erscheint, als Führungskraft kommunikativ mit den Mitarbeitern in Kontakt zu bleiben: Als Führungskraft muss man sicherstellen, dass sich die Ausdifferenzierung der Anweisungen in die gewünschte Richtung entwickelt, und man muss den Prozess der 'En passant-Planung' überwachen und steuern. Dabei ist es natürlich hilfreich, wenn man seitens der Mitarbeiter kontinuierlich auf Stand gehalten wird. Darüber hinaus muss man im Blick behalten, inwiefern gegebenenfalls die

5.3 Umgang mit Anweisungen / Aufforderungen

Notwendigkeit entsteht, Absprachen zu aktualisieren. Auch hierfür ist es vorteilhaft, auf Stand gehalten zu werden.[151]
Zum zweiten lässt sich die Beobachtung der unterschiedlichen *Kommunikation beim selbständigen Arbeiten* auch in einem Zusammenhang mit einem allgemeineren Unterschied der Kommunikation deutscher und französischer Manager sehen. Die Analyse der Interviews im dritten Auswertungsschritt sowie die deutlich häufigere Kodierung des Vertrauensfaktors *'Kontakt pflegen / viel kommunizieren'* in den französischen Teilgruppen weisen darauf hin, dass die französischen Manager in ihren beruflichen Beziehungen stärker bemüht sind, den 'Kommunikationspegel' hoch zu halten.[152]
Können sich aus der unterschiedlichen *Kommunikation beim selbständigen Arbeiten* Vertrauensmissverständnisse ergeben? Die deutschen Manager übertragen Mitarbeitern Zuständigkeiten und erwarten selbständiges autonomes Arbeiten. Auch die französischen Manager erwarten 'selbständiges' Arbeiten, möchten dabei aber gerne 'auf Tuchfühlung' bleiben. Sie stellen vielfältige Rückfragen und erwarten, auf Stand gehalten zu werden. Wenn ein deutscher Mitarbeiter sich bemüht, selbständig zu arbeiten und weitgehend auf weitere kommunikative Abstimmung zu verzichten, dann kann seitens der französischen Hierarchie der Eindruck entstehen, man werde nicht angemessen auf Stand gehalten. Man würde gerne wissen, wie es denn so läuft, aber stattdessen herrscht 'totale Funkstille' – eine Vertrauenswarnung in Bezug auf den Faktor *'Regelmäßig berichten'*. Hier zeigt sich ein Kulturunterschied der Faktordiagnose, der sich auf ein im Kulturvergleich unterschiedliches Konzept von 'regelmäßig berichten' zurückführen lässt. In einer Situation, in der ein französischer Manager das Verhalten seines deutschen Mitarbeiters als Vertrauenswarnung in Bezug auf den Faktor *'Regelmäßig berichten'* interpretiert, hat der deutsche Mitarbeiter möglicherweise gleichwohl den Eindruck, regelmäßig (im Sinne von 'immer wenn nötig') berichtet zu haben. Wenn jedoch umgekehrt eine französische Führungskraft von sich aus einen kontinuierlicheren Informationsprozess forciert und Rückfragen stellt bzw. 'Statusabfragen' vornimmt, dann kann dies dazu führen, dass sich ein deutscher Mitarbeiter bevormundet oder kontrolliert fühlt (Vertrauenswarnung in Bezug auf den Faktor *'Freiheit lassen / Zuständigkeiten übertragen'*). Man beansprucht im deutschen Kontext, (hinreichend detaillierte) Anweisungen selbständig abzuarbeiten, ohne dass dazu ein französisches 'Relancer' nötig wird – also ein erinnerndes Nachhaken (vgl. 5.10.2).
Kontinuierliches Berichterstatten seitens eines französischen Mitarbeiters kann schließlich umgekehrt einer deutschen Führungskraft als mangelnde Fähigkeit, selbständig zu arbeiten erscheinen (Vertrauenswarnung in Bezug auf den Faktor *'Selbständig arbeiten'*).

5.3.2.2 Zitate

Im Folgenden stelle ich Zitate vor, welche erstens illustrieren, inwiefern die deutschen Manager Wert darauf legen, Mitarbeitern Zuständigkeiten zu übertragen und Freiheit zu lassen, zweitens wie sie den Prozess des selbständigen Arbeitens sehen, und drittens wie sich demgegenüber ihre französischen Kollegen die Kommunikation beim selbständigen Arbeiten vorstellen.

---

[151] Vgl. hierzu den höheren Stellenwert des Vertrauensfaktors *'Kontakt pflegen / viel kommunizieren'* (4.2.6) sowie den Unterschiedsbereich *Private Dimension der Beziehung* (5.6.2).
[152] Vgl. 5.6.1.1 *Beziehungsentwicklung* [KU-11] für eine zweite Diskussion des größeren Bemühens der französischen Manager, in der beruflichen Zusammenarbeit den Kommunikationspegel hoch zu halten.

Ein deutscher Manager schätzt an seinem deutschen Chef, zu dem er volles Vertrauen hat, dass dieser ihm Freiraum lässt. Er sei Profi und solle seinen Job machen. Mit wichtigen Fragen könne er kommen – aber nicht mit jeder Kleinigkeit.

> Er hat mir dann auch die Freiheit gelassen. Er hat gesagt: 'Du machst deinen Job. Ich gehe davon aus, dass du das verstehst. Du bist ein Profi. ... **Wenn du ein Problem hast, dann kommst du zu mir. Nicht mit jeder Kleinigkeit. Aber wenn es wichtige Fragen sind, dann** bin ich für dich da.' So war die klare, einfache Botschaft. Und ich hatte dadurch einen gewissen **Freiraum** bekommen. [DD-05]

Umgekehrt erklärt ein deutscher Manager, wie er, um gegenüber seinem Mitarbeiter Vertrauen aufzubauen, bewusst darauf achtet, den Eindruck von Kontrollanrufen zu vermeiden.

> Ich gebe mal ein Beispiel. Wenn mein Mitarbeiter an einem Tag zu Hause arbeitet, dann vermeide ich es einfach, dass ich ihn von mir aus 3 Minuten oder 5 Minuten vor 12 noch kurz anrufe. Vielleicht habe ich genau in dem Augenblick das Bedürfnis, dass ich ihn was fragen möchte. Aber ich schaue nicht auf die Uhr und sage: 'Jetzt möchte ich mal gerne wissen, ob der noch am Schreibtisch sitzt, oder ob er vielleicht schon irgendwo gemütlich beim Mittagessen sitzt'. Dann warte ich eben bis zum Nachmittag und rufe ihn dann an. Also zum Teil versuche ich dann eben auch bewusst, Signale zu vermeiden, die auf eine Kontrolle hinaus laufen könnten. [DD-18]

Dass diese Überlegung nicht vom Tisch zu weisen ist, zeigt der Bericht eines anderen deutschen Managers, der von einer Vorgesetzten berichtet, zu der er das Vertrauen verloren hatte – unter anderem wegen abendlicher Kontrollanrufe.

> Dann gab es eine Phase, da bekam ich abends so zwischen 19.00 Uhr und 20.15 Uhr Anrufe von dieser Chefin. Und ich wusste genau, dass das Anrufe ohne Substanz waren. ... Denn ein paar Mal war ich ja dann noch da und habe abgenommen, und dann gab es eigentlich nichts und Sie wollte mir einen schönen Abend wünschen. Außerdem habe ich ansonsten dann am Morgen früh zurückgerufen und nachgefragt, und dann hatte sie vergessen, was gewesen war. Also waren das Kontrollanrufe. [DD-06]

Betrachten wir die Darstellung eines deutschen Managers, was er von einem selbständig arbeitenden Mitarbeiter erwartet: er will von ihm „eigentlich gar nichts hören". Der soll seine Aufgabe erledigen und dann rückmelden, dass sie erledigt ist – „und gut ist's".

> Das geht in den Bereich Mitarbeiterführung rein. Da heißt es wirklich: 'Das sind die klaren Aufgaben. Rückmeldungen, wenn es erledigt ist!'. ... Ich will gar nicht großartig kontrollieren. Ich bin nicht der große Kontrollfreak. ... Ich habe es eben auch anders kennengelernt: dass man Leuten sagt, was sie zu tun haben, dass man seine Sachen dann auch erledigt und das Ergebnis noch abliefert. Aber wie man zu diesem Ergebnis gekommen ist, das ist dann mal zweitrangig. ... **Im Prinzip geht es darum, die Aufgabe mehr oder weniger zu erledigen, rückzumelden, dass es passiert ist – und gut ist's.** Ich renne nicht die ganze Zeit jetzt hinter meinen Leuten her und sage: 'Jetzt heute morgen habe ich euch das gesagt, heute Mittag ist es noch nicht erledigt, also was ist denn da los?!'. Eigentlich will ich gar nichts hören. Ich will nur die Rückmeldung: 'Okay, haben wir erledigt, ist durch. Kannst du aus deinem Kopf rausnehmen.' Und auf solche Sachen verlasse ich mich auch. [DD-13]

Einen Kontrast dazu bilden die Darstellungen der französischen Manager zum selben Thema. Für diese funktioniert der Prozess des Delegierens und selbständig Arbeitens etwas anders, insbesondere in Bezug auf die Kommunikation.

Ein französischer Niederlassungsleiter berichtet von seinen Erwartungen an die Mitarbeiter der Filiale. Er möchte, dass sie kommen und ihm Bericht erstatten, wie es vorangeht – egal ob es gut läuft oder schlecht.

> Moi, **j'aime que mes collaborateurs viennent me rendre compte.** Pas tout le temps, pas toute la journée. Mais **qu'ils viennent me dire ce qu'ils ont fait. Que ce soit bien ou pas bien.** Moi, j'aime les entendre me parler, pour venir me dire : « Aujourd'hui, j'ai fait ci, j'ai fait ça. Je suis content. » « Aujourd'hui, je ne suis pas content. Ça, ça n'a pas marché, je ne sais pas pourquoi. On va en parler ensemble. » [FF-15]

Umgekehrt berichtet ein französischer Manager, dass er sich genau so verhält, um Vertrauen aufzubauen: Anstatt auf Nachfragen zu warten, ruft er den anderen an und berichtet von sich aus, was er getan hat und wie es vorangeht.

5.3 Umgang mit Anweisungen / Aufforderungen 365

> Plutôt d'attendre qu'il m'appelle, d'attendre son appel, pour qu'il me dise : « Et bien. Alors, tu es à l'heure, qu'est-ce que tu as fait ? » Je l'appelle en disant : « Voilà. J'ai fait ça. J'ai fait ça. Ça, ça a avancé, ce sera fait à cette date-là. » Vous voyez ? [DF-11]

Wenn (in der Zusammenarbeit mit deutschen Kollegen) die Kommunikation längere Zeit abbricht bzw. nicht stattfindet, dann ist das aus Sicht des im Folgenden zitierten französischen Top-Managers „schon ein bisschen verwirrend" und führt für ihn zu „Situationen des Nicht-Vertrauens".

> Alors, **des situations de non-confiance, moi, je les ai ressenties très souvent par de longues périodes d'absence ou de longues périodes de non-communication**. [De telles périodes] peuvent quelquefois très bien s'expliquer, mais elles sont en tous les cas pour un Français **quelque peu déroutantes**. [FD-08]

5.3.2.3 Vertrauensmissverständnisse

- **Komplette Funkstille**
  < Silence radio complet/des longues périodes de non-communication >

Ein französischer Top-Manager beschreibt, warum er zu einem seiner Kollegen in Deutschland kein Vertrauen hat. Der würde mit seinen Arbeitsanweisungen immer verschwinden und sich einfach nicht mehr rühren. Bis hin zum vereinbarten Termin hört er einfach gar nichts mehr von ihm. Diese „komplette Funkstille" empfindet der Franzose als „schockierend".

> J'ai un collaborateur allemand. **Je lui donne quelque chose à faire. Il prend l'action, et puis je peux ne plus avoir de signal radio pendant des semaines**. Je me demande « Qu'est ce qu'il fait ? Où il en est ? » etc. Parce qu'il a été convenu de se revoir – je ne sais pas moi : dans un mois – pour une prochaine réunion. **Ou parce qu'il m'a dit qu'il me délivrait le résultat dans deux mois. ET ENTRE TEMPS PAS D'INFORMATION. RIEN. Silence radio complet.** Ça c'est quelque chose – en tous cas pour moi – ou pour un Français, je ne sais pas – qui est **choquant**. Et ça, ce n'est pas rare. ... Voilà ce qui s'est passé : Je devais faire une présentation en management comitee un mois d'après – sur un sujet. La personne a prévu de me donner, pour deux jours avant, le sujet. TROIS JOURS AVANT, je ne savais toujours pas... je ne savais RIEN. ... Donc ça c'est de silence qui peut exister quelques fois : **La mission a été confiée. A partir du moment où la mission a été confiée, le gars part avec la mission et puis [sifflement] : no news.** [FD-08]

Vor dem Hintergrund der obigen Argumentation und Zitate lässt sich die Darstellung als ein kulturelles Vertrauensmissverständnis interpretieren. Während der deutsche Manager sich bemüht, ein perfekt selbständiges Problem-Handling an den Tag zu legen (vgl. Vertrauensfaktor *'Selbständig arbeiten'*), ist der Franzose enttäuscht, dass er nicht wie erwartet regelmäßig über Zwischenstände informiert und auf Stand gehalten wird und interpretiert das Verhalten als Vertrauenswarnung in Bezug auf *'Regelmäßig berichten'*.

- **Hinweis-Anweisung ohne Rückfragen umgesetzt**
  < Je lui donne une indication, il croit c'est un ordre et fait des bêtises. >

Ein anderer französischer Manager beschreibt folgenden Vorfall mit einem deutschen Mitarbeiter. Er hatte ihm eine „zugegebenermaßen 'französische' Anweisung" gegeben, also eher einen Hinweis, eine bestimmte Sache einmal anzugehen. Seine Erwartung war gewesen, dass der Deutsche sich die Sache ansieht, einmal zwei Wochen lang ein paar Bemühungen in diese Richtung unternimmt und sich dann wieder bei ihm meldet, um zu besprechen, wie es genau weitergehen soll. Stattdessen fasste der deutsche Manager den Hinweis als Anweisung auf und nahm dies als Grundlage, sich selbstständig um die Umsetzung zu kümmern.

> Mon collègue allemand, il s'est dit : « Il a dû me donner un ordre. » ... **Il a essayé de l'interpréter, et il a pris des décisions, vis-à-vis de clients, et de succursales, qui étaient prématurées, et mal organisées.** Parce que il a cru que c'était un ordre. **Sans m'en reparler.** Ce n'était pas méchant. Mais dans sa

logique à lui, qui était différente à la mienne, il a cru que c'était un ordre, donc qu'il fallait qu'il fasse quelque chose. Quoi que ce soit. Même si c'était une bêtise. Sans comprendre. [FD-09: A190ff]

Der Franzose hatte erwartet, dass der Deutsche im Verlauf der Umsetzung dieser Anweisung mit ihm Rücksprache nimmt. Natürlich sollte der Kollege die Sache angehen, aber er sollte eben nicht in diesem Umfang selbständig Entscheidungen treffen etc. Auch hier könnte man die Situation dahingehend interpretieren, dass der Deutsche sich an der eher deutschen Erwartung orientierte, dass man Dinge selbständig erledigen soll, ohne den Vorgesetzten mit unnötigen Rückfragen zu 'belästigen' – während der französische Vorgesetzte erwartet hatte, dass er während der Erledigung der Dinge über kontinuierliche Rücksprache und Kommunikation noch weiteren Einfluss auf die Art und Weise der Erledigung nehmen könne.

5.3.2.4 Argumentation: Selbständiges Arbeiten in der Dienstleisterrelation

Interessant ist nun, dass sich die beschriebenen Auswirkungen der Kulturunterschiede in Bezug auf die Vertrauensfaktoren 'Selbständig arbeiten' und 'Regelmäßig berichten' möglicherweise vor allem auf die Führungsrelation im Unternehmen beziehen. Denn überraschenderweise finden sich in den Beschreibungen der im Dienstleistungsbereich ergänzend interviewten deutschen und französischen Anwälte ganz andere Aussagen. Genauer gesagt findet sich in ihren Darstellungen der Vertrauenseinschätzung und des Vertrauensaufbaus in Bezug auf ihre deutschen bzw. französischen Klienten das genau umgekehrte kulturelle Vertrauensmissverständnis.[153]

Die interviewten deutschen Anwälte in Frankreich berichten, dass sie sich gegenüber französischen Mandanten gemäß dem beschriebenen Schema des selbständigen Arbeitens verhalten. Denn ein französischer Mandant erwarte, „dass Sie seine Sache übernehmen, diese auch zu 100 Prozent managen, und ihn nicht unbedingt mit jedem Kleinsch... behelligen" [DF-09]. Erfahrene französische Anwälte, die deutsche Klienten betreuen, berichten hingegen, dass sie sich bemühen, die Mandanten möglichst häufig und umfassend zu informieren, da dies die Erwartung der deutschen Mandanten sei.

In Bezug auf die Vertrauensentwicklung kann das dazu führen, dass sich ein deutscher Mandat von seinem französischen Anwalt allein gelassen bzw. unzureichend informiert fühlt (Vertrauenswarnung in Bezug auf 'Regelmäßig berichten'), wohingegen sich ein französischer Mandat von seinem deutschen Anwalt durch die ständigen Schreiben, was gerade wieder Unwichtiges im Prozessablauf passiere, tendenziell belästigt fühlt. Das ist für ihn letztlich „cuisine interne", also soviel wie 'Anwaltsinterna' [DF-09] – das sollen bitte schön die Rechtsanwälte unter sich ausmachen. Genau dafür bezahlt er schließlich, da soll sich der Anwalt darum kümmern (Vertrauenswarnung in Bezug auf 'Selbständig arbeiten').

Möglicherweise erklärt sich diese Umkehrung des Kulturunterschieds dadurch, dass in der unternehmensinternen Führungsrelation in Frankreich die Kontrolle des Mitarbeiters durch den Vorgesetzten einen großen Stellenwert hat, wohingegen es in der Beziehung der Mandanten zu ihrem Anwalt nicht um einer hierarchische Beziehung handelt. Hier geht es nicht um Kontrolle sondern lediglich um eine große Informationsasymmetrie: Ein Mandant muss seinem Anwalt gezwungenermaßen grundsätzlich vertrauen, denn er kann dessen Arbeit nicht inhaltlich beurteilen. Daher liegt es eher nahe, hier das Erklärungskonzept des deutsch-französischen «Ausführlichkeitskonflikts» heranzuziehen (vgl. 5.3.1). Deutsche Mandanten möchten tendenziell gerne etwas ausführlicher informiert werden, während die französischen Klienten von ihrem Anwalt einer kluge „synthèse" der Dinge erwarten.

---

[153] Zu untersuchen wäre, ob sich diese Beobachtung von Rechtsanwälten auf die Situation des selbständigen Arbeitens in Dienstleistungsrelationen insgesamt verallgemeinern lässt. Vgl. zur Stichprobenbildung 2.2.3.

5.3 Umgang mit Anweisungen / Aufforderungen

5.3.2.5 Zitate

Ein deutscher Anwalt in Frankreich berichtet: Es kämen viele deutsche Mandanten zu ihm, weil sie unzufrieden mit ihren französischen Anwälten waren. Es stellt sich dann heraus, dass vor allem deren Informationspolitik für ihr Gefühl nicht ausreichend war.

> [Die kommen zu mir und sagen:] 'Ja, wir waren vorher bei dem Kollegen Soundso, bei dem Rechtsanwalt Soundso, und der hat auf unsere Anfragen nie geantwortet.' **Und wenn man dann in den Akten nachliest, warum, weshalb, was ist da passiert, dann liegt es halt daran, dass der französische Kollege es einfach nicht für notwendig gehalten hat, den Mandanten über bestimmte Dinge aus dem Prozess zu informieren – weil es eigentlich nichts zu informieren gab.** Das ist eine Eigenheit des französischen Prozesses eben, dass sehr viele Durchlauftermine stattfinden, wo eigentlich nicht zur Sache selbst verhandelt wird. Und darüber haben die französischen Kollegen eben nicht informiert, weil sie es nicht für so wichtig halten, dass man den Mandant informiert. **Aber das hat mir dann auch gezeigt, Sie müssen eben den Mandanten, damit Sie auch weiter Vertrauen halten und aufbauen, Sie müssen den eben informieren. Ja, und je mehr Sie informieren, desto größer wird das Vertrauen.** [DF-10]

Ein anderer erfahrender deutscher Anwalt in Frankreich beschreibt Unterschiede in der Art und Weise, wie man als Anwalt in Deutschland bzw. in Frankreich seine Mandanten informiert. Deutsche Anwälte informieren ihre Mandanten häufiger und besser, während französische Anwälte ihre Mandanten nur über größere, wesentliche Schritte informieren.

> Und da ist zwischen Deutschland und Frankreich eine recht unterschiedliche Praxis. Die wohl die wohl zum einen verankert ist in der Geschichte des Rechtsanwaltstandes in den beiden Ländern, die aber sicherlich auch verankert ist in der Erwartung der Mandantschaft, sprich ein bisschen in der Mentalität der Deutschen und der Franzosen jeweils. **Deutsche Anwälte kommen dieser regelmäßigen Information sehr viel mehr nach als französische Anwälte.** Das ist die grundsätzliche Tendenz. Man darf das nicht zu sehr auf die Spitze treiben, weil sich doch heute die Dinge sehr verschoben haben, auch teilweise angeglichen haben, denn alles hat sich professionalisiert. Aber die Tendenz bleibt schon noch bestehen. **Die Tendenz ist eigentlich in Frankreich eine größere Distanz zwischen dem Anwalt und dem Mandanten. Und die Tendenz in Frankreich ist es, weniger Informationen zu liefern. Das heißt im Grunde genommen, der französische Anwalt wird mehr in seinem Cabinet die Akte bearbeiten und den Mandanten nicht mit der selben Regelmäßigkeit über sein Tun und Wirken informieren, wie das ein deutscher Anwalt tun wird. Ein deutscher Anwalt – oder normalerweise die meisten deutschen Anwälte – werden ganz regelmäßig von allem, was sie tun, Kopien an die Mandantschaft schicken. Sie werden die Mandantschaft über jeden Termin, über jeden Prozesstermin, über alles, was in einer Akte geschieht, über jeden kleinen und wirklich auch noch so kleinen Schritt ganz regelmäßig informieren. Ein französischer Anwalt wird die Tendenz haben, zumindest über die kleinen Schritte nicht zu informieren, sondern immer nur über die größeren Schritte. Wenn überhaupt.** [DF-09]

Die deutschen Mandanten wollen umfassend über den Verlauf ihres Prozesses informiert werden. Das heißt, falls irgendetwas mit Bezug zu ihrem Prozess passiert, wollen Sie das wissen – „und sei es ein Zweizeiler, ein Halbzeiler" [DF-09]. Demgegenüber betrachten die französischen Mandanten das als „cuisine interne" (Anwaltsinterna), womit sie der Anwalt nicht belästigen soll.

> Wir haben hier [in Frankreich] etliche, kleine prozessuale Schritte vor Gericht, wo es im Grund genommen oft nur um Prozessverwaltung geht. Das führt also nicht unbedingt jetzt zum Austausch von wichtigen Schriftsätzen et cetera, sondern das sind nur rein pragmatische Schritte, um den Prozessverlauf zu sichern. Das Ganze tendiert dann zur Hauptverhandlung und zum Austausch der letzten, der wichtigen Schriftsätze. Das sind also mehrere kleine, prozessuale Schritte, die sehr formal sind und die im Prinzip für einen Mandanten nicht wirklich von Interesse sind. **So etwas würde ich [französischen Klienten] nicht unbedingt mitteilen, weil es einfach de facto in der Substanz nicht interessant ist.**
> **[Deutschen Klienten] würde ich es mitteilen, ganz einfach, weil erwartet wird, dass alles mitgeteilt wird.** Das heißt im Grunde genommen, der Mandant in Deutschland will über alles informiert sein und auch, wenn es unwichtig ist. Er erwartet einfach, **dass wenn irgendetwas für ihn passiert, dass er darüber eine Kopie bekommt. Und sei es ein Zweizeiler, ein Halbzeiler** – einfach nur, weil es ist seine Akte, es ist sein Briefwechsel, es ist sein Prozess, also er will über alles informiert sein.
> **Das würde ich hier in Frankreich wie gesagt [nicht machen], diese ganz kleinen Schritte, die nicht wirklich von Interesse sind. Auf Französisch würde man sagen: das ist nur 'cuisine interne', nur 'interne Küche'. Das würde ich einem französischen Mandanten nicht unbedingt mitteilen und zwar, weil man eben davon ausgehen kann, dass er sich sagen würde: 'Ja, was soll ich denn damit jetzt eigentlich anfangen?'** Also er würde sich damit doch oft nur eher behelligt fühlen in seiner Seelenruhe. [DF-09]

Wenn man es in Deutschland soweit kommen lässt, dass der Mandant nachfragen muss, dann fängt es an, keine sehr gute Geschäftsbeziehung mehr zu sein.

> Wenn Sie es In Deutschland schon so weit kommen lassen, dass der Mandant nachfragen muss, dann fängt es an, keine sehr gute Geschäftsbeziehung mehr zu sein. Also das wird ihnen vorgehalten werden. ... Das ist in Frankreich nicht so. [DF-09]

Demgegenüber fasst es der deutsche Anwalt als Wettbewerbsvorteil in Frankreich auf, dass er mehr berichtet als seine französischen Anwaltskollegen.

> Mit dem gegnerischen Anwalt zum Beispiel. – Im argumentativen Austausch, aber auch vor Gericht, wenn es darum geht, Schriftsätze einzureichen, **da passe ich auf jeden Fall in Frankreich darauf auf, dass diese doch** gewichtigeren **Schritte auf jeden Fall der Mandantschaft mitgeteilt werden, und da versende ich auch Kopie. Was französische Kollegen nicht unbedingt machen.** Sie finden durchaus immer noch in Frankreich Situationen, wo französische Kollegen vielleicht selbst beim letzten Schriftsatz, bevor es dann in die Hauptverhandlung geht, dem Mandanten im Nachhinein mitteilen, ja, also hier, das ist der letzte Schriftsatz, den ich eingereicht habe. Aber im Prinzip ist es zu spät um etwas daran zu verändern. Also es ist dann da schon wichtig, dass man das im Vorhinein mitteilt, damit der Mandant noch seinen Senf dazu geben kann, wenn er mag. [DF-09]

5.3.2.6 Vertrauensmissverständnisse

- **Mandant mit Detailbedürfnis**
  < Le résultat n'est pas meilleur parce qu'il me pose beaucoup de questions. >

Ein französischer Anwalt berichtet von der Beziehung zu einem deutschen Mandanten, dem er nicht vertraut – und der seinem Empfinden nach auch ihm nicht vertraut. Der Deutsche fragt ständig misstrauisch nach, was dem Franzosen als völlig unnütz und überflüssig erscheint.

> Comme **il est méfiant,** comme **moi je me méfie de lui**, et bien, tout ce qu'on fait, on l'acte, c'est-à-dire on le note et on l'explique. Et donc c'est beaucoup de travail à chaque fois, et l'on perd du temps. Et donc ça lui revient plus cher. Voilà. Et donc, je le lui dis : « J'ai passé tout ce temps. – Mais pourquoi ? – Mais parce qu'à chaque fois, vous me demandez des questions. Chaque fois que je vous dis une chose, vous me posez une question. Donc, il faut que je complète ce que je viens de vous dire, et après vous me reposez encore une autre question. Donc, c'est beaucoup de temps. » Alors, je lui dis : **« C'est en partie du temps perdu. Vous pouvez me poser toutes les questions, vous avez le droit. Mais, je considère que souvent les questions sont inutiles. Si vous me faisiez un peu plus confiance, on irait plus vite. »** Voilà. Et au bout du compte, le résultat n'est pas meilleur parce qu'il me pose beaucoup de questions. Alors, évidemment, **il me dit : « Mais moi, il faut quand même que je comprenne bien dans le détail ce que vous faites.** » Et je dis : « c'est votre droit. » **Mais ça prouve qu'il n'a pas confiance. C'est-à-dire c'est quelqu'un qui ne va commencer à se mettre au volant d'une voiture qu'après avoir bien regardé le moteur.** Moi, je veux bien, c'est son droit. Mais du coup, il ne faut pas qu'il s'étonne que lui, il ne soit pas encore parti alors que les autres sont déjà loin. Parce que les autres font confiance. [FD-05]

Vor dem Hintergrund der Zitate seiner deutschen Kollegen lässt sich die Darstellung folgendermaßen interpretieren: Während der deutsche Mandant nichts tut als sein normales Informationsbedürfnis gegenüber einem Anwalt einzufordern, ist der französische Anwalt durch die aus seiner Sicht unnützen und lästigen Fragen verärgert. Er schließt auf ein Kontrollbedürfnis des Mandanten, dass dieser ihm nicht vertraue (Vertrauenswarnung in Bezug auf den Vertrauensfaktor *'Handeln des anderen als Ausdruck von Vertrauen'*, vgl. 3.6.2) und ist entsprechend auch selbst nicht bereit, ihm zu vertrauen.

- **Alleingelassen vom Anwalt**
  < Drei Monate nichts gehört vom Anwalt. Ja was passiert denn da überhaupt?!>

Schon der oben zitierte deutsche Anwalt berichtet, deutsche Mandanten kämen zu ihm, weil sie unzufrieden mit ihren französischen Anwälten sind, die sie nicht ausreichend informieren. Entsprechend lässt sich das folgende Zitat als Skizze eines typischen deutsch-französisches Vertrauensmissverständnis in der Anwalt-Mandanten-Beziehung interpretieren.

5.4 Bewältigung von Aufgaben

Im Endeffekt beklagt sich die deutsche Mandantschaft immer wieder darüber, dass sie sich alleine gelassen fühlt. ... Der deutsche Mandant hat oft das Gefühl, dass sich der französische Anwalt nicht um ihn kümmert. Und das liegt an diesem Informationsstand. Er hört halt nichts von dem Anwalt. **Er hört halt drei Monate nichts von dem Anwalt. Und da sagt er sich: 'Ja, was passiert denn da überhaupt?'** Der französische Anwalt wird sich sagen, er braucht niemanden zu informieren, denn es passiert ja nichts. [DF-09]

5.3.2.7 Interkulturelle Vertrauensmaßnahmen

Die französischen Anwälte, die mit deutschen Mandanten zu tun haben, berichten als Strategie des Vertrauensaufbaus, dass Sie die deutschen Mandaten sehr umfassend informieren – und auch wenn es nichts zu berichten gibt, müsse man einfach berichten: 'Es gibt nichts zu berichten.'

Et la confiance ici, aussi – mais ça c'est amusant –, c'est que **les rapports avocat/client, en Allemagne, sont transparents, c'est-à-dire tout ce qui rentre, tout ce qui sort du cabinet est transmis au client. Et ça c'est important pour le client allemand.** Alors que le client français ne connaît pas ce principe, c'est-à-dire que il'y a la confidentialité des lettres d'avocats. C'est-à-dire que les lettres que je reçois de mes confrères, je n'ai pas le droit de les adresser au client... c'est confidentiel. Donc là, le client allemand est perturbé par rapport à ça. [FD-24]

5.4 Bewältigung von Aufgaben

Im Handlungsfeld <Bewältigung von Aufgaben> ließen sich in der qualitativen Auswertung drei Kulturunterschiede herausarbeiten, welche die Entwicklung von Vertrauen beeinflussen und in Bezug auf unterschiedliche Vertrauensfaktoren zu kulturellen Vertrauensmissverständnissen führen können. Die deutschen und die französischen Manager haben erstens ein unterschiedliches Verständnis der relativen Wichtigkeit von Prozessen und Ergebnissen – also in Bezug auf die Frage, wie wichtig Prozesse im Vergleich zu Ergebnissen sind. Zweitens halten sie, was die Frage anbelangt, in wie weit man sich in angrenzende Aufgabenbereiche einbringt, unterschiedliche Spielräume für angemessen. Schließlich pflegen sie drittens bei der Bewältigung von Aufgaben ein unterschiedliches Zeitmanagement bzw. eine unterschiedliche Art und Weise, ihr Vorgehen zu organisieren. Einen Überblick gibt Tab. 5.9.

Tab. 5.9: Vertrauensrelevante Unterschiedsbereiche im vierten Handlungsfeld

Unterschiedsbereich	Nummer	Abschnitt
Gewichtung von Prozessen und Ergebnissen	KU-07	5.4.1
Horizont für kreative Mitarbeit	KU-08	5.4.2
Organisation des Vorgehens / Zeitmanagement	KU-09	5.4.3

Diese drei vertrauensrelevanten Unterschiedsbereiche werde ich im Folgenden näher erläutern und durch Zitate belegen und veranschaulichen.

5.4.1 Gewichtung von Prozessen und Ergebnissen [KU-07]

Die Bewältigung von Aufgaben soll zu Ergebnissen führen. Dazu sind Planungs- und Steuerungsprozesse nötig. In der Auswertung der Interviews zeigte sich, dass die interviewten deutschen und französischen Manager diesen beiden Aspekten einen unterschiedlichen Stellenwert geben. Während die deutschen Manager im Vergleich zu ihren französischen Kollegen einen größeren Wert auf Planung und Vorgehensmethodik legen, räumen diese tendenziell einem raschen Start der Aufgabenrealisierung zum baldigen Erreichen erster Zwischenergebnisse sowie einer anschließenden Sicherung der unternehmenspolitischen Akzeptanz einen größeren Stellenwert ein. Ersteres kann man als 'Prozessorientierung' bezeichnen, letzteres als 'Ergebnisorientierung'. Dieser Kulturunterschied kann zu einem Vertrauens-

missverständnis in Bezug auf den Faktor *'Ergebnisse liefern'* führen. Er wird in 5.4.1.1 diskutiert.
Ein Teilaspekt des Unterschieds zwischen Prozess- und Ergebnisorientierung betrifft die Frage, was eigentlich alles zu einem 'Ergebnis' dazu gehört. Die interviewten französischen Manager merken hierzu an, dass die Sicherung der unternehmenspolitischen Akzeptanz und die tatsächliche unternehmensinterne Umsetzung für sie tendenziell zur Erledigung einer Aufgabe dazu gehören. In diesem Zusammenhang wird auch deutlich, dass die französischen Manager ein taktisch-strategisches Vorgehen stärker wertschätzen als die deutschen Manager. Dieser Kulturunterschied wird in 5.4.1.4 diskutiert. Diese unterschiedlichen Einschätzungen können dazu führen, dass das gleiche Verhalten von deutschen und französischen Managern im Hinblick auf unterschiedliche Vertrauensfaktoren interpretiert und entsprechend bewertet wird.

5.4.1.1 Argumentation: Planung, Prozesse und Ergebnisse

Grundsätzlich hat die Bewältigung beruflicher Aufgaben einen Planungsanteil und einen Umsetzungsanteil. Aber auch wenn zu Beginn eines Projekts sicherlich mehr zu planen ist als gegen Ende, sind diese beiden Anteile nicht sukzessiv, sondern vielmehr als ineinander greifend zu verstehen: Während man eine Aufgabe erledigt, muss man seine Herangehensweise und Planung anpassen, denn aus den Erfahrungen der Praxis ergeben sich oft spezielle neue Herausforderungen. Die relative Wichtigkeit dieser beiden Aspekte der Aufgabenbewältigung kann man jedoch unterschiedlich sehen. Man kann mehr Wert auf die gute Planung von Vorgehensweisen und Prozessen legen und diese Planung kontinuierlich anpassen, oder man kann sich darum bemühen, möglichst viel Zeit für die eigentliche Umsetzung der Aufgabe zu verwenden und so viel Planung wie nötig 'en passant' zu erledigen.
In den Kommentaren der deutschen und französischen Manager drückt sich hier eine unterschiedliche Priorisierung aus. Die deutsche Sichtweise lässt sich dabei wie folgt rekonstruieren: Wenn man zunächst eine gute Planung macht und sein Vorgehen gut durchdenkt, vermeidet man es, unnütz Zeit in Sackgassen zu verlieren, und sichert eine möglichst reibungslose Umsetzung der Aufgabe. Anders argumentieren die französischen Manager: Wenn man möglichst schnell mit der Umsetzung einer Aufgabe beginnt, stößt man auf die tatsächlichen Probleme und kann diese gezielt lösen – anstatt sich mit antizipierten Problemen herumzuschlagen, die später sowieso in anderer Form oder auch gar nicht auftreten.
Für die interviewten deutschen Manager hat also tendenziell der Prozess bzw. der Weg zum Ziel einen größeren Stellenwert als für die französischen Manager. Diese berichten eher davon, dass sie weniger Zeit für die Entwicklung von Prozessen oder die Planung von Vorgehensweisen aufwenden und stattdessen schnell die Umsetzung in die Wege leiten. Sie zeigen sich auch eher bereit, die jeweils aktuellen Planungen bzw. die beschlossenen Vorgehensweisen zu verändern, anzupassen oder zu umgehen, sofern es sich im Verlauf eines Prozesses ergibt, dass eine solche Änderung für die Zielerreichung dienlich erscheint (vgl. auch Pateau 1998: 91f.).

Hier zeigt sich der in 5.3.1 beschriebene allgemeine deutsch-französische Unterschied in der «Herangehensweise» an Arbeitsaufgaben: auf deutscher Seite wird dem Planungsprozess mehr Raum eingeräumt, während man auf französischer Seite dazu tendiert, schneller mit der Realisierung der Aufgabe zu beginnen.[154]

Welche Konsequenzen hat die unterschiedliche *Gewichtung von Prozessen und Ergebnissen* für die Vertrauensentwicklung? Zunächst möchte ich zwei Aspekte in Erinnerung rufen:

---

[154] Zum Erklärungskonzept «Herangehensweise» vgl. 5.1.1, 5.3.1, 5.4.1 und 5.7.2.

5.4 Bewältigung von Aufgaben

- Bereits in der Diskussion des Handlungsfelds <Umgang mit Absprachen und Regeln> wurde beschrieben, wie auf deutscher Seite der Eindruck entstehen kann, man könne mit dem französischen Geschäftspartner keine Absprachen treffen – wohingegen dieser schlicht keinen Bedarf sieht, etwas abzusprechen. Denn aus seiner Sicht sind die Dinge klar genug, um direkt mit der Umsetzung zu beginnen (Vertrauensfaktor 'Absprachen treffen'; vgl. 5.1).
- In der Diskussion des Handlungsfelds <Umgang mit Anweisungen / Aufforderungen> zeigte sich dann wie ein Vertrauensmissverständnis entstehen kann, weil auf französischer Seite der Eindruck entsteht, dass Anweisungen nicht ausgeführt werden – wohingegen es aus deutscher Sicht noch gar keine wirkliche 'Anweisung' gibt. Stattdessen besteht weiterhin Klärungsbedarf, und die Arbeit kann noch nicht vernünftig begonnen werden (Vertrauensfaktor 'Anweisungen umsetzen'; vgl. 5.3).

An dieser Stelle geht es nun darum, dass vor dem gleichen Hintergrund auf der französischen Seite der Eindruck entstehen kann, dass der andere keine Ergebnisse liefert: Wenn man weniger ausführlich plant und schneller mit der Umsetzung von Aufgaben beginnt und wenn man sich währenddessen nicht um eine Ausdifferenzierung und Klärung der eingesetzten Prozesse bemüht, sondern eher danach strebt, *irgendwie* Ergebnisse zu erzielen – dann erreicht man auch schneller Ergebnisse bzw. genauer gesagt erste Ergebnisse oder 'Zwischenergebnisse'. Diese Zwischenergebnisse müssen zwar möglicherweise noch bearbeitet werden, um als Endergebnis 'durchzugehen', aber sie werden eben schon als 'Ergebnisse' gesehen. Aus dieser französischen Perspektive ist es oft unverständlich, warum es auf deutscher Seite so lange dauert und warum noch keine (Zwischen-)Ergebnisse vorliegen (Vertrauenswarnung in Bezug auf den Faktor *'Ergebnisse liefern'*, vgl. die quantitativen Ergebnisse zu diesem Vertrauensfaktor: FD>DF*, FF>DD).

Zudem könnte hier auch die unterschiedliche Vorstellung von einem akzeptablen (Zwischen-)Ergebnis hineinspielen.[155] Zwischenstände, die aus deutscher Sicht noch zu unvollständig erscheinen, um 'Ergebnis' genannt zu werden, lassen sich mit ein bisschen mehr 'Esprit de Synthèse' vielleicht doch als solches präsentieren.

Interessant ist es schließlich auch, einen Zusammenhang zwischen der stärkeren Prozessorientierung auf deutscher Seite und dem Vertrauensfaktor *'Organisiert und klar vorgehen'* herzustellen. Es gibt in den quantitativen Ergebnissen Indizien dafür, dass das entsprechende Verhalten von den deutschen Managern gezeigt wird und dass auch einige französische Manager es als interkulturelle Vertrauensmaßnahme berichten, organisiert und klar vorzugehen.

5.4.1.2 Zitate

Ein französischer Manager beschreibt, worauf es für die Entwicklung von Vertrauen ankommt: dass der andere „zufriedenstellende Ergebnisse liefert in Bezug auf das, was er verlangt" (qu'on a une réponse satisfaisante par rapport à ce qu'on demande, FD-02). Es kommt also weniger auf eine spezielle Fachkompetenz an als vielmehr auf die tatsächliche Performance, auf die Ergebnisse, die tatsächlich geliefert werden.[156] Ein französischer Manager erklärt, dass auch bei vorhandener Kompetenz schlechte Ergebnisse geliefert werden können:

---

[155] Vgl. die Erläuterungen zum Erklärungskonzept «Ausführlichkeitskonflikt» in 5.3.1, 5.3.2 und 5.4.1, insbesondere die Diskussion zum Kontrast zwischen der sprichwörtlichen deutschen 'Liebe zum Detail' und dem ebenso sprichwörtlichen französischen 'Esprit de Synthèse' (5.3.1).

[156] Vgl. hierzu die Erläuterungen zu den Ergebnissen beim Vertrauensfaktor *Kompetent sein / sich auskennen* im vierten Kapitel.

> Ce n'est pas de la capacité, parce qu'il y a des fois où il va travailler très bien. Et puis il y a des fois où il va perdre la tête, et il va être très compliqué dans son analyse, mais tellement compliqué qu'il se noie et les éléments qu'il me donne ne sont plus cohérents, ne sont plus représentatifs. [FF-09]

Der Franzose spricht dem deutschen Geschäftskollegen nicht die nötige Fachkompetenz ab, sondern er wirft ihm vor, dass er sich in Details verliert und keine brauchbaren Ergebnisse liefert. Dabei sei an den *«Ausführlichkeitskonflikt»* erinnert und an das bereits vorgestellte Vertrauensmissverständnis 'Monatelang nichts getan und nur aufs Konzept gewartet' (vgl. 5.3.1.3). Dort ging es darum, dass der deutsche Mitarbeiter eines französischen Managers einfach nicht machte, was dieser ihm auftrug. Er lieferte kein Ergebnis. Gemäß des in diesem Abschnitt beschriebenen Kulturunterschieds ließe sich die Episode auch dahingehend interpretieren, dass der deutsche Mitarbeiter sich aufgrund seiner stärkeren Prozessorientierung noch mit der Frage beschäftigte, wie die Aufgabe anzugehen sei, wohingegen der französische Vorgesetzte bereits auf (Zwischen-)Ergebnisse wartete. Das deutsche Bedürfnis, zu aller erst zu klären, worum es genau geht und wie die Sache anzugehen ist, erscheint ihm als „über-analytisch", als ein „In-Details-Versinken", das dazu führt, dass man „das Wesentliche aus den Augen verliert". Das Ganze dauert dem französischen Vorgesetzten zu lange. Er erwartet, dass der Deutsche mehr im Hinblick auf das Ganze mitdenkt und die Sache eigenständig angeht.

> C'est **ce côté sur-analytique, ce côté à vouloir tout décortiquer – et à en perdre la vision de l'essentiel. [...] C'est des gens qui se noient dans des détails, qui veulent se rassurer avec des règles, des trucs et des machins, et qui perdent de vu l'essentiel de ce qu'on leur demande.** ... Je suis sur qu'il y a de très bons comptables en Allemagne qui savent qu'avant de rentrer dans le petit détail, il faut faire trois pas en arrière pour regarder grosso modo : Pourquoi est-ce qu'on me demande ça ? Quelle est l'objectif futile ? Qu'est-ce que ça peut traduire ? [FD-06]

Einmal mehr zeigt sich hier, wie deutsche und französische Manager in unterschiedlicher Weise an Projekte und Aufgaben herangehen. Ein weiterer deutscher Manager beschreibt, wie die Franzosen einfach „schneller" an Projekte herangehen:

> Und dann ist es bei den Franzosen vor allem Schnelligkeit irgendwo. Die Umsetzung von bestimmten Projekten habe ich den Eindruck ist in Frankreich viel, viel schneller, weil man auch bereiter ist, sich von irgendwelchen strengen Planungen zu lösen und in so ein Projekt rein zu gehen. [DF-26]

Dies wird möglich, weil sie die Ausdifferenzierung der Herangehensweise 'en passant' klären, also während sie die Aufgabe bereits in Angriff nehmen. Daher genügt als Ausgangspunkt auch eine etwas weniger präzise Anweisung bzw. Zieldefinition (vgl. 5.3.1. Detaillierungsgrad von Anweisungen). Der französische Manager beschreibt, wie aus seiner Sicht eine vage Zieldefinition, die unter Umständen in Form unterschwelliger Hinweise formuliert ist („peut-être fait de non-dit"), genügt, um mit einem Projekt zu starten:

> Nous, Français, on peut se satisfaire d'une définition, d'une formalisation du problème un peu moins précise au départ – mais suffisante, hein, peut-être fait de non-dit, de je ne sais pas quoi aussi peut-être, un peu moins précis – mais assez rapidement dans la discussion et dans l'action – il va faire avancer le sujet et puis finalement évacuer cette zone de flou et être clair sur ses objectifs. [FD-06]

Die Planung und der Prozess der Umsetzung sind aus französischer Sicht sehr viel unwichtiger als das übergeordnete Ziel, worauf es hinauslaufen soll. Man startet im Unklaren, und die Wege zum Ziel finden sich dann in der Umsetzung. Dass man dabei auch manche Sackgassen durchlaufen muss, ist für den im Folgenden zitierten französischen Manager völlig selbstverständlich.

> Il y a une différence franco-allemande dans l'approche technique d'un problème, l'approche ou la gestion opérationnelle d'un projet : **Un Allemand veut peut-être d'abord qu'on commence par des choses très claires, quitte à ce qu'ensuite on lui explique que c'est peut-être plus compliqué que ça. Alors qu'un Français, on peut lui dire :** « Ecoutez. Ce n'est pas clair. Ce n'est pas oui, ce n'est pas non. On va essayer de voir ce qu'on peut faire. » **Avec un Français on peut avoir une approche plus tactique, parfois.** « Bon, on va voir là. Si on se trompe, on va aller

5.4 Bewältigung von Aufgaben

de l'autre côté, et puis, on va faire un test. » Les Allemands veulent des choses qui soient complètement réfléchies en avant et en aval – soit dans les contentieux, soit dans des négociations, soit dans les montages, c'est-à-dire quand on fait des projets un peu lourds, quand il y a des sociétés à créer – des montages un peu complexes. Les Allemands veulent des choses qui soient complètement réfléchies en avant et en aval. C'est plus une approche stratégique. Un Français, on peut lui dire : « Bon, on va faire globalement comme ça. Mais si, il y a des incertitudes, là. Mais on va quand même déjà démarrer. On va quand même déjà démarrer. » Les Allemands préparent plus longtemps à l'avance. Ils ne commencent que lorsqu'ils ont bien conçu les choses déjà. …. Les Français se disent : « Bon. Je sais déjà comment commencer. Donc, je vais marcher et puis à force de marcher je verrai bien comment je progresse, et à ce moment-là je me poserai au fur et à mesure les bonnes questions. » Et ça, c'est parfois étonnant. [FD-05]

5.4.1.3 Vertrauensmissverständnisse

- **Entwicklungsleiter redet nur über Methoden**
  < Il exposait la méthode – mais les nouveaux produits, on ne les voyait pas ! >

Ein französischer Manager berichtet eine Episode, mit der er Illustriert, warum er kein Vertrauen zu einem deutschen Kollegen aufbauen konnte. Es handelte sich um einen deutschen Entwicklungsverantwortlichen, der in Frankreich Präsentationen über die eingesetzten Entwicklungsmethoden und -techniken machte. Der Franzose bemerkt zwar anerkennend, dass die präsentierten Entwicklungsmethoden „objektiv interessant" gewesen seien. Allerdings präsentierte der Deutsche hauptsächlich die Entwicklungsmethoden, wohingegen er über die zu entwickelnden Produkte praktisch nichts verlauten ließ. Was sollte denn bei den schönen Methoden dann herauskommen? Der Mann war aus Sicht des Franzosen als Entwicklungsverantwortlicher offenbar völlig fehl am Platz.

C'est il y a longtemps. C'était en fait un patron de Recherche et Développement. Alors le travail d'un patron de Recherche et Développement, c'est de chercher des nouveaux produits. [Cependant] **l'essentiel de ses présentations, il le faisait sur sa méthode pour créer un nouveau produit**. C'était une démarche très structurée et assez complexe, avec des étapes. Et puis comme il disait à l'époque, il y avait les tables « Go, No Go », je me souviens de ça. Et alors en fait, **il passait les ¾ de son temps à exposer la méthode**. Et alors tout le monde trouvait ça très intéressant, parce que c'était objectivement intéressant. – **Mais les produits, on ne les voyait pas. Les nouveaux produits, on ne les voyait pas.** Donc il y avait une grande capacité à communiquer sur la méthode, « comment je fais, ce que je vais faire », avec des beaux schémas, une belle logique, des plannings – mais pas de résultat. Donc il a fait des présentations sur la méthode et on n'a jamais vu de résultat. Alors ce gars-là, il n'était pas bien orienté. Parce qu'**il n'avait pas l'esprit d'innovation, il n'avais pas l'esprit de création de produit. Il avait l'esprit de méthode**. Et donc on l'a orienté dans une fonction où son esprit de méthode était utile. Donc les exemples de gens en qui je n'avais pas confiance, j'ai remarqué souvent qu'ils communiquaient souvent sur la méthode, sur l'organisation, sur la procédure. Et pendant qu'on communique là-dessus, eh bien on ne parle pas du résultat. **Parce que ce qui compte, ce n'est pas de faire un programme, c'est de faire le travail. Alors bien sûr on a besoin de s'organiser**. Mais très souvent il y a pas besoin. [FF-14]

Unser Hintergrund des dargestellten Kulturunterschieds zwischen einer stärkeren Prozessorientierung auf deutscher Seite und einer stärkeren Ergebnisorientierung auf französischer Seite gibt uns Ansatzpunkte für eine Interpretation dieses Berichts als kulturelles Vertrauensmissverständnis. Aus Sicht des französischen Manager erschien die ausführliche Darstellung der Entwicklungsmethodik als ein 'Sich-in-nebensächlichen-Details-Verlieren' – insbesondere in Kombination mit der Beobachtung, dass aus der Entwicklungsabteilung keine Ergebnisse kamen. Für ihn erscheint das Verhalten des Kollegen wenig vertrauensfördernd. Er interpretiert es als Vertrauenswarnung in Bezug auf den Faktor *'Ergebnisse liefern'*.
Offenbar erschien es dem beschriebenen Deutschen aber viel wichtiger, die in der Entwicklungsabteilung verwendeten Methoden und Techniken zu erläutern. Damit wollte er möglicherweise klarstellen, dass sein Team die relevanten Entwicklungsprozesse im Griff und unter Kontrolle habe – eine wesentliche Vorbedingung für die Entwicklung neuer Produkte. Möglicherweise gab es sogar auch bereits Planungen für neue Produkte, aber eben noch nicht in einem 'berichtenswerten' Entwicklungsstand.

- **Erstellen Sie eine Liste aller laufenden Änderungen**
  < L'ensemble des modifications que vous avez en cours de traitement chez vous. >

Eine französische Managerin berichtet von der Zusammenarbeit mit deutschen Kollegen im Rahmen eines großen Industrieprojekts. Sie verantwortet die Herstellung eines komplexen Industrieprodukts und leitet mehrere Teams in verschiedenen Ländern, insbesondere auch in Deutschland. Nun geht es darum, einen Zwischenstand der laufenden Veränderungen zu erstellen, d.h. der Anpassungen bzw. Weiterentwicklungen die im Vergleich zur letzen Herstellung des Produkts in die neue Herstellung einfließen sollen.

> On avait dit par exemple : « Il faut qu'on fasse un tri des évolutions de telle façon : on a besoin de savoir ça. Et donc il faut d'abord que vous nous donniez ça. **Il faut faire un tri un peu particulier de l'ensemble des modifications que vous avez en cours de traitement chez vous.** » C'est-à-dire on leur a **demandé**: « donnez moi la liste des modifications. » Ils nous disaient : « oui, oui, d'accord, d'accord. » Et comme c'était un exercice assez long à faire on a dit qu'on se revoit 10 jours après. Donc on leur a donné le temps de le faire. Ok. Donc on a re-fixé une date de réunion. **15 jours plus tard on y re-va – ou ils reviennent, je ne sais plus – et ils nous sortent une liste qui n'était pas du tout triée comme on l'avait demandé.** Ils nous disaient : « Eh bien voila. On a fait ça. On a fait ça conformément à la réunion de la semaine dernière. » Et quand on voyait, on se disait : « Mais c'est pas ça qu'on avait demandé ! » **Ils n'avaient pas fait la chose sur laquelle on s'était mis d'accord ensemble.** [FD-18]

Die französische Managerin gab den deutschen Mitarbeitern den Auftrag, eine bestimmte Zusammenstellung der „modifications", das heißt der Änderungen gegenüber der letzten Herstellung, anzufertigen. Die Deutschen sagten 'Ok, machen wir'. Aber als sie das Ergebnis ablieferten, war es nicht die Liste, die die französische Managerin verlangt hatte. Was war passiert?

Aus den weiteren Beschreibungen der französischen Managerin lässt sich herauslesen, dass hier der als *Prozess- vs. Ergebnisorientierung* beschriebene Kulturunterschied eine Rolle gespielt hat, und zwar insbesondere das unterschiedliche Verständnis und die unterschiedliche Bewertung von Ergebnissen bzw. Zwischenergebnissen.

> Je pense qu'on a des valeurs et des significations et des cultures très différentes qui font qu'on n'attache pas les mêmes choses aux mêmes mots. ... Par exemple, un mot comme **modification.** » Pour eux dans leur culture, « modification » veut dire que le dossier est complètement traité, accepté, validé. Nous, en France, on a tendance à mettre un petit peu tout dedans. C'est une « modification » au sens large. C'est-à-dire qu'elle peut en être au début de son traitement comme à la fin.
> Quand on leur a demandé, par exemple « donnez moi la liste des modifications », eux nous ont donné la liste des modifications uniquement acceptées. Parce que pour eux « modification », ça veut dire qu'elle a été toute traitée jusqu'au bout et elle a été acceptée. Alors que nous on voulait la liste de tout : aussi bien celles-ci, mais aussi celles qui viennent juste d'arriver dans le processus de traitement des modifications. [FD-18]

Die französische Managerin hatte 'Änderungen' in einem weiten Verständnis („au sens large") gemeint. Sie wollten die komplette Liste. Das heißt zum einen die durch alle formellen Verfahren validierten Änderungen, welche definitiv in die neue Herstellung einfließen würden – das hatten die Deutschen geliefert. Zusätzlich sollten auch alle sonstigen Änderungen in die Liste aufgenommen werden – die Änderungen, welche die Ingenieure gerade prüften bzw. schon beschlossen hatten, und welche nun in das umfangreiche technisch-formale Validierungsverfahren gegangen waren, dieses noch nicht endgültig durchlaufen hatten. – Was hat das mit Vertrauen zu tun?

> **Et ça m'avait choquée.** ... On passait des heures et des heures à expliquer les choses. Et **ils nous disaient : « oui, oui, d'accord, d'accord. » Et quand on se revoyait ... ils n'avaient pas fait la chose sur laquelle on s'était mis d'accord ensemble.** Et ça, c'est arrivé – mais plusieurs, plusieurs fois ! ...
> Et pour revenir au thème de **la confiance** : quand les cultures sont très différentes, c'est très difficile. ... **Il faut arriver à comprendre les significations différentes que l'on peut mettre derrière un même mot. Nos collègues allemands ont beaucoup de mal à nous comprendre. Et donc on a beaucoup de mal à établir des relations de confiance entre nous.** C'est comme si on parlait vraiment deux langages différents. ... Je pense qu'on a des valeurs et des significations et des cultures très différentes qui font qu'on n'attache pas les mêmes choses aux mê-

5.4 Bewältigung von Aufgaben

mes mots. Et le même mot dans la bouche de deux personnes a une valeur très différente, et là la confiance a beaucoup de mal à se mettre en place. [FD-18]

Ein zentrales Risiko in der arbeitsteiligen Zusammenarbeit betrifft die Frage, wie der andere seinen Teil der Arbeit erledigt. Denn hier können sich negative Konsequenzen für mich ergeben: Bespielsweise kann es sein, dass ich meine Arbeit nicht machen kann, weil die Zuarbeit unzureichend ist. In dem beschriebenen Beispiel zeigt sich die französische Managerin sehr irritiert („ça m'avait choquée"). Sie hatte etwas mit den deutschen Mitarbeitern besprochen, ihnen eine Aufgabe gegeben und auf das Ergebnis gewartet – welches die Deutschen aber nur zum Teil lieferten. Sie machten nicht das, was sie ihnen eigentlich aufgetragen hatte. Das Verhalten der deutschen Kollegen kann man aus französischer Sicht als Vertrauenswarnung in Bezug auf den Faktor *'Anweisungen / Aufforderungen umsetzen'* interpretieren. Obwohl es eine klare Anweisung gab (Liste aller Änderungen erstellen), wurde diese nur zum Teil erfüllt.

Aus der deutschen Perspektive lag es jedoch nahe, in die 'offizielle' Liste der Veränderungen für die französische Hierarchie nur die tatsächlich intern auch validierten Änderungen aufzunehmen – die 'echten' Änderungen, welche sicher in die neue Herstellung einfließen würden. Aus französischer Sicht ging es jedoch überhaupt nicht darum, ob die Änderungen bereits den Prozess der internen Validierung komplett durchlaufen hatten. Das war nicht wichtig, und es war der französischen Managerin gar nicht in den Sinn gekommen, extra darauf hinzuweisen, dass auch die nicht-validierten Änderungen in die Liste aufzunehmen seien.

5.4.1.4 Argumentation: Bewertung von taktisch-strategischem Vorgehen

Ein Teilaspekt des Unterschieds zwischen Prozess- und Ergebnisorientierung betrifft die Frage, was eigentlich alles zu einem 'Ergebnis' dazu gehört. Nach den Darstellungen der interviewten Manager zielen Arbeitsaufgaben vielfach darauf, qualitativ möglichst hochwertige Ergebnisse zu schaffen – beispielsweise ein ausgereiftes Produkt oder ein gut durchdachtes Konzept. Aus Sicht der interviewten französischen Manager ist jedoch auch die tatsächliche Realisierung der Konzepts (bzw. zumindest deren Vorbereitung) in gewisser Weise als Teil des Ergebnisses zu begreifen. Zumindest solle man diese umsetzungspraktischen Fragen bereits bei der Erstellung der Konzeption oder des Produkts unbedingt im Auge haben und gezielt auf sie hinarbeiten. Inhaltliche Brillanz oder Perfektion in der Ausführung der Aufgabe im engeren Sinn ergibt noch nicht das eigentliche erwartete Ergebnis. Erwartet wird darüber hinaus ein taktisch-strategisches Vorgehen, das klug darauf hinarbeitet, in der jeweiligen Organisation die Akzeptanz Dritter für das fragliche Konzept, Projekt etc. sicherzustellen.

Die interviewten französischen Manager legen also einen größeren Wert darauf, dass man sich im Hinblick auf die Erreichung von Zielen taktisch-strategisch klug verhält. Das umfasst beispielsweise ein gewisses diplomatisches Vorgehen das darauf abzielt, bei wichtigen Entscheidungsträgern für die eigenen Vorhaben und Ziele Akzeptanz zu schaffen. Diese Erwartungshaltung drückt sich in dem Vertrauensfaktor *'Taktisch-strategisch vorgehen'* aus: Es kann als Vertrauensgrund gesehen werden, dass der andere taktisch-strategisch geschickt vorgeht, sich also erfolgreich darum bemüht, Dritte für die Umsetzung seiner Ziele zu gewinnen. Zwar ist die Gesamthäufigkeit des Auftretens dieses Vertrauensfaktors in der Stichprobe zu gering, um auf einer quantitativen Basis Aussagen über Kulturunterschiede zu machen. Die Ergebnisse lassen sich aber als Indiz dafür verstehen, dass er im französischen Kontext einen höheren Stellenwert besitzt (vgl. 4.2.4). Zudem findet sich in den qualitativen Analysen eine Reihe von Kommentaren der französischen Manager, welche die positive Relevanz dieses Aspekts für die Vertrauensentwicklung betonen. Man kann dies im Zusammenhang damit sehen, dass es in Frankreich eine gewisse Bewunderung für Raffinesse und gewitztes Taktieren gibt. Es zeigt sich in den Interviews mit den französischen Managern, dass Taktieren oder gewitztes Tricksen für sie bisweilen den Beigeschmack durchaus anerkennenswerter Raffinesse hat. Die Bewertung eines solchen Verhaltens ist für einige der deutschen Manager hingegen eine leicht andere. Während die französischen Manager Raffinesse als positiven Aspekt in Bezug auf die Realisierung von Aufgaben sehen (Vertrauensgrund), bewerten die deutschen Manager diesen Aspekt eher negativ (Vertrauenswarnung), und zwar in Bezug auf die Fairness des Umgangs miteinander (vgl. Handlungsfeld *Fairplay in der Zusammenarbeit*>). Das gleiche Verhalten wird also hier unterschiedlich interpretiert und bewertet. Sie lenken ihren Blick darauf, dass es ein taktisch-strategisches Vorgehen des anderen erschwert, diesen (bzw. seine eigentlichen Absichten) einzuschätzen (Vertrauenswarnung in Bezug auf *'Ziele / Einschätzungen offenlegen'*) bzw. dass man sich aus diesem Grund getäuscht fühlen kann (Vertrauenswarnung in Bezug auf *'Nichts vortäuschen'*). Die französischen Manager beschreiben hingegen umgekehrt Fälle des Vertrauensverlusts, bei welchen der andere gerade einen Mangel an solch taktisch-strategischem Vorgehen offenbart, als eine Vertrauenswarnung in Bezug auf den Faktor *'Taktisch-strategisch vorgehen'*.

5.4.1.5 Zitate

Ein französischer Manager beschreibt, dass für ihn die Kompetenz, sich erfolgreich im Umfeld der internen Politik eines Unternehmens zu bewegen, ein wichtiger Aspekt für die Vertrauenswürdigkeit eines Kollegen oder Mitarbeiters ist.

> Lorsqu'on travail dans une entreprise il y a toujours pas mal de politique qui intervient, donc on peut faire confiance à une personne pace qu'elle est compétente, diligente, mais **on ne fera peut-être pas confiance au niveau de toute cette politique interne**. [FF-03]

Ein anderer französischer Manager erklärt, dass es ihm eine bestimmte Eigenart seiner deutschen Kollegen schwer macht, zu ihnen Vertrauen aufzubauen.

> [C'est] l'approche par certains de mes collègues allemands, extrêmement « process », c'est-à-dire « outils », « moyens ». Quand on a un dossier ou un problème, **c'est une approche qui se base plus sur la FAÇON dont on va traiter le problème, sur l'organisation pour traiter le problème, que sur la résolution du problème lui-même.**
> ... J'ai en tête donc des amis allemands. **Ils raisonneront chaque fois « outils » au lieu de « finalité » ou de « idée de fond »**. [FD-08]

Auf die Rückfrage des Interviewers, was er diesem Prozessdenken gegenüberstellen würde, also was ihm denn eigentlich fehle, antwortet er nach kurzem Nachdenken: Ihm fehle, dass die deutschen Kollegen sich nicht ausreichend um (unternehmensinterne) Politik kümmerten. Er sieht sich gezwungen, das in der Vergabe von Arbeitsaufgaben zu berücksichtigen. Entsprechend vermeidet er es, diesen deutschen Kollegen etwas „politischere" bzw. politisch heiklere Aufgaben anzuvertrauen.

> Je peux appeler ça « dynamique », je peux appeler ça « politique ». [3sec] Oui, c'est tout politique. Certains donc de mes collègues allemands pourront penser surtout et essentiellement process et procédure, et moi ça me poussera, selon donc les sujets que j'ai à leur confier, **si j'ai des sujets plus politiques et plus relations avec le management, j'hésiterai à leur confier**. PAS A TOUS. Pas à tous. Mais j'hésiterai à leur confier. [FD-08]

Wieder ein anderer französischer Manager bestätigt die Wertung seines Kollegen. Er betont, dass es in der Ausführung von Arbeitsaufträgen nicht nur darauf ankäme, die eigentliche Aufgabe zu erfüllen, sondern dass man sich dabei auch hinreichend gut in Bezug auf die un-

5.4 Bewältigung von Aufgaben

ternehmensinterne politische Situation bewegen müsse. Man dürfe nicht während der Erfüllung einer Aufgabe andere vor den Kopf stoßen, die einen dann das nächste Mal daran hindern könnten, die Aufgabe erneut zu erfüllen.

> C'est une chose que quelqu'un vous amène le résultat que vous espérez, qu'il va « sein Auftrag erfüllen ». Mais cela veut dire aussi qu'**il va le faire d'une certaine façon. Donc cette façon va être bien acceptée par les autres ou pas.** Il ne faut pas non plus qu'il va amener le résultat une fois, mais qu'il aura perdu la collaboration d'autres personnes – ce qui fait que la fois d'après... – Donc il y a le résultat et **la façon d'y arriver – qui doit être une façon de faire, qui soit une bonne base pour la fois d'après.** [FD-23]

Ein vierter französischer Manager beschreibt es als Vertrauenswarnung, dass sein deutscher Chef ihm einen Rat gab, der sich als taktischer Fehler herausstellte. Woher solle er denn in Zukunft wissen, dass die Ratschläge seines Chefs nicht wieder taktisch daneben liegen?

> Et donc, à un moment donné, **il m'a dit : « Tu fais cette synthèse-là et tu la remets à telle personne. »** Bon je fais la synthèse, je la valide avec lui et je la remets à telle personne. **Et, en fait, on se rend compte que la personne qui reçoit l'analyse réagit d'une manière complètement contraire à ce qui était voulu au départ.** On lui avait demandé de faire valider un sujet, et au lieu que le sujet soit validé, il est complètement remis en question parce que cette personne, qui a reçu le projet, la synthèse, ne s'attend pas du tout à recevoir la synthèse. Cette personne-là s'attendait plutôt à avoir une petite conversation dans le couloir, où mon chef lui dise : « Voilà, on a prévu de faire ça et ça. Tout est clair, je n'ai pas de question, je voulais juste t'informer. » Et l'autre va dire : « Ok. C'est bon. Je te fais confiance. Pas de problème. » Mais à partir du moment où on lui envoie trop d'informations, il va avoir tendance à dire : « Ou là ! Ça, c'est nouveau, ça c'est nouveau, ça c'est nouveau. Je ne comprends pas. » Et donc il va revenir avec une batterie de questions. Résultat : au lieu de faire passer une décision comme une lettre à la poste, on se retrouve avec une batterie de questions auxquelles il faut répondre et plein de choses qui sont remises en question alors que ça n'était pas du tout l'objectif. – Donc moi, dans ce cas-là – ça s'est passé il n'y a pas très longtemps, c'est pour ça que ça me revient – à la fois ça m'énerve, ça m'embête, parce que ce qui devait être validé ne l'est pas ou avec du retard. Et le deuxième point, c'est: **Je me dis: « Ce que mon chef m'a demandé de faire – à préparer cette synthèse et la faire passer – ce n'était pas en fait du tout la bonne tactique pour faire avancer le truc. »** Et alors, moi, ce que je me dis, aujourd'hui : « **Comment être sûr la prochaine fois que la tactique qu'il choisit soit la bonne ?** » [FD-23]

In der Diskussion der deutsch-französischen Unterschiede in der *«Herangehensweise»*, der *Prozess- und Ergebnisorientierung*, sowie in der unterschiedlichen *Bewertung von taktisch-strategischem Vorgehen* habe ich gezeigt, dass es hier einen potenziell großen Bewertungsunterschied zwischen deutschen und französischen Managern gibt. Aus einer eher deutschen Sicht glänzt ein Produkt oder Konzept durch seine Qualität, seine Perfektion, die realisierte technische Brillanz. Diese spricht für sich. Darüber kann man argumentieren, dass ein Konzept eingesetzt werden soll. Dass man sich unabhängig davon mittels eines taktischen Vorgehens und der 'Bearbeitung' der richtigen Ansprechpartner im Unternehmen darum kümmert, dass das Konzept umgesetzt wird, erscheint aus dieser Perspektive sehr leicht zwielichtig. Wer sich taktisch verhält, der geht naturgemäß nicht komplett offen vor, sondern eben taktierend. Das behagt einigen deutschen Managern nicht besonders. Ein deutscher Manager betont, dass er ein „diplomatisches" Vorgehen, also ein taktisches Reden, „um etwas zu erreichen", nicht mag, es als Zeitverschwendung betrachtet – und im übrigen glaubt, dass die Franzosen auf diesem Feld ohnehin so viel besser sind.

> Also ich bin kein DIPLOMAT. Ich will auch keiner werden. **Für mich ist es Zeitverschwendung, da noch mal mir zu überlegen: Wie spreche ich den an, um das zu erreichen? Das macht mir einfach keinen Spaß.** ... Ich bin authentisch. So wie ich bin. Und der Rest ist mir eigentlich ziemlich wurscht. Weil ich weiß: den Weg zu gehen, **meinen Gegenüber auf seinem eigenen Spielfeld so einzuwickeln oder so anzusprechen usw., dass ich ihn dahin bewege, wo ich ihn hinhaben will, das werde ich nie schaffen.** [DF-07]

Aus der deutschen Perspektive kann ein solches Verhalten leicht als unfair wahrgenommen werden. Ich möchte daher auf die Diskussion des beziehungsorientierten Handlungsfelds *'Fairplay in der Zusammenarbeit'* verweisen, wo ich einen entsprechenden deutsch-französischen Unterschied in Bezug auf den Vertrauensfaktor *'Ziele / Einschätzungen offenlegen'* bespreche (5.9.1).

5.4.1.6 Vertrauensmissverständnisse

- **Das Konzept für internationale Mobilität**
  < On a un très beau livre sur la mobilité – mais il n'y a pas de mobilité. >

Ein französischer Top-Manager berichtet einen Vorfall, der illustriert, warum er zu einer deutschen Managerin, welche einen Bereich der Personalabteilung des Konzerns verantwortet, kein Vertrauen hat. Er hatte ihr den Auftrag gegeben, sich darum zu kümmern, die internationale Mobilität der Mitarbeiter innerhalb des Konzerns zu verbessern.

> Par exemple, «la mobilité internationale». C'est quelque chose que l'on veut promouvoir dans la maison. On a demandé à une personne – et en l'occurrence, c'est une Allemande qui s'en est occupée. Et **elle a monté un merveilleux système de qui s'occupe de quoi dans la mobilité : donc quand l'intéressé demande au RH, le RH la renvoie à ceci...** Bref, on a tout un système – très, très, très détaillé ... du processus mobilité, des conditions de mobilité... Vous avez le voyage de reconnaissance. Vous avez payé ceci, cela, voiture, appartement... processus de mobilité et conditions financières de mobilité. – **Très bien, on a un très beau catalogue, un très beau livre sur la mobilité. Mais il n'y a pas de mobilité. Voilà. Mobilité pratiquement réduite à zéro.** ... Et bien, pour moi, ce qui manque, c'est l'aspect du contact avec les opérationnels ; le contact avec les hiérarchies ; l'explication avec les hiérarchies des systèmes que l'on veut mettre en place ; et la mise en œuvre d'une mobilité plus active, plus préparée, avec eux. C'est-à-dire, il faudrait voir... ouvrir des postes à mobilité, peut-être décider que tel ou tel poste, ce sont des postes sur lesquels on peut mettre des gens mobiles. **Donc, c'est créer, chercher à créer une dynamique de mouvement.** [FD-08]

Aus der Perspektive des französischen Vorgesetzten konzentriert sich die deutsche Managerin zu sehr auf die Entwicklung eines Konzepts zur Erhöhung der internationalen Mobilität. Dieses wird zwar dann ein sehr ausgefeiltes, ein sehr gutes Konzept. Aber darüber vernachlässigt es, sich um die unternehmensinterne Umsetzung des Konzepts zu kümmern, also die Werbung für das Konzept im Unternehmen bzw. den Versuch, auch tatsächlich die nötige Veränderungsdynamik zu schaffen bzw. vorzubereiten. Vor dem Hintergrund des in diesem Abschnitt dargestellten Kulturunterschieds lässt sich der Vertrauenskonflikt folgendermaßen rekonstruieren: Die deutsche Managerin versteht ihren Auftrag als Entwicklungsauftrag für ein Vorgehenskonzept. Dieses arbeitet sie mit der deutschen Betonung der Klärung von Prozessen und Vorgehensweisen detailliert aus. Damit erfüllt sie jedoch nicht die Erwartung des französischen Vorgesetzten. Für diesen umfasst der Auftrag auch, die unternehmensinterne Umsetzung des Konzepts anzustoßen oder zumindest vorzubereiten. Da die unternehmensinternen Widerstände, mit denen in Veränderungsprozessen normalerweise zu rechnen ist, ohnehin eine Anpassung des Change Konzepts nötig werden lassen, müssen solche Widerstände frühzeitig identifiziert und einbezogen werden. Letztlich bedarf es einer 'Portion Taktik', um die Realisierung des Konzepts im Unternehmen zu erreichen. Dies lässt die deutsche Managerin vermissen. Ihr ist nicht bewusst, dass sie damit eine Erwartungshaltung nicht erfüllt, was der französische Vorgesetzte als Vertrauenswarnung in Bezug auf den Faktor *'Taktisch-strategisch vorgehen'* interpretiert.

- **Das Konzept für Jahresmitarbeitergespräche**
  < Il a dépensé une énergie folle sur la FAÇON de mettre en place le système >

Der eben zitierte französische Vorgesetzte berichtet ein Erlebnis mit einem zweiten deutschen Manager, welches für ihn die gleiche Vertrauenswarnung illustriert. Er hatte diesem Manager den Auftrag gegeben, sich um eine Verbesserung des Instruments der Jahresmitarbeitergespräche („l'entretien annuel") zu kümmern. Der Vorfall lässt sich in gleicher Weise wie die eben zitierte Episode als kulturelles Vertrauensmissverständnis interpretieren.

> Il a passé une énergie absolument extraordinaire sur le cadre et la structuration de l'entretien annuel. **Mais il a complètement ignoré la mise en œuvre de cet entretien, le marketing de cet entretien auprès de la hiérarchie.** C'est-à-dire : vendre l'idée de l'entretien annuel ; ou bien : Comment exploiter mieux les résultats de l'entretien ? Donc le lien avec la formation, avec le développement de carrière etc... Et donc sur un assez grand nom-

5.4 Bewältigung von Aufgaben

bre de sujets... C'est d'abord pensé « outils ». **Donc il a dépensé une énergie folle sur les outils et sur la FAÇON de mettre en place le système** – mais assez peu sur la finalité: c'est-à-dire : Pourquoi est-ce qu'on met en place l'entretien annuel ? Qu'est ce qu'on veut en faire ? ... **J'ai confiance en lui pour monter un système ou pour monter une procédure** – ok. **Mais je n'ai pas confiance pour animer le processus.** « **Animer** » **dans le sens de l'expliquer aux hiérarchies.** En utiliser, comme je vous le disais, en utiliser les éléments, en utiliser les résultats. [DF-08]

5.4.1.7 Interkulturelle Vertrauensmaßnahmen

Die französischen Manager beschreiben es als Strategie des interkulturellen Vertrauensaufbaus, sich auf die deutsche Prozessorientierung einzustellen. Ein französischer Manager beschreibt, wie ihm dieser Punkt in der Zusammenarbeit mit seinen deutschen Kollegen aufgefallen ist, und wie es die Zusammenarbeit sehr erleichtert hat, dass er sich in diesem Punkt an die deutschen Erwartungen angepasst hat. Seinem Eindruck nach sind den Deutschen Prozesse und Vorgehensweisen sehr wichtig. Sobald er sich darauf eingelassen habe und sich die Zeit genommen habe, mit seinem deutschen Kollegen die Prozesse abzustimmen, habe alles hervorragend funktioniert.

Je pense que dans la culture germanique, quand on travaille, on est très orienté vers l'organisation, vers les « PROCESS ». J'ai l'impression que ça plaît bien. Donc avec mon collègue, on a simplifié les processus de manière à se coordonner, et de manière à pouvoir s'acheter et se livrer des composants électroniques entre les deux entités. **Et bon, j'ai l'impression que le fait de travailler très orientés sur les processus, sur les méthodes, sur des procédures à mettre en place, c'est quelquechose qui a beaucoup aidé les choses, et c'est quelquechose qui a beaucoup plu à mon collègue allemand.** ... L'impression que j'ai, c'est que mes collègues allemands sont très orientés « process », « organisation ». Il faut que tout ce qu'on fait soit, quelquepart, « structuré », soit d'ores et déjà défini [schon jetzt; jetzt schon]. J'ai l'impression qu'ils raisonnent comme ça. Et [si on fait comme ça] c'est quelquechose qui rentre bien dans le cadre. ...
Je pense que pour la culture allemande, il faut vraiment structurer, définir, et procédurer les choses. Il ne faut surtout pas être dans le flou, dans la fantaisie. ... La clé de la réussite, ça a été de structurer et de procédurer ce qu'on fait. ... C'est une différence culturelle importante. Moi, je le ressens souvent. Les Allemands sont très, très, très structurés. [FD-13]

5.4.2 Horizont für kreative Mitarbeit [KU-08]

5.4.2.1 Argumentation

Der *Horizont für kreative Mitarbeit* ist aus deutscher und französischer Perspektive unterschiedlich weit gespannt. Es geht hier um die Frage, wie weit es akzeptiert ist und auch erwartet wird, dass man sich um Dinge außerhalb seines eigentlichen Aufgabenbereichs kümmert. Eine solche kreative Mitarbeit ist nach den Kommentaren der französischen Manager im französischen Umfeld innerhalb eines weiteren Horizonts toleriert und anerkannt, als dies in deutschen Firmen der Fall ist.
Für die französischen Manager ist es im Arbeitsalltag grundsätzlich ein Wert, individualistisch und kreativ zu sein, das heißt, Probleme und Fragen selbständig weiterzudenken. Dies beschreiben auch Castel et al. (2007: 565). Einige der interviewten französischen Manager sehen es insbesondere als Herausforderung, eigene Ideen in Bezug darauf zu entwickeln, wie man etwas anders oder besser machen kann. Der Spruch 'Impossible n'est pas français' ist in Frankreich oft zu hören und lieferte im Januar 2009 beachtliche 42.000 Google-Treffer. Sinngemäß soll Napoleon so einem Grafen geantwortet haben, der sich mit einem Problem an ihn gewandt hatte, das nicht zu lösen sei.[157] (Insgesamt betracht lässt sich hier auch ein Zusammenhang mit dem allgemeineren Erklärungskonzepts der *«Transversalité»* herstellen, das heißt, der seitens der französischen Manager stärker ausgeprägten Neigung, sich für

---

[157] Napoleon antworte so dem Grafen Lemarois am 9.7.1813: „Sie schreiben mir, das sei nicht möglich. Das ist nicht französisch." („Ce n'est pas possible, m'écrivez-vous : cela n'est pas français."; Büchmann 1898: 283).

Dinge zu interessieren oder Dinge zu tun, die sich nicht im eigenen Arbeitsbereich, sondern in einem angrenzenden bzw. quer (transversal) liegenden Bereich finden, vgl. 5.2.1). In der französisch-deutschen Zusammenarbeit kann dieser Aspekt zu einem Vertrauensmissverständnis führen. Denn das deutsche Bestreben, Vereinbarungen und insbesondere Zuständigkeiten zu respektieren, impliziert, dass man nicht darüber hinaus geht. Dies kann aus einem französischer Blickwinkel offenbar leicht als eine Vertrauenswarnung in Bezug auf den Faktor *'Initiative und Kreativität zeigen'* interpretiert werden. Der französische Ansatz, Fragestellungen möglichst kreativ anzugehen und die Initiative zu ergreifen, um andere und bessere Lösungen zu entwickeln, kann jedoch auch umgekehrt zu verschiedenen deutschfranzösischen Vertrauensmissverständnissen führen. Ein solches Vertrauensmissverständnis war bereits in der Diskussion der Verbindlichkeit von Absprachen angeklungen: Wenn es aus französischer Sicht wertvoll erscheint, einer neuen und besseren Idee den Vorzug zu geben, kann dies aus deutscher Sicht als Widerruf einer gegebenen Zusage erscheinen (vgl. 5.1.1). An dieser Stelle möchte ich nun auf einen anderen Punkt verweisen. Ich beziehe mich auf einen Aspekt, den ich bereits in der Diskussion der Kulturunterschiede im Handlungsfeld <Weitergabe von Informationen> eingeführt habe: den unterschiedlichen *Relevanzbereich von Informationen* (vgl. 5.2.1), den man auch als 'Kontextneugierde' der Franzosen bezeichnen könnte. Hier geht es mir nun darum, dass sich die interviewten französischen Manager nicht nur stärker als ihre deutschen Kollegen für Kontext- und Hintergrundwissen interessieren, sondern dass sie auch gerne über den eigenen unmittelbaren Aufgaben- bzw. Zuständigkeitsbereich hinaus aktiv werden. Sie finden es wichtig, auch über den Tellerrand hinauszublicken, um möglicherweise innovative Lösungen für Probleme zu finden, welche die Gesamtunternehmung, das Gesamtprojekt oder die ganze Firma voranbringen. Was die Vertrauensentwicklung angeht, führt dieses Verhalten jedoch aus deutscher Sicht zu der Wahrnehmung, dass in unzulässiger Weise Zuständigkeits- bzw. Kompetenzgrenzen überschritten werden. Die deutschen Manager interpretieren hier das Verhalten der französischen Kollegen, das für diese 'normal' oder sogar positiv konnotiert ist, als eine Vertrauenswarnung in Bezug auf den Faktor *'Zuständigkeiten respektieren'* (im Handlungsfeld <Respektvoller Umgang / Facework>, vgl. 5.8.2).

5.4.2.2 Zitate

Ein französischer Manager beschreibt sich als neugierig und innovativ. Wenn er Anweisungen bekomme, dann überlege er stets, ob man die Dinge nicht auch anders bzw. besser erledigen könne.

> Quand on me demande ou un projet, ou de mettre en place quelque chose, ou ainsi de suite, je vais effectivement regarder. Et comme je suis quelqu'un d'assez curieux et j'aime les idées innovantes, et bien **je vais essayer de voir effectivement si ce qu'on me demande de faire, on ne peut pas le faire autrement. Ou si on le faisait autrement, ça ne serait pas mieux.** [FF-01]

Die französische Kreativität fällt auch deutschen Managern auf, beispielsweise in geschäftlichen Meetings. Ein Interviewpartner beschreibt seine Erfahrung, dass die Franzosen zwar zunächst unvorbereitet erscheinen, dann aber in der Diskussion die Dinge sehr kreativ angehen und sehr innovative Ideen entwickeln.

> Bei Franzosen ist es so, das habe ich schon festgestellt: Wenn die zu einem Gespräch kommen, dann denkt man oft zunächst mal: 'Ja, sag mal, haben die sich denn überhaupt nicht vorbereitet? Die haben ja gar keine Unterlagen dabei. Über was will man denn jetzt sprechen?' **Aber natürlich haben die sich vorher gedanklich mit so einem Thema oder so einem Projekt oder was auch immer beschäftigt. Und auf wundersame Weise kommen in der Diskussion dann die tollsten Ideen.** Und das bringt oft das ganze Projekt viel weiter als ein Gespräch mit den Deutschen, die fast sklavisch an den einzelnen Punkten ihrer blöden Tagesordnung hängen und nicht **rechts und nicht links denken**, sondern dann nur diese Punkte abarbeiten wollen. **Und bei den Franzosen ist es so eine Mischung aus Kreativität und Brainstorming.** [DF-26]

5.4 Bewältigung von Aufgaben

Ein wichtiges Stichwort in diesem Zitat ist der Ausdruck „rechts und links denken". Einer der interviewten französischen Manager beschreibt ausführlich, warum es aus seiner Sicht wichtig ist, rechts und links über den Tellerrand hinauszublicken, und inwiefern es sein Vertrauen in deutsche Partner mindert, wenn diese das nicht tun. Wenn er im Bereich Forschung und Entwicklung mit deutschen Kollegen zu tun hat, seien diese oft sehr fixiert auf das, was man bespreche. Wenn man besprochen habe, dass es um A-B-C-D-E geht, dann würden sie sich weder um F kümmern noch um A1 oder A2. Das seien Mitarbeiter, die nur innerhalb des ganz eng umgrenzten Bereichs dessen, was man verlangt habe, denken würden („gens qui pensent à un périmètre très bien précis de ce qu'on leur demande", FD-25). Das ist ihm nicht kreativ und nicht initiativ genug.

> Donc un premier problème, une première relation qui est pour moi difficile, c'est quand on fait du développement par rapport à des nouveaux produits, quand on travaille avec des gens en recherche et développement, qui sont très souvent dans une logique très assistée, c'est-à-dire où **ils attendent qu'on leur dise : « voilà, le briefing c'est A-B-C-D-E, et dans A, il y a A.1, A.2, et seulement à partir de là les gens commencent à travailler, ils ne vont pas chercher A.3, ils ne vont pas chercher F**, et ça c'est très très difficile dans une relation de développement. ... Alors en comparaison à un Français, une équipe R&D en France est beaucoup plus autonome, beaucoup plus réactive, beaucoup plus... prend beaucoup plus d'initiatives, va être beaucoup plus « moteur », va proposer différentes choses et pas attendre que le briefing soit écrit de A à Z, avec tous les détails très très directifs. [FD-25]

Der Manager bezeichnet diesen „Mangel an Autonomie, Initiative oder Proaktivität" als „ein eher deutsches als französisches Problem" [FD-25]. Interessant ist allerdings seine Erklärung: Man müsse an das eigentliche übergeordnete Ziel der Arbeit denken, nämlich die Entwicklung der Firma („l'objectif final étant que le résultat pour la société s'améliore", FD-25). Innerhalb dieses Gesamtrahmens solle man dann doch bitte selbst denken, selbst kreativ werden und selbst sein Vorgehen ausdifferenzieren. Das ist genau der Aspekt, den ich oben im Handlungsfeld <Weitergabe von Informationen> unter als 'Kontextneugierde' bzw. unterschiedlicher *Relevanzbereich von Informationen* dargestellt habe: Um auf diese Weise vorgehen zu können, braucht man einfach Informationen über das „objectif final", das übergeordnete Ziel. Dass man als Konsequenz solcher „Autonomie, Initiative oder Proaktivität" gegebenenfalls in Nachbarbereichen aktiv wird und Probleme angeht, die nicht innerhalb des eigentlichen eigenen Aufgabenbereichs liegen, wertet der französische Manager als sehr positiv. Er opfere Arbeitszeit, um anderen zu helfen, ihre Probleme zu bearbeiten, um im Sinne des Gesamtunternehmens voranzukommen.

> **Je suis quelqu'un qui prend beaucoup d'initiatives** et je suis quelqu'un qui est très orienté sur le résultat final et sur le fonctionnement de l'entreprise, **je suis quelqu'un qui ne va pas hésiter à m'intéresser à un problème qui sort de mon domaine de responsabilités où je vois un dysfonctionnement**. Je vais essayer de pousser le problème jusqu'à ce qu'on trouve une solution. ... L'objectif final [est] que le résultat pour la société s'améliore. ... **Si je vois un dysfonctionnement qui est important à résoudre, je suis prêt à faire le sacrifice de le prendre sur mon temps** – qui est déjà très « knapp » – pour pouvoir essayer de contribuer à sa résolution, parce que je pense que c'est qelquechose qui peut nous être favorable. ... **Je n'hésite pas à m'engager sur les dossiers... à mettre mon nez dans des dossiers qui ne sont pas de mon ressort si je pense que c'est bon pour la société.** [FD-25]

Es als aufopferungsvoll und erstrebenswert zu betrachten, sich ungefragt in andere Aufgabenbereiche einzubringen, offenbart sicherlich einen etwas anderen (nämlich weiteren) Horizont für die kreative berufliche Zusammenarbeit, als man ihn üblicherweise in deutschen Firmen vorfinden wird.

5.4.2.3 Vertrauensmissverständnisse

- **Le briefing c'est A-B-C-D-E** (s. Zitate im letzten Abschnitt)
  < Ils ne vont pas chercher A.3, ils ne vont pas chercher F... >

Wie bereits in der Einleitung des Abschnitts erwähnt kann der deutsche Respekt vor Vereinbarungen bzw. Zuständigkeiten aus französischer Sicht als Vertrauenswarnung in Bezug auf

den Faktor *'Initiative und Kreativität zeigen'* interpretiert werden. Der zitierte französische Manager beschreibt auf die Frage nach einer Situation, in welcher er Schwierigkeiten hatte, Vertrauen zu einem deutschen Kollegen aufzubauen, genau diesen Kontext (vgl. das Zitat aus FD-25).
Auch der Vertrauenseffekt des Kulturunterschieds aus deutscher Sicht wurde oben kurz beschrieben. Die französischen Initiativen, sich kreativ um Problemlösungen im Zuständigkeitsbereich der deutschen Kollegen zu kümmern, wird leicht als Vertrauenswarnung in Bezug auf *'Zuständigkeiten respektieren'* interpretiert, wie es auch dem zitierten französischen Manager bewusst ist:

> Alors pour les Allemands ça peut être gênant. Ils peuvent d'abord ne pas comprendre, et se dire : « Qu'est-ce qu'il veut, celui-là, à essayer de s'occuper de ce qui ne le regarde pas ? » etc... [FD-25]

Die interviewten Manager beschreiben eine Reihe von Situationen, in denen dieses Vertrauensmissverständnis eine Rolle spielt. Da es aus der deutschen Perspektive um den Vertrauensfaktor *'Zuständigkeiten respektieren'* geht, werde ich diese Vertrauensmissverständnisse in der Diskussion des Handlungsfelds *'Respektvoller Umgang / Facework'* darstellen (vgl. 5.8).

5.4.2.4 Interkulturelle Vertrauensmaßnahmen

Ein französischer Manager nimmt in seiner Darstellung von Vertrauensmaßnahmen auf diesen Kulturunterschied Bezug: Um Vertrauen mit deutschen Kollegen aufzubauen, müsse man sich bemühen, nicht „touche à tout" zu sein, also nicht „alles anzufassen" bzw. „überall mitzumachen" [DF-09]. Ich werde darauf ausführlicher in der Diskussion des verwandten Kulturunterschieds *Respektieren von Zuständigkeiten* eingehen (vgl. 5.8.2).
Ein deutscher Manager beschreibt es als seine Strategie des Vertrauensaufbaus mit Franzosen, dass er sich bewusst visionär gibt. Damit nimmt er Bezug auf den Vertrauensfaktor *'Initiative und Kreativität zeigen'*. Er betont die kreativ-originell-neuen Aspekte eines Projekts und versucht zu vermitteln, dass es sich um ein Vorhaben handelt, dass über den normalen Alltagskontext hinausgeht. Er versucht, visionär zu begeistern statt mit Fakten und Analysen zu langweilen.

> Oder wenn es um Konzepte geht, also wenn es weniger um ein spezielles Produkt geht, als vielmehr um eine gewisse Vorgehensweise oder ein Produktkonzept oder eine neue Anbietungsform oder so was: Dann würde ich eher darauf bauen, dass das was ganz tolles Neues ist, was noch nie dagewesen ist. Und dass ein riesiges Potenzial da ist. Und dass das auch die Marken insgesamt nach vorne bringt. – So in DIESE Richtung. [DF-08]

5.4.3 Organisation des Vorgehens / Zeitmanagement [KU-09]

5.4.3.1 Argumentation

Berufliche Aufgaben kann man mit einem höheren oder geringeren Grad an Organisiertheit erledigen. Man kann geplant und klar vorgehen, geplante Schritte methodisch umsetzen, sie also wie geplant erledigen und seine Planung und sein Vorgehen gut und nachvollziehbar dokumentieren. Die Frage, in welchem Umfang man diesen Anforderungen an ein organisiertes Vorgehen nachkommen sollte, wird von den interviewten deutschen und französischen Managern tendenziell unterschiedlich beantwortet. Es zeigt sich hier ein 'Klassiker' der deutsch-französisch vergleichenden Forschung, der bereits von Hall & Hall (1984, 1990) beschriebene Unterschied zwischen einem eher 'monochronen' Vorgehen auf deutscher Seite und einem eher 'polychronen' Vorgehen der Franzosen. Entsprechend wurde das Erklärungskonzept «*Monochronie-Polychronie*» gebildet. Es beschreibt einen Kulturunterschied in

5.4 Bewältigung von Aufgaben

der Organisation des Vorgehens bzw. im Zeitmanagement. In einer groben Gegenüberstellung arbeitet das idealtypische monochrone Vorgehen einzelne Teilaufgaben auf einer einzigen Zeitlinie sukzessive ab. Unterschiedliche Aufgaben und Teilaufgaben müssen in diesen Abarbeitungsprozess integriert werden, wobei eine höher priorisierte Aufgabe eine laufende Aufgabe unterbrechen kann. Demgegenüber sieht das polychrone Vorgehen von einer einzigen 'Hauptzeitlinie' ab und bearbeitet unterschiedliche Teilaufgaben auf vielen parallelen Zeitlinien. Wenn man mit einer (situativ) höher priorisierten Aufgabe konfrontiert wird, führt das in der polychronen Wahrnehmung also nicht zu einer Unterbrechung der laufenden Arbeit, sondern schlicht zu einem Wechsel der Zeitlinie.

Die ursprünglich von Hall (1983) ausgearbeitete Monochronie-Polychronie Dichotomie wurde in der Literatur vielfach aufgegriffen und ausdifferenziert.[158] Dennoch wurde bislang kaum untersucht, ob bzw. inwiefern sich aus ihm ein Hindernis für die Entwicklung von Vertrauen ergeben kann. In den Interviews der beschriebenen Studie zeigten sich nun unterschiedliche Effekte dieses Kulturunterschieds auf die Vertrauensentwicklung zwischen deutschen und französischen Managern. Aus der französischen Perspektive kann sich hier ein positives Vertrauensmissverständnis in Bezug auf den Faktor *'Organisiert und klar vorgehen'* ergeben. Französische Manager interpretieren in der Zusammenarbeit mit deutschen Kollegen deren Organisiertheitsgrad als 'positiv über dem Standard' und werten ihn als Vertrauensgrund. Nimmt man jedoch an, dass sich die deutschen Manager nur gemäß ihres eigenen kulturellen Standards 'normal organisiert' verhalten, dann geben sie (relativ zu diesem Standard) den französischen Kollegen im Grunde keinen spezifischen Anlass dazu, sie in besonderem Maße als vertrauenswürdig wahrzunehmen.

Interessant ist aber nun, dass sich durch den gleichen Kulturunterschied aus der deutschen Perspektive offenbar ein ganz anderes – und potenziell schwerwiegenderes – Vertrauenshindernis ergeben kann. In einigen Darstellungen deutscher Interviewpartner führt der aus deutscher Sicht geringere 'Organisiertheitsgrad' der französischen Manager zu einer Vertrauenswarnung nicht in Bezug auf den Faktor *'Organisiert und klar vorgehen'*, sondern stattdessen in Bezug auf den Faktor *'Respekt und Interesse zeigen'* (vgl. beispielsweise das kulturelle Vertrauensmissverständnis 'Zum verabredeten Zeitpunkt telefoniert sie erst noch ausgiebig' in 5.4.3.3). Wie kommt dieser Effekt zustande? Bei einer stärker polychron organisierten Vorgehensweise ergibt es sich quasi automatisch, dass man sich aufgrund der geringeren 'monochronen' Abstimmung gegenseitig gewisse 'Wartezeiten' verursacht. Jedoch wird dies aus der polychronen Perspektive nicht unbedingt als 'Wartezeit' wahrgenommen, denn man ist dies nicht nur gewohnt, sondern die polychrone Arbeitsorganisation hält entsprechende Reaktionsschemata bereit. Wenn man zwischendurch gerade noch kurz etwas Zeit hat ('warten'), dann ermöglicht einem dies, schnell noch einen Anruf zu erledigen, eine Mail auf dem Blackberry zu schreiben, Unterlagen durchzusehen, den Kollegen im Büro nebenan etwas fragen etc.

Aus der Perspektive einer stärker monochronen Arbeitsorganisation wird Wartenlassen hingegen stärker negativ bewertet, denn es blockiert den aktuellen 'Zeit-Slot'. Ein für etwas Bestimmtes vorgesehenes und blockiertes Zeitfenster verstreicht ungenutzt. Denn wenn ein Zeit-Slot für eine gemeinsame Aktion geplant war, bleibt er zunächst so lange blockiert, bis wirklich klar ist, dass die geplante Aktion nicht stattfinden kann. Genau wie man von anderen umgekehrt erwartet, dass sie eingeplante Termine reservieren, verbietet es sich, anstatt

---

[158] Für das deutsch-französische Management einschlägig sind beispielsweise Hall & Hall (1984, 1990), Pateau (1998) oder Davoine (1999). Thomas (2005a: 26) beschreibt den deutschen Kulturstandard der „Zeitplanung": Zeit dürfe „nicht nutzlos vergeudet werden", sondern müsse „geplant, eingeplant werden".

zu warten, mit einer anderen Aufgabe zu beginnen. Man sollte den anderen, der sich möglicherweise nur kurz verspätet hat und jederzeit auftauchen kann, nicht deshalb warten lassen, weil man selbst gerade noch eine andere Aktivität eingeschoben hat. Einige deutsche Manager interpretieren es folglich als Mangel an Respekt, wenn die französischen Kollegen sie warten lassen, weil sich bei ihnen gerade eine andere Aufgabe in den Vordergrund gedrängt hat (vgl. das Vertrauensmissverständnis 'Zum verabredeten Zeitpunkt telefoniert er erst noch ausgiebig', 5.4.3.3). Die deutschen Manager erkennen nicht, dass sie hier mit einem Unterschied in der Organisiertheit des Vorgehens konfrontiert sind – den sie negativ bewerten könnten oder nicht – sondern sie interpretieren das wahrgenommene Verhalten direkt als einen Ausdruck von Respektlosigkeit und insofern als Vertrauenswarnung in Bezug auf den Faktor *'Respekt und Interesse zeigen'*. – Einen Überblick, an welchen Stellen des Kapitels auf die eher monochrone Orientierung der deutschen Manager im Vergleich zu der eher polychronen Orientierung der französischen Manager Bezug genommen wird, gibt Tab. 5.10.

Tab. 5.10: Bezüge zum Erklärungskonzept «Monochronie-Polychronie»

5.4.3	KU-09: *Organisation des Vorgehens/Zeitmanagement* im Handlungsfeld *<Bewältigung von Aufgaben>*
5.10.2	KU-21: *Reaktionsgeschwindigkeit bei Anfragen/Bitten* im Handlungsfeld *<Kooperatives Verhalten>*

5.4.3.2 Zitate

Interessant ist der Zusammenhang dieses Unterschieds mit dem oben beschriebenen Unterschied der relativen Wichtigkeit von Prozessen und Ergebnissen (KU-07). Die größere Wertschätzung der Planung und Klärung von Prozessen und Vorgehensweisen geht einher mit einem höheren Grad an Organisiertheit in dem beschriebenen Sinn – ein Zusammenhang, den auch einer der französischen Interviewpartner beobachtet hat:

> L'Allemand ... est très angoissé. Du coup, dans son travail il a besoin, il recherche beaucoup la procédure. Il cherche beaucoup d'être rassuré. Et c'est cette mise en place de procédures – que le Français ne supporte pas – **qui fait que l'Allemand est organisé.** Disons, organisé dans son processus de fonctionnement : « process », like « industrial process ». [FD-09]

Ein anderer französischer Manager beobachtet den beschriebenen Unterschied in der Organisation in Bezug auf private Einladungen: In Deutschland könne man sich kaum einmal spontan besuchen.

> Ici **vous ne pouvez pas arriver chez quelqu'un spontanément.** C'est impossible. Même inviter une semaine avant, c'est quasiment impossible. ... En France, ça ne pose pas de problème. Ça ne pose absolument pas de problème, enfin ça ne pose pas de problème de dire : « J'arrive, je suis ici, j'arrive, je peux venir ? » Alors que ça, c'est un rapport qui est impossible. [FD-24]

Dabei sieht er durchaus den Vorteil der monochronen, geplanten Organisationsweise:

> Ça a des avantages, aussi, il ne faut pas voir que les inconvénients, c'est quand même pratique. **Quand vous pouvez planifier votre semaine, c'est quand même pratique !** [FD-24]

Die französischen Manager kämpfen in Deutschland teilweise gegen den negativen Stereotyp, unorganisiert zu sein. Im Arbeitsleben müsse man aus deutscher Sicht schon eine bestimmte Art von Organisiertheit an den Tag legen, so ein anderer französischer Manager, sonst erscheine man als „Paradiesvogel", und da sei es schon schwieriger, Vertrauen aufzubauen.

> Pour gagner la confiance d'un Allemand, je crois qu'il faut lui démontrer qu'on est professionnel et que l'on est très concret. **Si un Français commence à développer des tas d'idées, à aller dans tous les sens, à vouloir s'amuser, à n'être pas trop concret dans ses discussions et dans ses décisions qu'il va prendre, l'Allemand va dire : « Er ist ein Paradiesvogel, typisch französisch. »** Parce qu'[en Allemagne], on pense que les Français sont toujours un tout petit peu trop superficiels – ce qui n'est pas le cas. Dans le domaine professionnel, c'est clair qu'il

5.4 Bewältigung von Aufgaben

y a des Français qui sont tout aussi capables. Il y a des managers français qui sont tout aussi capables que les managers allemands. [FD-26]

Auch die interviewten deutschen Manager berichten von ihren Erfahrungen mit der unterschiedlichen Herangehensweise der Deutschen und der Franzosen. Einer der Interviewpartner beschreibt zwei Aspekte dieses Unterschieds. Erstens hätten die Deutschen ein größeres Bedürfnis nach genauer Planung: Lösungsvorschläge würden auf ihre potenziellen Schwächen hin durchleuchtet, bevor man sie in die Tat umsetzte. Aus französischer Sicht verliert man Zeit, wenn man über potenzielle Schwierigkeiten spricht, da diese vielleicht gar nicht eintreten bzw. man sie erst dann überhaupt sinnvoll lösen kann, wenn sie eingetreten sind.

> Also **die Herangehensweise ist einfach unterschiedlich**. Die Franzosen sagen: 'Ist das meine Lösung? Ja! Okay, was muss ich machen...?' – Die **Deutschen** sagen: 'Ist das eine potenzielle Lösung? Was für Probleme muss ich lösen, um zu sagen, es ist eine Lösung?' Das ist einfach in meinen Augen schon eine andere Herangehensweise. [DF-21]

Zweitens seien einmal getroffene Entscheidungen in Deutschland endgültiger als in Frankreich. Dort würden sie vor dem Hintergrund der Projektentwicklung leichter revidiert. Der deutsche Weg, zunächst mögliche Schwierigkeiten zu antizipieren und entsprechende Lösungsmöglichkeiten zu entwickeln, macht Entscheidungsprozesse natürlich aufwändiger. In Deutschland ist die Herangehensweise daher stärker in Phasen gegliedert: Nach diesem Modell gibt es zunächst die Kreativphase der Entwicklung von Handlungsoptionen, dann die Phase der vergleichenden Risikoanalyse in Form der Entwicklung von Vorgehensplänen, anschließend die Entscheidung für eine Option und die Ausdifferenzierung des entsprechenden Vorgehensplans und schließlich die Umsetzung. Dies ist in Frankreich anders. Aus der Kreativphase heraus wird schneller eine Entscheidung getroffen und auch schneller mit der Umsetzung begonnen. Aber sowohl nach der Entscheidung als auch nach Beginn der Umsetzung läuft die Kreativphase weiter und bleibt eine Revision und der Wechsel zu einer anderen Vorgehensweise möglich.

> **Auf deutscher Seite versucht man immer**, insbesondere, wenn man extrem unter Zeitdruck steht, **sehr, sehr strukturiert vorzugehen**. Und in Deutschland sagt man so: Okay, Montag sitzen wir zusammen, Problem erklärt, Mittwoch kommt jeder mit seinen Ideen auf den Tisch, dann werden sie diskutiert, am Freitag wird entschieden. Wenn einer am Samstag noch eine Lösungsmöglichkeit hat – Pech gehabt. Das kann der goldene Weg sein – aber das Ding ist abgefahren.
> **Die Franzosen diskutieren eher wie die Weltmeister**. Jeder hat eine Idee und die werden dann auf den Tisch geschmissen und dann entscheidet man sich mal. Und zwei Tage später hat einer unter der Dusche noch mal eine Idee und dann wirft er die noch rein. ... Dieser Prozess, der ist ganz typisch für Franzosen. **Franzosen sind sehr, sehr flexibel, was den Entscheidungsfindungsprozess angeht. Wenn da jemand am Samstag noch eine Lösung hat, dann wird er am Montag die jedem erzählen und sagen: 'Das ist die beste Lösung der Weltgeschichte'. Und die Franzosen würden das akzeptieren und sich noch mal zusammen setzen.** [DF-21]

5.4.3.3 Vertrauensmissverständnisse

Die unterschiedliche «*Herangehensweise*» der deutschen und der französischen Manager an die Umsetzung von Aufgaben oder Projekten wirkt auf die Vertrauensentwicklung nicht nur über den Vertrauensfaktor *'Organisiert und klar vorgehen'*. Denn es handelt sich hier um einen Kulturunterschied, welchen die Manager deutlich wahrnehmen. Einige der interviewten Manager in den bi-kulturellen Gruppen nehmen ihre Kollegen oder Geschäftspartner hier ganz offenbar als *nicht* ähnlich im Denken und Vorgehen wahr. Die stark empfundene Unterschiedlichkeit wird interpretiert als Vertrauenswarnung in Bezug auf den Faktor *'Einigkeit/Ähnlichkeit im Denken/Vorgehen'*. Ich werde darauf im Handlungsfeld <Aufdeckung von Relationship Fit> zurückkommen (5.7). An dieser Stelle diskutiere ich zwei Missverständnisse in Bezug auf den Faktor *'Organisiert und klar vorgehen'*.

- **Er räumte uns genug Vorbereitungszeit ein**
  < Il n'y a pas eu de problème pour que nous aussi on ait le temps de préparer ! >

Ein französischer Manager erläutert, warum er zu einem deutschen Kollegen Vertrauen aufgebaut hat. Er berichtet von einem Vorfall, bei dem der Deutsche eine Präsentation beim Kunden organisierte, an der auch der Franzose mit seinem Team teilnehmen und etwas präsentieren sollte. Dieser rechnet es nun seinem deutschen Kollegen als Vertrauensgrund an, dass dieser ihn erstens überhaupt und zweitens rechtzeitig in die Planung des Workshops einbezog, so dass er also genug Zeit hatte, sich vorzubereiten. Der Franzose betrachtet das nicht als den eigentlich vorauszusetzenden Standard, sondern als etwas positiv über seinen Kollegen zu Berichtendes.

> Par exemple, quand on préparait ce workshop où tout le monde devait présenter ses activités, il n'y a pas eu de problème pour que nous aussi on ait le temps de préparer, qu'il nous implique dans la préparation, etc. Et ça ... c'est bien de l'avoir fait. On ne voit pas ça partout. [FD 14]

Vor dem Hintergrund des dargestellten Kulturunterschieds in Bezug auf Zeitmanagement und die Organisation des Vorgehens deutscher und französischer Manager lässt sich der Vorfall als positives Vertrauensmissverständnis interpretieren. Dem Franzosen fällt ein Aspekt des Verhaltens seines Kollegen als im positiven Sinn vertrauensrelevant auf, wohingegen der Deutsche möglicherweise nur getan hat, was er als eine Standardanforderung der Zusammenarbeit betrachtet.

- **Zum verabredeten Zeitpunkt telefoniert sie erst noch ausgiebig**
  < Das empfinde ich als unhöflich. Man hat ja auch nicht Zeit im Überfluss. >

Eine deutsche Managerin berichtet von einem Erlebnis mit einer französischen Kollegin, dass sie dazu brachte, ihr Vertrauen in diese Kollegin zu hinterfragen. Sie verabredet telefonisch mit der Kollegin, die in einem anderen Büro arbeitet, sich kurz zu treffen, um etwas zu klären. Als sie dann allerdings im Büro der Kollegin ankommt, ist diese dabei zu telefonieren. Notgedrungen folgt sie dem Gespräch und bemerkt dabei, dass es sich keineswegs um ein wichtiges Kundengespräch oder dergleichen handelt, sondern dass sich die Kollegin vielmehr über relativ belanglose Themen unterhält.

> Ich hatte mich mit der Dame verabredet. Das heißt, ich habe kurz vorher angerufen: 'Kann ich vorbeikommen?' 'Ja, okay.' Dann bin ich da zu ihr hingegangen, und dann war sie noch am Telefon. Das kommt ja vor. Das ist kein Thema. So. Und dann kann ich aber, sage ich mal, schon unterscheiden, ob jetzt jemand am Telefon telefoniert, wo er jetzt wirklich in einem [wichtigen] Gespräch ist – zum Beispiel mit einem Kunden, den er jetzt nicht abwürgen kann, das ist logisch – oder aber ob er halt telefoniert, telefoniert und dann hier noch und da noch. [DF-18]

Auch das würde die deutsche Managerin aber noch entschuldigen. Franzosen würden eben „öfter mal ausschweifend erzählen". Was Sie aber letztendlich in ihrer negativen Wahrnehmung bekräftigt, ist die Tatsache, dass die französische Kollegin ihr gegenüber noch nicht einmal ein Zeichen macht, um zu signalisieren, sie sei gleich fertig oder es sei eben wichtig oder es täte ihr Leid, dass sie noch am Telefon sei etc.

> Das ist ja bei den Franzosen halt auch so, sage ich mal. Die sind ja dann öfter mal ausschweifend, wenn sie erzählen, wenn sie dann ans Erzählen kommen. Dass man dann allerdings... Ich sage mal: Man könnte [ein] Zeichen geben: 'Okay, es dauert noch 5 Minuten'. Aber, wenn das nicht kommt...[DF-18]

Dies alles zusammen führt dann dazu, dass die französische Managerin bei der Deutschen einen äußerst negativen Eindruck hinterlässt: Die deutsche Managerin hat den Eindruck, dass die Kollegin sie bewusst warten ließ und also gezielt unhöflich bzw. respektlos behandelte. Sie schließt, dass es sich um ein „Machtspielchen" gehandelt habe, und dass sie bei dieser Kollegin „aufpassen" müsse.

> Das empfinde ich dann schon persönlich als unhöflich. Ich saß da der Person gegenüber und musste dann vielleicht noch so gut 5 bis 10 Minuten warten. Ich meine, man hat ja auch nicht [Zeit im Überfluss]. [Die hat mir] Zeit gestohlen. ... Sie hat mich dann bewusst warten lassen. Das ist eine Respektsache. Und für mich ist das gleich: Respekt gleich Vertrauen. Also es ist nicht gleich, aber es liegt eng beieinander. ... Also das sind so Sachen, wo ich sage: Hm, okay, das war so ein kleines Machtspielchen halt. ... Das ist für mich dann so ein Zeichen gewesen, wo ich gesagt habe: Okay, da muss ich ... aufpassen. Also das ist jetzt nicht so, dass ich schon gleich super misstrauisch bin, aber das sind so Zeichen. [DF-18]

Wenn man die Episode vor dem Hintergrund des beschriebenen deutsch-französischen Kulturunterschieds in Bezug auf die Arbeitsorganisation betrachtet, dann kann man sich fragen, ob die französische Kollegin sie tatsächlich „bewusst" hat warten lassen? War es ein „Machtspielchen"? Würde die Französin prinzipiell einräumen, dass man ihr Verhalten als unhöflich oder gar respektlos sehen kann? Die deutsche Managerin zieht in ihrer Verhaltensinterpretation zwar zunächst einen Kulturunterschied heran („dass Franzosen öfter mal ausschweifend erzählen"), wodurch sie das aus ihrer Sicht unpassende Verhalten der französischen Kollegin erklären und entschuldigen kann. Gleiches hätte sie theoretisch in Bezug auf den Unterschied zwischen einer monochronen bzw. polychronen Arbeitsorganisation tun können. Das tut sie allerdings nicht, sondern sie interpretiert das Verhalten klar als Vertrauenswarnung (in Bezug auf den Faktor *'Respekt und Interesse zeigen'*). Die beschriebene Episode lässt sich also als kulturelles Vertrauensmissverständnis interpretieren. Das Verhalten der französischen Kollegin, welches die deutsche Managerin als Vertrauenswarnung in Bezug auf *'Respekt und Interesse zeigen'* interpretiert, würde die Französin keinesfalls als respektlos betrachten. Das Vertrauensmissverständnis beruht auf einem Kulturunterschied der Faktordiagnose.

5.4.3.4 Interkulturelle Vertrauensmaßnahmen

Mehrere französische Manager beschreiben es als Strategie des Vertrauensaufbaus gegenüber deutschen Kollegen, dass sie darauf achten, pünktlich zu sein.

> La ponctualité, ça c'est très très important. Si moi, je vais à un rendez-vous en Allemagne, je suis à l'heure, et je crois que ça serait mal vu si j'arrivais avec ¾ d'heures de retard à un rendez-vous en Allemagne. ... Si je dis : « Je vais arriver à huit heures », j'arrive à huit heures. [FD-04]

> Si vous arrivez en retard, la confiance chez un allemand pour un français qui est toujours latin et toujours en retard, la confiance pour l'allemand est déjà mise à mal, parce que le français n'est pas beaucoup à l'heure. Déjà, à l'avance, si le Français arrive a l'heure, ça facilite déjà la construction d'une confiance [FD-16]

> Et il ne faut pas arriver en retard. [FD-20]

Ein französischer Manager erklärt, dass es wichtig sei, sich in der Zusammenarbeit mit deutschen Kollegen darum zu bemühen, Dinge zu strukturieren und Abläufe zu klären. Man dürfe vor allem nicht „dans le flou" sein, also zu vage bleiben. Dies sei eine sehr erfolgreiche Strategie gewesen, um Vertrauen aufzubauen.

> Je pense que pour la culture allemande, il faut vraiment structurer, définir, et procédurer les choses. Il ne faut surtout pas être dans le flou, dans la fantaisie. ... C'est une relation de confiance qu'on a su mettre en place par le fait... A mon avis, la clé de la réussite, ça a été de structurer et de procédurer ce qu'on fait de manière réciproque.

5.5 Umgang mit Konflikten und Schwierigkeiten

In der beruflichen bzw. geschäftlichen Zusammenarbeit sieht man sich, auch ohne dass man es plant oder herbei wünscht, mit den unterschiedlichsten Konflikten und Schwierigkeiten konfrontiert, weil Interessen kollidieren oder Ziele sich ausschließen. Der Umgang mit solchen Konflikten und Schwierigkeiten bei der Realisierung beruflicher Aufgaben ist eine für die Vertrauensentwicklung äußerst kritische Angelegenheit.

Was den Kulturvergleich anbelangt, zeigte sich nun, dass die interviewten deutschen und französischen Manager im Konfliktfall unterschiedliche Verhaltensweisen als angemessen betrachten und im Hinblick auf unterschiedliche Vertrauensfaktoren interpretieren. Dies betrifft insbesondere das Konfliktmanagement, und dabei sowohl die Herangehensweise an Konflikte bzw. die Art und Weise, wie man versucht, Konflikte zu lösen, als auch die Emotionalität in einem Konflikt bzw. einer Auseinandersetzung (vgl. Tab. 5.11).

Tab. 5.11: Vertrauensrelevante Unterschiedsbereiche im fünften Handlungsfeld

Unterschiedsbereich	Nummer	Abschnitt
Konfliktmanagement: Herangehensweise und Emotionalität	KU-10	5.5.1

Es handelt sich um den einzigen vertrauensrelevanten Unterschiedsbereich, der dem Handlungsfeld <Umgang mit Konflikten und Schwierigkeiten> zugeordnet wurde. Ich werde ihn im Folgenden näher erläutern und durch Zitate belegen und veranschaulichen. Zuvor möchte ich jedoch darauf hinweisen, dass die Herausforderung des aufgabenbezogenen Konfliktmanagements Bezüge herstellt zwischen einerseits dem hier besprochenen aufgabenorientierten Handlungsfeld <Umgang mit Konflikten und Schwierigkeiten> und andererseits verschiedenen der eher beziehungsorientierten Vertrauensfaktoren, die ich der weiter unten vorstelle. Es ist hilfreich, sich zunächst diese Bezüge im Zusammenhang der Diskussion von Kulturunterschieden des Konfliktmanagements bewusst zu machen.

Bezüge zu den beziehungsorientierten Vertrauensfaktoren: Konflikte und Schwierigkeiten stellen nicht nur die Realisierung der beruflichen Aufgaben in Frage. Das Verhalten im Zusammenhang mit Konflikten bietet einige Ansatzpunkte, hinsichtlich verschiedener beziehungsorientierter Vertrauensfaktoren als Vertrauenswarnung interpretiert zu werden.

- Grundsätzlich ist man sich im Fall eines Konflikts nicht einig. Daher sind erstens die Vertrauensfaktoren im Handlungsfeld <Relationship Fit> betroffen (vgl. 'Sympathie/affektive Übereinstimmung' und 'Einigkeit/Ähnlichkeit im Denken/Vorgehen').
- Zweitens ist man in einer Konfliktsituation tendenziell weniger geneigt, sich besonders kooperativ zu verhalten oder den anderen zu unterstützen etc., was das Handlungsfeld <Kooperatives Verhalten> berührt.
- Drittens kommt es gerade in Konfliktsituationen vor, dass Partner ihr Verhalten gegenseitig als unfair bewerten, was einen Bezug zu den Vertrauensfaktoren des Handlungsfelds <Fairplay in der Zusammenarbeit> herstellt.[159]
- Viertens ist schließlich auch der konkrete Umgang mit Konflikten für die Vertrauensentwicklung kritisch, und zwar insbesondere im Hinblick auf das Handlungsfeld <Respektvoller Umgang/Facework>. Wie kann man einen Konflikt angehen und eine Lösung herbeiführen und dabei gleichzeitig sicherstellen, dass sich beide Konfliktparteien respektvoll behandelt fühlen?

Zusammenhang zwischen Konfliktmanagement und Äußern von Kritik: Neben diesen handlungslogischen Bezügen spielen hier vertrauensrelevante Kulturunterschiede hinein. Sie betreffen erstens die Frage, inwieweit man die sachliche Zusammenarbeit unabhängig von der persönlichen Beziehung sehen kann («Sach- vs. Beziehungsorientierung», vgl. 5.6.1), und zweitens die Frage, wie wann und in welchem Maße eine gewisse höfliche Indirektheit angebracht ist (*Äußern von Kritik und Widerspruch*, vgl. 5.8.1). Ich werde auf beide Aspekte in der Diskussion der beziehungsorientierten Vertrauensfaktoren genauer eingehen, möchte

---

[159] Umgekehrt hat es im Konfliktfall jedoch auch ein besonderes Gewicht, wenn man sich in Bezug auf solche Vertrauensfaktoren 'positiv' verhält.

5.5 Umgang mit Konflikten und Schwierigkeiten

aber an dieser Stelle bereits auf den vertrauensrelevanten Zusammenhang zwischen der Herangehensweise an Konflikte und dem Äußern von Kritik verweisen.

Der Vertrauensfaktor *'Konflikte offen und proaktiv managen'* steht in einem Zusammenhang mit dem Vertrauensfaktor *'Kritik / Widerspruch höflich-indirekt äußern'* aus dem Handlungsfeld <Respektvoller Umgang / Facework>. Bei beiden Vertrauensfaktoren geht es zwar um ähnliche Verhaltensweisen aber gleichzeitig um unterschiedliche Interpretationen dieser Verhaltensweisen. Kritik zu äußern kann Teil eines proaktiven Konfliktmanagements sein. Die unterschiedliche Bewertung des Verhaltens im Hinblick auf die Einschätzung von Vertrauenswürdigkeit entsteht dadurch, dass jeweils unterschiedliche Ziele des Verhaltens unterstellt werden.

- Im Konfliktmanagement geht es darum, wie man mit Konflikten umgeht – das heißt, wie man auf sie reagiert, sie bewältigt, sie löst, über sie hinwegkommt – um in der gemeinsamen Arbeit produktiv fortfahren zu können. Dies ist die Perspektive des Vertrauensfaktors *'Konflikte offen und proaktiv managen'*.
- Beim Äußern von Kritik geht es hingegen darum, wie man sich wechselseitig als Person wahrnimmt und insbesondere, welchen Eindruck man davon hat, wie *der andere* einen selbst als Person wahrnimmt. Das Äußern von Kritik steht also vor dem Hintergrund der 'beziehungstechnischen' Anforderung eines gelungenen 'Facework' (vgl. 5.8). Dies ist die Perspektive des Vertrauensfaktors *'Kritik / Widerspruch höflich-indirekt äußern'*.

Die qualitativen Auswertungen haben gezeigt, dass es hier in Bezug auf beide Vertrauensfaktoren vertrauensrelevante Kulturunterschiede gibt. An dieser Stelle möchte ich nun auf die Kulturunterschiede in Bezug auf das Konfliktmanagement, also die Interpretation und Bewertung des Verhaltens im Umgang mit Konflikten und Schwierigkeiten eingehen.

5.5.1 Konfliktmanagement: Herangehensweise und Emotionalität [KU-10]

5.5.1.1 *Argumentation: Herangehensweise an Konflikte*

Die interviewten deutschen Manager bevorzugen ein proaktives Konfliktmanagement. Sie befürworten es stärker als ihre französischen Kollegen, an Konflikte offen und proaktiv heranzugehen[160], das heißt, die Konflikte offen anzusprechen und in einer offenen und konstruktiven Diskussion der Probleme und Schwierigkeiten gemeinsam eine Lösung zu entwickeln. Dies zeigte sich bereits im Gewichtungsvergleich: Der entsprechende Vertrauensfaktor *'Konflikte offen und proaktiv managen'* findet sich signifikant häufiger in den mono-kulturellen deutschen Interviews als in den französischen; auch im Vergleich der bi-kulturellen Gruppen findet sich der Faktor häufiger auf deutscher Seite (DD>FF*, DF>FD).

Demgegenüber befürworten die französischen Interviewpartner eine aus deutscher Sicht sehr vorsichtig wirkende Herangehensweise an Konflikte. Sie folgen hier dem französischen Kommunikationsstil, Kritik oder Widerspruch eher indirekt zu äußern (vgl. Erklärungskonzept «*Direktheit des Kommunikationsstils*», 5.1.2). Dies impliziert, dass sie die von den Deutschen präferierte Art des offenen und proaktiven Konfliktmanagements nicht in gleicher Weise umsetzen können wie ihre deutschen Kollegen. Sie setzen in ihrem Konfliktmanagement nicht auf eine offene und proaktive Herangehensweise, sondern sie beschreiben stattdessen, dass man Konflikte auch ohne offene Aussprache lösen kann. Beispielsweise könne man sich gegenseitig über gezielte Andeutungen zu verstehen geben, was die jeweiligen Positio-

---

[160] Der Begriff der 'Herangehensweise' bezieht sich hier auf die Frage, wie die deutschen und französischen Manager *an Konflikte* herangehen – das heißt es geht nicht um das Erklärungskonzept der «*Herangehensweise*» an Arbeitsaufgaben , das ich in 5.4.1.1 entwickle.

nen sind und woran man sich stört – woraufhin dann jeder für sich sehen kann, wie er auf diese Situation konstruktiv reagiert. Alternativ könne man Konflikte auch über die Vermittlung Dritter angehen oder indem man sie in der Hierarchie nach oben trägt – oder schließlich indem man sie schlicht aussitzt. Alle diese Varianten vermeiden die offen-direkte Aussprache, was nach den Darstellungen der interviewten französischen Manager die im französischen Umfeld präferierte Variante zu sein scheint.[161]

Inwiefern hat dieser Kulturunterschied eine Wirkung auf die Vertrauensentwicklung? Die beschriebene französische Art des Konfliktmanagements kann auf deutscher Seite als Vertrauenswarnung in Bezug auf den Faktor *'Konflikte offen und proaktiv managen'* interpretiert werden. „Also wenn man mal versucht, ihn darauf anzusprechen und so, dann ist Schluss. Dann weicht er aus.", beschwert sich ein deutscher Manager im Bericht über einen als nicht vertrauenswürdig wahrgenommenen französischen Vorgesetzten [DF-07].

5.5.1.2 *Zitate*

Ein deutscher Manager beschreibt, wie man grundsätzlich mit Konflikten umgehen sollte:

> Man muss über Probleme, die in Arbeitsabläufen entstehen, diskutieren, offen sprechen. [DF-12]

So sieht das auch der folgende deutsche Manager, wie seine Darstellung eines Erlebnisses mit seiner Chefin erkennen lässt: Sie haben „halt Tacheles gesprochen":

> [Ich] habe gesagt: 'Ich finde das unter aller Kanone.' Sie hat das nicht so gesehen. ... Ja, und dann haben wir halt Tacheles gesprochen. Wirklich Tacheles. Sehr stark. Und das war eigentlich so eine Standortbestimmung. Spitz oder Knopf. Und dann habe ich ganz klar auch signalisiert: 'He, das, das, das und das passt mir nicht. Wenn Sie meinen, ich mache den Job nicht, dann soll es jemand anderes machen. Sagen Sie es mir. Weil: Das ist mein Empfinden!' [DD-06]

Entsprechend ist auch die deutsche Erwartungshaltung: Wenn jemand nicht meiner Meinung ist, dann soll er mir das offen sagen. Sonst sei es keine vertrauensvolle Arbeitsbasis, bemerkt folgender deutscher Manager:

> [Das] erwarte ich auch von jemandem im Beruf, dass er dann, wenn er mit jemandem nicht einer Meinung ist, und meint, man sollte es anders machen, das einem das genauso offen dann gesagt wird. Denn damit kann man umgehen, das ist kein Problem. Und wenn das eben jemand nicht macht, dann finde ich, ist das keine vertrauensvolle Arbeitsbasis. [DF-16]

Wenn mit dem anderen diese offene Aussprache nicht möglich ist, dann stößt das auf Befremden. Ein deutscher Manager berichtet über die Zusammenarbeit mit einem französischen Kollegen, mit dem er nicht offen Probleme ansprechen kann. Es gab einen Konflikt zwischen ihnen, aber mit seinem offen-proaktiven Konfliktmanagement kam er bei diesem Kollegen einfach nicht weiter:

> Da hatte ich also das Gefühl: 'Das, was ich da lese, ist doch was völlig anderes als das, was wir besprochen haben!' ... Die Diskussion darüber, warum das so ist, hat er immer abgetan. Ich dachte: 'Jetzt frage ich ihn mal.' Da sagt er: 'Ja, das habe ich so verstanden.' Punkt um. [DF-23]

Umgekehrt berichtet es eine deutsche Managerin als sehr vertrauensförderlich in der Beziehung zu einem französischen Kollegen, dass dieser ihr im Konfliktfall offen sagt, was ihn stört: Ihr fällt positiv auf...

> dass das Feedback gleich kommt bei ihm, dieses direkte Feedback. Also das heißt, dass er, wenn ich störe oder so, dann auch manchmal poltert so nach dem Motto: 'Jetzt nicht!' [lacht] Bei anderen Franzosen ist das nicht so. Die sagen das nicht so. Die sind viel zu höflich als dass Sie in dem Moment sagen würden: 'Du störst jetzt.' Das würden die nie so formulieren. [DF-15]

---

[161] Hierin zeigt sich auch eine Auswirkung des allgemeinen Kulturunterschieds «*Sach- vs. Beziehungsorientierung*», vgl. 5.6.

5.5 Umgang mit Konflikten und Schwierigkeiten

Der Managerin scheint das eher eine deutsche als eine französische Art zu sein. Sie hat den Eindruck, der französische Kollege – der schon lange in Deutschland ist – habe sich in dieser Hinsicht angepasst:

> [Dieser Kollege] ist schon ziemlich lange in Deutschland. ... Und dieses so nach dem Motto: 'Jetzt stör mich nicht.' oder so, ich glaube, das hat er sich hier in Deutschland abgekuckt. ... Dieses direkte Feedback, wenn irgendwas nicht passt oder nicht geht. ... Er sagt dann auch: 'Du, das passt nicht.' ... Und bei [anderen] Franzosen, da ist es oft so – oder habe ich das Gefühl – dass man das nicht so direkt zeigt. Also man ist sehr, sehr höflich im Umgang miteinander. Und man würde das nicht so direkt sagen. Also in der Beziehung empfinde ich diesen Kollegen nicht mehr als Franzosen. [DF-15]

5.5.1.3 Vertrauensmissverständnisse

- **Diskussion schwieriger Punkte war mit ihm nicht möglich**
  < Er ist dann zum Chef gerannt und hat sich beklagt! >

Der bereits eben zitierte Manager [DF-23] berichtet in der Darstellung seiner Arbeitsbeziehung zu dem französischen Kollegen, dem er nicht vertrauen kann, ausführlich über seine Schwierigkeiten, mit diesem Kollegen offen Probleme zu diskutieren. Der deutsche Manager muss als Bereichsleiter mit dem Franzosen den Stand des Projekts diskutieren, welches der Franzose verantwortet („die Projekt-Review machen"). In dem Projekt gab es offenbar Schwierigkeiten. Allerdings sind sich die beiden offenbar nicht einig, wie diese Schwierigkeiten in der entsprechenden Projekt-Review anzugehen sind.

> Ich habe ja als Verantwortlicher für die Performance dann mit ihm die Ergebnisse diskutiert, das heißt, die Projekt-Review gemacht. Das war ein Herumgeeiere! [Also die Diskussion] warum er in seinem zuständigen Projekt so miserabel ist, wie er ist. [DF-23]

Der deutsche Manager beschreibt, wie er in der Projekt-Review die bestehenden Schwierigkeiten angeht: Fragen stellen, sich nicht mit den allgemeinen Sprüchen zufrieden geben bzw. abspeisen lassen, sondern in die Tiefe steigen und Belege fordern – also das Problem auf den Punkt bringen.

> Er wusste, dass ich Fragen stelle. Er wusste, dass ich mich mit den allgemeinen Sprüchen 'Ja, es ist alles in Ordnung!' so nicht zufrieden geben kann, weil ja die Ergebnisse zeigen muss, wie sie nun tatsächlich sind. Und das wusste er ganz genau, **dass ich mich nicht abspeisen lasse**. Das hat er nach dem dritten Mal, als ich eine Review mit ihm gemacht habe, auch genau gespürt. Und **die Tatsache, dass ich dann in die Tiefe steige, hat bei ihm dazu geführt, dass er etwas belegen musste, was er nicht belegen konnte.** Nicht immer, aber manchmal. [DF-23]

Dies führt dazu, dass der französische Projektleiter „riesige Schwierigkeiten" macht: „Er hat dann das Review in Frage gestellt, oder er hat mich als Person in Frage gestellt, oder er ist zum Chef gerannt und hat sich beklagt" [DF-23].

Dass der Franzose schließlich die Führungslinien umgeht und sich beim Vorgesetzten des deutschen Manager beschwert, ist für diesen noch eine zusätzliche Vertrauenswarnung (in Bezug auf den Faktor *'Zuständigkeiten respektieren'*). Wenn wir allerdings den Ausgangspunkt der Darstellung betrachten, dann handelt es sich zunächst einmal um eine Konfliktsituation: Der französische Projektleiter verantwortet eine Projektentwicklung, mit welcher der deutsche Bereichsleiter nicht einverstanden ist. In der Projekt-Review müssen sie nun mit diesem Konflikt umgehen. Die dargestellte Episode lässt sich vor dem Hintergrund des dargestellten deutsch-französischen Unterschieds in Bezug auf die Herangehensweise an Konflikte als kulturelles Vertrauensmissverständnis interpretieren. Der deutsche Manager versucht, die Review zu nutzen, um endlich einmal 'Klartext zu reden' und die Probleme offen auf den Tisch zu bringen. Da macht der Franzose aber von sich nicht mit. Der Deutsche lässt sich allerdings „nicht abspeisen", sondern versucht, „in die Tiefe" zu gehen. Doch warum fordert er Belege, von welchen er weiß, dass der Franzose sie nicht geben kann? Weil er eben den Konflikt zunächst einmal offen, so wie er ist, in den Raum stellen möchte. Es ist Teil seiner Strategie, den Konflikt offen und proaktiv anzugehen. Dass der Franzose aber genau dazu offenbar nicht bereit ist, interpretiert der deutsche Manager als Vertrauenswarnung in Bezug auf den Faktor *'Konflikte offen und proaktiv managen'*. Das Verhalten des Franzosen bedeutet jedoch nicht unbedingt, dass er an einer Lösung des Konflikts nicht interessiert wäre. Allerdings erscheint ihm die offene Konfrontation mit dem Konflikt nicht als notwendige Vorbedingung sondern eher als persönlicher Angriff und als Grund, sich anschließend über seinen Vorgesetzten zu beschweren.

5.5.1.4 Argumentation: Emotionalität in Auseinandersetzungen

Der zweiter Kulturunterschied in Bezug auf die Frage, wie man mit Konflikten umgeht, betrifft die *Emotionalität in Auseinandersetzungen*. Hier geht es um die Frage, wann und in welchem Maße es in konfliktreichen Auseinandersetzungen möglich bzw. toleriert ist, seinen unter Umständen starken Emotionen Ausdruck zu verleihen (also laut zu werden, zu schimpfen etc.). In einer Situation der beruflichen Zusammenarbeit leitender Führungskräfte aus deutschen und französischen Unternehmen gibt es hier fraglos Toleranzschwellen. Dies beschreibt der Vertrauensfaktor *'In Diskussionen sachlich bleiben'*. Doch auch wenn dahingehend Einigkeit besteht, *dass* es einen Bereich unterhalb der Toleranzschwelle gibt, kann es Unterschiede im Hinblick auf die Frage geben, wo genau die Toleranzschwelle liegt.

Die Auswertung machte deutlich, dass die interviewten deutschen und französischen Manager hier unterschiedliche Toleranzschwellen annehmen, was sich als Kulturunterschied der Faktordiagnose in Bezug auf *'In Diskussionen sachlich bleiben'* rekonstruieren lässt: Was aus Sicht der deutschen Manager bereits als 'zu emotional' erscheint, kann für die französischen Manager durchaus noch im Rahmen sein. Sie werden in einer etablierten und funktionierenden Arbeitsbeziehung durchaus in heftigen Diskussionen auch einmal etwas lauter. Auch Castel et al. (2007: 565) berichten, dass die von ihnen interviewten französischen Manager Wert darauf legen, Emotionalität ausleben zu können.

Für die Vertrauensentwicklung bedeutet dies, dass deutsche Manager teilweise eine Vertrauenswarnung gemäß dem Vertrauensfaktor *'In Diskussionen sachlich bleiben'* diagnostizieren, obwohl die französischen Kollegen ihr Verhalten möglicherweise gar nicht für vertrauensrelevant halten würden. „Wenn man sagt 'Du Knallkopp!', braucht man nicht mehr versuchen, einen Vertrag zu machen", so einer der deutschen Manager [DF-22].

5.5.1.5 Zitate

Ein deutscher Manager berichtet von der Zusammenarbeit mit einem französischen Kollegen, mit dem er Verhandlungen über die Grundbestimmungen einer gemeinsamen Projektarbeit führen musste. Leider hat sich in den Diskussionen mit dem Franzosen keine „objektivere Entscheidung herbeiführen" lassen.

> Da ist es in den Verhandlungen lauter geworden, da ist es auch persönlich geworden, da wurde 'Du Knallkopp!' gesagt oder solche Geschichten. Da ist viel mehr auf der emotionalen Ebene abgelaufen, als auf der technisch-inhaltlichen Ebene. ... **Also das wurde schon sehr, sehr laut, ja, und sehr emotional.** [DF-22]

Das ist dem zitierten Manager schon häufiger passiert, und er interpretiert das als ein „Beziehungsproblem". Es gehe nicht mehr um die Konfliktlösung, sondern um den Streit an sich.

> Und das ist ganz oft so, dass man da viel stärker als in Deutschland... **Es passiert mir viel öfter in Frankreich als in Deutschland, dass ich auf Beziehungsprobleme stoße.** Man unterhält sich einfach nicht mehr über Inhalte, sondern man versucht, einen Streit auszutragen. Man versucht einen Konflikt nicht zu lösen, sondern ihn eskalieren zu lassen. Darum geht es dann in dem Moment. Das ist so. [DF-22]

5.5 Umgang mit Konflikten und Schwierigkeiten

Ein anderer deutscher Manager berichtet, wie sein französischer Chef einmal „volle Möhre ausgerastet" ist:

> Und dann habe ich einen alten Kollegen zitiert und gesagt: 'Ach ja, wie mein alter Freund X immer sagt: We are still confused, but on a much higher level.' Und das war in einer großen Gruppe. Und dann ist dem der Draht aus der Mütze gesprungen. **Der ist aufgestanden, und hat gerufen: 'Das ist eine Unverschämtheit! Diese Sch... Kommentare! Wenn dir das hier nicht passt, dann kannst du gehen!'**- Er ist also volle Möhre ausgerastet. Das war also ein unglaublicher emotionaler Ausbruch. [DF-07]

5.5.1.6 Vertrauensmissverständnisse

- **Ich rief 'Du nervst!' – und er stand auf und ging.**
  < J'ai explosé : 'Du nervst !' – Il s'est levé et il est parti ! >

Ein französischer Rechtsanwalt berichtet von einem Vorfall, der sich in der Zusammenarbeit mit seinem Partner in dessen Kanzlei in Deutschland ereignete.

> Il y a une fois où il y a quelque chose qui m'a passablement énervé. Je ne sais plus ce que c'était, ce n'est pas important. Et je me souviens : **J'ai explosé et j'ai dit à mon associé : « Du nervst ! » Il s'est levé et il est parti.** Alors que bon, en tant que Français, on est beaucoup plus impulsifs. Encore moi, je suis très calme. Donc, je ne suis pas encore... [FD-24]

Der Franzose kommentiert den Vorfall dahingehend, dass man in Deutschland viel stärker auf die Formen achten müsse, während man in Frankreich viel mehr Freiheiten habe.

> Ce que j'ai constaté, c'est qu'il faut faire très attention à la forme. Vous pouvez tout dire en Allemagne, dès lors que vous utilisez les formes. Et je pensais que c'était en France comme ça. En fait, je me suis complètement trompé. C'est qu'**en France, vous avez des libertés.** ... **Je pense que ici en Allemagne, c'est important de connaître les formes.** [FD-24]

Die Darstellung illustriert den unterschiedlichen Stellenwert, den die beiden Rechtsanwälte dem emotionalen Ausbruchs des Franzosen zuweisen. Während der Franzose sich rechtfertigt, das sei doch nichts ungewöhnliches, ist es dem Deutschen Anlass genug, wortlos aufzustehen und zu gehen. Es gibt leider keine Daten zur Sicht des deutschen Rechtsanwalts auf die dargestellte Episode. Vor den obigen Ausführungen zur unterschiedlichen Sicht deutscher und französischer Manager auf die Emotionalität in Auseinandersetzungen ist es jedoch nicht unplausibel, hinter dem Vorfall ein kulturelles Vertrauensmissverständnis zu sehen: möglicherweise interpretierte der Deutsche die Situation als eine Vertrauenswarnung in Bezug auf den Faktor *'In Diskussionen sachlich bleiben'*, während für den Franzose die Toleranzschwelle im Hinblick auf den Ausdruck von Emotionen (noch) nicht überschritten war.

5.5.1.7 Interkulturelle Vertrauensmaßnahmen

Zwei französische Manager beschreiben es als Strategie des Vertrauensaufbaus mit deutschen Kollegen, die Sachen klar auf den Punkt zu bringen bzw. die eigentlichen Probleme anzusprechen.

> Ce qui a beaucoup aidé, c'est que rapidement on a mis le point. ... Plutôt que d'imaginer que tout allait être « blue sky », j'ai dit : « Bon, non. Il va y avoir un problème qui est la barrière de la langue. » Je l'ai mis par écrit en disant que la barrière de la langue allait être une difficulté que nous devrions évaluer ensemble. ... Ce qui est dommage c'est d'arriver devant des interlocuteurs et de cacher des choses en disant : « On n'ose pas en parler, parce que ça va être un sujet conflictuel, donc on le cache. » ... Il vaut mieux au début dire : « Bon , voilà. Il y a un problème, on va en parler. » [FD-11]

> C'est donc en essayant de dévoiler les choses et de poser les vrais problèmes. De ne pas essayer de tourner autour du vrai problème. Et une fois que ça, c'est sur la table, et bien on est bien obligé de discuter après. Donc, de forcer, de forcer le débat sur des sujets qui ne sont pas faciles justement. [FD-14]

5.6 Beziehungsaufbau und Beziehungspflege

Ich werde im folgenden Abschnitt drei Kulturunterschiede ausführlicher diskutieren, welche Einfluss auf die Vertrauensfaktoren im Handlungsfeld *<Beziehungsaufbau und Beziehungspflege>* haben. Dabei geht es erstens darum, dass sich die deutschen und die französischen Manager offenbar in unterschiedlicher Art und Weise um die Entwicklung und Pflege ihrer Arbeitsbeziehung zu Kollegen oder Geschäftspartnern kümmern. Zweitens bevorzugen die deutschen und die französischen Manager unterschiedliche Wege, um in einer Arbeitsbeziehung auch eine persönlich-private Komponente zu realisieren. Drittens bevorzugen und realisieren die deutschen und die französischen Manager unterschiedliche Arten von Humor bzw. Lockerheit. Alle drei Unterschiedsbereiche haben einen Einfluss auf die Interpretation bestimmter Verhaltensweisen im Hinblick auf bestimmte Vertrauensfaktoren und können somit zu Vertrauensmissverständnissen führen. Einen Überblick gibt Tab. 5.12.

Tab. 5.12: Unterschiedsbereiche im sechsten Handlungsfeld

Unterschiedsbereich	Nummer	Abschnitt
Beziehungsentwicklung	KU-11	5.6.1
Private Dimension der Beziehung	KU-12	5.6.2
Humor: Lockerheitseindruck und unverstandene Ironie	KU-13	5.6.3

Diese drei Aspekte werde ich im Folgenden näher erläutern und durch Zitate belegen und veranschaulichen. Zuvor möchte ich jedoch das Erklärungskonzept erläutern, dessen Einfluss sich hier in besonders deutlicher Weise zeigt, nämlich «*Sach- vs. Beziehungsorientierung*». Vergegenwärtigen wir uns noch einmal die Definition des Handlungsfelds *<Beziehungsaufbau / Beziehungspflege>*. Es geht hier um die Frage, inwiefern man sich – neben den eigentlichen beruflichen Aufgaben im engeren Sinne – aktiv darum bemüht, die gemeinsame Beziehung zu 'pflegen' oder weiter auszubauen. Im Hinblick auf diese Frage kontrastieren viele Studien zum deutsch-französischen Management den Unterschied zwischen einer stärkeren Sach- bzw. Aufgabenorientierung auf deutscher Seite und einer stärkeren Beziehungsorientierung auf französischer Seite.

Der Unterschied zwischen Sach- und Beziehungsorientierung wurde von Reddin (1977) für Führungsverhalten vorgeschlagen und in der kulturvergleichenden Literatur aufgegriffen (u. a. Gesteland 1999, „relationship-focus vs. deal-focus", Schroll-Machl 2002: „Sachebene und Beziehungsebene"). In der deutsch-französisch vergleichenden Managementforschung zählt er zu den sehr häufig beschriebenen Kulturunterschieden (vgl. Strübing 1997, Pateau 1998, Gmür 1999, Demangeat & Molz 2003). Thomas (2005a: 26) beschreibt „Sachorientierung" explizit als deutschen Kulturstandard. Inhaltlich bezieht sich der Unterschied auf die Frage, in wie weit man, während man aus sachlichen Gründen mit jemandem zusammenarbeitet, gleichzeitig mit berücksichtigt, welche Auswirkungen das eigenen Handeln auf die Beziehung zu dem jeweiligen Kollegen oder Partner hat. Passt man die Art und Weise seines Handelns an, auch wenn dies aus sachlich-inhaltlichen Gründen nicht erforderlich wäre? Zwei Beispiele erläutern diese Fragestellung:
- Beispiel-1: Angenommen Herr Müller muss Frau Meier im Zuge der Bearbeitung der gemeinsamen Arbeitsaufgaben kommunizieren, was diese tun soll. Dann macht es für die Beziehung der beiden einen Unterschied, ob Herr Müller Frau Meier höflich und respektvoll um einen Gefallen bittet, ob er ihr schlicht und einfach sagt, was zu tun ist, oder ob er sie bissig von oben herab dazu 'verdonnert', etwas zu tun. In allen drei Fällen wird inhaltlich das gleiche kommuniziert, nämlich die Aufgabenstellung, die von der Sache her erfor-

5.6 Beziehungsaufbau und Beziehungspflege

derlich ist. Allerdings zeigt Herr Müller im ersten Fall, dass er Frau Meier mit Respekt gegenübertritt, im zweiten Fall tut er dies nicht und im dritten Fall tut er ganz offensichtlich das Gegenteil. In allen drei Fällen lässt sich jedoch an Herrn Müllers Verhalten ablesen, wie er in dieser Situation mit der Beziehung zwischen ihm und Frau Meier umgeht. Man könnte auch sagen, dass er durch sein Handeln ihre Beziehung auf eine bestimmte Weise konstituiert.

- Beispiel-2: Angenommen Frau Schmidt sieht auf Basis ihrer spezifischen Fachkompetenz ernsthafte Schwachpunkte in einem Vorschlag von Herrn Schulze. Dann macht es einen Unterschied für die Beziehung zwischen Frau Schmidt und Herrn Schulze, ob sie seinen Vorschlag mit fundierten Argumenten in Grund und Boden kritisiert oder ob sie seinen Vorschlag würdigt und diesem lediglich einen (fundierteren) Alternativvorschlag gegenüberstellt. Aus einer sachorientierten Perspektive geht es nur um die inhaltliche Kritik und um die Qualität und Begründung des Gegenvorschlags. Eine beziehungsorientierte Perspektive berücksichtigt zusätzlich, welches Verständnis der Beziehung sich in der Art und Weise manifestiert, *wie* die Kritik und der Gegenvorschlag formuliert werden.

Die beiden Beispiele illustrieren, dass die Beziehungsorientierung einigen derjenigen Verhaltensweisen ein höheres Gewicht beimisst, welche in der Klassifikation der Vertrauensfaktoren als eher 'beziehungsorientierte' Vertrauensfaktoren charakterisiert werden – und zwar insbesondere den Verhaltensweisen im Handlungsfeld <Respektvoller Umgang/Facework>.

Die beziehungsorientierte Haltung geht jedoch noch einen Schritt weiter: Sie versucht, unabhängig von den eigentlichen bzw. akut anliegenden gemeinsamen Aufgaben die Beziehung als solche zu 'pflegen' oder sie bereits im Vorfeld zu stabilisieren. Je besser dies gelingt, desto einfacher wird es für die Beteiligten, bei Anweisungen, Kritik etc. über die stets mitschwingenden beziehungskritischen Interpretationsmöglichkeiten des Gesagten hinwegzusehen (persönlicher Vorwurf, Kritik an der Person etc.).[162] Denn bei einer stabilen Beziehung kann man davon ausgehen, dass diese Interpretationsmöglichkeiten von vorn herein ausscheiden. Einige der eher beziehungsorientierten Vertrauensfaktoren beschreiben daher auch Verhaltensweisen, die genau darauf hinwirken: auf eine Stabilisierung der Beziehung, welche deren Widerstandsfähigkeit für interpersonale Konflikte stärkt.[163] – Einen Überblick, an welchen Stellen des Kapitels auf die stärkere 'Sachorientierung' der deutschen Manager im Vergleich zu der stärkeren 'Beziehungsorientierung' der französischen Manager Bezug genommen wird, gibt Tab. 5.13.

Tab. 5.13: Bezüge zum Erklärungskonzept «Sach- vs. Beziehungsorientierung»

5.5.1	KU-10: *Konfliktmanagement* im Handlungsfeld <Umgang mit Konflikten>
5.6.1	KU-11: *Beziehungsentwicklung* im Handlungsfeld <Beziehungsaufbau und Beziehungspflege>
5.8.1	KU-16: *Äußern von Kritik und Widerspruch* im Handlungsfeld <Respektvoller Umgang/Facework>

Der Kulturunterschied der «*Sach- vs. Beziehungsorientierung*» zeigte sich in der vorliegenden Studie recht deutlich und in unterschiedlichen Formen. Dadurch wird nun eine präzisere Beschreibung möglich, wie sich dieser Unterschied auf die Entwicklung von Vertrauen in der

---

[162] Anweisungen, Kritik etc. sind die sogenannten 'face threatening acts' in der Theorie der Höflichkeit nach Brown & Levinson (1978), vgl. die Darstellung der Theorie in 5.8.1.1.

[163] Vgl. den Befund von Simons & Peterson (2000), welche zeigen konnten, dass hohes Vertrauen in Top-Management Teams dazu führt, dass Sachkonflikte bearbeitet werden können, ohne dass es zu Beziehungskonflikten kommt.

interkulturellen Zusammenarbeit auswirken kann. Naheliegenderweise betrifft dies vor allem die eher beziehungsorientierten Vertrauensfaktoren. Daher habe ich das Erklärungskonzept «Sach- vs. Beziehungsorientierung» hier vorgezogen. Im Folgenden komme ich nun zur Diskussion der drei vertrauensrelevanten Unterschiedsbereiche, welche dem Handlungsfeld <Beziehungsaufbau und Beziehungspflege> zugeordnet wurden (vgl. Tab. 5.12 Unterschiedsbereiche im sechsten Handlungsfeld). Die ersten beiden dieser Unterschiedsbereiche betreffen den Vertrauensfaktor 'Kontakt pflegen / viel kommunizieren' (KU-11, KU-12). Der dritte Unterschiedsbereich betrifft den Vertrauensfaktor 'Locker sein/Humor haben' (KU-13).

5.6.1 Beziehungsentwicklung [KU-11]

5.6.1.1 Argumentation

Der Kulturunterschied der *Beziehungsentwicklung* betrifft die Frage, ob sich eine Beziehung wesentlich vermittels der fachlich-inhaltlichen Zusammenarbeit entwickelt oder dadurch, dass man sich darüber hinaus zusätzlich aktiv um die Beziehungsentwicklung bemüht. Es geht hier also um den Aspekt der Kontaktpflege. In den Auswertungen der Interviews zeigte sich, dass die französischen Manager einer gezielten Beziehungsentwicklung bzw. Beziehungspflege für den Aufbau von Vertrauen ein deutlich höheres Gewicht beimessen als ihre deutschen Kollegen.

Die deutschen Manager beschreiben eine inhaltliche Zusammenarbeit im Zuge derer sie ihren Kollegen oder Geschäftspartner näher kennenlernen. Indem sie gemeinsam ihre Aufgaben bewältigen, haben sie Gelegenheit, sich näher kennenzulernen. Auf diese Weise baut sich mit der Zeit dann auch eine Beziehung auf, die über die rein inhaltliche Zusammenarbeit hinausgeht. Demgegenüber stellen die französischen Manager die Frage der Beziehungsentwicklung ganz anders dar. Sie betonen die große Wichtigkeit, sich neben der aufgabenbezogenen Zusammenarbeit gezielt und aktiv um den Aufbau einer persönlichen Beziehung zu bemühen. Aus ihrer Sicht erscheint es seltsam, rein sachorientiert zusammenarbeiten. Es muss möglichst früh in einer Arbeitsbeziehung noch etwas hinzukommen bzw. eine persönliche Dimension der Beziehung entwickelt werden. Dies erscheint sehr vielen der interviewten französischen Manager als essentiell für den Aufbau von Vertrauen (zur Relevanz der Beziehungsorientierung in Frankreich vgl. Amado et al. 1990, d'Iribarne 1989, Pateau 1989, Hall & Hall 1990).

Der Aspekt betrifft schon den Beginn von Arbeitsbeziehungen. Französische Manager beschreiben auch die gezielte Initiierung beruflicher Kontakte oder gemeinsamer unternehmensinterner Projekte zum Zweck des Aufbaus von Vertrauen – ein Vorgehen, das von keinem der deutschen Manager beschrieben wird. Aus einer deutschen Perspektive ergibt sich eine unternehmensinterne Zusammenarbeit grundsätzlich zunächst einmal zweckbegründet. Im Rahmen solcher Zusammenarbeit ergibt sich dann die Möglichkeit oder Notwendigkeit, die Arbeitsbeziehung zu gestalten.

Für den weiteren Verlauf von Arbeitsbeziehungen beschreiben viele französische Manager, dass sie beispielsweise bewusst Reiseaufwand in Kauf nehmen, um ihre Kollegen oder Partner persönlich zu treffen. Zudem räumen sie dem gemeinsamen Mittagessen – auch zeitlich – einen höheren Stellenwert ein als ihre deutschen Kollegen. Schließlich geben sie mündlicher Kommunikation den Vorrang vor schriftlicher Kommunikation, um ihre Partner im direkten Gespräch besser kennenzulernen und durch den kurzen direkten Austausch die Beziehung zu 'pflegen'.

5.6 Beziehungsaufbau und Beziehungspflege

Wie lässt sich der vertrauensrelevante Unterschiedsbereich der *Beziehungsentwicklung* erklären? Gibt es allgemeinere Erklärungskonzepte, die wir für ein Verständnis dieses Kulturunterschieds heranziehen können? – Es liegt auf der Hand, dass die unterschiedliche Herangehensweise der deutschen und französischen Manager an *Beziehungsentwicklung* mit dem oben beschriebenen Erklärungskonzept «*Sach- vs. Beziehungsorientierung*» in Zusammenhang steht. Die stärkere Beziehungsorientierung auf französischer Seite drückt sich darin aus, dass die interviewten französischen Manager, anders als die deutschen Manager, die Wichtigkeit einer aktiven Beziehungsentwicklung betonen und ein breites Spektrum entsprechender Wege und Maßnahmen beschreiben. Doch welche Logik steht hinter diesem Zusammenhang? Wie lässt sich verstehen, dass es in einem Kontext, der in der alltäglichen Interaktion durch ein stärker beziehungsorientierteres Verhalten geprägt ist, auch die aktive Beziehungsentwicklung stärker ausgeprägt ist? Ich möchte hier zwei Argumentationslinien vorschlagen.

Zum einen lässt sich ein Zusammenhang zu der in der Literatur diskutierten Kulturdimension der 'Unsicherheitsvermeidung' herstellen (vgl. 5.1.1.1). Diese beschreibt das Ausmaß, zu dem sich Menschen von unerwarteten oder unsicheren Situationen bedroht fühlen und daher versuchen, solche Situationen zu vermeiden – indem sie die Gültigkeit sozialer Normen oder Regeln wertschätzen und sich auf sie verlassen. In den Studien von Hofstede (1980) und House et al. (2004) erreicht Frankreich geringere Werte als Deutschland auf der Skala der 'Unsicherheitsvermeidung', was sich auch in der im Vergleich zu Deutschland geringeren Verbindlichkeit von Absprachen und Regeln ausdrückt. Dies führt in der beruflichen Zusammenarbeit dazu, dass im französischen Unternehmenskontext in Frankreich eine größere 'Beziehungsunsicherheit' entstehen kann als in Deutschland. Denn die inhaltlichen Erfordernisse der Zusammenarbeit und die bestehenden Regeln und Vereinbarungen lassen im französischen Umfeld tendenziell einen größeren Spielraum für das Verhalten von Kollegen oder Geschäftspartnern offen (vgl. 5.1.1). Die *Beziehungsentwicklung*, also den aktiven Aufbau persönlicher Beziehungen, könnte man nun als funktionales Äquivalent zur höheren Verbindlichkeit von Absprachen und Regeln im deutschen Kontext sehen. Denn in gewisser Weise lässt er sich als ein Weg rekonstruieren, der eine Rückversicherung dafür schafft, dass andere sich im Zweifelsfall an Vereinbarungen halten oder Regeln einhalten etc. Bei einem Partner „le feeling" zu haben oder zu entwickeln, bedeutet auch, eine größere Beziehungssicherheit zu gewinnen.[164]

Ein zweiter interessanter Zusammenhang besteht zwischen der *Beziehungsentwicklung* und der «*Direktheit des Kommunikationsstils*» (vgl. Tab. 5.3 in 5.1.2.1). Die französischen Höflichkeitskonventionen zwingen dazu, mit Kritik und direkter Kommunikation sehr sparsam umzugehen – es sei denn, man kennt sich sehr gut. Wenn man sich in der Zusammenarbeit auf eine etablierte und stabile Beziehung stützen kann, gewinnt man hier (kommunika-

---

[164] 'Le feeling' ist nicht gleichbedeutend mit Sympathie. Das von den französischen Managern beschriebene Bedürfnis zu prüfen, inwiefern man mit einem Kollegen oder Geschäftspartner „le feeling" habe, steht in Bezug zu dem Vertrauensfaktor *'Sympathie / affektive Übereinstimmung'*, den ich im nächsten Abschnitt beschreiben werde. Dieser betrifft den Aspekt, dass man eine gewisse affektive Übereinstimmung feststellt: Man 'fühlt' in ähnlicher Weise. Wenn die französischen Manager hingegen von 'le feeling' reden, geht es ihnen nicht primär darum herauszukriegen, ob man in ähnlicher Weise fühlt. Es geht ihnen vielmehr grundsätzlich darum, den anderen als Person kennenzulernen bzw. zu sehen, wie er hinter der beruflichen Alltagsfassade 'als Person' ist. So gewinnt man das Gefühl, ihn einschätzen zu können – auch wenn man sich in manchen Dingen von ihm unterscheidet. In diesem Zusammenhang kann man auch den im nächsten Abschnitt diskutierten deutsch-französischen Unterschied in Bezug auf die *Private Dimension der Beziehung* sehen: 'Privater Kontakt' umfasst für Franzosen nicht notwendigerweise besonders private Dinge, sondern es geht vor allem darum, den anderen und seine Reaktionen überhaupt hinsichtlich eines größeren Spektrums an Situationen oder Themen kennenzulernen als im rein beruflich-aufgabenbezogenen Kontext.

tive) Verhaltensspielräume. Es wird leichter möglich, den anderen offen zu kritisieren, ihm direkte offene Fragen zu stellen etc. („oser lui poser des questions très franches", FD-14) – was man sonst aufgrund der beziehungskritischen Interpretationsmöglichkeiten derartiger Äußerungen eher vermeiden muss.[165]

Welchen Einfluss hat die stärkere 'Beziehungsorientierung' der französischen Manager auf die Vertrauensentwicklung, wenn sie mit deutschen Kollegen oder Geschäftspartnern zusammenarbeiten?
Zunächst einmal fallen hier die Kodierungshäufigkeiten beim Vertrauensfaktor *'Kontakt pflegen, viel kommunizieren'* ins Auge. Dieser Faktor findet sich sowohl im Vergleich der monokulturellen Gruppen als auch im Vergleich der bi-kulturellen Gruppen sehr viel häufiger in den Darstellungen der französischen Manager (FF>DD***, FD>DF*). Diesen ist es offenbar weit wichtiger als ihren deutschen Kollegen, in der beruflichen Zusammenarbeit den 'Kommunikationspegel' oben zu halten (vgl. 5.3.2.1). Dabei handelt es sich für sie um einen für die Entwicklung von Vertrauen sehr wichtigen Aspekt. Dies bedeutet jedoch wiederum, dass deutschen Managern, die sich *nicht* aktiv um die *Beziehungsentwicklung* bemühen und eine eher sachlich orientierte Kommunikationskultur pflegen, offenbar Ansatzpunkte entgehen, die Vertrauensentwicklung mit französischen Kollegen zu fördern. Dies ist ihnen nicht immer bewusst: „Ich gehe grundsätzlich nie essen mittags. Da verlangt mir auch nicht danach", berichtet ein deutscher Manager [DF-22], der im gleichen Atemzug erzählt, privat habe er mit den französischen Kollegen "NICHTS zu tun. Nichts."
Aus französischer Sicht kann durch das geringere Bemühen um *Beziehungsentwicklung* auf deutscher Seite der Eindruck entstehen, dass etwas in der Beziehung fehlt. Ich werde auf diesen Aspekt im nächsten Abschnitt näher eingehen, wenn es darum geht, wie man erreichen kann, einer beruflichen Beziehung auch eine private Dimension zu geben, ohne die nötige berufliche Distanz zu verlieren (vgl. 5.6.2).
Auf deutscher Seite führt der Einfluss der französischen Beziehungsorientierung interessanterweise sowohl zu einer positiven als auch zu einer negativen Wirkung auf Vertrauen. Einerseits kann die französische Art, sich höflich-interessiert um *Beziehungsentwicklung* zu bemühen, als zuvorkommend interpretiert werden (Vertrauensgrund in Bezug auf *'Respekt und Interesse zeigen'*). Andererseits kann es bei deutschen Managern auf Unverständnis stoßen, wenn französische Kollegen damit zögern, in die inhaltliche Zusammenarbeit einzusteigen, weil Sie sich zunächst noch stärker der *Beziehungsentwicklung* widmen möchten. Diese Bemühungen, „le feeling" zu testen oder zu entwickeln, können aus deutscher Perspektive als ausweichendes Verhalten erscheinen und als Vertrauenswarnung in Bezug auf den Faktor *'Absprachen treffen / Regeln vereinbaren'* oder sogar in Bezug auf den Faktor *'Die Zusammenarbeit ernst nehmen'* interpretiert werden.

5.6.1.2 Zitate

Sachliche Zusammenarbeit vs. Aufbau persönlicher Beziehungen

Betrachten wir als Ausgangspunkt einige Stellen, in welchen deutsche Manager ihren sachlich-fachlichen Fokus beschreiben. Für die Entwicklung einer beruflichen (Vertrauens-)Beziehung betonen sie die Wichtigkeit der fachlich-inhaltlichen Zusammenarbeit.
Ein deutscher Manager beschreibt, auf welche Weise er sich bemüht, Vertrauen zu neuen Mitarbeitern aufzubauen: Er versucht, über die Sachebene Bezug zu fassen.

---

[165] Für eine ausführlichere Diskussion des Zusammenhangs zwischen kommunikativem Verhalten bzw. *«Direktheit des Kommunikationsstils»* und Höflichkeit und Respekt vgl. 5.8.1.1.

5.6 Beziehungsaufbau und Beziehungspflege

> Ich versuche sehr stark einfach sehr sachlich zu bleiben, also auf...[Ich] versuche dort über die Sachebene Bezug zu fassen, die Einzelfälle dann zu sehen. [DD-16]

Ein anderer deutscher Manager beschreibt etwas ausführlicher, wie sich zu einem Geschäftspartner eine Vertrauensbeziehung entwickelt hat. Bereits einführend macht er deutlich, dass er der sachlichen Zusammenarbeit einen wesentlichen Stellenwert einräumt.

> Ich habe dieses Projekt übernommen. Das heißt, ich habe den Kunden übernommen. Und dann habe ich angefangen, mit den Leuten zu arbeiten. Das waren halt die genannten Ansprechpartner, mit denen hat man halt die Sache voran getrieben. **Die Sache voranzutreiben, das stand im Vordergrund im Prinzip. Da gab es keine besonderen Vorkommnisse der einen wie der anderen Art. Das war eine ganz normale Projektarbeit.** [DD-14]

Anschließend berichtet er, wie sich mit einem seiner Ansprechpartner bei diesem Kunden ein Vertrauensverhältnis entwickelt hat:

> Einer von diesen beiden war praktisch mein Hauptansprechpartner. Wir haben dann halt nicht ausschließlich an diesem einen Thema gearbeitet. Und wir haben uns dann so alle 2-3 Wochen – zumindest alle 4-6 Wochen – gesehen, um die neuesten Stände bei denen aufs System aufzuspielen und zu testen usw. **Dabei haben wir uns dort dann kurz persönlich gesehen und dabei dann ein bisschen miteinander darüber hinaus geplaudert. Aber es ging wirklich um die Sache.** ... **Es ging wirklich zu 95 Prozent um die Sache, ganz klar.** [DD-14]

Sie treffen sich also regelmäßig auch persönlich, und sie haben dabei dann auch „ein bisschen darüber hinaus geplaudert". Das sind ganz klar Aspekte von Beziehungsorientierung. Doch dies erscheint dem deutschen Interviewpartner in seiner Rekonstruktion der Vertrauensentwicklung überhaupt nicht wesentlich. Er relativiert es sogar sofort: Das Plaudern war wirklich nur mal so kurz nebenbei. Das war nicht wichtig. „Es ging wirklich zu 95 Prozent um die Sache, ganz klar." – Ich frage ihn daraufhin, wie sich denn mit diesem Geschäftspartner „die persönliche Ebene entwickelt" hat. Daraufhin erklärt mir der deutsche Manager: Sie hätten nicht im Gespräch irgendwelche privaten Gemeinsamkeiten entdeckt oder so, sondern das habe sich einfach durch „das Miteinander auf der sachlichen Ebene" entwickelt.

> Eigentlich mehr so, ich sage mal ohne große Worte irgendwo, ja. Das war also nicht so, dass man sagte: Mensch, du spielst auch Tennis, jetzt gehen wir mal Tennis spielen, oder was auch weiß ich, was man dann so vielleicht dort auch entdeckt. Das war gar nicht der Fall. **Das war einfach so das Miteinander auf der sachlichen Ebene bzw. um die Sache herum. Das passte einfach. Wir haben uns da verstanden. Beziehungsweise wir hatten eben den gleichen Geist.** [DD-14]

Ich möchte dies nun mit einigen Darstellungen der französischen Interviewpartner kontrastieren, welche an vielen Stellen die herausragende Bedeutung des Aufbaus einer persönlichen Beziehung *neben* der sachlich-fachlichen Zusammenarbeit betonen. Für ein wirkliches Vertrauen braucht der im Folgenden zitierte französische Manager *neben* dem Beruflichen noch die persönliche Beziehung:

> Bon, ... l'aspect professionnel, c'est sûr que, c'est une base sur laquelle ça se construit. C'est une chose. **Mais, pour avoir vraiment confiance j'ai besoin aussi d'un aspect** qui est peut-être orthogonal. C'est-à-dire **l'aspect pas privé, mais personnel.** [FD-22]

Was hinzukommen muss – die *persönliche Beziehung* – ist also *nicht privat.* Darauf werde ich im nächsten Abschnitt ausführlicher eingehen (vgl. 5.6.2). Wie also kann man es näher charakterisieren? Es geht darum, ein Gefühl dafür zu bekommen, was der andere für ein Mensch ist. Dazu sagen die Franzosen nicht nur „le ressenti", sondern sie benutzen auch oft einen ursprünglich englischen Ausdruck: „le feeling".

> **Je dirais que les Allemands sont peut-être plus factuels, il y a un peu moins de ressenti**, peut-être. [Nous], on a une fibre un petit peu... – eh bien, c'est la fibre française, c'est la fibre italienne, espagnole c'est le sud de l'Europe : **il n'y a pas uniquement que les faits, il y a aussi le feeling. A mon avis, l'Allemand se repose un peu moins sur le feeling, dans la relation de confiance, et plus sur du factuel, des faits.** [FD--16].

Folgender französischer Manager schüttelt nur den Kopf über einen Ausspruch wie „Trust is important. But a job is a job." Rein jobbezogen könne man doch nicht zusammenarbeiten! Es müsse einfach auch irgendwo eine emotionale Ebene der Beziehung geben, einen „rapport affectif" – eben 'le feeling'.

> « Trust is important. But a job is a job. » Là je ne suis pas d'accord. Je suis d'accord sur le principe. Mais ... est-ce que ce job c'est un job au point que je n'ai aucune émotion, que je n'ai aucun affectif ? La réponse, elle est : « Non. Ce n'est pas possible. » Il y en a qui travaillent comme 'un job est un job', qui se disent: « J'en ai rien à foudre avec toi. Je travaille avec toi, en travaille ensemble. On fait notre boulot. Point final. » Il y en a. Il y en a beaucoup qui travaillent comme ça. Moi, je ne sais pas travailler comme ça. Personnellement je n'aime pas travailler comme ça. Moi, j'ai besoin... Je donnerai d'autant plus, plus que il y aura un rapport affectif quelque part avec les individus avec qui je travaille. [FD-03]

Vielfach stellen die französischen Manager auch konkret den Bezug her zwischen diesem „Mehr" in der beruflichen Zusammenarbeit, also der persönlichen Beziehung, und der Entwicklung von Vertrauen.

> Donc si un Français rencontre un autre Français, ils se rencontrent comme « personnes ». Et disons que **la confiance se bâtit sur un plan aussi, d'homme à homme, même si vous travaillez, forcément, aussi, sur le plan professionnel.** Mais si vous travaillez sur le plan professionnel avec un Français, automatiquement si vous voulez avoir, **s'il y a un lien de confiance qui se construit, il y aura automatiquement un lien humain qui va se mettre entre les deux.** [FD-26]

Ein französischer Manager beschreibt es folgendermaßen: Um vertrauen zu können, müsse man den Menschen hinter der beruflichen Fassade erkennen. Darum gehe es beim Vertrauen, nicht um berufliche, aufgabenbezogene Dinge.

> Un Français va chercher beaucoup plus rapidement un contact personnel avec la personne, avec l'homme, parce qu'il a besoin de ça. Il a besoin de ça, aussi pour ensuite se faire des idées, ou peut-être pour juger la personne et avoir confiance en elle. ... **Le Français voudra toujours plutôt voir l'homme derrière. Et il accordera sa confiance à l'homme, peut-être pas tellement à la professionalité de la personne.** ... **Le Français a besoin d'abord de discuter avec les gens, d'avoir un contact un peu plus personnel avec l'homme qui est derrière la façade, la façade professionnelle.** [FD-26]

Einer der interviewten deutschen Rechtsanwälte beschreibt die unterschiedlichen Wege, wie er mit deutschen und mit französischen Mandanten Vertrauen aufbaut: Mit den deutschen Mandanten baut sich das Vertrauen über die tägliche Arbeit auf – indem er den Mandanten gut informiert, seine Arbeit schnell erledigt etc.

> Das Vertrauensverhältnis mit einer deutschen Mandantschaft wird sich mit ihrer Arbeit ... herstellen, ... durch ihre tägliche Arbeit. Und **aufgrund dieser täglichen Arbeit, aufgrund der Schnelligkeit, mit der sie diese erledigen, aufgrund des Informationsflusses, aufgrund all dieser doch sehr konkreten Tatbestände wird sich das Vertrauen im Endeffekt aufbauen** – oder bestätigen, sagen wir mal so, denn es ist ja schon a priori etwas gegeben in unserem Beruf: Es wird ihnen ein positives Apriori entgegen gebracht, sonst würde man ja nicht zu ihnen kommen. [DF-09]

Demgegenüber zählt in Frankreich viel stärker der Aufbau einer persönlichen Beziehung zum Mandanten:

> Mit französischen Mandanten, da ist natürlich die Sympathie, das Persönliche wichtig. Wie gehen Sie mit ihm am Telefon um? Welche persönliche Beziehung bauen sie auf? Natürlich ist das auch wichtig in Deutschland wichtig. Aber in Deutschland wird die persönliche Beziehung eben wie gesagt das Faktische, das Tatsächliche Ihrer Arbeit nicht völlig überlagern. Während in Frankreich ist das Vertrauen doch mehr eine private Frage. **Das Vertrauen des Mandanten wird sich aufbauen, wenn Sie einen guten privaten Kontakt mit ihm herstellen.** Mit 'privat' meine ich jetzt nicht, dass man sich dreimal in der Woche abends auf ein Bier oder ein Glas Wein zusammen setzt. **Mit 'privat' meine ich, dass sich ein gutes, persönliches Gefühl einstellt. Sozusagen Sympathie. Der französische Mandant erwartet doch früher oder später, dass ihm sein Anwalt sympathisch ist.** ... In Frankreich bezieht sich das Vertrauen nicht so sehr aufs Faktische sondern auf den Kontakt, den man mit dem Mandanten hat. [DF-09]

Aktive Beziehungspflege und die Gewichtung der Interaktionsformen

Um Vertrauen aufzubauen, versuchen die französischen Manager konsequenterweise, aktiv persönliche Beziehungen aufzubauen. Ein französischer Manager beschreibt, wie er vorgeht,

5.6 Beziehungsaufbau und Beziehungspflege

um mit einem deutschen Kollegen Vertrauen aufzubauen, der eine im Prinzip konkurrierende konzerninterne Einheit leitet. Er versucht, sich öfter mit dem Kollegen zu treffen, damit sich dennoch eine persönliche Beziehung aufbaut.

> [Je vais] essayer qu'on se rencontre plus souvent et **qu'il y ait une relation qui se crée quand même.** Qu'en face ce ne soit pas un peu un inconnu qui est sur le projet en compétition mais **que ce soit une personne qu'on connaît, avec qui on a commencé quand même à développer des relations.** [FD-14]

„Faire l'effort de développer la relation", also 'Anstrengungen unternehmen, um die persönliche Beziehung auf- bzw. auszubauen', das ist der Ansatz der französischen Manager. Einer beschreibt beispielsweise, wie eine Vertrauensbeziehung zu einem deutschen Kollegen über die bewusste Anstrengung entstand, eine gemeinsame Projekttätigkeit innerhalb des Konzerns überhaupt erst neu zu schaffen – ein Fall bewusster Beziehungsentwicklung. Die beiden arbeiteten zwar im gleichen Themenfeld innerhalb des Konzerns, aber in unterschiedlichen Abteilungen – in Frankreich und in Deutschland – und ohne dass es gemeinsame Projekte gab. In dieser Situation war laut dem Franzosen „faire l'effort" wichtig, das heißt, man musste sich einen Ruck geben, man musste eine Anstrengung unternehmen, um die Beziehung zu entwickeln.

> Ce n'était pas évident de faire des choses ensemble, parce que nous étions à mille km l'un de l'autre et moi j'étais français, lui allemand, moi j'étais dans la structure A, luis dans la structure B. **Ce n'était pas naturel de s'appeler pour essayer de faire ensemble les choses.** Il n'y avait aucune structure qui nous permettait de faire ça. Donc, ça ne marchait que parce qu'on faisait le même travail. Et bien, on s'est appelé. A l'époque, on avait un objectif de coordination que nous avons créé [nous-mêmes]. Et ça a permis de créer des liens. **C'est de l'effort personnel, puisqu'il faut faire l'effort.** Ce que j'appelle « l'effort », c'est aller voir les gens, s'appeler. Ça ne vient pas tout seul. C'est faire un effort. [FD -10]

Viele französische Manager sprechen von dieser Wichtigkeit, extra Zeit und Energie in die Entwicklung von beruflichen Beziehungen zu stecken – zu deutschen Kollegen wie auch zu französischen Kollegen. Dabei gewichten sie ganz klar die Interaktionsformen: Am besten, man trifft sich dazu persönlich. Ansonsten ist es immer noch besser, mündlich zu kommunizieren als schriftlich. Folgender französischer Manager meint zur Frage des Vertrauensaufbaus mit seinen deutschen Kollegen: „Man muss hinfahren und sich mit den Leuten treffen!"

> **Il faut y aller, rencontrer des gens. Il faut éviter les relations uniquement au téléphone.** Vous ne pouvez avoir des contacts téléphoniques avec des gens, que si vous les connaissez suffisamment pour décoder au téléphone ce qu'ils sont. [FF-10]

Ein anderer französischer Manager beschreibt dies als vertrauensbildende Maßnahme gegenüber seinen neuen Mitarbeitern. Er hat die Leitung dieser Abteilung zusätzlich übernommen, aber die Mitarbeiter arbeiten an einem anderen französischen Standort. Um Vertrauen aufzubauen, müsse man unbedingt häufig hinfahren.

> Une chose importante, c'est qu'il faut **faire acte de présence**. Parce que j'habite là-bas, parce que l'essentiel de mes équipes était là, **j'aie fait l'effort de venir régulièrement [ici]** – et plus régulièrement au début que je ne le fais maintenant – pour bien monter où il y avait plus d'inconnues, qu'**il fallait que j'apprenne à les connaître donc je devais passer plus de temps avec eux.** Je venais, au tout début, à peu près à mi-temps. Maintenant c'est plutôt au quart temps, à peine quoi. Donc, ça c'était un paramètre important. [FF-18]

Wenn man sich nicht persönlich treffen kann, dann ist es immer noch besser zu telefonieren als schriftlich zu kommunizieren.

> Quand j'ai de discuter quelque chose, j'évite d'utiliser les mails. Quand j'ai vraiment besoin de discuter quelque chose d'un peu particulier qui sort de la routine, **je vais passer un coup de fil et parler en direct. Et si je ne l'ai pas, je lui dis « écoutes, peux tu me rappeler ? »** Ou je dis : « On a ce problème là à traiter, je viens dans trois jours, donc il faut qu'on parle de ça dans trois jours. » **Si je n'arrive pas à l'avoir au téléphone en direct, au moins je pourrais le voir et lui parler.** [FD-18]

Stellenwert des Mittagessens

Nicht immer muss man reisen – wenn beide Partner vor Ort sind, kann man auch das gemeinsame Mittagessen nutzen, um sich persönlich kennenzulernen. Solche Mittagessen haben in Frankreich (immer noch) einen größeren Stellenwert als in Deutschland – was beispielsweise folgendem deutschen Manager sehr positiv auffällt. Er berichtet von der Zusammenarbeit mit einem französischen Geschäftspartner, zu dem er Vertrauen hat.

> Und wenn ich zu dem komme, finde ich erstens immer so gut, dass man zum Essen geht. **Das ist ja bei einem Deutschen nicht immer der Fall** – da hat sich die Mentalität ja geändert in den letzten 20-30 Jahren. **Man arbeitet eben viel mehr Deal-bezogen und geht weniger essen.** – **Auch die Franzosen gehen weniger Mittagessen inzwischen.** Auch die Franzosen haben nicht mehr die Gewohnheit, 3-4 Stunden essen zu gehen so wie vor 20-30 Jahren. Die sind ja auch effizienter geworden. Das hat sich amerikanisiert. – F: Sehen Sie dann da doch nach wie vor einen Unterschied zwischen Frankreich und Deutschland? – Es gibt immer noch einen Unterschied: **Die Franzosen gehen immer noch sehr gerne Mittagessen und machen dabei ihre Geschäfte. Oder sie benutzen [das Mittagessen], um über einen Small Talk festzustellen, ob sie mit dem Betreffenden können oder nicht – und ob sie mit ihm anschließend Geschäfte machen oder nicht.** Das hat sich zwar verändert, weil die Ausdehnung dieser Essen wesentlich kürzer geworden ist. Aber [die Mittagessen] finden immer noch statt. [DF-02]

Wenn die Zeit knapp ist, dann ist es in Deutschland auch durchaus denkbar, einmal darauf zu verzichten, zum Essen zu gehen, und sich mit einem Sandwich im Besprechungsraum zu begnügen. Das wäre sehr unfranzösisch – in Frankreich geht man Essen.

> Les Allemands mangent souvent pendant la réunion. Nous, on fait un break et on mange. En France on sort. [FD aus-FF-16]

Wenn es zeitlich schwierig ist, dann kann man sich immer noch so behelfen, dass man das Essen von einem Caterer auf Restaurant-Niveau bringen lässt.

> Souvent nous ..., où on a des réunions ... : On a la réunion, mais à côté, il y a le traiteur qui attend, avec le repas. Vous bougez dans la salle à côté. Mais c'est un repas qui est servi par un traiteur. Et toujours avec un petit peu de vin, etc... [FD -16]

5.6.1.3 Vertrauensmissverständnisse

- **Er hat erst lange ums Thema rumgeredet, das signalisiert Interesse**
  < Der hat wirklich ganz weit ausgeholt – und ihm das Gefühl gegeben, dass er sich für seine Sachen interessiert. >

Ein deutscher Manager berichtet, wie er zu Beginn seiner beruflichen Laufbahn als Rechtsanwalt in einer französischen Kanzlei arbeitete. Er beobachtete, dass sein Chef in einem wichtigen Erstkontakt mit einem Kunden zunächst sehr ausschweifend „ganz weit um das Thema herumredete". Das kannte der Interviewpartner aus Deutschland anders. Er war eher gewohnt, dass man in vergleichbaren Gesprächssituationen etwas schneller zum Punkt kommt.

> Also ich kannte das aus Deutschland anders. In Deutschland wurde gesagt: 'Hier: also das und das und das sind die Punkte. Hier ist ein Vertragsentwurf. Ihr müsst das und das bedenken. So und so sollte das ablaufen...' [DF-19]

Bei dem französischen Vorgesetzten war das hingegen ganz anders:

> Der hat wirklich ganz weit ausgeholt. Da wurde ganz allgemein über das Geschäft gesprochen. 'Ja, was macht ihr denn da überhaupt? Was habt ihr denn da für eine Geschäftsidee gehabt und wie entwickelt sich das? ... Wie ist denn da der Markt? Was bewegt sich da denn? Ja, wie war denn dieses, wie war jenes?' – Also eigentlich Sachen, die für die eigentliche Mandatsarbeit nicht wichtig waren. [Damit hat er] dem Mandanten das Gefühl gegeben, dass er sich für seine Sachen interessiert, für seine Probleme interessiert, dass er versucht, sich in diesen Markt hineinzudenken, und nicht sagt: 'Das ist mir jetzt egal, ob das eine Metzgerei ist, für die ich jetzt einen Gesellschaftsvertrag aufsetze, oder irgendwie ein IT-Unternehmen.' [DF-19]

Der Deutsche interpretiert das Verhalten des Franzosen also als „Interesse an der Person des anderen signalisieren" und damit als Vertrauensgrund in Bezug auf den Faktor *'Respekt und*

5.6 Beziehungsaufbau und Beziehungspflege

Interesse zeigen'. Vor dem Hintergrund der Darstellungen dieses Abschnitts zu den unterschiedlichen Auffassungen der Deutschen und der Franzosen zur Beziehungsentwicklung, könnte man diese Interpretation als ein positives kulturelles Vertrauensmissverständnis deuten. Der französische Anwalt ist völlig im Rahmen französischer Gewohnheiten auf eine eher beziehungsorientierte Weise in dieses Gespräch gegangen, und gibt damit eigentlich keinen besonderen Anlass, sein Verhalten als Ausdruck besonderen Respekts oder Interesse zu sehen. Dies ist lediglich der Eindruck des Deutschen. Der ist es nämlich gewohnt ist, dass man deutlich schneller zum Punkt kommt.

- **Besprechungsende 13.00 Uhr – und kein Mittagessen**
  < A une heure on nous mette quasiment à la rue, alors que le restaurant appartient quasiment à la société... >

Ein französischer Manager erzählt einen Vorfall, bei welchem er zusammen mit einem französischen Kollegen zu einem Termin beim deutschen Kunden war.

> Je repense au client allemand où **on avait réunion une fois, à 11h30 au siège, et où il y a un restaurant qui est sympa. Et j'étais avec un collègue français. Et, en fait, en France on aurait été invités automatiquement dans le restaurant, automatiquement. Là, ça n'a pas du tout été le cas.** [FD-24]

Der französische Manager nimmt es mit Gelassenheit – er lebt in Deutschland und weiß, dass das nicht ungewöhnlich ist. Aber sein französischer Kollege ist doch etwas „erstaunt", wie er sich vorsichtig ausdrückt:

> Et moi ça ne m'a absolument pas perturbé – en tant que Français vivant en Allemagne. ... **Mon collègue avait été un peu surpris quand même qu'à une heure on nous mette quasiment à la rue, alors que le restaurant appartient quasiment à la société. C'était amusant.** [FD-24]

Bei aller französischen Indirektheit der Ausdrucksweise findet er deutliche Worte: Die Deutschen hätten sie „praktisch vor die Tür gesetzt" – um ein Uhr mittags direkt neben dem konzerneigenen Restaurant. Auch wenn wir die Reaktion des französischen Kollegen nur aus dem Bericht des interviewten Managers kennen, lässt dessen Bericht doch recht deutlich das Potenzial der Situation für ein kulturelles Vertrauensmissverständnis erkennen. Nicht nur, dass es die Regeln der Politesse geboten hätten, in dieser Situation die Geschäftspartner einzuladen (vgl. den Vertrauensfaktor *'Respekt und Interesse zeigen'*). Aus einer beziehungsorientierten Perspektive war dies auch im Hinblick auf die Gepflogenheiten der Kontaktpflege ein Faux Pas. Wie können die Deutschen eine dermaßen offensichtliche Gelegenheit, ein Mittagessen zur Beziehungspflege nutzen zu können, einfach ignorieren? Dies kann aus französischer Perspektive als eine Vertrauenswarnung im Bezug auf den Vertrauensfaktor *'Kontakt pflegen/kommunizieren'* erscheinen.

5.6.1.4 Interkulturelle Vertrauensmaßnahmen

Einige der deutschen Manager nehmen in ihren Strategien des Vertrauensaufbaus auf diesen Kulturunterschied Bezug.

> Also ich denke, eine Eigenheit der Franzosen zu nutzen, auch für sich selbst mit ihnen stark zu kommunizieren, ist ein Schlüssel, um Vertrauen zu entwickeln – in Geschäftsgebieten oder in strategischen Entscheidungen die vielleicht nationaler vorbelastet sind, um etwas quasi nachprüfbar konsistent zu hören, dass ist denke ich ein vertrauensbildender Aspekt. [DF-13]

Ein anderer deutscher Manager beschreibt, wie er sich aktiv bemüht, sich an französische Gepflogenheiten anzupassen. Als ein Beispiel nennt er „Einladungen in Restaurants".

> Mit 'Einladungen in Restaurants' meine ich, dass man zum Anschluss oder zur Pflege von Kontakten miteinander essen geht. Das ist auf der Tagesordnung. Das habe ich gestern, da war ich in Paris [auch so gemacht]. [DF-05]

Ein deutscher Anwalt berichtet, wie er mit französischen Mandanten einfach mal so am Telefon „ratscht".

> Mit französischen Mandanten wird dann halt auch hin und wieder mal geratscht. [Also einfach mal so telefoniert.] Mit deutschen Mandanten wird nicht geratscht. Deutsche Mandanten, die rufen Sie an, wenn Sie ihnen etwas zu erzählen haben. [DF-09]

Besonders deutlich ist der folgende Bericht eines deutschen Managers. Der Manager wurde auf die Position eines Bereichsleiters befördert, welche die Zuständigkeit für einige Unternehmensbereiche in unterschiedlichen Ländern, neben Deutschland u.a. auch Frankreich, umfasste. Noch bevor er den neuen Posten antrat, fuhr er auf eigene Initiative nach Frankreich, um an den Weihnachtsfeiern in zwei der französischen Abteilungen teilnehmen zu können, die ihm zukünftig unterstellt sein würden.

> Das heißt, ich war schon vorher im Dezember in [Stadt in Frankreich], habe mit den entsprechenden Kollegen gesprochen und habe mich vorgestellt. Und ich habe zu dem Zeitpunkt meine Reiseplanung so organisiert, dass ich im Dezember bei den beiden Abteilungen, deren Leitung ich übernehmen sollte, zu deren Weihnachtsfeiern dabei sein konnte. [DF-14]

Wie sich schon in den quantitativen Ergebnissen zeigte berichten auch sehr viele der französischen Interviewpartner davon, dass sie sich als Strategie des Vertrauensaufbaus mit deutschen Kollegen darum bemühen, aktiv Kontaktpflege zu betreiben: Es geht um „en connaître un peu plus sur la personnalité de la personne", „connaître tout le relationnel avec la personne" [DF-14] bzw. „aussi de se parler plus au téléphone, d'essayer de se voir, plutôt que d'utiliser le mail – ce genre de choses très pratiques" [DF aus FF-18]. Eine der interviewten französischen Managerinnen beschreibt, dass sie versuchen würde, mit dem anderen ein Stück von sich selbst zu teilen, damit er mich kennenlernt („J'essaie de faire partager un petit peu de moi à l'autre qui ne me connaît pas, qui ne m'a jamais vu. Donc qui me découvre physiquement comme je suis. ... Parce ce que la confiance est quand même de personne à personne – même si c'est en termes professionnels. La confiance c'est quand même deux personnes" [FD-18]).

5.6.2 Private Dimension der Beziehung [KU-12]

5.6.2.1 Argumentation

Die hohe Kodierungszahl des Vertrauensfaktors *'Kontakt pflegen/ viel kommunizieren'* in den französischen Teilgruppen erklärt sich nicht allein über die die auf französischer Seite stärker ausgeprägte *Beziehungsentwicklung* (vgl. 5.6.1). In den Darstellungen der französischen Manager, warum sie Kollegen oder Geschäftspartnern vertrauen oder nicht vertrauen und in den von ihnen beschriebenen vertrauensbildenden Maßnahmen taucht sehr häufig auch der Aspekt der 'häufigen Kommunikation' auf. Häufig oder viel zu kommunizieren bedeutet, dass der 'Kommunikationspegel' ständig oben bleibt (vgl. 5.3.2.1). Es entstehen wenig Pausen, und Kommunikationspausen dauern nicht lange. Man nutzt die sich bietenden Situationen und Möglichkeiten, um jeweils ein paar Worte zu wechseln. Sofern sich keine Gelegenheiten bieten, schafft man welche. Man schaut kurz beim anderen im Büro vorbei, richtete Geschäftstermine so ein, dass man sich sehen kann, man ruft regelmäßig an etc. Dies halten die interviewten französischen Manager für sehr wichtig für die Entwicklung von Vertrauen.

Interessant wird es nun, wenn wir uns im Vergleich zum Vertrauensfaktor *'Kontakt pflegen/ viel kommunizieren'* die anderen Vertrauensfaktoren des Handlungsfelds <Beziehungsaufbau/ Beziehungspflege> ansehen. Da gibt es zwei weitere Unterschiede, die andersherum

5.6 Beziehungsaufbau und Beziehungspflege

liegen: Die Vertrauensfaktoren *'Privates erzählen'* und *'Sich privat treffen'* finden sich im Vergleich der mono-kulturellen Gruppen beide häufiger auf deutscher Seite. Der Faktor *'Privates erzählen'* findet sich zudem im Vergleich der bi-kulturellen Gruppen signifikant häufiger auf deutscher Seite. Für die deutschen Manager scheint es also für Vertrauen wichtiger zu sein, über private Themen zu kommunizieren und sich auch privat zu treffen, wohingegen es für die französischen Manager auf eine häufige Kommunikation bzw. die Beziehungspflege *insgesamt* ankommt. Die genauere Analyse der kodierten Stellen dieser drei Vertrauensfaktoren sowie der inhaltlich einschlägigen Kommentare der interviewten Manager bestätigten dies: Aus der deutschen Perspektive ist es für den Vertrauensentwicklungsprozess wichtig, der Beziehung eine private Dimension zu geben, indem man über private Themen im engeren Sinne spricht – wie z.B. die familiäre Situation, wo und wie man wohnt, die eigene Biographie etc. – was aus deutscher Sicht offenbar besonders gut geht, wenn man sich auch einmal außerhalb des Arbeitskontextes im privaten Rahmen trifft – was vom gemeinsamen Bier am frühen Abend bis hin zur Einladung nach Hause reicht.

Die interviewten französischen Manager machen hier jedoch andere Unterscheidungen: Auch sie halten es für wichtig für die Vertrauensentwicklung, der Beziehung eine private Dimension zu geben. Allerdings tun sie dies erstens eher anhand eines etwas anderen Themenspektrums (eher 'halb-private' Themen). Zweitens tun sie es nicht getrennt vom Arbeitskontext, und zwar zeitlich wie räumlich: sie gehen nicht noch schnell abends 'auf ein Bier', sondern sie integrieren diese 'privatere' Kommunikation direkt in den Arbeitskontext, das heißt, in die Kommunikation während des beruflichen Alltags. Geradezu klassisch ist hier die Konversation am Kaffeeautomat. Pateau (1998: 49) beschreibt die Rolle der Kaffeemaschine als „Informationsmittel" im französischen Unternehmen, und eine sehr erfolgreiche Comedy-Serie die 2001-2003 im französischen Fernsehen lief (und mehrfach wiederholt wurde), zeigt in über 700 dreiminütigen Spots nichts anderes als Manager, die sich am Kaffeeautomaten unterhalten – gefilmt aus der Perspektive desselben ('Caméra Café').[166]

Um diese beiden Unterschiede zu beschreiben, lassen sich zwei Dimensionen der Privatheit in einer beruflichen Beziehung bilden. Stellen wir uns als theoretischen Ausgangspunkt der privaten Dimension einer beruflichen Beziehung die gemeinsame Aufgabe vor, also die rein aufgabenbezogene Zusammenarbeit. In dieser ist der *Gegenstand der Kommunikation* die berufliche Aufgabe, und der *Ort der Kommunikation* ist der Arbeitsort bzw. das Büro. Wenn es nun darum geht, in einer beruflichen Beziehung auch eine private Dimension zu entwickeln, dann kann das zum einen über die Themen der Kommunikation und zum anderen über die Orte der Kommunikation laufen. In den Interviews der deutschen und französischen Manager finden sich beispielsweise folgende Unterscheidungen, die man grob nach dem 'Grad der Privatheit' der Interaktion sortieren kann (vgl. Tab. 5.14). Die Kodierungsergebnisse der Vertrauensfaktoren *'Privates erzählen'* und *'Sich privat treffen'* bedeuten nun, dass es den deutschen Managern für den Aufbau von Vertrauen wichtiger ist, sich sowohl im Hinblick auf die Themen als auch im Hinblick auf die Orte in Richtung Privatheit zu bewegen.

---

[166] Pateau (1998: 49) zitiert einen französischen Manager, der die Kaffeemaschine als 'Informationsmedium' im französischen Unternehmen darstellt : „La machine à café est utilisée ici comme moyen d'information, et il est important d'y passer souvent, puisqu'il n'y a pas de panneau officiel d'informations, qui existe toujours en Allemagne dans les entreprises de taille moyenne."

Tab. 5.14: Private Kommunikation in beruflichen Beziehungen: Themen und Orte

Hin zu privateren Themen	Hin zu privateren Orten
• rein aufgaben-/sachorientierte Konversation • Firma, Kollegen, Chef • Smalltalk-Themen (Wetter, Fußball, Aktuelles etc) • berufliche Laufbahn • private Interessen, Hobbys • Wochenende, Urlaub • Familie, Ehe/Beziehung, Kinder, Häusliches • berufliche Pläne/ Karriereziele, berufliche Zukunft • private Sorgen oder Probleme	• Büro, Besprechungsraum • Kantine, Kaffeeautomat, Kaffeeküche • Mittagessen außerhalb der Firma • Geschäftsreise, Workshop an drittem Ort, Auswärtstermine, Abendveranstaltung • noch zusammen auf ein Bier weggehen • Privates Abendessen • gemeinsame private Unternehmungen (Kino etc) • Einladung zum Abendessen nach Hause • gemeinsame Aktivitäten mit Familie • gemeinsamer Urlaub

Ich werde nun den Unterschiedsbereich *Private Dimension der Beziehung* skizzieren. Danach stelle ich eine Visualisierung des Unterschieds anhand der eben beschriebenen zwei Dimensionen vor. Anschließend werde ich die Argumentation durch Zitate illustrieren, Beispiele für Vertrauensmissverständnisse diskutieren und interkulturelle Vertrauensmaßnahmen beschreiben.

In den Interviews ging es um die Entwicklung von Vertrauen in beruflichen Beziehungen. Für die interviewten Manager ist es jedoch für diese Vertrauensentwicklung eine wichtige Frage, ob und in wie weit es gelingt, der beruflichen Beziehung auch eine private Dimension zu geben. Der Vertrauensfaktor 'Privates erzählen' taucht in den bi-kulturellen Gruppen signifikant häufiger auf französischen Seite auf. Wodurch kommt dieser Unterschied zustande? Wir haben bereits gesehen, dass es beim Vertrauensfaktor 'Kontakt pflegen / viel kommunizieren' ein sehr deutliches französisches Übergewicht gibt. Doch wenn deutsche Manager Ihre Zusammenarbeit auch mit 'weniger' Kommunikation bewältigen können, über was reden denn dann die französischen Manager die ganze Zeit? Sie reden einfach auch viel über dieses und jenes, weil es eben nicht darum geht, inhaltlich in der Sache voran zu kommen, sondern sich als Mensch mit seinen persönlichen Einstellungen und Reaktionsweisen näher kennenzulernen. Hier sind wir nun wieder beim Thema dieses Abschnitts angelangt, denn 'sich kennenlernen' kann auch bedeuten, der beruflichen Beziehung eine private Dimension zu geben.

Damit könnte man nun die Hypothese aufstellen, dass sich hinter der Betonung der interviewten französischen Manager, dass man für den Aufbau von Vertrauen viel kommunizieren müsse, letztlich das private Erzählen verbirgt, das die interviewten deutschen Manager betonen (vgl. die quantitativen Ergebnisse beim Vertrauensfaktor 'Privates erzählen': DF>FD*, DD>FF). Schließlich gibt es nach den quantitativen Ergebnissen offenbar auch häufig den Fall, dass die französischen Manager ein Verhalten zeigen, das die deutschen Manager als Vertrauensgrund in Bezug auf 'Privates erzählen' interpretieren. Möglicherweise ist das genau das, was die Franzosen selbst als 'Viel kommunizieren' darstellen. Denn dieses 'Viel kommunizieren' der Franzosen umfasst gerade auch 'halb-private' Aspekte. Dies werten die deutschen Manager dann eben häufig als 'Priva-

5.6 Beziehungsaufbau und Beziehungspflege

tes erzählen' – denn für sie besitzt *'Viel kommunizieren'* keine Relevanz als Vertrauensfaktor.

Das ist eine interessante Hypothese: Beide Kulturen verweisen auf den gleichen Punkt, nur drücken sie sich dabei anders aus. Die Hypothese trifft zu, sofern man alles, was über die rein aufgabenbezogene Kommunikation hinausgeht, als *'Privates erzählen'* ansieht.

Allerdings ist es lohnend, bei diesem Punkt etwas genauer hinzusehen: Einige französische Manager präzisieren, um welche Inhalte es geht, wenn sie viel kommunizieren, um den anderen kennenzulernen: Es geht dabei um eher 'halb-private' Inhalte wie beispielsweise Smalltalk-Themen (Wetter, Fußball etc.) oder aktuelle gesellschaftliche Ereignisse, die in den Medien diskutiert werden. Es geht also nicht um das, was man im engeren Sinne 'privat' nennen würde (wie etwa familiäre Dinge oder private Sorgen oder Probleme).

Demgegenüber kommunizieren die deutschen Manager im Arbeitskontext nicht so viel, weil sie sich stärker auf eine aufgabenbezogene Kommunikation beschränken. Dafür erwarten sie aber, dass man dann *daneben* auch einmal ein bisschen „was Privates raus lässt" [DF-01] Dies kann man insbesondere tun, wenn man nach getaner Arbeit noch zusammen 'einen Trinken' geht, oder wenn man sich, sofern sich die Beziehung gut entwickelt, auch einmal gegenseitig nach Hause zum Essen einlädt – kurz: wenn man sich auch an 'privateren' Orten trifft. Dann ist man ganz klar in einer nicht beruflichen bzw. nicht aufgabenbezogenen Situation. *Dann* redet man auch mal über Privateres.

Abb. 5.3 und 5.4 visualisieren den Unterschied zwischen der eher deutschen und der eher französischen Perspektive auf die Entwicklung der privaten Dimension einer beruflichen Beziehung: In beiden Fällen wird von einer aufgabenbezogenen Zusammenarbeit am Arbeitsort ausgegangen (linke Seite der Abbildungen) und die Entwicklung hin zu einer privaten Dimension in der Beziehung (rechte Seite der Abbildungen) dargestellt. Während man aus deutscher Sicht diese aufgabenbezogene Zusammenarbeit durch eine zusätzliche 'private Schiene' ergänzt, wird diese selbst aus französischer Sicht durch eine 'halb-private Schiene' erweitert.

Abb. 5.3: Der deutsche Weg hin zu einer privaten Dimension beruflicher Beziehungen

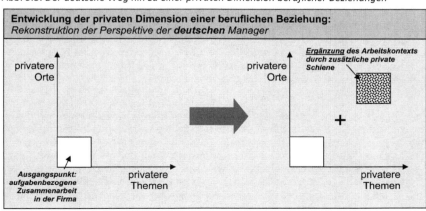

Abb. 5.4: Der französische Weg hin zu einer privaten Dimension beruflicher Beziehungen

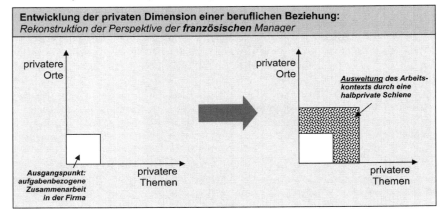

Welche Konsequenzen ergeben sich aus diesem Kulturunterschied für die Entwicklung von Vertrauen?
- Die französischen Manager empfinden in der Zusammenarbeit mit ihren deutschen Kollegen die Kommunikation teilweise als eingeschränkt, als zu sachbezogen oder schlicht als quantitativ unzureichend – und diagnostizieren möglicherweise eine Vertrauenswarnung in Bezug auf den Faktor *'Kontakt pflegen / viel kommunizieren'* (vgl. das Missverständnis 'Komplette Funkstille' in 5.3.2.3).
- Die deutschen Manager haben demgegenüber teilweise den Eindruck, dass die Franzosen nichts von ihrer Privatsphäre preisgeben wollen (Vertrauenswarnung in Bezug auf *'Privates erzählen'*). Dass ihre französischen Kollegen weniger leicht über den 'halbprivaten' Themenbereich hinausgehen, kann bei den deutschen Managern zu einer Interpretation als Vertrauenswarnung in Bezug auf den Faktor 'Privates erzählen' führen. Die deutschen Manager haben den Eindruck, dass die Franzosen „nichts Privates rauslassen".
- Die Franzosen wiederum sind weniger vertraut mit einer starken Trennung zwischen privater und beruflicher Interaktion und wundern sich insbesondere über das Zurückwechseln deutscher Kollegen von der Geselligkeit der Bierrunde zum Ernst des Geschäftsalltags (vgl. u. das Vertrauensmissverständnis 'Herr Doktor Müller, wenn ich bitten darf!').
- Die deutschen Manager sind hingegen befremdet, dass die französischen Kollegen weniger geneigt sind, abends noch zusammen 'mit den Kollegen wegzugehen' – eine Vertrauenswarnung in Bezug auf den Faktor *'Sich privat treffen'*.

Zusammenhang: *Beziehungsentwicklung* und *Private Dimension der Beziehung*

Bevor ich mit der Illustration der Argumentation durch Zitate aus den Interviews fortfahre, möchte ich an dieser Stelle kurz noch einmal das Hauptergebnis in Bezug auf diesen und den letzten Unterschiedsbereich zusammenfassen: Die Auswertungen haben ergeben, dass im Handlungsfeld <Beziehungsaufbau / Beziehungspflege> vor allem zwei Kulturunterschiede eine Rolle spielen, die einen Einfluss auf die Vertrauensentwicklung haben können:
- Die deutschen und französischen Manager vertreten erstens eine unterschiedliche Haltung in Bezug darauf, wie sich in der beruflichen Zusammenarbeit eine Beziehung entwickelt und wie man sie pflegen sollte (*Beziehungsentwicklung* [KU-11], vgl. 5.6.1).

5.6 Beziehungsaufbau und Beziehungspflege

- Zweitens haben sie unterschiedliche Vorstellungen in Bezug darauf, was man tun kann bzw. tun sollte, um in einer beruflichen Beziehung auch eine private Schiene aufzubauen (*Private Dimension der Beziehung* [KU-12], vgl. 5.6.2).

5.6.2.2 Zitate

In sehr vielen Interviews betonen die französischen Manager, dass es für den Aufbau von Vertrauen wichtig ist, viel zu kommunizieren. Sie betonen die Häufigkeit des gegenseitigen Austauschs.

> Je crois, en tout cas, pour que la confiance existe qu'il est important de communiquer beaucoup, ... Donc, je crois que c'est important ... de communiquer régulièrement et de si possible trouver des satisfactions dans l'échange pour que la confiance se nourrisse. [FD-16]
>
> Moi j'essaie d'être présente à mes managers, de les appeler, régulièrement. ... J'essaie de les voir régulièrement, moi. Je les appelle tous les un ou deux jours. Voila pour voir comment ça va, est-ce qu'il y a des difficultés. ... On déjeune ensemble, on se voit pour un problème personnel, on se voit pour une formation. Donc j'essaie de voir les gens. ... Donc c'est si vous voulez échanger des idées. Et puis échanger tous les jours. Tous les jours, il se passe quelque chose. [FD-21]

Auch den deutschen Managern fällt dies auf: „Die Franzosen kommunizieren untereinander gerne und viel" [DF-13]. Aus französischer Sicht geht es hier jedoch nicht um etwas, was man einfach 'gerne' tut, sondern um etwas für den Vertrauensaufbau Essentielles. Eindringlich beschreibt der folgende französische Manager, dass er es für absolut nötig hält, in einem ständigen Austausch zu sein, und dass er sich nicht in der Lage sieht, mit jemandem zusammenzuarbeiten, der zwar vielleicht sehr gute Arbeit macht, dabei aber zurückgezogen in seinem Büro arbeitet.

> **Je ne peux pas travailler en confiance avec quelqu'un qui travaille dans son coin toute la journée.** Je ne sais pas, je ne sais pas faire ça. **Pour moi, travailler en confiance, c'est aussi échanger. Tout au long de la journée. Se parler. Parler des problèmes qu'on rencontre, des réussites que l'on peut avoir. C'est échanger. Mais, j'ai besoin de savoir, j'ai besoin d'être au courant. J'ai besoin d'échanger.** Et j'ai du mal à travailler avec un collaborateur qui va rester enfermé dans son bureau. Qui va faire son travail, peut-être bien, peut-être, même très bien peut-être. Mais qui sera complètement replié sur lui-même et ne communiquera pas. Ça, j'ai du mal. [FF-15]

Einige der französischen Manager bringen den Austausch bzw. die viele Kommunikation in einen Zusammenhang damit, dass man sich „als Person" kennenlernt bzw. dass man die Persönlichkeit des anderen kennenlernt („de mieux en mieux connaître la personne", FF-08). Man lernt sich kennen, indem man merkt, *wie* man sich mit dem anderen unterhalten kann („Les échanges qu'on peut avoir", FF-08). Das ist den Franzosen wichtiger als den Deutschen, sie bemühen sich mehr und früher darum.

Allerdings geht es hierbei eher um so eine Art „halbprivate" Kommunikation. Ein französischer Manager erklärt, was man unter einer Kommunikation zum Zweck 'die Person kennenzulernen' versteht: Man redet nicht über das eigentlich Private, sondern es geht einfach darum, über 'andere Dinge als die Arbeit' zu reden.

> « **Connaître la personne** » **c'est sans aller jusqu'aux aspects privés.** Mais, enfin, en connaître un peu plus sur **la personnalité** de la personne. Si on prend l'exemple de collègues français : si on a fait un projet pendant deux ans avec les personnes, on a travaillé tous les jours ensemble. **Même si on ne connaît pas du tout la vie privée de la personne, on a quand même discuté avec elle d'autre chose que du travail.** Parce qu'on était à table ensemble, parce que, etc. On connaît vite la personne. On sait comment elle réagit, on sait ce qu'il faut faire avec elle, ce qu'il ne faut pas faire, etc. Donc, c'est connaître tout le relationnel avec la personne. [FD-14]

Im folgenden Bericht eines anderen französischen Managers wird deutlich, was er unter „die Leute so ein bisschen auf informelle Art und Weise kennenlernen" versteht: eben nicht eine Kommunikation über wirklich Privates, die man vielleicht in Deutschland assoziieren würde, sondern Gespräche über die berufliche Laufbahn, wie sie die interne Organisation der Firma sehen, was ihnen wichtig ist, welche Befürchtungen oder Hoffnungen sie haben etc. Es geht also zwar nicht um die konkreten beruflichen Aufgaben, aber gleichwohl bewegt sich das Themenspektrum im Umfeld der beruflichen Tätigkeit im weiteren Sinne. Privatere Aspekte sind nicht dabei.

> Parce que **je connais de manière un petit peu informelle aussi les personnes**. Pour l'essentiel je les ai rencontrées individuellement pour qu'ils m'expliquent, aussi, **quel était leur parcours, quelles étaient leurs préoccupations, comment ils voyaient cette réorganisation, quelles craintes ils pouvaient avoir, quelles espérances ils avaient** pour les plus qu'apporterait cette organisation, par rapport à leur situation antérieure. [FF-18]

Ein deutscher Manager bestätigt dies: Nach seinen Erfahrungen mit französischen Kollegen dehnen diese das Arbeitsverhältnis gerne auf einen *halb*-privaten Bereich aus:

> Ein Franzose geht mit der Zeit davon aus, dass sich das Arbeitsverhältnis auch auf den **halb-privaten** bzw. persönlichen Bereich erweitert. **Nicht im Sinne von sich-gegenseitig-einladen oder solche Geschichten**. Aber **dass man dem anderen gewisse Einblicke auch in sein halb-privates Umfeld gewährt**. Z.B. dass man sich was erzählt über den **Urlaub** oder über irgendwelche Geschichten. [DF-13]

Die deutschen Manager finden es durchaus wichtig für den Vertrauensaufbau, über die sachliche Ebene hinauszugehen und der Beziehung eine private Dimension zu geben. Allerdings macht man das tendenziell nicht zwischen zwei Meetings, sondern die typische Situation dafür ist, dass man sich einmal außerhalb des Arbeitskontexts trifft. Man geht zusammen ein Bier trinken, insbesondere wenn gerade Oktoberfest in München ist, Karneval in Köln oder Glühweinzeit auf dem Weihnachtsmarkt. – Das wiederum verwundert die Franzosen, denn das sind sie weniger gewohnt. In Frankreich ist es eher unüblich, nach der Arbeit noch mit den Kollegen „auf ein Bier" zu gehen.

> On a fait une réunion au mois d'Octobre en Allemagne. **Les Allemands nous ont invités à la fête de la bière à Munich, le soir, prendre un verre. [il rit]**. Alors qu'en France, bon, ce n'est pas .... Bon, on n'a pas la fête de la bière, c'est vrai. Mais **ce n'est pas forcément naturel d'aller boire un pot le soir ensemble après le travail.** Pas pour tout le monde. [FD-15]

Franzosen wollen da nicht unbedingt mitgehen, da es eher selten ist, nach dem Arbeitsalltag noch mit Kollegen wegzugehen. Das, so der französische Manager, könnten die Deutschen missverstehen. Aber das sei gar nicht so gemeint. Man sei das einfach nicht gewohnt.

> Pour un collègue allemand qui entre dans une relation professionnelle et qui fait l'effort pour créer cette relation en plus du professionnel et le Français ... ne comprend pas, ça peut créer une situation... L'Allemand pense que le Français n'a pas confiance. Alors qu'en fait, ce n'est pas du tout ça. ... Le Français peut réagir comme ça. C'est par culture. **Ce n'est pas parce qu'il n'a pas envie d'aller prendre un verre avec son collègue allemand, c'est simplement que ça ne fait pas partie de sa culture, ou de ses habitudes, ou de la façon, des relations normales avec ses collègues de travail.** C'est plus une question de culture. [FD-15]

Ein anderer französischer Manager berichtet, die deutschen Kollegen würden großen Wert auf einen Aufbau von „relations extra-professionnelles" legen, also Beziehungen *außerhalb* der beruflichen Zusammenarbeit – abends auf ein Bier gehen, zusammen Essen gehen etc. Das sei in Deutschland ein wichtiger Weg, Vertrauen aufzubauen – in Frankreich nicht. Da könne man problemlos gute Vertrauensbeziehung aufbauen, ohne irgendwas 'Privates' zusammen zu machen.

> J'ai l'impression que **les Allemands apportent plus, plus d'importance aux relations personnelles extra-professionnelles.** J'ai l'impression que pour avoir la confiance d'un allemand – enfin c'est mon impression – **Pour avoir la confiance d'une personne de nationalité allemande, il faut créer des liens personnels, non professionnels.** Enfin, c'est mon impression. **Alors que ce n'est pas du tout le cas en France.** Je pense que les Allemands attachent beaucoup d'importance – enfin, c'est ce que je ressens avec mes collègues allemands – beaucoup d'importance aux relations extra-professionnelles. ... **On fait une réunion, le soir on va manger ensemble, on va boire une bière ensemble. Etc.** Je pense qu'ils attachent beaucoup d'importance à ça. Alors qu'en France, moi, personnellement, pas du tout. Je préfère même séparer complètement les problèmes. **Donc, à partir du moment où on ne respecte pas ce type de...qu'on n'a pas ce type de relations, je pense qu'on sent une certaine réticence vis-à-vis des collègues allemands à vous faire complètement confiance.** A partir du moment où vous n'adhérez pas à ce mode de relations. ... **Je pense qu'ils attachent beaucoup d'importance à ces, à ce type de relation pour**

5.6 Beziehungsaufbau und Beziehungspflege 411

> établir la confiance. Et comme les Français sont peut-être plus, plus réservés de ce point de vue-là, ça freine un peu aussi la mise en confiance. J'ai l'impression. ... Je pense que ça doit faciliter beaucoup plus la confiance mutuelle. Je pense. Alors qu'**entre Français, j'ai l'impression que ce n'est pas nécessaire. On peut avoir de très bonnes relations professionnelles, et puis aucune relation disons extra-professionnelle entre collègues.** [FD-03]

Das Mittagessen besitzt in der französischen Geschäftswelt, wie ich im letzten Zitateabschnitt illustriert habe, noch immer einen höheren Stellenwert als in Deutschland – auch weil es eine gute Gelegenheit bietet, zu kommunizieren und damit 'connaître la personne' zu betreiben, sich also im Gespräch über nicht-arbeitsbezogene, 'halbprivate' Themen besser gegenseitig kennenzulernen.

Die Franzosen kommunizieren also während der Arbeit leichter und häufiger und auch über 'halbprivate' Themen…

> Ich glaube, Franzosen legen schon auch noch mehr Wert darauf als Deutsche, zum Beispiel so ein bisschen übers Privatleben zu reden. ... **Dass man etwas fragt, was nicht nur businessmäßig ist. Das machen die Franzosen schon viel so**, sage ich mal. Sie werden ja sicher auch schon selber Meetings in Frankreich mitgemacht haben. Das ist ja nun in keinster Weise so ein strukturiertes Meeting, wie man das sonst so aus Deutschland gewohnt ist. Das ist so, dass es da schon sehr viel um Themen drum herum geht. Da wird rechts und links erzählt – und in der Mitte wird vielleicht übers Thema diskutiert – und alle anderen drum herum erzählen gerade noch was anderes. Z.B. **'Und wie war es am Wochenende?' et cetera.** Und ich glaube, dass das so ein Punkt ist: **dass man sich erkundigt, wie es denn so läuft, ob alles okay ist und etc.** [DF-18]

…aber sind zögerlicher, nach der Arbeit zusammen wegzugehen und 'richtig' privat zu reden.

> Aber ich glaube, da gibt es auch ein Limit. Also dass die Franzosen jetzt auch nicht… Ich habe es hier zumindest so kennen gelernt. Zum Beispiel wenn abends Feierabend ist, dann ist das Feierabend. Da wird dann nicht noch großartig ausgegangen, um was zu trinken. Zumindest die, die auch Familie haben etc., machen das nicht. Also da wird dann schon sehr arg getrennt. [DF-18]

Ein deutscher Manager berichtet, dass er Schwierigkeiten hat, seinem französischen Vorgesetzten zu vertrauen – denn der sei „nicht in der Lage, persönliche Beziehungen einzugehen [und] einfach mal über private Dinge" zu reden:

> Er ist nicht in der Lage, persönliche Beziehungen einzugehen. ... Und da muss ich sagen: da fällt es mir schwerer, Vertrauen aufzubauen. ... Er ist nicht in der Lage, **ein persönliches Verhältnis aufzubauen, wo man auch mal über private Dinge reden kann**, … einfach mal über private Dinge: was die Familie macht und so weiter – um überhaupt ein bisschen mehr von sich preiszugeben. Um – ja, ein Gefühl dafür zu kriegen: wer ist der Gegenüber? Wer ist das eigentlich? Wie lebt der? Was macht der? Was hat der für Hobbys? Das ist auf der persönlichen Ebene: verstehen, wie der andere lebt. Was macht der? Was hat er gerne? Was hat er nicht so gerne? Und **wenn einer da nicht so gerne darüber redet oder auch nicht darüber reden kann, dann kann man natürlich auch zusammen arbeiten**, klar. Aber es ist für mich etwas anderes als wenn ich jemanden persönlich besser kenne. In der Kommunikation zu meinem Chef fehlt diese persönliche Ebene. [Das ist] etwas distanzierter. **Bei ihm ist diese Distanz einfach da.** [DF-12]

5.6.2.3 Vertrauensmissverständnisse

- **Herr DOKTOR Müller, wenn ich bitten darf!**
  < En fin de soirée, on était en train de se tutoyer. Et le lendemain au bureau…>

Ein erfahrener französischer Manager berichtet aus der Zeit, als er als junger Manager nach Deutschland in die Kölner Niederlassung des deutschen Konzerns kam. Damals fand er es sehr schwierig einzuschätzen, wann man den deutschen Kollegen vertrauen kann.

> Dans mes rapports que j'ai eus avec des Allemands, **c'est sûr qu'au début où j'étais en Allemagne, j'ai eu de la difficulté à avoir confiance en des personnes**. Parce que d'abord, je n'arrivais pas à comprendre les Allemands, et puis, il y avait des choses qui m'étaient étrangères. Donc **c'était pour moi, difficile, avec ma mentalité française, de dire** : « Tiens, ça, c'est quelqu'un en qui j'ai confiance. » [FD-26]

Er berichtet von einer seiner ersten Erfahrungen, die er heute lustig findet, da ihm inzwischen der kulturelle Unterschied klar ist. Es ist eine Episode im Rheinland zur Zeit des Karnevals.

> J'ai fait des premières expériences - qui étaient des expériences pas tellement importantes – mais qui m'ont donné... qui m'ont fait faire attention. Je vous donne une expérience des plus rigolotes : Au début, j'ai travaillé à [une ville] et il y a eu le carnaval à [une ville]. Et j'avais un contact, pendant le carnaval, avec le directeur de la succursale dans laquelle je travaillais. Et **comme c'était pendant le carnaval, on s'est amusés. On est sortis, on était ensemble dans une soirée, et puis on a commencé à discuter sur tout et sur rien** : sur la politique, la culture, sur des choses... **Et puis, le lendemain, quand je suis arrivé au bureau,** j'ai pensé, moi, dans mon esprit naïf, que bon, j'avais trouvé un ami, quelqu'un avec lequel je pouvais discuter. Et **ce monsieur m'a fait très vite comprendre que c'était « fini », que le carnaval était fini. Quand je suis rentré dans son bureau, je lui ai dit : « Hey, Hubert, wie geht's ? »** Et puis il m'a dit : « Herr Doktor... » – Il s'appelait, je ne sais plus comment, Müller, je ne sais pas – « **Herr DOKTOR Müller, wenn ich bitten darf ! » J'étais un tout petit peu choqué.** Je me suis dit : « Tiens, c'est marrant. » C'était tout au début [quand j'ai commencé à travailler en Allemagne.] **Ça ne veut pas dire que j'ai eu de la méfiance envers tous les Allemands. Mais ça m'a simplement donné une expérience.**
> D'abord je me suis dit : « Aha, fait attention, ça ne va pas aussi vite que ça. » Et puis **ensuite [j'ai compris] : Il y a deux choses, justement, en Allemagne : On sépare le privé ou semi-privé du professionnel.** [FD-26]

Die geschilderte Episode kann man vor dem Hintergrund des deutsch-französischen Unterschieds in Bezug auf den Umgang mit der privaten Dimension als kulturelles Vertrauensmissverständnis sehen. Der französische Manager hatte den Eindruck, dass aufgrund der letztlich dann doch recht vertrauten Atmosphäre beim Karneval bzw. Karnevalsgelage, eine Vertrauensbeziehung zwischen ihm und seinem Chef entstanden sei (Vertrauensfaktoren 'Privates erzählen', 'Sich privat treffen'). Damit unterläuft ihm sozusagen ein positives Vertrauensmissverständnis. Dass der Deutsche ihn am nächsten Morgen zurechtweist und statt des Vornamens die Anrede mit Nachname und Doktor einfordert, empfindet der Franzose in gewisser Weise als Vertrauensbruch.[167] Für den deutschen Chef war es jedoch völlig normal, einerseits im Rahmen des Karnevals gemeinsam abends ein bisschen mehr zu trinken und Spaß zu haben und dennoch am nächsten Morgen zu den üblichen Business-Gepflogenheiten zurückzukehren. Der Franzose jedoch ist verunsichert, wann er Deutschen vertrauen kann und wann nicht. Er war davon ausgegangen, dass sich die beim gemeinsamen 'Gelage' entstandene Vertrauensatmosphäre in den Arbeitskontext überträgt.

Für die Frage der Auswirkung kultureller Unterschiede auf die Entwicklung von Vertrauen ist es nun hochinteressant, welch drastischen Schluss der französische Manager aus diesen Erfahrungen und seinen Überlegungen zur deutschen Trennung des Beruflichen vom Privaten zieht: Deutschen Kollegen könne man in beruflicher Hinsicht grundsätzlich nicht richtig vertrauen. Denn im deutschen Businesskontext könne man eben nicht von einer persönlich-privaten Vertrautheit mit einem Kollegen darauf schließen, dass man ihm auch in beruflicher Hinsicht vertrauen kann. Man könne mit jemandem befreundet sein, aber wenn sich in der beruflichen Zusammenarbeit eine Situation ergebe, wo es auf Vertrauen ankommt, dann könne es gut sein, dass einen der Deutsche komplett hängen lässt.

> D'un côté, **vous pouvez très bien avoir des liens d'amitié avec un collègue. Mais quand vous êtes au bureau : Si jamais vous faites une connerie ou si jamais il a la possibilité de vous rentrer dedans, il vous rentrera dedans comme si vous n'étiez pas son ami.** Il ne se gênera pas pour le faire. ... **Du point de vue professionnel, en tous cas ici en Allemagne, vous ne pouvez pas accorder votre confiance aveuglément à quelqu'un.** ... [En Allemagne, quand] on s'amuse, on s'amuse. Mais ensuite, quand on a fini de s'amuser, c'est « business is business ». Donc, il y a une coupure. Le Français peut-être ne sépare pas l'agréable... **Le Français veut joindre l'agréable avec le travail. L'Allemand sépare les deux choses. On travaille, on travaille. Et on s'amuse, on s'amuse. Mais on ne fait pas les deux choses en même temps.** ... Dire : « Voilà, ça, c'est le business. Et puis ça, ce n'est pas le business. » Je crois que l'Allemand peut quand même peut-être plus le faire. **Ce qui fait que, en tant que français, ou en tant que quelqu'un qui a l'éducation française tout en vivant en Allemagne, on est toujours un tout petit peu sur ses gardes.** [FD-26]

---

[167] Hinzu kommt möglicherweise noch, dass es in Frankreich nicht üblich ist, jemanden mit dem Doktortitel anzusprechen. Der Doktortitel wird auch auf Visitenkarten üblicherweise nicht vermerkt. Ist dieser Kulturunterschied nicht bekannt, kann der 'Dr.' auf einer deutschen Visitenkarte auf französische Kollegen arrogant wirken (vgl. den Vertrauensfaktor 'Bescheiden auftreten / nicht angeben').

5.6 Beziehungsaufbau und Beziehungspflege

5.6.2.4 Interkulturelle Vertrauensmaßnahmen

Einige der französischen Manager berichten, dass sie auf diesen Kulturunterschied Bezug nehmen, um Vertrauen zu deutschen Kollegen aufzubauen. In Deutschland, so berichtet ein französischer Interviewpartner, bemühe er sich stets um kulturelle Anpassung. Sein Beispiel dafür: ein Bier mit trinken gehen.

> Si je vais en Allemagne, je vais boire une bière, je vais utiliser tous les ressorts culturels. ... Je vais faire tout ce qui créé un lien avec un client. [FD-04]

Auch der bereits oben zitierte französische Manager erklärt, man würde nur Widerstand bzw. Zögerlichkeit seitens der deutschen Kollegen provozieren, wenn man sich nicht dahingehend anpassen würde, auch mit zum Abendessen bzw. zum Bier trinken zu gehen. Das wäre eine bestimmte Art der Beziehungspflege, bei der man einfach dabei sein sollte.

> Je pense que les Allemands attachent beaucoup d'importance ... aux relations extra-professionnelles ... – du genre : **on fait une réunion, le soir on va manger ensemble, on va boire une bière ensemble**, etc. **Je pense qu'ils attachent beaucoup d'importance à ça**. Alors qu'en France, moi, personnellement, pas du tout. Je préfère même séparer complètement les problèmes. Donc, **à partir du moment où on ne respecte pas ce type de... qu'on n'a pas ce type de relations, je pense qu'on sent une certaine réticence vis-à-vis des collègues allemands à vous faire complètement confiance**. A partir du moment où vous n'adhérez pas à ce mode de relations. [FD-15]

Eine französische Managerin beschreibt es als Strategie des Vertrauensaufbaus, bereits am Tag vor einem geschäftlichen Treffen nach Deutschland zu fliegen, um mit dem Hauptverhandlungspartner gemeinsam Abendessen gehen zu können.

> J'arrivais toujours la veille de la réunion. Et avec l'organisateur de la réunion, ... on allait dîner ensembles pour se mettre d'accord sur la façon dont on allait présenter les choses. [FD-12]

5.6.3 Humor: Lockerheitseindruck und unverstandene Ironie [KU-13]

5.6.3.1 Argumentation

Der dritte dem Handlungsfeld <Beziehungsaufbau / Beziehungspflege> zugeordnete vertrauensrelevante Unterschiedsbereich betrifft den Vertrauensfaktor 'Locker sein / Humor haben'. Es geht hier zum einen um Lockerheit und Humor in einem breiten Sinne und zum anderen um eine spezielle Art von 'Humor haben', nämlich um ironischen Humor bzw. um Humor in Form von Wortspielen.
Ein deutlicher deutsch-französischen Unterschied zeigt sich darin, dass für die interviewten französischen Manager offenbar ironischer Humor im beruflichen Kontext üblicher ist als für die deutschen. Ein Grund dafür liegt darin, dass in der französischen Sprache und Konversation Wortspiele bzw. der Humor durch sprachliche Doppelbedeutungen einen viel größeren Stellenwert haben als im Deutschen. Es liegt auf der Hand, dass Nicht-Muttersprachler eine entsprechende Fremdsprachenkompetenz nur in den seltensten Fällen entwickeln können. Dies wiederum bedeutet: Wenn es auf eine solche Art von Humor ankommt, wirkt ein Nicht-Muttersprachler fast automatisch humorloser.
Genauso ist klar, dass sich ein solcher Humor nicht ohne weiteres in die Konversation in einer Fremdsprache übertragen lässt. Allerdings läuft die Kommunikation in der deutsch-französischen Zusammenarbeit im Unternehmenskontext nicht selten über die Konzernsprache Englisch ab. Daher können in der deutsch-französischen Zusammenarbeit Ironie und Sprachspiele gleich auf mehrfache Weise scheitern: nämlich an der Englisch-Kompetenz des Deutschen, an der Englisch-Kompetenz des Franzosen und drittens an der kulturell unterschiedlichen Präferenz für Ironie und Sprachspiele. Die deutsche Seite hat offenbar tendenziell ein nicht ganz so offenes Ohr für die dezente Ironie der französischen Kollegen. Weil

daher teilweise wiederholt Bemerkungen nicht wie geplant 'ankommen', kann bei den französischen Managern der Eindruck entstehen, die Deutschen verstünden keinen Humor – eine Vertrauenswarnung in Bezug auf *'Locker sein und Humor haben'*.

Humor hat allerdings auch mit einer eher allgemeinen Haltung der Lockerheit oder auch Lustigkeit zu tun: dass man nicht so formell ist, dass man auch einmal zu Späßen aufgelegt ist, dass man selbst auch Spaß haben möchte. Auch dies ist in Deutschland gerade im Unternehmenskontext weniger ausgeprägt als in Frankreich. In Frankreich sind teilweise Verhaltensweisen üblich, die aus deutscher Sicht sehr 'locker' wirken: sich auch unter Kollegen im Büro bei der Begrüßung umarmen oder auf die Schulter klopfen, sich gleich beim Vornamen nennen (wenngleich in Kombination mit Siezen), sehr schnell und viel auch über halb-private Themen reden (vgl. 5.6.2). Diese französische Lockerheit entspricht einem verbreiteten positiven Stereotyp der Deutschen über die Franzosen und kann auf Deutsche einen vertrauensförderlichen Eindruck machen (Vertrauensgrund in Bezug auf *'Locker sein und Humor haben'*). Dass die deutschen Manager Lockerheit positiv interpretieren, scheint allerdings vor allem dann zu gelten, wenn es sich um eher private Situationen handelt (Firmensportfest etc.). Im Unternehmenskontext erscheint ansonsten manches fast einen Tick *zu* locker.

5.6.3.2 Zitate

Einer der deutschen Manager, der zweisprachig aufgewachsen ist, beschreibt ironischen Humor und Sprachspiele als erfolgreiche Strategie des Vertrauensaufbaus mit französischen Kollegen und Geschäftspartnern.

> Die Franzosen sind im Gegensatz zu den Deutschen – nicht verspielter, aber denen sitzt ein bisschen mehr der Schalk im Nacken. Die machen gerne mal **einen Witz oder einen Spruch**. Die sind ein bisschen lockerer nach einer gewissen Zeit. Also **da kann man schon mal irgendwie so eine Spitze loslassen**, wobei das in Deutschland eher unangebracht ist. [DF-19]

Er erklärt, wie der französische Humor sehr feinsinnig mit Sprachbedeutungen spielt:

> Was sich im Französischen auch immer anbietet, sind so **Wortspiele**. Weil viele Begriffe im Französischen eben zwei, drei, vier Bedeutungen haben, was im Deutschen nicht der Fall ist. Und dann kann man sehr schnell aufgrund dieser Wortspiele so eine Doppeldeutigkeit herstellen. Das muss überhaupt nicht plump sein und das muss auch nicht anbiedernd sein, aber man kann halt schnell, sage ich mal, ja, so ein bisschen persönlicher, flachser werden oder vertrauter werden. Was sich im Deutschen glaube ich auch auf Grund der Sprache gar nicht so anbietet. [DF-19]

Der Manager hat auch noch ein schönes Beispiel parat, wie er mit einem solchen ironischen Humor bei einem französischen Geschäftspartner gepunktet hat:

> Wir hatten jetzt zum Beispiel mal einen Kunden, der uns besucht hat, und der fing dann an, die Länder aufzuzählen, in denen Sie [geschäftlich aktiv waren]. Und dann war da ein Land dabei – ich komme nicht mehr drauf, also ich sage jetzt mal 'Burkina Faso' oder 'Turkmenistan' – also wirklich ein Land, das man auf der Landkarte suchen muss. Wo man überhaupt erstaunt ist: 'Ah ja, das Land gibt es ja auch noch.' **Und der sagte dann eben: 'Na ja, mit denen machen wir jetzt nicht so viel Geschäft.' Da habe ich ihn nur angeguckt und gesagt: 'Ach so, mit denen machen Sie jetzt nicht so viel Geschäft?'** Und ich habe das in einer Art und Weise eben rüber gebracht, dass der genau wusste, dass ich mich im Grunde genommen ein bisschen über ihn lustig gemacht habe. Weil es völlig klar ist, dass die meisten Länder in Europa wahrscheinlich mit diesem Land überhaupt gar kein Geschäft machen. Das war so nach dem Motto: 'Das brauchst du mir nicht zu sagen, das war mir schon klar.' … Und das kam an. **Da hat er dann kurz gezuckt, hat überlegt und hat mich dann angeguckt und hat gemerkt: 'Okay, das hat er jetzt als Witz gemeint'**. Und das fand er dann witzig. Also da ist für mich dann so eine Situation, wo man sich ein bisschen vorwagt, aus der Deckung kommt. Und wenn man einen Gegenüber hat, der bereit ist, dieses Spielchen mitzumachen, da kann man dann aufgrund dieser Sprache auch Doppeldeutigkeiten erzeugen oder ein bisschen ironischer werden, als es vielleicht in Deutschland möglich ist. [DF-19]

Dieser Humor sei in Deutschland einfach nicht so verbreitet. Da könne es einem eher passieren, dass ein ironischer Kommentar für bare Münze genommen werde, weil er einfach nicht als solcher erkannt werde.

5.6 Beziehungsaufbau und Beziehungspflege

> Und ich denke, dass die Franzosen gerade für so eine Art von Humor, die ein bisschen ironisch, ein bisschen sarkastisch ist, viel sensibler sind, als jetzt zum Beispiel ein Deutscher. **Dem sagen Sie irgendwas und der nimmt das sofort für bare Münze. Also es heißt, der blendet da jede Ironie oder jeden Spaß aus.** Der nimmt diese Information und verarbeitet die erst mal und nimmt das als gegeben. Während ein Franzose viel schneller auf die Idee kommt zu sagen: 'Na ja, das hat er jetzt aus Blödelei gesagt.' Und das ist denke ich schon ein Unterschied. ... **Das sind diese Wortspielereien, die der Franzose eben macht auf Grund der Sprache,** weil es sich da anbietet. Und das wird ein Deutscher eben nicht verstehen. Genauso umgekehrt also wie gesagt, wenn Sie diese Verhältnisse auf Deutsche anwenden. ... **Das kriegt der Deutsche eben nicht auf die Reihe. Der französische Humor ist ein anderer.** [DF-19]

Neben dem ironischen Humor gibt es wie beschrieben auch die Seite der allgemeinen Lockerheit und Lustigkeit. Ein französischer Manager beschreibt beispielsweise Unterschiede in der Art der Begrüßung. In Frankreich gibt es da mehr Körperkontakt. Sich wie in Frankreich auf die Schulter klopfen oder sich umarmen – das würden in Deutschland vielleicht die Jugendlichen machen, aber im Büro mache man das eben nicht.

> Les Français, quand ils se voient, ils se tapent sur le dos, ils s'embrassent, etc... En Allemagne ça se fait moins. Ça se fait entre jeunes c'est vrai, mais disons qu'on ne s'embrasse pas **au bureau. Moi, quand je vais voir mes collègues français, on s'embrasse.** C'est aussi un certain lien très privé. Alors le Français cherche toujours le contact humain. Et l'Allemand sera toujours un peu plus réservé sur ce contact humain [FD-26]

Auch nennt man sich in Frankreich sehr schnell beim Vornamen, zunächst noch in Kombination mit 'Sie', aber sehr bald auch per 'Du'. Auch das bestärkt aus deutscher Sicht den Eindruck größerer Lockerheit.

> Un Français va plus rapidement passer du « vous » au « tu », alors qu'un Allemand, avant qu'il vous offre le « Du », ça dure normalement assez longtemps. Pour un Français... C'est peut-être pas dans le premier entretien. Ça dépend forcément aussi du point de vue professionnel et du point de vue privé. Du point de vue professionnel, c'est clair qu'on attend quand même un certain temps jusqu'à ce qu'on commence à se tutoyer. Mais pour un Français, ça va beaucoup plus rapidement. [FD-26]

Ein anderer französischer Manager wundert sich, dass das in Deutschland länger dauert: „Distanz wahren um der Distanz willen – was soll das? Klar, wenn man sich nicht mag oder so. Aber wenn man sich gut versteht?"

> Ce qui est un autre exemple: **Dans un des projets – mais aussi dans tous les projets où je travaille, la plupart du temps – rapidement, j'ai tutoyé celui qui travaille dans le projet du côté du business.** C'est peut-être le français aussi. Quand on travaille beaucoup ensemble – ce qui est normal – c'est rapidement qu'on se tutoie. Et, il y a certains de mes collègues qui m'ont dit que j'allais beaucoup trop vite. Que je devrais garder de la distance. Et que je n'arriverai pas à prendre de la distance en ayant trop prêt. ... Je ne sais pas, chez nous c'est normal. **Oui, on peut avoir une distance, c'est sûr – dans certains cas, je suis tout à fait d'accord. Mais, garder la distance pour garder la distance, pourquoi ?** [FD-22]

Dabei kann die französische Lockerheit bei Deutschen durchaus hervorragend ankommen. Ein deutscher Manager berichtet begeistert, wie die „Franzosen aus dem Stand heraus unheimlich lustig sein" können:

> **Auch können Franzosen aus dem Stand heraus unheimlich lustig sein.** Also wir hatten da jetzt vor ein paar Wochen ein Sportfest gehabt in [Frankreich], ein richtig transnationales Sportfest: da waren Leute da von allen ... Standorten. ... **Und da habe ich erlebt: Da spielte irgendeiner mit einer Ziehharmonika. Und die Franzosen: auf, und tanzen! Und die machen dann eine Polonaise. Bei uns undenkbar in Deutschland.** Da würde man sagen: Schau mal, die sind besoffen. Aber die haben keinen Tropfen getrunken!! So können die aus dem Stand heraus lustig sein. Vielleicht war das halt auch eine besondere Auswahl von Leuten, die sich zu solchen Festen melden. Aber wir Deutsche standen steif rum und haben zugeguckt. Prima. – **Also alles in allem habe ich eine recht positive Meinung über Franzosen.** [DF-11]

Die geringere Tendenz zu solch 'lockerem' Verhalten trägt zusammen mit dem fehlenden ironischen Humor (zumal angesichts der Sprachschwelle) zu dem französischen Stereotyp bei, die Deutschen hätten einfach keinen Humor. Das müsse man eben so hinnehmen, wie ein französischer Manager bedauernd feststellt: Man dürfe sich nicht daran stören, das sei eben einfach so, dass die Deutschen keinen Humor hätten.

> Et un Allemand, avec son humour – s'il en a, je sais pas, beaucoup de gens disent que les Allemands n'ont pas d'humour – bon. Fine. C'est pas tout à fait faux, mais – c'est ce que je pense, du moins – c'est pas gênant. Si'il n'a pas d'humour, il n'a pas d'humour. [FD-03]

Allerdings müsse man aufpassen, wie viele der französischen Manager betonen, dass man gegenüber den Deutschen nicht *zu locker* auftrete, da man sonst schnell als „Paradiesvogel" abgestempelt werden könne. Der folgende französische Manager erklärt diesen Punkt: Das Verständnis von „ernsthaft und sorgfältig" arbeiten sei unterschiedlich. Man müsse ja nicht immer so deutlich zeigen, dass man ernsthaft arbeite. Er glaube von sich schon, dass er ernsthaft und sorgfältig sei, aber gewisse Deutsche würden das nicht so sehen. Da müsse man aufpassen.

> Pour moi, travailler c'est travailler. Mais **travailler, ça ne doit pas être toujours sérieux.** D'être sérieux, c'est important. Mais la définition de « sérieux » entre les Allemands et les Français, je pense, est aussi un peu différente. Moi, je pense, que je suis sérieux, mais certains Allemands, ils pensent que je ne suis pas sérieux. Ou pas assez sérieux. ... **Je pense qu'on n'a pas toujours besoin de montrer qu'on est sérieux pour être sérieux.** Parce que je peux montrer que je suis toujours sérieux, mais ça ne sert à rien. **A mon avis, on peut discuter de choses très sérieuses en étant sérieux aussi, mais en gardant une certaine flexibilité dans la tête et une certaine, j'allais dire, joie de vivre.** J'exagère un peu peut-être. Et, **ce n'est quelquefois pas du tout compris. Moi, plutôt, j'ai la réaction : les gens qui sont trop sérieux, je ne les prends pas au sérieux.** En exagérant un peu. [FD-22]

Wann also wirkt die französische Lockerheit auf die deutschen Manager vertrauensförderlich und wann nicht? Vertrauensförderlich wirkt sie, wenn es an den Rand des Business-Alltags geht, wenn man sich auf einem Sportfest befindet, wo die Franzosen „aus dem Stand heraus lustig" sind, wenn man beim Mittagessen zwanglos redet oder wenn der Franzose am frühen Abend im Büro noch einen Rotwein vom eigenen Weingut dabei hat. Dann wird ein positiver Stereotyp erfüllt, was sich durchaus positiv auf die Entwicklung von Vertrauen auswirkt (vgl. den Vertrauensfaktor *'Positivem Fremdbild entsprechen'*).

> Der ist ein ganz cooler Typ. Der saß dann oftmals so da, **hat in seinem Stuhl gecoucht und hatte die Füße auf dem Tisch. Und während wir geplaudert haben, haben wir Rotwein dabei getrunken** – oder was immer er dabei hatte. Er hatte immer etwas aus Frankreich mitgebracht mit seinem Auto. Und wir haben so manche Stunde zusammen gesessen und haben einfach nur über Gott und die Welt geplaudert. ... **Dann haben wir uns dann abends, so um sieben oder acht, zusammen gehockt und haben dann ein Glas oder eine Flasche Rotwein getrunken.** ... Da habe ich dann das Gefühl gewonnen: **Dem ist das Leben recht, wie es ist.** Er sagt: 'Mir ist es recht so, wie es ist. Ich habe damit keine Sorgen. Und wenn sie mich heute rausschmeißen ist mir das auch wurst. Ich habe zu Hause mein Weingut. Ist zwar nicht groß, aber zumindest kann es mich ernähren.' – **Also er war relaxed, er war wirklich relaxed.** [DF-23]

5.6.3.3 Vertrauensmissverständnisse

- **Die Geschichte von den Konzepten A und B**

< C'était juste une blague en passant... Donc je recommande à mes collaborateurs d'éviter, avec les Allemands, l'humour au 2eme degrée>

Ein französischer Manager berichtet, wie er gelernt hat, dass man in der Zusammenarbeit mit deutschen Kollegen besser auf Humor verzichten sollte.

> C'était un moment on avait des relations un peu tendues. J'ai voulu mettre de l'humour, mais l'humour du second degré. Et mon interlocuteur en Allemagne n'a pas du tout compris. Il l'a pris au contraire comme une volonté de saper, de détruire le partage des responsabilités qu'on avait. Et donc c'est là que j'ai compris que c'était très dangereux de vouloir faire de l'humour au deuxième degré avec mes interlocuteurs allemands, qu'il fallait que je le réserve à mes collègues français avec lesquels j'ai l'habitude de discuter au deuxième degré. [FD-18]

Der Manager berichtet nun noch etwas genauer, welchen Scherz er sich erlaubt hatte, und inwiefern der deutsche Kollege die Ironie der Bemerkung nicht erkannt hat:

> Je vais essayer de raconter l'histoire simplement. On était en train de répondre à un appel d'offre pour un client, et donc on proposait un concept A, et un concept B. Le concept A était développé par mes collègues de Brême. Brême commence par B. Et moi j'étais en Aquitaine et je développais le concept B. Et j'avais écrit un mail à mon

5.7 Aufdeckung von Relationship Fit 417

> interlocuteur Allemand : « Ça ne va pas du tout. C'est pas logique. Mon concept à moi, je ferais mieux de l'appeler A, et puis le tien tu ferais mieux de l'appeler B. Il faudrait en revenir à quelque chose de plus logique, de plus cartésien. »
> Il a perçu en fait que je voulais me référer à l'ordre alphabétique, A étant avant B. Il a pensé que je voulais passer avant lui. Alors que c'était juste de l'humour entre le concept A à Brême et moi qui développais le concept B en Aquitaine. Et on a échangé ça par mail, et il a réagit très violemment en disant : « Mais non, on avait décidé que j'avais le concept A et donc il n'est pas question de revenir là-dessus. Je ne comprends pas ce que tu veux dire... »
> C'était juste comme ça pour essayer de détendre l'atmosphère. Et c'est pas du tout passé. ...
> Je ne cherchais pas à prendre plus de responsabilités ou à mettre plus en avant le travail fait par mon équipe par rapport au travail fait par son équipe. Il avait vu ça comme une rivalité, ou une volonté de prise de pouvoir, alors que c'était juste... une blague en passant... ... Donc je recommande aussi à mes collaborateurs d'éviter l'humour, le deuxième degré, de plutôt l'éviter. [FD-18]

Es ist recht offensichtlich, dass der deutsche Kollege die Email des Franzosen für bare Münze genommen hat, obwohl der 'Vorschlag' von diesem als ironische Bemerkung, als Wortspiel, als Witz gemeint war. Der Franzose interpretiert das als Vertrauenswarnung in Bezug auf *'Locker sein/Humor haben'* – und ist sogar dazu übergegangen, seinen Mitarbeitern zu raten, im Umgang mit deutschen Kollegen besser auf Humor zu verzichten.

5.6.3.4 Interkulturelle Vertrauensmaßnahmen

Sowohl deutsche als auf französische Interviewpartner nehmen in ihren Antworten zur Frage des Vertrauensmanagements gegenüber Kollegen oder Geschäftpartnern aus der anderen Kultur auf den unterschiedlichen Umgang mit Humor Bezug. Der oben zitierte deutsche Manager, der zweisprachig aufgewachsen ist und hervorragend französisch spricht, beschreibt ironischen Humor und Sprachspiele als erfolgreiche Strategie des Vertrauensaufbaus mit französischen Kollegen und Geschäftspartnern (vgl. Zitate-Abschnitt). Ein anderer deutscher Manager beschreibt, wie er gezielt berücksichtigt hat, dass es Franzosen „gerne lustig haben, kultiviert haben" [DF-05]. Ebenso betont ein dritter deutscher Manager, man dürfe „auch den Humor nicht verlieren". Man müsse „also lieber mal ja einfach ein bisschen lockerer in ein Gespräch rein gehen", denn: „mit Franzosen ..., da ist allein die Anzahl des Lachens im Gespräch deutlich höher, als jetzt wenn Deutsche mit einander in Geschäftsbeziehung stehen" [DF-26].

Interessanterweise verhält sich auch einer der französischen Manager nach dem Umkehrschluss. Der Manager, der das oben als Vertrauensmissverständnis interpretierte Erlebnis der 'Geschichte von den Konzepten A und B' berichtet, bemüht sich wie gesagt, gegenüber deutschen Kollegen auf Humor, insbesondere ironischen Humor, zu verzichten. Dies empfiehlt er auch seinen Mitarbeitern („Je recommande aussi à mes collaborateurs d'éviter l'humour, le deuxième degré, de plutôt l'éviter", FD-18).

5.7 Aufdeckung von Relationship Fit

Im Handlungsfeld <Aufdeckung von Relationship Fit> wurden zwei vertrauensrelevante deutsch-französische Unterschiedsbereiche gefunden: Erstens gibt es unter den französischen Managern eine einflussreiche Art von Gemeinsamkeit, die es unter den Deutschen nicht gibt: Die Franzosen können 'Camarades de promotion' sein, das heißt Absolventen der gleichen (bzw. überhaupt einer) französischen Elitehochschule. Zweitens gibt es ein größeres potenzielles Hemmnis für die Entwicklung von Vertrauen zwischen deutschen und französischen Managern, das darin begründet liegt, dass sie die unterschiedliche «*Herangehenswei-*

se» an Aufgaben bisweilen in recht deutlicher Weise als Mangel an 'Relationship Fit' wahrnehmen.[168] Für einen Überblick vgl. Tab. 5.15.

Tab. 5.15: Vertrauensrelevante Unterschiedsbereiche im siebten Handlungsfeld

Unterschiedsbereich	Nummer	Abschnitt
Camarades de promotion: Alumni derselben Grande Ecole	KU-14	5.7.1
Wahrgenommene Unterschiedlichkeit der Herangehensweise	KU-15	5.7.2

Diese beiden vertrauensrelevanten Unterschiedsbereiche werde ich im Folgenden näher erläutern und durch Zitate belegen und veranschaulichen.

5.7.1 Camarades de promotion: Alumni derselben Grande Ecole [KU-14]

5.7.1.1 Argumentation

In Frankreich gibt es eine lange Tradition eines Systems von Elitehochschulen, welche komplett an den staatlichen Universitäten vorbei die verschiedenen Funktionseliten des Landes ausbilden. Das Studium an einer dieser Eliteuniversitäten ist in Frankreich eine Art Freifahrschein für eine anspruchsvolle Karriere (Barsoux & Lawrence 1990, Castel et al. 2007). Daher nehmen französische Abiturienten die zweijährige Lerntortur der sogenannten „classes préparatoires" oder „prépas" (Vorbereitungsklassen) auf sich, um bei der Teilnahme an den landesweiten „concours" (Aufnahmewettbewerben) unter den Jahrgangsbesten zu sein, welche an den besonders renommierten Grandes Ecoles studieren dürfen. Die Teilnahme an einer guten „classe préparatoire" bedeutet nicht nur zwei Jahre extrem intensiver Lernarbeit, sondern auch hohe Kosten – nicht zuletzt, weil ein großer Teil und insbesondere die guten Vorbereitungsklassen in Paris angeboten werden (Barsoux & Lawrence 1990). Französische Magazine und Zeitschriften (wie LePoint, L'Express oder Challenges) publizieren regelmäßig nicht nur Ranglisten der besten Grandes Ecoles sondern auch der besten Vorbereitungsklassen,[169] und schon für Teilnahme an diesen Vorbereitungsklassen gibt es harte Auswahlprüfungen.

Wer erfolgreich durch dieses System gegangen ist und anschließend über die hervorragenden Alumni-Netzwerke der Elitehochschulen ins Berufsleben eingestiegen und in seine berufliche Position gelangt ist, den verbindet einiges mit seinen „camarades de promotion" (wörtlich: Jahrgangskameraden). Der Begriff meint im engeren Sinne diejenigen, mit denen man an einer bestimmten Elitehochschule in einem bestimmten Jahrgang gemeinsam den Abschluss, die „promotion", geschafft hat. Im übertragenen Sinn meint der Begriff jedoch auch, dass man insgesamt an der gleichen Elitehochschule bzw. überhaupt an einer der renommierten Elitehochschulen studiert hat. Denn das bedeutet, dass man die Erfahrung der 'classe prépa', den Erfolg im 'concours', das Studium an einer Grande Ecole und den Zugang zu den Netzwerken der Grandes Ecoles gemeinsam hat. Als Absolvent einer der Top-Schulen respektiert man auch Absolventen anderer Top-Schulen als 'camarade'. An den Rankingspitzen findet man beispielsweise die Beamtenschmiede ENA (École nationale d'administration), für Ingenieure die sogenannte 'X' (École Polytechnique) oder für Manager die HEC (École des Hautes Études Commerciales), die ESSEC (École Supérieure des Sciences Économiques et Commerciales) oder die ESCP-EAP (Ecole Supérieure de Commerce de Paris). Die Schulen

---

[168] Zum Erklärungskonzept «Herangehensweise» vgl. 5.1.1, 5.3.1, 5.4.1 und 5.7.2.
[169] Vgl. beispielsweise Debril & Sollety (2008): Le palmarès des meilleures prépas. In: L'Express, 06/02/2008.

pflegen hervorragende Jahrbücher und Alumni-Datenbanken, welche das Nonplusultra für die Rekrutierung französischer Top-Manager darstellen (Herterich 1989, 1996). Der Begriff „camaraderie" hat Eingang ins Englische gefunden, und die Google-Suche nach dem französischen „camarade(s) de promotion" ergibt über 31.000 Treffer (25.09.2008). Damit bietet sich für französische Manager eine Möglichkeit der Vertrauensentwicklung in Bezug auf den Faktor *'Private und biographische Gemeinsamkeiten'*, die es in Deutschland in dieser übergreifenden Form schlicht nicht gibt. Die Entwicklung inner-französischer Vertrauensbeziehungen ist hier im Vorteil gegenüber dem deutsch-französischen Vertrauensaufbau, was auch einige der interviewten deutschen Manager beobachtet haben.

Betrachten wir die Wirkung dieses Unterschieds auf deutscher Seite. Die deutschen Manager können hier keine Entsprechung vorweisen, denn es gibt in Deutschland keine dem Einfluss der französischen Grandes Ecoles vergleichbaren nationalen Top-Universitäten, deren Abschluss einem Zutritt zu einem weite gesellschaftliche Funktionsbereiche umfassenden Elitenzirkel mit eigenen sozialen Kommunikations- und Verhaltenskodes verschafft. In ihrer Zusammenarbeit mit französischen Partnern sehen sich die deutschen Manager aber mit einem solchen System konfrontiert. Sie spüren unter Umständen die Skepsis der französischen Top-Manager gegenüber jemandem von außerhalb des Systems. Viel wahrscheinlicher noch spüren sie die guten Beziehungen der französischen Kollegen untereinander, das heißt zwischen den Mitgliedern des allgegenwärtigen Absolventenzirkels (Castel et al. 2007). Es kann sie zu der Einschätzung führen, dass die französischen Manager 'klüngeln'. Einer der interviewten deutschen Manager berichtet über die Zusammenarbeit der französischen Partnerfirma mit einem französischen Konkurrenten: „[Sie] optimieren lieber gegen uns als dass sich der eine gegenüber dem anderen einen Konkurrenzvorteil aufbaut.", beschwert er sich [DF-22] – ein Eindruck, der sich als Vertrauenswarnung in Bezug auf den Faktor *'Sich loyal verhalten'* interpretieren lässt.

Ein weiterer Vertrauensfaktor, in Bezug auf den dieser Kulturunterschied eine Wirkung haben kann, ist der Vertrauensfaktor *'Bescheiden auftreten / nicht angeben'*: Zum einen gehört zum sozialen Verhaltenskode der Grande Ecole Absolventen eine gewisse Förmlichkeit des Auftretens, insbesondere gegenüber Nicht-Absolventen. Dieser Verhaltenskode kann auf deutscher Seite den Eindruck verstärken, dass die Franzosen „nichts Privates rauslassen". Zum zweiten kann der Eindruck entstehen, dass die Franzosen „meinen, sie seien was Besseres". Das Auftreten kann als arrogant empfunden werden. Einer der deutschen Manager spricht von „elitärem Gehabe" [DF-01].

5.7.1.2 Zitate

Es gibt einen deutschen Manager in der Stichprobe, der unter besonderen Umständen vor langen Jahren selbst eine renommierte Grande Ecole besuchen konnte. Damals war dies sehr ungewöhnlich, wohingegen es heute Internationalisierungsbestrebungen gibt und sich die Grandes Ecoles in den letzten Jahren zunehmend auch für ausländische Studenten öffnen. Der Manager berichtet, wie dieses Studium an einer Grande Ecole für ihn in der französischen Geschäftswelt ein Türöffner ohnegleichen war und ihm insbesondere half, Vertrauen aufzubauen.

> Ausbildung und Sprache sind in Frankreich wichtige Faktoren für den Aufbau von Vertrauen. Zur Ausbildung: **Der französische Partner hat meistens eine Grande Ecole besucht und dort seine Grundkenntnisse erworben; trifft er im Berufsleben jemand aus seiner Schule, dann ist bereits ein wichtiger Schritt in sein Vertrauen in einen deutschen Kollegen oder Geschäftspartner getan.** [Für mich war es] immer wieder ein Erlebnis, wie mir der Aufent-

halt in einer Grande Ecole auf der Basis eines Zusammengehörigkeitsgefühls das Tor für eine vertrauensvolle Zusammenarbeit geöffnet hat.[170]

Die französischen Manager, die ich interviewt habe, sind Führungskräfte aus dem oberen und mittleren Management. Vielfach sind es Absolventen von Grandes Ecoles. Auch einer der deutschen Interviewpartner berichtet, dass er weitgehend mit Grandes Ecoles Absolventen zu tun hat:

> Ich habe eine Beobachtung voran zu schicken: **Die Kollegen, die wir innerhalb [meiner Firma] treffen – also zumindest in Führungspositionen, Abteilungsleiter aufwärts –, sind nicht repräsentativ als Franzosen.. ... Die sind dominiert durch die Ausbildung. Das sind Absolventen der Grandes Ecoles**, und nach meinem Dafürhalten ist das eine ganz bestimmte Kultur, die sich in diesen Personen darstellt. [DF-14]

Ein anderer deutscher Manager berichtet, wie er ein besonderes Zusammengehörigkeitsgefühl unter den französischen Top-Managern beobachtet. Diese würden sich alle sehr gut kennen und auch öfter zwischen Firmen und auch dem Regierungsapparat wechseln. Er zählt mir zunächst alle französischen Firmen auf, mit welchen sie im Zusammenhang größerer Industrieprojekte zu tun haben und berichtet dann:

> Und also **zumindest das Top-Management der Firmen, mit denen wir zu tun haben, die kennen sich alle sehr gut**. ... Die haben auch zum Teil schon mal für die [jeweils] andere Firma gearbeitet – also in Frankreich jetzt. Da wechseln auch mal Leute von [Firma-A] zu [Firma-B] und umgekehrt. Und da ist auch schon mal der Programmleiter von [Firma-A] befreundet mit dem Chef von [Firma-B] oder so. – F: Und das ist stärker als hier in Deutschland? – **Ach, viel stärker! Das ist überhaupt nicht vergleichbar, überhaupt nicht vergleichbar!** Also: was wären unsere Vertragspartner **hier in Deutschland**? Nehmen Sie so eine Firma wie [A] oder [B] oder [C]. Das sind so Leute... Ich will nicht sagen, dass die sich spinnefeind sind. Aber so im Top-Management... Z.B.: der Kollege [X] von [Firma-A]. **Also da müsste schon einiges passieren, bevor wir uns mit dem zusammen schließen, um gegenüber einem Dritten irgendein Projekt durchzusetzen!** ... In Summe sind diese Leute sich spinnefeind. Also die treffen sich dann mal abends zum Essen, aber also es gibt da keine in Anführungsstrichen freundschaftlichen Beziehungen. [DF-22]

Die wichtigen Zusammenhänge erschließen sich darüber, wer wo studiert hat. Diese Top-Manager kennen sich über ihr Studium.

> Und also es geht [darum]... Man kann auch erkennen... In aller Regel wissen wir, wer wo studiert hat. [DF-22]

Und sie halten zusammen, wie der Manager mit leicht frustriertem Unterton berichtet:

> Also nehmen Sie ein Beispiel: [Firma-A] und [Firma-B]. Das sind zwei französische Firmen, Konkurrenten von uns. Und trotzdem ist es so, dass diese beiden französischen Konkurrenten lieber [gemeinsam] gegen uns optimieren als dass sich der eine gegenüber dem anderen [durch eine Zusammenarbeit mit uns] einen Konkurrenzvorteil aufbaut. Das ist einfach so. Die können einfach besser miteinander. [DF-22]

Und dann berichtet er noch von einem „ganz krassen Fall":

> Da habe ich von einem französischen Projektmanager meiner Firma im Nachgang erfahren, dass er mit einem Manager von den französischen Firma, mit der wir zusammengearbeitet haben, befreundet ist. Wir hatten eine Forderung an diese zweite Firma. Und ich habe im Nachgang erfahre, dass er befreundet ist mit dem Manager dieser anderen Firma. Und er hat diesem Mann ein Vorgehen vorgeschlagen, wie er unsere Forderung vermeiden kann. [DF-22]

5.7.1.3 Interkulturelle Vertrauensmaßnahmen

Einer der interviewten deutschen Manager beschreibt, dass er sich bei einem französischen Kollegen oder Geschäftspartner darüber informiert, „wo der studiert hat, wo der herkommt" (DF-22). Anschließend könne er überlegen, wen er ansonsten in Frankreich aus demselben

---

[170] Der hier zitierte deutsche Manager war nicht zu einer Audioaufzeichnung des Interviews bereit und wurde daher in der Stichprobenbildung nicht berücksichtigt. Allerdings hatte er als Reaktion auf die Vorinformation für den Interviewtermin einen kurzen ausformulierten Text in Form einer Powerpoint-Präsentation angefertigt, in welchem er seine Gedanken zu den Fragestellungen des Interviews festgehalten hatte. Ich zitiere hier aus diesem Text.

Netzwerk kenne bzw. der die gleichen Grande Ecole abgeschlossen hat etc. Die 'Aufdeckung' solcher gemeinsamer Bekannter betrachtet er als vertrauensbildende Maßnahme.

5.7.2 Wahrgenommene Unterschiedlichkeit der Herangehensweise [KU-15]

5.7.2.1 Argumentation

Der Aspekt *Wahrgenommene Unterschiedlichkeit der Herangehensweise* ist von anderer Art als die übrigen Unterschiedsbereiche. Er bezieht sich darauf, dass ein als Unterschied wahrgenommener Kulturunterschied einen Einfluss hinsichtlich eines Vertrauensfaktors hat. Betroffen ist der Vertrauensfaktor *'Einigkeit/Ähnlichkeit im Denken/Vorgehen'*.[171] Es handelt sich dabei um einen sehr wichtigen Vertrauensfaktor: Er findet sich in der Gesamthäufigkeitsrangliste an siebter Stelle. Es ist ein klarer Vertrauensgrund, wenn man in der Zusammenarbeit merkt, dass man sich mit dem anderen einig ist oder leicht einig wird, dass man Aufgabenstellungen und Probleme ähnlich sieht und ähnlich vorgeht, um sie zu lösen. Umgekehrt jedoch kann es ein starkes Hemmnis für die Entwicklung von Vertrauen sein, wenn man sich mit größeren Unterschieden in der präferierten Herangehensweise konfrontiert sieht. Darum geht es hier.

Einer der Kulturunterschiede, der nach den Berichten der interviewten deutschen und französischen Manager die Entwicklung von Vertrauen massiv behindern kann, ist die unterschiedliche «Herangehensweise» an Aufgaben und Projekte, die ich bereits an anderer Stelle diskutiert habe (vgl. 5.4.1.1 und Fußnote 160). Zusammengefasst geht es um die Frage, wie gut man die Umsetzung einer Arbeitsaufgabe plant, bevor man mit der Realisierung der Aufgabe beginnt. Hier empfinden die interviewten deutschen und französischen Manager die jeweilige Präferenz der anderen Seite teilweise als sehr anders, unvertraut, unsinnig, ineffektiv oder ineffizient. Wenn man eine bestimmte Aufgabe erfüllen bzw. ein Problem lösen soll, dann durchdenkt man nach den Darstellungen der deutschen Manager zunächst die Aufgabenstellung, das heißt man wägt die Vor- und Nachteile einzelner Lösungsoptionen ab, indem man die jeweils notwendige Vorgehensweise durchspricht. Daraufhin entscheidet man sich für eine 'beste Lösung', verfeinert den Plan für die Vorgehensweise und macht sich *dann* an die Umsetzung. Die französischen Manager hingegen klären den Gesamtkontext der Aufgabenstellung und machen ein zielorientiertes Brainstorming. Anschließend entscheiden sie sich relativ zügig für eine praktikabel erscheinende Lösung und beginnen mit einem ersten Umsetzungsversuch.

Dieser Kulturunterschied beeinflusst die Vertrauenseinschätzung nicht nur in Bezug auf den Vertrauensfaktor *'Organisiert und klar vorgehen'* (vgl. 5.4.3). Er beeinflusst die Vertrauensentwicklung auch deshalb, weil er von den interviewten Managern vielfach als gewichtiger Unterschied wahrgenommen wird. Einige der interviewten Manager interpretieren die unterschiedliche Herangehensweise der anderen Kultur als Vertrauenswarnung in Bezug auf den Faktor *'Einigkeit/Ähnlichkeit im Denken/Vorgehen'*.

5.7.2.2 Zitate

Die unterschiedliche Herangehensweise spiegelt sich bereits im Diskussionsprozess in Meetings, also bevor es tatsächlich an die Umsetzung von Aufgaben geht: Während die deutschen Manager größeren Wert darauf legen, die Alternativen, die nach einer Kreativphase auf dem Tisch liegen, zu durchdenken und zu vergleichen, stecken die französischen Mana-

---

[171] Zum Erklärungskonzept «Herangehensweise» vgl. 5.1.1, 5.3.1, 5.4.1 und 5.7.2.

ger lieber ihre Zeit und Energie in die Diskussion des Gesamtkontexts und die Entwicklung weiterer *grundsätzlicher* Alternativen.

> **Der Druck, eine Lösung zu finden, ist auf beiden Seiten da.** Sie haben eine Deadline, wo Sie genau wissen: wenn wir bis dahin keine Lösung haben, kriegen wir es nicht mehr gebaut. **Nur der Prozess, dahin zu kommen, ist schon sehr, sehr unterschiedlich.** Die Deutschen überlegen sich erst mal alle Probleme, die mit einer Sache verbunden sind und die noch gelöst werden müssen. In Frankreich denkt man mehr so global. Und dann sagt man: 'Das wäre doch mal was!' In Deutschland fängt man dann so an: 'Ha, das funktioniert deswegen nicht, deswegen nicht, deswegen nicht.' Und dann sagt der Franzose: 'Was haben die denn alle?' [DF-21]

Der Punkt an dieser Stelle ist: Beide Seiten bemerken hier deutlich, dass man eine jeweils andere Herangehensweise präferiert – und das löst Irritationen aus.

> **Es knarrt teilweise wirklich heftig im Gebälk, wenn man an solchen Meetings teilnimmt.** Denn natürlich kommt man irgendwann mal zu einem Punkt, wo man sagen muss: 'Jetzt ist mal Schicht! Also wir müssen mal zu einer Lösung kommen!' Da sagen die Deutschen schon immer so 'Ha, wir müssen jetzt zu einer Lösung kommen!' und die Franzosen sagen dann immer: 'Ha, lass uns doch mal diskutieren!' Und also es sind keine einfachen Meetings. [DF-21]

Auch wenn man grundsätzlich wisse, dass die andere Seite auch letztlich die berufliche Aufgabe lösen möchte, löst die wahrgenommene Unterschiedlichkeit des Vorgehens Unverständnis und Uneinigkeit aus und wird damit zum Hemmnis für Vertrauen.

> Nur jeder weiß im Hinterkopf: Es will ja keiner Böses, es will ja jeder nur die Lösung finden, es will jeder sich nur einbringen auf seine Art. Und jeder vertraut dem anderen, dass er mit dem, was er macht, zur Lösung beitragen will. **Aber das kann dann sehr schnell auch in Nicht-Vertrauen umschlagen, wenn Franzosen nicht verstehen, wie die Deutschen da arbeiten.** [DF-21]

Einer der französischen Interviewpartner zeigt, wie man sich in Frankreich über die andere Herangehensweise der Deutschen lustig macht: Denn diese kann als problemfixiert und kreativitätstötend wahrgenommen werden. In Deutschland sei jedes zweite Wort das Wort „Problem", meint der Manager. Dabei ginge es doch viel mehr darum, Ideen zu haben.

> C'est peut-être placatif, tout, mais il y a encore des différences entre les sociétés allemandes, françaises. Il me semble que la différence, c'est que **beaucoup de Français ont encore des idées. Ils aiment avoir des idées et pas de problèmes. Qu'est-ce qu'un Allemand fait s'il voit de la lumière à la fin du tunnel ? Il prolonge le tunnel.** [rires] – C'est placatif, ça, mais de temps en temps, ou même souvent, vous rencontrez des situations où vous pourrez dire ça. [FF-22]

Hier macht sich der französische Manager dann schließlich über das deutsche konsequent planende Durchdenken von Prozessen lustig: Was macht ein Deutscher, wenn er Licht am Ende des Tunnels sieht? Er verlängert den Tunnel.

5.7.2.3 Vertrauensmissverständnisse

Einer der deutschen Manager beschreibt ein Krisen-Meeting mit den französischen Kollegen, in dem sich für ihn die unterschiedliche Herangehensweise – und die fehlende *'Einigkeit / Ähnlichkeit im Denken/Vorgehen'* – deutlich offenbarte. Es handelt sich in diesem Fall ausnahmsweise nicht um ein Vertrauens*missverständnis*, wie ich es definiert habe (vgl. 1.5.1), sondern schlicht um die Illustration eines Einflusses kultureller Differenz auf die Vertrauensentwicklung, der zu einer Vertrauenswarnung in Bezug auf den Faktor *'Einigkeit/Ähnlichkeit im Denken/Vorgehen'* führt.

- **Krisen-Meeting: Wie befestigt man einen Aluminiumklotz?**
  < Dann fangen wir mal an zu bauen, und Du machst nebenher die Analysen... >

Im Bericht des deutschen Managers geht es darum, dass die Beteiligten unter Zeitdruck entscheiden müssen, wie ein bestimmtes technisches Problem zu lösen sei. Nachdem er diese

5.7 Aufdeckung von Relationship Fit

Aufgabenstellung beschrieben hat, berichtet der Interviewpartner, wie er von deutscher Seite aus eine Lösungsidee in die Diskussion einbringt. Als die Franzosen diese Idee prinzipiell gut finden und sich an die Umsetzung machen wollen, geht das aber den Deutschen zu schnell.

> **Wir hatten ein Problem, wo wir unter sehr extremem Zeitdruck einen zusätzlichen Klotz Aluminium ... befestigen mussten.** Das war wirklich nur einen Klotz Aluminium. [Aber] das ist eine Aluminiumstruktur, das heißt da kann man nicht einfach was daran festschrauben. Das trägt die nicht. – Und da saßen wir [also] in dem Meeting zusammen. Und da haben wir uns das überlegt, und [ich habe] gesagt: '**Ich meine: das kann ich auch kleben.**'
> Da haben die Franzosen gesagt: 'Kleben, perfekt!'
> Daraufhin die Deutschen: 'Na, aber wenn ich klebe, wie kriege ich denn das wieder strukturell gerechnet? und thermisch? Und was für einen Kleber muss ich denn da wieder verwenden?'
> Und dann die Franzosen so: 'Jetzt sage doch mal: ist Klebung eine Lösung oder ist Klebung keine Lösung?'
> Die Deutschen überlegen: 'Ja, wenn die strukturelle Rechnung..., und die thermische Rechnung..., ja und und und... Also wenn das alles gemacht ist, dann könnten wir dir vielleicht sagen, ob Klebung eine Lösung ist.'
> Dann die Franzosen: 'Hey, also ich muss doch jetzt erst mal eine Entscheidung treffen: Ja, wir machen die Klebung! – und dann lösen wir die Probleme! ... Also wir können uns das vorstellen, dass das hebt. Und wir kriegen das auch mit Sicherheit hin, dass es hebt. Also lass uns schreiben: Es hebt!, und wir machen es.' ...
> Daraufhin wieder die Deutschen: 'Nein, ich muss doch zuerst die Probleme lösen, die ich mit einer Klebung habe, um dir sagen zu können: ja, ich kann eine Klebung nehmen!' [DF-21]

Man ist sich also uneinig: Den Franzosen würde der prinzipielle Lösungsansatz ausreichen, um sich an einer Umsetzung zu versuchen. Die Deutschen wollten aber zuerst die potenziellen Probleme dieses Ansatzes klären. – Die Deutschen verfolgen diesen Ansatz weiter und gelangen zu folgender Einsicht:

> Und dann kamen die Deutschen und haben überlegt und am Ende hieß es dann so: 'Nein, **eine Klebung geht nicht, weil eine Klebung allein kann man nicht komplett berechnen. Denn da muss man sich tot testen.** Da müsste man sample-mäßig was tot testen, um eine Klebung zu machen.'
> Das ist ein bisschen schlecht zu erklären technisch: Wenn man den Kleber anrührt in der und der Menge, dann darf man den verwenden, um ein Sample zu machen. Dann macht man den Test. Aber dann kann man den Kleber, den man für das Sample gemacht hat, schon nicht mehr für das Teil verwenden - weil der geht schon gar nicht mehr, weil der mittlerweile hart ist. Also man dreht sich da irgendwie im Kreis. [DF-21]

Daher machten die Deutschen einen verbesserten Vorschlag. Die Franzosen sind nicht begeistert, aber zeigen sich kompromissbereit. Allerdings nimmt die deutsche Diskussion ihren natürlichen Lauf: auch für die verbesserte Lösung wird deren konkrete Umsetzbarkeit diskutiert. Dabei werden weitere Schwierigkeiten entdeckt, und langsam sind die französischen Kollegen entnervt.

> Also haben wir gesagt: 'So, also wir machen eine Klebung, und wir sichern die Klebung ab.' Dann haben die Franzosen gesagt: 'Ja, wenn das unbedingt sein muss - also wir glauben ja, die Klebung hebt.' ... Dann haben wir gesagt: 'Wie können wir denn das absichern? Da hat man dann immer ein Konstrukt und noch ein Konstrukt...' Die Franzosen sagten: 'Viel zu kompliziert! Schon wieder so eine high-sophisticated deutsche Lösung! Wir wollen diesen Scheiß-Aluklotz da irgendwie befestigen, der hat doch überhaupt keine Masse.' Also der war einfach nur um Wärme aufzunehmen. ...
> Die Franzosen haben einfach gesagt: **Wenn du das alles machen willst, dann kriegen wir den Zeitplan nie hin. Also wir müssen jetzt anfangen: Entscheidung treffen: wir machen diese Klebung! Dann machen wir da ein Design. Dann fangen wir mal an zu bauen - und du machst nebenher deine Analysen, ja?** Und nicht: Wir machen jetzt Analysen, *dann* sagen wir die Klebung ist in Ordnung, und *dann* machen wir den ganzen Kram. Er sagte: 'Wir müssen uns jetzt entscheiden.' [DF-21]

Das wiederum ärgert die Deutschen, woraufhin einer der Meetingteilnehmer anfängt, sich über die Franzosen lustig zu machen. Allerdings scheinen die Franzosen seinen Witzvorschlag völlig ernst zu nehmen – denn sie sehen dahinter einen ernsthaften strukturellen Vorschlag.

> Und ja, dann kam irgendein Deutscher dann an: 'Ach, wenn ihr das alle so einfach seht, dann **nehmt doch einfach von meiner Oma so ein Marmeladenglasgummi**. Das hebt auch.'
> **Dann haben die Franzosen gesagt: 'Hey, das ist eine super Idee.'** Und da sind die Deutschen alle vom Hocker gefallen...... Die Franzosen haben natürlich nicht gesagt: 'Wir nehmen das Marmeladenglasgummi.' Aber so die

Idee, so ein Gummi zu nehmen, fanden sie gut. Das war natürlich kein Marmeladenglasgummi, aber so von der Herangehensweise zu sagen: 'So was könnte es auch sein!'. **– Von dem Deutschen war das voll als Witz gemeint.** Und die Franzosen haben gesagt: 'Oh, ist ja gar nicht mal so schlecht. Lasst uns da mal in die Richtung denken. Das hebt ja auch: Der Deckel hebt, das Glas hebt, funktionieren tut das ja, das Marmeladenglasgummi. [DF-21]

5.8 Respektvoller Umgang / Facework

Um die Vertrauensfaktoren des respektvollen Umgangs näher zu charakterisieren, wurde der Fachausdruck 'Facework' herangezogen, der auf die alltagssprachliche Verwendung des Begriffs 'Gesicht' in Wendungen wie 'das Gesicht verlieren' oder 'das Gesicht wahren' Bezug nimmt, aber auch ein wissenschaftliches Konstrukt im Schnittfeld von Soziologie und Linguistik bezeichnet (Goffman 1955, 1967, Domenici & Littlejohn 2006; vgl. 3.3.3). Unter den vertrauensrelevanten deutsch-französischen Unterschiedsbereichen sind drei, die im Handlungsfeld <Respektvoller Umgang / Facework> Auswirkungen auf die Entwicklung von Vertrauen zwischen Kollegen und Geschäftspartnern haben. Der erste Unterschiedsbereich ist eine Auswirkung des allgemeinen deutsch-französischen Kulturunterschieds, den ich mit dem Erklärungskonzept der «*Direktheit des Kommunikationsstils*» fasse (vgl. Abb. 5.3. in 5.1.2.1). Die deutschen Manager kommunizieren tendenziell stärker explizit und direkt, wohingegen sich ihre französischen Kollegen stärker implizit und indirekt ausdrücken. Dies führt zu einem vertrauensrelevanten Kulturunterschied im Hinblick auf das *Äußern von Kritik und Widerspruch*.

Die anderen beiden dem Handlungsfeld <Respektvoller Umgang / Facework> zugeordneten Unterschiedsbereiche betreffen die Tatsache, dass es den interviewten deutschen Managern für die Frage des Vertrauens wichtiger ist als ihren französischen Kollegen, von anderen nicht 'übergangen' zu werden. Dies äußert sich in den unterschiedlichen Ansichten der deutschen und französischen Manager in Bezug auf das *Respektieren von Zuständigkeiten* und die *Einflussnahme auf Entscheidungsprozesse* (vgl. Tab. 5.16).

Tab. 5.16: Vertrauensrelevante Unterschiedsbereiche im achten Handlungsfeld

Unterschiedsbereich	Nummer	Abschnitt
Äußern von Kritik und Widerspruch	KU-16	5.8.1
Respektieren von Zuständigkeiten	KU-17	5.8.2
Einflussnahme auf Entscheidungsprozesse	KU-18	5.8.3

Diese drei vertrauensrelevanten Unterschiedsbereiche werde ich in den folgenden Abschnitten näher erläutern und durch Zitate belegen und veranschaulichen. Zuvor möchte ich kurz darauf eingehen, welche Bezüge zwischen diesen Kulturunterschieden bestehen und mit dem Verweis auf soziale Normen einen Bezug zum Handlungsfeld <Fairplay in der Zusammenarbeit> herstellen.

Zusammenhang der Kulturunterschiede des achten und neunten Handlungsfelds

Das achte und das neunte Handlungsfeld, also <Respektvoller Umgang / Facework> und <Fairplay in der Zusammenarbeit> haben gemeinsam, dass es in beiden Fällen um den Umgang mit sozialen Normen geht.

Soziale Normen sind gesellschaftlich verankerte Erwartungen bzw. Standards in Bezug darauf, wie man sich verhalten soll (Hechter & Opp 2001, Sherif & Murphy 1966). Viele der Vertrauensfaktoren hängen mit solchen sozialen Erwartungen zusammen. Oft nehmen die interviewten Manager in ihren Berichten (implizit) an, dass ihre jeweiligen Erwartungshaltungen und Bewertungen von anderen bzw. von der Gesellschaft insgesamt geteilt werden. Sie beschreiben Erlebnisse des Vertrauensverlusts als Normenverstöße, indem sie kommentieren: So etwas tue man einfach nicht. Wer so etwas tue, dem könne man nicht vertrauen. Auch in der Literatur wird Vertrauen im Zusammenhang mit sozialen Normen gesehen (vgl. James 2002), insbesondere im Zusammenhang mit Institutionen der Sanktionierung von Normenverstößen (Yamagishi 1986) sowie in Studien, die eine kulturvergleichende Perspektive auf Vertrauen berücksichtigen (Child 1998, Huff & Kelley 1999, Sako & Helper 1998). Die vergleichende Auswertung der Interviews zeigte jedoch, dass sich die interviewten Manager in ihren Erwartungshaltungen auf unterschiedlich starke soziale Normen beziehen. Dies zeigt sich in den jeweils von ihnen benutzten Formulierungen. Manche Erwartungen werden eher 'schwächer' formuliert: *Es wäre gut*, für den anderen mitzudenken und ihn proaktiv zu informieren. *Man sollte eigentlich* seine Fehler eingestehen *können*. *Man sollte* sich gegenseitig helfen. Andere Formulierungen sind hingegen stärker und weniger einschränkend: *Man soll* seine Versprechen einhalten. *Man darf nicht* lügen.[172] In den Handlungsfeldern des respektvollen und des fairen Umgangs wird deutlich auf solche sozialen Normen Bezug genommen. Dabei werden die Erwartungshaltungen in Bezug auf Respekt-Normen tendenziell schwächer formuliert, und die Fairplay-Normen gehen eher mit starken Erwartungshaltungen einher (wie beispielsweise bei den Vertrauensfaktoren 'Nichts vortäuschen' oder 'Anständig / korrekt handeln').

Interessant ist jedoch nun, dass der gleiche deutsch-französische Kulturunterschied – nämlich die unterschiedliche «*Direktheit des Kommunikationsstils*» – in Bezug auf Respekt und Fairplay auf unterschiedliche Weise zu Vertrauensmissverständnissen führen kann: Der vertrauenshinderliche Effekt des Kulturunterschieds liegt auf der französischen Seite im Bereich <Respektvoller Umgang> und auf der deutschen Seite im Bereich <*Fairplay in der Zusammenarbeit*>. Dies werde ich in der Diskussion vertrauensrelevanter kultureller Unterschiede in diesem (5.8) und dem nächsten Handlungsfeld (5.9) erläutern.

5.8.1 Äußern von Kritik und Widerspruch [KU-16]

5.8.1.1 Argumentation

Unter den im dritten Auswertungsschritt gefundenen vertrauensrelevanten Kulturunterschieden hat die unterschiedliche «*Direktheit des Kommunikationsstils*» einen zentralen Stellenwert. Sehr viele der interviewten Manager äußerten sich in einer kaum zu überschauenden Zahl von Kommentaren zu diesem Kulturunterschied, sein Einfluss zeigt sich in einer ganzen Reihe von Unterschiedsbereichen, und es wurden insgesamt relativ viele kulturelle Vertrauensmissverständnisse gefunden, die sich auf Auswirkungen dieses Kulturunterschieds zurückführen lassen. Einen Überblick, an welchen weiteren Stellen des Kapitels auf diesen Kulturunterschied Bezug genommen wird, gibt Tab. 5.3 in 5.1.2.1

Der Einfluss «*Direktheit des Kommunikationsstils*» im Handlungsfeld des respektvollen Umgangs erstaunt nicht, denn wir wissen aus der Literatur, dass sich die Realisierung von Höflichkeit und Respekt im Kulturvergleich unterscheidet und dass dabei die Direktheit des Kommunikationsstils eine wichtige Rolle spielt (Blum-Kulka et al. 1989, Janney & Arndt 1992, Marriott 1993, Scollon & Wong Scollon 1995, Ting-Toomey 1998). Zudem kann der Aspekt der im deutsch-französischen Vergleich unterschiedlichen Direktheit der Kommunikation als gut etabliert gelten (Hall & Hall 1990, Helmolt 1997, Helmolt & Müller-Jacquier 1991, Jahn 2006: 69f., Litters 1995, Pateau 1998: 117f.).

---

[172] Diese Beispiele sollen lediglich veranschaulichen, dass die interviewten Manager Erwartungshaltungen mit unterschiedlich starkem Aufforderungscharakter formulieren. Welche sozialen Normen im Management oder auch in anderen gesellschaftlichen Gruppen welchen Aufforderungscharakter haben, wäre eine weitere empirische Fragestellung, die über die vorliegende Untersuchung hinausgeht.

Ein grundlegender Typ von deutsch-französischem Vertrauensmissverständnis, der auf diesen Kulturunterschied zurückgeführt werden kann, entsteht in Bezug auf den Vertrauensfaktor *'Respekt und Interesse zeigen'*, denn der im deutsch-französischen Vergleich direktere deutsche Kommunikationsstil wird von den französischen Managern teilweise als unhöflich oder respektlos wahrgenommen. Dies betrifft insbesondere die unterschiedliche Art der deutschen und französischen Manager, Kritik oder Widerspruch zu formulieren. Ich werde die unterschiedliche «*Direktheit des Kommunikationsstils*» der deutschen und französischen Manager daher an dieser Stelle etwas ausführlicher erläutern.

Indirekte oder implizite Kommunikation

Das Konzept der indirekten Kommunikation geht zurück auf Searle ('indirekte Sprechakte', Searle 1979). Es wird insbesondere in der Höflichkeitsforschung diskutiert, und zwar im Zusammenhang mit der größeren Höflichkeit indirekter im Vergleich zu direkter Kommunikation (s. u.). Die Grundüberlegung besteht darin, dass man die direkten Wortbedeutungen von dem unterscheiden muss, was mit den Worten letztlich gesagt wird. Die tatsächliche Bedeutung des Gesagten kann mehr oder weniger über die reinen Wortbedeutungen hinausgehen (Grice 1968, 1975). Je stärker das Gesagte über die Bedeutungen der verwendeten Worte hinausgeht, desto indirekter ist die Kommunikation.
Nehmen wir als Beispiel den Satz „Es ist fast 12.00 Uhr." Von der Wortbedeutung her sagt der Satz aus, dass es bald 12.00 Uhr sein wird. Wird dieser Satz jedoch gegen Ende einer Besprechung ungefragt geäußert, so wird damit möglicherweise nicht nur auf die Uhrzeit verwiesen. Viel eher wird darauf aufmerksam gemacht, dass man nicht mehr viel Zeit hat, dass der andere sich beeilen könnte oder dass man Mittagessen gehen könnte etc. Dies wäre dann ein Beispiel für 'indirekte' bzw. 'implizite' Kommunikation. Jemand gibt anderen mehr zu verstehen als das, was seine Worte von ihrer eigentlichen Bedeutung her aussagen. Denn natürlich hätte man auch präzisieren können: „Es ist fast 12.00 Uhr, sollen wir nicht Mittagessen gehen?" oder „Es ist fast 12.00 Uhr, ich muss um 12.00 Uhr weg, um den Flieger zu kriegen, also beeilen wir uns bitte ein bisschen." Damit hätte man explizit gemacht, was eigentlich gemeint ist. Tut man dies nicht, dann kommuniziert man auf indirekte bzw. implizite Weise (vgl. Hendry & Watson 2001). Man spricht auch davon, dass etwas 'durch die Blume' gesagt wird oder dass der andere 'zwischen den Zeilen lesen' muss.
Wie kann man mit Worten mehr zu verstehen geben, als diese Worte bedeuten? Man zieht dazu den kommunikativen Kontext heran. Durch die Art, *wie* ich etwas sage, nehme ich auf Informationen des Kontexts Bezug, welche der Gesprächspartner heranziehen kann, um meine Worte richtig zu interpretieren. In der Linguistik spricht man von der Kontextualisierung (Gumperz 1982). Dabei kann man 'Kontext' sehr umfassend als all das situative Wissen und Hintergrundwissen verstehen, was zu dieser Interpretation herangezogen werden kann. Ich kommuniziere in einer bestimmten Situation, beispielsweise in einem Geschäftstreffen. Der andere weiß dann beispielsweise, ob wir uns gerade erst getroffen haben oder ob wir bereits Stunden konferieren. Er kennt die Themen, über die wir gesprochen haben. Der andere nimmt auch mein nonverbales Verhalten wahr, das heißt meinen Tonfall, meinen Blick, meine Mimik, meine Körperhaltung. Ich kann im Firmenslang reden, in welchem bestimmte Dinge nur für Insider verständlich sind, wenn ich weiß, dass der andere die Firmenkultur kennt. Ich kann auch Anspielungen auf die Schlagzeilen des Tages machen ohne diese zu nennen, wenn ich unterstelle, dass der andere auch die Zeitung gelesen hat.
Jede Kommunikation umfasst indirekte bzw. implizite Aspekte. Wir sind uns dessen allerdings meist nicht bewusst. Ein Satz wie „Das hat er doch gesagt" ist den Beteiligten in der Situation völlig klar, während er für den später Dazugekommen übersetzt werden muss in

5.8 Respektvoller Umgang / Facework

„Peter hat schon erklärt, dass...". Wenn ein Neuer in einem Projekt mit an Bord kommt, das schon zwei Jahre läuft, dann wird er zunächst vieles nicht verstehen und nachfragen müssen. Denn ihm fehlt das Kontextwissen, das die 'alten Hasen' in ihrer Kommunikation voraussetzen. In einem eingespielten Team genügt manchmal sogar ein Blick, um eine Einschätzung oder eine Aufforderung zu übermitteln.

Zusammenhang zwischen indirekter Kommunikation und Höflichkeit

Um die Wirkung des unterschiedlichen Kommunikationsstils der deutschen und französischen Manager auf die Vertrauensentwicklung erläutern zu können, ist es wichtig, den Zusammenhang zwischen der Direktheit der Kommunikation und dem Höflichkeitseindruck zu verstehen. Indirekte Kommunikation ist ein grundlegend wichtiges Instrument, um Respekt und insbesondere Höflichkeit auszudrücken. Viele der interviewten Manager berichten es als Vertrauenswarnung, dass Kollegen oder Geschäftspartner ihnen gegenüber respektlos oder unhöflich auftreten. Da indirekte Kommunikation mit Respekt und Höflichkeit zu tun hat, spielt der Kulturunterschied des unterschiedlich direkten Kommunikationsstils im Handlungsfeld <Respektvoller Umgang/Facework> eine große Rolle.[173]

Man kann in der alltäglichen Kommunikation die gleichen Dinge meist unterschiedlich direkt ausdrücken. Interessanterweise bietet dies nun häufig Möglichkeiten, unterschiedliche Höflichkeitsniveaus zu wählen. Ein dezenter Hinweis 'Es ist schon fast zwölf' ist deutlich höflicher als die direkte und explizite Variante 'Es ist fast zwölf, warum brauchst du so ewig? Du weißt, dass ich um zwölf weg muss, um meinen Flieger zu kriegen. Also beeil dich gefälligst ein bisschen!' Diese unterschiedliche Wirkung erklärt die pragmatische Höflichkeitstheorie (Brown & Levinson 1978, Haferland & Paul 1996, Held 1992, 1995). Sie zieht dazu den Alltagsbegriff des 'Gesichts' heran, das man wahren oder verlieren kann, und rekonstruiert sprachliche Höflichkeit als den Versuch zu vermeiden, dass der andere das Gesicht verliert. In der Fachliteratur wird hier der englische Begriff 'face' benutzt. Hinter der Vorstellung des **Face** verortet die Höflichkeitstheorie zwei Aspekte, die als positives und negatives Face bezeichnet werden: Mein positives Face ist mein öffentliches Selbstbild, also das Bild, das andere von mir haben. Mein negatives Face ist mein persönlicher Einflussbereich, also der Aktionsspielraum, über den ich selbst bestimme – meine Privatsphäre, meine unmittelbare Umgebung und meinen Entscheidungsbereich. Höflichkeit bedeutet nun, Beeinträchtigungen sowohl des positiven wie auch des negativen Face zu vermeiden oder abzuschwächen.

Nun entstehen jedoch in der beruflichen Zusammenarbeit naturgemäß Situationen, welche sich als 'Bedrohungen' dieser beiden Aspekte auffassen lassen. Brown & Levinson (1978) nennen dies die sogenannten **„face threatening acts"** oder kurz **„FTAs"**. Es sind Handlungsweisen, in denen man Gefahr läuft, das Face des anderen zu beschädigen. Für die berufliche Zusammenarbeit von Managern sind dabei die folgenden FTAs wichtig:[174]

---

[173] Die Berichte der interviewten französischen Manager zeigen, dass diese den direkteren deutschen Kommunikationsstil teilweise als unhöflich oder respektlos interpretieren – worauf ich im nächsten Abschnitt ausführlicher eingehen werde (5.8.2). Es zeigte sich noch ein weiterer Einflussbereich desselben Kulturunterschieds. Die deutschen Manager verweisen darauf, dass ein indirektes Kommunizieren oder Vorgehen bisweilen schwer durchschaubar ist. Aus diesem Grund wirkt es auf manche deutsche Manager unfair bzw. als ein Versuch der Täuschung. Darauf werde ich in der Diskussion vertrauensrelevanter Unterschiedsbereiche im nächsten Handlungsfeld eingehen, also bei <Fairplay in der Zusammenarbeit> (5.9).

[174] Ausgespart wird hier der zweite Teil der Theorie von Brown & Levinson (1978), nämlich der umgekehrte Blick auf diejenigen Sprechakte, welche das Face des *Sprechers* bedrohen. Dies wären beispielsweise Entschuldigungen, Selbstkritik (Bedrohung des positiven Face) oder Angebote, Versprechungen (Bedrohung des negativen Face).

- **Kritik** oder **Vorwürfe** bedrohen das positive Face des anderen: Wenn ich jemandem vorhalte, dass er etwas 'in den Sand gesetzt' hat, dann stellt das potenziell eine Abwertung seines 'öffentliche Selbstbilds' dar – des Bilds, das er von sich selbst, ich von ihm oder auch andere von ihm haben.
- **Anweisungen, Aufforderungen** oder auch **Bitten** (sogenannte „direktive Sprechakte", Searle 1969) bedrohen das negative Face des anderen, denn man nimmt ihm dadurch mehr oder weniger etwas von seiner Entscheidungsfreiheit.

In der beruflichen Zusammenarbeit sind Kritik und Aufforderungen natürlich grundsätzlich nicht zu vermeiden. Höflichkeit bedeutet hier, dass man mit diesen potenziellen Gesichtsbedrohungen je nach Situation und Gegenüber geschickt umgeht bzw. auch ihnen klug vorbeugt. Dazu dient indirekte Kommunikation, welche auf diesem Weg Aspekte von Höflichkeit auf sprachlichem Weg realisiert. Veranschaulichen lässt sich dies anhand der von Brown & Levinson (1978) vorgeschlagenen Skala unterschiedlicher **Höflichkeitsstrategien** bzw. **Strategien des Facework** (Tab. 5.17).

Tab. 5.17: Skala unterschiedlicher Höflichkeitsstrategien (nach Brown & Levinson 1978)

Höflichkeitsstrategie	Realisierungen mit Beispiel

1. Direktes Vorgehen ohne ausgleichende 'Reparaturhandlung'	• Kritik explizit aussprechen
	   Herr Maiwald, Sie haben bei dem Projekt falsch kalkuliert.
	• Anweisungen explizit erteilen
	   Sagen Sie bitte Frau Schneider so schnell wie möglich Bescheid![175]
	• Aufforderungen explizit erteilen
	   Es ist fast zwölf und wie Sie wissen, muss ich auf den Flieger.

2. Direktes Vorgehen mit zusätzlichem Facework bzgl. des positiven Face	• Kritik aussprechen, aber gleichzeitig ein Lob aussprechen Herr Maiwald, Sie haben bei dem Projekt zwar letztlich falsch kalkuliert, aber ihr Projektmanagement und wie Sie diese knappe Deadline gehalten haben, das war absolut vorbildlich!
3. Direktes Vorgehen mit zusätzlichem Facework bzgl. des negativen Face	• Anweisungen erteilen, aber gleichzeitig Freiräume eröffnen Es ist fast zwölf, und ich muss ja auf den Flieger. Haben Sie eine Idee, wie wir die Sache etwas beschleunigen könnten?

4. Indirektes Vorgehen	• Kritik indirekt-implizit aussprechen
	   Vielleicht können wir ja beim nächsten Projekt dieser Art mehr Energie in die Kalkulation stecken.
	• Anweisungen indirekt-implizit erteilen
	   Es wäre vielleicht nicht schlecht, wenn man Frau Schneider Bescheid sagen könnte.[176]

5. Gar nichts tun (die Gesichtsbedrohung komplett vermeiden)	• Kritik hinunterschlucken • Auf eine Bitte/Aufforderung/Anweisung verzichten

Deutlich erkennbar ist in dieser Skala unterschiedlicher Höflichkeitsstrategien, dass zunehmende Höflichkeit mit zunehmender Indirektheit in der Formulierung bzw. im Vorgehen einhergeht. Je indirekter und impliziter ich eine Sache ausdrücke, desto sicherer kann ich Face-Bedrohungen vermeiden und desto höflicher verhalte ich mich nach diesem Modell. – Wenn aber Manager in gesichtsbedrohenden Situationen des beruflichen Alltags auf Strategien

---

[175] Bsp. aus Litters (1995).
[176] Bsp. aus Litters (1995).

5.8 Respektvoller Umgang / Facework

unterschiedlich direkter Kommunikation zurückgreifen, dann ist klar, wie sich hier Kulturunterschiede auswirken können: Wenn unterschiedlich direkte Kommunikationsstile aufeinander treffen, kann es in Bezug auf den für Höflichkeit einschlägigen Vertrauensfaktor *'Respekt und Interesse zeigen'* zu kulturellen Vertrauensmissverständnissen kommen kann.

Der deutsche und der französische Kommunikationsstil

Der Unterschied zwischen einem eher direkten deutschen und einem im Vergleich dazu eher indirekten französischen Kommunikationsstil kann auf Basis der verfügbaren Studien als etabliert gelten (vgl. die Verweise oben in 5.8.1.1). Auch in der beschriebenen Studie zeigte sich dieser Unterschied an unterschiedlichen Stellen. So wurde beispielsweise im vierten Kapitel deutlich, dass sich die Kodierungshäufigkeiten des Vertrauensfaktors *'Kritik / Widerspruch höflich-indirekt äußern'* als Indiz für diesen Unterschied interpretieren lassen: Der Vertrauensfaktor ist den französischen Interviewpartnern offenbar für die Einschätzung der Vertrauenswürdigkeit von Kollegen oder Geschäftspartnern wichtiger als den deutschen (vgl. 4.2.8). Im dritten Auswertungsschritt der Studie wurde angesichts der Vielzahl von Kommentaren der interviewten Manager zu diesem Kulturunterschied und der unterschiedlichen von dem Unterschied betroffenen Vertrauensfaktoren das Erklärungskonzept «*Direktheit des Kommunikationsstils*» gebildet (vgl. Tab. 5.3 in 5.1.2.1).

Der französische Kommunikationsstil bezieht in sehr viel stärkerem Maße Kontextinformationen ein als der deutsche. In ihrer beruflichen Kommunikation arbeiten die französischen Manager mit Anspielungen auf die momentane Arbeitssituation, den bisherigen Verlauf der gemeinsamen Arbeit oder die bekannten Marotten des Chefs oder das Tagesgeschehen der französischen Öffentlichkeit. Beispielsweise berichtet ein deutscher Manager, der zweisprachig aufgewachsen ist, wie französische Kollegen immer wieder mit indirekten Anspielungen kommunizieren. Um solche Anspielungen zu verstehen, müsse man nicht nur die französische Sprache perfekt beherrschen, sondern auch in Frankreich leben bzw. das französische Tagesgeschehen aktiv mitverfolgen.

> Ich glaube, dass Sprache eine Barriere sein kann. Also ich denke, ich spreche jetzt wirklich relativ gut französisch, aber nichtsdestotrotz **gibt es immer mal Situationen und auch Momente, wo einem in irgendeiner Diskussion oder so irgendwelche Nuancen entgehen**, ganz klar. **Das geht auch französischen Kollegen so, die lange in Deutschland leben.** Die haben dann die gleichen Probleme mit Franzosen, weil sie sagen: '**Da ist jetzt irgendwas an mir vorbei gegangen, einfach, weil ich so lange nicht mehr in Frankreich lebe.**' Das ist manchmal total witzig. Ja, **einfach irgendwelche Anspielungen auf irgendwas, was gerade aktuell im Fernsehen ist oder so. Also ich denke, das ist einfach so.** Und da ist es einen Tick schwieriger, glaube ich, wenn man nicht auch so in diesem Umfeld aufgewachsen ist. [DF-04]

Vieles macht der französische Kommunikationsstil nicht explizit, sondern setzt es beim Gesprächspartner schlicht als bekannt voraus. Auch Konsequenzen oder Schlussfolgerungen, die man in einem Gespräch zieht, werden häufig nur soweit expliziert wie nötig, um sie vor dem Hintergrund des gemeinsamen Gesprächskontexts zu verstehen.[177]

Einen Erklärungsansatz dafür, warum in manchen Kulturen ein indirekterer, impliziterer Kommunikationsstil üblicher ist als in anderen, liefert Edward Hall mit seiner Theorie des kulturellen Kontextwissens (Hall & Hall 1990: 6f). Hall unterscheidet „High Context Cultures" von „Low Context Cultures". In letzteren ist die Bereitschaft geringer, in der Kommunikation gemeinsames Kontextwissen einzubeziehen, was sich in einem explizit-direkteren Kommuni-

---

[177] Vgl. das Zitat des französischen Managers, der sich über das Schild in einer deutsche Werkshalle „Vorsicht! Langsam fahren!" amüsierte. Seiner Ansicht nach würde „Vorsicht" völlig ausreichen. Die Konsequenz langsam zu fahren erschließe sich doch aus dem Kontext, dass das Schild in einer Werkshalle hängt (5.3.1 Detaillierungsgrad von Anweisungen).

kationsstil ausdrückt. Umgekehrt geht in High Context Cultures die Bereitschaft, ein größeres gemeinsames Hintergrundwissen einzubeziehen bzw. vorauszusetzen, damit einher, dass man indirekter kommuniziert. Der Kommunikationsstil funktioniert über Auslassungen und Anspielungen und setzt voraus, dass der andere bestimmte Dinge auch weiß bzw. sich erschließen kann. Hall argumentiert, dass der vorherrschende Kommunikationsstil einer Kultur durch deren historische Entwicklung geprägt werde. Die Geschichte einer Kultur sei entweder stärker durch gesellschaftliche Homogenität und übergreifende Entwicklungslinien oder stärker durch Heterogenität aufgrund unterschiedlicher Subkulturen und deren individueller Entwicklung geprägt. Ein typischer Umstand, der die Entwicklung von High Context Cultures begünstige, sei eine lang andauernde politisch-religiöse Einheit wie im Falle des zentralistisch-katholischen Frankreichs (Hall & Hall 1990: 85ff). Für eine Erklärung des deutsch-französischen Unterschieds im Kommunikationsstil kann man nach Hall die Tradition des politischen Zentralismus sowie vorherrschenden Katholizismus in Frankreich mit der lang andauernden politischen wie religiösen Zersplitterung im Deutschen Reich Heiliger Nationen kontrastieren (Hall & Hall 1990: 33ff., vgl. auch Pateau 1998: 157ff.). Die geschichtliche Entwicklung habe in Frankreich die Herausbildung eines indirekten Kommunikationsstils ermöglicht, da Gesprächspartner aus unterschiedlichen Teilen Frankreichs einen gemeinsamen Kontext voraussetzen konnten – was in der deutschen Geschichte lange Zeit nicht der Fall war. Die vorherrschende gesellschaftliche Heterogenität (von beispielsweise über 350 Klein- und Kleinststaaten wie Fürstentümern, Herzogtümern oder Grafschaften nach dem Westfälischen Frieden im Jahr 1648, vgl. Demorgon 1998: 20) förderte hier die Entwicklung eines eher direkten Kommunikationsstils. Diese Entwicklung prägt nach Hall & Hall (1990) die deutsche und französische Sprache und beeinflusst die Kommunikationsgewohnheiten deutscher und französischer Manager.

Die Wirkung des unterschiedlichen Kommunikationsstils

Der beschriebene Unterschied der Kommunikationsstile beeinflusst den Umgang mit unterschiedlichen Vertrauensfaktoren. Betrachten wir zunächst den Einfluss auf den Vertrauensfaktor *'Respekt und Interesse zeigen'*.

Zur Berufserfahrung gehört, dass man lernt, wann und mit wem in welchen Situationen welche der Höflichkeitsstrategie angebracht ist (vgl. Tab. 5.17: Höflichkeitsstrategien nach Brown & Levinson 1978). In bestimmten Situationen und mit bestimmten Personen kann man sich völlige Direktheit erlauben, in anderen Situationen oder mit anderen Personen muss man indirekter vorgehen bzw. höflicher sein. Manchmal schließlich kann man auch in Situationen stecken, in denen es die Höflichkeit gebietet, ganz auf eine kritische Äußerung oder eine Bitte zu verzichten. Dieses Wissen darum, mit welchen kommunikativen Strategien sich eine der Situation angemessene Höflichkeit realisieren lässt, nenne ich 'Höflichkeitsempfinden'.

Vergleichen wir nun in einem fiktiven Fall das mit einem direkteren Kommunikationsstil einhergehende Höflichkeitsempfinden des deutschen Managers Herrn Mayer mit dem mit einem indirekteren Kommunikationsstil einhergehenden Höflichkeitsempfinden seines Kollegen Monsieur Dupont. Nehmen wir als Ausgangspunkt das Höflichkeitsempfinden von Herrn Mayer – also sein komplettes System von Erwartungen und Gewohnheiten, wann man mit wem wie direkt bzw. indirekt kommuniziert, um ein angemessenes Höflichkeitsniveau zu treffen. Wenn wir dieses Höflichkeitsempfinden auf der Skala der Strategien höflich-indirekter Kommunikation ein Stück weit in Richtung Indirektheit verschieben, dann bekommen wir das Höflichkeitsempfinden seines Kollegen Monsieur Dupont. Für die Kommu-

nikation zwischen Herrn Mayer und Monsieur Dupont und die Frage der Höflichkeit bedeutet dies beispielsweise Folgendes (vgl. Tab. 5.17 Höflichkeitsstrategien):
- In einer Situation, in welcher Herr Mayer das Gefühl hat, mit Strategie-1: „Direktes Vorgehen ohne ausgleichende 'Reparaturhandlung'" ein angemessenes Höflichkeitsniveau zu treffen, wären aus Sicht von M. Dupont zumindest abschwächende 'Reparaturhandlungen' nötig. Für M. Dupont erscheint Herr Mayer unhöflich.
- In einer zweiten Situation, in welcher Herr Mayer aus Höflichkeitsgründen seiner direkten Kritik auch ein bisschen Lob hinzufügt (Strategie-2), hätte M. Dupont die Kritik auf jeden Fall indirekt formuliert (Strategie-4). Wieder empfindet M. Dupont die Formulierung von Herrn Mayer als unhöflich.

Wenn also jemand aus einem Sprachsystem, das tendenziell direktere Formulierungen wählt, mit einem Kollegen aus einem anderen Sprachsystem zu tun hat, das einen eher indirekteren Kommunikationsstil bevorzugt, dann kann er sich aus seiner Sicht genau so höflich wie gewohnt verhalten und läuft dennoch Gefahr, auf den Kollegen unhöflich zu wirken.

Dieser Unterschied hat nun eine Auswirkung auf die Frage, ob man einen Kollegen gemäß dem Vertrauensfaktor *'Respekt und Interesse zeigen'* als eher vertrauenswürdig oder als eher weniger vertrauenswürdig einstuft. Aspekte des respektvollen Umgangs sind sehr vielen der interviewten Manager für die Einschätzung der Vertrauenswürdigkeit von Kollegen oder Geschäftspartnern ausgesprochen wichtig. Der Vertrauensfaktor *'Respekt und Interesse zeigen'* steht in der Gesamthäufigkeitsrangliste an erster Position. Ein wichtiger Aspekt eines solchen respektvollen Umgangs ist es, sich gegenseitig mit der gebotenen Höflichkeit zu begegnen. Der Eindruck, der andere sei unhöflich und respektiere einen nicht als Person, ist ein echter „Vertrauenskiller" (DF-21). Darum ist die Direktheit der deutschen Kommunikation einer der zentralen Gründe für das Entstehen kultureller Vertrauensmissverständnisse zwischen deutschen und französischen Kollegen oder Geschäftspartnern.

Dies äußert sich vor allem in diesem Zusammenhang mit der Frage, wie Kritik – oder ähnlich auch Widerspruch oder Ablehnung – formuliert werden. Gerade hier kann der deutsche direkte Kommunikationsstil auf französischer Seite leicht als unhöflich, aggressiv oder respektlos interpretiert werden (vgl. für einen ähnlichen Befund Jahn 2006: 69f.). Warum dies so ist, fasst Tab. 5.18 in vier Schritten zusammen.

Tab. 5.18: Der deutsche und der französische Kommunikationsstil und ihre Wirkungen

- **In Deutschland** ist sachorientierte und konstruktive Kritik prinzipiell möglich und stellt kein Problem für die Vertrauensentwicklung dar. Sie ist sogar erwünscht bzw. gefordert. Man unterstellt eine Art Verpflichtung zu konstruktiver Kritik: Wenn dem anderen etwas auffällt, was ich falsch mache, und er entsprechend Verbesserungsvorschläge hat, dann soll er das nicht einfach für sich behalten, sondern mich darauf hinweisen. Denn das hilft mir schließlich weiter (vgl. den Vertrauensfaktor *'Auf Fehler oder Defizite aufmerksam machen'*). So denken die deutschen Manager auch, wenn sie aus der Vorgesetztenrolle über Mitarbeiter reden. Einer der deutschen Interviewpartner beschreibt einen vertrauenswürdigen Kollegen als einen Partner, „der einem im Guten wie im Schlechten sagt, was Sache ist" [DF-08].

- **In Frankreich** findet sich ein solcher Partner aber nicht ohne weiteres damit ab. Denn in Frankreich wird sowohl Kritik als auch Widerspruch oder Ablehnung eher indirekt, 'durch die Blume' bzw. 'diplomatisch' formuliert. Insbesondere in einer Situation mit mehreren Anwesenden wie bei einem Geschäftstreffen ist man in Frankreich zögerlich mit offener Kritik. Hier ist die Bedrohung des positiven Face, des öffentlichen Selbstbilds, besonders offenkundig. Aber auch gegenüber französischen Vorgesetzten wird Kritik nicht offen geäußert. (Zur unterschiedlichen «*Direktheit des Kommunikationsstils*» kommt hier allerdings noch die größere «*hierarchische Distanz*» hinzu, vgl. 5.1.3 und 5.8.3).

- **Wie kann die indirekte französische Art, Kritik oder Widerspruch zu formulieren, auf die deutschen Manager wirken?** Vielfach kommt die Kritik einfach nicht als solche an. Das einen direkt-expliziteren Kommunikationsstil gewohnte 'deutsche Ohr' bekommt bei indirekten Formulierungen häufig Einiges nicht mit. Beispielsweise kritisieren die französischen Manager Kollegen nicht einfach, sondern sie 'verstecken' ihre Kritik in einem scheinbaren Lob. Der deutsche Kollege freut sich dann möglicherweise über das Lob und übersieht, dass in dem Lob auch eine Kritik 'versteckt' war. Es kommt auch vor, dass ein Vorschlag auf 'französische' Weise abgelehnt wird („Wunderbare Idee!"[178]) und der deutsche Kollege sich fälschlicherweise über einen Durchbruch in den Verhandlungen freut.

- **Wie kann umgekehrt die direktere deutsche Art, Kritik zu formulieren, auf die französischen Manager wirken?** Sie kann hart, unhöflich und kalt wirken – und damit die Entwicklung von Vertrauen deutlich erschweren. Einer der deutschen Manager meint, als Deutscher erscheine man dadurch leicht als „Dampfwalze" [DF-03].

5.8.1.2 Zitate

Sachorientierte deutsche Kritik und ihre Wirkung in Frankreich

Die deutschen Manager sehen kein Problem darin, sachorientierte konstruktive Kritik zu äußern oder einzustecken. Einer der Interviewpartner beschreibt die Entwicklung des Arbeitsverhältnisses zu einem Kollegen, der ihn kritisierte: Das sei einfach nur Kritik „von der Sache wegen" gewesen:

> Wir hatten sachliche Probleme. ... 'Wieso haben Sie schon wieder das nicht gemacht?' oder so. Solche Fragen kamen dann auch am Anfang mal. 'Wieso ist das noch nicht gemacht?' und so. – Frage: Würden Sie da denn sagen, dass das trotzdem ein Vertrauensverhältnis gewesen ist? – Ja, das trotzdem. **Ich habe gewusst, dass er das ja nicht umsonst sagt, und nicht, um mich zu ärgern, sondern einfach von der Sache wegen.** Das ist der Unterschied. [FF-04]

Ein deutscher Manager beschreibt, wie er im Aufbau einer Projektzusammenarbeit mit französischen Kollegen diese auf Qualitätsprobleme aufmerksam machte. Dies sieht er als Engagement und Investition in die gemeinsame Zusammenarbeit.

> Und **wir haben uns am Anfang da richtig engagiert und haben immer wieder auf Probleme hingewiesen, hauptsächlich in der Qualität**, und dass, wenn man in diesem Bereich 'einen Rolls Royce verkaufen' will oder 'einen ganz teuren Mercedes', dass dann eben ein Fehler nicht akzeptiert wird, für so viel Geld, sondern dass man ganz dringend eine gleichbleibende Qualität braucht. Sonst macht das ÜBERHAUPT keinen Sinn. [DF-08]

Man sieht auf deutscher Seite eine Art Verpflichtung, den anderen auf Fehler aufmerksam zu machen bzw. konstruktive Kritik zu üben. Ein deutscher Vertriebschef erzählt, wie er eine Mitarbeiterin dafür kritisiert, wie sie in einem Meeting ein Produkt vorgestellt hat.

> Ich habe ihr dann gesagt: 'Schauen Sie mal, Sie haben gesagt, Sie finden das Produkt toll. Wenn Sie hinter dem Teil stehen, dann muss jeder von uns Zuhörern in dem Raum das auch spüren. ... Also wenn Sie da vorne stehen und zu etwas stehen, dann müssen Sie das mit Mimik, mit Gestik, mit Überzeugung und Worten auch zum Ausdruck bringen.' [DD-10]

Zwar räumt der Manager ein „Ich kann sie nicht vor einem halben Dutzend Kollegen bloßstellen". Doch er fährt fort: „Aber im Zwiegespräch habe ich doch im Zweifelsfall sogar die Verpflichtung, ihr das zu sagen, nicht?" – Das würde auch ein Chef von seinen Mitarbeitern erwarten. Wenn diese das nicht tun, dann kann man das, so einer der deutschen Interviewpartner, auch als mangelndes Interesse an der Person interpretieren:

> [Wenn] jemand, nie bereit ist, vielleicht auch seinem Chef ein negatives Feedback zu geben, [dann] ist [das] für mich eher ein Zeichen für mangelndes Interesse an der Person – wenn ich nur Schönrednerei oder positive Rückmeldungen bekomme. [DD-18]

---

[178] Vgl. das kulturelle Vertrauensmissverständnis 'Völlig anderer Weg eingeschlagen als vereinbart' in 5.1.2.3.

5.8 Respektvoller Umgang / Facework

Auch im allgemeinen Smalltalk ist es für deutsche Manager durchaus denkbar, konstruktiv-kritische Überlegungen in Bezug auf das eigenen Unternehmen anzustellen (was in Frankreich nicht üblich ist, vgl. nächster Abschnitt):

> [Also] ich glaube, [es ist] **relativ typisch für Deutsche, dass sie sich sehr offen und sehr kritisch auch zu Mängeln in der eigenen Organisation äußern** – sofern man ein gewisses, persönliches Mindestvertrauen hat und nicht davon ausgehen [muss], es am nächsten Tag in der Zeitung zu lesen .... Und das ist eigentlich für Franzosen eher untypisch. [DF-01]

Wie wirkt nun die deutsche direkte Kritik auf französischer Seite? – Ein französischer Manager formuliert es sehr vorsichtig und höflich: Die Franzosen würden sich oft sehr diplomatisch ausdrücken, die Deutschen würden das hingegen eher nicht so oft tun, und dies sei etwas, das gelegentlich das Vertrauen zerstöre.

> **Dire les choses comme elles sont, de façon diplomatique bien sûr, les Français le font bien souvent. Et pas toujours les Allemands.** Ça c'est une autre chose, je trouve, qui quelquefois aussi un peu casse la confiance. [FD-22]

Während die Deutschen direkt und ohne Umschweife sagen, was Sache ist, nehmen die Franzosen lieber einen kleinen „diplomatischen Umweg". Er zögert, selbst höflich gegenüber dem Interviewer, die direkte deutsche Art „unhöflich" zu nennen, und korrigiert sich schnell auf „etwas zu hart".

> C'est la façon de dire les choses. Quelquefois, pour moi, les Allemands sont très, ...**impolis serait trop fort – mais trop durs.** Donc, dans le sens où ils disent les choses sans fioriture, sans détail. Et directement. Et les Français, nous sommes plutôt habitués à ne pas parler directement mais à faire un détour et à être plus diplomate. [FD-22]

Dieser deutsche Kommunikationsstil könne Probleme machen und Vertrauen zerstören. Das könne man missverstehen. Denn auf französischer Seite würde man nur dann so direkt kommunizieren, wenn man wirklich tief verärgert bzw. sauer sei. Die deutsche Art, Kritik direkt zu äußern, würde „sehr kalt" wirken, das könne Vertrauen zerstören.

> Et ça, ça peut aussi un peu faire des problèmes. ... **Ça peut être mal compris. Parce que chez nous, si on réagit comme ça, c'est plutôt parce qu'on est vraiment très, très fâché.** Mais, en fait [dans le cas des Allemands] ce n'est pas vraiment le cas. En France lorsqu'on parle de cette façon-là, on est vraiment très fâché, très énervé. **C'est vraiment quelque chose de très profond.**
> Disons, il y a des Allemands qui sont diplomates mais **il y a beaucoup d'Allemands qui ne sont pas diplomates.** Et, ça c'est quelque chose qui gêne un peu les relations entre des Français et des Allemands. ... On peut dire les choses, mais il y a aussi **la manière de dire les choses**. Et pour nous ... **la manière est très importante.** [Et la façon allemande de dire les choses] **ça peut être pris quelquefois comme très froid.** Par exemple la façon dont ils disent : « Bon, là tu as fait ça faux. » Faire des critiques, c'est plutôt pris comme froid, et ça, ça peut casser la confiance. [FD-22]

Französisch indirekte Kritik und ihre Wirkung in Deutschland

Betrachten wir nun die französische Art, Kritik zu formulieren – und ihre Wirkung auf deutschen Manager. In Frankreich bemüht man sich stets, schwierige Dinge wie Kritik, Widerspruch oder Ablehnung (also typische „Face Threatening Acts", vgl. 5.8.1.1), möglichst nicht so direkt zu formulieren. Man müsse solche Dinge ein bisschen verpacken bzw. verschleiern oder umhüllen: „Un Français a besoin qu'on enrobe un peu les choses" [FD-21]. Einer der französischen Interviewpartner erklärt: Natürlich sei zwei plus zwei vier – aber manchmal dürfe man das einfach nicht so brutal sagen. („2+2, ça fait toujours 4 – mais parfois, il ne faut pas le dire aussi brutalement", FD-05.)

Sehr anschaulich ist das Beispiel eines der interviewten französischen Rechtsanwälte. Er erklärt, wie man einem französischen Mandanten vermittelt, dass man dessen Chancen, sein Anliegen vor Gericht durchzusetzen, für gering einschätzt. Der Interviewpartner verwies mit einer Geste auf den großen schwarzen Konferenztisch und erklärte: Wenn ein französischer Mandant einen weißen Tisch möchte, dann dürfe man nicht sagen, der Tisch sei schwarz. Stattdessen müsse man vorsichtig anmerken, der Tisch sei nicht ganz weiß, und man könne vielleicht über Wege nachdenken, wie man ihn weiß bekommt – was möglicherweise nicht ganz einfach werde, denn der Tisch sei relativ weit vom Weiß entfernt.

> Ce n'est pas la même chose de dire à quelqu'un : « Cette table est noire », quand on sait qu'il n'aime que le blanc. Voilà. Donc, si on sait qu'il n'aime que le blanc, on va lui dire : « Cette table n'est pas tout à fait blanche », il faut peut-être réfléchir à la façon de la rendre blanche, mais je crois que ça va être difficile, parce qu'on est très loin du blanc. » [FD-05]

Ein deutscher Manager berichtet, wie ihm einige französischen Kollegen, mit denen er sich gut verstand, einmal darüber aufklärten, dass er die indirekte Kritik eines dritten französischen Kollegen oft nicht mitbekam. Sie erklärten ihm:

> Der ist ein Diplomat. Und der Diplomat, der sagt etwas in dieser Art und Weise, dass derjenige, zu dem er was sagt, sich eigentlich ganz gut fühlt. Pass aber auf, was er sagt und wie er es sagt. Wenn du das alles zusammen nimmst – was er sagt, wie er es sagt und zu welcher Zeit er wie und was sagt – dann kommst du möglicherweise irgendwann zu der Erkenntnis, dass er dir diplomatisch zu erzählen versucht, dass du ein Idiot bist. Aber das sagt er nicht offen. [DF-23]

In bestimmten Situationen verzichtet man in Frankreich auch häufig ganz darauf, Kritik oder Widerspruch zu äußern, insbesondere gegenüber Vorgesetzten oder im Meeting, wie einige der deutschen Manager beschreiben:

> Es ist bei uns [in Deutschland einfach anders]. Wenn wir in einem Meeting sitzen – selbst wenn ein Kunde da ist – und einer meiner Mitarbeiter sagt zu mir: 'Hör mal zu: Nein. Das würde ich aber SO sehen.' – da hätte ich kein Problem damit, verstehen Sie, überhaupt kein Problem. Nein, Null! Aber da haben wir einfach eine andere Kultur. ... Das kommt nicht vor in Frankreich im Meeting. Ne, also das hab ich [noch nie erlebt]. Nein, das kommt nicht vor. Also das wäre äußerst [ungewöhnlich]. [DF-24]

> Bei der französischen Mentalität, da stelle ich das fest, in unserem Fall zumindest: wenn Chefs vor Mitarbeitern von Mitarbeitern korrigiert werden oder auch berichtigt werden ..., dann wird ab und zu unheimlich schroff und hart und barsch darauf reagiert – um dort einfach sozusagen das höhere Level an Macht auszuspielen oder die Macht einfach zu zeigen: 'Ich habe jetzt die Macht, dich zum Schweigen zu bringen! Ob du jetzt recht hast oder nicht, interessiert mich in dem Augenblick gar nicht. Aber möchte jetzt nicht, dass du meine Autorität in Zweifel ziehst.' [DD-18]

> Die Franzosen würden mich auch nie – auch im Meeting – würden die mich nicht kritisieren. Sondern sie haben immer ein gutes Wort und immer ein Lob. [DF-03]

Wie kommt nun diese französische indirekte Weise, Kritik, Ablehnung oder Widerspruch zu formulieren, auf deutscher Seite an? – Teilweise kommt indirekte französische Kritik schlicht und einfach gar nicht an. Das kann, wie die Diskussion der *Kommunikation beim Treffen von Absprachen* gezeigt hat, zu Vertrauensmissverständnissen führen (vgl. 5.1.2). In dem dort zitierten Missverständnis 'Völlig anderer Weg eingeschlagen als vereinbart' interpretiert der deutsche Manager Äußerungen seines französischen Kollegen im Stil von „Gute Idee! Wunderbar! Sollten wir machen!" als Zustimmung. Dass es sich hingegen um eine indirekte französische Ablehnung handeln könnte, zieht er nicht in Erwägung.

Was bei den Deutschen gut ankommen kann, ist, wenn die Franzosen wider Erwarten tatsächlich einmal Kritik direkt äußern. Eine Managerin berichtet dies als Vertrauensgrund:

> Manchmal, wenn man miteinander spricht, da ist der sehr ehrlich und sehr offen – insofern, **dass das Feedback gleich kommt bei ihm, dieses direkte Feedback**. Also das heißt, dass er, wenn ich störe oder so, dann auch manchmal poltert so nach dem Motto: 'Jetzt nicht!' ... **Dieses direkte Feedback, wenn irgendwas nicht passt oder nicht geht**, oder auch wenn er vielleicht nicht in der Stimmung ist. Als Mensch ist man ja auch nicht jeden Tag gleich gut drauf. Es gibt dann auch Tage, da ist man wirklich nicht gut zu sprechen. ... Und in der Beziehung ist [dieser Kollege] dann also sehr direkt. Und er sagt dann auch: 'Du, das passt nicht.' [DF-15]

Dieses Verhalten hält die deutsche Managerin allerdings für etwas, das für französische Kollegen gerade nicht typisch ist. In dieser Hinsicht erscheine ihr der französische Kollege vielmehr als sehr deutsch.

> Bei anderen Franzosen ist das nicht so. Die sagen das nicht so. Die sind viel zu höflich als dass Sie in dem Moment sagen würden: 'He, du störst jetzt.' Das würden die nie so formulieren. ... Er war sehr lange hier [in

5.8 Respektvoller Umgang / Facework

Deutschland] und dieses so nach dem Motto: 'Jetzt stör mich nicht!' oder so, ich glaube, das hat er sich hin in Deutschland abgekuckt. ... Bei [anderen] Franzosen ist es oft so – oder habe ich das Gefühl – dass man das nicht so direkt zeigt. Also man ist sehr, sehr höflich im Umgang miteinander. Und man würde das nicht so direkt sagen. **Also in der Beziehung empfinde ich [diesen Kollegen] nicht mehr als Franzosen.** [DF-15]

Allerdings haben nicht alle der interviewten französischen Manager diesen Kulturunterschied durchschaut. Einer der Interviewpartner berichtet, man müsse gerade in interkulturellen Situationen besonders höflich sein. Da könne man nicht so offen reden wir 'unter Franzosen', und darum bemühe er sich gegenüber den deutschen Partnern immer, Kritik noch etwas indirekter als unter Franzosen zu formulieren...

Je pense, avec les Français, on est parfois un peu trop franc, vous voyez ? Donc, je serais plus prudent dans ma manière. **Si par exemple, j'ai quelque chose de difficile à annoncer – je ne sais pas, quelque chose qui ne marche pas bien – je serais beaucoup plus prudent.** J'essaierais de le faire de manière plus évidente, mais **beaucoup moins directe.** voilà : plus précise mais moins directe, vous voyez la différence ? Si. C'est-à-dire que je vais essayer d'être précis sur les faits, donc d'être bien précis, bien précis. Par exemple si on a une difficulté sur un équipement qui ne marche pas. De bien préciser pourquoi il ne marche pas, ce qui ne marche pas, ce qui a fait que ça ne marche pas, vous voyez ? Etre bien précis et **pas être trop direct dans la manière de l'annoncer.** [FD-11]

5.8.1.3 Vertrauensmissverständnisse

- **Er kritisiert offen, systematisch und grundlos unser Seminar**
  < Il commence à me critiquer tout ce qui a été fait depuis deux jours. >

Ein französischer Manager, der eine führende Position im Personalbereich eines internationalen Konzerns bekleidet, berichtet von einem Erlebnis mit einem deutschen Kollegen. Der Konzern organisiert seitens der Personalabteilung alle drei Jahre ein weltweites Treffen der Personalverantwortlichen. Der Franzose, der selbst gerne Deutsch spricht, setzt sich im Frühstücksraum zu einem deutschen Kollegen und beginnt ein Gespräch mit den Worten: „Das ist doch ein nettes Seminar, was meinen Sie?" Der französische Manager berichtet empört, wie der deutsche Kollege daraufhin eine Art 'Kritik-Orgie' vom Stapel lässt und das Seminar in Grund und Boden redet – so zumindest der Eindruck des Interviewpartners. Der Deutsche habe einfach systematisch alles kritisiert – ganz ohne Grund.

J'ai été à un séminaire. Tous les deux ans ou tous les trois ans, le groupe organise des grandes réunions avec 500-600 personnes. Et un jour, j'ai été avec un Allemand. Comme j'aime bien l'Allemagne, au petit déjeuner, je parlais avec cet Allemand et **je lui disais : « C'est sympa le séminaire, c'est bien. » Et il commence à me critiquer tout ce qui a été fait depuis deux jours. – Il y a quelque chose à critiquer, mais si on critique, gratuitement, bon, au bout d'un moment, on dit « Bon. On a pas...» ...** Gratuitement, **c'est si on critique systématiquement. Si tout est critiqué.** Il y a des gens qui aiment bien critiquer systématiquement. Vous allez à une fête : « La maison est horrible, la musique est affreuse, le repas est dégoûtant, les gens sont mal habillés, les cartons de l'invitation étaient mal faits. » Vous voyez, c'est critiquer systématiquement. Voilà, là, c'était un peu ça. **La personne a tout critiqué.** Donc, au bout d'un moment, j'ai dit : « ça va. » [FD-16]

Das findet der französische Manager absolut nicht in Ordnung. Der Deutsche wirkt auf ihn unsympathisch, irgendwie „ziemlich arrogant". Es führt bei ihm dazu, dass er nicht mehr frei mit dem Deutschen reden will. Er wird reservierter, vorsichtiger.

C'était au bout de trois jours et il avait envie de tout critiquer. **J'ai trouvé que c'était pas très sympathique.** ... J'ai trouvé que c'était assez arrogant, quoi. ... J'ai trouvé le sentiment pas agréable. ... Ça va en tout cas me donner moins envie de me laisser parler librement. Je vais être plus réservé, plus prudent. ... Mon envie d'échanger va être plus réduite. [FD-16]

Wie lässt sich diese Falldarstellung rekonstruieren? Der französische Manager kennt zwar die deutsche Kultur und spricht selbst Deutsch, aber er reagiert emotional sehr heftig auf eine seiner Ansicht nach völlig unpassende und überzogene Kritik des Deutschen. Aus dessen Sicht war das jedoch möglicherweise einfach nur ein konstruktiv-kritisches Brainstorming dazu, was ihm aufgefallen ist und was man seiner Ansicht nach bei einem solchen Seminar besser machen könnte. Möglicherweise sah er auch einfach eine Gelegenheit, im Gespräch mit einem Verantwortlichen der Konzernzentrale systematisch ein paar konstruktive Verbesserungsvorschläge loszuwerden. Vielleicht hat der Deutsche die Gesprächseinleitung des Franzosen sogar geradezu als Aufforderung verstanden, seiner Verpflichtung zu konstruktivkritischen Anmerkungen im Sinne eines Teilnehmer-Feedbacks nachzukommen. In Kombination mit der direkteren deutschen Art, solche Kritik zu äußern, ergab sich allerdings in Bezug auf die Frage des Vertrauensaufbaus eine verheerende Wirkung auf den französischen Kollegen. Er diagnostizierte eine klare Vertrauenswarnung (in Bezug auf den Faktor *'Kritik / Widerspruch höflich-indirekt äußern'*).

- **Er ist zwar kompetent, aber er kritisiert immer die Firma**
  < Le dénigrement : il est compétent, mais il critique toujours la société. >

Ein weiterer französischer Manager berichtet von seiner Einschätzung eines deutschen Kollegen, die sich in ähnlicher Weise als Vertrauensmissverständnis interpretieren lässt. Er wertet es als Vertrauenswarnung, dass der Deutsche sich kritisch gegenüber der eigenen Firma äußert.

> Il y a un autre critère que j'ai oublié tout à l'heure aussi, qui est pour moi important pour la confiance, c'est **le dénigrement. En anglais c'est « diffamation »**. C'est quand vous dites des choses pas très bien sur la société, sur vos collègues, sur votre boss, etc. Quand je suis en face de **quelqu'un qui se plaint de la société, qui se plaint de son chef, qui se plaint de ses collègues**... la confiance est très faible. – Q: Vous vous souvenez aussi d'un exemple où vous avez vécu ça, que ça vous a créé des doutes de confiance... ? – Oui, j'ai un exemple en ce moment. C'est quelqu'un de la société en Allemagne. Il a un très, très bon niveau. C'est sans doute quelqu'un de très compétent. Mais il critique en permanence [la société], etc. Donc, c'est quelqu'un en lequel je n'ai absolument pas confiance. Ça, clairement, clairement. – Q: Il critique dans quelle situation ? – Il critique en permanence [la société] dans le sens où [la société] ne fonctionne pas comme elle devrait fonctionner. [FD 15]

Man kann diese Einschätzung vor dem Hintergrund der obigen Darstellungen betrachten. Beispielsweise denke man an den oben zitierten deutschen Manager, der bemerkt „Ich glaube, [es ist] relativ typisch für Deutsche, dass sie sich sehr offen und sehr kritisch auch zu Mängeln in der eigenen Organisation äußern" [DF-01], und dies positiv bewertet. Dem Franzosen erscheint das offene Äußern von Kritik an der eigenen Organisation seitens des deutschen Kollegen als unangemessen, quasi als Ausdruck von Respektlosigkeit – während der Deutsche sein Verhalten nicht als respektlos charakterisieren würde. Es zeigt sich hier ein Kulturunterschied der Faktordiagnose. Dass der französische Manager das Verhalten des deutschen Kollegen als Vertrauenswarnung in Bezug auf den Faktor *'Respekt und Interesse zeigen'* interpretiert, lässt sich als kulturelles Vertrauensmissverständnis rekonstruieren. Das offene Äußern von Kritik an Firma oder Chef ist in Deutschland viel eher möglich als in Frankreich, beispielsweise im Rahmen eines konstruktiven kritischen Brainstormings im Hinblick auf Verbesserungspotentiale. Darüber hinaus kann es sogar als Vertrauensgrund (hinsichtlich des Faktors *'Fehler und Schwächen eingestehen'*) wahrgenommen werden, wie beispielsweise im Fall des deutschen Managers, der über einen vertrauenswürdigen französischen Kollegen berichtet: „Er sieht auch gewisse Defizite am eigenen Standort" [DF-11]. (Vgl. im Kontrast den Befund von Catel et al. (2007: 566), welche berichten, dass die von ihnen interviewten französischen Manager „seemed to be extremely sensitive to the image of their [company], and strongly believed that its members should defend this image when under attack".)

5.8 Respektvoller Umgang / Facework

- **Er geht so sensibel mit Sprache um**
  < Er hat Dinge deutlich gemacht, aber so formuliert, dass es nicht verletzt. >

Der Unterschied des Kommunikationsstils kann nicht nur zu negativen Vertrauensmissverständnissen führen. Ein deutscher Manager berichtet von einem für ihn vertrauenswürdigen Vorgesetzten und verweist als Vertrauensgrund dabei auf dessen eindrucksvoll sensiblen Umgang mit Sprache und Kritik.

> Ich kann Ihnen ein Beispiel dafür geben, wie er auf sensible Art und Weise mit den Informationen aus den Personalentwicklungsgesprächen umgegangen ist. Diese Gespräche laufen normalerweise auf deutsch, weil wir es hier in Deutschland machen und er halt deutsch spricht. Wenn es aber darum geht, das in den entsprechenden Formularen zu dokumentieren, dann wird das eben in Französisch ausgedrückt. Dann sucht man halt nach französischen Begrifflichkeiten für Schilderungen unserer Einschätzungen. **Wir Deutschen – oder ICH – ich beziehe es mal auf mich – wenn wir eine kritische Äußerung zu einer Person machen, dann sind wir in unserem Vokabular eher direkt, eher sehr bezeichnend, sehr auf den Punkt, sehr deutlich machend, was einem nicht gefällt und was einem nicht passt.** Dies hat er aufgegriffen in diesen Gesprächen und hat es übersetzt ins Französische und eben französische Formulierungen gesucht, die dann dokumentiert wurden als persönliche Beschreibung zu Stärken und Schwächen der Personen. Das ist Bestandteil in diesen Personalentwicklungsgesprächen. **Er hat dann gefragt: 'Das ließe sich jetzt so und so in Französisch ausdrücken: ist es das?'** Und dann habe ich sehr schnell gemerkt, wie sensibel er mit Sprache umgeht, um schon Dinge deutlich zu machen, aber sie so zu formulieren, dass er Niemanden dabei wirklich verletzt. **Das würden wir vielleicht eher anders machen. Er hat schon klare Aussagen zu bestimmten Einschätzungen, zu bestimmten Verhaltensweisen, Einstellungen und Leistungen gemacht. Aber er hat sie so in nocte gefasst, dass es nicht ehrenrührig oder verletzend für jemanden wäre. Er hat das praktisch umgemünzt.** Ich glaube, das erklärt so einen Punkt des Vertrauens. Wie ich gesehen habe, wie sensibel er mit Daten umgeht, dass er so mit sich kämpft darum, den richtigen Begriff zu finden. Lieber noch mal fragen und noch mal nachhaken und noch mal einen Vorschlag machen. Ist es DAS? Ist es DAS? Um jemandem nicht weh zu tun, ... um jemanden nicht falsch zu dokumentieren .... Das ist Sensibilität, die bei mir natürlich einen Punkt Vertrauen schafft - wenn ich sehe, dass jemand so agiert. [DF-06]

Der französische Manager übersetzt die kritischen Beschreibungen des deutschen Kollegen zur Dokumentationszwecken ins Französische. Dabei wählt er indirektere Formulierungen. Dem deutschen Manager fällt dies auf, und er interpretiert es als einen besonders sensiblen Umgang mit Sprache. Denn aus deutscher Sicht drückt sich dadurch eine größere Höflichkeit und Sensibilität aus. Dies ist für ihn ein Faktor, warum er den französischen Kollegen als vertrauenswürdig wahrnimmt.

Auf der Basis der Argumentation und der aufgeführten Zitate zur unterschiedlichen Direktheit des Kommunikationsstils bei deutschen und französischen Managern lässt sich die Episode folgendermaßen interpretieren: Der deutsche Manager schließt aufgrund der größeren Indirektheit der Formulierungen seines französischen Kollegen darauf, dass dieser besonders sensibel, höflich und respektvoll ist – ein Vertrauensgrund in Bezug auf den Faktor *'Respekt und Interesse zeigen'*. Allerdings erklärt sich die Auffälligkeit über eine unterschiedliche linguistische Konvention: Im Französischen formuliert man kritische Aussagen eben indirekter.

5.8.1.4 Interkulturelle Vertrauensmaßnahmen

Für einige der deutschen Manager ist dieser Kulturunterschied ganz klar ein Aspekt, den sie in der Frage eines gezielten Vertrauensaufbaus mit französischen Kollegen oder Geschäftspartnern berücksichtigen.

Einige der Interviewpartner setzten darauf, Kritik vorsichtig (indirekt) zu äußern. Man dürfe französische Geschäftspartner nicht offen kritisieren, so einer der interviewten deutschen Manager. Stattdessen müsse man reden wie die Franzosen – und das hieße, ein klares 'Nein' zu vermeiden, und stattdessen besser höflich darum herumzureden.

> Franzosen hassen es, 'Nein' zu sagen. Ein Franzose würde Ihnen nie ein klares 'Nein' sagen. Das macht ein Deutscher wahnsinnig gerne. Ein Franzose würde immer höflich um das Nein herumsprechen, und ganz klar signalisieren: Ich will das nicht. Aber er würde nicht sagen: 'Non, jamais.' **Er würde immer darauf hinweisen, dass es ihm**

> schwerfallen würde, und dass es besser wäre, es anders zu machen. Er würde nicht Nein sagen. Ein Franzose möchte nicht unhöflich sein. – Das ist nur ein kleines Beispiel für diese kulturellen Nuancen in der Kommunikation miteinander, über **diese ungeschriebenen Gesetze der Kommunikation. Und die muss ich natürlich auch einhalten**. Das heißt, ich muss in meiner Art und Weise, wie ich mit meinem Kunden spreche, seine Sprache sprechen, um sein Vertrauen zu gewinnen. [DF-05]

Neben der gesteigerten Vorsicht beim Äußern von Kritik oder Widerspruch bemühen sich einige deutsche Manager auch einfach in eher allgemeiner Weise, besonders höflich zu sein. Denn französische Kollegen und Geschäftspartner seien „generell empfindlicher" als deutsche, „sowohl in Bezug auf Bemerkungen, als auch in Bezug auf Etikette" [DF-02]. Einer der deutschen Interviewpartner beschreibt ausführlich, wie er sich bemüht, in der Zusammenarbeit mit französischen Geschäftspartnern ganz besonders auf seine Sprachwahl und auf seine Umgangsformen zu achten. Er berücksichtigt französische Höflichkeitskonventionen.

> **Also mit den Franzosen gehe ich schon anders um. Auf jeden Fall.** Nicht nur durch **die Sprache, die man die man wählt**, sondern, ich glaube, die ganzen Umgangsformen. Also grade im persönlichen Gespräch, jetzt nicht nur am Telefon, sondern grade im persönlichen Kontakt. **Die Umgangsformen sind mir da viel wichtiger als zum Beispiel bei den deutschen Kunden**, weil meiner Meinung nach [bei den deutschen Kunden] da gar nicht so viel Wert drauf gelegt wird. Und ich denke, das ist in Frankreich schon anders. Also in einer gewissen Schicht ist das schon sehr wichtig. ... In Frankreich zum Beispiel ist es wichtig – was sehr höflich ist – einfach 'Madame' zu sagen. Sie sagen nicht: Madame Dupont oder Madame Müller, sondern Sie sagen nur 'Madame'. Ja das sind so Sachen, sage ich mal, die ich dann schon berücksichtige. [DF-19]

Ein weiterer deutscher Manager kommt auf denselben Punkt zu sprechen. Er bemüht sich, Höflichkeitsfloskeln zu akzeptieren und zu respektieren. Man müsse auf die „Verpackung" achten, das heißt auf die Art und Weise, wie man etwas sagt.

> Ich glaube, dass die Verpackung darum herum manchmal anders ist, aber die Inhalte sind die gleichen. Die Verpackung ist etwas anderes: Da geht es eben darum, dass man die Landessprache benutzt, **dass man Höflichkeitsfloskeln akzeptiert und respektiert** ..., dass man gewisse andere Formen gewichtet oder nicht gewichtet. Das ist Verpackung. [DF-05]

5.8.2 Respektieren von Zuständigkeiten [KU-17]

5.8.2.1 *Argumentation*

In der Diskussion im vierten Kapitel haben wir gesehen, dass sich der Vertrauensfaktor *'Zuständigkeiten respektieren'* im Vergleich der bi-kulturellen Gruppen signifikant häufiger und im Vergleich der mono-kulturellen Gruppen häufiger auf deutscher Seite findet (DF>FD*, DD>FF, vgl. 4.2.8) – wobei die deutschen Manager der bi-kulturellen Gruppe den Aspekt vor allem als Vertrauenswarnung beschreiben. Einige französische Manager der bi-kulturellen Gruppe beschreiben den Vertrauensfaktor hingegen in der Perspektive der Vertrauensmaßnahme – scheinen also zu glauben, dass der Aspekt ihren deutschen Kollegen wichtig ist. Dies bestätigt Thomas (2005a: 26), welcher den gleichen Aspekt als deutschen Kulturstandard der „Interpersonalen Distanzdifferenzierung" beschreibt: „Mische dich nicht ungefragt in die Angelegenheiten anderer Menschen ein: Halte Abstand und übe Zurückhaltung!".

Auch in der qualitativen Inhaltsanalyse der Kommentare der interviewten Manager kristallisierte sich das *Respektieren von Zuständigkeiten* als ein vertrauensrelevanter Unterschiedsbereich heraus. Es zeigten sich deutliche deutsch-französische Unterschiede in Bezug auf den Umgang mit Zuständigkeiten und die Bewertung des Respekts vor Zuständigkeiten, die zu Vertrauensmissverständnissen in Bezug auf den entsprechenden Vertrauensfaktor führen können. Grundsätzlich geht es dabei um die Frage, wer in der beruflichen Zusammenarbeit für die Klärung von Problemen, Schwierigkeiten oder Anfragen zuständig ist: die betroffenen Mitarbeiter oder der Vorgesetzte. Im Blick auf diese Frage zeigen sich hier weitere Auswirkungen zweier grundlegender Erklärungskonzepte, die ich bereits in anderem Zusammenhang diskutiert habe, nämlich erstens der «*Hierarchieorientierung*» und zweitens der «*Transversalité*».

Hierarchieorientierung – für Entscheidungen ist der Chef zuständig

Die französischen Manager sind offenbar viel eher als ihre deutschen Kollegen bereit, bei Meinungsverschiedenheiten oder Streitpunkten die Hierarchie einzuschalten. Anstatt die Sache mit dem deutschen Kollegen der gleichen Hierarchiestufe direkt selbst auszudiskutieren, 'eskalieren' sie das Problem 'nach oben' und suchen eine Entscheidung bzw. Unterstützung bei ihrem Chef. Dies lässt sich als Ausdruck der größeren «*Hierarchieorientierung*» der französischen Manager sehen (vgl. 5.1.3). Es gibt in der französischen Geschäftswelt insbesondere im mittleren Management tendenziell weniger 'echte' Delegation. Häufig verbleibt die eigentliche Entscheidungskompetenz beim Chef – an welchen man sich entsprechend zu wenden hat, wenn Unklarheiten entstehen und Entscheidungen zu treffen sind. Demgegenüber sind deutsche Führungskräfte oft als verantwortliche Experten für ihren Kompetenzbereich 'tatsächlich' zuständig und damit auch befugt, im Falle von Schwierigkeiten die entsprechenden Entscheidungen selbst zu treffen (vgl. Gmürr 1999, Pateau 1998: 82f. sowie 5.1.3)

In der Zusammenarbeit in deutsch-französischen Teams kann dies offenbar dazu führen, dass ein französischer Manager bereits die nächste Hierarchieebene einschaltet, wenn man aus Sicht seines deutschen Kollegen eigentlich noch auf dem eigenen Level selbst zuständig wäre. Dass ihm daraufhin dann die Hierarchie 'reinredet', passt dem deutschen Projektverantwortlichen natürlich nicht. 'Über die Hierarchie gehen' kommt offenbar im deutschen Unternehmenskontext schlechter an als im französischen. Wenn plötzlich die Chefs miteinander reden, fühlt sich der deutsche Manager möglicherweise übergangen und interpretiert das Verhalten als Vertrauenswarnung in Bezug auf den Faktor '*Zuständigkeiten respektieren*'.

Transversalité – der Chef kann bzw. muss sich überall einmischen

Der zweite für die Frage des Respektierens von Zuständigkeiten einschlägige Aspekt ist der französische „Goût de la transversalité" (Pateau 1998: 72)., also die Neigung, sich für Dinge zu interessieren oder Dinge zu tun, die nicht im eigenen Arbeitsbereich sondern in einem anderen, angrenzenden bzw. quer liegenden Bereich liegen. Dazu hatte ich erstens in der Diskussion vertrauensrelevanter Unterschiedsbereiche im Handlungsfeld <*Weitergabe von Informationen*> beschrieben, dass die französischen Manager Anspruch auf Informationen aus angrenzenden Bereichen erheben. Während den französischen Managern diese Informationen also wichtig erscheinen, stehen die deutschen Manager auf dem Standpunkt, dass diese Informationen die Franzosen schlicht nichts angehen (vgl. 5.2.1). Zweitens hatte ich in der Diskussion vertrauensrelevanter Unterschiedsbereiche im Handlungsfeld <*Bewältigung von Aufgaben*> argumentiert, dass kreative Mitarbeit in angrenzenden Bereichen im französischen Unternehmenskontext tendenziell eher toleriert und anerkannt ist als dies in deutschen Unternehmen der Fall ist (vgl. 5.4.2).

Es ist leicht zu sehen, dass beides mit einem bestimmten dahinterstehenden Verständnis von Zuständigkeiten zu tun hat. Einige der interviewten Manager stellen diesen Zusammenhang auch explizit her. Darüber hinaus wurde eine Reihe von Vertrauensmissverständnissen gefunden, die sich in Bezug auf den unterschiedlichen Umgang mit dem Respekt vor Zuständigkeiten verstehen lassen. Beispielsweise gilt für das Verhältnis zwischen französischem Chef und deutschem Mitarbeiter, dass die transversale Herangehensweise des französischen Chefs den 'hierarchischen Effekt' noch verstärkt. Der deutsche Mitarbeiter hat den Eindruck, seine Zuständigkeiten würden seitens des Chefs überhaupt nicht respektiert. Der Chef 'redet ihm dauernd rein', obwohl er keine Ahnung von der Sache hat. Denn 'Ahnung haben' heißt für die deutschen Manager, dass man die nötige Expertise besitzt bzw. dass man wirklich die einschlägigen Details kennt. Das jedoch können Chefs oft nicht leisten. Französische Chefs beanspruchen aber nach den Darstellungen der interviewten Manager dennoch für sich, im Sinne eines technischen Grundverständnisses stets hinreichend auf dem Laufenden zu sein, um auf einem mittleren Detaillierungsniveau die strategische Entscheidungskompetenz ausüben zu können. Ein ähnlicher Effekt kann sich auch auf der gleichen Hierarchiestufe ergeben. Wenn sich ein französischer Kollege derjenigen Probleme annimmt, an welchen man selbst gerade arbeitet, kann das auf deutscher Seite leicht als Vertrauenswarnung in Bezug auf den Faktor *'Zuständigkeiten respektieren'* interpretiert werden.

5.8.2.2 Zitate

Hierarchieorientierung: Einer der französischen Manager kontrastiert in seiner Darstellung das deutsche und das französische Verständnis der Zuständigkeitsaufteilung zwischen Chef und Mitarbeitern. In Deutschland herrsche eher eine „Kultur der Spezialisten", in Frankreich eher eine Kultur des „Wo ist der Chef, der entscheidet?"

> Au franco-allemand, peut-être il y a vraiment un truc à comprendre, c'est cette différence : **En Allemagne, on a une culture de spécialiste, c'est-à-dire que quand on dit : « toi, t'es responsable de ça », ben c'est toi qui est responsable de ça, quelque soit ta hiérarchie, en fait.** Et quand quelqu'un d'autre vient, on lui dit : « Va voir celui-là : c'est lui le contact pour ce sujet-là. » **Alors que, en France, c'est plus une culture « où est le chef qui décide ?** » C'est en fin de compte, donc: « Il me fait confiance pour mon travail, mais quand il s'agit de prendre des décisions stratégiques, le chef veut participer à la décision. Du moins, il veut être informé et si possible, si nécessaire, il va pouvoir mettre son veto etc... » Alors qu'en Allemagne, c'est : le spécialiste il a droit de pouvoir. [FD-17]

Die deutschen Manager fühlen sich selbst dafür verantwortlich, Probleme zu lösen, und sind eher zögerlich, die Hierarchie einzuschalten. Das könne man schon mal machen und das könne dann auch ganz hilfreich sein, wie der folgende Manager anmerkt, aber: „Das ist natürlich nicht der Weg, wie es laufen sollte." Das dürfe man eben nur dann machen, wenn die andere Seite sich gar nicht mehr bewegt.

> Also **wenn das sich nicht bewegt** – das ist dann auch wieder das Schöne an so einer Hierarchie – dann lässt man das ganze eskalieren. Dann geht man damit zu seinem Vorgesetzten und sagt dem: 'Hier, meiner Meinung nach läuft das gerade hier vollständig gegen die Wand. Ich habe die und die und die Befürchtung...' Dann macht man es vielleicht sogar noch schriftlich, wenn man sich absichern möchte. Und dann geht der Vorgesetzte zum Vorgesetzten der anderen Person, und dann bewegen sich in der Regel die Sachen. – **Also natürlich... Das ist natürlich nicht der Weg, wie es laufen sollte. Nur wenn die andere Seite nicht reagiert, dann muss man halt auch mal...** [DF-19]

Nicht so die Franzosen – wie ein deutscher Manager frustriert berichtet, dessen Kollege bei Schwierigkeiten ohne zu zögern über die Hierarchie geht (vgl. Vertrauensmissverständnis 'Fax von seinem Chef an meinen Chef').

Transversalité: Ein französischer Manager beschreibt seine Maxime, nicht zu zögern auch Probleme außerhalb seines Zuständigkeitsbereichs anzugehen, wenn er irgendwie auf sie stößt.

> Je suis quelqu'un qui prend beaucoup d'initiatives et je suis quelqu'un qui est très orienté sur le résultat final et sur le fonctionnement de l'entreprise. **Je suis quelqu'un qui ne va pas hésiter à m'intéresser à un problème qui sort de mon domaine de responsabilités, où je vois un dysfonctionnement.** Je vais essayer de pousser le problème jusqu'à ce qu'on trouve une solution. [FD 18]

Das sei allerdings den Deutschen lästig. Sie könnten das nicht verstehen und würden sich fragen: „Was will der denn, warum versucht er, sich in Dinge einzumischen, die ihn nichts angehen?" Als er nach Deutschland in die Geschäftsführung einer neu in den Konzern zu integrierenden Tochtergesellschaft wechselte, ist ihm genau das passiert. Ihm fielen Proble-

5.8 Respektvoller Umgang / Facework

me auf, die er offensiv anging – und die zuständigen deutschen Kollegen fühlten sich „indirekt angegriffen".

> Alors pour les Allemands ça peut être gênant, ils peuvent d'abord ne pas comprendre, et se dire : « qu'est-ce qu'il veut celui-là, à essayer de s'occuper de ce qui ne le regarde pas » etc...... **Je pense que dans mon entrée justement dans la société ..., je pense qu'il y a eu beaucoup de personnes qui ont eu peut-être un blocage par rapport à ça, parce qu'ils voyaient la critique, indirectement, vis-à-vis d'eux.** C'est-à-dire que quand je mettais le doigt sur un problème et que j'essayais de faire que ça ne soit pas caché, parce que c'était un dysfonctionnement qui me semblait important à régler, **il y a des personnes qui se sont senties tout de suite un petit peu attaquées indirectement.** [FD 18]

Ein anderer französischer Manager beschreibt den unterschiedlichen Umgang mit Zuständigkeitsbereichen seitens der Deutschen und der Franzosen in sehr anschaulichen Bildern. Zunächst merkt er an, dass die Franzosen kontinuierlich bemüht seien, Quer-Informationen einzuholen, wohingegen bei den Deutschen eher jeder für sich an SEINEM Teilbereich arbeite und sich so verhielte, als stünden ihm bereits alle wesentlichen Informationen für seine Tätigkeit zur Verfügung (vgl. die Diskussionen zum *Detaillierungsgrad von Anweisungen* in 5.3.1).

> [Chez] mes collègues allemands, moi, ce que j'identifie, c'est que **chacun se sent investi d'une expertise, d'une responsabilité, qui mène son activité en faisant l'hypothèse qu'il a toutes les entrées au début**, et qu'il amène un résultat à la fin, mais sans interagir, et sans partager l'information en cours d'étude. [FD aus FF-18]

Dies kann, wie wir bereits oben in der Diskussion des *Relevanzbereichs von Informationen* unter dem Stichwort 'Kontextneugierde' gesehen haben (5.2.1), auf der deutschen Seite zu dem Eindruck führen, die Franzosen würden sich ungerechtfertigterweise in ihren Zuständigkeitsbereich einmischen („On partage de l'information et on réclame de l'information de leur part. Et ils perçoivent ça comme une ingérence dans leur expertise", FD aus FF-18). Genau dies hat der Interviewpartner erlebt:

> Ou **il m'arrivait de donner un avis technique**, parce que j'avais, dans mes expériences techniques précédentes, vécu des situations où on rencontrait des problèmes techniques d'une nature similaire, et je disais : « Fais attention, essaie de regarder cet aspect-là » ou « je pense qu'il y a un aspect que tu n'as pas bien regardé, tu vas rencontrer un problème ici », ou : « ce résultat-là, il n'est pas crédible, etc... » **Et les réactions ont été violentes, en disant : « Mais de quoi tu te mêles ?! C'est ma responsabilité ! Mêle-toi de ce qui te regarde ! »** [FD -18]

Er bemerkte, dass deutsche Kollegen an bestimmten Fragestellungen arbeiteten, zu welchen er über einschlägige Erfahrungen verfügte, und schaltete sich konsequenterweise ein, um Ratschläge zu geben ('transversalité'). Das führte aber zu recht heftigen Reaktionen seitens der deutschen Kollegen: Er solle sich gefälligst nicht einmischen, da seien sie zuständig.

5.8.2.3 Vertrauensmissverständnisse

Ich möchte drei Vertrauensmissverständnisse im Zusammenhang mit der Frage des Respekts vor Zuständigkeiten vorstellen.

- **Fax von seinem Chef an meinen Chef**
  < Das ist nicht nachvollziehbar. Wenn Sie den Chef involvieren, das kostet Zeit! >

Ein deutscher Manager ist frustriert wegen eines bestimmten Verhaltens seines französischen Kollegen. Wenn es Schwierigkeiten bzw. Meinungsverschiedenheiten gibt, dann schaltet dieser Kollege ohne zu zögern die Hierarchie ein. Der Interviewpartner berichtet, dass dann immer sein eigener deutscher Chef ein Fax vom Chef des französischen Kollegen erhält – woraufhin er selbst zwei Wochen Arbeit habe, die Sache wieder vom Tisch zu bekommen. Das Verhalten des französischen Kollegen ist für ihn „nicht nachvollziehbar", es mache „das Klima total kaputt", sei „destruktiv für die Beziehung" – und letztlich „ein absoluter Vertrauenskiller". Der Manager berichtet: Es gab also eine Schwierigkeit, und sie gingen nach einem Treffen auseinander, ohne die Sache geklärt zu haben. Er dachte sich: „Na gut, da reden wir jetzt in zwei Tagen noch mal drüber. Das kriegen wir auf unserem Level definitiv geklärt." Aber:

> Dann kommt nach zwei Stunden einen Brief von dessen Chef: 'Das kann ja gar nicht sein. Das ist alles unmöglich.' ... **Da geht bei mir auch der Vertrauenslevel nach unten, weil das finde ich – na – destruktiv für die Beziehung.** Ich sage einfach: 'Das hätte alles nicht sein müssen! Warum noch jemand Drittes da rein bringen?' Jetzt muss ich es wieder meinem Chef [erklären], warum der ein Fax von seinem Chef bekommen hat. Weil diese Faxe, die schickt sein Chef nicht mir, sondern der schickt das ja gleich meinem Chef. Jetzt ruft mein Chef bei mir an und sagt: 'Was ist denn jetzt wieder los?' Und ich sage: 'Keine Ahnung. Wir haben ein Gespräch gehabt, wir haben noch keine Lösung. Aber ich weiß nicht, warum der zu seinem Chef gerannt ist.' [DF-21]

Dieses Verhalten, das ihm schon öfter begegnet ist („Es kann einem wirklich mit jedem passieren! Also ich kenne fast keine Ausnahme."), das kann er nicht nachvollziehen:

> Ich kann das ja machen, zum Chef gehen. Ich kann auch mit dem da drüber reden. Aber den Chef dann zu veranlassen, dass da so ein doofes Schreiben dann wieder raus geht, das ist irgendwo dann noch ein Step weiter. **Ich glaube, das war noch nie der Fall, dass ich gesagt habe: 'Das kann ich auch nachvollziehen.'** [Denn] wenn Sie **den Chef involvieren, dann kostet das erst mal Zeit.** Der will dann berichtet werden, der will dann die nächsten Aktionen hören, der gibt ihnen gleich erst mal 10 Aufgaben. 'Dann stell mir das mal zusammen!' Wenn so ein Brief kommt, dann haben Sie erst mal die nächsten zwei Wochen zu tun. Nur um das Thema wieder vom Tisch zu kriegen. Diese Arbeit hat der Franzose auch. Deswegen verstehen wir das teilweise gar nicht. [DF-21]

Der französische Kollege ist damit bei ihm erstmal 'unten durch': „Bei mir da geht persönlich dann irgendwo mal der Rollladen runter. Ich sage dann so: 'Du hast jetzt erst mal verspielt!' [DF-21]. – Das beschriebene Verhalten des französischen Kollegen nennt der Deutsche also 'einen absoluten Vertrauenskiller'. Dass möglicherweise die Kompetenz zur Klärung der fraglichen Schwierigkeit aus Sicht des französischen Kollegen ganz klar auf dem übergeordneten hierarchischen Level liegt, kommt dem deutschen Manager hier nicht in den Sinn. Seiner Ansicht nach wäre das eine Sache gewesen, die sie definitiv auf ihrem 'Level' hätten klären sollen.

- **Er glaubte, ich wolle ihm seinen Job wegnehmen**
< Moi j'étais plutôt un peu touche-à-tout. Et cela l'avait choqué. >

Ein französischer Manager berichtet von einem Konflikt in der Zusammenarbeit mit seinem deutschen Kollegen, dem Co-Chef der französischen Zentrale des deutschen Konzerns. Ohne dass das je die Absicht des Franzosen gewesen wäre, ist sich der Deutsche sicher, dass der Franzose ihn aus der Doppelspitze verdrängen will. Es kommt zum Konflikt und zu einem klärenden Gespräch, in welchem der interviewte französische Manager dem deutschen Kollegen seine Vorstellung von transversalem Arbeiten erläutert: Er sei eben einfach ein bisschen „touche-à-tout" („ich-fasse-alles-an")...

> Nos premières semaines ensemble, c'est là où on s'est rendu compte qu'on a des façons de fonctionner différentes. **Moi j'étais plutôt un peu touche-à-tout.** C'est-à-dire j'essaie de comprendre ce qui se passe : les personnes, comment ça marche, comment marche la comptabilité, quelles sont les organisations... Et je me rappelle qu'au bout de quelques semaines, François*... Alors, ce n'est pas par moi, il est passé par notre responsable de ressources humaines. Elle est venue me voir en me disant : « François* se demande si vous voulez prendre sa place. » Je dis : « Pourquoi ? » J'essaie de comprendre. Pourquoi posait-il cette question ? C'est parce que lui était en charge [de « Marktfolge » et moi j'y touchait.] Vous savez, il y a la règle des « Führungsprinzipien ». Donc il y a toujours deux dirigeants équivalents : l'un qui est plutôt « Markt », c'est-à-dire développement commercial, et l'autre qui est « Marktfolge », c'est-à-dire plutôt du contrôle, la compta. ... C'est une logique anglo-saxonne, c'est très marquée dans le monde allemand. Cela veut dire [qu'**il s'est dit**]: « **Je suis responsable du contrôle, je m'en occupe, et je considère que l'autre n'a pas à regarder. Et moi, je ne regarde pas ce que fait l'autre sur le 'Markt'.** » Moi, dans ma logique française, je dis : « **Je suis co-dirigeant, donc on est responsables tous les deux. Mon collègue s'occupe du contrôle donc il fait son boulot, mais j'essaie de comprendre ce qui se passe.** » Et le fait que j'essaie de comprendre l'avait choqué. [FD-09]

Das Missverständnis seitens des deutschen Kollegen wird hier von dem erfahrenen französischen Manager rückblickend als kulturelles Vertrauensmissverständnis rekonstruiert. Der

5.8 Respektvoller Umgang / Facework 443

Deutsche bemerkt ein für ihn ungewöhnliches Interesse und Übergreifen des Franzosen in seinen eigenen Verantwortungsbereich und interpretiert das nicht nur als mangelnden Respekt vor Zuständigkeiten, sondern sogar als politische Attacke im Machtgefüge des Unternehmens. So etwas ist nicht sehr vertrauensförderlich.

- **Der weiß nicht, was sein Team macht – er ist offenbar inkompetent.**
  <Il n'était pas au courant de ce qui se passait dans son département. >

Eine interessante Begründung für die Einschätzung, dass ein deutscher Kollege inkompetent sei, kommt von einem französischen Manager: Er berichtet wie er feststellt, dass sein Kollege offenbar gar nicht richtig weiß, was technisch gerade in seinem Team verhandelt werde. Als er ihn wegen eines Problems seiner Ingenieure anruft, fragt der Deutsche, was den los sei und inwiefern sie beide dies denn betreffe. Er habe da kompetente Mitarbeiter, die würden sich da schon darum kümmern.

> Ce que j'ai constaté chez mon collègue allemand, chef de département, c'est qu'il n'était pas au courant du tout de ce qui se passait, techniquement, dans son département. Sur un projet donné, on avait rencontré une difficulté technique qu'on n'arrivait pas à résoudre dans les équipes techniques. C'était quelque chose qui était en interface entre une équipe française et une équipe allemande, et donc j'avais sollicité mon collègue, chef de département en Allemagne, pour lui dire : « Bon, ok, sur ce projet-là, il y a une difficulté qu'on n'arrive pas à résoudre. Quel est ton avis qu'est-ce qu'il faut qu'on fasse ? » Mais il n'était pas au courant. Il m'a dit : « De toutes façon, les gens qui sont compétents sont en place, ils vont trouver eux-même. Je ne comprends pas pourquoi tu veux qu'on regarde ça. » ... Ça, je l'ai vécu plusieurs fois. ... Systématiquement, il ne s'impliquait pas, ou il ne s'intéressait pas à la technique.
> ... Au début je pensais que : « Mais pourquoi il ne va pas voir ce que font ses équipes ? » Et donc je n'avais pas trop confiance. Je me disais : « Mais il n'est pas compétent. » ... Moi, je l'ai pris au début pour quelqu'un qui n'était pas compétent. Parce que moi pour être légitime dans ma compétence, il faut que je sache, techniquement, ce qui se passe. Et du fait que je prenais au début la personne que j'ai en interface, le chef de département, comme quelqu'un de non compétent, en bien ça a limité aussi l'établissement de la confiance. Comment je peux être confiant en quelqu'un qui ne sait pas ce qui se passe dans ses équipes, techniquement parlant ? Sur l'aspect délai, sur l'aspect coût, il est au courant, mais sur l'aspect technique, il a désigné ses experts, ils sont en charge, et c'est à eux de se débrouiller, quoi. (FD -18).

Dass der deutsche Abteilungsleiter nicht genau auf Stand in Bezug auf technische Fragen war, die in die Zuständigkeit seiner Teamleiter fielen, interpretierte der französische Manager als Vertrauenswarnung in Bezug auf den Faktor *'Kompetent sein / sich auskennen'*. Tatsächlich ist das aber für den deutschen Manager möglicherweise 'normal' und er orientiert sich primär am Vertrauensfaktor *'Zuständigkeiten respektieren'*. Diese Interpretation kommt dem französischen Interviewpartner vor dem Hintergrund der französischen Transversalität nicht in den Sinn. – In ähnlicher Weise im Zusammenhang mit dem Konzept der Transversalité stehen auch zwei weitere kulturelle Vertrauensmissverständnisse im Handlungsfeld <*Weitergabe von Informationen*>: zum einen das Vertrauensmissverständnis 'Informationsverweigerung im Vorprojekt' (5.2.1.3), in dem es um eine Vertrauenswarnung in Bezug auf den Faktor *'An Wissen teilhaben lassen'* geht, und zum anderen das Vertrauensmissverständnis 'Weiterleitung individuell zusammengestellter Informationen' (5.2.1.3), in dem es um eine Vertrauenswarnung in Bezug auf den Faktor *'Informationen vertraulich behandeln'* geht.

5.8.2.4 Interkulturelle Vertrauensmaßnahmen

Einige der interviewten französischen Manager haben diesen Kulturunterschied durchschaut und nehmen aktiv darauf Bezug, um Vertrauen zu deutschen Kollegen oder Geschäftspartnern aufzubauen.
Der französische Manager in der als Vertrauensmissverständnis interpretierten Episode 'Er glaubte, ich wolle ihm seinen Job wegnehmen' hat eingesehen, dass er in der Zusammenar-

beit mit deutschen Kollegen nicht „touche à tout" sein darf, das heißt, dass er nicht „alles anfassen" bzw. „überall mitmachen" darf [DF-09].

Eine französische Managerin erklärt, wie sie in einer neuen Arbeitsbeziehung einem deutschen Kollegen zeigt, dass er ihr Vertrauen kann: Sie sagt ihm ganz klar, dass sie ihm nicht seine Arbeit wegnehmen will und dass sie ihm nicht in seinen Bereich hineinreden wird. Sie sei schon etwas älter, merkt sie an, sie habe da Erfahrung. Die Kollegen und Mitarbeiter hätten da oft Befürchtungen, die sie sich nicht auszusprechen trauen. Daher sage sie das gleich am Anfang klar und deutlich.

> J'essaie d'expliquer que je ne viens pas « piquer » le travail de l'autre. Parce qu'il y en a largement pour tout le monde, quoi. Enfin, surtout chez nous. [rires] L'idée c'est de garantir à la personne qui est en face qu'on ne vient pas empiéter sur son domaine.
> Comment je fait ça? - Je le dis clairement en général. Je le dis, parce qu'il y a souvent [des craintes]. C'est peut-être parce que j'ai un peu d'âge. Souvent les gens ont des craintes mais n'osent pas les dire.
> Donc **je ne le dirai pas forcément en réunion avec l'ensemble des gens autour**. Mais on peut le faire, comme on discuterait là, je pourrais vous dire : « **Bon, hey, je ne viens pas te piquer ton boulot**. Moi ce qui m'intéresse c'est ça, c'est essayer de définir l'intérêt de chacun. » **Ça se fait en relation très... en 'one-to-one'**. Et après on peut aller en réunion et représenter les trucs. C'est un peu le principe. [FD-12]

5.8.3 Einflussnahme auf Entscheidungsprozesse [KU-18]

5.8.3.1 Argumentation

In der Diskussion der quantitativen Ergebnisse im vierten Kapitel hatten wir gesehen, dass sich beim Vertrauensfaktor 'In Entscheidungen einbeziehen' ein deutlicher deutsch-französischer Gewichtungsunterschied zeigt. Der Faktor findet sich im Vergleich der monokulturellen Gruppen signifikant häufiger in den deutschen Interviews (DD>FF*). In einer näheren Betrachtung der Teilgruppen ergeben sich zudem weitere Indizien dafür, dass dieser Vertrauensfaktor den deutschen Managern wichtiger ist (vgl. 4.2.8). – Helfen die Ergebnisse des dritten Auswertungsschritt, dieses Ergebnis zu erklären? Bzw. hängt dieser Gewichtungsunterschied mit einem Kulturunterschied in der Interpretation von Verhalten in Bezug auf den Faktor *'In Entscheidungen einbeziehen'* zusammen?

Tatsächlich fand sich in der qualitativen Auswertung eine Reihe von Hinweisen darauf, dass deutsche und französische Manager unterschiedlich mit Entscheidungsprozessen umgehen. Insbesondere betrifft dies die Frage, ob bzw. inwiefern Vorgesetzte ihre Mitarbeiter in Entscheidungen einbeziehen. Kurz gesagt befürworten und erwarten die deutschen Manager einen stärker partizipativen Führungsstil als dies die französischen Manager erwarten bzw. praktizieren. Die deutschen Interviewpartner beschreiben, wie sie Entscheidungen im Vorfeld mit ihren Mitarbeitern diskutieren und dabei ihre Autorität als Vorgesetzte zurückstellen. Sie versuchen, auf einer Ebene mit den Beteiligten an einem inhaltlichen Diskussionsprozess teilzunehmen und entscheiden erst im Anschluss daran. Demgegenüber verläuft die Entscheidungsfindung in Frankreich sehr viel direktiver. Die französischen Manager entscheiden auch häufig ohne vorangehende Diskussion mit ihren Mitarbeitern und auch ohne die Entscheidung anschließend gegenüber ihren Mitarbeitern zu begründen – was seitens der Mitarbeiter sowohl akzeptiert ist als auch erwartet wird (vgl. Gmürr 1999 sowie bei Castel et al. 2007: 565 die Ergebnisse zu 'Power Distance').

Auf deutsch-französische Unterschiede im Zusammenhang mit Entscheidungsprozessen bin ich bereits oben im Abschnitt zum <*Umgang mit Absprachen / Regeln*> zu sprechen gekommen, und zwar in der Diskussion des Unterschiedsbereichs *Einfluss von Hierarchieorientierung auf Absprachen* (vgl. 5.1.3). Kurz zusammengefasst ging es um Folgendes: Deutschen

5.8 Respektvoller Umgang / Facework

Managern ist häufig nicht bewusst, dass eine im Meeting 'erreichte' Zusage seitens eines französischen Kollegen oft unter einem 'Chef-Vorbehalt' steht, auch wenn der Kollege dies nicht explizit erwähnt. Wird der französische Kollege „zu Hause overruled" [DF-21], dann kann der deutsche Manager den Eindruck gewinnen, der französische Kollege habe seine Zusage nicht eingehalten. Dies interpretiert er als Vertrauenswarnung in Bezug auf den Faktor 'Zusagen einhalten', während auf französischer Seite klar war, dass es sich um eine Zusage 'unter Vorbehalt' handelte.

Der unterschiedliche Umgang mit Entscheidungsprozessen kann jedoch auch direkt in Bezug auf den Vertrauensfaktor *In Entscheidungen einbeziehen'* zu kulturellen Vertrauensmissverständnissen führen. Die direktive Entscheidungsfindung seitens der französischen Hierarchie kann auf deutsche Manager offenbar wie ein Schlag ins Gesicht, ein totales Übergehen bzw. eine Herabwürdigung ihrer Person wirken. Während sie die Erwartung und das Bedürfnis haben, sich argumentativ in die Entscheidungsfindung einzubringen, wird ihnen die fertige Entscheidung vorgesetzt. „Der Franzose in Frankreich hat das schon entschieden und da gibt es kein Diskutieren" [DF-23]. „Das ist jetzt so, weil es jetzt so ist" [DF-18]. Das ist nicht nur, wie ein deutscher Manager anmerkt, „aus meiner Sicht beknackt" [DF-07], sondern das wird auch von einigen der deutschen Manager als deutliche Vertrauenswarnung berichtet.

5.8.3.2 Zitate

Der deutsche Entscheidungsstil und seine Wirkung in Frankreich

Ein deutscher Manager beschreibt, dass die Mitarbeiterbeziehung seiner Ansicht nach „basisdemokratisch" zu organisieren sei: Erst fragt man die Mitarbeiter nach ihrer Meinung, dann entscheidet man.

> In einer Mitarbeiterbeziehung bin ich immer sehr viel für **Austausch** – sozusagen für **'Basisdemokratie'**. Wir haben jetzt wieder eine neue Verkaufsleitermaßnahme. Da habe ich mich vorhin mit zwei Mitarbeitern zusammengesetzt, und wir haben kurz 20 Minuten zusammen gebrainstormt, was man tun kann, wie man damit umgeht. **Jeder hat gesagt, wie er es machen würde. Zack, zack, zack.** Dann habe ich entschieden. ... **Aber ich passe die Entscheidung auch durchaus manchmal an, wenn die Mitarbeiter gute Argumente haben.** [DD-06]

Ein anderer deutscher Manager beschreibt, wie er mit seinen Mitarbeitern gemeinsam über die Vorgehensweise in Projekten entscheidet.

> Ich habe mir angewöhnt, das, was ich für richtig halte, zunächst mal auf den Tisch zu legen. Das heißt, **ich sage: 'Wenn wir ein gemeinsames Projekt machen, und ich bin Verantwortlicher für dieses Projekt, dann sage ich euch, wie ich mir das vorstelle. Und dann, liebe Kollegen, setzen wir uns alle an einen Tisch** und schauen uns an, ob diese Vorstellungen vor dem Hintergrund des Ergebnisses, das von uns erwartet wird, und aller Randbedingungen, die wir beachten müssen, ein gescheites Ziel ist oder nicht. **Ich sage, wie ich mir das vorstelle, und jetzt diskutieren wir darüber, ob diese Vorstellung etwas Umsetzbares ist oder nicht. Und zwar ungeachtet der Frage ..., dass ich derjenige bin, der es verantworten muss. Wir diskutieren zunächst mal. Und dann schauen wir, ob dieses Ergebnis, etwas ist, was wir alle gemeinsam tragen können.** So, und wenn wir zu dem Ergebnis kommen, dass wir das alle gemeinsam tragen können und [also] zum Konsens kommen, dann ist für mich das Optimum erreicht.' [DF-23]

Er setzt sich mit allen an einen Tisch und macht einen Vorschlag. Der wird dann diskutiert, und man versucht, sich darüber einig zu werden und einen Konsens zu erreichen. Falls nun einzelne Mitarbeiter nicht einverstanden sind, geht er auf ihre Argumente ein: „Dann diskutieren wir über diese Argumente und ich gebe auch jedem das Forum, den Raum, dass er diskutieren kann. ... Die Gefühle, Meinungen, Ansichten werden ernst genommen, werden aufgenommen." Nur falls sich einmal gar kein Konsens erreichen lässt, sieht er sich gezwungen, als Vorgesetzter die Entscheidung zu treffen. Aber dafür rechtfertigt er sich sogleich: Er entscheide „Kraft der Verantwortung, die mir übertragen wurde", und er empfindet die

Notwendigkeit, den Mitarbeitern seine Entscheidung sogleich zu erklären, „damit jeder verstehen kann, warum ich das so entscheide".

Ein deutscher Manager betont, dass in Deutschland mehr mit den Vorgesetzten diskutiert würde, wie man etwas machen kann bzw. sollte. Die Franzosen seien direktiver. Dort entscheiden die Vorgesetzten und dann ist Ende Diskussion.

> [In Frankreich] hat bei der Frage 'Wie machen wir etwas?' das letzte Wort im Endeffekt der Vorgesetzte. Der ist die Maßgabe dafür, was wie passiert. ... Ich glaube **dass wir mehr mit dem Vorgesetzten diskutieren, wie man etwas machen kann, wie man etwas machen sollte.** ... In Frankreich ... **wird die Direktive ausgesprochen.** ... So erleben wir es [in unseren Projekten]. **Der Franzose in Frankreich hat das schon entschieden und da gibt es kein Diskutieren mehr darüber.** ... Das ist ein wesentliches Merkmal, was sich zwischen Deutschland und Frankreich unterscheidet. ... **Ich habe erlebt, dass französische Vorgesetzte sagen: 'So machen wir das!', und dann war Ende der Diskussion.** ... **Hier in Deutschland diskutieren wir bis zum Erbrechen, wenn es Not tut, wenn Unterschiede da sind. Diese Diskussionen habe ich in Frankreich so nicht erlebt.** [DF-23]

Wenn in Frankreich etwas oben entschieden wird, dann wird das unten befolgt, so ein weiterer deutscher Interviewpartner. Die Franzosen seien so direktiv, dass das auf deutscher Seite „dagegen fast eine demokratische Veranstaltung" sei. Da würde jeder mitreden, „bis runter zum Facharbeiter".

> Also das habe ich immer wieder erlebt: wenn in Frankreich etwas oben entschieden wird, dann wird das unten befolgt. ... **Unsere Firma hier ist dagegen fast eine demokratische Veranstaltung. Da redet jeder mit. Das geht bis runter zum Facharbeiter** – dass man etwas nicht gut findet oder in die andere Richtung gehen will. Und da folgt man auch nicht Firmenrichtlinien. [...Da] sagt jeder seine Meinung, so wie er sie für richtig findet. [DF-11]

Wie wirkt dieser deutsche Entscheidungsstil auf französische Manager? Der deutsche Versuch, Mitarbeiter in Entscheidungen einzubeziehen, wird teilweise mit Befremden aufgenommen. Stattdessen wird gefordert, dass ein Chef klare Entscheidungen trifft.

Eine deutsche Managerin berichtet, wie sie lernte, dass 'Einbeziehen in Entscheidungen' (bzw. Entscheidungen erklären) in Frankreich nicht so gefragt sei. Als sie neu am französischen Standort der Firma tätig wurde, versuchte sie zunächst immer, den Mitarbeitern ihre Entscheidungen zu erklären – bis ihr auffiel, dass das gar nicht erwartet wurde. Als Teamleiterin sollte sie sagen, wie es ist – „und dann ist das halt so".

> [In Frankreich] wird diese Hierarchie wirklich gelebt. ... **Und die Hierarchie wird auch weniger hinterfragt** als ich das jetzt aus Deutschland gewohnt bin. ... **Ich habe immer überlegt: 'Oha, wie kannst du diese und jene Entscheidung jetzt auch erklären, dass dann auch allen letztlich irgendwo [einleuchtet]?'** Aber das wurde dann halt gesagt. ... Es hieß dann halt: **'Das ist jetzt so, weil es jetzt so ist'. Und dann ist das halt so. Ober schlägt Unter. Einfaches Prinzip.** [DF-18]

Demgegenüber beschreibt eine französische Managerin ihren deutschen Chef, zu dem sie kein Vertrauen hat, weil dieser keine Entscheidungen trifft.

> Le seul qui me déçoive vraiment, c'est mon grand chef [en Allemagne]. Non, c'est vrai **qu'il a un peu de mal à prendre position clairement**. Quelquefois il y a **des conflits** entre les activités de [notre site] et les activités [du site en Allemagne] par exemple. **Et il faut bien qu'à un moment donné, à un certain niveau, quelqu'un tranche. Et ça, ça ne se fait pas. Ça c'est de la déception.** ... On a du mal à lui faire prendre position clairement. Il est chef de l'ensemble [des sites en Europe de l'Ouest]. Et **dans certains cas, il faut qu'il tranche, il faudrait qu'il arrive à passer outre sa,- peut-être pas sa nationalité, je n'en sais rien- mais à passer outre... Enfin, il faut qu'il prenne de la hauteur, quoi.** Qu'il puisse analyser clairement les situations, et c'est pas facile, puisque **je pense qu'il y a toujours les tripes qui interviennent.** [FD-12]

Die französische Managerin hat bei ihrem deutschen Chef den Eindruck gewonnen, dass er Probleme habe, klar Position zu beziehen. Bei Konflikten, also wenn von ihm eigentlich eine Richtungsentscheidung zu erwarten wäre, käme von seiner Seite aus einfach nichts. Da sei sie sehr enttäuscht, dass er da nicht mal durchgreifen würde, dass er nicht die Größe habe, einmal klar zu sagen, wo es langgeht. Hier geht es nicht um die Erwartung, in Entscheidun-

5.8 Respektvoller Umgang / Facework

gen einbezogen zu werden, sondern klare Entscheidungen geliefert zu bekommen. Dass der Chef genau dies nicht leiste, sei ein grundsätzliches Problem für Vertrauen. Von jemandem, der klare Entscheidungen trifft, könne man gar nicht enttäuscht sein (egal ob sie dann gut oder schlecht seien). Hauptsache, der Chef *trifft* klare Entscheidungen. Das aber vermissen sie bei ihrem deutschen Chef, und damit würde dieser ein echtes „Klima des Nicht-Vertrauens" schaffen.

> On a cette expérience que dans des situations où vraiment on attendrait quelque chose... ça ne s'est pas fait. Je pense que là il y a un effet d'engrenage, effectivement. **Je pense que l'on n'est jamais déçu de quelqu'un qui prend une décision vraiment claire. Elle peut ne pas être bonne, elle peut être mauvaise, mais au moins il a pris une décision. Mais le fait de ne pas en prendre systématiquement, là, ça créé un vrai climat de non confiance.** [FD-12]

Der französische Entscheidungsstil und seine Wirkung in Deutschland

Wie treffen also französische Vorgesetzte Entscheidungen? Wie bereits das letzte Beispiel zeigt, erwarten die französischen Manager vielfach, dass sie von ihren Vorgesetzten Entscheidungen geliefert bekommen. Dies hat auch folgender deutscher Manager beobachtet:

> Die französischen Führungskräfte sind sehr hierarchieorientiert. Und das erwarten sie auch von der Hierarchie, also dass Vorgaben gemacht werden, Entscheidungen top-down getroffen werden. [DF-14]

Das gleiche berichten die französischen Interviewpartner. Ein französischer Manager merkt an: Wenn er als Niederlassungschef eine bestimmte Politik vorgebe, dann erwarte er schon, dass die Mitarbeiter damit einverstanden sind und diese Politik umsetzen würden. Dass er die Politik mit den Mitarbeitern gemeinsam entwickeln würde oder ihnen seine Gründe dafür auseinandersetzen würde, erwähnt er nicht.

> **Si le manager met en place une politique** au sein du centre d'affaires – que ce soit une politique commerciale, de risques, etc. **Vous attendez de vos collaborateurs** qu'ils soient d'accord avec cette politique dans la mesure où elle tient la route, en face de vous. Qu'ils fassent ce qu'il faut pour la réaliser, **la mettre en place**. [FF-15]

Ein deutscher Manager beschreibt seine Erfahrung, dass die Franzosen die gemeinschaftliche bzw. Brainstorming-artige Form der Meinungsbildung nicht gewohnt seien. Ihrem Verständnis nach sei die Meinungsbildung Sache des Chefs.

> Es ist schwierig, ... wenn man versucht, die Franzosen in irgendeine Art von Meinungsbildung oder Brainstorming-Prozess einzubinden, wo man gemeinsam versucht, kreativ ein Thema zu bearbeiten und gemeinsam sozusagen dann niederzuschreiben und zu vertreten und zu definieren. **Weil die Franzosen diese Art Einbindung typischerweise wohl nicht kennen und eher davon ausgehen, der Chef ist dadurch qualifiziert, dass der sich hinsetzt und sich seine Meinung zu dem Thema macht und das dann den Mitarbeitern kundtut. Und deren Hauptaufgabe ist dann, dies zu erfüllen.** [DF-14]

Wie wirkt nun der französischen Entscheidungsstil auf deutsche Manager? – Ein deutscher Manager beschreibt, wie er seitens der französischen Hierarchie Entscheidungen einfach vorgesetzt bekommt und sie akzeptieren muss. Es werde erwartet, dass er deutlich signalisiere, *dass* er die Entscheidung akzeptiere. Und es sei auf französischer Seite keine Bereitschaft da, das noch inhaltlich zu diskutieren.

> Das ist typisch in Bezug auf die Hierarchie in französischen Unternehmen. **Da laufen eben viele Dinge im Hintergrund, werden in anderen Kreisen abgestimmt, und werden einem nur noch als Ergebnis vor die Nase gesetzt: Zack – so isses. Und man mag es auch gar nicht diskutieren. Man mag das Ergebnis nicht diskutieren, sondern das Ergebnis muss akzeptiert werden, und man muss Signale geben, DASS man das akzeptiert.** Man kann nicht sagen: 'Ok, ich hab's wohl gehört, die Entscheidung. Ich möchte es aber erstmal INHALTLICH diskutieren und verstehen!' Denn das wird dann schon wieder als Signal gewertet, dass man es nicht akzeptiert. **Und das ist aus meiner Sicht beknackt.** Also das ist ein starker Unterschied zu den Geschäftsbeziehungen in Deutschland. Weil man da meines Erachtens mehr über Argument und Gegenargument, über Abwägen, geht. Es ist schon gut, darüber gesprochen zu haben, es diskutiert zu haben. Denn so erkennt man dann letztendlich auch, warum so entschieden wurde. Aber es gibt in der Gruppe viele Tendenzen, **dass man Entscheidungen quasi einfach nur vorgesetzt be-**

kommt und sie nicht mehr diskutiert werden. Und wenn man dann nicht die Möglichkeit hat, das zu hinterfragen, dann hat man natürlich ein Problem. [DF-07]

Aufschlussreich ist es, das folgende Zitat eines deutschen Managers mit dem obigen Zitat der französischen Managerin (des gleichen Konzerns) zu kontrastieren, welche es als Vertrauenswarnung interpretiert, dass ihr deutscher Chef keine klaren durchgreifenden Entscheidungen trifft. Auch im folgenden deutschen Zitat geht es darum, warum ein Vorgesetzter nicht vertrauenswürdig ist – allerdings aus gegenteiligen Gründen. Der deutsche Manager beschreibt einen Vorgesetzten, der neu in seine Position kommt und sehr schnell und selbstbewusst sehr grundlegende Dinge entscheidet – ohne dabei seine Mitarbeiter einzubeziehen, die schon längere Zeit an den Themen arbeiten, sich als die eigentlichen Experten fühlen und letztlich das Recht beanspruchen, in dieser Sache gefragt zu werden.

> Also er war SEHR, SEHR schnell. Wir hatten uns mit dem Thema schon etwa ein Jahr auseinander gesetzt und hatten da schon sehr differenziert Einblick. **Er hat EINEN Blick in den Laden geworfen und hatte dann seine Konzepte parat und wusste, was man ändern muss. So machen wir das jetzt. Das war einfach für uns nicht glaubwürdig: Da hat einer nicht richtig hingekuckt. Da markiert einer den dicken Max, und sonst ist das nichts. Das war anmaßend.** Also: **Er hat große Konzepte mit großem Selbstbewusstsein verkündet**, ohne überhaupt genau hingeguckt zu haben, was eigentlich Sache ist. So schnell mit einer Lösung zu kommen, nur um den starken Mann zu markieren, das war einfach nicht glaubwürdig. [DD-02]

Le Petit Club: Entscheidungen im französischen Top-Management

Der Bericht eines französischen Top-Managers über den 'Petit Club' erweitert unser Verständnis der französischen Art und Weise, Mitarbeiter in Entscheidungsprozesse einzubeziehen oder nicht, um eine interessante Nuance. Dazu möchte ich an den oben zitierten deutschen Manager erinnern, der berichtet, dass ihm Entscheidungen seitens der französischen Hierarchie vorgesetzt würden, was er schlicht zu akzeptieren habe. Das sei „typisch in Bezug auf die Hierarchie in französischen Unternehmen. Da laufen eben viele Dinge im Hintergrund, werden in anderen Kreisen abgestimmt." – Was sind dies für „andere Kreise"? Einer der französischen Manager, der auf Konzernebene tätig ist, erklärt auf die Frage, wie er denn einem neuen Mitarbeiter zeige, dass der ihm vertrauen könne: Er würde den neuen Mitarbeiter dazu in ein kleines begrenztes Top-Gremium wie eine Geschäftsleitung einbinden. Da sei man dann zu viert oder fünft und könne über alles reden. Das sei wie so ein 'kleiner Club der Entscheider'. Da würde er ihn mit hinein nehmen und gleichzeitig eine regelmäßige bilaterale Beziehung mit ihm pflegen. In diesem Kontext haben wir also einen Fall von *'Einbeziehen in Entscheidungen'* auf französischer Seite – sozusagen als Spezialfall auf der oberen Chef-Etage.

> **Tout au moins, je l'associerais donc dans un groupe RESTREINT, petit – comme dans un comité de direction.** C'est-à-dire : « Voilà. Tu fais partie du comité de direction RH. Voilà. On est quatre, cinq. On peut tout se dire. Voilà. » Donc **il y a un peu cette notion de « petit club » – dans lequel on décide entre nous, on décide, on prend des actions, on prend des décisions, et après donc, on les applique.** ... Donc si je veux montrer à quelqu'un que je lui fais confiance, **je le mettrai dans le petit cercle de ceux qui décident**, j'instaurerais une relation continue, régulière, avec lui, de façon bilatérale. ... Alors je lui montre que moi je lui fais confiance – puisque je le mets dans le petit cercle – et qu'il peut me faire confiance puisqu'on va prendre ensemble des décisions concernant son secteur, son activité, ou sur lui-même. [FD-08]

5.8.3.3 Vertrauensmissverständnisse

- **Er schickte mir die fertigen Zielvereinbarungen – per Email.**
  < Was für ihn wichtig ist, das hat er klar hingeschrieben – und das ist es. >

Ein deutscher Manager wundert sich, wie die Vereinbarung der Jahresziele von seinen neuen französischen Vorgesetzten gehandhabt wird. Der schickte ihm schlicht eine Email, und da stand drin, was seine Jahresziele seien.

5.9 Fairplay in der Zusammenarbeit

> Was mir aufgefallen ist, als ich angefangen habe in dieser Rolle als Leiter dieser transnationalen Einheit, war auch das Thema Zielvorgaben. Wir machen ja in beiden Unternehmensteilen **Mangement-by-objectives.** Das heißt es werden Ziele definiert, die im Laufe des Jahres zu erreichen sind. **Ich war überrascht, wie das mein französischer Chef gehandhabt hat.** Der hat mir eines Tages eine E-Mail geschickt, wo die Ziele drin standen. – Okay, da konnte man noch, sagen wir mal, **Verständnispunkte diskutieren. Aber die Art und Weise, wie das so entstanden ist und was für ihn wichtig ist, das hat er klar hingeschrieben – und das ist es.** Wenn ich darüber hinaus noch andere Ziele hätte, wäre das mein Problem. Da kann ich irgendwas machen, so lange ich diese Ziele für ihn erfülle. [FD-14]

Das ist nicht ganz die Art und Weise, wie der Manager das aus Deutschland kennt und wie er selbst mit seinen eigenen Mitarbeitern Zielvereinbarungen definiert. Dazu macht er nämlich Zielvereinbarungs-Workshops, in welchen er in gemeinsamer Diskussion mit seinen Mitarbeitern deren Jahresziele entwickelt bzw. ausdifferenziert.

> **Ich kenne eine andere Kultur.** Und ich habe das auch jetzt versucht, mit meinen französischen Kollegen [Mitarbeitern] anzugehen, **dass wir eigentlich in typischer Weise Zielvereinbarungs-Workshops machen.** Das heißt, ich habe Ziele von meinem Chef, die ich, egal wie, zu erreichen habe. Und ich gehe jetzt mit meinem nächsten Level zu Beginn des Jahres in einen Workshop und sage: 'Guckt mal, das sind die einen Ziele, die sind verbindend für uns, die müssen wir erfüllen. Aber was sind denn die Dinge, die aus unserer Sicht, strategisch wichtig sind, dass wir die in diesem Jahr erreichen?' **So dass man also gemeinsam sozusagen alle Ziele diskutiert. So dass sich der einzelne Mitarbeiter diese Ziele auch – in Anführungszeichen – selber gibt.** Und so dass sozusagen am Ende des Workshops ein Satz formulierter Zielvereinbarungen rauskommt, die aber gemeinsam diskutiert sind, die einem gemeinsamen Ziel folgen, das auch jeder der Beteiligten kennt. [FD-14]

Diese Episode mit den Zielvereinbarungen, die per Email kamen, könnte man als ein „interkulturell aufgeklärtes" Vertrauensmissverständnis bezeichnen. Der interviewte Manager illustriert damit den Punkt der kulturell unterschiedlichen Hierarchieorientierung. Für einen deutschen Manager, der mit diesem Kulturunterschied nicht vertraut ist, hätte es in dieser Situation nicht allzu fern gelegen, das Verhalten des französischen Vorgesetzten als Vertrauenswarnung in Bezug auf den Faktor *'In Entscheidungen einbeziehen'* zu interpretieren.

5.9 Fairplay in der Zusammenarbeit

Gibt es deutsch-französische Kulturunterschiede, welche den Umgang mit den Vertrauensfaktoren des Handlungsfelds *Fairplay in der Zusammenarbeit* beeinflussen? In den Auswertungen kristallisierte sich hier vor allem eine weitere Auswirkung der unterschiedlichen «*Direktheit des Kommunikationsstils*» heraus – nämlich der Unterschiedsbereich *Äußern von Zielen und Absichten*, der zu kulturellen Vertrauensmissverständnissen in Bezug auf die Vertrauensfaktoren *'Ziele und Einschätzungen offenlegen'* und *'Nichts vortäuschen'* führen kann (vgl. Tab. 5.19).

Tab. 5.19: Vertrauensrelevante Unterschiedsbereiche im neunten Handlungsfeld

Unterschiedsbereich	Nummer	Abschnitt
Äußern von Zielen und Absichten	KU-19	5.9.1

Es handelt sich um den einzigen vertrauensrelevanten Unterschiedsbereich, der dem Handlungsfeld *Fairplay in der Zusammenarbeit* zugeordnet wurde. Ich werde ihn im Folgenden näher erläutern und durch Zitate belegen und veranschaulichen.

5.9.1 Äußern von Zielen und Absichten [KU-19]

5.9.1.1 Argumentation

In den Auswertungen der Interviews stellte sich heraus, dass die deutschen und die französischen Manager (auch) im Hinblick auf das *Äußern von Zielen und Absichten* tendenziell unterschiedlich direkt kommunizieren (vgl. zum Erklärungskonzept *«Direktheit des Kommunikationsstils»* 5.8.1.1). Sehr viele der deutschen und französischen Interviewpartner haben beobachtet, dass die deutschen Manager im Vergleich zu den französischen Kollegen eine offenere und direktere Art haben, Ziele und Absichten zu äußern – wie auch insgesamt eine direktere Art des Vorgehens. Man kommt gerne direkt zum Thema, ohne sich dabei zu „verbiegen" [DD-16]. Schön „sachlich" und „knackig", „die Dinge müssen auf den Tisch" [DF-01]. Dies entspricht dem Vorgehen, dass der Vertrauensfaktor *'Ziele und Einschätzungen offenlegen'* beschreibt. Man müsse schon offen sein, „auch wenn's noch so diplomatisch ist" [DD-20]. Auch Thomas (2005a: 26) beschreibt diesen Aspekt, nämlich als deutschen Kulturstandard der „Direktheit/Wahrhaftigkeit": „Der direkte Weg ist immer der zielführendste und effektivste".

Die interviewten deutschen Manager erwarten eine solche direkte Kommunikation bzw. ein direktes Vorgehen auch von ihren französischen Kollegen. Aber diese drücken sich häufig nicht so aus. Viele der französischen Interviewpartner betonen, dass sie es bevorzugen, auf indirektem Weg und über eine weniger direkte Ausdrucksweise zum Ziel zu kommen (was auch Pateau 1998: 100f. für französische Manager beschreibt). Die deutschen Manager hingegen beobachten, dass in Frankreich „anstatt gleich zum Thema zu kommen ... erst mal ganz weit um das Thema herum geredet [wird], sehr lang, ganz allgemein" [DF-19]. Der Grund ist, dass es die französischen Manager gerne vermeiden, Dinge 'plump' auf den Punkt zu bringen. Gemäß ihrem indirekteren Kommunikationsstil gehen sie davon aus, dass der andere ohnehin merkt, worum es geht. Die Dinge darüber hinaus noch explizit auszusprechen erscheint den französischen Interviewpartnern redundant. Man liefe damit Gefahr, unhöflich zu wirken bzw. den anderen 'für blöd zu verkaufen'.

Welche Wirkung hat dieser Verhaltens- bzw. Kommunikationsunterschied auf die Vertrauensentwicklung? Im letzten Abschnitt ging es darum, inwiefern der Unterschied auf der französischen Seite zu Vertrauensmissverständnissen in Bezug auf die Faktoren *'Respekt und Interesse zeigen'* oder auch *'Kritik / Widerspruch höflich-indirekt äußern'* führen kann. Hier geht es nun darum, dass der gleiche Unterschied auf deutscher Seite zu Vertrauensmissverständnissen in Bezug auf Faktoren im Handlungsfeld <Fairplay in der Zusammenarbeit> führen kann. Wenn die französischen Manager ihre Ziele oder Absichten *nicht* so offen und direkt äußern, wie es ihre deutschen Kollegen erwarten würden, kann dies je nach dem konkreten Verhalten, um welches es geht, auf deutscher Seite in zweierlei Hinsicht als Vertrauenswarnung wahrgenommen werden: ersten in Bezug auf *'Ziele / Einschätzungen offenzulegen'* oder zweitens in Bezug auf *'Nichts vortäuschen'*.

Erstens lieferte schon die quantitative Auswertung der Kodierungshäufigkeiten Indizien dafür, dass *'Ziele / Einschätzungen offenlegen'* für die deutschen Manager ein wichtigerer Vertrauensfaktor ist als für die französischen Manager. Der Faktor findet sich sowohl im Vergleich der mono-kulturellen als auch im Vergleich der bi-kulturellen Gruppen häufiger in den deutschen Interviews (DD>FF, DF>FD). Zudem spielt der Faktor als Vertrauensmaßnahme in der mono-kulturellen französischen Gruppe eine deutlich geringere Rolle als in den anderen Teilgruppen (vgl. 4.2.9). Nun bedeutet eine Vertrauenswarnung in Bezug auf den Faktor *'Ziele / Einschätzungen offenlegen'*, dass man sich von einem Partner im Unklaren darüber

5.9 Fairplay in der Zusammenarbeit

gelassen fühlt, was er plant oder vorhat, was seine Ziele, Absichten, Hintergründe, Erwartungen etc. sind. Genau diese Vertrauenswarnung beschreiben die interviewten deutschen Manager in Bezug auf ihre französischen Kollegen und Geschäftspartner. Sie würden es als vertrauenswürdiger empfinden, wenn diese ihnen gegenüber ihre Ziele offenlegen würden. Dies scheinen sie jedoch aus deutscher Sicht nicht zu tun, was ihnen als nicht vertrauensförderliches Verhalten ausgelegt wird. So beschwert sich etwa ein deutscher Manager, dass es bei seinem französischen Kollegen „immer etwas unklar [war], um was es tatsächlich geht" [DF-01].

Zweitens diagnostizieren einige der auf deutscher Seite interviewten Manager in ihren Berichten über die Zusammenarbeit mit französischen Kollegen eine Vertrauenswarnung in Bezug auf den Faktor *'Nichts vortäuschen'*. Ihnen geht es darum, dass der andere einer ihrer Ansicht nach moralisch gebotenen Verpflichtung nicht nach kommt, indem er lügt bzw. sie täuscht – bezüglich seiner Ziele oder Absichten etc. Sie hätten es als deutlich vertrauenswürdiger empfunden, wenn der andere dieser Verpflichtung nachgekommen wäre, und sie interpretieren es als moralisch verwerflich – und entsprechend als klare Vertrauenswarnung – dass er dies (aus ihrer Sicht) nicht getan hat. So berichten die deutschen Interviewpartner von dem „Gefühl", der französische Partner habe „im Hintergrund irgendeine andere Agenda" [DF-14], oder von Situationen, in denen der französische Partner zwar „'Ja' gesagt, aber 'Nein' gemeint" hat [DF-23].

Diesen Befund kann man im Zusammenhang mit den im vierten Kapitel beschriebenen Kodierungshäufigkeiten des Vertrauensfaktors sehen. *'Nichts vortäuschen'* findet sich sowohl in der deutschen bi-kulturellen als auch in der französischen mono-kulturellen Gruppe häufiger als in den anderen beiden Gruppen, und zwar vor allem als Vertrauenswarnung (vgl. 4.2.9). Diese Beobachtung lässt sich als Indiz für einen Kulturunterschied sehen, welcher dazu führt, dass die interviewten Manager das Verhalten der französischen Manager häufiger als Vertrauenswarnung in Bezug auf *'Nichts vortäuschen'* interpretieren als das Verhalten der deutschen Manager. Nach den Ergebnissen der qualitativen Inhaltsanalyse im dritten Auswertungsschritt scheint dieser Unterschied die indirektere Art der französischen Manager zu sein, in der Zusammenarbeit ihre Ziele und Absichten zu äußern.

5.9.1.2 Zitate

Viele deutsche wie französische Interviewpartner berichten davon, dass man in Deutschland häufig sehr direkt vorgeht und seine Ziele offen-direkt äußert.

> **Man muss die Interessen, die man hat, muss man auf den Tisch legen. Man muss sagen, ich habe die und die Interessen und die und die Punkte sind für mich sehr wichtig.** Und wenn die Interessen auf dem Tisch sind, **dann kann sich ein stärkeres oder intensiveres Vertrauen entwickeln.** ... Wenn man das nicht in den Mittelpunkt stellt, was in den Mittelpunkt gehört, und so tut, als ob das zweitrangig wäre, dann glaube ich wird auch keine Vertrauensbasis entstehen. [DD-20]
>
> **L'Allemand est quand même plus direct dans son approche. ... Il ira plus droit au but.** [FD-21]
>
> Les Allemands – selon l'impression que j'avais – sont des gens très directs. ... Quand ils ont quelque chose à vous dire, ils vous le disent en face. Ils ne reviennent pas par derrière. [FD-09]

Französischen Manager gehen nicht so direkt vor. Ein französischer Manager beschreibt, wie man bei einem Geschäftstreffen in Frankreich vorgeht: Man nimmt eher „einen gewundenen Weg" und kommt nicht gleich zum Thema.

> Avec le Français, c'est plus tortueux. ... Il y aura d'abord une discussion, on se tâtera, ... on parlera un peu de tout et un peu de rien. On ne va pas directement... « Get to the point », ça c'est très allemand. ... Le Français aime bien parler tout autour. ... Avec les Français on parle d'abord de tout et de rien avant de commencer à parler du sujet. ... [Le Français] ne va pas vouloir tout de suite arriver sur le sujet. Il a besoin d'un tout petit peu de discussion autour. [FD-26]

Das bestätigen auch die deutschen Manager: In französischen Meetings kommt man nicht gleich zum Punkt, sondern da wird erst einmal ganz weit um das Thema herumgeredet.

> Mein Eindruck war, dass in Frankreich die Meeting-Kultur eine ganz andere ist. **Es wird erst einmal ganz weit um das Thema herum geredet. Sehr lang. Ganz allgemein, bevor man überhaupt auf den wesentlichen Punkt kommt.** ... Da wird erst einmal eine Stunde ganz allgemein geredet. ... Also ich kannte das aus Deutschland anders. In Deutschland wurde gesagt: 'Hier: also das und das und das sind die Punkte. Hier ist ein Vertragsentwurf. Ihr müsst das und das und das bedenken. So und so sollte da ablaufen.' [DF-19]

Natürlich sagt auch ein französischer Manager, was er will und bewegt sich auf sein Ziel zu. Aber er „verpackt das anders. Er kommt auch zu seinem Ziel, aber die Verpackung ist eine andere" [DF-02]. Er sagt nicht einfach, was er will, sondern er verpackt es höflich-indirekt, sagt nicht alles explizit, sondern setzt manche Dinge voraus und arbeitet auch mit Andeutungen. Und er überlegt sich, wie er es für den jeweiligen Adressaten formuliert.

In Deutschland schafft man so allerdings kein Vertrauen. Derartige „diplomatischen Vorspiegelungen" wirken „falsch". Interessen nicht offenzulegen ist „Heuchlerei". Zweideutigkeiten sind aus deutscher Sicht nicht vertrauenswürdig. Einige Zitate zur Wirkung der indirekten französischen Art, Ziele und Absichten zu äußern:

> **Keine falschen oder diplomatischen Vorspiegelungen**, weil man meint, bestimmte Dinge nicht so offen sagen zu können oder gar nicht sagen zu können, sondern – **ein Ja ist ein Ja, Nein ist ein Nein, und Vielleicht ist ein Vielleicht**. [DF-01]

> Wenn man ... ohne Interessenoffenlegung Vertrauen erwartet, dann ist das eine **Heuchlerei**. Jeder ist, gerade im geschäftlichen Bereich, interessenfixiert und hat seine Interessen. [DD-22]

> **Dieses Verhüllen, also dieses diplomatische Formulieren, das führt dazu, dass es gegenüber Franzosen viel langwieriger ist in so eine Vertrauensbasis reinzuschlüpfen.** ... Dieses verhüllte Sprechen, in Deutschland mag man das nicht. In Deutschland will man, dass wenn man etwas will, man dann ganz klar sagt: 'Das will ich!'. Und [die Franzosen] versuchen, das schön darzustellen und einige Sachen wegzulassen, weil man halt Angst hat. Und der andere Franzose hat auch Verständnis dafür, dass das eine oder andere nicht sagt, weil er das auch nicht sagen würde. **Aber dieses versteckte, diplomatische Vorgehen, wie es in Frankreich üblich ist, wenn man das in Deutschland anwendet, dann hat man keine Chance. Der Deutsche akzeptiert so was nicht. Der hat gern, wenn man ganz klar sagt, was man will.** [DF-17]

> **Ein Deutscher hat was dagegen, wenn einer durch die Blume alles zweideutig erzählt. Der ist nicht gerade vertrauenswürdig.** ... Der deutsche Verhandlungspartner glaubt: 'Der rückt mit der Wahrheit nicht raus, der hat bestimmt Angst und das ist nicht gut, was er da zu bieten hat.' [DF-17]

Kritik nur zu denken und sie nicht auszusprechen, empfindet einer der deutschen Mitarbeiter als „unerträglich" und letztlich „schmierig" bzw. ein „Anbiedern an die Hierarchie".

> Das ist ein Thema, das ich ziemlich unerträglich finde bei den Franzosen: dieses **Anbiedern an die Hierarchie**. Und witzigerweise empfinde ich es aber auch noch als angenehm. Das ist ja die Manipulation und Verführung. ... **Die Franzosen würden mich auch nie – auch im Meeting – würden die mich nicht kritisieren. Sondern sie haben immer ein gutes Wort und immer ein Lob. Das kommt mir manchmal vor, wie so schmierige Verkäufer von früher.** [DF-03]

Manche deutsche Manager fühlen sich angesichts der indirekten französischen Art des Vorgehens sehr unwohl. Ich zitiere abschließend aus dem Interview mit einem deutschen Manager der obersten Führungsebene seines Unternehmens, der die französische Art vollkommen ablehnt und letztlich für moralisch verwerflich hält.
Der Interviewpartner berichtet zunächst, dass er sich selbst in der Zusammenarbeit mit französischen Kollegen bisweilen „die Finger verbrannt" habe: in Situationen, „in denen ich etwas erreichen wollte, was man besser über Umwege erreichen sollte, also indem man das Problem nicht direkt angeht" [DF-07]. – In der Zusammenarbeit mit einem stärker beziehungsorientierten Kollegen, liegt dies möglicherweise nicht (nur) am inhaltlichen Problem, sondern (gerade auch) an der sachorientierten direkten Art, es anzugehen (vgl. die Diskussion zu KU-16: *Äußern von Kritik* im Handlungsfeld <Respektvoller Umgang / Facework>).

5.9 Fairplay in der Zusammenarbeit

Interessant ist nun aber seine Schlussfolgerung. Die Alternative zum direkt-sachorientierten Vorgehen ist für ihn folgende:

> Es ist ganz eindeutig, dass man stattdessen, andere Wege gehen muss. Man muss **es dem anderen schmackhaft machen**. Mann muss ihn dazu bewegen, seine Position zu verändern oder in dem Sinne zu handeln, wie man selber sich eine Lösung vorstellt usw. Und da hab ich den Eindruck, dass das für mich sehr schwer zu durchschauen ist, wie derjenige dann anzusprechen ist, damit ich dahin komme. Und **tendenziell habe ich da keine Lust drauf. Also ich bin kein DIPLOMAT. Ich will auch keiner werden. Für mich ist es Zeitverschwendung da noch mal mir zu überlegen: Wie spreche ich den an, um das zu erreichen?** Das macht mir einfach keinen Spaß. [DF-07]

Man müsse es dem anderen „schmackhaft machen", ihn „einwickeln", ihn irgendwie „umschiffen", ihm „alles schönreden", „ihn rechts überholen". Darin drückt sich eine typisch deutsche Sicht auf die indirekteren französischen Herangehensweise aus: eine negative Bewertung als taktisch-strategisches Einwickeln bzw. Täuschen. Der interviewte deutsche Manager zieht nicht in Erwägung, dass es kulturell unterschiedliche Kommunikationskonventionen im Spiel sein könnten – beispielsweise dass es für die französischen Kollegen ihren üblichen Kommunikationsgepflogenheiten entspricht, indirekter vorzugehen. Aus seiner Perspektive bemühen sich die Franzosen bewusst, geschickt zu taktieren und den anderen einzuwickeln etc. Das lehnt er ab, diese „Klimmzüge" will er nicht machen.

> Also ich für mich persönlich habe beschlossen: ... Ich werde diese Klimmzüge nicht machen. ... Ich baue einfach darauf: es gibt zwischen intelligenten Menschen immer eine Basis, auf der man kommunizieren kann. Und wenn beide wollen, ist es ganz einfach. [DF-07]

5.9.1.3 Vertrauensmissverständnisse

- **Er ist nicht bereit, das ein bisschen zuzugeben**
  < Hier schlägt er einen Haken, der für mich absolut unverständlich ist. >

Ein deutscher Manager berichtet von seinem französischen Chef, zu dem er kein Vertrauen mehr hat. Er ist sehr enttäuscht vom dessen Verhalten. Der Chef bevorzugt in der Aufteilung der Arbeitspakte eines größeren Auftrags offenbar den französischen Standort. Dies ist aber nicht der Grund, warum der deutsche Manager sein Vertrauen in den Chef in Frage stellt:

> Und jetzt kommt mein Chef ins Spiel. ... **Und da schlägt er etwas vor, das nicht logisch ist.** Das ist nicht nach seiner Leitfigur Descartes wirklich messbar logisch darzustellen. **Sondern er schlägt etwas vor, was mich verborgene Motive vermuten lässt.** Und er, als wirklich ein absoluter Systematiker, entblödet sich nicht, in einer Besprechung – oder jetzt in mehreren Besprechungen, wo es wirklich hart auf hart kam – **nicht-logische Argumentationsketten zu verwenden. Und das enttäuscht mich außerordentlich. Weil: das passt überhaupt nicht, das passt nicht.** [Das sind] diese nicht kommunizierten Standortinteressen. Und die führen dann zu diesem unlogischen Verhalten bzw. zu dieser unlogischen Argumentation von meinem Chef. Normalerweise hält er die [gemeinsam beschlossene] Strategie strikt ein. Aber **hier schlägt er einen Haken, der für mich absolut unverständlich ist. Das hat mich enttäuscht.**
> **Also wir machen das ja auch – aber wir sagen es halt offen.** Wir sagen offen, dass wir eine Technologie am Standort behalten wollen, das wir die brauchen, damit wir weiterhin bestehen können. **Aber von französischer Seite her wird das überHAUPT nicht gesagt. Mein Chef lässt da kein Augenzwinkern zu** – wenn ich ihn da auch schon darauf angesprochen habe, dass das doch wohl auch nur Standortinteressen sind, die da zum Tragen kommen. ... **Er ist nicht bereit, das ein bisschen zuzugeben. Auch wenn ich ihn abends beim Abendessen so mehr auf privater Ebene anspreche,** er solle doch zugeben, dass da ein starkes Standortinteresse da ist, hier mit Macht diese Arbeitsanteile aus dem deutschen Projekt rauszuhauen, dann **ist er nicht bereit, das ein bisschen zuzugeben.** [DF-11]

Dem deutschen Manager fällt auf, dass sein französischer Chef völlig unlogisch argumentiert, obwohl er ansonsten der größte Systematiker ist. Daher vermutet er, dass der Chef „verborgene Motive" hat. Er ist sich sicher, dass hinter dem Verhalten des Chefs „nicht kommunizierte" Standortinteressen stehen. Allerdings – und *das* enttäuscht den deutschen Manager – ist der Chef nicht bereit, das offen zuzugeben. Auch „abends beim Abendessen so mehr auf privater Ebene" ist er „nicht bereit, das ein bisschen zuzugeben". Der vertrauenskritische

Punkt ist für den deutschen Manager hier nicht der Interessenkonflikt bezüglich der Standortinteressen. Was ihn vielmehr stört, ist der Umgang seines französischen Chefs mit diesem Interessenkonflikt. Die Interessen und Ziele werden nicht offengelegt. Genau das würde der Deutsche aber eigentlich erwarten.

> Ich kann ihn verstehen. Weil wir es ja auch machen. Aber andererseits **würde ich schon von ihm erwarten, dass er mir mal, als seinem Mitarbeiter sagt: 'OK, du, also wir haben da gewisse Zwänge am Standort.** Wir haben eigenes Geld investiert in Millionenhöhe, wir wollen diese Technologie am Standort behalten. Ihr kriegt sie bloß, wenn ihr sie von uns kauft. Und ihr kriegt nicht bloß das Know-how 'free of charge' geliefert.' – **Das ist also meine Enttäuschung.** [DF-11]

Der deutsche Manager erwartet, dass der französische Chef seine eigentlichen Ziele offenlegt, sie offen-direkt und explizit äußert: 'Ja klar geht's mir um Standortinteressen, das wissen wir doch alle!'. Seiner Ansicht nach geht es hier um etwas, das der Chef ihm als Mitarbeiter gegenüber zugeben *sollte*. Die eigentlichen Ziele zuzugeben betrachtet er als etwas, das er einfordern kann – was er mit dem diesbezüglichen Anruf beim Chef und dem Versuch, die Sache im Privaten beim Abendessen anzusprechen, versucht. Der französische Manager ist dazu nicht bereit, und der deutsche Manager ist schwer enttäuscht. Er interpretiert das Verhalten als eine Vertrauenswarnung in Bezug auf den Faktor *'Ziele / Einschätzungen offenlegen'*. Allerdings ist der französische Manager möglicherweise der Ansicht, dass er seine Ziele hinreichend offen kommuniziert bzw. offengelegt hat. Es handelt sich hier um einen Unterschied der Faktordiagnose, der sich auf die unterschiedliche Direktheit der Kommunikationsstils in der deutschen und französischen Kultur zurück führen lässt.

- **Er sagt einfach nicht, dass er sich noch nicht verpflichten will**
  < Eine Art Verzögerungstaktik bzw. eine Um-den-heißen-Brei-Rumdiskutiererei. >

Ein deutscher Manager berichtet von einem Verhalten seines französischen Kollegen, das aus seiner Sicht nicht vertrauenswürdig ist:

> Wenn man das Gefühl hat, dass man eigentlich ein gutes Meeting hatte im Hinblick darauf, dass man die besseren Argumente hatte, dass der Fortgang der Diskussion eigentlich in die Richtung geht, wie man sich das vorstellt und so weiter, und das würde man jetzt gerne fest nageln – **dann hat man es plötzlich mit einem Pudding auf der anderen Seite zu tun. Das heißt man dann nicht fest gezogen.** [... Da wird versucht] abzulenken, um den heißen Brei rumzureden. ... Da wird dann relativ lange rumgeeiert. Da wird rumformuliert und rumgedruckst und gemacht. Da wird also eine Art **Verzögerungstaktik** verfolgt, eine **Um-den-heißen-Brei-Rumdiskutiererei**, so dass man wirklich jetzt nicht auf den Punkt kommt. [...Es wird] **bewusst die Deadline der Besprechung überschritten, weil man weiß, da müssen jetzt die anderen auf den Flieger oder sonst irgendwas. Das heißt, das wird dann so heraus gezögert, dass man tatsächlich das Meeting beenden muss, ohne dass diese Dinge klar besprochen sind. So dass man das dann offen mitnimmt.' [DF-14]

Der deutsche Manager hat wiederholt beobachtet, dass sich sein französischer Kollege am Ende von Besprechungen offenbar nicht verpflichten will. Er hat den Eindruck, dass der französische Kollege bisweilen am Ende von Besprechungen verschiedene Verzögerungstaktiken einsetzt um zu vermeiden, bestimmte Dinge abschließend klären zu müssen. Er beschreibt, was er stattdessen eigentlich erwarten würde. Wenn er in der umgekehrten Situation wäre, also selbst dem Ergebnis einer Diskussion nicht zustimmen könne und die Sache erst noch einmal zuhause mit seinem Chef besprechen müsse, dann sage er das auch offen. Er würde in einer solchen Situation „eher dazu tendieren, das bewusst explizit offen zu lassen". Er würde sagen: „Ja, das haben wir jetzt so besprochen, okay. Aber irgendwie aus irgendeinem Grund bin ich damit noch nicht zufrieden. Ich habe noch kein gutes Gefühl damit. Lassen wir das mal offen, ich möchte noch mal darüber schlafen und dann reden wir noch mal drüber." Aber das macht der französische Kollege eben nicht. „Diese Direktheit, die gibt es dann auf

5.9 Fairplay in der Zusammenarbeit

der französischen Seite nicht in der Situation." – Dies ist für den deutschen Manager eine Vertrauenswarnung:

> Und das ist etwas, da ist für mich die Beziehung auf meiner Seite von Skepsis begründet ist und nicht von Vertrauen. ... Also ich hätte von der Vertrauensbasis her ein besseres Gefühl, wenn der andere danach dazu steht. Wenn dann jemand sagt: 'Ja, du, pass mal auf. Da fühle ich mich jetzt das geht über die Grenzen meiner Kompetenzen, da fühle ich mich jetzt nicht wohl, wenn ich das so auf die Art und Weise hier unterschreibe, dann muss ich mit meinem Chef reden.' Das ist ein Statement, da kann ich mit leben. Da weiß ich, wo ich dran bin. Das ist eine gewisse Offenheit. Das kann jedem passieren, und das denkt jeder oft.
> Aber **wenn das dann so nicht offen gesagt wird, sondern sozusagen hinter der Fassade sich abspielt**, diese Meinungsbildung und diese Verhaltensweise, dann tue ich mich damit schwer. **Dann habe ich eben einfach ein Gefühl, wo ich sage: 'Hier, hoppla, ich muss jetzt aufpassen.** Da ist eher Skepsis angebracht!' Also **hier habe ich jetzt nicht das Gefühl, dass das von Hause aus vertrauenswürdig ist und in die richtige Richtung läuft und dass hier Fairplay gespielt wird.** ... Da fühle ich mich auch immer unwohl. ... **Da stecken noch andere Einflüsse dahinter, die ich in zu dem Zeitpunkt nicht einschätzen kann, die ich nicht erkennen kann.** [DF-14]

Für den Interviewpartner gibt es hier eindeutige Anzeichen von fehlendem Fairplay. Da spielt sich seiner Ansicht nach etwas hinter der Fassade ab, das bewusst nicht offengelegt wird. Da stecken Ziele 'dahinter', die er nicht einschätzen kann. Da könne man kein Vertrauen haben. Er interpretiert das Verhalten als Vertrauenswarnung in Bezug auf den Faktor *'Ziele / Einschätzungen offenlegen'*.

Der deutsche Manager beobachtet also ein Verhalten seines französischen Kollegen und interpretiert es als 'ablenken, um den heißen Brei rumreden, rumeiern, rumformulieren, rumdrucksen etc.' – und damit schließlich als Vertrauenswarnung in Bezug auf *'Ziele / Einschätzungen offenlegen'*. Diese Einschätzung lässt sich jedoch vor dem Hintergrund der Darstellung zur im deutsch-französischen Vergleich unterschiedlichen Direktheit des Äußerns von Zielen und Absichten als kulturelles Vertrauensmissverständnis rekonstruieren. Möglicherweise hat der französische Manager den Eindruck, hinreichend deutlich zum Ausdruck gebracht zu haben, *dass* er die fraglichen Dinge nicht abschließend klären möchte bzw. kann. Er sagt dies lediglich nicht explizit, sondern versucht stattdessen, es seinem deutschen Kollegen indirekt zu verstehen zu geben. Das Vertrauensmissverständnis basiert damit auf einem Kulturunterschied der Faktordiagnose.

5.9.1.4 Interkulturelle Vertrauensmaßnahmen

Nur einige der französischen Interviewpartner der bi-kulturellen Gruppe beschreiben wie sie als Maßnahme des Vertrauensaufbaus mit deutschen Kollegen oder Geschäftspartnern ihre Ziele oder Absichten etc. offen-direkt äußern bzw. 'auf den Tisch legen'.

> [Il faut] annoncer nos plans ... de dire franchement : « Ecoutez, regardez, là. Nous on travaille là-dessus ... dévoiler les choses. » [FD-14]
>
> C'est ... une possibilité de gagner la confiance d'un Allemand [de dire] : « Je mets les cartes sur la table. » [FD-26]
>
> [Il faut] véritablement jouer franc-jeu vis-à-vis de lui, tout mettre sur la table. [FD-13]
>
> [Il faut] dire pourquoi on est là, ce qu'on attend de l'autre, et ce qu'on peut apporter. [FD-12]

Umgekehrt versuchen allerdings viele der deutschen Manager, als Maßnahme des Vertrauensaufbaus mit französischen Kollegen, es gezielt zu vermeiden, ihre Ziele oder Absichten zu direkt anzugehen. In Frankreich dürfe man nicht „so mit der der Tür ins Haus fallen" [DF-26] bzw. „wie ein Stoßtrupp auf das Ziel gehen" [DF-02], sondern man müsse „schon einen Bogen schlagen" [DF-02]. (Vgl. die interkulturellen Vertrauensmaßnahmen beim Kulturunterschied *Äußern von Kritik und Widerspruch*, 5.8.1.4.).

5.10 Kooperatives Verhalten

Im Handlungsfeld <Kooperatives Verhalten> kristallisierten sich im dritten Auswertungsschritt zwei Kulturunterschiede heraus, die einen Einfluss auf die Entwicklung von Vertrauen haben. Sie betreffen die *Loyalität gegenüber beruflichen Partnern* und die *Reaktionsgeschwindigkeit bei Anfragen/Bitten* (vgl. Tab. 5.20).

Tab. 5.20: Vertrauensrelevante Unterschiedsbereiche im zehnten Handlungsfeld

Unterschiedsbereich	Nummer	Abschnitt
Loyalität gegenüber beruflichen Partnern	KU-20	5.10.1
Reaktionsgeschwindigkeit bei Anfragen / Bitten	KU-21	5.10.2

Diese beiden vertrauensrelevanten Unterschiedsbereiche werde ich im Folgenden näher erläutern und durch Zitate belegen und veranschaulichen.

5.10.1 Loyalität gegenüber beruflichen Partnern [KU-20]

Im Handlungsfeld <Kooperatives Verhalten> gab es in der quantitativen Auswertung der Kodierungshäufigkeiten Indizien dafür, dass der Vertrauensfaktor 'Sich loyal verhalten' den deutschen Managern wichtiger ist (vgl. 4.2.10). Hängt dies mit Kulturunterschieden der Interpretation von Verhaltensweisen als Vertrauensfaktor 'Sich loyal verhalten' zusammen? In der qualitativen Inhaltsanalyse des dritten Auswertungsschritts wurde der vertrauensrelevante Unterschiedsbereich *Loyalität gegenüber beruflichen Partnern* gebildet. Er beschreibt, dass die Loyalität gegenüber einem direkten aufgabenspezifischen Arbeitspartner für die deutschen Manager offenbar einen größeren Stellenwert hat. Der direkte Partner kann je nach Arbeitsaufgabe ein Kollege der gleichen Hierarchiestufe, ein Geschäftspartner, der Vorgesetzte oder auch ein Mitarbeiter sein. Loyalität bezieht sich hier auf die Verlässlichkeit im Verhalten gegenüber diesem direkten Partner. Mit solchen direkten beruflichen Beziehungen geht die Verpflichtung einher, zu dem jeweiligen Partner zu halten und ihn nicht hängen zu lassen. Im deutschen Umfeld ist klar, dass diese Loyalität Gewicht hat und andere Loyalitäten 'schlagen' kann. Die interviewten französischen Manager betonen demgegenüber in ihren Darstellungen, dass auch andere Loyalitätsverpflichtungen aus anderen Beziehungen einen hohen Stellenwert haben. Im französischen Kontext können sie – eher als im deutschen Kontext – die Loyalität gegenüber dem direkten beruflichen Partner 'schlagen'.

Für die Erklärung dieses Unterschieds möchte ich zwei Argumentationen vorschlagen. Erstens möchte ich auf einen Aspekt zurückkommen, den ich in 5.1.3.1 im Zusammenhang mit dem Erklärungskonzept der Hierarchieorientierung diskutiert habe: den Kontrast zwischen einer im deutschen Kontext stärkeren 'lateralen Loyalität' und einer im französischen Kontext stärkeren 'hierarchischen Loyalität'. Für die interviewten deutschen Manager haben die in einer direkten Kollegenbeziehung getroffenen Absprachen gegenüber neuen Anweisungen seitens des Vorgesetzten ein größeres Gewicht als für die französischen Manager. Es gibt Hinweise darauf, dass im französischen Unternehmenskontext im Vergleich zu Deutschland die „laterale Kooperation wenig[er] entwickelt" ist und entsprechend auch „die Bedeutung von Teamkonzepten im Vergleich zu Deutschland gering" ist (Gmür 1999: 15). Die Darstellungen der interviewten französischen Manager bestätigen, dass im französischen Kontext leichter passieren kann, dass die Loyalität zu einem Kollegen oder Geschäftspartner durch neue Vorgaben der Hierarchie torpediert wird.

5.10 Kooperatives Verhalten

Zweitens zeigten die Auswertungen, dass direkte aufgabenspezifische Partner im französischen Kontext nicht nur in dieser stärkeren Loyalitätskonkurrenz zu Vorgesetzen stehen, sondern dass weitere Personenkreise eine wichtige Rolle spielen. Es gibt fortbestehende Loyalitäten gegenüber Dritten, zu welchen gute persönliche Beziehung bestehen, zu Personen, die Machtpositionen innerhalb des Unternehmens innehaben oder zu Partnern, welchen man sich aus anderen Gründen verbunden fühlt – wie beispielsweise über das Netzwerk der „camarades de promotion" (vgl. 5.7.1).

Im französischen Unternehmenskontext können es der geringere Stellenwert der Loyalität gegenüber dem direkten aufgabenspezifischen Partner, die stärkere Hierarchieorientierung und die fortbestehenden Loyalitäten zu Dritten offenbar leichter als im deutschen Umfeld mit sich bringen, dass man gegenüber dem direkten aufgabenspezifischen Partner Kurswechsel vollziehen muss. Dies interpretieren jedoch deutsche Manager tendenziell als Vertrauenswarnung in Bezug auf den Faktor *'Sich loyal verhalten'*.

5.10.1.1 Zitate

Ein deutscher Manager erläutert, dass sich französische Kollegen – sobald ihr Chef gewechselt hat – um 180 Grad drehen können. Das findet er ungewöhnlich.

> Die Franzosen als Typen können sich aber sehr schnell ändern. Wenn die aus der Agentur raus gehen und dann in die Industrie gehen – das heißt **sie haben einen neuen Chef, einen neuen Auftrag – dann drehen die sich um 180 Grad. Das ist bei einem Deutschen nicht so einfach möglich.** Das ist halt so ein Merkmal der Franzosen. **Die Franzosen sind grundsätzlich sehr obrigkeitshörig. Was der Chef sagt, das stimmt. Auch wenn alle wissen: 'Das ist weiß.', wenn der Chef sagt: 'Das ist schwarz.', dann ist es für die schwarz. Das vertreten die auch, ja.** [Das habe ich so mit jemandem erlebt.] Das ist meine Erfahrung. [DF-24]

Ein anderer deutscher Manager erläutert, dass man im Umgang mit französischen Kollegen und Geschäftspartnern auf „sich widerstreitende Gruppeninteressen" achten müsse:

> Was in Frankreich immer mal wieder der Fall ist, ist, dass man **sich widerstreitende Gruppeninteressen hat.** Sprich Tochtergesellschaft in Deutschland versus französische Mutter, **Zusammenhalt der Studienkollegen und der Seilschaft** im Vergleich zu anderen, Streit oder die Konkurrenz zwischen Wirtschaftsfinanzministerium einerseits und Außenministerium andererseits. [DF-01]

Sein Eindruck ist daher, dass die Franzosen im Umgang mit Geschäftspartnern, „also zumindest bei Leuten, die nicht in ihr direktes, persönliches Netzwerk eingebunden sind", dann doch „eher utilitaristisch" seien.

> Im Geschäftsleben muss man sehen, dass die meisten Verbindungen ohnehin ja nur geschäftlich bestimmt sind. Das heißt, in dem Augenblick, wo der geschäftliche Anlass wegfällt, sind die Beziehungen auch von einem Tag auf den anderen weg. Ja. Und wenn man sich dann durch Zufall wieder mal in die Quere kommt später, ist das, wie wenn nichts dazwischen gewesen wäre, aber dazwischen ist es tot. Man behält die Leute in Erinnerung aber latent, tauscht vielleicht noch mal eine Weihnachtskarte aus oder so was aber ansonsten nichts. **Und dies wird von den Franzosen eher noch radikaler gemacht als von den Deutschen, denke ich.** – Während Angelsachsen und Asiaten das eher länger pflegen, habe ich so den Eindruck. **Da sind Franzosen – also zumindest bei Leuten, die nicht in ihr direktes, persönliches Netzwerk eingebunden sind – eher utilitaristisch.** [DF-01]

5.10.2 Reaktionsgeschwindigkeit bei Anfragen / Bitten [KU-21]

5.10.2.1 Argumentation

Die interviewten deutschen wie auch die interviewten französischen Managern gehen in ihren Darstellungen ausführlich darauf ein, dass sich deutsche Manager in ihrem Handeln offenbar stärker als französische Manager darum bemühen, auf Anfragen oder Bitten schnell zu reagieren. Es dauert im französischen Kontext oft etwas länger, bis Anfragen oder Bitten erledigt werden, bzw. es wird nötig nachzuhaken (relancer). Es bestehen hier also offenbar unterschiedliche Erwartungen und Konventionen in Bezug darauf, wie schnell man auf Anfragen und Bitten reagiert bzw. wann eine Reaktion noch angemessen erscheint und wann sie 'zu spät' ist. Genauso bestehen offenbar Unterschiede in Bezug darauf, was es bedeutet nachzuhaken bzw. nachhaken zu müssen bzw. ob dies bereits ein Zeichen dafür ist, dass eine Reaktion 'zu spät'. Ich habe diese Aspekte in dem vertrauensrelevanten deutsch-französischen Unterschiedsbereichs *Reaktionsgeschwindigkeit bei Anfragen / Bitten* zusammengefasst.

Zur Erklärung dieses Unterschiedsbereichs lässt sich ein Erklärungskonzept heranziehen, das ich bereits oben eingeführt habe: den kulturellen Gegensatz «*Monochronie-Polychronie*» (vgl. hierzu 5.4.3.1). In einem 'polychronen' System der Arbeitsorganisation kann einfach leichter etwas dazwischen kommen, so dass es länger dauert als geplant – und man damit im Endeffekt nicht so schnell reagiert. Im 'monochronen' System, das Arbeitsaufgaben stärker sequentiell organisiert, geht es für den Anfragenden vor allem darum auszuhandeln, welchen 'Zeit-Slot' der andere für die Bearbeitung der Anfrage reserviert. Damit geht dann die Verantwortung, die Aufgabe innerhalb dieses 'Zeit-Slots' zu erledigen, auf den Betreffenden über. Falls dies nicht klappt, wird erwartet, dass die Sache beim Bearbeiter quasi automatisch in ihrer Priorität steigt und er sich bemüht, es dann zumindest möglichst schnell danach zu erledigen. Im polychronen System funktioniert diese Kommunikation der Dringlichkeit von Anfragen oder Bitten in hohem Maße gerade auch über 'Relancer' – und nicht über das einmalige Aushandeln eines 'Zeit-Slots'. 'Relancer' bezeichnet im Französischen die kontinuierliche kommunikative Erneuerung bzw. Aktualisierung von Anfragen oder Bitten. Die deutschen Manager sehen ein solches 'Relancer' allerdings nicht als unter normalen Umständen notwendig an (vgl. 5.3.2). Aus ihrer Sicht reagieren die französischen Kollegen auf Anfragen oder Bitten von sich aus nicht schnell genug. Sie empfinden es als äußerst lästig, dass es offenbar nötig ist, nachzuhaken. Das koste Energie bzw. es schaffe unnötigen zusätzlichen Aufwand und sei damit letztlich ein Kooperationshemmnis. – Das heißt, die deutschen Manager interpretieren das Verhalten ihrer französischen Kollegen und Geschäftspartner im Umgang mit Anfragen und Bitten leicht als eine Vertrauenswarnung in Bezug auf den Faktor '*Schnell reagieren auf Anfragen/Bitten*'.

In der quantitativen Auswertung zeigte sich bei dem Vertrauensfaktor '*Schnell reagieren auf Anfragen/Bitten*' kein deutsch-französischer Unterschied (vgl. 4.2.10). Der Vertrauensfaktor ist demnach in beiden Kulturen von vergleichbarer Wichtigkeit. Dieser Befund hängt möglicherweise damit zusammen, dass die deutschen und französischen Manager schlicht eine unterschiedliche Einschätzung haben, wann eine Reaktion noch angemessen ist, und wann eine Reaktion 'zu spät' ist. Es gibt also keinen Gewichtungsunterschied, jedoch einen Kulturunterschied der Faktordiagnose.

5.10.2.2 Zitate

Den deutschen Managern ist es in der Zusammenarbeit wichtig, dass man schnell reagiert. Sie reagieren anerkennend, wenn der andere das macht, und werten es als Vertrauensgrund. Ein deutscher Manager berichtet über einen französischen Geschäftspartner, dem er vertraut:

> Beispielsweise **hat er gesagt: 'Ach, Sie wollen mit dem und dem sprechen. Ich mache Ihnen einen Kontakt.' Und einen Tag später hatte ich ein Email: 'Ich hab Herrn Sowieso angerufen, er freut sich auf Ihren Anruf.'** – Dieses Thema 'schnell' – schnell Wort zu halten, etwas was man versprochen hat, auch gleich umzusetzen – das kam [bei diesem Geschäftspartner] immer rüber. **Professionalität kommt auch immer in Geschwindigkeit zum Ausdruck.** [DF-05]

Ein solches 'schnelles Reagieren' setzen viele deutsche Manager offenbar auch in ihrem eigenen Handeln um. Zumindest berichten einige der französischen Manager, dass ihnen genau das auffällt: Sie wundern sich, dass es für die deutschen Kollegen scheinbar 'normal' ist,

5.10 Kooperatives Verhalten

immer von sich aus zuverlässig und schnell zu reagieren. Denn ihrer Erfahrung nach ist das seitens der französischen Kollegen nicht so normal. Bei denen käme man nicht umhin, zu 'relancer', also nachzuhaken und daran zu erinnern (vgl. 5.1 Umgang mit Absprachen und 5.3 Umsetzen von Anweisungen).

> Ce qui m'indique, à quoi je percois que je peux faire confiance aux autres ? – Eh bien vous savez : si je pose une question, qu'ils vous répondent simplement. Qu'ils m'envoient les éléments de réponse. **Mais je dirais que dans la culture du travail allemande, c'est déjà naturel. Ils sont plus souvent plus ouverts, ils vous envoient des choses, moi je trouve que c'est [sans problème]** – sur le plan travail de tous les jours. [FD-20]
>
> Par exemple, **vous envoyez des emails à 10 Français et 10 Allemands** en leur disant : « donnez-moi votre réponse pour la semaine prochaine. » Vous avez les 10 Allemands qui vont vous répondre la semaine suivante, et les 10 Français, ils vont pas vous répondre, ils ont oublié. ... **C'est vraiment la caractéristique principale.** [FD-04]

Die deutschen Manager berichten entsprechend von der Erfahrung, dass es bei französischen Kollegen oft ein bisschen länger dauert – was diese jedoch möglicherweise gar nicht als 'etwas länger' empfinden.

> Und ich hatte vorher also mit französischen Kollegen nur mal ganz kurz zu tun gehabt, aber da **die Erfahrung gemacht, dass es ein bisschen länger dauert.** Also ich bekomme auch ein Feedback, bekomme auch das Problem gelöst, aber ich habe die Erfahrung gemacht, das dauert ein bisschen länger. Warum das länger dauert, aus welchen Gründen das länger dauert, das habe ich nie so genau erfahren können. Aber ich habe halt so für mich subjektiv behalten so nach dem Motto: Okay, jetzt hast du da demjenigen mitgeteilt und jetzt dauert das halt. **Also nicht maximal sehr viel länger, also im Vergleich, aber schon so, dass man das feststellt. So eine kleine Nuance, wie man sagt, dass es ein bisschen dauert.** [DF-15]

Aus der weiteren Darstellung des Interviewpartners wird auch klar, warum es bei den Franzosen länger dauert: den Franzosen kommt leicht etwas dazwischen. Das kann im polychronen System, in dem man eher mehrere Aufgaben parallel vorantreibt, eben sehr viel leichter passieren (vgl. 5.4.3.1). Für den deutschen Interviewpartner erscheinen die Franzosen deshalb aber „immer so ein bisschen durch den Wind", also unkonzentriert und nicht bei der Sache.

> Die Franzosen sind ja immer so ein bisschen durch den Wind, kann man sagen. ... Ich war es von den Franzosen so gewohnt: **Die haben Probleme immer angenommen und haben dann aber zwischen drin immer mit einem anderen Problem weiter gemacht.** [DF-15]

Eben deshalb ist es nötig zu 'relancer'. Man wartet nicht einfach ab. Der 'Abarbeitungs-Slot' ist nicht fest gebucht bzw. wird automatisch nachgeholt, sondern man muss 'dranbleiben'. Man muss die Dringlichkeitseinstufung regelmäßig und kontinuierlich erneuern bzw. aufrechterhalten. Das aber sind deutsche Manager oft nicht gewohnt. Sie interpretieren das eher als eine Art 'Schlampigkeit', die es nötig macht, einmal klarzustellen, was welche Dringlichkeit hat – auf dass das dann in Zukunft besser werde. Eine deutsche Managerin beschreibt, wie sie diese Strategie in der Zusammenarbeit mit einer französischen Kollegin verfolgt. Allerdings ist das dann nicht von Erfolg gekrönt und irgendwann resigniert sie schlicht.

> Natürlich bin ich dann die erste Zeit noch öfter auch persönlich vorbei gegangen – bis ich dann gemerkt habe: es nützt nichts. Und dann habe ich halt irgendwie resigniert. Ja ich meine, da kam dann natürlich schon nach diversen Nachfragen dann was. Also dann war vielleicht das eine dann wirklich adressiert und auch beantwortet nach einer gewissen Zeit. **Aber das hat eben nicht geheißen, dass ich bei der nächsten Anfrage nicht doch wieder noch zweimal nachfragen muss und so.** Und dann habe ich halt direkt angerufen. Na ja, also ich sage mal, es ist natürlich auch nicht jedes Mal so gewesen. Das kann ich jetzt auch nicht sagen. Aber das 'gros' – und das, was hängen bleibt – das ist wirklich so. Es ist keine Kollegin, auf die man sich zum einen wirklich verlassen kann und auf die man zum anderen wirklich bauen kann, zeitnah eine Antwort zu bekommen. [DF-18]

Um so glücklicher ist die deutsche Managerin, dass sie mit einer anderen Kollegin vereinbaren konnte, *dass* diese auf dringende Anfragen auch wirklich schnell reagiert (vgl. auch den Stellenwert von *'Absprachen treffen'* in Deutschland). Diese Zusicherung seitens der Französin, dass sie als dringend markierten Aufgaben auch wirklich erste Priorität geben würde, beschreibt die deutsche Managerin in ihrer Darstellung, warum sie zu dieser Kollegin Vertrauen aufbauen konnte.

Und dann haben wir auch gesagt: Okay, und **wenn dann halt von mir ein Zettel drauf ist, wo drauf steht 'Das ist jetzt dringend!', dass das dann auch wirklich als dringend behandelt wird.** Und das nicht gesagt wird: 'Aber da kommt jetzt aus anderer Ecke auch noch was, was dringend ist...', sondern, dass das dann wirklich Priorität-1 hatte. [DF-18]

Welche Auswirkungen hat dieser Kulturunterschied auf die Entwicklung von Vertrauen? Die französischen Manager berichten meist positiv über diesen Aspekt. Ihnen fällt es positiv auf, dass die deutschen Kollegen von sich aus schnell reagieren, und sie werten dies als Vertrauensgrund.

Elle m'a adressé les formulaires à remplir. J'ai fait remplir les formulaires par le client, **je lui ai tout renvoyé et puis, moins d'une semaine après, le compte était ouvert.** Et ça, ça, c'était un premier très bon point pour l'établissement d'une relation de confiance, **cette rapidité.** [FD-02]

Bei den Deutschen ist die Wirkung genau umgekehrt: Sie werten es als Vertrauenswarnung, dass die französischen Kollegen nicht von sich aus schnell reagieren. Das 'Relancer' bzw. die Notwendigkeit, nachzuhaken, ist für die deutschen Manager ein Kooperationshemmnis. Sie empfinden es als eigentlich unnötigen Zusatzaufwand. Es sei „nervig" und koste „unnötig Energie".

Wenn ich eine Information gebraucht habe für den Vertrag, um noch die Finanzseite rund zu machen, hat er mir noch was liefern müssen, hat das versprochen gehabt, hat erst mal nicht gehalten. Zweiten Termin verstreichen lassen. Hat die ganze Sache damit sehr verschleppt oder so. **Das war einfach ein – hach, ich sage, ein unangenehmeres, längerfristiges Arbeiten. Wenn ich an was dran bin, mache ich es gerne fertig. Wenn ich es fünf Mal anfassen muss, kostet es einfach mehr Energie.** Und da waren jetzt die anderen Leute dabei einfach einfacher zu handeln, als er. Also das, da würde ich sagen, es bleibt eine gewisse Reserviertheit ihm gegenüber von meiner Seite. [DD-12]

Wenn Informationen angefordert waren, **dass dann einfach zum Beispiel E-Mails nicht beantwortet wurden.** Wochenlang unbeantwortet – oder was heißt wochenlang? – tagelang unbeantwortet. Und dann **musste man eigentlich ständig hinterher haken**, und dann erst, wenn es wirklich dringend wurde und man wirklich sage ich mal einen schärferen Ton auch angeschlagen hat, **dann erst kam eine Antwort. Und das sind so Kleinigkeiten halt, die einfach nervig sind im alltäglichen Umgehen miteinander.** ... Es ist halt immer ungewiss, ob man wirklich zeitnah eine Antwort bekommt. [DF-18]

Ein deutscher Manager fühlt sich dadurch von den französischen Kollegen ausgenutzt. Er unterstellt ihnen, es handle sich um eine bewusste Strategie. Die Franzosen würden die Dinge bewusst liegen lassen und abwarten, um damit die Aufgabe, sich darum zu kümmern, auf den deutschen Kooperationspartner abzuschieben.

Ich glaube, **die Franzosen nützen aus, dass der Deutsche so bisschen so der der liebe Kümmerer ist.** Ja, so nach der Methode: 'Der wird schon kommen und fragen.' Das passiert mit Zulieferern in Frankreich, das passiert mit Kunden in Frankreich. **Mit deutschen Zulieferern, mit deutschen Kunden würde Ihnen das so nicht passieren.** Also weil da macht die Gegenseite ja genau dasselbe wie Sie: in dem Sinn, dass man aktiv mehr darum bemüht ist, die Sachen dann weg zu arbeiten. ... Ein Deutscher würde erst mal loslegen [die Sachen dann weg zu arbeiten – und nicht sie liegenlassen und mal abwarten, ob es wirklich wichtig ist]. [DF-21]

5.10.2.3 Interkulturelle Vertrauensmaßnahmen

Ein französischer Manager nimmt in seiner Antwort auf die Frage zum Vertrauensmanagement auf diesen Kulturunterschied Bezug. In der Zusammenarbeit mit deutschen Kollegen oder Geschäftspartnern müsse man schnell reagieren.

Si un Allemand vous pose une question, c'est que vraiment il faut avancer vite sur un dossier. Moi je le vois comme ça. Je ne remets jamais au lendemain, si vous voulez une réponse que je peux donne le jour même. C'est à dire que souvent, que là je vais revenir, je vais avoir des appels, je règle souvent très rapidement la situation. **Et je pense que un Allemand attendra vraiment de moi une réponse vraiment rapide.** ... Et un Français, ce sera peut-être un peu plus demain, si vous voulez. Pourquoi ? Je ne sais pas. **Parce que il veut avancer vite sur un dossier**, parce que il a aussi des contraintes et moi j'essaie de voir les priorités, **j'essaie d'être plus réactive avec un Allemand que je ne le suis avec un Français.** Je ne sais pas pourquoi, mais c'est comme ça. **Pour moi, travailler avec des Allemands, c'est faire preuve de rapidité d'exactitude, et de proactivité.** Etre actif, comme vous voulez dire, c'est à dire aller de l'avant, si vous voulez. Parce que je sais d'expérience que j'ai appris dans ma carrière si vous voulez à mettre les priorités. **Et je sais pertinemment que si c'est quelque chose qui m'est demandé par l'Allemagne. C'est une priorité.** Parce que si vous voulez j'ai toujours appris à ... J'ai fonctionné comme ça dans ma carrière, si vous voulez. **Je sais que les Allemands attendent une réponse de qualité rapide. Voilà. Et ça c'est ce qui fait, je pense que c'est ce qui est primordial dans mes relations avec les managers allemands.** Je pense. ... Je sais que les Allemands attendent une réponse de qualité rapide. [FD-21]

5.11 Tabellarische Übersicht der Unterschiedsbereiche

Die gefundenen vertrauensrelevanten deutsch-französischen Unterschiedsbereiche betreffen Vertrauensfaktoren in fast allen der im dritten Kapitel beschriebenen vertrauensrelevanten Handlungsfelder.[179] Eine Übersicht gibt Tab. 5.21, welche die nach Handlungsfeldern gruppierten Unterschiedsbereiche auflistet und in der dritten Spalte jeweils angibt, welche Erklärungskonzepte für ein genaueres Verständnis des Unterschiedbereichs herangezogen wurden. Eine Übersicht, welche für jedes der Erklärungskonzepte zusammenstellt, zur Beschreibung welcher der 21 Unterschiedsbereiche es herangezogen wurde, findet sich in Tab. 5.22.

Eine Zusammenführung der Ergebnisse des letzten Kapitels (quantitative Auswertung: Unterschiede der Kodierungshäufigkeiten) und dieses Kapitels (qualitative Auswertung: Unterschiedsbereiche) findet sich im nächsten Kapitel (6.3). Welche Bezüge zwischen den Ergebnissen der beiden Auswertungen bestehen, wird dort systematisch aufgezeigt (6.3.1), anhand von zweien für Vertrauen in der deutsch-französischen Zusammenarbeit zentralen Handlungsfeldern ausführlich diskutiert (6.3.2) und in Form einer Tabelle im Gesamtüberblick dargestellt (6.3.3).

---

[179] Eine Ausnahme bilden lediglich die interkulturellen Handlungsfelder. Hier stand aufgrund der Erhebungslogik des Teilgruppendesigns naturgemäß eine weniger umfassende Datenbasis zur Verfügung als in Bezug auf die 'allgemeinen' Handlungsfelder (vgl. 4.2.11). Zudem ist der Umgang mit kultureller Differenz weniger reflektiert als der Umgang mit Kollegen und Geschäftspartnern. Deshalb finden sich zwar eine Reihe von Kommentarstellen, welche sich prinzipiell zur Interpretation des Umgangs der interviewten Manager mit interkulturellen Vertrauensfaktoren heranziehen lassen. Allerdings ergaben sich hier nicht die thematischen Häufungen inhaltlich ähnlicher Kommentare, die es in den anderen Handlungsfeldern erlaubten, in der qualitativen Inhaltsanalyse systematische Interpretationen zu entwickeln.

Tab. 5.21: Übersicht der vertrauensrelevanten Unterschiedsbereiche

Handlungsfelder	Vertrauensrelevante Unterschiedsbereiche	Einflüsse grundlegenderer Erklärungskonzepte
01. Umgang mit Absprachen / Regeln	KU-01: *Stellenwert und Verbindlichkeit von Absprachen*	– «Herangehensweise»
	KU-02: *Kommunikation beim Treffen von Absprachen*	– «Direktheit des Kommunikationsstils»
	KU-03: *Einfluss von Hierarchieorientierung auf Absprachen*	– «Hierarchieorientierung»
02. Weitergabe von Informationen	KU-04: *Relevanzbereich von Informationen*	– «Transversalité»
03. Umgang mit Anweisungen / Aufforderungen	KU-05: *Detaillierungsgrad von Anweisungen*	– «Ausführlichkeitskonflikt» – «Direktheit des Kommunikationsstils» – «Herangehensweise»
	KU-06: *Kommunikation beim selbständigen Arbeiten*	
04. Bewältigung von Aufgaben	KU-07: *Gewichtung von Prozessen und Ergebnissen*	– «Herangehensweise» – «Ausführlichkeitskonflikt»
	KU-08: *Horizont für kreative Mitarbeit*	– «Transversalité»
	KU-09: *Organisation des Vorgehens / Zeitmanagement*	– «Monochronie-Polychronie» – «Ausführlichkeitskonflikt»
05. Umgang mit Konflikten und Schwierigkeiten	KU-10: *Konfliktmanagement*	– «Direktheit des Kommunikationsstils» – «Sach-/Beziehungsorientierung»
06. Beziehungsaufbau / Beziehungspflege	KU-11: *Beziehungsentwicklung*	– «Sach-/Beziehungsorientierung»
	KU-12: *Private Dimension der Beziehung*	
	KU-13: *Humor: Lockerheitseindruck und unverstandene Ironie*	
07. Aufdeckung von Relationship Fit	KU-14: *Camarades de promotion / Alumni einer Grande Ecole*	
	KU-15: *Wahrgenommene Unterschiedlichkeit der Herangehensweise*	– «Herangehensweise»
08. Respektvoller Umgang / Facework	KU-16: *Äußern von Kritik und Widerspruch*	– «Direktheit des Kommunikationsstils» – «Sach-/Beziehungsorientierung»
	KU-17: *Respektieren von Zuständigkeiten*	– «Transversalité»
	KU-18: *Einflussnahme auf Entscheidungsprozesse*	– «Hierarchieorientierung»
09. Fairplay in der Zusammenarbeit	KU-19: *Äußern von Zielen und Absichten*	– «Direktheit des Kommunikationsstils»
10. Kooperatives Verhalten	KU-20: *Loyalität gegenüber beruflichen Partnern*	
	KU-21: *Reaktionsgeschwindigkeit bei Anfragen / Bitten*	– «Monochronie-Polychronie»

5.11 Tabellarische Übersicht der Unterschiedsbereiche

Tab. 5.22: Kurzcharakterisierungen und Einflussbereiche der Erklärungskonzepte

Erklärungskonzept	Beeinflusste vertrauensrelevante Unterschiedsbereiche
1. «Herangehensweise» Wie geht man an Arbeitsaufgaben / Projekte / die Umsetzung von Anweisungen heran?	KU-01: *Stellenwert und Verbindlichkeit von Absprachen* im Handlungsfeld *<Umgang mit Absprachen / Regeln>* KU-05: *Detaillierungsgrad von Anweisungen* im Handlungsfeld *<Umgang mit Anweisungen / Aufforderungen>* KU-07: *Gewichtung von Prozessen und Ergebnissen* im Handlungsfeld *<Bewältigung von Aufgaben>* KU-15: *Wahrgenommene Unterschiedlichkeit der Herangehensweise* im Handlungsfeld *<Aufdeckung von Relationship Fit>*
2. «Direktheit des Kommunikationsstils» Wie formuliert man Kritik/ Widerspruch, Ziele/Absichten, Anweisungen etc?	KU-02: *Kommunikation beim Treffen von Absprachen* im Handlungsfeld *<Umgang mit Absprachen / Regeln>* KU-05: *Detaillierungsgrad von Anweisungen* im Handlungsfeld *<Umgang mit Anweisungen / Aufforderungen>* KU-10: *Konfliktmanagement* im Handlungsfeld *<Umgang mit Konflikten und Schwierigkeiten>* KU-11: *Beziehungsentwicklung* im Handlungsfeld *<Beziehungsaufbau / Beziehungspflege>* KU-16: *Äußern von Kritik und Widerspruch* im Handlungsfeld *<Respektvoller Umgang / Facework>* KU-19: *Äußern von Zielen und Absichten* im Handlungsfeld *<Fairplay in der Zusammenarbeit>*
3. «Hierarchieorientierung» In wieweit akzeptiert man Machtgefälle und damit einhergehende Handlungsweisen?	KU-03: *Einfluss von Hierarchieorientierung auf Absprachen* im Handlungsfeld *<Umgang mit Absprachen / Regeln>* KU-17: *Respektieren von Zuständigkeiten* im Handlungsfeld *<Respektvoller Umgang / Facework>* KU-18: *Einflussnahme auf Entscheidungsprozesse* im Handlungsfeld *<Respektvoller Umgang / Facework>*
4. «Transversalité» In wieweit interessiert man sich für bzw. tut man Dinge, die nicht im eigenen Arbeitsbereich sondern in einem angrenzenden Bereich liegen?	KU-04: *Relevanzbereich von Informationen* im Handlungsfeld *<Weitergabe von Informationen>* KU-08: *Horizont für kreative Mitarbeit* im Handlungsfeld *<Bewältigung von Aufgaben>* KU-17: *Respektieren von Zuständigkeiten* im Handlungsfeld *<Respektvoller Umgang / Facework>*
5. «Ausführlichkeitskonflikt» Wie ausführlich bzw. detailliert redet / schreibt / plant man?	KU-05: *Detaillierungsgrad von Anweisungen* im Handlungsfeld *<Umgang mit Anweisungen / Aufforderungen>* KU-06: *Kommunikation beim selbständigen Arbeiten* im Handlungsfeld *<Umgang mit Anweisungen / Aufforderungen>* KU-07: Gewichtung von Prozessen und Ergebnissen im Handlungsfeld *<Bewältigung von Aufgaben>*
6. «Monochronie-Polychronie» In wieweit folgt man einer klaren Zeiteinteilung und Ablauforganisation?	KU-09: *Organisation des Vorgehens / Zeitmanagement* im Handlungsfeld *<Bewältigung von Aufgaben>* KU-21: *Reaktionsgeschwindigkeit bei Anfragen / Bitten* im Handlungsfeld *<Kooperatives Verhalten>*
7. «Sach-/Beziehungsorientierung» Wie wichtig sind persönliche Beziehungen für sachliche Zusammenarbeit?	KU-10: *Konfliktmanagement* im Handlungsfeld *<Umgang mit Konflikten und Schwierigkeiten>* KU-11: *Beziehungsentwicklung* im Handlungsfeld *<Beziehungsaufbau / Beziehungspflege>* KU-16: *Äußern von Kritik und Widerspruch* im Handlungsfeld *<Respektvoller Umgang / Facework>*

6. Zusammenfassende Diskussion

Belastbare Vertrauensbeziehungen sind eine wichtige Grundlage für erfolgreiche und konfliktarme Zusammenarbeit mit anderen Menschen – nicht nur im Management internationaler Konzerne, sondern in sehr vielen Bereichen des gesellschaftlichen Lebens. Doch wächst die Notwendigkeit, Vertrauen auch erfolgreich über kulturelle Grenzen hinweg aufzubauen und zu erhalten – mit der Internationalisierung von Wirtschaft und Gesellschaft wie auch mit der zunehmenden Ausdifferenzierung gesellschaftlicher Subgruppen und Teilkulturen innerhalb der Gesellschaft. Die unterschiedlichen kulturelle Hintergründe bzw. Prägungen der Beteiligten können hier die Entwicklung von Vertrauen erschweren. Sie können zu kulturellen Vertrauensmissverständnissen führen, durch welche Vertrauen verloren geht oder gar nicht erst aufgebaut werden kann, obwohl Misstrauen aus objektiver Perspektive nicht begründet ist. Mit der theoretischen Begründung und empirischen Illustration der Entstehung solcher kultureller Vertrauensmissverständnisse leistet die vorliegende Arbeit einen anwendungsnahen wissenschaftlichen Beitrag zum Umgang mit dieser Herausforderung. Mit der umfassenden Aufarbeitung der Vertrauensfaktoren im Management und der verschiedenen Arten vertrauensrelevanter Kulturunterschiede am Beispiel der deutsch-französischen Zusammenarbeit im Management zeigt sie exemplarisch auf, wie kulturelle Vertrauensmissverständnisse entstehen können und welche Ansatzpunkte für ein Erkennen, Auflösen oder Vermeiden solcher Missverständnisse bestehen.

In den folgenden Abschnitten gebe ich einen zusammenfassenden Überblick meiner theoretischen Modellbildung, der empirischen Untersuchung, ihrer Ergebnisse, weiteren Forschungsbedarfs sowie des Anwendungsbezugs der Ergebnisse. Ich resümiere zunächst den theoretischen Beitrag der Arbeit mit dem Modell der Vertrauensentwicklung (6.1) sowie die Ergebnisse der drei empirischen Einzelauswertungen (6.2): der Herausarbeitung des Spektrums der Vertrauensfaktoren im Management, der Untersuchung von Gewichtungsunterschieden der Vertrauensfaktoren im Kulturvergleich und der Identifikation von Handlungsbereichen, in welchen sich deutsche und französische Manager bei der Zuschreibung von Vertrauenswürdigkeit unterscheiden. Anschließend gebe ich einen Überblick der wechselseitigen Bezüge dieser drei Einzelauswertungen und erläutere sie exemplarisch am Beispiel zweier grundlegender Handlungsfelder (6.3). Nach einem Ausblick auf weiteren Forschungsbedarf (6.4) erläutere ich den Anwendungsbezug der Ergebnisse und skizziere eine Möglichkeit zur Nutzung der Ergebnisse in Personalentwicklungsmaßnahmen (6.5), bevor ich mit einer zusammenfassenden Einschätzung schließe (6.6).

6.1 Theoretischer Beitrag

Im Theoriekapitel der vorliegenden Arbeit habe ich ein Modell der interpersonalen Vertrauensentwicklung vorgeschlagen. Es beschreibt, wie man ausgehend von den verfügbaren *spezifischen* Informationen eine *allgemeine* Haltung des Vertrauens ausbildet. Aufgrund dieser Tendenz zur Vertrauensgeneralisierung können einzelne Vertrauensmissverständnisse ins Gewicht fallen: Wenn man einen Partner fehlinterpretiert und einzelne Verhaltensindikatoren als Anzeichen gegen die Vertrauenswürdigkeit des Partners wertet, kann eine Generalisierung dieser Vertrauenseinschätzung die Entwicklung von Vertrauen maßgeblich beeinträchtigen. Auf Basis dieses Modells habe ich einen theoretischen Ansatz entwickelt, welcher beschreibt, auf welche Weise Kulturunterschiede die Entwicklung von Vertrauen beeinflussen und zu *kulturel-*

len Vertrauensmissverständnissen führen können. Im folgenden Abschnitt fasse ich die wesentlichen Aussagen dieses Ansatzes zusammen (6.1.1). Anschließend erläutere ich die theoretischen Beschreibungskategorien, die im Rahmen der explorativen empirischen Studie ergänzend entwickelt wurden und die einer weitergehenden Spezifikation dienen, wie kulturelle Unterschiede in der deutsch-französischen Zusammenarbeit die Entwicklung von Vertrauen beeinflussen können (6.1.2).

6.1.1 Theoretische Modellbildung zum Einfluss kultureller Differenz auf die Vertrauensentwicklung

Es gibt zwei wesentliche Möglichkeiten, wie kulturelle Unterschiede die Entwicklung von Vertrauen in der interkulturellen Zusammenarbeit beeinflussen können. Für beide ist der Begriff des *'Vertrauensfaktors'*[180] zentral, welcher sich darauf bezieht, dass man für die Einschätzung der Vertrauenswürdigkeit von Partnern bestimmte Aspekte als vertrauensrelevant betrachtet – wie etwa das Einhalten von Zusagen. Vertrauensfaktoren sind abstrakte 'vertrauenswürdig machende Eigenschaften', auf welche man ausgehend von beobachtetem Verhalten oder anderen Informationen schließt (Bacharach & Gambetta 1997, vgl. 1.4.1.2). Kulturen können sich im Hinblick darauf unterschieden, welche Vertrauensfaktoren als besonders wichtig gelten, und wann genau man ein bestimmtes Verhalten gemäß einem Vertrauensfaktor interpretiert. Betrachten wir diese beiden Punkte genauer:
Was bedeutet es, dass ein Vertrauensfaktor in zwei Kulturen einen unterschiedlichen Stellenwert hat bzw. unterschiedlich gewichtet wird? Wenn beispielsweise das *'In Entscheidungen einbeziehen'* in einer Kultur ein zentrales Zeichen für die Vertrauenswürdigkeit von Vorgesetzten ist, aber in einer anderen Kultur nichts grundlegend Wichtiges über die Vertrauenswürdigkeit von Vorgesetzten aussagt, dann können in der beruflichen Zusammenarbeit 'kulturelle Vertrauensmissverständnisse' entstehen. Denn dann ist es möglich, dass ein Manager in einer neuen beruflichen Beziehung zu der Einschätzung gelangt, seinem Vorgesetzten nicht vertrauen zu können, weil dieser ein bestimmtes Verhalten vermissen lässt (*'In Entscheidungen einbeziehen'*), das der Manager als zentralen Vertrauensfaktor bewertet. Da dieser Vertrauensfaktor aus Sicht des Vorgesetzten jedoch kein wesentlicher Vertrauensfaktor ist, ist ihm nicht bewusst, dass er mit diesem Verhalten bewirken kann, dass sein Mitarbeiter sein Vertrauen in ihn verliert. Denn bei diesem kommt es möglicherweise zu einer Vertrauensgeneralisierung, so dass er sein Vertrauen in die Person des Vorgesetzten umfassend in Frage stellt. – Gemäß dieser Überlegung wurde in der empirischen Studie zum Einfluss kultureller Unterschiede auf die Entwicklung von Vertrauen am Beispiel der deutsch-französischen Zusammenarbeit untersucht, inwiefern in unterschiedlichen Kulturen Vertrauensfaktoren unterschiedlich gewichtet werden. Denn diese Gewichtungsschemata sind dafür verantwortlich, wann und inwiefern man ausgehend von bestimmten Vertrauensfaktoren dazu übergeht, einem Partner tatsächlich Vertrauen zu schenken oder sein Vertrauen in einen Partner tatsächlich zu verlieren (**'Vertrauensbildung'**).
Allerdings ist es darüber hinaus möglich, dass kulturelle Unterschiede die Entwicklung von Vertrauen auch dann beeinflussen, wenn ein Vertrauensfaktor in zwei Kulturen einen vergleichbaren Stellenwert hat. Dies kann dann der Fall sein, wenn man in den beiden Kulturen anhand unterschiedlicher Verhaltensweisen bzw. unter Berücksichtigung unterschiedlicher Situationsumstände auf den jeweiligen Vertrauensfaktor schließt. Das heißt, die Mitglieder

---

[180] Die Vertrauensfaktoren sind in der Arbeit durch Kursivschreibung und einfache Anführungszeichen gekennzeichnet.

unterschiedlicher Kulturen können sich darin unterscheiden, wie sie Vertrauensfaktoren anhand der über einen Partner verfügbaren Informationen bzw. anhand der bei einem Partner beobachteten Verhaltensweisen 'diagnostizieren'. Beispielsweise kann die Erfahrung, mit einem Partner im Vorfeld gemeinsamer Aktionen die nach eigener Einschätzung relevanten Dinge geklärt zu haben, als Zeichen für seine Vertrauenswürdigkeit interpretiert werden. Das Verhalten des anderen wird dahingehend interpretiert, dass er gemäß dem Vertrauensfaktor *'Absprachen treffen / Regeln vereinbaren'* als vertrauenswürdig erscheint. Der Begriff 'Diagnose' beschreibt den Vorgang, sich anhand beobachteter Aspekte oder Informationen ein Urteil zu bilden. Der entscheidende Punkt bei der **'Faktordiagnose'** ist, dass beobachtete Verhaltensweisen keine direkten Vertrauensfaktoren sind. Wenn man ein beobachtetes Verhalten als Zeichen für die Vertrauenswürdigkeit des Partners begreift, dann liegt dem ein Interpretationsprozess zugrunde. Die Interpretationsschemata der Faktordiagnose können sich im Vergleich zweier Kulturen unterscheiden. Wenn man aufgrund eines bestimmten Verhaltens in einer Kultur einen bestimmten Vertrauensfaktor 'diagnostiziert', in einer zweiten Kultur jedoch dasselbe Verhalten tendenziell gar nicht mit diesem Vertrauensfaktor in Verbindung bringt, dann kann auch dies zu Vertrauensmissverständnissen führen. Beispielsweise ist die *Einflussnahme auf Entscheidungsprozesse*[181] ein Bereich, in dem deutsche und französische Manager nach den Auswertungen der Studie unterschiedliche Erwartungen haben: Eine Entscheidung des Vorgesetzten, bei welcher sich ein deutscher Mitarbeiter tendenziell übergangen fühlt, wird im stärker hierarchisch geprägten französischen Unternehmenskontext tendenziell eher als Routine gesehen. Während ein deutscher Manager eine 'Vertrauenswarnung' in Bezug auf den Faktor *'In Entscheidungen einbeziehen'* diagnostiziert, stellt ein französischer Manager angesichts des gleichen Verhaltens schlicht gar keinen Zusammenhang zu dem Vertrauensfaktor *'In Entscheidungen einbeziehen'* her. – Gemäß dieser Überlegung wurde daher in der empirischen Studie zum Einfluss kultureller Unterschiede auf die Entwicklung von Vertrauen auch untersucht, inwiefern sich die Interpretationsschemata der Faktordiagnose im Kulturvergleich unterschieden.

Die beiden beschriebenen Einflussbereiche kultureller Differenz auf die Entwicklung von Vertrauen lassen sich in einem **Zwei-Schritt-Modell der Vertrauensentwicklung** lokalisieren. Die **Faktordiagnose** beschreibt den Schritt von beobachtetem Verhalten zu diagnostizierten Vertrauensfaktoren – wofür es im Kulturvergleich unterschiedliche Interpretationsschemata geben kann. Die **Vertrauensbildung** beschreibt den Schritt von diagnostizierten Vertrauensfaktoren zum Vertrauen – wobei im Kulturvergleich unterschiedliche Gewichtungsschemata eine Rolle spielen können. Eine Visualisierung dieses Modells findet sich in Abb. 1.4. in 1.3.3.1.

Aufgrund des Forschungsinteresses am Einfluss kultureller Unterschiede auf die Entwicklung interpersonalen Vertrauens bzw. an der Entstehung kultureller Vertrauensmissverständnisse wurde vor allem auf Ansätze der kognitiven Sozialpsychologie zurückgegriffen. Mit der Theorie der Vertrauenssignale sind zudem spieltheoretische Überlegungen eingeflossen. Für die Frage des Einflusses kultureller Prägungen auf Arbeitsbeziehungen wurden mit dem Ansatz der 'cognitive frames' und der impliziten Vertrauenstheorie bzw. individuellen Vertrauensdisposition darüber hinaus Ansätze der differentiellen Psychologie herangezogen. Insgesamt bewegt sich die Modellbildung also im Bereich wirtschafts- und organisationspsychologischer Ansätze und damit im Rahmen einer verhaltensorientierten Betriebswirtschaftslehre, welche auf die deskriptive Erforschung von Prinzipien menschlichen Verhaltens im Wirtschaftskontext zielt (vgl. 1.2).

---

[181] Vertrauensrelevante Bereiche kultureller Differenz werden in der Arbeit 'Unterschiedsbereiche' genannt und sind durch vor- und nachgestellte Sternchen gekennzeichnet.

6.1.2 Empirische Bestimmung weiterer Beschreibungskategorien

Das beschriebene theoretische Modell war die forschungsleitende Grundlage für eine explorative empirische Studie, in der weitere theoretische Kategorien für die Beschreibung des Einflusses kultureller Unterschiede auf die Vertrauensentwicklung herausgearbeitet werden konnten. Diese zusätzlichen, in der empirischen Analyse entwickelten Kategorien dienen vor allem der weitergehenden Spezifikation, *wie* kulturelle Unterschiede in der deutsch-französischen Zusammenarbeit die Entwicklung von Vertrauen beeinflussen können.

- Die Kategorie der *<Handlungsfelder>*[182] wurde als inhaltliches Gruppierungsprinzip der Vertrauensfaktoren gebildet (vgl. Kap. 3). Ein Handlungsfeld beschreibt jeweils eine vertrauensrelevante Interaktionsaufgabe bzw. -herausforderung, welche sich nach den Darstellungen der interviewten Manager in der gemeinsamen Zusammenarbeit typischerweise stellt und welche eine Reihe von Vertrauensfaktoren zusammenfasst (vgl. die Übersicht in 6.2.1).

- Während sich die Gewichtungsunterschiede von Vertrauensfaktoren direkt anhand eines Vergleichs der Kodierungshäufigkeiten in den deutschen und französischen Teilgruppen untersuchen ließen, wurde zur Untersuchung von Kulturunterschieden der Faktordiagnose eine eigene Kategorie gebildet werden: Die ***Unterschiedsbereiche*** **[183]** beschreiben Bereiche kultureller Differenz, die sich auf die Diagnose bestimmter Vertrauensfaktoren auswirken. In den als 'Unterschiedsbereiche' bezeichneten Bereichen gibt es seitens deutscher und französischer Manager unterschiedliche Tendenzen, von Verhaltensweisen auf Vertrauensfaktoren zu schließen (vgl. 6.2.3).

- In der qualitativen Inhaltsanalyse zur Bestimmung der Unterschiedsbereiche wurden einige übergeordnete bzw. besonders allgemeine Kulturunterschiede ausgegliedert. Diese «*Erklärungskonzepte*»[184] beschreiben Kulturunterschiede, deren Auswirkung sich bei verschiedenen Vertrauensfaktoren in unterschiedlichen Handlungsfeldern zeigt und die in ähnlicher Form vielfach auch in anderen Studien der interkulturellen Managementforschung beschrieben werden. Sie können in einigen Fällen für ein Verständnis des Einflusses vertrauensrelevanter Unterschiedsbereiche auf die Vertrauensentwicklung ergänzend herangezogen werden.

- Die **interkulturellen Vertrauensmaßnahmen** sind Antworten auf die dritte Interviewleitfrage, in welchen die interviewten Manager speziell auf interkulturelle Aspekte der Zusammenarbeit Bezug nehmen. Die dritte Interviewleitfrage zielte auf Angaben darüber, was die interviewten Manager tun, um einem neuen Kollegen oder Geschäftspartner zu signalisieren, dass sie ein vertrauenswürdiger Partner sind. Ich nenne dies 'vertrauensbildende Maßnahmen' oder kurz 'Vertrauensmaßnahmen'. Wenn solche Vertrauensmaßnahmen eine gezielte Orientierung an vertrauensrelevanten Kulturunterschieden darstellen, spreche ich von 'interkulturellen Vertrauensmaßnahmen'.

---

[182] Die Handlungsfelder sind in der Arbeit durch Kursivschreibung und vor- und nachgestellte einfache spitze Klammern gekennzeichnet.
[183] Die Unterschiedsbereiche sind durch vor- und nachgestellte Sternchen gekennzeichnet, vgl. Fußnote 181.
[184] Die Erklärungskonzepte sind in der Arbeit durch Kursivschreibung und doppelte spitze Klammern gekennzeichnet.

6.2 Empirische Ergebnisse

Die berichteten Ergebnisse basieren auf einer empirischen Studie, welcher insgesamt 100 einstündige Interviews mit deutschen und französischen Managern der oberen und mittleren Führungsebenen der Unternehmen EADS Astrium, EADS Space Transportation, Bongrain, Deutsche Bank und Commerzbank zugrunde liegen (2.2.3). Die Datenauswertung stützte sich auf die Methodik der qualitativen Inhaltsanalyse sowie auf statistische Vergleichstests der Kodierungshäufigkeiten der einzelnen Vertrauensfaktoren in einem 2x2 Teilgruppendesign (vgl. 2.3).

Ein erster Auswertungsschritt diente der detaillierten Herausarbeitung der Faktoren, welche Manager zur Einschätzung der Vertrauenswürdigkeit von Kollegen oder Geschäftspartnern heranziehen (6.2.1). Dies schuf die Grundlage für die Untersuchung zweier Arten des Einflusses kultureller Differenz auf die Entwicklung von Vertrauen: Untersucht wurden erstens Unterschiede der Gewichtung von Vertrauensfaktoren im deutsch-französischen Vergleich (6.2.2) und zweitens deutsch-französische Unterschiede der Diagnose von Vertrauensfaktoren anhand beobachteten Verhaltens (6.2.3). Die folgenden drei Abschnitte fassen die Ergebnisse dieser drei Teilauswertungen zusammen.

6.2.1 Spektrum der Vertrauensfaktoren im Management

In einer ersten empirischen Auswertung wurde untersucht, welche Vertrauensfaktoren für Manager oberer und mittlerer Führungsebenen relevant sind: Welches sind die Vertrauensfaktoren, mit Hilfe derer Manager die Vertrauenswürdigkeit von Kollegen und Geschäftspartnern einschätzen und diesen gegenüber ihre eigene Vertrauenswürdigkeit demonstrieren? In dieser Auswertung wurden insgesamt **60 Vertrauensfaktoren** herausgearbeitet und jeweils in drei verschiedenen 'Vertrauensrichtungen' definiert: als Grund zu vertrauen (Vertrauensgrund), als Grund, nicht zu vertrauen (Vertrauenswarnung) oder als Maßnahme der Demonstration eigener Vertrauenswürdigkeit (Vertrauensmaßnahme). Damit konnten die Faktoren der Vertrauenseinschätzung auf einem deutlich differenzierteren Niveau als in vorliegenden Beiträgen der Vertrauensforschung herausgearbeitet werden. Die zehn in der Auswertung der 100 Interviews am häufigsten gefundenen Vertrauensfaktoren listet Tab. 6.1 und definiert sie in Kurzform. Die ausführlichen Definitionen der Vertrauensfaktoren sowie Beispielzitate entsprechender vertrauensrelevanter Episoden finden sich in Kap. 3, und eine vollständige tabellarische Übersicht in Abschnitt 3.5.

Für die 60 Vertrauensfaktoren wurde eine Klassifizierung in **12 Handlungsfelder** entwickelt (vgl. 6.1.2 Empirische Bestimmung weiterer Beschreibungskategorien). Ein Handlungsfeld beschreibt eine vertrauensrelevante Interaktionsaufgabe bzw. -herausforderung, welche sich nach den Darstellungen der interviewten Manager in der gemeinsamen Zusammenarbeit typischerweise stellt. Damit ließen sich diejenigen Vertrauensfaktoren zusammenfassen, welche die interviewten Manager im Kontext einer solchen Interaktionsaufgabe beschreiben. Diese Gruppierung verdeutlicht, in welchen Handlungskontexten bzw. in Bezug auf welche typischen Interaktionsaufgaben im Management vertrauensrelevante Faktoren eine Rolle spielen. Das System der Vertrauensfaktoren bietet damit für die wissenschaftliche wie auch für die praktische Beschäftigung mit dem Thema Vertrauen die Möglichkeit einer gezielten Fokussierung auf bestimmte vertrauensrelevante Handlungszusammenhänge.

Tab. 6.1: Die 'Top-Ten' Vertrauensfaktoren mit Kurzcharakterisierung

Nr.	Vertrauensfaktor	Ranglisten-position*[1]	Gesamt-häufigkeit*[2]
081	**Respekt und Interesse zeigen** Begegnet mir der andere respektvoll? Nimmt er mich ernst? Erkennt er meine Leistungen an? Ist er höflich? Zeigt er Verständnis für mich / meine Situation?	1	62
092	**Nichts vortäuschen** Sagt der andere die Wahrheit? Verfolgt er keine 'hidden agenda' und hat nicht irgendwelche Hintergedanken? Täuscht er mich nicht in Bezug auf die Qualität eines Produkts oder einer Leistung?	1	62
012	**Zusagen einhalten** Hält der andere Zusagen oder Absprachen ein? Hält er Wort, wenn er mir etwas versprochen hat?	3	53
071	**Sympathie / affektive Übereinstimmung** Ist mir der andere sympathisch? Besteht eine 'gefühlte' oder 'gefühlsmäßige' Übereinstimmung? Passen wir 'irgendwie vom Typ her' zueinander?	4	48
021	**An Wissen teilhaben lassen** Lässt mich der andere an Wissen / Know-how teilhaben? Gibt er mir Informationen, die für mich (wie auch für ihn oder andere) wertvoll sind?	5	46
091	**Ziele / Einschätzungen offenlegen** Legt der andere mir gegenüber – in einer Art freiwilliger Kommunikation über sich selbst – seine Ziele, Hintergründe, Beweggründe, Erwartungen etc. offen?	5	46
061	**Kontakt pflegen / viel kommunizieren** Bemüht sich der andere aktiv um Kontaktaufbau bzw. Kontaktpflege? Bemüht er sich um persönlichen Kontakt und kommuniziert häufig und regelmäßig mit mir?	7	43
073	**Einigkeit / Ähnlichkeit im Denken/Vorgehen** Zeigen sich mit dem anderen Ähnlichkeiten im Denken / Vorgehen? Läuft die Zusammenarbeit reibungslos? Können wir in schwierigen Situationen Kompromisse finden?	7	43
055	**Fehler / Schwächen eingestehen** Gesteht der andere Fehler oder Schwächen ein anstatt sie zu vertuschen? Gibt er es zu, wenn er auf Schwierigkeiten stößt bzw. etwas nicht so gut hinbekommt wie geplant?	9	41
103	**Helfen / Rat geben** Hilft mir der andere aktiv beim Erreichen von Zielen oder beim Bewältigen von Problemen? Hilft er mir im Notfall? Hilft er mir mit Tipps und guten Ratschlägen?	9	41

*[1] Ranglistenposition unter den 60 nach Gesamtkodierungshäufigkeiten geordneten Vertrauensfaktoren.
*[2] Gibt an, innerhalb von wie vielen der 100 Interviews der Vertrauensfaktor kodiert wurde.

Die Handlungsfelder wurden wiederum in fünf aufgabenbezogene, fünf beziehungsbezogene und fünf interkulturelle Handlungsfelder gegliedert. Einen Überblick der zwölf Handlungsfelder gibt Tab. 6.2; für eine Übersicht der jeweils den Handlungsfeldern zugeordneten Vertrauensfaktoren vgl. 3.5.

Tab. 6.2: Gruppierung der Vertrauensfaktoren in zwölf Handlungsfelder

(A) Die Handlungsfelder der **aufgabenbezogenen** Vertrauensfaktoren
1. Umgang mit Absprachen/Regeln
2. Weitergabe von Informationen
3. Umgang mit Anweisungen/Aufforderungen
4. Bewältigung von Aufgaben
5. Umgang mit Konflikten und Schwierigkeiten
(B) Die Handlungsfelder der **beziehungsbezogenen** Vertrauensfaktoren
6. Beziehungsaufbau/Beziehungspflege
7. Aufdeckung von Relationship Fit
8. Respektvoller Umgang/Facework
9. Fairplay in der Zusammenarbeit
10. Kooperatives Verhalten
(C) Die Handlungsfelder der **interkulturellen** Vertrauensfaktoren
11. Umgang mit kultureller Differenz
12. Verhalten in Bezug auf Stereotype

Das System der Vertrauensfaktoren leistet einen Beitrag zur interkulturellen Vertrauensforschung, indem '**interkulturelle Vertrauensfaktoren**' herausgearbeitet wurden. Die in den beiden Handlungsfeldern *<Umgang mit kultureller Differenz>* und *<Verhalten in Bezug auf Stereotype>* zusammengefassten Vertrauensfaktoren beschreiben Aspekte, die vorwiegend in der interkulturellen Zusammenarbeit als Vertrauensfaktoren fungieren und in der Zusammenarbeit von Kollegen oder Geschäftspartnern gleichen kulturellen Hintergrunds gewöhnlich nicht in den Blick kommen. Tab.6.3 listet für die beiden interkulturellen Handlungsfelder die insgesamt zehn interkulturellen Vertrauensfaktoren.

Tab. 6.3: Die interkulturellen Vertrauensfaktoren

Handlungsfelder	Vertrauensfaktoren	
HF 11: Umgang mit kultureller Differenz	11.1	Kulturelle Differenz akzeptieren
	11.2	Anpassungsbereitschaft zeigen
	11.3	Fremdsprache beherrschen/anwenden
	11.4	Fremdkulturinteresse/-wissen zeigen
	11.5	Kulturelle Tabus respektieren
	11.6	Eigene Arbeitsweisen/-werte erläutern
	11.7	Interkulturelle Unterstützung leisten
	11.8	Nationale Interessen zurückstellen
HF 12: Verhalten in Bezug auf Stereotype	12.1	Positivem Fremdbild entsprechen
	12.2	Negativem Fremdbild nicht entsprechen

Da das System der Vertrauensfaktoren als Kodierungsinstrument eingesetzt wurde, galten hohe Maßstäbe für die interne Konsistenz des Systems und die Exaktheit, Trennschärfe und Unabhängigkeit der Kategorien (vgl. 2.3.8). Das System der Vertrauensfaktoren verfügt über eine umfassende empirische Fundierung und profitiert in seiner Darstellung von einer aus der qualitativen Auswertungsmethodik erwachsenden lebendigen Nähe zur Empirie bzw. zu den konkreten beruflichen Alltagsbezügen der interviewten Manager. Die Vertrauensfaktoren sind handlungsnah benannt und definiert sowie umfassend durch Zitate illustriert (vgl. Kap. 3).

Die Charakterisierung der einzelnen Vertrauensfaktoren in drei Perspektiven, das heißt als Vertrauensgründe, Vertrauenswarnungen und Vertrauensmaßnahmen, erleichtert den Zugang zu den Vertrauensfaktoren und kann gleichzeitig Schwerpunktsetzungen bzw. Erwartungshaltungen verdeutlichen. So werden etwa einige Vertrauensfaktoren häufiger als Vertrauensgrund beschrieben (beispielsweise 'An Wissen teilhaben lassen', 'Privates erzählen'), andere hingegen häufiger als Vertrauenswarnung (beispielsweise 'Nichts vortäuschen' oder 'Bescheiden auftreten / nicht angeben'). Insgesamt liefert das System der Vertrauensfaktoren nicht nur eine Grundlage für zukünftige Arbeiten der interkulturellen Vertrauensforschung, sondern stellt darüber hinaus ein Instrument dar, mithilfe dessen man generell in Forschung oder Praxis analysieren kann, wie sich in konkreten Arbeitsbeziehungen oder Organisationen Vertrauen entwickelt, warum der Aufbau von Vertrauen scheitert oder wie man die Entwicklung von Vertrauen unterstützen kann (vgl. 6.5).

6.2.2 Kulturunterschiede der Gewichtung von Vertrauensfaktoren

Auf Basis des Systems der Vertrauensfaktoren und einer Komplettkodierung der 100 Interviews wurde in einem zweiten Auswertungsschritt untersucht, inwiefern sich deutsch-französische Kulturunterschiede der Gewichtung von Vertrauensfaktoren zeigen. Dazu dienten frequenzstatistische Vergleichstests der Kodierungshäufigkeiten der Vertrauensfaktoren in den vier Teilgruppen, das heißt den beiden mono-kulturellen Teilgruppen (DD: deutsche Manager, die mit anderen Deutschen zusammenarbeiten; FF: französischer Manager, die mit anderen Franzosen zusammenarbeiten) und den beiden bi-kulturellen Teilgruppen (DF: deutsche Manager, die mit französischen Kollegen oder Geschäftspartnern zusammenarbeiten; FD: umgekehrt; zur Teilgruppenbildung vgl. 2.1.5). Die Auswertung ergab eine Reihe signifikanter deutsch-französischer Unterschiede in unterschiedlichen Teilgruppenvergleichen (ermittelt per Vierfelder-Chiquadrat-Test, vgl. 2.3.5.1). Sie lassen sich in folgende drei Gruppen einteilen:

Erstens zeigten sich deutsch-französische Unterschiede im Vergleich der mono-kulturellen Teilgruppen, das heißt in Bezug auf die Gewichtung der Vertrauensfaktoren im deutschen im Vergleich zum französischen Kontext (Vergleich DD:FF, vgl. Tab. 6.4)

Tab. 6.4: Signifikante Unterschiede im Vergleich der mono-kulturellen Gruppen

Nr.	Vertrauensfaktor	DD:FF[†]	chi^2	wichtiger für
021	An Wissen teilhaben lassen	71:42 17:10	4.06*	D
022	Mitdenken und individuell informieren	46:17 11:4	4.65*	D
041	Kompetent sein / sich auskennen	17:63 4:15	10.32***	F
051	Konflikte offen und proaktiv managen	38:8 9:2	5.66*	D
061	Kontakt pflegen / viel kommunizieren	21:63 5:15	8.39***	F
085	In Entscheidungen einbeziehen	38:8 9:2	5.66*	D

[†] Die Angabe der Kodierungshäufigkeiten erfolgt in Prozent der jeweiligen Teilgruppen. Zur Information werden zusätzlich in kleinerer Schrift darunter die zugrunde liegenden absoluten Werte angegeben.

Zweitens ergaben sich auf deutscher wie auf französischer Seite verschiedene signifikante Unterschiede der interkulturellen Bedeutsamkeit der Vertrauensfaktoren. Das heißt, bei einigen Vertrauensfaktoren zeigte sich, dass sie für die interviewten Manager speziell in der interkulturellen Zusammenarbeit wichtig sind (Vergleich DD:DF und FF:FD, vgl. Tab. 6.5-6).

Tab. 6.5: Deutscher Vergleich mono- vs. bi-kulturelle Gruppe: signifikante Unterschiede

Nr.	Vertrauensfaktor	DD^{-Vm}:DF†	chi^2	Richtung
021	An Wissen teilhaben lassen	58:23 / 14:6	6.33*	mono > bi
042	Qualitativ hochwertige Arbeit machen	29:4 / 7:1	5.83*	mono > bi
044	Arbeitseinsatz / Motivation zeigen	17:0 / 4:0	4.62*	mono > bi

Tab. 6.6: Französischer Vergleich mono- vs. bi-kulturelle Gruppe: signifikante Unterschiede

Nr.	Vertrauensfaktor	FF^{-Vm}:FD†	chi^2	Richtung
014	Absprachen / Regeln flexibel handhaben	0:23 / 0:6	6.16*	bi > mono
041	Kompetent sein / sich auskennen	50:23 / 12:6	3.85*	mono > bi
052	Eigeninteressen zurückstellen	38:12 / 9:3	4.52*	mono > bi
072	Private / biographische Gemeinsamkeiten	21:0 / 5:0	5.90*	mono > bi
094	Anerkennung / Belohnungen fair verteilen	17:0 / 4:0	4.62*	mono > bi
103	Helfen / Rat geben	58:19 / 14:5	7.94*	mono > bi

† Die Angabe der Kodierungshäufigkeiten erfolgt in Prozent der jeweiligen Teilgruppen. Zur Information werden zusätzlich in kleinerer Schrift darunter die zugrunde liegenden absoluten Werte angegeben.

Drittens fanden sich deutsch-französische Unterschiede im Vergleich der bi-kulturellen Teilgruppen, das heißt in Bezug auf die Frage, inwiefern die einzelnen Vertrauensfaktoren speziell in der interkulturellen Zusammenarbeit wichtig sind (Vergleich DF:FD, vgl. Tab. 6.7).

Tab. 6.7: Signifikante Unterschiede im Vergleich der bi-kulturellen Gruppen

Nr.	Vertrauensfaktor	DF:FD†	chi^2	wichtiger für
011	Absprachen treffen / Regeln vereinbaren	23%:4% / 6:1	4.05*	D
042	Qualitativ hochwertige Arbeit machen	4:35 / 1:9	7.77*	F
043	Ergebnisse liefern	0:15 / 0:4	4.25*	F
044	Arbeitseinsatz / Motivation zeigen	0:23 / 0:6	6.65*	F
061	Kontakt pflegen / viel kommunizieren	8:35 / 2:9	5.54*	F
062	Privates erzählen	46:15 / 12:4	5.67*	D
072	Private / biographische Gemeinsamkeiten	15:0 / 4:0	4.25*	D
084	Zuständigkeiten respektieren	19:0 / 5:0	5.43*	D
114	Fremdkulturinteresse/-wissen zeigen	15:0 / 4:0	4.25*	D

† Die Angabe der Kodierungshäufigkeiten erfolgt in Prozent der jeweiligen Teilgruppen. Zur Information werden zusätzlich in kleinerer Schrift darunter die zugrunde liegenden absoluten Werte angegeben.

Grundsätzlich lassen sich diese Signifikanzen als Hinweise darauf verstehen, dass in der deutsch-französischen Zusammenarbeit in Bezug auf die jeweiligen Vertrauensfaktoren ein Potenzial für kulturelle Vertrauensmissverständnisse besteht. – Eine ausführlichere Diskussion der Ergebnisse der frequenzstatistischen Auswertung findet sich in Kap. 4.

6.2.3 Kulturunterschiede der Diagnose von Vertrauensfaktoren

Der dritte Auswertungsschritt der Studie zielte auf Erkenntnisse über mögliche Kulturunterschiede der Diagnose von Vertrauensfaktoren. Es ging also um die Frage, wann und inwiefern Manager das Verhalten eines Kollegen oder Partners als Vertrauensfaktor interpretieren, und inwiefern es in Bezug auf diese Frage deutsch-französische Unterschiede gibt.

Um diese Frage zu beantworten, wurden die Interviews mit Hilfe einer zweiten qualitativen Inhaltsanalyse ausgewertet, in welche zudem die Ergebnisse eines Literaturreviews der deutschfranzösischen Managementforschung einflossen (zur Methodik vgl. 2.3.6-7). In dieser Auswertung konnten 21 **vertrauensrelevante Unterschiedsbereiche** herausgearbeitet werden. Sie beschreiben jeweils einen bestimmten Bereich des beruflichen Handelns, hinsichtlich dessen deutsche und französische Manager tendenziell unterschiedlich wahrnehmen, priorisieren, bewerten oder handeln. Diese Kulturunterschiede machen deutlich, inwiefern deutsche und französische Manager in bestimmten Situationen bestimmte Vertrauensfaktoren auf unterschiedliche Weise – bzw. anhand unterschiedlicher beobachteter Verhaltensweisen oder in unterschiedlichen Situationen – 'diagnostizieren'. Das heißt, sie ermöglichen Rückschlüsse auf deutsch-französische Kulturunterschiede der Diagnose von Vertrauensfaktoren. Darüber hinaus liefern die Unterschiedsbereiche in vielen Fällen Hintergrundinformationen, welche zur Interpretation der Ergebnisse des zweiten Auswertungsschritts (Gewichtungsunterschiede) herangezogen werden können. – Einen Überblick der vertrauensrelevanten Unterschiedsbereiche gibt Tab. 6.8. Die ausführlichen Definitionen und Diskussionen der Unterschiedsbereiche sowie entsprechende Belegstellen aus den Interviews finden sich in Kap. 5.

Tab. 6.8: Übersicht der vertrauensrelevanten deutsch-französischen Unterschiedsbereiche

Handlungsfelder	Vertrauensrelevante Unterschiedsbereiche
01 Umgang mit Absprachen/Regeln	• Stellenwert und Verbindlichkeit von Absprachen (KU-01) • Kommunikation beim Treffen von Absprachen (KU-02) • Einfluss von Hierarchieorientierung auf Absprachen (KU-03)
02 Weitergabe von Informationen	• Relevanzbereich von Informationen (KU-04)
03 Umgang mit Anweisungen/Aufforderungen	• Detaillierungsgrad von Anweisungen (KU-05) • Kommunikation beim selbständigen Arbeiten (KU-06)
04 Bewältigung von Aufgaben	• Relative Wichtigkeit von Prozessen und Ergebnissen (KU-07) • Horizont für kreative Mitarbeit (KU-08) • Organisation des Vorgehens / Zeitmanagement (KU-09)
05 Umgang mit Konflikten und Schwierigkeiten	• Konfliktmanagement (KU-10)
06 Beziehungsaufbau/Beziehungspflege	• Beziehungsentwicklung (KU-11) • Die private Dimension der Beziehung (KU-12) • Humor: Lockerheitseindruck & unverstandene Ironie (KU-13)
07 Aufdeckung von Relationship Fit	• Camarades de promotion / Alumni einer Grande Ecole (KU-14) • Unterschiedlichkeit der Herangehensweise (KU-15)
08 Respektvoller Umgang/Facework	• Äußern von Kritik und Widerspruch (KU-16) • Respektieren von Zuständigkeiten (KU-17) • Einflussnahme auf Entscheidungsprozesse (KU-18)
09 Fairplay in der Zusammenarbeit	• Äußern von Zielen und Absichten (KU-19)
10 Kooperatives Verhalten	• Loyalität gegenüber beruflichen Partnern (KU-20) • Reaktionsgeschwindigkeit bei Anfragen bzw. Bitten (KU-21)

6.2 Empirische Ergebnisse

Neben diesen relativ konkreten vertrauensrelevanten Unterschiedsbereichen wurden auch sieben sehr allgemeine vertrauensrelevante Kulturunterschiede gefunden, die nicht nur den unterschiedlichen Umgang mit einem Vertrauensfaktor sondern gleich mit mehreren zu verstehen helfen, und die zu einem großen Teil in ähnlicher Weise auch in anderen Beiträgen der interkulturellen Managementforschung beschrieben werden. Diese wurden «*Erklärungskonzepte*» genannt und zur Interpretation der gefundenen Unterschiedsbereiche herangezogen. – Einen Überblick der Erklärungskonzepte gibt Tab. 6.9. Die ausführlichen Definitionen sowie Literaturbezüge zu den Erklärungskonzepten finden sich in Kap. 5. Für eine Übersicht der Bezüge zwischen Erklärungskonzepten und Unterschiedsbereichen vgl. die Tabellen in 5.11.

Tab. 6.9: Übersicht der Erklärungskonzepte mit Kurzcharakterisierung

Erklärungskonzepte	Kurzcharakterisierung
• Herangehensweise	• Wie geht man an Arbeitsaufgaben / Projekte / die Umsetzung von Anweisungen heran?
• Direktheit des Kommunikationsstils	• Wie formuliert man Kritik/Widerspruch, Ziele/Absichten, Anweisungen etc?
• Hierarchieorientierung	• In wieweit akzeptiert man Machtgefälle und damit einhergehende Handlungsweisen?
• Transversalité	• In wieweit interessiert man sich für bzw. tut man Dinge, die nicht im eigenen Arbeitsbereich sondern in einem angrenzenden Bereich liegen?
• Ausführlichkeitskonflikt	• Wie ausführlich bzw. detailliert redet / schreibt / plant man?
• Monochronie-Polychronie	• In wieweit folgt man einer klaren, sequentiellen Zeiteinteilung und Ablauforganisation?
• Sach-/Beziehungsorientierung	• Wie wichtig sind persönliche Beziehungen für sachliche Zusammenarbeit?

Den Einfluss der vertrauensrelevanten Unterschiedsbereiche auf die Vertrauensentwicklung verdeutlichen insgesamt 37 empirisch gefundene '**kulturelle Vertrauensmissverständnisse**', die im fünften Kapitel beschrieben werden. Es handelt sich dabei um Darstellungen der interviewten Manager, die an einem konkreten Beispiel illustrieren, inwiefern die beschriebenen vertrauensrelevanten Kulturdifferenzen zu Vertrauensmissverständnissen führen können. Die Interviewpartner beschreiben in diesen Sequenzen vertrauenskritische Situationen der interkulturellen Zusammenarbeit aus ihrem beruflichen Alltag, die bei ihnen zum Aufbau oder zum Verlust von Vertrauen geführt haben. Auf Basis der Ergebnisse des dritten Auswertungsschritts lassen sich diese Darstellungen jedoch als Beispiele für kulturelle Vertrauensmissverständnisse rekonstruieren. – Die kulturellen Vertrauensmissverständnisse finden sich in Kap. 5. jeweils am Ende der Darstellung des entsprechenden Unterschiedsbereichs. Aus der jeweiligen Diskussion ergeben sich praktische Konsequenzen für die Vertrauensentwicklung in der deutsch-französischen Zusammenarbeit im Management.

Darüber hinaus wurden in Bezug auf viele der Unterschiedsbereiche '**interkulturelle Vertrauensmaßnahmen**' gefunden. Es handelt sich um Beschreibungen der interkulturell erfahrenen Manager, wie sie in der interkulturellen Zusammenarbeit ihr Verhalten gezielt an angenommenen Kulturunterschieden orientieren, um Vertrauensmissverständnisse zu vermeiden und die Entwicklung von Vertrauen zu fördern.[185] Da die interviewten Manager über einen sehr umfangreichen Erfahrungshintergrund verfügten (sie waren zum Zeitpunkt der Interviews durchschnittlich bereits 14,2 Jahre im interkulturellen Management tätig, vgl. 2.2.3 Beschreibung der Stichprobe), sind die beschriebenen interkulturellen Vertrauensmaßnahmen aufschlussreich. Sie zeigen kreative Wege des Umgangs mit den beschriebenen vertrauensrelevanten Kulturdifferenzen. – Die interkulturellen Vertrauensmaßnahmen werden in Kap. 5. jeweils direkt nach den kulturellen Vertrauensmissverständnissen wiedergegeben.

6.3 Zusammenführung der Ergebnisse der Einzelauswertungen

Die Gesamtkonzeption der empirischen Studie zielte auf eine umfassende Untersuchung des Einflusses kultureller Differenz auf die Entwicklung von Vertrauen. Im Sinne dieser übergreifenden Fragestellung gilt es daher nun, die Ergebnisse der beiden Teiluntersuchungen zu Kulturunterschieden der Gewichtung von Vertrauensfaktoren (quantitative Auswertung) und der Diagnose von Vertrauensfaktoren (qualitative Auswertung) zusammenzuführen. Dazu werde ich zunächst grundsätzlich erläutern, welche Arten von Bezügen zwischen den Teilergebnissen bestehen (6.3.1). Zweitens erläutere ich diese Bezüge ausführlich anhand der Ergebnisse in zwei der für Vertrauen in der deutsch-französischen Zusammenarbeit zentralen Handlungsfelder (6.3.2). Drittens gebe ich einen Gesamtüberblick aller wesentlichen Bezüge zwischen den Ergebnissen der beiden Auswertungsschritte (6.3.3).

6.3.1 Systematik der Bezüge zwischen den Teilergebnissen

Grundsätzlich ergeben sich für jeden Vertrauensfaktor drei Möglichkeiten des Verhältnisses zwischen den Ergebnissen der quantitativen und der qualitativen Auswertung:

1. Bei einer Reihe von Vertrauensfaktoren wurden Gewichtungsunterschiede gefunden (signifikante Unterschiede der Kodierungshäufigkeiten im deutsch-französischen Vergleich), aber im dritten Auswertungsschritt keine Kulturunterschiede identifiziert, welche auf deutsch-französische Unterschiede der Faktordiagnose verweisen oder zur Interpretation dieser Gewichtungsunterschiede herangezogen werden können. Dies betrifft beispielsweise die Vertrauensfaktoren *'Mitdenken und individuell informieren'* (DD>FF*) oder *'Anerkennung / Belohnungen fair verteilen'* (FD>DF*).

2. Bei anderen Vertrauensfaktoren wurden keine signifikanten Gewichtungsunterschiede gefunden, aber es zeigte sich im dritten Auswertungsschritt, dass es dennoch ein kulturelles Missverständnispotenzial in Bezug auf den jeweiligen Vertrauensfaktor gibt. Das heißt, es wurden Unterschiedsbereiche identifiziert, welche zeigen, inwiefern deutsche und französische Manager den Vertrauensfaktor auf unterschiedliche Weise diagnostizieren. Ein solches Missverständnispotenzial erscheint insbesondere dann für die tatsächliche interkulturelle Zusammenarbeit relevant, wenn es sich um einen besonders wichtigen Vertrauensfaktor handelt, das heißt, wenn die quantitative Auswertung eine Spitzenposition in der Häufigkeitsrangliste ergab (wie etwa im Fall von *'Zusagen einhalten'* oder *'Respekt und Interesse zeigen'*, vgl. Tabelle 6.10 in 6.3.3).

---

[185] Die kulturellen Vertrauensmissverständnisse und interkulturellen Vertrauensmaßnahmen finden sich jeweils unter einem eigenen Gliederungspunkt in der Darstellung der einzelnen Unterschiedsbereiche im fünften Kapitel.

3. Bei einer Reihe von Vertrauensfaktoren wurden sowohl signifikante Gewichtungsunterschiede festgestellt als auch deutsch-französische Unterschiedsbereiche herausgearbeitet. Dabei lassen sich zwei Fälle unterscheiden: Teilweise ergänzt die qualitative Auswertung die quantitativen Ergebnisse durch Informationen über Kulturunterschiede der Faktordiagnose. Dies bedeutet, dass über den Gewichtungsunterschied hinaus ein zusätzliches Potenzial für deutsch-französische Vertrauensmissverständnisse besteht, weil deutsche und französische Manager den Vertrauensfaktor tendenziell unterschiedlich diagnostizieren. Teilweise bestätigen die Unterschiedsbereiche die Ergebnisse der quantitativen Auswertung oder liefern Hintergrundinformationen, welche zur Interpretation der Gewichtungsunterschiede herangezogen werden können.

6.3.2 Exemplarische Diskussion am Beispiel von Absprachen und Respekt

Inwiefern die Ergebnisse der qualitativen Auswertung die Ergebnisse der quantitativen Auswertung ergänzen oder bestätigen und erläutern, erschließt sich am besten anhand von Beispielen. Nach ausführlicher Analyse der Zusammenhänge zwischen den Ergebnissen der beiden Auswertungsschritte, habe ich für eine exemplarische Diskussion die Ergebnisse in den beiden Handlungsfeldern <Umgang mit Absprachen und Regeln> und <Respektvoller Umgang / Facework> ausgewählt. Diese Auswahl basiert auf folgenden Überlegungen:
- In diesen beiden Handlungsfeldern finden sich einige Vertrauensfaktoren, bei welchen signifikante deutsch-französischer Gewichtungsunterschiede gefunden wurden.
- Zudem wurden in diesen Handlungsfeldern vertrauensrelevante Unterschiedsbereiche gefunden, die sowohl in den Daten gut zu belegen sind als auch durch Ergebnisse anderer Studien bestätigt werden können (bzw. zu deren Verständnis eines oder mehrere der Erklärungskonzepte herangezogen werden können).
- Die Auswahl umfasst sowohl ein Beispiel aus den aufgabenbezogenen als auch eines aus den beziehungsbezogenen Handlungsfeldern.
- In beiden Handlungsfeldern bestehen zwischen den Ergebnissen der quantitativen und der qualitativen Auswertung besonders deutliche und inhaltlich aussagekräftige Bezüge. Die Unterschiedsbereiche liefern nicht nur eine Bestätigung der gefundenen Gewichtungsunterschiede, sondern sie ergänzen Hinweise auf Unterschiede der Faktordiagnose und Hintergrundinformationen zur Interpretation der quantitativen Ergebnisse. Zudem gibt es in beiden Handlungsfeldern den Fall eines Vertrauensfaktors, bei welchem in der quantitativen Auswertung zwar keine Gewichtungsunterschiede aber in beiden Kulturen eine hohe Positionierung in der Häufigkeitsrangliste festgestellt wurde – weshalb Unterschiede der Faktordiagnose von besonderer Relevanz erscheinen.

6.3.2.1 Bsp.1: Handlungsfeld <Umgang mit Absprachen / Regeln>

Vielfältige und aufschlussreiche Bezüge bestehen zwischen den Ergebnissen der quantitativen und der qualitativen Auswertung im Handlungsfeld <Umgang mit Absprachen / Regeln>. Resümieren wir zunächst die Definition dieses Handlungsfelds: Ob Manager anderen Kollegen oder Geschäftspartnern Vertrauen schenken, kann damit zusammen hängen, wie diese mit Absprachen und Regeln umgehen. In der beruflichen Zusammenarbeit ist stets zu koordinieren, wer was wann wie macht. Auch wenn man dazu meist auf bestehende Regeln oder Prozeduren zurückgreifen kann, bleibt das Treffen von Absprachen und auch das Vereinbaren von Regeln ein wichtiger Aspekt des beruflichen Alltags von Managern (vgl. 3.2.1).
Vergegenwärtigen wir uns nun im Überblick die Ergebnisse in diesem Handlungsfeld: In der quantitativen Auswertung ergaben sich bei zwei Vertrauensfaktoren signifikante Unter-

schiede der Kodierungshäufigkeiten in den Teilgruppenvergleichen, und bei einem Vertrauensfaktor fällt seine herausragende Position in der Häufigkeitsrangliste ins Auge. In der qualitativen Auswertung wurden drei Unterschiedsbereiche gebildet. – Welche Bezüge gibt es zwischen diesen Ergebnissen?

Beginnen wir mit dem Vertrauensfaktor *'Absprachen treffen / Regeln vereinbaren'*. Er wird in den bi-kulturellen Gruppen von etwa einem Viertel der deutschen Manager beschrieben – und taucht damit signifikant häufiger auf deutscher Seite auf als auf französischer (DF>FD*). Das heißt, wenn die deutschen Manager die Entwicklung von Vertrauen zu französischen Kollegen oder Geschäftspartnern nachzeichnen, dann sprechen sie signifikant häufiger als die französischen Manager davon, dass der andere mit ihnen Absprachen trifft oder Regeln vereinbart (bzw. dies nicht tut). Auch im Vergleich der mono-kulturellen Gruppen beschreiben mehr deutsche als französische Manager diesen Vertrauensfaktor (DD>FF), aber der Unterschied ist nicht signifikant. Dies deutet darauf hin, dass es hier einen Kulturunterschied gibt, der insbesondere in der interkulturellen Interaktion zum Tragen kommt. Offenbar achten die interviewten deutschen Manager bei der Vertrauenseinschätzung französischer Kollegen oder Geschäftspartner stärker darauf, ob Absprachen getroffen werden, als es umgekehrt die französischen Interviewpartner tun. Dies lässt auf ein Potenzial für kulturelle Vertrauensmissverständnisse schließen: Es besteht die Möglichkeit, dass ein französischer Manager sich in der Zusammenarbeit mit einem deutschen Kollegen nicht in besonderem Maße darum bemüht, Absprachen zu treffen bzw. Regeln zu vereinbaren, da er dies nicht für besonders wichtig hält und tendenziell weniger darauf achtet als der Deutsche. Für den deutschen Manager ist das Verhalten seines französischen Kollegen jedoch möglicherweise Anlass, seine Bereitschaft zu reduzieren, diesem Kollegen zu vertrauen. – Gibt es bestätigende oder ergänzende Informationen hierzu aus der qualitativen Auswertung? Der Unterschiedsbereich ***Stellenwert und Verbindlichkeit von Absprachen*** bestätigt den Befund: Die Auswertung der Kommentarstellen und der Forschungsliteratur ergab, dass das Treffen verbindlicher Absprachen im deutschen Unternehmenskontext im Vergleich zum französischen offenbar sowohl generell einen höheren Stellenwert als auch im Einzelfall eine höhere Verbindlichkeit besitzt. Entsprechend hat der Vertrauensfaktor *'Absprachen treffen / Regeln vereinbaren'* für die deutschen Manager mehr Gewicht als für die französischen Manager. Der Unterschiedsbereich bestätigt zudem andere Ergebnisse der deutsch-französischen Managementforschung (vgl. 5.1.1.1).

Zweitens fällt auf, dass sich im Handlungsfeld <Umgang mit Absprachen / Regeln> einer der zentralen Vertrauensfaktoren findet: *'Zusagen einhalten'* spielt in den Darstellungen von über der Hälfte aller interviewten Manager eine Rolle (52 %). Damit steht er in der Häufigkeitsrangliste der Vertrauensfaktoren auf dem dritten Platz (vgl. Tab. 4.3 in 4.1.2). Zwar wurden bei diesem Vertrauensfaktor im deutsch-französischen Vergleich der Kodierungshäufigkeiten keine auffälligen Unterschiede gefunden. Da der Vertrauensfaktor aber offenbar insgesamt sehr wichtig ist, fallen hier Kulturunterschiede der Faktordiagnose ins Gewicht.

Zwei Unterschiedsbereiche verweisen hier auf zwei Gründe dafür, wie es zu kulturellen Vertrauensmissverständnissen kommen kann, weil ein deutscher Manager etwas als Zusage interpretiert, was aus Sicht eines französischen Managers keine Zusage darstellt. Zum einen verweist der Unterschiedsbereich ***Kommunikation beim Treffen von Absprachen*** auf einen wichtigen Kulturunterschied zwischen dem deutschen und dem französischen Kommunikationsstil (vgl. hierzu u.a. Helmolt 1997, Helmolt & Müller-Jacquier 1991, Litters 1995, Pateau 1999). Im Französischen drückt man sich tendenziell indirekter aus als im Deutschen, was offenbar zu einem grundlegenden kommunikativen Missverständnis in Bezug auf Ab-

6.3 Zusammenführung der Ergebnisse der Einzelauswertungen

sprachen führen kann: Es kann passieren, dass es auf deutscher Seite nicht verstanden wird, wenn auf französischer Seite Widerspruch oder eine ablehnende Haltung in der französischindirekteren Ausdrucksweise formuliert wird. Dann wird etwas als Zusage aufgefasst, das als Absage gemeint war. Zum anderen ist es gemäß dem Unterschiedsbereich *Einfluss von Hierarchieorientierung auf Absprachen* im französischen Unternehmenskontext in höherem Maße akzeptiert, dass Entscheidungen von Vorgesetzten getroffen oder revidiert werden, ohne Mitarbeiter 'offiziell' in den Entscheidungsprozess einzubeziehen. Auch werden in Frankreich offenbar in vielen Kontexten den Mitarbeitern in geringerem Maße Entscheidungsbefugnisse übertragen als dies tendenziell in deutschen Unternehmen der Fall ist. Dies bestätigt einen grundlegenden Kulturunterschied, der in der Literatur als unterschiedliche Hierarchieorientierung diskutiert und in der vorliegenden Arbeit als das Erklärungskonzept «Hierarchieorientierung» gefasst wird. Er wird auch in einer Reihe anderer Studien beschrieben und kann als gut belegt gelten (u.a. Gmür 1999, Pateau 1999, House et al. 2004). Die Auswertungen der vorliegenden Studie konnten nun darüber hinaus zeigen, dass dieser Kulturunterschied insbesondere bei Absprachen am Ende geschäftlicher Treffen zu Vertrauensmissverständnissen führen kann. Denn deutsche Manager tendieren dazu, ihrem französischen Gesprächspartner größere Entscheidungsbefugnisse zu unterstellen, als dieser tatsächlich hat. Wenn sie im Meeting eine Vereinbarung ausgehandelt haben, ist ihnen teilweise nicht bewusst, dass die 'Zusage' des französischen Kollegen unter einem 'Chef-Vorbehalt' stehen kann, auch wenn der Kollege dies nicht explizit erwähnt. Dass die Hierarchie unpassende 'Zusagen', die auf einer ihr unterstellten Ebene gegeben wurden, suspendiert, passiert in französischen Unternehmen offenbar häufiger als in deutschen Unternehmen. Dies kann jedoch auf deutscher Seite leicht als Vertrauenswarnung in Bezug auf den Vertrauensfaktor 'Zusagen einhalten' interpretiert werden. Aus französischer Sicht gab es hier jedoch keine verbindliche 'Zusage' im deutschen Verständnis. Das heißt, es kann zu einem kulturellen Vertrauensmissverständnis aufgrund von Kulturunterschieden der Faktordiagnose kommen.

Eine dritte Auffälligkeit im Handlungsfeld *<Umgang mit Absprachen / Regeln>* betrifft den Vertrauensfaktor **'Absprachen / Regeln flexibel handhaben'**. Auf diesen Vertrauensfaktor verweisen die französischen Manager, welche von der Zusammenarbeit mit deutschen Kollegen berichten, signifikant häufiger als ihre Kollegen, die aus der rein französischen Zusammenarbeit berichten (FD>FF*). Es scheint sich also um einen Aspekt zu handeln, der für französische Manager insbesondere in der Zusammenarbeit mit Deutschen ins Blickfeld gerät. Interessanterweise gilt dies vor allem für die Perspektive des Vertrauensverlusts: Einige der interviewten französischen Manager beschreiben es als 'Vertrauenswarnung', dass ein deutscher Kollege oder Geschäftspartner mit Absprachen bzw. Regeln nicht flexibel umgegangen sei. – Während es also für die deutschen Manager ein wichtiger Vertrauensfaktor ist, überhaupt Absprachen zu treffen bzw. Regeln zu vereinbaren (vgl. oben), ist *'Absprachen / Regeln flexibel handhaben'* als Vertrauensfaktor offenbar den französischen Managern wichtiger. – Hintergrundinformationen für ein Verständnis dieses Befunds liefert hier wiederum der Unterschiedsbereich *Stellenwert und Verbindlichkeit von Absprachen*. Verbindlichkeit ist den deutschen Managern offenbar wichtiger, und daher handhaben sie Absprachen tendenziell weniger flexibel. Allerdings verweist der Unterschiedsbereich außerdem auf einen deutsch-französischen Unterschied der Faktordiagnose: Die französischen Manager interpretieren möglicherweise ein bestimmtes Verhalten als inflexibel, bei welchem die deutschen Manager den Eindruck haben, flexibel zu agieren (vgl. ausführlicher 5.1.1).

Damit liefern die Ergebnisse der quantitativen und qualitativen Auswertungen ein umfassendes Bild, inwiefern deutsch-französische kulturelle Differenzen in Bezug auf das Handlungsfeld <Umgang mit Absprachen / Regeln> die Entwicklung von Vertrauen in der deutschfranzösischen Zusammenarbeit beeinflussen können. Dass in der tatsächlichen deutsch-französischen Zusammenarbeit entsprechende kulturelle Vertrauensmissverständnisse entstehen können, wurde in der Studie empirisch belegt (vgl. 5.1.1.3, 5.1.2.3, 5.1.3.3).

6.3.2.2 Bsp.2: Handlungsfeld <Respektvoller Umgang / Facework>

Auch im Handlungsfeld <Respektvoller Umgang / Facework> bestehen vielfältige und aufschlussreiche Bezüge zwischen den Ergebnissen der quantitativen und der qualitativen Auswertung. Das Handlungsfeld erschließt sich über den wissenschaftlichen Begriff des 'Face', das heißt des 'öffentlichen Selbstbilds' einer Person. Es ist das Bild, das sich andere von einem machen oder das man selbst gerne anderen vermitteln möchte. Vereinfacht gesagt gilt: Wird jemand kritisiert, beleidigt oder gedemütigt, dann wird sein öffentliches Selbstbild beschädigt. 'Facework' bezeichnet daher alle Aktivitäten, die versuchen, solchen Schaden zu vermeiden, abzuschwächen oder zu beheben.[186] Ergänzend umfasst das Konzept jedoch auch den umgekehrten Fall: Man kann Gesichtsbedrohungen aktiv vorbeugen, indem man das öffentliche Selbstbild des anderen im positiven Sinne aufbaut und verstärkt (Lob, Anerkennung etc., vgl. 3.3.3). Das Handlungsfeld des respektvollen Umgangs beschreibt die Herausforderung im Management, gegenüber Kollegen oder Geschäftspartnern hinreichend respektvoll zu agieren. Die Vertrauensfaktoren des Facework zeigen auf, inwiefern ein Interaktionspartner dazu in der Lage ist, neben seinen eigenen auch meine Bedürfnisse im Blick zu haben.

Verschaffen wir uns zunächst wieder einen groben Überblick der Ergebnisse in diesem Handlungsfeld: In den quantitativen Ergebnissen fällt bei einem der Vertrauensfaktoren seine herausragende Ranglistenposition ins Auge, und es ergaben sich zudem bei zweien der Vertrauensfaktoren signifikante Unterschiede der Kodierungshäufigkeiten. In der qualitativen Auswertung wurden drei Unterschiedsbereiche gebildet. – Welche Bezüge gibt es zwischen diesen Ergebnissen?

Es ist ein interessantes Ergebnis der Studie, dass unter den 60 Vertrauensfaktoren im Management gerade der Faktor **'Respekt und Interesse zeigen'**, der relativ grundlegende und wenig tätigkeitsspezifische Aspekte des zwischenmenschlichen Umgangs beschreibt, von herausragender Bedeutung ist: Er steht an erster Stelle der Gesamthäufigkeitsrangliste. Im deutsch-französischen Vergleich zeigen sich allerdings hier keine auffälligen Unterschiede der Kodierungshäufigkeiten. – Gibt es nun bestätigende oder ergänzende Informationen hierzu aus der qualitativen Auswertung? Zwei Unterschiedsbereiche beschreiben, inwiefern es, obwohl keine Gewichtungsunterschiede gefunden wurden, dennoch zu kulturellen Vertrauensmissverständnissen kommen kann. Grund sind deutsch-französische Unterschiede der Faktordiagnose: Auf die Frage, wann genau ein Verhalten als respektlos gilt, gibt es im deutschen und französischen Kontext unterschiedliche Antworten. Zum einen verweist der Unterschiedsbereich ***Organisation des Vorgehens / Zeitmanagement*** auf einen 'Klassiker' der deutsch-französisch vergleichenden Forschung (vgl. Hall & Hall 1984, 1990): Während deutsche Manager dazu tendieren, Arbeitsaufgaben zu segmentieren und Teilaufgaben auf *einer* Zeitlinie sukzessiv abzuarbeiten, neigen französische Manager dazu, zwischen der Abarbeitung unterschiedlicher Aufgaben auf 'parallelen Zeitlinien' zu wechseln (Davoine 2002,

---

[186] Das Konzept stammt aus der Soziologie (Goffman 1967b) und wurde in der Linguistik bzw. pragmatischen Höflichkeitstheorie weiterentwickelt (Brown & Levinson 1978); zum Begriff 'facework' vgl. auch Domenici & Littlejohn (2006).

vgl. ausführlicher 5.4.3). Meine Auswertungen zeigen, inwiefern dieser Kulturunterschied in Bezug auf den Vertrauensfaktor 'Respekt und Interesse zeigen' zu kulturellen Vertrauensmissverständnissen führen kann. Der französische Umgang mit dem Wechsel oder der Fortführung unterschiedlicher Zeitlinien wird in bestimmten Situationen auf deutscher Seite als Mangel an Respekt wahrgenommen. Ein bestimmtes Verhalten eines französischen Managers (beispielsweise die ausführliche Fortsetzung eines Telefonats, obwohl man bereits einen anderen Termin hat) wird von einem deutschen Manager möglicherweise als Vertrauenswarnung in Bezug auf den Faktor 'Respekt und Interesse zeigen' interpretiert, während der französische Manager sein Verhalten keinesfalls als respektlos betrachten würde.

Umgekehrt zeigt der Unterschiedsbereich *Äußern von Kritik und Widerspruch*, dass ein bestimmtes Verhalten eines deutschen Managers (wie etwa sachlicher Widerspruch oder konstruktive Kritik) von einem französischen Manager möglicherweise nicht nur als mangelnde Höflichkeit im Äußern von Kritik, sondern sogar als Vertrauenswarnung in Bezug auf den Faktor 'Respekt und Interesse zeigen' interpretiert wird – während hier der deutsche Manager sein Verhalten keinesfalls als respektlos betrachten würde. Es besteht daher die Möglichkeit von Vertrauensmissverständnissen aufgrund von Kulturunterschieden der Faktordiagnose. Im deutschen Unternehmenskontext ist es leichter möglich, sachorientierte und konstruktive Kritik zu äußern, als in französischen Unternehmen. Kritik zu äußern ist im deutschen Kontext sogar erwünscht bzw. gefordert und stellt weniger leicht ein Problem für die Vertrauensentwicklung dar als im französischen Umfeld. Es besteht vielmehr sogar eine Art 'Verpflichtung' zu konstruktiver Kritik, deren Unterlassung in bestimmten Fällen als Signal gegen die Vertrauenswürdigkeit des anderen gewertet wird (vgl. den Vertrauensfaktor 'Auf Fehler / Defizite hinweisen', 3.2.5.5). Im französischen Unternehmenskontext bzw. in der französischen Sprache wird hingegen sowohl Kritik als auch Widerspruch oder Ablehnung tendenziell auf indirekte Weise formuliert ('durch die Blume', 'auf diplomatische Weise'). Offene und direkt formulierte Kritik läuft Gefahr, als unhöflich oder respektlos interpretiert zu werden.

Zweitens fällt im Handlungsfeld <Respektvoller Umgang / Facework> ins Auge, dass der Vertrauensfaktor 'Zuständigkeiten respektieren' sowohl im Vergleich der mono-kulturellen als auch der bi-kulturellen Gruppen auf deutscher Seite jeweils von etwa 20% der interviewten Manager beschrieben wird, auf französischer Seite hingegen fast gar nicht (DD>FF, DF>FD*). Der Unterschiedsbereich *Respektieren von Zuständigkeiten* bestätigt diesen Befund und liefert zusätzliche Hintergrundinformationen. Als eine Konsequenz der im französischen Unternehmenskontext stärkeren Hierarchieorientierung (vgl. 6.3.2.1) sehen sich hier Vorgesetzte häufiger als im deutschen Kontext selbst für die Klärung von Problemen, Schwierigkeiten oder Anfragen zuständig, auch wenn der jeweilige Mitarbeiter konkret betroffen, eingearbeitet – und aus deutscher Sicht 'zuständig' – ist. Zudem ist es im französischen Unternehmenskontext eher als im deutschen üblich, auch Dinge zu erledigen, die nicht im eigenen Arbeitsbereich sondern in einem angrenzenden Bereich liegen („transversalité", vgl. Pateau 1998 bzw. 5.2.1.1,). Beide Aspekte können in der interkulturellen Zusammenarbeit dazu führen, dass die deutschen Manager das Verhalten französischer Manager als Vertrauenswarnung in Bezug auf 'Zuständigkeiten respektieren' interpretieren (vgl. ausführlicher 5.8.2).

Eine dritte Auffälligkeit im Handlungsfeld <Respektvoller Umgang / Facework> betrifft den Vertrauensfaktor 'In Entscheidungen einbeziehen'. Er findet sich im Vergleich der mono-kulturellen Gruppen auf deutscher Seite signifikant häufiger (DD>FF*). Bei näherer Betrachtung der Ergebnisse fallen zudem zwei weitere Aspekte ins Auge: Erstens beruht die Häufigkeit in der mono-kulturellen deutschen Gruppe vor allem auf den Beschreibungen des Faktors als Vertrauensmaßnahme. Eine Reihe der interviewten deutschen Manager beschreiben, wie sie, um Vertrauen aufzubauen, sich bemühen, ihre Mitarbeiter oder Kollegen in Entscheidungen einzubeziehen. Demgegenüber wird der Faktor in der mono-kulturellen französischen Gruppe überhaupt nicht als Vertrauensmaßnahme beschrieben. Gemäß der Stichprobe sieht man es also offenbar im französischen Kontext nicht als vertrauensbildende Maßnahme, den anderen explizit in Entscheidungen einzubeziehen. Zweitens wird der Faktor in der deutschen bi-kulturellen Gruppe zwar als Vertrauenswarnung beschrieben, nicht aber als Vertrauensgrund (DF 0/12/8). Keiner der interviewten deutschen Manager berichtet von einem französischen Kollegen oder Geschäftspartner, der ihm deshalb besonders vertrauenswürdig erschien, weil er ihn in Entscheidungen einbezog. Eher fällt es den deutschen Managern negativ auf, wenn sich französische Kollegen gerade *nicht* so verhalten. – Der Unterschiedsbereich *Einflussnahme auf Entscheidungsprozesse* bestätigt und erläutert diese Ergebnisse: Die deutschen Manager pflegen und erwarten einen stärker partizipativen Führungsstil als französische Manager. Demgegenüber verläuft die Entscheidungsfindung in Frankreich sehr viel direktiver. Während die deutschen Interviewpartner beschreiben, wie sie Entscheidungen im Vorfeld mit ihren Mitarbeitern diskutieren, entscheiden französische Manager offenbar häufiger auch ohne vorangehende Diskussion mit ihren Mitarbeitern und auch ohne ihre Entscheidung anschließend gegenüber ihren Mitarbeitern zu begründen – was seitens der Mitarbeiter sowohl akzeptiert ist als auch erwartet wird (vgl. Castel et al. 2007, Gmürr 1999). Entsprechend sehen sich die deutschen Manager in der deutsch-französischen Zusammenarbeit bisweilen in ihrer Erwartung getäuscht, in Entscheidungen einbezogen zu werden – und interpretieren das Verhalten ihrer französischen Vorgesetzten als Vertrauenswarnung in Bezug auf den Vertrauensfaktor *'In Entscheidungen einbeziehen'* (vgl. ausführlicher 5.8.3).

Auch in Bezug auf das Handlungsfeld <Respektvoller Umgang / Facework> liefern die Ergebnisse der quantitativen und qualitativen Auswertungen damit ein umfassendes Bild, inwiefern deutsch-französische kulturelle Differenzen die Entwicklung von Vertrauen in der deutsch-französischen Zusammenarbeit beeinflussen können. Dass in der tatsächlichen deutsch-französischen Zusammenarbeit entsprechende kulturelle Vertrauensmissverständnisse entstehen können, wurde in der Studie empirisch belegt (vgl. 5.8.1.3, 5.8.2.3, 5.8.3.3).

6.3.3 Gesamtübersicht

Tab. 6.10 gibt einen Gesamtüberblick derjenigen Vertrauensfaktoren, bei welchen wesentliche Bezüge zwischen den Ergebnissen der beiden Auswertungsschritte herausgearbeitet werden konnten. Für jeden dieser Vertrauensfaktoren werden kurz die Ergebnisse der beiden Teiluntersuchungen dargestellt: In der zweiten Spalte werden Ergebnisse der quantitativen Auswertung berichtet (Gewichtungsunterschiede, Vermerk ob in Top-Ten der Häufigkeitsrangliste; vgl. Kap. 4) und in der dritten Spalte Ergebnisse der qualitativen Auswertung (vertrauensrelevante Unterschiedsbereiche; vgl. Kap. 5). In der letzten Spalte wird dann erläutert, welche Zusammenhänge zwischen diesen Ergebnissen bestehen: Inwiefern bestätigt die qualitative Auswertung die quantitativen Ergebnisse bzw. ergänzt sie durch Informationen über Kulturunterschiede der Faktordiagnose (vgl. 6.3.1 Systematik der Bezüge zwischen den Teilergebnissen, insb. dritter Punkt).

6.3 Zusammenführung der Ergebnisse der Einzelauswertungen

Tab. 6.10: Zusammenführung der Ergebnisse der Einzelauswertungen

HF-1: Umgang mit Absprachen / Regeln

Faktor	Quant. Ausw.	Qual. Auswertung	Bezüge / Kommentare
1.1 Absprachen treffen / Regeln vereinbaren	DF>FD* DD>FF	**KU-1**: Stellenwert und Verbindlichkeit von Absprachen	KU-1 bestätigt die in der quantitativen Auswertung gefundenen Ergebnisse: Absprachen haben für die deutschen Manager einen höheren Stellenwert. Entsprechend ist ihnen der Vertrauensfaktor *'Absprachen treffen / Regeln vereinbaren'* wichtiger. Dies zeigt sich besonders im Vergleich der bi-kulturellen Gruppen. Vgl. ausführlicher 5.1.1.
1.2 Zusagen einhalten	[3. Platz der Häufigkeitsrangliste]	**KU-2**: Kommunikation beim Treffen von Absprachen + **KU-3**: Einfluss von Hierarchieorientierung auf Absprachen	KU-2 und KU-3 zeigen, inwiefern es, obwohl keine Gewichtungsunterschiede gefunden wurden, dennoch zu kulturellen Vertrauensmissverständnissen kommen kann – nämlich aufgrund von Kulturunterschieden der Faktordiagnose: Es ist möglich, dass ein deutscher Manager etwas als Zusage interpretiert, was aus Sicht eines französischen Managers keine Zusage darstellt. Der deutsche Manager diagnostiziert daher möglicherweise ein bestimmtes Verhalten als Vertrauenswarnung in Bezug auf *'Zusagen einhalten'*, welches der französische Manager nicht im Hinblick auf diesen Vertrauensfaktor interpretieren würde. Dieses Missverständnispotenzial ist besonders relevant, da es sich, wie die quantitative Auswertung zeigt, bei *'Zusagen einhalten'* insgesamt um einen sehr wichtigen Vertrauensfaktor handelt. Vgl. ausführlicher 5.1.2, 5.1.3.
1.4 Absprachen / Regeln flexibel handhaben	FD>FF* FD: v. a. V-	**KU-1**: Stellenwert und Verbindlichkeit von Absprachen	KU-1 liefert Hintergrundinformationen um zu verstehen, warum in der französischen bi-kulturellen Gruppe mehr Beschreibungen des Faktors als Vertrauenswarnung gefunden wurden als in der mono-kulturellen Gruppe. Verbindlichkeit ist den deutschen Managern offenbar wichtiger, und daher handhaben sie Absprachen tendenziell weniger flexibel. Der Unterschiedsbereich verweist außerdem auf einen deutsch-französischen Unterschied der Faktordiagnose: Die französischen Manager interpretieren möglicherweise ein bestimmtes Verhalten als inflexibel, bei welchem die deutschen Manager den Eindruck haben, flexibel zu agieren. Vgl. ausführlicher 5.1.1.

HF-2: Weitergabe von Informationen

Faktor	Quant. Ausw.	Qual. Auswertung	Bezüge / Kommentare
2.1 An Wissen teilhaben lassen	DD>FF*	KU-4: Relevanzbereich von Informationen	KU-4 scheint zunächst in Widerspruch zu den quantitativen Ergebnissen zu stehen. Denn er beschreibt, dass die französischen Manager ein größeres Bedürfnis nach Kontextinformationen haben als die deutschen, während die quantitativen Ergebnisse zeigen, dass die interviewten deutschen Manager den Vertrauensfaktor 'An Wissen teilhaben lassen' häufiger beschreiben. Eine mögliche Erklärung könnte folgender deutsch-französischer Kulturunterschied der Faktordiagnose liefern: Die französischen Manager interpretieren offenbar das Verhalten, das die Deutschen als 'An Wissen teilhaben lassen' interpretieren, eher im Hinblick auf den Vertrauensfaktor 'Kontakt pflegen / viel kommunizieren'. Vgl. ausführlicher 5.2.1.
2.3 Informationen vertraulich behandeln	DD>FF	KU-4: Relevanzbereich von Informationen	KU-4 bestätigt und erläutert die in der quantitativen Auswertung gefundenen Indizien: Den deutschen Managern ist Vertraulichkeit von Informationen wichtiger, während die französischen Manager eher 'relevante' Kontextinformationen einfordern bzw. gewähren. Daher kommt es vor, dass ein französischer Manager Informationen weitergibt, welche sein deutscher Kollege als vertraulich betrachtet. KU-4 verweist damit auf einen deutsch-französischen Unterschied der Faktordiagnose: Ein deutscher Manager interpretiert möglicherweise Informationen als vertraulich, die ein französischer Manager nicht als vertraulich betrachten würde. Vgl. ausführlicher 5.2.1.

HF-3: Umgang mit Anweisungen / Aufforderungen

Faktor	Quant. Ausw.	Qual. Auswertung	Bezüge / Kommentare
3.1 Anweisungen / Aufforderungen umsetzen	FD>FF DF>DD	KU-5: Detaillierungsgrad von Anweisungen	KU-5 erläutert, inwiefern der Vertrauensfaktor interkulturell relevant ist, wofür in der quantitativen Auswertung Indizien gefunden wurden. In der interkulturellen Situation gibt es nämlich Unterschiede der Faktordiagnose: Die französischen Manager interpretieren das Verhalten der deutschen Manager als 'Nicht-Umsetzung einer Anweisung', wenn die deutschen davon ausgehen, dass noch gar keine Anweisung gegeben wurde. Vgl. ausführlicher 5.3.1.
3.3 Regelmäßig berichten	FF>DD DF: v. a. V+/Vm FD: v. a. V-	KU-6: Kommunikation beim selbständigen Arbeiten	KU-6 bestätigt und erläutert die in der quantitativen Auswertung gefundenen Indizien: Der Unterschiedsbereich beschreibt, dass französische Führungskräfte in stärkerem Maße als ihre deutschen Kollegen erwarten, dass Mitarbeiter sie nicht nur über Schwierigkeiten sondern insbesondere auch über gewöhnliche Fortschritte der Arbeit auf Stand halten. Offenbar erwarten deutsche Manager hingegen, dass Mitarbeiter in dem Sinne selbständig arbeiten, dass sie sie lediglich im Fall kritischer Probleme informieren. Sie übertragen ihren Mitarbeitern tendenziell in stärkerem Maße Zuständigkeiten und lassen ihnen Freiheiten.
3.5 Freiheiten lassen / Zuständigkeiten übertragen	DF: v. a. V- FD: v. a. V+/Vm		KU-6 verweist zudem auf einen Kulturunterschied der Faktordiagnose: In einer Situation, in der ein französischer Manager das Verhalten seines deutschen Mitarbeiters als Vertrauenswarnung in Bezug auf den Vertrauensfaktor 'Regelmäßig berichten' interpretiert, hat der deutsche Mitarbeiter möglicherweise den Eindruck, regelmäßig (im Sinne von 'immer wenn nötig') berichtet zu haben. Vgl. ausführlicher 5.3.2.

6.3 Zusammenführung der Ergebnisse der Einzelauswertungen

HF-4: Bewältigung von Aufgaben

Faktor	Quant. Ausw.	Qual. Auswertung	Bezüge / Kommentare
4.3 Ergebnisse liefern	FD>DF* FF>DD	**KU-7**: Gewichtung von Prozessen und Ergebnissen: Planung, Prozesse und Ergebnisse	KU-7 bestätigt und erläutert die in der quantitativen Auswertung gefundenen Ergebnisse: Für die deutschen Manager hat die gute Planung von Vorgehensweisen einen größeren Stellenwert als für die französischen Manager, welche tendenziell schneller mit der Umsetzung von Aufgaben beginnen, damit einhergehend aber auch schneller (Zwischen-)Ergebnisse erreichen bzw. fordern. Daher kann es in der interkulturellen Zusammenarbeit vorkommen, dass ein Verhalten eines deutschen Managers (längere Planungsphase) von einem französischen Manager als Vertrauenswarnung in Bezug auf den Vertrauensfaktor 'Ergebnisse liefern' interpretiert wird. Vgl. ausführlicher 5.4.1.
4.5 Organisiert und klar vorgehen	FD>DF FD: v. a. V+ FD Vm > FF Vm	**KU-7**: Gewichtung von Prozessen und Ergebnissen: Planung, Prozesse und Ergebnisse + **KU-9**: Organisation des Vorgehens / Zeitmanagement	KU-7 und KU-9 bestätigen und erläutern die in der quantitativen Auswertung gefundenen Indizien: Die deutschen Manager legen größeren Wert auf die Planungsphase von Prozessen bzw. Aufgaben und die Organisation des Vorgehens bzw. das Zeitmanagement. Dies bewerten die französischen Manager als Vertrauensgrund, und sie bemühen sich auch darum, sich selbst im Sinne einer vertrauensbildenden Maßnahme gegenüber deutschen Kollegen, entsprechend zu verhalten. Vgl. ausführlicher 5.4.1, 5.4.3.
4.6 Taktisch-strategisch vorgehen	FD>DF; FF>DD (geringe Kodierungszahlen)	**KU-7**: Gewichtung von Prozessen und Ergebnissen: Bewertung von taktisch-strategischem Vorgehen	KU-7 bestätigt die in der quantitativen Auswertung gefundenen Indizien: Für die interviewten französischen Manager ist es in höherem Maße vertrauensrelevant als für die deutschen Manager, ob man sich im Hinblick auf die Erreichung von Zielen taktisch-strategisch klug verhält. Vgl. ausführlicher 5.4.1.

HF-5: Umgang mit Konflikten und Schwierigkeiten

Faktor	Quant. Ausw.	Qual. Auswertung	Bezüge / Kommentare
5.1 Konflikte offen und proaktiv managen	DD>FF* DF>FD FD: v. a. V+, Vm	**KU-10**: Konfliktmanagement: Herangehensweise und Emotionalität	KU-10 bestätigt die in der quantitativen Auswertung gefundenen Ergebnisse: während die französischen Manager tendieren, Konflikte ohne offene Aussprache zu lösen, präferieren die deutschen Manager ein offenes, proaktives Konfliktmanagement und interpretieren entsprechendes Verhalten gemäß dem Vertrauensfaktor 'Konflikte offen und proaktiv managen'. Vgl. ausführlicher 5.5.1.
5.3 In Diskussionen sachlich bleiben	DD>FF FD: v. a. V+ DF: v. a. V- (geringe Kodierungszahlen)	**KU-10**: Konfliktmanagement: Herangehensweise und Emotionalität	KU-10 bestätigt die in der quantitativen Auswertung gefundenen Indizien: Den deutschen Managern ist eine größere Sachlichkeit und geringere Emotionalität in Diskussionen offenbar wichtiger. Daher kann es sein, dass sie emotionales Verhalten französischer Kollegen als Vertrauenswarnung in Bezug auf den Faktor 'In Diskussionen sachlich bleiben' interpretieren. Außerdem verweist der Unterschiedsbereich darauf, dass es im deutsch-französischen Vergleich unterschiedliche Toleranzschwellen hinsichtlich der akzeptierten Emotionalität in konflikthaften Diskussionen und damit Unterschiede in der Faktordiagnose gibt: Ein Verhalten, bei dem ein deutscher Manager eine Vertrauenswarnung in Bezug auf 'In Diskussionen sachlich bleiben' diagnostiziert, sieht ein französischer Kollege möglicherweise noch nicht als kritisch in Bezug auf diesen Vertrauensfaktor. Vgl. ausführlicher 5.5.1.

HF-6: Beziehungsaufbau / Beziehungspflege

Faktor	Quant. Ausw.	Qual. Auswertung	Bezüge / Kommentare
6.1 Kontakt pflegen/ viel kommunizieren	FF>DD*** FD>DF* DF: v. a. Vm	KU-11: Beziehungsentwicklung	KU-11 bestätigt und erläutert die in der quantitativen Auswertung gefundenen signifikanten Gewichtungsunterschiede: Die französischen Manager messen einer gezielten Beziehungsentwicklung bzw. Beziehungspflege für den Aufbau von Vertrauen ein deutlich höheres Gewicht bei als ihre deutschen Kollegen. Einige der deutschen Manager bemühen sich in der Zusammenarbeit mit Franzosen bewusst, sich im Sinne einer vertrauensbildenden Maßnahme entsprechend zu verhalten. Vgl. ausführlicher 5.6.1.
6.2 Privates erzählen	DD>FF DF>FD* DF>DD	KU-12: Private Dimension der Beziehung	KU-12 bestätigt die in der quantitativen Auswertung gefundenen Ergebnisse: Aus der deutschen Perspektive ist es für den Vertrauensentwicklungsprozess wichtig, der Beziehung dadurch eine private Dimension zu geben, dass man über private Themen im engeren Sinne spricht – was aus deutscher Sicht offenbar besonders gut geht, wenn man sich auch einmal außerhalb des Arbeitskontextes im privaten Rahmen trifft. Vgl. ausführlicher 5.6.2.
6.3 Sich privat treffen	DD>FF		

HF-8: Respektvoller Umgang / Facework

Faktor	Quant. Ausw.	Qual. Auswertung	Bezüge / Kommentare
8.1 Respekt und Interesse zeigen	[1. Platz der Häufigkeitsrangliste]	KU-9: Organisation des Vorgehens / Zeitmanagement + KU-16: Äußern von Kritik und Widerspruch	KU-9 und KU-16 zeigen, inwiefern es, obwohl keine Gewichtungsunterschiede gefunden wurden, dennoch zu kulturellen Vertrauensmissverständnissen kommen kann – nämlich aufgrund von Kulturunterschieden der Faktordiagnose: KU-9 zeigt, dass ein bestimmtes Verhalten eines französischen Managers (ausführliches Telefonat, obwohl man einen Termin hat) von einem deutschen Manager möglicherweise als Vertrauenswarnung in Bezug auf den Faktor 'Respekt und Interesse zeigen' interpretiert wird, während der französische Manager sein Verhalten keinesfalls als respektlos betrachten würde. Vgl. ausführlicher 5.4.3. KU-16 zeigt, dass ein bestimmtes Verhalten eines deutschen Managers (sachlicher Widerspruch, konstruktive Kritik) von einem französischen Manager möglicherweise als Vertrauenswarnung in Bezug auf den Faktor 'Respekt und Interesse zeigen' interpretiert wird, während der deutsche Manager sein Verhalten keinesfalls als respektlos betrachten würde. Vgl. ausführlicher 5.8.1. Dieses Missverständnispotenzial ist besonders relevant, da 'Respekt und Interesse zeigen' ein besonders wichtiger Vertrauensfaktor ist (1. Platz der Häufigkeitsrangliste).

6.3 Zusammenführung der Ergebnisse der Einzelauswertungen

8.2 Kritik / Widerspruch höflich-indirekt äußern	DF: v. a. Vm FD: v. a. V-	KU-16: Äußern von Kritik und Wi- derspruch	KU-16 bestätigt die in der quantitativen Auswertung gefundenen Indizien und liefert zusätzliche Hintergrundinformationen: Deutsche Manager haben einen direkteren Kommunikationsstil als französische Manager und tendieren deshalb dazu, Kritik und Widerspruch auf eine direktere Art und Weise zu formulieren. Einige französische Manager interpretieren dieses Verhalten als Vertrauenswarnung in Bezug auf den Faktor *Kritik / Widerspruch höflich-indirekt äußern*. Umgekehrt ist dieser Kulturunterschied offenbar einigen Managern der deutschen bi-kulturellen Gruppe bewusst: Sie bemühen sich darum, Kritik und Widerspruch bewusst indirekt zu formulieren – im Sinne einer vertrauensbildenden Maßnahme gegenüber französischen Kollegen. Vgl. ausführlicher 5.8.1.
8.4 Zuständigkeiten respektieren	DD>FF DF>FD* DF: v. a. V- FD: v. a. Vm	KU-17: Respektieren von Zuständigkeiten	KU-17 bestätigt die in der quantitativen Auswertung gefundenen Ergebnisse und liefert zusätzliche Hintergrundinformationen: Im französischen Unternehmenskontext sehen sich Vorgesetzte häufiger als im deutschen Kontext für die Klärung von Problemen, Schwierigkeiten oder Anfragen zuständig, auch wenn der jeweilige Mitarbeiter konkret betroffen und eingearbeitet ist. Zudem ist es im französischen Unternehmenskontext durchaus üblich, auch Dinge zu erledigen, die nicht im eigenen Arbeitsbereich sondern in einem anderen, angrenzenden Bereich liegen („transversalité"). Beide Aspekte können in der interkulturellen Zusammenarbeit dazu führen, dass die deutschen Manager das Verhalten französischer Manager als Vertrauenswarnung in Bezug auf *Zuständigkeiten respektieren* interpretieren. Vgl. ausführlicher 5.8.2.
8.5 In Entschei- dungen einbeziehen	DD>FF* DF: v. a. V- (nicht V+)	KU-18: Einfluss- nahme auf Entscheidungs- prozesse	KU-18 bestätigt und erläutert die in der quantitativen Auswertung gefundenen Ergebnisse: Die deutschen Manager pflegen und erwarten einen stärker partizipativen Führungsstil – und damit den Einbezug von Mitarbeitern in Entscheidungen – als französische Manager. Entsprechend interpretieren sie es als Vertrauenswarnung, wenn ein französischer Vorgesetzter sie nicht in Entscheidungen einbezieht. Vgl. ausführlicher 5.8.3.

HF-9: Fairplay in der Zusammenarbeit

Faktor	Quant. Ausw.	Qual. Auswertung	Bezüge / Kommentare
9.1 Ziele / Ein- schätzungen offenlegen	DD>FF DF>FD	KU-19: Äußern von Zielen und Absich- ten	KU-19 bestätigt die in der quantitativen Auswertung gefundenen Indizien bezüglich des Faktors *Ziele / Einschätzungen offenlegen*: Die deutschen Manager haben eine im Vergleich zu ihren französischen Kollegen offenere und direktere Art, Ziele und Absichten zu äußern. Ob sich ein Kollege entsprechend verhält oder nicht, ist für sie vertrauensrelevant. KU-19 verweist außerdem auf einen deutsch-französischen Unterschied der Faktordiagnose: Es kann sein, dass ein deutscher Manager ein bestimmtes Verhalten eines französischen Managers als Vertrauenswarnung entweder in Bezug auf den Faktor *Ziele / Einschätzungen offenlegen* oder sogar den Faktor *Nichts vortäuschen* interpretiert, während der französische Manager den Eindruck hat, klar gemacht zu haben, was er beabsichtigt. Vgl. ausführlicher 5.9.1.
9.2 Nichts vortäuschen	DF v. a. V- FF: v. a. V- [1. Platz der Häufigkeits- rangliste]		

HF-10: Kooperatives Verhalten

Faktor	Quant. Ausw.	Qual. Auswertung	Bezüge / Kommentare
10.4 Sich loyal verhalten	DD>FF DF>FD	KU-20: Loyalität gegenüber beruflichen Partnern	KU-20 bestätigt und erläutert die in der quantitativen Auswertung gefundenen Indizien: Offenbar hat die Loyalität gegenüber einem direkten aufgabenspezifischen Arbeitspartner für die deutschen Manager einen größeren Stellenwert für die Vertrauenseinschätzung als für die französischen Manager. Für die französischen Manager haben in dieser Situation Verpflichtungen aus anderen Beziehungen als derjenigen zum direkten beruflichen Partner einen größeren Einfluss. Vgl. ausführlicher 5.10.1.
		KU-3: Einfluss von Hierarchieorientierung auf Absprachen	KU-03 ergänzt die quantitativen Ergebnisse, indem er auf einen Kulturunterschied der Faktordiagnose verweist: Es kann sein, dass sich ein französischer Manager aufgrund des Vetos seines Vorgesetzten über eine mit einem deutschen Partner getroffene Absprache hinwegsetzt, ohne dies gegenüber dem deutschen Kollegen explizit zu erläutern oder zu begründen. Dieser interpretiert dies möglicherweise als Vertrauenswarnung in Bezug auf 'Sich loyal verhalten', während der französische Manager sein Verhalten nicht als kritisch in Bezug auf Loyalität gegenüber dem Deutschen betrachten würde. Vgl. ausführlicher 5.1.3.

6.4 Anknüpfungspunkte für weitere Forschung

Welches sind die Grenzen der in dieser Arbeit gewählten methodischen Vorgehensweise, welchen Einschränkungen unterliegen die Ergebnisse und inwiefern ergeben sich Anknüpfungspunkte für die weitere Forschung?

6.4.1 Grenzen und Erweiterungsfähigkeit des theoretischen Modells

Das entwickelte Modell der Einflüsse kultureller Differenz auf die Vertrauensentwicklung greift zwei Aspekte der zwischenmenschlichen Interaktion bzw. interpersonalen Vertrauensentwicklung heraus. Der Vorteil des Modells liegt damit in seiner Fokussierungsleistung. Mit den zwei Schritten der 'Faktordiagnose' und der 'Vertrauensbildung' nimmt es zwei grundlegende Aspekte in den Blick, hinsichtlich derer Kulturunterschiede die Vertrauensentwicklung beeinflussen können.

Allerdings lässt sich interpersonales Vertrauen auch in anderer Weise und mit anderen Schwerpunktsetzungen theoretisch fassen. In Abschnitt 3.6. ('Weitere Einflussfaktoren auf Vertrauen') habe ich eine Reihe von Aspekten aufgezeigt, welche die Vertrauensentwicklung beeinflussen, aber in der vorliegenden Arbeit nicht im Fokus stehen. Hier ergeben sich Anknüpfungspunkte für weitere Forschung, um entweder aufbauend auf das vorgeschlagene Modell weitere Forschungsfragen zu entwickeln oder das Modell selbst zu modifizieren bzw. weiterzuentwickeln. Ein Weg bestünde darin, den Umgang mit Vertrauensfaktoren – der in der vorliegenden Arbeit im Kulturvergleich untersucht wurde – gezielt vor dem Hintergrund unterschiedlicher Arten und Inhalte, Entwicklungsphasen, institutioneller Rahmenbedingungen oder Situationsumstände der Zusammenarbeit zu untersuchen. Ein anderer Ansatz wäre es, aus Sicht der differenziellen Psychologie den Zusammenhang zwischen Persönlichkeit und dem Umgang mit Vertrauensfaktoren in den Blick zu nehmen. Dabei erscheint es für derartige Anschlussforschung insgesamt von Interesse, das Verhältnis zwischen den Faktoren der Vertrauensentwicklung, die in dieser Arbeit empirisch spezifiziert wurden, und den übrigen soeben genannten Faktoren genauer zu klären.

6.4 Anknüpfungspunkte für weitere Forschung

Eine aus Sicht der kognitiven Psychologie interessante Fragestellung betrifft schließlich die Annahmen des Modells zu Prozessen der Vertrauensgeneralisierung. Zwar habe ich diese Annahmen mit Bezug auf vorliegende Forschungsbeiträge untermauert. Doch die genauere Untersuchung, unter welchen Umständen man ausgehend von bestimmten Hinsichten des Vertrauens seine Vertrauenseinschätzungen bzw. -überzeugungen generalisiert, bleibt eine interessante Fragestellung für zukünftige Studien.

6.4.2 Spezifität und Weiterentwicklungsoptionen des Kategoriensystems

Einen Dreh- und Angelpunkt nimmt in der vorliegenden Arbeit das Kategoriensystem der Vertrauensfaktoren ein. Daher wurde dem methodischen Vorgehen im Prozess der Kategorienentwicklung und der Sicherung der Qualität des endgültigen Kategoriensystems besondere Aufmerksamkeit gewidmet (vgl. 2.3.8.3-4). Allerdings gilt dennoch eine Reihe von Einschränkungen. Es kann nicht in Anspruch genommen werden, die potenziell relevanten Vertrauensfaktoren im Management erschöpfend beschrieben zu haben – wenngleich die Stichprobengröße von 100 einstündigen Interviews und die beobachteten Sättigungseffekte in der Auswertung darauf hindeuten, die relevanten Vertrauensfaktoren im Wesentlichen erfasst zu haben. In Studien anhand anderer beruflicher Kontexte oder Personengruppen könnten jedoch weitere Vertrauensfaktoren, andere Differenzierungen der Vertrauensfaktoren oder eine andere Clusterbildung entwickelt werden.

Insbesondere ist dies zu erwarten, wenn man die Untersuchung von Vertrauensfaktoren im Management auf weitere Kulturen ausdehnt. Das methodische Vorgehen in der vorliegenden Studie zielte darauf, die Angemessenheit des entwickelten Faktorensystems für eine Beschreibung der Vertrauenseinschätzungen deutscher und französischer Manager sicher zu stellen. Für Untersuchungen weiterer Kulturen wäre zu prüfen, inwiefern andere Vertrauensfaktoren oder Differenzierungen ergänzt werden müssen. Dies gilt auch für die *interkulturellen* Vertrauensfaktoren. Zwar zeigt die bisherige deutsch-französische Managementforschung, dass sich im deutsch-französischen Vergleich eine Reihe grundsätzlicher Dimensionen kultureller Differenz abbilden – weshalb die vorliegende Studie zweifellos eine Reihe grundlegender interkultureller Vertrauensfaktoren bestimmen konnte. Gleichwohl ist anzunehmen, dass Studien anhand anderer Kulturen die interkulturellen Vertrauensfaktoren ergänzen oder differenzieren könnten.

6.4.3 Exploratives Interesse und konfirmatorische Anschlussforschung

Die Studie untersuchte – aufbauend auf dem entwickelten System der Vertrauensfaktoren im Management – den Einfluss kultureller Unterschiede auf die Entwicklung von Vertrauen. Orientierungspunkt war dabei ein exploratives Interesse, welche Arten solcher Einflüsse sich nachweisen lassen und inwiefern sie zu kulturellen Vertrauensmissverständnissen führen können. Als Ergebnis dieses explorativen Vorgehens wird es möglich, in empirisch fundierter Weise spezifische Hypothesen über solche Einflüsse zu formulieren. Zukünftige Studien könnten diese Hypothesen konkretisieren und in konfirmatorischen Forschungsdesigns dem empirischen Test unterziehen.

Das beschriebene explorative Erkenntnisinteresse wurde in Form einer qualitativen Datenerhebung in Kombination mit sowohl qualitativen wie auch quantitativen Auswertungsverfahren verfolgt (vgl. 2.1 Forschungsdesign). Aus einem solchen Vorgehen ergeben sich verschiedene grundsätzliche methodische Dilemmata für die Stichprobenbildung, welche ich zusammen mit dem gewählten Vorgehen in 2.1.6 diskutiert habe (vgl. auch 2.2.4.1 zur Güteeinschätzung der Stichprobenbildung). Zukünftige hypothesentestende Studien, welche an den in der vorliegenden Studie entwickelten Ergebnissen ansetzen, unterliegen diesen Einschränkungen der Stichprobenbildung nicht. Auch ließen sich auf Basis des vorliegenden Systems der Vertrauensfaktoren standardisierte Erhebungsinstrumente entwickeln, welche die Durchführung von Studien mit umfangreicheren Stichprobenzahlen erleichtern. Einen ähnlichen Vorschlag machen beispielsweise Bijlsma & Bunt (2003). Sie empfehlen, für die Untersuchung der Vertrauensbedingungen von Managern standardisierte Instrumente zu entwickeln, sich dabei jedoch ausschließlich auf Daten aus zuvor durchgeführten explorativen Interviews zu stützen.

Die 100 Interviews der Studie liefern eine äußerst breite Materialbasis für eine induktive Kategorienbildung. Für quantitative Analysen wie die durchgeführten Vergleichstests innerhalb des 2x2-Teilgruppendesigns (vgl. 2.1.5) liegen sie etwas über den für die statistischen Tests vorauszusetzenden Anzahlen. Sie legen nahe, durch statistische Signifikanzen begründete Unterschiedshypothesen zu entwickeln. Damit ergibt sich ein klarer Anknüpfungspunkt für zukünftige Studien, in welchen die in der vorliegenden Arbeit formulierten Unterschiedshypothesen in Form konfirmatorischer Designs anhand größerer Stichprobenzahlen zu testen wären (vgl. hierzu auch die Diskussion der Verallgemeinerungsansprüche in 2.3.9).

Neben dem Test der im vierten Kapitel formulierten Unterschiedshypothesen zur Gewichtung von Vertrauensfaktoren bieten auch die im fünften Kapitel beschriebenen Ergebnisse Anknüpfungspunkte für weitere Studien. Anknüpfen lässt sich beispielsweise an die beschriebenen Kulturunterschiede der Faktordiagnose und die diskutierten Missverständnis-Episoden. Letztere zeigen anhand empirischer Daten exemplarisch auf, wie Kulturunterschiede der Gewichtung oder Diagnose von Vertrauensfaktoren zu Missverständnissen führen können. Damit beschreiben sie Typen kultureller Vertrauensmissverständnisse (vgl. 2.3.9). Allerdings lassen sich auf Basis der erhobenen Daten die Entstehungsbedingungen solcher Vertrauensmissverständnisse nicht umfassend aufzeigen. Es bleibt zu untersuchen – beispielsweise durch die Erhebung von Einschätzungen entsprechender situativer Szenarien – welche Einflussfaktoren neben der kulturellen Prägung bedingen, dass Kollegen oder Geschäftspartner in derartige kulturelle Vertrauensmissverständnisse hinein geraten.

Einen weiteren Anknüpfungspunkt für zukünftige Studien liefern die beschriebenen interkulturellen Vertrauensmaßnahmen. Sie zeigen, welche Maßnahmen die interviewten Manager ergreifen, um speziell in der interkulturellen Zusammenarbeit Vertrauen aufzubauen. Sie drücken damit Einschätzungen der Interviewpartner in Bezug darauf aus, welche vertrauensrelevanten kulturellen Unterschiede es gibt. In der Studie liefern sie damit einen Baustein zur Rekonstruktion der vertrauensrelevanten Unterschiedsbereiche (vgl. 2.3.6.2). Die Klärung der Wirkung dieser Handlungsoptionen, das heißt die Frage, ob das Ergreifen dieser Maßnahmen – im Vergleich zum Unterlassen der Maßnahmen – den interkulturellen Vertrauensaufbau tatsächlich signifikant erleichtert, bleibt Aufgabe zukünftiger systematischer Forschung.

6.5 Nutzen der Ergebnisse in der Personalentwicklung

Welchen Nutzen haben die Ergebnisse der vorliegenden Arbeit für die Unternehmenspraxis, und zwar insbesondere die Personalentwicklung? Die Arbeit ist in ihrer Anlage, das heißt Fragestellung und Methodik, sowie in den Ergebnissen ihrer empirischen Studie entschieden anwendungsorientiert ausgerichtet. Daher möchte ich im Folgenden zunächst ein Resümee dieses Anwendungsbezugs der Arbeit und der vorliegenden Ergebnisse ziehen (6.5.1). Anschließend werde ich begründen, warum die Ergebnisse insbesondere im Kontext der Personalentwicklung von Nutzen sein können (6.5.2). Danach werde ich eine grundsätzliche Schwierigkeit beschreiben, die sich für die Nutzung der Ergebnisse in der Praxis ergibt, nämlich die Tatsache, dass Vertrauen im Management in bestimmter Hinsicht ein Tabuthema ist (6.5.3). Aufbauend auf die Ergebnisse werde ich dann ein Konzept für ein 'interkulturelles Relationship-Management-Training' vorstellen (6.5.4).

6.5.1 Resümee des Anwendungsbezugs der Arbeit und der Ergebnisse

Ausgangspunkt der vorliegenden Arbeit war eine Fragestellung aus der Praxis: Inwiefern kann es sein, dass die unterschiedliche kulturelle Hintergründe von Managern die Entwicklung von Vertrauen in der beruflichen Zusammenarbeit beeinflussen? Zugespitzt formuliert: Gibt es kulturelle Vertrauensmissverständnisse, und was sind ggf. ihre Hintergründe? Ein wichtiges Ziel des Forschungsprojekts war dementsprechend, für in der interkulturellen Zusammenarbeit noch unerfahrene Manager herauszuarbeiten, mit welchen interkulturellen Herausforderungen des Vertrauensaufbaus sie rechnen müssen und mit welchen Strategien sie diesen begegnen können.

Diese praxisnahe Fragestellung wurde nach grundlegenden theoretischen Vorarbeiten in Form einer empirischen Studie angegangen, bei welcher eine praxisnahe Methodik im Zentrum stand: Durchgeführt wurden leitfadengestützte Interviews mit Managern der oberen und mittleren Führungsebene zu ihren konkreten Erfahrungen mit der Vertrauensentwicklung in beruflichen Beziehungen – und zwar insbesondere in der interkulturellen Zusammenarbeit. Diese Form der Datenerhebung lieferte in Kombination mit der Auswertungstechnik der qualitativen Inhaltsanalyse anschauliche und praxisnahe Ergebnisse – wie etwa konkrete und authentische Beispiele des gelingenden und scheiternden interkulturellen Vertrauensaufbaus zwischen Kollegen oder Geschäftspartnern. Die drei Ergebniskapitel verbindet daher der Anspruch, Forschungsergebnisse mit offenkundigem Praxisbezug darzustellen:
- Kap. 3 beschreibt systematisch und detailliert, welche Vertrauensfaktoren für die interviewten Manager relevant sind. Diese Vertrauensfaktoren sind handlungsnah definiert und benannt und werden durch Zitate aus den Interviews illustriert und belegt. Zudem erleichtert das Klassifikationssystem der Handlungsfelder den praxisnahen Zugang zu den Faktoren. Das hohe Differenzierungsniveau ermöglicht es, relativ genaue Profile individuell relevanter Vertrauensfaktoren zu erstellen.
- Kap. 4 berichtet die Ergebnisse der quantitativen Auswertung, das heißt der Tests auf Unterschiede der Kodierungshäufigkeiten einzelner Vertrauensfaktoren im Vergleich der Teilgruppen. Da diese Ergebnisse auf dem handlungsnahen System der Vertrauensfaktoren aufsetzen, sind auch sie unmittelbar praxisrelevant: Signifikante Gewichtungsunterschiede beschreiben Gründe für potenzielle Vertrauensmissverständnisse in der deutsch-französischen Interaktion.
- Kap. 5 stellt die vertrauensrelevanten deutsch-französischen Unterschiedsbereiche dar. Dies zeigt anschaulich auf, welche Kulturunterschiede der Verhaltensgewohnheiten und Bewertungen – bzw. speziell der Diagnose von Vertrauensfaktoren – zu deutsch-französischen Vertrauensmissverständnissen führen können. Da die Unterschiedsbereiche durch umfangreiche Zitate belegt und illustriert werden, gewinnt die Darstellung Authentizität und Praxisnähe. Die beschriebenen interkulturellen Vertrauensmaßnahmen und deutsch-französischen Vertrauensmissverständnisse illustrieren, welche Missverständnisse im deutsch-französischen Management tatsächlich entstehen können und auf welchen Wegen die interviewten Manager gezielt interkulturelles Vertrauen aufzubauen versuchen.

6.5.2 Differenzierung der Anwendungskontexte im Unternehmen

Abgesehen davon, dass die Ergebnisse der Studie Managern die Möglichkeit bieten, selbst Bezugspunkte für ihr eigenes Handeln und den Vertrauensaufbau in interkulturellen beruflichen Beziehungen zu finden, erscheinen aus Unternehmenssicht insbesondere die Bereiche Personal- und Organisationsentwicklung von Bedeutung.

6.5.2.1 Vertrauen, Kultur und Personalentwicklung

Besonders nahe liegt es angesichts der Methodik der Studie und der Art der Ergebnisse, diese in der Personalentwicklung einzusetzen. Denn die Studie fokussierte interpersonalen Vertrauensaufbau anhand der Untersuchung dyadischer beruflicher Beziehungen zwischen Kollegen oder Geschäftspartnern. Entsprechend lassen sich die Ergebnisse besonders gut für eine Sensibilisierung von (interkulturell tätigen) Managern hinsichtlich potenzieller kultureller Vertrauensmissverständnisse heranziehen. Eine solche Sensibilisierung ließe sich didaktisch in Form von Trainingsmaßnahmen oder auch individuellem Coaching umsetzen (vgl. ausführlicher das Konzept in 6.5.4). Eines der Ziele derartiger Maßnahmen könnte beispielsweise darin bestehen, Manager dabei zu unterstützen, positive Rekonstruktionen anderskultureller Perspektiven oder Verhaltensweisen zu entwickeln. Denn wenn man das Verhalten eines Kollegen oder Geschäftspartners anhand bestimmter Vertrauensfaktoren als *nicht vertrauenswürdig* einstuft, diese Einschätzung aber auf einem kulturellen Missverständnis beruht, dann ist es erstens essenziell, die kulturell geprägt andere Sichtweise des anderen überhaupt kognitiv nachvollziehen zu können. Zweitens geht es jedoch darüber hinaus um eine wichtige und oft vernachlässigte Komponente im interkulturellen Training: den emotionalen Umgang mit kulturellen Unterschieden. Erst wenn es gelingt, ein kulturbedingt anderes Vorgehen aus der Perspektive der anderen Kultur *positiv* zu rekonstruieren, kann man einem (drohenden) kulturellen Vertrauensmissverständnis den Wind aus den Segeln nehmen. Eine solche positive Rekonstruktion der Sichtweise des anderen hilft, wie es einer der interviewten Manager formuliert, die „Tatsachen abzuschwächen":

> Also es ist wirklich so, dass wenn man es schafft, hinterher zu verstehen, warum sie so gehandelt haben, dann kann man das so ein bisschen die Tatsachen abschwächen. Aber wenn es einem nicht gelingt, sich zu erklären, warum die Leute so gehandelt haben [...] dann ist es schwieriger, wieder Vertrauen aufzubauen. [FD-15, Übersetzung, R.M.]

Alternativ können Trainingsmaßnahmen auch an den stets vorhandenen impliziten Vorannahmen bezüglich anderer Kulturen ansetzen, welche gemäß der Ergebnisse der Arbeit zu negativen Vertrauenseinschätzungen führen können (vgl. 3.4.2 <*Verhalten in Bezug auf Stereotype*>). Dass interkulturelle Trainingsmaßnahmen helfen können, solche impliziten Vorurteile und Stereotype abzuschwächen, zeigt beispielsweise die Studie von Rudman et al. (2001). Es erscheint daher aussichtsreich, die vorliegenden Ergebnisse didaktisch in Form von Trainingsmodulen aufzuarbeiten, welche in die ohnehin von Unternehmen durchgeführten Schulungsmaßnahmen für interkulturelle Teams oder zur Vorbereitung von Auslandsentsendungen integriert werden können. Einen Vorschlag hierzu skizziere ich in 6.5.4.

In ähnlicher Weise könnte auch in individuellen Coachingmaßnahmen oder in der interkulturellen Mediation auf die vorliegenden Ergebnisse zurückgegriffen werden. Wie eine kluge Intervention von dritter Seite helfen kann, kulturelle Vertrauensmissverständnisse aus dem Weg zu räumen, zeigt das folgende Beispiel aus den Interviews. Eine deutsche Managerin berichtete, wie ihr eine neue französische Kollegin, mit welcher sie im Rahmen des konzerninternen Qualitätsmanagements zu tun hatte, zunehmend reservierter begegnete. Wie sich herausstellte, lag die Ursache dafür in den sehr direkten kritischen Feedbacks von deutscher

6.5 Nutzen der Ergebnisse in der Personalentwicklung

Seite (vgl. die Diskussion des Vertrauensfaktors *'Kritik / Widerspruch höflich indirekt äußern'* in 6.3.2.2 bzw. ausführlicher in 5.8.1). Den Anstoß zur Auflösung des Konflikts bzw. zum 'interkulturellen Lernen' gab hier – ganz im Sinne einer interkulturellen Mediation – der in der deutsch-französischen Zusammenarbeit erfahrene Vorgesetzte der französischen Kollegin:

> Dieses Meeting war eigentlich nicht mal angestoßen von uns beiden, die wir betroffen waren, sondern von ihrem Vorgesetzten – also durch einen Austausch mit ihr, den ich aber nicht mitgekriegt habe. Und der hat das ziemlich gut verstanden, was da passiert, glaube ich. Das ist jemand, den ich sehr, sehr schätze, jemand, der einen sehr souveränen Umgang hat mit Mitmenschen und auch mit Mitarbeitern. Er ist jemand, der da ein sehr, sehr feines Gespür hat. Ich nehme dieses Wort 'soziale Kompetenz' nicht so gerne in den Mund, aber **ich glaube, das ist jemand, der da sehr ein ungewöhnliches Gespür hat.**
> In dem Meeting hat er das sehr, sehr geschickt und wirklich ganz offen moderiert. Also es war kein Vorwurf an niemanden und nichts. **Er hat dann nur gesagt: „Ja, so und so, und ich denke, wir müssen mal so ein bisschen gucken, wie das so mit der Zusammenarbeit... und hin und her... und wie das mit den Feedbacks ist...** und dieses und jenes..." Und irgendwie war es klar, worum es geht für mich und für sie. Und wir haben das super klären können. Das war richtig, richtig klasse. Ich denke, wir sind beide mit einem sehr guten Gefühl dann aus diesem Meeting raus gegangen. [DF-04]

6.5.2.2 Vertrauen, Kultur und Organisationsentwicklung

Neben diesem unmittelbar naheliegenden Einsatz der Ergebnisse in der Personalentwicklung wäre als weiterführender Anwendungskontext die Organisationsentwicklung zu nennen. Damit würde man zu einem der einleitend thematisierten Ausgangspunkte der Arbeit zurückkehren: Verschiedene organisationale Veränderungen der modernen Arbeitswelt lassen Vertrauen – gerade auch in interkulturellen Arbeitskontexten – immer wichtiger werden. In sich schnell wandelnden Organisationen oder in Netzwerken erfüllen Vertrauensbeziehungen eine wichtige stabilisierende Funktion (vgl. Gilbert 2003, Loose & Sydow 1994). Entsprechend wächst das Interesse an Vertrauen als einem Organisationsprinzip (Schweer & Thies 2003). Es interessiert daher die Frage, welche organisationalen Voraussetzungen oder Veränderungen die Entwicklung von Vertrauen erleichtern oder unterstützen können. Wie können Organisationen Vertrauen oder 'Sozialkapital' (1.2.1.3) aufbauen? Inwiefern lassen sich gezielt organisationale Bedingungen dafür schaffen, dass Vertrauen leichter aufgebaut werden kann (Badura et al. 2008) – und zwar sowohl das Vertrauen zwischen Kollegen, Vorgesetzen und Mitarbeitern und als auch das Vertrauen der Angestellten in ihre Organisation (vgl. Schweer & Thies 2003: 117)? Verschiedene Beiträge der Vertrauensforschung widmen sich dieser Frage nach Wegen des Aufbaus einer 'Vertrauensorganisation' (Nieder 1997) bzw. des 'aktiven Vertrauensaufbaus' innerhalb von Organisationen (Child & Möllering 2003, Li et al. 2006). Für die Entwicklung von Antworten auf diese Frage können die Ergebnisse der vorliegenden Arbeit als Ausgangspunkt dienen: Das System der Vertrauensfaktoren spezifiziert, in welchen Handlungskontexten vertrauensrelevante Faktoren eine Rolle spielen und Vertrauensmissverständnisse entstehen können. Es liefert damit Ansatzpunkte für eine gezielte Team- oder Organisationsentwicklung, und zwar sowohl im Sinne der aktiven Veränderung von Bewertungs- und Handlungsweisen, um den Aufbau einer Vertrauenskultur zu fördern, als auch für Maßnahmen, um eine bestehende Misstrauenskultur zu durchbrechen und Schwierigkeiten des Vertrauensaufbaus zu überwinden.

Eine besondere Fragestellung ist in diesem Kontext der Aufbau von Vertrauen in der *interkulturellen* Organisationsentwicklung, beispielsweise bei Veränderungsprozessen im Zusammenhang mit internationalen Firmenzusammenschlüssen (Stichwort 'Post Merger Integration', vgl. beispielsweise Stahl et al. 2003). Im Sinne einer solchen interkulturellen Organisationsentwicklung ermöglichen es die vorliegenden Ergebnisse, gezielt auf organisationstheoretische Fragen der Vertrauensentwicklung in *interkulturellen* Kontexten einzugehen. Die Anknüpfung der beschriebenen vertrauensrelevanten Kulturunterschiede an die Handlungsfelder und Vertrauensfaktoren zeigt auf, wo entsprechende Maßnahmen der Team- oder Organisationsentwicklung erfolgversprechend ansetzen könnten. Allerdings erscheint es wichtig, sich nicht allein auf die im System der Vertrauensfaktoren beschriebenen Aspekte zu stützen. Es gilt darüber hinaus im Blick zu behalten, dass auch die Frage, was eigentlich genau ein 'Klima des Vertrauens' ausmacht, selbst eine Frage ist, bei der man nicht voraussetzen kann, dass sie in unterschiedlichen Kulturen gleich zu beantworten ist.

6.5.3 Tabuthema Vertrauen und Relationship Management

Auch wenn wir uns, wie eben vorgeschlagen, auf die Nutzung der vorliegenden Ergebnisse in der Personalentwicklung konzentrieren, sehen wir uns mit einer grundlegenden Herausforderung konfrontiert: Die für die Studie durchgeführten Interviews zeigen, dass Vertrauen ein Thema ist, über das man im Management nicht ohne weiteres offen spricht. Der einfache Sachverhalt, dass man in einer beruflichen Beziehung aufrichtig und ehrlich daran interessiert sein kann, wechselseitiges Vertrauen aufzubauen, ist im beruflichen Kontext offenbar nicht leicht zu thematisieren, ohne auf Skepsis zu stoßen. Dies betrifft insbesondere die Perspektive, dass man selbst aktiv im Sinne vertrauensbildender Maßnahmen handeln kann – also die Perspektive der dritten Interviewleitfrage der Studie, in welcher die interviewten Manager gebeten wurden zu beschreiben, wie sie selbst in einer wichtigen beruflichen Beziehung einem neuen Kollegen oder Geschäftspartner gegenüber demonstrieren, dass dieser ihnen vertrauen kann. Man gibt offenbar nicht gerne zu, dass man weiß oder darüber nachdenkt, wie man signalisiert, dass man vertrauenswürdig ist. Am ehesten spontan auskunftsbereit waren hier in den Interviews die Kundenbetreuer und Vertriebsverantwortlichen. Sie unterstellen offenbar, dass man von ihnen ohnehin aufgrund ihrer beruflichen Rolle annimmt, dass sie mit diesem Thema bewusst umgehen. Einige der interviewten Manager, und zwar sowohl deutsche als auch französische, reagierten jedoch auf die dritte Interviewleitfrage zunächst sehr zögerlich. Beispielsweise erklärte ein Interviewpartner:

> Ich suche nicht das Vertrauen des anderen. Das heißt, ich denke, es ist am anderen zu sehen, ob er mir vertrauen kann oder nicht. Aber ich kümmere mich nicht darum, das Vertrauen eines anderen aktiv zu suchen. Das ist meine Antwort. Ich suche nicht das Vertrauen anderer Leute. Der andere schenkt mir Vertrauen oder nicht. Ich mache nicht irgendwelche Sachen, um sein Vertrauen zu erlangen. [FF-16, Übersetzung, R.M.][187]

Was steht hinter einer solchen Skepsis bzw. in der ersten Reaktion offenen Ablehnung der Fragestellung? Die Sensibilität des Themas 'Vertrauensaufbau' liegt darin begründet, dass hinter vertrauensbildenden Maßnahmen nicht nur der ehrenwerte Wille stehen kann, gerechtfertigtes gegenseitiges Vertrauen aufzubauen, sondern dass sich dahinter auch der Versuch verbergen kann, ungerechtfertigterweise Vertrauen zu erschleichen. Wer sich für aktiven Vertrauensaufbau interessiert, kann in Manipulationsverdacht geraten – wie ein anderer Interviewpartner in seiner ersten Reaktion auf die dritte Interviewleitfrage erklärt:

> Ich habe da keine eigentliche Strategie. Ich werde das dem anderen nicht zeigen. Denn nach einer solchen Logik zu handeln, heißt, dass ich ein strategisches Interesse habe, das zu tun. Also bin ich nicht mehr vertrauenswürdig, wenn ich das mache! [...] Wenn ich mich so verhalte, wenn ich strategisch das, das und das tue, damit er mir vertraut, dann wird der andere das interpretieren: „So so, der macht also strategische Aktionen, der will mich bestimmt feuern!" oder „Der will mich ausschalten und unschädlich machen!" oder „Der hat sonst irgendwas vor!" Das verschlimmert gleich die Ausgangssituation. Deshalb denke ich, dass man da so nicht rangehen sollte. [FD-17, Übersetzung, R.M.]

---

[187] Alle Zitate aus Interviews mit französischen Managern in Abschnitt 6.4 habe ich ins Deutsche übersetzt, um sie für deutsche Leser leichter zugänglich zu machen. In diesen Zitaten geht es um allgemeine Einschätzungen und Aussagen zu Vertrauen.

6.5 Nutzen der Ergebnisse in der Personalentwicklung

Wer sich offen dafür interessiert, was man tun kann, um Vertrauen aufzubauen, der interessiert sich möglicherweise auch dafür, wie man Vertrauen manipulieren kann (vgl. hierzu die Ausführungen zur Parallele zwischen Vertrauensmissverständnissen und Vertrauenstäuschungen in 1.5.2). Diese Überlegung lässt die Art und Weise verständlich werden, wie viele Manager offenbar mit der Vertrauensthematik umgehen. Um von vornherein auszuschließen, in einen solchen Manipulationsverdacht zu geraten, wird das Thema Vertrauensaufbau in Gesprächen dezent ausgeklammert. Man tendiert dazu, Vertrauen als eine Beziehungsqualität zu betrachten, deren Entwicklung man gleichsam passiv beobachtet, aber die man nicht aktiv zu beeinflussen sucht. Ob ein Kollege oder Partner mir vertraut, ist allein seine Entscheidung. Ich tue selbstverständlich nichts, um ihm diese Entscheidung zu erleichtern – und kann damit auch nicht in Manipulationsverdacht geraten. Aktiver Vertrauensaufbau ist im Management ein Tabuthema: Man kann es und macht es – wie die große Bandbreite der Antworten auf die dritte Interviewleitfrage eindrucksvoll demonstriert. Doch wenn man darüber redet, begibt man sich in eine gefährliche Nähe zu Manipulation und Täuschung, deshalb lässt man es lieber. Über Vertrauen zu reden, gefährdet Vertrauen (vgl. den Vertrauensfaktor *'Nichts vortäuschen'*).

Wie lässt sich diese verbreitete Einstellung bzw. der Umgang mit Vertrauen als Tabu-Thema theoretisch rekonstruieren? In meiner Diskussion der Theorie der Vertrauenssignalisierung (vgl. 1.4.1) habe ich gezeigt, dass man gemäß der Analyse von Bacharach & Gambetta (1997) ein Vertrauensproblem erster und zweiter Ordnung unterscheiden muss: Man muss zum einen klären, ob ein bestimmtes Handeln überhaupt ein Signal für Vertrauenswürdigkeit ist bzw. grundsätzlich als 'Vertrauensfaktor' gesehen werden kann. Man muss dann jedoch zweitens klären, ob das Signal in einem konkreten Fall 'echt' oder nur vorgetäuscht ist. Dieser Ansatz legt folgende Rekonstruktion der Tabuproblematik nahe: Nicht über Vertrauen zu reden, könnte ein Versuch sein zu vermeiden, dass sich andere des Vertrauensproblems zweiter Ordnung bewusst werden – und infolgedessen auf die Idee kommen könnten, man handle möglicherweise 'strategisch'. Denn das bewusste Vortäuschen von Vertrauenssignalen setzt notwendigerweise die bewusste Beschäftigung mit Vertrauensaufbau voraus. Offenbar befürchten viele Manager, dass Kollegen dem Umkehrschluss folgen könnten: Wer über Vertrauen redet, beschäftigt sich bewusst mit Vertrauensaufbau – und könnte daher auch bewusst Vertrauen manipulieren wollen. Um nicht in diesen Verdacht zu geraten, wird lieber gar nicht erst über Vertrauen gesprochen. Es wird daher unterstellt, dass das eigene Handeln als 'authentischer' wahrgenommen wird, wenn man *nicht* über Vertrauen spricht. Wenn man hingegen Vertrauen thematisiert – also offensichtlich bewusst darüber nachdenkt – dann besteht die Gefahr, dass das eigene Handeln als strategisch oder manipulativ wahrgenommen wird.

Interessanterweise führt dies offenbar zu dem kommunikativen Phänomen, dass viele Manager nicht über Vertrauen oder gar 'Vertrauensmanagement' sprechen – und gleichzeitig jedoch umfangreiche Vorstellungen darüber haben, wie man anderen signalisieren kann, dass man vertrauenswürdig ist. Sie wissen ganz klar um die Wichtigkeit eines aktiven Vertrauensmanagements, gerade auch in Situationen, in welchen sich der Vertrauensaufbau als schwierig gestaltet. Viele der interviewten Manager äußerten explizit ihr Interesse an den Ergebnissen der Studie, da es interessant sei zu erfahren, wie andere Manager – auch in anderen Unternehmen und anderen Branchen – 'es denn machen'. Zudem ergibt sich, wie die vorliegende Studie zeigt, speziell in Situationen der interkulturellen Zusammenarbeit die Gefahr, dass kulturelle Unterschiede zu Vertrauensmissverständnissen führen. Gerade hier ist also ein aktives Vertrauensmanagement gefordert, und beide Parteien sind im eigenen Interesse aktiv zur Prävention oder Aufklärung solcher Missverständnisse aufgerufen. Schwierig ist dies jedoch, wenn man über Vertrauen nicht reden darf. Wenn es also darum geht, praktische Konsequenzen aus den vorliegenden Forschungsergebnissen zu ziehen, sollte man die beschriebene Zögerlichkeit der interviewten Manager im Umgang mit der Vertrauensbegrifflichkeit im Blick behalten und nach terminologischen Auswegen suchen. Ein Ansatz, den beschriebenen Schwierigkeiten auszuweichen, wäre die Verwendung des Begriffs 'Relationship Management'. Dieser trifft zum einen inhaltlich den Kern der Sache, denn es geht darum, sich aktiv um die Gestaltung und Entwicklung beruflicher Beziehungen zu bemühen – um (kulturelle) Vertrauensmissverständnisse aufzulösen oder ihnen vorzubeugen. Gleichzeitig ist die Begrifflichkeit des 'Relationship Management' in der Praxis etabliert, insbesondere in Bezug auf die Beziehungen zu Kunden ('Customer Relationship Management', 'Relationship Manager') oder Zulieferern ('Supplier Relationship Management'). Für das Management interkultureller Beziehungen verwendet den Begriff 'Relationship Management' beispielsweise auch schon Bhawuk (1997). Es bietet sich hier ein begrifflicher Rahmen, innerhalb dessen man sich aktiv um die Verbesserung beruflicher Beziehungen bemühen 'darf'.

6.5.4 Interkulturelles Relationship-Management-Training

Wie ließen sich nun die Ergebnisse der Studie in Personalentwicklungsmaßnahmen bzw. in einem interkulturellen Relationship-Management-Training umsetzen? Die unterschiedlichen Teilergebnisse der Arbeit ermöglichen es, hierfür eine Reihe unterschiedlicher Trainingsziele zu formulieren, die ich im Folgenden darstellen und diskutieren möchte. Dabei orientiere ich mich an einem Teilnehmerkreis, für den Trainingsmaßnahmen aufbauend auf der Studie und ihrer Stichprobe (vgl. 2.2.3) in besonderem Maße nahe liegen: Manager mit Führungsverantwortung, welche (eventuell) bereits interkulturelle Vorerfahrungen mitbringen und nun (zunehmend) in einem interkulturellen (deutsch-französischen) Arbeitsumfeld tätig werden.

Trainings-ziel Nr. 1	Bei den Teilnehmern ein Bewusstsein für die Vielfalt und das Spektrum unterschiedlicher Vertrauensfaktoren schaffen	Vgl. Kap. 3: Ergebnisse des 1. Auswertungsschritts

Im ersten Auswertungsschritt der Studie wurde deutlich, dass sich über die unterschiedlichen Handlungsfelder der beruflichen Zusammenarbeit hinweg ein recht breites Spektrum unterschiedlicher Vertrauensfaktoren beschreiben lässt: Wenn sie im beruflichen Alltag die Vertrauenswürdigkeit von Kollegen oder Geschäftspartnern einschätzen, sind Managern durchaus unterschiedliche Aspekte wichtig. Dabei gilt jedoch, dass dem Einzelnen nicht das gesamte Spektrum der in der vorliegenden Arbeit beschriebenen Vertrauensfaktoren bewusst ist. Vielmehr verfügt jeder einzelne Manager je nach seiner individuellen Lebenserfahrung über eine eigene 'implizite Vertrauenstheorie' – also eine individuell gewachsene Theorie darüber, welche Verhaltensweisen oder Persönlichkeitseigenschaften einen Kollegen oder Geschäftspartner vertrauenswürdig oder nicht vertrauenswürdig machen (vgl. 1.4.2.4, 1.5.3). Dies bedeutet wiederum, dass man in der beruflichen Interaktion – zumal in der interkulturellen Zusammenarbeit – im Grunde davon ausgehen muss, dass dem anderen für die Frage, ob man vertrauenswürdig erscheint oder nicht, andere Aspekte wichtig sein könnten als einem selbst. Genau dies ist jedoch bei den in der Regel unbewusst ablaufenden Prozessen der Vertrauenseinschätzung (vgl. 1.5.3) meist nicht der Fall. Aus diesem Grund wäre eine Sensibilisierung von Trainingsteilnehmern für das breite Spektrum unterschiedlicher

6.5 Nutzen der Ergebnisse in der Personalentwicklung

Vertrauensfaktoren als erstes Ziel eines interkulturellen Relationship-Management-Trainings zu formulieren. Dabei könnte man auf die Ergebnisse des ersten Auswertungsschritts, das heißt auf das im ersten Kapitel beschriebene System der Vertrauensfaktoren im Management, zurückgreifen. Dieses beschreibt Vertrauensfaktoren differenziert und präzise sowie in einer handlungsnahen und damit für Trainingsteilnehmer leicht zugänglichen Weise. So ließe sich etwa in einem Training anschaulich vermitteln, dass es deutlich mehr Vertrauensfaktoren gibt, die anderen Managern möglicherweise für die Vertrauenseinschätzung von Kollegen oder Geschäftspartnern wichtig sind, als einem selbst bedeutsam erscheinen.

Trainings-ziel Nr. 2	Bei den Teilnehmern ein Bewusstsein für die eigenen Vertrauensfaktoren schaffen	Vgl. Kap. 3: Ergebnisse des 1. Auswertungsschritts

Trainingsteilnehmer für die Vielfalt potenziell relevanter Vertrauensfaktoren zu sensibilisieren (Trainingsziel Nr. 1), könnte eine motivationale Voraussetzung dafür sein, die spezifisch eigenen Vertrauensfaktoren zu identifizieren. Solange man nicht von einem breiten Spektrum an Vertrauensfaktoren und von interindividuellen Unterschieden ausgeht, erscheint es sinnvoller anzunehmen, es gäbe übergreifend wichtige Vertrauensfaktoren, die man kennen müsste. Diese zu kennen erscheint wichtiger als sich für die spezifisch eigenen Vertrauensfaktoren zu interessieren. Letzteres ist jedoch hilfreich, weil mir aufzeigt, welche Typen von Vertrauensmissverständnissen für mich selbst besonders relevant sind. Auch im Zusammenhang mit 'allgemeinen' interkulturellen Trainings wird diskutiert, dass eigenkulturelle Prägungen „nicht mehr bewusstseinspflichtig" sind, woraus sich die Anforderung ergibt, eigenkulturelle Prägungen bewusst zu machen (vgl. Thomas 2005d: 50f.). Dass es nicht einfach ist, die 'eigenen Vertrauensfaktoren' zu bestimmen, zeigt sich in den Interviews der Studie an vielen Stellen. Einige der interviewten Manager wissen zwar schnell zu sagen, mit welchen Kollegen sie vertrauensvoll zusammenarbeiten. Aber sie haben zunächst größere Schwierigkeiten zu beschreiben, woran dies eigentlich liegt. Dies illustriert beispielsweise die folgende Sequenz aus einem Interview mit einem französischen Manager, der über einen aus seiner Sicht vertrauenswürdigen deutschen Kollegen berichtet:

> Nun, das ist jemand, mit dem sich die Zusammenarbeit angenehm gestaltet. – Und könnten Sie sagen, woran das liegt, dass sich die Zusammenarbeit mit diesem Kollegen angenehm gestaltet? – Es ist jemand, der zuverlässig ist, der, wenn man gemeinsam etwas vorbereitet... Hm, wie soll ich das erklären? Nun, ja, also er arbeitet in einer anständigen Art und Weise. Er ... [9sec] Es ist... Nun, mir fällt nichts mehr ein, es ist... Manche Dinge... Also man spürt das einfach. Das ist schwer, das ist nicht wirklich leicht zu beschreiben. [FD-14, Übersetzung, R.M.]

Erfolgreiche Manager haben in der Regel eine individuelle *praktische* Fähigkeit erworben, die Vertrauenswürdigkeit von Kollegen oder Geschäftspartnern einzuschätzen. Es fällt ihnen jedoch schwer zu konkretisieren, auf welche Vertrauensfaktoren sie in der Praxis tatsächlich achten. Doch unterschiedliche Manager gewichten die beschriebenen Vertrauensfaktoren in unterschiedlicher Weise. Das entwickelte System der Vertrauensfaktoren ließe sich im Training heranziehen, um individuelle 'implizite Vertrauenstheorien' zu explizieren. Indem man sich gezielt vergegenwärtigt, auf welche Vertrauensfaktoren man selbst in besonderem Maße achtet, kann man sich auch über die eigenen 'blinden Punkte' klar werden – das heißt die Vertrauensfaktoren, auf welche man selbst tendenziell weniger achtet, die aber offenbar anderen wichtig sind.

Entsprechend ließe sich Trainingsteilnehmern ein analytisches Handwerkszeug für ihr individuelles 'Relationship Management' vermitteln, welches ihnen helfen kann, etwaige Missverständnisse zu erkennen und sich auf die eigene individuelle Weise erfolgreich für den

Aufbau wechselseitigen Vertrauens einzusetzen. Zur Unterstützung der Trainingsteilnehmer in der Selbsteinschätzung, welche Vertrauensfaktoren ihnen besonders wichtig sind, könnte ein entsprechendes Testinstrument entwickelt werden (vgl. Downing & Haladyna 2006). Sofern sich das Training an Manager aus unterschiedlichen Kulturen, also beispielsweise deutsche und französische Manager richtet, wäre dies in der Testentwicklung zu berücksichtigen (vgl. Byrne et al. 2009, Church 2001).

Trainings-ziel Nr. 3	Bei den Teilnehmern die Wahrnehmung von Vertrauensfaktoren in konkreten Interaktionssituationen schulen / verbessern	Vgl. Kap. 3: Ergebnisse des 1. Auswertungsschritts

Der konsequent nächste Schritt bestünde darin, Trainingsteilnehmer in der Wahrnehmung von Vertrauensfaktoren in konkreten Interaktionssituationen zu schulen. Entsprechend wird die Schulung interkultureller Wahrnehmung auch insgesamt als grundlegendes Lernziel im interkulturellen Training verstanden (vgl. Thomas 2005c). Welches sind die konkret wahrnehmbaren Indikatoren, von welchen ausgehend sich Vertrauensfaktoren diagnostizieren lassen? Dabei ginge es nicht nur wieder um eine Bewusstwerdung impliziter Fähigkeiten oder Kompetenzen, denn in den entsprechenden Prozessen der 'Faktordiagnose' sind Manager mittlerer und oberer Führungsebenen schließlich praktisch erprobt. Darüber hinaus ginge es um die Schulung einer insbesondere für die interkulturelle Interaktion wichtigen Fähigkeit: Es ginge um die Fähigkeit, Zusammenhänge zwischen Verhaltensweisen und Vertrauensfaktoren herzustellen, die einem aus der eigenen Praxis nicht geläufig sind, da man sie in der Zusammenarbeit innerhalb seiner eigenen Kultur eben in der Regeln nicht herstellen muss. Hier könnte ein Training aufbauend auf dem System der Vertrauensfaktoren und seinen Definitionen und Beispielzitaten eine Wahrnehmungsschulung anbieten – beispielsweise indem man anhand konkreter Episoden und Einzelsequenzen aus den Interviews diskutiert, welche Vertrauensfaktoren in der jeweiligen Situation für die Beteiligten potenziell eine Rolle spielen könnten. Ziel wäre es, die Wahrnehmung der Teilnehmer insbesondere für diejenigen Vertrauensfaktoren zu schulen, welche außerhalb ihres individuellen Profils liegen bzw. auf welche zu achten sie nicht gewohnt sind.

Trainings-ziel Nr. 4	Bei den Teilnehmern ein Bewusstsein für den Einfluss von Kultur auf die Einschätzung der Vertrauenswürdigkeit von Interaktionspartnern schaffen	Vgl. Kap. 1: Theorie der Vertrauensmissverständnisse

Gemäß der vorgeschlagenen Theorie können kulturelle Unterschiede die Entwicklung von Vertrauen in der interkulturellen Zusammenarbeit in zweierlei Hinsicht beeinflussen: erstens durch Unterschiede im Schluss von beobachtetem Verhalten auf Vertrauensfaktoren, das heißt in der Faktordiagnose, und zweitens durch Unterschiede der Gewichtung von Vertrauensfaktoren (vgl. 1.3). In einem interkulturellen Relationship-Management-Training wären nun nicht nur diese beiden Einflussbereiche zu erläutern. Stattdessen ginge es aus praktischer Perspektive vielmehr darum, die Implikationen dieses Ansatzes für das praktische Handeln zu verdeutlichen. Zu illustrieren wäre, auf welche Weise in der Zusammenarbeit mit Kollegen oder Geschäftspartnern aus einer anderen Kultur Vertrauensmissverständnisse entstehen können – die sich entsprechend als 'Diagnose-Missverständnisse' und 'Gewichtungs-Missverständnisse' beschreiben lassen (vgl. 1.5). Ein solches Aufzeigen praktischer Konsequenzen der Theorie erscheint im Training wichtig, denn die Überzeugung der Teilnehmer vom praktischen Nutzen der Trainingsinhalte unterstützt laut Tannenbaum et al. (1991) den Praxistransfer von Trainingsinhalten.

6.5 Nutzen der Ergebnisse in der Personalentwicklung

Zu vermitteln wäre beispielsweise, wie trotz einer im Kulturvergleich ähnlichen Gewichtung eines Vertrauensfaktors (vgl. Kap. 4) kulturelle Vertrauensmissverständnisse entstehen können: nämlich zum Beispiel aufgrund des im Kulturvergleich unterschiedlichen Verständnisses von für bestimmte Vertrauensfaktoren zentralen Konzepten (wie etwa Zusagen, Respekt oder 'schnellem Reagieren', vgl. Kap. 5). Trainingsteilnehmern wäre entsprechend zu erläutern, inwiefern es für das interkulturelle Relationship Management vorteilhaft sein kann, weniger schnell Wertungen bzw. Einschätzungen der Vertrauenswürdigkeit des anderen vorzunehmen und stattdessen zu hinterfragen, ob man überhaupt ein gleiches Verständnis der jeweils verwendeten Begriffe voraussetzen kann (vgl. beispielsweise in 5.4.1 das deutsch-französische Vertrauensmissverständnis *'Erstellen Sie eine Liste aller laufenden Änderungen'*).

Trainings-ziel Nr. 5	Den Teilnehmern Wissen über unterschiedliche Gewichtungen von Vertrauensfaktoren in unterschiedlichen Kulturen vermitteln	Vgl. Kap.4: Ergebnisse des 2. Auswertungsschritts

Aufbauend auf den Ergebnissen des zweiten Auswertungsschritts der Studie ließe sich in einem Training Wissen über deutsch-französische Unterschiede der Gewichtung von Vertrauensfaktoren vermitteln. Wie in Kap. 4 gezeigt wurde, beschreiben derartige Gewichtungsunterschiede ein Potenzial für kulturelle Vertrauensmissverständnisse in der deutsch-französischen Zusammenarbeit.

Kenntnisse über derartige Unterschiede zu vermitteln wäre ein erster Schritt, um derartige Missverständnisse zu erkennen oder ihnen sogar vorbeugen zu können. Sofern ich weiß, dass ein Kollege aus einer anderen Kultur möglicherweise einen bestimmten Vertrauensfaktor für ungleich wichtiger hält als dies in meiner eigenen Kultur üblich ist, kann ich mich bemühen, diesen Aspekt in meinem Verhalten nicht zu vernachlässigen. Weiß ich hingegen, dass ein Kollege aus einer anderen Kultur einen bestimmten Vertrauensfaktor möglicherweise in weit geringerem Maße für wichtig hält, als dies in meiner eigenen Kultur üblich ist, dann kann ich in meinem Urteil über sein Verhalten zurückhaltender sein als ich es ansonsten wäre.

Trainings-ziel Nr. 6	Den Teilnehmern Wissen über vertrauens-relevante Unterschiedsbereiche und Kultur-unterschiede der Faktordiagnose vermitteln	Vgl. Kap.5: Ergebnisse des 3. Auswertungsschritts

Ein weiteres Ziel von Trainingsmaßnahmen wäre dann die Vermittlung der Ergebnisse des dritten Auswertungsschritts: die Vermittlung von Wissen über deutsch-französische Unterschiede der Faktordiagnose bzw. der Schemata, wann und wie man von beobachtetem Verhalten auf Vertrauensfaktoren schließt. Hier ginge es darum, kulturell unterschiedliche Tendenzen der Interpretation von Verhalten als vertrauensrelevant oder nicht vertrauensrelevant kennenzulernen bzw. auch zu verstehen, warum bestimmte Vertrauensfaktoren im deutsch-französischen Vergleich unterschiedlich gewichtet werden. Sowohl bei diesem als auch dem letzten Trainingsziel stehen die Wissensvermittlung und damit die kognitive Dimension interkultureller Kompetenz im Zentrum (vgl. Bolten 1999b, Gertsen 1990). Doch auch hier gilt, dass bereits ein Wissen um vertrauensrelevante Unterschiedsbereiche dazu beitragen kann, dass Trainingsteilnehmer ihre Fähigkeit verbessern, deutsch-französische Vertrauensmissverständnisse zu erkennen bzw. ihnen vorzubeugen.

Ein großer Vorteil, der sich aus der für die Studie gewählten Erhebungs- und Auswertungsmethodik ergibt, ist die Möglichkeit, im Training auf konkrete Beispiele aus dem Alltag des deutsch-französischen Managements zurückgreifen zu können. Solche konkreten Beispielfälle aus dem Managementalltag können im Training gemäß der Methode der 'Critical Incidents' eingesetzt werden (vgl. Wight 1995). Sie ermöglichen es, Varianten der Entstehung von Vertrauensmissverständnissen anschaulich zu vermitteln.

Trainings- ziel Nr. 7	Bei den Teilnehmern die Fähigkeit verbessern, Vertrauensmissverständnisse zu erkennen, zu reflektieren und aufzulösen	Vgl. Kap.4+5: Ergebnisse des 2. und 3. Auswertungsschritts

Personalentwicklungsmaßnahmen für die Praxis sollten sich nicht auf reine Wissensvermittlung beschränken, sondern verhaltensorientierten Aspekten Raum geben: Wie lässt sich das vermittelte Wissen in der Alltagspraxis umsetzen und nutzen? Entsprechend sollten interkulturelle Trainingsmaßnahmen auch auf die Entwicklung von Handlungsstrategien für interkulturelle Arbeitskontexte zielen (vgl. Arthur et al 2003, Mendenhall et al. 2004). Was dies für ein interkulturelles Relationship-Management-Training bedeutet, formulieren die Trainingsziele 7 und vor allem 8.

Wie in der Studie deutlich wurde, ist in der interkulturellen Zusammenarbeit grundsätzlich mit Vertrauensmissverständnissen zu rechnen. Eine erste zu vermittelnde Handlungskompetenz besteht daher darin, mit solchen kulturellen Vertrauensmissverständnissen kompetent umzugehen bzw. sie auflösen. Wie lässt sich dies erreichen? Zunächst ist es wichtig, Teilnehmer dazu in die Lage zu versetzen, kulturelle Vertrauensmissverständnisse in der konkreten Interaktion überhaupt zu identifizieren. Basis dafür ist sowohl die Kenntnis unterschiedlicher Typen kultureller Vertrauensmissverständnisse in einer bestimmten Kulturbeziehung (vgl. Trainingsziel Nr. 4) als auch die Kenntnis konkreter Kulturunterschiede, die Ursache für solche Missverständnisse sein können (vgl. Trainingsziel Nr. 5 und 6). Zweitens setzt ein erfolgreicher Umgang mit Vertrauensmissverständnissen die Fähigkeit voraus, die jeweilige Situation aus einer relativ distanzierten und neutralen Perspektive betrachten zu können. Kulturelle Vertrauensmissverständnisse implizieren affektive Reaktionen und Wertungen. Wer beispielsweise das Handeln seines Gegenübers rundheraus ablehnt, da er Situation und Verhalten gemäß der Maßstäbe seines eigenen kulturellen Systems deutet und wertet, der wird es schwer haben, entsprechende Missverständnisse aufzulösen bzw. sie überhaupt als solche zu identifizieren. Zu vermitteln wäre daher, wie sich bei den im Training thematisierten Kulturunterschieden die jeweils andere Sichtweise 'positiv rekonstruieren' lässt. Das bedeutet, dass die Trainingsteilnehmer die möglichen Vorteile der Andersartigkeit aus der eigenen Perspektive heraus nachvollziehen bzw. 'reflektieren', um negativen affektiven Reaktionen entgegenzuwirken. Damit würde die Trainingsmaßnahme neben kognitiven und verhaltensorientierten Aspekten auch der affektiven Komponente interkultureller Kompetenz Rechnung tragen (vgl. Gertsen 1990).

Aufbauend auf die Fähigkeit, kulturelle Vertrauensmissverständnisse zu erkennen und zu reflektieren, können Trainingsteilnehmer darin geschult werden, solche Vertrauensmissverständnisse gezielt aufzulösen. Um konkrete Handlungsstrategien zu entwickeln oder zu erproben, ließe sich im Training erneut auf die in der Studie empirisch gefundenen Vertrauensmissverständnisse im Sinne von 'Critical Incidents' zurückgreifen (Wight 1995). Für die einzelnen Critical Incidents könnte diskutiert werden, inwiefern eine Veränderung des eigenen Verhaltens oder eine Neubewertung des Verhaltens des anderen zur Auflösung des Vertrauensmissverständnisses beitragen kann. Entsprechende Verhaltensänderungen sollten nicht nur diskutiert, sondern auch praktisch erprobt werden (vgl. Trainingsziel Nr. 8). Einen Ansatzpunkt zur Auflösung von Vertrauensmissverständnissen liefern darüber hinaus unter-

6.5 Nutzen der Ergebnisse in der Personalentwicklung

schiedliche Varianten der Metakommunikation, das heißt des Austauschs mit einem Interaktionspartner über unterschiedliche Sichtweisen oder Verhaltensgewohnheiten.

Trainings- ziel Nr. 8	Mit den Teilnehmern Strategien für ein erfolgreiches interkulturelles Relationship Management entwickeln und trainieren	Vgl. Kap.4+5: Ergebnisse des 2. und 3. Auswertungsschritts

Kulturunterschiede bergen ein Potenzial für kulturelle Vertrauensmissverständnisse, das man kennen sollte, um solche Situationen zu erkennen und entsprechend reagieren zu können (vgl. Trainingsziel Nr. 7). Allerdings kann man Missverständnissen auch aktiv vorbeugen, indem man sich entweder darum bemüht, typische kulturelle Vertrauensmissverständnisse zu vermeiden, oder darum, aktiv die interkulturelle Vertrauensentwicklung zu fördern. Um Trainingsteilnehmer hierin zu unterstützen, lassen sich erneut die Ergebnisse des zweiten und dritten Auswertungsschritts der Studie heranziehen. Dabei lassen sich entsprechend der zwei Perspektiven der Einschätzung der Vertrauenswürdigkeit des anderen und der Demonstration eigener Vertrauenswürdigkeit zwei Ansatzpunkte unterscheiden:

Zum einen ließen sich ausgehend von den in der Studie beschriebenen vertrauensrelevanten Kulturunterschieden Wege aufzeigen, wie man vermeiden kann, aufgrund kultureller Differenz die Vertrauenswürdigkeit von Kollegen oder Geschäftspartnern falsch einzuschätzen. Denn diese Einschätzung kann das eigene Verhalten gegenüber dem Partner beeinflussen. Entsprechend kann eine auf Kulturunterschieden beruhende Fehleinschätzung, der Partner sei *nicht vertrauenswürdig*, die interkulturelle Vertrauensentwicklung im Sinne einer 'Misstrauensspirale' negativ beeinträchtigen, da man sich dann möglicherweise selbst misstrauischer verhält und damit dem anderen weniger Anlass gibt, Vertrauen zu entwickeln etc. (vgl. 1.5.1; zum Konzept der Vertrauensspiralen vgl. das Modell von Zand 1977). – Strategien in diesem Sinne wären etwa der Erwerb von Wissen über vertrauensrelevante Kulturunterschiede (vgl. Trainingsziele 5 und 6), die Zurückhaltung von Bewertungen, auch wenn ein Urteil aus Sicht der eigenen Kultur eindeutig erscheint („suspending judgment, vgl. Triandis 2006), oder das Kennenlernen der eigenen 'impliziten Vertrauenstheorie', um sich darüber klar zu werden, in welcher Hinsicht man besonders „vertrauenssensibel" und damit für (kulturelle) Vertrauensmissverständnisse anfällig ist (vgl. Trainingsziel Nr. 2).

Trainingsziel Nr. 8 bezieht sich jedoch vor allem auf Strategien für *das eigene Verhalten* gegenüber dem Partner – was ich im Kontext der Studie als vertrauensbildende Maßnahmen bzw. 'Vertrauensmaßnahmen' bezeichnet habe. Was kann man in der interkulturellen Zusammenarbeit tun, um einem Kollegen oder Partner zu zeigen, dass er einem vertrauen kann? Im Training ginge es nun zum einen darum, solche Strategien aufzuzeigen, und zum anderen darum, die Teilnehmer darin zu unterstützen, sich diese Strategien anzueignen. Welche Strategien lassen sich ausgehend von den Ergebnissen der Studie aufzeigen? Wenn man sich die in der interkulturellen Managementforschung diskutierten Strategien des Umgangs mit kultureller Diversität vergegenwärtigt (vgl. beispielsweise Kühlmann 2008: 205ff., Thomas 2005c: 99f.), lässt sich aus der Perspektive der interkulturellen Vertrauensentwicklung eine interessante Einschätzung formulieren. Angesichts kultureller Differenzen können Interaktionspartner entweder eigenkulturelle Normen oder Verhaltensweisen gegenüber dem Partner durchsetzen (Dominanz) oder zweitens sich die Normen oder Verhaltensweisen des Partners zu Eigen machen (Anpassung / Assimilation). Drittens können sie sich in einer Kombination von Elementen beider Kulturen 'auf halbem Wege' entgegenkommen bzw. gemeinsam Varianten des Verhaltens oder Bewertens entwickeln, die für beide Kulturen neu sind (Kompromiss bzw. Integration / Synthese). Um nun die Vertrauensentwicklung seitens eines Partners zu fördern, scheint insbesondere Anpassung eine aussichtsreiche Strategie zu sein. Denn die Entwicklung von Vertrauen bei einem Partner zu fördern, ist ein spezifisches Ziel. In der Regel ist davon auszugehen, dass der Prozess der Vertrauensentwicklung bei einem Partner nicht bewusst abläuft. Damit es zu einer positiven Vertrauenseinschätzung kommt, erscheint es daher primär geboten, das eigene Verhalten an die Vertrauenseinschätzungsschemata und die Vertrauensfaktorgewichtungen der Kultur des Partners anzupassen. Für die Zusammenarbeit mit einem anderskulturellen Partner gibt es dafür grundsätzlich zwei Möglichkeiten. Zum einen kann man sich bemühen, diejenigen Verhaltensweisen, die in der eigenen Kultur üblich sind, jedoch aus Sicht des Partners tendenziell als Vertrauenswarnung wahrgenommen werden, zu vermeiden. Zum anderen gilt es, diejenigen Verhaltensweisen, die zwar in der eigenen Kultur nicht üblich sind, aber aus Sicht des Partners tendenziell als Vertrauensgrund wahrgenommen werden, zu zeigen.

Allerdings ist interkulturelle Anpassung nicht immer möglich. Wenn ein französischer Mitarbeiter in die Situation gerät, dass eine im Meeting mit einem deutschen Kollegen ausgehandelte 'Vereinbarung' von seinem französischen Vorgesetzten nicht respektiert wird, dann hat er nicht die Möglichkeit, die 'Vereinbarung' einzuhalten – d.h. sich anzupassen. Stattdessen hätte er beispielsweise die Option, mit seinem deutschen Kollegen eine Situationsklärung herbeizuführen und ihm mit Verweis auf den Kulturunterschied aufzuzeigen, warum er die 'Vereinbarung' nicht einhalten kann bzw. warum das Ergebnis der gemeinsamen Diskussion aus französischer Sicht keine 'Vereinbarung' darstellt, an die sich auch ein Vorgesetzter zu halten hat (vgl. 5.1.3). Damit würde er versuchen, ein Vertrauensmissverständnis zu vermeiden, indem er vertrauensrelevante Kulturunterschiede thematisiert und damit die Prozesse der Vertrauenseinschätzung in dieser Hinsicht explizit macht.

In einem interkulturellen Relationship-Management-Training wäre nun in Bezug auf einzelne Vertrauensfaktoren und vertrauenskritische Kulturunterschiede zu diskutieren, inwiefern Anpassung eine Option ist bzw. welche konkreten strategischen Alternativen in unterschiedlichen Situationen bzw. Interaktionsbeziehungen ansonsten aussichtsreich erscheinen. Dabei ließe sich ergänzend auf die in der Studie gefundenen 'interkulturellen Vertrauensmaßnahmen' zurückgreifen – das heißt Beschreibungen der interviewten Manager, wie sie ihr Verhalten gezielt an einem vertrauensrelevanten Kulturunterschied orientieren, um den Aufbau interkulturellen Vertrauens zu unterstützen. Diese liefern Illustrationen, wie sich das Wissen um vertrauensrelevante Kulturunterschiede im beruflichen Alltag konkret im Sinne vertrauensbildender Maßnahmen bzw. Maßnahmen zur Vermeidung von Vertrauensmissverständnissen umsetzen lässt.

Allerdings sollte sich ein Training, dass auf den Transfer in die berufliche Praxis zielt, nicht auf die Diskussion bzw. diskursive Entwicklung von Strategien beschränken. Eine effektive Trainingsstrategie sollte vielmehr die Präsentation und Diskussion relevanter Inhalte mit der Möglichkeit kombinieren, diese in Übungen praktisch umzusetzen, und zwar idealerweise mit einem konstruktiven Feedback zu diesen Übungen durch die Trainingsleiter oder auch andere Trainingsteilnehmer, und zwar während und nach dem Training. Dies legt etwa die Review-Studie zum Transfer von Trainingsinhalten von Yamill & McLean (2001) nahe. Insgesamt sind für den Transfer von Trainingsinhalten nach dieser Studie drei Faktoren maßgeblich: die Motivation zum Transfer, das Transferdesign und schließlich das Transferklima. Teilnehmern sollte daher die Trainingskonzeption erklärt werden, sie sollten die Gelegenheit haben, die Trainingsinhalte aktiv auszuprobieren bzw. zu üben, und sie sollten darüber hinaus im Training wie auch in ihrem Arbeitskontext dazu angeregt werden, die Trainingsinhalte in ihrer beruflichen Praxis umzusetzen (vgl. auch Kaschube & Rosenstiel 2004).

Entsprechend der acht beschriebenen Trainingsziele ließe sich, je nach konkreten Umständen und Zielen und je nach Teilnehmerkreis und Dauer der jeweiligen Qualifizierungsmaßnahme ein spezifisches didaktisches Gesamtkonzept entwickeln. In diesem Konzept könnten die Ergebnisse der Studie umfassend genutzt und dabei die drei grundlegenden Lernziele interkultureller Trainings gemäß den drei Dimensionen interkultureller Kompetenz (kognitiv, affektiv, verhaltensorientiert, vgl. Bolten 1999b, Gertsen 1990) konsequent berücksichtigt werden. Die empirisch gefundenen deutsch-französischen Vertrauensmissverständnisse könnten dabei methodisch im Sinne von Critical Incidents eingesetzt und als anschauliches und praxisnahes Trainingsmaterial genutzt werden.

6.6 Abschließende Einschätzung

Mit der Frage nach dem Einfluss kultureller Differenz auf die Vertrauensentwicklung und damit dem Interesse für kulturelle Vertrauensmissverständnisse zielte das der Arbeit zugrunde liegende Forschungsprojekt auf praxisrelevante Ergebnisse: Wie können kulturelle Vertrauensmissverständnisse entstehen, wie lassen sie sich auflösen, und wie lässt sich ihnen vorbeugen? Die Ergebnisse zeichnen zum einen ein umfassendes Bild der Entwicklungsbedingungen von Vertrauen im Management, insbesondere in der interkulturellen Zusammenarbeit. Zum anderen konnten weiterführende und anschauliche Ergebnisse zur Frage des Einflusses kultureller Differenz auf die Vertrauensentwicklung gewonnen werden: Die Arbeit beschreibt authentische Beispiele des gelingenden und scheiternden interkulturellen Vertrauensaufbaus sowie konkrete Strategien des interkulturellen Vertrauensaufbaus. Wie im letzten Abschnitt skizziert, liefert dies Ansatzpunkte für Personalentwicklungsmaßnahmen oder auch Maßnahmen zur Förderung einer Vertrauenskultur innerhalb von Organisationen. Von diesem unmittelbaren Anwendungsbereich ausgehend möchte ich abschließend den Blick etwas heben und nach der Relevanz und dem Nutzen der Ergebnisse aus der Perspektive eines breiteren gesellschaftlichen Interesses fragen.

Zunächst ist festzustellen, dass wir ein Interesse an der Auflösung bzw. Vermeidung kultureller Vertrauensmissverständnisse nicht nur im stark internationalisierten Kontext der Wirtschaft vermuten können, sondern darüber hinaus im Bereich der internationalen Beziehungen Deutschlands insgesamt – sei es im Bereich der Politik (z.B. G20-Treffen, internationale Organisationen, deutscher diplomatischer Dienst) oder in der internationalen Zivilgesellschaft (z.B. Internationales Rotes Kreuz, Amnesty International). Gehen wir jedoch noch einen Schritt weiter und lösen uns, ganz im Sinne des in der Managementforschung und in dieser Arbeit vertretenen Kulturbegriffs, von der Fixierung auf ein Verständnis von Kultur als Nationalkultur. Interkulturelle Konfliktlinien finden wir in vielfältigen Formen auch innerhalb der deutschen Gesellschaft: als Grenzen zwischen unterschiedlichen gesellschaftlichen Gruppierungen. Auch hier können gemäß dem vorgeschlagenen Modell kulturelle Vertrauensmissverständnisse entstehen, und auch wenn die empirische Ausdifferenzierung meines Ansatzes in dieser Arbeit am Beispiel der deutsch-französischen Zusammenarbeit im Wirtschaftskontext erfolgte, liefert die Arbeit zumindest Anhaltspunkte für ein Verständnis bzw. eine weitergehende Erforschung von Vertrauensmissverständnissen über solch andere 'kulturelle Grenzen' hinweg. Besonders deutlich wird dies, wenn wir etwa an die Integrationsdebatte denken und an das Konfliktpotenzial in der Interaktion zwischen beispielsweise Polizisten und Delinquenten, Ärzten und Patienten oder Lehrern und Schülern/Eltern. In all diesen Beziehungen kann es natürlich begründete Fälle von Vertrauensverlust geben bzw. berechtigte Gründe, welche die Entwicklung von Vertrauen behindern. In all diesen Beziehungen kann es jedoch auch kulturelle Vertrauensmissverständnisse geben, bei welchen Vertrauensverlust oder scheiternder Vertrauensaufbau grundsätzlich vermeidbar erscheinen. Die Konzepte, Instrumente und Ideen der vorliegenden Arbeit lassen sich für die Vertrauensentwicklung über solch andere 'kulturelle Grenzen' hinweg prinzipiell adaptieren, weiterentwickeln und nutzbar machen.

Darin besteht zusammenfassend der Nutzen der Ergebnisse der vorliegenden Arbeit aus einer übergeordneten Perspektive: in der Formulierung und empirischen Illustration eines Ansatzes, der Vertrauensmissverständnisse verstehbar bzw. rekonstruierbar macht – und damit in der Skizzierung eines Wegs zur Auflösung oder Vermeidung solcher Vertrauensmissverständnisse. Dabei kann als übergreifendes Ergebnis die Einsicht gelten, dass man durch Sensibilität in der Interpretation des Verhaltens anderer wie auch durch vielfältige Aspekte des eigenen Handelns viel dazu beitragen kann, dass sich vertrauensvolle Beziehungen entwickeln. Es gilt, sich der Tatsache bewusst zu werden, dass die eigenen Vertrauensfaktoren nicht unbedingt diejenigen des anderen sind. Genau dies konnte die Arbeit am Beispiel der deutsch-französischen Zusammenarbeit zeigen, und einer der für die Studie interviewten französischen Manager brachte diese Einsicht in folgenden Worten auf den Punkt:

> Wenn man mit Leuten aus dem Ausland zusammenarbeitet, dann muss man wirklich aufpassen. Das heißt, man muss den eigenen Indikatoren mit Skepsis begegnen. Wir haben eigene Indikatoren, die wir aus unserer Erziehung und Ausbildung mitbringen. Und deshalb muss man in der Tat der eigenen Wahrnehmung mit Skepsis begegnen. Weil das, was man wahrnimmt, das ist einfach das, was man uns beigebracht hat wahrzunehmen. Deshalb ist das relativ zum Französischen, zu unserem französischen Bezugssystem. Wenn man also mit ... Deutschen zusammenarbeitet, dann muss man da wirklich vorsichtig sein. Denn wir Franzosen, wir sehen die Dinge aus unserer eigenen Wahrnehmungsperspektive. ... Es kann leicht passieren, dass man glaubt, gerade erfolgreich Vertrauen aufzubauen, während man in Wirklichkeit überhaupt kein Vertrauen aufbaut. [FD-11, Übersetzung R.M.]

Literaturverzeichnis

A

Aamodt, M. G.; Reardon, C. & Kimbrough, W. (1986): The Critical Incident Technique Revisited. In: Journal of Police and Criminal Psychology, 2/2, 48-59.

Adair, W. L.; Okumura, T. & Brett, J. M. (2001): Negotiation Behavior when Cultures Collide: The United States and Japan. In: Journal of Applied Psychology, 86/3, 371-385.

Adams, J. S. (1976): The Structure and Dynamics of Behavior in Organizational Boundary Roles. In: Dunnette, M. D. (Hg): Handbook of Industrial and Organizational Psychology. Chicago: Rand McNally, 1175-1199.

Adams, J. S. (1965): Inequity in Social Exchange. In: Advances in Experimental Social Psychology, 62, 335-343.

Adler, N. (1983): A Typology of Management Studies Involving Culture. In: Journal of International Business Studies, 14/2, 29-47.

Adler, N. (1986): International Dimensions of Organizational Behavior. Boston: Kent.

Adler, N., & Graham, J. (1989): Cross-Cultural Comparison: The International Comparison Fallacy? In: Journal of International Business Studies, 20/3, 515-537.

Aghamanoukjan, A.; Buber, R. & Meyer, Michael (2007): Qualitative Interviews. In: Buber, R. & Holzmüller, H. H. (Hgg.): Qualitative Marktforschung. Wiesbaden: Gabler, 415-435.

Ajzen, I. & Fishbein, M. (1977): Attitude-Behavior Relations: A Theoretical Analysis and Review of Empirical Research. In: Psychological Bulletin, 84, 888-918.

Akerlof, G. (1970): The Market for 'Lemons': Qualitative Uncertainty and the Market Mechanisms. In: Quarterly Journal of Economics, 84, 488-500.

Albert, R. D. (1983): The Intercultural Sensitizer or Culture Assimilator: A Cognitive Approach. In: Landis, D. & Brislin, R.W. (Hgg.): Handbook of Intercultural Training. Band 2. New York: Pergamon, 186-217.

Albert, R. D. (1995): The Intercultural Sensitizer/Culture Assimilator as a Cross-Cultural Training Method. In: Fowler, S. M. & Mumford, M. G. (Hgg.): Intercultural Sourcebook: Cross-Cultural Training Methods. Band 1. Yarmouth: Intercultural Press, 157-167.

Albrecht, W. S.; Wernz, G. W. & Williams, T. L. (1995): Fraud: Bringing Light to the Dark Side of Business. Burr Ridge: Irwin.

Alcock, John (2001): The Triumph of Sociobiology. Oxford: Oxford University Press.

Alexander, S., & Ruderman, M. (1987): The Role of Procedural and Distributive Justice in Organizational Behaviors. In: Social Justice Research, 1, 177-198.

Amado, G.; Faucheux, C. & Laurent, A. (1990): Changements Organisationnels et Realites Culturelles : Contrastes Franco-Americains. In: Chanlot, J.-F. (Hg.): L'individu dans l'organisation: Les Dimensions Oubliées. Quebec: EKSA Presses de l'Universite Laval, 629-662.

Ammon, G. (1989): Der Französische Wirtschaftsstil. München: Eberhard.

Aoki, Masahiko (1988): Information, Incentives, and Bargaining in the Japanese Economy. Cambridge: Cambridge University Press.

Ariño, A. Torre; J. de la & Ring, P. S. (2001): Relational Quality: Managing Trust in Corporate Alliances. In: California Management Review, 44/1, 109-131.

Arksey, Hilary & Knight, Peter (1999): Interviewing for Social Scientists: An Introductory Resource with Examples. Thousand Oaks: Sage.

Arthur, W., Bennet, W., Edens, P. S. & Bell, S. T. (2003): Effectiveness of Training in Organizations: A Meta-Analysis of Design and Evaluation Features. In: Journal of Applied Psychology, 88, 234-245.

Arrow, K. J. (1974): The Limits of Organization. New York: Norton.

Arrow, K. J. (1985): The Economics of Agency. In: Pratt, J. & Zeckhauser, R. (Hgg.): Principals and Agents: The Structure of Business. Boston: Harvard Business School Press, 37-51.

Arthur, M. W.; Hawkins, J. D.; Pollard, J. A.; Catalano, R. F. & Baglioni, A. J. (2002): Measuring Risk and Protective Factors for Substance Abuse, Delinquency, and other Adolescent Problem Behaviors: The Communities that Care for Youth Survey. In: Evaluation Review, 26, 575-601.

Asch, S. E. (1946): Forming Impressions of Personality. In: Journal of Abnormal and Social Psychology, 41, 258-290.

Aulakh, P. S.; Kotabe, M. & Sahay, A. (1996): Trust and Performance in Cross-Border Marketing Partnerships: A Behavioral Approach. In: Journal of International Business Studies, 27, 1005-1032.

Axelrod, R. (1984): The Evolution of Cooperation. New York: Basic Books.

Axelrod, R. & Hamilton, W. D. (1981): The Evolution of Cooperation. In: Science, 211, 1390-1396.

B

Bacon, Francis (1597): The Essayes or Counsels, Civil and Moral.

Baasner, F. (2004): Interkulturelle Kommunikation, deutsch-französisch: Eine Einführung. In: Deutsch-französisches Institut (Hg.): Frankreich-Jahrbuch 2003. Politik, Wirtschaft, Gesellschaft. Wiesbaden: VS Verlag für Sozialwissenschaften, 41-48.

Bach, M. & Poloschek, C. M. (2006): Optical Illusions: Advances in Clinical Neuroscience and Rehabilitation, 6/2, 20-21.

Bacharach, M. & Gambetta, D. (1997): Trust in Signs: A Signal-Theoretic Analysis of Trust Relations. In: Cook, K. S. (Hg.): Trust in Society. New York: Russell Sage Foundation, 148-184.

Bacharach, M. & Gambetta, D. (2001): Trust as Type Detection. In: Castelfranchi, C. & Tan, Y-H. (Hgg.): Trust and Deception in Virtual Societies. Norwell: Kluwer Academic, 1-26.

Bachmann, R. (2001): Trust, Power and Control in Trans-Organizational Relations. In: Organization Studies, 22/2, 337-365.

Badura, B.; Greiner, W.; Rixgens, P.; Ueberle, M. & Behr, M. (2008): Sozialkapital: Grundlagen von Gesundheit und Unternehmenserfolg. Berlin: Springer.

Baier, A. (1986): Trust and Antitrust. In: Ethics, 96/2, 231-60.

Baldwin, M. W. (2005a) (Hg.): Interpersonal Cognition. New York: Guilford.

Baldwin, M. W. (2005b): Preface. In: Baldwin, M. W. (Hg.): Interpersonal Cognition. New York: Guilford, vi-xv.

Banai, M. & Reisel, W. D. (1999): Would you Trust your Foreign Manager? An Empirical Investigation. In: International Journal of Human Resource Management, 10/3, 477-487.

Barber, B. (1983): The Logic and Limits of Trust. New Brunswick: Rutgers University Press.

Barkow, J. H., Cosmides, L. & Tooby, J. (1992) (Hgg.): The Adapted Mind: Evolutionary Psychology and the Generation of Culture. Oxford: Oxford University Press.

Barmeyer, C. I. (1996): Interkulturelle Qualifikationen im deutsch-französischen Management kleiner und mittelständischer Unternehmen: Mit Schwerpunkt Saarland / Lothringen. St. Ingbert: Röhrig.

Barmeyer, C. I. (2000a): Interkulturelles Management und Lernstile: Studierende und Führungskräfte in Frankreich, Deutschland und Quebec. Frankfurt/Main: Campus.

Barmeyer, C. I. (2000b): Mentalitätsunterschiede und Marktchancen im Frankreichgeschäft: Zur interkulturellen Kommunikation im Handwerk. St. Ingbert: Röhrig.

Barney, J. B., & Hansen, M. H. (1994): Trustworthiness as a Source of Competitive Advantage. In: Strategic Management Journal, 15/Special Issue on Competitive Organizational Behavior, 175-190.

Bartlett, C.A. & Ghoshal, S. (1987): Managing Across Borders: New Organized Responses. In: Sloan Management Review, 29/1, 43-54.

Barsoux, J.-L. & Lawrence, P. (1990): Management in France. London: Cassell.

Batt, P. J. & Parining, N. (2002): Trust Building Behaviour within the Balinese Fresh Produce Industry. In: Batt, P.J. (Hg.): Culture and Collaboration in Distribution Networks. 18th IMP-conference in Perth, Australia (verfügbar unter: www.impgroup.org/papers, 31.05.2006).

Baumann, E. & Leimdorfer, F. (1997): La Confiance? Parlons-en! "Confiance" et "Vertrauen" dans le Discour. In: Bernoux, P. & Servet, J.-M. (Hgg.): La Construction Sociale de la Confiance. Paris: Montchrétien, 359-379.

Bausinger, Hermann (2000): Typisch deutsch. Wie deutsch sind die Deutschen? 2. durchges. Auflage. München: Beck.

Becerra, M. & Gupta, A. (2003): Perceived Trustworthiness within the Organization: The Moderating Impact of Communication Frequency on Trustor and Trustee Effects. In: Organization Science, 14/1, 32-44.

Becker, L. C. (1996): Trust as Noncognitive Security about Motives. In: Ethics, 107, 43-61.

Beer, J. S. & Ochsner, K. N. (2006). Social Cognition: A Multi Level Analysis. In: Brain Res, 1079/1, 98-105.

Bender, R. & Lange, St. (2001): Adjusting for Multiple Testing: When and How? In: Journal of Clinical Epidemiology, 54, 343-349.

Berelson, B. (1952): Content Analysis in Communication Research. Glencoe: Free Press.

Berg, J.; Dickhaut, J. & McCabe, K. (1995): Trust, Reciprocity, and Social History. In: Games and Economic Behavior, 10, 122–142.

Berger, H. (1974): Untersuchungsmethode und soziale Wirklichkeit. Frankfurt/Main: Suhrkamp.

Bhawuk, D. P. S. (1997): Leadership Through Relationship Management: Using the Theory of Individualism and Collectivism. In: Cushner, K. & Brislin, R. W. (Hgg.): Improving Intercultural Interactions: Modules for Cross-Cultural Training Programs. Band 2. Thousand Oaks: Sage.

Biber, D. (1988): Variation across Speech and Writing. Cambridge: Cambridge University Press.

Literaturverzeichnis

Bies, R. J. & Moag, J. S. (1986): Interactional Justice: Communication Criteria of Fairness. In: Lewicki, R. J.; Sheppard, B. H. & Bazerman, M. H. (Hgg.): Research on Negotiation in Organizations. Band 1. Greenwich: JAI Press, 43-55.

Bigley, G. A. & Pearce, J. L. (1998): Straining for Shared Meaning in Organization Sciene: Problems of Trust and Distrust. In: Academy of Management Review, 23/3, 405-421.

Bijlsma, K. & Bunt, G. G. van de (2003): Antecedents of Trust in Managers: A 'Bottom Up' Approach. In: Personnel Review, 32/5, 638-664.

Billig, M. & Tajfel, H. (1973): Social Categorization and Similarity in Intergroup Behavior. In: European Journal of Social Psychology, 3, 27-52.

Blakeney, R. N. (1986): A Transactional View of the Role of Trust in Organizational Communication. In: Transactional Analysis Journal, 16, 95-98.

Blau, P. M. (1964): Exchange and Power in Social Life. New York: Wiley.

Bless, H.; Fiedler, K. & Strack, F. (2003): Social Cognition: How Individuals Construct Reality. Philadelphia: Psychology Press.

Blumer, H. (1969): Symbolic Interactionism: Perspective and Method. Berkeley: University of California Press.

Blum-Kulka, S.; House, J. & Kasper G. (1989) (Hgg.): Cross-Cultural Pragmatics: Requests and Apologies. Norwood: Ablex.

Bohlinger, S. & Münk, D. (2008): Verschiedene Blickwinkel: Kompetenz, Competence, Compétence – ein Begriff, drei Auffassungen. In: Weiterbildung. Zeitschrift für Grundlagen, Praxis und Trends, 18/1, 36-39.

Bolten, J. (1999a): Grenzen der Internationalisierungsfähigkeit: Interkulturelles Handeln aus interaktionstheoretischer Perspektive. In: Bolten, J. & Oberender, P. (Hg.): Cross Culture: Interkulturelles Handeln in der Wirtschaft. Sternenfels: Wissenschaft und Praxis, 25-42.

Bolten, J. (1999b): Interkultureller Trainingsbedarf aus der Perspektive der Problemerfahrungen entsandter Führungskräfte. In: Götz, K. (Hg.): Interkulturelles Lernen / interkulturelles Training. München: Hampp, 61-80.

Boon, S.D., & Holmes, J. G. (1991): The Dynamics of Interpersonal Trust: Resolving Uncertainty in the Face of Risk. In: Hinde, R. A. & Groebel, J. (Hgg.): Cooperation and Pro-Social Behavior. Cambridge: Cambridge University Press, 190- 211.

Bortz, J. (1993): Statistik für Sozialwissenschaftler. 4. Auflage. Berlin: Springer.

Bortz, J. (1999): Statistik für Sozialwissenschaftler. 5., vollst. überarb. Auflage. Berlin: Springer.

Bortz, J. & Döring, N. (2006): Forschungsmethoden und Evaluation für Human- und Sozialwissenschaftler. 4. Auflage. Berlin: Springer.

Bos, W. (1989): Reliabilität und Validität in der Inhaltsanalyse. In: Bos, W. & Tarnai, Ch. (Hgg.): Angewandte Inhaltsanalyse in Empirischer Pädagogik und Psychologie. Münster: Waxmann, 61-71.

Bower, G. (1967): A Multicomponent Theory of the Memory Trace. In: Spence, K. W. & Spence, J. T. (Hgg.): The Psychology of Learning and Motivation. Band 1. New York: Academic Press, 230-325.

Bowlby, J. (1998): Attachment and Loss. Band 3. London: Pimlico.

Boyatzis, R. E. (1982): The Competent Manager: A Model for Effective Performance. New York: Wiley.

Bradach, J. L. & Eccles, R. G. (1989): Price, Authority, and Trust: From Ideal Types to Plural Forms. In: Annual Review of Sociology, 15, 97-118.

Brandtstädter, J. & Greve, W. (1994): The Aging Self: Stabilizing and Protective Processes. In: Developmental Review, 14, 52-80.

Brannon, J. (1992) (Hg.): Mixing Methods: Qualitative and Quantitative Research. Aldershot: Avebury.

Brencic, M. M. & Zabkar, V. (2002): Trust in Cross-Cultural Business-to-Business Relationships: The Case of the Former Yugoslav Markets. Workingpaper. University of Ljubljana, Faculty of Economics (verfügbar unter: www.impgroup.org/uploads/papers/557.pdf, 23.09.2002).

Breuer, J.-P. & de Bartha, J. P. (2002): Deutsch-französische Geschäftsbeziehungen erfolgreich managen: Spielregeln für die Zusammenarbeit auf Führungs- und Fachebene. Köln: Deutscher Wirtschaftsdienst.

Brewer, M. B., & Silver. M. (1978): Ingroup Bias as a Function of Task Characteristics. In: European Journal of Social Psychology, 8, 393-400.

Brislin, R.W. (1995) The Culture-General Assimilator. In: Fowler, S. M. & Mumford, M. G. (Hgg.): Intercultural Sourcebook: Cross-Cultural Training Methods. Band 1. Yarmouth: Intercultural Press, 172-178.

Brislin, R. W.; Cushner, K.; Craig, C. & Yong, M. (1986): Intercultural Interactions. Thousand Oaks: Sage.

Brislin, R. W.; Lonner, W. J. & Thorndike, R. M. (1973): Cross-Cultural Research Methods. New York: Wiley.

Bröcker, T. & Jänich, K. (1973): Einführung in die Differentialtopologie. Berlin: Springer.

Brockner, J. & Siegel, P. (1995): Understanding the Interaction between Procedural and Distributive Justice: The Role of Trust. In: Kramer, R. M. & Tyler, T. R. (Hgg.): Trust in Organizations: Frontiers of Theory and Research. Thousand Oaks: Sage, 391-413.

Brökelmann, S.; Fuchs, C.-M.; Kammhuber, S. & Thomas, A. (2005): Beruflich in Brasilien: Trainingsprogramm für Manager, Fach- und Führungskräfte. Göttingen: Vandenhoeck & Ruprecht.

Bromiley, P. & Cummings, L. L. (1993): Organizations with Trust: Theory and Measurement. Working Paper. Minneapolis, MN: University of Minnesota.

Bromiley, P. & Cummings, L. L. (1995): Transaction Costs in Organizations with Trust. In: Research on Negotiation in Organizations, 5, 219-247.

Brower, H. H.; Schoorman, F. D & Tan, H. H. (2000): A Model of Relational Leadership: The Integration of Trust and Leader-Member Exchange. In: The Leadership Quarterly, 11, 227-250.

Brown, P. & Levinson, S. C. (1978): Universals in Language Usage: Politeness Phenomena. In: Goody, E. N. (Hg.): Questions and Politeness: Strategies in Social Interaction. Cambridge: Cambridge University Press, 56-289. Neu herausgegeben 1987: Politeness: Some Universals in Language Usage. Cambridge: Cambridge University Press.

Bruner, J. S. & Tagiuri, R. (1954): The Perception of People. In: G. Lindzey (Hg.): Handbook of Social Psychology. Band 2. Cambridge: Addison-Wesley, 634-654.

Buchan, N. & Croson, R. (2004): The Boundaries of Trust: Own and Others' Actions in the US and China. In: Journal of Economic Behavior & Organization, 55, 485-504.

Buchan, N. R.; Croson, R. & Dawes, R. M. (2002): Swift Neighbors and Persistent Strangers: A Cross-Cultural Investigation of Trust and Reciprocity in Social Exchange. In: American Journal of Sociology, 108/1, 168-206.

Büchmann, G. (1898): Geflügelte Worte. Der Citatenschatz des deutschen Volkes. 19. vermehrte und verbesserte Auflage. Berlin: Haude & Spener'sche Buchhandlung.

Bürger, J. (2004): Kulturbedingte Probleme der Personalführung in deutsch-tschechischen Gemeinschaftsunternehmen: Die Rolle des Vertauens. In: Maier, J. (Hg.): Vertrauen und Marktwirtschaft. Die Bedeutung von Vertrauen beim Aufbau marktwirtschaftlicher Strukturen in Osteuropa. forost Arbeitspapier Nr. 22. München: forost, 57-66.

Bürger, J. & Bouzková, L. (2008): Gemeinsam den Kopf hinhalten, falls etwas mal nicht gut gelaufen ist: Interpersonales Vertrauen in deutsch-tschechischen Unternehmen. In: Jammal, Elias (Hg.): Vertrauen im interkulturellen Kontext. Wiesbaden: Verlag für Sozialwissenschaften, 133-150.

Bürger, J. & Thomas, A. (2007): Effektive Personalführung in der deutsch-tschechischen Wirtschaftskooperation. München: Forost-Arbeitspapier Nr. 40.

Burt, R. S. & Knez, M. (1995): Kinds of Third-Party Effects on Trust. In: Rationality and Society, 7/3, 255-292.

Burt, R. S. & Knez, M. (1996): Trust and Third-Party Gossip. In: Kramer, R. M. & Tyler, T. R. (Hgg.): Trust in Organizations: Frontiers of Theory and Research. Thousand Oaks: Sage, 68-89.

Buschmeier, U. (1995): Macht und Einfluss in Organisationen. Göttingen: Cuvillier.

Buskens, V. (1998): The Social Structure of Trust. In: Social Networks, 20, 265-289.

Buss, D. M. (1995): Evolutionary Psychology: A New Paradigm for Psychological Science. In: Psychological Inquiry, 6, 1-49.

Buss, D. M. (2004): Evolutionary Psychology: The New Science of the Mind. 2. Auflage. Boston: Allyn & Bacon.

Butler, J. K. (1983): Reciprocity of Trust Between Professionals and Their Secretaries. In: Psychological Reports, 53/2, 411-416.

Butler, J. K., Jr. (1991): Toward Understanding and Measuring Conditions of Trust: Evolution of a Conditions of Trust Inventory. In: Journal of Management, 17, 643-663.

Butler, J. K. & Cantrell, R. S. (1984): A Behavioral Decision Theory Approach to Modeling Dyadic Trust in Superiors and Subordinates. In: Psychological Reports, 55, 81-105.

Byrne, B. M.; Oakland, T.; Leong, F. T. L.; Hambleton, R. K.; Bartram, D.; Cheung, F. M. & van de Vijver, F. J. R. (2009): A Critical Analysis of Cross-Cultural Research and Testing Practices. In: Training and Education in Professional Psychology, 3/2, 94-105.

C

Camp, R. D. & Vertinsky, I. (2003): National Culture, Control Structures, and the Trust Development Process. 2nd EIASM Workshop on Trust Within and Between Organizations, Amsterdam, the Netherlands, 23.-24.10.2003.

Camp, R. D.; Vertintinsky, I. & Branzei, O. (2002): Trusting International Joint Ventures Partners: Which Components of Trustworthiness Matter for Canadian and Japanese Trustors? 28th EIBA Conference, Athen, 08.-10.12.2002.

Campbell, D. T. (1986): Relabelling Internal and External Validity for Applied Social Scientists. In: New Directions for Program Evaluation, 31, 67-77.

Cardona, P. & Elola, A. (2003): Trust in Management: The Effect of Managerial Trustworthy Behavior and Reciprocity. Working Paper Nr. 496. IESE Business School, University of Navarra (verfügbar unter: www.iese.edu/research/pdfs/DI-0496-E.pdf , 01.08.2004).

Carrell, M. R. & Dittrich, J. E. (1978): Equity Theory: The Recent Literature, Methodological Considerations, and New Directions. In: Academy of Management Review, 3/2, 202-210.
Castel, P.; Deneire, M.; Kurc, A.; Lacassagne, M.-F. & Leeds, C. A. (2007): Universalism and Exceptionalism: French Business Leadership. In: Chhokar, J. S., Brodbeck, F. C. & House, R. J. (Hgg.): Culture and Leadership Across the World: The GLOBE Book of In-Depth Studies of 25 Societies: . Mahwah: Lawrence Erlbaum, 547-581.
Chell, E. (1998): Critical Incident Technique. In: Symon, G. & Cassell, C. (Hgg.): Qualitative Methods and Analysis in Organizational Research: Thousand Oaks: Sage, 51-72.
Chhokar, J. S., Brodbeck, F. C. & House, R. J. (2007) (Hgg.): Culture and Leadership Across the World: The GLOBE Book of In-Depth Studies of 25 Societies. Mahwah: Lawrence Erlbaum.
Child, J. (1998): Trust and International Strategic Alliances: The Case of Sino-Foreign Joint Ventures. In: Lane, C. & Bachmann, R. (Hgg.): Trust Within and Between Organizations: Conceptual Issues and Empirical Aapplications. Oxford: Oxford University Press, 241-272.
Child, J. (2001): Trust: the Fundamental Bond in Global Collaboration. In: Organizational Dynamics, 29/4, 274-288.
Child, J. & Möllering, G. (2003): Contexual Confidence and Active Trust Development in the Chinese Businesss Environment. In: Organization Science, 14/1, 69-80.
Chinese Culture Connection (1987): Chinese Values and the Search for Culture-Free Dimensions of Culture. In: Journal of Cross-Cultural Psychology, 18/2, 143-164.
Chismar, D. (1988): Empathy and Sympathy: The Important Difference. In: The Journal of Value Inquiry, 22/4, 257-266.
Chua, R.; Ingram, P., & Morris, M. (2008): From the Head and the Heart: Locating Cognition and Affect-based Trust in Managers' Professional Networks. In: Academy of Management Journal, 51/3, 436-452.
Church, A. T. (2001): Personality Measurement in Cross-Cultural Perspective. In: Journal of Personality, 69/6, 979-1006.
Clark, M. C., & Payne, R. L. (1997): The Nature and Structure of Workers' Trust in Management. In: Journal of Organizational Behavior, 18, 802-224.
Coleman, J. (1988): Social Capital in the Creation of Human Capital. In: American Journal of Sociology, 94 (Supplement), 95-120.
Coleman, J. (1990): Rational Action, Social Networks, and the Emergence of Norms. In: Calhoun, C.; Meyer, M. & Scott, R. (Hgg.): Structures of Power and Constraint. Cambridge: Cambridge University Press, 91-112.
Colman, A. M. (2001): A Dictionary of Psychology. Oxford : Oxford University Press
Conger, J. A. & Kanungo, R. N. (1988): The Empowerment Process: Integrating Theory and Practice. In: Academy of Management Review, 13/3, 471-482.
Conger, J. A. & Kanungo, R. N. (1998): Charismatic Leadership in Organizations. Thousand Oaks: Sage.
Connell, J.; Ferres, N. & Travaglione, R. (2003): Engendering Trust in Manager-Subordinate Relationships: Predictors and Outcomes. In: Personnel Review, 32/5, 569-587.
Cook, J. & Wall, T.D. (1980): New Work Attitude Measures of Trust, Organizational Commitment and Personal Need Non-Fulfilment. In: Journal of Occupational Psychology, 75, 369-375.
Cook, K. S. (1987) (Hg.): Social Exchange Theory. Thousand Oaks: Sage.
Cook, T. D. & Campbell, D. T. (1979): Quasi-Experimentation: Design & Analysis Issues for Field Settings. Boston: Houghton Mifflin Company.
Cooper, W. H. (1981): Ubiquitous Halo. In: Psychological Bulletin, 90, 218-244.
Cosmides, L., & Tooby, J. (1992): Cognitive Adaptations for Social Exchange. In: Barkow, J.; Cosmides, L. & Tooby, J. (Hgg.): The Adapted Mind: Evolutionary Psychology and the Generation of Culture. Oxford: Oxford University Press, 163-228.
Cosmides, L., & Tooby, J. (2005): Neurocognitive Adaptations Designed for Social Exchange. In: Buss, D. M. (Hg.): Evolutionary Psychology Handbook. New York: Wiley.
Couch, L. L.; Adams, J. M. & Jones, W. H. (1996): The Assessment of Trust Orientation. In: Journal of Personality Assessment, 67/2, 305-323.
Couch, L. L. & Jones, W. H. (1997): Measuring Levels of Trust. In: Journal of Research in Personality, 31, 319-336.
Creed, W.E.D. & Miles, R.E. (1996): Trust in Organizations: A Conceptual Framework Linking Organizational Forms, Managerial Philosophies, and the Opportunity Costs of Controls. In: Kramer, R. M. & Tyler, T. R. (Hgg.): Trust in Organizations: Frontiers of Theory and Research. Thousand Oaks: Sage, 16-39.
Cressey, D. R. (1953): Other People's Money: A Study in the Social Psychology of Embezzlement. Glencoe: Free Press
Creswell, J. W. & Plano Clark, V. L. (2007): Designing and Conducting Mixed Methods Research. Thousand Oaks: Sage.
Cronbach, L. J. (1955): Processes Affecting Scores on 'Understanding of Others' and 'Assumed Similarity'. In: Psychological Bulletin, 52, 177-193.

Cronk, L. (2005): The Application of Animal Signaling Theory to Human Phenomena: some Thoughts and Clarifications. In: Social Science Information, 44/4, 603-620.

Cropley, A. J. (2005): Qualitative Forschungsmethoden: Eine praxisnahe Einführung. 2. überarb. Auflage. Frankfurt/Main: Dietmar Klotz.

Crowne, D. P. & Marlow, D. (1964): The Approval Motive: Studies in Evaluative Dependence. New York: Wiley.

Cummings, L. L. & Bromiley, P. (1996): The Organizational Trust Inventory (OTI). In: Kramer, R. M. & Tyler, T. R. (Hgg.): Trust in Organizations: Frontiers of Theory and Research. Thousand Oaks: Sage, 302-330.

Currall, S. C. & Inkpen, A. C. (2002): A Multilevel Approach to Trust in Joint Ventures. In: Journal of International Business Studies, 33/3, 479-495.

Currall, S. C. & Judge, T.A. (1995): Measuring Trust Between Organizational Boundary Role Persons. In: Organizational Behavior and Human Decision Processes, 64/2, 151-170.

Cushner, K. & Landis, D. (1996): The Intercultural Sensitizer. In: Landis, D. & Bhakat, R. S. (Hgg.) Handbook of Intercultural Training. 2. Auflage. Thousands Oaks: Sage, 185-202.

D

D'Iribarne, P. (1989): La Logique de l'Honeur. Paris: Seuil.

Dailey, R. M. (2006): Confirmation in Parent-Adolescent Relationships and Adolescent Openness: Toward Extending Confirmation Theory. In: Communication Monographs, 73/4, 434-458.

Danielson, A. J. & Holm, H. J. (2003): Tropic Trust versus Nordic Trust: Experimental Evidence from Tanzania and Sweden. Working Paper Nr. 05-26. Lund University, School of Economics and Management (verfügbar unter: www.nek.lu.se/publications/workpap/Papers/WP05_26.pdf, 14.03.2006).

Danielson, A. J. & Holm, H. J. (2004): Do You Trust Your Brethren? Eliciting Trust Attitudes and Trust Behavior in a Tanzanian Congregation. Working Paper Nr. 04-2. Lund University, School of Economics and Management (verfügbar unter: www.nek.lu.se/publications/workpap/Papers/WP04_2.pdf, 14.03.2006).

Das, T. K. & Teng, B.-S. (1998): Between Trust and Control: Developing Confidence in Partner Cooperation in Alliances. In: Academy of Management Review, 23/3, 491-512.

Dasgupta, P. (1988): Trust as a Commodity. In: Gambetta, D. (Hg.): Trust: Making and Breaking Cooperative Relations. New York, Oxford: Basil Blackwell, 49-72.

Daß, J. (2006): Frankreich 2006: Daten und Fakten. Baden-Württemberg International (verfügbar unter: www.bw-global.de/deu/data/MA_Frankreich.pdf, 12.01.2008).

Davies, G. (1986): Context Effects in Episodic Memory: A Review. In: Cahiers de Psychologie Cognitive, 6, 157-174.

Davoine, E. (1999): Zeitmanagement: Kulturelle oder organisationsstrukturelle Herausforderung? In: Brink, H.-J., Davoine, E. & Schwengel, H. (Hgg.): Management und Organisation im deutsch-französischen Vergleich. Berlin: Arno Spitz, 143-162.

Davoine, E. (2002): Zeitmanagement deutscher und französischer Führungskräfte. Wiesbaden: DUV.

Dearborn, D.C. & Simon, H.A. (1958): Selective Perception: A Note on the Departmental Identification of Executives. In: Sociometry, 21, 140-148.

Debril, L. & Sollety, M. (2008): Le Palmarès des Meilleures Prépas. In: L'Express, 06/02/2008.

Delhey, Jan & Newton, Kenneth (2005): Predicting Cross-National Levels of Social Trust: Global Pattern or Nordic Exceptionalism? In: European Sociological Review, 21/4, 311–327.

Demangeat, I. & Molz, M. (2003): Frankreich. In: Thomas, A. (Hg.): Handbuch Interkulturelle Kommunikation und Kooperation. Band 2. Göttingen: Vandenhoeck und Ruprecht, 24-52.

Demorgon, J. (1996): Complexité des Cultures et de l'Interculturel. Paris: Anthropos.

Demorgon, J. (1998): Nationalstaaten und Unternehmen: Ökonomie und Interkulturalität. Deutsch-Französisches Jugendwerk. Arbeitstext Nr. 16 (verfügbar unter: www.ofaj.org/paed/texte2/intmanagfr/intmanagfr.html, 20.09.2008).

Demorgon, J. & Molz, M. (1996): Bedingungen und Auswirkungen der Analyse von Kultur(en) und interkulturellen Interaktionen. In: Thomas, A. (Hg.): Psychologie interkulturellen Handelns. Göttingen: Hogrefe, 43-84.

Denzin, N. K. (1977): The Research Act: A Theoretical Instruction to Sociological Methods. 2. Auflage. New York: McGraw-Hill.

Denzin, N. K. (1992): Symbolic Interactionism and Cultural Studies: The Politics of Interpretation. Oxford: Blackwell.

Denzin, N. K. & Lincoln, Y. S. (2005) (Hgg.): The Sage Handbook of Qualitative Research. Thousand Oaks: Sage.

DePaulo, B. M. & Morris, W. L. (2004): Discerning Lies from Truths: Behavioural Cues to Deception and the Indirect Pathway of Intuition. In: Granhag, P. A. & Strömwall, L. A. (Hgg.): The Detection of Deception in Forensic Contexts. Cambridge: Cambridge University Press, 15-40.

DePaulo, B. M.; Lindsay, J. J.; Malone, B. E.; Muhlenbruck, L.; Charlton, K. & Cooper, H. (2003): Cues to Deception. In: Psychological Bulletin, 129, 74-118.

Deppermann, A. (1997): Glaubwürdigkeit im Konflikt: Rhetorische Techniken in Streitgesprächen – Prozeßanalysen von Schlichtungsgesprächen. Frankfurt/Main: Peter Lang.

Deppermann, A. (2001): Gespräche analysieren. 2. Auflage. Opladen: Leske+Budrich.

Deutsch, M. (1958): Trust and Suspicion. In: Journal of Conflict Resolution, 2, 265-279.

Deutsch, M. (1962): Cooperation and Trust: Some Theoretical Notes. In: Jones, M. R. (Hg.): Nebraska Symposium on Motivation. Band 10. Lincoln: University of Nebraska Press, 275-319.

Devine, P. G. (2001): Implicit Prejudice and Stereotyping: How Automatic are they? Introduction to the Special Section. In: Journal of Personality and Social Psychology, 81/5, 757-759.

Diamond, P. & Vartiainen, H. (2007) (Hgg.): Behavioral Economics and its Applications. Princeton: Princeton University Press.

Dirks, K. T. & Ferrin, D. L. (2002): Trust in Leadership: Meta-Analytic Findings and Implications for Research and Practice. In: Journal of Applied Psychology, 87, 611-28.

Dolles, H. (2002): Spielt Vertrauen eine Rolle? Analysen deutsch-japanischer Unternehmenskooperationen. Arbeitspapier des Deutschen Instituts für Japanstudien, Tokyo.

Dollinger, M. J; Golden, P. A; Saxton, T. (1997): The Effect of Reputation on the Decision to Joint Venture. In: Strategic Management Journal, 18, 127-140.

Domenici, K. & Littlejohn, S. W. (2006): Facework. Bridging Theory and Practice. Thousand Oaks: Sage.

Doney, P. M. & Cannon, J. P. (1997): An Examination of the Nature of Trust in Buyer-Seller Relationships. In: Journal of Marketing, 61, 35-51.

Doney, P. M. ; Cannon, J. P. & Mullen, M. R. (1998): Understanding the Influence of National Culture on the Development of Trust. In: Academy of Management Review, 23/3, 601-20.

Dornburg, C. C. & McDaniel, M. A. (2006): The Cognitive Interview Enhances Long-Term Free Recall of Older Adults. In: Psychology and Aging, 21, 196-200.

Downing, S. M. & Haladyna, T. M. (2006): Handbook of Test Development. Mahwah, NJ: Lawrence Erlbaum Associates.

Dunn, P. (2000): The Importance of Consistency in Establishing Cognitive-based Trust: A Laboratory Experiment. In: Teaching Business Ethics, 4/3, 285-306.

Dwyer, R. F.; Schurr, P. H. & Oh, S. (1987): Developing Buyer-Seller Relationships. In: Journal of Marketing, 51, 11-27.

Dyer, J. H. (1997): Effective Interfirm Collaboration: How Firms Minimize Transaction Costs and Maximize Transaction Value. In: Strategic Management Journal, 18/7, 535-556.

Dyer, J. H. (2002): Examining Interfirm Trust and Relationships in a Cross-National Setting. In: Earley, P.C. & H. Singh (Hgg.), Innovations in International and Cross-cultural Management. Thousand Oaks: Sage, 215-244.

Dyer, J. H. & Chu, W. (2000): The Determinants of Trust in Supplier-automaker Relationships in the U.S., Japan, and Korea. In: Journal of International Business Studies, 31/2 , 259-285.

Dyer, J. H. & Chu, W. (2003): The Role of Trustworthiness in Reducing Transaction Costs and Improving Performance: Empirical Evidence from the United States, Japan, and Korea. In: Organization Science, 14/1, 57-68.

E-F

Eckey, H.-R.; Kosfeld, R. & Türck, M. (2005): Wahrscheinlichkeitsrechnung und Induktive Statistik: Grundlagen, Methoden, Beispiele. Wiesbaden: Gabler.

Ellebracht, H.; Lenz, G.; Osterhold, G. & Schäfer, H. (2002): Systemische Organisations- und Unternehmensberatung. Wiesbaden: Gabler.

Elo, M. (2003): National Culture and its Impact on Trust and Cooperation in International Business Networks: Some Empirical Evidence from a Greek-Finnish Business Network. IMP Annual Conference, Lugano, 2003 (verfügbar unter: www.impgroup.org/uploads/papers/4328.pdf, 24.09.2003).

Emerson, R.M. (1981): Social Exchange Theory. In: Rosenberg, M. & Turner, R. H. (Hgg.): Social Psychology: Sociological Perspectives. New York: Basic Books.

Epstein, R. (1984): The Principle of Parsimony and Some Applications in Psychology. In: Journal of Mind Behavior, 5, 119-130.

Erikson, E. H. (1950): Childhood and Society. New York: Norton.

Erikson, E. H. (1968): Identity, Youth and Crisis. New York: Norton.

Farnham, A. (1989): The Trust Gap. In: Fortune, 120/14, 56-78.

Farris, G.F.; Senner, E.E. & Butterfield, D.A. (1973): Trust, Culture, and Organizational Behavior. In: Industrial Relations, 12, 144-157.

FAZ-Institut (2000): Investitionsführer Frankreich. Frankfurt/Main: FAZ.

Ferrin, D. L. & Dirks, T. K. (2001): The Role of Trust in Organizational Settings. In: Organization Science 12, 450-467.

Ferrin, D. L. & Dirks, T. K. (2003): The Use of Rewards to Increase and Decrease Trust: Mediating Processes and Differential Effects. In: Organization Science, 14/1, 18-31.

Festinger, L. (1954): A Theory of Cognitive Dissonance. Stanford: Stanford University Press.

Fiedler, F. F.; Mitchell, T. & Triandis, H. C. (1971): The Culture Assimilator: An Approach to Cross-Cultural Training. In: Journal of Applied Psychology, 55, 95-112.

Fiehler, R. (2005): Gesprochene Sprache. In: Eisenberg, P; Peters, J.; Gallmann, P.; Fabricius-Hansen, C.; Nübling, D.; Barz, I.; Fritz, T.A. & Fiehler, R.: Duden. Die Grammatik. 7. Auflage. Mannheim: Dudenverlag, 1175-1256.

Fink, G. & Meierewert, S. (2001): Interkulturelles Management. Österreichische Perspektiven. Wien: Springer.

Firestone, W. A. (1993): Alternative Arguments for Generalizing From Data as Applied to Qualitative Research. In: Educational Researcher, 22/4, 16-23.

Fischer, M. (1996): Interkulturelle Herausforderungen im Frankreichgeschäft : Kulturanalyse und interkulturelles Management. Wiesbaden: DUV.

Fischhoff, B. (1975): Hindsight ≠ Foresight: The Effect of Outcome Knowledge on Judgment Under Uncertainty. In: Journal of Experimental Psychology, Human Perception and Performance, 1/3, 288-299.

Fischhoff, B. & Beyth, R. (1975): 'I knew it would happen': Remembered Probabilities of Once-Future Things. In: Organizational Behavior and Human Performance, 13, 1-16.

Fishbein, M., & Ajzen, I. (1975): Belief, Attitude, Intention, and Behavior: An Introduction to Theory and Research. Reading: Addison-Wesley.

Fisher, R. P. & Geiselman, R. E. (1992): Memory Enhancing Techniques for Investigative Interviewing: The Cognitive Interview. Springfield: Ch. D. Thomas.

Fishman, R. & Khanna, T. (1999): Is Trust a Historical Residue? Information Flows and Trust Levels. In: Journal of Economic Behavior and Organization, 38, 79-92.

Fiske, S. T. & Taylor, S. E. (1984) Social Cognition. Reading: Addison-Wesley.

Flanagan, J. C. (1954): The Critical Incident Technique. In: Psychological Bulletin, 51/4, 327-358.

Flick, U. (1996): Psychologie des technisierten Alltags: Soziale Konstruktion und Repräsentation technischen Wandels in verschiedenen kulturellen Kontexten. Opladen: Westdeutscher Verlag.

Flick, U. (2002): Qualitative Sozialforschung: Eine Einführung. 6. Aufl.age. Reinbek: Rowohlt.

Flick, U.; von Kardorff, E. & Steinke, I. (2000) (Hgg.): Qualitative Forschung. Ein Handbuch. Reinbek: Rowohlt.

Flick, U.; von Kardorff, E.; Keupp, H.; von Rosenstiel, L. & Wolff, S. (1991) (Hgg.): Handbuch qualitative Sozialforschung: Grundlagen, Konzepte, Methoden und Anwendungen. München: Psychologie Verlags-Union.

Foddy, W. (1993): Constructing Questions for Interviews and Questionnaires: Theory and Practice in Social Research. Cambridge: Cambridge University Press.

Folger, R., & Konovsky, M. (1989): Effects of Procedural and Distributive Justice on Reactions to Pay Raise Decisions. In: Academy of Management Journal, 32, 115-130.

Fontana, A. & Frey, J. H. (1998): Interviewing: The Art of Science. In: Denzin, N. K. & Lincoln, Y. S. (Hgg.): Collecting and Interpreting Qualitative Materials. Thousand Oaks: Sage, 47-78.

Forsyth, B. H., & Lessler, J. T. (1991): Cognitive Laboratory Methods: A Taxonomy. In: Biemer, P. P.; Groves, L. E.; Lyberg, N. A.; Mathiowietz & Sudman, S. (Hgg.): Measurement Errors in Surveys. New York: Wiley, 393-418.

Foscht, T.; Angerer, T. & Swoboda, B. (2007): Mixed Methods: Systematisierung von Untersuchungsdesigns. In: Buber, R. & Holzmüller, H. H. (Hgg.): Qualitative Marktforschung, Wiesbaden: Gabler.

Frank, M. G., (2007): Thoughts, Feelings, and Deception. The Santa Fe Institute Workshop on 'Deception: Methods, Motives, Contexts and Consequences.' Santa Fe, New Mexico, USA, 01.-04.03.2007.

Franke, J. & Kühlmann, T. M. (1985): Erkunden: Zur Handhabung einer variantenreichen Führungsaufgabe. In: Zeitschrift Führung und Organisation, 54, 337-341.

Französische Botschaft in Deutschland (2006): Die deutsch-französischen Wirtschaftsbeziehungen im Lebensmittelsektor (verfügbar unter: www.botschaft-frankreich.de/IMG/Handel_Lebensmittelsektor.pdf, 19.12.2006).

Frenkel-Brunswik, E. (1949): Personality Theory and Perception. In: Blake, R. & Ramsey, G. (Hgg.): Perception: An Approach to Personality. Oxford: Oxford University Press, 356-419.

Frevert, U. (2003) (Hg.): Vertrauen: Historische Annäherungen. Göttingen: Vandenhoeck & Ruprecht.

Literaturverzeichnis

Friedel, Heiko (2005): Entwicklung einer Klassifikationhistrionischer Selbstdarstellungstypen. Dissertation, Fakultät für Pädagogik, Philosophie, Psychologie der Otto-Friedrich-Universität Bamberg (verfügbar unter: www.opus-bayern.de/uni-bamberg/volltexte/2006/95/pdf/1_Diss_Hauptteil.pdf, 04.09.2007).

Friedrichs, D. (1996): Trusted Criminals: White Collar Crime in Contemporary Society. Belmont: Wadsworth.

Früh, W. (2001): Basiswissengeleitete offene Kategorienbildung. In: Wirth, W. & Lauf, E. (Hgg.): Inhaltsanalyse: Perspektiven, Probleme, Potentiale. Köln: Herbert von Halem Verlag, 117-139

Früh, W. (2007): Inhaltsanalyse. Theorie und Praxis. 6. überarbeitete Auflage. Konstanz: UVK.

Fukuyama, F. (1995): Trust: The Social Virtues and the Creation of Prosperity. New York: Free Press.

Furnham, A. & Ribchester, T. (1995): Tolerance of Ambiguity: A Review of the Concept, its Measurement and Applications. In: Current Psychology, 14/3, 179-199.

Furnham, A. (2005): The Psychology of Behaviour at Work. 2. Auflage. London: Psychology Press.

G

Gabarro, J. J. (1978): The Development of Trust, Influence and Expectations. In: Athos, A. G. & Gabarro, J. J. (Hgg.): Interpersonal Behaviour: Communication and Understanding in Relationships. London, New York: Prentice-Hall, 290-303

Gambetta D. (2000): Can We Trust Trust? In: Gambetta, D. (Hg.) Trust: Making and Breaking Cooperative Relations. Online-Ausgabe. University of Oxford: Department of Sociology, 213-237.

Gambetta, Diego (2001): Können wir dem Vertrauen vertrauen? In: Hartmann, M. & Offe, C. (Hgg.): Vertrauen. Die Grundlage des sozialen Zusammenhalts. Frankfurt/Main: Campus, 204-237.

Gambetta, D. & Hamill, H. (2005): Streetwise: How Taxi Drivers Establish their Customers' Trustworthiness. New York: Russell Sage Foundation.

Ganesan, S. (1994): Determinants of Long-Term Orientation in Buyer-Seller Relationships. In: Journal of Marketing, 58, 1-19.

García, Joaquín (2003): Recent Trends in Trust Research: An Analysis of Top Journals. 2nd EIASM Workshop on Trust Within and Between Organizations. Amsterdam, 23.-24.10.2003.

Gargiulo, M. & Ertuk, G. (2006): The Dark Side of Trust. In: Bachmann, R. & Zaheer, A. (Hgg.): Handbook of Trust Research. Cheltenham: Edward Elgar, 165-186.

Geertz, C. (1973): The Interpretation of Cultures: Selected Essays. New York: Basic Books. [Deutsche Übersetzung 1987: Dichte Beschreibung. Beiträge zum Verstehen kultureller Systeme. Frankfurt/Main: Suhrkamp]

Gefen, D. & Heart, T. (2006): On the Need to Include National Culture as a Central Issue in E-Commerce Trust Beliefs. In: Journal of Global Information Management, 14, 1-30.

Geiselman, R. E; Fisher, R. P.; Firstenberg, I.; Hutton, L. A. & Sullivan, S. J. (1984): Enhancement of Eyewitnes Memory: An Empirical Evaluation of the Cognitive Interview. In: Journal of Police Science and Administration, 12, 74-80.

Geiselman, R. E; Fisher, R. P.; MacKinnon, D. P. & Holland, H. L. (1985): Eyewitness Memory Enhancement in the Police Interview: Cognitive Retrieval Mnemonics versus Hypnosis. In: Journal of Applied Psychology, 70/2, 401-412.

Geistmann, C. (2002): Interkulturelle Kompetenz: Eine wichtige und förderbare Fähigkeit in der internationalen Zusammenarbeit. Norderstedt: Books on Demand.

Gennerich, C. (2000): Vertrauen: Ein beziehungsanalytisches Modell – untersucht am Beispiel der Beziehung von Gemeindegliedern zu ihrem Pfarrer. Bern: Huber.

Gerhart, B. & Fang, M. (2005) National Culture and Human Resource Management: Assumptions and Evidence. In: International Journal of Human Ressource Management, 16/6, 971-986.

Gerschlager, C. (2005) (Hg.): Deception in Markets: An Economic Analysis. Basingstoke: Palgrave Macmillan.

Gertsen, M. C. (1990): Intercultural Competence and Expatriates. In: The International Journal of Human Resource Management 1/3, 341-362.

Gesteland, R. (1999): Cross-Cultural Business Behavior. Marketing, Negotiating and Managing Across Cultures. Copenhagen: Copenhagen Business School Press.

Giddens A. (1994): Risk, Trust, Reflexivity. In: Beck, U.; Giddens, A. & Lash, S. (Hgg.): Reflexive Modernization. Cambridge: Polity Press, 184-197.

Gigerenzer, G.; Todd, P. M. & ABC Research Group (1999): Simple Heuristics that Make us Smart. Oxford: Oxford University Press.

Gilbert, D. T. (1989): Thinking Lightly About Others: Automatic Components of the Social Inference Process. In: Uleman, J. S. & Bargh, J. A. (Hgg.): Unintended Thought. New York: Guilford, 189-211.

Gilbert, D. T. & Malone, P. S. (1995): The Correspondence Bias. In: Psychological Bulletin, 117, 21-38.

Gilbert, D. U. (2003): Vertrauen in strategischen Unternehmensnetzwerken: Ein strukturationstheoretischer Ansatz. Wiesbaden: DUV.

Gilovich, T., Griffin, D. & Kahneman, D. (2002) (Hgg.): Heuristics and Biases: The Psychology of Intuitive Judgment. New York: Cambridge University Press.

Gillespie, J. H. (1998): Population Genetics: A Concise Guide. Baltimore: Johns Hopkins University Press.

Gillespie, N. (2003): Measuring Trust in Working Relationships: The Behavioral Trust Inventory. Academy of Management Meeting, Seattle, August 2003.

Glaser, B. G. (1978): Theoretical Sensitivity. Mill Valley: Sociology Press.

Glaser, B. G. & Strauss, A. L. (1967): A Discovery of Grounded Theory. Chicago: Aldine Publishing Company.

Gmür, M. (1999): Organisation in Deutschland – Organiser à la française : Die kulturelle Spezifizierung der Organisationslehre. In: Die Unternehmung. Schweizerische Zeitschrift für betriebswirtschaftliche Forschung und Praxis, 53, 193-212.

Goffman, E. (1955): On Face-Work: An Analysis of Ritual Elements in Social Interaction. In: Psychiatry: Journal for the Study of Interpersonal Processes, 18/3, 213-231.

Goffman, E. (1967a): Interaction Ritual. Essays in Face-to-face Behavior. New York, Anchor Books.

Goffman, E. (1967b): On Face-Work. In: Goffman, E.: Interaction Ritual. Essays in Face-to-face Behavior. New York: Anchor Books, 5-45.

Gomez, P.-Y. & Jones, B. C. (2000): Conventions: An Interpretation of Deep Structure in Organizations. In: Organization Science, 11/6, 696-708.

Good, D. (1988): Individuals, Interpersonal Relations, and Trust. In: Gambetta, D. (Hg.) Trust: Making and Breaking Cooperative Relations New York, Oxford: Basil Blackwell, 131-185.

Goodenough, W. H. (1957): Cultural Anthropology and Linguistics. In: Garvin, P. L. (Hg.): Report of the Seventh Annual Round Table Meeting on Linguistics and Language Study. Washington: Georgetown University Monograph Series on Language and Linguistics No. 9, 167-173.

Goodenough, W. (1970): Describing a Culture. In: Goodenough, W.: Description and Comparison in Cultural Anthropology. Cambridge: Cambridge University Press, 104-119.

Gove, P. B. (1966) (Hg.): Webster's Third New International Dictionary of the English Language. Chicago: William Benton.

Graeff, P. (1998): Vertrauen zum Vorgesetzten und zum Unternehmen. Berlin: Wissenschaftlicher Verlag.

Graumann, C.-F. (1960): Eigenschaften als Problem der Persönlichkeitsforschung. In: Lersch, Ph. & Thomae, H. (Hgg.): Persönlichkeitsforschung und Persönlichkeitstheorie: Handbuch der Psychologie. Band 4. Göttingen: Hogrefe, 87-154.

Green, J. C.; Caracelli, V. J. & Graham, W. F. (1989): Toward a Conceptual Framework for Mixed-Method Evaluation Designs. In: Educational Evaluation and Policy Analysis, 11/3, 255-274.

Greenberger, D. B.; Strasser, S.; Cummings, L. L. & Dunham, R. B. (1989): The Impact of Personal Control on Performance and Satisfaction. In: Organizational Behavior and Human Decision Processes, 43/1, 29-51.

Greenspoon, J. (1955): The Reinforcing Effect of Two Spoken Sounds on the Frequency of Two Responses. In: American Journal of Psychology, 68, 409-416.

Greenwald, A. G. & Banaji, M. R. (1995): Implicit Social Cognition: Attitudes, Self-esteem, and Stereotypes. In: Psychological Review, 102/1, 4-27.

Greenwald, A. G.; Banaji, M. R.; Rudman, L. A.; Farnham, S. D.; Nosek, B. A. & Mellott, D. S. (2006): A Unified Theory of Implicit Attitudes, Stereotypes, Self-Esteem, and Self-Concept. In: Psychological Review, 109/1, 3-25.

Greif, A. (1989): Reputation and Coalitions in Medieval Trade: Evidence on the Maghribi Traders. In: Journal of Economic History, 49/4, 857-882.

Gremler, D. D. (2004): The Critical Incident Technique in Service Research. In: Journal of Service Research, 7/1, 65-89.

Grice, H. P. (1968): Utterer´s Meaning, Sentence-Meaning, and Word-Meaning. In: Foundations of Language, 4, 1-18.

Grice, H. P. (1975): Logic and Conversation. In: Cole, P. & Morgan, J. (Hgg.) (1975): Syntax and Semantics. Band 3. New York: Academic Press, 41-58.

Griffin, K. (1967). The Contribution of Studies of Source Credibility to a Theory of Interpersonal Trust in the Communication Process. In: Psychological Bulletin, 68/2, 104-120.

Griffin, A. & Hauser, J. R. (1996): Integrating R&D and Marketing: A Review and Analysis of the Literature. In: Journal of Product Innovation Management, 13/3, 191-215.

Gruber, S. (2004): Etude sur les Differences Culturelles entre la France et l'Allemagne dans les Domaines du Management et de la Communication. Unv. Diplomarbeit, Fachhochschule Heilbronn.

Gudykunst, W. B. (1983): Intercultural Communication Theory: Current Perspectives. Thousand Oaks: Sage.

Gülich, E. & Hausendorf, H. (2001): Vertextungsmuster Narration. In: Brinker, K.; Antos, G.; Heinemann, W. & Sager, S. F. (Hgg.): Text- und Gesprächslinguistik: Ein internationales Handbuch zeitgenössischer Forschung. Erster Halbband: Textlinguistik. Berlin, New York: de Gruyter, 369-385.

Gulati, R. & Sytch, M. (2008): Does Familiarity Breed Trust? Revisiting the Antecedents of Trust. In: Managerial and Decision Economics, 29, 165-190.

Gumperz, J. J. (1982): Discourse Strategies. Cambride: Cambride University Press.

H

Haferland, H. & Paul, I. (1996): Eine Theorie der Höflichkeit. In: Osnabrücker Beiträge zur Sprachtheorie, 52, 7-69.

Hagen, J. M. & Choe, S. (1998): Trust in Japanese Interfirm Relations: Institutional Sanctions Matter. In: Academy of Management Review, 23/3, 589-600.

Hall, E. T. (1983): Monochronic and Polychronic Time. In: Hall, E. T.: The Dance of Life: The Other Dimension of Time. New York: Doubleday and Company, 44-58.

Hall, E. T. & Hall, M. R. (1984): Verborgene Signale. Studien zur internationalen Kommunikation. Über den Umgang mit Franzosen. Hamburg: Gruner + Jahr.

Hall, E. T. & Hall, M. R. (1990): Understanding Cultural Differences. Germans, French and Americans. London: Intercultural Press.

Hamilton, D. L. & Sherman, J. W. (1994): Stereotypes. In: Wyer, R. S. Jr. & Srull, T. K. (Hgg.): Handbook of Social Cognition. 2. Band. 2. Auflage. Hillsdale: Lawrence Erlbaum, 1-68.

Hanges, P.J. & Dickson, M.W. (2004): The Development and Validation of the GLOBE Culture and Leadership Scales. In: House, R. J.; Hanges, P. J.; Javidan, M.; Dorfman, P. W.; Gupta, V. (Hg.): Culture, Leadership, and Organizations. The GLOBE Study of 62 Societies. Thousand Oaks: Sage, 122-151.

Hansson, S. O. (2007): Risk. In: Zalta, E. N. (Hg.): The Stanford Encyclopedia of Philosophy (verfügbar unter: http://plato.stanford.edu/entries/risk, 17.11.2008).

Harkness, J. A.; Vijver, F. J. R. van de & Mohler, P. Ph. (2003): Cross-Cultural Survey Methods. New York: Wiley.

Harrington, B. (2009, im Druck) (Hg.): Deception: Motives, Methods, Contexts, and Consequences. Stanford: Stanford University Press.

Harris, M. (1980): The Epistemology of Cultural Materialism. In: Harris, M: Cultural Materialism: The Struggle for a Science of Culture. New York: Random House, 29-45.

Hart, K.M.; Capps, H.; Cangemi, J. & Caillouet, L. (1986): Exploring Organizational Trust and its Multiple Dimensions. In: Organization Development Journal, 4/2, 31-39.

Haupt, U. (1996): Interkulturalität. Mögliche Ursachen und Konsequenzen am Beispiel des deutsch-französischen Interaktionsprozesses im Management. Unv. Magisterarbeit, Universität Mannheim.

Hauser, M. D. (1996): The Evolution of Communication. Cambridge: MIT Press.

Have, Paul ten (1999): Doing Conversation Analysis. A Practical Guide. Thousand Oaks: Sage.

Headland, T. N.; Pike, K. L. & Harris, M. (1990) (Hgg.): Emics and Etics: The Insider/Outsider Debate. Thousand Oaks: Sage.

Hechter, M. & Opp, K.-D. (2001): Social Norms. New York: Russell Sage Foundation.

Heider, F. (1977): Psychologie der interpersonellen Beziehungen. Stuttgart: Klett.

Heisig, U. (1997): Vertrauensbeziehungen in der Arbeitsorganisation. In: Schweer, M. K. W. (Hg.): Interpersonales Vertrauen: Theorien und emprirische Befunde. Opladen: Westdeutscher Verlag, 121-154.

Held, G. (1992): Politeness in Linguistic Research. In: Watts, R. J.; Ide, S. & Ehlich, K. (Hgg.): Politeness in Language: Studies in ist History, Theory and Practice. Berlin, New York: de Gruyter, 131-155.

Held, G. (1995): Verbale Höflichkeit: Studien zur linguistischen Theoriebildung und empirische Untersuchung zum Sprachverhalten französischer und italienischer Jugendlicher in Bitt- und Dankessituationen. Tübingen: Narr.

Helmolt, Katharina von (1997): Kommunikation in internationalen Arbeitsgruppen: Eine Fallstudie über divergierende Konventionen der Modalitätskonstituierung. München: Iudicium.

Helmolt, K. von & Müller-Jacquier, B. (1991): Deutsch-Französische Kommunikation: Erhoben in Kooperation mit IKL Kommunikationstraining Mannheim und BASF, Frankreich. Ergebnisbericht. Forschungsprojekt Interkulturelles Verhaltenstraining, Universität Bayreuth.

Hempel, C. G. (1977): Aspekte wissenschaftlicher Erklärung. Berlin, New York: de Gruyter.

Hendry, J. & Watson, C. W. (2001): An Anthropology of Indirect Communication. ASA Monographs. London, New York: Routledge.

Hennig, M. (2006): Grammatik der gesprochenen Sprache in Theorie und Praxis. Kassel: Kassel University Press.

Hertel, G. & Fiedler, K. (1998): Effects of Semantic and Evaluative Priming on the Ring Measure of Social Values. In: European Journal of Social Psychology, 28, 49-70.

Herterich, K. W. (1989): Das Frankreich-Geschäft: Verkaufspraxis, Personalführung, rechtliche Vorschriften. 2. Auflage. Wiesbaden: Gabler.

Herterich, K. W. (1996): Die deutsch-französischen Unternehmen und ihre Führungskräfte. Bonn: Gesellschaft für übernationale Zusammenarbeit.

Hetherington, M. J. (1998): The Political Relevance of Political Trust. In: The American Political Science Review, 92/4, 791-808.

Hickson, D.; Hinings, C.; McMillan, C. & Schwitter, J. (1960): The Culture-free Context of Organization Structure: A Trinational Comparison. In: Sociology, 8, 59-80.

Hildebrand, S. (2000): Leistungsmotivation und Kultur: Ein empirischer Vergleich deutscher und französischer Bankmitarbeiter. Dissertation. Vorgelegt beim Fachbereich Psychologie der Universität Osnabrück (verfügbar unter: http://elib.ub.uni-osnabrueck.de/publications/diss/E-Diss136_thesis.pdf, 25.03.2004).

Hildum, D. C. & Brown, R. W. (1956): Verbal Reinforcement and Interviewer Bias. In: Journal of Abnormal and Social Psychology, 53/1, 108-111.

Hoff, E.-H. (1985): Datenerhebung als Kommunikation: Intensivbefragung mit zwei Interviewern. In: Jüttemann, G. (Hg.): Qualitative Forschung in der Psychologie: Grundfragen, Verfahrensweisen, Anwendungsfelder. Weinheim: Psychologie Verlags-Union, 161-186.

Hoff, E.-H. (1992): Arbeit, Freizeit und Persönlichkeit. Wissenschaftliche und alltägliche Vorstellungsmuster. Heidelberg: Asanger.

Hoff, E.-H.; Lappe, L. & Lempert, W. (1983): Methoden zur Untersuchung der Sozialisation junger Facharbeiter. Materialien aus der Bildungsforschung, Band 24. Berlin: Max-Planck-Institut für Bildungsforschung.

Hofstede, G. (1980): Culture's Consequences: International Differences in Work-Related Values. Beverly Hills et al.: Sage.

Hofstede, G. (1991): Cultures and Organizations: Software of the Mind. Intercultural Cooperation and its Importance for Survival. London: Harper Collins.

Hofstede, G. (1998): A Case for Comparing Apples with Oranges: International Differences in Values. In: International Journal of Comparative Sociology, 39/1, 16-30.

Hofstede, G. & M.H. Bond (1988): The Confucius Connection: From Cultural Roots to Economic Growth. In: Organizational Dynamics, 16/4, 5-21.

Höhne, S. (1995): Vom kontrastiven Management zum interkulturellen. Ein Überblick über konstrastive und interkulturelle Management-Analysen. In: Jahrbuch Deutsch als Fremdsprache, 21, 75-106.

Holsti, O. R. (1969): Content Analysis for the Social Sciences and Humanities. Reading: Addison-Wesley.

Homans, G.C. (1961): Social Behavior: Its Elementary Forms. New York: Harcourt, Brace & World.

House, R. J.; Hanges, P. J; Javidan, M.; Dorfman, P. W. & Gupta, V. (2004) (Hgg.): Culture, Leadership, and Organizations: The GLOBE Study of 62 Societies. Thousand Oaks: Sage.

House, R. J.; Wright, N. S.; & Aditya, R. N. (1997): Cross-Cultural Research on Organizational Leadership: Measurement of Cultural Dimensions. In: Earley, P. C. & Erez, M. (Hgg.): New Perspectives on International Industrial/Organizational Psychology. San Francisco: New Lexington Press, 571-581

Hovland, C. I.; Janis, I. L. & Kelley, H. H. (1953): Communications and Persuasion: Psychological Studies in Opinion Change. New Haven: Yale University Press.

Hoyningen-Huene, Paul (2001): Vertrauen. In: Nadin, Mihai (Hg.): Trust: Das Prinzip Vertrauen. Beiträge zum Internationalen Kolloquium 'Vertrauen. Das 21. Jahrhundert und darüber hinaus'. Heidelberg: Synchron. Wissenschaftsverlag, 71-81.

Hron, Aemilian (1994): Interview. In: Huber, G. & Mandel, H. (Hgg.): Verbale Daten. 2. bearb. Auflage (1. Auflage 1982). Weinheim: Beltz.

Hsiao, R. (2003): Guanxi: The Production of Trust in an Electronic Marketplace. Academy of Management Conference, Seattle, USA, 01.-09.08.2003.

Hu, H. C. (1944): The Chinese Concept of 'Face'. In: American Anthropologist, 46, 45-64.

Huber, H. (1979): Vertrauen und Vertrauensschutz im Rechtsstaat. In: Häfelein, U.; Haller, W. & Schiller, D. (Hgg.): Menschenrechte, Föderalismus, Demokratie. Festschrift zum 70. Geburtstag von Werner Kägi. Zürich: Schulthess, 193-207.

Huff, L. C. & Kelley, L. (1999): Trust Formation in Collectivist and Individualist Societies (verfügbar unter: http://marketing.byu.edu/htmlpages/ccrs/proceedings99/huff.htm, 20.08.2004).

Huff, L. & Kelley, L. (2003): Levels of Organizational Trust in Individualist versus Collectivist Societies: A Seven-Nation Study. In: Organization Science, 14/1, 81-90.

Huff, L. & Kelley, L. (2005): Is Collectivism a Liability? The Impact of Culture on Organizational Trust and Customer Orientation: A Seven-Nation Study. In: Journal of Business Research, 58/1, 96-102.

Hui, C. H. & Triandis, H. C. (1986): Individualism-Collectivism. In: Journal of Cross-Cultural Psychology, 17/2, 225-248.

Hunger, I.; Sparkes, A. & Stelter, R. (2003) (Hgg.): Disziplinäre Orientierungen IV: Sportwissenschaft. In: Forum Qualitative Sozialforschung, 4/1 (verfügbar unter: www.qualitative-research.net/fqs/fqs-d/inhalt1-03-d.htm).

Hunger, I.; Sparkes, A. & Stelter, R. (2003) (Hgg.): Disziplinäre Orientierungen IV: Sportwissenschaft. In: Forum Qualitative Sozialforschung, 4/1 (verfügbar unter: www.qualitative-research.net/fqs/fqs-d/inhalt1-03-d.htm).

Hutchby, I. & Wooffitt, R. (1998): Conversation Analysis: Principles, Practices and Applications. Cambridge: Polity Press.

I-J

Imahori, T. T. & Cupach, W. R. (2005): Identity Management Theory: Facework in Intercultural Relationships. In: Gudykunst, W. B. (Hg.): Theorizing About Intercultural Communication. Thousand Oaks: Sage, 195-210.

INCA-Project (2004): Referenzrahmen für interkulturelle Kompetenz: Assessorenversion (verfügbar unter: www.inca-project.org/de_downloads/2_INCA_Framework_Assessor_version_germ.pdf, 14.09.2008).

Inglehart, R. F. (1990): Culture Shift in Advanced Industrial Society. Princeton: Princeton University Press.

Inglehart, R. F. (1997): Modernization and Postmodernization: Cultural, Economic and Political Change in 43 Societies. Princeton: Princeton University Press.

Inglehart, R. F. & Welzel, C. (2005): Modernization, Cultural Change, and Democracy: The Human Development Sequence. Cambridge: Cambridge University Press.

Inkpen, A. C. & Currall, S. C. (1997): International Joint Venture Trust: An Empirical Examination. In: Beamish, P. W. & Killing, J. P. (Hgg.): Cooperative Strategies: North American Perspectives. San Francisco: New Lexington Press.

Jahn, J. (2006): Kulturstandards im deutsch-französischen Management. Wiesbaden: DUV.

Jain, A. (2007): Die umgekehrte alpha-Adjustierung: Ein Vorschlag zur Erhöhung der Teststärke bei mehrfachen Signifikanztests. 49. Tagung experimentell arbeitender Psychologen, Trier, 26.-28.03.2007.

James, H. S. Jr (2002): The Trust Paradox: A Survey of Economic Inquiries into the Nature of Trust and Trustworthiness. In: Journal of Economic Behavior & Organization, 47/3, 291-307.

Janney, R. W. & Arndt, H. (1992): Intracultural Tact versus Intercultural Tact. In: Watts, R. J; Ide, S. & Ehlich, K. (Hgg.): Politeness in Language: Studies in its History, Theory and Practice. Berlin, New York: de Gruyter, 21-43.

Jarillo, J. C. (1988): On Strategic Networks. In: Strategic Management Journal, 9, 31-41.

Jarvenpaa, S. L.; Knoll, K. & Leidner, D. E. (1998): Is Anybody Out There? Antecedents of Trust in Global Virtual Teams. In: Journal of Management Information Systems, 14/4, 29-64.

Jarvenpaa, S. L. & Leidner, S. E. (1999): Communication and Trust in Global Virtual Teams. In: Organization Science, 10/6, 791-815.

Jarvenpaa, S. L.; Tractinsky, N. & Saarinen, L. (1999): Consumer Trust in an Internet Store: A Cross-Cultural Validation. In: Journal of Computer-Mediated Communication, 5/2 (verfügbar unter: http://jcmc.indiana.edu/vol5/issue2/jarvenpaa.html, 10.08.2005).

Jennings, E. E. (1971): Routes to the Executive Suite. New York: McGraw-Hill.

Johansen, S. T. (2007): Trust in Initial Encounters: A Motivational, Cognitive Theory. Dissertation, Norwegian School of Economics and Business Administration, Bergen (verfügbar unter: http://bora.nhh.no:8080/bitstream/2330/1613/1/johansenvein%20avh2007.pdf, 14.04.2008).

Johnson, P. (1998): Analytic Induction. In: Symon, G. & Cassell, C. (Hgg.): Qualitative Methods and Analysis in Organizational Research. London: Sage, 28-370.

Johnson, J. L. & Cullen, J. B. (2002): Trust in Cross-Cultural Relationships. In: Gannon, M. & Newman, K. (Hgg.): The Blackwell Handbook of Cross-Cultural Management. Oxford, UK: Blackwell, 335-360.

Johnson, J. L.; Cullen, J. B. Sakano, T. & Takenouchi, H. (1996): Setting the Stage for Trust and Strategic Integration in Japanese-U.S. Cooperative Alliances. In: Journal of International Business Studies, 27, 981-1004.

Johnson-George, C. E. & Swap, W. C. (1982): Measurement of Specific Interpersonal Trust: Construction and Validation of a Scale to Assess Trust in a Specific Other. In: Journal of Personality and Social Psychology, 43/6, 1306-1317.

Johnstone, R. A. (1997): The Evolution of Animal Signals. In: Krebs J. R. & Davies, N. B. (Hgg.): Behavioural Ecology: An Evolutionary Approach. Oxford: Blackwell, 155–178.

Jones, E. E. & Davis, K. E. (1965): From Acts to Dispositions: The Attribution Process in Person Perception. In: Berkowitz, L. (Hg.): Advances in Experimental Social Psychology. 2. Band. New York: Academic Press, 219-266.

Jones, G. R. & George, J. M. (1998): The Experience and Evolution of Trust: Implications for Cooperation and Teamwork. In: Academy of Managemenf Review, 23/3, 531-546.

Jones, A. P.; James, L. R. & Bruni, J. R. (1975): Perceived Leadership Behavior and Employee Confidence in the Leader as moderated by Job Involvement. In: Journal of Applied Psychology, 60, 146-149.

Joyce, T.; Kaestner, R. & Korenman, S. (2002): On the Validity of Retrospective Assessments of Pregnancy Intention. In: Demography, 39/1, 199-213.

JPB La synergie franco-allemande (1990): Etude sur le Management Franco-allemand: Basée sur une Enquête Menée en Octobre/Novembre 1989 auprès des Maisons Mères et Filiales Françaises et Allemandes. Paris: JPB.

K

Kahneman, D. & Tversky, A. (1979): Prospect Theory: An Analysis of Decision under Risk. In: Econometrica 47/2, 263-291.

Kahneman, D.; Siovic, P. & Tversky, A. (1982): Judgment under Uncertainty: Heuristics and Biases. New York: Cambridge University Press.

Kammer, D. (1982): Differences in Trait Ascriptions to Self and Friend: Unconscious Founding Intensity from Variability. In: Psychological Reports, 51, 99-102.

Kanji, G. K. (2006): 100 Statistical Tests. 3. Auflage. Thousand Oaks: Sage.

Karvonen, K.; Cardholm, L. & Karlsson, S. (2000): Cultures of Trust: A Cross-Cultural Study on the Formation of Trust in an Electronic Environment. 3rd Nordic Workshop on Secure IT Systems, NordSec, Reykjavik, 2000 (verfügbar unter: www.tml.tkk.fi/Research/TeSSA/Papers/Karvonen/Karvonen_Cardholm_Nordsec_final.pdf, 25.10.2008).

Kaschube, J. & Rosenstiel, L. v. (2004): Training von Führungskräften. In Schuler, H. (Hg.): Enzyklopädie der Psychologie. Band 4: Organisationspsychologie – Gruppe und Organisation. Göttingen: Hogrefe, 559-602.

Kassebaum, U. B. (2004): Interpersonelles Vertrauen: Entwicklung eines Inventars zur Erfassung spezifischer Aspekte des Konstrukts. Dissertation, Universität Hamburg, Fachbereich Psychologie (verfügbar unter: www.sub.uni-hamburg.de/opus/volltexte/2004/2125, 04.05.2006).

Katz, J. (2001): Analytic Induction. In: Smelser, N. J. & Baltes, P. B. (Hgg.): International Encyclopedia of the Social and Behavioral Sciences. Band 1. Oxford: Elsevier, 480-484.

Ke, R. & Zhang, W. (2003): Trust in China: A Cross-Regional Analysis. Working Paper Nr. 586. University of Michigan Business School, William Davidson Institute (verfügbar unter: www.wdi.umich.edu/files/ Publications/Working-Papers/wp586.pdf, 24.05.2006).

Kee, H. W. & Knox, R. E. (1970): Conceptual and Methodological Considerations in the Study of Trust and Suspicion. In: Journal of Conflict Resolution, 14, 357-366.

Kelle, U.; Kluge, S. & Prein, G. (1993): Strategien der Geltungssicherung in der qualitativen Sozialforschung. Zur Validitätsproblematik im interpretativen Paradigma. Arbeitspapier Nr. 24 des Sfb 186, Universität Bremen (verfügbar unter: www.sfb186.uni-bremen.de/download/paper24.pdf, 03.03.2006).

Kelley, H.H. (1967): Attribution Theory in Social Psychology. In: Levine, D. (Hg.): Nebraska Symposium on Motivation. Band 15. Lincoln: University of Nebraska Press, 192-238.

Kim, P.; Dirks, K.; Cooper, C. & Ferrin, D. (2006): The Repair of Trust: Insights, Integration, and New Directions from a Cumulative Series of Four Conceptual Models. International Association of Conflict Management Annual Conference, Juni 2006.

Kirkpatrick, S. A. & Locke, E. A. (1996): Direct and Indirect effects of Three Core Charismatic Leadership Components on Performance and Attitudes. In: Journal of Applied Psychology, 81, 36-51.

Klayman, J. & Ha, Y. W. (1997): Confirmation, Disconfirmation, and Information in Hypothesis Testing. In: Goldstein, W. M. & Hogarth, R. M. (Hgg.): Research on Judgment and Decision Making: Currents, Connections, and Controversies. Cambridge: Cambridge University Press.

Kluckhohn, F. A. & Strodtbeck, F. L. (1961): Variations in Value Orientation. Evanston: Row & Peterson.

Koehn, D. (1996): Should we Trust in Trust? In: American Business Law Journal, 34/2, 183-203.

Köhnken, G. & Brockmann, C. (1988): Das kognitive Interview: Eine neue Explorationstechnik (nicht nur) für die forensische Aussagepsychologie. In: Zeitschrift für Differentielle und Diagnostische Psychologie, 9/4, 257-265.

Konovsky, M. A. & Pugh, S. D. (1994): Citizenship Behavior and Social Exchange. In: Academy of Management Journal, 37, 656-669.

Korsgaard, M. A.; Brodt, S. E. & Whitener, E. M. (2002): Trust in the Face of Conflict: The Role of Managerial Trustworthy Behavior and Organizational Context. In: Journal of Applied Psychology, 87, 312-319.

Korsgaard, M. A.; Schweiger, D. M. & Sapienza, H. J. (1995): Building Commitment, Attachment, and Trust in Strategic Decision-Making Teams: The Role of Procedural Justice. In: Academy of Management Journal, 38, 60-84.

Kosnik, T. J. & Montgomery, D. B. (1994): Cross-Cultural Strategic Alliances and Business Partnerships in the Information Technology Industry: Can Trust be Achieved in a Polygamous World? Working Paper. Stanford University, Graduate School of Business.

Köszegi, S. (2001): Vertrauen in virtuellen Unternehmen. Wiesbaden: DUV.

Kotre, J. (1995): Weiße Handschuhe. Wie das Gedächtnis Lebensgeschichten schreibt. München, Wien: Hanser.

Kotter, J. & Schlesinger, L. (1979): Choosing Strategies for Change. In: Harvard Business Review, 57/2, 106-114.

Kouzes, J.M. & Posner, B.Z. (1993): Credibility: How Leaders Gain and Lose it. Why People Demand it. San Francisco: Jossey-Bass.

Kowal, S. & O'Conell, D.C. (2003): Zur Transkription von Gesprächen. In: Flick, U.; von Kardorff, E. & Steinke, I. (Hgg.): Qualitative Forschung: ein Handbuch. Reinbeck: Rowohlt, 437-447.

Krafka, C. & Penrod, S. (1985): Reinstatement of Context in a Field Experiment on Eyewitness Identification. In: Journal of Personality and Social Psychology, 49, 58-69.

Kramer, R. M. (1994): The Sinister Attribution Error: Paranoid Cognition and Collective Distrust in Organisations. In: Motivation and Emotion, 18, 199-230.

Kramer, R. M. (1999): Stalking the Sinister Attribution Error: Paranoia Inside the Lab and Out. In: Research on Negotiation in Organizations, 7, 59-91.

Kramer, R. M.; Brewer, M. B. & Hanna, B. A. (1996): Collective Trust and Collective Action: The Decision to Trust as a Social Decision. In: Kramer, R. M. & Tyler, T. R. (Hgg.): Trust in Organizations: Frontiers of Theory and Research. Thousand Oaks: Sage, 357-389.

Kramer, R. M. & Tyler, T. R. (1996) (Hgg.): Trust in Organizations: Frontiers of Theory and Research. Thousand Oaks: Sage.

Krampen, G.; Viebig, J. & Walter, W. (1982): Skala zur Erfassung dreier Aspekte von Vertrauen. In: Diagnostica, 28/3, 242-249.

Krause-Nehring, C. (2008): Die Airbus-Kultur: Eine kulturelle und politische Analyse des Flugzeugbaus bei Airbus unter besonderer Berücksichtigung der deutsch-französischen Beziehungen. Saarbrücken: Südwestdeutscher Verlag für Hochschulschriften.

Krippendorff, K. (1980): Content Analysis: An Introduction to its Methodology. Thousand Oaks: Sage.

Kühlmann, T. M. (2003): Kultur, Interkulturalität und Ökonomie: Die Vernachlässigung des Wirtschaftslebens im wissenschaftlichen Diskurs der Germanistik. In: Wierlacher, A. & Bogner, A. (Hgg.): Handbuch interkulturelle Germanistik. Stuttgart: Metzler, 151-158.

Kühlmann, T. M. (2004): Vertrauen und Kontrolle in internationalen Unternehmenskooperationen. In: Maier, J. (Hg.): Vertrauen und Marktwirtschaft. Die Bedeutung von Vertrauen beim Aufbau marktwirtschaftlicher Strukturen in Osteuropa. forost Arbeitspapier Nr. 22. München: forost, 67-82.

Kühlmann, T. M. (2008): Mitarbeiterführung in internationalen Unternehmen. Stuttgart: Kohlhammer.

Kühlmann, T. M. & Endrissat, N. (2005): 'Xinren' vs. 'Vertrauen': Two Perspectives on Trust in Sino-German Business Partnerships. 65th Academy of Management Conference, Honolulu, USA, 05.-10.08.2005.

Kühlmann, T. M. & Schumann, O. (2002): Trust in German-Mexican Business Relationships. Arbeitspapier, EURAM 2002, Stockholm, Schweden, 11.05.2002.

Kumar, N. (1996): The Power of Trust in Manufacturer:Retailer Relationships. In: Harvard Business Review, 74/6, 92-106.

L

La Palombara, J. & Blank, S. (1977): Multinational Corporations in Comparative Perspective. New York: The Conference Board.

Lagace, R. R. (1991): An Exploratory Study of Reciprocal Trust Between Sales Managers and Salespersons. In: Journal of Personnel Selling and Sales Management, 11, 49-58.

Lahno, B. (2002): Der Begriff des Vertrauens. Paderborn: Mentis.

Lamnek, S. (2005): Qualitative Sozialforschung. 4. Auflage. Weinheim: Beltz.

Landis, D. & Brislin, R.W. (1983): Handbook of Intercultural Training. Band 1-3. New York: Pergamon.

Lane, C. & Bachmann, R. (1996): The Social Constitution of Trust: Supplier Relations in Britain and Germany. In: Organizations Studies, 17/3, 365-395.

Langenscheidts Handwörterbuch Deutsch-Französisch (1998). München: Langenscheidt.

Langer, E. J. (1975): The Illusion of Control. In: Journal of Personality and Social Psychology, 32, 311-328.

LaPorta, R.; Lopez-de-Silanes, R.; Shleifer, A.; Vishny, R. W. (1997): Trust in Large Organizations. In: American Economic Association, Papers and Proceedings, 87/2, 333-338.

Larson, A. (1992): Network Dyads in Entrepreneurial Settings: A Study of the Exchange of Governance of Exchange Relationships. In: Administrative Science Quarterly, 37/1, 76-104.

Larzelere, R. E. & Huston, T. L. (1980): The Dyadic Trust Scale: Toward Understanding Interpersonal Trust in Close Relationships. In: Journal of Marriage and the Family, 42, 595-604.

Lawler, E. E. (1992): The Ultimate Advantage: Creating the High-Involvement Organization. San Francisco: Josey-Bass.

Lee, K.-H.; Yang, G. & Graham, J. L. (2006): Tension and Trust in International Business Negotiations: American Executives Negotiating with Chinese Executives. In: Journal of International Business Studies, 37, 623- 641.

Lempp, M. (2007): Staatliche Handlungskapazität und politisches Vertrauen. Saarbrücken: Dr. Müller

Levin, I. P.; Schneider, S. L. & Gaeth, G. J. (1998): All Frames are not Created Equal: A Typology and Critical Analysis of Framing Effects. In: Organizational Behavior and Human Decision Processes, 76/2, 149-188.

Levine, R. V. (1998): A Geography of Time: The Temporal Misadventures of a Social Psychologist, or How Every Culture Keeps Time Just a Little Bit Differently. New York: Basic Books.

Levine, R. V.; West L. J. & Reis H. A. T (1980): Perceptions of Time and Punctuality in the United States and Brazil. In: Journal of Personality and Social Psychology, 38/4, 541-550.

Levinson, S. C. (1983): Pragmatics. Cambridge: Cambridge University Press.

Lewicki, R. J. & Bunker, B. B. (1996): Developing and Maintaining Trust in Work Relationships. In: Kramer, R. M. & Tyler, T. R. (Hgg.): Trust in Organizations: Frontiers of Theory and Research. Thousand Oaks: Sage, 114-139.

Lewicki, R. J.; McAllister, D. J. & Bies, R. J. (1998): Trust and Distrust: New Relationships and Realities. In: Academy of Management Review, 23/3, 438-458.

Lewicki, R. J. & Wiethoff, C. (2000): Trust, Trust Development, and Trust Repair. In: Deutsch, M. & Coleman, P. (Hgg.): The Handbook of Conflict Resolution: Theory and Practice. San Francisco: Jossey-Bass, 86-107.

Lewis, D. L. & Weigert, A. J. (1985): Trust as a Social Reality. In: Social Forces, 63/4, 967-985.

Li, J. J.; Zhou, K. Z.; Lam, S. S. K. & Tse, D. K. (2006): Active Trust Development of Local Senior Managers in International Subsidiaries. Journal of Business Research, 59/1, 73-80.

Lieberman, J. K. (1981): The Litigious Society. New York: Basic Books.

Limaye, M. R. & Victor, D. A. (1991): Cross-Cultural Business Communication Research: State of the Art and Hypotheses for the 1990s. In: Journal of Business Communication, 28/3, 277-299.

Limerick, D. & Cunnington, B. (1993): Managing the New Organization. San Francisco: Jossey-Bass.

Linhart, D. (1993): The Shortcomings of an Organizational Revolution that is Out of Step. In: Industrial Democracy, 14/1, 49-64.

Litters, U. (1995): Interkulturelle Kommunikation aus fremdsprachendidaktischer Perspektive: Konzeption eines zielgruppenspezifischen Kommunikationstrainings für deutsche und französische Manager. Tübingen: Narr.

Loftus, E. F. (1979): Eyewitness Testimony. Cambridge: Harvard University Press.

Loftus, E. F. (1991): Made in Memory: Distortions in Recollection. In: Bower, G. H. (Hg.): The Psychology of Learning and Motivation. San Diego, New York: Harcourt Brace Academic Press, 187-216.

Loftus, E.F. & Palmer, J.C. (1974): Reconstruction of Automobile Destruction. An Example of the Interaction between Language and Memory. In: Journal of Verbal Learning and Verbal Behavior, 13, 585-589.

Loftus, E. F. & Pickrell, J. E. (1995): The Formation of False Memories. In: Psychiatric Annals, 25, 720-725.

Lombard, M.; Snyder-Duch, J. & Campanella-Bracken, C. (2005): Practical Resources for Assessing and Reporting Intercoder Reliability in Content Analysis Research Projects (verfügbar unter: http://astro.temple.edu/~lombard/reliability, 03.08.2006).

Lonner, W. J. & Berry, J. W. (1986): Field Methods in Cross-Cultural Research. Thousand Oaks: Sage.

Loose, A. & Sydow, J. (1994): Vertrauen und Ökonomie in Netzwerkbeziehungen: Strukturationstheoretische Betrachtungen. In: Sydow, J. & Windeler, A. (Hgg.): Management interorganisationaler Beziehungen. Opladen: Westdeutscher Verlag, 160-193.

Lorbeer, A. (2003): Vertrauensbildung in Kundenbeziehungen: Ansatzpunkte zum Kundenbindungsmanagement. Wiesbaden: DUV.

Lorenz, E. H. (1988): Neither Friends nor Strangers: Informal Networks of Subcontracting in French Industry. In: Gambetta, D. (Hg.): Trust: Making and Breaking Cooperative Relations. New York, Oxford: Basil Blackwell, 194-210.

Lorenz, E. H. (1999) Trust, Contract and Economic Cooperation. In: Cambridge Journal of Economics, 23, 301-315.

Lorenz, K. (1937): Über den Begriff der Instinkthandlung. In: Folia Biotheoretica, 2, 17–50.

Löschper, G. & Meuser, M. (2002) (Hgg.): Disziplinäre Orientierungen III: Qualitative Kriminologie. In: Forum Qualitative Sozialforschung 3/1 (verfügbar unter: www.qualitative-research.net/fqs/fqs-d/inhalt1-02-d.htm).

Luczak, H. (1998): Arbeitswissenschaft. 2. Auflage. Berlin: Springer

Luhmann, N. (1968): Vertrauen: Ein Mechanismus der Reduktion sozialer Komplexität. Stuttgart: Enke.

Luhmann, N. (1985): Soziale Systeme. Grundriss einer allgemeinen Theorie. Frankfurt/Main: Suhrkamp.

Lundgren, H. & Walczuch, R. (2003): Moderated Trust: The Impact of Power Distance and Uncertainty Avoidance on the Consumer Trust Formation Process in E-Retailing (verfügbar unter: www.fdewb.unimaas.nl/marc/research/projects/Lundgren_Walczuch_moderated_trust_2003.pdf, 20.08.2004).

Luo, Y. (2002): Building Trust in Cross-Cultural Collaborations: Toward a Contingency Perspective. In: Journal of Management, 28/2, 669-694.

Lüsebrink, H.-J. (2004) (Hg.): Konzepte der Interkulturellen Kommunikation. Theorieansätze und Praxisbezüge in interdisziplinärer Perspektive. St. Ingbert: Röhrig

M

Macy, M. W. & Sato, Y. (2002): Trust, Cooperation, and Market Formation in the U.S. and Japan. In: Proceedings of the National Academy of Sciences of the US, 99/3, 7214-7220.

Macy, M. W. & Skvoretz, J. (1998): The Evolution of Trust and Cooperation between Strangers: A Computational Model. In: American Sociological Review, 63/10, 638-660.

Madhok, A. (1995): Revisiting Multinational Firms' Tolerance for Joint Ventures: A Trust-Based Approach. In: Journal of International Business Studies, 26/1, 117-138.

Markowitz, H. M. (1952): Portfolio Selection. In: Journal of Finance, 7/1, 77-91.

Marriott, H. (1993): Politeness Phenomena in Japanese Intercultural Business Communication. In: Intercultural Communication Studies, 3/1, 1-38.

Marschan-Piekkari, R. & Welch, C. (2004): Handbook of Qualitative Research Methods for International Business. Northampton: Edward Elgar.

Marsh, S. & Dibben, M. R. (2003): The Role of Trust in Information Science and Technology. In: Annual Review of Information Science and Technology, 37/1, 465-498.

Mauritz, H. (1996): Interkulturelle Geschäftsbeziehungen: Eine interkulturelle Perspektive für das Marketing. Wiesbaden: DUV.

Mayer, R. C. & Davis, J. H. (1999): The Effect of the Performance Appraisal System on Trust for Management: A Field Quasi-Experiment. In: Journal of Applied Psychology, 84/1, 123-136.

Mayer, R. C.; Davis, J. H. & Schoorman, D. F. (1995): An Integrative Model of Organisational Trust. In: Academy of Management Review, 20/3, 709-734.

Maynard-Smith, J. (1976): Evolution and the Theory of Games. In: American Scientist, 64/1, 41-45.

Maynard-Smith, J. (1982): Evolution and the Theory of Games. Cambridge: Cambridge University Press.

Mayring, P. (1994): Qualitative Inhaltsanalyse. In: Böhm, A.; Mengel, A. & Muhr, T. (Hgg.): Texte verstehen: Konzepte, Methoden, Werkzeuge. Konstanz: Universitätsverlag Konstanz, 159-176.

Mayring, P. (2000): Qualitative Inhaltsanalyse. In: Forum Qualitative Sozialforschung, ½ (verfügbar unter: http://qualitative-research.net/fqs/fqs-d/2-00inhalt-d.htm).

Mayring, P. (2005): Neuere Entwicklungen in der qualitativen Forschung und der Qualitativen Inhaltsanalyse. In: Mayring, P. & Gläser-Zikuda, M.: Die Praxis der Qualitativen Inhaltsanalyse. Stuttgart: UTB, 7-19.

Mayring, P. (2007a): Qualitative Inhaltsanalyse: Grundlagen und Techniken. 9. überarbeitete Auflage (1. Auflage 1983). Weinheim: Beltz.

Mayring, P. (2007b): Generalisierung in qualitativer Forschung. In: Forum Qualitative Sozialforschung, 8/3 (verfügbar unter: http://nbn-resolving.de/urn:nbn:de:0114-fqs0703262).

Mayring, P. (2007c): Mixing Qualitative and Quantitative Methods. In: Mayring, P.; Huber, G. L.; Gürtler, L. & Kiegelmann, M. (Hg.) (2007): Mixed Methodology in Psychological Research. Rotterdam: Sense, 27-36.

Mayring, P. (2007d): Designs in qualitativ orientierter Forschung. In: Journal für Psychologie, 15/2 (verfügbar unter: www.journal-fuer-psychologie.de/jfp-2-2007.html, 26.01.2008).

Mayring, P.; Huber, G. L.; Gürtler, L. & Kiegelmann, M. (2007) (Hgg.): Mixed Methodology in Psychological Research. Rotterdam: Sense.

McAllister, D. J. (1995): Affect- and Cognition-based Trust as Foundations for Interpersonal Cooperation in Organizations. In: Academy of Management Journal, 38/1, 24-59.

McAllister, D. J. (1997): The Second Face of Trust: Reflections on the Dark Side of Interpersonal Trust in Organizations. In: Research on Negotiations in Organizations, 6, 87-111.

McGarty, C. (1999): Categorization in Social Psychology. Tousand Oaks: Sage.

McGregor, D. (1967): The Professional Manager. New York: McGraw-Hill.

McKnight, D. H. & Chervany, N. L. (1996): The Meanings of Trust. Arbeitspapier. MISRC Working Paper Series 96-04, University of Minnesota (verfügbar unter: http://misrc.umn.edu/workingpapers/fullPapers/1996/9604_040100.pdf, 20.08.2004).

McKnight, D. H.; Cummings L. L. & Chervany, N. L. (1998): Initial Trust Formation in New Organizational Relationships. In: Academy of Management Review, 23/3, 473-490.

McSweeney, B. (2002): Hofstede's Model of National Cultural Differences and Consequences: A Triumph of Faith – A Failure of Analysis. In: Human Relations, 55/1, 89-118.

Meifert, M. (2003): Vertrauensmanagement in Unternehmen: Eine empirische Studie über Vertrauen zwischen Angestellten und ihren Führungskräften. München: Rainer Hampp.

Mendenhall, M., Stahl, G., Ehnert, I., Oddou, G., Osland, J. & Kühlmann, T. (2004): Evaluation Studies of Cross-Cultural Training Programs: A Review of the Literature from 1988-2000. In Landis, D. & Bennett, J. (Hgg): The Handbook of Intercultural Training. Thousand Oaks, CA: Sage.

Menzies, J. L. & De Cieri, H. (2003): Antecedents and Consequences of Trust in Strategic Alliances. Working Paper Nr. 8/03. Monash University, Faculty of Business & Economics, Department of Management (verfügbar unter: www.buseco.monash.edu.au/depts/mgt/research/working_papers/2003/workingpapers03.pdf, 30.07.2004).

Mercelot, G. (2006): Négociations Commerciales et Objectifs Spécifiques. Bern: PIE Lang.

Merkens, H. (1997): Stichproben bei qualitativen Studien. In: Friebertshäuser, B. & Prengel, A. (Hgg.): Handbuch Qualitative Forschungsmethoden in der Erziehungswissenschaft. Weinheim, München: Juventa, 97-106.

Mertes, J. (1993): Aspekte interkultureller Kommunikation zwischen Deutschen und Franzosen im beruflichen Bereich. Diplomarbeit, Universität des Saarlandes, Fachbereich Romanistik.

Merton, R. K.; Fiske, M. & Kendal, P. L. (1956): The Focused Interview. A Manual of Problems and Procedures. Glencoe, Ill.: Free Press.

Merton, R. K. & Kendal, P. L. (1946): The Focused Interview. In: American Journal of Sociology, 51, 541-557.

Metlay, D. (1999): Institutional Trust and Confidence: A Journey into a Conceptual Quagmire. In: Cvetkovich, G. & Lofstedt, R. E. (Hgg.): Social Trust and the Management of Risk. London: Earthscan, 100-116.

Meyerson, D.; Weick, K. E. & Kramer, R. M. (1996): Swift Trust and Temporary Groups. In: Kramer, R. M. & Tyler, T. R. (Hgg.): Trust in Organizations: Frontiers of Theory and Research. Thousand Oaks: Sage, 166-195.

Miles, M. B. & Huberman, A. M. (1994): Qualitative Data Analysis. 2. Auflage. Thousand Oaks: Sage.

Mishra, A. K. (1996): Organizational Responses to Crisis: The Centrality of Trust. In: Kramer, R. M. & Tyler, T. R. (Hgg.): Trust in Organizations: Frontiers of Theory and Research. Thousand Oaks: Sage, 261-287.

Missions Economiques (2004): Plan d'Action Commerciale Allemagne 2004: Les Exportations Françaises vers l'Allemagne (verfügbar unter: www.missioneco.org/allemagne, 06.06.2005).

Mitchell, T. & Thompson, L. (1994): A Theory of Temporal Adjustments of the Evaluation of Events: Rosy Prospection & Rosy Retrospection. In: Stubbart, C.; Porac, J. & Meindl, J. (Hgg.): Advances in Managerial Cognition and Organizational Information-Processing. Band 5. Greenwich: JAI press, 85-114.

Möllering, G. (2005): The Trust/Control Duality: An Integrative Perspective on Positive Expectations of Others. In: International Sociology, 20/3, 283-305.

Molm, L. D.; Takahashi, N. & Peterson, G. (2000): Risk and Trust in Social Exchange: An Experimental Test of a Classical Proposition. In: American Journal of Sociology, 105/5, 1396-1427.

Moog, A. (1996): Comment bien Travailler avec les Allemands. Paris: Chambre Franco-Allemande de Commerce et d'Industrie.

Moog, A. (2000): Pour un Sans-Faute en Allemagne. Paris: Chambre Franco-Allemande de Commerce et d'Industrie.

Moosmüller, A. (2004): Das Kulturkonzept in der Interkulturellen Kommunikation aus ethnologischer Sicht. In: Lüsebrink, H.-J. (Hg.): Konzepte der Interkulturellen Kommunikation. Theorieansätze und Praxisbezüge in interdisziplinärer Perspektive. St. Ingbert: Röhrig, 45-67.

Moranz, C. (2004): Virtuelle Kooperationsanbahnung: Vertrauen auf Community-Plattformen. In: Keil-Slawik, R.; Selke, H. & Szwillus, G. (Hgg.): Mensch & Computer 2004: Allgegenwärtige Interaktion. München: Oldenbourg, 241-250.

Morgan, R. M. & Hunt, S. D. (1994): The Commitment-Trust Theory of Relationship Marketing. In: Journal of Marketing, 58, 20-38.

Morris, M. W.; Leung, K., Ames, D. & Lickel, B. (1999): Views from Inside and Outside: Integrating Emic and Etic Insights About Culture and Justice Judgment. In: Academy of Management Review, 24/4, 781-796.

Mruck, K.; Bergold, J.; Breuer, R. & Legewie, H. (2000) (Hgg.): Qualitative Sozialforschung: Nationale, disziplinäre, methodische und empirische Beispiele. In: Forum Qualitative Sozialforschung 1/1 (verfügbar unter: www.qualitative-research.net/fqs/fqs-d/inhalt1-00-d.htm).

Müller-Jacquier, B. (2004): 'Cross cultural' versus Interkulturelle Kommunikation. Methodische Probleme der Beschreibung von Inter-Aktionen. In: Lüsebrink, H.-J. (Hg.): Konzepte der Interkulturellen Kommunikation. Theorieansätze und Praxisbezüge in interdisziplinärer Perspektive. St. Ingbert: Röhrig, 69-113.

N-O

Nanus, B. (1989): The Leader's Edge: The Seven Keys to Leadership in a Turbulent World. Chicago: Contemporary Books.

Neilsen, E.H. (1986): Empowerment Strategies: Balancing Authority and Responsibility. In: Srivastva, S. (Hg.): Executive Power: How Executives Influence People and Organizations. San Franciso: Jossey-Bass, 78-110.

Nelson, T. E.; Oxley, Z. M. & Clawson, R. A. (1997): Toward a Psychology of Framing Effects. In: Political Behavior, 19/3, 221-246.

Neuberger, O. (2006): Vertrauen vertrauen? Misstrauen als Sozialkapital. In: Götz, K. (Hg.): Vertrauen in Organisationen. Managementkonzepte. Band 30. München: Hampp, 11-56.

Neuberger, O. & Kompa, A. (1993): Wir die Firma. Der Kult um die Unternehmenskultur. Weinheim: Beltz.

Ng, S. H.; Hossain, A. B. M.; Ball, P.; Bond, M. H.; Hayashi, K.; Lim, S. P.; O'Driscoll, M. P.; Sinha, D. & Yang, K. S. (1982): Human Values in Nine Countries. In: Rath, R.; Asthana, H. S.; Sinha, D. & Sinha, J. B. H. (Hgg.): Diversitiy and Unity in Cross-Cultural Psychology. Lisse: Swets & Zeitlinger.

Nicholson, C. Y.; Compeau, L. D. & Sethi, R. (2001): The Role of Interpersonal Liking in Building Trust in Long-Term Channel Relationships. In: Journal of the Academy of Marketing Science, 29/1, 3-15.

Nickerson, R. S. (1998): Confirmation Bias: A Ubiquitous Phenomenon in Many Guises. In: Review of General Psychology, 2, 175-220.

Nieder, P. (1997): Erfolg durch Vertrauen: Abschied vom Management des Mißtrauens. Wiesbaden: Gabler.

Nielsen, B. B. (2001): Trust and Learning in International Strategic Alliances. Copenhagen Business School. Department of International Economics and Management (verfügbar unter: http://ideas.repec.org/p/hhb/cbsint/2001-008.html, 25.09.2005).

Niglas, K. (2004): The Combined Use of Qualitative and Quantitative Methods in Educational Research. Dissertation, Tallinn Pedagogical University, Faculty of Educational Sciences, Tallinn, Estonia (verfügbar unter: www.tlulib.ee/files/arts/24/niglaf737ff0eb699f90626303a2ef1fa930f.pdf, 14.01.2006).

Nissenbau, Helen (2001): Securing Trust Online: Wisdom or Oxymoron? In: Boston University Law Review, 81/3, 635-664 (verfügbar auch unter www.nyu.edu/projects/nissenbaum/papers/securingtrust.pdf).

Nonaka, I. & Takeuchi, H. (1995): The Knowledge Creating Company. Oxford: Oxford University Press.

Noorderhaven, N. G (1999): National Culture and the Development of Trust: The Need for More Data and Less Theory. In: Academy of Management Review, 24/1, 9-11.

Nowak, M. & Sigmund, K. (1993): A Strategy of Win-Stay, Lose-Shift that Outperforms Tit-for-tat in the Prisoner's Dilemma Game. In: Nature, 364, 56-58.

Nuissl, H. (2004): Kooperation und Vertrauen zwischen IT-Unternehmern in den Neuen Bundesländern und Polen. In: Maier, J. (Hg.): Die Rolle von Vertrauen in Unternehmensplanung und Regionalentwicklung: Ein interdisziplinärer Diskurs. forost Arbeitspapier Nr. 27. München: forost, 49-66.

O'Driscoll, J. (2007): Brown & Levinson's Face: How it Can – and Can't – Help us to Understand Interaction Across Cultures. In: Intercultural Pragmatics, 4/4, 463 - 492.

Oevermann, U. (1981): Fallrekonstruktionen und Strukturgeneralisierung als Beitrag der objektiven Hermeneutik zur soziologisch-strukturtheoretischen Analyse. Unveröffentlichtes Manuskript.

Oevermann, U. (2000): Die Methode der Fallrekonstruktion in der Grundlagenforschung sowie der klinischen und pädagogischen Praxis. In: Kraimer, K. (Hg.): Die Fallrekonstruktion. Sinnverstehen in der sozialwissenschaftlichen Forschung. Frankfurt/Main: Suhrkamp, 58-156.

Oevermann, U.; Allert, T.; Konau, E. & Krambeck, J. (1979): Die Methodologie einer 'objektiven Hermeneutik' und ihre allgemeine forschungslogische Bedeutung in den Sozialwissenschaften. In: Soeffner, H.-G. (Hg.): Interpretative Verfahren in den Sozial- und Textwissenschaften. Stuttgart: Metzler, 352-434.

Offe, C. (2001): Nachwort: Offene Fragen und Anwendungen in der Forschung. In: Hartmann, M. & Offe, C. (Hgg.): Vertrauen. Die Grundlage des sozialen Zusammenhalts. Frankfurt/Main: Campus, 364-369.

O'Leary, A. C. & El-Nawaway, M. (2002): A Content Analysis of Image Restoration in Northern Ireland: Public Communication Strategies of Political Parties. In: Studies In Media & Information Literacy Education, 2/3, 1-7.

Organ, D. W. (1988): Organizational Citizenship Behavior: The Good Soldier Syndrome. Lexington: Lexington Books.

Organ, D. W. (1990): The Motivational Basis of Organizational Citizenship Behavior. In: Staw, B. M. & Cummings, L. L. (Hgg.): Research in Organizational Behavior. Band 12. Greenwich: JAI Press, 43-72.

Oswald, M. E. & Grosjean, S. (2004): Confirmation Bias. In: Pohl, R. F. (Hg.): Cognitive Illusions: A Handbook on Fallacies and Biases in Thinking, Judgement, and Memory. London: Psychology Press, 79-96.

Otnes, C.; Kim, K. & Kim, Y. C. (2004): Yes, Virginia, There is a Gender Difference: Analyzing Children's Requests to Santa Claus. In: The Journal of Popular Culture, 28/1, 17-29.

Oyserman, D. & Lee, S. W. S. (2007): Priming 'Culture': Culture as Situated Cognition. In: Kitayama, S. & Cohen, D. (Hgg.): Handbook of Cultural Psychology. New York: Guilford, 255-279.

P-Q

Paese, P. W. & Sniezek, J. A. (1991): Influences on the Appropriateness of Confidence in Judgment: Practice, Effort, Information, and Decision-making. In: Organizational Behavior and Human Decision Processes, 48, 100-130.

Parkhe, A. (1998a): Understanding Trust in International Alliances. In: Journal of World Business, 33/3, 219-240.

Parkhe, A. (1998b): Building Trust in International Alliances. In: Journal of World Business, 33/3, 417-437.

Parsons, T. (1976): Zur Theorie Sozialer Systeme. Hg. u. eingel. von Stefan Jensen. Opladen: Westdeutscher Verlag.

Parsons, T. & Shils, E. A. (1951) (Hgg.): Toward a General Theory of Action. New York: Harper Torchbooks.

Pateau, J. (1994): Approche Comparative Interculturelle: Etude d'Entreprises Françaises et Allemandes. Dissertation, Université de Paris 10, Nanterre.

Pateau, J. (1998): Une Etrange Alchimie. La Dimension Interculturelle dans la Cooperation Franco-Allemande. Levallois-Perret: Circac.

Pateau, J. (1999): Die seltsame Alchimie in der Zusammenarbeit zwischen Deutschen und Franzosen: Aus der Praxis des interkulturellen Managements. Frankfurt/Main: Campus.

Patton, M. Q. (1990): Qualitative Evaluation and Research Methods. Thousand Oaks: Sage.

Patton, M. Q. (2002): Qualitative Research and Evaluation Methods. Thousand Oaks: Sage.

Payne, G. & Williams, M. (2005): Generalization in Qualitative Research. In: Sociology, 39/2, 295-314.

Pennings, J. M. & Woiceshyn, J. (1987): A Typology of Organizational Control and its Metaphors. In: Bacharach, S. B. & Mitchell, S. M. (Hgg.): Research in the Sociology of Organizations. Band 5. Greenwich: JAI Press, 75-104.

Petermann, F. (1985): Psychologie des Vertrauens. Göttingen: Hogrefe.

Pettit, P. (1995): The Cunning of Trust. In: Philosophy & Public Affairs, 24/3, 202-225.

Pflug, G. (2007): Die Chemie stimmt. In: Der Sprachdienst, Gesellschaft für deutsche Sprache, 06/2-3 (verfügbar unter: www.gfds.de/index.php?id=105, 18.10.2007).

Pike, K. L. (1954-1960): Language in Relation to a Unified Theory of the Structure of Human Behavior. 3 Bände. Glendale: Summer Institute of Linguistics.

Pill, S.-J. D. (2006): Germans and French in Business Life: Intercultural Differences Between the Neighbouring Countries. Saarbrücken: Dr. Müller.

Pillai, R.; Schriesheim, C. A. & Williams, E. S. (1999): Fairness Perceptions and Trust as Mediators for Transformational and Transactional Leadership: A Two-Sample Study. In: Journal of Management, 25, 897-933.

Pinkley, R. (1990): Dimensions of Conflict Frame: Disputant Interpretations of Conflict. In: Journal of Applied Psychology, 75/2, 117-126.

Pinkley, R. & Northcraft, G. (1994): Conflict Frames of Reference: Implications for Dispute Processes and Outcomes. In: Academy of Management Journal, 37/1, 193-205.

Plummer, D. (2003): Overview of the Field of Diversity Management. In: Plummer, D. (Hg.): Handbook of Diversity Management. Lanham, MD: University Press of America, 1-49.

Pohl, R. F. (2004a): Introduction: Cognitive Illusions. In: Pohl, R. F. (Hg.): Cognitive Illusions: A Handbook on Fallacies and Biases in Thinking, Judgement and Memory. London: Psychology Press, 1-20.

Pohl, R. F. (2004b): Hindsight Bias. In: Pohl, R. F. (Hg.): Cognitive Illusions: A Handbook on Fallacies and Biases in Thinking, Judgement and Memory. London: Psychology Press, 363-378.

Polanyi, M. (1966): The Tacit Dimension. Garden City: Doubleday.

Popper, K. R (1935): Logik der Forschung. Wien: Springer.

Popper, K. R. (1973): Objektive Erkenntnis: Ein evolutionärer Entwurf. Gütersloh: Bertelsmann.

Popping, R. (1988): On Agreement Indices for Nominal Data. In: Saris, W. E. & Gallhofer, I. N. (Hgg.): Sociometric Research. Band 1: Data Collection and Scaling. New York: St. Martin's Press, 90-105.

Pronin, E. & Ross, L. (2006): Temporal Differences in Trait Self-Ascription: When the Self is Seen as an Other. In: Journal of Personality and Social Psychology, 90/2, 197-209.

Putnam, R. D. (1993): The Prosperous Community. Social Capital and Public Life. In: American Prospect, 13/4, 35-42.

Putnam, R. D. (1995): Bowling Alone: America's Declining Social Capital. In: Journal of Democracy, 6/1, 65-78.

Literaturverzeichnis 525

Putnam, R. D. (2000): Bowling Alone: The Collapse and Revival of American Community. New York: Simon and Schuster.

Pylyshyn, Z. W. (1987) (Hg.): The Robot's Dilemma: The Frame Problem in Artificial Intelligence, Norwood: Ablex.

Quasthoff, U. M. (2001): Erzählen als interaktive Gesprächsstruktur. In: Brinker, K.; Antos, G.; Heinemann, W. & Sager, S. F. (Hgg.): Text- und Gesprächslinguistik. Ein internationales Handbuch zeitgenössischer Forschung. Zweiter Halbband: Gesprächslinguistik. Berlin, New York: de Gruyter, 1293-1309.

Query, J. L.; Kreps, G. L.; Arneson, P. A. & Caso, N. S. (2001): Towards Helping Organizations Manage Interaction: The Theoretical and Pragmatic Merits of the Critical Incident Technique. Herndon, S. L. & Kreps, G. L. (Hgg.): Qualitative Research: Applications in Organizational Life. 2. Auflage. Cresskill: Hampton, 91-119.

R

Raiser, M.; Rousso, A. & Steves, F. (2004): Trust in Transition: Cross Country and Firm Evidence. Working Paper Nr. 586. William Davidson Institute (verfügbar unter: http://129.3.20.41/eps/othr/papers/0401/0401007.pdf, 22. 11.2006).

Ratner, C.; Straub, J. & Valsiner, J. (2001) (Hgg.): Disziplinäre Orientierungen II: Kulturwissenschaften. In: Forum Qualitative Sozialforschung, 2/3 (verfügbar unter: www.qualitative-research.net/fqs/fqs-d/inhalt3-01-d.htm).

Reddin, W. J. (1977): An Integration of Leader-Behavior Typologies. In: Group & Organization Studies, 2/3, 282-295.

Rempel, J. K. & Holmes, J. G. (1986): How do I Trust Thee? In: Psychology Today, 20/2, 28-34.

Rempel, J. K.; Holmes, J. G. & Zanna, M. P. (1985): Trust in Close Relationships. In: Journal of Personality and Social Psychology, 49/1, 95-112.

Renn, O. & Levine, D. (1991): Credibility and Trust in Risk Communication. In: Kasperson, R. E. & Stallen, P. J. M. (Hggs): Communicating Risks to the Public. Dordrecht: Kluwer Academic, 175-218.

Reynolds, V.; Falger, V. S. E. & Vine, Ian (1987): The Sociobiology of Ethnocentrism: Evolutionary Dimensions of Xenophobia, Discrimination, Racism, and Nationalism. Athen: University of Georgia Press.

Rice, W. R. (1989): Analyzing Tables of Statistical Tests. In: Evolution, 43/1, 223-225.

Richardson, J. T. E. (1996): Handbook of Qualitative Research Methods for Psychology and the Social Sciences. Leicester: BPS Books.

Ridings, C. M.; Gefen, D. & Arinze, B. (2002): Some Antecedents and Effects of Trust in Virtual Communities. In: The Journal of Strategic Information Systems, 11/3-4, 271-295.

Ring, P. S. & Ven, A. H. van de (1994): Developmental Processes of Cooperative Interorganizational Relationships. In: Academy of Management Review, 19/1, 90-118.

Ripperger, T. (1998): Ökonomik des Vertrauens. Analyse eines Organisationsprinzips.Tübingen: Mohr Siebeck.

Robert Bosch GmbH (2004): Weltweite Verantwortung. Umweltbericht 2003/2004.

Robinson, R. D. (1964): International Business Policy. New York: Holt, Rinehart & Winston.

Robinson, W. S. (1950): Ecological Correlations and the Behavior of Individuals. In: American Sociological Review, 15/3, 351-357.

Robson, M.; Katsikeas, C. & Bello, D. (2008): Drivers and Performance Outcomes of Trust in International Strategic Alliances: The Role of Organizational Complexity. In: Organization Science, 19/4, 647-665.

Rocco, E. (2005): Trust, Distance and Common Ground. In: Bijlsma-Frankema, K. M. & Klein Woolthuis, R. J. A. (Hgg.): Trust under Pressure: Empirical Investigations of the Functioning of Trust and Trust Building in Uncertain Circumstances. Cheltenham: Edward Elgar, 186-205.

Rogers, A.; Dash, R. K.; Ramchurn, S. D.; Vytelingum, P. & Jennings, N. R. (2007): Coordinating Team Players Within a Noisy Iterated Prisoner's Dilemma Tournament. In: Theoretical Computer Science, 377/1, 243-259.

Römer, C.; Schöpper-Grabe, S.; Wegner, A. & Weiß, R. (2004): Bilateraler Fremdsprachenbedarf in Deutschland und Frankreich: Eine Bestandsaufnahme in Großunternehmen. Abschlussbericht. Köln: Institut der deutschen Wirtschaft.

Ronan, W. W. & Latham, G. P. (1974): The Reliability and Validity of the Critical Incident Technique: A Closer Look. In: Studies in Personnel Psychology, 6/1, 53-64.

Ronen, S. (1986): Comparative and Multinational Managment. New York: Wiley

Rosen, B., & Jerdee, T. H. (1977): Influence of Subordinate Characteristics on Trust and Use of Participative Decision Strategy in Management Stimulation. In: Journal of Applied Psychology, 62, 628-631.

Rosenzweig, M. R. & Wolpin, K. I. (1993): Maternal Expectations and Ex Post Rationalizations: The Usefulness of Survey Information on the Wantedness of Children. In: The Journal of Human Resources, 28/2, 205-229.

Ross, L. (1977): The Intuitive Psychologist and his Shortcomings: Distortions in the Attribution Process. In: Berkowitz, L. (Hg.): Advances in Experimental Social Psychology. Band 10. New York: Academic Press, 173-220.

Ross, W. & LaCroix, J. (1996): Multiple Meanings of Trust in Negotiation Theory and Research: A Literature Review and Integrative Model. In: International Journal of Conflict Management, 7/4, 314-359.

Rössler, P. (1997): Agenda-Setting: Theoretische Annahmen und empirische Evidenzen einer Medienwirkungshypothese. Opladen: Westdeutscher Verlag.

Roth, J. & Roth, K. (2001): Interkulturelle Kommunikation. In: Brednich, R. W. (Hg.): Grundriss der Volkskunde. Einführung in die Forschungsfelder der Europäischen Ethnologie. 3., überarb. und erw. Auflage. Berlin: Reimer, 391-422.

Rothschild, M. & Stiglitz, J. (1970): Increasing Risk: A Definition. In: Journal of Economic Theory 2/3, 225-243.

Rotter, J. B. (1967): A New Scale for the Measurement of Interpersonal Trust. In: Journal of Personality, 35/4, 651-665.

Rotter, J. B. (1971): Generalized Expectancies for Interpersonal Trust. In: American Psychologist, 26, 443-452.

Rousseau, D. M.; Sitkin, S. B.; Burt, R. S. & Camerer, C. (1998): Not So Different After All: A Cross-Discipline View of Trust. In: Academy of Management Review, 23/3, 393-404.

Roy, A.; Walters, P. G.P. & Luk, S. T. K. (2001): Chinese Puzzles and Paradoxes: Conducting Business Research in China. In: Journal of Business Research, 52/2, 203-210.

Rudman, L. A; Ashmore, R. D & Gary, M. L. (2001): Unlearning Automatic Biases: The Malleability of Implicit Prejudice and Stereotypes. In: Journal of Personality and Social Psychology, 81/5, 856-868.

Rydgren, J. (2004): The Logic of Xenophobia. In: Rationality and Society, 16/2, 123-148.

S

Sako, M. (1992): Prices, Quality, and Trust: Inter-firm Relations in Britain and Japan. Cambridge: Cambridge University Press.

Sako, M. (1998): Does Trust Improve Business Performance? In: Lane, C. & Bachmann, R. (Hgg.): Trust Within and Between Organizations: Conceptual Issues and Empirical Applications. Oxford: Oxford University Press, 88-117.

Sako, M. & Helper, S. (1998): Determinants of Trust in Supplier Relations: Evidence from the Automotive Industry in Japan and the United States. In: Journal of Economic Behavior & Organization, 34, 387-417.

Salazaar, M. K. (1990): Interviewer Bias: How it Affects Survey Research. In: American Association of Occupational Health Nurses Journal, 38/12, 567-572.

Sandbothe, M. (1997): Interaktivität – Hypertextualität – Transversalität. In: Münker, S. & Roesler, A.: Mythos Internet. Frankfurt/Main: Suhrkamp, 56-82.

Saxton, T. (1997): The Effects of Partner and Relationship Characteristics on Alliance Outcomes. In: Academy of Management Journal, 40, 443-461.

Schein, E. H. (1984): Coming to a New Awareness of Organizational Culture: Sloan Management Review, 25/2, 3-16.

Schein, E. H. (1985): Organisational Culture and Leadership. San Francisco: Jossey-Bass.

Schermerhorn, J. R; Hunt, James G.; Osborn, R. (1982): Managing Organizational Behavior. New York: Wiley.

Scheufele, D. A. (1999): Framing as a Theory of Media Effects. In: Journal of Communication, 49/1, 103-122.

Schindler, P. L., & Thomas, C. C. (1993): The Structure of Interpersonal Trust in the Workplace. In: Psychological Reports, 73, 563-573.

Schlöder, B. (1994): Vorurteile, Stereotype und die Verständigung zwischen Gruppen. In: Thomas, A. (Hg.): Psychologie und multikulturelle Gesellschaft. Problemanalysen und Problemlösungen. Göttingen: Hogrefe, 109-114.

Schneider, D. J. (1973): Implicit Personality Theory: A Review. In: Psychological Bulletin, 79, 294-309.

Schnell, R.; Hill, P. B.; Esser, E. (2005): Methoden der Empirischen Sozialforschung. 7., völlig überarb. und erw. Auflage. München: Oldenbourg.

Scholl, W. (2005): Grundprobleme der Teamarbeit und ihre Bewältigung: Ein Kausalmodell. In: Högl, M. & Gemünden, H. G. (Hgg.): Management von Teams: Theoretische Konzepte und empirische Befunde. 3. Auflage. Wiesbaden: Gabler, 33-66.

Schoorman, F. D.; Mayer, R. C. & Davies, J. H. (2007): An Integrative Model of Organizational Trust: Past, Present, and Future. In: Academy of Management Review, 32/2, 344-354.

Schroll-Machl, S. (2002): Die Deutschen – Wir Deutsche: Fremdwahrnehmung und Selbstsicht im Berufsleben. Göttingen: Vandenhoeck & Ruprecht.

Schroll-Machl, S. & Nový, I. (2000): Perfekt geplant oder genial improvisiert? Kulturunterschiede in der deutschtschechischen Zusammenarbeit. München: Mering.

Schütze, F. (1977): Die Technik des narrativen Interviews in Interaktionsfeldstudien dargestellt am Projekt zur Erforschung kommunaler Machtstrukturen. Bielefeld: Fakultät für Soziologie an der Universität Bielefeld.

Schwalbe, C. B. (2006): Remembering our Shared Past: Visually Framing the Iraq War on U.S. News Websites. In: Journal of Computer-Mediated Communication, 12/1 (verfügbar unter: http://jcmc.indiana.edu/ vol12/issue1/ schwalbe.html, 10.08.2005).

Schwartz, S. H. (1990): Individualism-Collectivism: Critique and Proposed Refinements. In: Journal of Cross-Cultural Psychology, 21/2, 139-157.

Schwartz, S. H. (1992): Universals in the Content and Structure of Values: Theoretical Advances and Empirical Tests in 20 Countries. In: Zanna, M. (Hg.): Advances in Experimental Social Psychology, Band 25. New York: Academic Press, 1-65.

Schwarze, J. (1986): Grundlagen der Statistik II: Wahrscheinlichkeitsrechnung und induktive Statistik. Herne: Verlag Neue Wirtschafts-Briefe.

Schweer, M. K. W. (1996): Vertrauen in der pädagogischen Beziehung. Bern: Huber.

Schweer, M. K. W. (1997): Eine differentielle Theorie interpersonalen Vertrauens: Überlegungen zur Vertrauensbeziehung zwischen Lehrenden und Lernenden. In: Psychologie in Erziehung und Unterricht, 44, 2-12.

Schweer, J. K. W. & Thies, B. (2003): Vertrauen als Organisationsprinzip: Perspektiven für komplexe soziale Systeme. Bern: Huber.

Schweer, M. K. W. (2008): Vertrauen im Klassenzimmer. In: Schweer, M. (Hg.): Lehrer-Schüler-Interaktion. Pädagogisch-psychologische Aspekte des Lehrens und Lernens in der Schule. 2., völlig neu überarb. Auflage. Wiesbaden: Verlag für Sozialwissenschaften, 547-564.

Schwitalla, J. (2001): Gesprochene-Sprache-Forschung und ihre Entwicklung zu einer Gesprächsanalyse. In: Brinker, K.; Antos, G.; Heinemann, W. & Sager, S. F.: Text- und Gesprächslinguistik. 2. Halbband: Gesprächslinguistik. Berlin, New York: De Gruyter, 896-903.

Scollon, R. & Wong Scollon, S. (1995): Intercultural Communication. A Discourse Approach. Oxford: Blackwell.

Scott, D. (1980): The Causal Relationship Between Trust And The Assessed Value Of Management By Objectives. In: Journal of Management, 6/2, 157-175.

Scott, D. (1981): The Development of Four New Organizational Measures of Trust. In: Ray, D. F. (Hg.): Proceedings of the Southern Management Association. Mississippi State, MS: Printint Department, Mississippi State University, 107-109.

Scott, D. (1983): Trust Differences Between Men and Women in Superior-Subordinate Relationships. In: Group and Organization Studies, 8, 319-336.

Searle, J. R. (1969): Speech Acts. An Essay in the Philosophy of Language. Cambridge: Cambridge University Press.

Searle, J. R. (1979): Expression and Meaning: Studies in the Theory of Speech Acts. Cambridge: Cambridge University Press.

Seemann, A. (2000): Deutsche Führungskräfte in Frankreich: eine empirische Studie des interkulturellen Integrationsprozesses im beruflichen und privaten Bereich. St. Ingbert: Röhrig

Segerstrale, U. (2000): Defenders of the Truth: The Battle for Science in the Sociobiology Debate and Beyond. Oxford: Oxford University Press.

Seligman, A. B. (1997): The Problem of Trust. Princeton: Princeton University Press.

Seligman, A. B. (1998): Trust and Sociability: On the Limits of Confidence and Role Expectations. In: American Journal of Economics and Sociology, 57/4, 391-404.

Semin, G. & Fiedler, K. (1991): The Linguistic Category Model, its Bases, Applications and Range. In: European Review of Social Psychology, 2, 1-30.

Serva, M. A.; Fuller, M. A. & Mayer, R. C. (2005): The Reciprocal Nature of Trust: A Longitudinal Study of Interacting Teams. In: Journal of Organizational Behavior, 26, 625-648.

Settle, R. B. & Golden, L. L. (1974): Attribution Theory and Advertiser Credibility. In: Journal of Marketing Research, 11/2, 181-185.

Shanahan, M. P. (2003): The Frame Problem. Nadel, L. (Hg.): In: The Macmillan Encyclopedia of Cognitive Science. Basingstoke: Palgrave Macmillan, 144-150.

Shane, S. (1992): The Effect of Cultural Differences in Perceptions of Transaction Costs on National Differences in the Preference for Licensing. In: Management International Review, 32/4, 295-311.

Shapiro, S. P. (1987): The Social Control of Impersonal Trust. In: American Journal of Sociology, 93/3, 623-658.

Shapiro, S. P. (1990): Collaring the Crime, not the Criminal: Reconsidering the Concept of White-Collar Crime. In: American Sociological Review, 55/3, 346-365.

Shapiro, D.; Sheppard. B. H. & Cheraskin. L. (1992): Business on a Handshake. In: The Negotiation Journal, 8/4, 365-378.

Sheppard, B. H., & Sherman, D. M. (1998): The Grammars of Trust: A Model and General Implications. In: Academy of Management Journal, 23, 422-437.

Sheppard, B. H. & Tuchinski, M. (1996): Micro-OB and the Network Organization. In: Kramer, R. M. & Tyler, T. R. (Hgg): Trust in Organizations: Frontiers of Theory and Research. Thousand Oaks: Sage, 140-165.

Sherif, M. & Murphy, G. (1966): The Psychology of Social Norms. New York: Harper & Row.

Shulman, D. (2007): From Hire to Liar: The Role of Deception in the Workplace. Ithaca: Cornell University Press.

Simons, T. L. (1999): Behavioral Integrity as a Critical Ingredient for Transformational Leadership. In: Journal of Organizational Change Management, 12/2, 89-104.

Simons, T. L. & Peterson, R. S. (2000): Task Conflict and Relationship Conflict in Top Management Teams: The Pivotal Role of Intragroup Trust. In: Journal of Applied Psychology, 85, 102-111.

Simpson, J. A. & Weiner, E. S. C. (1989) (Hgg.): The Oxford English Dictionary. 2. Auflage. Oxford: Clarendon.

Sitkin, S. B. & Pablo, A. L. (1992): Reconceptualizing the Determinants of Risk Behavior. In: Academy of Management Review, 17/1, 9-38.

Sitkin, S. B. & Roth, N. L. (1993): Explaining the Limited Effectiveness of Legalistic Remedies for Trust/Distrust. In: Organization Science, 4/3, 367-392.

Smaling, A. (2003): Inductive, Analogical, and Communicative Generalization. In: International Journal of Qualitative Methods, 2/1, 52-67.

Smith, A. D. & Aldrich, H. E. (1991): The Role of Trust in the Transaction Costs Economics Framework: Transaction Contexts and Governance Structures in U.S. Manufacturer-Supplier Relations. Academy of Management Conference, Miami, FLorida, 1991.

Snijders, C. & Keren, G. (1999): Determinants of Trust. In: Budescu, D.V.; Erev, I. & Zwick, R. (Hgg.): Games and Human Behavior: Essays in Honor of Amnon Rapoport. Mahwah: Lawrence Erlbaum, 355-383.

Snyder, M. & Stukas, A. A., Jr. (1999): Interpersonal Processes: The Interplay of Cognitive, Motivational, and Behavioral Activities in Social Interaction. In: Annual Review of Psychology, 50, 273-303.

Snyder, M. & Swann, W. B. (1978): Behavioral Confirmation in Social Interaction: From Social Perception to Social Reality. In: Journal of Experimental Social Psychology, 14, 148-162.

Sobel, J. (2009, im Druck): Signaling Games. In: Meyers, R. A.(Hg.): Encyclopedia of Complexity and System Science. Eintrag 443. Berlin: Springer

Sober, E. (1981): The Principle of Parsimony. In: British Journal for the Philosophy of Science, 32, 145-156.

Soderlund, W. C. (1985): Press Reporting on El Salvador and Nicaragua in Leading Canadian and American Newspapers. In: Canadian Journal of Communication, 11/4, 353-368.

Späth, J. & Kilian, A. (2003): A Decade of Empirical Trust Research: A Review of the Antecedents of Trust within Organisations. 2nd Workshop on Trust within and between Organisations, Amsterdam, 23.-24.08.2003.

Spector, P. E. (1986): Perceived Control by Employees: A Meta-Analysis of Studies Concerning Autonomy and Participation at Work. In: Human Relations, 39/11, 1005-1016.

Sperber, D.; Cara, F. & Girotto, V. (1995): Relevance Theory Explains the Selection Task. In: Cognition, 52, 3-39.

Sperber, D. & Wilson, D. (1995): Relevance: Communication and Cognition. 2. Auflage (1. Auflage 1986). Oxford: Blackwell.

Spiewok, A. (1997): Analyse kritischer interkultureller Situationen in der Kooperation französischer und ostdeutscher Unternehmen. Unv. Diplomarbeit, Technische Universität Berlin.

Srnka, K. J. & Köszegi, S. T. (2007): From Words to Numbers: How to Transform Qualitative Data Into Meaningful Quantitative Results. In: Schmalenbach Business Review, 59, 29-57.

Stahl, G. K. (1998): Internationaler Einsatz von Führungskräften. München, Wien: Oldenbourg.

Stahl, G. K.; Chua, C. H. & Pablo, A. L. (2003): Trust Following Acquisitions: A Three-Country Comparative Study of Employee Reactions to Takeovers. Annual Meeting of the Academy of Management, Seattle, 03.-05.04.2003: Academy of Management Best Conference Paper 2003.

Stahl, G. K.; Langeloh, C. & Kühlmann, T. M. (1999): Geschäftlich in den USA: Ein interkulturelles Trainingshandbuch. Wien: Ueberreuter.

Stangor, C. & Lange, J.E. (1994): Mental Representations of Social Groups: Advances in Understanding Stereotypes and Stereotyping. In: Zanna, M. P. (Hg.): Advances in Experimental Social Psychology. Band 26. San Diego: Academic Press, 357-416.

Steffens-Duch, S. (2000): Commitment: Die Bank im Urteil der Mitarbeiter. In: Die Bank 3/2000, 84-91.

Stein, J. (1971) (Hg.): The Random House Dictionary of the English Language. New York: Random House.

Steinke, I. (2000) Gütekriterien qualitativer Forschung. In: Flick, U.; von Kardorff, E. & Steinke, I. (Hgg.): Qualitative Forschung: Ein Handbuch. Reinbek: Rowohlt, 319-331.

Steinke, I. (2005): Qualitätssicherung in der qualitativen Forschung. In: Kuckartz, U.; Grunenberg, H.& Dresing, T. (Hgg.): Qualitative Datenanalyse: computergestützt. Methodische Hintergründe und Beispiele aus der Forschungspraxis. 2., überarb. und erw. Auflage. Wiesbaden: Verlag für Sozialwissenschaften, 176-188.

Stevens, L. E. & S. T. Fiske (1995): Motivation and Cognition in Social Life: A Social Survival Perspective. In: Social Cognition, 13, 189-214.

Stoiber, H. (1994): Analyse interkultureller Kooperationsprobleme am Beispiel deutsch-französischer Managementbeziehungen. Unv. Diplomarbeit, Universität Regensburg.

Stone, G. (2000): Lead Length and Voice in U.S. Newspapers. In: Web Journal of Mass Communication Research, 3/2 (verfügbar unter: www.scripps.ohiou.edu/wjmcr/vol03/3-2a-b.htm, 21.09.2007).

Strauss A. & Corbin J. (1990): Basics of Qualitative Research: Grounded Theory Procedures and Techniques. Thousand Oaks: Sage.

Strübing, M. (1997): Die interkulturelle Problematik deutsch-französischer Unternehmenskooperationen. Wiesbaden: DUV.

Strunk, R. (1985): Vertrauen: Grundzüge einer Theologie des Gemeindeaufbaus. 2. Auflage. Stuttgart: Quell.

Stunz, J. (2008): Vertrauen in fremde Gerichtsverfahren: Über die Anerkennung gerichtlicher Entscheidungen zwischen den Bundesstaaten der USA und den Mitgliedstaaten der EU. Hamburg: Dr. Kovac.

Swan, J. E.; Trawick, F. Jr; Rink, D. R. & Roberts, J. J. (1988): Measuring Dimensions of Purchaser Trust of Industrial Salespeople. In: Journal of Personal Selling and Sales Management, 8/1, 1-9.

Swann W. B. Jr; Giuliano, T. & Wegner, D. M. (1982): Where Leading Questions can Lead: The Power of Conjecture in Social Interaction. In: Journal of Personality and Social Psychology, 42/6, 1025-1035.

Sztompka, P. (1999): Trust. A Sociological Theory. Cambridge: Cambridge University Press.

T

Tajfel, H. & Turner, J.C. (1986): The Social Identity Theory of Intergroup Behavior. In: Worchel, S. & Austin, W. G. (Hgg.): Psychology of Intergroup Relations. Chicago: Nelson-Hall, 7-24.

Tannenbaum, S. I., Mathieu, J. E., Salas, E. & Cannon-Bowers, J. A. (1991): Meeting Trainees' Expectations: The Influence of Training Fulfillment on the Development of Commitment, Self-efficacy, and Motivation. In: Journal of Applied Psychology, 76, 759-769.

Tashakkori, A. & Teddlie, C. (1998): Mixed Methodology: Combining Qualitative and Quantitative Approaches. Thousand Oaks: Sage.

Tashakkori, A. & Teddlie, C. (2003a): Handbook of Mixed Methods in Social & Behavioral Research. Thousand Oaks: Sage.

Tashakkori, A. & Teddlie, C. (2003b): The Past and Future of Mixed Methods Research: From Data Triangulation to Mixed Model Designs. In: Tashakkori, A. & Teddlie, C.: Handbook of Mixed Methods in Social & Behavioral Research. Thousand Oaks: Sage, 671-701.

Tashakkori, A. & Teddlie, C. (2009, im Druck): Quality of Inference in Mixed Methods Research. In: Bryman, A. & Bergman, M. M. (Hgg.): Foundations of Mixed Methods Research: Integrating Quantitative and Qualitative Techniques in the Social and Behavioral Science. Thousand Oaks: Sage.

Taylor, R. G. (1989): The Role of Trust in Labor-Management Relations. In: Organization Development Journal, Summer, 7, 85-89.

Taylor, S. E., & Brown, J. D. (1988): Illusion and Well-being: A Social Psychological Perspective on Mental Health. In: Psychological Bulletin, 103, 193-210.

Teddlie, C. & Tashakkori, A. (2003): Major Issues and Controversies in the Use of Mixed Methods in the Social and Behavioral Sciences. In: Tashakkori, A. & Teddlie, C.: Handbook of Mixed Methods in Social & Behavioral Research. Thousand Oaks: Sage, 3-50.

Teddlie, C. & Tashakkori, A. (2009): Foundations of Mixed Methods Research. Integrating Quantitative and Qualitative Techniques in the Social and Behavioral Sciences. Thousand Oaks: Sage.

Thomas, A. (1999): Kultur als Orientierungssystem und Kulturstandards als Bauteile. In: IMIS-Beiträge, 10, 91-130.

Thomas, A. (2005a): Kultur und Kulturstandards. In: Thomas, A.; Kinast, E.-U. & Schroll-Machl, S. (Hgg.): Handbuch interkulturelle Kommunikation und Kooperation. Band 1: Grundlagen und Praxisfelder. 2., überarb. Auflage. Göttingen: Vandenhoeck & Ruprecht, 19-31.

Thomas, A. (2005b): National- und Organisationskulturen. In: Thomas, A.; Kinast, E.-U. & Schroll-Machl, S. (Hgg.): Handbuch interkulturelle Kommunikation und Kooperation. Band 1: Grundlagen und Praxisfelder. 2., überarb. Auflage. Göttingen: Vandenhoeck & Ruprecht, 32-43.

Thomas, A. (2005c): Interkulturelle Wahrnehmung, Kommunikation und Kooperation. In: Thomas, A.; Kinast, E.-U. & Schroll-Machl, S. (Hgg.): Handbuch interkulturelle Kommunikation und Kooperation. Band 1: Grundlagen und Praxisfelder. 2., überarb. Auflage. Göttingen: Vandenhoeck & Ruprecht, 94-116.

Thomas, A. (2005d): Das Eigene, das Fremde, das Interkulturelle. In: Thomas, A.; Kinast, E.-U. & Schroll-Machl, S. (Hgg.): Handbuch interkulturelle Kommunikation und Kooperation. Band 1: Grundlagen und Praxisfelder. 2., überarb. Auflage. Göttingen: Vandenhoeck & Ruprecht, 44-59.

Thomas, A. (2005e): Vertrauen im interkulturellen Kontext aus Sicht der Psychologie. In: Maier, J. (Hg.): Die Rolle von Vertrauen in Unternehmensplanung und Regionalentwicklung: Ein interdisziplinärer Diskurs. München: forost, 19-48.

Thomas, A.; Kinast, E.-U. & Schroll-Machl, S. (2005) (Hgg.): Handbuch interkulturelle Kommunikation und Kooperation. Band 1: Grundlagen und Praxisfelder. 2., überarb. Auflage. Göttingen: Vandenhoeck & Ruprecht.

Thorndike, E. L. (1920): A Constant Error in Psychological Ratings. In: Journal of Applied Psychology, 4, 25-29.

Ting-Toomey, S. (1988): Intercultural Conflict Styles: A Face-Negotiating Theory. In: Kim, Y. & Gudykunst, W. B. (Hgg.): Theories in Intercultural Communication. Thousand Oaks: Sage, 213-235.

Ting-Toomey, S. (2005): The Matrix of Face: An Updated Face-Negotiation Theory. Theorizing about Intercultural Communication. In: Gudykunst, W.B. (Hg.): Theorizing about Intercultural Communication. Thousand Oaks: Sage, 71-92.

Ting-Toomey, S. & Kurogi, A. (1998): Facework Competence in Intercultural Conflict: An Updated Face-Negotiation Theory. In: International Journal of Intercultural Relations, 22/2, 187-225.

Tobin, J. (1958): Liquidity Preference as Behavior Towards Risk. In: The Review of Economic Studies, 25, 65-86.

Tooby, J. & Cosmides, L. (2005): Conceptual Foundations of Evolutionary Psychology. In: Buss, D. M. (Hg.): The Handbook of Evolutionary Psychology. New York: Wiley, 5-67.

Traub, C. (1997): Zusammenarbeit französischer und deutscher Führungskräfte. Auswirkungen interkultureller Konflikte. Unv. Diplomarbeit, Betriebswirtschaftslehre, Fachhochschule Bielefeld.

Triandis, H. C. (1972): The Analysis of Subjective Culture. New York: Wiley.

Triandis, H. C. (1974): Major Theoretical and Methodological Issues in Cross-Cultural Psychology. In: Dawson, J. L. M. & Lonner, W. J. (Hgg.): Readings in Cross-Cultural Psychology. Hong Kong: Hong Kong University Press, 26-38.

Triandis, H. G. (1994): Culture and Social Behavior. New York: McGraw-Hill

Triandis, H. C. (1995): Culture-Specific Assimilators. In: Fowler, S. M. & Mumford, M. G. (Hgg.) Intercultural Sourcebook: Cross-Cultural Training Methods. Band 1. Yarmouth: Intercultural Press, 179-186.

Triandike, H. C. (2006): Cultural Intelligence in Organizations. In: Group and Organization Management, 31/1, 20-26.

Triandis, H. C. & Albert, R. D. (1987): Cross-Cultural Perspectives. In: Jablin, F. M.; Putnam, L. L.; Roberts, K. H. & Porter, L. W. (Hgg.): Handbook of Organizational Communication. Thousand Oaks: Sage, 264-295.

Triandis, H. C. & Berry, J. W. (1980) (Hgg.): Handbook of Cross-Cultural Psychology. Band 2: Methodology. Boston: Allyn & Bacon.

Triandis, H. C. & Brislin, R.W. (1980) (Hgg.): Handbook of Cross-Cultural Psychology. Band 5: Social Psychology. Boston: Allyn & Bacon.

Triandis, H. C., Kurowski, L. L. & Gelfand, M. J. (1994): Workplace Diversity. In: Triandis, H. C., Dumette, M. & Hough, L. (Hg.): Handbook of Industrial and Organizational Psychology. Band 4. Palo Alto: Consulting Psychologists Press, 769-827.

Trompenaars, A. & Hampden-Turner, C. (1993): Riding the Waves of Culture: Understanding Cultural Diversity in Global Business. London: Nicholas Brealey.

Tschannen-Moran, M. & Hoy, W. K. (1998): A Conceptual and Empirical Analysis of Trust in Schools. In: Journal of Educational Administration, 36, 334-352.

Tsui, A. S. (1994): Reputational Effectiveness: Toward a Mutual Responsiveness Framework. In: Staw, B. M. & Cummings, L. L. (Hgg.): Research in Organizational Behavior. Band 16. Greenwich: JAI Press, 257-307.

Tulving, E. (1974): Cue-Dependent Forgetting. In: American Scientist, 62, 74-82.

Turner, J. C.; Hogg, M. A.; Oakes, P. J.; Reicher, S. D. & Wetherell, M. S. (1987): Rediscovering the Social Group: A Self-Categorization Theory. New York, Oxford: Basil Blackwell.

Tversky, A. & Kahnemann, D. (1974): Judgement under Uncertainty: Heuristics and Biases. Science 185/4157, 1124-1131.

Tversky, A. & Kahneman, D. (1981): The Framing of Decisions and the Psychology of Choice. In: Science 211/4481, 453-458.

Tversky, A. & Kahneman, D. (1986): Rational Choice and the Framing of Decisions. In: Journal of Business, 59, 251-278.

Tway, D. (2003): Intervening to Improve Trust in Organisations: A Useful Construct of Trust. Walden University Summer Session 2003, Walden, Texas, USA (verfügbar unter www.waldenu.edu/residency/summer03/ handouts/How%20to%20Ask%20Researchable%20Questions-Tway.pdf, 30.07.2004).

Tyler, T. R. (2003): Trust Within Organisations. In: Personnel Review, 32/5, 556-568.

Tzafrir, S. S. (2005): The Relationship Between Trust, HRM Practices and Firm Performance. In: International Journal of Human Resource Management, 16/9, 1600-1622.

Tzafrir, S.; Harel, G.; Baruch, Y. & Dolan, S. (2003): Determinants of Employee Trust in their Manager: An HRM Perspective. Third Annual Conference of EURAM, Milan, Italia, 03.-05.04.2003.

U-V

Uleman, J. S., & Bargh, J. A. (1989) (Hgg.): Unintended Thought. New York: Guilford.

Uleman, J. S.; Newman, L. S. & Moskowitz, G. B. (1996): People as Flexible Interpreters: Evidence and Issues from Spontaneous Trait Inference. In: Zanna, M. P. (Hg.): Advances in Experimental Social Psychology. Band 28. San Diego: Academic Press, 211-279.

Untereiner, G. (1998): S'Implanter et Réussir sur le Marché Allemand. Bien Connaître les Allemands pour mieux Travailler avec Eux. Paris: Maxima.

Untereiner, G. (2004): Differences Culturelles et Management. Paris: Maxima.

Usunier, J.-C. (1996): Marketing Across Cultures. London, New York: Prentice Hall.

Usunier, J.-C. (1998): International & Cross-Cultural Management Research. Thousand Oaks: Sage.

Usunier, J.-C. (2000): Confiance et Performance: Un Essai de Management comparé France-Allemagne. Paris: Vuibert.

Usunier, J.-C. & Roger, P. (1999): Confiance et Performance: Le Couple Franco-Allemand Au Sein de l'Europe. In: Finance, Contrôle, Stratégie, 2/1, 91-116.

Vasek, M. E. (1986): Lying as a Skill: The Development of Deception in Children. In: Mitchell, T. W. & Thompson, N. S. (Hgg.): Deception: Perspectives on Human and Nonhuman Deceit. Albany: Suny Press, 271-292.

Vijer, F. van de & Hambleton, R. K. (1996): Translating Tests: Some Practical Guidelines. European Psychologist, 1, 89-99.

Vijver, F. van de & Leung, K. (1997): Methods and Data Analysis for Cross-Cultural Research. Thousand Oaks: Sage.

Vishwanath, A. (2004): Manifestations of Interpersonal Trust in Online Interaction A Cross-cultural Study Comparing the Differential Utilization of Seller Ratings by EBay Participants in Canada, France, and Germany. In: New Media & Society, 6/2, 219-234.

W

Walczuch, R. & Lundgren, H. (2004): Psychological Antecedents of Institution-Based Consumer Trust in E-Retailing. Working paper. Department of Accounting and Information Management, Faculty of Economics and Business Administration, University of Maastricht, The Netherlands (verfügbar unter: http://137.120.22.236/www-edocs/loader/file.asp?id=707, 20.07.2004).

Walsh, J.P. (1988): Selectivity and Selective Perception: An Investigation of Managers' Belief Structures and Information Processing. In: Academy of Management Journal, 31/4, 873-896.

Walton, J.; Salazar, R. & Wang, J. (2008): The Effects of Adaptation, Commitment and Trust in Cross-Cultural Marketing Relationships. In: Journal of Applied Business Research, 24/3, 29-37.

Wang, K. Y. & Clegg, S. (2002): Trust and Decision Making: Are Managers Different in the People's Republic of China and in Australia? In: Cross Cultural Management, 9/1, 30-45.

Wang, Z.-M. & Satow, T. (1994): Leadership Styles and Organizational Effectiveness in Chinese-Japanese Joint Ventures. In: Journal of Managerial Psychology, 9/4, 31-36.

Wasti, S. N. (2001): Predictors of Trust in Buyer-Supplier Relations: A Contextual and Cultural Comparison of Japan and Turkey. Discussion Paper. Middle East Technical University. Department of Business Administration, Ankara, Turkey (verfügbar unter: www.e.u-tokyo.ac.jp/cirje/research/dp/2001/2001cf108.pdf, 10.02.2005).

Wasti, S. N. (2008): Trust in Buyer–Supplier Relations: The Case of the Turkish Automotive Industry. In: Journal of International Business Studies, 39, 118-131.

Watzlawick, P.; Beavin, J. H. & Jackson, D. D. (1969): Menschliche Kommunikation: Formen, Störungen, Paradoxien. Bern: Huber.

Weaver, D.; McCombs, M. & Shaw, D. L. (2004): Agenda-setting Research: Issues, Attributes and Influences. In: Kaid, L. L. (Hg.): Handbook of Political Communication Research. Mahwah, NJ: Lawrence Erlbaum, 257-282.

Weiner, B. (1986): An Attributional Theory of Motivation and Emotion. Berlin, New York: Springer.

Weinrich, H. (2005): Textgrammatik der deutschen Sprache. 3. Auflage. Hildesheim: Georg Olms.

Welch, M. R.; Sikkink, D.; Sartain, E. & Bond, C. (2004): Trust in God and Trust in Man: The Ambivalent Role of Religion in Shaping Dimensions of Social Trust. In: Journal for the Scientific Study of Religion, 43/3, 317-343.

Welter, F. (2004): Vertrauen und Unternehmertum im Ost-West-Vergleich. In: Maier, J. (Hg.): Vertrauen und Marktwirtschaft. Die Bedeutung von Vertrauen beim Aufbau marktwirtschaftlicher Strukturen in Osteuropa. forost Arbeitspapier Nr. 22. München: forost, 7-18.

Welter, F. & Höhmann, H.-H. (2004): Vertrauensbeziehungen in KMU: Ergebnisse eines länderübergreifenden Forschungsprojekts, RWI Materialien, Heft 10. Essen: RWI.

Wever, B. de; Schellens, T.; Valcke, M. & Keer, H. van (2006): Content Analysis Schemes to Analyze Transcripts of online Asynchronous Discussion Groups: A Review. In: Computers & Education, 46, 6-28.

Wheeler, S. C. & Petty, R. E. (2001): The Effects of Stereotype Activation on Behavior: A Review of Possible Mechanisms. In: Psychological Bulletin, 127, 797-826.

White, T. B. (2005): Consumer Trust and Advice Acceptance: The Moderating Roles of Benevolence, Expertise, and Negative Emotions. In: Journal of Consumer Psychology, 15/2, 141-148.

Whitener, E.; Brodt, S.; Korsgaard, A. & Werner, J. (1998): Managers as Initiators of Trust: An Exchange Relationship Framework for Understanding Managerial Trustworthy Behaviour. In: Academy of Management Review, 23/3, 513-530.

Whitten, W. & Leonard, J. (1981): Directed Search in Autobiographical Memory. In: Memory and Cognition, 9, 566-579.

Wicks, A. C; Berman, S. L. & Jones, T. M. (1999): The Structure of Optimal Trust: Moral and Strategic Implications. In: Academy of Management Review, 24/1, 99-116.

Wight, A. R. (1995): The Critical Incident as a Training Tool. In: Fowler, S. M. & Mumford, M. G. (Hgg.): Intercultural Sourcebook: Cross-Cultural Training Methods. Band 1. Yarmouth: Intercultural Press, 127-140

Williams, Malkom (2001): The Status of Generalization in Interpretive Research. In: May, T. (Hg.): Qualitative Research: An International Guide to Issues in Practice. Tousand Oaks: Sage, 125-143.

Williams, Michele (2001): In Whom We Trust: Group Membership as an Effective Context for Trust Development. In: Academy of Management Review, 26/3, 377-396.

Williams, L. K.; Whyte, W. F. & Green, C. S. (1966): Do Cultural Differences Affect Workers' Attitudes? In: Industrial Relations, 5, 105-117.

Williamson, O. E. (1993): Calculativeness, Trust and Economic Organization. In: Journal of Law and Economics, 36, 453-486.

Wilson, E. O. (1975): Sociobiology: The New Synthesis, Cambridge: Belknap Press.

Wimmer, R. D. & Dominick, J. R. (1997): Mass Media Research: An Introduction. 5. Auflage. Belmont: Wadsworth.

Witzel, A. (1985): Das problemzentrierte Interview. In: Jüttemann, G. (Hg.): Qualitative Forschung in der Psychologie. Grundfragen, Verfahrensweisen, Anwendungsfelder. Weinheim: Beltz, 227-256.

Witzel, A. (2000): Das problemzentrierte Interview. In: Forum Qualitative Sozialforschung, 1/1 (verfügbar unter: www.qualitative-research.net/index.php/fqs/article/viewArticle/1132/2519).

Woolsey, L. K. (1986): The Critical Incident Technique: An Innovative Qualitative Method of Research. In: Canadian Journal of Counselling, 20/4, 242-254.

Wyatt, D. F. & Campbell, D. T. (1950): A Study of Interviewer Bias as Related to Interviewers' Expectations and Own Opinions. In: International Journal of Opinion and Attitude Research, 4, 77-83.

Y-Z

Yamagishi, T. (1986): The Provision of a Sanctioning System as a Public Good. In: Journal of Personality and Social Psychology, 51/1, 110-116.

Yamagishi T. & Yamagishi, M. (1994): Trust and Commitment in the United States and Japan. In: Motivation and Emotion, 18, 129-166.

Yamnill, S. & McLean, G. (2001): Theories Supporting Transfer of Training. In: Human Resource Development Quarterly, 12, 195-208.

Yuki, M. (2003): Intergroup Comparison Versus Intragroup Relationships: A Cross-cultural Examination of Social Identity Theory in North American and East Asian cultural contexts. In: Social Psychology Quarterly, 66, 166-183.

Yuki, M.; Maddux, W. W.; Brewer, M. B. & Takemura, K. (2005): Cross-Cultural Differences in Relationship-and Group-Based Trust. In: Personality and Social Psychology Bulletin, 31/1, 48-62.

Zahavi, A. (1975): Mate Selection: A Selection for a Handicap. In: Journal of Theoretical Biology, 53, 205-214.

Literaturverzeichnis

Zaheer, A.; McEvily, B. & Perrone, V. (1998): Does trust matter? Exploring the Effects of Interorganizational and Interpersonal Trust on Performance. In: Organization Science, 9/2, 141-159.

Zaheer, S. & Zaheer, A. (2006): Trust Across Borders. In: Journal of International Business Studies, 37, 21–29.

Zand, D. E. (1972): Trust and Managerial Problem Solving. In: Administrative Science Quarterly, 17, 229-239.

Zand, D. E. (1977): Vertrauen und Problemlöseverhalten von Managern. In: Lück, H. E. (Hg.): Mitleid, Vertrauen, Verantwortung: Ergebnisse der Erforschung prosozialen Verhaltens. Stuttgart: Klett, 61-74.

Ziva, K. (1999): Social Cognition: Making Sense of People. Cambridge: MIT Press.

Znaniecki, F. (1934): The Method of Sociology. New York: Farrar & Rinehart.

Zolin, R. (2003): Context is Everything: Empirical Research into the Antecedents to Trust in Different Contexts. 2nd EIASM Workshop on Trust Within and Between Organizations, Amsterdam, 23.-24.10.2003.

Zucker, L. G. (1986): Production of Trust: Institutional Sources of Economic Structure 1840-1920. In: Staw, B. M. & Cummings, L. L. (Hgg.): Research in Organizational Behavior. Band 8. Greenwich: JAI Press, 53-111.

Zucker, L. G.; Darby, M. R.; Brewer, M. B. & Peng, Y. (1996): Collaboration Structure and Information Dilemmas in Biotechnology: Organizational Boundaries as Trust Production. In: Kramer, R. M. & Tyler, T. R. (Hgg.): Trust in Organizations: Frontiers of Theory and Research. Thousand Oaks: Sage, 90-113.

Anhang

A. ***Vorab-Informationsblatt für die interviewten Manager*** **536**

    A.1   Deutsche Version (am Beispiel der DF-Gruppe) 536

    A.2   Französische Version (am Beispiel der FD-Gruppe) 537

B. ***Interview-Leitfaden*** **538**

    B.1   Deutsche Version (für DF- und DD-Gruppe) 538

    B.2   Französische Version (für FD- und FF-Gruppe) 539

C. ***Transkriptionskonventionen*** **538**

Anhang A.1: Vorab-Information für die Interviewten Manager – dt. Version, Bsp. DF-Gruppe

 **UNIVERSITÄT BAYREUTH** — Rechts- und Wirtschaftswissenschaftliche Fakultät
BWL IV - Personalwesen & Führungslehre - Prof. Dr. T. Kühlmann

Forschungsprojekt 'Vertrauen im Management'
Universität Bayreuth: Prof. Dr. T. Kühlmann, Personalwesen und Führungslehre & Robert Münscher, M.A.
Robert.Muenscher@uni-bayreuth.de, Tel: xxx, Mobil: xxx

Information D-F
Teilstudie „Vertrauen im deutsch-französischen Management"

Sehr geehrte Interessentin, sehr geehrter Interessent,

wir würden uns freuen, mit Ihnen im Rahmen unserer Studie ein Interview führen zu dürfen. Im Folgenden haben wir einige Informationen für Sie zusammengestellt.

Das Forschungsprojekt

Das Forschungsprojekt untersucht Vertrauen in Führungspositionen anhand von Erfahrungsberichten. Dazu führen wir Interviews mit deutschen und französischen Führungskräften.

Ziel des Interviews

Unsere Methode nähert sich Vertrauen über konkrete Erfahrungen. Das Interview verfolgt daher das Ziel, einzelne Beispielfälle aus dem beruflichen Alltag näher zu beleuchten.

Dies bietet Ihnen die Gelegenheit, sich Ihr eigenes Vertrauensmanagement im Gespräch zu vergegenwärtigen.

Dazu möchten wir mit Ihnen sprechen über:

→ **Beispiele** dafür, woran Sie erkennen, dass Sie zu einem französischen Kollegen oder Geschäftspartner Vertrauen haben können.

→ **Beispiele** dafür, wie Sie merken, dass Sie Ihr Vertrauen in einen französischen Kollegen oder Geschäftspartner in Frage stellen müssen.

Vorteilhaft wäre, wenn Sie sich für das Interview in Erinnerung rufen könnten:

1. **Ein oder zwei französische Kollegen oder Geschäftspartner**, zu denen Sie in besonderem Maße Vertrauen haben/hatten. Wie hat sich das entwickelt?

2. **Ein oder zwei Situationen oder Erfahrungen**, aufgrund derer Sie Ihr Vertrauen in einen französischen Kollegen oder Geschäftspartner in Frage stellen mussten. Was ist da passiert?

Weitere Informationen

- Die Dauer des Interviews beträgt eine ¾ Stunde bis maximal eine Stunde.
- Das Interview wird aufgezeichnet, verschriftlicht und anschließend ausgewertet. Bei der Verschriftlichung wird das Interview komplett anonymisiert. Es ist ausschließlich im Rahmen der Forschungsarbeit zugänglich.
- Die Forschungsergebnisse dienen der Anfertigung einer Dissertation. Wir stellen Ihnen eine praxisorientierte Zusammenfassung der Ergebnisse zur Verfügung.

Haben Sie vielen Dank für Ihr Interesse an unserer Studie. Falls Sie irgendwelche Fragen haben, können Sie mich gerne jederzeit kontaktieren.

Robert Münscher, M.A.

Anhang A.2: Vorab-Information für die interviewten Manager – frz. Version, Bsp. FD-Gruppe

Rechts- und Wirtschaftswissenschaftliche Fakultät
BWL IV - Personalwesen & Führungslehre - Prof. Dr. T. Kühlmann

Projet de recherche : La confiance dans les relations professionnelles
Université de Bayreuth : Robert Münscher, M.A. & Prof. Dr. T. Kühlmann, Chaire de Gestion du Personnel
Contact : Robert.Muenscher@uni-bayreuth.de, Tél : xxx, mobile : xxx

Information F-A
« La confiance dans les relations professionnelles franco-allemandes »

Madame, Monsieur,

Nous réalisons des interviews dans le cadre de notre projet de recherche et nous aurions un grand plaisir à en réaliser une avec vous. Veuillez trouver ci-après quelques renseignements.

Le projet de recherche

L'intérêt du projet se rapporte à la question de savoir comment s'établit une relation de confiance entre deux personnes dans le monde professionnel ou comment celle-ci se perd. Dans ce but, nous interviewons des cadres et managers français *et* allemands.

L'objectif de l'interview

L'objectif est de recueillir **vos expériences** et vos anecdotes sur l'établissement de la confiance avec vos collègues ou partenaires allemands : des situations concrètes, vécues.

Nous suggérons que vous profitiez ainsi de l'interview pour une réflexion sur votre propre management de confiance. Le défi serait dans cet esprit de trouver :

→ **Des exemples** qui peuvent illustrer à quoi vous percevez que vous pouvez faire confiance en quelqu'un.

→ **Des exemples** qui peuvent illustrer en quoi vous avez des raisons de douter de la confiance que vous avez accordée à quelqu'un.

> Pour une interview plus riche il serait bien que vous repensiez aux **collègues ou partenaire allemands** avec qui vous travaillez ou avez travaillé pendant votre carrière professionnelle :
>
> 1. Vous rappelez-vous **une ou deux personnes en qui vous faites particulièrement confiance** ? Sauriez-vous raconter comment vous y êtes arrivé ?
>
> 2. Vous rappelez-vous **une ou deux situations qui vous ont fait douter de la confiance** que vous aviez accordée à quelqu'un ? Qu'est-ce qui s'est passé ?

D'autres informations

- L'interlocuteur détermine la durée de l'interview (1 heure maximum).
- L'interview est enregistrée, puis retranscrite et analysée. L'anonymat sera complètement respecté dans la transcription. Il ne sera plus fait usage ultérieurement de l'enregistrement.
- Les résultats de recherche servent à l'élaboration d'une thèse de doctorat. Une synthèse des résultats sera mis à votre disposition.

Nous apprécions beaucoup l'intérêt que vous manifestez pour notre étude et nous vous remercions par avance infiniment de votre participation. Si vous avez des questions, n'hésitez pas à me contacter à tout moment.

Robert Münscher, M.A.

Anhang B.1: Interview-Leitfaden – deutsche Version

1. Einführung

- **Vorstellung des Forschungsprojekts**

  Ausgangspunkt der Studie: Interesse an Vertrauen/Vertrauenseinschätzung (weitere Stichworte: Vertrauensdilemma, Vertrauenseinschätzung als implizites Wissen)

  Aufbau der Studie: Kombination verschiedener Perspektiven (Vertrauen in Führungspositionen in Deutschland, in Frankreich und in der deutsch-französischen Zusammenarbeit → Teilgruppen)

- **Ziel des Interviews und allgemeine Hinweise**

  Ziel: Rekonstruktion von Beispielfällen aus dem beruflichen Alltag (konkrete Erinnerungen/ Beobachtungen, möglichst detailreich → Metapher des Drehbuchs).

  Gesprächstechnik: Das Vorgehen wirkt ungewohnt. Um das Gespräch auf Beispielfälle zu lenken, werde ich im Verlaufe des Interviews immer wieder konkrete Nachfragen stellen.

  Organisatorisches: Aufnahme, Transkription/Anonymisierung, Fragebogen, Dauer (ca. 45-60 min)

- **Erläuterungen zum Aufbau des Interviews**

  2 Hauptteile: Ziel ist jeweils die Rekonstruktion von ein oder zwei Beispielfällen.
  - Teil-1: Beispiele von Kollegen oder Geschäftspartnern, zu welchen Sie Vertrauen haben/hatten.
  - Teil-2: Beispiele für Situationen, in welchen Sie Ihr Vertrauen in einen Kollegen oder Geschäftspartner infrage stellen mussten, oder für Fälle, in welchen sich kein Vertrauen entwickelt hat.

  Forschungsmethodische Einschränkung: aus methodischen Gründen Auswahl von Beispielfällen mit *französischen [deutschen]* Kollegen / Geschäftspartnern (je nach Teilgruppe)

2. Leitfragen

- **Einstiegsfrage**: Können Sie mir zum Einstieg in das Interview noch einmal in ein paar Sätzen Ihre Funktion und ihren Verantwortungsbereich hier bei [...] beschreiben – vielleicht gleich mit Blick auf die Frage, in welcher Hinsicht für Sie bei Ihrer Tätigkeit Vertrauen eine Rolle spielt?

- **V+** Wenn Sie an die verschiedenen Kollegen und Geschäftspartner denken, mit welchen Sie in Ihrer Tätigkeit zu tun haben: Greifen Sie jemanden heraus, von dem Sie sagen würden: Zu dieser Person habe ich Vertrauen. – **Wie haben Sie zu dieser Person Vertrauen gewonnen? Wenn Sie einmal damit beginnen, wie Sie sich kennen gelernt haben: Was ist dann der Reihe nach passiert? Wie haben Sie gemerkt, dass Sie dieser Person vertrauen können?**

- **V–** Im beruflichen Leben kommt es auch vor, dass man sein Vertrauen in einen Kollegen oder Geschäftspartner mehr oder weniger in Frage stellen muss. Wenn Sie an die verschiedenen Kollegen und Geschäftspartner denken, mit welchen Sie in ihrer Tätigkeit zu tun haben: Erinnern Sie sich an eine Situation, in der irgend etwas vorgefallen ist, weshalb Sie sich gesagt haben: Ich kann dieser Person nicht mehr in dem Maße vertrauen, wie ich es einmal getan habe? – **Warum haben Sie Ihr Vertrauen in Frage gestellt? Was ist da genau passiert?**

Anhang 539

- **Vm** Stellen Sie sich vor, dass Sie neu mit einem Kollegen oder Geschäftspartner zu tun haben und es ein für Sie wichtiges Projekt bzw. eine für Sie wichtige Geschäftsbeziehung ist. Sie möchten gerne, dass dieser Kollege oder Geschäftspartner merkt dass er Ihnen vertrauen kann. Wie zeigen Sie ihm das? – **Was machen Sie oder worauf achten Sie, damit der andere merkt, dass er Ihnen vertrauen kann?**

3. Nachfragen

- **Zur Unterstützung des Interviewpartners beim Finden von Beispielfällen**
    - Jemand, mit dem Sie früher zusammengearbeitet haben?
    - Jemand, mit dem Sie in einem anderen Kontext zusammenarbeiten?
    Jemand aus Ihrer Abteilung oder aus einer anderen Abteilung?
    - Ein Kollege / Mitarbeiter / Vorgesetzter? Ein Geschäftspartner / Kunde?
    - Bei V- : Ein Fall, in welchem Sie *von Beginn an* kein Vertrauen aufbauen konnten?

- **Zur Konkretisierung der Beispielfälle**
    - Wie haben Sie den Kollegen oder Gesprächspartner anfangs kennengelernt?
    - Wie hat sich das Verhältnis zu dem Kollegen oder Gesprächspartner dann weiter entwickelt? Was ist danach passiert?
    - Woran haben Sie genau gemerkt, dass Sie diesem Kollegen oder Gesprächspartner vertrauen können? Was hat er genau gesagt oder getan – oder auch nicht getan?
    - Wenn Sie noch einmal an die Metapher des Drehbuchs denken: Wie würden Sie gegenüber einem Regisseur beschreiben, wie sich in ihrer Beziehung Vertrauen entwickelt hat / wie Vertrauen verloren gegangen ist?
    - Wenn Sie als Zeuge vor Gericht beschreiben müssten, was in der Beziehung konkret passiert ist, so dass Sie Vertrauen entwickelt / verloren haben: Wie würden Sie das tun?

Anhang B.2: Interview-Leitfaden – französische Version

1. Introduction

- **Présentation de l'étude**

  Point de départ : comment savoir si l'on peut faire confiance á autrui ?
  (le dilemme de la confiance, la considération de la confiance d'autrui comme un savoir implicite)
  L'étude : différentes perspectives (la confiance entres les cadres et dirigeants en Allemagne, en France, et dans le management franco-allemand → les groupes)

- **Objectif des entretiens et considérations méthodologiques**

  Objectif : reconstruction de cas exemplaires de la vie professionnelle au quotidien (témoignages personnels, observations précises / aussi détaillés que possible → métaphore du scénario).

  Méthode d'entretien : peut paraître inhabituelle ; les questions précises servent à focaliser l'entretien sur les expériences vécues.

  Informations pratiques : enregistrement, retranscription (rendue anonyme), questionnaire, durée (environ 45-60 min)

- **La structure de l'entretien**

  2 parties: l'objectif de chaque partie est la reconstruction d'un ou de deux cas exemplaires
  - (1): expériences vécues de collègues ou de partenaires d'affaires qui peuvent illustrer pourquoi vous faites confiance á quelqu'un
  - (2): expériences vécues de collègues ou de partenaires d'affaires qui peuvent illustrer en quoi vous avez des raisons de douter de la confiance que vous avez accordée à quelqu'un / de ne pas construire une relation de confiance avec quelqu'un

  Restriction méthodologique pour le choix des cas exemplaires : la nationalité (selon le groupe)

2. Questions

- **Question d'introduction**: Comme introduction, pourriez vous me résumer, en quelques phrases, votre fonction ici chez […] ? Peut-être pourriez-vous considérer, en même temps, la question de quelle manière la confiance est importante pour vous dans votre travail ?

- **V+** Repensez à vos collègues, collaborateurs et partenaires en affaires avec qui vous travaillez – ou avec qui vous avez travaillé à un moment donné. Référez-vous à quelqu'un dont vous dites que c'est quelqu'un en qui vous avez confiance. […] – **Comment êtes-vous arrivé à construire une relation de confiance avec cette personne. Commencez par raconter comment vous avez fait connaissance. Qu'est-ce qui s'est passé après ? A quoi avez-vous perçu que vous pouviez faire confiance à cette personne ?**

- **V-** Dans la vie quotidienne d'un manager il arrive des incidents qui font qu'on met en doute la confiance que l'on a accordée à quelqu'un. Si vous repensez aux personnes avec qui vous travaillez ou avec qui vous avez travaillé à un moment donné : Est-ce que vous vous souvenez d'une situation ou d'un incident qui vous a inspirée des doutes ? – **Qu'est-ce qui vous a fait douter de la confiance que vous aviez accordée à cette personne ? Qu'est-ce qui s'est passé ?**

- **Vm** Imaginez entrer dans une nouvelle relation professionnelle avec un collègue ou un partenaire d'affaires. Il s'agit d'un projet ou d'un contact qui est important pour vous, et vous tenez à ce que l'autre personne se rend compte qu'il peut vous faire confiance. **– A quoi faites-vous attention afin que l'autre personne comprenne qu'elle peut vous faire confiance ?**

3. D'autres questions

- **Pour assister l'interviewee à trouver des cas exemplaires :**
    - Quelqu'un avec qui vous avez travaillé avant ?
    - Quelqu'un avec qui vous travaillez dans un autre contexte professionnel ?
    Quelqu'un de votre département ou d'un autre département ?
    - Un collègue / collaborateur / supérieur ? Un partenaire en affaires / client ?
    - V- : Un cas exemplaire où vous n'êtes pas arrivé à construire la confiance avec quelqu'un *dès le début* ?

- **Pour préciser les cas exemplaires :**
    - Comment avez-vous fait la connaissance de ce collègue ou de ce partenaire d'affaire ?
    - Comment la relation avec ce collègue ou partenaire en affaire s'est-elle développée après? Qu'est-ce qui s'est passé après ?
    - A quoi avez-vous remarqué que vous pouviez faire confiance á ce collègue ou partenaire d'affaire ? Qu'est-ce qu'il a fait ou dit – ou pas fait ?
    - Si vous repensez á la métaphore du scénario : Comment expliqueriez-vous à un metteur en scène, comment la confiance s'est construit dans votre relation / comment avez-vous perdu la confiance ?
    - Si, devant un tribunal, vous deviez expliquer en détail ce qui s'est passé dans votre relation pour qu'un rapport de confiance se construise, comment feriez-vous ?

Anhang C: Transkriptionskonventionen

Der Prozess der Transkription galt lange Zeit als theorieneutraler Übergang von Primärdaten (Originalgespräche) über Sekundärdaten (Audio/Video) zu Tertiärdaten (Transkript). Tatsächlich handelt es sich bei der Erstellung von Transkripten jedoch um einen 'theoriebeladenen' konstruktiven Prozess (vgl. Kowal & O'Conell 2003), welcher in der Überführung der Primär- bzw. Sekundärdaten in das Transkript eine erhebliche Datenreduktion steuert. Zwar wurden Transkriptionen in unterschiedlichen Disziplinen lange Zeit relativ unreflektiert eingesetzt, seit Anfang der 1990er Jahre entwickelt sich hier jedoch ein verstärktes Methodenbewusstsein, das anstrebt sicherzustellen, dass bei der Transkription nicht schon eine Interpretation oder unangemessene Reduktion der Daten vorgenommen wird. Wichtig ist, bewusst diejenigen Merkmale für die Transkription auszuwählen, die auch tatsächlich analysiert werden sollen, und die Regeln für deren Transkription zu spezifizieren. Die folgenden Transkriptionskonventionen geben an, wie die für das vorliegende Forschungsprojekt geführten Interviews mit deutschen und französischen Managern aus unterschiedlichen Branchen und Firmen verschriftlicht wurden. Ziel der Transkription war es zu ermöglichen, diejenigen Aspekte zu identifizieren, anhand derer die interviewten Manager illustrieren, warum sich zu einem Kollegen oder Geschäftspartner Vertrauen entwickelt hat.

1. Basis-Vorgehen

- In der ersten Zeile wird der Interview-Code notiert (z.B. DF-09).
- Es gibt immer genau 2 Sprecher: den **F**ragesteller/Interviewer und den **B**efragten/Interviewten. Alle Redebeiträge werden entsprechend mit F oder B gekennzeichnet.
- Nach dem Sprecher wird in spitzen Klammern und im Format MM.SS, der jeweilige Zeitpunkt innerhalb der Aufnahme notiert. Dies gewährleistet, dass man während der Auswertung Textstellen gezielt im Audio-Original auffinden kann.
- Nach jedem Sprecherwechsel wird eine Leerzeile eingefügt.

> **DF-09**
>
> F<0.15 >: Gut. Ich würde Sie als Erstes mal kurz bitten: Fassen Sie doch nochmal für mich zusammen, so in zwei, drei Sätzen: Was ist Ihre Funktion hier innerhalb der Firma, Ihr Verantwortungsbereich?
>
> B<0.23>: Ok. Also ich bin Vorsitzender der Geschäftsleitung der Firma. Das heißt, ich bin verantwortlich für alle Aktivitäten der Gruppe in Deutschland.
>
> F<0.46>: Und inwiefern haben Sie bei dieser Tätigkeit…

2. Längere Redebeiträge: Absätze mit neuer Zeitangabe einfügen

- Bei längeren Redebeiträgen wird regelmäßig ein neuen Absatz begonnen und zusammen mit dem Kürzel '**Bcont<12.54>:**' der Zeitpunkt notiert.

> F<35.23>: Haben Sie da auch andere Erfahrungen gemacht?
>
> B<35.28>: Ja, natürlich, das gibt es dann durchaus, klar. Das ist natürlich in dem Moment der Fall, wo die Entwicklung der Besprechung, der Fortgang und das Ergebnis, was sich da potenziell daraus entwickelt, eigentlich positiv ist gegenüber der Erwartung, die die französischen Kollegen ursprünglich hatten. Dann wird das schon fest gezogen. Aber wenn man das Gefühl hat, dass man eigentlich ein gutes Meeting hatte im Hinblick darauf, dass man die besseren Argumente hatte, dass der Fortgang der Diskussion eigentlich in die Richtung geht, wie man sich das vorstellt und so weiter, und das würde man jetzt gerne fest nageln – dann hat man es plötzlich mit einem Pudding auf der anderen Seite zu tun. Das kriegt man dann nicht fest gezogen. [6sec]
>
> Bcont<36.28>: Das kann aber auch an mir liegen. Also wenn ich in der anderen Situation bin, dann würde ich eher dazu tendieren, das bewusst offen zu lassen. Ich würde sagen: 'Ja, das haben wir jetzt so besprochen, okay. Aber irgendwie aus irgendeinem Grund bin ich damit noch nicht zufrieden, da habe ich noch

Anhang 543

kein gutes Gefühl mit. Lassen wir das mal offen, ich möchte noch mal darüber schlafen, und wir reden noch mal drüber.' Aber diese Direktheit, die gibt es dann auf der französischen Seite nicht in der Situation.
F<37.03>: Wenn ich Sie richtig verstanden habe, sagen Sie, dass [...]

3. Umgang mit besonderen Aspekten gesprochener Sprache

Es gibt große Unterschiede zwischen der 'gesprochenen Sprache' und der normalen Schriftsprache. Diese sollen teilweise geglättet, teilweise mit-transkribiert werden.

- Geglättet werden:
  - umgangssprachliche oder Dialektausdrücke: Bsp.: 'haste' → 'hast du'; 'gehn' → 'gehen' usw.
  - häufige Füllsel wie 'hm', 'äh', 'ne' werden weggelassen
  - sog. 'Rückmeldesignale' wie 'hm', 'mhm', 'ah ja', 'ok' werden weggelassen
- Mit-transkribiert werden:
  - Verlegenheitswörter wie 'nun', 'na ja', 'was soll ich sagen' usw.
  - Wortwiederholungen oder Wiederholungen von Satzteilen
  - abgebrochene Aussagen (Worte, Sätze): Sprecher setzt an etwas zu sagen, bricht sich selbst mitten im Satz ab und fährt anders fort.

4. Schwer verständliche und unverständliche Redepassagen

- Ist nach mehrfachem Abhören einer Passage immer noch nicht sicher, was genau gesagt wurde, aber es gibt eine Vermutung, dann wird diese in eckige Klammern festgehalten.
  B<14.33>: Und er war [sowieso immer wieder auch in] Frankreich, und dabei hat er ...

- Weiterhin unverständliche Textteile werden in eckigen Klammern als '[unverständlich]' gekennzeichnet, ab 5 sec mit Zeitangabe als '[16:51-17:01 unverständlich]' .

5. Aspekte des Gesprächsablaufs

- Umgang mit Pausen:
  - kurze, 'normale' Pausen, Innehalten → werden weggelassen
  - längere, 'echte' Pause → Gedankenstrich '–'
  - sehr lange Pausen (ab 5sec) → in eckigen Klammern: [5sec]
- Sonstige stimmliche oder außersprachliche Merkmale des Gesprächs: Falls sie für das Verständnis des Interviewtexts oder die Bewertung des Gesagten wichtig sind, werden sie in eckigen Klammern hinzugefügt (eher sparsam).
  Bsp: [Unterbrechung durch Telefon] oder: [lacht] oder: [beide lachen]

6. Sprecherwechselreduktion

- Kurze Klärungsfragen, die der Interviewte bestätigt, werden in seinen Text hineingezogen.
  B<08.45>: [...] Ich war überrascht, wie das mein Chef gehandhabt hat. Der hat mir eines Tages eine E-Mail geschickt, wo die Ziele drin standen.
  F<09.14>: Ihr französischer Chef?
  B<09.15>: Mein französischer Chef, genau. Okay, da konnte man noch...

  wird zu:
  B<08.45>: [...] Ich war überrascht, wie das mein französischer Chef gehandhabt hat. Der hat mir eines Tages eine E-Mail geschickt, wo die Ziele drin standen. Okay, da konnte man noch...

JHRM
Interkulturelle Kompetenz
Consulting • Training • Coaching

Prof. Dr. Julia Hormuth
ESB Business School Reutlingen

Dr. Robert Münscher
Universität Heidelberg

Was wir tun.

Wir schaffen Kompetenz.
Mit innovativer Methodik.
Für erfolgreiche
interkulturelle Zusammenarbeit.
Consulting, Training und Coaching
seit 2005.

Woran wir glauben.

Durch die professionelle Entwicklung
interkultureller Kompetenz
lassen sich Missverständnisse vermeiden
und interkulturelle Synergien
gezielt nutzen.

Was uns auszeichnet.

Die Kombination von
wissenschaftlich fundiertem
Fachwissen und
didaktischer Erfahrung
schafft echten Mehrwert
im interkulturellen Training.

Für wen wir arbeiten.

Zu unseren Kunden zählen internationale
Unternehmen und Institutionen wie
beispielsweise SAP AG, Legrand S.A.,
Valeo GmbH, Veolia S.A., Council of Europe,
École de Management de la CCI de Paris.

Wielandtstraße 14 I 69120 Heidelberg I Tel.: 06221-185157-0 I www.jhrm.de